Handbuch PFERD

Zucht · Haltung · Ausbildung
Sport · Medizin · Recht

Fachredaktion:
Professor Dr. Dr. med. vet. habil. PETER THEIN

Mitarbeiter:
Dr. LUTZ AHLSWEDE · KURT ALBRECHT · Dr. PETER BORMANN
Prof. Dr. HARTWIG BOSTEDT · JOACHIM BRAND
ALBRECHT VON BREDOW · PENELOPE S. DAUSTER † · KERSTIN DIACONT
GOTTFRIED VON DIETZE · HEINZ-DIETER DONNER †
HORST EGGERT · Prof. Dr. HANS EIKMEIER · CORNELIA ENDRES
Prof. Dr. WOLFGANG VON ENGELHARDT · EBERHARD FELLMER
GEORG W. FINK · MANFRED H.J. GOLD · Dr. PETER HAMALCIK · Dr. HANFRIED HARING
Prof. Dr. MARTIN-ALBRECHT HASSLINGER
Dr. HELMUT HECHLER · Dr. ÖRS KATONA · INGA KRUGMANN-RANDOLF
HERMANN P. LAUR † · Prof. Dr. Dr. h.c. HANS MERKT · ERNST NIEMERG †
Prof. Dr. GÜNTER NOBIS · UTA OVER · MARIE FREIFRAU VON REDWITZ
ULRIKE RIEDER · Prof. Dr. DIETER OTTO SCHMID
Dr. DIETMAR SPECHT † · Dr. CHRISTIAN FREIHERR VON STENGLIN
Dr. GISBERT STRAETEN † · Prof. Dr. Dr. PETER THEIN
ROMEDIO GRAF VON THUN-HOHENSTEIN †
Prof. Dr. FRITZ R. UNGEMACH
Dr. HANS-DIETRICH WAGNER · Prof. Dr. Dr. HELMUT WAIBL
HANS GÜNTER WINKLER · Prof. Dr. KLAUS ZEEB

Fünfte Auflage, Sonderausgabe

blv

Die Deutsche Bibliothek – CIP-Einheitsaufnahme

Handbuch Pferd : Zucht, Haltung, Ausbildung, Sport, Medizin, Recht / Fachred.: Peter Thein. Mitarb.: Lutz Ahlswede . . . – 5. Aufl., Sonderausgabe – München ; Wien ; Zürich : BLV, 2000
Nebent.: Pferd
ISBN 3-405-15099-X
NE: Thein, Peter [Red.]; Ahlswede, Lutz; Pferd

Umschlaggestaltung: Werbeagentur Joko Sander, München
Umschlagfotos: Vollblut-Araberhengst *Nuri Schalan ox.*
Besitzer: Prof. Fritz Koenig, Ganslberg.
Foto: Jürgen Kemmler.

BLV Verlagsgesellschaft mbH
München Wien Zürich
80797 München

Lektorat: Edith Ch. Kiel
Herstellung: Manfred Sinicki
Druck des Textteils und Bindearbeiten:
Ludwig Auer GmbH, Donauwörth
Druck der Bildtafeln: Appl, Wemding

Printed in Germany · ISBN 3-405-15099-X

Geleitwort

In den vergangenen Jahren nahm der Reit- und Fahrsport in all seinen möglichen Variationen einen wohl kaum geahnten Aufschwung. Allein die Zahl von etwa 645 000 Mitgliedern in den derzeit rund 5300 Reitervereinen der Bundesrepublik Deutschland, welche im Dachverband – der Deutschen Reiterlichen Vereinigung e. V. (FN) – zusammengeschlossen sind, spricht ein beredtes Zeugnis von dieser positiven Entwicklung.
Analog der Bedeutung dieser fast explosionsartigen Ausdehnung des Pferdesportes – Reiten, Fahren, Voltigieren – sind in Praxis und Wissenschaft neue Erkenntnisse gewonnen, Traditionen überdacht und, falls notwendig, novelliert worden.
Ich begrüße es daher außerordentlich, daß mit diesem Standardwerk einem großen Interessentenkreis eine Dokumentation über die mit dem Pferd im weitesten Sinne zusammenhängenden Probleme an die Hand gegeben wurde. Ein ausgesuchter Kreis von Experten legt in diesem Buch sein fundiertes Wissen rund um das Pferd nieder. Es stellt somit sicherlich eine wertvolle Information und Weiterbildungshilfe für alle am Pferd Interessierten dar.

DIETER GRAF VON LANDSBERG-VELEN

Präsident der Deutschen Reiterlichen Vereinigung e.V. (FN)

Vorwort

Im Reit- und Fahrsport, in der Pferdezucht und der Pferdehaltung wurde im Laufe von Jahrhunderten weltweit eine Fülle von hippologischem Wissen erarbeitet und publiziert. Jeder, der sich ernsthaft mit Pferden beschäftigt, wird Interesse daran haben, seine Kompetenz durch Ausschöpfung dieses Wissens zu vertiefen, um weitverbreitetes »hippologisches Halbwissen« in seinem persönlichen Bereich gar nicht erst aufkommen zu lassen. Der umfassend und universell gebildete Hippologe der Vergangenheit vom Format eines Graf Wrangel ist heute nicht mehr zu finden. Dazu kommt, daß die Fachliteratur zum vorliegenden Thema über die Maßen angewachsen ist und es auch aus diesem Grunde nicht mehr möglich ist, den gesamten Stoff rund um das Pferd im Sinne des Handbuches aus einer Feder fachkompetent darzustellen. So muß das Autorenkollektiv diese Aufgabe übernehmen.
Uns kam es in dem vorliegenden Handbuch einerseits darauf an, die wesentlichen Sachinformationen aus den Gebieten Zucht, Haltung, Ausbildung, Sport, Medizin und Recht auszuwählen und zu erarbeiten, andererseits sie mit Engagement geschrieben und mit persönlichem Bekenntnis interpretiert zu bieten. So hoffen wir, der Leserschaft ein vom »Interieur« her einheitliches Buch vorlegen zu können, das vom »Exterieur« her – sofern wir darunter Stil und Themenauffassung der einzelnen Autoren verstanden wissen wollen – durchaus farbig sein darf.
Die vorliegende 5. Auflage hat mit 944 Seiten Umfang eine erwähnenswerte, aktuelle Erweiterung erfahren – im Text- wie im Bildteil. Neu hinzugekommen sind die Themenbereiche Bodenarbeit, Gangpferdereiten, Gesundheitsförderung beim Pferd und Naturheilkunde. Die überragenden Erfolge der deutschen Pferdesportler bei den Weltreiterspielen 1994 in Den Haag haben die Spitzenstellung im Pferdesport einmal mehr unter Beweis gestellt. Ebenso dominierend – aus internationaler Sicht – war die deutsche Pferdezucht bei diesen Weltmeisterschaften. Während in der Vielseitigkeit überwiegend englisch und irisch gezogene Pferde, im Distanzreiten arabisch geprägte Pferde eingesetzt wurden, trugen die Pferde in den Dressur- und Springprüfungen größtenteils ein deutsches Brandzeichen. Mit einem aktuellen Spezial-Bildteil in Farbe von den Weltreiterspielen in Den Haag sollen die Leistungen der besten Reiter und Fahrer der Welt in dieser Neuauflage besonders gewürdigt werden.
Wir alle würden uns freuen, wenn die in diesem Buch erarbeiteten Aussagen und Informationen mit den ergänzenden Abbildungen unserem einzigen Ziel gerecht würden: Eine aktive Hilfe für den Umgang mit dem Pferd zu geben, die von jedem, der bereit ist, sich zu orientieren, stets gern und mit Nutzen als Nachschlagewerk und Ratgeber in Anspruch genommen werden kann.

Fachredaktion und Verlag

Inhaltsverzeichnis

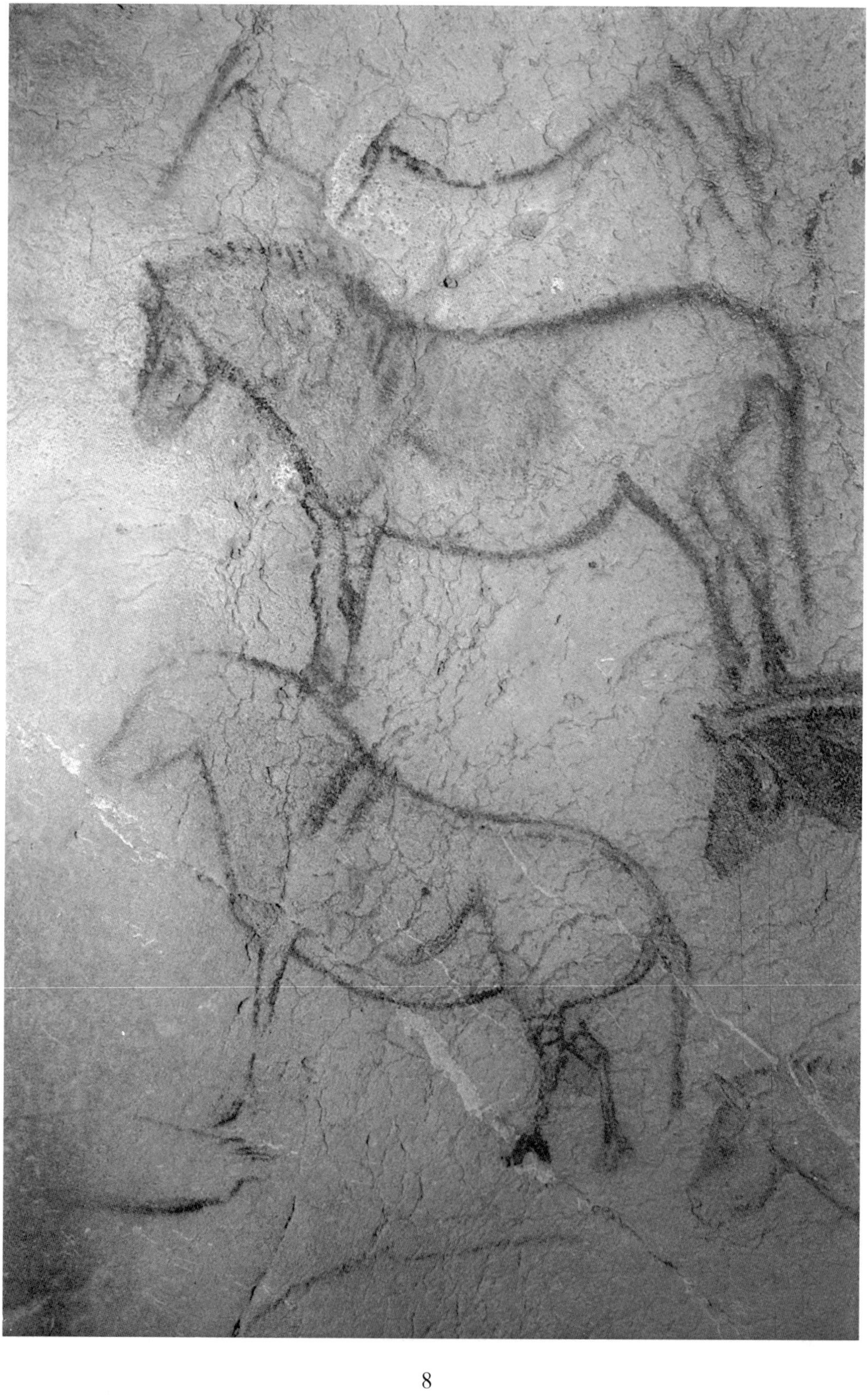

Die Geschichte des Pferdes – seine Evolution und Domestikation

Professor Dr. Günter Nobis
Ehem. Direktor des Zoologischen Forschungsinstituts und Museums Alexander Koenig, Bonn

Die Bedeutung des Pferdes für den Menschen im Lauf der Geschichte

Wohl mehr als fünftausend Jahre ist das Pferd Haustier des Menschen und mit dessen Geschichte eng verbunden. Im Laufe dieser Zeit unterlag es einem mannigfachen Nutzungswandel. Als Wildpferd Jagdobjekt der Paläolithiker, wurde es im Neolithikum zunächst Transporttier, später vor Wagen und Pflug zum Helfer des Bauern und damit zum Sinnbild von Kraft und Ausdauer.

Weit bedeutsamer war seine Rolle jedoch schon seit dem Altertum als treuer Kriegsgefährte des Menschen. Vor Kampfwagen oder als Reittier half es, Weltreiche zu gründen oder zu erhalten, aber auch zu erobern und zu zerstören. Mit Recht formulierte einmal ein chinesischer Geschichtsschreiber, daß der Rücken des Pferdes den Staat formt: Auf dem Rücken des Pferdes steigert der Mensch in Ost und West seine Macht und Überlegenheit – er potenziert sich zu einer »neuen Rasse« (H. Meyer, 1975), wie zahlreiche Reiterdenkmäler in der ganzen Welt beweisen.

Heute hat das Pferd in vielen Ländern der Erde seinen Wert als Helfer in der Landwirtschaft oder als Mittel der Kriegsführung verloren. Die Förderung seiner Erhaltung durch den Menschen unserer Zeit verdankt es vor allem der Wiederentdeckung des Pferdesports, denn das Paradies auf Erden liegt ja, einem gelehrten Araber zufolge, auch auf dem Rücken eines Pferdes.

Heute zeichnet sich das »Hauspferd« – es soll noch über 70 Millionen geben – durch eine große Formenmannigfaltigkeit aus, die man Pferderassen oder Pferdeschläge nennt. Der Entstehung dieser Formenfülle nachzugehen, ist ein Hauptanliegen sowohl der Archäozoologie als auch der zoologischen Domestikationsforschung, der Haustierkunde. Besonders interessant ist es jedoch, den fossilen Ahnen unserer Pferde nachzuspüren.

Reiterstandbild von George Washington in Washington/USA.

Es begann vor 70 Millionen Jahren

Zur Stammesgeschichte der Pferde

In einer verdienstvollen Studie referierte E. THENIUS (1966) die Vorgeschichte der Einhufer. Einleitend stellte er in Anbetracht einer Vielzahl von Rekonstruktionsbildern vorzeitlicher Equiden die Frage, inwieweit sich aus viele Millionen Jahre alten Skelettresten Aussagen über Farbe, Form und Behaarung, Ohren und Mähne machen lassen – Merkmale, die ja bei der Unterscheidung heutiger Einhufer wichtig sind. Leider ist festzustellen, daß das äußere Erscheinungsbild eines Tieres nicht am Skelett abzulesen ist. Geht man aber davon aus, daß jedes Lebewesen seiner Umwelt in unterschiedlichem Maße angepaßt ist, so können damit indirekt Rückschlüsse auf die Fortbewegungs- und Ernährungsweise und damit auch auf die jeweiligen Biotope gewonnen werden. Sind die heutigen Wildpferde fast ausschließlich Bewohner offener Landschaften, wie Savannen, Steppen und Halbwüsten, so waren die alttertiären Vorfahren, d. h. im Eozän und Oligozän (s. Stammbaum) meist waldbewohnende Laubfresser. Denn bei den Equiden läßt der Zahnbau ohne weiteres erkennen, ob es sich um Laubäser oder Grasfresser handelt: Bei ersteren sind die Backenzähne niedrigkronig, bei letzteren hochkronig und säulenartig. Sowohl die Schädelmorphologie als auch der Bau der Gliedmaßen zeigt wichtige Veränderungen, die früher die Pferdeabstammung zum »Paradepferd« stammesgeschichtlicher Abläufe machten – man glaubte, daraus eine »zielstrebig gerichtete«, orthogenetische Entwicklung herleiten zu können.

Die Mehrung des Fundgutes führte jedoch zu neuen Erkenntnissen, wie die Forschungen von W. D. MATTHEW (1926), R. A. STIRTON (1940) und G. G. SIMPSON (1977) beweisen, die hier in Umrissen skizziert werden sollen: Die ersten Säugetiere, welche als Vorläufer der Pferde anzusehen sind, stammen aus dem unteren Eozän von Europa und Nordamerika. Ihre Reste wurden ursprünglich unter verschiedenen Namen beschrieben, nämlich als *Hyracotherium* die europäischen Funde, was soviel wie »klippschlieferartiges Tier« heißt, und als *Eohippus* die nordamerikanischen Reste, was »Pferd der Morgenröte« bedeutet. Spätere Untersuchungen zeigten jedoch, daß die Unterschiede zwischen beiden Formen nur geringfügig sind und für eine Trennung nicht ausreichen. Die europäischen Funde stammen aus Schichten, die vor mehr als fünfzig Millionen Jahren abgelagert wurden, zu einer Zeit also, in der in Zentraleuropa noch Palmen und Krokodile, Riesenschlangen und Halbaffen existierten, wie die Faunen aus dem Geiseltal bei Halle/Saale oder aus der Grube Messel bei Darmstadt eindeutig belegen.

In ihrem Aussehen glichen die *Hyracotherien* keineswegs Pferden oder anderen Einhufern. Die vermutlich niedrige Kopfhaltung und ein gewölbter Rücken erinnerten vielmehr an Zwerghirsche oder Duckerantilopen. Es waren katzen- bis fuchsgroße Tiere mit schlanken Beinen, deren Pfoten vorn vier- und hinten fünfzehig waren, aber der erste und fünfte Strahl war geringer entwickelt. Sie besaßen keine richtigen Hufe, sondern stumpfe Nägel. Die Backenzähne waren mit ihren niedrigkronigen Höckerzähnen nur zu quetschenden Kaubewegungen fähig.

Die gravierenden Unterschiede zu heutigen Einhufern geben zu der berechtigten Frage Anlaß, ob es sich bei diesen Tieren überhaupt um Equiden handelte. Die neueren Ergebnisse paläontologischer Forschung gestatten die Aussage, daß die *Hyracotherien* keine Urhuftiere, sondern echte Unpaarhufer = *Perissodactyla* waren. Dies beweist auch der Bau der Extremitäten, bei dem stets der dritte Zehenstrahl dominiert. Auch der Zahnbau läßt bereits die für geologisch jüngere Equiden charakteristischen Eigentümlichkeiten des Zahnmusters ahnen. Waren im älteren Eozän die nordamerikanischen Pferdevorläufer nicht von den europäischen zu unterscheiden, so treten im darauffolgenden Alttertiär (mittleres und jüngeres Eozän, Oligozän) auf beiden Kontinenten verschiedene Gattungen auf. Dabei zeigt sich ein Trend zur Molarisierung der Prämolaren, d. h. die Vorbackenzähne gleichen sich in Form und Größe den Backenzähnen an, ein Vorgang, der sich bei den geologisch jüngeren Equiden fortsetzt.

In Europa existierte damals ein Seitenstamm der *Hyracotherien,* die *Palaeotherien.* Sie wurden bereits 1804 von dem berühmten Zoologen und Paläontologen G. CUVIER aus den jungeozänen Gipsen des Montmartre in Paris

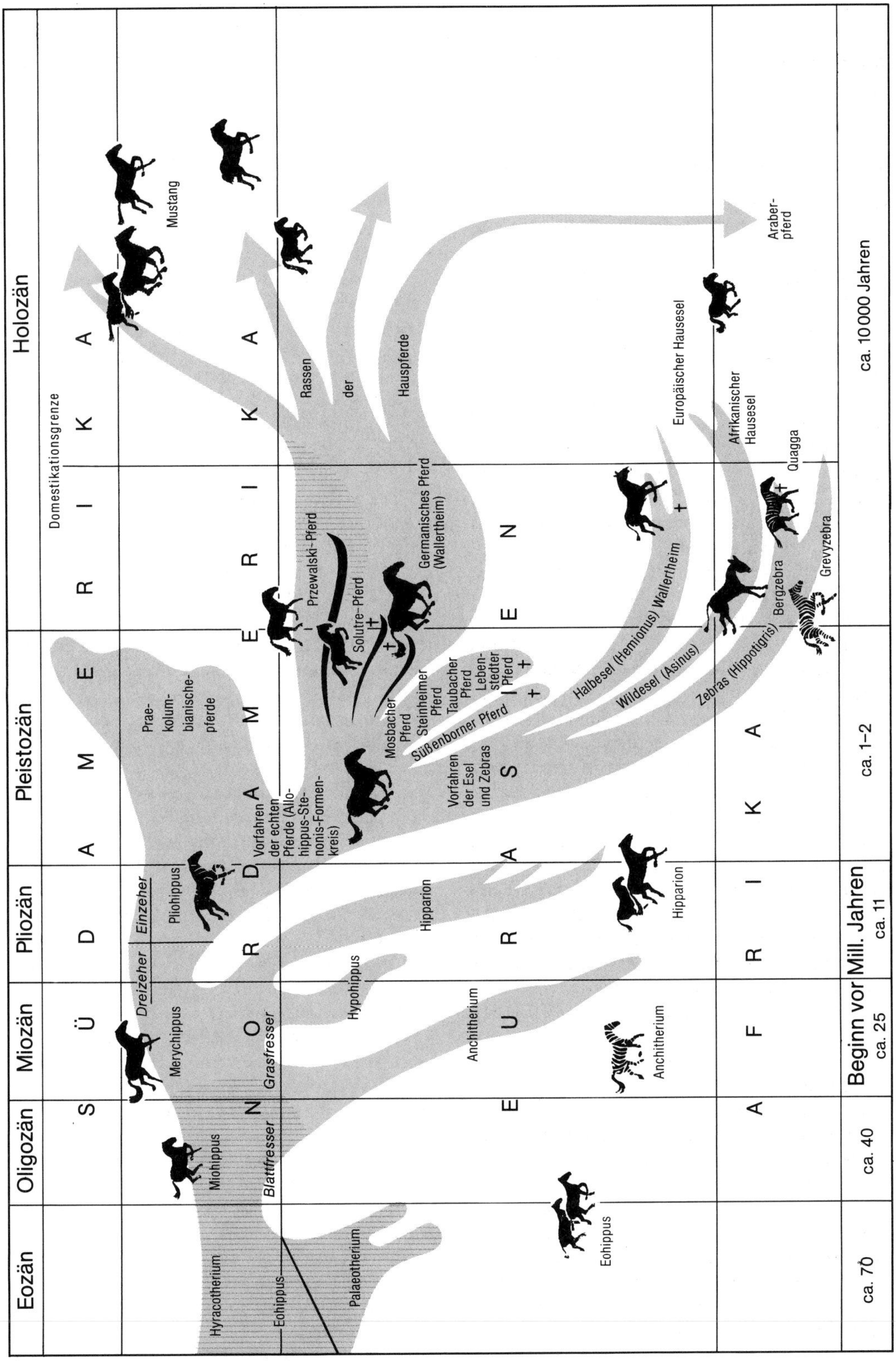

Grafische Darstellung der räumlichen und erdgeschichtlichen Entfaltung des Pferdestammes (Naturhistorisches Museum der Stadt Mainz).

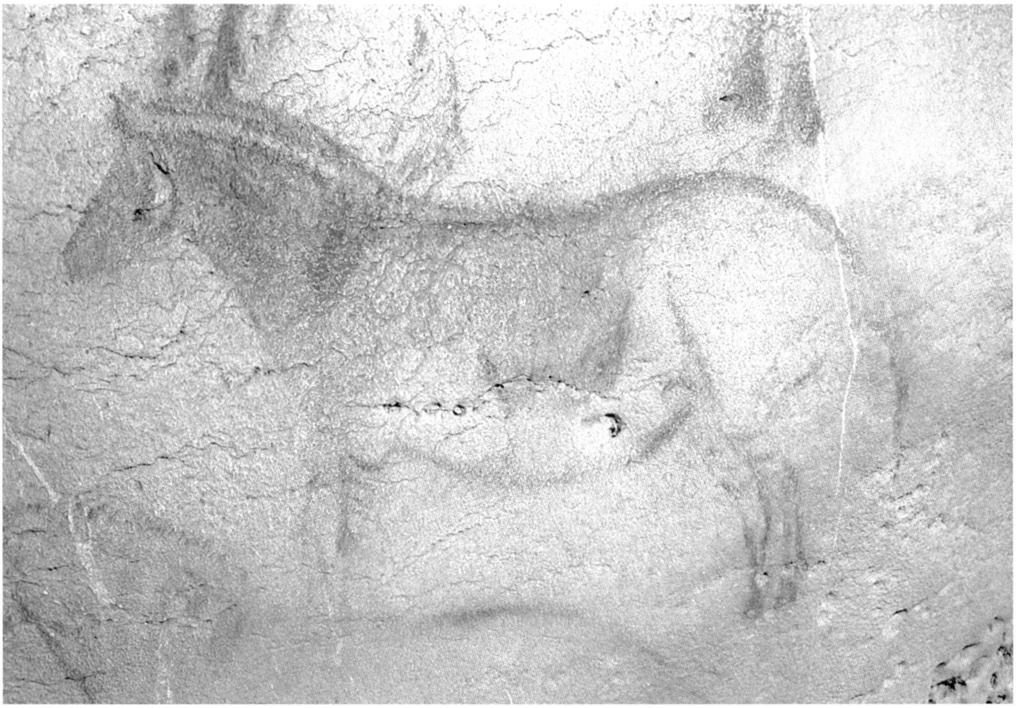

Paläolithische Felsmalerei aus Ekain/Nordspanien. (Die Abbildung auf Seite 8 zeigt eine Aufnahme aus der gleichen Höhle.)

geborgen und mit Tapiren verglichen. Nach ihrem Aussterben im Altoligozän lebten im jüngeren Alttertiär Europas keine pferdeartigen Unpaarhufer mehr.

In Nordamerika läßt sich hingegen eine vielfältige Weiterentwicklung verschiedener Gattungen von Unpaarhufern verfolgen. Sie gehen im oberen Oligozän allmählich auch in die Gattung *Miohippus* über, von der 18 Arten bekannt sind. Bei allen hat der Fuß drei Strahlen, von denen der mittlere stärker betont ist; die Vorbackenzähne sind alle gleich groß oder sogar größer als die Backenzähne. Diese als fortschrittlich zu nennenden Merkmale sind den Lebensbedingungen der Trockensteppe angepaßt.

Nach *Miohippus* wird die geschichtliche Entwicklung des Pferdes erheblich komplizierter (SIMPSON). Die nordamerikanischen Pferdeahnen tendieren wieder zur Aufsplitterung in mehrere Gruppen, die sich getrennt und auf verschiedenen Wegen weiterentwickeln. Durch solche »ungerichteten« Aufspaltungen wurde der Gesamtlebensbereich der Gattung sicherlich erweitert, für eine einheitliche Zielstrebigkeit der stammesgeschichtlichen Entwicklung (Orthogenese) ergeben sich aber keine Belege. *Miohippus* überdauerte bis ins früheste Miozän und entwickelte sich dabei zu verschiedenen Formen. Eine dieser Gruppen ist die Gattung *Anchitherium*. Diese Tiere wanderten über die damals landfeste Beringstraße in die Alte Welt und lebten in ganz Eurasien während des größten Teils des Miozäns.

Die in Amerika verbliebenen Anchitherien entwickelten sich dort zu *Hypohippus*. Die Gliedmaßen dieser beiden Gattungen veränderten sich jedoch gegenüber *Miohippus* nicht, das Gebiß dieser Formen wird aber komplizierter und die Körpergröße nimmt zu. *Hypohippus* wanderte etwas später ebenfalls nach Eurasien aus und ist aus dem pliozänen China überliefert. Beide Gattungen starben am Beginn des Pliozäns in der Alten Welt aus.

Im frühen Miozän entstand in Nordamerika aus *Miohippus* auch das *Merychippus*, bei dem es zu zahlreichen anatomischen Umkonstruktionen kam, die diesen Equiden erst die Möglichkeit zur »Eroberung« jenes Lebensraumes gab, der für heutige Einhufer charakteristisch

ist, nämlich offene Landschaften, wie Baumsavannen und Steppen.
Waren die bisher besprochenen Equiden durchweg Blatt- und Weichkrautfresser, so ermöglicht die bei *Merychippus* erworbene Hochkronigkeit (Hypsodontie) der Backenzähne den Aufschluß härterer Pflanzen – aus Blattfressern wurden im Laufe des Miozäns Grasäser. Dieser Prozeß ist sicherlich als Anpassung an die in jener Zeit beginnende Entfaltung von Steppengräsern zu sehen. Die Zähne dieser Tiere sind stärker abnutzbar, sie vermögen härtere Nahrung aufzuschließen. Auch die Gliedmaßen paßten sich dem Steppenleben weiter an. Die Elle ist mit der Speiche verwachsen, das Wadenbein zu einem funktionslosen kleinen Knochenrest reduziert und der dritte Zehenstrahl betont kräftiger. Diese morphologischen Veränderungen blieben auch bei den späteren Pferden erhalten.
Einige Arten von *Merychippus* wurden größer und erreichten eine Höhe von einem Meter, heutigen Ponys ähnlich.
Am Übergang zum Pliozän bildeten sich aus *Merychippus*-Arten noch dreizehig verbleibende Equiden mit höherkronigen, stärker gefälteten Backenzähnen, die u. a. als Gattung *Hipparion* bekannt wurden. *Hipparionen* waren wohl die interessantesten Einwanderer aus Nordamerika. Kurz nach ihrer Entstehung überquerten sie die landfest gewordene Beringstraße in Richtung Eurasien und wurden in großer Zahl aus altpliozänen Ablagerungen Europas und Ostasiens bekannt. *Hipparionen* waren ponygroße dreizehige Savannenbewohner, die ähnlich heutigen Zebras in großen Herden lebten. Ihre Überreste traten manchmal in großen Mengen in altpliozänen Tiergesellschaften auf, die man Hipparionenfaunen nennt. Ihre Größenvariation war beachtlich, denn es wurden sogar Zwergformen von Schäferhundgröße bekannt. Der Stamm der *Hipparionen* starb im Laufe der Eiszeit sowohl in der Neuen als auch in der Alten Welt aus.
Der letzte für unsere stammesgeschichtlichen Betrachtungen wichtige Equide ist *Pliohippus,* der im späten Miozän aus *Merychippus* entstand. Mit ihm wird erstmals unter den Pferden Einhufigkeit (Monodactylie) erreicht: Die seitlichen Zehenstrahlen sind zu funktionslosen »Griffelbeinen« rückgebildet. Das Gebiß zeichnet sich durch starke, hochkronige Zähne mit kräftiger Schmelzfältelung aus. Am Ende des Pliozäns waren die fortgeschritteneren Arten von *Pliohippus* heutigen Pferden der Gattung *Equus* so ähnlich, daß die weitere Evolution sich eher auf Detailverfeinerungen als auf wesentliche Änderungen bezog (SIMPSON): *Equus* wanderte noch in einer primitiven Entwicklungsstufe aus Nordamerika in die Alte Welt ein. Als *Equus (Allohippus) stenonis* erscheint es erstmals auch in Italien. Doch finden sich Überreste von *Equus* in fast allen Ablagerungen des Eiszeitalters, sowohl in Amerika als auch in Eurasien, nicht aber in Australien, da eine Landbrücke zu diesem Inselkontinent fehlte.
In Nord- und Südamerika starben die Pferde vor etwa 8000 Jahren aus. Die Ursachen hierfür sind auch heute noch ungeklärt. Vielleicht lagen sie im nacheiszeitlich bedingten Klimawandel, der den auf Grassteppen angewiesenen Tieren den zum Leben notwendigen Raum entzog.
Insgesamt läßt sich mit W. HERRE (1958) resümieren, daß alle Tatsachen, die den Funden zur Stammesgeschichte der Pferde zu entnehmen sind, darauf hinweisen, daß ungerichtete Erbsprünge auftraten, die durch nachfolgende natürliche Auslese Umgestaltungen zu neuen Equidengattungen bewirkten (Ortho-Selektion).
Die Vorfahren der echten Pferde des *Equus (Allohippus) stenonis*-Formenkreises Eurasiens zeigten am Beginn des Pleistozäns besonders im Schädel- und Zahnbau zebra- (= zebrine), esel- (= asinide) und halbeselartige (= hemionide) Merkmale. Echte (= equine oder caballine) Wildpferde erscheinen in Europa erst im Altquartär. Doch damit beginnt die Geschichte der Einhufer während der Eiszeit, ein im Meinungsstreit der Paläontologen mit am häufigsten diskutiertes Kapitel.

Wer ist Stammvater unserer Hauspferde?

Die Pferde des Eiszeitalters

Wie kann man heute diese Frage beantworten, nachdem ein umfangreiches Fossilmaterial von Wildpferden des Pleistozäns und frühen Holozäns aus Sibirien bis Südfrankreich neu untersucht wurde? Nach den eingehen-

Zeit	West- und Zentraleuropa	Ost- und Südosteuropa	Asien
Neolithikum	(Domestikation?)	Domestikation	(Domestikation?)
Mesolithikum	*Equus ferus solutreensis* (Zwergformen in Andernach und Lausnitz/Orla)	*Equus ferus gmelini* (= Tarpan) Sungir	*Equus ferus przewalskii* (= Przewalski-Pferd)
JUNG-QUARTÄR	*Equus ferus solutreensis* (Solutré, Achenheim)	*Equus ferus ferus* (Mezin)	
	Equus remagensis remagensis (Remagen, Achenheim)	*Equus remagensis latipes* (u. a. Kostjenki IV und Mezin)	
	Equus achenheimensis (Achenheim)	(ungarische Funde)	
	Equus taubachensis (Taubach) (Zeitstellung?)	*»Equus caballus missi«* (Zeitstellung?)	
MITTEL-QUARTÄR	*Equus steinheimensis* (Steinheim)	*»Equus caballus chosaricus«* (Zeitstellung?)	
	Chatillonpferde		
	Equus mosbachensis	*Equus mosbachensis*	*Equus mosbachensis*
	E. (Allohippus) suessenbornensis	*Equus mosbachensis* *E. (Allohippus) stenonis* (Gombasek)	*E. (Allohippus) valeriani*
	E. (Allohippus) marxi		
	E. (Allohippus) altidens (u. a. Süßenborn)		
		E. (Allohippus) stenonis (Villány)	
ALT-QUARTÄR	*E. (Allohippus) stenonis stehlini (?)* (Valderno – obere Fazies)	*E. (Allohippus) stenonis* (Kisláng, Villány – B)	
	E. (Allohippus) stenonis senezensis (Senèze)		
	E. (Allohippus) stenonis vireti (St. Vallier)		
	E. (Allohippus) sylvarum		*E. (Allohippus) stenonis sanmeniensis* (Zeiterstreckung?)

Denkschema einer chronologischen Folge pleistozäner Pferde.

den Studien von R. MUSIL (1969), G. NOBIS (1971), P. SAMSON (1975) und F. PRAT (1980) ist bekannt, daß echte Wildpferde der Gattung *Equus* erstmalig im Mittelpleistozän mit dem Mosbachpferd *(Equus mosbachensis)* in Eurasien auftreten (s. Denkschema). Seine Reste wurden in Fossilschichten im gesamten eurasischen Raum gefunden. Benannt wurde es nach den zuerst bekannt gewordenen Resten aus Mosbach und Mauer bei Heidelberg. Diese Tiere hatten im Durchschnitt eine Widerristhöhe von 1,58 m. Das Mosbachpferd war nach Größe und Wuchs kein besonders großes und schweres Eiszeitpferd. Sein Phänotyp entsprach wohl mehr einem etwas kleineren Trakehner, der sich durch Schnelligkeit, Ausdauer und Zähigkeit auszeichnete (NOBIS).

Auf Grund vergleichend-morphologischer Studien an Schädeln, Zähnen und Skeletten konnte festgestellt werden, daß die Mosbachpferde einem Größenwandel unterlagen, denn die zeitlich folgenden Wildpferde aus Steinheim und Taubach sind deutlich kleiner.

Als Ursache dieses Verzwergungsprozesses sind wohl zunehmend ungünstiger werdende Umweltbedingungen anzusehen. Dabei muß an die Mindel- und Rißvereisungen gedacht werden. Eine sich weiter ausdehnende Vergletscherung des Alpenvorlandes und der norddeutschen Tiefebene führte zu einer west-östlichen Arealtrennung, die Entstehung eines westlichen Wildpferdrefugiums ist denkbar. Da jede Tierart einen Mindestlebensraum beansprucht, wurden in diesem Refugialgebiet vor allem für Großsäuger, wie Wildpferde, die Existenzbedingungen schlechter und damit der Kampf ums Dasein härter.

Faktoren der Artbildung, wie Isolation, wurden wirksam und, durch Mutation und Selektion bedingt, erfolgten Anpassungen – eine subspezifische Differenzierung wurde eingeleitet. Beim Pferd fanden sie ihren Ausdruck wohl in Größenabnahmen des Körpers und der Zähne. Tiere geringerer ökologischer Valenz starben aus. Ob dies letztlich auch für die westeuropäischen Nachkommen des Mosbachpferdes gilt, muß zunächst unbeantwortet bleiben.

Am Beginn des Jungpleistozäns lebten u. a. in Achenheim bei Straßburg Wildpferde von gleicher Größe wie das Mosbachpferd. Es stellt sich damit die Frage, ob dieses große Achenheimpferd ein vom Mosbachpferd abzuleitendes westeuropäisches Wildpferd oder ein Neueinwanderer aus dem Osten ist.

In den Weiten des osteuropäischen und asiatischen Raumes entfiel sicherlich eine stärkere Einengung des Lebensraumes, wie er im Westen erfolgte. Wildpferde fanden im Osten wahrscheinlich auch in Kaltzeiten günstigere Lebensbedingungen als im kleinen westeuropäischen Refugium. Für das Problem der Herkunft des großen Achenheimpferdes ist eine nachrißzeitliche Größenzunahme westeuropäischer Pferdepopulationen zwar denkbar, paläontologisch läßt sie sich jedoch nicht beweisen.

Dagegen zeigen Untersuchungen an letztinterglazialen Kleinsäugern, daß während einer Präwürmkaltwelle der Pferdespringer *Allactaga jaculus,* heute ein charakteristisches Steppentier Rußlands, erscheint. Seine Überreste in Zentraleuropa beweisen, daß in der Zeit der auslaufenden Riß-/Würmperiode das gegenwärtige asiatische und osteuropäische Steppengebiet sich damals weiter westwärts ausdehnte. Das große Achenheimpferd könnte mit dieser Faunenwelle aus dem Osten in Verbindung gebracht werden: Die Annahme einer Zuwanderung aus dem Osten ist somit viel wahrscheinlicher als eine Größenzunahme verzwergter Wildpferde im westeuropäischen Refugium.

In den ersten Abschnitten des Jungpleistozäns unterliegt auch der Neueinwanderer wie schon das Mosbachpferd im Mittelpleistozän einer Größenminderung. Aus dem langsam kleiner werdenden Achenheimpferd wird das sogenannte Remagenpferd mit einer Größe von 141–145,5 cm im Widerrist. Dieses *Equus remagensis* – einige Forscher nennen es noch »Germanisches Pferd«, *Equus germanicus* – ist mit seinen Unterarten nunmehr das typische Wildpferd des eurasischen Mittelpaläolithikums.

Wie sieht nun das zeitlich jüngere Solutré-Pferd aus dem Jungpaläolithikum Südfrankreichs aus? Die von NOBIS untersuchten Funde stammen aus einer Schicht am Fuße des steil abfallenden Solutréfelsens in unmittelbarer Nähe des gleichnamigen Dorfes bei Maçon. Man nimmt an, daß die Pferde an dem allmählich ansteigenden Hang bei Fakkelschein von jungpaläolithischen Jägern bis zum Rand der Klippe hinaufgetrieben wurden, wo die Tiere abstürzten, so daß sie ohne

Der steil abfallende Solutréfelsen bei Maçon/Frankreich. Man nimmt an, daß jungpaläolithische Jäger die Pferde bis zum Klippenrand trieben, wo sie abstürzten.

Mühe abgeschlachtet werden konnten. Die Widerristhöhe dieser kleinen robusten Solutré-Pferde, die hier zu Hunderten umkamen, beträgt im Durchschnitt 136–137,5 cm. Ein Vergleich mit frühgeschichtlichen Islandpferden, die aus Gräbern der Isländischen Landnahmemänner (874–1000 n. Chr.) stammen, zeigen, daß die Solutré-Pferde größenmäßig mit diesen Tieren weitgehend übereinstimmen; heutige Islandponys sind nur wenig kleiner.

Wildpferde der eiszeitlichen Station Solutré (nach ABEL 1939).

Weitere Fundauswertungen ergaben, daß im gesamten eurasischen Raum aus jungpaläolithischen Horizonten Reste der gleichen Wildpferdart *Equus ferus* (BODDAERT, 1785) gefunden wurden. Diese Tiere waren alle klein und robust. Ihre Entstehung kann als ein kontinuierlich fortschreitender Verzwergungsprozeß aus mittelgroßen Wildpferden des Mittelpaläolithikums *(Equus remagensis)* verstanden werden.

Im Endwürm, gegen Ende der letzten Eiszeit, vollzog sich nun im Verbreitungsgebiet der östlichen Unterart des *Equus ferus,* also in den mittel- und südrussischen Steppen, ein bemerkenswerter Wandel: Nach dem Hochstand der letzten Vereisung, wohl unter optimaleren Lebensbedingungen, wird diese Unterart wieder größer und erreicht Wideristhöhen von 148–154 cm. Für dieses durch Größenzunahme veränderte Wildpferd wird die taxonomische Bezeichnung *Equus ferus gmelini,* Tarpan, benutzt. Diese Pferde waren im späten Jungpaläolithikum und im Mesolithikum in Ost- und Südosteuropa weit verbreitet. Von dort gelangten Tiere bis nach Zentraleuropa, wie Funde aus Stuttgart-Bad Cannstatt beweisen, die nach Radiokarbonbestimmungen auf 9690 ± 180 und 9430 ± 160 v. Chr. datiert sind.

Da Reste dieses großen frühmesolithischen Wildpferdes auch in Nordostsibirien gefunden wurden, gewinnt die Annahme an Wahrscheinlichkeit, daß die Vorfahren des heutigen Przewalski-Wildpferdes, dem schwarzen Irtysch zwischen Altai- und Tarbagataigebirge folgend, bis in die Dsungarei vordrangen. Von dort brachte der berühmte russische Reisende N. M. PRZEWALSKI im Jahre 1878 erstmals einen Balg mit einem Schädel dieses Wildpferdes mit; POLJAKOW nannte es 1881 Przewalski-Pferd.

Nikolai Michailowitsch Przewalski (1839–1888), russischer General und Asienforscher.

Als taxonomische Bezeichnung dieser östlichen Variante der Wildpferdart *Equus ferus* ist heute der Name *Equus ferus przewalskii* gerechtfertigt. Hinweise auf das weitere Schicksal der westlichen Unterart, also das Solutré-Pferd *Equus ferus solutreensis,* können die magdalénienzeitlichen Wildpferde von Feldkirchen-Gönnersdorf am Nordrand des Neuwieder Beckens auf der Mittelterrasse des Rhein geben, die G. BOSINSKI et al. (1969) ausgruben. Diese Wildpferde sind deutlich kleiner als die Solutré-Pferde. Da sie jedoch in anderen Skelettbesonderheiten noch gut mit letzteren übereinstimmen, ist es sicherlich richtig, in den Gönnersdorfer Wildequiden Zwergformen der Solutré-Pferde zu sehen. Neuere Untersuchungen, die NOBIS (1982) an Wildpferden aus der magdalénienzeitlichen Station Saaleck am Fuße der Rudelsburg in Thüringen durchführte, bestätigen die bisherigen Feststellungen, daß Solutré-Pferde auch während des Magdaléniens durch den jagenden Menschen zur Isolation gezwungen und durch Abschuß dezimiert wurden, was morphologisch-metrisch seinen Niederschlag in einer weiteren Größenabnahme auf Widerristhöhen bis um 1,34 m fand. Daraus kann gefolgert werden, daß westeuropäische Wildpferde mit kleineren Widerristhöhen jünger als solche mit größeren Werten sind.

Przewalski-Hengst, gemalt von WAGNER (1907).

Heutiges Islandpferd auf einer Koppel bei Reykjavik.

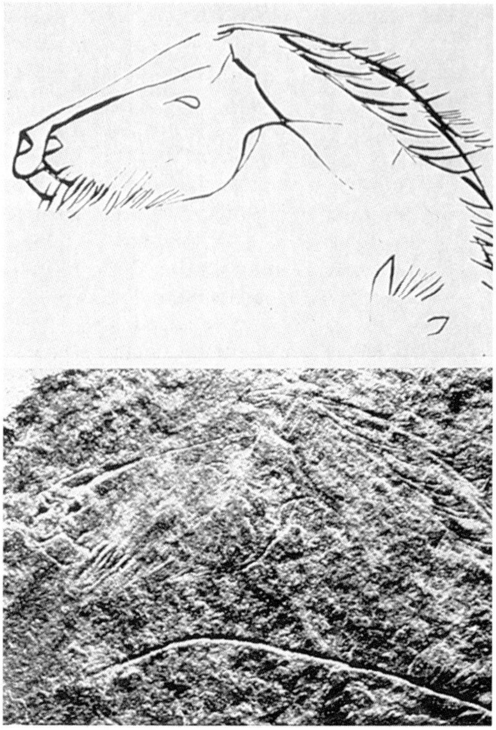

Wildpferde. Gravierungen auf Schieferplatten in Feldkirchen-Gönnersdorf.

In Gönnersdorf wurden auch zahlreiche Wildpferdgravierungen auf Schieferplatten gefunden. In der Ritzzeichnung sind nach BOSINSKI in der Wiedergabe der Mähne, der Nüstern und des »Bartes« sowie in den Proportionen gute Parallelen zu den Pferden von Niaux zu finden, die zu zahlreichen Pferdedarstellungen der frankokantabrischen Kunst gehören. Damit wird die Frage nach dem Aussagewert von Pferdedarstellungen in der paläolithischen Parietalkunst gestellt.
Zahlreiche Untersucher, so BOURDELLE (1938), ZEUNER (1963) u. a., sahen sich durch die häufige Wiedergabe charakteristischer Merkmale zu einer genaueren Identifizierung der Einzelbilder veranlaßt. Diese Forscher wollten am Schluß nicht nur Wildpferdarten, sondern teilweise Unterarten erkennen. So glaubte BOURDELLE, drei Pferdearten unterscheiden zu können: Przewalski-Pferde, Pferde, die den norwegischen Fjordpferden gleichen, und die sogenannten keltischen Ponys. Und ZEUNER meinte, daß mindestens einige Pferdedarstellungen von Lascaux mehr dem Tarpan als dem Przewalski-Pferd ähneln. Wahrscheinlich ließ er sich bei der Interpretation von der Gesamtfauna beeinflussen, die er als »Waldfauna« bezeichnete.
Auf Grund von Höhlenmalereien ist S. FRECHKOP (1957) sogar geneigt, das Pferd der Dordogne als vierte Unterart eines westeuropäischen Wildpferdes zu bezeichnen. J. SPEED und H. EBHARDT spannen diese Gedanken weiter aus, nannten die vier Subspecies Pony- bzw. Pferdeformen I–IV und machten sie zu Stammformen von Hauspferdrassen, was wissenschaftlich unhaltbar ist.
Doch schon F. WINDELS (1948) konnte bei den Lascaux-Pferden nachweisen, daß die von BOURDELLE u. a. als typisch angeführten Merkmale wie Kopfhaltung, Mähne und Schwanzstellung erheblich variieren. Dieses Überschneiden ließe sich nach WINDELS damit erklären, daß die damaligen Pferdepopulationen im Zustand der Rassenbildung waren.
Die sogenannten Pferdearten und -unterarten könnten auch gewisse künstlerische Freiheiten in der Darstellung dokumentieren, z. B. durch die Anwendung unterschiedlicher Stilmittel in den verschiedenen Höhlen, wie den Ausführungen sowie der Zusammenstellung von Pferdeköpfen durch J. P. UCKO und A. ROSENFELD (1967) entnommen werden kann.
Das Studium neuen Fossilmaterials zeigt also, daß Wildpferde im Laufe des Eiszeitalters mannigfachen Wandlungen unterlagen und daß nach dem Hochstand der letzten Vereisung die Wildpferdart *Equus ferus* in Raum und Zeit weit verbreitet war. Aber auch bei dieser Art vollzogen sich noch höchst bemerkenswerte Veränderungen. Während in den Randgebieten ihres eurasischen Verbreitungsareals, also in Mittel- und Westeuropa sowie in Innerasien, Größenreduktionen zu Klein- und Zwergformen führten, wurde in den süd- und mittelrussischen Steppengebieten eine Zunahme der Körpergröße beobachtet.

Vom Wildpferd zum Hauspferd

Die Domestikation des Pferdes

Bis in die jüngste Zeit hinein wird versucht, die Frage nach der Haustierwerdung der Wildpferde, ihre Domestikation also, durch theoretische Spekulationen zu lösen. Der historische Ablauf der Forschungsgeschichte läßt sich wie folgt skizzieren:

Schon vor einhundert Jahren unterschied I. FRANCK (1874) bei Hauspferden eine warmblütige (= östliche) und eine kaltblütige (= westliche) Gruppe, die jeweils von anderen Wildvorfahren abstammen sollen. Ihm schlossen sich eine Reihe weiterer Untersucher an, wie u. a. B. LUNDHOLM (1947).

In der Tierzucht finden wir heute noch diese Gruppierung.

Zu Beginn unseres Jahrhunderts wurden dann drei Gruppen von Hauspferden mit je einem Wildvorfahr postuliert:

1. Steppenpferde, die im großen und ganzen den Warmblutpferden entsprechen, sollen vom Przewalski-Pferd abstammen.
2. Waldpferde, mit den Kaltblutpferden identisch, haben das westliche Eiszeitwildpferd von Solutré als Vorfahr.
3. Plateau- oder Wüstenpferde beziehen sich auf englische fossile Wildpferde, deren Grundtyp das sogenannte keltische Pony ist.

Der bekannte Wiener Hippologe ANTONIUS modifiziert in seinem Buch über die Abstammung der Haustiere (1922) diese Dreiteilung in *Equus orientalis* (Wildform = südrussischer Tarpan), *Equus ferus* (Wildform = Przewalski-Pferd) und *Equus robustus* (Wildform = die großen westeuropäischen Eiszeitpferde, u. a. das Mosbachpferd *Equus mosbachensis*).

Diese Dreiteilung kehrt dann bei HILZHEIMER (1926) wieder: Tarpangruppe, Gruppe der keltischen Ponys und die Kaltblutgruppe. Nach ihm muß man mit mindestens zwei wilden Ursprungsformen der Hauspferde rechnen, dem Tarpan und dem Przewalski-Pferd.

Den Arbeiten von E. SKORKOWSKI (1970) ist eine Unterteilung der Hauspferde in sechs Unterarten zu entnehmen. Gleich SPEED und EBHARDT postuliert auch er für jede Gruppe einen selbständigen pleistozänen Wildvorfahr. Die These, Hauspferde von nur einem Wildahn herzuleiten, finden wir zuerst bei CHARLES DARWIN (1868). Später schließen sich mehrere Forscher dieser monophyletischen

Verschiedene bei der Darstellung von Pferdeköpfen angewandte Stilarten (nach UCKO/ROSENFELD 1967).

Ableitung an. So neigen auch ANTONIUS, HILZHEIMER u. a. in ihren späteren Arbeiten dazu, alle europäischen Hauspferde auf den südrussischen Tarpan zurückzuführen. Auch die Kieler Schule unter W. HERRE nimmt nur eine wilde Stammart an, die mit großer Wahrscheinlichkeit mit dem Przewalski-Pferd identisch sein soll.

Welches Wildpferd wurde zum Hauspferd, und wann und wo erfolgte die Erstdomestikation?

Heute gibt es bereits aus dem 4. Jahrtausend v. Chr. klare Beweise für die Erstdomestikation von Wildpferden auf dem Gebiet der heutigen Sowjetunion. Danach wurde diese Tierart an zwei verschiedenen Zentren in den Hausstand überführt: Das westliche Zentrum liegt im europäischen, das östliche im asiatischen Teil der UdSSR. Die europäische Pferdedomestikation fand in den Steppen der südlichen Ukraine und Südrußlands statt. Berühmt ist der Fundort Dereivka, eine Siedlung der kupferzeitlichen Srednij-Stog-Kultur am mittleren Dnjepr. Dort wurde von sowjetischen Archäologen eine Fläche von 2000 m^2 ausgegraben. Etwa 80% der gefundenen Säugetierknochen konnten als Überreste von Haustieren bestimmt werden; davon stammen wiederum 74% vom Pferd. Bezogen auf die Anzahl der Individuen machten Pferde mindestens die Hälfte des Haustierbestandes der Siedler aus. Und Dereivka ist keine Ausnahme: In den Siedlungen der Srednij-Stog-Kultur kommen hohe Prozentzahlen von Pferdeknochen häufiger vor, so auch in Aleksandrija, Konstantinova und Moljuchov Bugor (V. I. BIBIKOVA, 1975, D. J. TELEGIN, 1986).

Der Annahme, es handele sich womöglich bei diesen Siedlungen um Niederlassungen spezialisierter Wildpferdejäger, widerspricht die große Variabilität der Extremitätenknochen, welche nur bei einer Haustierpopulation zu beobachten ist. Auch die Schädelmorphologie unterscheidet die Pferde der Srednij-Stog-Kultur eindeutig von Wildpferden (NOBIS, 1971). Und nicht zuletzt läßt der Fund von sechs aus Hirschhorn gefertigten Trensenknebeln in Dereivka keinen Zweifel mehr, daß wir es mit domestizierten Pferden zu tun haben (s. Abb.), und das nach Ausweis der C^{14}-

Trensenknebel aus Hirschhorn: 1 und 2 = Dereivka; 3 = Vinogradnij (nach BÖKÖNYI, 1988).

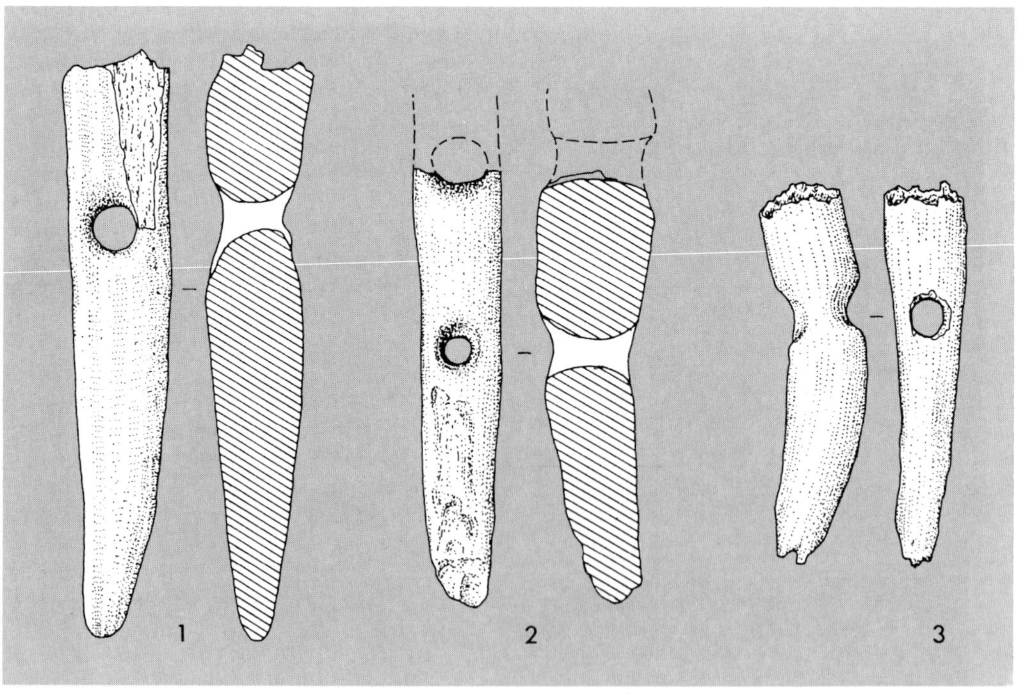

Datierungen in der zweiten Hälfte des 4. und dem anbrechenden 3. Jahrtausend v. Chr.
Neben der Fleischnutzung waren die domestizierten Pferde auch Arbeitstiere, was die Trensenfunde verdeutlichen.
Theoretisch sind drei Einsatzmöglichkeiten für ein Arbeitspferd denkbar: als Lasttier, als Reittier und als Zugtier. Die erste Möglichkeit käme auf felsigem, gebirgigem Grund in Betracht. Eine solche Landschaft fehlt aber in den südlichen Steppen Osteuropas. Diese Möglichkeit scheidet also aus. Bleibt der Einsatz als Reit- oder Zugtier zu prüfen. Zunächst muß dazu gesagt werden, daß sich eine Pferdeherde gar nicht anders als vom Rücken eines Pferdes aus zusammenhalten läßt. Deshalb muß man zwingend annehmen, daß Pferdedomestikation und Einsatz des Pferdes als Reittier zeitlich eng zusammenfallen. Der frühe Gebrauch der Trense zeigt dies zusätzlich an. Andererseits könnte die Trense auch als Hinweis auf ein Zugtier gedeutet werden. Wahrscheinlich waren die Tiere, die kaum die Stufe der Wildheit hinter sich gelassen haben, in Gruppen besser zu beherrschen, sei es als Lasttiere, sei es paarweise als Zugtiere vor dem Wagen. Deshalb ist die Annahme erlaubt, daß die frühen Hauspferde zwar von Anfang an auch als Reitpferde, häufiger aber wohl als Zugpferde dem Menschen gedient haben.
Auf welcher Grundlage konnte sich in der Kupferzeit die Pferdedomestikation vollziehen? Am Ende der Eiszeit gab es in Osteuropa und Zentralasien nur noch eine Pferdeart, *Equus ferus* Boddaert. Diese war in zwei klar unterscheidbare Unterarten gegliedert: in Osteuropa lebte der Tarpan (*Equus ferus gmelini* Antonius), ein kleines, graues Pferd mit schmalem, kurzem Kopf. Innerasien dagegen war die Heimat des Przewalski-Pferdes (*Equus ferus przewalskii* Poljakoff), dessen kurze Stehmähne, Schwanz und Füße dunkel gegen das fahlgelbe Fell abstechen. Während das Przewalski-Pferd in der Mongolei und in zoologischen Gärten (J. VOLF, 1972) bis heute überlebt hat, wurde der Tarpan im 19. Jahrhundert ausgerottet. Die nach dem russisch-türkischen Krieg 1853–1856 in die ukrainischen Steppen vordringende Landwirtschaft hatte die Bestände zwar empfindlich dezimiert, aber ausgelöscht wurde der Tarpan von den damaligen Pferdezüchtern der Region. Um ihre Stuten vor den Wildhengsten zu schützen, haben sie diese gnadenlos gejagt und abgeschossen. Es ist vielleicht mehr als nur Ironie der Geschichte, daß unter solchen Umständen der Stammvater des europäischen Hauspferdes von der Erde verschwunden ist. Das nämlich muß der Tarpan gewesen sein, denn Dereivka liegt wie die anderen Siedlungen der Srednij-Stog-Kultur im Verbreitungsgebiet dieser Unterart des nacheiszeitlichen Wildpferdes.
Aus dem Verbreitungsgebiet der asiatischen Unterart des *Equus ferus* Boddaert, dem Przewalski-Pferd, fehlten lange Zeit Belege für Pferdedomestikation. Erst in den letzten Jahren hat die archäologische Feldforschung diese Lücke schließen können. Neuerdings kennt man Knochenfunde von Hauspferden aus Botaj, Solenoje Ozero I, Livanovka, Rosinskoje und Baladnjino. Die beiden letztgenannten Siedlungen gehören bereits in die Frühbronzezeit. Solenoje Ozero I und Livanovka, deren Besiedlung etwa vom Ende des 3. bis zum Anfang des 2. Jahrtausends v. Chr. gedauert haben muß, erbrachten nur Pferdereste. Aus der kupferzeitlichen Siedlung Botaj, die ins ausgehende 4. und ins 3. Jahrtausend zu datieren ist, stammen 99,9% der gesamten Knochenfundmenge an diesem wichtigsten Fundort Kasachstans vom Pferd – insgesamt 133 000 Stück! L. A. MARAKOVA hat von 10 000 Knochen die Maße genommen. Ihre morphologischen und metrischen Untersuchungen lassen nur den Schluß zu, daß die kupferzeitlichen Pferde von Botaj schon domestiziert waren. Die schon in Dereivka beobachtete hohe Variabilität der Extremitätenknochen und der Widerristhöhe sprechen eine klare Sprache.
Im Vergleich mit den Dereivka-Pferden oder den Pferden von kupfer- und bronzezeitlichen Fundstellen des Karpatenbeckens waren die Botaj-Pferde im Durchschnitt etwas größer. Etwa ein Fünftel von ihnen erreichte Widerristhöhen zwischen 144 und 152 cm, und über zwei Drittel brachten es immer noch auf 136 bis 144 cm; nur etwa jedes 10. Tier hatte eine Widerristhöhe zwischen 128 und 136 cm. Die ungefähr gleichzeitigen oder wenig späteren westeuropäischen Hauspferde waren wesentlich kleiner; ihre durchschnittliche Widerristhöhe lag noch unter dem niedrigsten Wert der Botaj-Pferde.
Aus Nordkasachstan sind Pferde durch Handel oder andere Kontakte nach dem Süden

gelangt, und es ist leicht möglich, daß jene Hauspferde, deren Reste man im südostiranischen Tell-i-Iblis und im südwestiranischen Tell-i-Malyan gefunden hat, aus diesem Domestikationszentrum stammen.
In Tell-i-Iblis wurden die Pferdeknochen in der späturukzeitlichen Schicht 4 gefunden, die heute in das letzte Drittel des 4. Jahrtausends datiert wird. Tell-i-Malyan ist vielleicht etwas jünger einzustufen und wird der Ǧemdet-Nasr-Periode Mesopotamiens gleichgesetzt.
Pferde aus dem europäischen Domestikationszentrum in der Ukraine sind noch im 4. Jahrtausend v. Chr. in den moldauisch-ostrumänischen Bereich der Gumelnitza-Kultur bis in die Dobrudscha gelangt (NOBIS & NINOV, 1989). Nach Westen sind sie bis in das Karpatenbecken gedrungen, wo ihre Reste in den Siedlungen der Tiszapolgár-Kultur zwar früher nur vereinzelt, neuerdings aber fast regelmäßig gefunden werden – wenn auch in bescheidenen Mengen. Erst rund 1000 Jahre später, in der beginnenden Frühbronzezeit, wurde das Karpatenbecken von vielen Pferden bevölkert (BÖKÖNYI, 1987).
In jüngster Zeit wurden auch in Anatolien für die zweite Hälfte des 4. Jahrtausends Pferde nachgewiesen. Anlaß zu Diskussionen haben die Knochen aus den deutschen Ausgrabungen in Norşun Tepe bei Elazig gegeben. J. BOESSNECK und A. VON DEN DRIESCH (1976) vertreten die Ansicht, es handele sich um Reste von Wildpferden. Doch es gibt fünf gute Gründe, die Pferde von Norşun Tepe wie auch die in der Nähe vorkommenden Tiere von Arslan Tepe und Degirmen Tepe als Hauspferde zu interpretieren. Erstens ist von Wildpferdfunden aus Anatoliens Neolithikum bisher nichts bekannt. Wenn in einer Zeit, in der das domestizierte Pferd sich außerhalb seiner Domestikationsgebiete verbreitet, erstmals Pferdeknochen in Anatolien auftauchen, ist die Wahrscheinlichkeit groß, daß sie von Hauspferden stammen. Zweitens ist nachzuweisen, daß das Gebiet, aus dem die Pferdefunde stammen, während der Kupferzeit kulturelle Kontakte zum Kaukasus hatte, wo damals Hauspferde keine Seltenheit waren. Drittens passen die Pferdeknochen aus Norşun Tepe, Arslan Tepe und Degirmen Tepe sehr gut in die Größenvariation und Wuchsform der frühesten osteuropäischen Hauspferde hinein. Viertens kann man an einem der anatolischen Fundorte, nämlich Arslan Tepe, eine ununterbrochene Pferdehaltung bis in die Hethiterzeit nachweisen. Und fünftens wurden in einer kupferzeitlichen Grube von Degirmen Tepe die Knochen eines achtmonatigen Pferdeembryos gefunden, was als sicheres Zeichen für lokale Pferdehaltung gewertet werden darf. So kann aus allem der Schluß gezogen werden, daß die kupferzeitlichen Pferde Anatoliens europäische Hauspferde nordkaukasischer Herkunft waren. Für eine damalige Verbreitung des asiatischen Hauspferdes oder seiner Stammform, des Przewalski-Pferdes, bis Anatolien gibt es keine Hinweise (BÖKÖNYI, 1988).

Domestikation der Wildpferde auch in Zentral- oder Westeuropa?

Von alluvialen vorgeschichtlichen Equiden auf der Iberischen Halbinsel ist kaum etwas bekannt (BOESSNECK, 1973). Dagegen berichtet DUCOS (1960) von neolithischen Pferden aus Roucadour (Südwestfrankreich). Diese Tiere sind kleiner als Solutré-Pferde. Waren auch sie schon domestiziert? Hier können Überlegungen zu Studien an eisenzeitlichen Pferden Zentral- und Osteuropas weiterführen, die BÖKÖNYI (1964) vorlegte. Er konnte eine Gruppe kleinerer Pferde – hierzu gehören die »helvetisch-gallischen« Pferde, die Pferde aus LaTène und die keltischen Pferde aus Manching (LIEPE, 1958) – einer Gruppe größerer Tiere, vor allem den skythischen und griechischen Pferden aus Südrußland (ZALKIN, 1960), gegenüberstellen. Nach Auffassung von BÖKÖNYI kann der Größenunterschied kein Ergebnis eines kontinuierlich sich fortsetzenden Verkleinerungsprozesses sein, da die Pferde der östlichen Gruppe noch während der LaTène-Epoche größer als Tiere der westlichen Gruppe sind.
Bei abwägender Betrachtung der möglichen Zuchtauslese und anderer Faktoren, wie z. B. Umweltanpassungen, und unter Berücksichtigung einer nicht unerheblichen Größenvariation magdalénienzeitlicher Wildpferde sprechen die osteologischen Befunde wohl für die Domestikation auch der kleineren west- und zentraleuropäischen Unterart des *Equus ferus*-Rassenkreises. Es ist jedoch nicht zulässig, heutige Kaltblüter von einem großen und schweren Eiszeitpferd Westeuropas herleiten zu wollen, da solche Tiere am Ende der Eiszeit längst ausgestorben waren.

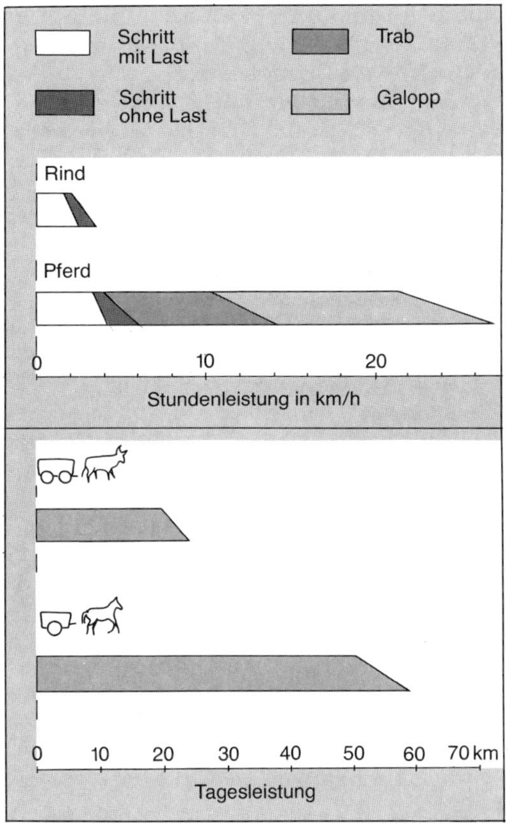

Leistungsvergleich zwischen Rind und Pferd (nach BÖKÖNYI, 1988).

Die Domestikation des Pferdes gewann für die Menschheit auf vielen Gebieten rasch große Bedeutung. Noch bis zum Beginn unseres Jahrhunderts unterhielten Menschen zum Pferd engere Beziehungen als sonst zu einem Haustier, der Hund vielleicht ausgenommen. Der wichtigste Grund ist sicherlich, daß er das Pferd zu seinem Kriegs- und Jagdgefährten gemacht hat. Seine Schnelligkeit lernte er, bewußt auszunutzen, und diese Eigenschaft machte es auch zu einem erfolgreichen Arbeitstier (s. Abbildung). So schuf sich der Mensch mit dem Pferd als Zug- und Reittier zum erstenmal in seiner Geschichte ein Transportmittel, dessen Geschwindigkeit seine eigene weit übertraf (BÖKÖNYI).

Das Pferd in der Frühzeit menschlicher Kulturen

Pferdehaltung und -zucht im Lichte archäozoologischer Forschungen

Wandmalereien, Ritzzeichnungen, Skulpturen, Statuetten und Reliefs sind neben schriftlichen Überlieferungen häufig die wichtigsten Quellen, denen man Einzelheiten über Größe, Gestalt, Farbe und Gebrauch von Pferden in der Frühzeit menschlicher Kulturen entnehmen kann. Daraus folgerte man, daß das Pferd zunächst als Nahrungsmittel diente, dann als Transport- und Zugtier vor Wagen und Pflug im Einsatz war und zum Reiten benutzt wurde.

Die zeitlichen Angaben hierüber sind nach einzelnen Gebieten und Kulturen sehr unterschiedlich. Als sicher gilt, daß die Entwicklung des Pferdes als Kampfmittel um 2000 v. Chr. im Alten Orient begann, denn dort wurde es schon zwischen 1900–1700 v. Chr. vor den Kampfwagen gespannt. Das Reiten bürgerte sich aber erst später ein, etwa ab 1200 v. Chr.

Eine weit größere Aussagekraft über den in den einzelnen Kulturen verbreiteten Phänotypus von Pferden haben jedoch Schädel- und Skelettreste, die in den letzten Jahren recht zahlreich sowohl von Archäologen als auch von Ur- und Frühgeschichtlern geborgen und Archäozoologen zu Detailstudien überlassen wurden.

So war es W. HERRE und M. RÖHRS (1958) möglich, Equidenreste aus den Hethiter-Gräbern von Osmankayasi bei Bogazköy in Anatolien zu bearbeiten. Da Pferde im kleinasiatischen Raum nicht ursprünglich beheimatet waren, mußten sie als Hauspferde eingeführt werden. Dort wurden sie zu besonderer Vollkommenheit gezüchtet. Dokumente sprechen aber auch von Sorgen um den Pferdebestand, wie der bei den ersten Ausgrabungen in Bogazköy (1906–1912) gefundene »Pferdetext« des Mitannimannes namens Kikkuli bezeugt. Nach Schädel- und Skelettresten zu urteilen, waren die Hauspferde der Hethiter, die zwischen dem 17. und 14. Jahrhundert v. Chr. gezüchtet wurden, im Widerrist maximal 140 cm hoch und von schlankem Körperwuchs. Die Pferdereste zeigen keine Spuren einer Verkümmerung und geben keinerlei

Hinweise auf eine kleinere, anpassungsfähige und damit weniger anspruchsvolle Ponyrasse. Die Pferde aus den Kurganen von Pasyryk, in einem Hochtal des Altaigebirges gelegen, stammen vorwiegend aus dem 5.–1. Jahrhundert v. Chr. Die Untersuchungsergebnisse des sowjetischen Hippologen V. O. VITT (1952) zeigen, daß die damaligen Pferde im Widerrist 128–159 cm hoch waren. Die Variationsbreite ist so groß, daß er sie zwar in vier »Formengruppen« einteilt, nach den Skelettvermessungen aber der Meinung ist, daß sie in einem »bruchlosen Zusammenhang« stehen, d. h. die größeren werden als Reitpferde gedeutet. Sie sind das Ergebnis einer besonderen Auslese der damals bodenständigen kleineren Pferde unter Berücksichtigung guter Fütterung und Anwendung von Frühkastration. Eine Veredelung bodenständiger Pferde mit einer importierten hochgezüchteten Pferderasse schließt er aus; Ursprung und Ersterfolge der Pferdezucht müssen somit als eigenständige Leistung asiatischer Nomaden aus dem Tiefland von Turan gewertet werden. Zu einem ähnlichen Ergebnis kommt auch W. I. ZALKIN (1952) nach dem Studium anderer Pferdeskelette aus Altaikurganen, die im Gegensatz zu denen von Pasyryk keine Bestattung des Adels, sondern einfache Grabhügel der Nomaden sind.

Von griechischen Pferden gibt es zwar viele bildliche Darstellungen und Texte, die uns über Aussehen und Leistung informieren, exakte Angaben über Größe und Wuchs sind jedoch selten.

Zahlreiche Equidenreste aus einem Kuppelgrab bei Pylos auf dem Peloponnes konnte G. NOBIS (1984) studieren. Nach Skelettuntersuchungen ermittelte er die Größe der Hauspferde, die bei einer Variation von 1,37 bis 1,55 m im Durchschnitt 1,47 m betrug. Im hellenistischen Pylos hielten die Griechen demnach keine allzu großen Pferde. Als Folge bewußter Pferdezucht machten sich offensichtlich auch pathologische Schäden bemerkbar, so daß man gezwungen war, davon betroffene Pferde in einem noch jugendlichen Alter zu töten.

Hauspferde ähnlicher Größen wurden sowohl aus Zypern und Troja als auch aus den altägyptischen Gräbern von Buhen und Soleb bekannt (G. NOBIS, 1976/77). Daraus ist zu schließen, daß damals im gesamten Mediterrangebiet Pferde gehalten oder gezüchtet wurden, deren Widerristhöhen 1,55 m nicht überschritten.

Auf der arabischen Halbinsel erscheint das Pferd wahrscheinlich im 8. Jahrhundert v. Chr. (E. SCHIELE, 1972), in Südarabien sogar erst nach der Zeitenwende. Aussehen und Größe dieser frühen Araber sind bis heute unbekannt, da Fossilfunde fehlen. Als sicher kann jedoch gelten, daß veränderte Auslesebedingungen aus importierten heterogenen Hauspferdebeständen frühhistorischer Epochen Pferde entstehen ließen, die heute als edle »Töchter des Windes« einen Zauber besonderer Art ausstrahlen.

Die Frage nach dem Erscheinungsbild römerzeitlicher Hauspferde in Zentraleuropa kann an Hand mehrerer osteologischer Detailstudien beantwortet werden. Sie lehren, daß u. a. auch die über dreißig Pferde, die beim Bataveraufstand 69 n. Chr. umkamen und bei Krefeld gefunden wurden, im Widerrist zwischen 1,17 m und 1,54 m variieren. Die größeren Tiere glichen in ihrem Habitus somit heutigen Fjordpferden, die kleineren verzwergten Islandponys. Außerdem konnte nachgewiesen werden, daß die ersteren ihre Entstehung einer Selektion aus kleineren heimischen Landpferden verdanken (G. NOBIS, 1973).

Auch im römischen Mainz wurde eine einheitliche Pferdegruppe mit Widerristhöhen um 1,40 m bei gleitender Größenvariation von 1,30–1,45 m geborgen.

Die Bearbeiter H. HEMMER und R. JAEGER (1969) glauben, diesen Pferdetyp als Kreuzungspunkt mit aus Spanien importierten ramsköpfigen Pferden deuten zu müssen. Bis heute fehlt dort jedoch der Nachweis eines

Araberhengst aus dem Gestüt Bábolna b. Győr/Ungarn.

Norwegisches Fjordpferd bei Bergen/Norwegen.

Primitives Landpferd im Zoo von Moskau/UdSSR.

Bosnisches Pony, aufgenommen in Jugoslawien.

Primitive Landpferde und Mulis in Nordchina.

Vorkommens ramsköpfiger Pferde, wie mir J. BOESSNECK (München), Bearbeiter zahlreicher iberischer Subfossilfaunen, versicherte.
Im bronzezeitlichen Spanien lebten Pferde, deren Größe zwischen 1,30 und 1,45 m lag und die sich nur unwesentlich von denen unterschieden, die im damaligen Zentraleuropa lebten. Somit ist es unzulässig, (Süd-)Spanien als Heimat eines leichten Ramskopfpferdes zu bezeichnen, das dort aus einheimischen Wildpferden domestiziert wurde und im heutigen Sorraiapony – ein Name, der sich von Hauspferden ableitet, die vor allem in den Ebenen zwischen den Flüssen Sor und Raia vorkommen – weiterleben soll (M. SCHÄFER, 1980). Hier bezieht man sich offensichtlich auf Angaben älterer Hippologen, deren Ziel es war, ohne Kenntnis der Studien an subfossilen Pferden allein nach Ähnlichkeiten Verwandtschaften zu postulieren, wie dies u. a. d'ANDRADE (1920) zwischen pleistozänen Equidendarstellungen und lebenden Pferdeschlägen versuchte. Heute weiß man, daß auch Ramskopfpferde unabhängig von Ort und Zeit als konvergente Typen entstehen können.
In seinen Studien zur Frühgeschichte der Pferdezucht beschäftigte sich G. NOBIS (1962) auch mit dem Aussehen von Pferden aus der Wikingerzeit. Ihm stand ein reiches Equidenmaterial zur Verfügung. Danach waren die Pferde der Landnahmemänner in Island im Mittel 1,34 m groß, ihre Variation betrug 1,24–1,43 m. Die Pferde aus den Oseberg- und Gokstadschiffen hatten mittlere Höhen im Widerrist von 1,41 bzw. 1,38 m (Größenvariation 1,30–1,48 m), und die Tiere aus dem westfälischen Pferdefriedhof von Beckum besaßen eine durchschnittliche Widerristhöhe von 1,38 m (1,31–1,45 m).
Island wurde bekanntlich seit 874 von skandinavischen Wikingern besiedelt, die ihre Pferde aus der Heimat mitbrachten. Der Vergleich zwischen den frühen Islandpferden und den Pferden von Oseberg und Gokstad lehrt, daß letztere im Durchschnitt 7 bzw. 4 cm größer waren. Da der 930 n. Chr. geschaffene Allthing sehr bald ein Verbot zur Einfuhr

weiterer Pferde erließ, ist anzunehmen, daß die frühen Islandpferde in einer neuen, andersartigen Umwelt natürlichen Auslesebedingungen unterlagen, die zu einer Größenabnahme führten. Heutige Fjordpferde stimmen in ihren Maßen mit den größeren Pferden von Oseberg und Gokstad überein, was ihre Entstehung durch künstliche Zuchtwahl aus einem großen Variationsbereich heraus wahrscheinlich macht. Pferde ähnlicher Größe wie im frühgeschichtlichen Südnorwegen lebten u. a. auch in Norddeutschland (Beckum) und in Anderten bei Hannover.

Die Verbreitung gleich großer Pferde in den vormittelalterlichen Jahrhunderten schließt für die hier verglichenen Fundorte die Größe als alleinigen Rassenindikator aus. Doch wie steht es mit der Wuchsform, die neben der Größe auch als ein die Rasse bestimmendes Merkmal zu gelten hat? Werden die zahlreichen Befunde an den Extremitätenknochen des hier diskutierten Pferdematerials zusammengefaßt, so deuten die errechneten Widerristhöhen, die Proportionsverteilungen von Einzelknochen und ihre Stärkeindizes in den vormittelalterlichen Jahrhunderten Skandinaviens und Norddeutschlands auf mittelgroße Pferde recht unterschiedlicher Wuchsformen hin. Für sie wurde die Bezeichnung »Urkaltblüter« geprägt.

Insgesamt zeigt die hohe Variation einzelner Körperlängenmerkmale und der Wuchsordnung jedoch, daß sie als Rassekriterien allein nicht ausreichen.

Sicher schufen veränderte Auslesebedingungen aus heterogenen Hauspferdebeständen frühhistorischer Epochen Populationen, die sich deutlich in Größe und Wuchs unterschieden: In Island, wo Pferde fast ganzjährig sich selbst überlassen waren, unterlagen sie zwar einem Verzwergungsprozeß, paßten sich aber schwierigen Umweltbedingungen ausgezeichnet an und wurden zu einem »Idealtyp« eines landwirtschaftlich rentablen Pferdes. In Südskandinavien schuf eine Selektion größerer wikingerzeitlicher Pferde die heutigen Fjordpferde. Auf dem Kontinent schließlich entstanden selektiv im beginnenden Mittelalter die großen und schweren Ritterpferde.

Abstammungshypothesen, die gerade in diesen »Rassen« Nachkommen von Wildpferden erblicken, die über mehrere Jahrtausende keiner Typenänderung unterlagen und schon auf Höhlenzeichnungen der Eiszeit zu erkennen sein sollen, verstricken sich in der Starrheit typologischen Denkens – sie gehen an den modernen Erkenntnissen archäozoologischer Forschungen über die Herkunft und die Entstehung von Hauspferderassen vorbei.

In der Neuzeit hat das Pferd zahlreiche züchterische Maßnahmen erfahren und es findet vielfältigen Verwendungszweck. Die folgenden Kapitel werden hierüber ein beredtes Zeugnis ablegen.

Pferdezucht

Pferderassen und Zuchtgebiete

Dr. Hanfried Haring
Generalsekretär der Deutschen Reiterlichen Vereinigung e. V. (FN), Warendorf

Bei der Darstellung der Pferderassen ist die Einteilung in die Gruppen Reitpferde, Rennpferde, Ponys und Kaltblüter zumindest für den europäischen Bereich sinnvoll. Da die Pferdezucht jedoch selten nach Ländern getrennt stattfindet, sondern nur im Zusammenhang verstanden werden kann, erfolgt die Beschreibung der Situation und der Rassengruppe bezogen auf das jeweilige Zuchtland. Diese Zuchtländer werden wiederum bestimmten wirtschaftlichen, geographischen und politischen Bereichen zugeordnet, da es hier wechselseitige Einflüsse auf Zuchtziele und Zuchtpolitik gibt.

Den Verhältnissen in der Bundesrepublik Deutschland wird aus naheliegenden Gründen ein breiter Raum eingeräumt. Dabei werden auch Rassen wie z. B. Vollblüter und Traber dargestellt. Auch die Ponyrassen werden besprochen, soweit sie in Deutschland heimisch geworden sind und eine gewisse Bedeutung haben. Ebenso finden die Kaltblüter Berücksichtigung, die zwar in den achtziger Jahren eine Renaissance erleben durften, deren Rassen jedoch nach der Definition der Europäischen Union vom Aussterben bedroht sind.

Bei der Auswahl der Beschreibung der ausländischen Zuchtgebiete ist nicht unbedingt auf Vollständigkeit Wert gelegt worden. Es wurde vielmehr darauf geachtet, ausschließlich solche Zuchtländer zu beschreiben, deren Struktur und deren Rassen dem Autor persönlich bekannt sind. Darüber hinaus werden Rassen beschrieben, wie z. B. der Paso, die in Deutschland einen gewissen Bekanntheitsgrad erreicht haben. Diese Art der Darstellung wurde gewählt, um eine Neuauflage von zum Teil ausgezeichnet dargestelltem Lehrbuchwissen zu vermeiden.

Viele Pferderassen der Bundesrepublik Deutschland werden auch im Bild dargestellt. Eine Auswahl europäischer und außereuropäischer Pferderassen ist wegen der rassenspezifischen »Buntheit« im Farbbildteil vorgestellt.

WESTEUROPA

Bundesrepublik Deutschland

Pferdebestand

Auf Grund der Verdrängung des Pferdes durch die Motorisierung sank der Gesamtpferdebestand in der Bundesrepublik Deutschland mit Beginn der 50er Jahre drastisch. Im Jahre 1950 wurden noch mehr als 1,5 Millionen Pferde gezählt. Innerhalb von 20 Jahren erreichte der Pferdebestand 1970 mit einer Gesamtzahl von rund 250 000 seinen Tiefststand. Danach war eine kontinuierliche Steigerung um jährlich ca. 5% zu beobachten, hervorgerufen durch die nahezu ausschließliche Verwendung des Pferdes im immer populärer werdenden Sport.
Im Jahre 1993 waren in den Stutbüchern der deutschen Zuchtverbände insgesamt 124 030 Stuten eingetragen, davon 76 623 Warmblutstuten, 36 300 Ponystuten und 4 005 Kaltblutstuten.

Organisation der Pferdezucht

In der Gründung von einzelnen Gestüten war die erste züchterische Planung zu erkennen. Entscheidenden Einfluß auf die Zielsetzung der Pferdezucht besaßen die Hauptgestüte (Trakehnen 1723, Neustadt 1786), welche die Aufgabe hatten, Hengste zu züchten und diese der Landespferdezucht zur Verfügung zu stellen. In der zweiten Hälfte des 19. Jahrhunderts kamen die Züchter der bisher rein staatlichen Initiative durch die Bildung von Vereinen auf regionaler Basis entgegen, aus denen später die ersten Zuchtverbände auf Landesebene entstanden.
Die heutigen Pferdezuchtverbände sind im Bereich Zucht der Deutschen Reiterlichen Vereinigung e.V. (FN) zusammengeschlossen, die deren Arbeit koordiniert und ihre Interessen im In- und Ausland vertritt.

Englisches Vollblut

Unter diese Bezeichnung fallen nur Pferde, deren Stammbaum lückenlos bis zu den englischen Vorfahren zurückzuführen ist, die im ersten *General Stud Book,* das 1793 herausgegeben wurde, aufgeführt sind. Die Rasse des Englischen Vollblüters ist aus der Paarung der kleinen zähen Galloways mit Orientalen entstanden. Als Stammväter der Vollblutzucht gelten heute drei arabische Hengste, nämlich *Byerley Turk, Darley's Arabian* und *Godolphin Barb* oder *Arabian.* Der Englische Vollblüter ist nahezu 2½ Jahrhunderte auf Rennleistung gezüchtet worden. Die erste Aufzeichnung offizieller Rennergebnisse erfolgte 1709, ab 1727 wurde in England der Rennkalender regelmäßig herausgegeben. Die Rennen sind der Motor für die Zucht des Englischen Vollblüters.
Für die Durchführung der Rennen sowie das Zuchtbuch ist das Direktorium für Vollblutzucht und Rennen e. V. in Köln verantwortlich. Der Vollblüter ist zu allen Zeiten mit großem Erfolg in der Reitpferdezucht eingesetzt worden. Besonders beim Umzüchtungsprozeß auf das moderne Reitpferd wurde er auch in der Bundesrepublik stark verwendet. Ausführlich über die Vollblutzucht berichtet das entsprechende Kapitel.

Traber

Als älteste Traberrasse wird der *Orlow-Traber* genannt. Ende des 18. Jahrhunderts schuf Graf Orlow in Rußland mit Hilfe strengster Leistungsprüfungen diese Rasse zur schnellen Überwindung großer Entfernungen in seinem Vaterland.
Fast gleichzeitig mit dem Orlow-Traber entstand in Amerika der *Amerikanische Traber* aus einer Vielzahl von Ausgangsrassen. Der Amerikanische Traber zeichnet sich vor allem durch besondere Schnelligkeit auf der kurzen Strecke (1 Meile) aus. Beliebt ist in Amerika gleichzeitig der *Paß-Gänger,* der sogar schneller als der Traber ist.
Durch die Kreuzung des Orlow-Trabers mit dem Amerikanischen Traber entstand später dann der *Russische Traber.*
Als dritte bedeutende Rasse ist der *Französische Traber* zu nennen, der im Prinzip aus der Zucht des Anglo-Normannen durch Selektion auf Trabvermögen entstanden ist. Erst vor wenigen Jahren wurde das Stutbuch des Französischen Trabers dahingehend geschlossen, daß keine Anglo-Normannen mehr aufgenommen werden. Besondere Beachtung verdient der Umstand, daß auch heute noch ein Teil der Trabrennen in Frankreich unter dem Sattel ausgetragen wird.

Die Traberzucht in Deutschland basierte zunächst auf dem Amerikanischen Traber, wird jedoch heute auch vom Französischen Traber beeinflußt. Für die Durchführung der Rennen und die Führung des Zuchtbuches in der Bundesrepublik Deutschland ist der Hauptverband für Traberzucht und -rennen mit dem Sitz in Kaarst verantwortlich. Auch hier sei auf das entsprechende Kapitel verwiesen.

Deutsches Reitpferd

Über die historische Entwicklung der Reitpferdezucht in Deutschland berichtet das Kapitel »Die westdeutschen Staatsgestüte« recht eingehend.
Ein Meilenstein in der Warmblutzucht der Bundesrepublik war die einstimmige Proklamation des Zuchtzieles des Deutschen Reitpferdes am 22. April 1975:

»Gezüchtet wird ein edles, großliniges und korrektes Reitpferd mit schwungvollen, raumgreifenden elastischen Bewegungen, das auf Grund seines Temperamentes, seines Charakters und seiner Rittigkeit für Reitzwecke jeder Art geeignet ist.«

Diese Formulierung des gemeinsamen Zuchtzieles unter dem Oberbegriff »Deutsches Reitpferd« bedeutet keinesfalls die Aufgabe selbständiger Zuchtgebiete mit alter Tradition oder eine Beschneidung von deren Aufgaben und Rechten. Es werden im Gegenteil unzeitgemäße Schranken zur gemeinsamen Nutzung züchterischer Kapazitäten abgebaut.
Die gegenüberliegende Abbildung zeigt die Tätigkeitsgebiete der 14 regionalen und 2 überregionalen Zuchtgebiete, symbolisiert durch ihre Brandzeichen. Eine kurze Charakterisierung dieser Zuchtverbände wird im folgenden angestellt:

Trakehner

Der Trakehner, als Spezialrasse innerhalb der Zuchtgebiete des Deutschen Reitpferdes angesehen, hat die wechselvollste Geschichte aller deutschen Pferderassen. Er läßt sich zurückführen auf den Schweiken, eine kleine unscheinbare Landrasse, die dem Tarpan nahesteht und welche die Kreuzritter im 13. Jahrhundert im späteren Ostpreußen vorfanden. Ausgangspunkt für die heutige Zucht war das Hauptgestüt Trakehnen. Trakehnen wurde 1732 von Friedrich Wilhelm I. als Königliches Stutamt gegründet. Später erhielt es als Hauptgestüt die Aufgabe, Pferde für die Landgestüte zu liefern. Zur Erfüllung dieser Aufgabe wurden in nicht geringem Umfange orientalische und englische Vollblüter eingesetzt. Ihr Anteil wurde bestimmt von der

Das moderne Reitpferd *Weltmeyer* v. World Cup I a.d. Anka v. Absatz, geb. 14. 2. 1984, aus dem Zuchtgebiet Hannover entspricht in idealer Weise dem heutigen Zuchtziel.

Die Zuchtgebiete des Deutschen Reitpferdes und ihre Brandzeichen.

Aufgabe der ostpreußischen Zucht, für das preußische Heer ausdauernde und leistungsfähige Remonten bereitzustellen.

Trakehner Hengst *Consul.*

Im Jahre 1926 wurde die erste deutsche Hengstprüfungsanstalt in Zwion bei Georgenburg errichtet. Hier wurden alle für den Einsatz als Landbeschäler vorgesehenen Junghengste ein Jahr lang einem strengen Test unterzogen. Nur diejenigen Hengste, die in den drei Grundgangarten, im Verhalten vor dem Wagen, im schweren Zug und unter dem Reiter befriedigen konnten, wurden als Vatertiere eingestellt.
Bis zum Kriegsende war Ostpreußen das größte geschlossene Zuchtgebiet der Welt. Noch im Jahre 1939 wurden 43 000 Stuten bedeckt, wovon die Hälfte im Zuchtbuch der preußischen Stutbuchgesellschaft registriert war. Nach Kriegsende hatten weniger als 1000 Zuchtpferde das Gebiet der damaligen Bundesrepublik Deutschland erreicht. Auf dem Treck von Ostpreußen nach Westdeutschland hatten diese Pferde die härteste Leistungsprüfung abgelegt, die vorstellbar ist.
Am 23. Oktober 1947 wurde der Verband der Züchter und Freunde des Warmblutpferdes Trakehner Abstammung e.V. (Trakehner-Verband) als Nachfolger der alten ostpreußischen Stutbuchgesellschaft gegründet. Nach anfänglich zahlenmäßigem Rückgang aus verschiedenen Gründen – im Jahre 1956 wurden nur noch 602 lebende eingetragene Stuten und 45 Hengste gezählt – ist der Trakehner-Verband heute mit mehr als 4700 Stuten und etwa 200 Hengsten einer der größten Pferdezuchtverbände in der Bundesrepublik Deutschland. Seine Hauptaufgabe, die Erhaltung und Förderung der Zucht des Warmblutpferdes Trakehner Abstammung, hatte bis heute in nicht vorhersehbarem Umfang Erfolg.

Araber

Die Blütezeit des Arabischen Pferdes beginnt mit den islamischen Glaubenskriegen, durch die diese Pferde nach Europa, insbesondere in den spanischen und südfranzösischen Raum, gelangten. Weitere Einflüsse sind auf die Kreuzzüge bis ins 13. Jahrhundert hinein zurückzuführen. Auf diese Weise gewann der Araber bereits wesentlich früher als durch gezielte friedliche Importe einen Einfluß auf die europäischen Rassen, nicht zuletzt auf die Rasse des Englischen Vollblüters.

Als Beginn der Araberzucht in Deutschland kann das Jahr 1810 mit der Gründung des Gestütes Weil im Neckartal durch den späteren König Wilhelm I. von Württemberg angesehen werden. Wenngleich das Gestüt 1932 aufgegeben werden mußte, so fanden die Zuchtpferde doch eine neue Heimat im Haupt- und Landgestüt Marbach a.L.

Zur Zeit gibt es etwa 1200 Hengste und mehr als 3300 Stuten aller Zuchtrichtungen. Es werden folgende Pferde gezüchtet:

- □ Arabisches Vollblut (AV)
  Der Arabische Vollblüter wird in einer Pedigreezucht gezüchtet. Bevorzugt wird der klassische Typ des von den Beduinen gezüchteten Wüstenarabers: kleiner Hechtkopf mit eingesenktem Nasenrükken, kleine Maul- und breite Stirnpartie, weit hervortretende, ausdrucksvolle Augen, feingeformte Ohren. Stockmaß zwischen 148 und 153 cm.
- □ Araber (A)
  Das Zuchtziel ist auf ein Pferd in größerem Rahmen ausgerichtet, das die arabischen Points klar erkennen läßt.

Arabisches Vollblut: DLG-Siegerstute *Maisa* aus Marbach.

- □ Anglo-Araber (AA)
  Der Anglo-Araber soll die Vorzüge beider Ausgangsrassen, die des Englischen Vollblüters und die des Arabers, in sich vereinigen. Der Anteil jeder Ausgangsrasse darf 25% nicht unterschreiten.
- □ Anglo-Arabisches Halbblut (AAH)
  Der Anglo-Arabische Halbblüter darf zusätzlich maximal 25% Gene fremder Rassen führen.
- □ Partbred (V)
  Diese Abteilung entspricht dem Vorbuch.

Eine weitere Zuchtrichtung ist der Shagya-Araber, ein Pferd vorwiegend arabischer Abstammung in Österreich/Ungarn zur KuK-Zeit unter Zuhilfenahme lokaler Rassen gezüchtet und mit Reitpferdepoints ausgestattet. Das Zuchtbuch des Shagya-Arabers ist von der WHO anerkannt. Die Populationsgröße in Deutschland beträgt ca. 560 Stuten und 150 Hengste.

Hannover

Von größtem Einfluß auf die Entwicklung der hannoverschen Pferdezucht war das Landgestüt Celle, 1735 von Georg II., König von Großbritannien und Herzog zu Braunschweig-Lüneburg, mit 12 Hengsten, die 1736 das erstemal auf Station gingen, gegründet.

Die Remontierung des Celler Hengstbestandes fand bis 1770 größtenteils aus Holstein statt, dazu kamen Dänen, Ostpreußen, Neapolitaner und Andalusier sowie einige Engländer. Trotz großer Verluste während der napoleonischen Kriege wurde der Einfluß des Landgestütes Celle auf die niedersächsische Pferdezucht immer größer. Zu Beginn des 19. Jahrhunderts erfolgte die Remontierung der Celler Hengste zum weitaus überwiegenden Teil aus Mecklenburg. Ferner wurden zahlreiche Hengste aus England eingeführt, die vorwiegend den Rassen Yorkshire Loach und Cleveland Bay angehörten. Hinzu kamen auch einige Norfolks.

Das Zuchtziel in Hannover war sowohl auf die Erzeugung eines kräftigen Warmblutpferdes für die Bedürfnisse der Landwirtschaft ausgerichtet als auch auf die Erzeugung von Remonten für das Heer. Im Gegensatz zum Trakehner Pferd war jedoch der erstere Verwendungszweck stets stärker betont. Die Änderung des Zuchtzieles im Hinblick auf ein

Der Anglo-Araber *Inschallah x:* Ein Bild von einem Pferd – und Spitzenvererber in Oldenburg.

Der moderne Trakehner: Der Hengst *Bartholdy* v. Mahagoni und der Balaika v. Polifax war überlegener Siegerhengst der Körung 1982 in Neumünster. Dieses Pferd stellt eine äußerst gelungene Verbindung von Reit- und Zuchtqualität dar.

Im Trakehner-Gestüt Rantzau in Schleswig-Holstein konnten zahlreiche Original-Trakehnerstuten nach der Flucht aus Ostpreußen untergebracht werden.

Das niedersächsische Landgestüt Celle besteht seit 1735 und beherbergt seit 1961 den größten Teil der hannoverschen Hengste. Einer der erfolgreichsten Vererber war *Don Carlos,* der in 16 Jahren Beschälertätigkeit viele gekörte Söhne und erfolgreiche Sportpferde hervorgebracht hat.

Celler Hengstparade: Die große Dressurquadrille.

Im Landgestüt Warendorf wurden immer wieder bedeutende Vollbluthengste aufgestellt. Einen Namen gemacht hat sich vor allem *Angelo XX,* Vater des Dressurpferdes *Ahlerich,* mit dem Dr. Reiner Klimke die Europameisterschaft, Weltmeisterschaft und zwei Goldmedaillen bei den Olympischen Spielen 1984 in Los Angeles gewann.

Der »Reifenspringer« – eine Schaunummer der Hengste des Landgestüts Dillenburg.

Das Haupt- und Landgestüt Marbach ist das Zentrum der Pferdezucht Baden-Württembergs. Der im ägyptischen Staatsgestüt El Zahraa gezogene Vollblut-Araberhengst *Hadban Enzahi OX* kam 1955 nach Marbach und prägte die Vollblutaraberzucht in diesem Gestüt bis heute.

Hengstparade in Marbach.
Jeden Herbst ist Hengstleistungsprüfung in Marbach. Am Ende des 100-Tage-Tests müssen alle Hengste Können und Kondition auch bei dem Geländeritt unter Beweis stellen.

Das Haupt- und Landgestüt Schwaiganger im Werdenfelser Land ist seit 1980 Zentrum der bayerischen staatlichen Pferdezucht. Die züchterischen Aufgaben erstrecken sich auf die Rassen Haflinger, Kaltblut und Warmblut. Die Hengste *Rasputin* (unten links) und *Ramsach* (unten rechts) zählen zu den bedeutendsten Vererbern ihrer Rasse.

gängigeres Reitpferd nach dem zweiten Weltkrieg wurde eingeleitet durch die Schweizer Remontenkäufe für die Kavallerie, die etwa 1948 begannen. Dennoch hatten die Hannoveraner Züchter unter der fortschreitenden Mechanisierung der Landwirtschaft genauso zu leiden wie alle anderen Pferdezüchter. Das Landgestüt Celle, das 1948 noch über 539 Hengste verfügte, hatte im Jahre 1963 gerade noch einen Bestand von 149 Hengsten, d. h., daß in 15 Jahren nahezu 75% der Hengste ausgemustert wurden. Der Umzüchtungsprozeß auf das moderne Reitpferd wurde mit Hilfe von Vollblütern, Trakehnern und Arabern vollzogen, wobei es den Hannoveranern zugute kam, daß eine Reihe sehr guter ostpreußischer Hengste durch die Flucht aus Ostpreußen nach Celle bzw. Hunnesrück gekommen waren. Hannover ist heute mit 19000 Stuten und 400 Hengsten, davon 160 in Celle, mit weitem Abstand das zahlenmäßig führende Zuchtgebiet. Die Hengstkörungen in Verden sind alljährlich ein Treffpunkt von Pferdezüchtern aus aller Welt. Die im Absatzzentrum Verden durchgeführten Auktionen sind in Durchführung und Qualität wegweisend gewesen.
Von großem Einfluß nicht nur auf die hannoversche Pferdezucht ist die im Jahre 1927 gegründete Hengstprüfungsanstalt Westercelle, die 1975 nach Adelheidsdorf umsiedelte. Mit mehr als 100 Prüfungsplätzen stellt Adelheidsdorf den größten Anteil der Prüfungskapazität in der Bundesrepublik.
Nicht unerwähnt bleiben darf das Hengstaufzuchtgestüt Hunnesrück, das seit 1921 der Sicherstellung des Hengstankaufes durch Celle dient.

Westfalen
Das Zuchtgebiet Westfalen ist mit mehr als 9600 eingetragenen Zuchtstuten das zweitstärkste Warmblutzuchtgebiet in der Bundesrepublik. Wenngleich man die Gründung des Landgestütes Warendorf im Jahre 1826 und die ein Jahr später erlassene Körordnung für Hengste als den Beginn einer planmäßigen Pferdezucht in Westfalen ansehen kann, so muß man doch konstatieren, daß auch noch lange nach diesem Zeitpunkt in Westfalen experimentiert wurde.
Im Jahre 1904 wurde das Westfälische Pferdestammbuch gegründet. Auf der Mitgliederversammlung wurde im Jahre 1920 beschlossen, die Warmblutzucht auf hannoverscher Basis zu führen, was für Westfalen die entscheidende Wende bedeutete. Heute beeinflußt Westfalen mit seinen Zuchtpferden andere Zuchtgebiete in ähnlicher Weise wie Hannover. Zu erwähnen ist, daß das Westfälische Zuchtgebiet während des Umzüchtungsprozesses auf den Einsatz von ostpreußischen Hengsten verzichtete. Vom Verband werden in Münster regelmäßig Auktionen durchgeführt. Als weitere Variante für den Absatz ist im Jahre 1977 das Zentrum für Ausbildung und Verkauf Handorf bei Münster hinzugekommen.

Holstein
Schleswig-Holstein ist auf Grund seiner klimatischen Vorzüge und des hohen Grünlandanteiles von jeher ein besonders prädestiniertes Pferdezuchtgebiet gewesen. Die erste Blütezeit der Holsteiner Pferdezucht begann bereits im frühen Mittelalter, gefördert durch die vier Kräfte Klöster, Adel, Dänische Krone und Bauerntum. In dieser Zeit hat der Holsteiner die Pferdezucht in weiten Gebieten Deutschlands beeinflußt, so auch die hannoversche Zucht bei der Gründung des Landgestütes Celle.
Da die rege Nachfrage nach Holsteiner Pferden zu einem teilweisen Ausverkauf geführt hatte, gründete die preußische Gestütsverwaltung im Jahre 1867 das Schleswig-Holsteinische Landgestüt Traventhal. Das Gestüt verfolgte selbstverständlich das Ziel, den Holsteiner vor allem im Hinblick auf seine Verwendung in der Kavallerie zu beeinflussen, was den Vorstellungen der Holsteiner Bauern nicht unbedingt entgegenkam. Sie gründeten als Gegengewicht zum Landgestüt im Jahre

Holsteiner Hengst *Landgraf*.

1891 den Holsteiner Verband, 1894 dazu die Reit- und Fahrschule Elmshorn, die der Ausbildung und Vermarktung, aber auch der Hengsthaltung dienen sollte.
Der Rückgang der Pferdezucht in den 50er und 60er Jahren führte schließlich zur Auflösung des Landgestütes, dessen Hengste nun wiederum in den Besitz des Verbandes übergingen. Holstein ist das einzige Zuchtgebiet, das über eine verbandseigene Hengsthaltung in der Bundesrepublik verfügt, die nach wie vor ihren Sitz in Elmshorn hat.
Ausgangsmaterial für die Umzüchtung auf das moderne Reitpferd war ein gängiges Kutschpferd, das jedoch auch damals Reitpferdequalitäten bewiesen hatte. Die Veredelung fand unter starkem Einsatz englischer Vollbluthengste statt. Derzeit befindet sich der Holsteiner Zuchtverband am Ende einer Konsolidierungsphase, in der durch konsequente Gegenselektion die wertvollen Gene der holsteinischen Ausgangspopulation zurückgeholt worden sind.
Bedenkt man, daß das Holsteiner Zuchtgebiet mit ca. 5500 Zuchtstuten zahlenmäßig mit den Westfalen oder gar den Hannoveranern nicht zu vergleichen ist, so muß die Tatsache hervorgehoben werden, daß aus der Holsteiner Zucht zu nahezu jeder Zeit eine große Reihe von Leistungspferden hervorgegangen ist.

Oldenburg
Die Oldenburger Pferdezucht ist nicht nur durch die natürlichen Voraussetzungen begünstigt gewesen, sondern auch stets durch Landesherren, die der Pferdezucht mehr als gewogen gegenüberstanden. In der Reihe dieser Landesherren ist als erster Graf Johann von Oldenburg zu erwähnen, der bereits ab 1580 Orientalen, Spanier und Neapolitaner importierte. Die erste große Blüte erlebte Oldenburg jedoch unter seinem Sohn, dem Grafen Anton Günter (1603–1667), der die Pferdezucht auch dadurch förderte, daß er Schulen gründete, in denen die Bauern in der Haltung und Nutzung der Pferde unterwiesen wurden.
Das Oldenburger Pferd galt lange Zeit als das einheitlichste in Typ und Vererbung. Zuchtziel war der schwere Karossier, gleichermaßen geeignet für die schwere Arbeit auf dem Acker wie auch als imposantes Gespann vor herrschaftlichen Kutschen. Spätestens zu Anfang dieses Jahrhunderts bis gegen Ende der 60er Jahre wurden äußerst wenige fremdblütige Hengste verwendet.
Nach dem zweiten Weltkrieg hatte der Oldenburger wohl die meisten Nachzuchtgebiete in Deutschland und Europa. Er stand in höchstem Ansehen. So ist es keineswegs verwunderlich, daß der Umzüchtungsprozeß in diesem traditionsreichen Zuchtgebiet erst sehr spät eingeleitet wurde. Durch diese Maßnahme wurde die Zuchtleitung zu einem äußerst massiven Einsatz von Vollbluthengsten gezwungen. Nach Durchlaufen einer Konsolidierungsphase, zu der Hengste aus Hannover, Frankreich und Westfalen beigetragen haben, profitiert das überaus erfolgreiche Oldenburger Zuchtgebiet nach wie vor vom Einsatz von Hengsten mit Leistungspedigree aus den führenden Zuchtgebieten Europas.

Rheinland
Das Rheinland ist über lange Zeit das führende Kaltblutzuchtgebiet Deutschlands gewesen. Kaltblüter waren auf den schweren, fruchtbaren Böden der Rheinebene den Warmblütern überlegen, so daß sich 1876 die rheinische Pferdezucht auf den Typ des belgischen Kaltblüters festlegte. Die auf belgischer Grundlage gezüchtete Rasse des rheinisch-deutschen Kaltblüters hat Weltbedeutung erlangt. Naturgemäß wurde das Kaltblutpferd durch die fortschreitende Motorisierung am stärksten getroffen. Kreuzungsversuche mit edlen Hengsten, die das Ziel hatten, F_1-Produkte zur Verwendung als Reitpferd zu erzeugen, mißlangen auf Grund der extremen Wucht des Rheinischen Kaltblüters.
Wenngleich der rheinische Züchter einsehen mußte, daß die Zucht des Kaltblüters nicht mehr unter wirtschaftlichen Bedingungen betrieben werden konnte, so war er nicht bereit, die Pferdezucht völlig aufzugeben. Die passionierte Züchterschaft stellte sich auf die Warmblutzucht um. Mit hohem Sachverstand und ebensolchem Kapitalaufwand kauften die rheinischen Züchter aus den Hochzuchtgebieten die Grundlage für die heutige Warmblutzucht im Rheinland, die keineswegs den Vergleich mit diesen Hochzuchten zu scheuen braucht, wie das Abschneiden dieses Zuchtgebietes auf den DLG-Ausstellungen beweist. Im rheinischen Zuchtgebiet stehen ausgezeichnete Trakehner Hengste sowie

eine Reihe guter Hannoveraner und westfälischer Hengste.
Von großem Einfluß auf die positive Entwicklung der rheinischen Zucht ist auch das Nordrhein-Westfälische Landgestüt Warendorf gewesen. Die beiden Zuchtgebiete der Bundesländer Nordrhein-Westfalen und Rheinland streben eine immer enger werdende Kooperation an. Bereits heute werden gemeinsame Absatzveranstaltungen und Hengstkörungen durchgeführt.

Hessen

Auf Grund seiner kleinbäuerlichen Struktur war Hessen in der Vergangenheit nicht für die Pferdezucht prädestiniert. Trotzdem hat Hessen etwa 3000 eingetragene Zuchtstuten. Auch qualitativ kann das Deutsche Reitpferd aus Hessen den Vergleich mit anderen Zuchtgebieten aufnehmen.
Noch zu Beginn dieses Jahrhunderts war Hessen schwerpunktmäßig ein Kaltblutzuchtgebiet, später dann in der Warmblutzucht hauptsächlich basierend auf Oldenburger Grundlage. Dementsprechend groß waren auch die Schwierigkeiten beim Umzüchtungsprozeß, in welchem Hessen auf Vollblüter und Trakehner zurückgriff. Einen wesentlichen Beitrag leistete hierzu, wie selbstverständlich auch heute noch, das 1870 gegründete Landgestüt Dillenburg. Nicht unerwähnt bleiben darf auch das preußische Hauptgestüt Beberbeck, das einen großen Anteil der Dillenburger Hengste stellte, bis es zwischen den beiden Weltkriegen aufgelöst wurde.

Baden-Württemberg

Im Jahre 1978 wurde der Zuchtverband Baden-Württemberg aus der Fusion der drei Verbände Württemberg, Süd-Baden und Nord-Baden gegründet. Die Württemberger Pferdezucht hat lange Zeit nicht nur unter den sehr heterogenen Klima- und Bodenverhältnissen gelitten, sondern vor allen Dingen auch unter den politischen Zuständen. Trotzdem ist das Haupt- und Landgestüt Marbach an der Lauter das älteste deutsche Staatsgestüt, gegründet im Jahre 1573. Das Württemberger Warmblutpferd, wie es bis in die 60er Jahre hinein bestand, ist durch die Einkreuzung normannischer Hengste in die einheimische, vom Orientalen beeinflußte Stutenbasis entstanden. Der Württemberger bezeichnet sein Bauernpferd gerne als »Herr und Bauer«. Dieses »Altwürttemberger Pferd« existiert praktisch nicht mehr.
Im Umzüchtungsprozeß wurden ausgesprochen zahlreich Trakehner-Hengste bester Sorte eingesetzt, wenngleich der Einfluß des Trakehners heute etwas zurückgedrängt wird.
Im Haupt- und Landgestüt Marbach werden auch die Stationsprüfungen der Junghengste Baden-Württembergs durchgeführt. Hervorzuheben ist, daß die jungen Gestütshengste nicht mehr im Alter von $2^1/_2$ Jahren gekört werden, sondern ein Jahr später, nach Ablegung der Hengstleistungsprüfung, die auf Grund des äußerst schwierigen Geländes die höchsten Anforderungen in der Bundesrepublik stellt.

Rheinland-Pfalz-Saar

Der Zuchtverband Rheinland-Pfalz-Saar entstand Ende 1977 durch Fusion der beiden Zuchtverbände Pfalz-Saar und Rheinland-Nassau. Dieses an Frankreich angrenzende Zuchtgebiet hatte sehr stark unter dem politischen Einfluß zu leiden. Das trifft auch auf das Landgestüt Zweibrücken zu, das ca. 200 Jahre alt und mehrfach im Besitz von Franzosen und Deutschen war. Dieses kleinste Landgestüt Deutschlands gibt nicht nur dem Zuchtgebiet den charakteristischen Brand, sondern beeinflußt es auch nachdrücklich. Rheinland-Pfalz-Saar ist als junges aufstrebendes Zuchtgebiet des Deutschen Reitpferdes mit großen Erfolgen insbesondere im Springsport anzusehen.
Seit 1992 firmieren die hier gezüchteten Pferde wieder unter dem Namen Zweibrücker.

Bayern

Sprach man in der Vergangenheit von einer Warmblutzucht in Bayern, so dachte man nahezu ausschließlich an das Rottal, das durch einen Nebenfluß des Inn gebildet wird. Ursprünglich auf englischen Halbblütern, Normannen, Zweibrücker Hengsten und Clevelands basierend, wurde der Rottaler durch den Einsatz von Oldenburger Hengsten dem Oldenburger Pferd stark angenähert.
Die heutige bayerische Zucht des Deutschen Reitpferdes basiert weitgehend auf Hannoveranern und Westfalen sowie den zur Veredlung eingesetzten Vollblütern und Trakehnern. Das traditionsreiche bayerische Landge-

stüt Landshut ist nach Schwaiganger umgesiedelt, in dem der bayerische Staat ein Pferdezuchtzentrum eingerichtet hat, das beispielhaft für die Pferdezucht werden kann, so wie Bayern auch auf anderen Gebieten der Tierzucht häufig wegweisend gewesen ist. Die bayerischen Hengstleistungsprüfungen werden auf dem Olympiagelände in München-Riem durchgeführt, das auch Schauplatz der Bayerischen Reitpferdeauktion ist. Die Olympischen Spiele 1972 haben sich positiv ausgewirkt.

Berlin-Brandenburg, Mecklenburg-Vorpommern, Sachsen, Sachsen-Anhalt, Thüringen

Der Pferdesport gehörte nach dem im Vergleich zur Bundesrepublik Deutschland enttäuschenden Ergebnis der DDR-Reiter anläßlich der Olympischen Spiele 1972 in München zu den Sportarten, die nicht mehr gefördert wurden. Hierunter litt die Pferdezucht in der Folge ebenso wie der Sport. Die Pferdezucht konnte jedoch aufrechterhalten werden, da sie eine Einnahmequelle für dringend benötigte Devisen darstellte.
Auch auf dem Gebiet der ehemaligen DDR gab es analog zur Organisation in den anderen Teilen Deutschlands regionale Zuchtverbände. Diese wurden im Zuge der Zentralisierung abgeschafft und ebenso wie bei den anderen Tierarten die Zuchtleitung durch das VE-Kombinat Tierzucht, das direkt dem Landwirtschaftsministerium unterstellt war, wahrgenommen. Organisatorisch war die DDR in die drei Bereiche Nord, Mitte und Süd als Pferdezuchtdirektionen, jeweils angesiedelt in den Landgestüten, aufgeteilt. Rassenmäßig wurde unterschieden bei den Reitpferden zwischen dem Edlen Warmblut (Brandzeichen Schlange mit Pfeil und dem E), dem Trakehner (Brandzeichen Schlange mit Pfeil und dem T), dem Araber, dem Schweren Warmblut, dem Kaltblüter, dem Haflinger, dem Kleinpferd, dem Shetland, dem Vollblüter und dem Traber.

Organisationsstruktur der Pferdezucht in der ehemaligen DDR

Insgesamt wurden am 31. Oktober 1989 etwa 100 000 Pferde gezählt, davon 45% Kleinpferde. Die folgende Zusammenstellung zeigt den Zuchtpferdebestand zum Zeitpunkt der Wende im Jahr 1989:

Gesamtpferdebestand der DDR (per 31. 10. 1989)

Gesamtbestand	99 545 Stück
davon Großpferde	54 335 Stück
in % zu gesamt	54,6
davon Kleinpferde	45 210 Stück
in % zu gesamt	45,4

Die *Warmblutzucht* war stets eng vor allem der hannoverschen und der Oldenburger Zucht verbunden. Die einheitliche Formulierung des Zuchtziels für das Edle Warmblut (1971) fand ihren Niederschlag in der Schaffung der zentralen Hengstleistungsprüfungsstation in Neustadt/Dosse. 1982 wurde zum erstenmal ein zentrales Hengstbuch für die Warmblutzucht herausgegeben. Der Trakehner hat durch die Führung eines gesonderten Stutbuches auch nach 1971 eine gewisse Sonderstellung behalten.
Besonderer Erwähnung bedarf die Population des Schweren Warmblutes. Insbesondere in Sachsen, Thüringen und Sachsen-Anhalt mit einem Schwerpunkt des Hengstbestandes in Moritzburg werden Pferde im ehemaligen Oldenburger Typ gezüchtet. Sie stellen gerade in der heutigen Zeit eine begehrte Basis als Fahrpferd, in der Kreuzung mit dem Vollblüter auch als Reitpferd dar.
Zu einer gewissen Bedeutung gelangte die Zucht des Haflingers. Auch das Shetlandpony hat einen qualitativ hohen Standard. Bei den Kleinpferden ist eine gezielte Zucht auf ein Reitpony, das den modernen Ansprüchen des Marktes genügt, nur in Ansätzen zu erkennen.
Nach der Wende gründeten sich in den neu entstandenen Bundesländern die Zuchtverbände Berlin-Brandenburg, Mecklenburg-Vorpommern, Sachsen, Sachsen-Anhalt und Thüringen. Die westdeutschen Zuchtverbände unterstützten den Aufbau dieser Zuchtverbände durch Patenschaften und durch Hilfestellung über den Dachverband, die FN, in intensiver Weise. Ein historischer Tag war der 5. Dezember 1990, an welchem die Zucht- und Landesreiterverbände der fünf neuen Bundesländer in die Deutsche Reiterliche Vereinigung aufgenommen wurden. Hiermit erfolgte gleichzeitig die Anerkennung des gesamten Zuchtpferdebestandes nach denselben Regeln, die für die alten

Zuchtverbände gelten. Hauptproblem der Pferdezucht in den neuen Zuchtverbänden ist die Besitzstruktur. Vor der Wende befanden sich lediglich ca. 25% der Großpferde in Privatbesitz. Alle anderen Stuten wurden in Gestüten bis zu 100 Kopf gehalten, die organisatorisch als Staatsbetriebe, d. h. volkseigene Güter oder LPGs, geführt wurden. Die Haflinger waren zu etwa 50% in Staats- und 50% in Privatbesitz, die Kleinpferde und Shetlandponys zu über 92% in Privatbesitz. Die bekannte Entwicklung in der Landwirtschaft der ehemaligen DDR führte zu einem starken Rückgang der Zuchtstuten. Die Pferdezucht in großen Einheiten, unter den marktwirtschaftlichen Bedingungen des Westens unwirtschaftlich, mußte in kleinere Einheiten, gleichbedeutend mit Privatbesitz, überführt werden. Dieser Vorgang ist nunmehr abgeschlossen. Die Bedeutung dieser Überführung wurde rechtzeitig erkannt und von allen Beteiligten, den Zuchtverbänden und den zuständigen Ministerien auch nach Kräften unterstützt. Unterstützende Maßnahmen konnten jedoch über organisatorische Hilfestellung kaum hinausgehen.
Neben der Überführung der Stuten in Privathand ist die Erhaltung der Landgestüte eine der wesentlichen Aufgaben der organisierten Pferdezucht in der Übergangsphase. Wenig hilfreich hierbei ist die Errichtung eines weiteren Landgestütes in Radegast (Sachsen-Anhalt). Zusätzlich wird eine Privathengsthaltung aufgebaut. Der Erfolg aller Maßnahmen wird davon abhängen, ob es gelingt, die drohende Zersplitterung der Population auf Grund der geringen Bestandsgrößen zu vermeiden. Alle Maßnahmen können nur dann Erfolg haben, wenn eine enge Kooperation zwischen den fünf neuen Zuchtgebieten untereinander, aber insbesondere auch mit den alten Zuchtgebieten erfolgt. Die Zeichen hierfür sind positiv. Die Verbände können durchweg eine zunehmende Anzahl von Zuchtpferden aufweisen. Die Qualität der dort gezüchteten Pferde hat für eine gute Position in dem enger gewordenen Markt gesorgt.

Ponys

Die Ponys – Pferde mit einem Stockmaß von maximal 148 cm – sind aus der Pferdezucht Deutschlands nicht mehr wegzudenken. Sie ergänzen die Palette der Reitpferde in sinnvoller Weise. Durch die außerordentliche Variation in Typ und Größe ist die Verwendungsmöglichkeit der Ponyrassen groß. Sie reicht vom Fahrpony in jeder Größe bis zum Reitpony auch für Erwachsene, besonders aber für Kinder. Zu den Merkmalen dieser Pferde gehören spezielle Ponyeigenschaften wie z. B. Cleverneß, Geschicklichkeit, Menschenfreundlichkeit und andere positive Charaktereigenschaften. Zweifelsohne liegt die Hauptverwendung der Ponys im Bereich der sportlichen Betätigung der Kinder, die als Erwachsene dem Reitsport treu bleiben werden.
Die Abbildungen zeigen die Verteilung der einzelnen Rassen im Bundesgebiet sowie die von den regionalen Zuchtverbänden benutzten Brandzeichen.
Die einzelnen Ponyrassen sollen im folgenden kurz beschrieben werden:

Haflinger

Der Haflinger stammt ursprünglich aus dem bei Meran in Südtirol gelegenen Bergdorf Hafling. Zur Entstehung dieser Rasse trugen die Noriker und der Araber im wesentlichen bei. Rassetypisch ist seine Fuchsfarbe mit weißem Langhaar, sein edler Kopf, das trockene, stabile Fundament. Ursprünglich wurde der Haflinger als trittsicheres Tragpferd für das Gebirge zum Transport von Lasten sowie für Ackerarbeiten auf bergigen Feldern gezüchtet. Zu Feldarbeiten fand er zeitweise auch im Flachland Verwendung, und zwar zu der Zeit, als in den Kleinbetrieben nicht nur der Kaltblüter, sondern auch das Kleinpferd mit dem Traktor konkurrierte.
Heute ist der Haflinger praktisch über die ganze Welt verbreitet und wird hauptsächlich

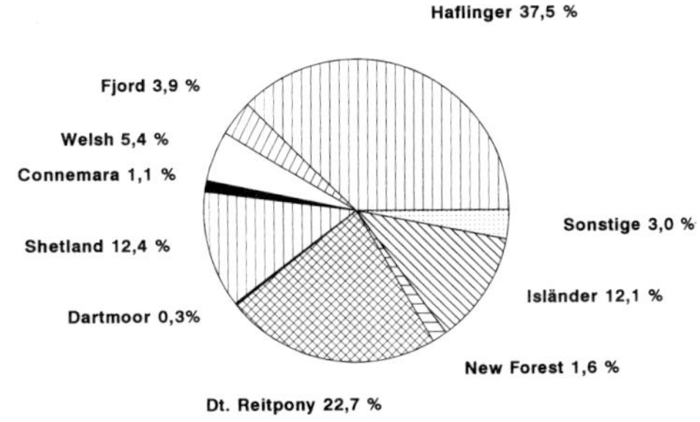

Quelle: Deutsche Reiterliche Vereinigung e.V.

Pony- und Kleinpferdezuchtstuten, verteilt auf die verschiedenen Rassen 1993 (in Prozent).

Ponyzuchtgebiete in der Bundesrepublik Deutschland und deren Brandzeichen.

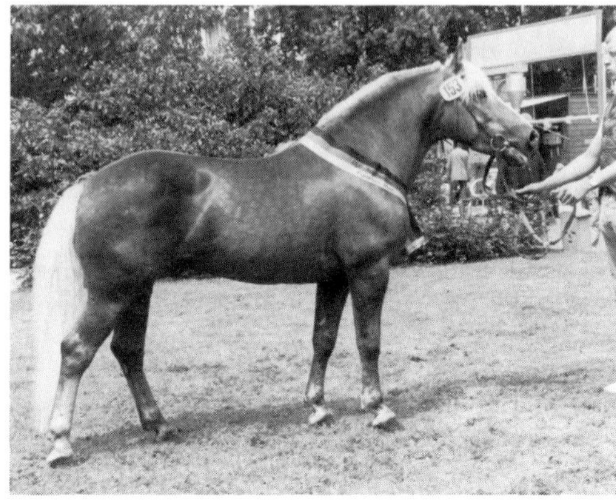

DLG-Siegerhengst *Hegemeister*.

als Freizeitpferd zum Reiten und Fahren verwendet. Zuchtgebiete in der Bundesrepublik Deutschland sind vor allen Dingen Bayern, Westfalen und Hessen.

Norweger Fjordpferd

Das Fjordpferd stammt aus dem Gebiet um die Fjorde Westnorwegens. Es breitete sich nach dem letzten Krieg über ganz Nord- und Westdeutschland als robustes, genügsames Pferd für landwirtschaftliche Kleinbetriebe ähnlich wie der Haflinger aus. Heute wird der Norweger als Freizeit- und Fahrpony eingesetzt. Anpaarungen mit andersrassigen Hengsten, wie dem Araber oder dem Englischen Vollblüter, brachten bisher keinen befriedigenden Erfolg.

Fjordstute aus Hessen.

Kennzeichnend ist seine markante Falbfarbe mit der stehenden Mähne und dem Aalstrich sowie ein stabiles Fundament, ein starker Hals und ein typischer Ponykopf. Züchterische Schwerpunkte in der Bundesrepublik sind Hessen, das Rheinland, Hannover, Schleswig-Holstein, Weser-Ems und Württemberg.

Isländer

Islandponys wurden 941 n. Chr. Geburt auf der Insel Island zum ersten Male erwähnt, wohin sie von den Wikingern als Trag- und Fleischtiere gebracht worden waren. Das temperamentvolle, anspruchslose und harte Pony fällt durch seine speziellen Gangarten auf. Neben den drei Grundgangarten Schritt, Trab und Galopp soll der Isländer in der Lage sein, Paß zu gehen und zu tölten. Der Paß zeichnet sich durch die gleichseitig gleichzeitige Fußfolge aus, während der Tölt als schnelle Viertaktfolge, aus dem Schritt heraus entwickelt, zu betrachten ist. Der Tölt ist eine äußerst ermüdungsfreie Gangart.

DLG-Siegerhengst *H-Dis* (Isländer).

Das zwischen 125 und 145 cm große Islandpony kommt in allen Farben vor. Es ist ohne weiteres in der Lage, auch schwere Erwachsene zu tragen.

Welsh-Pony

Das aus der Grafschaft Wales (Großbritannien) stammende Pony ist heute in Europa am meisten verbreitet. In seiner Heimat wurde es überwiegend als Tragtier genutzt und häufig als Grubenpferd in den Bergwerken Westenglands eingesetzt. In England werden vier Sektionen unterschieden:

- □ In der Sektion A findet man das Welsh-Mountain-Pony. Es wird bis 122 cm groß und zeichnet sich durch seinen kleinen,

Welsh-Pony.

fein modellierten Ponykopf mit großem Auge aus. Es wird in allen Farben, mit Ausnahme von Schecken, gezüchtet.

- □ Die Sektion B der Welsh-Ponys, die bis zu 137 cm groß werden, hat sich in Deutschland sehr schnell durchgesetzt, da diese Ponys für den Jugendreitsport sehr geeignet sind. Mit zunehmender Größe weicht dieses Pony vom Typ der Welsh-Mountain-Ponys ab.
- □ Die Ponys der Sektion C, des sog. Cob-Typs, sind durch Kreuzungen von Ponys der Sektionen A und B mit Welsh-Cobs entstanden. Dieses Pony ist im ganzen stabiler und dem Typ des Welsh-Cob sehr ähnlich.
- □ In der Sektion D findet man in England das Welsh-Cob-Pony mit einem Stockmaß von über 137 cm, wobei eine Grenze nach oben nicht besteht. Diese kräftigen, ausdauernden Pferde zeichnen sich durch ihren flüssigen, raumgreifenden Bewegungsablauf aus. Das Welsh-Cob ist ein beliebtes Pony für Geländeritte und Jagden.

New Forest-Pony

Der New Forest ist ein westlich von Southampton in Südengland gelegenes Waldgebiet. Dieses Pony wird ganzjährig in den Waldungen frei gehalten. Allerdings findet eine gezielte Selektion unter den Hengsten statt. Gestüte am Rande des New Forest züchten das eigentliche New Forest-Pony weiter und bringen ein beliebtes Reitpferd für Kinder und Erwachsene auf den Markt.

Das New Forest-Pony wird in einer Größe zwischen 130 und 148 cm gezüchtet und kommt in allen Farben vor, mit Ausnahme

New Forest-Pony.

von Schecken. Es wird als ideales Reitpony für jugendliche Anfänger und Fortgeschrittene angesehen. Trittsicherheit, hohe Aktion der Vorhand und aktive Hinterhand sowie die gute Springanlage schaffen ideale Voraussetzungen für den Einsatz in Spring- und Geländeprüfungen.

Dartmoor-Pony

Das Dartmoor-Pony stammt ebenfalls aus dem Südwesten Englands, nämlich der Grafschaft Dartmoor. Das sehr ausdrucksvolle, hübsche Dartmoor-Pony wird zwischen 116 und 127 cm groß und in den Farben Schwarz, Schwarz-Braun und Braun mit möglichst wenig Abzeichen gezüchtet. Wenngleich es dazu geeignet ist, große Lasten auch über weite Strecken zu tragen, ist es auf Grund seines freundlichen, gutartigen Temperaments besonders als Anfangspony für Kinder beliebt. Zudem eignet es sich zur Kreuzung mit größeren Hengsten zur Zucht.

Dartmoor-Pony.

Connemara-Pony

Das Connemara-Pony stammt aus der an der Westküste Irlands gelegenen Landschaft Connemara. In der Größe von 135–148 cm erwünscht, wird es in recht unterschiedlichen Typen gezüchtet. Es ist durch die harten Bedingungen seiner Heimat geprägt.

Das kompakte Pony mit kräftigem Fundament zeichnet sich durch sein ruhiges Wesen aus und kann auch schwerere Erwachsene tragen. Das Connemara-Pony ist deshalb als Familienpferd beliebt. Es kommt in allen Farben mit Ausnahme von Schecken vor. Stark vertreten sind Falben und in neuerer Zeit Schimmel.

Wegen seiner hervorragenden Springanlage, seiner Rittigkeit und seiner Leistungsbereit-

Connemara-Pony.

schaft ist das Connemara-Pony, das häufig auch mit Vollblütern gekreuzt wird, auch als Turnierpony beliebt. Seine besondere Eignung für Reitjagden ist unbestritten.

Wildbahn-Pony

Einzige bodenständige Ponyrassen in Deutschland sind die in Westfalen heimischen Dülmener und Nordkirchener Wildbahnponys, deren Zucht im Merfelder Bruch seit über 600 Jahren besteht. Diese Ponys waren früher in landwirtschaftlichen Kleinbetrieben beliebte Zugpferde. Heute sind sie zu robusten, eleganten Kinderreitpferden geworden, die sich in Westfalen besonders bei der Anpaarung mit Araberhengsten ausgezeichnet bewährt haben. Ihre Größe liegt etwa zwischen 125 und 140 cm Stockmaß. Sie sind vordringlich mausgrau oder Falben mit Aalstrich und Wildzeichnung an den Vorderbeinen.

Dülmener Wildpferde – beim Einfangen der Junghengste.

Deutsches Reitpony

Unter der Bezeichnung Deutsches Reitpony werden alle Produkte zusammengefaßt, die aus der Kreuzung verschiedener Ponyrassen sowie der Kreuzung von Ponys mit Großpferdehengsten (Araber, Vollblüter) entstanden sind. Es handelt sich hier also nicht um eine einheitliche Rasse, sondern vielmehr um einen Ponytyp, der schwerpunktmäßig im Hinblick auf das wettkampfmäßige Reiten gezüchtet wurde. Ein solches Pony wird in allen europäischen Ländern gezüchtet, so auch im Mutterland der Ponyzucht, in England. Während jedoch in England beim Einsatz von Großpferdehengsten die Vollblüter überwiegen, werden in Deutschland besonders gern Araber eingesetzt. Die Nachkommen arabischer Hengste zeigen auf Zuchtschauen und im Turniersport, daß der Einsatz des Arabers in der Ponyzucht einen großen Erfolg gebracht hat.

Reitpony *Navajo*.

Shetland-Pony

Die kleinste Pferderasse der Welt stammt von den Shetland- und Orkney-Inseln, ist jedoch heute wie kein anderes Pony in allen Ländern der Welt zu Hause. Seine besondere Menschenfreundlichkeit ließ es schnell zum beliebten Kameraden für Kinder werden. Daneben ist das Shetland-Pony als Fahrpony beliebt. Es wird in einer Größe um ca. 102 cm gezüchtet, wobei Abweichungen bis zu einem Zwergpferd von etwa 75 cm auf der einen und bis zu einem Pony um 115 cm auf der anderen Seite möglich sind. International hat man sich jetzt jedoch dem englischen Zuchtziel angepaßt, das eine Größenvariation lediglich im Bereich von 97,6 bis 107 cm erlaubt. Das Shetland-Pony wird in allen Farben gezüchtet. Schecken aller Farbschattierungen, Palominos etc. bieten dem Farbzüchter ein weites Betätigungsfeld.

Kaltblüter

Unter der Bezeichnung Kaltblut faßt man die Pferde einer Rassengruppe mit hohem Körpergewicht zusammen, die für den schweren Zug gezüchtet wurden. In anderen Sprachen findet man deshalb auch als Bezeichnung »schwere Pferde« oder »Zugpferde«. Die Blütezeit der Kaltblutzucht lag in der zweiten Hälfte des vorigen sowie in der ersten Hälfte dieses Jahrhunderts und war auf die Bedürfnisse der Industrie und der Landwirtschaft zugeschnitten. Noch Ende der dreißiger Jahre hatten die Kaltblüter einen Anteil von etwa 60% am Gesamtpferdebestand Deutschlands. Etwa 90 000 Schleswiger, 280 000 Oberländer und Noriker sowie 1 705 000 rheinisch-deutsche Kaltblüter wurden gezählt. Noch zu Beginn der fünfziger Jahre waren über 100 000 Kaltblüter in den Stutbüchern der deutschen Pferdezuchtverbände eingetragen.

Durch fortschreitende Mechanisierung drohte das Kaltblutpferd in Deutschland fast völlig auszusterben. Nur ein Bruchteil des ehemaligen Bestandes konnte dank der Liebe und des Traditionsbewußtseins einiger weniger passionierten Züchter und einer Reihe sehr sinnvoller staatlicher Förderungshilfen erhalten werden. Es ist inzwischen unbestritten, daß das Kaltblutpferd nicht nur als schützenswertes Kulturgut, sondern auch als wichtige Gen-Reserve eine Bedeutung hat. Im Rahmen der Europäischen Union ist eine

Schwarzwälder Füchse bei der Hengstparade in Marbach.

Liste der vom Aussterben bedrohten Pferderassen aufgestellt worden, in der alle in Deutschland beheimateten Kaltblutrassen aufgeführt sind. Eine finanzielle Unterstützung der Zucht durch eine gemeinsame Aktion der Bundesregierung und der EU ist möglich.
Die Zahlen der Zuchtstuten und -hengste der Kaltblutrassen steigen langsam stetig an. Zur Zeit gibt es in Deutschland eine Population von ca. 4000 Stuten, die den Kaltblutrassen zuzuordnen sind. Wenngleich die Verwendung des Kaltblüters auf dem Acker heute nur noch in geringem Maße festzustellen ist, wird dieser verstärkt zur Arbeit im Walde auch bei hohem Technisierungsstand der Forstwirtschaft herangezogen. Das Holzrükken mit Pferden ist insbesondere bei feuchter Witterung der Arbeit der Maschine weit überlegen. Eine große Bedeutung hat der Kaltblüter auch in Deutschland als Show-Pferd, vor allem in Verbindung mit dem Brauchtum.
Die größte Bedeutung hat das *Süddeutsche Kaltblut* mit nahezu 50% des Kaltblutzuchtpferdebestandes. Der süddeutsche Kaltblüter war früher auch unter dem Namen *Oberländer* und *Noriker* bekannt, das *Rheinisch-Deutsche Kaltblut* mit bis zu 1000 kg schweren und 160–170 cm großen Hengsten wird im Rheinland nicht mehr gezüchtet. In Nordrhein-Westfalen gibt es jedoch wieder etwa 350 Stuten dieser Rassen, die durch die Hereinnahme von *Ardennern* leichter und gängiger geworden sind. Unter der Bezeichnung *Rheinisch-Westfälisches Kaltblut* werden sie mit einem angestrebten Stockmaß von 158–165 cm gezüchtet.
Auch die ehemals berühmten *Schleswiger* haben eine Population von etwa 170 Stuten. Aus den neuen Bundesländern sind nahezu 600 Stuten hinzugekommen. Erwähnung verdient zudem die Rasse des *Schwarzwälder Fuchses,* eines leichten und trockenen Kaltblutpferdes, das an das gebirgige Gelände und die kleinbäuerliche Betriebsstruktur angepaßt war und heute als Fahrpferd sowie als Tragpferd zur Attraktion für Touristen im Feriengebiet des Schwarzwaldes eingesetzt wird.
Die besondere Attraktivität der Kaltblüter zeigt sich auf den Bundesschauen für diese Rassengruppe, die nunmehr zum zweiten Mal anläßlich der Grünen Woche unter Beteiligung von Pferden aus der Europäischen Union sowie Polen, Ungarn, der Tschechischen Republik und dem Baltikum durchgeführt wurde.

Stutenkoppel Süddeutsches Kaltblut.

Großbritannien

England hat in der Pferdezucht durch das milde maritime Klima einen gewaltigen Vorteil vor den Zuchten des Kontinents. Die Entwicklung der Reiterei und der Pferdezucht nahm in den Nachkriegsjahren in England eine ähnliche Entwicklung wie in der Bundesrepublik Deutschland.
Sowohl in England als auch in Irland kennt man keine Einteilung in Warmblut oder Kaltblut, sondern man teilt nach dem Typ in leicht/schwer ein. Weitaus stärker als bei uns sind Kreuzungen verbreitet; das Reinzuchtprinzip wird nur beim Vollblüter, den Ponys und den Kaltblütern durchgeführt.

Hinweis: Eine Auswahl von Pferderassen in Farbfotos ist im Farbbildteil Seite 57–64 zu finden.

Hackney
Der Name der Hackney stammt von dem französischen Wort Haqugnee. Wie das Vollblut ist der Haqugnee unter dem Einfluß arabischer Hengste entstanden und aus Landstuten (Roadster, Norfolk, Cob oder Nag-Horses) mit guten Trabereigenschaften und viel spanischem Blut. Hierauf wird auch die hohe und affektierte Knieaktion zurückgeführt.

Zwerg-Hackney
In den letzten 80 Jahren wurde der Zwerg-Hackney aus dem großen Hackney durch Selektion entwickelt. Er wird jetzt als separate Rasse geführt und ist in Amerika populärer als in Großbritannien.
Sowohl der Hackney als auch der Zwerg-Hackney werden ausschließlich im Gespann eingesetzt.

Cleveland Bay
Der Cleveland Bay ist groß und kräftig (16 bis 16,2 hands = 163–165 cm). Er ist kurzbeinig; häufig ist das Maß vom Ellbogen zum Widerrist länger als das vom Ellbogen zum Boden. Er diente ursprünglich als Acker- und Kutschpferd. Farbe: bay (ein sattes Braun in allen Nuancen von fast Schwarz bis Kastanienbraun). Weiße Abzeichen werden nicht geduldet; »Black Point«, d. h. dunkle Streifen an Oberarmen und Oberschenkeln sind dagegen Zeichen reiner Rasse. Immer charakteristisch sind schwarze Strümpfe. Das Ursprungsland dieser Rasse ist Yorkshire.
Von einem Teil der Züchter wurde später englisches Vollblut eingesetzt, um ein leichteres Kutschpferd zu erzeugen. Die Nachkommen dieser Pferde wurden nicht im Stutbuch der Cleveland Bay Horses Society aufgenommen, weshalb diese Züchter die Yorkshire Coach Horses Society gründeten. Gerade diese Pferde hatten eine große Bedeutung beim Aufbau der deutschen Zuchtgebiete (Oldenburg, Holstein, Hannover).
Auf Grund der äußerst geringen Populationsgröße spielt der Cleveland Bay heute nur noch eine untergeordnete Rolle. Es erscheint jedoch sicher, daß diese Rasse z. Z. nicht mehr vom Aussterben bedroht ist.

Hack
In der alten Zeit unterschied man zwei Hacktypen, nämlich den *Covert Hack,* den der Gentleman auf dem Anmarsch zur Jagd ritt, wo ihn seine beiden Hunters erwarteten, und den *Park Hack,* einen eleganten Angeber für Spazierritte im Hydepark. Der heutige Hack fällt in diese zweite Kategorie. Er ist im Gegensatz zum Hunter möglichst auffallend und eleganter. Häufig sind es reine Vollblüter oder Anglo-Araber.

Cob
Das treffendste Beiwort zum Cob ist Gewichtsträger (bis 95 kg). Der Cob ist breit, kurzbeinig und sehr sicher auf den Beinen. Er kann in allen Größen vorkommen. Der Show Cob – jetzt auch unterteilt in Lightweight und Heavyweight – darf nicht mehr als 155 cm messen. Er dient vordringlich als Altherrenjagdpferd, aber auch als Kinderpferd für diejenigen Kinder, die, dem Ponyalter entwachsen, für einen ausgewachsenen Hunter jedoch noch nicht groß genug sind. Der Cob von früher, der als Arbeitspferd Verwendung fand, wird in älteren Abbildungen ausschließlich kupiert dargestellt. Man findet ihn besonders in Schottland und den entsprechenden Regionen Irlands, da hierfür seine katzenhafte Gewandtheit seine geringe Größe beim Überklettern der Wälle und Überspringen der Gräben wettmacht.

Hunter
Da es häufig falsch dargestellt wird, ist es nötig, zu betonen, daß der Hunter keine Rasse, sondern eine Gebrauchskreuzung ist. Als Hunter gilt jedes zur Jagd geeignete Pferd. Durch die unterschiedlichen Ansprüche, die vom Reiter (Gewicht), aber auch vor allem vom Gelände an den Typ des Pferdes gestellt werden, ist die Variationsbreite innerhalb der Hunter extrem hoch und damit auch die Stufe der Kreuzung außerordentlich unterschiedlich. Hunter sind Kreuzungsprodukte entweder zwischen Karossierstuten (Welsh Cob, Cleveland Bays etc.) oder auch gängigen Kaltblutstuten mit Vollbluthengsten. Kenner empfehlen noch mehr die umgekehrte Paarung. Es ist aber auch jede weitere Kreuzung möglich, so z. B. die F_1-Stute mit dem Vollbluthengst oder auch mit einem anderen Hunter-, d. h. Kreuzungshengst. Von einer systematischen Zucht innerhalb einer Rasse kann hier also nicht die Rede sein.
Mit der Abnahme der Arbeitspferde nach dem zweiten Weltkrieg wurde die Hunter-

Produktion vor schwere Probleme gestellt, denn es wurden immer leichtere Stuten zum Vollblüter geführt, wodurch ein starker Verlust an Substanz und auch an Gutartigkeit des Temperaments zu beobachten war. Hunter-Hengste sind größtenteils Vollblüter, müssen aber nicht unbedingt Vollblüter sein. Die »Hunters Improvement Society« bietet dem Besitzer von geeigneten Hengsten hohe Prämien, damit diese der Hunter-Zucht zu niedrigen Deckgeldern zur Verfügung gestellt werden. Ein Hunter-Hengst muß selbst aussehen wie ein Hunter, muß also selbst ein Gewichtsträger und in der Lage sein, mit 90 kg auf dem Rücken eine Jagd hinter den Hunden zu gehen.
Z. Zt. werden die Hunter nach dem Gewicht, das sie in passender Weise maximal tragen sollten, in drei Gruppen eingeteilt:

- ☐ Leichtgewichtshunter: unter 85,7 kg,
- ☐ Mittelgewichtshunter: unter 92 kg,
- ☐ Schwergewichtshunter: über 92 kg.

Ponys

Die Britischen Inseln sind wohl das bedeutendste Herkunftsland für Reitponys. Es gibt dort neun Ponyursprungsrassen. Noch wesentlich stärker als bei uns ist die Ponyzucht dort im Wachsen begriffen. Auf jedem Turnier werden Ponyklassen an der Hand und unter dem Sattel gerichtet. Die Klassen sind streng nach der Größe getrennt. Teilnehmerzahlen von 40–50 je Klasse sind durchaus nicht ungewöhnlich. Englische Ponys sind zu einem bedeutenden Exportartikel geworden.

Children's Riding Pony

Die Existenz dieses Ponys beruht darauf, daß die neun Ponyrassen Englands in ihrem ursprünglichen Zustand die Wünsche der Kinder nicht voll befriedigen können. Diese Rassen stellen jedoch eine außerordentlich gute Grundlage für die Zucht der Showponys dar, die Vollblüter oder Hunter in Miniatur sind. Hierzu werden die Ursprungsrassen, vor allem Welsh-Stuten mit kleinen Vollblütern im Typ des Poloponys oder kleinen Arabern gekreuzt. Die hochqualifizierten Showponys werden allerdings erst in der zweiten und in den folgenden Kreuzungsstufen erzeugt. Es gibt für diese Showponys seit einiger Zeit reinrassige Abstammungen mit Hengst- und Stutenklassen bei größeren Schauen. Dennoch sollte man nicht von einer Rasse, sondern von einer Gebrauchskreuzung sprechen.

Dales Pony

Das Dales Pony ist ein Vertreter der größten und schwersten englischen Ursprungsrasse; es mißt ca. 142–144 cm und ist ein ausgesprochener Gewichtsträger. Das Dales Pony wurde für alle anfallenden landwirtschaftlichen Arbeiten, als Zugtier und in den Minen verwendet. Mit fortschreitender Technisierung wurde ein großer Teil dieser Ponys geschlachtet. Das Ponytrekking hat dieser Rasse jedoch wieder zu einer gewissen Bedeutung verholfen. Durch die Kreuzung mit dem Vollblüter entstehen gute Hunter, Springpferde und sogar Militarypferde, da das Dales Pony sehr aktiv, leichtfüßig und starkknochig ist. Farben: schwarz und dunkelbraun. Abzeichen werden nicht geduldet, da sie auf eine Kreuzung mit dem Kaltblüter deuten.

Exmoor Pony

Das Exmoor Pony stammt aus einem wilden, unwirtlichen Moor an der Kanalküste. Ein Exmoor Pony ist leicht durch sein mehliges Maul zu erkennen. Weitere solche mehligen Abzeichen sind rund um die Augen, in den Ohren, auf der Innenseite der Beine und unterhalb des Afters zu finden. Durchschnittsgröße ca. 124 cm. Farben: Falben, grau, braun; keine weißen Abzeichen.

Fell Pony

Das Fell Pony wurde in früheren Zeiten zur landwirtschaftlichen Arbeit, als Familienpony und als Pony zum Schafehüten benutzt. Im Jahre 1900 wurde eine Sektion im Stutbuch der »British Pony Society« für das Fell Pony eröffnet. Fell-Hengste werden zuweilen mit bestem Erfolg für Hunter- und Vollblutstuten benutzt.

Highland Pony

Das Highland Pony ist außerordentlich kräftig und kompakt, mit gutem Charakter. Man findet es hauptsächlich im schottischen Hochland. Das Higland Pony hat ein ausgeglichenes Temperament, ist jedoch mißtrauisch gegen fremde Personen und durch schlechte Behandlung schnell verdorben.
Alle anderen britischen Ponyrassen sind bei der Beschreibung der deutschen Ponyzucht dargestellt.

Kaltblüter

Wenngleich die Kaltblutrassen in der Landwirtschaft Englands einst eine ebensolche Bedeutung hatten wie in Deutschland, so ist aus denselben Gründen wie hier ihre Bedeutung zurückgegangen. Liebhaber haben diese Pferde glücklicherweise vor dem Aussterben bewahrt. Heute erfreuen sie sich neben einer gewissen Bedeutung in Land- und Forstwirtschaft einer ungeheuren Beliebtheit als Showpferd.

Shire
Der Shire ist die bedeutendste Kaltblutrasse Englands. Die schwarzen Riesen mit dem auffallenden Behang ziehen die Zuschauer in Massen an. Eine Widerristhöhe von 175 cm ist keine Seltenheit. Hengste erreichen ein Gewicht deutlich über 22 Zentner.

Clydesdale
Der aus dem Süden Schottlands stammende Vetter des Shire ist heute in dieser Rasse aufgegangen.

Suffolk
Diese Rasse ist etwas kleiner als der Shire, wird jedoch genauso schwer wie dieser. Besonders massig ist der *Suffolk Punch*. Der Suffolk kommt ausschließlich als Fuchs vor und sollte so wenig Behang wie möglich haben.

Irland

Irland, das westlichste Land Europas, hat noch günstigere klimatische Bedingungen für die Pferdezucht als England. Der irische Hunter hat Weltbedeutung.
Grundlage der irischen Pferdezucht ist der berühmte *Irish Draught*. Der Draught ist eine schwere Landrasse, die im Laufe der Zeit viele Wandlungen erfahren hat, jedoch stets die Aufgabe hatte, die in der Landwirtschaft anfallenden Arbeiten zu verrichten. Trifft man den Draught im Lande, so ist man immer wieder überrascht, daß die z. T. recht gewöhnlichen Typen über mehr Reitpferdepoints verfügen als manches elegante Reitpferd.
Da die Technisierung der Landwirtschaft in Irland relativ spät einsetzte, verfügten die Züchter auch noch recht lange über dieses hervorragende Ausgangsmaterial. Mit fortschreitender Technisierung verschwindet das Arbeitspferd jedoch mehr und mehr, so daß die Basis für die Kreuzungszucht schmaler und schmaler wird. Der Staat versucht zwar, durch kräftige Subventionen diese Entwicklung aufzuhalten, bisher war ihm jedoch nicht allzuviel Erfolg beschieden. So besteht die Gefahr, daß der irische Hunter immer vollblutähnlicher wird.
Wenngleich es die Züchter nicht unbedingt gern bestätigen, so ist es doch bekannt, daß ein überaus großer Teil der Hunter, auch der Schwergewichts-Hunter, aus Ponystuten der Rasse Connemara stammen. Über diese Ponyrasse ist an anderer Stelle berichtet. Da das Connemara-Pony häufig über das Ponymaß von 1,48 m hinauswächst und nicht selten außerordentlich kalibrig und massig ist, kommt es in der Anpaarung mit ebenfalls für ihre Rasse äußerst großen und kalibrigen Vollbluthengsten zu ausgezeichneten Produkten.
Infolge dieser Zuchtpolitik waren Abstammungsnachweise für Nichtvollblutpferde bisher unbekannt. Da das Fohlen jedoch heute nicht mehr als »Beiprodukt« der in der Landwirtschaft arbeitenden Stuten anfällt und die Wirtschaftlichkeit der Pferdezucht somit ganz von der Qualität des Fohlens abhängt, hat das Ministerium für Landwirtschaft und Fischerei 1968 mit der Registration der Stuten und Fohlen begonnen. Diese Aufgabe wurde 1974 vom »Irish Horse Board« durch die Schaffung des Non-Thoroughbred-Register übernommen. Ziel ist die Registrierung aller Stuten und die Ausstellung von Identifikationsnachweisen für die Fohlen. Z. Zt. sind ca. 10 000 Stuten registriert.
Auf zahlreichen regionalen Schauen werden die Pferde beurteilt. Absoluter Höhepunkt des Jahres ist jedoch die jährlich Anfang August stattfindende Dublin-Horse-Show. Auf dieser Schau, um die die ganze Welt Irland beneidet, werden neben internationalen Springkonkurrenzen die besten Pferde Irlands in den verschiedenen Klassen – Hunter, Hacks, Ponys (und auch Esel) etc. – gerichtet. Der Sieger, der »Over-All-Champion«, genießt eine nahezu ebenso große Popularität wie der Premierminister. Sind die Schauen und Turniere zu Ende, so beginnt die Jagdsaison. Sie ist gleichzeitig höchstes Vergnügen für den Reiter sowie Leistungsprüfung und Training für die Pferde. Die abwechslungsrei-

che Landschaft Irlands bietet hier ideale Voraussetzungen.
Spricht man von irischen Pferden, so darf man auch den irischen Esel nicht vergessen. Der Esel ist hier nicht mehr Spielzeug oder Freizeitgefährte, sondern hat vor allem in den sehr armen Regionen Westirlands schwere Arbeit, z. B. beim Transport des Torfs, zu leisten.

Connemara Pony

Ursprungsgebiet des Connemara Ponys ist die Westküste Irlands mit ihren wenig fruchtbaren Bergen. 1923 erfolgte die Gründung des Stutbuches. Alle Hengste müssen gekört (»lincensed by the government«) sein. Das Pony soll kurzbeinig sein, eine gute Schulter besitzen und sich frei bewegen. Die Durchschnittsgröße beträgt ca. 134 cm, die maximale Größe ca. 142 cm. Sie sind bekannt für ihre außerordentliche Gutartigkeit. Exporte gehen nach den USA, Großbritannien, Schweden, Deutschland, Frankreich, Belgien und Holland. Zur Verbesserung der Reiteigenschaften des Connemara wurden in jüngster Zeit zwei kleine Vollblüter und ein Araberhengst eingesetzt. Eine große Schwierigkeit besteht darin, daß die Connemaras auf besseren Böden häufig zu groß werden und den Typ verlieren.

Frankreich

Frankreich gehört zu den traditionellen Pferdezuchtländern der Welt. Derzeit gibt es in Frankreich ca. 469 000 Pferde.
Prinzipiell unterscheiden die Franzosen zwei große Gruppen von Pferden, nämlich einmal »Blutpferde« (chevaux de sang) und »schwere Pferde« (chevaux lourds). Innerhalb der Gruppe der Blutpferde wird wiederum in Rennpferde (chevaux de course) und Reitpferde (chevaux de selle) unterschieden. Zu den Rennpferden gehören die Vollblüter und die Traber, zu den Reitpferden die Rassen Araber, Anglo-Araber, cheval de selle français, cheval de selle und die Ponys. Zu den Kaltblütern zählen die regionalen Kaltblutrassen. Die Einteilung der französischen Stutbücher für Pferde der Gruppe »Blutpferde« gibt die nachfolgende Darstellung wieder.
Bei genauem Studium dieses Schemas wird deutlich, daß die eintragungsfähigen Stuten und Hengste aus 19 verschiedenen Kreuzungen stammen können.

Herkunft der eintragungsfähigen Tiere (die aus 19 verschiedenen Kreuzungen stammen können).

Hengste der Rasse		PS	AR	AA 50%* mehr	AA 25%* mehr	SF	TF
		Sektion 1			Sektion 2		
Stuten der Rasse							
PS	SEKTION 1	Stud Book PS	AA 50%* mehr	AA 25%* mehr	SF	SF	SF
AR	SEKTION 1	AA 50%* mehr	AR	AA 50%* mehr	AA 50%* mehr	SF	SF
AA 50%* mehr	SEKTION 1	AA 25%* mehr	AA 50% mehr	AA 50%* mehr	AA 25%* mehr	SF	SF
AA 25%* mehr	SEKTION 2	SF	AA 50%* mehr	AA 25%* mehr	AA 25%	SF	SF
SF	SEKTION 2	SF	SF	SF	SF	SF	SF
TF	SEKTION 2	SF	SF	SF	CSF	CSF	STUD BOOK TF

* können nach Übereinkunft mit der Kommission des Stud Book TF Trotteur Français werden.

PS: Pur Sang (Vollblut)
AR: Araber
AA 50% und mehr: Anglo-Araber mit 50% und mehr Araberblut
AA 25% und mehr: Anglo-Araber mit 25% und mehr Araberblut
TF: Trotteur Français (Französischer Traber)
SF: Selle Français

Vollblüter und Traber

Die Zucht und auch der Rennsport mit dem Vollblüter (Hauptzuchtgebiet südliche Normandie) und dem Traber sind in Frankreich von außerordentlich großer Bedeutung. Beide Rassen beeinflussen die Reitpferdezucht in Frankreich ungleich stärker als in der Bundesrepublik Deutschland.

Reitpferde

Klima und Boden haben die französische Pferdezucht so geformt, daß man Frankreich schwerpunktmäßig in zwei Teile teilen kann. Im Norden dominiert das »Selle français«, beginnend im Hauptzuchtgebiet, der Normandie, bis ins Ain, Charolais, Centre, den Osten, das Anjou und in die Vendée. Im Süden findet man vor allem den Anglo-Araber, dessen Ausbreitungsgebiet über die Charantes und das Limousin hinausgeht. Die 23 Staatsgestüte haben in Frankreich heute noch einen ebenso großen Einfluß wie vor dem zweiten Weltkrieg.

Anglo-Araber

Die Pferdezucht im Süden Frankreichs ist seit alters her von orientalischen Pferden beeinflußt. Das 1761 von Louis XV. gegründete Gestüt Pompadour hatte schon bei seiner Gründung ausgezeichnete arabische Pferde. Hier entstand durch methodische Kreuzung dieser beiden Rassen der Anglo-Araber als neue Rasse. Im Jahre 1843 wird er als eigene Rasse zum erstenmal genannt, diente stets als Sportpferd und hatte in der Armee die gleiche Aufgabe wie der Trakehner in der deutschen Kavallerie, nämlich als Pferd für die leichte und schnelle Truppe zu dienen.

Das Zuchtziel des Anglo-Arabers ergibt sich aus seiner Herkunft. Man wünscht ein im arabischen Typ stehendes, auffälliges und elegantes Pferd mit allen Reitpferdepoints. Vor allem in der Größe hat sich der französische Anglo-Araber dem Markt angepaßt. Während die Pferde vor dem zweiten Weltkrieg etwa 1,60 m und darunter maßen, findet man heute nicht selten Anglo-Araber, die 1,65–1,70 m groß sind. Die Mehrzahl der Anglo-Araber, und vor allem auch die typvollen Anglo-Araber, bewegen sich jedoch in einer Größe von 1,56–1,62 m. Vom Vollblüter unterscheidet er sich durch sein schöneres Gesicht, seine geringere Größe und durch einen leichteren Knochenbau. Es kommen alle Farben vor, Schimmel werden bevorzugt.

Der Anglo-Araber wird in den Departements Sud Ouest und Limousin gezüchtet. Die Pferde des Departements Sud Ouest sind »mehr am Blut« als die aus Limousin. Dieses erklärt sich aus dem Einfluß der natürlichen Umwelt, vor allem des Bodens und der Sonne und auch aus der spezifischen Selektion nach Rennleistung. Seit 1874 gibt es spezielle Rennen für Anglo-Araber.

Der Anglo-Araber aus dem Departement Limousin ist vielleicht nicht größer, jedoch etwas schwerer und kalibriger. Zwar schön und ausdrucksvoll, jedoch kräftig und muskulös, hat er vor allem im Springsport seine Bedeutung. Selbstverständlich gibt es durch den Hengstaustausch zwischen den beiden Zuchtgebieten fließende Übergänge.

Das Stutbuch des Anglo-Arabers wurde 1959 geschlossen. Die Anglo-Araber werden heute als Sektion 1 des französischen Stutbuches gemeinsam mit den Arabern geführt. Das Stutbuch wird vom Staatsgestüt Pompadour herausgegeben. Grundbedingung für die in das Stutbuch aufgenommenen Pferde ist, daß sie erstens nur Anglo-Araber, Vollblüter oder Araber zum Vorfahren haben dürfen und zweitens mindestens 25% Araberblut führen.

Cheval de selle français

Bis zum Beginn des 19. Jahrhunderts gab es eine Vielzahl von Herkunften in Frankreich. Es deckten Hengste aus aller Herren Länder, Friesen, Mecklenburger, Oldenburger, Dänen, Engländer, Araber, Berber, Andalusier und deren Kreuzungsprodukte. Danach kam etwas mehr Linie in die französische Warmblutzucht, vor allem unter dem Einfluß von englischen Vollblut- und Halbbluthengsten. So entstanden in den einzelnen Gebieten regionale Warmblutschläge: Anglo-Normannen in der Normandie und andere, nach ihrem Standort benannte Rassen, so z. B. *Charolais, Vendéen, Bretonen, Charantais* etc. Dabei stand, wie überall in der Welt, das Pferd als landwirtschaftliches Nutztier und Wagenpferd im Vordergrund. Aus diesen Pferderassen entstand durch Selektion nach Schnelligkeit im Trabe der französische Traber.

Um die Jahrhundertwende entstand in der Normandie aus dem gleichen Ursprung stammend ein Pferd mit betonten Reiteigenschaften und ein Arbeitspferd. Letzteres wurde in den normännischen Gestüten St. Ló und Pin schwerpunktmäßig gezüchtet. Zum

äußeren Zeichen wurden diese Pferde kupiert. Einige Jahre später bezeichnete man diesen Typ als *Cob* nach dem englischen Vorbild, womit gemeint war: Gewichtsträger und Arbeitspferd.
Vor allem in der Normandie und hier schwerpunktmäßig im Departement La Manche versah der Cob seine Dienste als Zug-, Wagen- und Arbeitspferd. Hierbei konkurrierte er mit dem *Percheron*. Cob und Percheron wurden zum Teil miteinander gekreuzt. Im Laufe der Zeit wurde der Cob immer schwerer. Durch Farbe und Gewicht ähnelte der Cob dem Normannen, unterscheidet sich im Aussehen jedoch nur wenig vom Percheron oder Bretonen. Er blieb jedoch immer in allem wesentlich trockener als diese Rasse.
Der Cob ist heute 161–170 cm groß und 500–800 kg schwer. In Frankreich, in dem viel Pferdefleisch gegessen wird, schätzt man den Cob wegen seiner guten Fleischqualität, die an die der Blutpferde erinnert.
Eine ganz andere Entwicklung nahm der leichte Typ des Normannen. Hauptabnehmer für die Pferde war die Armee, womit eine Veredelungsperiode für alle regionalen Rassen einsetzte. Beide Weltkriege fügten der Zucht schwere Verluste zu.
Die regionalen Rassen, alle stark vom Anglo-Normannen beeinflußt, wurden im Zuge des allgemeinen Niederganges der Pferdezucht sämtlich bedeutungslos. Aus diesem Grunde entschlossen sich alle regionalen Rassen, die Führung des Stutbuches in eine Hand zu legen. Das Selle Français wird als Sektion 2 des Französischen Stutbuches geführt. Das heutige »Selle Français« besteht seit dem ministeriellen Erlaß vom 8. März 1967 und faßt unter der gleichen Vokabel alle ehemaligen Lokalrassen mit bekanntem Ursprung zusammen.
Das Zuchtziel des Französischen Reitpferdes ist vor allem die Zucht eines Springpferdes. Die gesamte Population ist jedoch auf Grund des hohen Anteiles von Fremdblut ausgesprochen heterogen.
Der Gesamtbestand an Zuchtpferden beträgt etwa 9000 Stuten der Rasse Cheval de selle français, dazu ca. 200 Hengste dieser Rasse sowie etwa 50 Anglo-Araber und 100 Vollbluthengste, die für diese Stuten anerkannt sind. 33% der Bedeckungen erfolgen durch den Vollblüter, 20% durch den Anglo-Araber, 45% durch die französischen Reitpferdehengste und 2% durch Traberhengste. Zusätzlich stehen zur Erzeugung von Reitpferden ca. 2000 nicht eintragungsfähige Stuten im Reitpferdetyp (Cheval de selle) und weitere 6000 Stuten ohne Abstammung zur Verfügung. Schwerpunkt der Zucht ist nach wie vor die Normandie.

Kaltblüter

Die große Zahl der Kaltblutpferde resultiert aus der Vorliebe der Franzosen für Pferdefleisch. Insgesamt werden 90 000 Tonnen Pferdefleisch pro Jahr verzehrt, wobei aus inländischer Produktion weniger als 40% stammen. Die Preise für Pferdefleisch entsprechen denen für Rindfleisch. Groß ist auch die Rassenvielfalt, entstanden durch die unterschiedlichen Klima- und Bodenverhältnisse.

Bretone

Der Bretone ist mit ca. 30 000 Stuten, 1000 Hengsten und 160 000 Tieren insgesamt die zahlenmäßig stärkste französische Kaltblutrasse. Er wird nahe der Küste der Bretagne vor allem in den Departements Finistere, Côtes-du-Nord, Morbihan, Ille-et-Vilaini und Loire-Atlantique gezüchtet.
Der 160–170 cm große Bretone ist äußerst anpassungsfähig, vor allem auch an die Bedingungen in heißen Ländern. Es existieren zwei Typen, der *Portier-Breton* und der *Trait-Breton*. Morphologisch unterscheiden die beiden Typen sich kaum. Der Typ Portier ist etwas kleiner, lebhafter, mit energischen Bewegungen, der Typ Trait massiger, größer und schwerer. Beide Typen werden in einem Zuchtbuch geführt. Die nachstehende Übersicht zeigt das Gewicht in verschiedenem Alter:

Geburtsgewicht	65 kg
1 Jahr	500 kg
2 Jahre	650 kg
3 Jahre	750 kg
ausgewachsen	800 kg–1000 kg

Ardenner

Diese ursprünglich aus den Ardennen, einem Waldgebiet an der französisch-belgischen Grenze, stammende Rasse hat in vielen Ländern Verbreitung gefunden, so in Schweden, Polen und auch in Deutschland. In Frankreich findet man sie heute in einem großen Gebiet, das vom Pariser Becken bis zum Rhein reicht.

Chinas »Schweigendes Heer«. In den Grabanlagen des ersten Kaisers von China, Ch'in Shih Huang-ti (um 200 v. Chr.), vermutet man ca. 6000 dieser tönernen Soldaten. Seit 1974 sind Archäologen mit den Ausgrabungs- und Wiederherstellungsarbeiten in der Nähe von Chian beschäftigt.

Das Pferd in der Kunst bietet manchmal aufschlußreiche Details hinsichtlich Typ des Pferdes sowie Sattelung und Zäumung. Das Bild dieses Rappen stammt aus der Zeit um 1600 (Miniatur auf Pergament, Kreis der Hoefnagel).

Großbritannien: Hackney

Großbritannien: Cleveland Bay

Großbritannien: Hack

Großbritannien: Cob

Großbritannien: Hunter

Großbritannien: Highland Pony

Großbritannien: Children's Riding Pony

Großbritannien: Exmoor Pony

Irland: Connemara Pony

Großbritannien: Suffolk

Großbritannien: Shire

Irland: Irish Draught

Frankreich: Percheron

Frankreich: Selle français

Frankreich: Ardenner

Niederlande: Friese

Griechenland: Skyros Pony

Spanien: Andalusier

Österreich: Noriker

Österreich: Haflinger

Polen: Malopolski

Polen: Konik

Tschechoslowakei: Kladruber

Jugoslawien: Lipizzaner

Ungarn: Nonius

UdSSR: Orlow-Traber

UdSSR: Budjonny

UdSSR: Budjonny

UdSSR: Achal Tekkiner

UdSSR: Vollblutaraber im Rennen

Island: Islandpferde auf der Sommerweide

Nordamerika: Vollblut-Araberhengste russischer Zucht (*Salon ox* und *Padron ox*)

Nordamerika: Palomino

Nordamerika: Appaloosa

Nordamerika: American Saddle Horse

Nordamerika: American Quarter Horse

Südamerika: Haros Lavalle (Argentinien)

Südamerika: Silla Argentino

Südamerika: Polo Pony

Südamerika: Peruanisches Paso-Pferd

Der Ardenner ist für seine Genügsamkeit und Härte bekannt, andererseits ist er als zähes und muskulöses Pferd beliebt.
Der Ardenner wird 160–165 cm groß. Sein Gewicht in verschiedenen Altersstufen ist nachfolgend zusammengestellt:

Geburtsgewicht	55 kg
1 Jahr	300 kg
2 Jahre	600 kg
3 Jahre	800 kg
ausgewachsen	800 kg–900 kg

Percheron
Das Zuchtgebiet des Percheron, der die gleiche Verbreitung wie der Ardenner besitzt, schließt sich östlich an das bretonische Gebiet an. Der besonders kalk- und phosphatreiche Boden bietet ideale Voraussetzungen für die Pferdezucht. Der Percheron wird bevorzugt als Schimmel und auch als Rappe gezüchtet. Noch heute ist der arabische Einfluß erkennbar. Dieser wuchtige, aber harmonische Kaltblüter mit ansprechendem Gesicht war früher auch ein sehr beliebtes Kutschpferd. Besonders in den USA, Großbritannien und Südamerika hatte er große Nachzuchtgebiete gefunden. Seine Maße und Gewichte:

Größe	158 cm–166 cm
Röhrbeinumfang	25 cm– 26 cm
Geburtsgewicht	80 kg
8 Wochen	150 kg
8 Monate	450 kg
1 Jahr	500 kg
2 Jahre	650 kg
ausgewachsen	700 kg–900 kg

Boulonnais
Das Zuchtgebiet des Boulonnais, mit ca. 800 Stuten und 30 Hengsten am französischen Kaltblutbestand nur wenig beteiligt, liegt im äußersten Norden Frankreichs an der Westküste. Vordringlich als Schimmel gezüchtet, wird er heute noch vielfach als schönster Kaltblüter der Welt bezeichnet. Er wird in zwei Typen gezüchtet. Der *Kleine Boulonnais,* Typ »Fischhändler«, hatte die Aufgabe, den Seefisch in einem Tage von Boulogne nach Paris zu bringen. Er wird 155–160 cm groß und bis zu 550 kg schwer. Als Fleischlieferant wird der größere Typ bevorzugt, der 160 bis 170 cm groß wird und folgende Gewichte bringt:

Geburtsgewicht	50 kg–60 kg
6 Monate	275 kg
12 Monate	500 kg
18 Monate	600 kg
2 Jahre	675 kg
ausgewachsen	700 kg–1000 kg

Comtois
Das Hauptzuchtgebiet des Comtois liegt im Departement Doubs im Osten Frankreichs an der Grenze zur Schweiz gelegen. Der als Fuchs und Brauner gezüchtete Comtois ist wegen seiner guten Ausschlachtung und der ausgezeichneten Fleischqualität berühmt. Nur mittelrahmig mit einer Größe von 150–160 cm und einem Röhrbeinumfang von 27 cm erreicht der Hengst 680 kg–770 kg, Stuten ca. 70 kg weniger. In den verschiedenen Altersstufen werden folgende Gewichte erreicht:

Geburtsgewicht	45 kg
1 Jahr	350 kg–400 kg
2 Jahre	500 kg
3 Jahre	600 kg

Ponys

Im Gegensatz zu England hat Frankreich nur wenige eingeborene Ponyrassen. Hierzu zählt der *Pottock,* auch Baskenpony genannt, der 115–132 cm groß wird und sein Zuchtgebiet im Raum Pyrenees Atlantiques hat, das ca. 600–1000 m hoch liegt. Früher wurden diese Ponys für die Arbeit in den Bergwerken Englands und Norditaliens sowie als Fleischlieferant genutzt. Heute sind sie als Kinderreitponys beliebt.
Zu erwähnen ist weiterhin der *Landais,* der starken arabischen Einfluß zeigt und bis 135 cm mißt. Er wird häufig als kleiner Hunter beschrieben.
Im Rhônedelta, ganz im Süden Frankreichs, wo noch ein ursprüngliches Sumpfgebiet zu finden ist, hat sich eine zahlenmäßig geringe – ca. 1000 Tiere – Pferderasse erhalten, die häufig beschrieben wird: der *Camarque.* Man kann das Pferd der Camarque zu den Ponyrassen zählen, da es in der Größe zwischen 135 und 145 cm variiert. Es steht im Typ des Robustpferdes. Sein Knochenbau ist grob, der

Kopf häufig derb. Er wird ausschließlich als Schimmel gezüchtet.
Der Camarque ist kein Wildpferd, wenngleich die Pferde ganzjährig in Herden frei herumlaufen. Der Besitzer kontrolliert jedoch die Herden; nicht zur Zucht benötigte Tiere werden ausselektiert und als Reitpferd von den »Gardians« bei der Arbeit in den großen Rinderherden des Rhonedeltas oder als trittsicheres, wendiges Pony für den Touristen benutzt.

Niederlande

In den Niederlanden gibt es zur Zeit ca. 170 000 Pferde, darunter 35 000 Zuchtstuten und 1000 Zuchthengste. Den breitesten Raum nehmen die Reitpferde ein, von denen jährlich ca. 10 000 Stuten gedeckt werden. In der Warmblutzucht hat sich Holland ganz nach seinen beiden Nachbarn Deutschland und Frankreich ausgerichtet. Besonders hannoversche, westfälische und Holsteiner ebenso wie Trakehner Hengste haben die Zucht maßgeblich beeinflußt.
Als einheimische Rasse sind das *Friesenpferd,* der *Groninger* und der *Gelderländer* hervorzuheben.

Friese

Der Friese, gezüchtet in der Provinz Friesland, war früher ein Nutzpferd in landwirtschaftlichen Betrieben, heute ein beliebtes Fahr- und Reitpferd mit speziellen Eigenschaften. Friesen sind ausschließlich Rappen, recht schwere Pferde mit edlem Kopf und berühmt durch ihre hohe Aktion. Dieser sehr effektvolle Bewegungsablauf entspricht nicht dem bei unseren Reitpferden gewünschten Ablauf, wird von den Liebhabern des Friesenpferdes jedoch besonders geschätzt. Diese Rasse war bereits vom Aussterben bedroht. Heute werden jedoch in den Niederlanden mehr als 1000 Stuten von etwa 25 Hengsten gedeckt.

Groninger und Gelderländer

Der Groninger, in der Provinz Groningen gezüchtet, ist dem Oldenburger/Ostfriesen, auf dessen Grundlage gezüchtet worden ist, ähnlich, eventuell sogar noch etwas schwerer. Einige Kreuzungsprodukte mit dem Vollblüter haben im Sport gute Erfolge gehabt. Derzeit wird der Groninger ebenso wie der Gelderländer, aus der Provinz Gelderland, wieder in Reinzucht gehalten. Man bezeichnet beide Rassen als Geschirrpferde. Jährlich werden etwa 2000 Stuten von 50 Hengsten gedeckt.

Trekpaard

Eine gewisse Besonderheit ist das Trekpaard mit einem Bestand von ca. 1200 Stuten, 32 Hengsten, das auf Grund seiner enormen Trabaktion besonders viele Liebhaber hat.

Belgien

Ardenner und Brabander

Belgien hat stets eine blühende Pferdezucht gehabt. Besonders die Kaltblutzucht war von überragender Bedeutung. Das Ardenner Pferd wird bereits von Cäsar beschrieben. Dieses Pferd wird im Gebiet der Maas gezüchtet und ist identisch mit der bereits bei der Beschreibung der Pferdezucht Frankreichs beschriebenen Rasse.
Der eigentliche belgische Kaltblüter ist heute jedoch mehr der Brabander, der zu den massigsten Kaltblutrassen gehört und lange Zeit auf die Kaltblutzucht der Rheinprovinz Einfluß genommen hat. Der Belgier ist trotz seiner Masse harmonisch, geschlossen, tief und breit und zeichnet sich durch besonders üppige Muskulatur, vor allem in der Kruppenpartie, aus.
Die belgische Warmblutzucht ist, nahezu identisch mit den Sprachgrenzen, einerseits von hannoverschen und andererseits von französischen Hengsten ausgebaut bzw. beeinflußt worden. Zur Zeit werden etwa 5000 Warmblutstuten gedeckt.
Das Zuchtziel und auch die Zuchtmethoden sind nahezu identisch mit dem in der Bundesrepublik Deutschland verfolgten Zuchtziel bzw. den Zuchtmethoden. Die Leistungsprüfung der Hengste erfolgt in der »Landelijke Ruitersschool van de Belgische Boerenbond« in Oud-Hervelee.

Dänemark

Frederiksborger

In Dänemark gibt es heute ca. 35 000 Pferde. Die älteste, von den Königen gepflegte Rasse ist der Frederiksborger, der auch die Zucht des Herrenhäuser Weißgeborenen beeinflußt hat. Die Gründung des Gestütes Frederiksborg durch König Christian III. erfolgte bereits im Jahre 1562. Der Frederiksborger, hauptsächlich auf neapolitanischen und andalusischen Stämmen aufbauend, entwickelte sich zu dem bekanntesten Luxuspferd Europas. Heute gibt es nur noch wenige Exemplare dieser Rasse, die nahezu ausschließlich Füchse sind.

Dänemark ist eines der bedeutendsten Oldenburger Nachzuchtgebiete gewesen. Auch heute findet man dort noch eine relativ große Anzahl Oldenburger Pferde im Typ des alten Karossiers.
Die Warmblutzucht Dänemarks ist nahezu ausschließlich auf deutschen Blutlinien aufgebaut. Hierbei ist die Zucht vordringlich von Hannoveranern und Trakehnern bestimmt worden. Im Süden des Landes war die Verbindung zu Holstein besonders groß, so daß auch dieses Zuchtgebiet einen gewissen Einfluß genommen hat.

Schweden

Die schwedische Pferdezucht wird zahlenmäßig von folgenden Rassen bestimmt:

- ☐ Schwedisches Halbblut
- ☐ Traber
- ☐ Ardenner
- ☐ Russ (Gotland-Pony)
- ☐ Nordschwedisches Arbeitspferd
- ☐ Nordschwedischer Traber
- ☐ Englisches Vollblut
- ☐ eine Reihe von Ponyrassen.

Die Warmblutzucht Schwedens wird vordringlich aus Deutschland (Hannover, Trakehner) und in geringerem Umfang von Frankreich beeinflußt. Zuchtziel und Zuchtmethoden entsprechen denen der anderen europäischen Länder. Besonders zu erwähnen ist das ehemalige Staatsgestüt Flyinge, das nunmehr vom Zuchtverband selbst geführt wird. Dieses hat einen außerordentlich großen Einfluß auf die Pferdezucht Schwedens.
Das *Nordschwedische Pferd* und das *Norwegische Doelepferd* haben dieselbe Abstammung. Beide Rassen sind aufgeteilt in eine Arbeitspferd- und eine Trabpferdvariante.
Der *Nordschwedische Traber* wird heute noch direkt von norwegischen Hengsten beeinflußt. Der schwedische Rekord liegt bei einer Zeit von 1.27,5. Die Zucht wird größtenteils in den nördlichen Landesteilen betrieben. Die Stutenpopulation beträgt ca. 1000 Tiere, denen ca. 40 Hengste zur Verfügung stehen.
Das *Nordschwedische Zugpferd* ist ein mittelgroßes Kaltblutpferd mit einer Widerristhöhe zwischen 1,52–1,60 m. Es gibt zur Zeit ca. 1300 Stuten und 90 Hengste. Seitdem auch Schweden bei der Arbeit in den Wäldern wieder vermehrt das Pferd einsetzt, hat diese Rasse eine starke Wiederbelebung erfahren.

Russ (Gotland-Pony)
Der Russ wird in einer Größe zwischen 115 und 130 cm gezüchtet und erinnert sehr stark an die englischen Dartmoor- und Exmoor-Ponys. Neben seiner Verwendung als Kinderreitpferd findet er einen beachtlichen Einsatz vor dem Sulky. Der schwedische Rekord liegt bei einer Zeit von 1.45,7. Die Populationsgröße beträgt ca. 1500 Stuten und hat steigende Tendenz.
Besonders großen Einfluß hat auch der *Ardenner,* und zwar eine kleinere Variante des belgischen bzw. französischen Ardenners, der sich in Schweden schnell akklimatisiert hat. Zur Zeit werden noch ca. 1600 Stuten gedeckt. Die schwedische Ardennerzucht hat auch einen gewissen Einfluß auf die Kaltblutzucht in Westfalen gehabt.

Österreich

In Österreich werden vor allem *Noriker* (s. Noriker bzw. Süddeutsches Kaltblut) und *Haflinger* gezüchtet. Die Warmblutzucht ist vordringlich auf hannoverschen Linien aufgebaut, wozu vor allem das Bundeshengstenstallamt Stadl-Paura beigetragen hat. Eine besonders edle Warmblutherde im Bundeshauptgestüt Piber baute auf ungarischen Linien auf, wurde jedoch später von hannoverschen Hengsten, insbesondere von *Ferdinand,* beeinflußt. Diese wertvolle Herde fiel im Jahre 1984 der Umorientierung in Piber zum Opfer.
Man kann die Pferdezucht Österreichs nicht darstellen, ohne die Zucht des *Lipizzaners* einzubeziehen. Ursprung dieser Rasse ist das

1580 gegründete Gestüt Lipica, das in dem heute in Slowenien liegenden Karstgebiet liegt. Lipica lieferte Prunk- und Paradepferde für den Hof der regierenden Fürsten. Das Gestüt Lipica bzw. der Lipizzaner hat die Pferdezucht in Österreich, Ungarn, dem ehemaligen Jugoslawien, Italien, Polen, der Tschechoslowakei und in Rumänien beeinflußt. In den einzelnen Ländern ist das Zuchtziel im Hinblick auf seine Verwendung deutlich variiert, und zwar vom reitbetonten Typ bis hin zum Wirtschaftspferd.
Das Hauptgestüt Piber, in dem ausschließlich Schimmel gezüchtet werden, hat die Aufgabe, Pferde für die Spanische Hofreitschule in Wien zu züchten. Hier erfolgt nach den klassischen Kriterien der Reitkunst eine gezielte Leistungsselektion. Nach Piber gehen nur die Junghengste zurück, die sich in der Spanischen Hofreitschule am besten bewährt haben. Die 1572 gegründete Hofreitschule ist somit Leistungsprüfungsstation einerseits, andererseits jedoch eine der Kulturstätten mit dem Ziel und Schwerpunkt der Erhaltung der klassischen Reitkunst.

Schweiz

In der Schweiz gibt es derzeit ca. 45 000 Pferde. Den größten Anteil an diesem Pferdebestand haben noch die Kaltblüter. Eine besonders verbreitete bodenständige Rasse ist der *Freiberger,* ein kleines, durch die Zufuhr von arabischem Blut relativ edles Pferd, das genügsam, hart und sehr sicher im Gebirge ist. Versuche, durch Anpaarung von Freiberger Stuten mit Vollbluthengsten ein Reitpferd zu erzeugen, sind gescheitert, und zwar vor allem auf Grund mangelnder Größe der Kreuzungsprodukte, denn die Durchschnittsgröße des Freibergers beträgt 150 cm. Die im Hauptgestüt Avenches vorgenommenen Versuchskreuzungen haben dies eindeutig bewiesen. Sämtliche Anpaarungen von Freiberger Stuten mit dem Vollblüter, dem Trakehner, dem Anglo-Normannen oder dem Holsteiner haben letztlich nicht zum Ziel geführt.
Ein bodenständiges Warmblutpferd gab es in der Schweiz nicht. Die Zucht des Reitpferdes ist deshalb weitestgehend von den Zuchtgebieten Frankreichs und Deutschlands bestimmt. Der regionale Einfluß dieser beiden Zuchtgebiete ist praktisch mit der Sprachengrenze identisch. Gezielte Einfuhren durch das Hauptgestüt Avenches sowie einige private Hengsthalter haben die Schweizer Reitpferdezucht qualitativ wesentlich verbessert.

OSTEUROPA

Ehemalige UdSSR

Die politischen Verhältnisse in der ehemaligen UdSSR haben sich dramatisch verändert. Die Umstrukturierung der Landwirtschaft und damit auch der Pferdezucht ist bei weitem noch nicht abgeschlossen. Die Prinzipien der Zucht haben sich in keiner Weise verändert. Unter den gegenwärtigen Umständen erscheint es deshalb richtig, die politischen Veränderungen zu vernachlässigen.
In der ehemaligen UdSSR gibt es insgesamt 5,6 Millionen Pferde. Von Fachleuten wird diese Zahl als ein absoluter Tiefpunkt angesehen, der durch den raschen Rückgang im Pferdebestand, vor allem durch die Mechanisierung hervorgerufen ist. Ganz offiziell wird die Auffassung vertreten, daß die Zahl möglichst wieder vergrößert werden muß. Von diesen 5,6 Millionen sind etwa 70% Arbeitspferde (allein mehr als 0,5 Millionen hiervon Hirtenpferde), 20% werden der Fleischnutzung zugeführt und nur 10% für Sport und Tourismus genutzt.
Schon immer ist die Leistungsprüfung ein herausragendes Prinzip in der russischen Tierzucht gewesen, so auch in der Pferdezucht. Es fällt jedoch auf, daß die Art der Leistungsprüfungen weitgehend bei den Reitpferden von den Anforderungen der Kavallerie im 1. und 2. Weltkrieg geprägt worden ist. Ein Anpassen der Leistungsprüfungen z. B. an die Anforderungen des Reitsports, wie es in den westlichen Ländern erfolgt ist, konnte nicht beobachtet werden. Sämtliche Hengste, die den Reitpferderassen, den Vollblütern oder den Trabern zuzurechnen sind, kommen im Alter von 2½–3 Jahren auf eine Rennbahn (Hippodrom). Hier werden die Hengste über zwei Jahre lang ausgebildet und in Rennen geprüft. Im Gegensatz zur Vorkriegszeit, in der diese Rennen wegen ihrer langen Distanzen berühmt waren, sind die Strecken kürzer

geworden und gleichen sich in etwa den bei unseren Vollblütern gewohnten Distanzen an. Selbstverständlich werden die Rennen mit den Reitpferden nicht gemeinsam mit Vollblütern ausgetragen, so daß eine Überforderung nicht zwangsläufig gegeben ist. Nach diesen zwei Jahren erfolgt eine Entscheidung über den Verbleib der Hengste.
Während in früheren Zeiten Gestüt und sowjetische Spitzenreiter den Vorzug hatten, hat heute auf Grund der wirtschaftlichen Situation im Osten der Export Priorität.

Reitpferde

Die Bedeutung der drei olympischen Disziplinen des Reitsportes in der ehemaligen UdSSR mag an folgendem Beispiel demonstriert werden: Die Meisterschaften der UdSSR im Reiten werden in insgesamt 55 Disziplinen ausgetragen, darunter die drei Disziplinen Dressur, Springen und Vielseitigkeit. Die anderen Disziplinen gehen aus den Traditionen der einzelnen Völker hervor; besonders beliebt ist ein Mannschaftsspiel (Baiga), das ähnlich wie der argentinische Pato ausgetragen wird und der reiterlichen Ertüchtigung der Krieger diente, die sich gegenseitig eine Ziege oder ein junges Kalb abjagen und in ein sicheres Versteck (Tor) bringen mußten. Heute wird dieses Spiel kaum noch mit lebenden Tieren gespielt.
Im folgenden nun einige wichtige russische Rassen:

Ukrainisches Pferd

Dies ist eine der Hauptreitpferderassen in der UdSSR. Zunächst war es aus einer Landrasse und zahlreichen Einkreuzungen entstanden. Die Konsolidierung erfolgte durch zwei Orlow-Traberhengste, die zu Stammvätern dieser Rasse wurden. Eine Veredlung mit dem Vollblüter und dem Trakehner erfolgt regelmäßig.

Don-Pferd

Das Don-Pferd ist das Kosakenpferd für die Arbeit und den Kampf. Die Kosaken brachten ihre eigenen Pferde mit in das Regiment, im dem sie dienten. Da diese Pferde in den Zeiten zwischen den Kriegen auf dem Acker arbeiten mußten, waren sie vom Exterieur her eher massig und gedrungen.
Don-Pferde sind durchweg sympathische Pferde um 1,60 m Stockmaß, die im Genick etwas schwer sind und vor allem in der Schulterformation und in der Sattellage wenig ausgeprägt sind.

Budjonny

Aus den genannten Gründen waren die Don-Pferde vor allem den Offizieren nicht schnell genug. Feldmarschall Budjonny züchtete durch die Anpaarung von Don-Stuten mit Vollbluthengsten die Rasse Budjonny, zunächst fast ausschließlich als Offizierspferd. Man hat eine extrem scharfe Selektion (5%) durchgeführt und ist außerdem nie über einen Vollblutanteil von 50% gegangen, da die Pferde sonst zu »heiß« wurden.
Im Prinzip hat der Budjonny dieselben Aufgaben gehabt wie der Trakehner und mußte auch mit dem gleichen Wechsel im Zuchtziel in Abhängigkeit von der relativen Gewichtung von Arbeit bzw. Militär fertig werden.
Der Budjonny ist in Halsung, Schulter und Sattellage deutlich vom Vollblüter beeinflußt. Diese Pferde repräsentieren durchweg schicke Typen.
Auffällig sind das nervöse Auge, zum Teil sehr leichtes Fundament und das kaum zu bändigende Temperament. Den Budjonnys mangelt es häufig an Elastizität.

Achal-Tekkiner

Die Heimat der Achal-Tekkiner Pferde ist Turkmenien. Auf Grund der isolierten Lage der Oasen Turkmeniens sind die Pferde besonders rein gehalten. Diese Pferde sind für ihre Widerstandskraft und ihre Ausdauer berühmt. Um diese Eigenschaften ihrer Rasse zu beweisen, haben Turkmenen mit Achal-Tekkinern ein Rennen über 4300 km von Aschchabad nach Moskau in 84 Tagen absolviert.
Klima und Umwelt haben nicht nur ein ausdauerndes, sondern auch ein für das Auge ansprechendes Pferd geschaffen. Charakteristisch ist der metallische Glanz dieser Pferde, die sich auch in den olympischen Disziplinen des Reitsports bewährt haben. Sergei Filatow gewann auf dem Achal-Tekkiner-Hengst *Absent* die Olympische Goldmedaille im Dressurreiten.

Kabardiner

Unter den rauhen klimatischen Bedingungen des Nordkaukasus entstand diese Rasse durch

Kreuzung vieler anderer Rassen, u. a. der Karabachen, der Turkmenen, der Araber, der Nogajsker und weiterer Rassen. Der Kabardiner ist ein kräftiges, widerstandsfähiges und anspruchsloses Pferd, das besonders für schwierige Gelände geeignet ist. Besondere Erwähnung verdient der *Anglo-Kabardiner,* der aus der Kreuzung der kleinen Kabardiner Stuten mit Vollbluthengsten entsteht.

Tersker
Die Tersk-Rasse entstand in den Gestüten Tersk und Stawropol unter dem sehr starken Einfluß englischen und arabischen Vollblutes. Heute ist diese Rasse etwas größer als der Araber, ähnelt diesem jedoch sehr. Der Tersker ist besonders auch als Zirkuspferd beliebt.

Araber
Der Vollblutaraber in der ehemaligen UdSSR, hier hauptsächlich im Gestüt Tersk nahe Pjatigorsk gezüchtet, verdient auf Grund der besonderen Qualität Erwähnung. Aufbauend auf den ägyptischen Linien hat sich die russische Araberzucht eine Stellung erobert, die sogar die des ägyptischen Ausgangslandes übertrifft.

Kaltblüter

Die Kaltblutzucht in der UdSSR verdient besondere Erwähnung, da sie mehr als ein Drittel des Gesamtpferdebestandes ausmacht. Der Verzehr von Pferdefleisch und der Verbrauch an Stutenmilch ist im asiatischen Teil der UdSSR weitaus am stärksten. Ein überaus hoher Prozentsatz der Stuten wird gemolken, und zwar mit Hilfe von Aufstallungsformen, die denen beim Rind ähneln. Die Tagesmilchmenge überschreitet nicht selten 20 kg. Besondere Erwähnung verdient die Kumis, entstanden durch die Vergärung von Stutenmilch. Die Wirkung dieses in der UdSSR besonders beliebten, jedoch schwer erhältlichen Getränkes ist außerordentlich anregend und gesund. Der Alkoholgehalt dieses Getränkes wird anfangs häufig unterschätzt; er entspricht demjenigen unseres Bieres.

Polen

Im Jahre 1950 gab es in Polen noch 2,8 Millionen Pferde. Auch heute wird dort infolge vorherrschender Kleinbetriebsstruktur – 80% der landwirtschaftlichen Nutzfläche befinden sich in Privatbesitz – das Pferd zum weitaus überwiegenden Teil als landwirtschaftliches Zugtier benutzt, d. h. zur Verrichtung von Arbeiten auf dem Felde und zum Transport der Waren. In den Kleinbetrieben stehen 97% aller Pferde. Nur 3% der Pferde stehen im Staatsgestüt. Eine langsam beginnende Mechanisierung ließ den Gesamtpferdebestand auf ca. 1,6 Millionen Pferde sinken. Dieser Gesamtbestand teilt sich auf in 22% Kaltblüter, 25% Malopolski, 25% Wielkopolski, 5% Slaski und dazu Araber, Vollblüter und einige Kleinpferde.
Betrachtet man die Pferdezucht Polens als Einheit, so ist die Aussage zu treffen, daß es den polnischen Pferdezüchtern trotz vielfältiger technologischer und politischer Einflüsse gelungen ist, ihre führende Stellung im osteuropäischen Raume beizubehalten und sogar weiter auszubauen. Das Engagement der polnischen Züchter wird hierbei auch heute noch durch die nahezu preußisch geführten Land- und Hauptgestüte unterstützt.

Kaltblüter
Die Kaltblüter bilden, wie oben angegeben, den weitaus überwiegenden Teil der polnischen Pferdezucht. Sie werden vor allem im Norden und mittleren Osten des Landes gezüchtet. Von großem Einfluß sind hierbei Ardenner-Hengste gewesen, die aus Frankreich, später vor allem aus Schweden importiert wurden. Dieser Einfluß ist jedoch drastisch zurückgegangen.

Malopolski-Pferde
Diese Rasse hat ihr Zuchtgebiet im Südosten Polens. Sie entstand auf der Basis der österreich-ungarischen Stämme – Furioso, Gidran, Shagya etc. – unter Einfluß anglo-arabischer und vor allem englischer Vollbluthengste. Sie werden heute als Anglo-Araber bezeichnet.
Der Malopolski ist kleiner als der französische Anglo-Araber: Hengste haben eine durchschnittliche Widerristhöhe von 155, Stuten von 154 cm Stockmaß. Der Malopolski ist somit ein kleines, zähes und genügsames, für die Verwendung in der Landwirtschaft gezüchtetes Pferd. In den Zuchtbüchern sind zur Zeit ca. 6500 Stuten und 820 Hengste eingetragen.
Die Leistungsprüfungen dieser Rasse entspre-

chen ihrem Verwendungszweck. Anerkannte Hengste müssen im Gespann im Schritt 1000 m in der Zeit von 10 Minuten, 30 Sekunden, im Trabe 4 Minuten, 10 Sekunden zurücklegen. Dabei müssen sie 13% ihres Körpergewichtes ziehen.

Wielkopolski

Die Wielkopolski werden vor allem in den Regionen Posen und Masuren gezüchtet. Vor ca. 40 Jahren wurden im Raume Posen verstärkt Hengste Trakehner Abstammung eingesetzt. Diese trafen auf Pferde, die schon stark von Arabern veredelt waren. In diesem Raume werden die Pferde bei bäuerlichen Züchtern und in Staatsgestüten – z. B. Pasadowo und Racot – gezüchtet.

Die Pferdezucht in Masuren ist als Fortsetzung der Trakehner und ostpreußischen Zucht anzusehen. Eine bäuerliche Zucht gibt es jedoch nicht. In diesem Gebiet wurden Bauern aus den ehemaligen Ostgebieten Polens angesiedelt. Diese waren traditionelle Kaltblutzüchter und setzten diese Tradition fort. Masuren-Pferde werden deshalb nahezu ausschließlich in den Gestüten Rzezna, Liski, Plekity und Kadiny gezüchtet.

Genealogisch haben sich die Unterschiede zwischen den beiden Zuchtgebieten des Wielkopolski-Pferdes nahezu verwischt. Die Zucht des Trakehner-Pferdes ist in dieser Rasse aufgegangen, wobei betont werden muß, daß ein Teil der Trakehner in Reinzucht gehalten wird. Besonders bekannt hierfür ist das Gestüt Liski. Mit ca. 8300 eingetragenen Zuchtstuten und 600 Hengsten in der bäuerlichen Zucht sowie 1100 Stuten und 670 Hengsten in der staatlichen Zucht stellt diese Rasse das stärkste Zuchtpotential in Polen dar.

Slaski

Im Südwesten des heutigen Polen (Schlesien) wird das Slaski-Pferd gezüchtet. Um die Jahrhundertwende gab es in dieser Region eine Sammlung von Pferden hannoverscher, ostpreußischer und kaltblütiger Abstammung. Durch systematische Verdrängungskreuzung mit Oldenburger Hengsten hat sich der Slaski entwickelt, der dem Oldenburger in Deutschland vor Beginn des Veredlungsprozesses gleicht: ein kalibriger, trotzdem eleganter schwerer Karossier. Der Slaski wurde jedoch durch Selektion zum kleineren Pferd, das nicht so groß wie der Oldenburger ist. Seine Zucht ist stark rückläufig. Durch Verwendung von Vollbluthengsten versucht man, Reitpferde zu züchten. Z. Zt. gibt es 2700 Stuten und 140 Hengste in privaten sowie 60 Stuten und 90 Hengste in staatlichen Zuchten. Hengste haben eine durchschnittliche Widerristhöhe von 160, Stuten von 158 cm.

Araber

Trotz der relativ geringen Verbreitung des Arabers in Polen hat dieser dort eine große Bedeutung. Sie beruht hier zum einen auf seinem starken Einfluß auf die Landespferdezucht und zum anderen auf seinem wirtschaftlichen Wert infolge zahlreicher Exporte in die Vereinigten Staaten und vor allem westeuropäischen Länder. Die Araber werden in drei Gestüten – Janów Podlaski, Michalów und Kurozweke – gezüchtet. In diesen Gestüten gibt es ca. 150 Stuten und etwa 10 anerkannte Hengste. Darüber hinaus beeinflussen Hengste arabischer Abstammung die Landespferdezucht durch Aufstellung in den staatlichen Hengstdepots.

Konik

Unter Konik-Polski-Pferden versteht man primitive Pferde, die direkt vom Tarpan abstammen, wobei es unklar ist, ob sie Nachkommen des mausfarbenen Steppen-Tarpan oder des Wald-Tarpan sind. Diese Tarpane waren früher auf dem Gebiet des ganzen Landes verbreitet; sie wurden zum Ausgangsmaterial für eine Reihe lokaler Rassen und Typen.

In der bäuerlichen Zucht ist der Konik als Pferd des Kleinbauern beliebt. Er wird hier jedoch sehr selten in Reinzucht gefunden, sondern weist deutliche Spuren der Einkreuzung anglo-arabischer Pferde auf. Die typischen Pferde werden in der Forschungsanstalt Popielno der Polnischen Akademie der Wissenschaften gehalten.

Die typische Farbe des Koniks ist mausgrau, in seltenen Fällen gibt es auch Falben. Charakteristisch sind der Aalstrich und die Querstreifen an den Unterarmen. Der Konik ist ca. 134 cm groß, von harter Konstitution, trockenen Gliedmaßen und hat sehr starke Hufe. Sein Körperbau ist gedrungen.

Huzulen

Das Huzulen-Pferd ist vor allem in den bergigen Gebieten Südostpolens beheimatet. Die

Huzulen sind klein und gedrungen, im Durchschnitt kalibriger als der Konik. Huzulen sind braun, schwarz und mausgrau. Ihre durchschnittliche Größe beträgt 135 cm. Die Huzulen werden als Tragpferde im Bergtourismus sowie als Reitpferde für Kinder verwendet. In züchterischer Hinsicht kann man sie mit den Haflingern vergleichen.

Ungarn

Die fruchtbare Pußta in der ungarischen Tiefebene bot stets eine ideale Voraussetzung für die Pferdezucht. Ungarn verfügt auch heute noch über eine Reihe von Hauptgestüten, die einen nachhaltigen Einfluß auf die gesamte ungarische Pferdezucht haben.

Der Zucht des *Englischen Vollblüters* stehen ca. 400 Stuten in den Gestüten Diospuszta, Kerteskö, Apatipuszta, Somogysard, Radihaza zur Verfügung. Vollbluthengste haben nach wie vor einen starken Einfluß auf die gesamte Reitpferdeproduktion.

Die *Traberzucht* hat im internationalen Vergleich nicht die gleiche Bedeutung wie die Vollblutzucht. Traberstuten stehen vor allen Dingen in den Gestüten Mezöhegyes, Somogysard und Radihaza.

Die Zucht des *Arabers* in Ungarn ist ein wesentlicher Bestandteil der Pferdezucht, bei dem das berühmte Hauptgestüt Babolna einer besonderen Erwähnung bedarf. In Babolna werden etwa 60 Stuten dieser Rasse gehalten, deren Qualität einen internationalen Vergleich nicht zu scheuen braucht. Neben der Zucht des Vollblutarabers hat sich jedoch gerade hier ein mehr reitorientierter Typ des Arabers entwickelt, der etwas größer, kalibriger als der Vollblutaraber ist und teilweise über besonders ausgeprägte Reitpferdepoints verfügt. Diese Variante des Arabischen Pferdes hat unter dem Namen »Babolna-Araber« in der Bundesrepublik Deutschland eine recht weite Verbreitung und Anerkennung gefunden.

In Ungarn werden als *Halbblutrassen* der Kisberer, der Furioso, der Northstar und der Gidran bezeichnet. Von diesen Halbblutrassen sind ca. 3200 Stuten in den Zuchtbüchern eingetragen. Ca. 350 Hengste stehen zur Verfügung. Wenngleich die Zuchten über das gesamte Land verteilt sind, sind die Gestüte Dalmand, Sarvar, Apatipuszta und Borodpuszta hervorzuheben.

Das Kisberer Halbblut ist in Typ und Eigenschaft dem Englischen Vollblut recht ähnlich. Der Gidran, genannt nach dem Hengst *Gidran*, geboren 1820 und stark arabisch beeinflußt, stellt hingegen mehr den Typ des angloarabischen Halbblutes dar. Der Furioso hat ebenso wie der Northstar seinen Namen von zwei Vollbluthengsten, die im Hauptgestüt Mezöhegyes aufgestellt waren und dort entscheidenden Einfluß erlangten. Beide Linien wurden zunächst rein weitergezüchtet und dann untereinander angepaart. Insofern spricht man auch vom Furioso-Northstar. Pferde dieser Provenienz stehen ganz im Typ des Englischen Halbblüters, wobei eine deutliche Varianz zu beobachten ist.

Eine ganz besondere Bedeutung hat der Nonius gehabt. Auch diese Rasse wurde nach dem Stammhengst *Nonius*, einem in Zweibrücken erbeuteten, im Jahre 1810 geborenen Anglo-Normannen genannt, welcher auf Grund von Archivbildern als ausgesprochen schweres Warmblutpferd anzusprechen ist. Man unterscheidet in Ungarn beim Nonius zwischen Rasse und Typ. Der Noniusrasse stehen nur noch wenige Stuten in den Gestüten Mezöhegyes und Hortobagy zur Verfügung. Die Angaben hierüber schwanken beträchtlich. Man kann jedoch maximal mit ca. 1000 Stuten rechnen. Besonderen Einfluß auf die Zucht hatten zwei Nonius-Hengste aus Mezöhegyes:

1. *1135 Nonius XXXVI-3*, braun, geb. 1883, ab 1887 in Hortobagy,
2. *498 Nonius XXIX-6*, Rappe, geb. 1886, ab 1890 in Hortobagy.

Der an erster Stelle Genannte war ein Sohn des bedeutenden *Nonius XXXVI*, der auf der Weltausstellung in Paris 1900 mit dem Titel »Das Normalpferd« prämiert wurde. Der zweite deckte über 20 Jahre lang in Hortobagy und hinterließ 243 Fohlen, davon 8 Landbeschäler und 57 Mutterstuten.

Die Pferde vom Typ Nonius sind weit verbreitet; vor allem sind hier die Zuchten in Süd- und Ostungarn zu erwähnen. Die Nonius-Zucht wurde bereits vor dem zweiten Weltkrieg in vier Blutlinien eingeteilt, die mit arabischen Ziffern bezeichnet wurden und dann ab 1965 mit römischen Buchstaben.

Außerdem erfolgte eine Kennzeichnung in vier verschiedene Farben:

Linie	Farbe	Begründer
29 = A	rot	Nonius XXXIX
31 = B	grün	Nonius XXXI
36 = C	violett	Nonius XXXCI
42 = D	blau	Nonius XLII

Erwähnung verdient auch die *Lipizzanerzucht,* welche sich vor allem im Nordosten des Landes mit dem Schwerpunkt des Gestütes Szilvasvarad konzentriert hat. Stutbuchmäßig werden ca. 200 Stuten betreut.
Die *Kaltblutzucht,* die in der Vergangenheit vor allem in Mittel- und Westungarn einen Schwerpunkt hatte, ist, wie überall, auf ein Minimum zurückgegangen. Zur Zeit werden in den Stutbüchern noch etwa 1600 Stuten und 250 Hengste registriert.
Eine besondere Erwähnung verdient der sympathische *Murinsulaner,* ein kompaktes, kleines Zugpferd, das im Gebiet zwischen Mur und Drau gezüchtet wird.
Die ungarische Pferdezucht hat ihren Höhepunkt zweifelsohne als Lieferant der Pferde für die K.u.K.-Kavallerie gehabt. Wenngleich der Pferdebestand heute mit ca. 150000 Pferden sehr deutlich unter dem Polens liegt, so genießt das ungarische Pferd international ein hohes Ansehen, das sich durchaus mit dem der großen Brüder Polen und ehemalige Sowjetunion im osteuropäischen Raum messen kann.

Tschechische Republik

In diesem Land hat die Pferdezucht eine alte Tradition. Das böhmische und slowakische Warmblutpferd wurde von hannoverschen und Trakehner Hengsten beeinflußt.
Eine besondere Perle ist das bereits 1579 gegründete Hauptgestüt Kladrub, in dem Kladruber Schimmel gezüchtet werden. Die entsprechenden Kladruber Rappen werden in der Forschungsanstalt für Pferdezucht Slatinany gezüchtet. Der *Kladruber* ist ursprünglich auf neapolitanischen und andalusischen Stämmen aufgebaut. Bereits damals waren die Stammhengste nach diesen beiden Farben getrennt. Der Kladruber ist ein imponierendes Pferd mit kurzem, hohem Hals, auf dem ein großer Kopf mit deutlicher Ramsnase sitzt. Das große Pferd ist lang und zeichnet sich durch seine besondere Aktion aus. Der hohe Kniebug ist deutlicher Bestandteil des Zuchtzieles. In der Zucht des Kladrubers, die derzeit aus 240 Pferden (Stuten einschließlich Reitpferden) besteht, werden zur Vermeidung von Inzuchtschäden Lipizzanerhengste sowie neuerdings auch ein Friesenhengst eingesetzt. Zur Zeit baut man in der Forschungsanstalt Slatinany ein Trainingszentrum zur Leistungsprüfung sämtlicher Hengste aus Böhmen und Mähren.

Ehemaliges Jugoslawien

Die Situation der Pferdezucht im ehemaligen Jugoslawien ist derzeit völlig undurchsichtig. Es ist auch nicht absehbar, wann neue Informationen vorliegen. Deshalb bleibt der Beitrag unverändert. Bekannt ist, daß das bedeutendste Lipizzaner-Gestüt »Lipizza«, in Slowenien gelegen, unversehrt ist.
Im ehemaligen Jugoslawien gibt es zum gegenwärtigen Zeitpunkt nicht ganz 600000 Pferde. Die bedeutendste Rasse ist der *Lipizzaner.* Er wird in fünf Gestüten mit etwa 170 Gestütsstuten gezüchtet, wobei dem klassischen Typ mit betonten Reiteigenschaften der Vorzug gegeben wird. In der jugoslawischen Lipizzanerzucht werden Rappen und Braune bevorzugt. Während ursprünglich der Nonius die führende »Halbblutrasse« war, hat er heute an Bedeutung nahezu vollständig verloren, und zwar zugunsten eines edleren, vielseitig verwendbaren Reitpferdes. Diese Rasse ist unter dem Einfluß von Anglo-Arabern, Anglo-Normännern und später durch Ostpreußen sowie Hannoveraner entstanden. Durch den Einsatz der künstlichen Besamung mit Hengsten aus den norddeutschen Zuchtgebieten ist dieser Einfluß in den letzten Jahren verstärkt worden.
In der Kleinpferdezucht hat der *Haflinger* eine steigende Bedeutung, vor allem in den gebirgigen Gegenden Sloweniens. Im südlichen Teil Jugoslawiens wird das *Bosnische Gebirgspferd* gezüchtet.
Die Kaltblutzucht, auf Slowenien und Kroatien beschränkt, hat mit noch etwa 1500 Stuten stark an Bedeutung verloren. Den größten Anteil hat hierbei der *Noriker* in Slowenien und der *Belgier* in Kroatien, während der *Murinsulaner* nicht mehr stark vertreten ist.

NORDAMERIKA

Als etwa vor 500 Jahren der erste Europäer seinen Fuß auf amerikanischen Boden setzte, war das Pferd sowohl in Nord- als auch in Südamerika ausgestorben. Bis heute konnte noch nicht geklärt werden, weshalb das Pferd dort ausstarb (siehe dazu auch das Kapitel »Die Geschichte des Pferdes«). Viele Theorien sind gebildet und verworfen worden. Am plausibelsten erscheint die Erklärung, daß die Pferde von einer ausgedehnten Seuche vernichtet wurden. So stammen alle Rassen, die sich in Amerika gebildet haben, entweder von den Pferden der spanischen Kolonisatoren oder von späteren Pferdeeinfuhren ab. Die Spanier brachten nach Christoph Kolumbus (1451–1506) die ersten Pferde nach Amerika, da sie erkannt hatten, daß sich diese Gebiete ausgezeichnet als Pferdezuchtzentren zur Befriedigung der Nachfrage durch die Armee eigneten, vor allem da sie wesentlich besser mit Witterungseinflüssen fertig wurden als die zu Hause gezogenen Pferde. Die ersten über den Ozean gebrachten Pferde stammten aus Andalusien in Südspanien.
In der jüngeren Vergangenheit Amerikas entstand praktisch eine ähnliche Entwicklung wie in Europa. Zuerst nahm die Zahl der Pferde durch die fortschreitende Mechanisierung kräftig ab. Viel früher begann jedoch die Zahl aller Pferde, die für Sportzwecke jeglicher Art verwendet werden konnten, anzusteigen. Zuerst stiegen die Zahlen der Rennpferde, und zwar der Traber und Galopper gleichzeitig. Parallel dazu verlief die Entwicklung auf dem Gebiet der Rodeo-Pferde, denn die Rodeoveranstaltungen stehen nach den Rennen an zweiter Stelle des amerikanischen Show-Geschäftes mit Pferden.
Diese Entwicklung fand sowohl in den USA als auch in Kanada statt. In der neueren Zeit hat auch der Reit-, Spring- und Vielseitigkeitssport eine starke Entwicklung erfahren, nicht zuletzt auf Grund der internationalen Erfolge der amerikanischen Teams in diesen Disziplinen. Die großen Erfolge von Los Angeles 1984 wirken hier beschleunigend.

Rassen in Nordamerika
- ☐ The American Quarter Horses
- ☐ The American Saddle Horse
- ☐ The American Tennessee Walking Horse
- ☐ The Albino
- ☐ The Appaloosa
- ☐ The Morgan Horse
- ☐ The Palomino
- ☐ The Pinto

Ponys
- ☐ The American Shetland-Pony
- ☐ The American Welsh-Pony
- ☐ The Pony of the Americans.

The American Quarter Horse

Das American Quarter Horse ist als das ideale Cowboypferd der westlichen Regionen bekannt. Die Siedler hatten die Liebe für das Rennen aus England mitgebracht, jedoch hatten sie nicht die Zeit, gepflegte Bahnen anzulegen. So wurde die Hauptstraße der Ortschaft als Rennstrecke über ¼ Meile benutzt. Von dieser ¼ Meile (a quarter of a mile) stammt auch der Name dieser Rasse, nämlich »The Famous and Celebrated Coloniel Quarter Pacer« (Quarter Horse). Durch diese Art des Rennens fand gleichzeitig eine Selektion statt, die den Antritt und die Schnelligkeit auf der kurzen Strecke förderte. So ist das Quarter Horse selbst dem englischen Vollblüter auf dieser kurzen Strecke weit überlegen.
Mit der Entwicklung der Technik und der Anlage von ovalen Rennbahnen stieg die Popularität der Rennen über lange Distanzen und das Quarter Horse wurde nach Westen verdrängt. Die Schnelligkeit über kurze Strecken schafften ideale Voraussetzungen für die Arbeit in den Rinderherden. Außerdem entwickelte das Quarter Horse in den Jahren einen sehr sicheren Instinkt für die Verhaltensweise anderer Tiere.
Zuchtziel: Widerristhöhe zwischen 145 und 155 cm, Gewicht 500–600 kg. Angestrebt wird ein kurzer, gerader Kopf mit starken Ganaschen, eine gut gelagerte Schulter, ausgeprägter Widerrist, kurzer Rücken, abfallende, besonders stark bemuskelte Kruppe, leicht überbaut. Im Trabe wird der besonderen Weichheit des Ganges der Vorzug gegenüber dem Raumgriff gegeben.
Zur Zeit werden jährlich ca. 80 000 geborene Fohlen im Stutbuch der 1940 gegründeten »American Quarter Horse Association« registriert. Noch heute hat das Quarter Horse seine Funktion als Hütepferd in den großen Rinderherden. Darüber hinaus ist es jedoch zu dem beliebtesten Freizeitpferd Nordamerikas geworden.

Wenngleich das Zuchtziel genau definiert ist, so ist die Variationsbreite im Typ auf Grund der verschiedenen Verwendungsmöglichkeiten groß. Die populären Rennen haben unter dem Einfluß des englischen Vollblüters einen edlen, leichten Renntyp geformt. Der Rancher als Praktiker bevorzugt einen nicht zu großen, etwas über 145 cm großen, gedrungenen Typ. Durch die beliebten Schauwettbewerbe hat sich zusätzlich ein etwas größerer, optisch ansprechenderer Typ herausgebildet. Gewisse in den »Halter Classes« bevorzugte Schönheitsideale haben jedoch nicht unerhebliche Gesundheitsprobleme (Huf) mit sich gebracht.

The Appaloosa

Der Appaloosa hat seinen Namen von den Nez-Perze-Indianern, die als passionierte Pferdediebe und -züchter in den Besitz einiger gefleckter Pferde kamen, diese vermehrten und durch züchterische Selektion verbesserten. Im Gebiet dieses Indianerstammes floß der Palous, so daß man später von den Palous-Pferden sprach. Von der Bezeichnung »A Palouse« bis zu dem Namen Appaloosa war es dann nicht mehr weit.

In den Indianerkriegen taten sich die Nez-Perze-Indianer als gute Reiter und Kämpfer hervor. So machten sie ihre Pferde berühmt. In der Folge wurde der Appaloosa nicht nur wegen seiner Farbe, sondern auch wegen seiner Härte und seiner Qualitäten zu einem der beliebtesten Westernpferde.

Das Zuchtziel des Appaloosa entspricht in Typ und Eigenschaften dem des Quarter Horse. Die beliebteste Größe liegt zwischen ca. 152–154 cm. Man bevorzugt allerdings eher eine Größe von ca. 142–152 cm als von ca. 152–163 cm. Hinsichtlich der Farbe werden an den Appaloosa folgende Anforderungen gestellt:

- ☐ Das Auge ist weiß umrändert wie beim Menschen.
- ☐ Die Haut ist mit unregelmäßigen Flecken bedeckt. Dabei ist die Grundfarbe dieselbe wie bei einfarbigen Pferden.
  Besondere Schwierigkeiten bei der Identifikation entstehen dadurch, daß sich die typische Appaloosazeichnung bei einigen Pferden erst im Erwachsenenalter zeigt und beim Fohlen noch nicht vorhanden ist. Der Appaloosazüchter unterscheidet bei allen Grundarten folgende Typen für die Zeichnung: Schabracken-bunt, Dekken-bunt, Schneeflocken-bunt, Schabrakken/Schneeflocken-bunt, Marmor-bunt, Leopard. Diese sechs Farbtypen können durchaus ineinander übergehen.

In der Zucht des Appaloosa sind eine Reihe von Quarter Horses und Vollblütern zu finden. Der heutige Verwendungszweck in den Vereinigten Staaten entspricht exakt dem des Quarter Horse.

Paint und Pinto

Die Worte Paint und Pinto bedeuten beide dasselbe, nämlich ein gescheckte Pferd, nur ist das erste Wort englischen und das zweite spanischen Ursprungs. Gescheckte Pferde gibt es seit sehr langer Zeit. In konsolidierten Rassen, z. B. den europäischen Warmblutrassen, kommen sie jedoch nicht vor.

Unter einem Paint versteht man ein geschecktes Quarter Horse. Diese Rasse wurde gegründet, da gescheckte Pferde nicht in die Stutbücher der Quarter Horses eingetragen werden und andererseits stets aus einfarbigen Quarter-Horse-Eltern gescheckte Pferde fallen. Das Stutbuch für Paints wurde 1956 gegründet.

Die »Pinto-Horse-Associacion« wurde 1962 gegründet. Hier werden gescheckte Pferde nach unterschiedlichen Rassen in getrennte Stutbücher eingetragen. Pferde mit Quarter-Horse-Abstammung werden in ein Stutbuch mit Namen »Stock type« eingetragen, Pferde mit Araber-Abstammung in das »Pleasure type« genannte Stutbuch. Man unterscheidet weiterhin den »Saddle type« und den »Hunter type«, der dem Typ des europäischen Warmblutes entspricht.

Schließlich ist das Pinto-Pony zu erwähnen, das in unterschiedlichen Größen von 118–148 cm Stockmaß auftritt.

Beim Paint und beim Pinto unterscheidet man zwei verschiedene Grundtypen der Farbzeichnung, nämlich den *Tobiano* und den *Overo*.

Tobiano:

1. Kopfzeichnung wie bei einem einfarbigen Pferd.
2. Alle vier Beine weiß, mindestens bis unter das Vorderfußwurzel- bzw. Sprunggelenk.

3. Die Farbflecken sind meist großflächig mit ruhigen Konturen. Das Weiß kreuzt die Rückenlinie. Mähne und Schweif sind in der Regel zweifarbig. Die Tobiano-Scheckung vererbt sich dominant.

Overo:

1. Die Kopfzeichnung weist eine breite Blesse, oft eine Laterne auf. Gelegentlich ist der Kopf sogar weiß.
2. Wenigstens ein Bein, häufig jedoch alle vier Beine sind dunkel.
3. Die weißen Abzeichen gehen von der Seite, vom Bauch oder von unten aus. Sie kreuzen die Rückenlinie des Pferdes nicht. Schweif und Mähne sind in der Regel einfarbig. Die Overo-Scheckung vererbt sich rezessiv.

Äußeres Erscheinungsbild, Zuchtziel und Verwendung des Pferdes entsprechen den Stutbuchabteilungen, in denen sie gezüchtet werden.

Palomino

Der Palomino ist ebenfalls eine Farbvarietät. Er ist einfarbig und möglichst ohne Abzeichen. Seine Haut ist wie bei fast allen anderen Pferden schwarz-grau. Schweif und Mähne sind flachsfarben oder hell-silbergrau. Die Haarfarbe soll aussehen wie frisch geputztes Gold. Akzeptierte Abweichungen sind in der Zuchtzielbeschreibung genau festgelegt.

Es werden keine Anforderungen an den Typ gestellt. In den Vereinigten Staaten wird lediglich eine Größe zwischen ca. 142–163 cm verlangt. Anerkannte Hengste müssen einen im Stutbuch eingetragenen Elternteil nachweisen, die andere Hälfte darf Palomino, Araber, Quarter Horse oder Vollblüter sein.

Die folgende Tabelle gibt einen Überblick darüber, durch welche Paarungen die Palomino-Farbe züchterisch entstehen kann:

Morgan Horse

Der Name dieses Pferdes hat einen sehr sympathischen Ursprung. Um seine Zechschulden zu bezahlen, übergab ein Zecher dem Wirt Justin Morgan sein Pferd zum Begleichen seiner Schulden. Dieses Pferd erreichte Berühmtheit durch seine unglaubliche Leistung bei Ausdauerprüfungen. Auf diese Art wurde der Hengst *Justin Morgan* zum Rassenbegründer.

Heute wird der Morgan als äußerst vielseitiges Pferd gezüchtet. Auf Schauen findet man ihn u. a. in folgenden Klassen:

- ☐ Western Pleasure
- ☐ English Pleasure
- ☐ Trail-Wettbewerbe
- ☐ Trabrennen, sowohl unter dem Sattel als auch vor dem Sulky
- ☐ Cutting-Horse
- ☐ Fahrwettbewerbe
- ☐ Dressurpferd
- ☐ Springpferd
- ☐ Zugleistungswettbewerbe etc.

The American Saddle Horse

Dieses Pferd wurde einst gezüchtet, um die Ansprüche der Farmer im Süden der Vereinigten Staaten zu erfüllen. Die erfolgreichen Plantagenbesitzer sahen ein Pferd als Ideal an, welches ihre Schönheitsansprüche erfüllte und sich durch ruhige, bequeme, sichere Bewegung auszeichnete. Schnelligkeit stand hinter Ausdauer zurück. Nach vielen Generationen der Selektion entstand in Kentucky das *Kentucky Saddle Horse,* welches nun offiziell als American Saddle Horse bezeichnet wird. Wenngleich der Saddler nichts mehr mit einem Galopper zu tun hat, so ist trotzdem der Rassenbegründer ein Vollblüter (1839). Der Saddler ist ca. 152–163 cm groß, gefällig, rund und von auffallender Erscheinung.

Palomino	×	Palomino	→	50% Palomino 25% Füchse 25% Albino
Palomino	×	Fuchs	→	50% Palomino (schönste Färbung) 50% Füchse
Palomino	×	Albino	→	50% Palomino 50% Albino
Fuchs	×	Albino	→	100% Palomino (verwaschen)

Trotz hoher Knieaktion zeigt er weiche, rollende Bewegungen. Nicht unproblematisch sind aus der Sicht des Tierschutzes die vielen mechanischen Hilfsmittel, die in den USA Anwendung finden.

Three-gaited-Saddler:
Gangarten: Schritt, Trab, Galopp.
Äußere Kennzeichen: geschorene Mähne, kurzer, sehr dünn gezogener Schweif.

Five-gaited-Saddler:
Zusätzlich zu den drei genannten Gangarten kommen der »Slow Gaite« und der »Rack«. Der Slow Gaite ist eine sehr langsame Bewegung, ausgehend vom »Viertakt« (Schritt). Das Bein fußt ab, verhält in der Luft und setzt dann auf. Der Rack ist dasselbe, aber in vollster Geschwindigkeit, in welcher eine Meile in 2,19 Minuten zurückgelegt werden kann. Diese Gangart entspricht dem Tölt.

Albino
Der Albino wird im Gegensatz zum Schimmel weiß geboren. Seine Haut ist auch nicht dunkel, sondern rosa, die Augen nicht tief braun, sondern von einem hellen, durchsichtigen Blau. Diese Eigenschaften, begründet durch einen Mangel an Pigmentation, bringen wie auch bei anderen Tieren eine Reihe von Gefahren mit sich: außerordentliche Empfindlichkeit gegenüber der Sonneneinstrahlung, Sehschwierigkeiten, allgemeine Konstitutionsmängel. Die Farbvererbung des Albinos beruht auf einem rezessiven Gen. Trotzdem wird diese Eigenschaft sehr sicher vererbt. Da der Albino von vielen Reitern mit großem Mißtrauen betrachtet wird, hat man durch Selektion Albinos mit normal dunklen Augen, uneingeschränkter Sehschärfe und guter Toleranz gegenüber der Sonneneinstrahlung gezüchtet.

Reitpferde

Die früher einmal populäre Hunterzucht existiert heute weder in den USA noch in Kanada in nennenswertem Umfang. Mit der Zunahme der Wettbewerbe in den drei olympischen Disziplinen des Reitsports hat sich das europäische Warmblutpferd einen großen Teil des Marktes erobert. Infolgedessen wird es auch in Nordamerika prinzipiell nach den gleichen Methoden gezüchtet wie in Europa. Beim Aufbau der Rassen sind vordringlich die deutschen Warmblutzuchtgebiete, vor allem Hannover, Holstein, Trakehner sowie die Franzosen, die Holländer und die Dänen beteiligt.
Grundsätzliche Unterschiede zwischen den Rassen in den Vereinigten Staaten von Amerika und Kanada bestehen nicht.

In jüngster Zeit hat sich in den USA eine sowohl an Zahl als auch an Qualität hochstehende *Vollblutaraberzucht* entwickelt. Amerikanische Züchter haben durch Käufe in allen Teilen der Welt, besonders Ägypten (El Zahraa), der UdSSR (Tersk), Polen (Janow Podlaski) und der Bundesrepublik Deutschland, eine beispiellose Grundlage für die Zucht des Arabischen Vollblüters im eigenen Lande geschaffen. Hierbei sind auch durchweg bedenkliche Entwicklungen wie z. B. das äußerst künstliche Herausbringen der Pferde zu beobachten.
Nach wie vor ist jedoch die Zucht des Englischen Vollblutpferdes der führende Faktor in der amerikanischen Pferdezucht. Durch gezielten Zukauf vor allem aus dem englischen Mutterland hat sich die USA zu einem der führenden Vollblutzuchtgebiete entwickelt. Dazu bieten besonders Kentucky, aber auch einige andere Staaten ideale natürliche Voraussetzungen für die Vollblutzucht. Durch die Syndikatisierung von Hengsten gelang es nicht nur, die besten Vererber aus dem Ausland zu kaufen, sondern auch die in den USA erfolgreichsten Hengste im Lande zu behalten. Durch alle diese Maßnahmen haben die Vollblutzucht und auch der Vollblutsport in den USA eine Dimension angenommen, die mit den Verhältnissen in Europa nicht zu vergleichen ist.

An zweiter Stelle in der Hierarchie der Pferdezucht und des Pferdesportes stehen die *Traber*. Auch der Trabrennsport ist mit den in Europa üblichen Dimensionen nicht vergleichbar. Besonders beliebt sind hier auch die Pacer, Paßgänger, die mit dem normalen Traber nicht konkurrieren, jedoch gewöhnlich die besseren Zeiten erzielen.

SÜDAMERIKA

Südamerika ist ein Land, in dem es unermeßlich viele Pferde gibt, die statistisch allerdings kaum erfaßt sind. Allein in den nördlichen Provinzen Argentiniens werden mehr als 3 Millionen Pferde gezählt. Eine besondere Bedeutung haben die Pferde als Hütepferde der Gauchos, die in ihrer Aufgabe zwar den amerikanischen Cowboys entsprechen, sich in ihrer Reitweise jedoch von diesen völlig unterscheiden. Während der amerikanische Cowboy mit langen Bügeln im gestreckten Sitz seine Arbeit verrichtet, hockt der Gaucho mit extrem kurzen Bügeln auf dem Pferd. Er reitet bevorzugt den *Criollo*.

Criollo

Der Criollo geht auf einen Einkauf des Pferdehändlers Solanet zurück, der 1918 im Süden Argentiniens Indianerpferde kaufte. Mit zwei Mann wurden diese Pferde über rund 400 km nach Buenos Aires gebracht. Überliefert ist, daß die Begleiter, dem Rat eines Indianerhäuptlings folgend, die Ohren der Pferde mit Schweifhaaren zusammenbanden, so daß die Tiere ihr Orientierungsvermögen verloren und den Händlern folgten.

Heute ist der Criollo im Stutbuch streng organisiert, das von der »Sociedad Rural« geführt wird. Der Criollo ist ohne Zweifel die bedeutendste Rasse Argentiniens und stellt auf den Ausstellungen mehr Tiere als alle anderen Rassen zusammen. Er präsentiert den Typ eines Landschlages, ist ca. 1,50–1,55 m groß, kompakt und in allen Partien etwas gewöhnlich, daneben zeichnet er sich durch Härte und Anspruchslosigkeit aus. Der Criollo kommt in allen Farben, auch als Schecke vor.

Polo-Pony

Hochburg der Polo-Ponyzucht ist Argentinien. Polo-Ponys sind keine Rasse, sondern eine Gebrauchskreuzung. Von den Stuten soll die Eignung zum Spiel, von den Hengsten die Geschwindigkeit kommen. Polo-Ponystuten, die sich im Spiel bewährt haben, werden in der Zucht eingesetzt und von einem speziellen Vollbluttyp, der auf Grund geringer Größe, Bemuskelung und Rennleistung auf kurzen Distanzen ausgesucht wird, gedeckt.
Die optimale Größe des Polo-Ponys liegt bei 1,56–1,58 m. Polo-Ponys stellen einen wesentlichen Exportartikel Argentiniens dar. Ursprünglich entstanden diese Ponys durch

Argentinische Polo-Ponys sind auch auf Europas Poloplätzen zu Hause.

die Unterbeschäftigung der Hacienderos, die ihre Arbeitspferde für das Polospiel benutzten und mit wachsenden Anforderungen später Vollblüter einkreuzten.

Silla Argentino

Nach der Malvinen-Krise wurde die Rasse des *Anglo-Argentino* in Silla Argentino, d. h. argentinisches Reitpferd umbenannt. Prinzipiell gibt es zwei Gruppen dieser Rasse: Die kleinere Gruppe sind die Polo-Ponys, die größere – Reitpferde mit besonders guten Reitpferdepoints – im Typ dem Anglo-Araber ähnelnd. Dieses Pferd hat prinzipiell in der Kavallerie die gleiche Aufgabe gehabt wie der Trakehner in Deutschland bzw. der Anglo-Araber in Frankreich.

Pferde der Rasse Silla Argentino haben ein Stockmaß von etwa 1,60 m mit recht starken Variationen nach unten wie nach oben. Die deutlich vom Vollblüter beeinflußten Typen stellen eine ideale Ausgangsbasis für die Anpaarung mit deutschen Hengsten dar, was in der Vergangenheit durch den Import von Hengsten aus den Zuchtgebieten Hannover, Trakehnen, Westfalen und Oldenburg auch erfolgt ist.

Organisatorisch ist in Argentinien die Remonta hervorzuheben, die Gestütsverwaltung der Armee, die nach dem preußischen Vorbild aufgebaut ist. Noch heute beliefert die Remonta führende Privatreiter mit guten Pferden und sorgt mit der Teilnahme ihrer Offiziere an den Turnieren für eine Belebung des Reitsports in Argentinien.

Eine ähnlich große Bedeutung wie Argentinien hat Brasilien in der Pferdezucht des südamerikanischen Kontinents. Hier gibt es etwa 5 Millionen Pferde sowie zusätzlich 3 Millionen Esel und Maultiere, wobei das Pferd dort vordringlich als landwirtschaftliches Arbeitstier genutzt wird, und zwar als Hirtenpferd (ca. 110 Millionen Rinder). Die brasilianische Pferdezucht hat deutliche Anklänge an die Pferdezucht Argentiniens, kann dieser qualitativ jedoch nicht entsprechen.

Paso

Da das Peruanische Pasopferd sich in Deutschland zunehmender Beliebtheit erfreut, soll auf dieses aus Peru stammende Pferd besonders eingegangen werden. Der Paso ist aus den Andalusiern und Berbern entstanden, die vor mehr als 400 Jahren von den Spaniern importiert wurden. Der Paso soll eine gut entwickelte Muskulatur haben, insgesamt jedoch fein wirken. Er wird in einer Größe zwischen 144 und 154 cm gezüchtet. Die hervorstechenden und besonderen Eigenschaften dieses Pferdes sind seine Bewegungen. Wie das Islandpferd ist der Paso ein Paßgänger und ein Tölter. Besonders bevorzugt wird der Paso Llano, ein klarer Viertakttölt. Ebenfalls akzeptiert wird der »Sobreandando«, ein Paß/Tölt. Als weiteres charakteristisches Merkmal wird der »Termino«, bei dem die Vorderbeine seitlich nach außen gerollt werden, angesehen.

Im Zuchtziel wird beschrieben, daß der Reiter beim »Paso Llano« nahezu erschütterungsfrei zu sitzen hat. Selbstverständlich sind im Zuchtziel des Pasos nicht nur die Grundgangarten, sondern eine Reihe weiterer Exterieur- und Interieurmerkmale verankert.

Die deutschen Staatsgestüte und ihr Einfluß auf die heutige Sportpferdezucht

Dr. CHRISTIAN FREIHERR VON STENGLIN
Landstallmeister a. D., Celle

Beginn und Entwicklung der Sportpferdezucht

Der Begriff »Sportpferdezucht«, bezogen auf die Gesamtzahl der Landeszuchten des Reitpferdes in der Bundesrepublik Deutschland, ist sehr jung und eben erst 20 Jahre alt. Wenn man im 19. Jahrhundert von Pferdesport sprach, meinte man durchweg die Flach-, Hürden- und Hindernisrennen für englisches Vollblut oder Halbblut. Der Turniersport erwachte erst zum Leben mit dem Beginn des 20. Jahrhunderts, um in den 20er und 30er Jahren zu seiner ersten Blüte zu gelangen, getragen vom Militär und einer dünnen exklusiven Schicht wohlhabender Leute. Der Niedergang von Kultur und Wirtschaft während des zweiten Weltkriegs und seiner Folgejahre zerstörte besonders stark die persönlichen, kulturellen und auch sportlichen Bande, die zwischen Deutschland und den übrigen Ländern der hippologischen Welt bestanden hatten.

Nach dem Zusammenbruch des Deutschen Reiches im Jahre 1945 hatte in Deutschland kaum einer Lust, Zeit oder auch nur Gelegenheit, darüber nachzudenken, ob der Reitsport wieder in Gang gesetzt und eventuell gar Turniere veranstaltet werden könnten. Den Züchtern und Zuchtleitern lag angesichts der erlebten militärischen und politischen Katastrophe jeder planende Gedanke an die Wiederaufnahme der Erzeugung von Sportpferden weltenfern.

Ganz zaghaft machten sich auf dem Lande Versuche bemerkbar, vor allem in jenen Gebieten, wo Pferdezucht betrieben wurde, auf die primitivste Weise reiterliche Konkurrenzen abzuhalten. Bis zum Jahre 1948 war das Pferd das einzige landwirtschaftliche Produkt, das nicht der Zwangsbewirtschaftung unterlag und daher ein höchst willkommenes Tauschobjekt darstellte.

Die staatlichen Landgestüte in Deutschland hatten demzufolge während der Kriegs- und Nachkriegsjahre durchweg eine Voll- und Überbeschäftigung ihrer Landbeschäler zu verzeichnen. Die Bedeckungsziffern stiegen auf das Doppelte bis Dreifache gegenüber der Vorkriegszeit.

Die deutschen Staatsgestüte

In den ersten fünfzehn Jahren nach Kriegsende war die Anzahl der Staatsgestüte der Bundesrepublik Deutschland mehr als doppelt so groß wie gegenwärtig. Insbesondere Nordwestdeutschland mit seiner von jeher klima- und bodenbedingten starken Vieh- und Pferdehaltung mußte sich spätestens Anfang der 60er Jahre von so mancher staatlichen Einrichtung, die der Pferdezucht diente, trennen.

Die Staatsgestüte in den neuen Bundesländern Mecklenburg-Vorpommern, Brandenburg und Sachsen wurden von der DDR-Regierung unter der Bezeichnung »Volkseigene Gestüte« (VEG) weitergeführt. Wie fast alle öffentlichen Institutionen der DDR umgaben sich auch die genannten Gestüte mit einer Mauer der Geheimhaltung, die bei diesen Objekten im höchsten Grade absurd erschien. So stieß jede Bitte aus dem Westen um fachliche Information auf eisige Ablehnung. Vierzig Jahre derartiger Isolation haben ausgereicht, die Kenntnisse im Westen über dortige Pferdezucht und -sport, über Gestüte u. a. auf einem fast absoluten Nullpunkt zu halten. Daher können zum jetzigen Zeitpunkt die fünf Staatsgestüte der neuen Bundesländer noch nicht ausreichend abgehandelt werden.

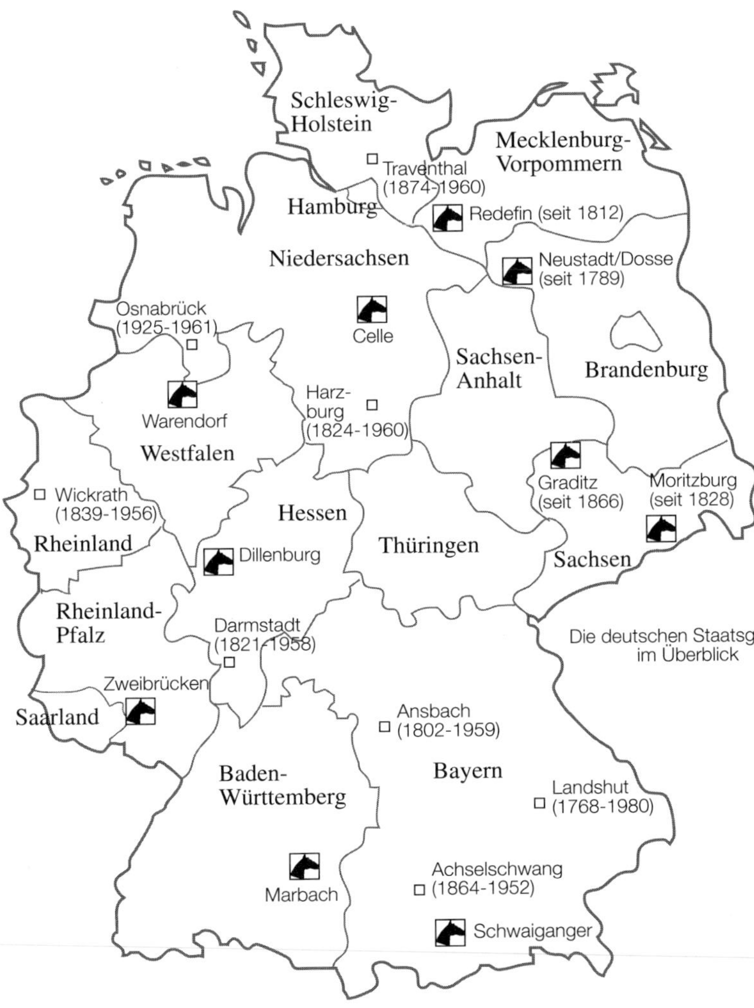

Die deutschen Staatsgestüte im Überblick

Holstein

Landgestüt Traventhal

Das schleswig-holsteinische Landgestüt Traventhal bei Segeberg mußte 1960 auf Grund eines Landtagsbeschlusses seine Tätigkeit einstellen.
Im Jahre 1874, zehn Jahre nach Annektierung der bis dahin zu Dänemark gehörenden Herzogtümer Schleswig und Holstein durch Preußen, wurde das Landgestüt gegründet in der Erwartung, daß es wesentlich an der Produktion von Armeeremonten teilhaben würde. Noch 1948 hatten 217 Traventhaler Landbeschäler rund 20000 Stuten bedeckt. In der 86jährigen Geschichte von Traventhal hatte bei den Landbeschälern das hannoversche Element bis zum Jahre 1926/27 eine wesentliche Rolle gespielt. In dem genannten Jahr sah sich der Verband der Pferdezüchter der Holsteiner Marschen aus wirtschaftlichen Gründen veranlaßt, seinen Bestand von etwa 120 privaten Hengsten an die preußische Gestütverwaltung zur Aufstellung in Traventhal zu verkaufen. Im Jahre 1960, wiederum an einem wirtschaftlichen Tiefpunkt für die Pferdezucht, erfuhr dieser Vorgang seine Umkehrung, indem bei der Versteigerung von den ca. 65 noch verbliebenen Traventhaler Landbeschälern der Verband der Züchter des Holsteiner Pferdes davon 33 übernahm.
In den beiden Jahrzehnten vor der Auflösung des holsteinischen Landgestüts sind erstaunlich viele Nachkommen von Holsteiner Landbeschälern zu verzeichnen, die in der Nachkriegszeit, als ab 1950 wieder der nationale und ab 1952 auch der internationale Turniersport für die Deutschen in Gang kam, sportliche Erfolge erzielten.

Meteor v. Diskus unter Fritz Thiedemann.

Da ist zu nennen der Springreiter Fritz Thiedemann mit seinen Pferden *Original Holsatia,* geb. 1945 v. Fanal, *Godewind,* geb. 1950 v. Galan, und dem unvergeßlichen *Meteor* sowie *Diamant,* beide geb. 1943 und beide v. Diskus. Des weiteren Hans Günter Winkler mit *Torphy,* geb. 1961 v. Reinald xx, *Romanus,* geb. 1953 v. Ramzes, *Fortun,* geb. 1956 v. Frivol xx; Anna Clement mit *Nico,* geb. 1948 v. Mahdi II, und Hermann Schridde mit *Ilona,* geb. 1959 v. Wüstensohn xx.

Torphy v. Reinald xx unter Hans Günter Winkler.

Im Dressursport sah man höchst erfolgreiche Holsteiner Pferde mit *Waldfee* v. Wanderfalk xx unter Vroni Meyer-Johann, *Arcadius* v. Wanderfalk xx unter Reiner Klimke, *Brokat* v. Lux unter Harry Boldt, *Fama* v. Neiding unter Ria Hobelsberger sowie *Venetia* und *Antoinette,* beide von Anblick xx, unter Josef Neckermann.
Alles das waren Produkte von Traventhaler Landbeschälern, die vornehmlich in Zeiten geboren wurden, als das Wirtschaftspferd auch in der Warmblutzucht auf der Wunschliste der Züchter noch an erster Stelle stand.
Das Landgestüt Traventhal mit seinem Landstallmeister Dr. Grote, der durchaus wußte, wie ein Pferd für den Leistungssport auszusehen hatte, stellte in dieser Zeit Vollbluthengste wie *Anblick, Frivol, Wanderfalk, Reinald, Trebonius, Alabaster* u. a. auf, die nur spärlich benutzt wurden, sich in ihren für den Sport geeigneten direkten und indirekten Nachkommen aber als unbezahlbares Geschenk der Staatshengsthaltung für die in den sechziger Jahren beginnende Periode der Umzüchtung des Holsteiners zum reinen Sportpferd erweisen sollten.

Niedersachsen

Landgestüte Harzburg, Osnabrück und Celle

Im hannoverschen Zuchtgebiet im Lande Niedersachsen bestanden bis 1961 drei Landgestüte: das 1735 gegründete in Celle, das 1824 errichtete ehemals braunschweigische in Harzburg/Bündheim und das 1925 eingerichtete Institut in Osnabrück-Eversburg.

Im Tiefpunkt der Rezession auf dem Gebiet von Pferdezucht und -haltung wurde 1960/61 die staatliche Hengsthaltung im Lande Niedersachsen auf das Landgestüt Celle konzentriert durch Überführung der Harzburger und Osnabrücker Landbeschäler nach Celle. Diese Maßnahme wurde von den betroffenen Zuchtregionen, insbesondere in den westlich der Weser liegenden Landesteilen, mit Ärger und Mißfallensäußerungen aufgenommen, weil die Züchter auf diese Weise mehr als doppelt so weit von ihrem Landgestüt und seinen hilfreichen Bediensteten entfernt waren. Auf der anderen Seite war jedoch der einmalige Vorteil nicht zu unterschätzen, so gut wie sämtliche Vatertiere der größten kontinentalen Warmblutzucht an einem Platz präsentiert zu bekommen. Allein schon diese Tatsache ist m. E. zu den Pluspunkten zu rechnen, die die niedersächsische Gestütverwaltung als Ersatz für die beiden aufgelösten Landgestüte der Warmblutzucht bot.

Ebenso, wie das holsteinische Landgestüt Traventhal in den anderthalb Jahrzehnten nach 1945 einzelne Hengste der Spezialrassen der Züchterschaft bereitstellte, taten dies auch die beiden o. a. aufgelösten Gestüte, obwohl auch in Niedersachsen die Masse der pferdezüchtenden Landwirtschaft auf ein Kaliberpferd mit vorwiegend wirtschaftlichen Eigenschaften eingestellt war.

In Harzburg waren zu dieser Zeit mehrere in Trakehnen gezogene Hengste tätig, u. a. *Altan* v. Hirtensang, *Absalon* v. Poseidon sowie *Keith* v. Pythagoras, welcher später im Privatbesitz über 30 Jahre alt werden sollte und das letzte Pferd war, das den Trakehner Hauptgestütsbrand trug.

In Osnabrück wirkten der Landbeschäler *Cyklon* v. Helikon aus Trakehnen, die Vollblüter *Dreikampf* v. Herold, *Monitor* v. Janitor und *Endspurt* v. Chilone, letzterer u. a. Vater des Springpferdes *Enigk,* das in Mexiko 1968 mit H. G. Winkler die Mannschafts-Bronzemedaille für Deutschland gewann.

Der Osnabrücker Landgestütsbereich lieferte in den beiden ersten Jahrzehnten nach 1945 im Verhältnis zu seiner Stutenzahl einen erstaunlich großen Anteil erfolgreicher Sportpferde, wie aus der folgenden Tabelle 1 deutlich zu ersehen ist.

Tabelle 1
Erfolgreiche Sportpferde aus dem Landgestütsbereich Osnabrück

Asbach v. Anilin	Dressur	Josef Neckermann
Princess v. Jubel I	Military	Klaus Wagner
Simona v. Weingeist	Springen	Hartwig Steenken
Erle II v. Almarich	Springen	Dirk Hafemann
Harras v. Flügeladjutant	Springen	Fritz Weidemann
Freya v. Fermor I	Springen	Renate Freitag
Fugosa v. Fermor I	Springen	Hermann Schridde
Dozent II v. Deputant	Springen	Hermann Schridde
Cäsar v. Cardano	Springen	Walter Schmidt
Alpenjäger v. Alpinist	Springen	Hans Günter Winkler
Wimpel v. Wernitz	Springen	Alwin Schockemöhle
Shirokko v. Schutzflügel	Springen	Fritz Ligges, Hendrik Snoek
Monodie v. Monitor	Springen	Peter Schmitz
Sir IV v. Sellhorn	Springen	Hans Günter Winkler
Kamerad v. Kosak	Springen	Hermann Schridde
Wolfdieter v. Wolfgang	Springen	Walter Schmidt
Enigk v. Endspurt	Springen	Hans Günter Winkler

Simona v. Weingeist unter Hartwig Steenken, Weltmeister im Springreiten.

Unter den in Osnabrück-Eversburg aufgestellten Landbeschälern waren folgende in der Gewinnsummenstatistik ihrer Nachkommen bis einschließlich 1974 unter den gesamten hannoverschen Hengsten so placiert:

Tabelle 2

Platz	Name	Vater	Gewinnsumme (DM)	Zahl der Turniernachkommen
7.	*Weingeist*	Freiherr I	335 123,–	25
12.	*Domänenrat I*	Dömitz I	231 782,–	186
14.	*Wöhler*	Flügeladjutant	221 901,–	271
19.	*Sellhorn*	Senator	181 415,–	51
20.	*Wernitz*	Fernjäger	175 234,–	27
24.	*Ehrenschild*	Eindruck II	161 140,–	198

Das Landgestüt in Osnabrück-Eversburg, dessen Arbeitsbereich die damaligen Regierungsbezirke Hannover und Osnabrück umfaßte, die vor der Gestütsgründung im Jahre 1925 vom Landgestüt Celle aus mit versorgt wurden, hatte wesentlich ältere und daher auch stärker konsolidierte Warmblutzuchten, als es beim Gebiet des Landgestüts Harzburg der Fall war, wo bis 1960 eindeutig das Kaltblutpferd vorherrschte. Nennenswert mit Sportpferdezucht wurde erst danach angefangen. Aus diesem Grunde sind aus dem Bereich von Harzburg auch so gut wie keine Sportpferde höherer Klasse zwischen 1945 und 1965 registriert.

Eines jedoch sollte man bei diesem Landgestüt nicht vergessen: Es unterhielt in den ersten zehn Jahren nach Kriegsende eine Reit- und Fahrschule unter der Leitung des dortigen Landstallmeisters H. Fellgiebel. Dieser erfahrene und in jeder Art von Pferdesport sattelfeste Fachmann hat durch die Reit- und Fahrkurse mit Gestüthengsten den Boden im Braunschweiger Land und in Südhannover wesentlich mit aufgelockert und vorbereitet für die Anfänge einer Sportpferdezucht, die sich nach 1965 dort entfalten konnte, als die letzten Wirtschaftspferde von den Bauern abgeschafft wurden.

Auch das Osnabrücker Landgestüt führte während der Marstallzeit – d. h. in den Monaten, wo die Landbeschäler im Landgestüt standen – Reit- und Fahrkurse durch. Der Gestütleiter, Landstallmeister Dr. Julius Kiel, war außerdem sehr rührig in seinem Gestütbereich auf ländlichen Turnieren als Richter vor allem in Material- und Eignungsprüfungen tätig und konnte so den zukünftigen Warmblutzüchtern auf dem Gebiet der Beurteilung eines Reitpferdes Hilfestellung leisten.

Landgestüt Celle

Von der geographischen Lage her sind wir hier beim niedersächsischen Landgestüt Celle angelangt, das seit 1735 besteht und seit 1961 wieder den weitaus größten Teil der Hengste des hannoverschen Warmbluts beherbergt. Wie für alle im 18. oder 19. Jahrhundert entstandenen Landgestüte war ein wesentlicher Teil des Gründungszwecks die Erzeugung von Militärremonten mit der Palette vom schweren Kaliber-Reit- und Zugpferd bis zum edlen, leichten Husaren- und Offiziersreitpferd.

Trakehner

Am Ende des zweiten Weltkrieges, als niemand an Reiten und Reitsport dachte, waren auf dem Flucht- und Vertreibungsweg von Ostpreußen eine Reihe guter Landbeschäler aus dem Hauptgestüt Trakehnen und der ostpreußischen Warmblutzucht nach Celle gelangt. Sie konnten in der hannoverschen Zucht längst nicht alle unterkommen, obwohl das Trakehner bzw. ostpreußische Blut vom hannoverschen Stutbuch anerkannt war – so verteilten sich die Pferde auf andere Gebiete.

Es kam hier noch hinzu, daß die hannoversche Züchterschaft zum größten Teil infolge des politischen und militärischen Zusammenbruchs wenig Neigung zeigte, zu diesem Zeitpunkt edle Vatertiere eines Reitpferdeschlages für ihre Stuten als Partner zu wählen. Ein Teil dieser Trakehner Beschäler, wie u. a. *Abglanz, Lateran, Semper idem, Bento,* wurde von der Gestütsleitung auf renommierte Deckstationen u. a. in den Landkreisen Stade und Verden mit zum Teil erstklassigem Stutenmaterial gestellt. Trotz recht zurückhaltender Benutzung durch die Züchter – die Nachfrage für Reitpferde war denkbar gering – setzten sich mit der Zeit doch einige der Originaltrakehner durch, wie *Semper idem, Abglanz* und *Lateran.* Sie waren, als der Markt für edle Fohlen und Sportpferde begann, interessant zu werden, inzwischen Greise geworden. Als 1966 der letzte Trakehner Hengst des Landgestüts starb, war jedoch eine Zahl von 20 Beschälern mit Trakehner Vätern und hannoverschen Müttern angekauft, erfolgreich geprüft und den Züchtern zur Verfügung gestellt worden.
Etwa der gleiche Anteil Trakehner Blutes floß auch in den weiblichen Teil des Zuchtbestandes ein.

Luftbild des Landgestüts Celle.

Semper idem (Trakehner) v. Dampfroß, Ldb. 1946–1951.

Abglanz (Trakehner) v. Termit, Ldb. 1946–1964.

Senator v. Semper idem, Ldb. 1954–1973 (als F^1-Generation).

Argentan v. Absatz (v. Abglanz), Ldb. seit 1971 (als F^2-Generation).

Sender v. Senator, Ldb. 1959–1977 (als F^2-Generation).

Keith (Trakehner) v. Pythagoras, Ldb. in Harzburg und Celle 1946–1965.

Vollblut

Die gleiche Entwicklung etwa finden wir in der Bereitstellung von Vollbluthengsten durch das Landgestüt und in ihrer Benutzung durch die Züchter. Schon seit dem Beginn des 19. Jahrhunderts ist das Landgestüt Celle niemals ohne Hengste des Englischen Vollblutes gewesen, mit einem anteilmäßigen Höhepunkt um 1840 (35% Vollbluthengste) und einem Tiefpunkt von 1946 bis 1950 (1,8%).

Es waren ab 1900 vor allem Vollblutbeschäler aus dem preußischen Hauptgestüt Graditz, die in der hannoverschen Zucht dafür Sorge getragen haben, daß auch in den Zeiten des Rufs nach dem allerschwersten Warmblüter durch eine Reihe guter Vollbluttöchter, zumal in den Landkreisen Verden und Lüneburg, ein Mindestanteil an Adel und Trockenheit in der Zucht verblieb. 1945 war diese Graditzer Quelle versiegt, die der deutschen Vollblutzucht und den Warmblutzuchten in Preußen durch ihr Zuchtsystem – hohe Rennleistung *und* korrektes und bedeutendes Exterieur – wahre Perlen an Vollbluthengsten beschert hatte. Eine neue Generation von vollblütigen Landbeschälern nahm etwa ab 1952 wieder Einfluß auf die Zucht. Es waren dies die Celler Hengste *Adlerschild* xx v. Ferro, *Marcio* xx v. Aventin, *Pik As* xx v. Abendfrieden und sein Vollbruder *Perser* xx, *der Löwe* xx v. Wahnfried, *Jonkheer* xx v. Magnat, *Julius Cäsar* xx v. Ticino u. a. Diese Hengste, die anfänglich auch nur zögernd benutzt wurden, erlebten mit anderen ihres Schlages von der zweiten Hälfte der 60er Jahre an einen wahren Ansturm von Stuten. Der Markt für Reitpferde fing an, sich zu beleben. Obwohl ein Teil der Vollblutprodukte aus wenig geeigneten Müttern stammte und dazu noch ohne die für Abkömmlinge edler Rassen notwendige Sorgfalt aufgezogen war, erzielten sie gute Preise, soweit sie nicht beim Züchter verblieben.

Der Anteil an Vollbluthengsten stieg bald im Jahre 1975 auf 11% des Gesamtbestandes. Die hannoverschen Züchter und Aufzüchter lernten auch durch eigene Verluste und durch den wieder gestiegenen Wert des Einzelpferdes, daß man Fohlen mit hohen Blutanteilen nicht mehr mit Stroh, Rüben und Silage großziehen konnte!

Adlerschild xx v. Ferro, Ldb. 1949–1963.

Der Löwe xx v. Wahnfried, Ldb. 1951–1973.

Julius Cäsar xx v. Ticino, Ldb. 1953–1970.

Nach einer ernsthaften Flaute in der Neigung der Züchter während der zweiten Hälfte der 70er Jahre, ihre Stuten einem Vollbluthengst zuzuführen, ist mit den 80er Jahren der Vollbluthengst wieder mehr gefragt. Der Züchter beginnt einzusehen, daß eine Sportpferdezucht ohne Vollblut international zum Mauerblümchen verurteilt ist.

Jason ox v. Jasir, Ldb. 1951–1953.

Araber

Auch der arabische Blutanteil des Hengstbestandes wurde nicht ganz vernachlässigt, obwohl diese Spezialrasse durch das geringe Größenwachstum, das die erste Kreuzungsgeneration vorwiegend mitbekam, in puncto Absatz Enttäuschungen brachte.

Die Landbeschäler *Jason* ox v. Jasir, *Shagya* XXI und XXII, *Kurde* x v. Koheylan ox, *Hassan* v. Hazard ox, *Czardas* v. Gazal VII haben insbesondere durch ihre Töchter in der Zeit seit 1948 viele der gewünschten Eigenschaften des arabischen Pferdes in das Konto der Gesamtzucht eingebracht.

Während der achtziger Jahre erweiterte das Landgestüt Celle die Blutgrundlage seiner Landbeschäler um Pferdeschläge, die zwar schon vor hundert und mehr Jahren in seinem Bestand präsent waren, aber für lange Zeit nicht mehr benutzt wurden. Im einzelnen waren es zwei Anglo-Normannen des Typs Selle Français: *Imperator* v. Imitateur und *Quasi Roi* v. Hadj; zwei Holsteiner: *Calypso* II v. Cor de la Bryère und *Landfürst* v. Landgraf, sowie der französische Anglo-Araber *Matcho* v. Pancho

Matcho (Anglo-Araber) v. Pancho II, Ldb. seit 1982. Der in Frankreich 1978 geborene Leistungsprüfungssieger der Junghengste 1982 setzt die Linie des arabischen Blutes im Celler Hengstbestand fort.

Reithalle der Hengstprüfungsanstalt Adelheidsdorf.

II. Für die Bereicherung der Genbasis in der hannoverschen Zucht dürfte dies ein wertvoller Erwerb sein.

Die im Vorstehenden geschilderten Aktivitäten des Landgestüts auf dem Gebiet des Ankaufs von Vatertieren zur Schaffung, Verbesserung und Bewahrung der Reitpferdeeigenschaften des Hannoveraners in seinen verschiedenen Zuchtregionen wären kaum so wirksam geworden, wenn nicht gleichzeitig die Zuchtleitung in Hannover, in der die Leiter des Landgestüts ein gewichtiges Wort mitzusprechen haben, durch Selektion des vorhandenen Stutenbestandes auf Reitqualitäten anläßlich der alljährlichen Stutenschauen den Weg der Veredelung kräftig vorangetrieben hätte.

Die Reiterwettkämpfe bei den olympischen Spielen 1988 in Seoul/Korea stellten wieder einen Gradmesser für das Ansehen europäischer Sportpferde in der Reiterwelt dar. So hatten z. B. 16 National-Equipen 22 hannoversche Pferde (alle von Celler Landbeschälern abstammend) für die drei olympischen Reitdisziplinen genannt; darunter wurden drei mit einer Gold- und eines mit einer Bronzemedaille ausgezeichnet. Ein Ergebnis, das nur von den Pferden aus dem Herkunftsgebiet Westfalen übertroffen wurde. *Sherry* v. Sudan xx unter Thies Kaspereit und *Shamrock* v. Shogun xx unter Matthias Baumann gewannen in der deutschen Military-Mannschaft je eine Goldmedaille. *Walzerkönig* v. Watzman unter Franke Sloothack brachte in der deutschen Springmannschaft Gold mit nach Hause.

Hengstprüfungen

Eine in ihrer Wirkung auf die Gestaltung einer Reitpferdezucht noch kaum abschätzbare Einrichtung ist die dem Landgestüt Celle angegliederte Hengstprüfungsanstalt. 1928 in Westercelle gegründet und seit 1975 nach Adelheidsdorf, Kreis Celle, verlegt, sind durch diese Institution sämtliche Junghengste mit 11monatigem Training inklusive Abschlußprüfung vor der Zuchtbenutzung mit Ausnahme der Jahrgänge 1940–1950 gegangen, die für die hannoverschen Landgestüte zur Aufstellung als spätere Landbeschäler vorgesehen waren.

Ein ganzes Jahr Training in allen Disziplinen, in denen das Warmblutpferd Verwendung fand, mit einer eingehenden Beobachtung von Leistungsfähigkeit, Willigkeit, Wirtschaftlichkeit, Temperament und Charakter sowie einem dem Trainingsprogramm entsprechenden Abschlußexamen hatten den Zweck, die Minusvarianten zu erkennen und von der Zuchtverwendung auszuschließen. Der Sinn dieses für die Gestütverwaltung kostspieligen Jahres, in dem auf eine ganze

Decksaison verzichtet wurde, ist bis heute der gleiche geblieben.
In den Jahren bis zum zweiten Weltkrieg wurde dem Verwendungszweck des Warmblutpferdes entsprechend in Training und Abschlußprüfung Wert gelegt auf Reiten sowie leichten und schweren Zug, auch über längere Distanzen. Das Schlußexamen sah folgendermaßen aus:

1. 70 km Distanzritt in 7 Stunden;
2. 1000 m Schritt im Traberwagen in 9 Minuten;
3. 3000 m Trab im Traberwagen in 9 Minuten;
4. 3000 m Jagdgalopp mit 7 Hindernissen in 7 Minuten;
5. ca. 1000 m schwerer Zug zweispännig im Ackerwagen, beladen mit 2 m^3 Sand, mit wiederholtem Anziehen.

Die Prüfungen erfolgten an fünf Tagen, zwischen denen Ruhetage lagen. Während der Kriegs- und ersten Nachkriegsjahre wurde vom ganzjährigen Training abgesehen und nur vor und nach der Deckzeit trainiert. Das ganzjährige Training begann wieder 1951 und zwar mit einem den veränderten Verhältnissen angepaßten Prüfungsziel:

1. Tag:
6000 m Geländeritt mit 12 festen Hindernissen und einer Richtzeit von 12 Minuten. Dann ohne Pause 2000 m Jagdgalopp ausgeritten, Höchstzeit 4 Minuten.
Bewertet wurden in beiden Prüfungen: Springmanier, Stil und Zeit im Jagdgalopp sowie Länge des Galoppsprunges.

2. Tag:
2000 m Trab im Traberwagen, 7 Minuten.
1000 m Schritt im Traberwagen, 5 Minuten.
1500 m Schritt einspännig im Zugschlitten mit einem 20 dz rollender Last entsprechenden Widerstand.
Bewertet wurden die erzielten Zeiten, Schritt- und Trittlängen sowie die Zugmanier.

Die Anforderungen und ihre Bewertungen wurden in den folgenden Jahrzehnten mehrmals modifiziert und schließlich dem rein reiterlichen Verwendungszweck der Pferde angeglichen. Seit 1980 gibt es folgende Anforderungen an die Prüfungskandidaten:

1. Rittigkeitstest durch 3 Testreiter je Hengst;
2. Freispringen;
3. Parcoursspringen;
4. Prüfungen der Grundgangarten mit den Mindestleistungen: 300 m Schritt, 750 m Trab, 1500 m Galopp in jeweils 2½ Min.;
5. 6000 m Geländeritt über 12 feste Hindernisse, unmittelbar anschließend
6. 2000 m Jagdgalopp.

Jeder Hengst erhält eine Gesamtabschlußnote, die sich aus den in den einzelnen Disziplinen erreichten Teilnoten ergibt. Der prozentuale Anteil der einzelnen Teilprüfungen an der Gesamtnote ist aus Tabelle 3 ersichtlich.

Tabelle 3

Merkmale	Ökonom. Gewicht durch Prüfer bzw. Testreiter (%)	bei Beurteilung Trainingsleiter (%)	Ökonom. Gewicht Gesamt (%)
Charakter, Temperament	–	10	10
Rittigkeit	15	15	30
Leistungsbereitschaft	–	10	10
Allg. Leistungsfähigkeit	–	10	10
Springanlage: Freispringen	5	–	–
Springanlage: Parcours	5	5	15
Geländeprüfung	5	–	5
Jagdgalopp (Sekunden)	5	–	5
Schritt	5	–	5
Trab	5	–	5
Galopp	5	–	5
Gesamt:	50	50	100

Hengstleistungsprüfung in Adelheidsdorf. Der Gotthard-Sohn *Gardeulan II* in einem spektakulären Tiefsprung.

Die Hengste werden je nach ihren erreichten Noten in die Leistungsgruppen I (120 Punkte und darüber), II (100–120 Punkte) und III (unter 100 Punkte) eingestuft. Der rechnerische Mittelwert aller erreichten Resultate des Jahrgangs wird mit 100 gleichgesetzt.
Seit 1979 wird die Selektion unter den staatlichen Junghengsten so gehandhabt, daß nur diejenigen, die 100 Punkte und mehr in der Gesamtwertung erreichen, als Landbeschäler eingestellt werden können.
Das Landgestüt hat bei einem Bestand von ca. 195 Hengsten jährlich einen Ersatzbedarf von 15–17 Junghengsten zur Remontierung. Seit dem Jahre 1979 werden rund 40 2½jährige Trainingsanwärter auf dem Hengstmarkt in Verden bzw. im Hengstaufzuchtgestüt Hunnesrück erworben. Sieht man sich die Rela-

Celler Hengstparade: Eine Abteilung Junghengste verläßt den Abreiteplatz.

tion von 40 Trainingskandidaten und den 17 besten daraus erwählten Landbeschälern an, so läßt sich feststellen, daß die Selektionsintensität hinsichtlich Reiteignung und Leistungsveranlagung noch zu keiner Zeit derart hoch gewesen ist.
Schon seit Anfang der 60er Jahre hat das Landgestüt begonnen, Junghengste aus anderen Warmblutzuchten zu einem 3-Monats-Training mit Abschlußprüfung in die damalige Hengstprüfungsanstalt Westercelle aufzunehmen. Es fing mit einzelnen Trakehnern und im Anschluß daran mit den Junghengsten des Holsteiner Verbandes an. Die Erfahrungen, die seit 1928 mit den hannoverschen Junghengsten in den Leistungsprüfungen gemacht worden waren, kamen auf diese Weise mehr und mehr einem Großteil der deutschen Warmblutzuchten zugute.
Mit der neuen und erweiterten Hengstprüfungsanstalt in Adelheidsdorf können seit 1975 neben den eigenen 40 Junghengsten auch noch zwischen 60 und 70 aus anderen Zuchten zum 100-Tage-Test aufgenommen werden. Neben privaten Kandidaten aus Holstein, Oldenburg, dem Trakehner-Verband, aus dem Rheinland, Rheinland-Pfalz, Hessen, Bayern und Württemberg erscheinen regelmäßig die dreijährigen Beschäler aus den Landgestüten Dillenburg und Zweibrücken.
Darüber hinaus ist der seit 1977 in der niedersächsischen Körordnung verordnete Leistungstest für die Vatertiere der Reitpferdeschläge großenteils auf den Erfahrungen gegründet, die in der Hengstprüfungsanstalt Westercelle/Adelheidsdorf gemacht wurden.

Nordrhein-Westfalen

Landgestüt Wickrath

Auch das Land Nordrhein-Westfalen unterhielt nach 1945 neben dem heute noch bestehenden Landgestüt Warendorf im rheinischen Landesteil in der Nähe von Mönchen-Gladbach ein weiteres staatliches Hengstdepot in Wickrath. Gegründet im Jahre 1829 mit dem Ziel, auch in der preußischen Rheinprovinz Armeeremonten zu erzeugen, entwickelte es sich ab etwa 1880 immer mehr zu einer reinen Kaltblut-Institution, in der Warmblutbeschäler – von den rheinischen Kaltblutzüchtern abschätzig als »Rassböcke« bezeichnet – nur noch in verschwindend kleiner Anzahl vorhanden waren. Die rheinische Landwirtschaft witterte schon frühzeitig kurz nach der Währungsreform 1948, daß die Tage des Wirtschaftspferdes gezählt waren. Das Landgestüt hatte bereits relativ früh ab 1945 aus den Ostprovinzen geflüchtete Landbeschäler, meist Trakehner, aufgenommen. Im Rheinland waren durch die Kriegshandlungen 1944/1945 starke Verluste an Kaltblutstuten eingetreten. So hatte schon in den Jahren der Pferdevermehrung die Erzeugung von Warmblütern und deren Mischformen angefangen auf Grund der Tatsache, daß nach Kriegsende eine hohe Zahl ehemaliger Wehrmachtspferde verschiedenster Herkunft im Lande geblieben war.

Das Landgestüt Wickrath konnte in der kurzen Zeit bis zu seiner Auflösung im Jahre 1956 durch die Aufstellung einiger Warmbluthengste auf der Basis von Trakehner, hannoverscher, westfälischer und Holsteiner Herkunft die Anfänge einer organisierten Warmblutzucht im Rheinland mit fördern. Diese Förderung wurde noch unterstrichen durch die Wiederaufnahme von Reit- und Fahrkursen durch das rheinische Landgestüt.

Landgestüt Warendorf

Ab 1957 wurden die noch verbliebenen nordrheinischen Deckstellen vom Landgestüt Warendorf besetzt. Dieses im Jahre 1826 im westfälischen Münsterland von der preußischen Gestütverwaltung gegründete Hengstdepot sollte ebenfalls eine Ära der Remonteproduktion in Westfalen einleiten. Ebenso wie im Rheinland schlug diese Absicht fehl. Warendorf entwickelte sich zu einem festen Hort der westfälischen Landespferdezucht, und zwar sowohl im Warmblut- als auch im Kaltblutsektor.
Das Staatsgestüt, inmitten einer starken Privathengsthaltung gelegen, verstand es, eine für jede Zucht notwendige kontinuierliche Linie einzuhalten und durch die glückliche Hand seiner Leiter alle Fährnisse der letzten 100 Jahre als geachtetes Zuchtinstitut zu überstehen.
An dem Entschluß des Westfälischen Pferdestammbuches aus dem Jahre 1920, die westfä-

Luftaufnahme des 1956 aufgelösten Rheinischen Landgestüts Wickrath. Die Barockgebäude beherbergten in ihren vier Hauptflügeln die Landbeschäler.

lische Warmblutzucht auf eine hannoversche Basis zu stellen, hatte das Landgestüt Warendorf erheblichen Anteil. In der Folge wurde der hannoversche Teil der westfälischen Landbeschäler ständig vergrößert. Es wurden gute Zuchtstuten und Stutfohlen aus Hannover angekauft und auf diese Weise die Zucht so beeinflußt, daß um 1950 die Blutführung der westfälischen Zuchtpferde vorwiegend auf Hannover basierte.

Ähnlich wie im Landgestüt Celle wurden auch in Warendorf während der ersten Nachkriegsjahre sowohl von der Gestütleitung als auch von den Züchtern die Kaliberhengste mit mehr wirtschaftlichen als reiterlichen Eigenschaften bevorzugt. Es wurden jedoch auch Beschäler von Reitpferdeschlägen gehalten und dabei in Kauf genommen, daß die Züchter sie nur in geringem Maße benutzten. So wirkten in dieser Zeit in Warendorf die Vollblutbeschäler *Discus* v. Herold (1931–53) und *Landser* v. Tullus Hostilius (1948–60), der Trakehner *Armeemarsch* v. Poseidon (1940 bis 1953), die Ostpreußen *Julmond* v. Julianus (1946–53) und *Humboldt* v. Hutten (1950). Westfalen mit seinem lebhaften Reitervereins- und daher auch Turnierwesen wurde bald nach 1946 im ländlichen Pferdesport wieder aktiv. Hier machten die Nachkommen des Warendorfer Hengstes *Schwan I* viel von sich reden. Dieser von dem Hannoveraner

Landser xx v. Tullus Hostilius-Famulus, Ldb. 1948–1960.

Lucius xx v. Antonio Canale–Ticino, Ldb. 1966–1982.

Sinus xx v. Ticino-Magnat, Ldb. 1958–1974.

Radetzky v. Ramzes-Oxyd, Ldb. 1954–1976.

Schwank stammende Leistungsvererber war der Hengst, der nach dem Kriege die meisten Erfolgsnachkommen im Sport hatte. Die Bundesstandarte im Mannschaftswettkampf bei der DLG-Ausstellung 1951 in Hamburg gewann eine Westfalen-Mannschaft, beritten nur auf Schwan I-Nachkommen.

Im Jahre 1953 entschloß sich der damalige Leiter des Landgestüts Warendorf, Konrad Bresges, auf der Körung in Münster einen für die damaligen Verhältnisse sehr leichten Schimmelhengst v. Ramzes-Oxyd aus der für ihre auf Leistung ausgerichtete weithin bekannte Privatzucht des Freiherrn von Nagel-Vornholz bei Beckum anzukaufen: *Radetzky*. Zu der Zeit ein Risiko, dem jedoch eine unwahrscheinlich erfolgreiche Zuchtlaufbahn folgen sollte. Abgesehen von 20 Landbeschäler-Söhnen, 224 eingetragenen Töchtern, unter ihnen Siegertiere im nationalen Rahmen,

Romadour II v. Romulus I, Ldb. 1972–1983. Der Radetzky-Enkel stand immer auf einer rheinischen Station.

Norbert Koof mit seinem Weltmeisterschaftspferd *Fire* v. Frühlingstraum II.

Paradox I v. Papayer xx, geb. 1964, Landbeschäler in Warendorf, wurde zu einem der bekanntesten deutschen Zucht- und Sportpferdeerzeuger.

gab es unzählige Turnierpferde, die er in 21 Zuchtjahren hinterließ. Aus der männlichen Linie des *Radetzky* stammt u. a. das Weltmeister-Springpferd 1978 *Roman* unter Gerd Wiltfang.

In der Folgezeit zeigte sich die Tendenz auch in allen anderen Zuchten, daß in ganz naher Zukunft nur noch das Reitpferd einen Erlös bringen würde, das die Erzeugungskosten deckte.

Anfang der 60er Jahre kaufte das Landgestüt in Hannover einen Hengst, der ebenso wie *Radetzky* ein Schlager für die westfälische Zucht werden sollte: *Frühschein* v. Frühsport. Über seinen Sohn *Frühling,* selbst ein begabtes Reitpferd, stellt diese Hengstlinie heute 13% aller westfälischen Warmblutlandbeschäler, u. a. auch das Springpferd *Fire,* das mit Norbert Koof die Weltmeisterschaft der Springreiter 1982 errang.

Erwähnt werden muß an dieser Stelle noch der 1964 geborene Fuchs *Paradox I* v. Papayer xx, der mit seinen Zucht- und Sportnachkommen zu den Spitzenhengsten der deutschen Warmblutzuchten gehört. 20 gekörte Söhne, 225 eingetragene Stuten – 30 davon mit Staatsprämie – sowie eine Gewinnsumme seiner Sportnachkommen von über 1 Million DM haben den heute noch vitalen, noblen und rittigen Beschäler zu einem Juwel der westfälischen Zucht werden lassen.

Es würde den Rahmen dieser Abhandlung sprengen, wollte man noch weitere Vatertiere des westfälischen Landgestüts behandeln.

Ausgelassen werden sollte aber nicht die Spezialrasse des englischen Vollbluts mit ihren Landbeschälern in Warendorf, die teilhaben an der Entwicklung des westfälischen und rheinischen Warmbluts zum heutigen Nur-Reitpferd.

Das Landgestüt Warendorf und mit ihm die westfälische bzw. rheinische Zucht hat den Vollbluthengst in der Hauptphase der Umstellung in einem wohldosierten Ausmaß zur Verfügung gestellt bzw. benutzt. Der höchste Anteil am Gesamthengstbestand betrug etwa 10%. In den letzten 30 Jahren sind insgesamt 25 staatliche Vollbluthengste in Westfalen

Frühlingstraum II v. Frühling–Altist, Ldb. seit 1971.

Debütant v. Damokles-Adlerorden, Ldb. seit 1979. Siegerhengst auf der DLG 1980, Hannover.

tätig gewesen, d. h. anteilmäßig weniger als in Celle und wesentlich weniger, als es in Oldenburg bzw. Holstein der Fall gewesen ist.
Es fällt heute auf, daß die Zuchtgebiete, die sich in der Hengsthaltung an ein Landgestüt anlehnen konnten, in der Verwendung der Veredelungsrassen auffallend zurückhaltender agierten, als zum Beispiel die beiden norddeutschen Regionen (Holstein und Oldenburg), denen kein staatliches Institut zur Seite stand.
In Warendorf haben sich unter den 25 Vollblütern u. a. einen Namen gemacht:
Angelo xx v. Oliveri; in den 16 Jahren seiner Tätigkeit hat er viele hochprämierte Stuten, eine Reihe von Söhnen für die westfälische und andere Zuchten sowie zwei hochrangige Dressurpferde, *Ahlerich* (Weltmeister und Goldmedaillengewinner 1984 und 1988 mit Reiner Klimke) und *Amon* (Dressurpferd mit großen Erfolgen in den Niederlanden) erzeugt.
Blauspecht xx v. Madjar ist zu erwähnen, der zwar nur sechs Jahre gewirkt hat, aber über seinen Sohn *Bariton* eine Quelle für die Erzeugung von Hochleistungspferden geworden ist.
Lucius xx v. Antonio Canale stand 17 Jahre lang auf den besten Stationen Westfalens mit dem Ergebnis, daß 8 seiner Söhne und viele Töchter seine Schönheit, Trockenheit und Reitqualitäten weitergeben können.
Sinus xx v. Ticino, 17 Jahre in Warendorf tätig, war Erzeuger vieler eisenharter Zuchtstuten und Sportpferde mit dem Aushängeschild *Sioux,* der unter Horst Karsten in den 70er Jahren zu den besten, aber auch eigenwilligsten Military-Pferden der Welt gehörte.
Windesi xx v. Frontal schließlich, nach nur 10jähriger Gestütstätigkeit eingegangen, vereinigte in sich in seltenem Maße Schönheit, gute Proportionen und hohe Reiteignung.
Einem Trend folgend, der in den letzten Jahren in den deutschen Reitpferdezuchten entstanden war, wurden auch in Warendorf vier hoch im Blut stehende französische Beschäler aufgestellt. Es sind dies die aus der Normandie stammenden Selle-Français-Hengste *Nationalstolz* und *Nobelpreis* v. Diaghilev xx sowie *Quel Bonheur* v. St. Brendan xx und die Anglo-Araber *Cazir AA* v. Cacique, *Charmant AA* v. Lord Charriere und *Monsieur AA* v. Muscat aus Südfrankreich. Um das Potential der Gene für die Springeignung in der westfälischen Zucht zu verstärken, wirken seit Mitte der achtziger Jahre zwei Holsteiner Beschäler in Warendorf: *Salinator* v. Silbersee und *Liberal* v. Lacapo.

Das Trakehner bzw. ostpreußische Element ist in Warendorf nach dem Ausscheiden der weiter vorn angeführten *Julmond* und *Armeemarsch* nur noch sehr wenig zur Geltung gekommen. Für die westfälische Zucht war es der hochnoble, rittige Ostpreuße *Abschaum* v. Absinth, der u. a. über seinen Sohn Aar und Enkel Aarstein ein herausragendes Springtalent *Argonaut* (unter Franke Sloothak) erzeugt hat.
Für die rheinische Zucht, die in ihrem Aufbau auf das Trakehner Blut angewiesen war, hielt Warendorf die sechs Hengste *Abendregen* v. Altan, *Absprung* v. Absalon, *Bernstein* v. Gun-

Tabelle 4

Teil 1

Termin: Oktober
Prüfung der dreijährigen Hengste

1. Zugleistungsprüfung, wie sie gem. § 2 der IV. Durchführunsverordnung vom 9. 1. 1963 zum TZG (Tierzuchtgesetz) vorgeschrieben war.

Teil 2

Termin: Ende Januar/Anfang Februar
Prüfung der vierjährigen Hengste

2.1. Rittigkeitsprüfung: Vorstellung der Hengste in Abteilung(en) – Anforderungen auf der Basis einer Dressurprüfung Klasse A.

2.1.1. Einzelvorstellung (Viereck 20 x 40 m), Dressurprüfung der Klasse A.

2.2. Freispringen.

Teil 3

Termin: Oktober
Prüfung der vierjährigen Hengste (zusammen mit der Zugleistungsprüfung der Dreijährigen)

3.1. Reitpferdeprüfung der Klasse L mit Mindestleistungen gemäß LPO (dabei werden über gesondert abgemessene Strecken Schritt-, Trittlänge und die Länge des Galoppsprungs festgestellt).

3.2. Tierärztliche Verfassungsprüfung (nach der Teilprüfung Galopp der Reitpferdeprüfung).

3.3. Springen eines Parcours der Klasse L.

Teil 4

Am Tage, an dem Teil 3 der Prüfung abgelegt wird, ist ein Trainingsprotokoll vorzulegen, das in Einzelnoten Auskunft gibt über: Temperament, Charakter, Konstitution, Futteraufnahme und Futterverwertung, Arbeitswilligkeit, Rittigkeit, Springanlage, Manier bei der Arbeit, allgemeine Leistungsfähigkeit.

nar, *Borusse* v. Boris, *Garamond* v. Gabriel und *Lombard* v. Loretto bereit. Sie haben alle, der eine mehr, der andere weniger, zum Aufbau der rheinischen Warmblutzucht beigetragen.
Im Warendorfer Landbeschälerbestand ist die Zeit der Umstellung auf die Sportpferdezucht längst nicht so spektakulär verlaufen wie in anderen norddeutschen Warmblutzuchten. Dies gelang durch kontinuierliche Stutenselektion in Richtung des soliden Allzweckreitpferdes, durch Verwendung erstklassiger Vollbluthengste mit Substanz und Rahmen sowie nicht zuletzt durch den Import hannoverscher Hengste, die oftmals 25% Vollblut führten. Es sind die heute z. T. noch wirkenden Landbeschäler *Damhirsch* v. Duft I, *Dirigent* v. Duden I, *Cyrus* v. Cyklon, *Ducker* und *Doktor* v. Duellant, *Damokles* v. Davos, *Dilettant* v. Diplomat, *Gottlob* und *Gottschalk* v. Gotthard.
Nach den vielen sportlichen Höhepunkten wie Weltmeisterschaften, olympischen Siegen u. a. war das Jahr 1988 mit den olympischen Reiterspielen in Seoul durch die spektakulären Erfolge westfälischer Pferde gekennzeichnet. *Rembrandt* v. Romadour II Ldb. unter Nicole Uphoff errang Einzel- und Mannschafts-Goldmedaille in der Dressur, *Ahlerich*

Zwei Weltmeister 1982: Reiner Klimke mit *Ahlerich* v. Angelo xx–Donar (rechts) und Norbert Koof mit *Fire* v. Frühlingstraum II–Romulus II (links).
Reiner Klimke gewann mit *Ahlerich* auch bei den Olympischen Spielen 1984 in Los Angeles zwei Goldmedaillen (Einzel- und Mannschaftswertung) im Dressurreiten.

v. Angelo xx Ldb. mit Reiner Klimke Mannschaftsgold in der Dressur, *Ganimedes* v. Grünhorn III Ldb. unter Monika Theodorescu Mannschaftsgold in der Dressur. *Bugatti Pedro* v. Pilot Ldb. unter Wolfgang Brinkmann erhielt Mannschaftsgold mit der deutschen Springequipe. Außer den genannten 5 Goldmedaillen fielen in Seoul an westfälische Pferde noch 1 Silber- und 1 Bronzemedaille. Westfalen als Warmblutzuchtgebiet stand somit an der Spitze aller Herkunftsbereiche siegreicher Olympia-Pferde.
Das Landgestüt Warendorf ist mit den Leistungsprüfungen für seine Beschäler aus Grundsatz einen anderen Weg gegangen als die hannoversche Gestütverwaltung. Von der kostspieligen Version des ganzjährigen Trainings mit Verzicht auf den Deckeinsatz für die Dreijährigen wurde in Westfalen abgesehen. Bis 1966 wurden die Junghengste nur in der gesetzlich verlangten Zugleistung geprüft. Ab 1967 bis 1982 wurde für sie die in Tabelle 4 aufgeführte Prüfungsart angewandt. Seit dem Jahre 1983 wird von den Warendorfer Junghengsten ein zusammenhängendes Training mit Abschlußprüfung nach der ersten Deckzeit von August bis November als vom Gesetzgeber vorgeschriebener 100-Tage-Test absolviert.

Eine weitere Aktivität des Nordrhein-Westfälischen Landgestüts, die zwar nicht direkt auf die Zucht Einfluß nimmt, ist die »Deutsche Reitschule«, die dem Landgestüt angegliedert ist. Sie widmet sich der Aus- und Fortbildung von Pferdewirten, der Förderung qualifizierter Amateurreiter und von Turnierfachleuten.

Hessen

Das Landgestüt in Darmstadt, 1821 für das Gebiet des damaligen Großherzogtums Hessen-Darmstadt angelegt, verfügte seit dem Ende des 19. Jahrhunderts fast ausschließlich über Hengste der Wirtschaftsrassen. Ende der 50er Jahre war die Zahl der Pferde so gering geworden (in Hessen ein Rückgang um 80%) und dementsprechend die Bedeckungen so gefallen, daß das Landgestüt 1958 aufgelöst und der Restbestand seiner Beschäler nach Dillenburg gegeben wurde.

Landgestüt Dillenburg

Das nun für ganz Hessen zuständige Landgestüt in Dillenburg war 1870 nach Zusammenlegung mehrerer kleiner staatlicher Hengstdepots in der ehemaligen Residenzstadt der Oranier gegründet worden.
Die hessische Bodenformation sowie die Agrarstruktur brachten es mit sich, daß im Gegensatz zu den nordwestdeutschen Ländern erst an eine landesweite Sportpferdezucht gedacht werden konnte, als Ende der 50er Jahre allmählich klar wurde, daß das Pferd als Zugkraft endgültig ausgespielt hatte. Für das hessische Landgestüt war diese Situation besonders problematisch. Die Privathengsthaltung war angesichts des rapiden Pferderückgangs so gut wie verschwunden und das Landgestüt praktisch der einzige Hengsthalter im Lande. Mit der vorhandenen Kollektion von Oldenburgern, Ostfriesen und hessischen Hengsten auf dieser Grundlage war der Züchterschaft nicht mehr gedient. Im Jahre 1960 z. B. standen in Dillenburg 76 Landbeschäler für die Warmblutzucht, von denen nur der Vollblüter *Admiral xx* und die beiden Trakehner *Kosmos* und *Lohgerber* nicht den Wirtschaftsschlägen angehörten. Erst nach 1962, als die Leitung an den Landstallmeister Holzrichter übergegangen war, gelang es dem Landgestüt nach vielem zähen Ringen mit dem Landwirtschaftsministerium, den Hengstbestand in Richtung der Sportpferdeerzeugung allmählich umzustellen.

Teilansicht des Landgestüts Dillenburg. Im Hintergrund der Wilhelmsturm.

Viele Züchter schafften sich in den folgenden Jahrzehnten Zuchtstuten und Fohlen aus dem benachbarten Westfalen und Hannover an. So stammten z. B. im Jahre 1967 bereits 87% der erzeugten Fohlen von Veredlerrassen ab. 1972 gehörten 48% der hessischen Landbeschäler Veredlerrassen vornehmlich Trakehner Blutes an.
Unter den Landbeschälern der ersten Umstellungsperiode waren einige, die sich durch positive Vererbung in Richtung Sportpferd einen guten Namen gemacht haben: die Hannoveraner *Lotse* und *Lützow* v. Lugano I, *Senior* v. Senator, der Westfale *Ratsherr* v. Radetzky, die Trakehner *Thor* und *Mandant* sowie die Vollblüter *Adonis* v. Magnat und *Usurpator* v. Orator. Ende der 70er Jahre war auch der letzte Warmbluthengst alter Art aus dem Landgestüt ausrangiert. Die Gestütlei-

Admiral xx v. Alizier, Ldb. 1954–1966.

Kosmos (Trakehner) v. Hansakapitän, Ldb. 1959–1976.

Adonis xx v. Magnat, Ldb. 1964–1976.

Mandant (Trakehner) v. Thor, geb. 1964, Ldb.

Lützow (Hannoveraner) v. Lugano I, Ldb. 1964–1981.

tung hat sich im Verein mit dem hessischen Zuchtverband auf die züchterische Linie mit der Basis des hannoversch-westfälischen Blutes und dosierter Beigabe von Vollblut und Trakehnern festgelegt.
Die Zusammensetzung des Dillenburger Hengstbestandes für die Deckzeit 1989 geht aus der folgenden Aufstellung hervor. Auf den staatlichen Deckzellen des Landes Hessen wurden 49 Hengste verteilt, davon waren:

3 Englische Vollblüter,
2 Trakehner,
2 Französische Anglo-Araber,
10 Hessische Warmblüter,
26 Hannoveraner,
3 Westfalen,
3 Holsteiner.

Die hessischen Landbeschäler mit der höchsten Lebensgewinnsumme ihrer Nachkommen auf den ersten drei Plätzen sind:

Lotse v. Lugano (Han)	DM 595 125,–
Thor (Trak)	DM 494 983,–
Imperial v. Impuls (Han)	DM 410 287,–

Ein international erfolgreiches Springpferd wurde 1975 in Hessen geboren: *Intermezzo* v. Imperial–Lotse, das unter seinem belgischen Besitzer und Reiter Stani van Paesschen eine Gesamtgewinnsumme von umgerechnet DM 150 000,– aufzuweisen hat.
Die Beschäler des Landgestüts werden seit etwa 25 Jahren in der Hengstprüfungsanstalt Westercelle bzw. Adelheidsdorf in einem 100-Tage-Test nach ihrer ersten Deckzeit gemeinsam mit einer größeren Anzahl Junghengste anderer Zuchtgebiete trainiert und geprüft. Die Prüfungsanforderungen haben in den letzten zehn Jahren den Wandel vom kombinierten Reit- und Zugpferd zum Nur-Reitpferd mitgemacht und sind unter dem Abschnitt »Landgestüt Celle« nachzulesen.
Ebenso wie in Warendorf gehört seit den Zeiten des reitsportversierten Landstallmeisters Dr. Dencker in Dillenburg eine Reit- und Fahrschule zum Gestütsbetrieb, welche in eindrucksvoller Weise bezeugt, daß Zucht und Reiterei voneinander abhängig sind. Daß auch ein Teil der Gestütsbeamten in der Umgebung ihrer jeweiligen Deckstationen Reitunterricht erteilt, basiert auf der gleichen Idee und sei auch für die Warendorfer und Celler Kollegen mit vermerkt.

Rheinland-Pfalz

Landgestüt Zweibrücken

Zweibrücken ist das erste der hier besprochenen Staatsgestüte, das nicht zur ehemaligen preußischen Gestütverwaltung gehört hat. Gegründet 1755 als herzogliches Hofgestüt, blickt es auf eine höchst wechselhafte Vergangenheit zurück.
Das Zweibrücker Pferd hatte unter den Soldaten und Pferdeleuten der Jahrzehnte um 1800 einen guten Namen. Sein Glanz verblich jedoch während des 19. Jahrhunderts. Bayerisch bis 1945, beherbergte Zweibrücken mit seinen Vorwerken Eichelscheid und Birkhausen sowohl ein Haupt- als auch ein Landgestüt. Nach der Neubildung des Landes Rheinland-Pfalz untersteht es dem Landwirtschaftsministerium in Mainz.

Nach der starken Rezession um 1955 wurde 1960 der Beschluß gefaßt:

1. Das bisherige Haupt- und Landgestüt Zweibrücken wird erheblich verkleinert und lediglich als Landgestüt weitergeführt.
2. Das bisherige Stammgestüt Eichelscheid wird aufgelöst. Der verbleibende Landwirtschaftsbetrieb wird als Staatsdomäne verpachtet.
3. Das bisherige Hauptgestüt Birkhausen wird aufgelöst, Gebäude und Weiden werden verpachtet.

Das Ergebnis dieses radikalen Schnittes war, daß 23 Landbeschäler übrigbleiben, dazu 6 Gestütwärter und ein Verwaltungsbeamter. Die fachliche Leitung dieses kleinsten Landgestüts in Westdeutschland lag beim Tierzuchtreferat des Landwirtschaftsministeriums.
Nur 235 Stuten wurden von den 23 Hengsten im Jahre 1960 gedeckt – sicherlich das niedrigste Resultat in der Geschichte aller deutschen Landgestüte.
Langsam machte sich jedoch die Nachfrage nach Reitpferden bemerkbar, und das Ministerium bemühte sich, die Zahl der Landbeschäler mit Eignung zum Reitpferdeerzeuger zu vermehren. Es wurde der Vollbluthengst *Der Unhold xx* v. Orator eingestellt, der in zehn Jahren 357 Stuten belegte, danach der Hengst *Algol* v. Orgelton, ebenfalls Vollblüter, der nur zwei Jahre tätig war. *Chronist xx*

Landgestüt Zweibrücken: Heutige Ansicht der Gestütsgebäude, die nach der Zerstörung durch den zweiten Weltkrieg fast alle wieder aufgebaut werden mußten.

v. Marcellus, ein international sehr erfolgreiches Dressurpferd, wirkte sechs Jahre im Gestüt, *Arato xx* v. Madjar deckte in sieben Jahren 528 Stuten, *Don Giovanni* v. Orsini, Derbysieger vornehmster Abstammung, war von 1972 an Landbeschäler in Zweibrücken. Seit 1987 ist es der in Schlenderhan gezogene *Schiwago xx* v. Masetto, dem auf Grund seiner Leistung und seines Modell-Exterieurs die Hoffnungen der Reitpferdezüchter und der Halbblutzüchter gelten.

Die vollblütigen Landbeschäler hatten einen wesentlichen Einfluß auf die Erzeugung von Halbblut-Rennpferden, die im Saarland, in Zweibrücken und auf anderen kleinen Rennplätzen der Rheinpfalz liefen.
Insgesamt waren in der Zeit von 1957 bis zur Gegenwart sieben Vollbluthengste in Zweibrücken tätig. Dabei taten sich *Unhold xx* und *Arato xx* besonders hervor durch die beiden höchsten Gesamtgewinnsummen der von Zweibrücker Landbeschälern abstammenden

Diskus v. Duellant-Allerhand, Ldb. 1958–1967.

Absud v. Absatz–Sudan xx, Ldb. 1980–1983.

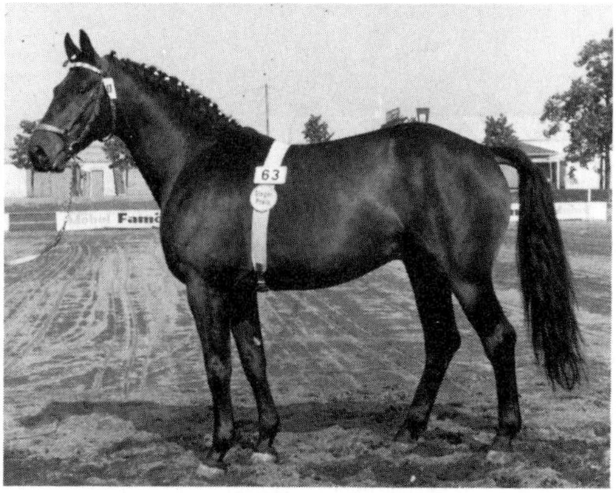

Mars v. Marconi–Scholwin, Ldb. 1968–1987.

Wörth v. Woermann-Efendi, Ldb. seit 1979.

Schöner Abend v. Abendstern-Bento, Ldb. 1963–1979.

Sportpferde. Das Trakehner Blut ist in Zweibrücken und damit auch in dessen Gestütsbereich sehr stark vertreten gewesen und hat so den Hauptanteil an der Veredelung des Warmbluts in Rheinland-Pfalz. 37 Trakehner Hengste wirkten in der Zeit von 1946 bis in die Gegenwart im Landgestüt. Unter ihnen waren es *Halali* v. Gabriel, *Horrido* v. Ilmengrund und *Passat* v. Pelion, die sich mit ihren Nachkommen auf dem Sportsektor als am erfolgreichsten erwiesen haben.

In den 70er Jahren nahm die Zahl der aus dem Zuchtgebiet Hannover stammenden Landbeschäler in dem gleichen Maße zu, wie die der Trakehner abnahm. Waren die Trakehner Hengste in den ersten 20 Jahren von 1950 bis 1970 die Basis einer Veredelungsumstellung von seiten der Staatshengsthaltung, so kann man die 24 Hannoveraner und Westfalen, zumindest die nach 1970 eingestellten, als Garanten einer gewissen Konsolidierung auf das Zuchtziel des Reitpferdes mit vielseitiger Veranlagung betrachten. So standen z. B. 1980 bei den 25 Zweibrücker Landbeschälern 1 Vollblüter und 6 Trakehner 18 Hannoveranern und Westfalen gegenüber.

Von den Landbeschälern hannoverscher Herkunft haben sich die Nachkommen der Hengste *Mars* v. Marconi, *Dörfler* v. Duellant und *Cerberus* v. Ceylon einen Platz unter den ersten zehn in der Liste der Gesamtgewinnsummen reserviert. An aussichtsreichen jüngeren Vertretern aus Hannover und Westfalen sind zu nennen *Dukat* v. Duft II, geb. 1968, *Einstein* v. Einglas, geb. 1970, *Winzer* v. Winnetou, geb. 1973, *Wörth* v. Woermann, geb. 1976, und *Steppenwind* v. Steppenwolf, geb. 1977.

Erster züchterischer Erfolg im Kranze der größeren Zuchtgebiete ist der Ia-Preis der rheinland-pfälzischen Stute *Erle* v. Einstein aus einer Stute mit altem Zweibrücker Stammgestütblut auf der DLG-Ausstellung in Hannover 1980. Ein hervorragendes Dressurpferd mit internationalen Erfolgen unter Josef Neckermann war die Stute *Cantate,* geb. 1957 v. Apfelwein, Ldb. Zweibrücken, aus einer Holsteiner Stute.

In der Deckzeit 1989 hat das Landgestüt insgesamt 22 Beschäler auf den Stationen seines Bereichs verteilt. Davon waren:

2 Englische Vollbluthengste,
1 Trakehner,
14 Hannoveraner,
2 Westfalen,
1 Holsteiner,
2 Oldenburger.

Don Giovanni xx v. Orsini-Neckar, Ldb. 1972–1981.

Im Vergleich zu 1980 hat der Anteil der Trakehner gegenüber den aus Nordwestdeutschland stammenden Warmblütern noch einmal stark abgenommen.
Hinsichtlich der Lebensgewinnsumme der jeweiligen Turnier-Nachkommen stehen von den Zweibrücker Landbeschälern nach dem Jahrbuch 1988 auf dem 1. bis 3. Platz: *Grandus* v. Graphit (Han) mit DM 140 683,–; *Fernal* v. Fürst Ferdinand (Han) mit DM 72 525,– und *Wörth* v. Woermann (Han) mit DM 52 704,–.

Das Landgestüt Zweibrücken und die Verwaltung in Mainz haben in der Zeit der starken Rezession nicht das Handtuch geworfen und aufgegeben. Durch einen schmerzhaften Radikalschnitt im Umfang stark reduziert, ist das Landgestüt trotzdem für seinen Bereich ein Richtungsweiser geblieben, der in Zusammenarbeit mit einer aufgeschlossenen Züchterschaft der rheinland-pfälzischen Zucht des Sportpferdes ein Hort der Kontinuität und Förderung gewesen ist.

Schiwago xx v. Masetto xx – Shura xx, geb. 1969, ist als Landbeschäler seit 1985 erfolgreich im Landgestüt Zweibrücken im Einsatz.

Gesamtanlage des Haupt- und Landgestüts Schwaiganger.

Bayern

Landgestüte Ansbach und Landshut, Stammgestüt Achselschwang, Haupt- und Landgestüt Schwaiganger

Für den Nichteingeweihten erscheint die Geschichte der bayerischen Staatsgestüte ein wenig verwirrend. Auf eine kurze Formel gebracht, wurde das Landgestüt Ansbach – zuständig für die Staatshengsthaltung in Ober-, Mittel- und Unterfranken sowie Schwaben – nach über 100jährigem Wirken im Jahre 1959 aufgelöst und der Bestand dem bis dahin für Niederbayern, Oberbayern und Oberpfalz verantwortlichen Landgestüt Landshut/Isar zugeteilt. Dieses wurde dadurch mit der Staatshengsthaltung in ganz Bayern betraut. Im Jahre 1980 wurde das Landgestüt Landshut nach 212jährigem Bestehen nach Schwaiganger bei Murnau verlegt. Nach einer sehr wechselvollen Benutzung als Militär-Fohlenhof, Remontedepot, Militärgestüt und Stammgestüt war es seit 1962 wieder als einziges Stammgestüt in Bayern mit einer Warmblut- und einer Haflinger Herde eingerichtet worden. Seit 1981 führt es nach Zuteilung der bayerischen Staatshengste die vielversprechende Bezeichnung »Bayerisches Haupt- und Landgestüt«.

Das Landgestüt Ansbach hatte bis zu seiner Auflösung 1959 keinen Einfluß mehr auf den Neubeginn einer bayerischen Sportpferdezucht. Es hatte Hengste der Wirtschaftsrassen wie Kaltblüter und Warmblut auf Oldenburger Grundlage zur Verfügung gestellt.

Bayern hatte mit Ausnahme einiger privater Gestüte bis 1960 eine kleine Warmblutzucht im niederbayerischen Rottal, wo seit dem 19. Jahrhundert mit Oldenburger Blut ein schweres Warmblut entwickelt worden war, das als Karossier eine gewisse Bedeutung hatte.

Das Stammgestüt Achselschwang bei Utting in Oberbayern, aufgelöst im Jahre 1952, hatte mit Erfolg schwere Warmbluthengste für die Landgestüte aus einer entsprechenden Stutenherde gezogen. Wie überall schwand auch in Bayern das Wirtschaftspferd rapide dahin.

Von den Wünschen der Züchter nach einer Umstellung ermuntert, reagierte der Staat ab Anfang der 60er Jahre auf vielerlei Weise.

Gestütsgebäude von Landshut. Das Landgestüt wurde nach 212jährigem Bestehen nach Schwaiganger verlegt.

In Schwaiganger wurde ein staatliches Stammgestüt auf vornehmlich hannoverscher Grundlage in bescheidenen Anfängen eingerichtet. Im Zuchtgebiet des Rottales wurden Oldenburger Hengste mit mehr Blut (von *Lupus xx* und *Condor AN*) eingesetzt, jedoch mit wenig Erfolg.

Vollblut- und Trakehner Hengste waren die Basis der Veredelung. Es wurden Stut- und Hengstfohlen besonders in Hannover und Westfalen angekauft, deren Käufer von Experten der Staatsverwaltung beraten wurden und auch staatliche Ankaufsbeihilfen erhielten. Das Landgestüt Landshut stellte eine Reihe von Veredlerbeschälern ein, die von den Züchtern voll akzeptiert wurden: *Niccolini xx* v. Delaroche, geb. 1954, *Mangon* (Trakehner) v. Manjara xx, *Selektor* v. Senator, geb. 1960 in Hannover, *Herrscher* v. Heristal, geb. 1952 in Schweden mit Trakehner/hannoverscher Grundlage, *Asco* v. Alpdruck, gezogen in Westfalen auf hannoverscher Basis, *Durst* v. Ducker, gezogen in Westfalen von hannoverschen Eltern, *Amor* v. Amadeus, geb. 1961, und *Beatus* v. Belaney, beide im ehemaligen Ostpreußen geboren, *Rasputin* v. Ramzes, geb. 1960 in Holstein, und *Mordskerl xx* v. Burgeff.

Dies waren die Hengste der ersten Veredelungsphalanx; sie deckten durchgezüchtete Rottaler Stuten, importierte Hannoveraner, Westfalen und Trakehner Stuten. Wenn sie auch in den ersten Jahren relativ schwach benutzt wurden, so war die Nachfrage nach edlen Fohlen und Reitpferden ab 1966 merklich größer, und diese Hengste erhielten dann auch die ihrem Zweck gemäße größere Unterstützung. Die beiden Trakehner *Amor* und *Beatus* wurden daneben in der staatlichen Herde in Schwaiganger benutzt und haben dort wesentlichen Einfluß auf deren Fortzüchtung gehabt. Die Vollblüter *Niccolini* und *Mordskerl* haben in der Zeit des Aufbaus der bayerischen Warmblutzucht ganz besonders positiv bei der Erzeugung von Sportpferden und edlen Mutterstuten gewirkt.

Hervorzuheben sind auch der Holsteiner Ramzes-Sohn *Rasputin,* der Schwede *Herrscher* sowie der westfälische *Durst,* die entscheidend die junge bayerischen Stutengrundlage in Richtung des gewünschten Zieles fortentwickelten. Zu bemerken ist dabei noch, daß *Rasputin* 1984 zum ersten Mal in der Stutenherde im Hauptgestüt eingesetzt wird wie

Rasputin v. Ramzes, Ldb. in Landshut und Schwaiganger seit 1964, heute noch Hauptbeschäler in Schwaiganger.

Rasco v. Rasso, Ldb. Schwaiganger, aus der Hengstlinie des berühmten Sportpferde-Erzeugers Ramzes, erfolgreich auch im Vielseitigkeitssport.

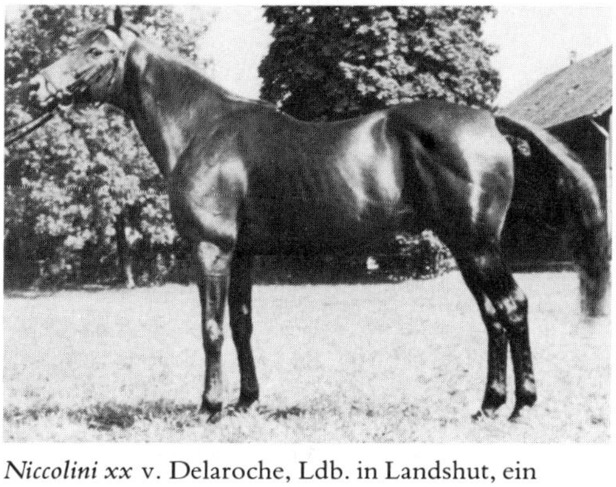

Niccolini xx v. Delaroche, Ldb. in Landshut, ein Pionier der bayerischen Sportpferdezucht.

vorher schon u. a. die Hannoveraner *Kantor* v. Kaspar und *Granat* v. Grande.

Im Jahre 1989 standen bei den bayerischen Staatshengsten mit der Lebensgewinnsumme der Nachkommen an der Spitze: *Rasso* v. Ramiro, LGS 1988 DM 300577,–, *Nathusius* v. Nardus xx, LGS 1988 DM 262471,–, und *Wodkin* v. Wicht, LGS 1988 DM 219273,–. Die beiden Vollblüter *Niccolini* und *Mordskerl* standen mit dem finanziellen Erfolg ihrer Nachkommen jahrelang an der Spitze der bayerischen Landbeschäler, sind aber in den letzten Jahren durch die drei oben genannten Hengste verdrängt worden.

In dem Zusammenhang muß erwähnt werden, daß der bayerische Landbeschäler *Nathusius* dem deutschen und internationalen Sport ein Ausnahmespringpferd geliefert hat. *Nepomuk* unter seinem Reiter Karsten Huck gehört zur Spitzengruppe der europäischen Springpferde und gewann beim olympischen Einzelspringen 1988 in Seoul die Bronzemedaille.

Durch die Konzentration der staatlichen Gestüte in Schwaiganger mit seinen vielen Möglichkeiten des Trainings von Stuten und Hengsten hat die bayerische Gestütsverwaltung einen weiteren Schritt zur Förderung der Sportpferdezucht getan.

Das Training der Junghengste einschließlich abschließender Prüfung wurde von 1964 bis 1972 in Landshut durchgeführt, ab 1973 wird die Abschlußprüfung in München-Riem in der 1972 erbauten Olympia-Reitanlage abgehalten. Es hat sich immer um ein Training zwischen der ersten und zweiten Deckzeit gehandelt, das seit dem Inkrafttreten des Tierzuchtgesetzes von 1974 als 100-Tage-Test etwa nach dem Westercelle-Adelheidsdorfer Muster gehandhabt wird.

Alle staatlichen Jungstuten im Haupt- und Landgestüt Schwaiganger werden im dritten und ab 1984 im vierten Lebensjahr einer Stutenleistungsprüfung unterzogen, die aus folgenden Teilen besteht:

1. 750 m Trab, 1500 m Galopp, 300 m Schritt in jeweils 3 Minuten.
2. Bewertung der Grundgangarten.
3. Prüfung der Rittigkeit (Dressur Klasse E).
4. Prüfung der Springanlage (Parcours Klasse E).
5. Prüfung im Gelände über 2000 m mit 12 Hinternissen.
6. 1000 m Rennbahngalopp.
7. Tierärztliche Verfassungsprüfung.

Die in die staatliche Herde eingestellten Stuten werden im Herbst auf Jagden geritten.

Es sollte nicht unerwähnt bleiben, daß Schwaiganger zur Zeit das einzige Staatsge-

Der Gestütsleiter von Schwaiganger, Dr. Berthold Karnbaum, stellt die beiden Hauptgestütsstuten *Anne* und *Akarona* in einer Zweispännerprüfung vor.

Hauptgestütsstute *Mutige* v. Mahdi (Trakehner)–Lugano I (Hannoveraner) hat sich in Vielseitigkeitsprüfungen bewährt.

Die Übersicht zeigt, wie unverhältnismäßig stark die Anzahl der Vollblüter gestiegen ist, nämlich von 2 im Jahre 1984 auf 9 im Jahre 1989. Sie zeigt auch, daß die Anzahl der in Bayern gezogenen Hengste von 11 auf 19 im gleichen Zeitraum gestiegen und dementsprechend jene der Beschäler aus den norddeutschen Hauptzuchtgebieten von 23 auf 15 gesunken ist. 3 Anglonormannen beweisen, daß die bayerischen Züchter den Trend der Zeit mitmachen.
Durch die Konjunktur auf dem Reitpferdemarkt Ende der 70er Jahre wuchs die Anzahl der privaten Warmbluthengste in Bayern stark an (1989: 99). Wenn auch die Anzahl der Staatshengste wesentlich geringer ist, so ist doch die Funktion der Gestütverwaltung als Schrittmacher während der Aufbauzeiten kaum zu verkennen, ebenfalls nicht die gegenwärtige Rolle, welche die bayerische Gestütverwaltung als fester Punkt der Stabilisierung spielt.

stüt in Westdeutschland ist, das seine Hengste und Stuten auf öffentlichen Turnieren konkurrieren läßt. Die Hauptgestütstute *Mutige* v. Mahdi (Trakehner) – Lugano I (Hannover) gehört zu den Vielseitigkeitspferden, die international eingesetzt wurden und sich in Militaryprüfungen hoch bewährt haben. Die Landbeschäler *Kadi* v. Karim xx – Almhügel III, *Gajus* v. Goya – Pamino xx und *Rasco* v. Rasso – Mordskerl xx haben sich öffentlich in M-Springen und Vielseitigkeitsprüfungen erfolgreich gezeigt.

Das Netz der staatlichen Deckstellen in Bayern ist relativ weitmaschig. 1989 sind 46 Warmblut- und Vollbluthengste auf 16 Stationen in allen bayerischen Regierungsbezirken verteilt worden. Davon waren:

9 englische Vollblüter,
19 bayerische Warmblüter,
6 Westfalen,
6 Hannoveraner,
3 Holsteiner,
3 Franzosen (Anglonormannen).

Baden-Württemberg

Haupt- und Landgestüt Marbach

Als Hofgestüt bereits im 16. Jahrhundert auf der Schwäbischen Alb gegründet, hatte das landschaftlich ungemein reizvoll gelegene Marbacher Gestüt im Anfang des 19. Jahrhunderts u. a. die Aufgabe erhalten, als Hengstdepot für das Land Württemberg zu dienen. Initiator war König Wilhelm I., der seine Neigung für die Pferdezucht auch damit unter Beweis stellte, daß er etwa zur selben Zeit in Weil eine Zucht von Vollblutarabern begann, die europäischen Ruf gewann und seit 1930 neben einer Warmblutherde in Marbach weitergeführt wird.
Bis 1953 bestand ein badisches Landgestüt auf hauptsächlich Oldenburger Grundlage. Für die Schaffung einer Sportpferdezucht hatte es jedoch wenig Bedeutung.
Das Haupt- und Landgestüt Marbach umfaßt eine Fläche von 1000 ha mit mehreren Vorwerken, auf denen Landwirtschaft betrieben wird und staatliche Versuchs- und Mastprüfungsanstalten unterhalten werden. Marbach ist daher eine sehr gewichtige Zentrale nicht nur zur Förderung der Pferdezucht, sondern der gesamten Tierzucht in Württemberg.

Luftaufnahme des Haupt- und Landgestüts Marbach, aufgenommen während einer Hengstparade.

Die staatliche Stutenherde, zu dem Zweck gegründet, einen wesentlichen Teil der Landbeschäler zu stellen, war um die letzte Jahrhundertwende im gleichen Maße wie die Landbeschäler und die im Lande gehaltenen Warmblutstuten zu einer eigenständigen Rasse geworden, von der Gustav Rau schrieb: »Die Württemberger Zucht wurde zum Beispiel, wie ein Land, das keine angestammte Pferderasse besitzt, aus verschiedenen Rassen einen neuen, zweckentsprechenden Typ geformt hat.«

Geprägt war dieses vielseitig verwendbare Pferd von Trakehnern, Hannoveranern und Oldenburgern, letzten Endes aber hauptsächlich von anglo-normannischen Hengsten. Das Ergebnis war ein praktisches, kurzbeiniges, leichtfutteriges und gutartiges Warmblut – »Herr und Bauer« nannte es der württembergische Züchter stolz –, das dem im Lande vorherrschenden Kleinbesitz angepaßt war. Die immer enger werdende Inzucht auf immer weniger Hengstlinien anglo-normannischer Herkunft – Hauptrepräsentant war der AN *Faust* – hatte schließlich einen erstaunlich hohen Grad von Ausgeglichenheit bewirkt.

Das war etwa die züchterische Situation in den Jahren, als das praktische Warmblutpferd, das neben dem landwirtschaftlichen Dienst auch der ländlichen Reiterei hinlänglich gewachsen war, von den Züchtern mehr und mehr abgelehnt wurde.

Man verlangte nach Blut, Eleganz und großen Linien. Mit der aufkommenden Reitpferdekonjunktur wurden in Württemberg frühzeitig Trakehner Hengste tätig, und auch Marbach wurde fündig. Es erwarb für das Landgestüt 1956 den 18 Jahre alten Ostpreußen *Julmond* v. Julianus, der vorher im westfälischen Landgestüt Warendorf ein wenig beachtetes züchterisches Dasein geführt hatte. Nach einigen Jahren Landgestütsdienst wurde er ins Hauptgestüt übernommen und wirkte bis zu seinem Lebensende in der Marbacher Herde sowie durch zahlreiche Söhne und Töchter im Lande derart günstig hinsichtlich Noblesse, reiterliche und charakterliche Qualitäten, wie seit den Zeiten des legendären *Faust* kein Hengst in Württemberg mehr.

Ab Mitte der 50er Jahre, also im Gegensatz zu einigen anderen Wirtschaftszuchten sehr frühzeitig, stellte Marbach weitere Hengste Trakehner Blutes im Land- und im Hauptgestüt auf, wie *Golddollar* v. Hansakapitän, *Hydros* v. Impuls oder *Ilmengrund* v. Humboldt. Später kamen noch die Trakehner *Schabernack* v. Schöner Abend, *Herzbube* v. Gunnar, *Persaldo* v. Hessenstein und schließlich der wieder hervorragend einschlagende *Pregel* v. Tropenwald hinzu, der sich vor allem in der Erzeugung von Sportpferden einen Namen machte (Lebensgewinnsumme seiner Nachkommen bis 1988: DM 211 055,–).

Nach dem Jahrbuch 1988 der FN stehen mit den Lebensgewinnsummen ihrer Nachkommen auf den drei vordersten Plätzen von allen Marbacher Haupt- und Landbeschälern die Hengste *Gabriel* (Han) v. Grande–Hassan mit DM 295 715,–, *Kornett* (Trak) v. Maharadschah–Schwarzer Prinz xx mit DM

Julmond v. Julianus-Padischah, geb. 1938 in Ostpreußen, später Haupt- und Landbeschäler in Marbach, spielte in der Baden-Württemberger Warmblutzucht die dominierende Rolle bei der Umzüchtung zum Sportpferd.

238 065,– und *Jugol* v. Julmond–Golddollar mit DM 223 378,–.

Wenn auch ein Teil der heutigen Landbeschäler in Marbach über die Mutterseite hannoversches, westfälisches oder Holsteiner Blut führt, so ist es bemerkenswert, mit welcher Konsequenz Marbach die Veredelung des Württemberger Warmbluts über den Trakehner Hengst großenteils entweder mit den altwürttembergisch durchgezüchteten Hauptgestütsstuten oder Müttern aus der Landeszucht betrieben hat. Von dem Marbacher Landbeschälerbestand – außer den Schwarzwälder Füchsen – waren 1989:

2 Englische Vollbluthengste,
7 Vollblutaraberhengste,
40 Baden-Württemberger Warmbluthengste,
15 Hannoveraner,
7 Westfalen,
4 Holsteiner,
4 Trakehner,
2 Franzosen (Anglonormannen).

Die Hengste sind verteilt auf 31 Deckstationen des Landes Baden-Württemberg. Im Vergleich zum Bestand im Anfang der achtziger Jahre sind die Trakehner sehr stark zugunsten von Hannoveranern, Westfalen, Holsteinern und Anglonormannen reduziert worden.

Die Hauptgestütsherde in Marbach enthält seit den 60er Jahren einige reine Trakehner Stuten. Ebenso ist die Marbacher Vollblutaraber-Herde indirekt an der Blutzusammensetzung der Warmblutherde beteiligt, da einer ihrer Stutenstämme auf eine *Halef ox*-Tochter zurückgeht, ein weiterer auf den Marbacher Hauptbeschäler *Jasir ox*.

In den letzten Jahren geschah der Einfluß von Marbacher Vollblutarabern in der Warmblutzucht vor allem über den Einsatz des Originalarabers *Gharib* v. Anter und seines Sohnes *Shagal ox* aus einer Tochter des Or.Ar. Hadban Enzahi. Aus einer Anpaarung von Gharib mit großrahmigen Stuten stammt u. a. ein gekörter Hengst, der Landbeschäler *Agent* aus

Jugol v. Julmond-Golddollar, geb. 1964 in Marbach und dort Landbeschäler.

Kalman v. Kastor (Trakehner)–Lothar, geb. 1974, Landbeschäler.

Armin v. Julmond-Fernando, geb. 1964, Ldb.

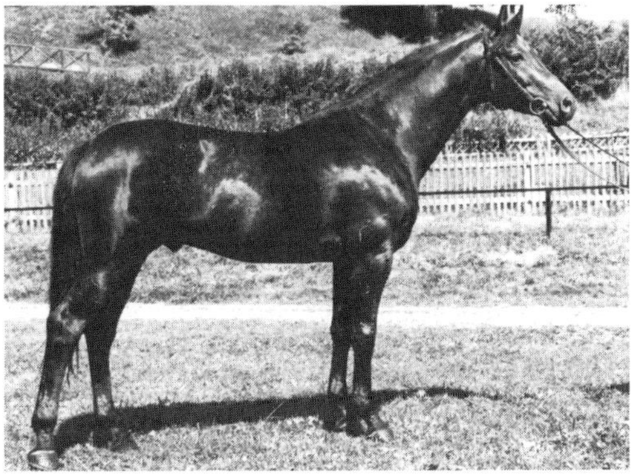

Agent v. Gharib ox-Schabernack (Trakehner), geb. 1976, Ldb.

Gharib ox, Originalaraber aus El Zahraa, ein nobler Nachfolger von Hadban Enzahi; er kam 1970 nach Marbach.

Pregel (Trakehner) v. Tropenwald–Hirtensang, geb. 1958, Hauptbeschäler in den 70er und Anfang der 80er Jahre.

Hadban Enzahi v. Nazeer-Kamla, wirkte 20 Jahre lang in der Marbacher Araberherde. Im Vordergrund der Hengst *Ghazal,* der bis 1972 lebte.

der Marbacher Hauptgestüt-Stute Almrausch (Trakehner) v. Schabernack-Julmond. Die Nachkommen dieser genannten Hengste zeichnen sich alle durch viel Eleganz bei genügend Substanz und hervorragenden Reitpferdepoints aus. Gharib und seine Söhne vererben relativ groß und geben viel Gang mit.

Die Leistungsprüfungen in Marbach sowohl für die staatlichen Hengste als auch für die Stuten wurden zu Zeiten des Wirtschaftspferdes schon seit jeher in Form von landwirtschaftlicher Arbeit auf dem Acker und vor dem Wirtschaftswagen abgelegt. Während der Deckzeit lag die Last des Tagewerks bei den Stuten, zur Erntezeit im August/September und zur Herbstbestellung bei den Landbeschälern, denen in dem hügeligen Gelände eine in anderen Staatsgestüten nicht praktizierte Dauerleistung abverlangt wurde, die für die Beurteilung jedes einzelnen Pferdes kaum aussagekräftiger sein konnte.

Mit dem Übergang zur Zucht des reinen Reitpferdes wurde in Marbach eine Hengstprüfungsanstalt eingerichtet, in der gegenwärtig Training und Abschlußexamen als 100-Tage-Test nach der ersten Deckzeit abgelegt werden. Die Anforderungen entsprechen etwa jenen, die in der Celler Hengstprüfungsanstalt Adelheidsdorf verlangt werden. Für den Geländeritt sind die schon erwähnten Höhenunterschiede eine wirkungsvolle Erschwernis. Die staatlichen Warmblutstuten, die dreijährig in die Herde nachgestellt werden, erhalten alle eine Grundausbildung im Reiten und werden während dieser Zeit gedeckt. Nach Möglichkeit nehmen die Stuten im Alter zwichen 3 und 7 Jahren an einer Zuchtstutenprüfung mit Mindestleistung teil.

Neben dem staatlichen Hengstdepot und den beiden erwähnten Stutenherden gibt es in Marbach seit einigen Jahren noch eine vierte Stütze, mit der das Staatsgestüt die Sportpferdezucht in Baden-Württemberg fördert: Auf dem Gelände in der Nachbarschaft des Marbacher Gestütshofes hat der Verband der württembergischen Warmblutzüchter ein

Ikarus II v. Julmond, geb. 1958, bei der Ausbildung. Hauptbeschäler in den 60er und 70er Jahren.

Ausbildungszentrum mit großer Reithalle und Außenplätzen errichtet, wo junge Pferde und Reiter gefördert und Absatzveranstaltungen abgehalten werden können.

Mecklenburg-Vorpommern

Landgestüt Redefin

Gegründet wurde das Landgestüt im Jahre 1812 mit Hengsten aus den landesherrlichen Gestüten. Die Hengstzahl wuchs schnell von 4 auf 127 im Jahre 1847. Das Stutenmaterial im Lande wies viel arabische Blutanteile auf und hatte sich hinsichtlich seiner Qualität schon seit Anfang des 18. Jahrhunderts einen europäischen Ruf verschafft. Entstanden war dieser durch die Arbeitsteilung in Zucht und Aufzucht. Die Mutterstuten waren vielfach in den Händen bäuerlicher Besitzer, die ihre Fohlen in der Regel an einen der zahlreichen Großgrundbesitzer verkauften. Auf deren weitläufigen und qualitätvollen Weiden wuchsen die Jungtiere dann zu Pferden heran, die als Mecklenburger im In- und Ausland hoch angesehen waren.

Um die Mitte des 19. Jahrhunderts trat ein Niedergang der Mecklenburger Warmblutzucht ein. Der Grund hierfür war ein Generationswechsel in der Aufzüchterschaft, der unglücklicherweise gerade die erfolgreichsten und erfahrensten Besitzer betraf. Außerdem hatte man bei der Verwendung von Hengsten des englischen Vollbluts des Guten zuviel getan, und die Produkte blieben zu leicht.

Es kam wie bei vielen europäischen Zuchten in jener Zeit: Man setzte als Korrektur mehrere Jahrzehnte lang Kaltbluthengste ein und erhielt eine Mischung, die vor allem für die Weiterzucht nicht brauchbar war. Erst Ende des Jahrhunderts gelang es durch eine Umstellung der Zuchtordnung, wieder eine konsolidierte Stutenbasis im Lande zu schaffen, und zwar mit Hilfe des hannoverschen Warmbluts. Auf dieser Grundlage mit dosierter Benutzung von Vollblut und Trakehnern wurde bis 1945 und darüber hinaus bis heute gezüchtet.

Brandenburg

Hauptgestüt Neustadt/Dosse

Das Hauptgestüt in Neustadt/Dosse, unter dem Namen Friedrich-Wilhelm-Gestüt 1787 von dem preußischen König Friedrich-Wilhelm II. gegründet, diente in den ersten Jahren mit ca. 50–60 Stuten vornehmlich dem Bedarf des Berliner Hofes.

Stuten aus Trakehnen, England, Zweibrükken, Holstein und dem Orient bildeten eine bunte Gesellschaft. Als Hengste dienten Araber, englisches Vollblut, Turkmenen u. a.

Nach den Wirren der napoleonischen Kriege brachte es die Stutenherde bis auf ca. 100 Kopf; zur einen Hälfte bestand sie aus englischem Vollblut, zur anderen handelte es sich um stark arabisierte Herkunft.

Im Jahre 1866 wurden die gesamten Neustädter Vollblutstuten und -hengste nach Graditz zur Gründung eines späterhin höchst erfolgreichen preußischen Vollblut-Hauptgestüts gebracht.

Das Friedrich-Wilhelm-Gestüt Neustadt stellte sich nach vielen Fehlschlägen schließlich auf Warmblut mit hannoverscher und Trakehner Basis ein, auf der es auch heute noch unter dem Namen Hauptgestüt Neustadt mit ca. 100 Stuten weiterzüchtet.

Landgestüt Neustadt/Dosse

Zusammen mit dem Hauptgestüt in Neustadt wurde 1778 unter dem Namen Landgestüt Lindenau ein Hengstdepot errichtet. Pate war ein Graf Lindenau, der sich als Leiter der preußischen Gestüte hoher Wertschätzung erfreute. Während des 19. Jahrhunderts war das Landgestüt mit seinem Zuchtgebiet, der Provinz Brandenburg, Schauplatz eines stetigen Kampfes zwischen den Wünschen der Militärs und den Forderungen der Vertreter der Landwirtschaft. Da die brandenburgischen Gebiete mit Weideland für die Warmblutzucht relativ dünn gesät waren, ist eine ausreichend qualitätvolle Edelzucht geringen Umfanges erst spät im 20. Jahrhundert entstanden. Ab 1870 etwa wurden in wachsendem Maße englische, dänische und belgische Kaltbluthengste auf privater Basis importiert, die dem Entstehen einer stark verbreiteten Mischzucht Vorschub leisteten. Ab 1900 stellte auch das Landgestüt Lindenau Kaltbluthengste und zu allem Überfluß auch Oldenburger und Ostfriesen ein.

Die Anzahl der Landbeschäler zwischen 1905 und 1926 war gleichbleibend 227, wobei das Kaltlblut zeitweise die Hälfte ausmachte. Erst in den Jahren vor Beginn des Zweiten Weltkrieges nahm die Zahl der Kaltblüter und der schweren Warmbluthengste im Landgestüt stark ab.

Bis heute wird mit 100–120 Hengsten Zucht auf hannoverscher und Trakehner Basis betrieben. Zwischen 1950 und 1990 hießen die beiden Gestüte VE Hauptgestüt Neustadt und VEG Neustadt.

Sachsen

Vollblutgestüt Graditz

Unter König August dem Starken wurde in den Elbauen bei Torgau zur Remontierung des Dresdner Marstalls 1722 das sächsische Hofgestüt Graditz errichtet. Hofbaumeister war D. Pöppelmann, Schöpfer des Dresdner Zwingers und des Schlosses Moritzburg. Die hervorragenden Elbweiden hatten jedoch schon lange vor 1722 der kurfürstlich-sächsischen Pferdezucht gedient. 1815 wurde das Hofgestüt auf dem Wiener Kongreß Preußen zugesprochen.

Im Jahre 1866 wurden durch die preußische Gestütverwaltung alle Vollblutstuten und -hengste aus den Hauptgestüten Trakehnen und dem Friedrich-Wilhelm-Gestüt Neustadt/Dosse zur Gründung eines staatlichen Vollblut-Hauptgestüts in Graditz versammelt. Im Laufe der ersten Jahrzehnte gelang es

dem Graditzer Leiter Graf Georg v. Lehndorff und seinem Nachfolger Siegfried v. Lehndorff durch glückliche Ankäufe und fachmännisches Management, Anschluß an den internationalen Standard zu erreichen. Graditzer Vollblüter gewannen viele Jahre hindurch die höchste Summe an Rennpreisen auf deutschen Rennplätzen und liefen mit Erfolg in England, Frankreich und Österreich/Ungarn. Seine Glanzperiode hatte Graditz in den letzten zehn Jahren vor dem ersten Weltkrieg und konnte auch danach bis 1945 so viele Renngewinne verbuchen, daß von seiten der privaten Rennstallbesitzer immer wieder Vorstöße unternommen wurden, durch Handicaps und Sperren für die Graditzer Rennpferde deren Übermacht auf den Rennbahnen Zügel anzulegen.
Das Zuchtziel, an das sich die Gestütleitung – in diesem Falle Vater und Sohn Lehndorff – hielt, war die Schaffung eines möglichst korrekten Vollblüters mit Noblesse und Stärke, dessen Hengste den Landgestüten als erstklassige Landbeschäler mit hoher Rennleistung dienen konnten.
Zum Glück war die Graditzer Leitung von dem Gedanken beseelt, daß der Vollbluthengst für die Landeszucht soviel Eigenleistung auf der Rennbahn gezeigt haben mußte, wie nur irgend mit der Selektion auf ein gutes Exterieur zu vereinbaren war.
Von dem alten Glanz des Graditzer Vollbutgestüts ist nach 1945 auch nicht die Spur geblieben. 1950 wurde es VE-Gestüt. Seit dem Jahre 1990 gehört es wieder wie bis 1815 zum Freistaat Sachsen.

Landgestüt Moritzburg

Das Landgestüt Moritzburg wurde im Jahre 1828 in den Marstallgebäuden, die zum königlich-sächsischen Schloß Moritzburg gehörten, errichtet. Vorher gab es schon Versuche, staatliche Hengste in verschiedenen Teilen des Landes zur Benutzung durch die bäuerlichen Stuten zur Verfügung zu stellen. Nachdem in den ersten Jahrzehnten der Versuch scheiterte, mit viel englischen Vollbluthengsten und Arabern eine einigermaßen homogene Stutenbasis im Lande zu schaffen, wurde ab 1870 etwa mit schwerem Warmblut aus Oldenburg und Ostfriesland sowie einer Reihe von Kaltbluthengsten den Wünschen von Landwirtschaft und Gewerbe entsprochen. Bis 1848 hatte sich der Beschälerbestand mehr als verdoppelt, um am Ende des zweiten Weltkrieges die Höchstzahl von 129 zu erreichen, davon 77 schwere Warmblüter und 52 Kaltblüter auf rheinisch-deutscher Grundlage. Ab etwa 1950 VE-Gestüt, standen in Moritzburg weiterhin Landbeschäler der Wirtschaftsrassen, die späterhin durch Haflinger ergänzt wurden. Die Umzüchtung des schweren Warmbluts in Richtung Reitpferd machte in den letzten beiden Jahrzehnten Fortschritte.
Die Moritzburger Hengstparaden entwickelten sich durch Ausstattung und Güte der Vorführungen zu Publikumsattraktionen, die durch die Kulisse eines der schönsten deutschen Barockschlösser ihre Anziehungskraft auch bis nach Westdeutschland ausstrahlte.

Rückblick

Ein Teil der westdeutschen Staatsgestüte – vor allem in Holstein, Hannover und Westfalen – verfügte schon immer über eine bestimmte Anzahl von Vatertieren mit Reitqualität in ihrem Hengstbestand. Diese Gestüte hatten es bei der später erfolgenden Umstellung auf den Bedarf der modernen Reiterei relativ leicht, die richtige Selektion zu treffen. Aus dem Bestand der nach Westdeutschland geflüchteten Trakehner bzw. Ostpreußen konnten darüber hinaus noch geeignete Hengste mit Spezialblut ausgewählt werden. Andere Gestüte hatten es schwerer. Am schwersten in dieser Beziehung hatten es Landshut und Schwaiganger in Bayern, das lediglich eine kleine Wirtschaftswarmblutzucht im Rottal besaß, sonst aber völlig neu mit der Warmblutzucht beginnen mußte.
Es wurde des öfteren während der Umstellung und es wird auch heute noch der Vorwurf laut, der Staat habe mit seinem Entgegenkommen hinsichtlich einer größeren Anzahl reitsportgeeigneter Vatertiere zu lange gezögert. Abgesehen von der einer staatlichen Verwaltung angeborenen Schwerfälligkeit war es in den Jahren des beginnenden Reitinteresses in den Städten keinem Tierzuchtbeamten in den Landwirtschaftsministerien, -kammern und Staatsgestüten zuzumuten, das Steuer von heute auf morgen herumzuwerfen, solange nicht abzusehen war, daß die

durch Staatsgestüte geförderte Landeszucht imstande war, einen gewissen Mindestbestand an Zuchtstuten nur durch den Absatz von Reitpferden zu unterhalten. Der Warmblutzucht in der Provinz Ostpreußen war das vor 1945 nur gelungen durch sehr massive staatliche Schutzbestimmungen, den Remonteabsatz und andere subventionsähnliche Vorteile.

Erst als sich nach Mitte der 60er Jahre erwiesen hatte, daß Landwirtschaft und Gewerbe ohne jede tierische Zugkraft auskommen konnten und mußten, daß die Bundeswehr sich weigerte, auch nur ein Pferd in ihren Beständen zu halten, konnten es sich die Staatsgestüte erlauben, den Bemühungen, eine reine Sportpferdezucht zu unterstützen, freie Bahn zu geben. So war beispielsweise zu beobachten, daß die Zuchtgebiete in Norddeutschland, die eine staatliche Hengsthaltung nicht als Unterstützung zur Verfügung hatten, in ihren Maßnahmen zur Umstellung des Hengstbestandes schnell und radikal auf das englische Vollblut umstiegen. Die Zuchtgebiete mit Landgestüten waren etwas vorsichtiger. Das mag zum Teil daran liegen, daß der private Hengsthalter zur Zeit des Reitpferdebooms mit entsprechenden Hengstankäufen finanziell flexibler sein konnte als der Staatsbetrieb, der seinen Haushalt ein Jahr im voraus aufstellen muß.

Das Resultat jedoch kann sich sehen lassen! Die internationale und nationale Geltung des in Deutschland gezogenen Sportpferdes verdankt ihr Entstehen großenteils Pferden, die aus Landeszuchten kommen, welche ein Staatsgestüt als Förderung im Hintergrund haben oder hatten. Es starteten – als Beispiel – bei den olympischen Reiterspielen in Bromont/Kanada 1976 in den drei Disziplinen Springen, Dressur und Vielseitigkeit insgesamt 25 Pferde aus deutschen Zuchten im Besitz von 12 verschiedenen nationalen Equipen. Von den 25 gestarteten Pferden hatten 13 einen deutschen Landbeschäler zum Vater.

Angesichts der hohen Zahl deutscher Pferde, die seitdem in Großbritannien, Kanada, den Vereinigten Staaten und anderswo vornehmlich in Springkonkurrenzen und Dressurprüfungen Ehre für die Zucht ihres Herkunftslandes eingelegt haben, sollte man nicht vergessen, daß ohne die Förderung der deutschen Staatsgestüte ein solches Niveau nicht hätte erreicht werden können.

Der verdienstvolle Leiter der ehemaligen preußischen Gestütsverwaltung, Georg Graf v. Lehndorff, der zu Beginn des ersten Weltkrieges im hohen Alter starb, hatte um 1900 geäußert: Die staatlichen Landgestüte hätten s. E. die Funktion, so lange als Vorbild und Wegbereiter für eine sachgemäße und gedeihliche Pferdezucht zu dienen, bis diese das notwendige Niveau erreicht habe, so daß die Staatshengsthaltung überflüssig würde.

Graf Lehndorff, ein Sohn des an steten Fortschritt glaubenden 19. Jahrhunderts, hat in seinem optimistischen Gedankengang nicht einkalkuliert, daß das 20. Jahrhundert serienweise schwerste politische, militärische und wirtschaftliche Verwicklungen und Katastrophen bereithielt, die eine von ihm vorausgesetzte gedeihliche, aufwärtsführende Linie in der Pferdezucht unmöglich machten.

Wie positiv der Einfluß der deutschen Staatsgestüte vor allem nach 1980 auf das Leistungsniveau deutscher Sportpferde in den höchsten Klassen im internationalen Sport mit seinen drei Hauptdisziplinen gewirkt hat, zeigen die vorstehenden Fakten. In jedem Jahr seit 1991 finden in Brüssel Prämienschauen für die europäischen Reitpferdezucht-Verbände statt. Zugelassen sind drei- und vierjährige eingetragene Zuchtstuten. Siegerin in den Jahren 1991 und 1993 wurde je eine dreijährige Stute aus Deutschland, nämlich die hannoversche Bolero-Tochter *Baccarole* sowie die dreijährige Hannoveranerin *Galaxy* v. Galvano. 1992 holte den Siegerpreis für die beste europäische Warmblutstute eine Niederländerin.

Die FEI, der Weltdachverband für Pferdesport und -zucht, legt seit 1992 in jedem Jahr eine Weltprämiierung für die Reitpferdezucht-Verbände, etwas hochtönend »Zuchtweltmeisterschaft« genannt, auf. Nach einem besonderen Schlüssel werden die besten Spring- und Dressurpferde auf Grund ihrer Placierung auf öffentlichen Turnieren eingestuft und rangiert. Naturgemäß sind es die europäischen Zuchtverbände, die mit ihren Produkten in der Rangierung fast immer oben stehen. So gewann 1992 das Zuchtbuch Hannover die Konkurrenz in der Abteilung Springen und wurde Zweiter in der Dressur. 1993 waren es wiederum Produkte aus der Hannoverschen Zucht, die nach der Anzahl ihrer Punkte in der Weltspringliste oben lagen.

Die Sieger in dieser Zuchtweltmeisterschaft und die Pferde, die nahe an der Spitze liegen, stammen, soweit es sich um Produkte aus deutschen Herkunftsgebieten handelt, überwiegend von in Deutschland wirkenden Landbeschälern ab.

Ein paar Bemerkungen zu den fünf Staatsgestüten in den neuen Bundesländern:

Vier Jahrzehnte sozialistischer Kommandowirtschaft haben es vermocht, den Bauernstand auszulöschen. Der Zeitraum, ihn wieder zu beleben, ist heute gar nicht abzuschätzen. Für eine gedeihliche Sportpferdezucht ist der bäuerliche Familienbetrieb, wie wir ihn in Westdeutschland und den westlichen Demokratien beobachten können, eine notwendige Voraussetzung.
M. E. wird von allen Teilen der Wirtschaft in den neuen Bundesländern die Landwirtschaft am längsten brauchen, dem westeuropäischen Standard nahezukommen. Innerhalb der Landwirtschaft wird es die Sportpferdezucht sein, die es am schwersten haben wird, sich wieder zu etablieren. Die Landwirte, denen es gelingt, sich aus dem Riesenkuchen des ehemaligen LPG-Landes etwas zu kaufen oder zu pachten, werden erst einmal keine Neigung spüren, sich Zuchtstuten anzuschaffen angesichts der anderen, notwendigeren Ausgaben. Ein Turnierbetrieb mit Sportpferden wird in den neuen Ländern noch lange Zeit vor sich hinkümmern, ehe er auch nur einen Bruchteil vom Umfang des hiesigen Sports erreicht.
Das oben Gesagte sowie die mangelnde Information und die Ungewißheit über die künftige landwirtschaftliche Entwicklung sind der Hauptgrund dafür, daß die mitteldeutschen Gestüte noch nicht ausreichend behandelt werden konnten.

Blutgruppen beim Pferd und ihre Bedeutung

Professor Dr. DIETER OTTO SCHMID
Wissenschaftlicher Leiter des Instituts für Blutgruppenforschung und Immunbiologie der Tierzuchtforschung e. V., Grub bei München

Warum Blutgruppenbestimmung beim Pferd?

Sehr bald nach der Entdeckung unterschiedlicher Blutgruppen beim Menschen durch den Wiener Arzt Karl Landsteiner befaßte man sich auch mit dem Studium der Blutgruppen beim Tier. Die Erforschung der Blutgruppen beim Pferd hat besonders in den letzten Jahren an Bedeutung gewonnen. Blutgruppenserologische Untersuchungen haben sich für die Pferdezucht als nützlich und zwingend erforderlich erwiesen. Sie ermöglichen eine einwandfreie Identitätssicherung, stellen ein zuverlässiges Verfahren zur Abstammungskontrolle dar und sind somit geeignet, in strittigen Fällen eine Klärung der Abstammung der Nachkommen herbeizuführen. Darüber hinaus bietet die Erforschung der erblichen Blutgruppen des Pferdes die Grundlage zur Verhütung des hämolytischen Ikterus (Gelbsucht des neugeborenen Fohlens) sowie der Isoimmunleukopenie (Unverträglichkeit gegenüber weißen Blutkörperchen). Beide Krankheiten werden bei Aufnahme antikörperhaltiger Kolostralmilch durch die neugeborenen Fohlen mit einer anschließenden Zerstörung ihrer roten bzw. weißen Blutkörperchen ausgelöst. Durch blutgruppenserologische Vorsorgeuntersuchungen der Eltern können diese bei Nichtbehandlung tödlich verlaufenden Fohlenerkrankungen verhindert werden.

Blutgruppen und was man darunter versteht

Blutgruppen sind genetisch vorgegebene Merkmale des Blutes, die serologisch an der Zellmembran von Blutkörperchen, bei Sekretoren auch im Serum und anderen Körperflüssigkeiten oder biochemisch bzw. elektrophoretisch im Blutserum nachweisbar sind. Eine Blutgruppenanalyse ist in ihrem Ergebnis jederzeit wiederholbar, die Blutgruppen werden nach den Mendelschen Gesetzen vererbt. Der Erbgang ist in der Regel *autosomal* und *kodominant*. Die Merkmale sind umweltstabil und verändern sich während des Lebens nicht. Die meisten Blutgruppen sind bereits in einem sehr frühen Entwicklungsstadium des intrauterinen Lebens nachweisbar. Blutgruppen sind kompliziert aufgebaute Eiweiß-Kohlenhydrat-Verbindungen. Im Augenblick sind beim Pferd blutgruppenserologisch mehr als 30 verschiedene Blutgruppenfaktoren bekannt, die den sieben Blutgruppensystemen A, C, D, K, P, Q und U zugeordnet werden (s. Tabelle I).

Die *Feststellung von Blutgruppen* gelingt weder auf chemischem noch auf physikalischem Wege, sondern ist nur durch den Einsatz serologischer Verfahren möglich. Der Nachweis von Blutgruppenfaktoren erfolgt mit Hilfe einer Antigen-Antikörperreaktion mit Blut-

Tabelle 1
Blutgruppen beim Pferd
Zelluläre Blutgruppen (Nachweis an Erythrozyten)

Blutgruppen-system	Blutgruppenfaktoren (Serologischer Nachweis mit Blutgruppentestseren)	Allele zur genetischen Kontrolle der Systeme
A	a b c d e f g	A^{a} A^{adf} A^{adg} A^{b} A^{abdg} A^{bc} A^{bce} A^{c} A^{ce} A^{e} A^{-}
C	a	C^{a} C^{-}
D	a b c d e f g h i k l m n o p q r	D^{adlr} D^{adlnr} D^{bcm} D^{cefgm} D^{cegimn} D^{cfgkm} D^{cfmr} D^{cgm} D^{cgmp} D^{cgmr} D^{cfgkmr} D^{dekl} D^{del} D^{delo} D^{deklr} D^{dghmr} D^{dkl} D^{dfklr} D^{dghmp} D^{dl} D^{dln} D^{dlno} D^{dlnr} D^{-}
K	a	K^{a} K^{-}
P	a b c d	P^{a} P^{ac} P^{acd} P^{ad} P^{b} P^{bd} P^{d} P^{-}
Q	a b c	Q^{abc} Q^{ac} Q^{b} Q^{bc} Q^{c}
U	a	U^{a} U^{-}

gruppentestseren im Hämagglutinationstest oder im Hämolysetest. Die Testseren werden durch gezielte Vorbehandlung (Immunisierung) von Pferden mit dem Blut anderer Pferde gewonnen, werden dann einem Reinigungsverfahren unterworfen, schließlich zur Haltbarmachung tiefgefroren oder gefriergetrocknet und in ihrer Monospezifität international standardisiert.

Voraussetzung für die Blutgruppenbestimmung bei unseren Pferden ist die Bereitstellung derartiger Seren. Bei der Immunisierung werden also Blutzellen von einem zum anderen Tier der gleichen Gattung übertragen. Die diesen Blutzellen anhaftenden Blutgruppenfaktoren wirken wie Fremdkörper und lösen in der Regel die Bildung von Abwehrstoffen aus, die im Blutserum des Empfängertieres nachweisbar sind. Spezifische Abwehrstoffe (Antikörper) können nur gegen solche Blutgruppenfaktoren oder Blutgruppenantigene gebildet werden, die das Empfängertier selbst nicht besitzt. Beispielsweise ruft eine Einspritzung von Blut mit dem Blutgruppenfaktor A bei Tieren, welche das Blutgruppenmerkmal A nicht besitzen, die Bildung von Antikörpern hervor, die in ihrer Spezifität gegen diesen Faktor A gerichtet sind. So wird versucht, durch gezielte und in wöchentlichen Abständen mehrfach wiederholte Injektionen die Bildung von blutgruppenspezifischen Antikörpern anzuregen. Die auf diese Weise erzeugten Antiseren enthalten in der Regel jedoch Antikörper gegen mehrere Blutgruppenfaktoren. Durch Bindung unerwünschter Antikörper an bekannte Blutzellen im Reagenzglas wird dann versucht, aus diesen rohen, polyvalenten Seren Testseren herzustellen, mit deren Hilfe jeweils nur ein ganz bestimmter Blutgruppenfaktor nachgewiesen werden kann.

Durchführung der Blutgruppenbestimmung

Sie erfolgt im Reagenzglas oder auf Kunststoffplatten manuell oder halbautomatisch. Dabei werden Blutzellen, deren Blutgruppe festgestellt werden soll, mit Testseren bekannter Spezifität zusammengebracht. Bei einer positiven Reaktion kommt es zu einer Antigen-Antikörper-Reaktion, die entweder als *Hämagglutination,* einer Zusammenballung der Blutzellen, oder als *Hämolyse,* einer Auflösung der roten Blutkörperchen, sichtbar wird. Die als *Hämolyse* bezeichnete Reaktion kommt nur nach Zusatz von Kaninchenserum *(Komplement)* zustande. Das Kaninchenserum spielt dabei die Rolle eines Reaktionsvermittlers. Die Hämolysetechnik konnte in den letzten Jahren durch den Einsatz von automatischen Pipettiergeräten und Mikrotitersystemen weitgehend rationalisiert und verbessert werden. Die Untersuchungskapazität erfuhr dadurch eine wesentliche Steigerung.

Praktische Nutzanwendung der Blutgruppenbestimmung

Die praktische Anwendung ergibt sich für die Pferdezucht aus der Tatsache, daß die Blutgruppenformel wegen der großen Zahl nachweisbarer Blutgruppenfaktoren und der dadurch bedingten vielfältigen Kombinationsmöglichkeiten in einer Größenordnung von weit mehr als einer Million eine unverwechselbare, individualspezifische *Identitätssicherung* erlaubt. Die individualspezifische Blutgruppenformel oder der Bluttyp eines Pferdes, in einem Pferdepaß dokumentiert als Code, ist daher beispielsweise auf der Rennbahn oder im grenzüberschreitenden Verkehr als zuverlässigstes und jederzeit nachprüfbares Kriterium bei der Überprüfung der Identität eines Pferdes anzusehen. Eine Identifizierung auf Grund von Farbe, Haarform (Stichelhaar, Wellenwirbel), Abzeichendiagramm, Tätowierung (Lippenbrand, Kaltmarkierung mit N_2), Dermopapillen oder Kastanienform erfordert zwingend die Ergänzung durch die Blutgruppenanalyse.

Abstammungsüberprüfung – wann und weshalb?

Blutgruppenserologische Abstammungsüberprüfungen beim Pferd sind in folgenden Fällen zu empfehlen:

1. Gekörte Hengste vor dem Zuchteinsatz.
2. Fohlen von Stuten, die von zwei oder mehreren Hengsten belegt oder besamt wurden.
3. Fohlen, die früher als 310–315 Tage und später als 360–365 Tage nach der letzten Belegung oder Besamung geboren werden (Tragezeit zu kurz oder zu lang) und bei denen mehr als ein Vater in Betracht kommt.
4. Fohlen, die auf Grund von Farbmerkmalen, die genetisch bedingt sind, Zweifel an ihrer Abstammung aufkommen lassen.
5. Pferde, deren Abzeichen nicht mit den in den Abstammungspapieren vermerkten Abzeichen übereinstimmen oder deren Signalement erheblich von den Eintragungen im Abstammungsnachweis abweicht.
6. Mögliche Verwechslung von Pferden.

»Pater semper incertus« – dieser alte Grundsatz aus dem römischen Recht sollte auch den Pferdezüchter veranlassen, sich vom Blutgruppenserologen die Vaterschaft bzw. Elternschaft seiner Fohlen überprüfen zu lassen. Vielfach geschieht dies bereits. Beim Fohlen kann heute schon in den ersten Lebenstagen blutgruppenserologisch die Vater- bzw. Mutterschaft bestätigt oder ausgeschlossen werden. Früher war dies dem »Züchterblick« überlassen. Die Tatsache, daß kein Blutgruppenfaktor des Pferdes rezessiv vererbt wird und damit ein Pferd von den mehr als 30 verschiedenen Blutgruppenfaktoren nur solche besitzen kann, die auch bei einem oder aber bei beiden Elterntieren nachweisbar sind, ist die Grundlage dafür, daß die Blutgruppenuntersuchung im Augenblick als das sicherste Verfahren zur Abstammungsüberprüfung und zur Identitätssicherung eines Pferdes anzusehen ist. Der Vaterschaftsnachweis stützt sich heute auf die Untersuchung und Feststellung einer Vielzahl von Blutgruppenmerkmalen, die erblich sind und unabhängig von Alter und Geschlecht während des ganzen Lebens konstant bleiben.
Mit wachsender Anzahl derartiger Markierungssubstanzen steigt auch die Chance zum Ausschluß einer Vaterschaft. Jedes Merkmal, das in der forensischen Serologie eingesetzt wird, muß folgende Bedingungen erfüllen:

1. Der Erbgang muß gesichert sein.
2. Die Merkmale müssen einfach und dominant vererbt werden.
3. Das Merkmal muß bereits bei der Geburt oder aber bald danach voll entwickelt sein.
4. Das Merkmal muß zeitlebens stabil und objektiv erfaßbar sein.
5. Das Merkmal soll möglichst in seiner Häufigkeit so verteilt sein, daß es weder extrem häufig noch extrem selten vorkommt und damit die Ausschlußchance unter die Grenze von 0,5–1,0% absinkt.

Die eingesetzten biologischen Methoden lassen noch keinen allen Ansprüchen genügenden positiven Nachweis einer Vater- oder

Tierzuchtforschung e.V.
Institut für Blutgruppenforschung
Senator-Gerauer-Str. 23, 8011 Grub Post Poing,
Tel. (089) 9037292, Fax (089) 9044798

U-Nr. ☐

Adresse des Zuchtverbandes

Antrag auf blutgruppenserologische
A ☐ **Überprüfung der Abstammung**
B ☐ **Klärung der Abstammung**
C ☐ **Einzeluntersuchung**
Anschrift des Kostenträgers:

Untersuchungsgebühr: DM ______ ☐☐☐☐

____
Unterschrift des Kostenträgers

Nachkomme Farbe: Brand: Abz.:

Bes.:

Hengst 1 Farbe: Brand: Abz.:

Bes.:

Hengst 2 Farbe: Brand: Abz.:

Bes.:

Mutter Farbe: Brand: Abz.:

Bes.:

Wichtig: Unterschrift des Tierarztes auf der Rückseite

U-Nr. ☐ **Nachkomme**
Rasse: ______ Geschlecht: ______
Name: ______ geb.: ______ LN: ______ Test: ______

U-Nr. ☐ **Hengst 1**
Rasse: ______
Name: ______ geb.: ______ LN: ______ Test: ______

U-Nr. ☐ **Hengst 2**
Rasse: ______
Name: ______ geb.: ______ LN: ______ Test: ______

U-Nr. ☐ **Mutter**
Rasse: ______
Name: ______ geb.: ______ LN: ______ Test: ______

Untersuchungsbefund

☐ Die Untersuchung spricht nicht gegen die angegebene väterl./mütterl. Abstammung.
☐ Die väterl./mütterl. Abstammung muß bestritten werden.
☐ Der Hengst ______ ist als Vater auszuschließen.
☐ Der Hengst ______ kann als Vater nicht ausgeschlossen werden.
☐ Die Blutgruppenformel des o.g. Pferdes wurde festgestellt und in der hiesigen Kartei registriert.

Grub, den ______ **i. A.** ______
Institut für Blutgruppenforschung

Mutterschaft zu. Man muß sich daher mit dem sogenannten negativen Vaterschaftsnachweis begnügen. Ein bestimmter Hengst kann von der Vaterschaft entweder ausgeschlossen oder aber nicht ausgeschlossen werden. Eine Vaterschaft kann also daher nicht positiv bewiesen, sondern nur bestritten werden. Beim sogenannten Faktorenausschluß ist beim Nachkommen ein Merkmal nachgewiesen, das sowohl der Mutterstute als auch dem als Vater angesehenen Hengst fehlt. Ein blutgruppenserologischer Ausschluß ist auch dann möglich, wenn dem untersuchten Pferd ein Merkmal fehlt, das es unbedingt von dem Eventualvater erhalten haben müßte; ein derartiger Fall liegt beispielsweise bei der entgegengesetzten *Homozygotie* eines Merkmals vor.

Die Gründe, die dazu führen, daß die Abstammung eines Pferdes angezweifelt und somit ein blutgruppenserologischer Abstammungsnachweis fällig wird, sind vielfältig. Abgesehen von betrügerischen Manipulationen, die ordentliche Gerichte beschäftigen und in unserer Praxis außerordentlich selten bearbeitet werden müssen, unterscheiden wir Fälle, denen menschliches Versehen zugrunde liegt und andere, die in der Fortpflanzungsbiologie des Pferdes begründet sind. Zu diesen Fällen zählt das unkontrollierte Decken durch mehrere Hengste, vielleicht auch Junghengste, im Stall und auf der Weide, die Verwechslung von zur künstlichen Besamung verwendeten Samenproben in der Station oder durch den Besamungstierarzt. Häufig wird ein Abstammungsnachweis in solchen Fällen nötig, wo Stuten in der gleichen Rosseperiode oder in zwei aufeinanderfolgenden Rossen von verschiedenen Hengsten gedeckt oder mit dem Samen verschiedener Hengste besamt wurden. Dabei ist es nicht zulässig, das Fohlen der letzten Besamung oder Bedekkung zuzuschreiben.

Ausschluß der Vaterschaft

An folgendem Beispiel soll ein blutgruppenserologischer Ausschluß der Vaterschaft erläutert werden.

Das Institut war beauftragt, die Frage zu klären, ob Hengst I oder Hengst II als Vater eines Junghengstes anzusehen ist. An der mütterlichen Abstammung bestanden keine Zweifel. Die Blutgruppenuntersuchung des Junghengstes, seiner Mutter und der beiden als Vater in Frage kommenden Hengste ergab folgendes Bild:

Bluttyp des Junghengstes						
Aa	Ca	Db	**De**	Ka	**Pb**	Qa
Bluttyp der Mutterstute						
Aa	Ca	–	–	–	–	Qa
Bluttyp von Hengst I						
Aa	Ca	Db	–	Ka	–	–
Bluttyp von Hengst II						
–	Ca	Db	**De**	Ka	**Pb**	Qb

Die Analyse zeigt, daß die bei dem Junghengst vorhandenen Blutgruppenfaktoren Db, De, Ka und Pb bei seiner Mutter nicht nachweisbar sind, also vom Vater stammen müssen. Der Hengst I verfügt zwar über die Blutgruppenfaktoren Db und Ka, nicht jedoch über die Blutgruppenfaktoren De und Pb. Letztere finden sich nur in der Blutgruppenformel des Hengstes II. Damit ist bewiesen, daß Hengst I nicht der Vater des Junghengstes sein kann und somit von der Vaterschaft ausgeschlossen werden muß. Unter der Voraussetzung, daß keine weiteren Hengste in Betracht kommen und die Stute als Mutter feststeht, ist somit Hengst II als Vater des Junghengstes anzusehen.

Falls die klassischen Blutgruppen allein nicht zur Klärung der Abstammung führen, besteht die Möglichkeit, weitere genetisch festgelegte Merkmale des Blutes, die *polymorphen Serumproteine* (Tab. 2), die *Hämoglobin-Typen* (Tab. 3) und den *Enzym-Polymorphismus* (Tab. 4, alle s. folgende Seite) in die Analyse einzubeziehen. 15 genetisch kontrollierte Markersysteme mit ausgeprägtem Polymorphismus ihrer molekularen Eiweißstruktur (Proteinstruktur) sind elektrophoretisch nachweisbar. Die Trennung der Eiweißmoleküle aus dem Blutserum und Hämolysat erfolgt im elektrischen Feld. Als Trägermedium verwenden wir Stärkegel oder Polyacrylamid. Das Wanderungsmuster bei den verschiedenen Protein-Molekulartypen ist genetisch festgelegt. Zur Sichtbarmachung des biochemischen Polymorphismus der Molekularproteine werden die Platten nach Abschluß der Elektrophorese mit Spezialreagentien gefärbt und in einem weiteren Arbeitsschritt zur Darstellung der genetisch determinierten Typen wieder entfärbt. Auch bei der Beurteilung und Wertung dieser Merkmale gilt die allgemeine Gesetzmäßigkeit in der

Tabelle 2
Serumprotein-Polymorphismus beim Pferd (Elektrophoretischer Nachweis)

System	Locus	Allele
Albumin	Al	Al^A Al^I Al^B
Protease-Inhibitor (Präalbumin-Pr)-pH 5,0 (pH 5,4/pH 9,0)	Pi Pi 1 Pi 2	Pi^E Pi^F Pi^G Pi^H Pi^I Pi^J Pi^K Pi^L Pi^{L2} Pi^N Pi^O Pi^P Pi^Q Pi^R Pi^S Pi^T Pi^U Pi^V Pi^W Pi^X Pi^Z
Postalbumin	Xk	Xk^F Xk^K Xk^S
Transferrin	Tf	Tf^{D1} Tf^{D2} Tf^{D3} Tf^{F1} Tf^{F2} Tf^{F3} Tf^{H1} Tf^{H2} Tf^J Tf^M Tf^O Tf^R
Vitamin-D-bindendes Protein	Gc	Gc^F Gc^S

Tabelle 3
Blutfarbstoff-Polymorphismus beim Pferd (Elektrophoretischer Nachweis)

Hämoglobin	Hb	Hb^A Hb^a	Varianten:
	Hb-Alpha	A_1 A_2 B_1 B_2	C N V

Tabelle 4
Enzym-Polymorphismus beim Pferd (Elektrophoretischer Nachweis)

System	Locus	Allele
Esterase	Es	Es^F Es^G Es^H Es^I Es^M Es^R Es^S Es^O
Saure Phosphatase	AP	AP^F AP^S
Carboanhydrase	CA	CA^F CA^I CA^L CA^0 CA^S
Katalase	CAT	CAT^F CAT^S
NADH – Diaphorase	DIA	DIA^F DIA^S
Peptidase-A	Pep-A	Pep^F Pep^S
6-Phosphogluconat-Dehydrogenase	PGD	PGD^D PGD^F PGD^I PGD^S
Phosphoglucomutase	PGM	PGM^F PGM^S PGM^V
Glukophosphoisomerase	GPI (PHI)	GPI^F GPI^I GPI^S GPI^L
Plasminogen	PLG	PLG^1 PLG^2

Abstammungsbegutachtung, daß ein bestimmtes Merkmal bei einem Pferd nur dann auftreten kann, wenn wenigstens eines der beiden Elterntiere oder aber beide ebenfalls Träger dieses Merkmals sind. Andernfalls kann das Pferd nicht aus dieser Paarung stammen, die Elternschaft ist damit ausgeschlossen. Auch hierzu im folgenden ein Beispiel, bei Berücksichtigung nur eines der polymorphen Serumproteinsysteme, das *Serumtransferrinsystem,* das bekanntermaßen einen hohen Ausschlußwert garantiert.

Klärung der mütterlichen Abstammung
Wir haben einen der sehr seltenen Fälle der Klärung einer Mutterschaft als Beispiel gewählt:

	Transferrine (Tf)
Junghengst	F_2H_1
Stute I	H_2H_2
Stute II	F_2H_2
Vater	H_1R

In diesem Fall war eine Klärung der strittigen Abstammungsverhältnisse allein durch eine Analyse und den Merkmalsvergleich im *Serumtransferrin-System* möglich. Die Stute I kann mit Sicherheit als Muttertier des Junghengstes ausgeschlossen werden, da sie über das Transferrin-Merkmal F_2 nicht verfügt. Diese Aussage gilt selbstverständlich nur unter der Voraussetzung, daß an der Vaterschaft des Hengstes kein Zweifel besteht.
Die Ausschlußchance bei der Klärung strittiger Abstammungsfälle konnte in den letzten Jahren unter Berücksichtigung bisher noch unbekannter genetisch kontrollierter Markersysteme auf mehr als 96% angehoben werden.

Sicherung der Vaterschaft
Zur Sicherung der Vaterschaft sind blutgruppenserologische Abstammungsüberprüfungen neben den bereits besprochenen Indikationen angezeigt, wenn beim Einsatz von verschiedenen Hengsten zwar mindestens eine Brunstperiode ausgelassen wurde, jedoch die errechnete Trächtigkeitsdauer für beide Hengste zutreffen könnte. Eine Anerkennung von Fohlen aus der künstlichen Besamung und aus Embryotransfer sollte grundsätzlich nur nach blutgruppenserologischer Abstammungsüberprüfung erfolgen. Es gelang beispielsweise, den Erfolg einer instrumentellen Besamung mit dem Sperma eines Hengstes in 137 Fällen über Blutgruppenserologie zu bestätigen. In 14 Fällen von Doppelbesamung oder einer auf die Besamung folgenden Bedeckung wurde die Abstammung durch Ausschluß eines von zwei möglichen Hengsten von der Vaterschaft geklärt. In einem Fall mußte die väterliche Abstammung bestritten werden. – Diese Studie zeigt, daß die Forderung nach blutgruppenserologischer Kontrolle bei Fohlen berechtigt ist, die aus einer künstlichen Besamung stammen. Bei Verzicht auf einen Einsatz immungenetischer Abstammungsüberprüfung wäre in dieser Untersuchungsreihe in mehr als 10% der Fälle eine korrekte Zuordnung zum Vater allein dem Zufall überlassen geblieben. Fohlen ohne blutgruppenserologischen Abstammungsnachweis muß künftig die Anerkennung verweigert werden.

Blutgruppenbestimmung bei Trabern, Vollblütern sowie bei Sport- und Zuchtpferden

Von ganz besonderer Bedeutung ist die Blutgruppenbestimmung zum Zweck der Überprüfung und Klärung der Abstammung wertvoller Pferde aus der Traber- und Vollblutzucht.
Ein Käufer wertvoller Pferde wird sich in Zukunft ohnehin durch die Vorlage eines Blutgruppenpasses mit blutgruppenserologischem Abstammungsnachweis bestätigen lassen, daß die Abstammung nicht bestritten werden muß und damit das Untersuchungsergebnis nicht gegen die angegebene väterliche oder mütterliche Abstammung spricht. Bei einer Abstammungsbeurteilung ist die Beachtung folgender Tatsache von ganz entscheidender Bedeutung: Eine Vater- bzw. Mutterschaft kann wohl mit an Sicherheit grenzender Wahrscheinlichkeit ausgeschlossen, jedoch niemals durch eine Blutgruppenanalyse bestätigt werden. Beim Einsatz aller bekannten Blutgruppen und Blutfaktoren sind wir im Augenblick in der Lage, beim Pferd etwa 96% aller strittigen Abstammungsfälle zu klären. Bei aller technischen Perfektion wird es immer wieder Abstammungsfälle geben, die nicht gelöst werden können.
Die Sicherheit der mütterlichen Abstammung eines Fohlens ist in der Regel und nach dem Tierzuchtgesetz als gegeben anzunehmen, wenn die Registrierung eines Fohlens noch vor dem Absetzen von der Mutter erfolgte.
Den staatlichen Kontrollorganen und den Pferdezuchtverbänden wird dringend empfohlen, darauf zu achten, daß die gesamte aktive Zuchtpopulation blutgruppenserologisch typisiert ist und daß bei allen zur Zucht bestimmten Fohlen eine blutgruppenserologische Abstammungsüberprüfung Voraussetzung für ihre Registrierung wird.

Auch heute noch bildet die Ehrlichkeit des Züchters das grundlegende Element bei der Registrierung von Fohlen. Moderne wissenschaftliche Methoden der Blutgruppenforschung lassen den wenigen »schwarzen Schafen« unter den Züchtern und Händlern keine Chance, in betrügerischer Absicht ihre Zuchtprodukte an den Mann zu bringen.

Da es noch keinen allen Ansprüchen genügenden positiven Nachweis der Vater- oder Mutterschaft gibt, sind die Ergebnisse der Blutgruppenbestimmung beim erbbiologischen Elternschaftsgutachten von ganz besonderer Bedeutung. Zur Klärung strittiger verwandtschaftlicher Beziehungen, besonders zum Nachweis der Nichtvaterschaft, werden ähnlich wie in der Humanmedizin auch in der gerichtlichen Tierheilkunde und Tierzucht heute allgemein Blutgruppengutachten erstellt, die dann national und international in ihrem Ergebnis von den ordentlichen Gerichten als Beweismittel anerkannt werden und die Grundlage für Entscheidungen im Zivil- und Strafprozeß bilden.

Bei den in die Millionen gehenden Kaufpreisen für Hochleistungspferde bleiben skandalumwitterte Zweifel an Identität und Abstammung selbstverständlich nicht aus. Häufig ist es in derartigen Fällen dann die dankbare Aufgabe des Blutgruppenserologen, als Sachverständiger eine bestrittene Abstammung objektiv zu klären. In den führenden Pferdezucht-Nationen USA, Großbritannien, Irland, Frankreich und Japan, aber auch in Argentinien, Australien, Neuseeland und Südafrika hat man erkannt, welche Bedeutung die Blutgruppenbestimmung für die Abstammungskontrolle besitzt. Das Institut für Blutgruppenforschung und Immunbiologie der Tierzuchtforschung e. V. München in Grub befaßt sich schon seit mehr als 20 Jahren mit der Erforschung von Pferdeblutgruppen und ist im Besitz eines Testserumbesteckes zur Durchführung von Abstammungskontrollen beim Pferd. Bereits im Jahre 1962 hatte Senator Gerauer als Präsident des Bayerischen Pferdezuchtverbandes mit seinem Auftrag an unser Münchener Laboratorium, die Voraussetzungen für Blutgruppenuntersuchungen bei Pferden zu schaffen, die Bedeutung der Blutgruppen für die praktische Pferdezucht erkannt und eine für die gesamte deutsche Pferdezucht außerordentlich bedeutungsvolle Entscheidung getroffen.

Wenn in den USA eine registrierte Vollblutstute in der gleichen Deckzeit mit zwei verschiedenen registrierten Vollbluthengsten belegt wurde, konnte das aus dieser Paarung hervorgegangene Fohlen nur als Nachkomme beider Hengste registriert werden. Diese Doppelregistrierung war jedoch in höchstem Maße unbefriedigend. Der Jockey-Club hatte sich daher schon im Jahr 1964 entschlossen, bei allen derartigen Fällen zur Klärung der Abstammung die Blutgruppenuntersuchung zwingend vorzuschreiben, nachdem bereits 1957 Marshall Cassidy auf den Wert und die Bedeutung der Blutgruppenanalyse hingewiesen hatte. 1977 begann der Jockey-Club damit, bei den Hengsten eine Blutgruppenuntersuchung zur Pflicht zu machen. Heute ist es selbstverständlich, daß in den USA, Großbritannien, Frankreich und Japan alle Vollbluthengste typisiert sind. Das gleiche gilt in den USA für Stuten, die aus der Zucht ausscheiden oder den Besitzer wechseln, falls sie nicht vorher bereits typisiert wurden.

Weiteres Ziel des Jockey-Clubs ist die Einbeziehung aller neugeborenen Fohlen in das Blutgruppen-Typisierungsprogramm. 1982 wurden in den USA 30000 Pferde, davon etwa 20000 Vollblüter, auf ihre Blutgruppen untersucht. Mit Stichtag 1. 4. 1982 ist in den USA die blutgruppenserologische Abstammungssicherung für Vollblutpferde obligatorisch. Zu einem früheren Zeitpunkt registrierte Pferde werden in ihrer Abstammung blutgruppenserologisch nicht verifiziert. Man hat sich darauf verständigt, keinen Blick in die Vergangenheit zu wagen. Dadurch sollten wirtschaftliche Härten für den Pferdebesitzer vermieden werden.

Außer den zum Blutgruppennachweis an Erythrozyten eingesetzten Testseren stehen unserem Institut Testseren zum Nachweis von 16 verschiedenen *Lymphozytenantigenen aus dem ELA-System* (**E**quine **L**ymphocyte **A**ntigen) zur Verfügung. Der Einsatz dieser Seren muß zunächst jedoch neben ausgewählten Einzelfällen noch speziellen Forschungsprogrammen vorbehalten bleiben. Untersuchungen an Pferdefamilien haben gezeigt, daß diese Lymphozytenantigene *autosomal* und *kodominant* vererbt werden und wahrscheinlich, dem HLA-System des Menschen vergleichbar, zu einem genetischen System multipler Allele gehören. Der Nachweis der lymphozytären Blutgruppen erfolgt in einem standardisierten Mikrolymphozytotoxizitätstest (NIH). Bei der dabei zum Einsatz gebrachten zytotoxischen Reaktion handelt es sich wie bei der Isoimmunhämolyse um eine komplementabhängige Reaktion von zellulären Antigenen mit zytotoxischen Antikörpern, die im Serum tragender Stuten nachweisbar sind oder aber durch gezielte Immunisierung von Pferden mit Lymphozyten anderer Pferde oder durch Hauttransplantationen beim Pferd experimentell gewonnen werden können. Bei Merkmalsträgern für bestimmte Lymphozytenantigene kommt es zu einer Reaktion zwischen dem betreffenden Antigen und dem korrespondierenden, spezifischen Antikörper. Dabei wird die Zellmembran zerstört und ihre physiologische Schrankenfunktion aufgehoben. Die toxisch geschädigten Lymphozyten nehmen Farbstoffe wie Trypanblau oder Eosin auf. Die Membran der nicht geschädigten vitalen Zellen verhindert das Eindringen dieser Farbstoffe (Farbausschlußtest). Die Beurteilung der Reaktion und der Reaktionsstärke erfolgt im umgekehrten Phasenkontrast-Mikroskop über eine Feststellung des Prozentsatzes gefärbter und damit geschädigter Lymphozyten.

Bedeutung der blutgruppenserologischen Vorsorgeuntersuchung bei Zuchtstuten

Von der Möglichkeit einer blutgruppenserologischen Vorsorgeuntersuchung zur Verhütung des hämolytischen Ikterus sowie einer neonatalen Isoimmunleukopenie beim Saugfohlen (s. Beginn dieses Kapitels) sollte in größerem Umfang Gebrauch gemacht werden. In den letzten Jahren gelang es, im Serum vieler Stuten den Nachweis von hämolysierenden und hämagglutinierenden Antikörpern, die gegen Blutgruppenantigene ihrer Fohlen gerichtet waren, zu führen. Bei rechtzeitiger Erkennung dieser potentiellen Gefährdung der Fohlen kann durch einen einfachen Entzug der Kolostralmilch während der ersten 48 Stunden nach der Geburt ein lebensbedrohender Icterus haemolyticus neonatorum (Gelbsucht, s. Abb. 27 und 28 im Farbteil S. 742) verhindert werden. Das gleiche gilt auch für die neonatale Isoimmunleukopenie.

Verteilung der Genotypen innerhalb polymorpher Blutgruppensysteme

Die Verteilung der Genotypen innerhalb der verschiedenartigen Blutgruppensysteme wird durch unterschiedliche Faktoren in einem Gleichgewichtszustand gehalten. So spielt das Gleichgewicht von Genotypdifferenzen bei der Fruchtbarkeit, der Überlebensrate, der Resistenz gegenüber Krankheiten und der Anpassung an die Umwelt offenbar eine nicht unwesentliche Rolle. Zusammenhänge zwischen Fruchtbarkeit und Protein-Polymorphismus sind bei Rind, Schwein, Schaf und Huhn bereits beschrieben. Auch beim Pferd ist der embryonale Fruchttod, soweit keine erkennbare Ursache vorliegt, wahrscheinlich zum großen Teil genetisch bedingt.

Das Studium der Evolution der Pferderassen mit Hilfe der Blut- und Serumgruppen, den Blutfarbstoff- und Enzymtypen ist eher von wissenschaftlichem Interesse. Bei derartigen populationsgenetischen Untersuchungen ist man jedoch zu dem Ergebnis gekommen, daß sich die verschiedenen Pferderassen in der Frequenz der einzelnen bei ihnen nachgewiesenen Blutgruppen deutlich unterscheiden.

Zusammenhänge zwischen dem Bluttyp eines Pferdes und seiner Rennleistung bestehen nicht. Berichte, die das Gegenteil behaupten, sind rein spekulativ. Vor Organisationen, die Passerpaarungen anzugeben sich in der Lage sehen und für derartige Analysen hohe Summen kassieren, muß gewarnt werden.

Die wichtigsten Einsatzmöglichkeiten der Blutgruppenbestimmung für die Pferdezucht und den Pferdesport bleiben somit die Identitätskontrolle, die Sicherung der Abstammung, die Möglichkeit zur Klärung strittiger Elternschaft sowie eine gezielte Prophylaxe der neonatalen Gelbsucht und der Isoimmunleukopenie von Saugfohlen. Rechtzeitig eingeleitete blutgruppenserologische Vorsorgeuntersuchungen bei Mutterstuten verhüten selbst bei bestehender Blutgruppenunverträglichkeit zwischen Mutter und Frucht den Verlust wertvoller Nachzucht. Nach der Novellierung des Tierzuchtgesetzes und dem Inkrafttreten der EG-Verordnungen kommt dem blutgruppenserologischen Abstammungsnachweis eine noch entscheidendere Bedeutung zu als bisher.

Umgang mit dem Pferd
Pferdehaltung

Artgemäße Pferdehaltung und verhaltensgerechter Umgang mit Pferden

Prof. Dr. KLAUS ZEEB
Fachtierarzt für Verhaltenskunde am Tierhygienischen Institut Freiburg

Entwicklungsgeschichte und Verhalten des Pferdes

Jede Tierart wurde im Laufe der Entwicklungsgeschichte, also über viele Jahrtausende, durch natürliche Selektion an ganz bestimmte Lebensräume angepaßt (siehe hierzu auch das Kapitel »Die Geschichte des Pferdes«). Unterschiedliche Lebensräume stellen ihren Bewohnern unterschiedliche Bedingungen hinsichtlich Futtergrundlage, Klima, Oberflächengestalt, Bewuchs, Vorhandensein von Wasser und schließlich auch im Hinblick auf etwaige Feinde. Unter diesen Aspekten entwickelte sich die Tierart Pferd wohl in Baum-, Savannen- und Tundrengebieten, also in halboffenen, nicht großflächig mit Wald bewachsenen Landschaften. Dort weideten die Angehörigen dieser Art in mehr oder minder großen Rudeln oder Herden. Sie unternahmen in Abhängigkeit von den klimatischen Gegebenheiten jahreszeitliche Wanderungen, dem Futterbewuchs folgend. Stets waren sie umgeben von Feinden, wie Wölfen, Bären und Großkatzenarten. Die jahreszeitlichen Wanderungen und die Notwendigkeit, mit großer Geschwindigkeit vor den Feinden fliehen zu können, ließen ein hochspezialisiertes Lauf- und Fluchttier entstehen, das nicht mehr mit fünf Zehen jeden Beines den Boden berührt, sondern nur mit einer, dem Huf. Deshalb nennt man die Pferdeartigen auch die *Einhufer*. Schneller, ausdauernder Lauf erfordert viel Sauerstoff und daher eine gute Durchblutung der Muskeln, weshalb sich ihre Atmung und ihr Kreislauf auch auf diese Anforderungen eingestellt haben.
Die Überlebenschance vor den Feinden stieg durch die hochsensiblen Sinnesorgane für Sehen, Hören und Riechen.
Außerdem stiegen die Chancen im Sinne der Erhaltung der Art, wenn zwischen den Herdengenossen ein guter sozialer Kontakt gegeben war. Dies wurde erreicht durch ein sehr differenziertes Sozialverhalten. Mithin ist das Pferd also ein hochspezialisiertes, laufausdauerndes, herdenlebendes Fluchttier, das sich als

Abb. 1 Dülmener »Wildpferde« auf der Flucht.

Abb. 2 Araberhengst *Ghazi* im Sprung.

Abb. 3 Soziale Hautpflege zwischen Dülmener Hengst und Stute.

Abb. 4 Angreifende Dülmener Stute.

Einzeltier, getrennt von den Artgenossen, nicht wohl fühlt.

Abb. 1 zeigt die sog. »Dülmener Wildpferde« auf der Flucht; die weitausgreifenden Beine und die aufmerksamen Gesichter belegen die Eigenschaften des hochspezialisierten Fluchttieres. Wichtig ist, daß die Tiere dabei die Fähigkeit haben, sich eng zusammenzuschließen. Damit werden die Chancen verfolgender Raubtiere gering.

Es ist selbstverständlich, daß ein Fluchttier auch Hindernisse überspringen kann. Jedoch weisen die Beine des Pferdes nicht die Eigenschaften ausgesprochener Springtiere auf, wie das etwa bei Antilopen und Katzenartigen der Fall ist, die ein Vielfaches ihrer eigenen Körpergröße mit Leichtigkeit zu überspringen in der Lage sind. Abb. 2 zeigt am Beispiel von *Ghazi,* einem Araberhengst im Circus Knie, daß Pferde zwar durchaus in der Lage sind, über Hindernisse zu springen, die höher als sie selber sind, aber eben nur dann, wenn es nicht anders geht, oder allenfalls einmal auch von selbst, wenn sie vorher ein, zwei Tage zu wenig Bewegung hatten.

Ungestörtes Zusammenleben zwischen Lebewesen setzt eine soziale Ordnung voraus. Um diese Ordnung zu erstellen, besitzen solche Lebewesen ganz bestimmte angeborene Verhaltensweisen. Diese kann man in drei Gruppen unterteilen:

1. *Attraktive Verhaltensweisen* sind zu beobachten, wenn Artgenossen »freundschaftlich« aufeinander zukommen.
2. *Kohäsive Verhaltensweisen* sind zu beobachten, wenn Artgenossen eine Zeitlang beieinander bleiben oder »freundschaftlich« etwas miteinander tun.
3. *Repulsive Verhaltensweisen* sind zu beobachten, wenn Artgenossen einander »feindschaftlich« begegnen.

Abb. 3 zeigt kohäsives Sozialverhalten zwischen Hengst und Stute in der Dülmener Wildbahn: die sog. »soziale Hautpflege«, bei der sich die Partner gegenseitig putzen. Auf Abb. 4 hingegen ist zu sehen, wie eine ranghohe Stute den Hengst angreift, mit zurückgelegten Ohren, eingekniffenen Nüstern und drohendem Blick, also repulsives Verhalten.

Abb. 5 Enger Kontakt zwischen Tierlehrer und Pferd.

Abb. 6 *Ghazi* sucht Rangauseinandersetzung . . .

Abb. 7 . . . wird aber durch Fredy Knie davon abgelenkt.

Die angeborene Fähigkeit von Tieren, sich als soziale Lebewesen unterzuordnen, macht es dem Menschen möglich, ihnen gegenüber eine ranghöhere Position zu beziehen, falls er als »Artgenosse« genügend Einfühlungsvermögen mitbringt. Allerdings sollte er sich dabei weniger auf seine Körperkraft als vielmehr auf seinen Verstand verlassen, ist doch das Pferd wesentlich stärker als der Mensch.

Als was aber wird der Mensch wohl vom Pferd angesehen? Sicher wird er von ihm nicht als »Mensch« oder als ein von sich aus übergeordnetes Wesen betrachtet. Entweder ist der Mensch dem Pferd gleichgültig, dann spielt er keine Rolle, oder er erscheint ihm lästig und gefährlich, dann ist er Feind. In beiden Fällen kommt er aber dann nicht in engen Kontakt mit ihm. Erst wenn das Pferd ihn als Artgenossen ansieht, gibt es solchen Kontakt. Und dann entscheidet sich bald, ob der Mensch ranghöher, ranggleicher oder rangniederer Artgenosse ist.

Abb. 5 zeigt die enge Verbindung zwischen Fredy Knie sen., einem der anerkanntesten Pferdeausbilder, und seinem Hengst *Arabi*. Ohren, Augen und Nüstern des Pferdes sind ihm offen zugewandt, die Körperberührung mit der Hand wird geduldet. Es besteht eine Vertrauensbasis. Allerdings wird aus diesem Sachverhalt noch nicht ersichtlich, wie die Rangposition ist.

Im Gegensatz dazu zeigt der Araberhengst *Ghazi* die deutliche Absicht der sozialen Herausforderung gegenüber seinem Herrn. Hochaufsteigend versucht er, diesen mit Schlägen der Vorhand zu traktieren (Abb. 6). Seine angelegten Ohren und der »böse Blick« sprechen Bände. Es hier auf eine Kraftprobe ankommen zu lassen, wäre ganz falsch. Der Ausbilder bemüht sich schnell, den Hengst von seinen Angriffsabsichten abzulenken. Er tut so, als bemerke er die Herausforderung nicht und übt eine andere Lektion mit ihm: das Heruntergehen auf die Vorderfußwurzelgelenke (Abb. 7). Aus dieser Position heraus ist jeder Gedanke an Angriff verbannt. Das Gesicht des Hengstes zeigt die willige Unterordnung in die gewohnte Ausbildungsarbeit. Allerdings zeigt die gespannte Haltung des Mannes deutlich, daß es eben noch einmal gut gegangen ist.

Auf diese Weise ragieren zu können, setzt allerdings sehr viel Pferdekenntnis und eiserne Selbstdisziplin voraus.

Verhalten und Umwelt

Die Entstehungsgeschichte des Pferdes ist, wie wir gesehen haben, als eine dauernde Auseinandersetzung mit der Umwelt anzusehen. Diese Auseinandersetzung dauert auch fort, seit der Mensch das Pferd hält und für seine Zwecke nutzt. Der Mensch hat für das Pferd eine künstliche Umwelt geschaffen, die anders ist, als es einst die unberührte Natur war, und er hat das Pferd durch seine Praktiken der Zuchtwahl verändert.

Dennoch hat das Pferd die Grundeigenschaften seiner Art behalten und zeigt ganz bestimmte Lebensbedürfnisse. Um seinen Körper aufzubauen, zu erhalten und um sich zu vermehren, hat es Bedarf an vielerlei Stoffen und an Reizen, die notwendig sind für das Erreichen und Verarbeiten dieser Stoffe. Außerdem muß es im Sinne der Selbsterhaltung Schaden vermeiden.

Weil der Mensch die Verantwortung für das Pferd übernommen hat, muß er Bedingungen schaffen, die dem Pferd Bedarfsdeckung und Schadensmeidung ermöglichen. Diese Bedingungen können nur dann erfüllt werden, wenn bekannt ist, welche Merkmale des Pferdes und welche der Umwelt geeignet sind für das Gelingen von Bedarfsdeckung und Schadensmeidung. Wie man dabei vorgeht, zeigt Abb. 8: Auf der linken Hälfte sind die Merkmalsgruppen am Tier aufgeführt (Verhalten, Körperbeschaffenheit und Stoffwechselprozesse), auf der rechten Hälfte die Merkmalsgruppen der Umwelt (Raumstruktur, Klima, Futter, Personal und Herdengenosse).

Abb. 8 Merkmalsgruppen zur Beurteilung tiergerechter Haltung.

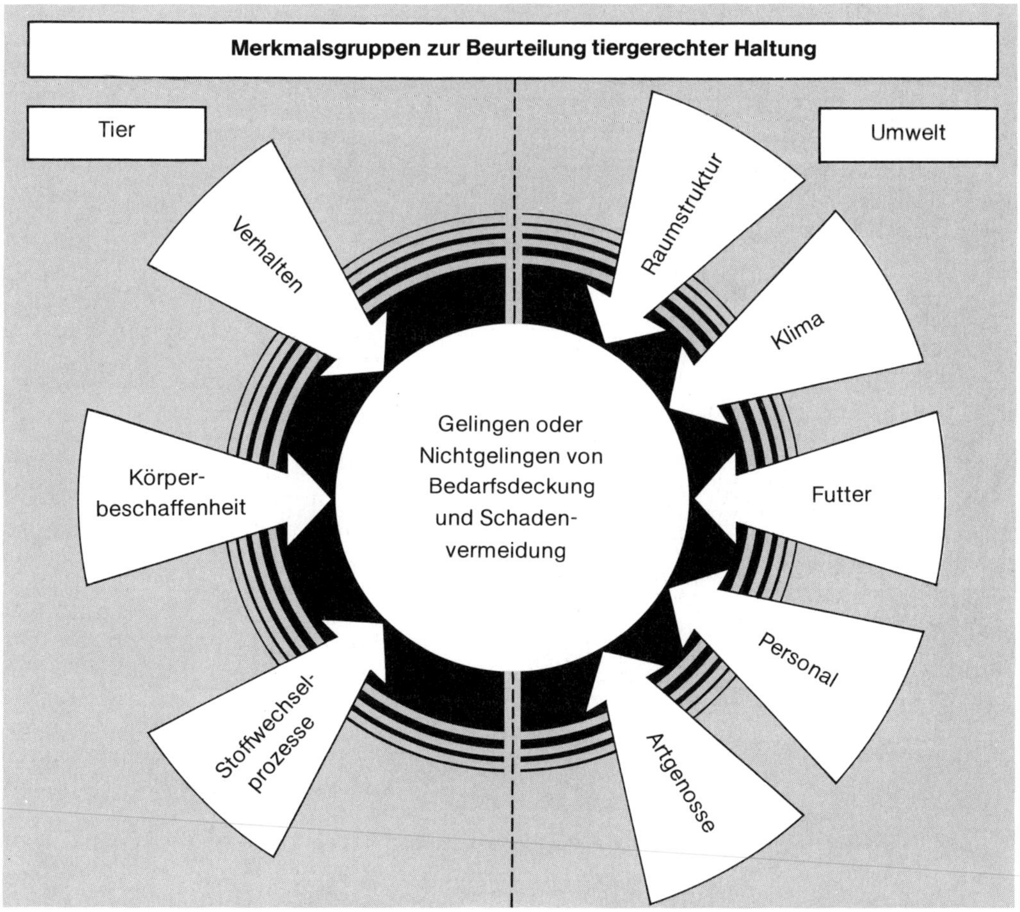

Der Pferdehalter muß mit Hilfe der Verfahrenstechnik die Gegebenheiten der Haltungsumwelt mit den aus Bedarfsdeckung und Schadensvermeidung resultierenden Anforderungen des Pferdes in Einklang bringen. Ob das gelingt, läßt sich am Verhalten des Pferdes ablesen. Abb. 9 veranschaulicht die einzelnen Verfahrensbereiche der Haltungstechnik und die einzelnen Funktionskreise des Verhaltens. Ein Verfahrensbereich kann u. U. mit mehreren Funktionskreisen des Verhaltens verknüpft sein. Dies ist z. B. so beim Verfahrensbereich Fütterung, der eng mit den Funktionskreisen des Sozial-, Ernährungs-, raumstrukturbezogenen und Fortbewegungsverhaltens verbunden ist. Man muß sich überdies vorstellen, daß nicht nur mehrere Funktionskreise mit einem Verfahrensbereich verknüpft sein können, sondern daß auch mehrere Verfahrensbereiche miteinander im Verbund sein können, wie z. B. der der Fütterung mit dem der Entmistung usw. Um dieses komplizierte Geflecht zu entwirren, soll im folgenden das Pferdeverhalten unter den einzelnen Verfahrensbereichen abgehandelt werden.

Bevor wir uns dem zuwenden, muß auf die rhythmische Gliederung verwiesen werden, die alle Lebensvorgänge kennzeichnet. Vergleichbare Vorgänge, die in ähnlichen Zeiträumen ablaufen, also z. B. Stoffwechsel und Reizbeantwortung, besitzen wie alle Grunderscheinungen des Lebens sowohl eine räumliche wie auch eine zeitliche Dimension. So haben sich alle Organismen der sog. *Circadian-Periodik* angepaßt, d. h., sie haben eine Tagesrhythmik. Diese Tagesrhythmik wird teils endogen gesteuert, teils exogen durch Zeitgeber beeinflußt. Solche Zeitgeber sind z. B. das Licht und klimatische Faktoren, wie auch vom Menschen gesetzte Einflüsse, z. B. Fütterung und Nutzung.

Abb. 9 Verfahrensbereiche der Haltungstechnik und die einzelnen Funktionskreise des Verhaltens.

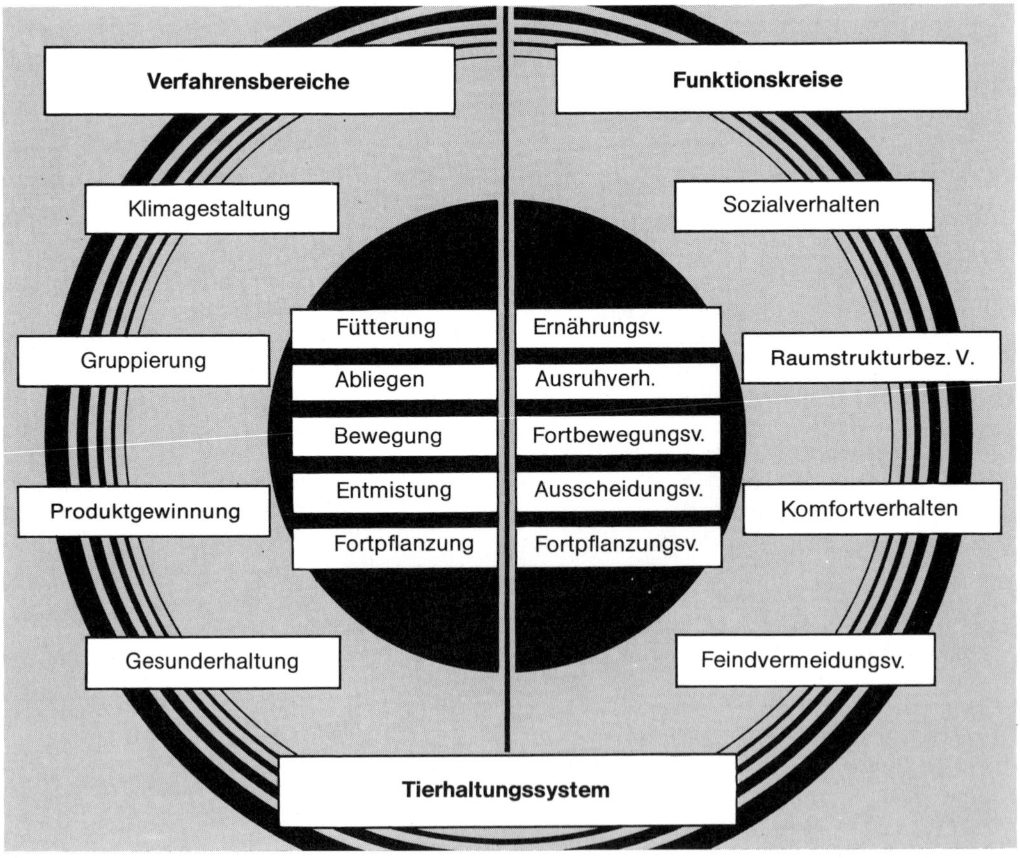

Verfahrensbereiche der Pferdehaltung

Vorbemerkung

Eine relativ niedrige Lebenserwartung gegenüber früher und zahlreiche Erkrankungen sowie irreparable Schäden bei Sportpferden sind viel häufiger das Resultat fehlerhafter Haltung, als allgemein bekannt ist. So stellte A. RODEWALD bei 172 Pferden innerhalb von zwei Jahren 237mal Erkrankungen fest. Im Vordergrund standen Lahmheiten mit 35%, es folgten Erkrankungen der Atmungsorgane mit 21%, Störungen des Verdauungsapparates kamen in 14% der Fälle vor, Verletzungen waren mit 13% vertreten. Sonstige Erkrankungen beliefen sich auf insgesamt 17%. Solche Erscheinungen waren offensichtlich auf folgendes zurückzuführen:

- ☐ *Unphysiologische Fortbewegung:* Ca. 23 Stunden Aufenthalt in der oft viel zu kleinen Einzelbox ohne die Möglichkeit, sich gemäß dem angeborenen Artverhalten bei der Futtersuche gemächlich fortzubewegen, führt zu mangelhafter Durchblutung von Muskeln, Sehnen und Gelenken. Ist zudem die tägliche Intensivarbeit nur auf eine knappe Stunde oder weniger konzentriert, kann sich der Organismus nicht optimal auf Belastung einstellen. Die Folge sind vermeidbare Lahmheiten.
- ☐ *Schlechtes Stallklima:* Häufig werden tolerierbare Werte des Schadgasgehaltes der Stalluft besonders in der Nacht weit überschritten. Dies ist zurückzuführen auf mangelhafte Belüftung, weil entweder entsprechende Einrichtungen dafür fehlen oder aber weil Fenster und Türen hermetisch verschlossen sind.
- ☐ *Fehler bei der Fütterung:* Die artgemäße und verhaltensgerechte Futteraufnahme beim Pferd besteht darin, sich Schritt für Schritt das Futter auf der Weide zusammenzusuchen, oft bis zu 16 Stunden am Tag. Der Verdauungstrakt ist so beschaffen, daß er das Futter kontinuierlich über den Tag verteilt verarbeitet. Eine nur zweimal am Tag erfolgende Verabreichung hochkonzentrierter Futtermittel ist dementsprechend nicht pferdegerecht und kann durchaus gesundheitsschädigend sein.

Das Pferd hat eine lange Entwicklungsgeschichte vom Fünfzeher (vor 50 Millionen Jahren) bis zum Einhufer hinter sich. Auch heute noch laufen alle Vorgänge wie Futteraufnahme, Ruhen, Hautpflege, Fortpflanzung etc. innerhalb des streng organisierten Herdenverbandes ab. Pferde sind daher ihrem Wesen nach gesellige Tiere; fünftausend Jahre Domestikation und züchterische Auslese haben daran nichts geändert. Werden die Anforderungen der Pferde, die sie als soziale Lebewesen stellen, nicht berücksichtigt, können nicht nur offensichtliche Probleme im Umgang mit ihnen entstehen. Mangelnde Möglichkeiten, das Sozialverhalten auszuleben, bedeuten dauernde Belastung und können zu Verhaltensstörungen führen.
Im folgenden werden nun die wichtigsten Aspekte bei den einzelnen Verfahrensbereichen der Haltungstechnik abgehandelt.

Gruppierung und Bewegungsraum

Unter dem Aspekt, daß Pferde vom Ursprung her sozial lebende, hochspezialisierte Lauf- und Fluchttiere sind, ist es zweckmäßig, diese beiden Verfahrensbereiche der Haltung gemeinsam abzuhandeln. Für die Bedarfsdeckung von Pferden ist das Zusammensein mit Artgenossen und die Möglichkeit für genügend Fortbewegung unerläßliche Voraussetzung. Diesbezügliche Zusammenhänge soll die Pilotstudie von G. REHM (1981) veranschaulichen. Gemäß Tabelle 1 (s. folgende Seite) gibt es, wie schon einleitend erwähnt, drei verschiedene Formen sozialer Aktivität. Auf Grund dieser Aktivitäten wird in sozialen Gruppen die Dominanzordnung oder die Rangordnung erstellt. Dominanzordnung heißt, daß gewisse Tiere in der Gruppe über andere dominant sind, woraus eine Rangordnung resultiert. Wenn diese Rangordnung einmal erstellt ist, d. h., wenn jedes Tier seinen festen Rangplatz eingenommen hat, spricht man von einer Gruppe sozial integrierter Tiere.
REHM beobachtete eine Gruppe von fünf sozial integrierten Pferden, die sich nach Rasse, Geschlecht und Alter unterschieden. Diese wurden abwechselnd je eine Woche lang im Gruppenstall, in der Einzelbox und im Ständer gehalten. Sie durften jeden Tag über Mittag zwei Stunden gemeinsam in einen Auslauf. Dort zeigten sie, je nachdem, aus wel-

Tabelle 1
Mittlere Aktivität von 5 Pferden über 2 Stunden täglich (nach REHM 1980)

Aktivität im Auslauf nach Stallhaltung in Minuten	Gruppe	Einzelbox	Ständer
Attraktive Sozialaktivität Aufsuchen, Begrüßen, Naso-nasalkontakt, Belecken, Geruchskontrolle, Spiel	11	41	34
Kohäsive Sozialaktivität Zusammensein, Hüten, Folgen	40	30	18
Repulsive Sozialaktivität Schlagen, Angriff, Vertreiben, Verfolgen	1	2	4
Repulsive Sozialaktivität Weggehen, Meiden	4	6	9
Ohne Fortbewegung Stehen	106	93	84
Fortbewegungsaktivität Schritt, Trab, Galopp	14	27	36

chem Haltungssystem sie kamen, recht unterschiedliche Sozial- und Laufaktivitäten. Daraus ist abzulesen, daß die Bedarfsdeckung im sozialen Bereich in den Haltungssystemen ungleich möglich war, denn sie zeigten im Auslauf verschieden großen Nachholbedarf. Bedarfsdeckung im Hinblick auf die Fortbewegung gelang ihnen in der Gruppenhaltung verständlicherweise am besten. Nach dem Aufenthalt im Ständer liefen sie nämlich doppelt so lang wie nach dem Aufenthalt im Gruppenstall. Nebeneinander liegende Einzelboxen mit der Möglichkeit akustischer, optischer und olfaktorischer Kontaktnahme liegen in ihren Bedarfsdeckungsmöglichkeiten zwischen der Gruppen- und der Ständerhaltung. Aber auch die Haltung im Gruppenstall dürfte allein nicht für Bedarfsdeckung bei der Fortbewegung ausgereicht haben, da die Pferde, nachdem sie dort untergebracht waren, im Auslauf während zwei Stunden noch ca. eine Viertelstunde herumliefen.

Wir wissen noch recht wenig darüber, wieviel Pferde eigentlich laufen. Insbesondere ist es recht schwierig, den Anteil der Fortbewegung während des Weidens zu erfassen. Er wird in der diesbezüglich spärlich vorhandenen Literatur mit 3–15% angegeben. Pferde weiden bis zu 16 Stunden am Tag. Daraus ergeben sich 30 Minuten bis 2½ Stunden Fortbewegung während des Weidens. Von halbwild gehaltenen Koniks und von Mustangs weiß man, daß sie bis zu 17 km am Tage zurücklegen.

Diese Angaben decken sich mit einer von uns durchgeführten Untersuchung (Tab. 2). Dabei zeigt sich, daß die Dauer der Fortbewegung und die zurückgelegten Strecken bei den Privatpferden eines Reitstalles, eines Circus und einer Gruppe von Camarguepferden recht ähnlich waren, bei den Schulpferden jedoch das Doppelte betrugen. Um aber zu beurteilen, ob die Nutzung der Pferde verhaltensgerecht war, müssen die Fortbewegungsmuster, d. h. die Verteilung der Fortbewegungszeit herangezogen werden. Dieses Muster entsprach nur bei den Camarguepferden dem, was als arttypisch anzusehen ist. Es war auch bei den Circuspferden noch einigermaßen über den Tag verteilt. Die Privatpferde waren am schlechtesten dran. Es verwundert deshalb nicht, daß bei den o. a. Untersuchungsergebnissen Von RODEWALD Lahmheiten mit 35% Häufigkeit auftraten.

Voraussetzung für die Fortbewegung ist eine Bewegungsfläche. Als Mindestbewegungsfläche ist die Einzelbox anzusehen. U. SCHNITZER (1970) gibt als Mindestmaß dafür die Formel $(2 \times \text{Stockmaß})^2$ an. Da wir gesehen haben, daß Auslauf für die Fortbewegung der Pferde wichtig ist, hat auch schon ein Minimalauslauf von $2 \times (2 \times \text{Stockmaß})^2$ einigen Vorteil.

Zusammenfassend gilt für die Verfahrensbereiche Gruppierung und Bewegungsraum folgendes:

- ☐ Das hochspezialisierte Bewegungs- und Fluchttier Pferd benötigt viel Bewegungszeit und entsprechende Bewegungsfläche (Fernwanderwild).
- ☐ Falls Pferde nicht mehrere Stunden am Tag gearbeitet werden, hilft Gruppenauslaufhaltung.
- ☐ Die Stimulation durch Artgenossen konditioniert Beine, Kreislauf und Atmung.
- ☐ Anbindehaltung ist nach heutigen Erkenntnissen nicht mehr zu vertreten.

Tabelle 2
Tägliche Fortbewegung bei Pferden (Einzelbeispiele nach NICKLAS, RODEWALD und ZEEB)

Haltung	Reitstall		Circus	Camargue
	15 Private Pferde	15 Schulpferde	6 Westfriesen	4 Weidepferde
Fortbewegung	Reiten	Reiten	Freiheitsdressur	Weiden
Zeit (min)	52	115	54	195*
Strecke (m)	6800	12800	6300	6072
Anzahl Schritte	3554	7450	3635	4635

* während 15 Stunden Weide täglich

Zeitdauer, in der Fortbewegung stattfindet

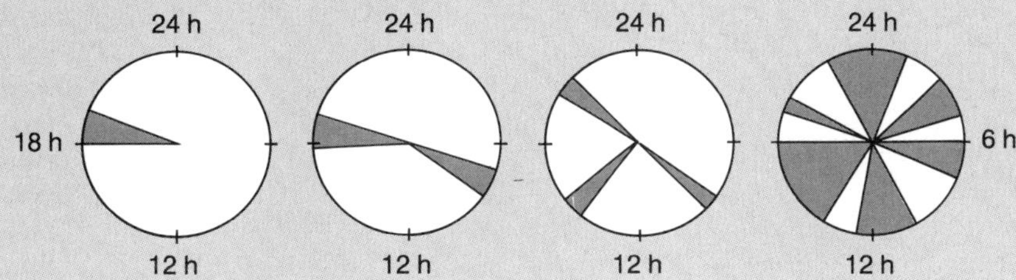

- ☐ Auch der kleinste Auslauf (mindestens 2 x (2 x Stm)² ist besser als keiner.
- ☐ Ihr angeborenes Sozialverhalten zwingt Pferde, eine Rangordnung zu erstellen. Die Erstellung der Rangordnung muß konditioniert werden können.
- ☐ Gruppenauslaufhaltung ist zur Deckung des Bedarfes im Sozial- und Bewegungsbereich wie auch hinsichtlich des Klimas die tiergerechteste Pferdehaltung.
- ☐ Durch Bildung mehrerer Gruppen mit entsprechender Zusammensetzung lassen sich unnötige Auseinandersetzungen vermeiden.
- ☐ Bei der Gruppenauslaufhaltung gibt es weniger Auseinandersetzungen und geringere Benachteiligung Rangniederer, wenn zwei Ausgänge vorhanden sind.

Die Fütterung

AHLSWEDE geht auf dieses Thema im Kapitel über »Möglichkeiten der praktischen Pferdefütterung« ein. Deshalb soll an dieser Stelle nur auf die besonderen baulichen Aspekte bei der Gruppenhaltung von Pferden hingewiesen werden.
In diesem Zusammenhang hat sich gezeigt, daß es besonders nützlich ist, Freßstände einzurichten (Abb. 10, s. folgende Seite). Es sollen entsprechend der Anzahl der Pferde gleich viele getrennt von der Liegefläche erstellt werden. Sie sollen so schmal sein, daß die Tiere sich darin nicht ablegen können und so lang, daß die Seitenrahmen nach hinten ca. 50 cm überstehen, wenn die Pferde darin ihr Futter aufnehmen. Somit wird die störungsfreie Futteraufnahme auch bei Kraftfutter sichergestellt. Die räumliche Trennung von Liege- und Freßbereich hat außerdem den Vorteil, daß sie zusätzlich Fortbewegung induziert, was vor allem für unterbeschäftigte Pferde gut ist.

Liegeplatz, Klimagestaltung und Ausscheidung

Wie bereits ausgeführt, wird der Circadianrhythmus der Pferde von Umweltfaktoren beeinflußt, die sich im Jahresverlauf qualitativ und quantitativ ändern, also von klimatischen Faktoren und von den Futtergegebenheiten (Abb. 11). In dieser Abbildung werden Ruhe- und Freßphasen von Pferd und Rind in der Camargue verglichen. Man sieht, daß es hinsichtlich des Circadianrhythmus nicht nur jahreszeitlich bedingte, sondern auch tierartspezifische Unterschiede gibt.
Die Beziehungen zwischen Klimafaktoren und der Pferdehaltung seien im folgenden kurz umrissen:

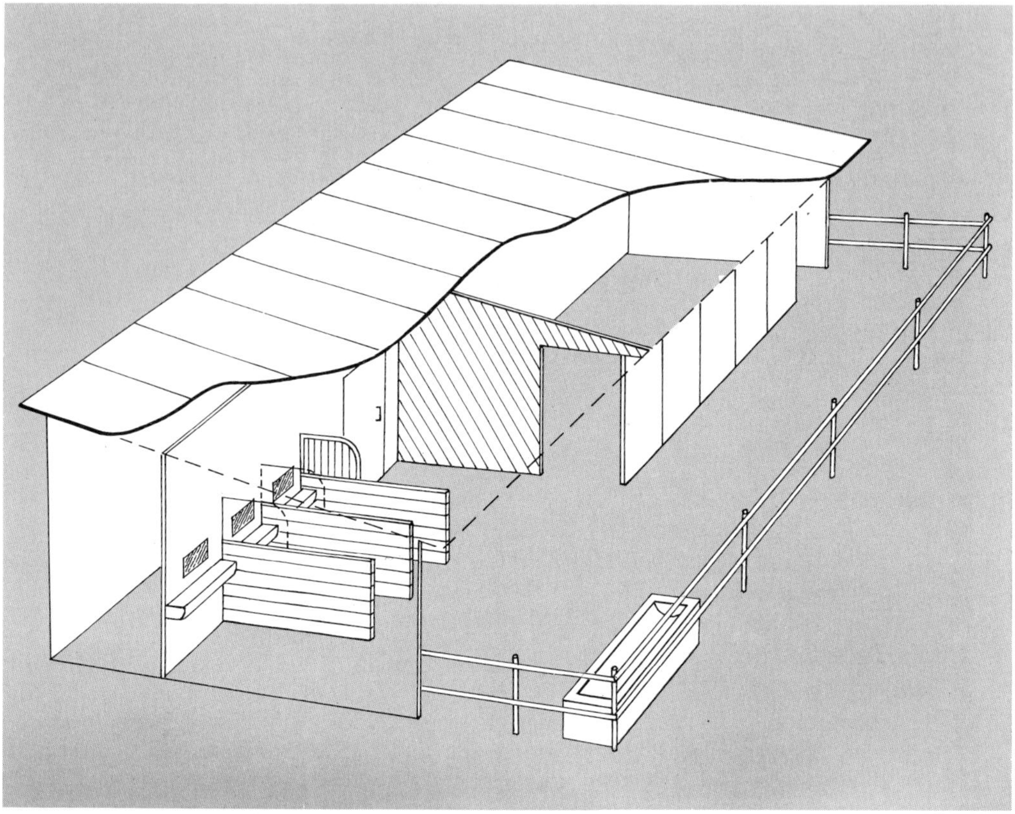

Abb. 10 Gruppen-Auslauf-Haltung für 3 Pferde.

- ☐ Pferde halten beim Ruhen einen rangabhängigen Sozialabstand ein. Bei Gruppenhaltung mit separater Fütterung ist deshalb eine Liegefläche von 2 × Stm^2 je Tier erforderlich (s. Abb. 10).
- ☐ Bei Gruppenhaltung darf, um Ruhe zu erreichen sowie Kot- und Harnanfall auf der Liegefläche gering zu halten, im Liegebereich nicht gefüttert werden.
- ☐ Zum Liegen werden trockene, zugfreie Flächen bevorzugt; Feuchtigkeit der Einstreu verursacht ab 60% Wassergehalt verkürzte Liegezeiten.
- ☐ Bei hohen Temperaturen ruhen Pferde gern im Wind. Auch im Stall soll der Liegeplatz luftdurchspült sein bis zu einer Luftgeschwindigkeit von 0,3 m/sec.
- ☐ Der hochempfindliche Atmungsapparat des Pferdes ist besonders anfällig gegen Schadgase. Deshalb soll die Luftgeschwindigkeit im Liegebereich nicht unter 0,1 m/sec liegen.
- ☐ Extreme Hitze und Kälte werden von allen Pferderassen bei entsprechender Konditionierung gut vertragen. Ein gleichmäßiges Stallklima ist deswegen nicht gut für ihre Gesundheit.
- ☐ Das Stallklima soll dem Außenklima gemäßigt folgen. Im unmittelbaren Tierbereich ist eine Lufttemperatur von 5–15° C und eine relative Luftfeuchte von 60–70% anzustreben.
- ☐ Zugluft als Strömung, die kühler als die Umgebung ist und den Körper der Tiere nur kleinflächig trifft, ist zu vermeiden.
- ☐ Jede Pferderasse kann ganzjährig ausschließlich auf der Weide gehalten werden, falls ein trockener, zugfreier Witterungsschutz zur Verfügung steht, sei er nun natürlich oder künstlich erstellt.

Den Ausscheidungen des Pferdes, also Kot und Harn, kommt mehrfache Bedeutung zu und zwar im Hinblick auf die Liegefläche, auf das Stallklima und auf den sozialen Bereich. Manche Tierarten haben Verhaltensweisen beim Kot- und Harnabsatz entwickelt, die helfen, Parasiten- und Keiminfektionen zu vermeiden. Das ist z. B. beim Schwein der Fall, nicht aber beim Pferd. Dem muß der Mensch Rechnung tragen, wenn er Pferde auf kleinen Flächen hält. Aus Stall und Auslauf müssen Kot und nasse Einstreu laufend entfernt werden. Auch die Weide ist entsprechend zu pflegen, da Pferde Geilstellen bei der Futteraufnahme meiden. Außerdem ist beim Halten von Pferden die Tatsache zu berücksichtigen, daß sie auf Flächen mit glatter Struktur keinen Harn absetzen, weil sie Harnspritzer an den Beinen nicht mögen.

Kot und Harn dienen aber nicht nur der Ausscheidung von Abbauprodukten des Körpers, sie werden auch bei der sozialen Kommunikation eingesetzt. Wenn Hengste und Stuten zusammenleben, markieren Hengste Stellen von Stutenkot oder -harn mit ihrem eigenen, gewissermaßen um gegenüber Rivalen »Besitzrecht« zu dokumentieren. Untereinander zeigen Hengste regelrechte Kotduelle. Der ranghöchste Hengst ist stets bemüht, seinen Kot als letzter auf den Kot anderer zu setzen. So entstehen riesige Kotbollwerke.

Das besonders Erstaunliche dabei ist die Fähigkeit der Hengste, wie sie in der Lage sind, sowohl Kot als auch Harn streng zu dosieren, so daß der »Vorrat« über den ganzen 24-Stunden-Tag ausreicht. Solche Markierungen, vor allem von Urin, können am Tag über hundertmal erfolgen.

Abb. 11 Unterschiedliche Circadianrhythmen bei Rind und Pferd in der Camargue.

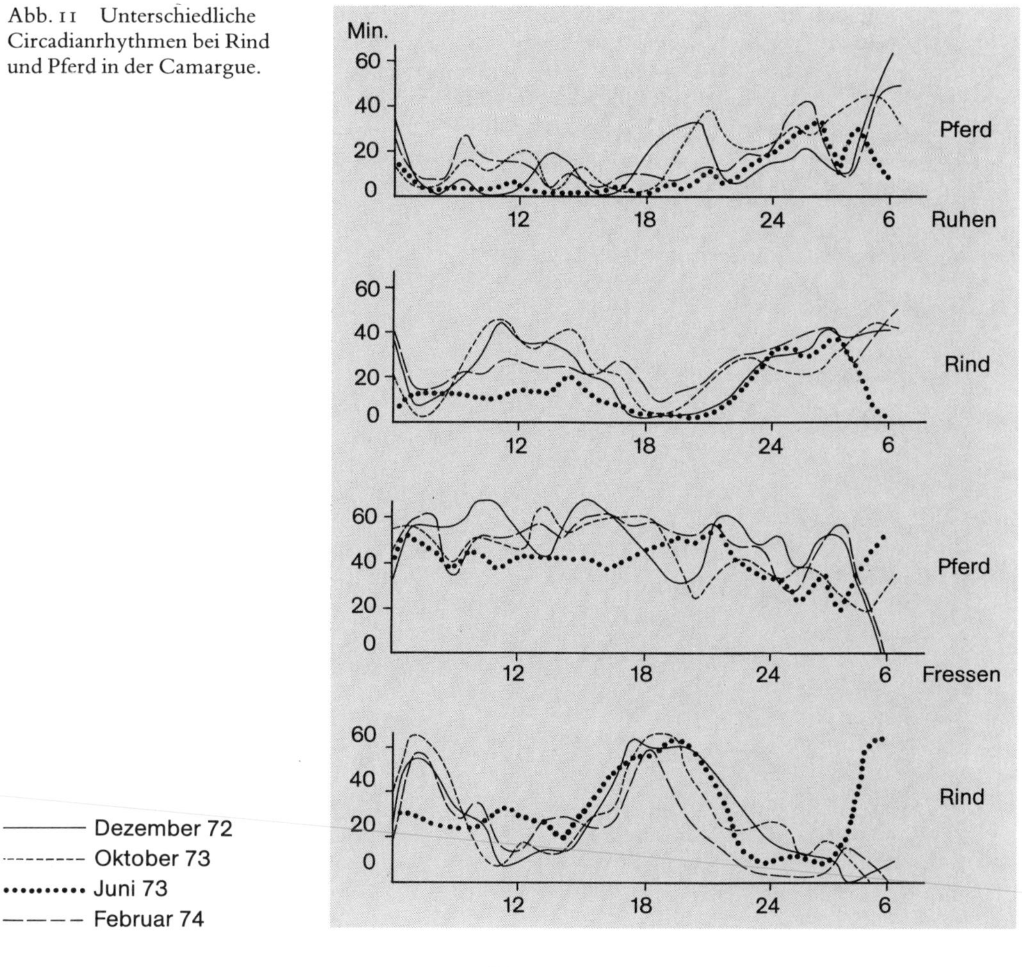

Pferdetypen

Bei den bislang angestellten Überlegungen wurde vom Pferd ganz allgemein, also von der Spezies *Equus caballus L.* gesprochen. Das Arttypische gilt sowohl für den schweren belgischen Kaltblüter als auch für den Zwergshetty mit einem Stockmaß unter einem Meter. Seit der Domestikation des Pferdes vor rund 5000 Jahren hat jeder Menschenschlag seine eigene Pferderasse entsprechend den jeweiligen Gegebenheiten und Wünschen gezüchtet. Um diese Zeit gab es verschiedene Wildformen von Pferden, die im Zuge ihrer eigenen Entwicklungsgeschichte als Anpassungen an spezifische Lebensräume entstanden waren (I. SPEED, 1957, und H. EBHARDT, 1958). Mögen die evolutions- und domestikationsbezogenen Aussagen von SPEED und EBHARDT noch so problematisch sein, so ist dennoch anzunehmen, daß es um die Zeit der Domestikation des Pferdes im Hinblick auf Morphologie und Verhalten unterschiedliche Pferdeformen gab (Abb. 12). Demzufolge besaßen sie im Hinblick auf die Nutzung durch den Menschen recht verschiedene Eigenschaften (Tab. 3). Die Vielfalt unserer heute lebenden Pferderassen ist aus der Vermischung dieser ursprünglichen Wildformen entstanden. Die Kenntnis um diese Zusammenhänge zwischen Exterieur und Verhalten war für die Beurteilung von Pferden im Hinblick auf die Nutzung sehr hilfreich, als es noch deutlich voneinander verschiedene Pferderassen gab. Leider kann diese Typenlehre bei den einheitlich gezüchteten Sportpferden nicht mehr angewandt werden. Dennoch ist es auch heute wichtig zu wissen, daß Individuen der Typenvermischung III + IV zwar häufig Hochleistungspferde sind, sich beim Umgang aber oft als schwierig erweisen. Dies rührt daher, weil recht gegensätzliche Eigenschaften wie z. B. »Angriffslust« vom Typ III und »Kontaktfreudigkeit« vom Typ IV genetisch miteinander kombiniert sein können.

Aus dieser kurzen Darstellung geht hervor, daß es ein Grundverhalten des Pferdes schlechthin gibt, also das Artverhalten und darüber hinaus das durch die Typenvermischung bedingte Individualverhalten. Hinzu kommen aber noch die Gegebenheiten und Einwirkungen bei der Aufzucht und Ausbildung. Sie sind mitentscheidend dafür, ob ein Pferd den Vorstellungen des Menschen, der es nutzt, entspricht.

Abb. 12 Die vier Wildpferdetypen nach SPEED/EBHARDT.

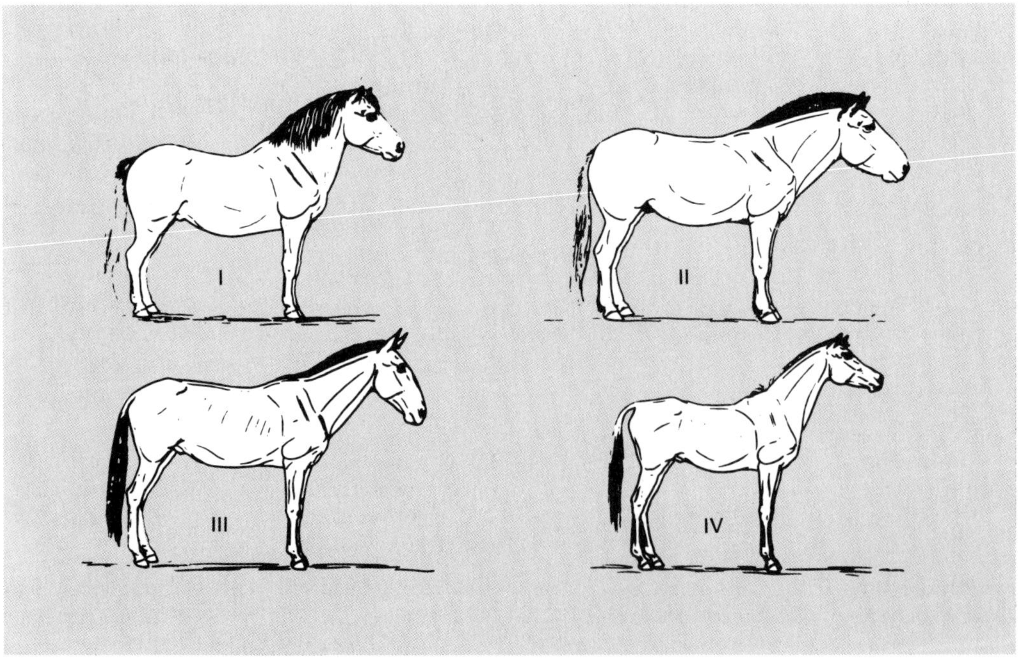

Tabelle 3
Die wichtigsten Merkmale der vier Pferdetypen nach SPEED/EBHARDT

Typ	I	II	III	IV
Exterieur	Unspezialisiert, breitstirnig, große Nasenhöhlen, gerades Nasanprofil, kurze Ohren, Hartgras-Schneidegebiß, WH 122–125 cm, größte Kruppenbreite/WH.	Massig, schwerer, grober Kopf, gerades Nasenprofil, »Elchmaul«, mittellange Ohren, Hartgras-Schneidegebiß, WH 145–170 cm, schmalere, gespaltene Kruppe.	Hochbeinig, langrückig, langer Kopf, schmale Stirn, stark gerammtes Nasenprofil, sehr lange Ohren, Schneiderupfgebiß für Hartgras und Kräuter, WH 170–180 cm, abfallende Kruppe.	Zierlich, kurzrükkig, schmaler, kurzer Kopf, weite Nüstern, konkaves Nasenprofil, kleine, kurze, an den Spitzen geschweifte Ohren, Kräuterrupfgebiß, WH 115–120 cm, sehr schmale Kruppe.
Skelettfunktion	Vorhand und Nachhand gleichrangig, wenig raumgreifender Trab bei schneller Fußfolge. Trabpferd.	Stärkere Benutzung der Vorhand. Schrittpferd.	Überwiegen des Nachhandschubs, langer Hebelarm der Hinterhand. Springpferd.	Reiner Nachhandschub, dadurch steile Halsaufrichtung. Galopp-Pferd.
Sozialverband	Großherde mit Hengst als Leittier, Stuten mit weiblichem Nachwuchs bilden Zellen innerhalb der Herde.	Aufgelockertes Rudel, Hengst steht außerhalb, weiblicher Nachwuchs inmitten der Herde.	Einzelgängerische Altstuten mit weiblichem Familienanhang, Rudelbildung fast aufgelöst.	Eng zusammenhaltender Familienverband, Hengst absolutes Leittier.
Reaktion gegenüber dem Menschen	Sehr vorsichtig und wach, dabei kontaktfreudig.	Unempfindlich bis stur, kontaktarm, aber gutmütig.	Furchtlos und abwehrend.	Sehr sensibel und vorsichtig, kontaktfreudig und anhänglich.
Eigenschaften	Ausdauer.	Genügsamkeit.	Angriffslust.	Schnelligkeit.

Umgang mit Pferden und ihre Ausbildung

Im Sinne einer für beide Seiten günstigen Mensch-Pferde-Beziehung gilt folgende Feststellung:

1. *Das Pferd begreift den Menschen als Artgenossen, der ranghöher, ranggleich oder rangniederer sein kann, oder aber als Feind. Als Lehrmeister muß der Mensch den Artgenossen ersetzen. Es ist dem Pferd angeboren, sich unterzuordnen.*

Zu Beginn dieses Kapitels wurde bereits ausgeführt, in welchem Sinn der Mensch für das Pferd Artgenosse sein soll, wenn er es ausbildet. Dies soll noch einmal kurz umrissen werden:

2. *Der Mensch sei ranghöherer Artgenosse des Pferdes, aber nicht mit Gewalt, sondern mit Hilfe des Verstandes. Wenn das Pferd unter menschlicher Einwirkung Fehler macht, dann nur, wenn es den Menschen nicht richtig verstanden hat.*

Bei der Ausbildung und Nutzung des Pferdes ist Voraussetzung, daß das Pferd versteht, was der Mensch von ihm will. Zusammenfassend kann man das so ausdrücken:

3. *Um den Menschen verstehen zu können, muß das Pferd Vertrauen zu ihm haben. Vertrauen ist die Grundlage zum Verständnis.*

Abb. 13 Vertrauen zwischen den Pferden und dem Tierlehrer.

Abb. 14 Stimme und verlängerter Arm als Dressurhilfen.

Vertrauen in diesem Sinne heißt, daß das Pferd den Menschen als ein Lebewesen erkennt, dem gegenüber keine schadensvermeidenden Reaktionen erforderlich sind. Insbesondere bedeutet Vertrauen, daß das Pferd sich auch in schadenbringenden Situationen sicher fühlt.

Bei der Ausbildung soll nicht nur die Unterordnung des Tieres erreicht werden, denn man will es ja zu irgendeiner Leistung bringen. Wenn das Tier aber etwas tun soll, muß der Mensch sich ihm verständlich machen. Das setzt beim Menschen Einfühlungsvermögen und beim Tier Vertrauen voraus. Der Ausbilder muß das angeborene Artverhalten des Pferdes, sein erworbenes Individualverhalten und seine jeweilige Handlungsbereitschaft kennen sowie sein Ausdrucksverhalten verstehen. Erst wenn all dies gegeben ist, kann das Verständlichmachen einsetzen. Abb. 13 verdeutlicht das: Die drei Hengste stehen gelassen, also voll Vertrauen und sehr aufmerksam vor ihrem Lehrer. Dessen Gestalt und Gesicht wiederum drücken das aus, was mit Einfühlungsvermögen gemeint ist. Und aus dieser Position heraus kann er sich den Tieren verständlich machen.

4. *Verständigungsmittel zwischen Mensch und Pferd sind die Hilfen: Stimmhilfen, Berührungshilfen (Hand), Touchierhilfen (Gerte), Gewichtshilfen (Reiter) und Futterbelohnung. Touchierhilfen sind niemals Prügel!*

Nur unter Menschen ist es möglich, Sprachen und Gesten direkt zu verstehen; die Sprache aber wird nur innerhalb einer Sprachgemeinschaft verstanden. Wenn sich Angehörige zweier verschiedener Arten, wie das bei der Auseinandersetzung zwischen Mensch und Tier der Fall ist, untereinander verständlich machen wollen, bedarf es dafür gewisser Hilfen. Diese dienen der Konditionierung von Organismus und Verhalten. Hilfen dürfen im Grundsatz keine Schmerzen verursachen. Sie müssen ohne Gewaltanwendung für das Pferd verständlich und konsequent erfolgen.

Zunächst einmal ist es die vertraute Stimme des Menschen, die für das Tier etwas Beruhigendes hat und die selbstverständlich auch eine Hilfe sein kann, z. B. zusammen mit Berührungshilfen. Das kann der Körperkontakt sein, wie das auf Abb. 5 zu sehen war. Es kann aber auch der Körper indirekt sein, indem der Mensch z. B. seinen Arm mittels einer Gerte verlängert, um das Tier zu berühren. Abb. 14 zeigt diese Kombination zwischen Stimme und Berührung durch den verlängerten Arm, die das Pferd veranlaßt, das rechte Bein zu heben. Die Berührung mit der Hand kann aber auch eine andere Funktion haben, wie auf Abb. 15. Die Berührung der Lippen des Pferdes erfolgt hier im Sinne von »Stim-

Abb. 15 Vertrauensprüfung mit der Hand.

mungsprüfung«. Der etwas schwierige Achal-Tekkinger-Hengst *Pustini* schaut zwar kritisch, zeigt aber keine Absichten, in die Hand seines Meisters zu beißen. Seine Stimmung ist gut, und der weiteren Arbeit mit ihm steht zu diesem Zeitpunkt nichts im Wege. Da die Arbeit mit Pferden stets mit Fortbewegung verbunden ist, müssen die Tiere begreifen, »wo es lang geht«. Dazu sind Führungshilfen notwendig. Eine solche Führungshilfe ist auch der Manegenrand, die sog. Piste. Das Kreisrund der Manege mit ihrem Durchmesser von 13 m wird von der Piste, einem Bord von ca. 50 x 50 cm Höhe und Breite umgeben. Diese Piste gibt den Tieren die Anlehnung für ihre Fortbewegung. Schließlich wird der Weg entlang der Piste für die Tiere so vertraut, wie z. B. von ihnen selbst angelegte Wechsel in freier Natur. Alles was jenseits der Piste liegt, ist fremdes und damit unheimliches Territorium. Aber auch dieses Entlanggehen an der Piste muß begriffen werden. Die Gewöhnung daran geschieht am besten mit Hilfe der Longe. Piste und Longenführung zeigt uns Abb. 16.

All dies sind Lernvorgänge. Es werden Reaktionen des Pferdes auf die Hilfen des Ausbilders auf »Richtigmachen« hin belohnt oder auf »Falschmachen« hin nicht belohnt. Das Pferd lernt, »richtiges« Verhalten mit der Belohnung zu verknüpfen. Als Belohnung werden z. B. Möhren, Brot oder Futterwürfel verabreicht, oder es wird mit der Stimme oder durch Streicheln belohnt. Strafen bei der Ausbildung, wie z. B. ein einmaliger Schlag mit Gerte oder Peitsche, sollen nur in unumgänglichen Situationen eingesetzt werden. Sie müssen im unmittelbaren Zusammenhang mit dem »Falschmachen« erfolgen, damit dem Pferd die Verknüpfung möglich ist.

Longen dienen aber nicht nur zum Führen, sondern auch zum Auslösen passiver Bewegungen. Der Steigerlehrling auf Abb. 17 lernt, auf Berührung das rechte Vorderbein zu heben. Die Berührung mittels der Gerte, das Touchieren, läßt ihn reflexartig das Bein heben. Er soll es aber oben lassen, und das macht man ihm durch Hochheben mit der Longe verständlich. Allerdings gibt man ihm dabei auch Stimmhilfe. So lernt er, nach und nach ein Bein, zwei Beine und schließlich den ganzen Körper im Steigen zu heben und auf der Hinterhand balancierend zu stehen, wie auf Abb. 18. Dabei wirken Stimme, verlängerte Arme und die nach oben weisende Gesamtgestalt des Dresseurs zusammen als Hilfen, um das Steigen auszulösen. Zwischen den beiden Entwicklungsstadien des Steigens

Abb. 16 Die Longe als Führhilfe.

Abb. 17 Longe zur aktiven Beeinflussung beim Beinheben.

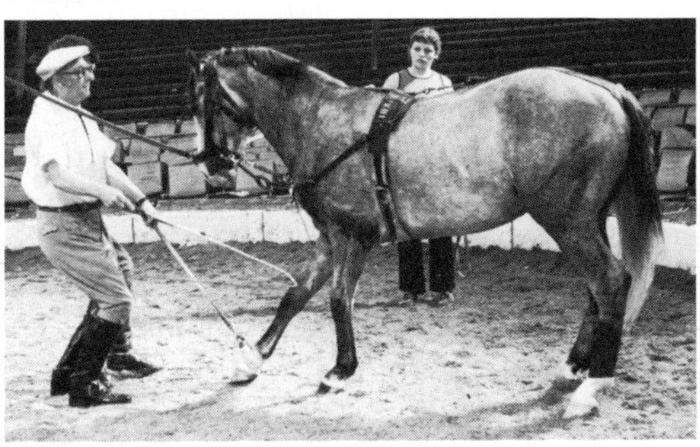

Abb. 18 Der Steiger hat seine Balance gefunden.

Abb. 19 Gewichtshilfen des Reiters.

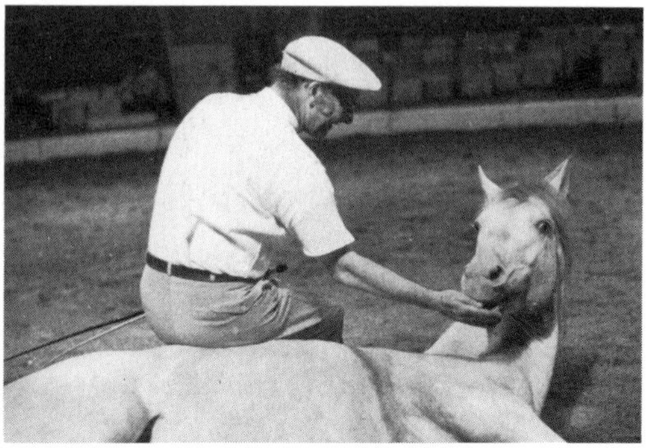

Abb. 20 Futterbelohnung nach dem Abliegen.

der Abb. 17 und 18 können, je nach Lernfähigkeit des Pferdes, Wochen oder Monate liegen. Tägliches Üben ist Voraussetzung für ein Gelingen.

Die bislang besprochenen Hilfen betrafen die sog. Freiheitsdressur. Bei der Dressur unterm Sattel kommen noch die Gewichtshilfen des Reiters dazu, gemäß Abb. 19. Die Verlagerung des Reitergewichtes ist für das Pferd richtungweisend. Gewichtsverlagerung nach links heißt abbiegen nach links, oder wie der hippologische Ausdruck lautet: auf die linke Hand gehen. Der linke Schenkel des Reiters ist Berührungshilfe, weil sich das Pferd in seiner Längsachse um den linken Schenkel biegen soll. Wendung nach rechts oder gehen auf die rechte Hand bedeutet Gewichtsverlagerung nach rechts und Anlegen des rechten Schenkels. Der äußere Schenkel – nach links der rechte und nach rechts der linke – liegt am Pferdeleib etwas nach hinten und hilft, die Biegung zu erreichen.

Schließlich sei noch einmal die Wichtigkeit der Futterbelohnung als Lernhilfe hervorgehoben. Wenn ein Tier das, was man von ihm verlangte, richtig gemacht hat, erfolgt die Futterbelohnung, wie z. B. auf Abb. 20 nach erwünschtem und erfolgtem Abliegen. Damit verknüpft das Tier den positiven Reiz des Futters mit dem korrekten Ablauf der Handlung, die der Mensch von ihm verlangte. Da Futter und die Anerkennung seitens des Menschen angenehm waren, wird auch der Handlungsablauf als angenehm im Gedächtnis gespeichert und auf entsprechende Hilfen gerne wiederholt.

Die Hilfengeben mit Gerte, Peitsche oder Stock – das Touchieren also – darf nie in Form von Prügeln erfolgen. Falsche Hilfengebung und wiederholt ausgelöster Schmerz belasten den Lernvorgang mit negativen Erinnerungsinhalten, die der Ausbildung nicht förderlich sind.

5. *Verstehen setzt Gewöhnung an die Hilfen voraus. An unbekannte oder fremde Dinge muß das hochspezialisierte Fluchttier sinnvoll und langsam gewöhnt werden. Falls bei der Ausbildung Unsicherheit oder gar Angst entsteht, muß wieder von vorn begonnen werden.*

Abb. 21 Gewöhnen an fremde Dinge.

Abb. 22 Erkundungsgesicht beim Vertrautmachen.

Abb. 23 Cavaletti zur Gymnastizierung.

Abb. 24 Erreichte Versammlung.

Einfühlungsvermögen des Menschen und Vertrauen des Tieres machen das Annehmen der Hilfen möglich. Aber selbstverständlich muß das Tier sich erst an sie gewöhnen, so wie an alles Fremde in seiner Umgebung. Das demonstriert der Reiter Carl Mikulaschek mit seiner Stute, die er ohne Zügel, Sattel und Bügel reitet (Abb. 21). Voll Mißtrauen gegen die unheimlichen Maschinen, aber voll Vertrauen auf ihren Reiter – ihr linkes Ohr ist ihm zugewandt – naht sie sich den fremden Dingen. Abb. 22 zeigt das schon weniger ängstliche Erkundungsgesicht der Stute, die sich jetzt mit den unheimlichen Gegenständen vollends vertraut macht. Entscheidend ist hier, daß der Reiter dem Tier genügend Zeit läßt, sich mit Fremdem vertraut zu machen.

6. *Voraussetzung für Lernfähigkeit bei der Ausbildung ist der jeweilige Reifegrad von Körper und Verhalten des Pferdes. Überforderung des Organismus und des Lernvermögens bedeutet Rückschritt bei der Ausbildung. Verhalten zeigt einen ähnlichen Reifungsprozeß, wie er von Organen bekannt ist.*

Es reicht nicht aus, wenn ein Pferd versteht, was man von ihm will; zusätzlich muß es auch in der Lage sein, die gewünschte Leistung zu erbringen. Verhalten und Körper müssen die nötige Reife haben. Abb. 23 zeigt den sechsjährigen Hengst *Gaucho* bei der Cavaletti-Arbeit unter Fredy Knie jun. Diese Bodenricks sind Gerätehilfen, die dem Pferd ermöglichen, die Abrundung seiner Bewegungen zu erlangen. Sein Körper muß sich durch starkes Heben der Beine in bestimmten Abständen unter schwungvoller Vorwärtsbewegung gymnastizieren, indem er gleichzeitig willig und entspannt die Hilfen des Reiters annimmt. Diese Art von Arbeit macht sich, wie uns der Hengst unter Fredy Knie sen. auf Abb. 24 zeigt, eines Tages bezahlt. Er geht rund, d. h. Reiter und Pferd sind eins geworden in vollkommener Harmonie. Hilfen sind nicht mehr sichtbar – ein Idealzustand der Vollkommenheit.
Wenn man Abb. 23 und Abb. 24 vergleicht, zeigt der sechsjährige *Gaucho* noch ein Kindergesicht und keine durchtrainierte Muskulatur, während *Ché* das Gesicht des Erwach-

Abb. 25 Biegung a. d. Zirkel soll erreicht werden ...

Abb. 26 ... ist erreicht.

Abb. 27a Vier Stadien bei der Ausbildung zum Steiger (a–d).

Abb. 27b

senen und die gute Bemuskelung des konditionierten Hengstes besitzt.
Abb. 25 und Abb. 26 auf der vorangehenden Seite machen die noch nicht erfolgte und die schon erfolgte Biegung des Pferdes an der Longe auf der linken Hand entlang der Piste sichtbar. Beides sind vierjährige Hengste, der eine ist aber begabter als der andere.

7. *Die Übungen sollen täglich und in abwechselnder Reihenfolge durchgeführt werden. Sie sollen nur so lange dauern, bis das Pferd sie begriffen hat. Das Abbrechen der Übung sei Belohnung für das Richtigmachen.*

Abb. 27c

Um die artgemäße und verhaltensgerechte Entwicklung von Körper und Verhalten des Pferdes zu erreichen, ist auf sinnvollen Aufbau der Übungsstunde zu achten. Beispielsweise sollen versammelnde und lösende Übungen im Wechsel erfolgen. Lösende Übungen müssen jeweils am Anfang und am Ende der Arbeit stehen.
Das Lernen kann nur in kleinen Stufen erfolgen, um die Verknüpfung von Hilfengebung, Reaktion und Belohnung sicherzustellen.
Das Ziel der Übungsstunde sei nie die fertige Lektion, sondern das Teilstück davon, welches zu diesem Zeitpunkt erreichbar ist.
Abb. 27 zeigt die Entwicklung des Bewegungsablaufes während vier verschiedener Stadien bei Steigerproben. Die Hilfen können immer mehr reduziert werden, bis das Pferd von sich aus die Balance beim Steigen halten kann und »rund« wird.

Abb. 27d

8. *Ziel der Ausbildung von Pferden ist das Erreichen von*
   <u>*Takt:*</u> *Gleichmäßige, arttypische Bewegungsfolgen unter Hilfeneinwirkung.*

Losgelassenheit: Spannungsfreier, ausgewogener Bewegungsablauf.
Schwung: Übertragung des Schubs der Hinterhand auf die Gesamtbewegung.
Durchlässigkeit: Gelöst – Bereitschaft, Hilfen anzunehmen.
Versammlung: »Runde«, geschmeidige Bewegungsfolgen durch entsprechendes Untertreten der Hinterhand.

Das Pferd muß sich in einem bestimmten Zustand befinden, damit es die gewünschten Übungen in Perfektion zeigen kann. Diesen Zustand nennt man Versammlung, oder: Das Pferd muß rund sein. Das bedeutet hohe Aufrichtung, gebogener, aber nicht geknickter Hals, die Hinterhand ist so untergetreten, daß sie beim Vorwärtsschreiten fast in die Trittsiegel der Vorhand kommt. Ein Pferd, das sich so präsentiert, steht vollkommen im Gleichgewicht. Seine Bewegungen wirken gelöst und harmonisch, während die Bewegungen eines undurchlässigen, nicht versammelten Pferdes verspannt und unausgeglichen wirken. Eine solche Abrundung zeigt auch gelegentlich das in freier Natur sich bewegende Pferd, weil es ohne Behinderung von außen seine angeborenen Bewegungsfolgen zweckmäßig ablaufen lassen kann.

9. *Jegliche Arbeitsleistung des Pferdes wird nicht künstlich vom Menschen geschaffen, sondern aus natürlicher Anlage entwickelt.*

Im Zusammenhang mit der Erhaltung der Art ist es den Hengsten angeboren, während der Paarungszeit ihre Stuten eng zusammenzuhalten und gegen Nebenbuhler zu verteidigen. Auf Abb. 28 sehen wir das Imponiergehabe eines Hengstes in der Dülmener Wildbahn, während er seine Stuten umkreist. Den

Abb. 29 Schwungvoller Trab.

imponierenden Trab sehen wir beim Hengst *Gaucho* unter dem Reiter auf Abb. 29. Dabei wird sichtbar, daß die Faszination, die von dressierten Pferden ausgeht, nicht vom Menschen Geschaffenes darstellt, sondern auf arterhaltenden Lebensabläufen der Tiere beruht.

10. *Die Ausbildung des Pferdes bedeutet seine Gymnastizierung, d. h., die arttypische und verhaltensgerechte Entwicklung von Körper und Verhalten, um das seiner Natur entsprechende Gleichgewicht zu vervollkommnen.*

Ein Junghengst, der überraschend einem Althengst gegenübergestellt wird, muß angeborenermaßen die klärende soziale Konfrontation suchen, um die Rangordnung zu erstellen. Zum Ablauf dieser Auseinandersetzung gehört das angreifende Steigen (Abb. 30). Dieses angeborene Steigen kann zur faszinierenden Dressurgestalt ausgebaut werden, wie das weiter oben beschrieben wurde. Hierzu muß man wissen, daß der Auslöser für das Steigen bei der kämpferischen Auseinandersetzung zwischen Hengsten ein anderer ist als

Abb. 28 Imponieren eines treibenden Hengstes.

Abb. 30 Steigen als soziale Auseinandersetzung ...

Abb. 31 ... und als Dressurleistung.

der beim Dressur-Steiger. Der Ausbilder tritt nicht, wie der Konkurrent beim Hengstkampf, als Rivale auf. Wie oben gezeigt, wird die Dressurgestalt Steiger über das Lernen durch vom Menschen gesetzte Hilfen ausgelöst. Mit anderen Worten, die Motivation für das Steigen beim Hengstkampf ist die Rivalität, die Motivation bei der Dressurgestalt Steiger sind die vom Menschen gesetzten Hilfen. Dennoch sind auch hier Verknüpfungen mit der ursprünglichen Motivation gegeben:

Abb. 32 Die Dülmener Herde befindet sich im Einklang mit ihrer Umwelt.

Trotz des allerbesten Einvernehmens mit dem Ausbilder wird die aggressive Komponente in Auge und Ohrenspiel des Hengstes sichtbar (Abb. 31). Das bedeutet keine Drohung gegen den Ausbilder; vielmehr ist das Drohgesicht mit dem Steigen so eng gekoppelt, daß es eigentlich dazugehört. So tief also können angeborene Verhaltenselemente im Tier verankert liegen.

11. *Das Pferd ist nur dann in der Lage, seine angeborenen Anlagen voll zu entfalten, wenn es sich hinsichtlich seiner arttypischen Lebensbedürfnisse mit der Umwelt, d. h. auch mit dem Menschen, in Einklang befindet. Der Umgang mit dem Menschen soll für das Pferd Geborgenheit in allen Situationen bedeuten.*

Die harmonische Ruhesituation der Herde (Abb. 32) in der Baumsavanne der Dülmener Wildbahn veranschaulicht das »Sich-im-Einklang-Befinden« mit der Umwelt. Die Geborgenheit im Verband ist wichtig für das soziallebende, hochspezialisierte Fluchttier Pferd. Alle seine Reaktionen sind aus seiner biologischen Zweckgebundenheit heraus zu verstehen. Um den angeborenen Lebensbedürfnissen des Pferdes zu entsprechen, muß seine Haltungsumwelt entsprechende Eigenschaften haben, d. h. seine Unterbringungs-, Ausbildungs- und Nutzungsumwelt müssen so gestaltet sein, daß das Pferd sich ohne Leistungsminderung anpassen kann. Das stellt wiederum auch den Menschen zufrieden, weil das Pferd seinen Erwartungen entspricht. Darüber hinaus erfüllt der Mensch damit seine ethische Pflicht gegenüber dem Mitgeschöpf. Und keinesfalls darf das Pferd vermenschlicht werden. Höchstes Gebot sei, es Pferd sein zu lassen.

Kommunikatives Ausdrucksverhalten von Pferden

Die soziale Kommunikation unter Pferden wird mit Hilfe des Ausdrucksverhaltens gesteuert. Wie auf Seite 129 schon abgehandelt, wird unterschieden zwischen 1. attraktivem (Zuwendung), 2. kohäsivem (Beisammensein) und 3. repulsivem (Drohen, Kampf) Sozialverhalten. Bei der Zuwendung und beim Beisammensein sind nach vorn gerichtete Ohren, weit geöffnete Augen und Nüstern und der leicht gelüftete Schweif zu beobachten. Allerdings sind bei der sozialen Hautpflege die Ohren zur Seite gestellt und die Nüstern geschlossen (Abb. 3). Im Zusammenhang mit Drohen und Kampf werden die Ohren rückwärts gerichtet oder stark zurückgelegt (Abb. 4). Bedrohte Pferde neigen zum Schweifeinklemmen.

Gegenüber dem Menschen wird ähnliches Ausdrucksverhalten gezeigt: Vertrauensvolle Zuwendung zum Tierlehrer (Abb. 5), höchste Aggression gegenüber dem Tierlehrer (Abb. 6), leichtes Ohrenlegen im Sinne von Unsicherheit bei einer neuen Übung (Abb. 14 und 16). Ein Sonderfall ist das Ohrenlegen bei der Steigerübung (Abb. 27a–d). Das Steigen gehört zum Kampfverhalten der Hengste. Beim Steigen *müssen* die Ohren also angeborenermaßen gelegt werden. Auch unter dem Reiter zeigen Pferde mittels Ausdrucksverhalten an, ob die Hilfengebung verhaltensgerecht ist. Ohren nach vorn bedeutet meistens Einklang mit den Hilfen und Orientierung nach vorn. Ohrenstellen nach hinten und Ohrenspiel bedeuten Orientierung zum Reiter hin (Abb. 19). Eingeklemmter Schweif oder Schweifschlagen, Kopfschlagen und gegen den Zügel gehen weisen auf fehlerhafte oder schmerzhafte Hilfengebung hin, wie das z. B. auf Abb. 23 bei einer Remonte zu sehen ist. Auch Ohrenlegen kann auf fehlerhafter oder schmerzhafter Hilfengebung beruhen.

Das Ausdrucksverhalten von Pferden bei der Einwirkung durch den Menschen ist weit differenzierter als hier beschrieben. Hervorzuheben ist, daß bei der reiterlichen Ausbildung bedauerlicherweise kaum Kenntnisse darüber vermittelt werden. Insbesondere im Zusammenhang mit dem Tierschutz beim Pferdesport ist dieser Verhaltenskomplex aber von besonderer Bedeutung.

Verhaltensstörungen bei Pferden

Besonderheiten des Pferdelebens unter natürlichen Bedingungen fehlen dem aufgestallten Pferd: das Leben im Sozialverband und die unbegrenzte Zeit des Grasens. Fallen diese Gegebenheiten weg, dann können sich daraus Aktionen und Reaktionen bei Pferden entwickeln, die aus der Sicht des Menschen unerwünscht sind. Solche hat man bislang unter dem Sammelbegriff »Untugenden« subsumiert, der nach den heutigen Erkenntnissen der Verhaltensforschung falsch ist, unterstellt er doch den Pferden, dem Menschen gegenüber »lasterhaft« zu handeln.

Selbstaufbau, Selbsterhalt und Anpassung

Verhaltensabläufe, die seitens des Menschen unerwünscht sind, lassen sich in zwei Kategorien einteilen:

a) Aktionen, die dem Pferd selbst oder anderen Lebewesen schaden;
b) Aktionen, welche die Nutzung des Pferdes durch den Menschen beeinträchtigen.

Nach dem Bedarfsdeckungs- und Schadensvermeidungskonzept (TSCHANZ, 1982) sind Lebewesen befähigt, sich selbst aufzubauen und sich selbst zu erhalten. Im Zuge des Selbstaufbaus und des Selbsterhalts sind sie in der Lage, aktiv oder passiv Schaden zu vermeiden. Ob einem Lebewesen Selbstaufbau oder Selbsterhalt gelingt, ist daran abzulesen, ob sein Körper oder seine Körperorgane sowie sein Verhalten im Rahmen der Norm einer Gruppe von Individuen liegen, welche die gleichen Eigenschaften haben und eine Fortpflanzungsgemeinschaft bilden. So gesehen sind Verhaltensstörungen Aktionen oder Reaktionen, die den Selbstaufbau oder den Selbsterhalt von Lebewesen verhindern. Dies betrifft das Individuum selbst oder die Mitglieder der Fortpflanzungsgemeinschaft.

Wenn Lebewesen vom Menschen genutzt werden, gibt es zwei Formen möglicher Reaktionen:

a) Solche, die dem Menschen als »normal« und erwünscht erscheinen und
b) solche, die dem Menschen als »nicht normal« und unerwünscht erscheinen.

Der Mensch versucht seit Beginn der Domestikation, bei den von ihm genutzten Tieren durch züchterische Selektion und durch direkte Einwirkung – Ausbildung, Training,

Tabelle 4
Schaden ist die Verschlechterung eines Zustandes

Änderungen des Verhaltens	*Änderungen an Organen*
– Abweichungen (z. B. exzessives Scharren)	– Teilzerstörung (starker Abrieb der Inzisiven beim Barrenwetzen)
– Störungen (z. B. Koppen)	– Funktionsstörungen (z. B. Koliken beim Koppen)
– Nichtausführen (z. B. Nichtabliegen infolge unvertrauter Umgebung)	– Beschädigungen (z. B. Hautverletzungen bei behindertem Abliegen und Aufstehen)

Haltung – erwünschte Reaktionen hervorzubringen. Wenn diese im Rahmen der arttypischen Möglichkeiten der Tierart und des Individuums bleiben, gelingen den Tieren Selbstaufbau und Selbsterhalt, wobei man davon ausgehen muß, daß dies *immer* Anpassung des Tieres bedeutet. Geht das menschliche Bestreben über das Anpassungsvermögen des Tieres hinaus oder ist der Mensch unfähig, auf die arttypischen Anforderungen des Tieres einzugehen, erfolgen seitens des Tieres schadensvermeidende Reaktionen, die vom Menschen dann fälschlicherweise als Verhaltensstörungen bezeichnet werden.
Nun kann man den bislang für unerwünschte Aktionen und Reaktionen verwendeten Oberbegriff »Untugenden des Pferdes« im Hinblick auf das, was er tatsächlich zu beschreiben versuchte, analysieren. Dabei ergibt sich nach den obigen Ausführungen eine Unterteilung in zwei Kategorien, nämlich:

a) Echte Verhaltensstörungen mit Schadensfolge für die Tiere (Tab. 4) und
b) schadensvermeidende Reaktionen im Sinne von Anpassung an ihre Haltung und die Einwirkung von Menschen.

Verhaltensstörungen sind demnach Koppen, Weben, Sich-nicht-Legen usw. Schadensvermeidende Reaktionen sind demnach Scheuen, Stätigkeit, Bösartigkeit usw. Alle Fälle von Verhaltensveränderungen infolge von Krankheiten, die im klassischen Sinn auch nicht als »Untugenden« bezeichnet wurden, sollen hier nicht behandelt werden.

Verhaltensstörungen

Koppen

Beim Koppen schlucken die Pferde unter Zurückziehen des Kehlkopfes mittels der langen Halsmuskulatur mit oder ohne Geräusch Luft ab. Dies geschieht in den meisten Fällen, indem die oberen Schneidezähne auf waagrechte Teile der Stalleinrichtung oder Koppel aufgesetzt werden (Abb. 33). Man spricht dann vom Aufsatzkopper. In viel selteneren Fällen geschieht dies ohne Aufsetzung der oberen Schneidezähne, beim sog. Freikopper (Abb. 34). Dieses Luftabschlucken führt zu Gasansammlungen in Magen und Darm und kann zu Koliken, mangelhafter Futterverwertung und Entwicklungsstörungen bei Fohlen führen.

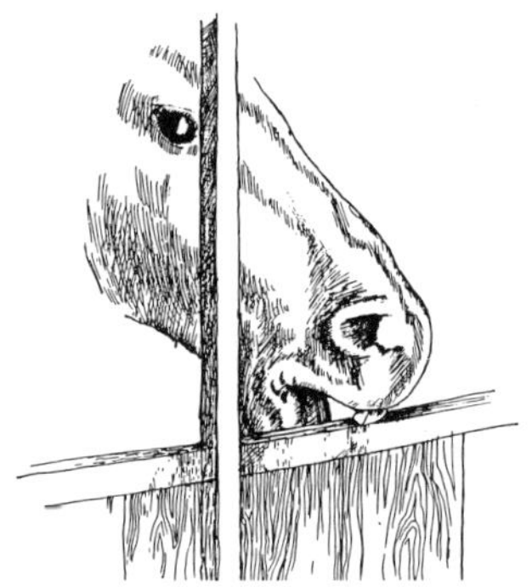

Abb. 33 Typisches Aufsetzen der Schneidezähne beim Koppen.

Abb. 34 Der »entrückte« Gesichtsausdruck des Freikoppers.

Falls das Aufsetzen der oberen Schneidezähne auf Metallteilen oder anderen harten Materialien erfolgt, kommt es zu starker Abnutzung der Inzisiven (Abb. 35), was zu vorzeitigem Zahnverlust führen kann.

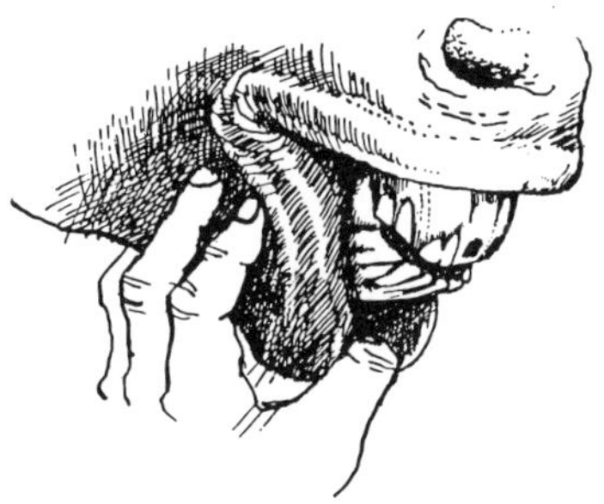

Abb. 35 Zahnabnutzung beim Barrenwetzer.

Es muß davon ausgegangen werden, daß beim Koppen eine genetische Prädisposition im Sinne eines überdurchschnittlich ausgeprägten Saugtriebes gegeben ist. Neben den typischen Erscheinungsbildern des Koppens gibt es noch andere: Spielen mit der Zunge außerhalb oder innerhalb der Mundhöhle, begleitet von Saugbewegungen. Das sieht dann aus, als sauge das Pferd an seiner eigenen Zunge. Dieses Phänomen macht deutlich, daß das Saugen durch den nicht befriedigten Saugtrieb bedingt sein kann.

Das Koppen wird häufiger von handaufgezogenen als von mutteraufgezogenen Fohlen gezeigt, falls diese ihre Milch nicht dauernd aus der Flasche mit Sauger verabreicht bekommen. Als auslösende Ursachen sind Deprivation, ungenügende Beschäftigung, Fütterungsfehler, mangelhaftes Stallklima und Ausbildungsfehler anzusehen.

Es wird immer wieder angeführt, das Koppen würde von Stallgenossen durch Lernen übernommen. Diese Behauptung kann ich nicht bestätigen. Bei den von mir im Laufe von zwanzig Jahren untersuchten Koppern ist kein einziger Fall als »Lernfolge« aufgetreten. Zwar geschieht es immer wieder, daß in einem Stall nach und nach mehrere Pferde zu koppen beginnen, wohl aber bedingt durch die oben aufgeführten Ursachen. Auch kann immer wieder beobachtet werden, daß das Koppen nach Umstellung in einen anderen Stall verschwindet oder aber bei Stallwechsel erstmalig auftritt.

Versuche, das Phänomen chirurgisch anzugehen, sind als symptomatische Therapie anzusehen mit nicht besonders hohen Erfolgschancen. Besser und mehr im Sinne des Pferdes ist es, eine Verhaltenstherapie zu versuchen mittels Anwendung der Koppertränke (ZEEB, 1974). Unter dem Aspekt, daß Koppen auf einen überentwickelten Saugtrieb zu-

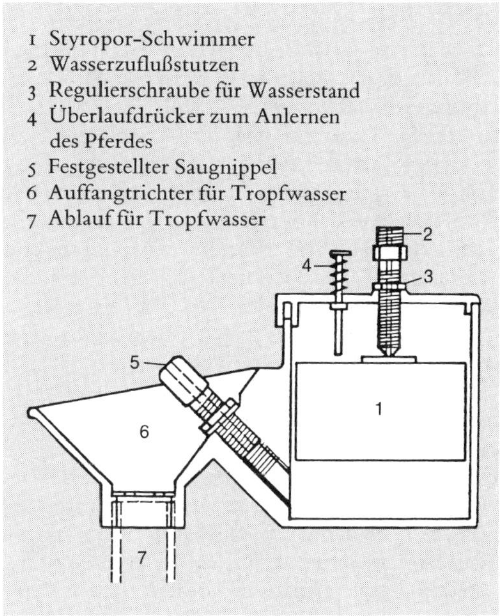

Abb. 36 Koppertränke nach ZEEB.

rückzuführen ist, muß die Befriedigung desselben erreicht werden. Das Pferd muß mit Hilfe der Koppertränke (Abb. 36) dazu gebracht werden, seinen gesamten Wasserbedarf saugend und nicht trinkend aufzunehmen. Bei Fohlen geht das problemlos, bei adulten Pferden hingegen macht es einige Mühe, weil ja der Saugtrieb rückgebildet ist. Bei Aufsatzkoppern muß darauf geachtet werden, daß im Stall und auf der Weide keine Aufsatzmöglichkeiten und keine andere Wasserquelle zur Verfügung stehen. Als unabdingbare Voraussetzung für den Erfolg muß tägliche intensive Beschäftigung des Pferdes sichergestellt sein. Da leider nur wenige Pferdebesitzer Bereitschaft für den erforderlichen Aufwand zeigen, wurde diese Methode bislang nur in bescheidenem Umfang angewandt, obwohl sie höhere Erfolgschancen als die chirurgische aufweist. Das Grundproblem sind dabei die Pferdebesitzer, die es auch heute noch als eine persönliche Schande ansehen, einen Kopper im Stall zu haben.

Barrenwetzen und Gitterbeißen

Diese beiden Verhaltensstörungen treten bei Erregungszuständen besonders unmittelbar vor der Fütterung bei Pferden in Ständern oder Einzelboxen auf. Dabei kommt es zu starker Abnutzung der Inzisiven und eventuell zu vorzeitigem Zahnverlust. Auch können Zahnfleischentzündungen auftreten. Die Erregungszustände treten deshalb auf, weil solche Pferde nicht – wie in der Gruppenhaltung – ihren Sozialtrieb durch Auseinandersetzung mit den Artgenossen abreagieren können. Die Aktionen werden deshalb auf ein Ersatzobjekt gerichtet. Um dieses Erscheinungsbild abzubauen, müssen solche Pferde entweder im Stall umgestellt oder aber der Fütterungsverabreichungsablauf entsprechend geändert werden.

Schlagen an die Seitenwände und exzessives Scharren

Diese beiden Verhaltensstörungen sind bei Ständerpferden und in Einzelboxen zu beobachten. Durch die Häufigkeit solcher Aktionen können Schäden an den Extremitätenenden auftreten. Auslöser können Beginn der Fütterung und Heraus- oder Hereinführen von Stallgenossen sein. Auch werden sie als sog. Bettelhandlungen entwickelt, wenn Betreuer oder Besucher den Fehler machen, dieses Verhalten durch Futterbelohnung zu intensivieren.
Um die Verhaltensstörungen abzubauen oder gar nicht erst auszulösen, muß entsprechende Erziehungsarbeit geleistet werden (siehe hierzu den vorangehenden Abschnitt »Umgang mit Pferden und ihre Ausbildung«). Übrigens wird das Scharren stark vermindert, wenn man Pferde auf Gummiboden mit Einstreu hält.

Weben

Diese Bewegungsstereotypie, oft auch als *Leineweben* bezeichnet, wurde von RADTKE und SAMBRAUS (1987) wie folgt definiert:
»Beim Weben steht das Pferd mit leicht gespreizten Vorderbeinen und pendelt mit Kopf und Hals rhythmisch von einer Seite zur anderen. Die Haltung von Kopf und Hals variiert dabei von einer vorwärts-abwärts gestreckten bis zu einer aufgerichteten, gleichsam beigezäumten Haltung mit annähernd senkrechtem Nasenrücken. Während des Webens bleibt bei einigen Pferden die Kopflängsachse senkrecht, andere Pferde heben die Nase an den Endpunkten der Pendelbewegung seitlich hoch. Dabei können sie den Kopf derart verdrehen, daß die Kopflängsachse nahezu waagerecht ist.
Die Webebewegung erfolgt nicht immer in einer waagerechten Bahn. Sie kann durch leichtes Aufrichten im Mittelpunkt und vermehrte Streckung an den Endpunkten zur geschwungenen Bahn werden. In extremen Fällen führt das Pferd regelmäßig nickende, abwärtswippende oder seitlich hochschlagende Bewegungen an den Wendepunkten aus. Dadurch können asymmetrische Bewegungsbilder entstehen.
Die Ausschlagweite einer Pendelbewegung ist individuell verschieden. Sie wurde für jedes Pferd zwanzigmal zu verschiedenen Zeiten anhand von Objekten der Umgebung gemessen. Je nach Größe des Ausschlagens schwingt der Vorderkörper mehr oder weniger weit mit.
Die Vorderbeine bleiben entweder am Boden oder werden wechselseitig bis etwa 20 cm angehoben. Dabei werden sie wie in der Schrittbewegung angewinkelt oder an die belastete Vorderextremität herangeführt. Bei heftig webenden Pferden kommt es vor, daß die Hinterhand im Gegenrhythmus mitschwingt.«
Nach RADTKE und SAMBRAUS variieren die Erscheinungsbilder des Webens stark. Die Häufigkeit der Ausschläge liegt zwischen 20 und 62 je Minute, die Ausschlagweite kann 80–175 cm betragen. Die Zahl der täglichen Ausschläge kann zwischen 400 und 18 000 schwanken.
Das Weben kann schon mit dem Absetzen des Fohlens beginnen oder aber beim Trainingsbeginn, auch kann es nach der Umstellung in eine neue Umgebung auftreten. Angeblich soll Weben auch erst im Alter von 15 Jahren aufgetreten sein.
Aktuelle Auslöser des Webens sind sich wiederholende Vorgänge im Stall, wie Fütterung oder Herausführen von Stallgenossen und dergleichen. Inwieweit eine Nachahmung des Webens auftritt, ist ebenso fraglich wie beim Koppen. Die Verhaltensstörung tritt nur bei

höher im Blut stehenden Pferden auf. Unter den von RADTKE und SAMBRAUS untersuchten 27 Pferden waren keine aus Gruppenhaltung oder solche, die ganztägig auf der Weide gehalten worden waren. Das Weben muß demnach als Ersatzhandlung betrachtet werden, die durch unzureichende Fortbewegung verursacht wird.

Es ist davon auszugehen, daß bei besonders exzessivem Weben Schäden im Vorderhandbereich nicht auszuschließen sind. Strafe als »Therapie«, wie Fixieren, Anschreien und Prügeln, bringt nichts, deshalb ist bei langjährigen Webern in der Regel keine Umstellung ihres Verhaltens mehr möglich. Ansonsten führt intensive Fortbewegung, sei es durch Arbeit, Weidegang zusammen mit Artgenossen oder Gruppenhaltung mit Auslauf, zum Abklingen dieser Verhaltensstörung.

Nach einer Studie von RODEWALD (1988), in sechs Reitbetrieben mit Ständer- und Einzelboxenhaltung an 172 Pferden durchgeführt, wurden sechs Kopper (3%) und zwei Weber (1%) angetroffen.

Fortbewegungsstereotypien

Diese Verhaltensstörungen haben dieselben Ursachen wie das Weben. Fortbewegungsstereotypien in der Einzelbox werden auch als *Boxenlaufen* bezeichnet. Sie können aber auch bei einzeln im Auslauf gehaltenen Pferden auftreten, falls sie zu wenig beschäftigt sind und ihnen kein Kontakt zu Artgenossen ermöglicht wird. Die Fortbewegung erfolgt dann stundenlang im Schritt nach einem stets gleichen Muster, das – falls keine planbefestigte Lauffläche gegeben ist – am deutlich ausgetretenen Wechsel oder Trampelpfad zu erkennen ist. Fortbewegungsstereotypien sind gleich zu beurteilen wie das Weben.

Sich-nicht-Legen

Wenn ein Pferd sich über einen längeren Zeitraum, d. h. über mehrere Tage nicht ablegt, kann das zweierlei Ursachen haben. Pferde sind gemäß ihrer Körper- und Verhaltensausstattung hochspezialisierte Fluchttiere. So kann es sein, daß ein Pferd sich deshalb nicht ablegt, weil es mit seiner Umgebung nicht vertraut ist. Vor allem adulte Pferde legen sich erst dann ab, wenn sie sich absolut sicher fühlen, auch legen sie sich in Gesellschaft von Artgenossen eher ab, als wenn sie einzeln gehalten werden. Das Abliegen kann manchmal auch deshalb nicht erfolgen, weil die Anbindung zu kurz oder das Raumangebot für die Bewegungsabläufe beim Abliegen, Liegen und Aufstehen zu knapp sind. Auch können nicht rutschfeste Standfläche oder zu nasse Einstreu Ursache des Nichtabliegens sein.

Wenn das Ruhen im Liegen über einen längeren Zeitraum verhindert wird, hat das trotz der besonderen anatomischen Eigenschaften des Pferdes schädliche Auswirkungen auf den Organismus, weil die Regeneration durch Ruhen im Stehen allein nicht sichergestellt ist. Das Abliegen muß daher ermöglicht werden.

Automutilation bei Hengsten

Diese sehr selten auftretende Verhaltensstörung zeigen Hengste mit besonders stark ausgeprägtem Sexualtrieb, vor allem, wenn sie isoliert gehalten, zu wenig beschäftigt oder selten zum Decken eingesetzt werden. Falls das Abstellen dieser Ursachen nicht ausreicht, kann das Anlegen einer steifen Halskrause erforderlich werden, um zu verhindern, daß ein solches Tier sich selbst zerfleischt. Eventuell muß der Einsatz von Psychopharmaka oder von Hormonen erwogen werden. Ultima ratio kann die Kastration sein.

Schadensvermeidende Reaktionen

Scheuen

Auch das Scheuen ist auf die Tatsache zurückzuführen, daß Pferde hochspezialisierte Fluchttiere sind. Scheuen zeigen Pferde, wenn ein Gegenstand oder eine Situation für sie gefährlich erscheint. Diese Reaktion dient zwar der Schadensvermeidung, bringt aber Pferde sehr häufig erst recht in Gefahr, falls es ihnen gelingt, in wilder Panik davonzustürmen, und sie dabei erneut in schadensträchtige Situationen geraten. Als sinnvoll und wirklich schadensvermeidend hat sich dieses an sich arttypische Verhalten im ursprünglichen Lebensraum der Equiden auf Steppe und Savanne entwicklungsgeschichtlich bewährt. Erst die durch den Menschen geschaffene, dem Pferd aufgezwungene Umgebung wird im Falle der Panik zur Gefahrenquelle. Das Scheuen ist ein Ergebnis des Erkundens mittels der Sinnesorgane des Pferdes und wird durch akustische, optische, olfaktorische oder taktile Reize ausgelöst, es kann durch die Schaffung einer pferdegemäßen Haltungs- und Nutzungsumwelt, durch fachgerechte

Ausbildung und Nutzung und insbesondere durch den Aufbau einer stabilen Vertrauensbasis zwischen Mensch und Pferd verhindert werden (s. hierzu »Umgang mit Pferden und ihre Ausbildung«).

Bösartigkeit
»Als böse wird heute meist in ethischem Sinn die Eigenart des sittlich verwerflichen Verhaltens und des ihm zugrundeliegenden Wollens bezeichnet, sofern dabei seine Verwerflichkeit bewußt wird« (DER GROSSE BROCKHAUS, 1984). Schon 1963 haben GÖBEL und ZEEB dargestellt, daß es beim Tier und damit auch beim Pferd keine Bösartigkeit im obigen Sinne gibt. »Bösartiges« Verhalten von Pferden gegenüber dem Menschen – Beißen, Schlagen, An-die-Wand-Drücken und dergleichen – ist aus biologischer Sicht letztendlich immer eine schadensvermeidende Reaktion. Sie entsteht auf Grund fehlerhaften Umgangs mit dem Pferd, infolge fehlerhafter Ausbildung oder Nutzung (s. hierzu »Umgang mit Pferden und ihre Ausbildung«).
Allerdings neigen bestimmte Pferde auf Grund einer angeborenen Disposition eher dazu, infolge fehlerhaften Umgangs mit ihnen »bösartig« zu reagieren. Es sind dies Pferde eines bestimmten Habitus. In der Regel sind es solche, die gute Anlagen im Sinne von Hochleistung besitzen. Sie reagieren empfindlicher auf menschliches Fehlverhalten als Durchschnittspferde. GÖBEL und ZEEB haben darüber ausführlich berichtet.
Wenn Pferde nun, verschuldet durch menschliches Versagen, einmal zu Beißern oder Schlägern, d. h. zu sogenannten »Verbrechern«, geworden sind, ist es grundfalsch, dieses Verhalten durch Strafen abstellen zu wollen. Es bedarf dann eines besonderen Einfühlungsvermögens des Betreuers, bei solchen »verdorbenen« Pferden ein solides Vertrauensverhältnis aufzubauen, so daß derartige Tiere nicht ständig genötigt sind, zu beißen und zu schlagen, um Schaden von sich abzuwenden.

Zungenstrecken
Als Zungenstrecken wird ein Erscheinungsbild bezeichnet, bei dem die Zunge des Pferdes zeitweilig oder dauernd aus der Mundhöhle herausgestreckt wird oder heraushängt. Das unter Koppen (vgl. dort) beschriebene Zungenphänomen ist nicht dazuzurechnen, weil es andere Ursachen hat. Zungenstrecken ist letztendlich durch die fehlerhafte Anwendung des Gebisses bei Ausbildung oder Nutzung bedingt, unabhängig davon, ob das Pferd zum Zeitpunkt der Beobachtung das Gebiß trägt oder nicht.
Das Verhalten ist als ein Sich-Wehren des Pferdes gegen falsche Behandlung aufzufassen. Wenn es frühzeitig erkannt wird, können Gummitrense oder Kappzaum helfen. In späteren Stadien ist es gemäß allgemeiner Erfahrung meist nicht mehr zu beeinflussen, es sei denn mittels besonders großen Zeit- und Geduldsaufwandes, verbunden mit besonderem Einfühlungsvermögen.

Stätigkeit
Dieser Begriff wird in der Forensik gebraucht und von KÖHLER und KRAFT (1984) wie folgt definiert: »Als Stätigkeit ist eine anfallsweise oder ständig auftretende bewußte Widersetzlichkeit gesunder Pferde bei ordnungsgemäßem und angemessenem Gebrauch zu bezeichnen. Neben der Dienstwilligkeit und der Dienstleistung gehört zur ordnungsgemäßen Verwendbarkeit eines Pferdes die Duldung des Fütterns, Putzens, Sattelns, Anschirrens, Aufzäumens, Anspannens, Beschlagens und anderes mehr.«
Daß diese Definition nach dem heutigen Kenntnisstand so nicht mehr verwendet werden kann, versteht sich von selbst. Nach den Prinzipien der angewandten Ethologie wird so definiert: Alle Formen der Stätigkeit, soweit nicht habituell, genetisch oder krankheitsbedingt, sind von ihrer Entstehung her als schadensvermeidende Reaktionen anzusehen, die vom Ausbilder oder vom Benutzer nicht frühzeitig erkannt und abgestellt wurden und deswegen oft zeitlebens andauern. Für viele Menschen, die mit Pferden Umgang haben, werden solche Verhaltensformen auch gar nicht als durch sie selbst verursacht erkannt, sondern – wie oben zitiert – als »bewußte Widersetzlichkeit« angesehen.
Die in der Fachliteratur üblicherweise dargestellten wichtigsten Formen von Stätigkeit können in drei Gruppen unterteilt werden:

1. Allgemein
- Stätigkeit beim Verladen und beim Transport
- Sich-nicht-anbinden-Lassen
- Kopfscheu

Tabelle 5
Unerwünschtes Verhalten von Pferden aus der Sicht des Menschen

Echte Verhaltensstörungen mit möglicher Schadensfolge für die Tiere	Schadensvermeidende Reaktionen im Sinne von Anpassung an die Einwirkung von Menschen
□ Koppen	□ Scheuen
□ Barrenwetzen, Gitterbeißen	□ »Bösartigkeit«
□ Schlagen an die Wände	□ Zungenstrecken
□ Exzessives Scharren	□ Stätigkeit
□ Weben	– allgemein
□ Fortbewegungsstereotypien	– beim Reiten
□ Sich-nicht-Legen	– beim Fahren

- Widersetzlichkeit beim Beschlagen
- Steigen
- Kleben

2. Reiten
- Stätigkeit beim Einzelreiten
- Sattelzwang
- Reitstätigkeit

3. Fahren
- Widersetzlichkeit gegen Anlegen des Schweifriemens
- Strangschlagen
- Leinefangen
- Wagenstätigkeit
- Mangelhafte Zugfestigkeit
- Faulheit
- Durchgehen

Zur besseren Übersicht dient obige Tabelle. Sowohl die echten Verhaltensstörungen als auch die schadensvermeidenden Reaktionen – und das sei besonders betont! – sind bedingt durch die Fehler bei der Haltung und Nutzung von Pferden. Sie können vermieden werden durch aufmerksame Beachtung all dessen, was in den vorangegangenen Abschnitten ausgeführt wurde.

Möglichkeiten der praktischen Pferdefütterung

Dr. LUTZ AHLSWEDE
Fachtierarzt für Tierernährung und Diätetik, Fachtierarzt für Zuchthygiene und Besamung
Münster

Die Verschiebung der Pferdehalterschicht von der Land- zur Stadtbevölkerung wie auch die Tatsache, daß der Fortbestand des Pferdes während fast einer Generation nahezu »abgeschrieben« war, hat dazu beigetragen, daß besonders hinsichtlich Haltung und Fütterung der Pferde Unsicherheit, wenn nicht gar Unwissen herrscht. Inzwischen entsteht durch eine Fülle von Informationen und ein auf den ersten Blick unübersehbares Angebot von Produkten beim Pferdehalter zum einen der Wille zur Optimierung, zum anderen eine Hilflosigkeit bis hin zur Resignation.

Das Pferd ist ein in Gruppen lebendes Lauftier, welches auf Grund des Aufbaues seiner Verdauungsorgane an die ständige Aufnahme geringer Mengen strukturierten Pflanzenmaterials gewöhnt ist bei großen Möglichkeiten der Auswahl dieser Pflanzen unter natürlichen Lebensbedingungen. Denkt man an die heutige Haltung und Fütterung der Pferde, insbesondere während der Stallperiode, so wird man zugeben müssen, hier in vielen Fällen sehr weit entfernt zu sein von den Dingen, die das Pferd als Grundforderung an seinen Halter stellt. Die Folgen können Leistungsschwäche, Verhaltensstörungen, Krankheiten oder Unfruchtbarkeit sein.

Der Pferdehalter sollte sich mit Beständigkeit ein Grundwissen über die biologischen Vorgänge des Pferdes aneignen, zu dem dann nach und nach ein Maß eigener Erfahrung hinzukommen wird. Im folgenden sollen zunächst die besonders zu beachtenden anatomischen und physiologischen Gegebenheiten des Verdauungskanals beim Pferd angesprochen werden (siehe hierzu auch die beiden Kapitel »Funktionelle Anatomie des Pferdes« sowie »Leistungsphysiologie des Pferdes«), im Anschluß daran Bedarf und Bedeutung einzelner Nährstoffe. Aus der Vorstellung der für die Pferdefütterung wichtigen Futtermittel ergibt sich dann logisch die Kalkulation einzelner Rationen innerhalb der verschiedenen Nutzungsgruppen.

Eine bedarfsgerechte, auf Rasse, Nutzung, Haltung und Individuum abgestimmte Fütterung muß während der Stall- und Weideperiode angestrebt werden. Immer notwendiger wird die Kenntnis um die Nährstoffschwankungen bestimmter Futtermittel, wie z. B. der Gehalt an Mineralstoffen und Spurenelementen in Gras, Silagen und Heu, wie auch grundsätzlich die Überprüfung der hygienischen Qualität der Krippenfuttermittel, Silagen und Rauhfutter.

Anatomische und physiologische Besonderheiten des Verdauungskanals

Das Pferd nimmt das Futter unter großen Selektionsmöglichkeiten mit Hilfe von Lippen, Schneidezähnen und der Zunge auf. Die großen schmelzfaltigen Backenzähne des Pferdes fordern geradezu eine intensive Kautätigkeit, um einen gleichmäßigen Abrieb zu erhalten. Bei ungenügendem Abrieb kann es leicht zu Zahnspitzen kommen, die Störungen in der Futteraufnahme, -zerkleinerung und -verdaulichkeit verursachen. Durch eine genügende Kautätigkeit wird gleichzeitig auch die Produktion von Speichel angeregt, der das Futter schlüpfrig zum Abschlucken macht und weiterhin die Magenverdauung günstig beeinflußt. Bei der Aufnahme von Rauhfutter wird etwa doppelt soviel Speichel wie bei der von Krippenfutter produziert. Der relativ kleine Pferdemagen ist nur auf die kontinuierliche Zufuhr kleiner Futtermengen eingestellt.

Bei der Rationsgestaltung ist jenen Futtermitteln der Vorzug zu geben, die eine lange Futteraufnahme bei entsprechend hoher Zahl von Kauschlägen bewirken. Pferde, die diese Futteraufnahmezeiten wesentlich unterschreiten, sollten zu einer längeren Aufnahme erzogen werden. Dies kann geschehen, indem die Pferde häufiger kleine Futtermengen zugeteilt bekommen, die Krippe gut von anderen Pferden abgeschirmt und den Tieren während der Futteraufnahme wie auch eine Stunde danach absolute Ruhe gewährt wird. Letzteres ist eine allgemeine, leider nicht immer selbstverständliche Grundregel. Eine verlangsamte Aufnahme von Kraftfutter kann erreicht werden, wenn ca. 30 Minuten vor der Kraftfutterzuteilung den zu rasch fressenden Pferden 0,5–1 kg Heu angeboten wird. Pferde, die wesentlich längere Futteraufnahmezeiten haben als für Rauhfutter (40–60 Min./kg) und für Haferkörner oder pelletiertes Mischfutter (10 Min./kg) üblich, sollten hinsichtlich der Beschaffenheit ihrer Zähne untersucht werden. Kleinpferde und Ponys wie auch Fohlen benötigen wesentlich längere Futteraufnahmezeiten, da hier die Größenverhältnisse der Maulhöhle entsprechend kleiner sind als bei ausgewachsenen Großpferden. Grundsätzlich ist für jedes Pferd eine tägliche Gesamtfutteraufnahmezeit von mindestens 2½ Stunden nicht zu unterschreiten.

Nach genügender Einspeichelung gelangt der Futterbrei über die Speiseröhre in den Magen. Die Speichelproduktion ist abhängig von Dauer und Intensität der Futteraufnahme und sollte nicht durch Trinken während der Mahlzeit eingeschränkt werden. Nicht eingeweichte Trockenschnitzel, Gier und Futterneid können eine Schlundverstopfung verursachen.

Der bohnenförmige Magen ist in seiner Fassungskapazität mit 15–18 Liter nur begrenzt belastbar (s. Tab. 1). Man muß sich vorstellen, daß die im Maul zerkleinerten Futtermittel ein größeres Volumen erreichen und zudem durch Speichel, Wasser und Magensaft erheblich aufgeschwemmt werden. Rasch aufnehmbare Trockenfuttermittel (um 10 Min./kg) sollten nur in Mengen von 0,5 kg pro 100 kg Körpergewicht des Pferdes pro Mahlzeit angeboten werden, um eine Magen-

Tabelle 1

Länge und maximales Volumen der Verdauungsorgane sowie Dauer der Nahrungspassage (500 kg Körpergewicht) (nach BERGNER u. KETZ 1969, MEYER 1986)

	Länge (m)	max. Volumen (l)	Dauer der Nahrungspassage
Schlund	bis 1,5		10–15 sec
Magen		15–18	1–5 h
Dünndarm	16–24	64	1,5 h
Blinddarm	1	34	15–20 h
Grimmdarm	6–8	96	18–24 h
Mastdarm	0,2–0,3		1–2 h
insgesamt	25–35 m	210 l	35–52 Stunden

überladung zu vermeiden. Durch einen Füllungsdruck, der z. B. auch durch Gasbildung im Magen entstehen kann, schließt sich reflektorisch der Schließmuskel des Mageneinganges.
Im drüsenlosen Teil des Magens kommt es durch pflanzliche Enzyme und Mikroorganismen zu Umsetzungsvorgängen. Durch die Magenbewegung wird im drüsenhaltigen Teil des Magens eine Vermischung mit dem Magensaft möglich. Der Magensaft enthält Pepsin zur Eiweißspaltung und Salzsäure mit der Aufgabe, begonnene Umsetzungsvorgänge einzuschränken und für eine gewisse »Desinfektion« zu sorgen. Durch ungenügende Speichelproduktion, herabgesetzte Einwirkung des Magensaftes auf den Futterbrei (z. B. durch ungenügende Ruhe während und nach der Fütterung), durch rohfaserarme, stärkereiche Futtermittel (Roggen, Weizen) sowie durch verschimmelte, ungenügend abgelagerte, gefrorene oder verschmutzte Futtermittel kann es zu Fehlgärungen, Aufgasungen und letztlich Magenrissen kommen.
Bereits im Dünndarm werden z. B. Zucker, Fettsäuren, Aminosäuren und Mineralstoffe resorbiert. Dabei wird in den Zwölffingerdarm das Sekret der Bauchspeicheldrüse (Enzyme mit eiweiß-, fett- und stärkespaltenden Eigenschaften) und Galle (Feinverteilung der Fette) abgegeben.
Der Blinddarm und der größte Teil des Grimmdarmes können als Gärkammern bezeichnet werden, in denen unter optimalen Verhältnissen von Wärme, Feuchtigkeit und langer Verweildauer eine unvorstellbare Zahl von Bakterien und Einzellern (im Blinddarm) rohfaserhaltige Futterbestandteile zerlegen. Zum einen entsteht hier ein kontinuierlich nutzbarer Energiefluß, zum anderen werden nach dem Absterben der Mikroorganismen wertvolle Eiweißbestandteile nutzbar. Durch bestimmte Umsetzungsvorgänge kommt es zudem zu einer Produktion der Vitamine B, C und K.
Da es sich beim Dickdarm des Pferdes um verschieden große, durch Einschnürungen und Erweiterungen charakteristische Kammern handelt, kann die Gefahr der Anschoppung durch faserigen Inhalt (z. B. zu viel Stroh, Rotklee) oder zu kurz geschnittene Häcksel- und Grasanteile (Rasenmähergras) recht groß werden. Ebenso ist die Verfütterung von Weizen, Roggen oder jungem Grünfutter nicht ungefährlich, da sie Fehlgärungen fördern kann. Verdorbenes, gefrorenes oder wenig abgelagertes Futter verursacht rasch Darmkatarrhe.
Bei der Zusammenstellung der einzelnen Rationen muß neben der Einhaltung der entsprechenden Eiweiß- und Nährstoffgehalte auch Wert auf eine Erhaltung und Förderung der Produktionsvorgänge im Dickdarm gelegt werden.

Der Kot

Aussehen und Beschaffenheit des Kotes geben wertvolle Hinweise auf Futterverwertung und Gesundheit des Pferdes. Zunächst kann man wenig zerkleinerte Futterbestandteile (z. B. unverdauten Hafer bei ungenügender Kautätigkeit) oder auch Parasiten oder Teile von ihnen erkennen. Dann geben Form, Farbe, Feuchtigkeitsgehalt und Geruch weitere Informationen. Erstrebenswert ist ein gut geformter, glänzender Kot von grünbraungelber Farbe mit nicht unangenehmem Geruch. Bei Abweichungen in der Form liegt in der Regel ein Anstieg des Feuchtigkeitsgehaltes vor, der Geruch wird unangenehm. Neben einer fehlerhaften Fütterung können Erkrankungen vorliegen. Heller, trockener, fester Kot deutet auf eine zu hohe Aufnahme von Stroh, evtl. auch auf Wassermangel hin, was zu Verstopfungen führen kann. Pferde, die die Grasnarbe sehr kurz verbeißen, nehmen dabei größere Mengen Sand auf; dies kann zu Koliken führen. Das Fressen von körperwarmem Kot bedeutet keine Ansteckungsgefahr z. B. mit Parasiten; wahrscheinlich dient es der Regulation und Auffrischung der eigenen Dickdarmflora durch die noch überlebensfähigen Organismen im Kot. Das Kraftfutterangebot sollte in diesen Fällen reduziert, die Rauhfuttergabe erhöht werden.
Die Aufnahme von frischem Kot durch Pferde (außer Saugfohlen) deutet immer auf eine falsche Ernährung. Jungpferde sind meistens zu stark mit Kraftfutter gefüttert und erhalten zu wenig Rauhfutter. Das gleiche kommt häufig bei Leistungspferden vor. Sieht man Haferkörner im Kot, ist zu prüfen, ob es sich um Schalen oder um mehr als 150 heile Körner pro Kilogramm Frischkot handelt (Zähne, Futterneid).

Bedeutung und Bedarf von Rohfaser, Energie und Nährstoffen

Bei den Angaben zum Bedarf von Rohfaser, Energie und Nährstoffen sollten die Bedeutung und die jeweilige Konsequenz infolge von Über- oder Unterversorgung beachtet werden. Der Bedarf ist abhängig vom Individuum und der Nutzungsart des Pferdes.

Struktur und Rohfaser

Dem Strukturbedarf kommt eine besondere Bedeutung zu, wie eingangs hinsichtlich Futteraufnahmezeit, Kaubewegungen und Einspeichelung des Futters bereits beschrieben wurde. Gleichzeitig trägt man durch Beachtung dieser Notwendigkeiten dem Beschäftigungstrieb der Tiere Rechnung und vermeidet so weitgehend das Benagen von Stalleinrichtungsgegenständen oder gar das Angewöhnen von Untugenden. Wenn die Rohfaser zu fein vermahlen und somit strukturlos ist, bleibt der Strukturbedarf bestehen. Kommt es zu einem Unterangebot von Struktur und Rohfaser, werden im Dickdarm die Verdauungsvorgänge herabgesetzt; die Folge sind Freßunlust, Leistungsschwäche und Durchfälle. Auch wird dann kein mechanisches Sättigungsgefühl erreicht. Ein Überschuß an Rohfaser kann die Verdaulichkeit einiger anderer Nährstoffe senken. Zu diesem Überschuß kommt es, wenn ein ausreichender Rohfaseranteil in der Ration enthalten ist, aber in fein vermahlener Form vorliegt. Dem Pferd fehlen dann Strukturstoffe, ebenfalls Rohfaserträger, die es zusätzlich aus der Einstreu aufzunehmen versucht.

Energie

Aussehen und Leistungsfähigkeit des Pferdes sind als Spiegel seiner Energiezufuhr zu bezeichnen. Es können in Leber und Muskulatur kurzfristig, in Form der Fettdepots auch langfristig abrufbare Energiereserven angelegt werden. Ein Kriterium des Trainings von Pferden ist, den »Mechanismus« hinsichtlich Anlegen und Abrufen von Reserven ständig zu frequentieren. Neben dem Energiebedarf für den Erhaltungsstoffwechsel wird zusätzlich Energie für Muskelarbeit, Gewebeansatz oder auch Milchleistung benötigt.

Die Energieangaben erfolgen in Megakalorien (1 Mcal = 1000 kcal). Die Stärkeeinheit ist wegen der beim Pferd im Vergleich zum Rind anders beschaffenen Verdauungsvorgänge nicht zur Angabe geeignet. Eine Umrechnung von TDN (= *Total Digestible Nutrients,* Total verdauliche Nahrungsbestandteile) in verdauliche Energie ist möglich: 1000 g TDN entsprechen 4410 kcal. Die neueste Energieangabe erfolgt in Joule, wobei 1 Kalorie 4,186 Joule entspricht. (1 kcal = 4,186 KJ = Kilojoule, 1 Mcal = 4,186 MJ = Megajoule.) In der Praxis wird je nach geforderter Leistung die Energiezufuhr durch Zulagen oder Kürzen des Krippenfutters reguliert.
Eine Verfettung ist bei allen Nutzungsgruppen, insbesondere beim Sportpferd, abzulehnen, da während des Abbaus der Fettreserven auch mit Einbußen der Leistungsbereitschaft zu rechnen ist. Bei der Kalkulation des Energiebedarfes muß der Typ des Pferdes (Unterhautfettgewebe) und die Haltung (kalt, warm; viel oder wenig Bewegung) Berücksichtigung finden.

Eiweiß

Hinsichtlich der Eiweißqualität stellen Fohlen in der Aufzucht besondere Ansprüche, nicht jedoch erwachsene Pferde mit intaktem Dickdarm. Allerdings sind die Eiweißbedarfsnormen während der Wachstums- und Milchleistungsphasen erhöht. Die im Dickdarm ansässigen Mikroorganismen benötigen zu ihrer Funktion ein bestimmtes Minimum an Eiweiß in der Ration. In der Regel herrscht in der Pferdefütterung – außer bei Jungpferden (bis zum 18. Lebensmonat), jungen Pferden beim »Anarbeiten« der Muskulatur und Fohlenstuten – ein erheblicher Überschuß an Eiweiß in den Rationen vor. Eine vermehrte Belastung von Leber und Niere durch die Ausschleusung der Abbauprodukte ist die Folge, was sich in erhöhter Wasseraufnahme und häufiger Harnabgabe äußert. Ein größerer Wasserumlauf im Körper ist wiederum mit einer Tendenz zum Schwitzen verbunden. Bei rasch schwitzenden Pferden und Pferden, die offensichtlich viel Harn produzieren, sollte man die Eiweißversorgung kalkulieren. Liegt der Versorgungsgrad beim Eiweiß über 140%, müßte die Ration entsprechend einer reduzierten Eiweißversorgung korrigiert werden.

Mineralstoffe

Kalzium und *Phosphor* sind größtenteils im Knochen eingelagert; bestimmte Funktionen haben sie bei der Blutgerinnung, der Reizleitung und dem Energiestoffwechsel der Muskulatur.

Neben der Erfüllung der Bedarfsnormen ist besonders auf das Kalzium-Phosphor-Verhältnis zu achten, welches in der Tagesration zwischen 1,5 und 2:1 liegen sollte. Bei wesentlicher Unterschreitung dieses Verhältnisses wie auch bei ungenügender Bewegung der Pferde kommt es zu einer Ausschleusung von Mineralien aus dem Knochen. In der Praxis weisen die wenigsten Rationen ein ausreichend günstiges Ca/P-Verhältnis auf, worin wohl sehr viele Störungen und Erkrankungen – besonders der Gliedmaßen – ihre Ursache haben dürften. Erhöht man zum Ausgleich des immer wieder anzutreffenden Phosphorüberschusses die Kalziumzufuhr erheblich gegenüber dem Bedarf, so kommt es zu einer herabgesetzten Ausnutzung von Phosphor, Magnesium, Eisen und Zink. Nicht nur durch Hafer, Gerste, Mais oder Weizenkleie, sondern auch durch intensiv gedüngtes Weidegras oder Heu und Silagen wird ein zu enges Kalzium-Phosphor-Verhältnis der Tagesration verursacht und bedarf einer Korrektur.

Beim *Magnesium* kommt es selten zu Mangelerscheinungen, wobei sich allerdings bei besonders nervösen Pferden eine Magnesiumergänzung (3–5 g Magnesiumoxid pro Tag) günstig auswirken kann.

Kalium und *Natrium* sind allgemein für den Wasserstoffwechsel, die Muskeln und die Nervenfunktion von Bedeutung. Das Kalium wird über die Futtermittel ausreichend zur Verfügung gestellt; sehr starker, andauernder Wasserverlust durch Schwitzen kann evtl. zu Engpässen führen. Die Natriumversorgung ist dagegen fast immer unzureichend. Um nicht unnötig den Wasserhaushalt durch erhöhte Natriummengen zu belasten, sind auch die Mischfuttermittel nicht mit für Leistungspferde ausreichenden Natriummengen angereichert. Hier hat ein Ausgleich – je nach Verlust über Schweiß oder Milch – z. B. über Lecksteine zu erfolgen. Bei Natrium- und Kaliummangel kann es zum Kreislaufkollaps (Eindickung des Blutes) oder evtl. auch zu Koliken infolge Eindickung des Darminhaltes kommen. Ein zu hohes Natriumangebot führt zu unangenehmen Durchfällen bis hin zu nervösen Erscheinungen. Die Kaliumversorgung kann über melassierte Futtermittel oder Maissilage aufgewertet werden.

Spurenelemente

Die Fehler in der Spurenelementversorgung der Pferde sind nicht so häufig, wie allgemein angenommen wird. Unter normalen Verhältnissen ist kaum mit einer Mangelsituation zu rechnen. Dem *Eisen* kommt eine besondere Bedeutung bei der Bildung roter Blutkörperchen und somit der Sauerstoffübertragung zu. Hier sollte Leistungs- und Jungpferden wie auch Pferden mit Blutverlusten (z. B. infolge von Verletzungen, Operationen, aber auch Parasitosen) besondere Aufmerksamkeit geschenkt werden. In solchen Fällen zeigen Zulagen in der Eisenzufuhr einen guten Effekt.

Das *Zink* hat einen günstigen Einfluß auf die Haut, so daß bei manchen Hauterkrankungen und -wunden mit einer Erhöhung der Zinkversorgung Erfolge erzielt werden können. Bei einer Häufung von Hautproblemen (auch Mauke) kann an eine Zinkergänzung gedacht werden.

Das *Kupfer* wird ebenfalls für die Bildung roter Blutkörperchen wie auch für die Knochenentwicklung benötigt. Letztere gewinnt immer mehr an Bedeutung. Während man bislang von einer Versorgungsempfehlung für Kupfer von 10 mg pro kg Trockenmasse ausging, tendiert man heute eher bis zu 20 mg/kg Trockenmasse. Diese Werte werden selten von Weidegras erreicht, insbesondere nicht auf leichten Böden. Das Fohlen muß gleich nach der Geburt seine während der Trächtigkeit angelegten Reserven aus der Leber mobilisieren. Bei Unterversorgung der Stute können kaum Depots in den Fohlen angelegt werden. Mit einer gezielten Kupferzufuhr an Jungpferde mit Wachstumsproblemen kann man gute Erfolge erwarten; eine ungezielte, unkontrollierte Kupferzufuhr kann jedoch wegen der geringen Toleranz gefährliche Folgen haben.

Mangan wird besonders für den Knochenstoffwechsel und die Eierstockfunktion benötigt. Eine Unterversorgung kann auftreten, wenn Böden überkalkt wurden und somit der pH-Wert steigt. Starke Manganüberangebote können bei Pferden zu Störungen sowohl der

Fruchtbarkeit als auch des Eisenstoffwechsels führen.
In küstenfernen Gebieten kann *Jod*mangel vorkommen, der sich in Form von Kropfbildung, Lebensschwäche der Fohlen oder schlechter Milchleistung äußert. Ähnliche Symptome treten bei übermäßiger Jodzufuhr auf, da dann die Jodaufnahme der Schilddrüse herabgesetzt ist. Jodhaltig sind Algenmehle, jodiertes Viehsalz und Mineralfutter.
*Selen*mangel bei gleichzeitiger *Vitamin-E*-Unterversorgung kann zu Muskeldegeneration und daraus resultierenden Saugschwierigkeiten bei Saugfohlen führen. Selenüberangebote sind auch gefährlich, so daß bei Imbalancen eher die Vitamin-E-Zufuhr zu erhöhen ist.

Vitamine

Das *Vitamin A* und das *β-Carotin* (letzteres wurde früher nur als Vorstufe zum Vitamin A angesehen) dürften an erster Stelle hinsichtlich der Bedeutung der Vitamine stehen. Dabei ist bei der Zuchtstute das β-Carotin dem Vitamin A vorzuziehen, da es günstige Einflüsse auf die Eierstocktätigkeit wie auch auf die embryonale Fruchtentwicklung zu bewirken scheint. Weiterhin stabilisiert das β-Carotin den Vitamin-A-Haushalt, wodurch die Abwehrkraft allgemein und insbesondere gegenüber Infektionen erhöht wird. β-Carotin kommt in Grünpflanzen und Mohrrüben vor. Bei konservierten Futtermitteln sinkt der Gehalt stark ab. Ausgenommen davon sind eingemietete Möhren und Anwelksilagen, nicht immer künstlich getrocknete Grünmehle.
Das *Vitamin D* beeinflußt den Kalzium- und Phosphorhaushalt. Es besteht die Möglichkeit, Vitamin D über die Haut zu bilden oder aber über das Futter zuzuführen. Ersteres geschieht im wesentlichen durch Sonneneinwirkung im Freien, wohingegen in der Stallperiode die Vitamin-D-Versorgung in erster Linie aus sonnengetrocknetem Heu bestritten wird. Ergänzungen können über Mischfutter erfolgen. Eine starke Vitamin-D-Überversorgung ist sehr gefährlich; es können Gefäßverkalkungen und bei jungen Fohlen bei gleichzeitig unzureichendem Ca/P-Verhältnis z. B. Knochenauftreibungen oder Bockhufbildung auftreten.
Die *Vitamin-E*-Versorgung kann während der Stallperiode unzulänglich werden. Sicherlich hat sie aber nicht den entscheidenden Einfluß auf die Fruchtbarkeit, wie immer angenommen wurde. Eine Ergänzung kann über Grünmehle, Getreidekeime oder Mischfuttermittel erreicht werden. Nach einer Zugabe von etwa 1–2 g Vitamin E täglich während des Leistungstrainings und wenige Stunden vor dem Wettbewerb ist bei Rennpferden mehr Ausgeglichenheit am Start bei besserer Leistungsbereitschaft beobachtet worden.
Alle übrigen Vitamine werden bei intakten Verhältnissen im Dickdarm von den Pferden selbst hergestellt. Bei Fohlen, Leistungspferden und Pferden mit Durchfall, Verstopfung oder bei Antibiotikabehandlung kann es hier trotzdem zu Engpässen kommen. In diesen Fällen bietet sich fütterungsmäßig die Ergänzung mit Bierhefe an.
Das zur Gruppe der B-Vitamine gehörende *Biotin* nimmt bei regelmäßiger Langzeitdosierung (Ponys 10 mg, Reitpferde 15 mg, schwere Pferde 30 mg pro Tag) positiven Einfluß auf Verhornung, Hornstruktur, Hornqualität und Reißfestigkeit der Hornsubstanz der Hufe. Die Anwendungsspanne beträgt 8–12 Monate und mehr. Parallel zur Anwendung von Biotin sollte zwecks Verbesserung der Wirksamkeit auf eine Optimierung der Dickdarmverhältnisse (Futterhygiene, Rauhfutter, Bierhefe) geachtet werden.

Die gebräuchlichen Futtermittel

Einzelfuttermittel

1. Gras

Lang geschnittenes Gras bringt, auch wenn es sich nicht in Haufen erwärmt hat, Gefahren mit sich. Stallpferde nehmen hier oftmals große Mengen in kurzer Zeit auf, wobei selten selektiert wird. So werden auch Giftpflanzen wie z. B. der Hahnenfuß, der sonst gemieden wird, akzeptiert. Wenn Gras gegeben wird, sollte dieses in kleinen Mengen geschehen, und zwar nach der Heufütterung.
Die Probleme der Weideperiode sind zu vielschichtig, um hier ausführlich behandelt zu werden. Sie sind stark abhängig von Bodenqualität, Düngung, Klima, Pflanzenpopulation, Weidepflege, Besatzdichte u.a.m. Auch während des Übergangs von der Stall- zur Weideperiode sollten den Pferden Rohfaser-

träger wie Heu und Stroh zur Verfügung stehen, um Durchfälle zu vermeiden. Weiterhin ist die Natriumversorgung auf der Weide fast immer mangelhaft. Hier müssen Lecksteine oder Leckschalen eingesetzt werden. Eine »Untugend« der Pferde, Löcher in die Grasnarbe zu scharren, um die natriumreicheren Wurzeln fressen zu können, kann hiermit beseitigt werden. Durch intensive, z.T. einseitige Düngung und Beweidung ist auf den nur von Pferden beweideten Flächen ein Absinken des Kalziumgehaltes im Aufwuchs zu beobachten. Eine Grasanalyse über das Ca/P-Verhältnis kann Aufschluß darüber geben, ob die Pferde während der Weidesaison zusätzlich Mineralfutter brauchen. Dies ist dann der Fall, wenn das Ca/P-Verhältnis unter 1,5:1 liegt.

Betriebe, die ständig oder zeitweilig ungenügend Weideaufwuchs zur Verfügung haben, sollten statt zu exzessiver Düngung besser zu einem Haltungskompromiß übergehen. So empfiehlt sich eine kombinierte Stall-Weide-Haltung, bei der die Pferde tagsüber (bei Hitze) oder nachts aufgestallt werden und Kraftfutter und Stroh angeboten bekommen.

2. Rauhfutter

Heu Die für die Werbung des Heues gebräuchlichste Trocknungsart ist die Bodentrocknung; dabei sollte der Wassergehalt beim Einfahren nur 18–20% betragen. Auch bei günstigem Wetter ist mit Verlusten des Materials durch Veratmung zu rechnen, wobei es durch Einwirkung von Regen zusätzlich zu Auswaschungen von Kohlenhydraten und Mineralien kommt. Für die Herstellung von Cobs und Grünmehlen wird die künstliche Trocknung angewendet, da hier die Nährstoffverluste, besonders an Karotin, am geringsten sind.

Das Heu darf erst mit Ablauf von 8–12 Wochen, also nach der sog. »Schwitzphase«, verfüttert werden, nach der die Aromastoffe und die Verdaulichkeit zunehmen und die Gifte des Hahnenfuß abgebaut sind. Frisches Heu sollte sofort an seinen Lagerplatz verbracht werden und dort mindestens 8 Wochen lagern, um die Schwitzphase nicht zu unterbrechen. Magen- und Darmkatarrhe sowie Hufrehe können nach Verfütterung von ungenügend abgelagertem Heu auftreten.

Für »Pferdeheu« empfiehlt sich ein späterer Schnittzeitpunkt als für »Rinderheu«. Ende der Grasblüte kann man mit mehr Struktur, Masse, Rohfaser und Kalzium rechnen bei gleichzeitig geringem Rückgang an Energie und Eiweiß. Die Nährstoffgehalte des Heues sind abhängig von Boden, Düngung, botanischer Zusammensetzung, Schnittzeitpunkt, Werbungsart und Lagerdauer.

Vor der Verfütterung einzelner Heuchargen sollte man eine Qualitätsbeurteilung durchführen, wobei auch Ballen zu öffnen sind, um Veränderungen in deren Zentrum zu erkennen. Erstes Kriterium ist die Farbe. Je mehr Heu in dieser Hinsicht seinem Ausgangsmaterial, dem Gras, ähnelt, um so günstiger sind Werbung und Lagerung verlaufen. Die Verluste sind als niedrig einzustufen. Vielfach verregnetes oder zu lange gelagertes Heu verblaßt in der Farbe. Von brauner bis schwarzer Farbe ist Heu, welches während der Schwitzphase zu hohen Temperaturen ausgesetzt war. Nährstoffverluste und eine geringe Eiweißverdaulichkeit sind die Folgen. Eine grüne Farbe läßt auf einen ausreichenden Karotingehalt bis etwa zum Jahreswechsel schließen.

Gutes Heu soll frisch und angenehm duften. Der Geruch wird aromatisch durch den Klee- und Kräuteranteil, dahingegen brandig, wenn die oben erwähnte Überhitzung während der Schwitzphase stattgefunden hat. Riecht das Heu muffig-dumpf oder gar faulig, ist es gesundheitsgefährdend und nicht zu verwenden. Der Gehalt an Schimmelpilzen ist dann so hoch, daß mit Durchfällen, Koliken, Fruchtbarkeitsstörungen, Aborten oder chronischem Husten der Pferde gerechnet werden muß.

Weitere Hinweise auf Nährstoffgehalte liefern der Griff und die botanische Zusammensetzung des Heues. Das weniger geeignete, im Griff weiche und zarte Heu beinhaltet ein blattreiches, stengelarmes Material mit hohem Eiweiß- und geringem Rohfasergehalt, welches relativ arm an den Mineralstoffen Kalzium, Magnesium und Natrium ist, sofern es sich vorwiegend um Gräser handelt. Klamm im Griff fühlt sich Heu mit einem Wassergehalt von über 20% an, es ist nicht zum Verfüttern geeignet. Hier ist entweder die Schwitzphase noch nicht abgeschlossen oder die Lagerung zu feucht gewesen. Als ideal für Pferde ist Heu zu bezeichnen, welches bei rauhem Griff aus einem blattärmeren, stengelreichen Material besteht, da hier mit einem geringeren Eiweiß- und höheren

Rohfaser- und Strukturanteil zu rechnen ist (s. Tab. 2). Sperriges Heu ist zu spät geschnitten, die Verdaulichkeit ist bei einem zu hohen Stengel- und zu niedrigen Blattanteil herabgesetzt, wodurch es u. U. zur Blinddarmverstopfung kommen kann.

Nicht verfüttert werden darf Heu, welches offensichtlich einen Befall mit Schimmelpilzen aufweist (Geruch muffig, faul), einen klammen Griff oder starke Erd- und Staubbeimengungen hat. Weiterhin dürfen in dem Heu keine Giftpflanzen enthalten sein, wie z. B. Sumpfschachtelhalm, Adlerfarn, Adonisröschen, Herbstzeitlose und Kreuzkraut.

Pferde ohne Arbeitsleistung können bis zur Sättigung mit Heu gefüttert werden. Allgemein gilt bei der Heu-/Kraftfutterration die Menge von 1 kg pro 100 kg Körpergewicht (KGW) pro Tag, bei geringerem Körpergewicht (Untergewicht) bis zu 1,5 kg/100 kg KGW.

»Gutes Pferdeheu« verfügt in der Regel über ein Kalzium-Phosphor-Verhältnis von 1,5 : 1 oder größer. Früher war dieses Verhältnis infolge der geringeren Intensität der Grünlandbewirtschaftung günstiger, denn diese bewirkte einen höheren Anteil an Kräutern. Hinsichtlich eines Preisvergleiches darf gutes Heu, gemessen am Energiegehalt, 60% vom Preis des Hafers kosten. Bei niedrigeren Heupreisen lohnt es, größere Mengen einzusetzen, bei höheren Preisen kann man z. B. 2 kg Heu durch 1 kg Luzernegrünmehl und 1 kg Futterstroh ersetzen. Luzerne- und Kleeheu ist eiweiß- und kalziumreicher als Wiesenheu und schwieriger zu beschaffen. Es kann gut in Mengen von 1–2 kg (bis max. 5 kg) in Verbindung mit Wiesenheu oder Futterstroh Verwendung finden.

Da die fütterungsbedingten Stauballergien bei den Pferden ein erschreckendes Ausmaß erreicht haben, gilt es, gerade die Staubbelastung aus Heu und Stroh zu mindern. Dieses beginnt damit, daß Rauhfutter nur in einem optimal trockenen Zustand gepreßt werden sollte; weiterhin ist besonders beim Heu dafür Sorge zu tragen, indem man den Heustapel nach außen durch eine Strohschicht schützt.

Heu kann im Wasserbad für 1–2 Stunden eingeweicht werden, evtl. auch in einer 0,1%igen Salzlösung. Eingeweichtes Heu läßt man vor der Verfütterung genügend abtropfen. Ersetzt werden kann Heu durch Silagen, pelletierte sog. »Alleinfutter« mit Stroh, Alleinfutter als Briketts oder durch mit Ammoniak begastes Stroh.

Stroh An Futterstroh sind die gleichen Qualitätsansprüche hinsichtlich gesunder Farbe, angenehmen Geruchs und einwand-

Tabelle 2
Heubeurteilung

Qualitätseinstufung	Farbe	Geruch	Griff	Verunreinigung/Staub
optimal	frisch-grün	frisch-aromatisch	rauh, trocken	keine Staubentwicklung
gut	blaß-grün	ohne Aroma	rauh, trocken	geringe Staubentwicklung mit fortschreitender Lagerung
2. Schnitt:	frisch-grün	frisch-aromatisch	weich	keine Staubentwicklung
mittel	blaß bis graubraun	ohne Aroma	sperrig bis klamm	geringer Staubanteil, bei höherem Staubanteil einweichen
mangelhaft	braun bis schwarzbraun	brandig-muffig, unangenehm-faulig	rauh oder weich oder sperrig und jeweils klamm	hohe Staubbelastung – immer einweichen. Nicht verfüttern; notfalls nur in kleinen Mengen mit gutem Heu verschneiden

freier hygienischer Beschaffenheit zu stellen wie beim Heu. Hafer- und Weizenstroh eignet sich zur Aufnahme besser als Gersten- und Roggenstroh. Die Energiegehalte von Stroh liegen 20–30% niedriger als im Heu, das Kalzium-Phosphor-Verhältnis ist dem des Heues vergleichbar, der Eiweißgehalt ist dagegen minimal.

Das Stroh zwingt die Pferde zu einer guten Kauarbeit; 4 kg/Tag sind jedoch bei Großpferden als obere Grenze anzusehen, da es sonst durch das rohfaserreiche, sperrige, eiweißarme Futtermittel zu Verstopfungen im Dickdarm kommen kann. Wichtig bei der täglichen Gesamtstrohaufnahme ist, daß sie durch Kraftfuttermahlzeiten unterbrochen wird, also z. B. nicht 4 kg und mehr zwischen der Abend- und Morgenfütterung aufgenommen werden sollen.

Die Strohaufnahme ist ein Ventil für den Beschäftigungsdrang des Pferdes, die sich kaum kontrollieren läßt. Ein Pferd, das kein Stroh aufnimmt, wird entweder zu gut mit Heu versorgt oder hat Zahndefekte. Leichtfuttrigen Extensivrassen sollte man immer einen Teil des Rauhfutters in Form von Stroh anbieten, um dadurch die mechanische Sättigung zu erreichen und ein Verfetten zu vermeiden.

Strohhäcksel in genügend langer Form (über 3 cm) bewirkt zwar zusammen mit Hafer eine hervorragende Verlängerung der Aufnahmezeit des Futters mit allen weiteren Vorteilen, ist jedoch auf Grund einer unbefriedigenden Eignung von Hochdruckballen als Futterstroh generell wie auch zur Häckselung heute nicht mehr zu empfehlen. Besonders bei Großballen ist auf bessere Qualität durch Verwendung wirklich trockenen Ausgangsmaterials und Schutz vor Nässe der Ballen zu achten.

3. Silagen

Die Verwendung von Silagen in der Pferdefütterung bietet sich in bäuerlichen Betrieben an, da dort eine hohe Entnahmefrequenz aus den Silos besteht und weiterhin die Möglichkeit gegeben ist, Randschichten und stärker mit Sickersaft durchsetzte Teile an Rinder zu verfüttern. Bei gutem Silierverlauf sind die Nährstoffverluste gering. Gute Silage muß frucht- bzw. brotartig riechen, wobei Farbe und Struktur dem Ausgangsmaterial entsprechen sollen.

Fauliger Geruch, Schimmelbildung oder starke Verschmutzung sowie wesentliche Veränderungen in der Farbe des Materials sind Zeichen einer verdorbenen Silage. Die Verfütterung dieser wie auch gefrorener Silagen führt zu starken Durchfällen, Koliken oder Hufrehen. Oftmals verweigern Pferde von sich aus die Aufnahme nicht einwandfreier Silagen.

Tabelle 3
Beurteilung von Silagen

Geruch	Bewertung
a) buttersäurefrei, leicht säuerlich, brotartig	optimal
b) Buttersäure nur in Spuren (Verreiben auf der Handfläche erleichtert die Beurteilung) oder sauer stechend oder schwacher Röstgeruch	mäßige Minderung der Qualität
c) mittlerer Buttersäuregeruch, deutlicher Röstgeruch, muffiger Geruch	erhebliche Minderung der Qualität
d) starker Buttersäuregeruch, Ammoniakgeruch oder fader, nur sehr schwacher Säuregehalt	Wert erheblich eingeschränkt; Risiko
e) faulig, starker Schimmelgeruch	wertlos; falls von Pferden aufgenommen, gesundheitsgefährdend
Struktur	
a) Struktur der Blätter und Stengel gut erhalten	optimal
b) Blätter und Stengel »matschig«, verrottet oder stark verschmutzt	Wert erheblich eingeschränkt; Risiko
Farbe	
a) wie Ausgangsmaterial, bei Anwelksilage auch leicht bräunlich	optimal
b) entfärbt oder sehr dunkel	Wert erheblich eingeschränkt
pH-Wert	
a) unter 4	optimal
b) unter 5	befriedigend
c) über 5	Mängel, evtl. Risiko

Tabelle 4
Trockensubstanz-, Rohfaser-, Energie-, Eiweiß-, Kalzium-, Phosphorgehalte einiger für Pferde geeigneter Silagen im Vergleich zu Heu, Hafer und Maiskörnern (bezogen auf kg Frischsubstanz)*

	Trockensubstanz g	Rohfaser g	Verdaul. Eiweiß g	Kalzium g	Phosphor g	Verdauliche Energie MJ pro kg	
						Frischsubstanz	Trockenmasse
Heu, Wiese 1. Schnitt nach Blüte	860	301	44	5,4	2,2	6,8	7,9
Hafer, Qualität mittel	884	102	86	1,1	3,1	11,6	13,1
Maiskörner	879	23	67	0,4	2,9	13,7	15,6
Anwelksilage, Wiese grasreich, 1. Schnitt, Beginn bis Mitte Blüte	500	180	48	1,9	1,3	5,3	10,6
Maissilage in Teigreife	270	61	14	0,9	0,7	3,0	11,1
Zuckerrübenblattsilage, sauber	160	24	16	1,7	0,4	2,2	13,7

* nach MEYER: Pferdefütterung. 1986.

Wie bei anderen Futtermitteln ist auch bei der Silage eine ständige Qualitätskontrolle notwendig (s. Tab. 3). Weiterhin muß dem Angebot an Rohfaser, Energie und Nährstoffen durch Silagen Rechnung getragen werden, so daß hier ein Vergleich mit anderen Futtermitteln wie Heu und Hafer (s. Tab. 4) informativ ist. Silagen aus Blöcken, Anschnittstellen oder Ballen sollten innerhalb von etwa fünf Tagen verbraucht sein. Bei den vermehrt gebräuchlichen »Großballensilagen« ist das Siliergut durch Folie umhüllt. Die Silage kann aber in ihrer Qualität herabgesetzt oder verdorben sein, wenn der Kompressionsdruck auf das Siliergut zu niedrig ist, so daß zu viel Luft verbleibt, oder wenn die Folie z. B. beim Transport oder durch Nagetiere beschädigt wird.

Angewelkte Grassilage Diese Silage hat sich in den letzten Jahren in der Pferdefütterung stark durchgesetzt. Zum einen, weil man mit der Heufütterung unzufrieden war (Stauballergien), zum anderen, weil die Technik die folienumwickelten Rund- oder Quaderballen entwickelt hat. Hierdurch wird es möglich, auch aus kleineren Flächen Gras zur Silierung zu verwenden. Die höheren Kosten der Wicklung sind gegenüber der Heufütterung gerechtfertigt aus gesundheitlichen Gründen sowie wegen weniger Verlusten bei Werbung, Lagerung und durch eine höhere Verdaulichkeit.

Für Pferde strebt man zum Schnittzeitpunkt einen höheren Strukturgehalt (Rohfaser) an als für Rinder. Die Silage sollte mindestens 35% Trockensubstanz, besser 50% enthalten. Die Ballen wiegen 300–700 kg, und es muß während der Lagerung darauf geachtet werden, daß die Folien nicht beschädigt werden, insbesondere auch nicht durch Vögel.

Die Ballen sind nach Öffnung und bei jeder Entnahme genau zu überprüfen. Schimmelpilzbefallene oder erwärmte Bezirke sind nicht an Pferde zu verfüttern. Zudem ist die Lagerfähigkeit eines geöffneten Ballens beschränkt. An kalten Tagen kann diese ca. 5 Tage betragen, bei Lagerung im feuchtwarmen Stallklima ca. 2 Tage. Von daher wird eine Kalkulation des Verbrauches notwendig. Normalerweise kann man 1 kg Heu durch

2 kg Anwelksilage (35–40% Trockenmasse) ersetzen. Tierzahl (mindestens acht Großpferde), Trockensubstanzgehalt der Silage, das Gewicht der Siloballen, die maximale Gabe von Anwelksilage (ca. 12 kg an Großpferde an zwei Mahlzeiten) sowie die hygienische Qualität werden bei der Verbrauchskalkulation eine Rolle spielen. Werden mehrere Schnitte siliert, wird der Rohfasergehalt geringer, entsprechend ansteigen wird der Eiweißgehalt. Der Kalzium- und Phosphorgehalt kann theoretisch schlecht abgeschätzt werden, hier sollten gezielt Analysen veranlaßt werden. Der β-Carotingehalt liegt pro kg ursprünglicher Substanz zwischen 20 und 40 mg, und im Gegensatz zum Heu gibt es hier keine Lagerverluste. Die Siloballen sollten nicht länger als 10–12 Monate lagern, da dann mit einer reduzierten Folienqualität zu rechnen ist.

Rübenblattsilage Ihre Anwendung in der Pferdefütterung ist selten; sie kann in der Höchstmenge von 10 kg/Tag bei erwachsenen Großpferden 2 kg Hafer ersetzen. Sandbeimengungen sollen aus oben genannten Gründen nicht vorhanden sein.

Maissilage Die Maissilage ist schmackhaft und energiereich. Zusätzlich zu ihrer Verfütterung sollten aber Mineralstoffmischungen mit hohem Kalziumgehalt von mindestens 50–100 g/Tag eingesetzt werden. Die Maissilage-Rationen erfordern einen besonders sorgfältigen Ausgleich des Natrium- und Karotinangebots.

Damit die Pferde durch diese energiereiche Silage nicht verfetten, ist es wichtig, daß man sich durch Wiegen der Silage eine entsprechende Orientierung verschafft und analoge Mengen Heu und Kraftfutter aus der bisherigen Ration abzieht (s. Tab. 5).

Tabelle 5
Einsparung von Heu und Kraftfutter durch den Einsatz von Maissilage

Pferde (500–600 kg Endgewicht)	Einsatz Mais-silage (kg)	Einsparung Heu (kg)	Kraft-futter (kg)
Jungpferd (über 18 Monate)	8,0	1,0	1,0
Pferd, erwachsen (Erhaltung)	15,0	2,5	2,0
Pferd, leichte Arbeit	12,0	2,5	1,6

Corn-Cob-Mix (CCM) Der Trockensubstanzanteil liegt im Mittel bei 55%. Eiweiß- und Rohfasergehalte sind niedrig, das Verhältnis von Kalzium und Phosphor ist mit etwa 0,5:1 ungünstig.

Bei guter Silagequalität und Beigaben strukturierter Rohfaser (Heu, Stroh) kalkuliert man 0,5–1 kg CCM pro 100 kg Körpergewicht des Pferdes. Pro Mahlzeit sollten 1–1,5 kg CCM für das Großpferd nicht überschritten werden. Energetisch ist CCM – bezogen auf die Trockenmasse – nahezu mit Körnermais vergleichbar.

4. Rüben

Rüben sind durch ihren hohen Wassergehalt sehr frostempfindlich. Vor dem Verfüttern sind sie in jedem Fall zu säubern. Sie sind sehr energiereich, enthalten aber wenig Eiweiß und Kalzium. In Mengen von 2–4 kg pro Tag verfüttert, sind sie als willkommene Abwechslung und Appetitanreger zu betrachten. Die nachfolgend beschriebenen Höchstmengen sind nur für Zugpferde von praktischer Bedeutung.

Zuckerrüben Die Höchstmenge von 15 kg pro Tag kann nährstoffmäßig 4,5 kg Hafer ersetzen. Sie sollte nur an hart arbeitende Pferde unter Beifütterung von Rauhfutter und Eiweißfuttermitteln gegeben werden.

Futterrüben Ihr Energiegehalt ist nur halb so hoch wie der der Zuckerrüben. Die Höchstmenge beträgt etwa 25 kg/Tag bei Arbeitspferden.

Möhren Die Möhre dient als Karotinträger; 2–2,5 kg pro Tag decken den Karotinbedarf eines 500–600 kg schweren Pferdes. Bei Arbeitspferden liegt die Höchstmenge bei 20 kg/Tag (dies entspricht der Energie von 3,2 kg Hafer). Eine Wirkung auf den Wurmbefall ist zu bezweifeln, die allgemeine Infektionsabwehr der konsequent mit Möhren gefütterten Pferde dürfte aber wahrscheinlich erhöht werden.

5. Getreidekörner

Außer Roggen und Weizen sind Getreidekörner in der Lage, einen hohen Anteil des Krippenfutters zu decken. Sie haben eine mittlere bis hohe Verdaulichkeit bei einem mittleren Eiweißgehalt. Die Gehalte an Kalzium, Natrium, Kalium und Zink sowie Vitaminen sind gering.

Hafer Der Hafer verfügt über einen günstigen Rohfaser- und Energieanteil. Seine Eiweißmenge und -qualität sind, außer für Fohlen (bis max. 18. Lebensmonat) und Fohlenstuten (hinsichtlich Menge) für alle Nutzungsgruppen ausreichend. Das ungünstige Kalzium-Phosphor-Verhältnis kann bei hohen Hafermengen nicht immer durch das Heu ausgeglichen werden. Natrium und Karotin fehlen im Hafer nahezu völlig.

Eine Qualitätskontrolle kann zunächst durch die Bestimmung des Litergewichtes erfolgen, indem z. B. über eine Küchenwaage das Volumen von 1 Liter Hafer (Litermaß) ausgewogen wird. Selten findet man sehr gute Qualitäten mit Litergewichten über 550 g. Häufiger sind mäßige Qualitäten zwischen 400–500 g pro Liter zu erhalten. Wenn dabei keine wesentlichen Veränderungen hinsichtlich Farbe, Querschnitt, Geruch und Verunreinigungen auftreten, ist der Qualitätsminderung durch Gaben größerer, dem Körpergewicht entsprechender Volumina zu begegnen. Nicht verfüttert werden sollte Hafer mit farblichen Veränderungen (grau, schwarz, blaß, rötlich = Beizung, grau, blau = Denaturierung), Veränderungen im Geruch (dumpf, muffig, ranzig, sonstiger Fremdgeruch) oder starken Verunreinigungen, z. B. mit Fremdgetreide, Spelzen, Grannen, Unkrautsamen, Pilzen (Kornrade, Mutterkorn, Brandbutte), Staub oder Insekten. Ebenso ist mit von Schimmelpilz befallenem Hafer zu verfahren; er hat grüne, graue und dunkle Körner mit dunklem Querschnitt (gesunder Schwarzhafer ist im Querschnitt hell) und riecht dumpf. Guter Schwarzhafer kann ohne Risiko angewendet werden. Der Hafer ist mit einem Wassergehalt unter 14% haltbar und muß vor der Verfütterung – wie das Heu – nach der Ernte eine Lagerphase von etwa 10 Wochen durchmachen.

Die Verfütterung von Quetschhafer ist für Pferde im Zahnwechsel (bis 4, 5 Jahre), Tiere mit Gebißfehlern und solche, die das Krippenfutter zu gierig aufnehmen, gerechtfertigt. Quetschhafer ist in der Qualität schwer zu beurteilen und auf Grund von Verderbnisvorgängen begrenzt lagerfähig (1–2 Wochen). In der Praxis wird der gereinigte Hafer derzeit am günstigsten täglich oder mindestens zweimal wöchentlich im Betrieb selbst gequetscht.

Gerste Die Gerste – das Pferdekraftfutter des Orients – besitzt etwas mehr Energie und weniger Eiweiß als der Hafer. 0,9 kg Gerste entsprechen 1 kg Hafer, wobei durchaus 50% des Krippenfutters aus geschroteter Gerste bestehen können.

Roggen und Weizen Mit beiden Futtermitteln ist durch den geringen Rohfaser- und hohen Kleberanteil eine Gefahr von Verkleisterungen im Magen gegeben. Deren Folgen sind Magenentzündung, Magenrisse oder auch Hufrehe. Roggen ist bitter und wird nicht gern aufgenommen. Weizen sollte nur in besonderen Fällen in Mengen bis zu 10% des täglichen Krippenfutters, und zwar verteilt auf mehrere Mahlzeiten, gefüttert werden. Im Zusammenhang mit der Roggen- oder Weizengabe sollte Heu angeboten werden.

Mais Der Körnermais besitzt wenig Eiweiß und Rohfaser, aber viel Energie in Form von Fett. 0,8 kg Mais können 1 kg Hafer ersetzen. Bei Leistungspferden können 30–50% des Krippenfutters durch den energiereichen Mais ausgetauscht werden, um bei gleicher Futtermenge eine höhere Energieversorgung zu erreichen. Bei weniger Arbeit wird die Maismenge erheblich gekürzt. Mais kann je nach Gewöhnung in geschroteter, gebrochener, aber auch in natürlicher Form angeboten werden. Hinsichtlich Gehalt an Mineralstoffen, Spurenelementen und Vitaminen werden ähnliche Ergänzungen notwendig wie beim Hafer.

6. Trockenschnitzel

Trockenschnitzel sind melassiert und unmelassiert im Handel. Melassiert haben sie einen ähnlichen Energiegehalt wie der Hafer, unmelassiert einen höheren. Um Schlundverstopfungen und Magenüberladungen zu verhindern, müssen Trockenschnitzel unbedingt vor dem Verfüttern mit 4 Teilen Wasser über einige Stunden eingeweicht werden. An Reitpferde können bis zu 3 kg pro Tag gegeben werden. Der Anteil der Trockenschnitzel im Mischfutter sollte erfahrungsgemäß maximal 12% nicht überschreiten.

7. Eiweiß-Ergänzungsfuttermittel

Sojaextraktionsschrot Während die Nachteile hinsichtlich Mineralstoffe, Spurenelemente und Vitamine ähnlich wie bei dem Getreide anzusehen sind, liegt der Energiegehalt höher. Der Eiweißgehalt bietet sich mit 42% verdaulichem Rohprotein zur Ergänzung von Rationen für Absatzfohlen und Fohlenstuten an.

Ackerbohnenschrot, Erbsenschrot Der Eiweißgehalt liegt hier recht hoch, jedoch ist die Qualität nicht ausreichend, um eine Anwendung empfehlen zu können.

Magermilch Die Nährstoffzusammensetzung ist, abzüglich Fett und fettlöslicher Vitamine, ähnlich wie die der Vollmilch. Absetzer können frische oder dick-saure Milch (angesäuert verursacht sie Durchfall) in Mengen von 3–5 Litern/Tag erhalten, um eine Eiweißzufuhr bei guter Qualität zu ermöglichen. Getrocknete Milch kann in Mengen von 0,5 kg/Tag gegeben werden, wobei insgesamt Mineralstoffe, Spurenelemente und auch Vitamine fehlen.

Die Anwendung nasser Futtermittel – insbesondere bei Fohlen – stellt höchste Ansprüche an die Hygiene. Die Milchproduktion von Stuten kann durch Gaben von tierischem Eiweiß gesteigert werden.

8. Diätetische Futtermittel

Weizenkleie Sie ist im Grunde genommen *kein* Pferdefutter, wird aber unter bestimmten Voraussetzungen gern gereicht. Weizenkleie wirkt leicht abführend. Wegen ihres ungünstigen Kalzium-Phosphor-Verhältnisses sollte in bestimmten Fällen – so z. B. bei hartem Kot oder bei Stuten kurz vor und nach der Geburt zur Entlastung des Darmkanals – eine Menge von 0,5 kg/Tag möglichst nicht überschritten werden. Gern wird die Weizenkleie feucht aufgenommen, wie über »Mash«.

Hier ein gern verwendetes Rezept für Mash:

0,5–1 kg Quetschhafer
100 g geschroteter Leinsamen
0,5 kg Weizenkleie
1 Eßlöffel Salz

Jeweils vor Gebrauch gut mischen, in einen Eimer geben, zu einem Drittel mit kochendem Wasser übergießen und ziehen lassen. Später soviel kaltes Wasser nachgeben, daß der Eimer halbvoll ist. Lauwarm verfüttern.

Leinsamen Durch Verfütterung von Leinsamen sind die im Wasser quellbaren Schleimstoffe in der Lage, einen Schutzfilm über die Darmschleimhaut zu bilden. Unter Einwirkung von Feuchtigkeit wird aus Leinsamen Blausäure freigesetzt. Durch 10minütiges Kochen der Körner können diese entgiftet werden. Der hohe Fettgehalt übt einen günstigen Effekt auf das Haarkleid aus. In geschroteter Form verdirbt Leinsamen leicht. Großpferde vertragen ungekocht etwa 100 g/Tag, Fohlen 50 g/Tag. Größere Mengen müssen abgekocht verfüttert werden.

Bierhefe Bei der Bierhefe ist nicht nur der Gehalt an vielen hochwertigen Vitaminen, Aminosäuren, Mineralstoffen und Spurenelementen von Bedeutung, sondern diese hochwertigen Wirkstoffe greifen fördernd und regulierend in viele Stoffwechselvorgänge ein, wodurch die Nährstoffverwertung verbessert werden kann. Beim Pferd ist die Wirkung der Bierhefe auf die Darmflora im Dickdarmbereich zu finden. Der davon ausgehende Wert dürfte in einer Erhaltung des biologischen Gleichgewichtes, der Bakterienkulturen liegen. Mittelbar über die Darmflora oder unmittelbar über die in der Bierhefe in hohem Maße enthaltenen B-Vitamine, die verschiedenen schwefelhaltigen Stoffe und insbesondere die Nucleinsäuren wird der Bierhefe eine Sonderwirkung bei der natürlichen Regulation des Hautstoffwechsels zugeschrieben.

Bei Hochleistungspferden sollte Bierhefe ständig verfüttert werden, bei anderen Nutzungsgruppen nur zeitweilig, z. B. über die Dauer von 4 Wochen, um den Stoffwechsel anzuregen. Nach Durchfällen, Anwendung von Antibiotika über das Futter, Futterverweigerung, Futterumstellung, strukturarmer Fütterung, Verdauungsstörungen verschiedenster Ursachen, aber auch zur Förderung des Haarwechsels, der Leistungssteigerung und evtl. zum Abbau nervöser Störungen wie überhaupt im Zuchtgeschehen schlechthin ist eine Bierhefegabe zu empfehlen.

Bierhefe ist in einigen Ergänzungsfuttermitteln enthalten und kann an Großpferde in Mengen von 250–500 g/Tag, an Fohlen in Mengen von 100 g/Tag verfüttert werden.

9. Melasse

Melasse ist sirupartig und besteht zu 50% aus Zucker. Sie verbessert die Futterakzeptanz und soll auf Grund abführender Wirkung (Kalium) die Häufigkeit von Koliken senken. Durch den hohen Wasseranteil ist sie leicht verderblich. Mengen von 1 kg/Tag bei guter Hygiene stellen die obere Grenze dar.

Tabelle 6

Die Gehalte an Trockensubstanz, Rohfaser, Energie, Eiweiß, Kalzium, Phosphor, Natrium und β-Carotin der gebäuchlichsten Futtermittel (pro kg ursprüngliche Substanz)

	Trocken-substanz %	Roh-faser g	verd. Energie MJ	verd. Eiweiß g	Kalzium g	Phosphor g	Natrium g	β-Carotin mg
Weidegras, frisch								
1. Aufwuchs vor bis nach dem Schossen	18,8	42	2,0	25	0,8–1,2	0,7	0,2	50– 75
Beginn bis Mitte Blüte	21,0	54	2,2	28	1,0–1,4	0,8	0,2	30– 50
Grassilage, angewelkt, 1. Schnitt	40–50	90–130	3–4,5	30–40	1,5–2,0	1,0–1,4	0,1	20– 40
Maissilage, Vollreife	30	70	3,0	15	0,8–1,0	0,6–0,8	0,1	–
Wiesenheu								
Beginn bis Mitte Blüte	87	268	7,5	52	3,5–6,0	2,5–4,0	0,6	10– 20
Wiesenheu Ende Blüte	87	290	7,2	50	4,5–6,0	2,0–3,0	0,5	5– 10
Luzernetrockengrün	89	260	8,5	84	12,0	2,5	1,7	100–200
Hafer-, Weizenstroh	88	380	4,5–5,5	7–10	2,7–3,6	1,2–1,7	1–2	
Gerstenstroh, aufgeschlossen mit Ammoniak	88	350	7,0	28	4,0	0,7	1,6	
Zuckerrüben	24	13	3,4	10	0,6	0,4	0,2	
Massenrüben	11	9	1,5	8	0,3	0,3	0,3	
Möhren (rot)	13	12	1,8	10	0,5	0,4	0,3	50– 60
Trockenschnitzel	90	181	12,4	50	8,5	1,0	2,2	
Melasse	77	0	11,0	80	4,7	0,2	6,0	
Hafer	88	102	11,5	87	1,0	3,2	0,3	
Gerste	88	47	12,6	75	0,6	3,5	0,3	
Weizen	88	25	13,4	85	0,6	3,4	0,1	
Mais	88	24	13,6	68	0,3	2,8	0,2	
Sojaextraktionsschrot	88	33	15,1	450	2,8	6,4	0,3	
Weizenkleie	88	111	9,4	112	1,6	11,3	0,5	
Leinsamen	90	66	14,5	172	2,5	3,6	0,8	
Bierhefe	90	19	14,1	413	2,9	13,5	0,2	
Magermilch, getrocknet	94	1	14,0	284	13,2	10,2	5,1	
Mischfutter (häufigste Durchschnittswerte)								
zum Hafterersatz	88	80–120	11–11,5	70–100	8–15	4–6	2	8000– 18000 (Vit. A)
zur Hafterergänzung*	88	70–120	11,5–12,5	100–160	10–25	5–8	2–8	12000–100000 (Vit. A)
sog. Alleinfutter zu Stroh	88	150–180	10,5	60– 90	8–15	3–6	1–2	6000– 18000 (Vit. A)
Fohlenaufzuchtfutter	88	50–100	12–13,5	120–160	10–15	6–8	2	20000– 30000 (Vit. A)
Mineralfutter** (100 g)					12–24	4–8	5	mind. 30000 (Vit. A)

* eiweißreich, ähnlich zusammengesetzt wie »Ergänzungsfuttermittel für Zuchtpferde«
** je kg mindestens 500 mg Eisen

10. Luzernegrünmehlpellets, Heucobs, Möhren
Diese Futtermittel sind als Karotinträger bereits vorgestellt. Luzernegrünmehlpellets werden übergangsweise schlecht aufgenommen, da sie bitter schmecken. Mengen von 1 kg/Tag sollten wegen der fein vermahlenen Struktur nicht überschritten werden. Weiterhin wird die Kalziumzufuhr verbessert. Der β-Carotingehalt kann Schwankungen, z. B. durch Temperatur- und Lagereinflüsse, unterworfen sein. Die Heucobs sind zum Teil sehr hart gepreßt; die Pferde versuchen sie oft am Krippenrand zu brechen, so daß es zu Bröckelverlusten in die Einstreu kommt.
Mit 2–2,5 kg roten Möhren (gereinigt) ist der tägliche Karotinbedarf eines jeden Pferdes zu decken.

11. Mineralergänzung
Kohlensaurer Futterkalk (38% Kalzium) Bei einem großen Teil der hier aufgeführten Futtermittel (Getreidekörner, Eiweiß-Ergänzungsfuttermittel, diätetische Futtermittel) fehlt es jeweils an Kalzium; das Kalzium-Phosphor-Verhältnis liegt unter 1 : 1. Mit etwa 15 g kohlensaurem Futterkalk pro Kilogramm der oben aufgeführten Futtermittel kann man die Kalziumversorgung verbessern. Da der Kalk leicht, staubig und geschmacklos ist, muß er in Schrote eingemischt werden.
Viehsalz (37% Natrium) Die Natriumversorgung ist selten über Einzel- oder auch Mischfuttermittel abgesichert, da sie stark abhängig ist von der Natriumabgabe über Schweiß oder Milch. Natrium im Überschuß würde zu Durchfällen führen. Kleinere Mengen lassen sich über Lecksteine und -schalen ergänzen. Viehsalz können Fohlenstuten in Mengen von 10–30 g/Tag und Leistungspferde nach starkem Schweißverlust im Extremfall von 30–60 g/Tag erhalten. Es empfiehlt sich, kleinere Lecksteine ganz, größere halbiert in die Krippe zu legen, da so die Pferde bei jeder Futteraufnahme aus der Krippe die Steine mit Speichel feucht und sauberhalten. Nur so bleiben sie für die Pferde attraktiv und werden benutzt. Diese Empfehlung gilt nicht, wenn die Tränke in unmittelbarer Nähe der Krippe liegt und die Gefahr besteht, daß die in der Krippe liegenden Steine eine Salzlake bilden, oder wenn Naßfutter (Silagen, Rüben, Möhren) über diese Krippe angeboten wird. Keinesfalls dürfen Saugfohlen und z. T. Jungpferde unkontrolliert Viehsalz aufnehmen, da sie dann übermäßig Wasser trinken und sehr rasch mit heftigen Durchfällen reagieren.

12. Mischfuttermittel
Die Mischfutterindustrie hat hinsichtlich des Absatzes von Pferdefutter von Jahr zu Jahr erhebliche Steigerungen zu melden. Es wird eine große, fast unübersichtliche Produktpalette für das Pferd angeboten. Der Abbau von Vorurteilen und eine gute Qualität der Fertigfuttermittel bei sachgerechter und kontinuierlicher Anwendung dürften zu dieser Entwicklung beigetragen haben. Auch die einst etwas kontroverse Diskussion um das pelletierte sog. Alleinfutter ist verebbt, da eine sachgerechte Verbraucheraufklärung die evtl. zu erwartenden Schwierigkeiten insbesondere während der Umstellungsphase und bei Einzelpferden relativ klein gehalten hat.
Der Hauptanwendungsbereich der Mischfuttermittel ist in Tabelle 7 aufgeführt, wobei beim Ergänzungsfutter für Pferde eine Aufteilung auf Grund der unterschiedlichen Eiweiß- und Rohfasergehalte vorgenommen wurde. Die wesentlichen Gehalte der Mischfuttermittel sind durch die Typenliste für Mischfuttermittel vorgegeben. Die Konfektionierung der Mischfuttermittel ist unterschiedlich. Durch den Preßvorgang der Pellets und Briketts erreicht man eine zusätzliche Haltbarkeit. Leicht verderblich sind stark melassierte, unpelletierte Mischungen, wenn sie nicht mit einem Konservierungsmittel behandelt sind. Die Pelletgrößen sind auf die im Maulbereich bestehenden Größenverhältnisse der Endverbraucher abgestimmt. Die Palette reicht von 2–12 mm Durchmesser.

Ergänzungsfuttermittel

Durch die über den Normtyp gegebene breite Variationsmöglichkeit hinsichtlich der Energie, Eiweiß- und Rohfasergehalte ist man gezwungen, zum besseren Verständnis dieses Ergänzungsfuttermittel in drei Typen aufzuteilen:
Typ 1 (bis 12,5% Rohprotein und bis 12,5% Rohfaser) Dieser Typ hat eine ähnliche Nährstoffzusammensetzung wie der Hafer, jedoch eine Aufwertung an Mineralstoffen, Spurenelementen und Vitaminen erfahren. Als Ergänzung der Rauhfutter- und Einzelfuttermittel sollten mindestens 20–50% des

Tabelle 7
Mischfuttertypen und deren Hauptanwendungsbereiche
(Unterscheidungsmöglichkeiten bei derzeitiger Deklaration)

Mischfutter	Hauptanwendungsbereiche
Ergänzungsfuttermittel für Pferde	
Typ 1 wenig Eiweiß (bis 12,5%) wenig Rohfaser (bis 12,5%)	als Ergänzung von Einzelfuttermitteln oder als Hafererersatz zum Heu
Typ 2 viel Eiweiß (über 12,5%)	20–50% des Krippenfutters für Jung-, Zucht- und Leistungspferde; ebenso bei nährstoffarmem Strukturfutter
Typ 3 wenig Eiweiß (bis 12,5%) viel Rohfaser (über 15%)	sog. Alleinfutter + Heu/Stroh
Ergänzungsfuttermittel für Zuchtpferde	bis 30% des Krippenfutters bei hochtragenden Stuten, bis 50% des Krippenfutters bei Fohlenstuten
Ergänzungsfuttermittel für Fohlen	mit Quetschhafer als Beifutter für Saugfohlen sowie als Ergänzungsfutter bis zum 18. Lebensmonat
Mineralfuttermittel für Pferde	allgemein während der Stall- und Weideperiode

Krippenfutters durch dieses Mischfutter in der Heu-/Kraftfutterration eingesetzt werden. Es besteht aber auch die Möglichkeit, die Gesamtkraftfuttermenge durch dieses Ergänzungsfuttermittel zu bestreiten (= Hafererersatz).

Typ 2 (über 12,5% Rohprotein) Durch einen erhöhten Rohproteinanteil bei unterschiedlichem Rohfaseranteil ist dieser Typ geeignet, bei Nutzungsgruppen mit erhöhtem Eiweißbedarf einen Teil der Kraftfutterration (30–50%) zu ersetzen. Dieses trifft zu für Fohlen bis zum 18. Lebensmonat und Pferde, die »angearbeitet« werden, d. h. Pferde, die zu Beginn des Trainings Muskelmasse aufbauen, in geringem Maße für Hengste sowie für Stuten im letzten Trächtigkeitsmonat. Besonders notwendig wird jedoch eine Eiweißergänzung während der Säugeperiode. Weiterhin kann allgemein der Einsatz dieses Mischfutters notwendig werden, wenn z. B. das Heu sehr nährstoffarm (sperrig), ausgelaugt oder überlagert ist.

Typ 3 (bis 12,5% Rohprotein, über 15% Rohfaser) Dieses sog. Alleinfutter bringt eine Vereinfachung in Transport, Lagerung und Zuteilung. Rationsberechnungen entfallen, die Qualität ist gleichmäßig. Es entsteht beim Füttern keine Staubbildung, so daß es gut für Pferde mit Atemwegserkrankungen eingesetzt werden kann. Den eingangs erwähnten zusätzlichen Strukturbedürfnissen wird jedoch durch dieses Alleinfutter in pelletierter Form nicht Rechnung getragen, da die Strukturkomponente in fein vermahlener Form vorliegt.

Durch die starke Verkürzung der Futteraufnahmezeit kommt es leicht zu Untugenden (Benagen der Stalleinrichtung usw.), ungenügendem Zahnabrieb (Spitzen oder Haken) sowie durch ein unzureichendes Sättigungsgefühl zu allgemeiner Unruhe. Übergangsweise können dünnbreiiger Kot und Leistungsschwäche auftreten. Die Probleme sind bei Tieren, die wenig bewegt werden und somit wenig Futtermengen erhalten, am größten. Die Pferde suchen zusätzlich ihr Strukturbedürfnis durch die Aufnahme von Streustroh zu decken. Im Extremfall kann es – auch hauptsächlich in der Übergangszeit – zu so hohen Strohaufnahmen kommen, daß mit einer Depression der Verdaulichkeit von Nährstoffen gerechnet werden muß.

Sehr unproblematisch verläuft der Einsatz von pelletiertem sog. Alleinfutter, wenn genügend große Mengen auf mindestens drei Mahlzeiten verteilt werden, zweimal täglich Futterstroh oder Heu und ständig Wasser zur Verfügung stehen. Alleinfutter in Brikettform, bestehend aus einer Schrotmischung und Heuhäcksel, bewirkt eine ausreichende Futteraufnahmezeit und Gesamtkautätigkeit. Hier dürften die Nachteile der jetzigen Pelletfütterung im wesentlichen behoben sein, so daß sich mit diesen Briketts ein Weg zur »pferdegerechten« Ernährung auftut. Da die zusätzliche Gabe von Futterstroh entfällt, ist hier die Bezeichnung »Alleinfutter« berechtigt.

Ergänzungsfuttermittel für Zuchtpferde Dieses Mischfutter ist besonders mit Eiweiß, aber auch mit Mineralstoffen, Spurenelementen und Vitaminen angereichert. Durch den sehr hohen Eiweißanteil sollte es bis zu 50% in die Kraftfutterration von säugenden Stuten eingebaut werden. In höheren Mengen und besonders für andere Zuchtpferde (z. B. tragende Stuten, Deckhengste) wird ein derartig hoher Eiweißanteil nur in Ausnahmefällen benötigt. Eine Eiweißüberfütterung ist jedenfalls zu vermeiden.

Ergänzungsfuttermittel für Fohlen (Fohlenstarter) Dieser Fohlenstarter zeichnet sich durch einen erhöhten Eiweißanteil aus, der hinsichtlich seiner Qualität den Ansprüchen des Fohlens entgegenkommt.

Mineralfutter Mineralfutter für Pferde kann in allen Bereichen als Aufwertung der Mineralstoff-, Spurenelement- und Vitaminzufuhr eingesetzt werden. Um Störungen durch eine überhöhte Zufuhr bestimmter Stoffe (z. B. Natrium) zu verhindern, ist jeweils der Hinweis gegeben, nicht mehr als 200 g pro Tier und Tag oder – so werden auch die kleineren Pferde berücksichtigt – 2,5% der Gesamtration zu verfüttern. Trotz Verwendung von Ergänzungsfuttermitteln kann noch zusätzlich der Einsatz von Mineralfutter notwendig werden. Bei der Auswahl eines Mineralfutters für Pferde ist besonders auf eine sehr gute Schmackhaftigkeit und ein Kalzium-Phosphor-Verhältnis von mindestens 4 : 1 zu achten. Man sollte die regelmäßige tägliche Anwendung beherzigen!

Praktische Rationen

Aus den Berechnungen der einzelnen Rationen wird der Bedarf der einzelnen Nutzungsgruppen deutlich. Die Gehaltszahlen der häufigsten Futtermittel sind in Tabelle 6 angegeben. Das verwendete Heu ist jeweils erster Schnitt Ende der Blüte. Sicherlich gibt es Ungenauigkeiten und Schwankungen bei die-

Gezielte Beifütterung auf der Weide ist möglich, allerdings müssen die Zäune entsprechend verletzungssicher sein. Die ergänzende Fütterung muß auf den Bedarf der Pferde unter Kenntnis der Nährstoffgehalte des Grünlandes abgestimmt sein.

Tabelle 8
Bedarf an verdaulicher Energie, verdaulichem Eiweiß, Kalzium, Phosphor, Natrium

Nutzungsgruppe	Körpergewicht kg	verd. Energie MJ	verd. Eiweiß g	Kalzium g	Phosphor g	Natrium g
Ausgewachsene Pferde ohne Arbeits- oder Milchleistung	100	19	100	8	5	5
	200	32	160			
	300	43	220	17	10	10
	400	54	270			
	500	64	320	25	15	15
	600	73	360			
Ausgewachsene Pferde mit leichter Arbeitsbelastung (½–1 Std. leichtes Training)	400	54–67	300	17	10	14*
	500	64–80	380	26	16	21*
	600	73–91	410			
Ausgewachsene Pferde mit mittlerer Arbeitsbelastung (1–2 Std. tägl. leichtes Training oder ½–1 Std. starkes Training)	400	67–81	370	18	11	18*
	500	80–96	440	26	16	28*
	600	91–109	500			
Ausgewachsene Pferde mit starker Arbeitsbelastung	400	81	405 u.m.	18	12	24*
	500	96 und mehr	480 u.m.	27	17	36*
	600	109	545 u.m.			
Hochtragende Stuten (11. Trächtigkeitsmonat) ohne zusätzliche Arbeitsleistung	100	24	160	14	10	5
	200	40	260			
	300	54	350	29	19	11
	400	67	440			
	500	80	520	44	29	16
	600	91	590			
	700	102	670	50	35	18
Fohlenstuten ohne zusätzliche Arbeitsleistung (Werte mit Milchleistung ansteigend v. 1.–3. Monat, ab 3.–5. Monat wieder rückläufig)	100	36– 32	320– 250	20	16	6
	200	60– 54	530– 420			
	300	82– 73	720– 560	37	29	12
	400	101– 91	890– 700			
	500	120–108	1060– 830	52	41	18
	600	137–123	1210– 940			
	700	154–138	1360–1060	60	45	22
Fohlen	*Endgewicht*					
Alter: 3–6 Monate	100–200	17–29	110–255	12	8	2
	300–400	40–51	365–470	23	17	4
	500–600	60–70	575–675	36	25	6
7–12 Monate	100–200	18–30	120–210	10	6	3
	300–400	42–52	300–380	19	13	5
	500–600	62–72	460–540	29	19	9
13–24 Monate (danach s. Erhaltung)	100–200	19–34	115–195	10	7	4
	300–400	44–58	285–340	19	13	8
	500–600	66–79	435–470	31	20	12

* Höher bei starkem Wasserverlust durch Schweißbildung

sen Berechnungen. Aber auch die Bedarfsangaben, die in Tabelle 9 aufgeführt sind, stellen nur einen Rahmen dar, in den sich nicht jedes Pferd pressen läßt. Zweck dieser Berechnungen ist der Versuch, die Hauptmängel in der Pferdefütterung aufzuzeigen und auszugleichen.

Tabelle 9
Stuten, 600 kg Körpergewicht:
Ration; Abspecken, Flushing

Abspecken:	**Flushing:**
80% Energieversorgung	**120% Energieversorgung**
7 kg Heu (+ Mineralfutter?) oder	5 kg Heu
5 kg Heu und	1 kg spez. Mischfutter (Hefen, Leinsamen)
1,5 kg Mischfutter zum Hafersatz oder sog. Alleinfutter	3 kg Mischfutter zum Hafersatz oder sog. Alleinfutter mindestens 500 mg β-Carotin

Zuchtpferde

Güste Stuten (Rationsbeispiele Tab. 9 + 12) Ein großer Teil der güsten Stuten gilt als zu fett. Mit dem »Abspecken« sollte man bereits im Herbst beginnen. Diese Tiere erhalten die normale Heu- oder Anwelksilagegabe und eine reduzierte Kraftfuttermenge (Tab. 9). Die Eiweiß-, Mineralstoff- und Karotinzufuhr sollte ausgeglichen sein. Wird zuviel Streustroh aufgenommen, so muß dies verhindert werden (Späne-, Torfeinstreu, Maulkorb). Kurz vor dem beabsichtigten Decktermin wird die Stute mit über den Bedarfsnormen liegenden Mengen angefüttert. Zur Aktivierung der Eierstockfunktion hat sich eine erhöhte Energieversorgung und tägliche β-Carotingaben von 50–100, zeitweilig bis 200 mg/100 kg Körpergewicht bewährt. Dabei wird die tägliche Energieversorgung erhöht, ohne Berücksichtigung evtl. vorhandener Fettreserven (Übergewicht), aber unter Einbeziehung von Körpergewicht und reiterlicher Nutzung der Stute. Bei vermehrten Wärmeverlusten über die äußere Haut (auch witterungsbedingte Veränderungen) und Streßsituationen (lange Transporte, Stallwechsel usw.) wird die Energieversorgung zusätzlich angehoben. Besonders gut kann die Energieversorgung gesteigert werden bei Stuten mit rasse- (z. B. Vollblut, edles Warmblut) oder individuell bedingt geringen Fettreserven wie auch unter Einbeziehung von erhöhten Bewegungsleistungen. Deshalb wird im Spätherbst und im Frühwinter das »Abspecken« übergewichtiger Stuten empfohlen, um vor der Decksaison mit der erhöhten Energieversorgung einen günstigeren Effekt zu erreichen.

Die Fütterungsmaßnahmen – Erhöhung der Energie- und β-Carotinzufuhr – erfolgt in der Praxis durch Aufstockung der Kraftfutterration (z. B. um 1 kg täglich) und/oder den Austausch energiearmer gegen energiereiche Kraftfuttermittel auch unter Einbeziehung diätetischer Komponenten wie z. B. Bierhefe und Leinsamen.

Diese Fütterungsmaßnahmen sollten zeitlich so getroffen werden, daß die zu erwartenden ersten Rossen hiernach auch züchterisch genutzt werden, da die Wirksamkeit der Anflutung von Energie und β-Carotin als »Flushing-Effekt« nach einiger Zeit nachlassen kann. Diese über die Rationsgestaltung zu treffenden Maßnahmen können nicht nur die Zyklustätigkeit der Stute positiv beeinflussen, sondern auch die Rate des frühen embryonalen Fruchttodes (Fruchtresorption) senken. Lecksteine müssen den Pferden zur Verfügung stehen.

Tragende Stuten (Tab. 10; Rationsbeispiele Tab. 12) Wie aus Tabelle 10 hervorgeht, zeigt die Frucht während der Trächtigkeit bis zum 8. Monat nur sehr wenig Größenentwicklung. Erst vom 8. Monat an kommt es zu stärkeren Gewichtszunahmen der Frucht und somit auch zu einem erhöhten Nährstoffbedarf der Stute. Im 10. Trächtigkeitsmonat wird durch Einlage von Kalzium und Phosphor ganz be-

Tabelle 10
Entwicklung eines Warmblutfohlens im Mutterleib (Endgewicht des Pferdes: 500–600 kg)

Trächtigkeitsmonat	Fruchtgewicht
3.	unter 0,5 kg
6.	etwa 5,0 kg
8.	etwa 18,0 kg
9.	etwa 28,0 kg
10.	etwa 40,0 kg
11.	etwa 55,0 kg (Geburtsgew.)

sonders die Knochenentwicklung gefördert. Ein sehr hoher Anteil des Eisens wird erst im letzten (11.) Trächtigkeitsmonat in das Fohlen gegeben, zu einer Zeit, in der die täglichen Zunahmen 500–1000 g betragen. Einen großen Einfluß auf das Geburtsgewicht und damit besonders auf die Nährstoffreserven hat die Trächtigkeitsdauer, da man mit jedem Tag Verlängerung mit höheren Gewichten der Fohlen rechnen kann. Gut gefütterte (oft fette) Stuten brauchen durchaus keine schweren Fohlen zu bringen. Bei ausgesprochen schlecht ernährten Stuten kann man als Reaktion darauf mit einer Verlängerung der Trächtigkeit rechnen, wodurch deren Fohlen eine längere Reifezeit erhalten.

Neben der Frucht müssen sich aber auch Fruchthüllen und Euter enwickeln. Durch eine gute Karotinversorgung reichert sich Karotin in der ersten Milch an; das Fohlen bekommt damit einen »Vitaminstoß«. Weiterhin gibt es Beobachtungen, daß Stuten, die gut mit Natrium versorgt sind, besser aufeutern und bei ihren Fohlen das Darmpech gut abgeht. Einige Tage vor und nach der Geburt kann man zur Entlastung des Darmkanals ca. 1 kg Heu weniger anbieten und dafür bierhefehaltige Produkte füttern. Die Stuten fressen zu diesem Zeitpunkt häufig nicht gut, nehmen die Bierhefe nach Gewöhnung aber gern an. In der praktischen Fütterung wird man die tragende Stute bis zum 8. Trächtigkeitsmonat so füttern wie die güste Stute. Ab dem 8. Trächtigkeitsmonat wird bei dieser Ration etwa 0,5 kg Kraftfutter pro Monat zugelegt. In den letzten beiden Trächtigkeitsmonaten sollten 80–150 g Mineralfutter für Pferde zur Auswertung und als Sicherungszusatz gegeben werden. Die in den Tabellen angegebenen Energiebedarfszahlen für hochtragende Stuten und somit die Kraftfuttergaben erwiesen sich in der Praxis als viel zu hoch, wenn die Stuten keine Auslaufmöglichkeiten erhielten. Unerwünschte Futterverweigerung könnte dann die Folge sein.

Säugende Stuten (Tab. 11 + 12) Nach der Geburt steigt mit dem Einsetzen der Milchproduktion der Bedarf an Nährstoffen bei der Mutterstute erheblich an. Die tägliche Milchmenge eines Großpferdes kann etwa 15–20 Liter betragen. Gegenüber einem Pferd im Erhaltungsstoffwechsel wächst bei den Fohlenstuten der Bedarf an Energie, Kalzium und Natrium um das Zweifache, der an Eiweiß und Phosphor sogar um das Dreifache. Das bedeutet eine notwendige Steigerung der Nährstoffzufuhr. Da es aber Grenzen in der Futteraufnahmekapazität gibt, muß der Konzentration der Futtermittel besondere Beachtung geschenkt werden.

Tabelle 11
Versorgungsgrad von Energie, Eiweiß, Kalzium, Phosphor und Natrium bei Fohlenstuten

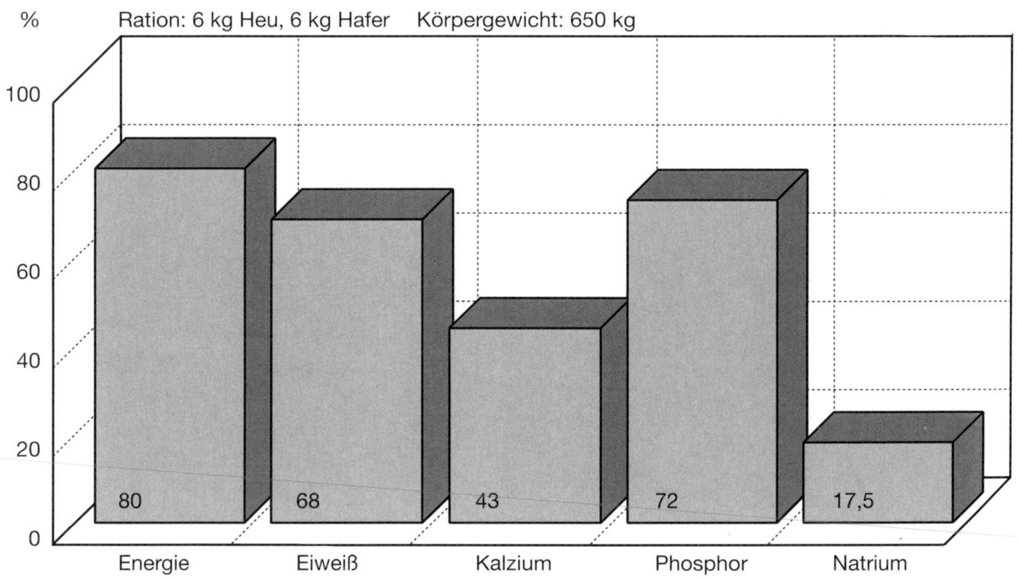

Tabelle 12
Praktische Beispiele für die Dosierung von Futtermitteln (in kg) bei der Rationsgestaltung für die verschiedenen Nutzungsgruppen (Gewicht bzw. Endgewicht des Pferdes: 500–600 kg)

	Sportpferd									Zuchtstute									Jungpferd					
	Arbeit leicht			Arbeit mittel			Arbeit schwer			güst			tragend 11. Mon.			säugend			7.–12. Monat			13.–24. Monat		
Heu, sehr gut Ende Blüte	5	5		5	5		4	4		5	4		5	4,5	5	6	5	3 Xs.u.	* 3	** 3	*** 3,5	4,5	4,5	4
Futterstroh			2–4			2–4			2		1	2–4												1
Hafer	3,5			2,5			3			3	2,5		4,5	4,5		3	6,5	5		3		3		1,5
Gerste				2,5																				
Maiskörner							3																	
Sojaschrot																	0,7			0,5				
Grünmehlpellets											1			1			1							0,5
Möhren	1–2 kg immer günstig												2			2				1				
Ergänzungsfutter z. Hafererersatz		3,5			6			7							4,5				2		4–4,5		3	1,5
sog. Alleinfutter			6			8			9–11			5,5												
Fohlenaufzucht-futter																			1					
Ergänzungsfutter für hochtragende u. laktierende Stuten																3,5								
Mineralfutter (mind. Ca/P 3–4 : 1)	0,15			0,15			0,2			0,15	0,08		0,2	0,15		0,08	0,15	0,1		0,1		0,1		0,05
Bemerkungen	insgesamt Natriumversorgung zusätzlich									X s. u.: tagsüber Weidegang, ca. 20 kg Gras insgesamt Natriumversorgung zusätzlich									* wenig Ausl. ** normal Ausl. *** viel Auslauf			Leckstein anbieten		

Nach Möglichkeit wird hinsichtlich der Auswahl der Futtermittel keine wesentliche Veränderung gegenüber jener während der Hochträchtigkeit getroffen. Die Aufstockung sollte zwischen dem 3. und 7. Tag nach der Geburt erfolgen. Setzt sie zu früh ein, kann die Milchproduktion zu stark ansteigen, und das Fohlen bekommt Durchfall. Zögert man mit der Erhöhung der Ration, so bleibt gelegentlich die Fohlenrosse aus oder ist nur schwach ausgeprägt. Während der reinen Stallperiode werden die Stuten häufig unterversorgt, wodurch es zu einer Konkurrenzsituation zwischen Milchleistung und Eierstockfunktion (zu dessen Lasten!) kommt (Tab. 11). Die Natriumergänzung wird selten voll über das Mischfutter oder durch die Benutzung des Lecksteines gedeckt. Es können täglich Mengen bis zu 30 g Viehsalz zur Ernährung notwendig werden. Viehsalz darf aber für das Fohlen nicht verfügbar sein. Bei den hohen Futtermengen sollte eine Stute mindestens dreimal täglich gefüttert werden. Durch die Milchleistung verdoppelt sich auch ihr Wasserbedarf.

Allein schon aus Gründen der Bewegung sollten Stuten mit Fohlen, aber auch hochtragende und güste Stuten, täglich Auslauf erhalten. Allerdings darf hierbei kein gefrorenes Gras aufgenommen werden. Bei entsprechender Grasnarbe, aber zeitlich begrenztem Weidegang, wird die Grasaufnahme leicht überschätzt und die Kraftfutterration zu stark gekürzt. Während der Übergangszeit muß die Gabe von Heu oder Stroh möglichst lange beibehalten werden.

Stuten, die eine schlechte Milchleistung aufweisen oder jahreszeitlich sehr spät abgefohlt haben, können über tierisches Eiweiß in der Ration die Milchmenge steigern. Im Normalfall ist dieses abzulehnen, da dadurch eine höhere Eiweißversorgung der Fohlen erreicht wird und das hierdurch bewirkte Treiben des Wachstums nicht problemlos ist. Bei späten Fohlen ist dieses gerechtfertigt, da sie auf der Weide bereits eiweißarmes, hartes Gras antreffen. Der Nährstoffbedarf der Stuten sinkt etwa fünf Monate nach dem Abfohlen. Zum Absetzen der Fohlen wird die Nährstoffzufuhr der Stute drastisch gekürzt, um ihre Milchproduktion zu drosseln.

Die Fohlenrosse wird häufig aus Angst vor der Fruchtresorption nicht ausgenutzt. Dabei läuft man Gefahr, daß eine spätere Rosse nicht

Lecksteine (Viehsalz) sind auf der Weide bei geringem Natriumgehalt des Grünlandes wichtig. Für Fohlenstuten müssen sie höher angebracht sein, da sie für Fohlen nicht erreichbar sein dürfen.

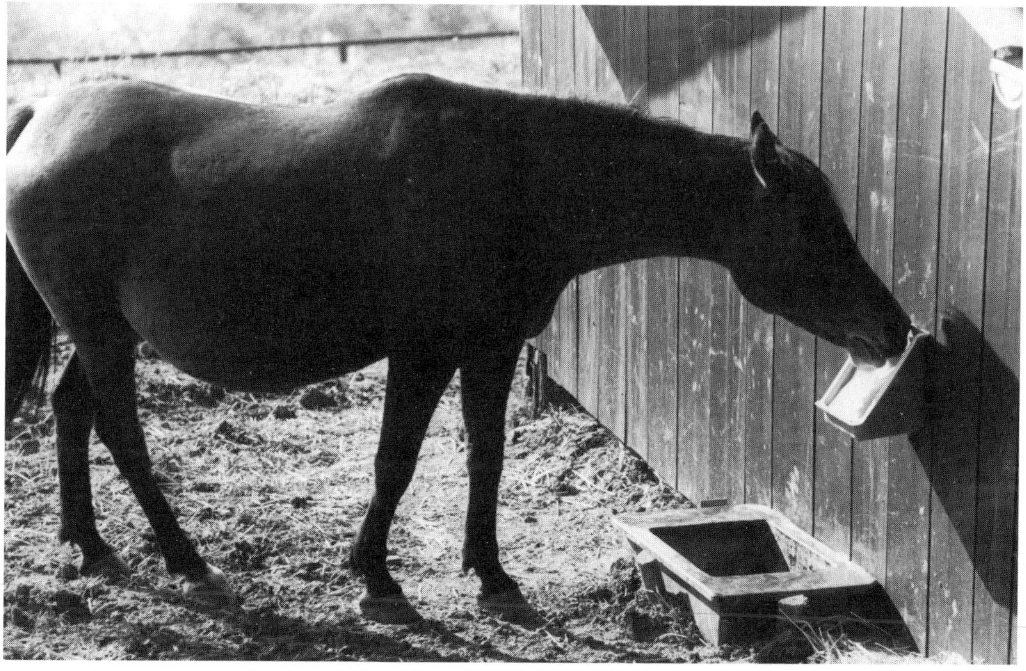

auftritt oder diese nicht erkannt wird. Nach vielen Beobachtungen darf man der Meinung sein, daß zumindest ein Faktor der Fruchtresorption ein zeitweiliges oder generelles Energieunterangebot in der 3.–7. Trächtigkeitswoche ist. Hat man durch eine frühe Trächtigkeitsuntersuchung einen positiven Befund und weiß, daß keine Zwillinge angelegt sind, sollte man 1 kg Kraftfutter zulegen und Schwankungen im Energiehaushalt (durch Transport, Krankheit, Futterverweigerung, Streß) vermeiden. Generell darf die Säugezeit nicht dazu benutzt werden, um mit fetten Stuten eine Abmagerungskur anzustellen. Hierzu bietet sich – wenn nötig – die Zeit nach dem Absetzen des Fohlens bis zum achten Monat der neuen Trächtigkeit an. Eine Resorption ist erwünscht, wenn Zwillinge angelegt sind. Durch hohe Energiezufuhr wird die normalerweise stattfindende Resorption der einen Frucht verhindert, wodurch es später (ab 7. Monat) zu einem Abort beider Früchte oder seltener zur Geburt von Zwillingen kommt. Die Frühresorption eines Zwillings ist also wünschenswert. Diese Resorption kann in der 3.–5. Trächtigkeitswoche provoziert werden durch ein niedriges Energieangebot (14 Tage nur Heu und Wasser) bzw. durch einen zusätzlichen Energieabfluß über Arbeitsleistung bei Stuten ohne Milchleistung. In der Praxis kam es hiernach häufig zu einer zeitlich versetzten Resorption beider Früchte. Aus diesem Grund kommt der früheren Ultraschalldiagnostik Bedeutung zu, um am 23. Trächtigkeitstag durch manuelle Kompression eine Zwillingsträchtigkeit in eine Einlingsträchtigkeit zu wandeln.

Deckhengste Bei der Fütterung der Deckhengste muß man die sog. Marstallzeit und die Deckperiode unterscheiden. Während der Marstallzeit wird der Hengst wie ein Reitpferd entsprechend der Arbeitsleistung versorgt, wohingegen bereits etwa zehn Wochen vor Beginn der Decksaison auf Grund von Samenreifungsvorgängen die Rationsgestaltung auf die kommende Belastung des Hengstes ausgerichtet wird. Da die Deckhengste eine ganzjährige Stallfütterung erhalten, sollte die Ration vielseitig zusammengesetzt sein. Das darf aber nicht dazu führen, daß der Hengst zum Feinschmecker gemacht wird. Der Bedarf an Energie ist davon abhängig, wie intensiv der Hengst noch gearbeitet wird und wie hoch die Bewegungsaktivität durch das Decken ist. Der Eiweißbedarf ist längst nicht so hoch, wie allgemein angenommen wird. So werden z. B. für zwei Sprünge nur etwa 40 g verdauliches Rohprotein mehr benötigt. Der Bedarf an Eiweiß, Mineralstoffen, Spurenelementen und Vitaminen entspricht etwa dem der hochtragenden Stute (s. Tab. 8). Wird der Hengst außerdem etwa eine Stunde am Tag geritten, so muß die Energiezufuhr über etwa 1 kg Kraftfutter zusätzlich erhöht werden. Kurzzeitige Gewichtsverluste dürften weniger Einfluß auf die Samenqualität haben als Verfettung oder ein ständiges Eiweißüberangebot. Bei einigen Hengsten scheint eine Verbesserung des Paarungsverhaltens und der Samenqualität erreichbar durch Gaben von β-Carotin – parallel wie bei den güsten Stuten beschrieben – und essentiellen Aminosäuren (Lysin, Methionin); höhere Gehalte weisen Milchprodukte, Fischmehl, Bierhefe und entsprechende Handelsprodukte auf. Sehr günstig können sich kleinere Mengen von Bierhefe (300–500 g/Tag) auswirken.

Ein Abspecken der Hengste im Herbst ist ebenso empfehlenswert, wie es für die güste Stute beschrieben wurde.

Jungpferde

Saugfohlen Schwere Fohlen werden mit Energiereserven geboren, so daß sie nach der Geburt nicht sofort Nahrung benötigen. Die Biestmilch ist jedoch stark mit Antikörpern und Vitaminen angereichert, wodurch es für alle Fohlen wichtig ist, daß sie alsbald nach der Geburt (spätestens nach 4 Stunden) Milch aufnehmen (»Schluckimpfung«). Das Abmelken der Stute ½ bis 1 Stunde nach der Geburt und die Gaben von 100–150 ml körperwarmer Milch aus einer sauberen Flasche an das Fohlen mit Wiederholungen nach jeweils ½ Stunde – falls nötig – haben sich in der Praxis bewährt.

Ein vorzeitiges Milchtröpfeln bei der Stute bedeutet immer einen Verlust an lebensnotwendigen Schutzstoffen für das Fohlen (siehe hierzu auch die Kapitel »Geburt und Aufzucht des Pferdes« und »Gesundheitsprobleme im Pferdebestand«). Viele Züchter sind erschrocken, wenn ihr Fohlen in den ersten Tagen beginnt, körperwarmen Kot der Mutter aufzunehmen. Doch scheint dies die Entwicklung des Fohlens positiv zu beeinflussen. Es kommt zu einer Verbesserung der Vitamin-B-Versorgung und Besiedlung des noch wenig ausgebildeten Dickdarmes mit Mikroorganismen. So wird das Fohlen anschließend besser in der Lage sein, mehr spielerisch aufgenommene feste Futtermittel (z. B. Heu, Schrot) zu verdauen. Parasitenformen im warmen Kot sind noch nicht ansteckungsfähig. Nimmt das Fohlen kalten Kot auf, ist diese Gefahr eher gegeben, und man sollte nach der Ursache einer Störung seitens des Fohlens suchen.

Bereits etwa vier Wochen nach der Geburt kann der Energiebedarf eines Fohlens durch die Muttermilch nicht mehr vollständig gedeckt werden. Bei Weidegang kann es dieser Situation oftmals durch Grasaufnahme begegnen. In der Stallperiode oder bei schlechter Weidequalität dagegen muß dem Fohlen separat zugefüttert werden. Hier empfiehlt sich eine Kombination aus Fohlenstarter (mit Milchpulver) und Quetschhafer. Die Festsetzung der Menge und deren Kombination muß nach Aussehen des Fohlens, Milchleistung der Stute und angestrebter Wachstumsintensität erfolgen. Gleichzeitig wird der Wasserbedarf ansteigen, was bedeutet, daß für eine Tränkmöglichkeit zu sorgen ist. Das Futter wird den ganzen Tag zur freien Aufnahme in einer Krippe, die der Stute nicht zugänglich ist, zur Verfügung gestellt. Die Menge sollte so bemessen sein, daß das Futter nicht länger als einen Tag in der Krippe liegen bleibt. Eventuell verbleibende Restmengen bietet man der Stute an. Die Fohlen werden auch etwas Heu aufnehmen. Bei Großpferdefohlen kann das Energiedefizit über die Milchzufuhr vom 1.–3. Monat zwischen 8 und 12 Megajoule pro Tag betragen, im 4. und 5. Monat sogar 16–21 Megajoule; das entspricht einer Menge von 0,5–2 kg Kraftfutter. Entscheidend sind auch die Auslaufintensität und die Witterung. An den Einsatz von Mineralfutter ist ebenfalls in vielen Fällen zu denken.

Eine Anwendung von Milchpräparaten kann notwendig werden durch Verlust der Mutterstute, durch zu geringe, nicht zu beeinflussende Milchproduktion der Mutterstute oder bis zum dritten Tag wegen einer Antikörper-Reaktion der Fohlen auf Grund einer Unverträglichkeit gegenüber mütterlichen Blutgruppenantikörpern in der Biestmilch (neonatale Gelbsucht der Fohlen). Bis zum dritten Tag muß in letzterem Fall die Stute gemolken werden, die Milch ist aber nicht zu verwenden. So bleibt die Milchleistung erhalten, um anschließend vom Fohlen wieder ausgenutzt zu werden. Als Milchersatz kann die auf dem Markt befindliche »Fohlenmilch« (Stutenmilchersatz) empfohlen werden. Bis zur Beschaffung von Fohlenmilch kann man sich nur in Ausnahmefällen mit einer eigenen Mischung (64% frische Kuhmilch, 32% Wasser, 3,5% Traubenzucker) oder einem Milchaustauscher für Zuchtkälber (100 g/l + 10 g/l Traubenzucker) behelfen. Milchersatz wird zunächst körperwarm angeboten; die Mengen und Tränkfrequenzen sind stark abhängig von der Größe und dem Zustand des Fohlens. Je unterentwickelter das Fohlen ist, um so häufiger muß in kleinen Mengen getränkt werden. In den ersten 2–3 Tagen der mutterlosen Aufzucht sollten die Mahlzeiten häufiger und dafür die Mengen kleiner verabreicht werden, als von den Herstellern der Fohlenmilch angegeben wird. Normalerweise trinkt ein Fohlen bei der Stute bis zu 60mal 100–250 ml/24 Std. Milchersatz sollte zunächst in Abständen von 2 Stunden angeboten werden mit einer nächtlichen Pause von 5 Stunden. Nur bei großen, kräftigen Fohlen wird man Tränkmengen und die zeitlichen Abstände erhöhen können, wobei dann die Belastung für den Züchter auch nicht so groß ist. Daß bei der Tränke peinlichste Sauberkeit herrschen muß, ist selbstverständlich. Um bei mutterloser Aufzucht dem Fohlen die Kotaufnahme zu ermöglichen, streicht man ihm öfter etwas warmen Kot eines anderen Pferdes ins Maul. Nach der zweiten Lebenswoche kann man Fohlenstarter, Quetschhafer und Heu anbieten. Vor Gaben zusätzlicher Vitamine sollte eine Gesamtkalkulation angestellt werden, da die Industrieprodukte bereits hoch vitaminisiert sind und es sehr leicht zu Überdosierungen (z. B. mit Vitamin D) kommen könnte.

In Notfällen benötigt man für das Fohlen in dessen ersten 12 Lebensstunden eine Kolostralmilch mit möglichst vielen Antikörpern und Vitaminen. Hierzu empfiehlt sich das Anlegen eines Vorrates bei einer Lagerung von $-20°C$ in der Haushaltsgefriertruhe, aber nicht über 2 Jahre hinaus. Als Spender für diese Kolostralmilch eignet sich am besten eine ältere Stute, die fohlte, nachdem sie bereits etwas Weidegang hatte. Aus ihr wird bis zu 12 Stunden nach der Geburt unter sauberen Bedingungen etwa ½ l Milch ermolken und eingefroren; das Auftauen erfolgt bei

40° C im Wasserbad. Vom Wiedereinfrieren übriggebliebender Reste ist unbedingt abzuraten (s. auch das Kapitel »Gesundheitsprobleme im Pferdebestand«). In der Praxis bewährt hat sich, insbesondere bei schwachen, verstellten und schweren Fohlen, die Gabe (über das Maul) von Kupfer- und den Vitamin-B-Komplex-haltigen Präparaten. Vitalität und die Korrektur von Stellungsfehlern sind so rasch zu beobachten.

Absatzfohlen Mit dem Absatzfohlen übernimmt man die Regie für die Wachstumsgeschwindigkeit durch die zugeteilten Futtermengen und deren Qualität. Mit Wachstum ist dabei nicht das Größenwachstum gemeint (letzteres läßt sich wenig beeinflussen), sondern der Zuwachs an Körpermasse, also die Gewichtszunahme.

Langsames Wachstum bedeutet mehr Futteraufwand durch spätere Nutzung. Hierbei können sich aber die Organe, insbesondere die Knochen, besser enwickeln, ohne bereits durch ein Übergewicht an Muskulatur und Fett belastet zu werden. Eine längere Gesamtnutzungsdauer dürfte dabei zu erwarten sein. Fohlen mit intensiverem Wachstum benötigen einen geringeren Futterkostenaufwand, da sie eher »fertig« aussehen und sich daher zeitiger zum Anreiten oder zum Verkauf anbieten. Häufig ist dann aber kein harmonisches Wachstum von Muskulatur, Fett und Knochen gegeben, die Folgen davon können Gelenkserkrankungen sein. In diesem Zusammenhang gibt die Gewichtsentwicklung mehr Aufschluß als die Widerristhöhe. Extensiv aufgezogene Fohlen können mit 12 Monaten 40% ihres Endgewichts erreicht haben (z. B. Araber), intensiv »getriebene« dagegen bis zu 70% (z. B. Vollblut). Für die Warmblutzucht empfiehlt sich, nicht die 60%-Grenze zu überschreiten. Dabei sollten die Fohlen erst mit dem 8. Lebensmonat stärker angefüttert werden. Eine höhere Aufzuchtintensität ist nur zu verantworten, wenn dem Tier die entsprechende Bewegungsmöglichkeit gegeben wird. Nur so kann der Fettansatz gering gehalten und die Durchblutung von Knochen und Gelenken gefördert werden.

Haben die Fohlen vor dem Absetzen bereits ein Beifutter bekommen, so kommt es seltener zu einem durch längere Fastenzeit bedingten Absterben der Dickdarmbakterien. Absatzfohlen benötigen gutes Heu und ein Krippenfutter mit einem erhöhten Eiweißgehalt bei hoher biologischer Wertigkeit. Früher wurde hier eine Magermilchtränke eingesetzt, jedoch fehlte dabei ein Ausgleich an Mineralstoffen, Spurenelementen und Vitaminen. Hier eignen sich die Ergänzungsfuttermittel für Fohlen besser. Absatzfohlen (Endgewicht 500–600 kg KGW) werden zunächst nicht mehr als 1–1,5 kg Heu aufnehmen; erst mit einem Jahr fressen sie die Menge von etwa 2,5–3 kg/Tag. Die obere Aufnahmekapazität an Futtertrockenmasse beträgt 2,5% des Körpergewichtes. Zur weiteren Ration sollten 1 kg Möhren und je nach Entwicklungsstand, Alter und Auslaufmöglichkeit 2,5–4 kg Krippenfutter gehören. Das Krippenfutter für Fohlen kann sich vollständig aus dem Ergänzungsfutter rekrutieren, wenn der Milchpulveranteil 5% und weniger beträgt.

Jährlinge (Tab. 12) Die Jährlinge haben mit 18 Monaten das Hauptwachstum abgeschlossen und bis dahin Ansprüche an eine besonders sorgfältige Ernährung. Bei dem ersten Weideaustrieb sollte an die Rohfaserergänzung gedacht werden. Die Weideperiode stellt mit genügender Auslaufmöglichkeit bei guter Grasnarbe und gerader Anzahl von mehreren möglichst gleich entwickelten Fohlen die günstigste Voraussetzung dar.

Zweijährige (Tab. 12) In der zweiten Winterperiode ist der Eiweißzufuhr keine wesentliche Bedeutung mehr zuzumessen. Bei nicht mehr so starker Körperentwicklung sind den Pferden jetzt größere Rauhfuttergaben zur Verfügung zu stellen.

Reitpferde (Tab. 12) Reitpferde verrichten Muskelarbeit. Der dadurch erhöhte Energiebedarf hängt von der Arbeitsgeschwindigkeit und der Reiterbelastung ab, die mit 12% des Pferdegewichts angenommen wird. Durch eine höhere Arbeitsleistung wird vorrangig der Energie- und Natriumbedarf erhöht, weniger der an Eiweiß. Letzteres ist nur in stärkerem Maße bei Trainingsbeginn der Fall, wenn mehr Muskelmasse gebildet wird. Nach längeren Ruhepausen kommt es zu einer vermehrten Ausschleusung von Mineralien (Ca, P) aus den Knochen, so daß man im Anschluß an eine Auffüllung durch ein allmähliches und schonendes Bewegungstraining denken muß. Der durch die Arbeitsbelastung höhere Energiebedarf wird durch mehr Krippenfutter gedeckt. So kann man z. B. durch Zulage von 1 kg Hafer (oder energiegleiches Kraftfutter) pro Tag zusätzlich ein

500 kg schweres Reitpferd unter einem 60 kg schweren Reiter belasten:

entweder Schritt	rd.	200 Min.
oder leichter Trab	rd.	65 Min.
oder mittlerer Trab	rd.	25 Min.
oder Galopp	rd.	15 Min.
oder extreme Anstrengung	rd.	8–10 Min.

Leichte Arbeit kann ein Pferd (500 kg KGW) durch Erhöhung von etwa 1,5 kg Kraftfutter (= 16,5 Megajoule (MJ) zum Erhaltungsbedarf leisten. Sie besteht vermehrt aus Longenarbeit oder Arbeit unter dem Reiter, wobei die langsameren Gangarten (Schritt, leichter Trab, mittlerer Trab) über eine Stunde etwa gleichmäßig verteilt werden. Sobald die Tiere länger und wesentlich schneller beansprucht werden, spricht man von mittlerer (Zusatzbedarf 16–33 MJ) oder schwerer Arbeit (Zusatzbedarf über 33 MJ). Die Futtermittel haben jeweils einen so hohen Eiweißgehalt, daß man, um die notwendige Energie zu bekommen, die Bedarfsnormen immer überschreitet. Futtermittel mit erhöhtem Eiweißgehalt belasten unnötig den Stoffwechsel der Pferde und sind nicht immer risikolos.

Leichte Arbeit – Energiebedarf um 25% erhöht Eine Nährstoffzugabe ist bei leichter, unregelmäßiger Arbeitsbelastung möglichst niedrig zu halten. Es empfiehlt sich der Einsatz eines Mineral- oder Ergänzungsfutters zur Aufwertung der Mineralstoff-, Spurenelement- und Vitaminversorgung.

Mittlere Arbeit – Energiebedarf um 50% erhöht Wesentlich ist hier die zusätzliche Versorgung mit Energie und Natrium, bei der Eiweißzufuhr entsteht jedoch sehr schnell ein Überangebot. Eine mindestens dreimalige Kraftfutterzuteilung wird jetzt notwendig.

Schwere Arbeit – Energiebedarf um über 50% erhöht Die Energiezufuhr muß weiter gesteigert werden, alle eingesetzten Futtermittel sollten nun energiereicher und ballastärmer sein. Pferde, die regelmäßig mehrere Stunden im Schulbetrieb gehen, leisten häufig schwere Arbeit! Eiweißärmeren Kraftfuttermitteln bei evtl. höherem Energiegehalt ist der Vorzug zu geben.

Rennpferde

Mit einer ausgeglichenen Fütterung kann man gut veranlagte Leistungspferde fördern. Es muß der Aufbau von Muskulatur und Skelett (Sehnen, Bänder, Knochen), der Sauerstofftransport und die Energiebereitstellung über Reserven gewährleistet sein. Natriumverluste über den Schweiß müssen ersetzt werden. Im Rennen werden zur Energiefreisetzung im Muskel Zucker und Fettsäuren bei ausreichendem Sauerstoffangebot benötigt. Die Sauerstoffzufuhr im Muskel wird bei Geschwindigkeiten über 400 Meter pro Minute bereits unzureichend, so daß der Abbau ohne Sauerstoff über Milchsäure bei geringerer Energieausbeute erfolgen muß. Bei einer Renngeschwindigkeit von 600 m/Min. werden 1,25–1,50 MJ/Min. verbraucht, wobei nur 10% aus dem Verdauungskanal nachfließen können. Jetzt müssen Reserven aus Muskulatur, Leber und Fett herangezogen werden, wobei die aus der Leber für kurzfristige, die aus Muskulatur und Fett für langfristige Belastungen zur Verfügung stehen. Kurzfristig Glukose (Traubenzucker) anzubieten nützt nicht viel, allenfalls nur, um Reserven in der Leber wieder aufzufüllen. Das »tote Gewicht« im Magen-Darm-Kanal wird durch konzentrierte Futtermittel möglichst klein gehalten, jedoch benötigt man eine Mindestmenge an hochwertigem Rauhfutter (ca. 3,5 kg), will man nicht die Dickdarmverdauung stören. Für die Sauerstoffübertragung ist eine ausreichende Versorgung mit Eisen, Kupfer, Kobalt sowie den Vitaminen B, C und E von großer Bedeutung.

Kleinpferde und Ponys

Es würde den Rahmen dieses Beitrages sprengen, wollte man für die einzelnen Rassen praktische Rationen anführen. Im Prinzip sollte man je nach Nutzung ähnliche Maßstäbe anlegen, wie sie hier für Großpferde demonstriert wurden. An Hand der in Tabelle 8 angegebenen Bedarfszahlen und der Gehaltszahlen der Futtermittel (Tab. 6) läßt sich individuell eine Ration kalkulieren. Hinsichtlich der Energiebedarfszahlen kann man bei extensiven Rassen, wie z. B. Shetland, Island, Norweger, 10–20% des angegebenen Bedarfs abziehen, da diese Tiere gegenüber den Arabern, Welsh, z. T. Haflingern und New Forest eine wesentlich bessere Wärmeisolierung über die Haut haben. Schon auf guten Weiden oder bei gutem Rauhfutter verfetten diese Tiere und zeigen darüber hinaus ein Fehlverhalten bzw. eine Fehlernährung (Nagen an Holz, Mähne, Schweif), da sie ihren Energiebedarf rasch gedeckt haben. Sie sollten auf wenig gedüngten Weiden grasen, eventuell Stroh zur Verfügung haben und müssen notfalls nachts aufgestallt werden. Gefährlich sind junge, intensive Weideflächen, da sie durch ihren hohen Eiweißgehalt leicht Hufrehe auslösen. Die Ration von Kleinpferden und Ponys darf nicht auf Grund von Überangeboten an Energie und Eiweiß zu drastisch gekürzt werden, da es dann zu Engpässen in der Mineralstoff-, Spurenelement- und Vitaminversorgung kommen kann. Hier ist nach einem ausgewogenen Angebot unter Verwendung von eiweiß- und energiearmen Futtermitteln (z. B. Stroh, spät geerntetes Heu) zu suchen. Werden Kleinpferde und Ponys zur Arbeit herangezogen, sollte die Energieversorgung erst angepaßt werden, wenn eine regelmäßige und tatsächliche Beanspruchung erfolgt.

Futterlagerung

Die Größe des Lagerraumes für Kraft- und Rauhfutter ist von dem Zeitraum abhängig, über den die Lagerung erfolgen soll. Für eine Stallperiode rechnet man 200 Tage. Das ergäbe einen grob überschlagenen Bedarf für ein 550 kg schweres Warmblutpferd mit leichter Arbeitsbelastung von:

Bedarf pro Tag und Tier	x Tage =	Gesamtbedarf
4,5 kg Kraftfutter	x 200 =	900 kg
4,0 kg Heu	x 200 =	800 kg
1,5 kg Futterstroh	x 200 =	300 kg
2,5 kg Streustroh	x 200 =	500 kg

Für die Lagerung des Rauhfutters ist ein Stapelraum von 16–20 m^3 notwendig.
Die Lagerung von Futtermitteln über einen Zeitraum von 1–2 Wochen sollte unbedingt außerhalb des feuchtwarmen Stallraumes erfolgen. Wenn Rauhfutter über den Ställen auf Holzböden gelagert wird, ist damit zu rechnen, daß zumindest eine Schicht – wenn nicht mehrere Schichten – von der feuchtwarmen Stalluft durchzogen wird und verdirbt.
Grundsätzlich soll ein Futterlagerraum gut lüftbar sein. Eine Bodenisolierung für Heu (z. B. durch eine Strohschicht) oder für Kraftfuttermittel als Sackware (z. B. auf Paletten) ist zwingend notwendig. Das Kraftfutter kann auch in Silos aus Holz, Kunststoff oder Metall gelagert werden. Es muß vor Pilzbefall, Schwitzwasserbildung, Ungeziefer und Schädlingen geschützt sein. Unerläßlich ist, die vorhandenen Silos regelmäßig, möglichst vor jeder Neubeschickung, daraufhin zu überprüfen. In Silos gelagertes Mischfutter in pelletierter Form sollte innerhalb von zwei bis drei Monaten verfüttert sein. Zerkleinertes, also gewalztes, geschrotetes oder vermahlenes Futter ohne Konservierungszusatz ist trotz optimaler Lagerbedingungen nur maximal zwei Wochen zu lagern. Bei heilem Hafer hingegen ist eine wesentlich längere Lagerzeit möglich.
Mit der Entnahme von Futter aus dem Silo sollte eine Staubbelastung für die Pferde vermieden werden. Beim Quetschen bzw. Walzen von Hafer bei unmittelbarer Entnahme aus dem Silo kann es ebenfalls zu Abrieb und somit zur Staubbildung kommen, so daß vielfach eine Nachreinigung wünschenswert wäre.

Fütterungsbedingte Krankheiten

Fütterungsbedingte Krankheiten können sehr leicht entstehen

- ☐ durch »problematische« Futtermittel (z. B.: uneingeweichte Trockenschnitzel führen zur Schlundverstopfung),
- ☐ durch Mängel in der Nährstoffversorgung (z. B.: Eiweißüberangebot mit nachfolgender Hufrehe),
- ☐ durch Fehler in der Fütterungstechnik (z. B.: Alleinfutter in pelletierter Form: Zu wenig Mahlzeiten, verbunden mit einer starken Strohgabe, können Verstopfungskoliken verursachen),
- ☐ durch mangelnde Hygiene der Futtermittel (verdorbene Futtermittel oder ungenügend abgelagerte Futtermittel können Gesundheitsstörungen verursachen).

Auf fütterungsbedingte Fruchtbarkeitsstörungen und Störungen im Knochen-, Bänder- und Sehnenbereich wurde bereits hingewiesen. Interessant ist, daß die individuelle Toleranz des Pferdes gegenüber fütterungsbedingten Krankheiten sehr unterschiedlich ist. Entsprechend reagieren auf Fehler im Fütterungssystem immer die gleichen Pferde empfindlich, andere dagegen zeigen ein ungestörtes Allgemeinbefinden. Obgleich eine derartige

Schematisierung fachlich nicht gerade glücklich sein kann, ist dies in Tabelle 13 versucht worden, in der zu den Leitsymptomen die Ursache und der krankheitsbedingte Ablauf im Körper aufgeführt werden. Zum Sammelsymptom Kolik ist zu sagen, daß es sich um einen Schmerzzustand im Bauchbereich handelt, der sehr viele, z. T. verschiedene, aber auch einzelne, sehr potenzierende Ursachen haben kann. Bei allen fütterungsbedingten Krankheiten ist die Hilfe des Tierarztes einzuholen und nach Möglichkeit die Ursache zu suchen und abzustellen.

Vergiftungen durch Pflanzen- und Umweltgifte

Gift- und Schadpflanzen werden von Pferden instinktiv abgelehnt. Verhaltensstörungen, Nervosität oder aber Rauhfuttermangel veranlassen Pferde jedoch zur gelegentlichen Aufnahme dieser Pflanzen. Gefahr droht insbesondere bei Ruhepausen während eines Ausritts im Gelände und in Parkanlagen.

► *Goldregen:* Seine Alkaloide in Blättern, Zweigen und Früchten können nach Aufnahme von 0,5 bis mehreren Kilogramm Erregungszustände, Bewegungsstörungen, Krämpfe, Atemnot und Todesfälle auslösen.
► *Buchsbaum:* Seine Alkaloide bedingen Durchfall, Krämpfe, Lähmungen und in Mengen von mehr als 750 g aufgenommen auch den Tod.
► *Eibe:* Ihre Alkaloide in Nadeln und Zweigen können bei einer Menge von 0,5 kg innerhalb einer Stunde tödlich wirken.
► Die ätherischen Öle von *weichnadeligen Wacholderarten, Thuja- und Zypressenarten* führen zu Entzündungen und Blutungen im Magen-Darm-Bereich, der Nieren und der Blase.
► Nach der Aufnahme von Blättern, Zweigen oder Rinden der *Robinie* oder *falschen Akazie* bekommen Pferde Durchfälle und Koliken.
► Nach der Aufnahme von *Schwarzem Holunder, Liguster* oder der *Einbeere* können Durchfälle, nach der von *Besenginster* Erregungs- und Lähmungserscheinungen auftreten.
► Zu den Giftpflanzen zählt auch *Zypressen-Wolfsmilch;* sie bewirkt Reizungen der Haut und Schleimhäute, blutige Magen-Darm-Entzündungen mit blutigem Kot, Kolik und Krämpfe mit Todesfolge.
► *Seidelbast* verursacht Rötungen, Blasen und Geschwüre sowie Magen-Darm-Entzündungen, Speichelfluß, Schlingbeschwerden. 50 g können zum Tode führen.
► *Schöllkraut* macht Durchfall, Taumeln, krampfartige Zuckungen, Muskel- und Herzlähmung nach der Aufnahme.
► *Pfaffenhütchen* bewirken Durchfälle und Kolik.
► In Wäldern findet sich *Adlerfarn,* der, in größeren Mengen aufgenommen, einen Thiaminmangel verursacht, dem man mit Vitamingaben begegnen kann.
► Von der *Tollkirsche* können bereits 100 g der roten Beeren bei Pferden Herzklopfen, Tobsucht und Kolik mit tödlichem Ausgang verursachen.
► Die *Fingerhutarten* werden wohl nicht gefressen. In Gärten können Pferde (evtl. über den Gartenzaun) *Eisenhut* und *Rittersporn* aufnehmen. Besonders die Wurzeln des Eisenhuts können bei Aufnahme von 500 g Atemlähmung bewirken und tödlich sein.
► Nach dem Ausgraben können Pferde an die Zwiebeln und Wurzelstöcke von *Tulpen, Narzissen* und *Iris* gelangen, die giftig sind. Die Aufnahme von Zwiebeln der *Märzenbecher* kann tödlich sein, Blätter der *Sumpfschwertlilie* können Durchfälle verursachen.
► Das *Adonisröschen* verursacht nach der Aufnahme Entzündungen der Maulschleimhaut, des Zahnfleisches und Störungen der Herzfunktion.
► Die *Herbstzeitlose* kann über die Aufnahme von Blüte oder Samen zu Erbrechen, blutigem Durchfall und nach Tagen zu Tod durch Atemlähmung führen. An Grabenrändern und in Feuchtgebieten findet man den *Gefleckten Schierling* (Aufnahme mehrerer Kilogramm bedeutet Atemlähmung), den *Wasserschierling* (Wurzelstock tödlich) und den *Scharfen Hahnenfuß* (zentral-nervöse Störungen, Ätzwirkung auf Schleimhäute), der normalerweise nicht gefressen wird und nur in frischem Zustand giftig wirkt. Doch bei gemahlenem oder gehäckseltem Gras wird er mit aufgenommen!
► Der *Sumpfschachtelhalm* ist durch die Thiaminase (s. Adlerfarn) giftig. Der *Ackerschachtelhalm* dagegen ist ungiftig.

► *Vergiftungserscheinungen* bei Pferden können aber auch auftreten nach Benagen von Gegenständen, der Aufnahme von kontaminiertem Futter oder Gegenständen, die nicht zur Verfütterung bestimmt sind. Diese Fälle sind sehr selten, ihre Ursachen können sehr vielfältig und diffizil sein, so daß hier nicht näher darauf eingegangen werden kann. So können z. B. Futtermittel mit Pflanzenschutz- oder Schädlingsbekämpfungsmitteln (gegen Insekten, Unkraut, Nagetiere, zur Saatbeizung) in Berührung gekommen sein. Wenn auch äußerst selten, so hat es bei Futtermischungen schon einmal schwerwiegende Fehl- oder Entmischungen oder Kontaminationen mit für Pferde unverträglichen Arznei-

Tabelle 13
Einige fütterungsbedingte Krankheiten

Erkrankung	Ursache	Symptome
Rehe	Große oder besonders eiweißreiche Futtermengen oder ungeeignete Futtermittel wie Roggen, Weizen, frischer Hafer, frisches Heu, plötzlicher Weidegang. Auch bei Nachgeburtsverhaltung oder Vernachlässigung der Hufpflege.	Entzündung der Huflederhaut der Vorderbeine, seltener der Hinterbeine, Pferde schieben die Vorderbeine vor, die Hinterbeine unter den Bauch. Die Hufe sind heiß. Der Gang ist klamm, Drehungen oder Wendungen bereiten Schmerzen. Hufringe.
Verschlag	Zu große Kraftfuttermengen, die insbesondere beim trainierten Pferd trotz einer Arbeitspause beibehalten werden, bzw. wenn trainierte Pferde nach Arbeitspause stark belastet werden.	Muskelschädigung durch überstürzten Abbau großer Glykogenreserven. – Harn wird rot (Muskelfarbstoff). Pferde schwitzen und keuchen, klammer Gang. – Gespannte Lenden- und Kruppenmuskulatur.
Hauterkrankungen	Störungen im Zinkstoffwechsel durch zinkarme Futtermittel (z. B. Gras) oder durch Interaktionen (z. B. Ca/P).	Knötchen-, Pickel- und Pustelbildungen der Haut, die primär nicht durch Parasiten oder Pilze bedingt sind.
Knochen-, Bänder-, Sehnenerkrankungen	Falsches Ca/P-Verhältnis, evtl. zu hohes Vitamin-D-Angebot (Sonne!).	Knochenauftreibungen (z. B. Fessel, Unterkiefer), klammer Gang, unspezifische Lahmheit, Tendenz Bockhuf- und Stelzfußbildung.
Allergie	Allergisch wirkende Eiweißkörper belasten über die Atemluft die Schleimhäute.	Im Anschluß an eine Infektion der Atemwege bleibt das Symptom »Husten«, wenn nicht Pilze bzw. Pollenstaub aus der Atemluft verringert werden (Heu und Hafer anfeuchten oder Alleinfutter, Silagen).
Zahnhaken	Ungenügende Kau- und Mahltätigkeit der Backenzähne.	Verlangsamte und evtl. eingeschränkte Aufnahme von Rauhfutter.
Schlundverstopfung	Uneingeweichte Trockenschnitzel, Mischfutter durch einen zu hohen Anteil von Trockenschnitzeln, Verfütterung von Kraftfutter auf der Weide.	Unruhe, Ablauf von Futterbrei aus den Nüstern. Quellende oder ungenügend eingespeichelte Futtermittel verstopfen die Speiseröhre.

Tabelle 14
Fütterungsbedingte Kolikdispositionen

Symptome	Ursachen
Darmanschoppung *(Obstipation)*	Ungenügende Zerkleinerung schwer verdaulicher Pflanzen (z. B. Stroh, Klee in Blüte). Zu große Mengen schwer verdaulicher Rohfaser (Stroh). Eindickung (z. B. durch Wassermangel). Zu kurz geschnittenes Häcksel oder Gras (Rasenmähergras).
Fehlgärungen	Stark verkeimtes Futter (verdorben!). (Schimmelpilze; ungenügend abgelagertes Heu; Gras im Haufen erwärmt.) Stark verkleistertes Futter (z. B. Weizen, Roggen). Zu rasche Futteraufnahme (geringe Speichel- und Magensaftbildung). Zu große Futtermengen pro Mahlzeit (pro 100 kg Körpergewicht max. 0,5 kg Kraftfutter pro Mahlzeit). Ungeeignete Futtermittel (z. B. Äpfel, Kohl, Klee, Brot). Junges, eiweißreiches Gras.
Darmverlegungen *(Obturation)*	Darmsteine (zu viel Kleie), Plastikteile.
Magenüberladung	Zu große Futtermengen. Quellende Futtermittel (Trockenschnitzel uneingeweicht). Gärungen (siehe dort).
Sandablagerung	Ungewaschene Möhren und Rüben, Graswurzeln, Sandauslauf.

mitteln gegeben. Das Abknabbern von Farben (z. B. bleihaltigen) und die Aufnahme von Düngemitteln (z. B. Nitratvergiftung) können sehr gefährlich werden.

▶ Die Wasserversorgung der Pferde aus Abwässern kann z. B. Ursache für eine *Salmonelleninfektion* werden.

▶ Kadaver z. B. von Katzen oder Ratten, aber auch große Mengen Hühnerkot können ihre Umgebung durch Kontakt mit den ausgeschiedenen *Klostridien* infizieren (Rauhfutter, evtl. auch Wasser). Pferde, hierdurch an *Botulismus* erkrankt, zeigen Lähmungserscheinungen, Koliken und Unvermögen zum Aufstehen.

Um fütterungsbedingten gesundheitlichen Problemen in der Pferdehaltung vorbeugen zu können, werden vermehrt Futterproben zur Beurteilung und Analyse an die entsprechenden Institute gesandt. Nicht zuletzt aus Kostengründen muß der Auftraggeber eine Vorstellung darüber haben, welche Untersuchung er durchgeführt haben möchte, zumal aus dem Ergebnis der Untersuchung auch eine Konsequenz gezogen werden soll.

Wichtigstes Kriterium für ein Futtermittel ist dessen hygienische Beschaffenheit. Dabei geht es in gezielten Untersuchungen über die normalen Beurteilungskriterien der Sinnenprüfung hinaus, indem die Zahl der koloniebildenden Einheiten pro g Futtermittel von Bakterien, Pilzen und Hefen bestimmt wie auch grundsätzlich nach Futtermilben gesucht wird. Durch ungenügend gereinigtes Getreide (Hafer, Gerste, Mais) oder auch verunreinigte oder feuchtwarme Lagerplätze (Pellets, Heu) kann sehr leicht die hygienische Beschaffenheit der Futtermittel die Leistung oder gar die Gesundheit der Pferde beeinträchtigen, bis hin zu Todesfällen über Koliken. In überhöhter Zahl können Bakterien oder deren Toxine z. B. Verdauungsstörungen, Organschäden (Leber, Euter), nervöse Erscheinungen und Lähmungen, Schimmelpilztoxine z. B. Verdauungsstörungen , Organschäden (Leber, Niere), Aborte und nervöse Ausfallerscheinungen und Hefen Aufgasungen im Verdauungskanal verursachen. Im Zusammenhang mit der Verfütterung von milbenbefallenen Futtermitteln werden eine verringerte Akzeptanz, eine Schwerfuttrig-

Auch eine optisch herrliche Weide kann Mängel hinsichtlich der Gehalte an Mineralstoffen (z. B. Kalzium, Magnesium, Natrium) und Spurenelementen (z. B. Kupfer, Zink) aufweisen. Erst Grasuntersuchungen geben Aufschluß.

keit, angelaufene Beine bis hin zur Kolik beobachtet. Häufig findet man überhöhte Bakterien-, Pilz- und Hefengehalte nicht isoliert, sondern allgemein erhöht und auch im Zusammenhang mit einem Milbenbefall. Dadurch wird das gesundheitliche Risiko bei Verfütterung ganz deutlich erhöht.
Als obere Grenze für Pferdefuttermittel gelten:

- ☐ Bakterien: über 10–50 Mio koloniebildende Einheiten/g.
- ☐ Pilze: über 100 000 koloniebildende Einheiten/g.
- ☐ Hefen: über 10 000 koloniebildende Einheiten/g.
- ☐ Milben: mehr als geringgradig ohne Erhöhung von Bakterien, Pilzen und Hefen.

Derart belastete Futtermittel sollten für Pferde keine Verwendung finden.
Bei bestimmten Nährstoffen aus Grundfuttermitteln, wie z. B. Weidegras, Anwelksilage und Heu sollten gezielte Analysen erfolgen, da Tabellenwerte zu ungenau sein könnten und man erhebliche Mängel sonst erst über gesundheitliche Veränderungen z. B. des Skeletts bemerken würde (Tab. 15). In erster Linie erscheint es für jeden Betrieb wichtig zu sein, Kalzium, Phosphor und Kupfer aus dem Aufwuchs des Grünlandes bestimmen zu lassen, um bestimmte kurz- oder langfristige Korrekturen einleiten zu können. Beim Kalzium und beim Phosphor reicht es, das Verhältnis aus den Analysen zu bilden, um eine Information zu haben. Bei einem sehr engen Verhältnis (0,8–1,2 : 1) werden jährliche Nachkontrollen und nachhaltige Veränderungen von Düngungsgewohnheiten, Besatzstärke usw. notwendig.

Tabelle 15
Interpretation von Weidegrasuntersuchungen

Ca/P-Verhältnis:		
1,5–2 : 1	=	optimal
1,2–1,5 : 1	=	Ergänzung notwendig (2–3mal pro Woche)
0,8–1,2 : 1	=	Beweidung nur im Wechsel mit Stallhaltung möglich; oder wenn tägliche Ergänzungen erfolgen
Kupfergehalt:		
über 10 mg/kg		Trockenmasse: normal
unter 8 mg/kg		Trockenmasse: tägliche Ergänzungen bei Jungpferden notwendig

Pony – Aufzucht, Ausbildung und praktischer Umgang

MARIE FREIFRAU VON REDWITZ
Welsh-Pony-Züchterin, Hengsthalterin sowie Fahrwartin
Giglberg, Rennertshofen

Das Pony hat sich schon immer großer Beliebtheit erfreut. Vor allem wird es seit langem gern als Spielgefährte für Kinder gehalten. Seine Entwicklung zum geeigneten, zuverlässigen Kinderreitpferd, anspruchsvollen Sportpony und ausgezeichneten Kutschpferd vollzog sich bei uns dagegen erst in den letzten Jahrzehnten.

Die meisten Ponyrassen stammen von den Britischen Inseln, wo sie seit Menschengedenken draußen in der freien Natur leben. Zwar herrscht dort ein gleichmäßigeres Klima als hier auf dem Kontinent – im Sommer nicht so heiß, im Winter bei weitem nicht so kalt –, dafür aber ist das Klima rauh und feucht, Dauerregen und karges Futter erschweren das Leben. Dort war und ist es immer möglich, die Ponys auf weiten Flächen das Jahr über sich mehr oder weniger selbst zu überlassen. Sie können in den Wäldern Schutz vor Wind, Kälte, Sonne und Hitze finden, sie trinken aus Bächen mit frischem Wasser, und nur im Winter werden sie zeitweilig gefüttert. So haben nur die wirklich gesunden, genügsamen Tiere mit guten Lungen, festen Hufen, starken Sehnen, dichtem Fell, scharfen Augen und schnellen Beinen durch Jahrhunderte überlebt. Diese Eigenschaften haben wir zu schätzen gelernt, und wir sollten sie durch sinnvolle Haltung in der Zucht bewahren. Wenn wir diese Ponys im warmen Stall mit viel Kraftfutter und wenig Bewegung halten, werden sie sich zwar auch daran gewöhnen, aber diese Haltungsart wird sich in den kommenden Generationen negativ auswirken. Die oben aufgezählten natürlichen und positiven Eigenschaften werden unter derartigen Bedingungen langsam, aber sicher zurückgebildet.

Für Zucht- und Freizeitponys kann man auch hierzulande durchaus Lebensbedingungen ähnlich den ursprünglichen schaffen. Die Alternative zur Stallhaltung ist die oft mißverstandene Offenstallhaltung. Diese wird in Abhängigkeit von den gegebenen Platzverhältnissen unterschiedlich gestaltet. Das Ziel heißt: ein für Ponys geselliges Herdenleben schaffen mit viel frischer Luft und Bewegung bei natürlicher Fütterung. Das heißt nicht, die Ponys auf die Wiese zu stellen und sie dort ohne menschliche Fürsorge sich selbst zu überlassen. Die Offenstallhaltung verlangt ein gutes Beobachten und individuelle Betreuung der einzelnen Tiere. Sie ermöglicht den heranwachsenden Ponys, im Spiel ihre Muskeln und Lungen zu entwickeln und zu stärken. Ihre natürlichen Instinkte können sich im Herdenverband voll entfalten. Für Sportponys aber, die jederzeit bereit sein müssen, sportliche Leistungen zu bringen und demnach weder im Winter ein dickes Fell noch im Sommer einen Grasbauch haben dürfen, ist diese Haltung nicht geeignet.

Haltung des Ponys

Sommerhaltung

Im Sommer leben Ponys am liebsten – und auch am gesündesten – auf der Weide. Sie ist ihr natürlicher Lebensraum, hier können sie im Herdenverband gesellig miteinander leben, und sie können sich ausschließlich vom Gras ernähren. Die Ponys benötigen auf der Weide einen Weideschuppen oder Laufstall, den sie nach Belieben aufsuchen können, um dort Schutz vor lästigen Fliegen und anderen Insekten zu suchen. Wenn es die Witterung erfordert, stellen sie ihren Tagesrhythmus um, d. h. sie grasen nachts, wenn es kühl ist und verbringen die heißen Sommertage schlafend im Laufstall. Es ist falsch, Ponys, die keinen freien Zugang vom Stall zur Weide haben, während der heißen Jahreszeit tagsüber hinauszulassen und nachts in den Stall zu sperren. An regnerischen und kühlen Sommertagen suchen Ponys von sich aus kaum ihren Laufstall auf. Sie mögen den Regen und den Wind, die ihre Haut und ihr Fell pflegen. Zuweilen muß man die Ponys bei begrenzten Weideflächen von den Weiden fernhalten, damit die Weiden wieder nachwachsen können. Dies ist besonders im Frühjahr der Fall, am Anfang der Vegetationszeit oder bei sehr nasser Witterung. Um den Tieren auch während dieser Zeit den Auslauf zu ermöglichen, empfiehlt es sich, am Laufstall einen kleinen eingezäunten Vorplatz zu haben, der immer begehbar ist und ohne Mühe täglich vom Kot befreit werden kann. Die tägliche Kotentnahme ist eine der wichtigsten Maßnahmen im Zusammenhang mit der Parasitenbekämpfung des Pferdebestandes. Eine erfolgreiche Bekämpfung ist nur dann möglich, wenn systematisch über das ganze Jahr hinweg regelmäßig Wurmkuren durchgeführt werden.

Ponys, die nicht im Sport eingesetzt werden, können sich von Anfang Mai bis Ende Oktober ausschließlich von der Weide ernähren.

Winterhaltung

Im Frühherbst beginnen die Ponys, sich für den Winter vorzubereiten. Sie tauschen ihr kurzes seidiges Haarkleid allmählich gegen einen Winterpelz aus. Das Unterhaar wird wollig und flauschig, Schweif und Mähne werden länger. Auch das Oberhaar wird lang und ist so wasserableitend. Wie die Wildtiere fressen sich die Ponys jetzt Winterspeck als Schutz gegen die Kälte an und schützen sich somit gegen Wetter und Wind.
Die gesündeste und natürlichste Winterhaltung für Ponys ist deshalb die Offenstallhaltung. Die Ponys werden draußen gehalten mit freiem Zugang zu einem Laufstall. Ein winterfester Laufstall ist nicht schwierig einzurichten, es sind dabei nur einige wichtige Punkte zu berücksichtigen: Der Stall muß zugfrei, hell und trocken sein. Man baut ihn so, daß die Öffnung windgeschützt nach Süden oder Osten geht. Die Größe des Stalls richtet sich nach der Anzahl und Größe der Ponys. Man rechnet ca. 15–20 m^3 für Ponys bei einem Stockmaß bis 120 cm, und bis 27 m^3 für Ponys bei einem Stockmaß bis 148 cm. Der Boden soll etwas höher als der Auslauf sein, damit kein Regenwasser hineinlaufen kann. Als Untergrund wird eine Matratze aus Stroh auf Naturboden (Lehm) angelegt. Möglichst jeden Tag wird reichlich frisches Stroh eingestreut. Die Oberfläche bleibt so warm und trocken und das Klima im Stall entsprechend. Zweimal im Jahr wird die Matratze entfernt und der Stall desinfiziert. Bei größeren Ställen wird der Stall so gebaut, daß eine Wand zu öffnen ist und man mit dem Frontlader eines Traktors ausmisten kann.
Im Stall werden mindestens zwei Heuraufen angebracht, damit alle Ponys auch bei Rangeleien in Ruhe fressen können. Die Wasserversorgung erfolgt am einfachsten über Selbsttränken, die möglichst gut isoliert, eventuell elektrisch beheizbar sein sollten. So haben die Ponys Sommer wie Winter immer Zugang zu frischem Wasser.
Zuchtstuten, Jungtiere und Ponys, die während des Winters keine Leistung erbringen müssen, sollen in einem Laufstall ohne Türe nach Belieben ein- und ausgehen können. Auch sollte man wissen, daß Ponys, die im Winter geritten oder gefahren werden, sehr leicht wegen ihres dicken Fells schwitzen. Selbst wenn man diese Ponys gut trockenreibt und dann noch eindeckt, werden sie sehr langsam trocken. Für diese Ponys sollte ein geschlossener Stall zur Verfügung stehen, in dem sie trocknen können.

Die Weide und Weidepflege

Von Anfang Mai bis Ende Oktober können sich Ponys, die nicht im Leistungssport eingesetzt werden, ausschließlich von der Weide ernähren. Man benötigt für Ponys bis zu einem Stockmaß von 120 cm ca. 0,4–0,5 ha Grünland, für Ponys bis 148 cm Stockmaß, bis 0,7 ha – je nach Beschaffenheit der Weide. Weiden, die fast ganzjährig von Ponys begangen werden, brauchen eine sorgfältige Pflege. Trockene Wiesen sind ideal, da die Verwurmungsgefahr geringer ist und Beine und Hufe der Tiere gesund bleiben. Das wichtigste und wirksamste Mittel zur Bekämpfung von Würmern ist jedoch die regelmäßige Entwurmung der Ponys, planmäßiger Wechsel der Weidefläche sowie die Pflege von Mähwiesen und Weiden.
Wenn die Wiesen frostfrei und abgetrocknet sind, werden sie als erstes mit einer Wiesenwalze gewalzt. Durch den Druck der Walze bekommt die durch den Frost angehobene Grasnarbe wieder Verbindung mit dem Boden, werden Wühlmäuse bekämpft und die Unebenheiten der Wiese beseitigt, was später das eventuelle Mähen erleichtert. Anschließend werden die Wiesen mit einer Wiesenegge abgeschleppt. Die Grasnarbe wird dadurch aufgelockert, altes Gras und Moos ausgerissen, Luft und Licht lassen das neue Gras wachsen. Wer sein Pony eingespannt hat, kann sich zum Teil auch ohne Traktor helfen. Mit einem schweren, auseinandergeschnittenen Traktorreifen (die Schnittseite zeigt nach unten) schleppen die Ponys leicht kleinere Wiesen ab. Durch das Aufsammeln von Ästen und größeren Steinen erspart man sich später beim Mähen viel Ärger.
Gedüngt wird rund 160–200 kg Kali pro Hektar, 80 kg Phosphor und Stickstoff nach Bedarf, die erste Gabe mit etwa 80 kg. Nach dem ersten Schnitt bzw. Weidegang kommt die zweite Stickstoffgabe mit etwa 60 kg je Hektar. Dies sind Faustzahlen. Besser ist es, den Düngebedarf durch Bodenuntersuchungen feststellen zu lassen. Düngermengen sollten an der unteren Grenze des jährlichen Bedarfs liegen. Am besten fragt man in gewissen

Abständen einen Berater des zuständigen Landwirtschaftsamtes. Ponys sollten von gedüngten oder behandelten Wiesen 2–4 Wochen ferngehalten werden. Hat es bald nach der Düngung geregnet, genügen 2 Wochen, bei längerer Trockenperiode ist eine Frist von 4 Wochen einzuhalten.
Um die Osterzeit (Forsytienblüte) läßt sich Moos mit Hilfe von Kalkstickstoff bekämpfen, auch knospender Löwenzahn wird gut beseitigt. Insbesondere werden aber die Lungenwürmer und Magen-Darmparasiten vernichtet. Brennesseln können durch mehrmaliges Mähen in Schach gehalten werden. Den breitblättrigen Ampfer, der vor allem auf gut versorgten feuchten Böden vieler Wiesen wuchert, kann man mit einem speziell hierfür entwickelten Mittel (z. B. »Asulox«) einzelpflanzenweise oder horstweise bekämpfen, bei größeren Flächen kann man mit einer landwirtschaftlichen Feldspritze die Wiese ganzflächig behandeln. Wertvolle Nutzkräuter und Leguminosen (Klee, Luzerne) werden ebenso geschont wie die Futtergräser. Der Ampfer sollte dabei schon eine gewisse Blattmasse, aber noch keine Samentriebe haben. (Ausführlich wird das Thema »Giftpflanzen« innerhalb des Kapitels über Pferdefütterung beschrieben.) Wüchsiges Wetter und gute Nährstoffversorgung des Bodens gehören zu jeder erfolgreichen Unkrautbekämpfung. Wo nur Pferde weiden, entstehen dort, wo die Tiere regelmäßig ihren Kot fallen lassen, sog. Gailstellen. Die Tiere fressen das Gras dieser Stellen nicht, und dadurch geht viel Futter verloren. Nach jeder Beweidung sollte man daher diese Stellen ausschneiden und das Gras wegfahren. Für das Ausmähen kleinerer Gailstellen eignet sich eine Motorsense recht gut. Wer die Möglichkeit hat, Rinder oder Schafe nach- oder mitweiden zu lassen, wird weidetechnisch mit den Gailstellen wenig Schwierigkeiten haben. Sie fressen nämlich das Gras der Gailstellen, und in ihrem Verdauungsapparat gehen die mit dem Gras aufgenommenen Wurmlarven kaputt.

Heuernte

Ab Mitte Juni ist bei Pony- und Pferdebesitzern Heuerntezeit. Das Heu – der erste Schnitt – ist für Ponys besser geeignet als das sogenannte Grummet – das Heu vom zweiten Schnitt. Letzteres ist weich und eiweißreich und eignet sich als Futtermittel deshalb besser für Kühe als für Pferde.
Das Gras wird erst geschnitten, wenn es blüht und reichlich auf der Wiese steht. Wer sein Heu selbst macht, weiß um dessen Vor- und Nachteile. Von Vorteil ist, daß man genau Bescheid weiß über die Beschaffenheit der Wiese, wie sie gedüngt, wann das Gras geschnitten und wie es getrocknet worden ist. Nachteilig ist der hohe eigene Arbeitsaufwand, nicht zu sprechen von dem psychischen Einsatz, wenn Gewitterwolken aufziehen oder ein Wetterumschwung die Arbeit von zwei Tagen zunichte macht. Wer selbst keinen landwirtschaftlichen Betrieb hat und vielleicht mit seinen Ponyarbeiten an die Wochenenden gebunden ist, kann natürlich das schöne Heuwetter nicht für das Wochenende bestellen.
Für Ponys ist das Heu Hauptfutter, daher ist beim Kauf dieses Futters besondere Sorgfalt anzuraten. Die Farbe soll grünlich, nicht gelb oder grau sein, der Geruch frisch und aromatisch, auf keinen Fall schimmelig, und der Griff trocken und relativ hart. Am besten und billigsten kauft man das Heu direkt von der Wiese, die man kennt. Bei lose gelagertem Heu ist die Verschimmelungsgefahr nicht so groß. Frisches Heu muß 6–8 Wochen lagern, ehe es verfüttert werden darf; wird es zu früh verfüttert, besteht Kolikgefahr.

Fütterung

In den Ländern, in denen unsere Ponyrassen seit jeher wild leben, haben sie sich ausschließlich von Gräsern und Kräutern ernährt. Das Hauptfutter ist auch bei uns das Gras und das Heu geblieben. Bei der Fütterung muß man allerdings Unterschiede treffen zwischen Zucht-, Freizeit- und Sportponys.
Zur Weidezeit erhalten Zucht- und Freizeitponys ausschließlich Gras. Es enthält alle Mineralstoffe und Vitamine, die Ponys brauchen, und ist besonders für heranwachsende Tiere unentbehrlich. Viele unserer Weiden sind für Ponys allerdings zu fett, als daß sich nicht mehr im Wachstum befindliche Ponys uneingeschränkt davon ernähren sollten. Sie werden leicht zu dick, was zu Faulheit führt und im schlimmsten Fall auch zur Hufrehe. Bei diesen Ponys ist es besonders wichtig, »mit dem Auge« zu füttern und sie nur beschränkte Zeit auf der Weide zu lassen. Wenn

Zuchthengste bekommen zur Deckzeit, Zuchtstuten über das ganze Jahr hinweg Hafer als Zusatzfutter.

man Ponys das ganze Jahr auf der Weide halten kann, was natürlich nur bei großen Weideflächen möglich ist und demnach nur sehr selten, gewöhnen sie sich im Frühjahr langsam an das neue Gras. Es gibt nur allmählich etwas zum Knabbern. Bis das saftige Gras kommt, hat sich der Magen dann umgestellt. Man kann bei kleinerer Weidefläche die Weiden im Frühjahr aufteilen und so den Ponys die Möglichkeit geben, sich auf kleinen Flächen langsam auf das begehrte Futter umzustellen, ohne daß die gesamte Weide kahlgefressen wird. Im Winter besteht dagegen das Futter aus Heu und Hafer- oder Weizenstroh. Bei reiner Stallhaltung sollte man eventuell eine andere Fütterungsart als die reine Heufütterung wählen. Grascobs haben sich bespielsweise bewährt. Im Offenstall gehaltene Ponys vertragen das Heu meist gut und man sollte es mit Stroh gemischt in Raufen anbieten. Die Ponys fressen dann immer wieder wenig und langsam, statt viel und schnell auf einmal. Dies entspricht dem Verdauungsmechanismus der Ponys auch besser.
Mit der Haferfütterung sollte man bei Ponys, die keine Leistung in Zucht oder Sport bringen, sehr vorsichtig sein. Sie brauchen den Hafer nicht. Umgängliche und ruhige Ponys werden durch ihn nerviger und sind dann als Reitponys für kleinere Kinder ungeeignet.
Zuchthengste bekommen zur Deckzeit, Zuchtstuten über das ganze Jahr Hafer als Zusatzfutter. Ponys unter 120 cm Stockmaß gibt man bis zu 1 kg und größeren Ponys bis zu 2 kg täglich. Auch Fohlen brauchen täglich Hafer nach dem Absetzen und über den ersten Winter. Die Erfahrung hat gezeigt, daß die durchgezüchteten, reinrassigen Ponys ab Jährlingsalter meistens kein Zusatzfutter benötigen, wohl aber die meisten Kreuzungsprodukte zwischen Ponys und anderen Pferderassen. Ponys, die durch Arbeit oder Sport sehr gefordert werden, gibt man Hafer je nach Beanspruchung. Mineral- und Salzlecksteine sollen im Stall immer zugänglich sein.
Das Kapitel »Möglichkeiten der praktischen Pferdefütterung« gibt weitere wertvolle Hinweise zu den verschiedenen Futtermitteln.

Der Haarwechsel des Ponys

Im Frühjahr und im Herbst wechseln die Ponys ihr Fell. Bei Ponys, die im Winter draußen leben, ist dies besonders auffällig. Zu beobachten ist, daß auch Ponys, die genügend mit Vitaminen und Mineralstoffen versorgt sind, in dieser Zeit einen Heißhunger auf Baumrinde bzw. die darin enthaltene Gerbsäure haben. Sie schälen alle Bäume und Äste, die in Reichweite sind. Welcher Ponyhalter hat sich nicht schon darüber geärgert! Dem kann man vorbeugen, indem man Bäume, die auf der Wiese stehen, einzäunt und Äste von frischem Laubholz zum Schälen anbietet. Junges Eschen- und Buchenholz ist bei den Ponys besonders beliebt.

Die Pflege des Ponys

Die Pflege von im Freien gehaltenen Ponys unterscheidet sich von jenen, die im Stall gehalten werden. Wie alle Pferde lieben es auch die Ponys, sich zu wälzen, wodurch ihre Haut massiert wird; Wind und Regen sorgen für weitere Haut- und Fellpflege. Werden die Ponys geritten oder gefahren, so bürstet man sie sauber, striegelt aber möglichst nicht zu fest, um die schützende Fettschicht auf der Haut zu lassen.
Die Haare am Schweifansatz dürfen nicht kurz geschnitten werden; sie sollen das Wasser ableiten und verhindern, daß es in die Schamgegend eindringt. Auch die Mähne wird möglichst lang belassen als Schutz vor Fliegen.
Ponys müssen nur in seltenen Fällen beschlagen werden, da sie einen festen Huf haben. Bei Fahrponys, die jedoch häufig auf geteerten oder steinigen Straßen laufen müssen, ist der Hufbeschlag zu empfehlen. Je nach Huf-

Umgänglichkeit und Leistungsbereitschaft sind auch in der Ponyzucht wichtig.

und Bodenbeschaffenheit sowie nach Verwendung des Ponys läßt man die Hufe vom Schmied etwa dreimal jährlich ausschneiden. An dieser Stelle sei auch auf das Kapitel »Hufkorrektur, Hufbeschlag und Hufpflege« verwiesen.

Ponyzucht

Die Ponyzucht in der Bundesrepublik Deutschland ist noch relativ jung. Nach dem Zweiten Weltkrieg fing man vor allem an, Shetlandponys zu züchten, später gefolgt von den Ponyrassen der Britischen Inseln, den Isländern und den Norwegern. Das Ziel dieser Zuchten war es, ein unkompliziertes und umgängliches Pony innerhalb der Reinzucht weiterzuzüchten. Die Zuchtrichtlinien wurden damals teilweise aus dem Mutterland übernommen. Die bundesweit organisierten Interessengemeinschaften der verschiedenen Rassen haben erfolgreich für die Konsolidierung und Bewahrung ihrer Rassen nach internationalem Standard gearbeitet. Dieser Standard ist ab 1994 in Deutschland wie europaweit gültig. Seit ca. 30 Jahren züchtet man gezielt das »Deutsche Reitpony« (siehe auch das Kapitel »Pferderassen und Zuchtgebiete«), um den immer größeren Bedarf an rittigen, leistungswilligen, großen Turnierponys zu decken. Der Anfang wurde im Zuchtgebiet Westfalen gemacht, das jetzt mit Rheinland und Weser-Ems führend in der Reitponyzucht ist. So ist es heute für den Ponykäufer möglich, das für ihn und seine Ambitionen passende Pony zu finden.

Die Züchterszene unterscheidet sich ganz wesentlich von jener der Großpferdezüchter; es gibt zwar Ponyzüchter, die regelmäßig und gezielt züchten, mit wenigen Ausnahmen sind sie aber als Hobbyzüchter zu bezeichnen. Der Ponyzüchter trägt eine große Verantwortung, denn er züchtet Tiere, die zu halten nicht jedermanns Sache ist. Die Voraussetzungen für ein glückliches Leben haben nur Ponys, die auch einen Verwendungszweck finden und die entsprechenden Anlagen dafür mitbringen. Ponys werden zwar mitunter von Menschen als Zierde im Garten gehalten, aber eigentlich sind sie Kinderreitpferde und Kutschenpferde.

Die Ponys können noch so schön sein, wenn sie nicht umgänglich und leistungsbereit sind, werden sie nie ein langes, glückliches Ponyleben führen.

Zur Zucht sollen nur unkomplizierte und charakterlich einwandfreie, korrekte und leistungswillige Ponys genommen werden.

Das Decken

Die Fruchtbarkeit bei Ponys ist größer als bei Großpferden, was auf ihren geringeren Domestizierungsgrad zurückzuführen ist. Meistens fangen die Stuten an zu rossen, wenn die erste wärmende Frühlingssonne scheint, und sie das erste saftige Gras bekommen. Frühestens im Alter von 3 Jahren werden sie gedeckt. Ein früherer Decktermin würde auf jeden Fall ihr Wachstum und ihre Entwicklung hemmen. Eine hohe Befruchtungsziffer ist besonders dort zu beobachten, wo der Ponyhengst frei in der Herde deckt. Ein Ponyhengst, der das ganze Jahr mit seinen Stuten lebt, erfüllt seine Aufgabe naturgemäß, paßt auf seine Herde auf und ist ruhig und zufrieden. Er kann sogar bei der Geburt der Fohlen in der Herde bleiben.
Kann ein Hengst zum Beispiel durch gegebene Stallverhältnisse den Winter über nicht bei seiner Herde bleiben, weil jüngere Stuten oder Wallache dort sind, so kann er die Weidezeit wieder mit den Stuten zusammen verbringen. Wichtig ist dann, daß man die Stute erst mit ihm laufen läßt, wenn sie rossig ist. Andernfalls wird er sie manchmal treiben und hetzen, was zu schweren Verletzungen führen kann.
Wenn fremde Stuten von einem frei lebenden Hengst gedeckt werden sollen, muß man sie auf einer von der heimischen Herde getrennten Weide unterbringen. Eine Herde nimmt nur sehr langsam und mit äußerstem Mißtrauen eine fremde Stute auf. Wenn »ihr« Hengst die Fremde decken will, gehen sie oft dazwischen, und es kann geschehen, daß die Stute gar nicht gedeckt wird. Dieses Störverhalten ist auch zu beobachten, wenn ein Hengst zusammen mit mehreren fremden Stuten, die einander nicht kennen, zum Dekken auf der Weide gehalten wird. – Natürlich kann ein frei deckender Hengst Gaststuten auch an der Hand decken.

Die Trächtigkeit

Während der Trächtigkeit soll die Stute sich so viel wie möglich frei bewegen können. Für Stuten im Laufstall ist dies kein Problem. Sie können auch täglich leichte Arbeit verrichten, beispielsweise die gewohnten Ausritte und Kutschenfahrten oder im Winter bei Schnee die Ausfahrt mit dem Schlitten.
Die beste Winterfütterung während dieser Zeit ist Heu-Haferfütterung mit genügend Vitamin- und Mineralstoffen. Die regelmäßige Wurmkur darf auch hier nicht vergessen werden.

Die Geburt

Ponys, die bei uns in Deutschland die Lebensart ihrer seit Generationen existierenden Artgenossen beibehalten durften, werden genauso leicht aufnehmen und gebären wie schon durch Jahrhunderte. Nicht nur natürliche Fütterung, uneingeschränkte Bewegungsfreiheit, sondern auch ein »seelisch« ausgeglichenes Leben unter ihresgleichen wird ihnen weiterhin helfen, ihre Fohlen so problemlos zu bekommen, wie es in der Wildnis für das Überleben des Bestandes notwendig ist.
Wenn die Ponyfohlen erst in die warme Jahreszeit hineingeboren werden, bringt dieser in der sonstigen Pferdewelt ungewohnt späte Geburtstermin für das Ponyfohlen nur Vorteile. Bei warmer Witterung können die in den ersten Lebensstunden empfindlichen Fohlen auf einer sauberen Wiese zur Welt kommen; der Stall kann noch so sauber gehalten werden – die Infektionsgefahr auf der Wiese ist auf jeden Fall geringer.
Die meisten Ponyfohlen kommen abends oder in den frühen Morgenstunden zur Welt, wenn Ruhe herrscht und die Stute sich ganz ungestört fühlen kann. Sie ist am Tag davor schon auffallend ruhig und »horcht nach innen«, das Euter ist prall, manchmal tropft die Milch. Die Stute sucht einen für sich und das Fohlen geeigneten Platz für die Geburt aus, was von den anderen Ponys zwar wahrgenommen, jedoch kaum beachtet wird. Die Geburt geht sehr rasch, in 10–30 Minuten ist sie vorbei. Bald steht das Fohlen auf und sucht das Euter seiner Mutter. Es wird sofort ohne viel Aufsehen in der Herde akzeptiert. Läßt man dagegen eine Mutterstute mit Fohlen nach einigen Tagen erst wieder vom Stall zu ihren Weidegefährten, gibt es ein aufgeregtes Hin und Her. Jungstuten, die dieses Verhalten der Herde nicht kennen, lassen sich dabei mitunter von ihrem Fohlen trennen und es entstehen Momente der Verletzungsgefahr.

Die Fohlenaufzucht

Schon in den ersten Tagen ihres Lebens fangen die Fohlen an, ihre Umwelt zu entdecken. Sie sind sehr neugierig und ziehen immer größere Kreise um ihre Mutter. Bald brauchen sie auch andere Fohlen als Spielgefährten. Ein älteres Fohlen »pirscht« sich an ein jüngeres heran und fordert es so lange zum Spielen auf, bis es mitmacht. Später suchen sie ihre Mutter nur zum Trinken auf, wenn sie nicht gerade spielen oder schlafen. Sehr wichtig für die Entwicklung ist ein großer Bewegungsraum im Freien.

Wenn Ponyfohlen 5–6 Monate alt sind, ist es Zeit, sie von ihren Müttern zu trennen, insbesondere dann, wenn diese wieder trächtig sind. Das Absetzen der Fohlen erfordert eine gewisse Vorbereitung. Einige Wochen davor füttert man Mütter und Fohlen mit dem Zusatzfutter, das sie über den Winter bekommen sollen, damit sie es dann alleine ebensogut annehmen. Sie werden nochmals entwurmt, der Hufschmied schneidet die Hufe aus und korrigiert etwaige Stellungsfehler (s. hierzu auch das folgende Kapitel über »Hufkorrektur«). Die Fohlen müssen unbedingt gut ans Stallhalfter gewöhnt sein und sich willig einfangen lassen.

Es gibt verschiedene Arten, Fohlen abzusetzen; zum Beispiel kann man sie langsam entwöhnen, sie in immer größeren Abständen trinken lassen und sie in getrennten Boxen neben der Mutter unterbringen. Dies erfordert Platz, gute Boxen und eine Menge Zeit; der Trennungsschmerz wird dadurch jedoch nicht kleiner. Besser ist es, die Fohlen von den Stuten auf einmal zu trennen und sie auf getrennte Weiden außer Sicht- und Rufweite voneinander zu bringen. Die Fohlen sollten mindestens zu zweit sein oder mit älteren, ihnen vertrauten Ponys gehen. Die Stuten, die nach kurzer Zeit nicht mehr nach ihren Fohlen rufen, müssen sich viel bewegen können, damit die Milchbildung versiegt und das Euter sich zurückbildet. Nach ca. 6 Wochen bleibt die Milch ganz aus und man kann die Fohlen wieder zu ihren Müttern lassen. Die Stuten passen den Winter über zwar auf ihre Kinder auf, schlagen sie aber sofort ab, wenn sie zu trinken versuchen.

Im Jährlingsalter können die Stuten bei der Herde bleiben, vorausgesetzt, der Hengst läuft nicht mit. Die Hengstjährlinge werden rechtzeitig vor der Geschlechtsreife aus der Herde entfernt. Als Zuchthengste werden nur Spitzenfohlen aufgezogen, die auch von der Abstammung her interessant sind. Sie sollen

Ein später Geburtstermin bringt dem Ponyfohlen nur Vorteile. Bei warmer Witterung können die Fohlen auch auf einer sauberen Wiese zur Welt kommen.

Therapie, Training und Regeneration von Sportpferden in Verbindung mit tierärztlicher Kontrolle: Der Swimmingpool für Pferde im Pferde-Physiotherapie-Center in Dießen/Seehof. An der Longe drehen die Pferde hier ihre Runden.

Das »Schwimmtraining« dient in den meisten Fällen zur Regeneration nach Verletzungen und Operationen bei Muskel- und Sehnenschäden, Gelenkfrakturen und zur Stimulierung des Herz-Kreislauf-Systems.

Polo als ritterliches Kampfspiel ist eines der ältesten Spiele der Welt und wurde früher vor allem in China, Indien, Persien, Arabien und im Sudan gespielt. In Assam/Indien gründeten britische Soldaten 1859 den ersten Polo-Club der Welt, und wenig später brachten sie dieses rasante Ballspiel zu Pferde dann auch nach Europa. Die Zentrale dieses Sports befindet sich in Hurlingham/West Sussex (GB). Die Hurlingham Polo Association ist eine hochangesehene Institution, die für das Reglement (Wettspiele) zuständig ist. Polo-Ponys werden vorwiegend in Argentinien gezüchtet. Der schwierigste Teil der Ausbildung ist die Überwindung der »Ballscheu«.

Plötzliches Abstoppen bis zum Halten, Kehrtwendung auf der Hinterhand, fliegende Galoppwechsel, schnelle Sprints, Ausdauer und Härte charakterisieren die körperlichen Anforderungen an das Pferd hinsichtlich Technik und Kondition.

Schule über der Erde – hier eine Levade. Die Hohe Schule der Reitkunst lehren und demonstrieren neben der Spanischen Reitschule in Wien nur noch die Königlich Andalusische Hofreitschule aus dem spanischen Jerez de la Frontera sowie die Ecole Nationale d'Equitation in Saumur, Frankreich, bei den Vorführungen des Cadre Noir.

Voltigier-Wettbewerbe sind inzwischen zu einer festen Einrichtung im Turniersport geworden. Gruppen-Vorführungen sind auch als Schauprogramm sehr beliebt.

Die weltweit bekannte Royal Dublin Horse Show ist seit 1868 jedes Jahr das Schaufenster der irischen Pferdezucht. Ein wichtiger Programmpunkt ist neben den Ponyprüfungen auch die Hunter-Prüfung der Ladies im Damensattel.

Cavalo Lusitano, ein nervenstarkes, edles Pferd mit großer Tradition. Diese Pferderasse galt im 16. und 17. Jahrhundert als das königliche Pferd schlechthin.

Das Spanische Pferd (Pura Raza Española), seit Jahrhunderten für den Stierkampf gezüchtet, ist für die Hohe Schule besonders geeignet.

Der Friese, gezüchtet in der Provinz Friesland, war früher ein Nutzpferd in der Landwirtschaft. Friesen sind ausschließlich Rappen und berühmt wegen ihrer hohen Knie-Aktion.

eine unbekümmerte Jugendzeit verbringen, außer Sicht-, Hör- und Reichweite von Stuten unter ihresgleichen und mit viel Bewegungsfreiheit. Nur so können sie sich zu ausgeglichenen, gut bemuskelten Hengsten entwickeln.

Erziehung der Ponyfohlen

Ponyfohlen brauchen, wie alle Kinder, neben einer guten Kinderstube eine entsprechende Erziehung. Eine gut erzogene Stutenherde erleichtert die Arbeit entscheidend, denn die jungen Ponys lernen von ihren Müttern und verhalten sich dann wie sie.
Manche Fohlen sind gleich zutraulich, kommen sofort auf einen zu und lieben es, gekrault zu werden. Andere sind scheu und verstecken sich hinter der Mutter; mit diesen muß man sich besonders beschäftigen. Fohlen sind neugierig und kommen früher oder später auf Menschen zu, wenn man sich auf den Boden kauert. Sie schnuppern den »gefährlichen« Menschen mit langgestrecktem Hals ab und merken bald, daß er doch nicht so gefährlich ist. Wenn das Fohlen jetzt Zutrauen gefaßt hat, krault man es mit langsamen Bewegungen, und es merkt so, daß der Mensch Angenehmes tut. Ein Fohlen, das Zutrauen zum Menschen gefaßt hat, läßt sehr bald seine Füße aufheben und sich ein Stallhalfter anlegen. Es lernt auch bald, neben der Mutter geführt zu werden, obwohl es sich das erste Mal heftig widersetzt, von Menschen festgehalten zu werden.

Bei der Beschäftigung mit dem Ponyfohlen ist es nicht immer leicht, »erzieherische« Maßnahmen verständlich zu übermitteln.

Jede Arbeit, jede Beschäftigung mit dem Heranwachsenden braucht viel Zeit. Die Arbeit darf nie abgeschlossen werden, bevor das Pony das Abverlangte auch wirklich tut. Junge Ponys merken sich sofort, ob und wann sie ihren Willen durchsetzen können, deshalb darf man ihnen nicht zu viel auf einmal zumuten. In den ersten drei Jahren sollen sie nur lernen, mit dem Menschen zu leben und mit Freude mit ihm zu arbeiten. Die Erziehung des Fohlens soll mit etwas Angenehmem, wie Streicheln, verbunden sein. Auf keinen Fall darf man damit anfangen, Zucker oder Leckereien zu geben, da sie sonst anfangen zu betteln, was zum Schnappen und Beißen führen kann und den Tieren schwer abzugewöhnen ist. Das spielerische Schnappen ist bei Fohlen im Umgang mit ihresgleichen natürlich. Es muß ihnen aber gezeigt werden, daß sie Menschen nicht so behandeln dürfen. Durch einen Klaps, am besten mit einem Gegenstand und nicht mit der Hand, die lobend bleiben soll, ist es dem Pony bald »erklärt«. Auch ein spielerisches Ausschlagen gewöhnt man dem Fohlen so ab. Bei Fohlen, denen das Beißen und Ausschlagen nicht frühzeitig abgewöhnt wurde, kann dies zur Untugend führen, die später als Bösartigkeit ausgelegt wird. Man muß vor allem den Kindern klarmachen, daß man Fohlen nie, auch nicht spielerisch, wie einen jungen Hund herausfordern darf.
Welcher Ponybesitzer hat sich nicht einmal oder gar des öfteren darüber geärgert, daß sein Pony sich auf der Weide nicht einfangen ließ? Diese Ponys haben entweder mit den Menschen schlechte Erfahrungen gemacht oder sie sind falsch oder gar nicht erzogen worden. Dabei ist es so einfach, das Pony schon als Fohlen dazu zu erziehen, sich mit Freuden von der Weide holen zu lassen. Wenn es weiß, daß es stets bei der Ankunft im Stall etwas Gutes gibt – ein wenig Hafer, Äpfel, Karotten oder Brot –, dann wird es dem Menschen gerne folgen. Eine befriedigende Arbeit mit dem Pony wird man erst beginnen, wenn es sich auch willig fangen läßt. Ist das Pony allerdings schon sehr verdorben, entzieht es sich mit viel Raffinesse dem Halfter und verführt auch die anderen Ponys zum Weglaufen; der Besitzer wird dabei mehr Ärger als Freude haben. Wer sich dann auf einen Zweikampf mit seinem Pony einläßt, zieht den kürzeren; im Zweifelsfall ist das Pony immer schneller.

Als Hengst sollten nur die Fohlen aufgezogen werden, die eine Zukunft in der Zucht haben – also erstklassige und von der Abstammung her bedeutende Fohlen. Die Erziehung eines Ponyhengstes erfordert eine feste und konsequente Hand, aber auch Einfühlungsvermögen in die Psyche des Hengstes.

Nutzung des Ponys

Als Kinderreitpferde und Kutschenpferde sind Ponys bestens geeignet. Beim Ponykauf stellt sich die Frage: Stute, Wallach oder Hengst? Für Kinder kommen nur Stuten oder Wallache in Frage. Der schon mit einem Jahr kastrierte Hengst ist ein idealer Kindergefährte und Sportkamerad, der sich voll auf seinen Reiter konzentrieren kann. In der Aufzucht ist er problemlos und kann mit den Stuten leben. Es ist ein Trugschluß zu glauben, der Wallach würde schöner und temperamentvoller, wenn man ihn spät kastriert. Er wird durch schon entwickelte Hengstinstinkte eher eigenwilliger und komplizierter in der Haltung. Die Erfahrung hat auch gezeigt, daß Wallache länger wachsen und ein höheres Stockmaß erreichen als jene Ponys, die als Hengst gelassen werden.

Ein kleiner Bedarf an Deckhengsten wird immer bestehen. Mittelmäßige Hengste sind schwierig abzusetzen; es gibt kaum einen Markt dafür, da sie nur bedingt von Kindern geritten werden können. Die Erziehung eines Hengstes erfordert eine sehr konsequente Hand und gutes Einfühlungsvermögen in die Psyche des Tieres; ein Kind ist dazu meist nicht in der Lage.

Im Sport sieht man immer wieder Ponydeckhengste mit großen Erfolgen. Sie werden so auf ihren Leistungswillen, ihr Springvermögen usw. geprüft, und man kann sehen, ob sie als Vererber in der Zucht geeignet sind. Dies ist erforderlich und wichtig, verlangt aber vom jugendlichen Reiter viel Können und ein absolutes Vertrautsein mit den natürlichen Reaktionen eines Hengstes.

Als Kutschponys in der Hand eines erfahrenen Erwachsenen sind Ponyhengste öfter zu finden. Im Turniersport sind sie häufig erfolgreich durch ihre aufmerksame, energische Erscheinung und ihren angeborenen Willen, sich zu präsentieren.

Die Ausbildung

Ponys sind Spätentwickler und die ernstere Arbeit mit ihnen sollte frühestens mit drei Jahren beginnen. Sie werden sehr alt, wenn sie nicht nur richtig gehalten und gefüttert, sondern auch richtig gearbeitet werden. Durch das Herdenleben sind sie ziemlich selbständige Geschöpfe, die manchmal nicht gleich bereit sind, sich ihrer Meinung nach Unsinnigem unterzuordnen. Mit der Anfangsarbeit tut sich immer die Person leichter, die das Pony eine Zeitlang betreut hat. Der vertraute Mensch wird als eine Art Leittier angesehen, und das Geforderte wird schneller angenommen.

Als Anfangsarbeit geht man mit dem Pony spazieren. Statt des gewohnten Stallhalfters trägt es ein Reithalfter mit dickem Gebiß, an das es sich sehr schnell gewöhnt. So lernt es nicht nur seine Welt außerhalb der Wiese kennen, sondern es gewöhnt sich auch daran, neben einem vertrauten Menschen von der Herde wegzugehen. Das Pony muß unbedingt frühzeitig lernen, sich willig von der Herde wegführen zu lassen. Es würde späterhin jede selbständige Arbeit mit ihm unmöglich machen, wenn es an den anderen Ponys »klebte«. Die nähere Umgebung ist dem Pony schnell bekannt. Nun bekommt es einen Sattel aufgelegt und später beim Spazierengehen ein leichtes, gut reitendes Kind auf den Rücken gesetzt. So lernt es, immer noch am Führzügel, das Gewicht des Reiters auszubalancieren und die Schenkel-, Kreuz- und Zügelhilfen anzunehmen. Wenn es sich willig vom Trab in den Schritt und zum Halt durchparieren läßt, kann der Führzügel abgeschnallt werden. Das Pony wird es nach diesem Anfang sehr bald als selbstverständlich empfinden, zusammen mit anderen gerittenen Ponys und seinem Reiter auf kurze Ausritte zu gehen. Unter Ausnützung des Herdentriebes lehrt man sie auf diese Weise recht leicht, vorwärtszugehen. Der erste Galopp ist oft mit ein paar Freudensprüngen verbunden, die leicht auszusitzen sind, da der Vorwärtsdrang durch die vorausgaloppierenden Ponys gegeben ist. Ein junges Pony wird nie versuchen, an den anderen älteren, bekannten Ponys vorbeizugehen oder wegzulaufen. Auch wenn sein Reiter herunterfallen würde, bliebe es bei den anderen.

Ponys sind Spätentwickler, doch mit 3 bis 4 Jahren beginnt auch für sie der Ernst des Lebens.

Nicht jeder Besitzer eines jungen Ponys hat die Möglichkeit, es in einem Gelände ohne Straßen und Autoverkehr zuzureiten. So muß er mit den Tieren an der Longe arbeiten, was ebenfalls sehr gut geht. Manche auf größeren Flächen aufgewachsene Ponys haben jedoch Schwierigkeiten mit den Sehnen, wenn sie im engen Kreis laufen sollen. Mit der Longenarbeit ist deshalb sehr langsam und vorsichtig zu beginnen.

Durch ihre Größe bedingt, werden Ponys meist von Kindern eingeritten. Man kann bei richtigem Reiten im Gelände den Ponys viel und leichter etwas beibringen als bei Beginn der Ausbildung gleich auf dem Dressurviereck, wo es anfangs zu Auseinandersetzungen kommen kann und es dem Kind Schwierigkeiten bereitet, sich durchzusetzen. Wer allerdings mehr erreichen möchte als nur ein vergnügliches Freizeitreiten, muß mit viel Fleiß und einem guten Lehrer seine »Schulaufgaben« machen. Die weitere Schulung unterscheidet sich nicht von jener der üblichen Pferdeausbildung. Ausführlichere Hinweise auf den »artgerechten Umgang mit Pferden« sowie auf die »Ausbildung von Pferd und Reiter« geben die entsprechenden Kapitel.

Ponys sind intelligent und lernen sehr schnell. Wenn sie bei der Ausbildung nicht überfordert werden, bleibt auch der Erfolg nicht aus. In der Ausbildung darf es nicht heißen, den Ponywillen zu brechen und sich das Tier unterzuordnen, sondern den Willen zur Mitarbeit im Pony zu wecken. Deshalb sollte nie vergessen werden, daß man mit einem zufriedenen und ausgeglichenen Pony am besten arbeitet. Selbst wenn es während der Ausbildungszeit im Stall gehalten werden müßte, sollte es sich so oft wie möglich draußen bewegen können, denn es liebt die Freiheit.

Ein fachmännisch ausgebildetes Ponygespann braucht sich vor Großpferden nicht zu verstecken.

Im Fahrsport genießen Ponys durch ihre Ausdauer, Schnelligkeit, Wendigkeit und ihre Gänge ein hohes Ansehen. Sie kämpfen und kennen keine Müdigkeit. Man kann sie genauso anspruchsvoll wie große Pferde fahren. Die Vorteile eines Ponygespannes sind der relativ billige Einkauf, die anspruchslose Haltung und die lange Lebenszeit, in der sie voll einsetzbar sind. Wer sein Ponygespann reell ausbildet und gesund hält, wird sehr lange viel Freude daran haben – und auch Erfolg.

Ein gut veranlagtes und ausgebildetes Pony vermag durch seine Vielseitigkeit in seinem langen Leben vielen große Freude zu bereiten, ohne den Stall oft zu wechseln. Wenn die Kinder nach einiger Zeit aus ihm »herausgewachsen« sind, geht es als Familienpony vor der Kutsche, um später vielleicht als Anfängerpony für die nächste Generation zu dienen. Es gibt keinen besseren Anfang für ein Reiterleben als den auf einem alten, erfahrenen, ausgeglichenen Familienpony.

Die Ausbildung zum Turnierpony können Kinder nicht allein schaffen. Der Rat eines erfahrenen Lehrers ist auch hier notwendig.

Hufkorrektur, Hufbeschlag und Hufpflege

ERNST NIEMERG
Staatlich anerkannte Hufbeschlag-lehrschmiede, Münster

Warum werden Pferde beschlagen?

1. Um krankhafte Hufe und Gliedmaßen heilen und korrigieren zu helfen,
2. um unregelmäßige und fehlerhafte Huf- und Gliedmaßenstellungen zu korrigieren,
3. um das Hufhorn vor dem zu schnellen oder zu starken Abnützen zu schützen,
4. um den Pferden besseren Halt und Gleitschutz zu geben.

Von der Geburt des Pferdes an bis zu dessen Vollwüchsigkeit machen die Hufe, wie jeder andere Körperteil auch, eine Entwicklung durch. Wird diese Entwicklung und die damit verbundene Veränderung nicht genau überwacht und im Bedarfsfalle in die richtige Bahn gelenkt, können schwere Schäden an Hufen und Gliedmaßen entstehen, welche sich beim späteren Gebrauch des Pferdes ungünstig bemerkbar machen. Dagegen können durch sorgfältige Überwachung und geeignete Maßnahmen bei jungen Pferden teilweise angeborene oder in den ersten Lebensjahren auftretende Fehler in der Hufform und der Gliedmaßenstellung verbessert werden. Wie der Hufbeschlag im einzelnen auszuführen ist und ob er routinemäßig vorgenommen wird oder korrigierend eingreift, soll im folgenden aufgezeigt werden.

Der Huf des Fohlens und des Jungpferdes

Der Huf eines neugeborenen Pferdes ist am Tragrand erheblich enger als am Kronenrand. Hornsohle und Strahl sind von einer gelblichweißen Weichhornmasse überdeckt, welche sich in den ersten Lebenstagen von selbst ablöst. Unter Einwirkung der Belastung und Bewegung formt sich der Huf langsam um. Er wird durch das Wachsen der Hornsohle am Tragrand weiter und hat am Ende des ersten Lebensjahres im wesentlichen die Form des Hufes eines erwachsenen Pferdes angenommen. Die Entwicklung der inneren Bestandteile und somit die Größe des Hufes ist etwa mit der Vollwüchsigkeit des Tieres abgeschlossen. Diese Entwicklungszeit, besonders aber das erste Lebensjahr, ist entscheidend für die Formung des Hufes. Dabei können die regelmäßige Form, die enge oder weite Form, die halbenge oder halbweite Form oder auch Schiffhufe entstehen. Bei weiten Hufen darf die Sohle nicht ausgeschnitten werden; Fohlen mit solchen Hufen müssen möglichst auf trockene Weiden gebracht werden. Dagegen ist die Sohle beim engen Huf stark zu verdünnen, und das Fohlen muß auf nasse Weiden gebracht werden. Bleiben nach dem ersten Lebensjahr Abweichungen in den Gliedmaßenstellungen bestehen, so ergeben sich häufig Veränderungen in der Form und der Abnutzung der Hufe. Hufverbildungen, besonders eine anomale Abnutzung des Tragrandes, tragen zu fehlerhaften Gliedmaßenstellungen bei, welche sich bei späterem Gebrauch des Pferdes ungünstig bemerkbar machen. Bei einer Beurteilung sind Hufform, Winkelung in den Fesselgelenken und die Gliedmaßenstellung zusammenhängend zu beurteilen.

Fehlerhafte Gliedmaßenstellungen und Maßnahmen zur Korrektur

Folgende fehlerhafte Gliedmaßenstellungen sind häufig zu beobachten, können aber durch eine entsprechende Korrektur des Hufs abgestellt oder zumindest behandelt werden.

Stark vorständige Gliedmaßenstellung, sehr schräge Fesselstellung und spitze Hufform. Korrekturmaßnahme: Die Hufzehe kurz halten, die Trachten schonen und die Zehe von oben beraspeln und verdünnen.

Stark rückständige Gliedmaßenstellung, steile Fesselung, stumpfe Hufe. Hier besteht Gefahr zur Bockhufbildung. Korrekturmaßnahme: Vorsichtiges Kürzen der Huftrachten, eventuell den Zehenteil durch Auflegen eines halbmondförmigen Hufeisens schützen.

Bodenweite Gliedmaßenstellung, stark bodenweiter Huf, zu lange äußere Hufwand, somit starke Abnutzung und Überbelastung des inneren Hufabschnittes. Korrekturmaßnahme: Kürzen des Hufes am *äußeren* Tragrand, inneren Tragrand schonen, eventuell den inneren Hufabschnitt durch ein halbes Hufeisen erhöhen.

Bodenenge Gliedmaßenstellung, stark bodenenge Hufform, zu lange innere Hufwand, somit zu starke Abnutzung und Überbelastung des äußeren Hufabschnittes. Korrekturmaßnahme: Den *inneren* Tragrand kürzen und den äußeren schonen, im Bedarfsfall durch ein halbes Eisen außen erhöhen. Das Eisen kann so weit gerichtet werden, bis es den Kronenrand senkrecht unterstützt.

Diagonale Verdrehung der Gliedmaßen nach außen oder innen. Das Röhrbein ist bis zur Fessel gerade, und die Zehenknochen weichen nach außen ab. Diese Fehlstellung tritt wohl am häufigsten auf. Hier ist die *äußere* Hornwand zu lang und muß stark verkürzt werden, die innere Wand ist eventuell durch ein halbes Hufeisen zu erhöhen. Die Hufzehe wird somit zurückgeführt und zeigt dann nach vorne. Im umgekehrten Fall, also bei Verdrehung nach innen, wird die innere Wand stark verkürzt und die äußere Wand erhöht. Ist die Vordergliedmaße im Ellenbogengelenk und die Hintergliedmaße im Kniegelenk nach innen oder außen verdreht, so hat man wenig Aussicht auf Erfolg. Diese Verdrehungen sind aber sehr selten.

Fohlenbockhuf Er muß besonders sorgfältig behandelt werden, da sich daraus sonst sehr leicht der *Fohlenstelzfuß* entwickelt. Um

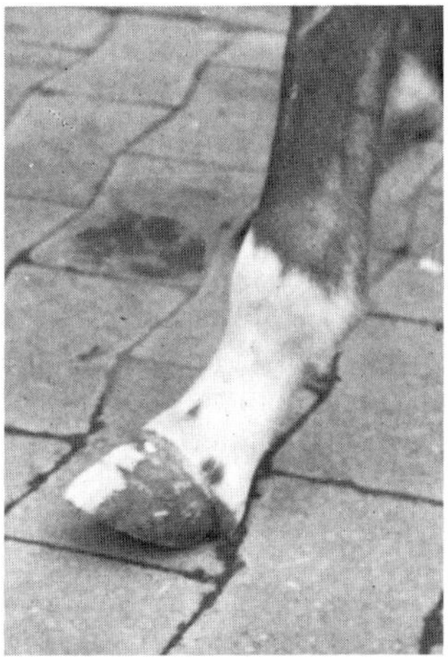

Fohlenhinterfuß mit langer, weicher Fessel.

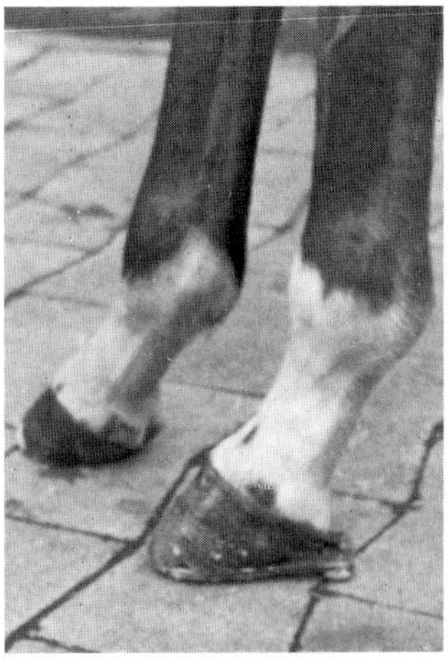

Der gleiche Hinterfuß nach Korrekturbeschlag.

dies zu vermeiden, müssen die Trachten in Abständen von 14 Tagen gekürzt und die Zehe durch ein Vorlegeeisen verlängert werden. Bei der genannten Korrektur gilt der Grundsatz, die Hufe zum Fesselstand passend zu machen und diese Maßnahmen *langsam* vorzunehmen. Je früher mit der Behandlung begonnen wird, um so erfolgreicher ist sie. Wird sie dagegen erst spät begonnen, muß dabei sehr vorsichtig verfahren werden. Eine Umstellung der unteren Gelenke, der Gelenkbänder und auch der Knochen erfolgt bei jungen leichter als bei älteren Tieren.

Der Fohlenstelzfuß, der in der Regel bei der Geburt oder wenige Tage danach auftritt, wird seit einigen Jahren nicht mehr mit Schienen und Hufschuhen behandelt, sondern mit Technovit, einem härtbaren Kunststoff. Früher entstanden durch das Schienen häufig Druck- und Wundstellen, die es bei der Anwendung des Kunststoffes nicht geben kann. Bei der Behandlung mit Technovit werden die Sohlenfläche und die Zehenwand des Hufes gesäubert. Die Hufzehe wird mit Technovit verlängert und die Sohle von der Strahlspitze nach vorn verstärkt, so daß ein regelmäßiger, fast spitzer Zehenwinkel entsteht. Diese Behandlung wird von erfahrenen Hufschmiedemeistern ausgeführt oder von einem auf diesem Gebiet erfahrenen Tierarzt. Die Huftrachten werden kurz gehalten. Dadurch wird das Fohlen gezwungen, durchzutreten, und nach 8–14 Tagen erreicht es meist eine regelmäßige Winkelung der Gliedmaße von 45–50°.

Sollte nach Abnahme des Kunststoffes das Zehenhorn nicht fest genug sein, so kann noch einmal eine dünne Schicht Kunststoff an der Zehenspitze aufgetragen werden. Das Fohlenstelzfuß- oder das Fohlenbockhuf-Hufeisen kann erst im Alter von 8 bis 10 Wochen aufgenagelt werden, weil vorher nicht genügend Wandhorn vorhanden ist. Je früher dann die Behandlung beginnt, desto schneller wird der richtige Zehenwinkel erreicht.

Zu starkes Durchbiegen der Fessel Bei einem zu starken Durchbiegen nach hinten wird die Last nur von den Hufballen getragen, und die Hufzehe hebt sich vom Erdboden einige Zentimeter ab. In diesem Falle verwendet man zur Korrektur zweckmäßigerweise ein sehr langes Hufeisen mit einem Quersteg am Schenkelende. Dieser Steg muß etwas erhöht sein. Damit sind sehr gute Erfolge zu erzielen (s. auch die Abbildungen auf der vorangehenden Seite).

An den Vordergliedmaßen findet man dieses zu starke Durchbiegen dagegen recht selten. Wegen der Abtretgefahr des Eisens wäre es schwierig, an den Vorderhufen lange Hufeisen anzubringen.

Trachtenzwanghufe Sie sind oft Folgeerscheinungen von Strahlfäule. Diese wird am besten behoben, wenn die Hufe möglichst klein geschnitten werden und die Pferde reichliche Bewegung im Freien haben. Fäulnisstellen müssen mit flüssigem Kupfervitriol ausgewaschen und mit Strahlfäulemittel behandelt werden. Durch Auflegen eines Erweiterungseisen mit Schenkelabdachung nach außen kann der Zwanghuf gut korrigiert werden, und das Pferd kann gleichzeitig mit im Gebrauch bleiben.

Reinigung und Pflege der Hufe

Bei Stallhaltung sind die Hufe der Fohlen wöchentlich zu reinigen und Sohle und Strahl mit flüssig gemachtem Holzteer zu bestreichen. Risse oder Fäulnis am Strahl sind mit dem Hufmesser freizulegen und mit einer Desinfektionslösung zu reinigen. Ist die Hornwand rissig, so deutet dies auf Feuchtigkeitsmangel des Hufhorns hin. Ein Waschen der Hufe und nachfolgend ein leichtes Einstreichen mit reinen, säurefreien, möglichst ungefärbten Fetten beheben diesen Mangel in kurzer Zeit. Bei Tragrand-Hornspalten ist die Tragrandkante stark zu berunden und am oberen Ende der Spalte eine Querrinne einzuschneiden oder einzubrennen. Durchlaufende und durchdringende Spalten müssen genietet und der Huf beschlagen werden.

Anatomie des Pferdehufes und ihre Beeinflussung durch den Schmied

Hierzu sei auch auf das Kapitel »Funktionelle Anatomie des Pferdes« hingewiesen. Außen sichtbar ist nur der dem menschlichen Fingernagel vergleichbare *Hornschuh*. Vom *Kronsaum* aus wird der Hornschuh ständig neu gebildet; es dauert ca. ein Jahr, bis sich die Hornkapsel erneuert. Defekte werden also von oben nach unten geschoben. Die Verbindung zwischen dem Knochengerüst (Hufbein) und dem Hornschuh stellt die stark durchblutete, von vielen Nerven durchzogene *Lederhaut* her. Im Vergleich zum harten Horn von Wand und Sohle stellt der *Strahl* eine verhältnismäßig weiche, verformbare Polsterfläche auf der Hufunterseite dar. Die Hufnägel werden in die sog. *Weiße Linie* eingeschlagen, jene noch schmerzunempfindliche Übergangszone zwischen Lederhaut und Hornschuh. (Siehe hierzu auch die Abbildung auf der gegenüberliegenden Seite.)

Bei einer **regelmäßig gewinkelten Vordergliedmaße** soll der Zehenwinkel 45 bis 50° betragen. Hierbei wird das Körpergewicht je zur Hälfte von den Zehenknochen und den Sehnen übernommen. Zehen- und Trachtenwände werden gleichmäßig belastet und haben eine regelmäßige Hornbildung, Gliedmaßen und Hufe bleiben so am längsten gesund.

Bei den **regelmäßigen Hintergliedmaßen** soll der Zehenwinkel 50-55° betragen, also um ca. 5° stumpfer sein als bei der Vordergliedmaße.

Zu stumpf gewinkelte Hufe gibt es seltener als zu spitz gewinkelte. Bei solchen Pferden ruht die Hauptlast auf den Zehenknochen, und nur ein kleiner Teil des Körpergewichtes wird von den Sehnen übernommen. Bei diesen Pferden sind die Knochen frühzeitig verbraucht; die Zehenwände der Hufe zeigen infolge der Überbelastung eine verkümmerte Hornbildung, dagegen verfügen die Trachten, Eckstreben und der Hornstrahl über gutes Horn, das auch sehr schnell wächst, aber wenig belastet wird. Bei dieser Winkelung entstehen sehr leicht Bockhuf und Stelzfuß. Außerdem kann sich am Krongelenk eine Knochenauftreibung (*Schale*) bilden. Am Huf wird die Zehenwand stark belastet, und es entstehen an den Zehenwänden sehr leicht Kronrandhornspalten. Die Ursachen dieser Verbildungen sind zu hohe Trachten im Fohlenalter, Gelenkentzündungen oder

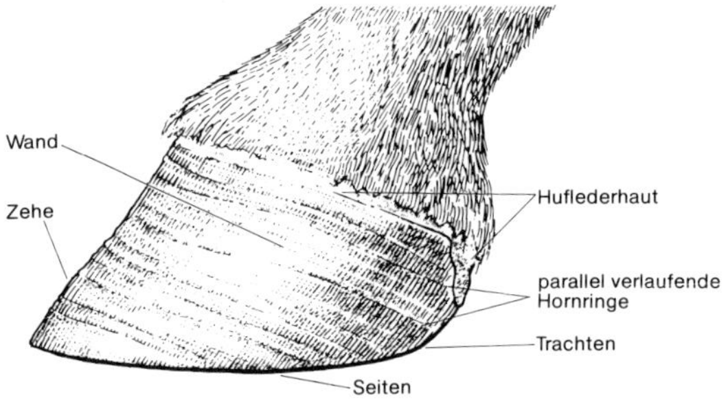

Der äußere Hufbereich; Seitenansicht. Man erkennt das wellige Hornwachstum, das in einer Reihe von Ringen sichtbar wird, die parallel zur Krone verlaufen und Veränderungen des Hornwachstums anzeigen.

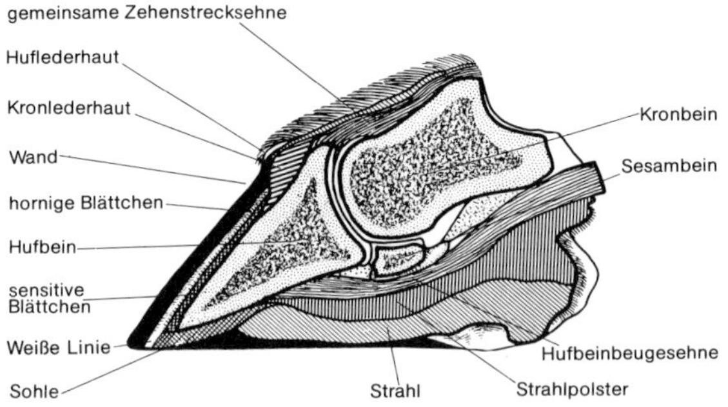

Sagittalschnitt des Hufs. Man beachte, daß das Hufbein nicht parallel zur Tragefläche des Hufs steht und sich so in den Huf einpaßt, daß seine Spitze etwas tiefer liegt als seine Äste.

Sehnenzerrungen. Beim Beschlag muß die Zehenwand durch Vorlegen des Eisens unterstützt werden, und zwar so weit, daß die vordere Eisenkante mit dem Kronrand einen regelmäßigen Zehenwinkel bildet.

Sehr viel Kummer bereiten den Pferdebesitzern und besonders den Hufschmieden die **zu spitz gewinkelten Hufe und Zehenknochen.** Die davon betroffenen Pferde belasten die Beugesehnen übermäßig stark, und nur der geringere Teil des Körpergewichts verlagert sich auf die Zehenknochen.
Die Sehnen werden zum Teil bis zu zwei Drittel vom Körpergewicht, die Knochen dagegen mit einem Drittel des Gewichtes belastet. Die Zehenwände dieser Pferde haben eine sehr starke, aber nur wenig belastete Hornwand. Die Trachten dagegen sind bei den spitz gewinkelten Hufen sehr niedrig, haben eine recht dünne, verkümmerte Wand und dünne Eckstreben, welche ziemlich stark belastet werden. Hinzu kommt noch, daß sich diese Pferde bei schnellen Gangarten leicht die Vordereisen abtreten. Die Hufeisen müssen in diesen Fällen sehr kurz gehalten werden; diese kurzen Eisen aber wirken sich ungünstig auf die schwachen Trachten aus. Steingalle und Druckstellen sind die Begleiterscheinungen, und durch die kurzen Eisen werden die Beugesehnen äußerst strapaziert.
Das Abrollen der Vorderhufe und das Abheben der Hinterhufe ist für diese Pferde sehr anstrengend und ermüdet sie. Angeschwollene Fesselköpfe und angelaufene Sehnen sind die häufige Folge. Um diesen Pferden zu helfen, ihnen eine bequemere Stellung zu geben, werden die spitz gewinkelten Hufe mit verdickten Hufeisenschenkeln beschlagen, welche es in verschiedenen Ausführungen gibt. Man kann die zu kurzen Trachten gut mit Plastikkeilen, die auf die Hufeisen genietet werden, erhöhen. Diese Art der Trachtenerhöhung ist sehr gut, da die Plastikkeile stoßbrechend auf die zu schwachen Trachten wirken und einem Hornverschleiß durch den Hufmechanismus vorbeugen. Da der Hornstrahl somit zum Tragen mitbenützt wird, wird dieser Effekt verstärkt.
Bei jungen Pferden und besonders bei Fohlen im ersten Lebensjahr ist es, wie schon ausgeführt, einfacher, aus einem zu stumpfen einen regelmäßigen Huf mit einer Zehenwinkelung von 45-50° zu formen, da Sehnen und Bänder in diesem Alter ja noch nachgiebig sind.
Aus zu spitz gewinkelten Zehenstellungen gute und regelmäßig gewinkelte Hufe heranzubilden, gelingt sehr selten. Hengste und Stuten mit gut gewinkelten Hufen und Fesseln vererben meist auch gute Hufe; darauf sollte man in der Zucht viel größeren Wert legen!
Betrachtet man den Huf und die Zehenknochen von vorn, so muß bei einem gut gestellten Pferd der Huf gerade unter den Knochen der Gliedmaße stehen. Die Zehe darf beim Vorderhuf weder nach außen noch nach innen zeigen. Ist keine Verdrehung vorhanden, so wird das Pferd auch die Gliedmaße gerade nach vorn bewegen. Ist ein Pferd mit den Vordergliedmaßen **zehenweit** oder **bodenweit** gestellt, so findet eine Bewegung *gegen* den stehenden Fuß statt. Diese Pferde streichen sich sehr leicht mit der inneren Zehe des

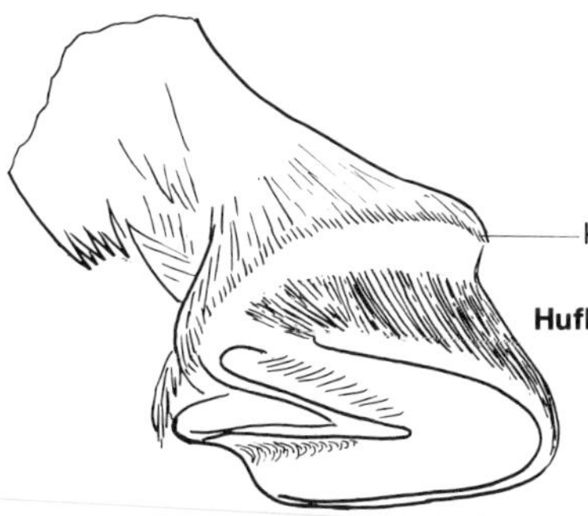

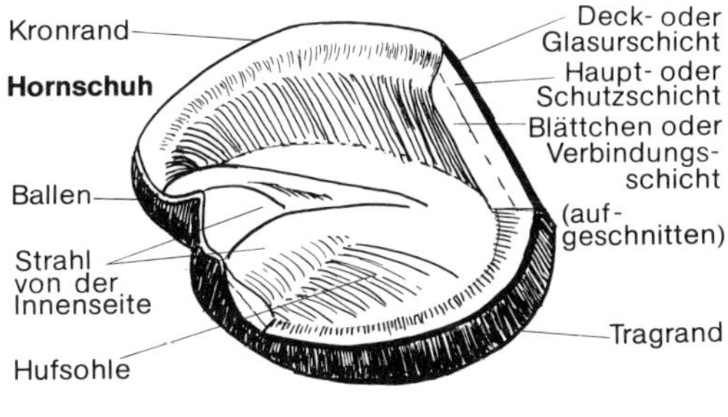

Der Huf des Pferdes: Die oben abgebildete Hornkapsel ist über das links dargestellte Hufinnere gestülpt.

Exterieur-Beurteilung: Fehlerhafte Stellungen der Vordergliedmaßen.

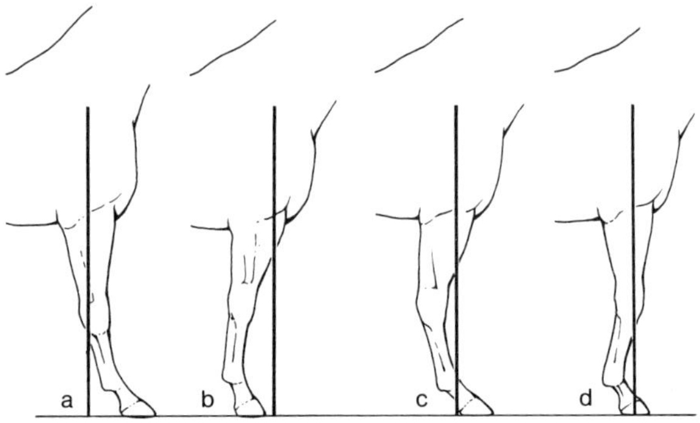

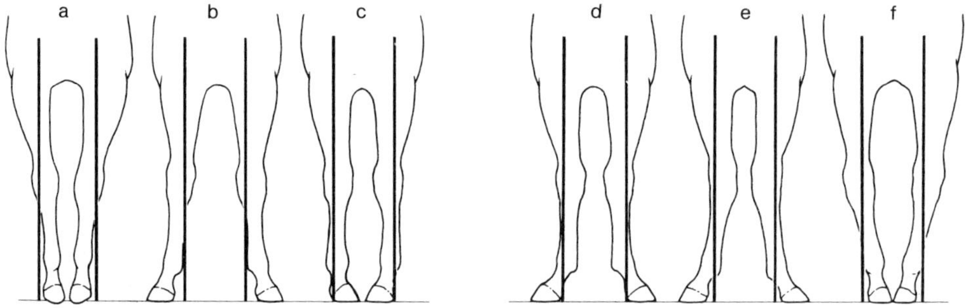

Hufes, da in den meisten Fällen die äußere Seitenwand zu lang ist. Der Beschlag muß so ausgeführt werden, daß das Pferd leicht mit der inneren Zehe fußt und die Hufzehe zurückführt.

Sind die Vordergliedmaßen nach innen gestellt, also **zeheneng** oder **bodeneng,** so findet eine Bewegung *um* den stehenden Fuß statt. Die innere Seitenwand ist zu lang. In diesem Fall muß der Beschlag eine leichte Fußung auf der äußeren Zehe ermöglichen und die Hufzehe nach außen führen.

Bei den Hintergliedmaßen wirkt sich eine **zu spitze Zehenwinkelung** ungünstig aus, da das Sprunggelenk dann meist zu stark gewinkelt und der Hinterhuf zu weit unter den Körper gestellt wird; bei der Bewegung werden das Sprunggelenk und die Trachten des Hufes stark nach außen gedreht. Es bildet sich sehr leicht eine Sprunggelenks- und Fesselgelenksgalle. Bei »barfuß« gehenden Pferden nutzen sich die Trachten zu sehr ab. Die Hufzehe muß in diesem Fall stark verkürzt werden. Ein langes Eisen mit verdickten Schenkeln und Zehenaufrichtung führt zu guten Erfolgen.

Erwünscht ist bei den Hintergliedmaßen eine leicht zehenweite Stellung; dadurch hat das Pferd einen festen Stand. Es muß nur beachtet werden, daß die zehenweite Stellung sich nicht zu stark ausprägt und die gerade Schenkelbewegung somit beeinträchtigt wird.

Der **regelmäßige** und **der spitz gewinkelte Huf** werden, falls zuviel totes Horn an der Zehe vorhanden ist, eine schlechte Gelenklage haben. Dies ist dem Pferd unbequem, und die Beugesehnen werden sehr angespannt. Der Huf ist in diesem Fall zu spitz gewinkelt, die

Exterieur-Beurteilung: Fehlerhafte Stellungen der Hintergliedmaßen.

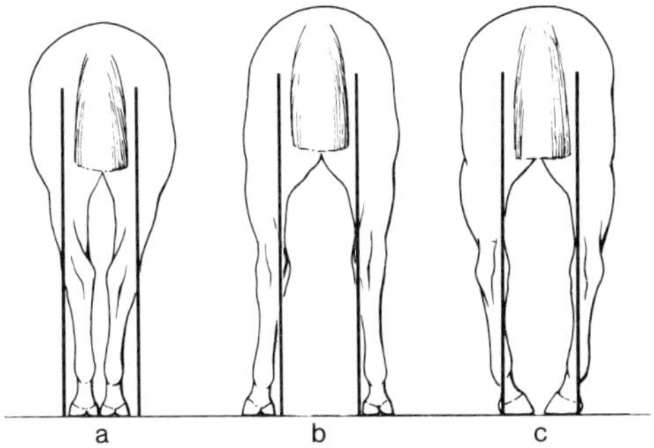

a bodeneng und sprunggelenkseng
b bodenweit und sprunggelenksweit
c zeheneng

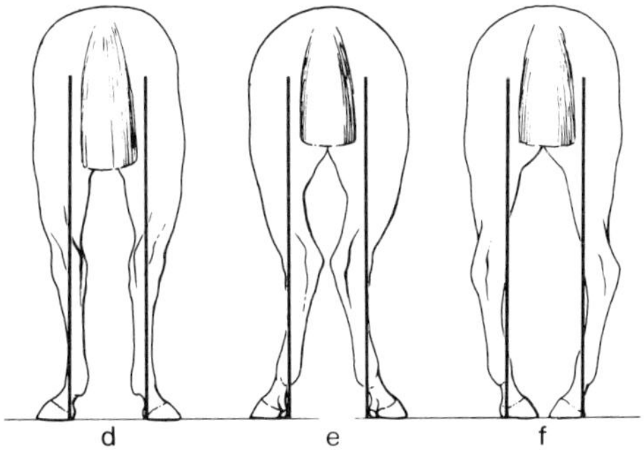

d zehenweit
e kuhhessig (sprunggelenkseng, zehenweit)
f faßbeinig (sprunggelenksweit, zeheneng)

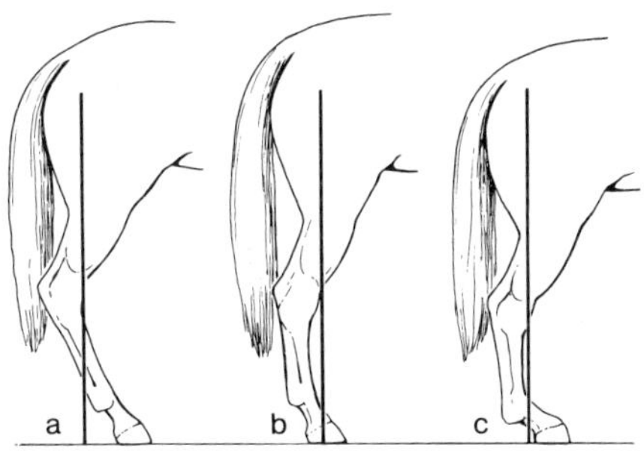

a säbelbeinig, vor(unter)ständig
b stuhlbeinig, rück(hinter)ständig
c bärentatzig

Fessel und das Kronbein werden sich steil stellen. Die Gelenkflächen im Hufgelenk sind somit aus der richtigen Lage gebracht worden. Ein Verkürzen der Hufzehe ist alle 6 bis 7 Wochen unbedingt erforderlich, um die Sehnen, Bänder und Gelenke gesund zu erhalten.

Huf- und Beinkrankheiten als Folge fehlerhaften Beschlags

Ein fehlerhafter Hufbeschlag ist chronische Tierquälerei! Die beste Gewähr für einsatzbereite Pferde bietet der sich weiterbildende, qualifizierte Hufbeschlagschmied, den der Pferdehalter stets zu Rate ziehen und am besten durch einen Dauerauftrag an sich binden sollte. Der Schmied sollte ein Hufbeschlagbuch führen, aus dem der letzte Hufbeschlag, Unregelmäßigkeiten, Lahmheiten, Korrektur- und Sonderbeschläge, Zusammenarbeit mit einem Tierarzt, Abgang und Zugang von Pferden und die Preisgestaltung zu ersehen sind.

Lahmheiten an Huf und Gliedmaßen können immer und überall auftreten, bei Pferden mit und ohne Hufeisen. Die Ursachen hierfür sind sehr unterschiedlich. *Pferde ohne Hufeisen* können sich durchlaufen. In diesem Falle hält das Hufhornwachstum sich nicht die Waage mit der Abnutzung; es wird mehr Horn verbraucht, als nachwachsen kann. Die Hufe können zu spitz, zu stumpf, krumm oder diagonal werden. Die vertikalen Belastungsverhältnisse werden einseitig, die Statik verändert sich. Verbällungen im hinteren Hufabschnitt können eintreten, innere Blutungen der Huflederhaut infolge Druckstellen (*Steingallen*), durch schlechte Straßen- und Wegeverhältnisse verursacht, können auftreten. Der Huftragrand kann ausbrechen, und die Sehnenpartien können bei zu langen, hohen und spitzen Hufen übermäßig gestreckt oder gestaucht werden.

Kleine Steinchen und Schmutz treten sich ein in die aus Weichhorn bestehende Weiße Linie, vornehmlich im Sohlenwinkel, rutschen und wandern im Laufe der Zeit hinein bis zu den Lederhautteilen. Anfangs nur geringfügig, wird die Zusammenhangstrennung im Bereich der Weißen Linie dann immer größer. Dies führt in vielen Fällen zu eitrigen Entzündungen der Huflederhaut. Die Pferde laufen zunächst klamm und können im Verlauf weniger Tage hochgradig lahm gehen. Nach genauer Diagnose ist diese Lahmheit umgehend zu behandeln; dazu müssen, unter Freilegung der schmerzenden Stellen, die Ursachen durch einen passenden Hufbeschlag abgestellt werden. Solange die Lahmheit besteht, darf das Pferd nicht geritten werden.

Fehler beim Hufbeschlag

Da es bei schlechtem oder unzulänglichem Beschlag zu ernsthaften Huf- und Beinschäden kommen kann, ist es außerordentlich wichtig, hier größte Vorsicht walten zu lassen. Es wurde bereits gesagt, daß stets ein Fachmann zu dieser Arbeit herangezogen werden sollte. Folgende Fehler können beim Hufbeschlag passieren:

- ☐ Falsche Auswahl der Hufeisengrößen,
- ☐ zu lange Hufbeschlagsperioden,
- ☐ falsches Kürzen der Hufe zum Beschlag,
- ☐ zu starkes Niederschneiden der Trachten und Eckstreben,
- ☐ zu starkes Beschneiden der Hornsohle, des Hornstrahls und des ganzen Hufes,
- ☐ zu starkes Beschneiden des äußeren Sohlenrandes,
- ☐ unebener Huftragrand,
- ☐ zu starkes Beraspeln der Hornwand von oben,
- ☐ zu kurze und zu eng gerichtete und aufgepaßte Hufeisen,
- ☐ keine oder falsch angebrachte Zehenrichtungen,
- ☐ Hufeisen werden nicht in der richtigen Aufpaßlage (schief) aufgenagelt,
- ☐ Hufnägel sind nicht in den Bereich der Weißen Linie eingeschlagen,
- ☐ zu viele Hufnägel in einem Hufeisen,
- ☐ zu hohes oder zu tiefes Nageln,
- ☐ die Hufnagelnieten werden nicht richtig versenkt oder sind zu lang.

Schaden- und Krankheitsfolge

Da der Hufbeschlag der Sportpferde am häufigsten ist, können die hier aufgeführten Fehlerquellen im Detail die Ursachen für nachfolgende Lahmheiten sein: Trifft man nicht die richtige Auswahl der Eisen (zu schwer oder zu kurz), ist die Hufbeschlagsperiode zu lang (mehr als 6-8 Wochen) oder werden die Hufe falsch gekürzt, nicht passend zum Fesselabstand von der Seite, von vorn und von hinten aus beurteilt, dann können schwere Schäden und Lahmheiten auftreten. Zu schwere und zu kurze Hufeisen führen zu Sehnenschwäche (Sehnenschäden), falsches, unfachliches Kürzen der Hufe führt unter anderem zu ungleichen Belastungsverhältnissen. Zu lange Hufbeschlagsperioden erzeugen zu lange, zu hohe Hufe, die Hufe wachsen über die Eisen, diese werden zu stark abgenützt und zu kurz sowie zu eng, sie lockern sich und gehen leicht verloren. Es gibt Druckstellen im Bereich der hinteren Hufabschnitte, und der Tragrand besteht nur noch aus der Hornwand. Als Folge dieser Zustände brauchen die Pferde sehr viel Kraft, um sich vorwärtsbewegen zu können, weil der Anfangsbogen der vier Bewegungsphasen sehr steil verläuft. Hinzu kommen die verschiedenen Bewegungsstörungen wie Greifen sowie Streichen der Hintergliedmaßen gegen die Vordergliedmaßen. Dabei ist es ein Unterschied, ob man es mit einem Traber, Turnier-, Jagd-, Galopp- oder Zugpferd zu tun hat.

Zu starkes oder einseitiges Niederschneiden der Trachten und Eckstreben, zu starkes Beschneiden des Hornstrahls, der Hornsohle, des äußeren Sohlenrandes und schließlich des ganzen Hufes kann zu Schäden und Lahmheiten führen, die sich oftmals nicht mehr reparieren lassen.

Da der hintere Hufabschnitt die meiste Last jeder einzelnen Gliedmaße zu tragen hat, müssen die Trachten und Eckstreben bei normaler Fesselstellung ganz erhalten bleiben. Das Verhältnis von Trachtenwandlänge und Zehenwand soll etwa bei 1:3 liegen. Man erreicht dies in der Regel, indem man immer nur den Zehenteil kürzt und die Trachten laufend schont; hierfür sind keine zu langen Hufbeschlagsperioden erforderlich. Die zur Strahlspitze hin verlaufenden Eckstreben bilden mit dem Hornstrahl die innere Kraft und die inneren Widerstände, damit sich der Huf an seinem meistbelasteten hinteren Abschnitt möglichst nicht verengt im Sinne eines ein- oder beidseitigen Trachtenzwanges. Zu klein geschnittene Hufe werden leicht durchgebrannt, das Größenverhältnis zum Pferd geht verloren und hinterläßt im Bereich des äußeren Sohlenrandes sehr gern Druckstellen.

Zu berücksichtigen ist, daß es nicht immer ein unfachmännischer Hufbeschlag sein muß, der

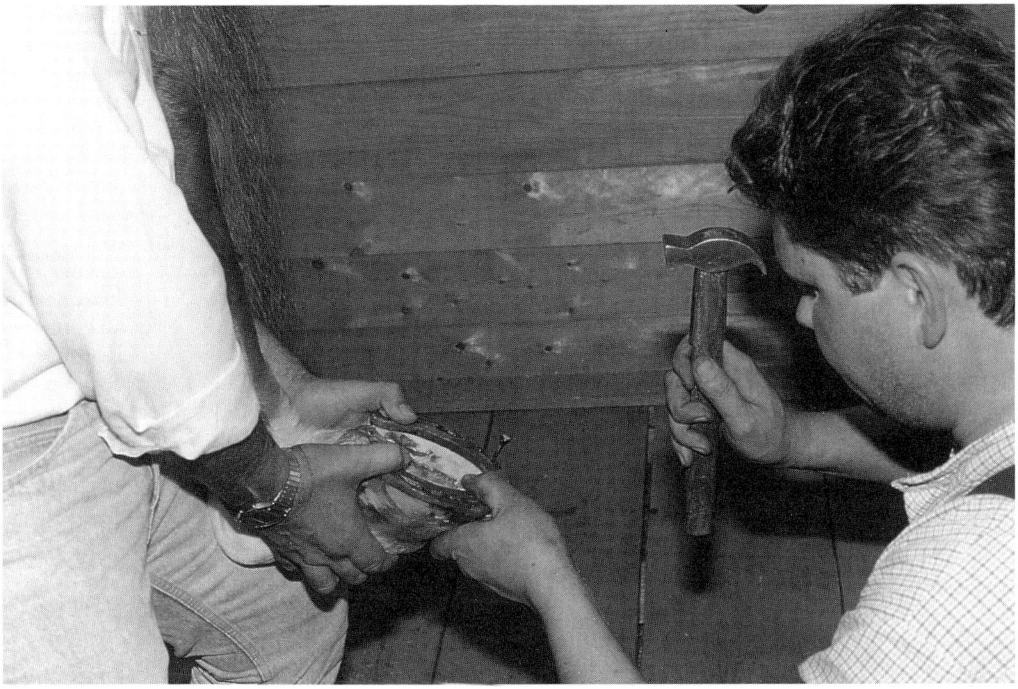

Nur der Fachmann kann Fehler beim Nageln vermeiden.

zu Bein- und Hufkrankheiten führt. Hochleistungssport, Sportreiten und Freizeitreiterei tragen ebenfalls ihren großen Teil dazu bei. Erwähnt wurden zu enge und zu kurz aufgepaßte Hufeisen. Nimmt man die Fabrik-Hufeisen der heutigen Zeit hinzu, die oftmals zu tief gelocht sind und keine Toleranz in der Lochung von Zehennagellöchern gegenüber den Trachtennagellöchern aufweisen, dann versteht man, daß auch eine Vernagelung oder ein Nagelstich vorkommen können. Oftmals sind derlei Kunstfehler verbunden mit schlechten, ausgebrochenen Wänden oder schlechtem Hornwachstum, was dann den Kunstfehler entschuldigen kann.

An dieser Stelle sei noch angeführt, was man unter Vernagelung, Nagelstich und unter Nageltritt versteht: Von einer *Vernagelung* spricht man dann, wenn der Hufbeschlagschmied die Hufeisen zu eng aufpaßt, die Hufeisennagellöcher folglich nicht im Bereich der Weißen Linie zum Abdruck kommen und der Hufnagel am inneren Nagellochrand angesetzt wird. Auch fehlerhafte Hufnägel – gespaltene Hufnägel – oder falsches Ansetzen der Hufnägel – Zwicke nach innen – können dazu führen, daß die Nägel der Huflederhaut zu nahe kommen und diese unter schmerzenden Druck setzen. Manche Pferde reagieren nicht sofort auf die Vernagelung, zeigen jedoch nach 3-5 Tagen starke Lahmheit. Der versierte Hufbeschlagschmied muß hier wissen, daß das Hufeisen nach lokalisierender Diagnose abzunehmen ist und dabei die einzelnen Hufnägel auf vermehrte Wärme zu untersuchen sind. Pferde mit einer akuten Huflederhautentzündung können auch erhöhte Körpertemperatur aufweisen. An der Stelle, wo ein Hufnagel die Huflederhaut verletzt hat, muß nachgeschnitten werden, und ein leichter Hufverband ist anzulegen. Bei nicht ausreichendem Immunschutz des Patienten gegenüber Wundstarrkrampf (Impfpaß; s. auch das Kapitel »Gesundheitsprobleme im Pferdebestand«) sollte der Tierbesitzer das Pferd umgehend gegen Tetanus impfen lassen. Geschieht dies nicht, dann sind die möglichen Folgen das Risiko des Hufbeschlagschmiedes.

Einen *Nagelstich* nennt man, wenn beim Einschlagen der Hufnägel unter gleichen Bedingungen wie bei der Vernagelung der Hufna-

gel direkt die Huflederteile trifft. An dieser Stelle kommt es rasch zu starken Blutungen, der Hufnagel muß sofort entfernt, das Hufeisen abgenommen werden; dann wird der Stichkanal etwas nachgeschnitten, desinfiziert, mit Watte abgedichtet, und das Hufeisen kann in der Regel wieder aufgeschlagen werden. An der Schadstelle darf jedoch kein Hufnagel eingeschlagen werden. Diese Pferde zeigen im allgemeinen keine Lahmheit.
Von einem *Nageltritt* spricht man, wenn sich ein Pferd an irgendeinem Hufteil einen Nagel (es muß kein Hufnagel sein) eintritt und dabei die Huflederhaut verletzt. Da der Strahl aus Weichhorn besteht, welches keilförmig über die Hornsohle reicht, treten sich mit Vorliebe spitze Gegenstände an dieser Stelle ein. Die Pferde zeigen dann sofort eine mehr oder minder starke Lahmheit. Der Nagel muß in entgegengesetzter Richtung seines Eintritts entfernt werden. Am besten holt man sofort einen Tierarzt, der den Schaden behandelt. Aber auch ein qualifizierter Hufbeschlagschmied muß sich erfolgreich zu helfen wissen.
Manchmal führen die Richtungen dieser eingetretenen Nägel gegen die Kapselbänder des Hufgelenks sowie in Richtung Hufgelenk selbst. Ist dies der Fall, dann kann die Situation bedrohlich werden. Da es sich meistens um rostige Nägel oder sonstige spitze Metallgegenstände handelt, muß immer sofort ein Tierarzt konsultiert werden.
Unebener Huftragerand, zu starkes Beraspeln der Hornwand von oben, zu kurz und zu eng gerichtete Hufeisen, Nagellöcherabdrücke, die nicht in der Weißen Linie sitzen, usw., bringen ebenfalls Unregelmäßigkeiten mit sich, die zu Lahmheiten führen können. Unebener Huftragerand hinterläßt Brücken zwischen Hufeisen und Huf; hohle Wand, Zusammenhangstrennungen im Bereich der Weißen Linie und Blättchenschicht, verbunden mit Hornsäulen und hohler Wand, können die Folgen sein.
Werden die Hornwände zu stark von oben beraspelt (konkav, konvex verbogen), dann wird die Glasurschicht zerstört und die Schutzschicht (harte Schicht) leidet an ihrer Tragfähigkeit.
Zu enge und zu kurze aufgepaßte Hufeisen führen dazu, daß die Pferde gewissermaßen von ihren Hufeisen fallen oder rutschen, die Unterstützungsfläche wird zu klein. Diese Art zu beschlagen ist zur Zeit eine weitverbreitete Unart der Schmiede, da man glaubt, die Hufeisen so eng und kurz wie möglich zu halten, damit bei unseren Sportpferden weniger Eisen verlorengehen!
Alle Wechselgelenke der Pferdezehe – Fesselgelenk, Krongelenk und Hufgelenk – sowie die ganzen Spann- und Kapselbänder, einschließlich der Nebenbänder der Gelenke, inklusive dem Sehnenapparat, werden gestaucht oder gestreckt. Ungleichmäßige Belastungsverhältnisse, deren Ursachen schon besprochen wurden, in Verbindung mit dem Leistungssport, schaffen in vielen Fällen auch das Entstehen von Gallen an den verschiedenen Gelenken. Pferde mit kurzen und steilen Fesselstellungen werden speziell im Hochleistungssport oft von den verschiedenen Formen der Sehnenscheidenentzündung befallen. Kommt noch eine stumpfe Hufform hinzu, kann es zur Berufskrankheit der Turnierpferde, der Hufrollenentzündung, kommen.

Beschlag mit Kunststoffeisen

Kunststoffeisen sind seit vielen Jahren im Handel; auch wir haben Versuche mit *Kunststoffsohlen* und *Kunststoffstreifen* als Hufbeschlag für Reitpferde durchgeführt. Die Kunststoffsohlen werden zurechtgeschnitten, Hufnagellöcher klein vorgebohrt, die Sohlen mit normalen Hufnägeln klein vorgebohrt und die Sohlen mit normalen Hufnägeln genagelt. Die Sohlen sind ausreichend haltbar, ein Ausreißen der Nägel wurde nicht beobachtet. Im Reitgebrauch wurde allerdings festgestellt, daß bei diesen Kunststoffsohlen die gleitende Reibung, die alle Pferdegliedmaßen benötigen, stark behindert ist. Bei schnellen Gangarten und auf trockenem Boden wurde sogar ein leichtes Überköten der Fesselgelenke festgestellt. Auf nassem, glitschigem Boden dagegen bieten die Kunststoffsohlen den Pferden keinen Halt, so daß sie infolge ihres Beschlages ausrutschen und stürzen können.
Eingesetzte Stollen waren in unseren Versuchen nach kurzer Zeit verlorengegangen. Bei nicht ganz festen Hufen wurde starkes Ausbrechen an den seitlichen Hornwänden festgestellt. Auch das *Verkleben von Kunststoffstreifen* – sie wurden seitlich an den Hornwänden

befestigt – brachte keine befriedigenden Ergebnisse. Zum einen dauert das Verkleben der Streifen 20-30 Minten je Huf – das ist auch für geduldige Pferde zu lange –, zum anderen verschoben sich die Kunststoffstreifen nach kurzer Zeit unter den Hufen. Auch *Hartgummibeschläge* waren nicht zufriedenstellend. Allgemein kann man sagen, daß die geklebten Hufbeschläge nach bisheriger Erfahrung am Hufmechanismus und am Nachwachsen des Hornes scheitern.

Das Gute bei allen Versuchen mit dem Plastikmaterial liegt darin, daß Plastikplatten, die statt der früher verwendeten Lederplatten bei empfindlichen Hufen zwischen Huf und Eisen gelegt werden, haltbarer sind als die Lederplatten. Ebenso gibt es, wie schon erwähnt, Plastikkeile zur Erhöhung der Trachten, die auch gleichzeitig stoßbrechend wirken. Bei huf- und sehnenlahmen Pferden sind Kunststoffplatten und Kunststoffkeile – zwischen Huf und Hufeisen genagelt – sehr zu empfehlen.

Moderner Hufbeschlag bei Sportpferden

In den vergangenen zehn Jahren wurden im Hufbeschlag bei Sportpferden gute Fortschritte erzielt, wie die folgenden Beispiele zeigen mögen:

Schwedische Hufbandagen

Das sind mit einer Flüssigkeit getränkte Hanfeinlagen. Sie beschleunigen insbesondere die Hornbildung der Hufsohle und des Hornstrahles und halten Sohle und Strahl geschmeidig. Hornsohlen, die früher immer sehr dünn und trocken waren, werden dick und elastisch. Huflederhautentzündungen im Sohlenbereich gibt es kaum noch.

Die Handhabung dieser Hufbandagen ist sehr einfach. Beim Neubeschlag des Pferdes wird die Hufsohle mit dem getränkten Hanf ausgefüllt, dann wird die Einlage mit einer Leder- oder Kunststoffsohle abgedeckt und das Hufeisen wie üblich aufgenagelt. So kann keine Strahl- oder Hornfäule entstehen. Beim nächsten neuen Beschlag wird man einen sehr kräftigen, gesunden Hornstrahl und eine dikke elastische Hornsohle vorfinden.

Seit zwei Jahren gibt es das Kanne-Fermentgetreide als Futterzusatz. Man gibt davon 1–2 Eßlöffel in jede Mahlzeit. Durch Milchsäuregärung entsteht aus ausgewähltem Getreide ein Gärungsprodukt. Dieses gezielte Verfahren schließt die wertvollen Bestandteile auf und macht sie für den Pferdeorganismus leicht verwertbar. Das Ergebnis nach einigen Monaten sind ein sehr gutes Hornwachstum mit gesunden Hufen und ein glattes, glänzendes Fell.

Stoßbrechende Strider Hufplatten

Strider Hufplatten sind aus einem neuartigen Kunststoffmaterial gefertigt, das seine spezifischen Eigenschaften durch die Anwendung der Elektronenstrahl-Technologie erhält. Dieses Material ist unter den unterschiedlichsten Bedingungen an Pferden getestet worden und hat sich durch seine hohe Stoßbrechung bei gleichzeitig unverminderter Formbeständigkeit und Haltbarkeit bis zum nächsten Beschlag hervorragend bewährt. Durch eine gleichmäßige Verteilung der Schlagkraft vermindern diese Hufplatten im hohen Maße Erschütterungen auch bei schwierigstem Gelände.

Je nach Einsatz des Pferdes und den Geländebedingungen dienen Strider Hufplatten als vorbeugender Schutz gegen Gelenk- und Huferkrankungen. Sie schaffen auch baldige Erleichterung bei bestehenden Hufproblemen und vermindern das Ausfallrisiko durch chronisches Lahmen. Strider Hufplatten bedeuten daher eine bahnbrechende Entwicklung in der Hufbeschlagstechnologie. Sie sind in offener, geschlossener und runder Form erhältlich.

Bei schlechtem Hufhorn oder bei schlechtem Nachwachsen der Hufe empfiehlt es sich, die Hufsohle mit der schwedischen Hufbandage auszufüllen, um so einen gesunden Huf zu bekommen. Strider Hufplatten werden dann mit den Hufeisen aufgenagelt.

Das zehenoffene Hufeisen

Bei vielen Pferden kann man nach einem neuen Beschlag folgendes feststellen: Im Trab wird die Vordergliedmaße nicht mehr so weit und geradegestreckt nach vorne geführt wie im unbeschlagenen Zustand. Durch die Gewichtsbelastung des Hufeisens zieht das Pferd das Vorderfußwurzelgelenk im Trab nach oben und streckt die Gliedmaße nicht mehr so

weit nach vorn (im Volksmund wird dies Knieaktion genannt).
In einem solchen Fall empfiehlt sich der Beschlag mit einem zehenoffenen Hufeisen. Dieses Eisen beginnt an der seitlichen Zehenwand dort, wo sonst der zweite Zehennagel sitzt. Um dem Eisen einen festen Halt zu geben, führt ein Steg von Tracht zu Tracht über den Strahl. Die Hufzehe des Pferdes ist nun ohne Gewichtsbelastung; so wird es seine Gliedmaße wieder weit nach vorne strecken. Sehr zweckmäßig ist das zehenoffene Hufeisen, wenn die Hufzehe sehr schnell wächst und immer zu lang wird, die Trachten dagegen immer zu niedrig bleiben. Wird ein solcher Huf mit diesem Hufeisen beschlagen, dann nutzt das Pferd durch das Abrollen des Hufes am Erdboden das Horn der Hufe ab; die Hufzehe bleibt somit stets kurz und hat eine starke Zehenrichtung angelaufen. Dabei werden die Trachten nicht abgenutzt, was sie etwas erhöht. Die Zehenachse bleibt gerade und der Fesselstand paßt. Dadurch wird das Pferd schneller, da das Abrollen der Hufe erleichtert wird. Das gleiche gilt auch für den Hinterhuf. Das Hufeisen kann übrigens ruhig etwas länger auf dem Huf verbleiben, da die Hufzehe durch dieses Eisen immer kürzer bleibt.
Bei Springpferden hat das zehenoffene Hufeisen noch einen weiteren großen Vorteil: Da die Hufzehen kürzer bleiben, wird so manche Hindernisstange liegen bleiben, die mit der langen Zehe fallen würde.

Anforderungen an den Hufbeschlagplatz

Die selbstverständlichste Voraussetzung zur Ausführung eines korrekten Hufbeschlags ist ein fachgerechter Beschlagplatz. Der technische Fortschritt bringt es mit sich, daß der Hufbeschlagschmied im Gegensatz zu früher meistenorts zum Pferd kommt. Früher mußte jeder Schmied einen entsprechend den Haftpflichtbedingungen sauberen, planebenen, festen, mit guten Anbindemöglichkeiten versehenen Hufbeschlagplatz vorweisen. Heute sollte dieser in den Reitanlagen und Reitställen vorhanden sein, doch ist das leider meist nicht der Fall. Vielfach müssen die Pferde auf unzumutbaren Plätzen beschlagen werden. Von der Reiterlichen Vereinigung (FN) über den Arbeitskreis Hufbeschlag im Bundesverband Metall, über die Reiterverbände, Reitervereine und die einzelnen Landesfachgruppen für Hufbeschlag müßten zur dringend notwendigen Verbesserung der Realsituation hier wirksame Maßnahmen eingeleitet und ihre Durchführung überwacht werden. Die Grundanforderungen für die Platzgestaltung sind folgende: Jeder Reitstall und jede Reitanlage ab fünf Pferden sollte einen Hufbeschlagplatz einrichten. Dieser etwa 5 x 7 m große Platz, dessen Boden fest und plan sein muß, sollte sich an einer vom allgemeinen Verkehr entfernt liegenden, ruhigen Stelle befinden. Er sollte überdacht sein, gute Beleuchtung haben (Tageslicht), und es sollten vier feste Ringe als Anbindemöglichkeit (zwei Ringe in der Mitte der 7-m-Wand verteilt, zwei Ringe direkt in beiden Ecken der gleichen Wand) angebracht sein. Feuerungen, Hufbeschlagmittel und Gerät bringt der versierte Hufbeschlagschmied mit. Auch im Hinblick auf den Nachwuchs von Hufbeschlagschmieden würde sich diese Änderung der Arbeitsplatzbedingungen günstig auswirken.

Haftpflichtversicherung für Hufbeschlagschmiede

Abschließend sei auf die bestehenden gesetzlichen Bestimmungen zur Ausführung des gewerblichen Hufbeschlags aufmerksam gemacht. Das Gesetz über den Hufbeschlag vom 20. Dezember 1940 (Reichsgesetzblatt 1941 I S. 3), geändert durch die Hufbeschlagverordnung vom 14. Dezember 1965 (Bundesgesetzblatt I S. 2095), novelliert durch die Verordnung vom 12. Juli 1974 (Bundesgesetzblatt Nr. 73 vom 18. Juli 1974), bestimmt, daß nur derjenige Schmied Pferde gewerblich beschlagen und sich als geprüfter Hufbeschlagschmied bezeichnen darf, der einen Vorbereitungslehrgang für Hufbeschlagschmiede an einer staatlichen oder staatlich anerkannten Hufbeschlag-Lehrschmiede besucht und die Abschlußprüfung bestanden hat. Aus diesen gesetzlichen Bestimmungen ergeben sich für den Hufbeschlagschmied einerseits und den Pferdebesitzer andererseits Verpflichtungen, die allzugern übersehen werden.

Beschlägt ein geprüfter, juristisch zugelassener Hufbeschlagschmied Pferde, so muß er sich gegenüber dem Pferdebesitzer bzw. Auftraggeber gegen eventuell auftretende Schäden am Pferd infolge Einwirkung von Hufbeschlagarbeiten durch Abschließen einer Haftpflichtversicherung absichern. Der mit dem Auftraggeber oder Pferdebesitzer stillschweigend abgeschlossene sog. Werkvertrag, BGB § 631, verpflichtet den Hufbeschlagschmied, den Hufbeschlag so auszuführen, daß er nicht mit Fehlern behaftet ist, die den Wert und die Gebrauchsfähigkeit des beschlagenen Pferdes herabsetzen oder mindern. Zu berücksichtigen wären hierzu § 633 BGB: Beseitigung von Mängelschäden, § 635 BGB: Schadenersatzansprüche, § 252 BGB: Minderung des geschädigten Pferdes durch entgangenen Gewinn, und der § 823 BGB. Über diese gesetzlichen Bestimmungen muß der vorgenannte qualifizierte Hufbeschlagschmied genau orientiert sein und seine Arbeitstechnik danach einstellen.

Beschlägt ein unqualifizierter, ungeprüfter Schmied unerlaubt Pferde, dann sieht die Angelegenheit von der fachlichen Seite her zunächst anders aus. Die elementarsten Grundkenntnisse der Anatomie besitzt er meist nicht; Hufformen – von der Seite, von vorn und von unten beurteilt – kennt er nicht und kann sie noch weniger in ein rechtes Verhältnis einordnen – in Verbindung mit Gliedmaßenstellungen, Bewegungsvorgängen sowie dem Gesamtbau des Pferdes, um Gebrauchszweck und Verwendung berücksichtigen zu können.

In versicherungstechnischen Dingen ist es allerdings so, daß auch diese Hufbeschlagschmiede eine Haftpflichtversicherung für Hufbeschlagarbeiten abschließen können. Bekannt ist, daß hier in den meisten Fällen in der Tat kein Haftpflichtversicherungsschutz besteht. Im Falle einer Schadensverpflichtung könnten sich hier sehr unangenehme Situationen für den Schmied wie auch für den Pferdebesitzer entwickeln. Es wäre an der Zeit, daß sich Versicherungsträger diese Art von Versicherungsabschlüssen überlegen. Auftretende Lahmheiten, deren Ursachen oft genug in unsachgemäßem Beschlag bestehen, werden von Reitern und Pferdebesitzern leider häufig mit Naivität als gegeben hingenommen. Oftmals gelingt es auch dem dann zu Rate gezogenen Tierarzt nicht, die Ursachen zu erkennen und zu beseitigen sowie die Lahmheit zu therapieren. Auch hier gilt: Vorbeugen durch einen fachgerechten Hufbeschlag ist besser als heilen!

Zäumung und Sattelung

Dr. med. vet. HELMUT HECHLER
Fachtierarzt für Pferde
Tielenhemme

Historischer Überblick

Mit der Domestikation des Pferdes und seiner beabsichtigten Nutzung als Zug- und Reittier wurde es auch notwendig, Hilfsmittel anzuwenden, um das Pferd besser beherrschen und lenken zu können. Insbesondere die Verwendung des Pferdes im Kriege und sein möglichst effizienter Einsatz waren der Anlaß zu mannigfachen Überlegungen hinsichtlich Verbesserung, Vervollkommnung sowie Neuentwicklung von Sattel, Zaumzeug und Geschirr.

Sind die innereurasischen Landschaften als die Ursprungsgebiete der Domestizierung der Wildpferde anzusehen, so sind auch Sattel und Zaumzeug mongolischen Ursprungs. Das Pferd und seine Nutzung machten die weitläufigen Eroberungen dieses Reitervolkes überhaupt erst möglich.

An Hand von Höhlenmalereien, Skulpturen und anderer bildhafter Darstellungen aus früheren Epochen sind die Domestikation des Pferdes sowie die Entstehung der damit erforderlich werdenden Hilfsmittel heute recht gut nachzuweisen.

Altertum

Vermutlich weit mehr als 2000 Jahre v. Chr. wurden die Wildpferde der mongolischen Steppen an das Gerittensein gewöhnt, während etwa zur gleichen Zeit die Streitwagen der Sumerer von Eseln mittels Joch gezogen wurden.

Zu Anfang wurden die Pferde ohne jegliche Hilfsmittel geritten, der Reiter hielt sich durch Schenkeldruck auf dem Pferd und mit den Händen in der Mähne fest. »Bremsen« oder gar Anhalten der Pferde war auf diese Weise praktisch nicht möglich. Um vom Pferderücken auf das Reittier einwirken zu können, legte man ihm zunächst eine Schlinge um den Hals, die im Laufe der Zeit zu einem richtigen Kopfzaum (Kappzaum) erweitert wurde.

Zur effektiveren Beherrschung des Pferdes, insbesondere zum abrupten Anhalten, wurde es notwendig, sich stärker wirkender Hilfsmittel zu bedienen. Die Beobachtung, daß die Kieferlade des Pferdes recht druckempfindlich ist, führte dazu, die Kopfstücke um ein Gebißteil zu ergänzen. Dieses Gebiß (Mundstück) wurde der längeren Haltbarkeit wegen – im Gegensatz zu dem aus Hanf oder Leder gefertigten Kopfstück – aus härterem Material hergestellt. Nach der Verwendung organischer Stoffe, wie Knochen, kamen schon bald Metalle (Bronze) in Gebrauch.

Die Zügel, zunächst als einzelne »Leinen« verwendet, wurden geschlossen; sie fanden auch Verwendung beim Befestigen des Pferdes im Stall oder während der Rast. Die Trensengebisse waren schon bald gebrochen, also nicht mehr starr, und um ein Durchziehen durch das Pferdemaul zu verhindern, wurden sie mit Knebeln versehen. Auch Maulkörbe waren zu dieser Zeit schon in Gebrauch, teilweise in Verbindung mit dem auch heute noch verwendeten Kappzaum.

Das Zaumzeug umfaßte nicht immer auch Kehl- und Stirnriemen; der besseren Befestigung des Kopfstückes am Pferde wegen fanden diese beiden jedoch alsbald Verbreitung. Seltener wurden neben den starren oder den gebrochenen Trensenmundstücken (Stangenmundstücken) drei- oder mehrteilige Gebisse, sogenannte Kettengebisse, verwendet. Die Mundstücke hatten teilweise verschiedenförmige Ausbuchtungen in der Mitte, die als Maulsperrung gedacht waren. POTRATZ unterscheidet 5 verschiedene Typen.
Um noch stärker und schneller auf das Pferd einwirken, d. h. Befehle des Reiters wirkungsvoller an das Pferd weitergeben zu können, wurde die Kandare entwickelt und eine Kinnkette montiert. Unter Zuhilfenahme der Hebelwirkung brachte der Einsatz dieser heute martialisch anmutenden Kandarengebisse dem Reiter die Möglichkeit, sein Roß gegebenenfalls rasch durchparieren zu können. Die Kandare entstand etwa gegen Ende der römischen Republik.
Etwa 200 v. Chr. wurde von den Skythen Rußlands als Ergänzung zur Satteldecke bzw. zum Sattelleder, die zunächst lose auf dem Pferderücken lagen und nur vom Reiter festgehalten wurden, sowie zur Verbesserung des Haltes zu Pferde der »Steigbügel« erfunden. Dabei handelte es sich um Seile oder Riemen, in die der Reiter seine Füße steckte. Erst später wurden regelrechte Steigbügel verschiedenster Formen und Arten benutzt und diese, ihrem Namen entsprechend, auch als Aufsteighilfe gebraucht.
Aus dem Sattelleder entwickelte sich durch das Hinzufügen von länglichen Kissen, Blättern und dem Bauchgurt, der der Konstruktion den nötigen Halt auf dem Pferde gab, ein fest sitzender Sattel (lateinisch *silla,* Sitz), der insbesondere ein seitliches Verrutschen nicht mehr so leicht zuließ. Zur Schonung des Pferderückens wie auch des kostbaren Sattels wurde eine Schabracke zwischen beide gelegt. Schließlich wurde der Sattel am Knauf sowie am hinteren Rand erhöht, was dem Reiter, der ja meist Krieger zu Pferde war, einen wesentlich besseren Halt gab.

Mittelalter

Das Mittelalter brachte mit der Fortentwicklung vom Wurfspeer (Einmalwaffe) zur Lanze über sechs bis sieben Jahrhunderte auch eine Weiterentwicklung von Sattel und Zaumzeug, insbesondere im Hinblick auf eine höhere Belastbarkeit und Stabilität im Kampf. Zum Schutz von Reiter und Roß wurde beiden schwere Panzerungen bzw. Harnische angelegt, die u. a. auch am Sattel zu befestigen waren. Der schwere, oft kunstvoll gearbeitete Steigbügel diente zugleich als Stütze für die Lanze. Als Gebisse wurden vielerlei Kanda-

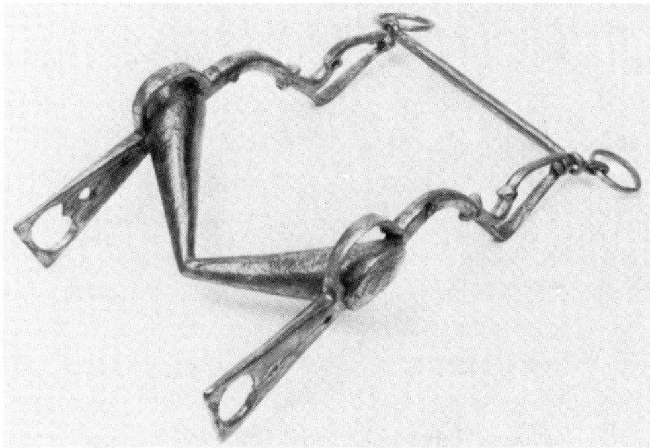

Hebelstangentrense, Deutschland, 17. Jh., Eisen.

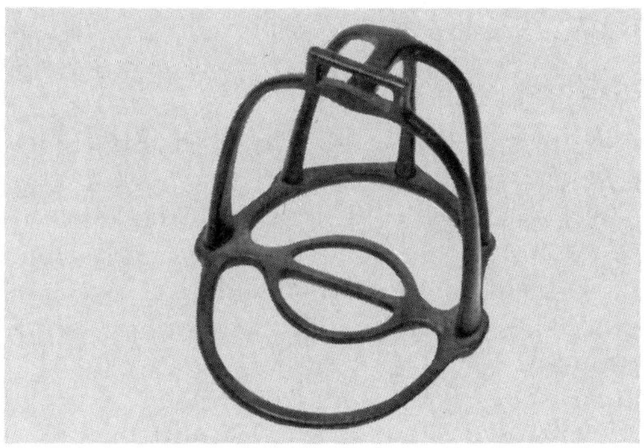

Korbsteigbügel, Deutschland, 17. Jh., Eisen.

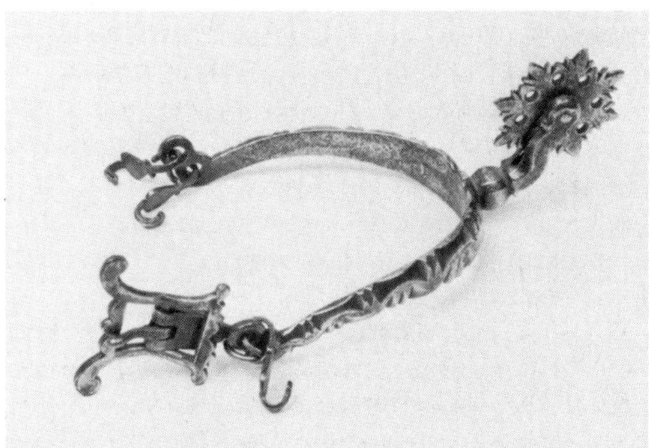

Renaissance-Radsporn, Deutschland, 16. Jh., Eisen, versilbert. (Sammlung Verfasser)

renmundstücke mit teilweise immensen Anzügen verwendet. Dem Formen- und Artenreichtum waren kaum Grenzen gesetzt und Rücksichtnahme auf das Pferdemaul unbekannt, ging es doch einzig darum, das Pferd einhändig absolut zu beherrschen – bis hin zum Stop aus vollem Galopp.

Sowohl über die Ausrüstung der Pferde der Normannen als auch der der Wikinger, die ihre Eroberungszüge nicht nur auf dem Seewege ausführten, gibt der Wandteppich von Bayeux in Frankreich detailliert Kunde; auf diesem aus dem 11. Jahrhundert stammenden, 70 m langen und ca. 50 cm breiten Teppich sind Szenen von der Überfahrt Wilhelm des Eroberers nach England im Jahre 1066 dargestellt.

Ende des 12. Jahrhunderts wurde ein spezieller Kriegssattel mit hohem und starkem Vorder- sowie Hinterzwiesel konstruiert, der mit Metallstäben verstärkt war und dem schwergewichtigen Reiter im Kampf festen Halt verlieh. Vorder- und Hinterzeug waren notwendig, um den Sattel und die an ihm befestigten Panzerteile an ihrem Platz zu halten.

Neuzeit

Einhergehend mit dem Wiederaufleben der schönen Künste im Italien des 15. Jahrhunderts nahm dort auch die Reitkunst und -kultur einen bedeutenden Aufschwung; ja man könnte gar von einem Neubeginn sprechen, denn die akademische Reiterei wurde geboren.

Die italienischen Akademien erlangten schon bald Weltruf, und der Adel strömte aus allen Teilen des Abendlandes herbei, um auf den kunstvoll abgerichteten Hengsten mit ihren schnellen Wendungen und gewaltigen Luftsprüngen sowie einer Vielzahl von Übungen diese hohe Reitkunst in ihrer Vollendung zu erlernen. Reiten war jetzt nicht mehr (nur) schiere Notwendigkeit für Fehde, Jagd oder Turnier, es wurde zur Kunst.

Frederigo Griso(ne), ein neapolitanischer Edelmann des 16. Jahrhunderts, ließ 1550 seine *»ordini di cavalcare«* (Reitregeln) drukken, ein Werk, das die ganze spätere Literatur zum Thema Pferd auf Jahrhunderte hinaus maßgeblich beeinflussen sollte.

Grisone zäumt das Pferd von Beginn an auf Kandare, verwendet jedoch anfangs noch einen Kappzaum darüber oder sog. Beizügel, die vom Genickstück des Zaumes über das Gebiß in die Reiterhand liefen, um das Schlottern des Mundstückes zu verhindern und um, wie beim heutigen Pelham, die Wirkung der Kinnkette ausschalten zu können.

Sporнstiche sind für Grisone nicht nur Hilfe und Strafe, sondern geradezu ein Allheilmittel (»Sonnenstrahl und Feuerbrand wirken ja auch einmal erweichend, einmal erhärtend«), auch die Rute ist ihm nicht fremd. Die 50 verschiedenen Stangengebisse, die Grisone am Ende seines Werkes wiedergibt, sollen für die verschiedensten Pferdemäuler passen; ihren Formen entsprechend führen sie so klangvolle Namen wie Kanonen-, Melonen- oder Rohr- und Glockengebiß, Gänsehälse, Katzenpfoten etc.

Heute wirken diese Gebisse mit ihren Walzen, Reifelungen und scharfkantigen Formen sowie mit ihren überaus langen Anzügen größtenteils wie entsetzliche Marterwerkzeuge auf uns. Aber gerade die langen Scheren ließen eine sehr viel größere Feinheit der Wirkung zu, überdies wurde der stärkere Hebeldruck durch die Nachgiebigkeit der nahezu ausnahmslos gebrochenen Gebisse zumindest etwas gemildert.

Georg Engelhard von Löhneyssen (um 1600), Stallmeister am Hofe zu Wolfenbüttel, brachte 1588 eine Zäumungslehre heraus. Die Mundstücke seiner teils wunderlich geformten Kandaren sind zum Ausgleich für die große Hebelwirkung dicker (bis zu 4 cm), die Länge der Unterbäume seiner Kandaren schwankt zwischen 15 und 30 cm – »Mir gefällt nicht, viel Beikettlein und Gespiel an die Mundstück zu hängen. Die gute Faust des Reiters . . . ist wohl das beste Gespiel.« Die von Löhneyssen ersonnene Anordnung der Zügel in der Hand ist noch heute üblich.

Pluvinel († 1620), Stallmeister von Ludwig XIII., führte die Pilaren ein, zwischen die er seine Pferde mittels eines von ihm erfundenen Strickkappzaums band und sie zu Gehorsamkeit zwang, ehe er Sattel und Zaumzeug anwandte.

Newcastle († 1675) verwendete Hilfszügel, die vom Sattelgurt über die Kappzaumringe zum Sattelknauf führten, und band zeitweise einen Zügel fest.

Georg Simon Winter von Adlersflügel (um 1675), größerer Pragmatiker als die oben Erwähnten, wurde für seine Verdienste um Reitkunst und Pferdezucht geadelt. Seiner

Meinung nach sollte man's beim ersten Anreiten »allweg nicht zu grob machen, damit das junge Tier nicht überpoltert werde«.
Dem Franzosen Guérinière († 1751) gebührt das Verdienst, den Reiter aus dem Zwang des Stehsattels und das Pferd vom Zwang der Pluvinelschen Pfeiler und des Newcastleschen Kappzaumes befreit zu haben. Zum Zureiten junger Pferde benutzte er einen ganz leichten Sattel (bardelle), ein dickes gebrochenes (Trensen-)Gebiß und erst später eine leichte Kandare. Guérinière kennt nur mehr drei Arten von Kandaren-Gebissen: ein gebrochenes (Trensen-)Gebiß, eines an einem Stück (à canne) sowie eines mit Zungenfreiheit. Seine Stangenanzüge überschreiten zwei Handbreit nicht mehr.
Im Zeitalter von Sind, Hünersdorff (18. Jahrhundert) sowie von Seidler, Seeger, Oeynhausen, Steinbrecht und Rosenberg (um die wichtigsten des darauffolgenden Jahrhunderts zu erwähnen) wurden Gebisse, Sporen und Sättel in zunehmendem Maße praktischer, einfacher und damit auch pferdegerechter.

Gebiß à la Genette, Orient, 17. Jh., Eisen.

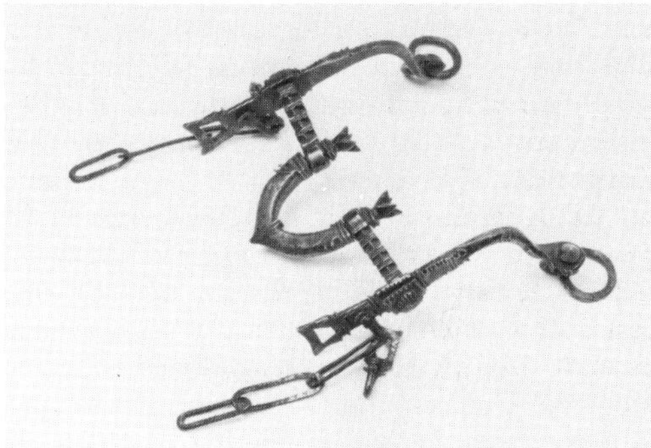

Hebelstangentrense, 17. Jh., Eisen.

Schuhsteigbügel, 18. Jh., Eisen und Holz.

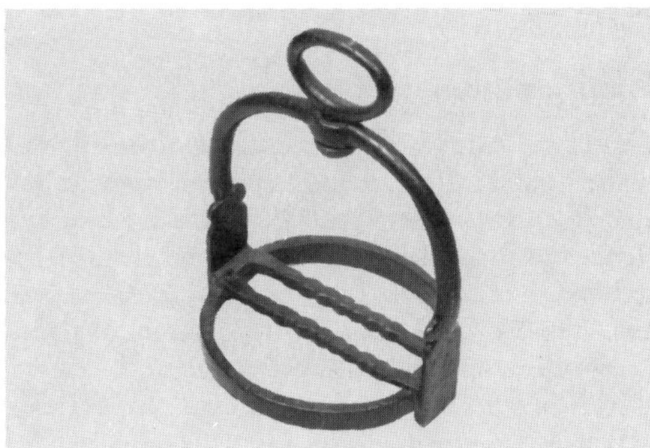

Gelenksteigbügel, Deutschland, 19. Jh., Eisen.

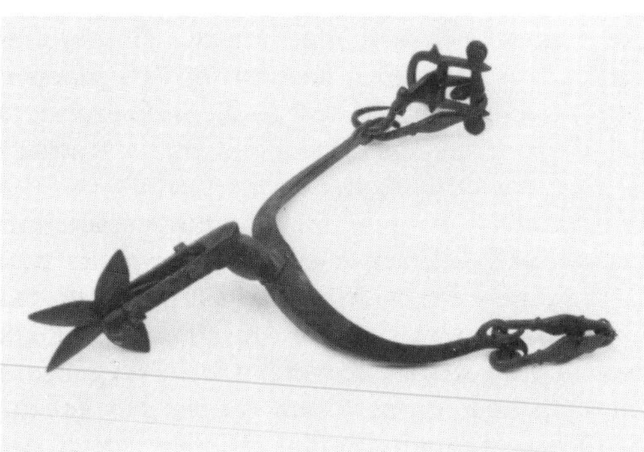

Links: Radsporn, 18. Jh., Eisen. Rechts: Gotischer Radsporn, Deutschland, 15. Jh., Eisen. (Sammlung Verfasser)

Zäumung und Sattelung der Gegenwart

Unterlag die Ausrüstung des Pferdes und auch seines Reiters im Laufe ihrer Entstehung und Fortentwicklung vielfachen Änderungen und Verbesserungen, die oft dem Geschmack und dem Trend der jeweiligen Zeit und nicht nur allein dem Verwendungszweck angemessen und angepaßt waren, so wird heute grundsätzlich eine möglichst einfache, praktische und zweckmäßige Ausstattung angestrebt. Der Artenreichtum sowie die Vielfalt bei Sätteln, Gebissen und Steigbügeln nimmt allerdings ständig zu. Dennoch ist eine weltweite Standardisierung festzustellen, von bestimmten Ausnahmen (Westernreiterei, Camargueien) abgesehen. Dies ist zweifelsohne auf die Internationalität des Reitsports in all seiner Vielfalt zurückzuführen.
Der englische Sattel, bereits im 18. Jahrhundert aufgetaucht und bis zum heutigen Tage vielfach modifiziert, sowie englisches Zaumzeug mit Trensen- oder Kandarengebiß sind heute weltweit verbreitet und in Gebrauch. Es ist daher keineswegs übertrieben, vom klassischen Sattel- und Zaumzeug zu sprechen.

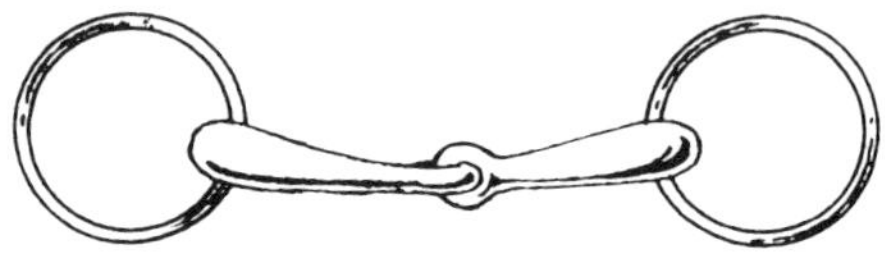

Wassertrense

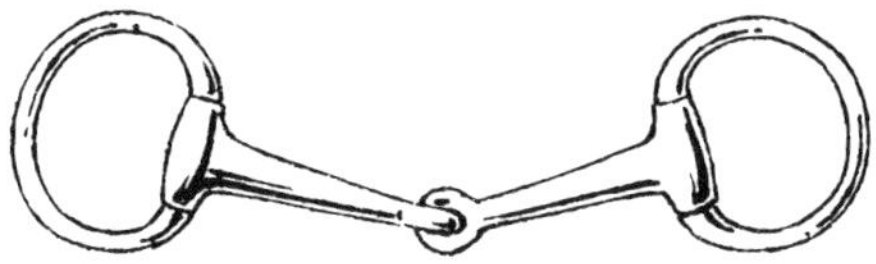

Olivenkopftrense

Hartgummitrense

Zäumung und Gebisse

Schon im Altertum war erkannt worden, daß insbesondere die Lade des Pferdes, jener zahnlose Teil der beiden Unterkieferäste zwischen Schneide- und Backenzähnen, und die sie umgebenden Teile wie Lippen, Zunge, Gaumen, Nasenrücken, Kinngrube und auch das Genick sehr druckempfindlich sind und bestens dazu dienen können, das Pferd zu beherrschen.
So sehr die Empfindlichkeit des Pferdemaules generell die Grundlage seiner Beherrschung ist, so groß ist aber die Gefahr, durch Grobheit allein und darüber hinaus zusammen mit nicht geeigneten (zu groß, zu klein, zu dünn, eckig, scharfkantig etc.) oder aber falsch eingeschnallten Mundstücken auch in Verbindung mit Halftern und Hilfszügeln dem Pferd Schmerzen zuzufügen, auf die es zwangsläufig und zu Recht reagieren wird (Durchgehen, Steigen, Kopfschlagen). Werden solche Reaktionen des Pferdes auf zu harte Einwirkung des Reiters beispielsweise mit einem noch schärferen Gebiß beantwortet, das noch stärkere Schmerzen oder gar Schäden beträchtlicher Art hervorrufen kann, so ist das Unheil vorprogrammiert.
Scharfe und schärfste Waffen – und dies können insbesondere Gebisse sein – in der Faust des Laien müssen den Vergleich mit der Rasierklinge in der Hand des Affen zulassen!
Die heute am meisten verwendete Zäumung ist die *Trensenzäumung* mit einem einfachen, einmal gebrochenen runden und dicken Gebiß aus Metall (Wassertrense), gelegentlich auch aus Hartgummi.
Eine Weiterentwicklung der Wassertrense ist die *Olivenkopftrense,* bei der die Gefahr des Einklemmens der Maulwinkel zwischen Trensenringe und Mundstück – insbesondere bei älteren, ausgeleierten Gebissen – beseitigt ist und der deshalb heute der Vorzug vor der Wassertrense zu geben ist. Eine Modifikation der Olivenkopftrense ist die *Renntrense,* die D-förmige Trensenringe besitzt, um ein Durchziehen des Gebisses durch das Maul bei pullenden Pferden zu verhindern. Gegen das Durchziehen eignet sich noch besser die *Knebeltrense,* auch *Halbknebeltrense.* Die Knebel sind entweder starr oder beweglich ange-

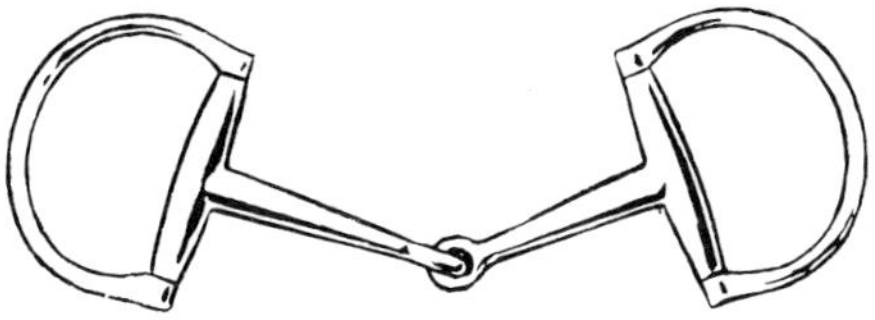

Renntrense

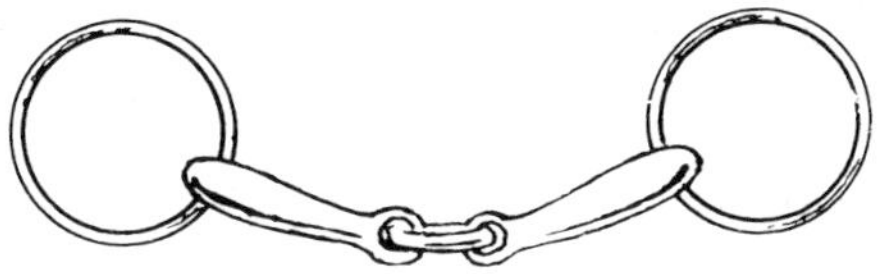

Scharniertrense Dick Christian

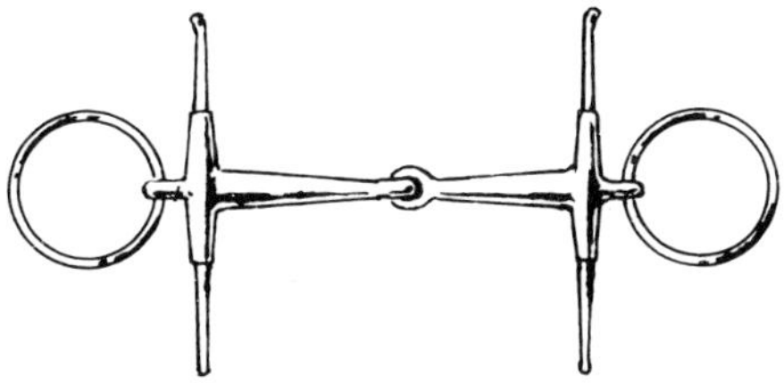

Knebeltrense

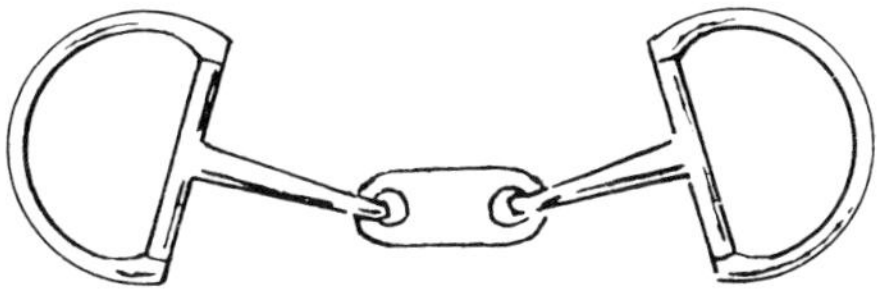

Scharniertrense Dr. Bristol

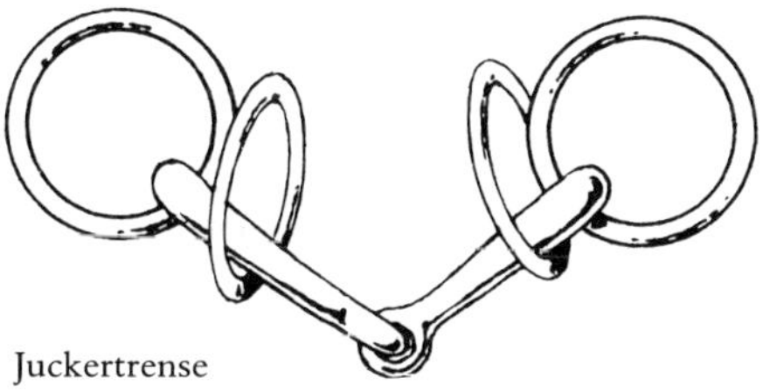

Juckertrense

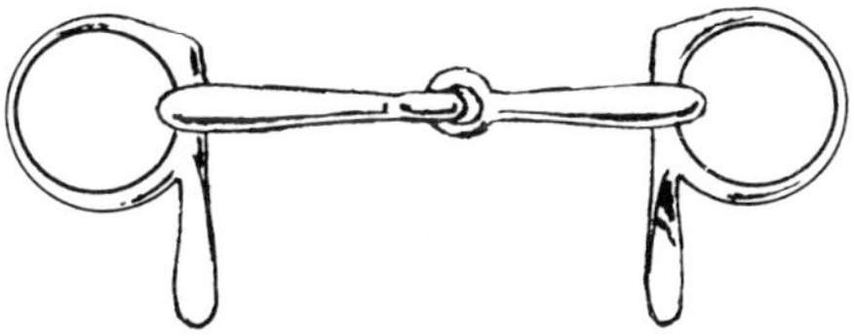

Fahrtrense

bracht und können darüber hinaus auch noch mit einem Riemchen an den Backenstücken befestigt werden. Insbesondere beim Anreiten junger Pferde kann die Knebeltrense gute Dienste leisten, unterstützt sie doch durch leichten Druck des Knebels auf die Lippen seitwärts gerichtete Bewegungen. Trensengebisse wirken grundsätzlich auf die Lippen des Pferdes in dessen Maulwinkel, auf die Zunge und auf die Laden. Die Verwendung des Reithalfters übt darüber hinaus durch Zug am Zügel auch noch Druck auf den Nasenrücken und beim hannoverschen Reithalfter auf die Kinngrube aus.

Neben den bereits erwähnten Standard-Trensengebissen sind noch eine ganze Reihe weiterer Trensenmundstücke mehr oder weniger gebräuchlich, wie beispielsweise die *Trensenstange,* die es in verschiedenen Ausführungen (Übergang zur Kandare) gibt; so kann das Mundstück hier auch aus Gummi sein. *Scharniertrensen* unterschiedlicher Art (Dr. Bristol oder französisches Modell, oder Dick Christian mit einem Verbindungsring) gehören hier ebenso dazu wie *Doppeltrensen,* bestehend aus zwei dünneren, versetzt gebrochenen Mundstücken, *Zungenstreckertrensen* mit einem oder zwei beweglichen oder festen Löffeln, um die Zunge zu »stabilisieren«, *gedrehte Trensengebisse, Kettentrensen* (Modelle Waterford und Wellington), die *Fillistrense* mit etwas Zungenfreiheit durch ein gebogenes, bewegliches Zwischenstück, die *Rollentrense* mit beweglichen Rollen innerhalb des Mundstükkes oder sich um das Mundstück drehenden Rollen, die *Wilson-* oder *Esterhazy-Juckertrense* mit doppelten Ringen, die das Pferd im Maulwinkel klemmen sowie die *Scorriertrense.*

Insbesondere die zuletzt angeführten Trensengebisse wirken sehr scharf und sind – wenn überhaupt – nur mit allergrößter Sorgfalt, Überlegung und Vorsicht zu gebrauchen. Der Schaden, der mit diesen hart, ja brutal wirkenden Gebissen verursacht werden kann, zumeist sogar wird, ist selten wieder gutzumachen. Mangelnde reiterliche Fähigkeiten sollten nicht durch den Einsatz schärferer Gebisse kompensiert werden! Generell gilt, daß ein dünnes und/oder eckiges Mundstück immer schärfer wirkt und damit für das Pferd schmerzhafter ist als ein dickes und rundes. Der bessere Weg ist, ein Pferdemaul durch entsprechend feine Hand und weichere Mundstücke sensibel zu machen und zu erhalten, als auf harte abgestumpfte Pferdemäuler mit scharfen Gebissen einzuwirken. Geduld ist auch in diesem Falle sehr viel besser – für Pferd wie Reiter – als die viel zitierte Brechstange. Wenn dann gar noch selbstverfertigte Konstruktionen aus dünnem Draht oder Fahrradketten ins Pferdemaul geschnallt werden, ist das brutale Quälerei!

Eingeschnallt wird das Mundstück in den ledernen *Trensenzaum,* der dazu dient, das Gebiß im Pferdemaul und dort auch an der richtigen Stelle zu halten. Der Trensenzaum besteht generell aus den beiden verstellbaren Backenstücken, in die das Gebiß eingeschnallt ist, dem Genickstück, das die beiden Backenstücke verbindet, einem Stirnband – meist verziert – sowie dem Kehlriemen, die ein Abstreifen des Kopfstückes verhindern, und normalerweise einem Reithalfter, das verhindern soll, daß das Pferd sich durch Öffnen des Maules der Reiterhand entzieht.

Am häufigsten findet man hierzulande das *hannoversche Reithalfter,* das an der Kavallerieschule Hannover entwickelt wurde, um zu verhindern, daß das Pferd das Maul aufsperrt (Sperrhalfter), wodurch das Gebiß verrutschen würde. Der Nasenriemen des hannoverschen Reithalfters, der über dem Gebiß verläuft, sollte breit sein und grundsätzlich noch auf dem Nasenbein aufliegen. Nasen- und Kinnriemen dürfen nicht zu fest verschnallt sein, sonst wird die Atmung des Pferdes in erheblichem Maße behindert, gerade auch, wenn das Reithalfter zu tief hängt.

Besser geeignet als das hannoversche ist das *englische Reithalfter,* dessen Nasenriemen etwa in der Mitte zwischen Maul- und Augenwinkeln auf dem Nasenrücken liegt – unter den Backenstücken wohlgemerkt – und somit das Pferd sehr viel weniger beeinträchtigt. Ergänzend zum englischen Reithalfter kann noch ein Sperr- oder Pullerriemen angebracht werden, der unterhalb des Gebisses vom Nasenrücken zum Kinn verläuft. Das *mexikanische Halfter* oder *Kreuzhalfter* besteht aus zwei auf dem Nasenrücken gekreuzten Riemen, wobei der untere Riemen gleichfalls unter dem Gebiß verläuft.

Die Zügel, aus einfachem glatten Leder geflochten, aus Gurt oder mit Gummi überzogen, um besseren Halt insbesondere bei feuchtem Material zu haben, sind entweder mit Schnallen oder Haken an den Trensenringen befestigt oder an diese angenäht. Zaumzeug gibt es in verschiedenen Ausführungen (z. B. rundgenäht oder doubliert) und Größen, mit diversen Verstellmöglichkeiten und an exponierten Stellen sogar gepolstert. Das Zaumzeug muß dem Pferd so angepaßt sein, daß das Gebiß korrekt im Pferdemaul liegt, ohne die Maulwinkel hochzuziehen. Insbesondere darf auch der Kehlriemen nicht zu fest geschlossen sein.

Stangengebisse (Kandaren) wirken im Gegensatz zu den Trensenmundstücken neben Lippen, Zunge, Laden auch noch auf den Gau-

Trensenzaum

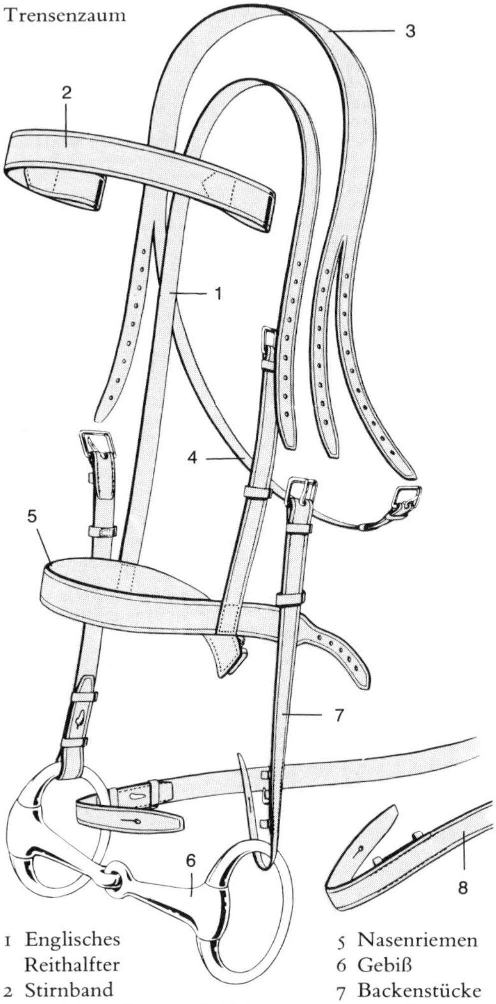

1 Englisches Reithalfter
2 Stirnband
3 Genickstück
4 Kehlriemen
5 Nasenriemen
6 Gebiß
7 Backenstücke
8 Zügel

Kandarenzaum

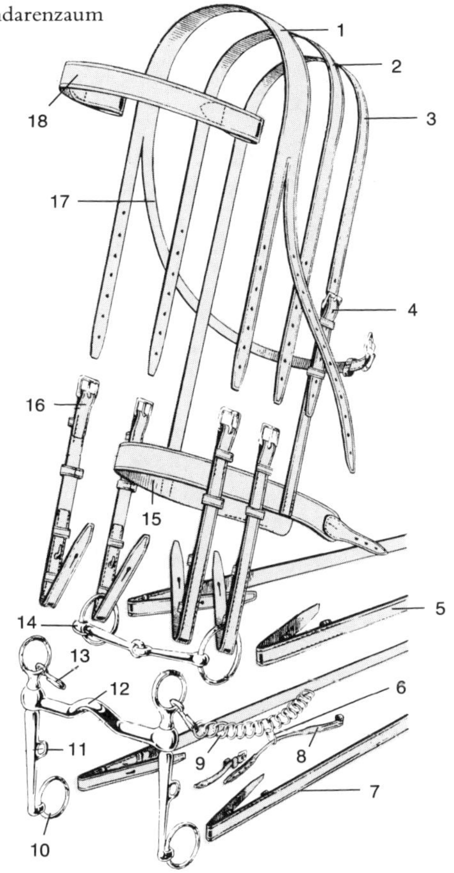

1 Genickstück
2 Trensen-Genickstück
3 Reithalfter
4 Reithalfter-Schnallenverschluß
5 Trensenzügel
6 Loses Glied für Kinnkettenriemen
7 Kandarenzügel
8 Kinnkettenriemen
9 Einfachkette
10 Ring für Kandarenzügel
11 Ring für Kinnkettenriemen
12 Stangengebiß mit niedriger Zungenfreiheit
13 Haken für Kinnkette
14 Gebrochene Unterlegtrense mit losen Trensenringen
15 Nasenriemen
16 Backenstück
17 Kehlriemen
18 Stirnband

men des Pferdes (bei entsprechender Zungenfreiheit, also Aufwölbung des Mundstückes) sowie durch die Oberbäume auch auf das Genick des Pferdes.

Die Kandare in Verbindung mit einer Unterlegtrense erhöht die Wirkung insbesondere in den Maulwinkeln, wie übrigens auch das Pelham, eine Kombination aus Kandare und Trense. Nur in Verbindung mit einer Kinnkette vermag das Kandarengebiß durch Druck auf das Genick und die Kinngrube eine bessere Beizäumung des Pferdes zu erreichen, was in höheren Dressurlektionen unerläßlich ist. Des weiteren ist bei der Anwendung der Kandarenzäumung eine exaktere und notfalls auch stärkere und raschere Einwirkung auf das Pferd gewährleistet als bei der Trensenzäumung, was jedoch nicht heißen soll, daß die Kandare die Trense bei der Ausbildung und in der Arbeit ersetzt.

Neben dem Kandarenmundstück findet bei der Zäumung auf Kandare noch ein (schmaleres) Trensenmundstück Verwendung, die sogenannte Unterlegtrense, die für eine höhere Kopfhaltung sorgt. Beide Gebisse sollten grundsätzlich unabhängig voneinander betätigt werden können und auf das Pferdemaul einwirken. Mit blanker Kandare, also ohne Unterlegtrense, werden Pferde zu Schauzwecken geritten, auch Westernpferde gehen – sofern sie nicht gebißlos geritten werden – mit Kandare.

Der Kandarenzaum weist im Unterschied zum Trensenzaum noch zwei weitere Backenstücke auf, da ja zwei Gebisse eingeschnallt werden müssen; darüber hinaus sind zwei weitere Zügel vorhanden, so daß der Reiter insgesamt vier Zügel in den Händen hat, im Normalfall in jeder Hand die zwei der betreffenden Seite.

Das am häufigsten verwendete Kandarengebiß ist die *Weymouth* bzw. *Deutsche Dressurkandare,* die gewöhnlich hohl ist und eine relativ niedrige Zungenfreiheit gewährt. *Dressurkandaren* haben im Gegensatz zu anderen Kandaren, beispielsweise Fahrkandaren, starre und mittellange Bäume. Je länger der Anzug (Unterbaum) der Kandare ist, desto größer ist die Hebelkraft der Reiterhand auf das Pferdemaul. Auch beeinflußt die Länge der Oberbäume des Kandarengebisses den Druck auf das Genick des Pferdes. Kandaren mit überlangen Bäumen sind Marterwerkzeuge und sollten nicht angewandt werden.

Bei der *Banbury-Kandare* vermag sich das Mundstück zu drehen, so daß die Anzüge unabhängig voneinander wirken können. Das kann bei jenen Pferden von Vorteil sein, die Schwierigkeiten auf einer Hand zeigen.

Daneben gibt es noch eine Reihe weiterer Kandaren, wie z. B. die *Portsmouth-Kandare* mit sehr langen und starren Anzügen, die *Pumpkandare,* bei der sich das Mundstück ein wenig verschieben läßt, sowie die *Segundo-*

Portsmouth-Kandare

Hartwell-Pelham

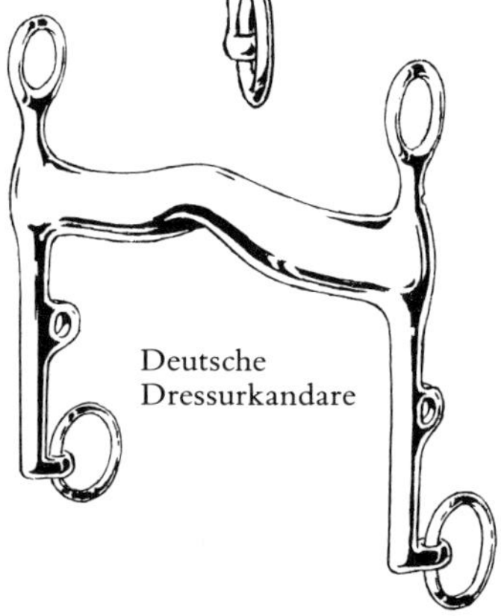

Deutsche Dressurkandare

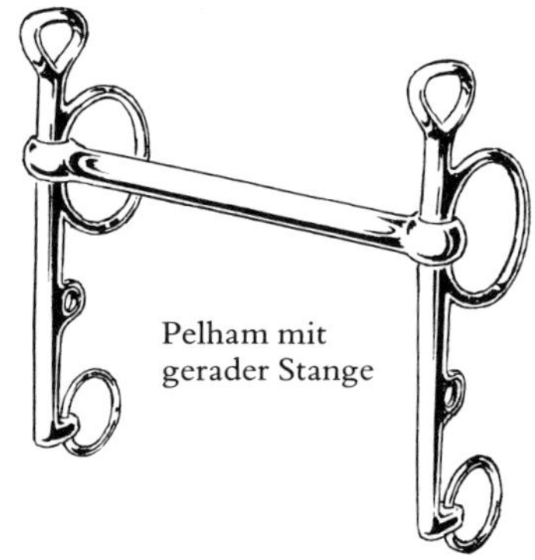

Pelham mit gerader Stange

Kandare, ein Mundstück mit großer Zungenfreiheit und somit ein Gaumendrücker, also ein sehr scharfes Gebiß.

Im Gegensatz zu früher ist die Formenvielfalt der Kandarengebisse stark eingeschränkt und martialisch anmutende Kandaren gehören der Geschichte an.

Das richtige Verpassen des Kandarenzaumes einschließlich der Kinnkette ist sehr wichtig, um einerseits die Kandarenwirkung zur Verfügung zu haben und andererseits dem Pferd nicht zu schaden. Bei aufgenommenen Kandarenzügeln sollen die Anzüge der Kandare einen Winkel von etwa 45° zum Pferdemaul aufweisen. Ist dieser Winkel steiler, strotzt die Kandare und ist mithin zu scharf; bei zu großem Winkel fällt die Kandare durch, ist also wirkungslos.

Eine Mischform aus Kandaren- und Trensengebiß ist das *Pelham,* es soll die Wirkung beider vereinen. Auf den ersten Blick ähnelt das Pelham der Kandare, jedoch entfällt die Unterlegtrense und die Trensenzügel werden in zusätzlich in Höhe des Mundstückes vorhandene Ringe eingeschnallt. Eine differenzierte Anwendung von Trensen- und Kandarenzügel ist beim Pelham kaum möglich. Pelhamgebisse gibt es in sehr verschiedenen Formen, mit starrem oder gebrochenem Mundstück, geraden oder gebogenen Anzügen, die entweder starr oder auch beweglich sein können. Das Mundstück kann eine Zungenfreiheit aufweisen und auch aus Hartgummi sein. Einige Arten seien namentlich genannt: Kimblewick-, Berkley-, Rugby-, Hartwell-, SM-, Banbury-, Swales-, Hannoversches, Ramsey-, IX Lancer-, Scamperdale-Pelham.

Aufziehtrensen, die gegen Ende des 19. Jahrhunderts stark in Mode waren, sind heute nur noch wenig in Gebrauch. Die Backenstücke laufen in den Trensenringen, und bei Zügelanzug wirkt die Aufziehtrense nach oben, so daß eine höhere Kopfhaltung erreicht werden kann. Aufziehtrensen finden heute eigentlich nur noch bei heftigen Pferden Anwendung. Wenn manche Reiter dann zusätzlich noch ein Martingal einsetzen, hebt sich die Wirkung von Martingal und Aufziehtrense auf, denn das Martingal zieht nach unten, die Aufziehtrense wirkt nach oben.

Zäumung des Westernpferdes

In den USA werden die Westernpferde zumeist mit der *Hackamore* geritten. Die Spanier übernahmen die Hackamore während der Maurenherrschaft über ihr Land und brachten sie auf den neuen Kontinent. Das aus Rohleder geflochtene Zaumzeug wurde »Jaquima« genannt, woraus sich schließlich der Name »Hackamore« entwickelte.

Beim Hackamore handelt es sich um eine gebißlose Zäumung, die in der Westernreiterei weit verbreitet ist und mittlerweile auch in Europa viele Anhänger gefunden hat. Auch im internationalen Springsport kann immer wieder beobachtet werden, daß manche Pferde mit Hackamore offensichtlich zwischen den Sprüngen besser zu regulieren sind. Daneben wird auch der *Blair-Zaum* verwendet, bei dem neben dem Druck auf den Nasenrücken wie beim Hackamore mittels eines Kinnriemens noch Druck auf die Kinngrube ausgeübt wird. Die Anzüge können beim Blair-Zaum mehr als 30 cm lang sein. In England gebräuchlich war und ist noch der *Scawbrig-Zaum,* die Einwirkung auf das Pferd erfolgt damit über den Nasenrücken.

Eine Abart ist das *WS-Pelham* (nach seinem Erfinder William Stone); der obere Zügel vermag Druck auf den Nasenrücken, der untere auf die Kinnkette auszuüben. Die Anzüge sind relativ kurz und beweglich und gestatten so eine relativ feine Einwirkung auf das Pferdemaul.

Die klassische *Bosal-Mecate-Hackamore* besteht aus dem »Bosal«, einem aus Rohleder geflochtenen Nasenband von unterschiedlicher Stärke, und der Mecate. Der auf dem Nasenrücken aufliegende Teil des Bosals, das Nasenstück, ist stets dicker als die beiden Schenkel, die sich im Lederknopf vereinigen. Die Dicke des Nasenstückes bestimmt auch dessen Steifheit sowie das Gewicht. Beide Faktoren beeinflussen die Wirkungsweise des Bosals entscheidend. Die »Mecate«, der zweite Teil der klassischen Hackamore, ist ein aus Hanf und Pferdehaaren geflochtenes Seil, das im Durchschnitt etwa 7 m lang ist und zur Bildung der Zügelschlaufe sowie des Leitseils genügt. Aus Bosal und Mecate knüpft der Reiter die Hackamore, die nach bestimmten Richtlinien dem Pferd anzupassen ist.

Neben der klassischen Hackamore, der angeführten Bosal-Mecate-Hackamore, gibt es eine mechanische *Hebelarm-Hackamore,* die

Bosal-Mecate-Hackamore

mittlerweile weit verbreitet ist. An die Stelle des ledernen Bosals tritt hier eine Metallkonstruktion.

Neben der gebißlosen Zäumung verwendet der Westernreiter aber auch eine solche mit Mundstücken. In der Regel handelt es sich um Kandarengebisse. Hervorzuheben wäre das *Santa Barbara Spade Bit,* ein Löffelgebiß. Das Pferd trägt dazu zusätzlich das »Pencil Bosal«, das die Funktion eines Sperrhalfters übernimmt.

Mehr darüber ist im Kapitel »Westernreiten« nachzulesen.

Hilfszügel

Hilfszügel sollen in erster Linie vermeiden helfen, daß das Pferd über den Zügel kommt und sich damit der Einwirkung der Reiterhand entzieht. Sie sind für den Reitanfänger recht nützlich, desgleichen finden sie Verwendung bei korrekturbedürftigen Pferden und gelegentlich auch beim Anreiten junger Pferde. Hilfszügel bestehen aus einem oder zwei Riemen, die vom Sattelgurt ausgehend zum Gebiß oder auch weiter bis in die Reiterhand verlaufen.

Am häufigsten wird wohl das gleitende *Ringmartingal* verwendet, bei dem die Zügel durch jeweils einen Ring laufen, der mittels eines Lederriemens am Bauchgurt befestigt ist. Das Pferd ist so in seiner Bewegungsfreiheit nach oben eingeschränkt, was insbesondere bei Pferden, die mit dem Kopf schlagen, sehr von Vorteil ist. Das Ringmartingal läßt sich auch mit einem Vorderzug kombinieren, das den Sattel in seiner vorgesehenen, richtigen Lage hält.

Insbesondere bei Anfängern wird der *Stoßzügel,* der teilweise auch elastisch sein kann, eingesetzt, der ebenso wie die Ausbindezügel vom Bauchgurt zu den Trensenringen verläuft. Der Kopf des Pferdes wird in einer bestimmten Stellung gehalten und der Reiter kann sich auf seinen Sitz konzentrieren.
In jüngster Zeit sind darüber hinaus noch eine ganze Reihe weiterer Hilfszügel auf den Markt gebracht worden, die die Namen ihrer Erfinder tragen (*Köhler-, Pohlmann-, Thiedemann-Zügel*).
Schlaufzügel werden häufig insbesondere von Turnierreitern zum Abreiten und Durchlässigmachen ihrer Pferde benutzt, sind aber mit Bedacht zu gebrauchen. Insbesondere werden Pferde, die im Genick fest sind, mit den vom Gurt durch die Trensenringe in die Reiterhand laufenden Schlaufzügeln gearbeitet.
Das *Chambon* findet vornehmlich bei jungen Pferden Verwendung, um diese durch sanften Druck auf die Genickpartie zum Abkippen des Kopfes zu veranlassen. Nur wenn das Pferd den Kopf hochnimmt, spürt es den Druck des Chambons, das vom Sattelgurt über die Trensenringe zum Genick verläuft.
Auch die *Gogue*-Zügel werden gelegentlich angewendet und sind in ihrer Wirkung dem Chambon ähnlich.
Insbesondere im Rennsport findet die *Brille* (Irisches Martingal) Verwendung. Sie besteht aus zwei Metallringen, die durch einen Ledersteg zusammengehalten werden. Die Zügel laufen durch die Metallringe und werden so zusammengehalten, so daß das Pferd kaum mit dem Kopf zu schlagen vermag, darüber hinaus geraten die Zügel bei einem Sturz nicht so leicht über den Kopf des Pferdes.
Ebenfalls im Rennsport findet man das *Bib-Martingal*, bei dem der dreieckige Zwischenraum zwischen den beiden Ringriemen mit Leder ausgespannt und so einigermaßen stabil ist.
Daneben gibt es für heftige oder »korrekturbedürftige« Pferde eine ganze Reihe von Hilfsmitteln, deren Nutzen häufig überschätzt wird. Borstenscheiben sollen das Abwenden erleichtern, Trensenhalter – im Galopprennsport verwendet – sollen das Gebiß im Maulwinkel halten und so verhindern, daß das Pferd die Zunge über das Gebiß nehmen kann, und Steiggebisse sollen helfen, heftige Rennpferde oder feurige Deckhengste leichter unter Kontrolle zu halten.

Sättel

Der heute in verschiedenen Formen und Arten dem jeweiligen Verwendungszweck angepaßte Sattel ist ein Nachfahr des alten englischen Sattels des 19. Jahrhunderts.
Voraussetzung für einen sicheren Halt zu Pferde, eine gute Einwirkung auf das Pferd über Sitz und Schenkel sowie eine vom Sitz unabhängige Hand ist ein sowohl dem Pferd als auch dem Reiter gut passender Sattel von bester Qualität. Ein gut geformter und korrekt liegender Sattel in der richtigen Größe (er darf weder auf dem Widerrist noch auf dem Rückgrat aufliegen) setzt den Reiter bei jeder Bewegung des Pferdes in den Schwerpunkt und erlaubt dem Pferd größtmögliche Bewegungsfreiheit. Zwischen Vorderzwiesel und Widerrist des Pferdes sollte stets Platz für mindestens drei Finger sein, was bedeutet, daß die Kammer des Sattels hoch genug sein muß, damit Luft zirkulieren kann und das Pferd nicht gedrückt wird.
Während vor noch nicht allzu langer Zeit starre Sattelbäume (bestehend aus Vorder- und Hinterzwiesel sowie zwei seitlichen Trachten) aus (Buchen-)Holz mit Metallteilen verstärkt das Skelett des Sattels bildeten, um das herum der Sattel aufgebaut wurde, werden heute fast durchweg federnde Sattelbäume aus verleimtem Holz oder Kunststoff verwendet; Metallstreifen von den Trachten zum Hinterzwiesel bringen das nachgebende Material sofort wieder in die Ausgangslage zurück.
Die Aufhängevorrichtung für die Steigbügelriemen einschließlich Steigbügel ist direkt am Sattelbaum befestigt und hat in der Regel eine bewegliche Sturzfeder, die sich – fällt der Reiter und bleibt mit dem Fuß im Steigbügel hängen – öffnen soll, um den Steigbügelriemen freizugeben und so zu verhindern, daß der gestürzte Reiter von seinem Pferd mitgeschleift wird. Aus Sicherheitsgründen sollte die Sturzfeder jedoch immer offen sein.
Quer über den Sattelbaum wird ein Gurt befestigt, an dem später die Gurtstrippen (in der Regel sind es drei) angebracht werden, in die der Sattelgurt geschnallt wird.
Über dem Sattelbaum wird die Sitzfläche des Sattels regelrecht aufgebaut, mit Polsterwolle aufgefüllt und mit Leder überzogen. Die beiden länglichen, seitlich der Wirbelsäule des Pferdes aufliegenden Sattelkissen dienen als

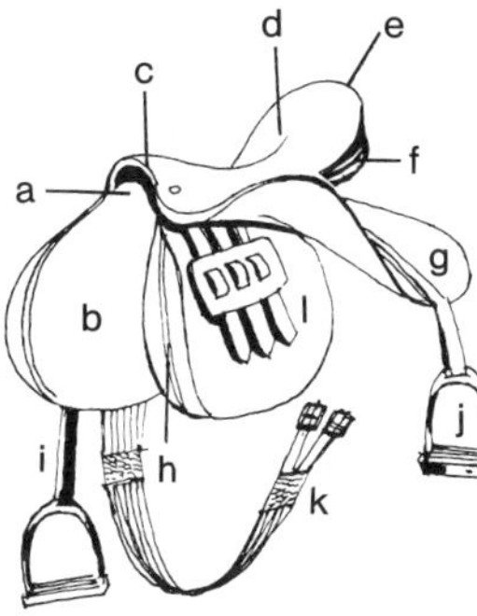

Aufbau des Sattels:
a Sattelkammer, b Schweißblatt, c Vorderzwiesel, d Sitzfläche, e Sattelkranz, f Sattelpolster, g Sattelblatt, h Pausche, i Steigbügelriemen, j Steigbügel, k Sattelgurt, l Strupfen.

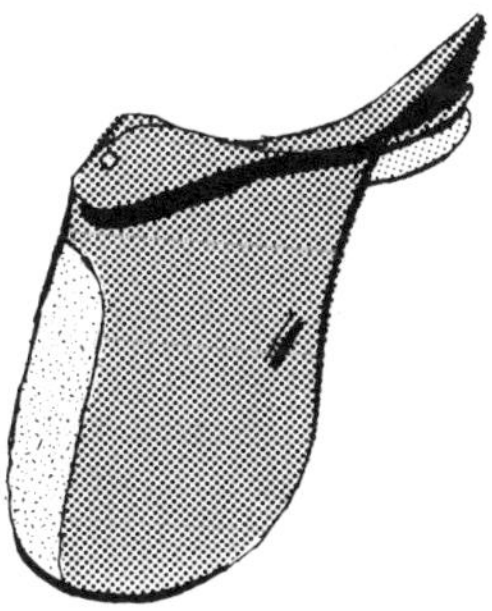

Dressursattel

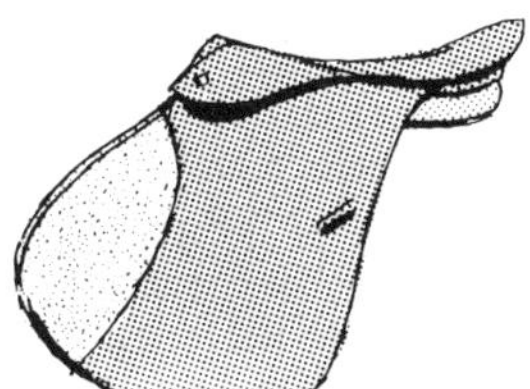

Springsattel

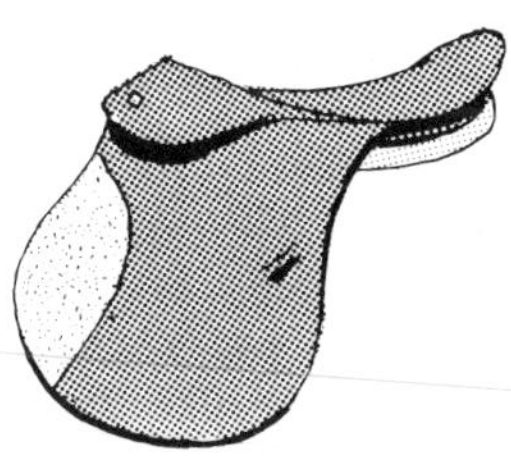

Vielseitigkeitssattel

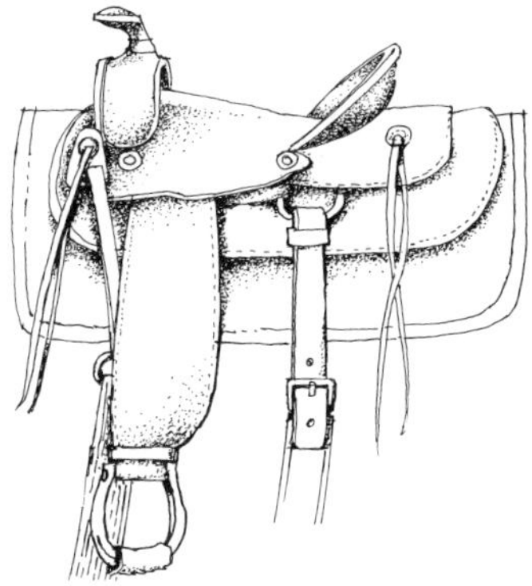

Westernsattel

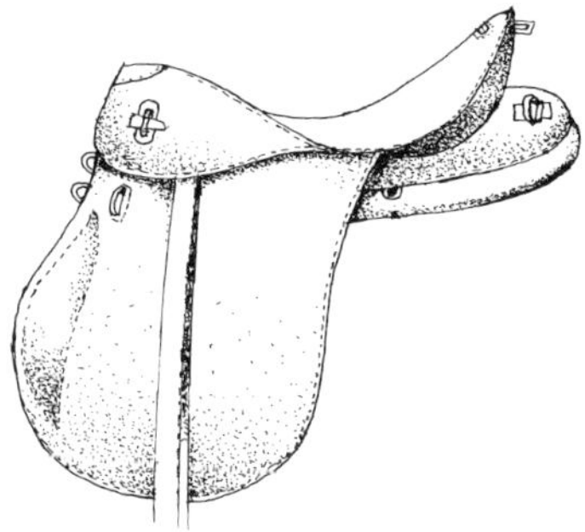

Deutscher Armeesattel

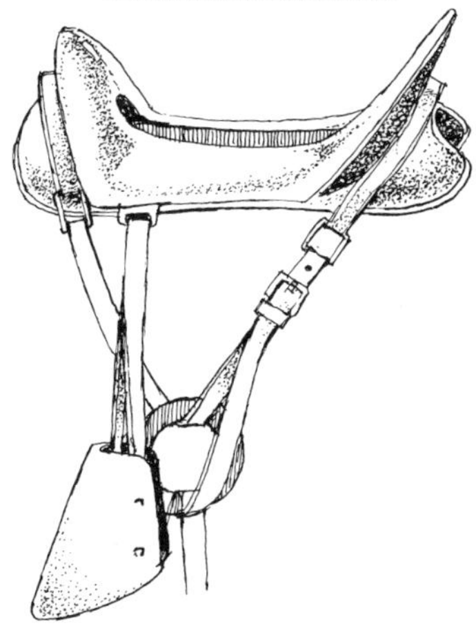

Amerikanischer McClellan-Kavalleriesattel

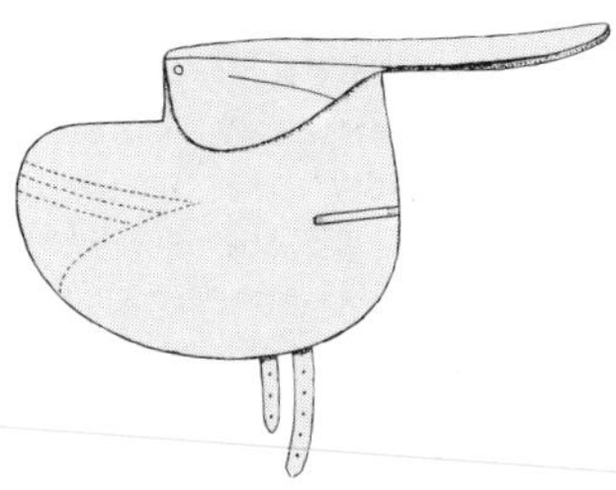

Flachrennsattel

Polster zwischen Pferderücken und dem stabilen Sattelbaum.
Zwei Schweißblätter und die beiden Sattelblätter – die je nach Verwendungszweck des Sattels geformt sind und durch Pauschen ergänzt werden können – komplettieren das Ganze.
Satteldecken aus verschiedenen Materialien dienen zum Schutz sowohl des Pferderückens als auch des Sattels (Schweiß); dabei wurde die gute alte dicke Filzschabracke allmählich von dünnen, noch besseren Kontakt zum Pferd gestattenden Satteldecken aus modernen Materialien verdrängt.
Befestigt wird der Sattel auf dem Pferderükken mittels eines oder mehrerer Gurte, die es in verschiedenen Ausführungen gibt. Elastische oder teilelastische Gurte erhöhen die Stabilität und sind darüber hinaus für das Pferd sehr viel angenehmer als unnachgiebige. Grundsätzlich muß der Sattelgurt fest angezogen sein, um ein ständiges Scheuern zu verhindern. Bei empfindlichen Pferden kann der Sattelgurt mit einem Lammfell überzogen werden.
Es gibt auch heute eine große Anzahl von verschiedenen Sätteln für alle Sparten der Reiterei. Das wichtigste ist, daß der richtige, das heißt passende Sattel für das jeweilige Pferd eingesetzt wird, der gut und ohne zu drücken an der richtigen Stelle aufliegt.
Am gebräuchlichsten ist heute der *Vielseitigkeitssattel,* der in den vergangenen 30 Jahren ständig verbessert wurde und sich vielfältig einsetzen läßt. Der Vorderzwiesel ist zur Sitzfläche hin etwas eingeschnitten – wie bei nahezu allen Sätteln – und bietet somit auch einem hohen Widerrist Platz. Die Sitzfläche ist relativ kurz und tief, das Sattelblatt etwas nach vorne geschnitten, ein vorderer Kniewulst (Pausche) ist in der Regel vorhanden und gibt dem Knie auch im leichten Sitz Halt. Mittleren Ansprüchen vermag ein Vielseitigkeitssattel durchweg zu genügen.
Mit dem Aufkommen des modernen Springstiles nach Caprilli wurde ein spezieller *Springsattel* notwendig. Bei ihm sind die Satelblätter weit vorgeschnitten, um dem Knie guten Halt zu bieten, und meistens ist ein gepolsterter Kniewulst – zusammen mit Pauschen – vorhanden. Teilweise findet man auch hinter dem Schenkel noch einen Wulst, um ein Verrutschen des Beines zu verhindern und damit einen festeren Sitz über und nach dem Sprung zu gewährleisten. Die Sitzfläche des Springsattels ist länger als üblich, kommt der Reiter doch infolge der kurzen Bügel mit dem Gesäß sehr weit nach hinten. In der Regel ist sie recht tief; amerikanische Springsättel dagegen haben eine sehr viel flachere Sitzfläche, die sich dem Rücken des Pferdes besser anpaßt.
Der spezielle *Dressursattel* hat eine kurze, recht tiefe Sitzfläche; sein Schwerpunkt ist etwas zurückverlagert, um dem Reiter die Unterstützung der Schubkraft zu ermöglichen. Das gerade, sehr lange Sattelblatt ist manchmal mit einem kleinen hinteren Wulst versehen, um dem Oberschenkel etwas Halt zu geben.
Der an der Spanischen Hofreitschule zu Wien verwendete, vollständig mit weißem Hirschleder überzogene *Selle Royal* oder Schulsattel hat vorne und hinten Polsterrollen, um dem Reiter vor allem bei den Schulen über der Erde festen Halt zu geben. In Saumur/Frankreich wird der *Danloux-Sattel* verwendet, bei dem der tiefste Punkt in der vorderen Hälfte des Sattels liegt.
Mittlerweile sind noch speziell für Vielseitigkeitsprüfungen konstruierte Sättel auf dem Markt. Hier spielt insbesondere auch das Gewicht eine Rolle, des weiteren erhöht ein Übergurt die Festigkeit des Sattels auf dem Pferd.
Rennsättel, unterteilt in Sättel für Flachrennen und Hindernisrennen, müssen sehr leicht sein. Der *Flachrennsattel,* den es in verschiedenen Größen gibt – ganz leichte Sättel wiegen weniger als ein Pfund –, hat eine ganz flache Sitzfläche mit einem recht langen, vollen Kissen und ein sehr weit vorgeschnittenes Sattelblatt. *Hindernisrennsättel* sind etwas größer und stabiler und bieten den Jockeys etwas mehr Halt; die Sitzfläche ist hier leicht vertieft. Ein elastischer Übergurt, mittels einer Schlaufe am hinteren Ende des Sattelblattes in seiner Position gehalten, erhöht die Stabilität und ist nahezu immer vorzufinden.
Im Training werden sogenannte *Arbeitssättel,* etwas größere Rennsättel, verwendet.

Der Westernsattel

Der Sattel des Westernpferdes ist ebenfalls spanischer (d. h. arabischer) Herkunft; er ist mächtig und wuchtig. Der Sattelbaum aus Feigenholz besteht aus vier Teilen und wird von einer rindsledernen Hülle umspannt. Allen Westernsätteln gemeinsam ist ein recht prägnanter, manchmal um 45° geknickter Sattelknauf, und ab und zu findet man einen Hintergurt, der zur besseren Befestigung gedacht ist. Dies hat seinen praktischen Hintergrund darin, daß mit derartigen Sätteln gearbeitet wurde und heute noch gearbeitet wird. Sattelknauf und Hintergurt dienen in erster Linie dem Fixieren des Lassos, das zur Arbeit mit den Rindern vom Pferd aus unerläßlich ist. (S. auch das Kapitel »Westernreiten«.)

Der Damensattel

Assyrerinnen wie auch die Frauen im mittleren und fernen Orient ritten im Herrensitz. Die Reiterei der Frau reichte bis ins 14. Jahrhundert, in Persien sogar bis zum Ende des 17. Jahrhunderts, dann geriet sie in Vergessenheit. Der erste Damensattel soll der »Sambue« gewesen sein, der allerdings nur mäßigen Halt gab. Ende des Mittelalters war der Damensattel mit einem hohen Knauf versehen, hinten und seitlich waren Stützen angebracht und eine Auflage für die Füße kam hinzu. Die Fußauflage wurde dann durch einen Steigbügel ersetzt und der Gabelsattel über dem Horngabelsattel zum Hornsattel mit flachem Vorderblatt entwickelt.

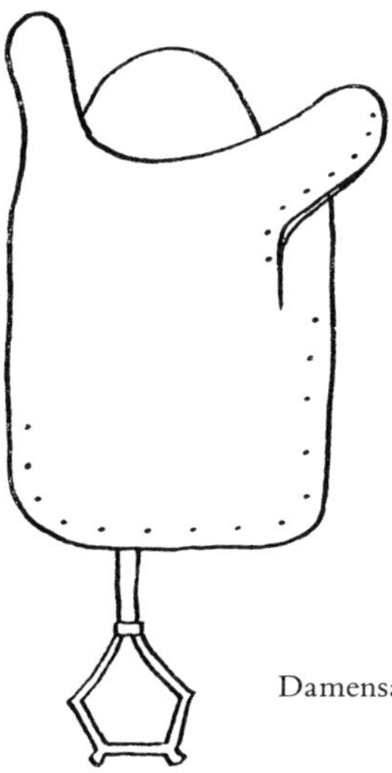

Damensattel, Deutschland, 15. Jh.

Der heutige Damensattel hat zwei Hörner, die Sitzfläche ist ganz flach. Das obere Horn, über dem der rechte Schenkel der Reiterin liegt, ist fest, das untere Horn dem Beinumfang der Reiterin entsprechend verstellbar. Das linke Sattelblatt ist sehr groß und reicht vorne über den Sattel hinaus, es dient als Unterlage für den rechten Unterschenkel. Zusätzlich zum Gurt ist ein Balanciergurt angebracht, der ein Verrutschen des Hinterzwiesels verhindern soll. Aus Sicherheitsgründen findet heute ein Sicherheitssteigbügel Verwendung.

Steigbügel

Steigbügel dienen – neben ihrer Funktion als Aufsteighilfe – zur Verbesserung des Haltes und der Sicherheit im Sattel, obgleich ein Bügelverlust nicht gleich den Verlust des Gleichgewichtes zu Pferde zur Folge haben sollte. Der Fuß des Reiters ruht gewöhnlich mit dem Ballen auf der Trittfläche des Bügels; in besonderen Fällen (Gelände, Springen, Rennen) kann es jedoch angebracht sein, den Fuß bis zum Spann in die Bügel zu stecken. Entscheidend ist die Größe des Steigbügels: Sind sie zu groß bemessen, rutscht der Fuß des Reiters durch, bei zu kleinen Bügeln besteht die Gefahr, daß der Reiter bei einem Sturz im Bügel hängenbleibt.
Neben dem einfachen englischen Bügel, den es in verschiedenen Formen gibt, sind mittlerweile Steigbügel mit verschieden langen Schenkeln, schräger Trittfläche, Ausbuchtungen etc. in Gebrauch. Sicherheitssteigbügel haben an Stelle eines Schenkels einen Gummisteg. Um einen besseren Halt des Fußes zu erreichen, werden darüber hinaus verschiedene Auflagen beispielsweise aus Leder oder auch aus Gummi verwendet.

Sporen

Im Vergleich zu den in früheren Zeiten gebräuchlichen Hilfsmitteln zur Verstärkung der Schenkelhilfe sind die heute verwendeten und erlaubten Sporen geradezu harmlos. Neben starren Sporen mit langen Hälsen werden auch Rädchensporen benutzt, beim Prince-of-Wales-Sporn sind die Schenkel verschieden lang. Über den Einsatz der Sporen als Unterstützung der Schenkelhilfe hinaus werden sie manchmal auch zur Zierde getragen. Befestigt werden die Sporen meist mit Riemchen; riemenlose und Stecksporen werden am Absatz festgeklemmt bzw. in diesen eingesteckt.
Der Überblick auf der übernächsten Seite gibt die Entwicklung der Sporen wieder.

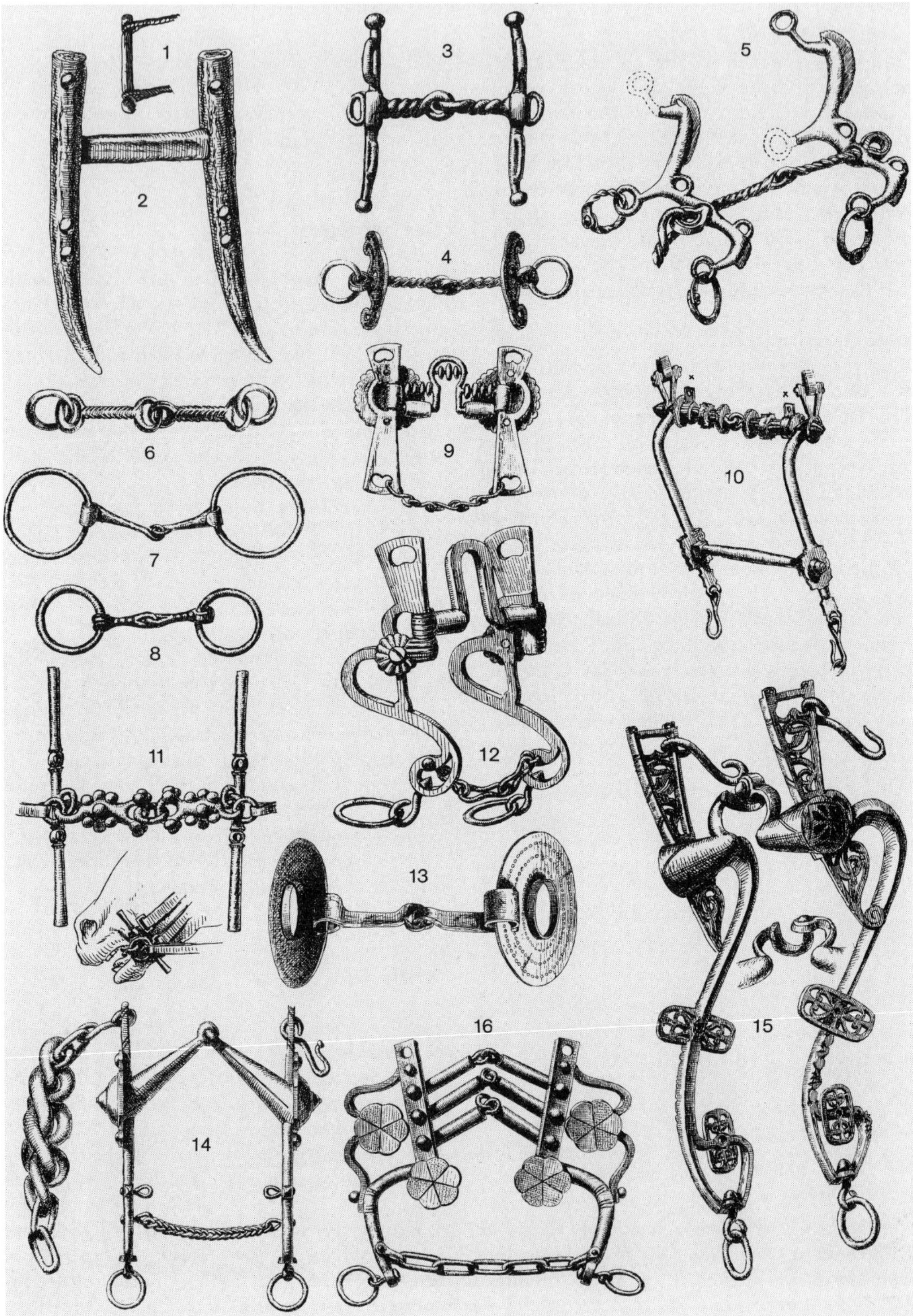

1 Erste Gebißform, Steinzeit (2000–1500 v. Chr.), Holz und Knochen. **2** Älteste Knebeltrense, Übergang Steinzeit – Bronzezeit (ca. 1500 v. Chr.), Hornknebel mit Knochenstange. **3** Knebeltrense, jüngere Bronzezeit (ca. 1200–900 v. Chr.), Bronze. **4** Knebeltrense, ältere Hallstattzeit (Epoca di Villanova, ca. 900–700 v. Chr.), Bronze. **5** Knebeltrense, Hallstattzeit, Bronze. **6** Ringtrense, Ende Hallstattzeit, Bronze. **7** Ringtrense, mittlere Tène-Zeit, 3.–2. Jh. v. Chr., Eisen. **8** Ringtrense, 4. Jh. v. Chr., Bronze. **9** Hebelstangentrense, 15. Jh., Eisen. **10** Römische Hebelstangentrense, 1. Jh. v. Chr., Bronze. **11** Römische Knebeltrense, 4. Jh., Bronze. **12** Kandare, 17. Jh., Eisen. **13** Ringtrense, 11. Jh., Eisen und Bronze. **14** Hebelstangentrense,

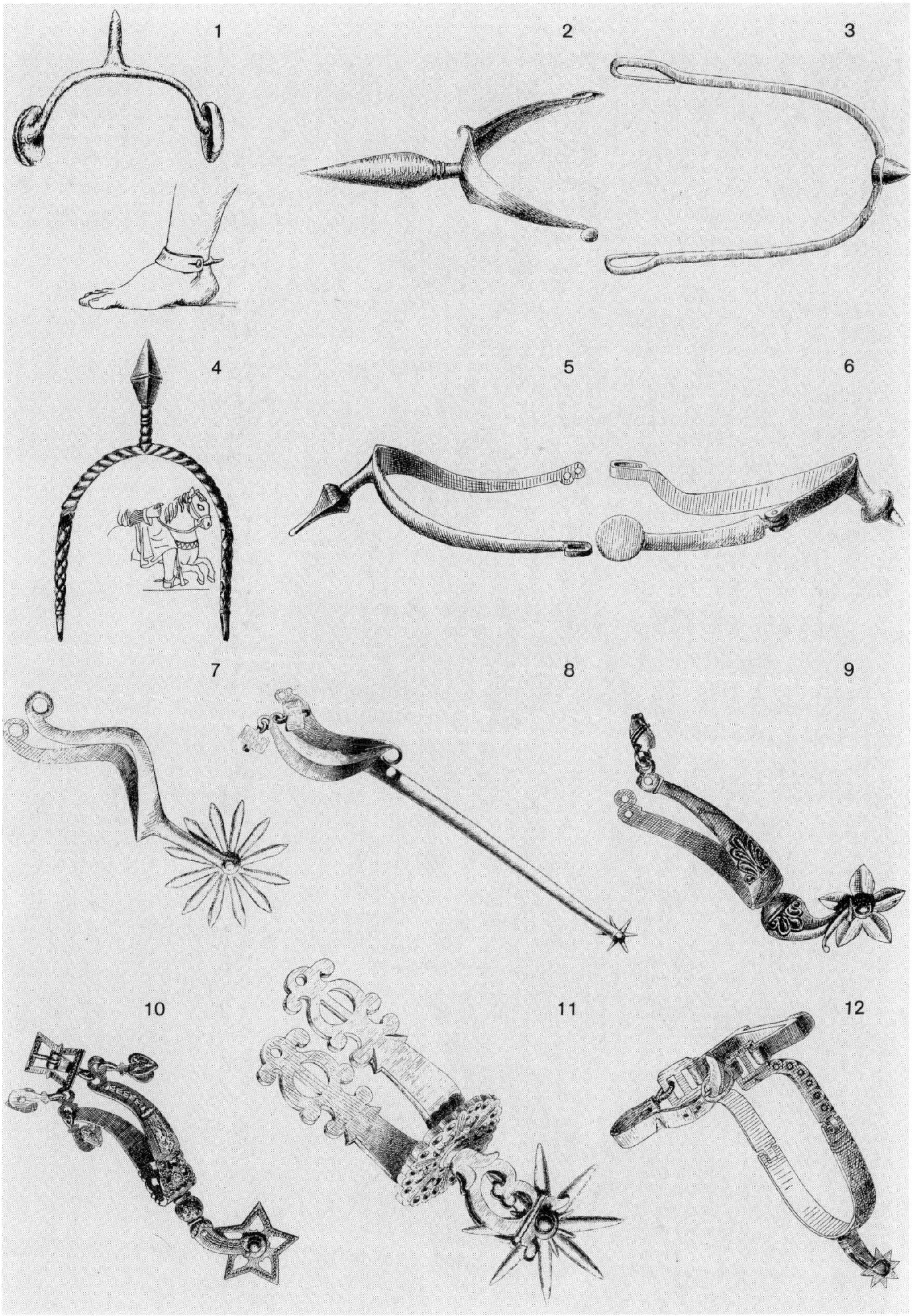

17. Jh., Eisen. **15** Hebelstangentrense, 17. Jh., Eisen. **16** Dreifache Hebelstangentrense, 16. Jh., Deutschland, Eisen.

Oben: **1** Tène-Sporn, 3.–1. Jh. v. Chr., Eisen. **2** Römischer Sporn, 2.–3. Jh., Eisen. **3** Fränkischer Sporn, 3.–4. Jh., Eisen. **4** Karolingischer Sporn, 8.–9. Jh., Bronze. **5** Sporn aus der Zeit der Kreuzzüge, 12. Jh., Bronze. **6** Sporn mit Gelenk aus der Zeit der Kreuzzüge, 13. Jh., Bronze. **7** Frühgotischer Sporn, 14. Jh., Eisen. **8** Gotischer Sporn, 15. Jh., England, Eisen. **9** Renaissance-Sporn, 17. Jh., Eisen. **10** Renaissance-Sporn, 17. Jh., Eisen. **11** Radsporn, 18. Jh., Eisen. **12** Radsporn mit Trittbügel, 18. Jh., Eisen.

Vierspänner: Kumatanspannung mit Liverpool-Kandare.

Zäumung und Anspannung beim Fahrsport

Das Kopfstück des Fahrpferdes entspricht im wesentlichen dem des Reitpferdes, hinzu kommen lediglich die Scheuleder, die durch Blendriemen in ihrer richtigen Lage gehalten werden. Scheuklappen sind insbesondere bei Blutpferden erforderlich, im Arbeitsgespann hingegen kann auf sie verzichtet werden.
Als Fahrgebisse finden die verschiedensten Mundstücke Verwendung. Die Trense (gegebenenfalls auch aus Gummi) wird nach wie vor zum Einfahren bzw. zur Korrektur verwendet, auch in Verbindung mit Pullerriemchen. Zumeist jedoch werden Fahrkandaren benutzt, die gebräuchlichsten sind die Liverpool- und die Ellbogen-Kandare. Die Liverpool-Kandare ähnelt dem Pelham, eine Variante der Liverpool-Kandare ist die größere Buxton-Kandare. Daneben gibt es noch eine Vielzahl von weiteren Gebissen sowie Riemchen und Zubehör der verschiedensten Art, die je nach Anspruch und Anforderung – heute nur mehr selten – Verwendung finden.
Grundsätzlich werden zwei verschiedene Anspannungsarten unterschieden, das Kumt- sowie das Sielen- bzw. Brustblattgeschirr. (Siehe hierzu auch das Kapitel »Fahrsport – Kutschen – Wagenpferde«.) Dort, wo die Zugkraft des Pferdes besonders erforderlich ist, wird das Kumt eingesetzt, auf der Ebene sowie bei geringeren Anforderungen (leichter Wagen) greift man gerne zur Siele.
Bei der Kumtanspannung ist die Angriffsfläche für den Zug bedeutend größer als bei der Siele, denn das Kumt liegt korrekterweise in seiner ganzen Ausdehnung der Schulter des Pferdes auf, der Zugwiderstand wird somit auf eine größere Fläche verteilt – vorausgesetzt natürlich, es hat die richtige Größe und liegt gut.
Das Sielen- bzw. Brustblattgeschirr hat gegenüber dem Kumt den Vorteil, daß es sich verschieden großen Pferden leicht anpassen läßt; es liegt jedoch – und dies ist sein wesentlicher Nachteil – insbesondere bei schwerem Zug niemals ganz korrekt, wodurch das Pferd zum Teil sogar erheblich in seiner Bewegungsfreiheit eingeengt wird.
Die Stränge und Leinen richten sich nach der Anzahl der angespannten Pferde sowie der Anspannungsart. Darüber hinaus kennt der Fahrsport noch eine ganze Reihe von gebräuchlichem und notwendigem Zubehör, so zum Beispiel Peitschen und Decken.
Über weitere Details berichtet das Kapitel »Fahrsport – Kutschen – Wagenpferde«.

Auf den folgenden vier Seiten sind die laut LPO erlaubten Reithalfter, Gebisse und Fahrgebisse abgebildet.

Stall- und Parcoursbau

Stallbau und Reitanlagen

Dipl.-Ing. agr. Georg W. Fink
Amateur-Reitlehrer, Stall- und Reitanlagenbau, Parcoursbau, Gastdozent, FN-Arbeitskreis-Mitglied
Dinkelsbühl

Grundsätzliche Überlegungen

Reitsport und Pferdehaltung

Der Reitsport hat sich in den letzten Jahrzehnten stark gewandelt. Diese Tatsache ist zwar bekannt, aber in ihren notwendigen Konsequenzen noch zu wenig beachtet. Aus den Pferden für Arbeits- und Militärdienste wurden Spezialisten für die unterschiedlichsten Nutzungsrichtungen. Die gegenüberstehende Abb. 1 versucht, den in der Bundesrepublik Deutschland betriebenen Reitsport in seinen einzelnen Bereichen und Zuordnungen darzustellen. Eine quantitative Wertung ist daraus nicht abzuleiten. Der Wettkampfsport ist zahlenmäßig voll erfaßt, die Größenordnungen im Bereich des Freizeitsportes sind jedoch nur schätzbar, da hierüber kaum Statistiken geführt werden. Die Übersicht soll allen Pferdehaltern Anregung geben, über die eigene Position in der Reiterei und den daraus abzuleitenden Forderungen an Haltung, Pflege, Ausbildung, Fachwissen und möglicher Reglementierung etc. nachzudenken.

Nutzung und spezifisches Umfeld der Pferde

Zweifellos bestehen innerhalb dieses Systems fließende Übergänge. Es ist nicht starr, sondern verschiebt sich den allgemeinen Strömungen und Entwicklungen folgend in die eine oder andere Richtung. Generell ist zu sagen, daß das spezifische Umfeld des Pferdes mehr durch die Nutzung als durch die Faktoren Rasse, Alter etc. bestimmt wird. Aus der auf Seite 242 folgenden Abb. 2 ist ersichtlich, daß berechtigterweise unterschiedliche Formen in der Pferdehaltung angewendet werden. Entscheidend ist dabei immer, daß das Haltungssystem in sich durchdacht, konsequent und solide ausgeführt und den Bedürfnissen angepaßt ist.

Die möglichen Haltungsformen reichen von der mehr oder minder isolierenden, geschlossenen Einzelbox über verschiedene Zwischenformen bis hin zur Pferdegruppenauslaufhaltung. Die Abb. 3 und 4 auf Seite 243 zeigen die bei uns gebräuchlichen Aufstallungsformen mit den Einsatzbereichen. Die Rei-

Abb. 1

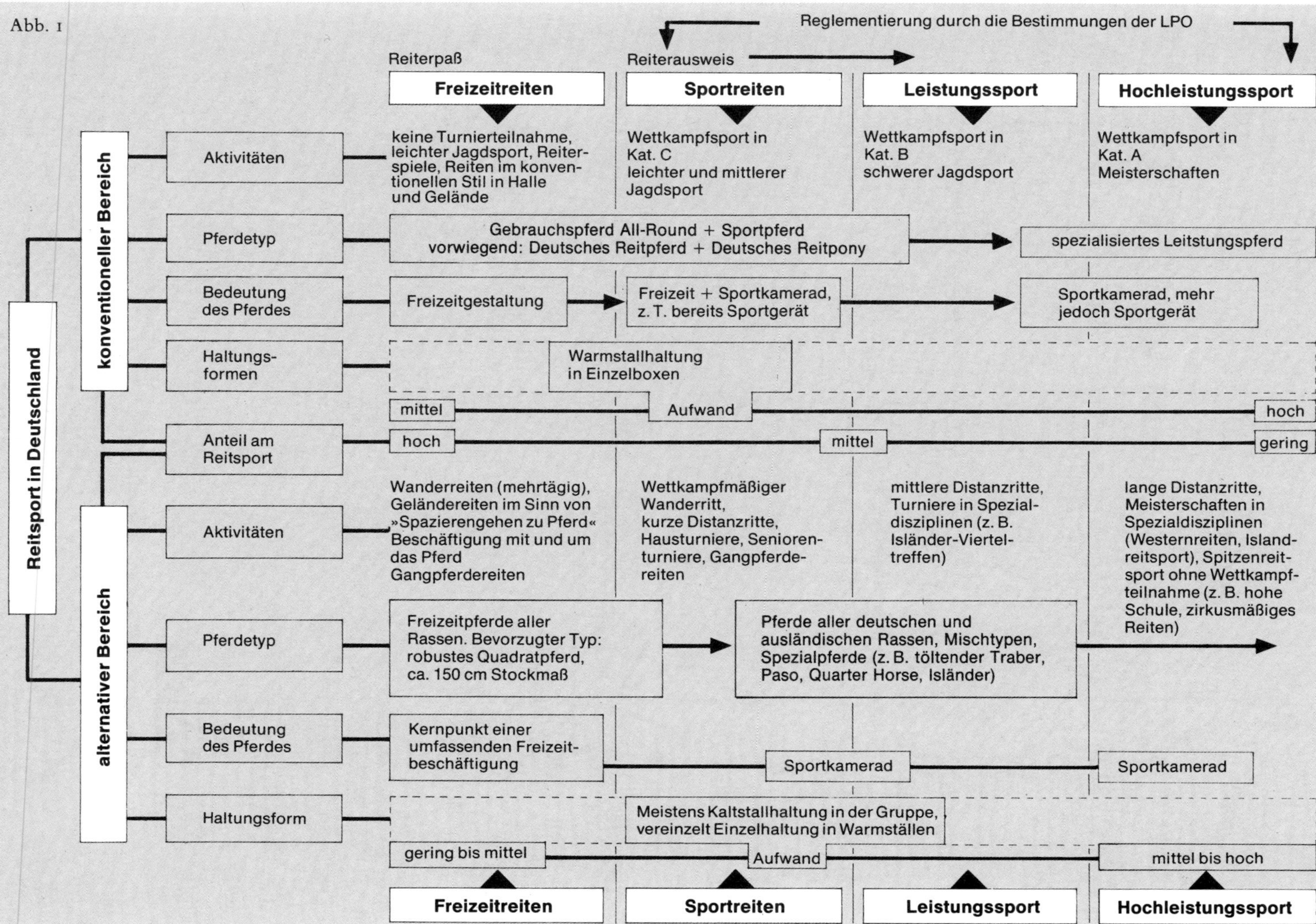

Reglementierung durch die Bestimmungen der LPO
Reiterpaß
Reiterausweis
Freizeitreiten
Sportreiten
Leistungssport
Hochleistungssport
Reitsport in Deutschland
konventioneller Bereich
Aktivitäten
keine Turnierteilnahme, leichter Jagdsport, Reiterspiele, Reiten im konventionellen Stil in Halle und Gelände
Wettkampfsport in Kat. C leichter und mittlerer Jagdsport
Wettkampfsport in Kat. B schwerer Jagdsport
Wettkampfsport in Kat. A Meisterschaften
Pferdetyp
Gebrauchspferd All-Round + Sportpferd vorwiegend: Deutsches Reitpferd + Deutsches Reitpony
spezialisiertes Leitstungspferd
Bedeutung des Pferdes
Freizeitgestaltung
Freizeit + Sportkamerad, z. T. bereits Sportgerät
Sportkamerad, mehr jedoch Sportgerät
Haltungsformen
Warmstallhaltung in Einzelboxen
mittel
Aufwand
hoch
Anteil am Reitsport
hoch
mittel
gering
alternativer Bereich
Aktivitäten
Wanderreiten (mehrtägig), Geländereiten im Sinn von »Spazierengehen zu Pferd« Beschäftigung mit und um das Pferd Gangpferdereiten
Wettkampfmäßiger Wanderritt, kurze Distanzritte, Hausturniere, Seniorenturniere, Gangpferdereiten
mittlere Distanzritte, Turniere in Spezialdisziplinen (z. B. Isländer-Vierteltreffen)
lange Distanzritte, Meisterschaften in Spezialdisziplinen (Westernreiten, Islandreitsport), Spitzenreitsport ohne Wettkampfteilnahme (z. B. hohe Schule, zirkusmäßiges Reiten)
Pferdetyp
Freizeitpferde aller Rassen. Bevorzugter Typ: robustes Quadratpferd, ca. 150 cm Stockmaß
Pferde aller deutschen und ausländischen Rassen, Mischtypen, Spezialpferde (z. B. töltender Traber, Paso, Quarter Horse, Isländer)
Bedeutung des Pferdes
Kernpunkt einer umfassenden Freizeitbeschäftigung
Sportkamerad
Sportkamerad
Haltungsform
Meistens Kaltstallhaltung in der Gruppe, vereinzelt Einzelhaltung in Warmställen
gering bis mittel
Aufwand
mittel bis hoch
Freizeitreiten
Sportreiten
Leistungssport
Hochleistungssport

Abb. 2 Pferdehaltung und Nutzung.

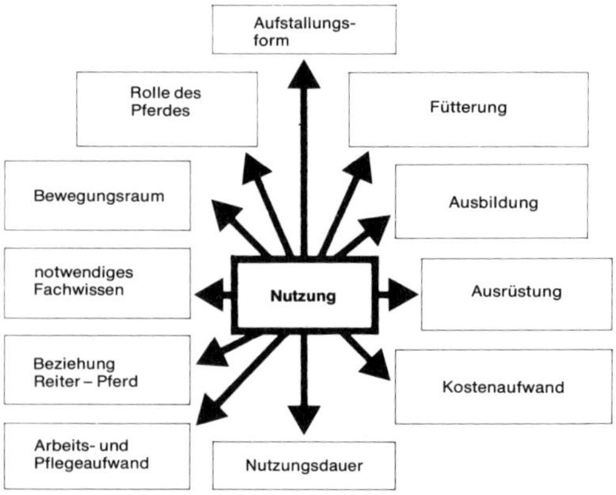

Zwei unterschiedliche Formen in der Pferdehaltung:

Beispiel Deutsches Reitpferd, das in der Kat. A im Turniersport eingesetzt wird:

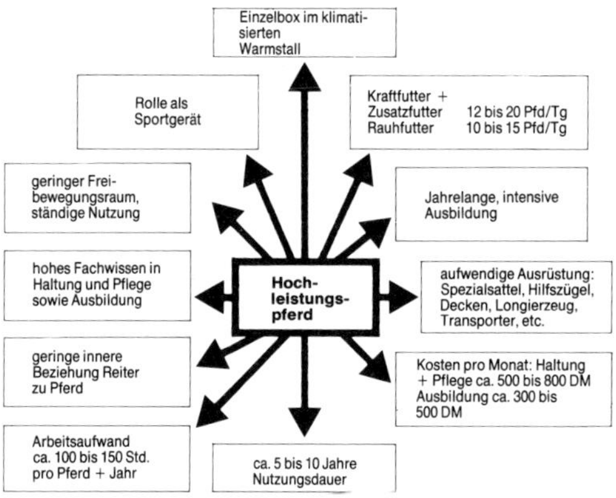

Beispiel Haflinger, der zu Wanderritten, kurzen Distanzritten, »Spazierengehen zu Pferd« eingesetzt wird:

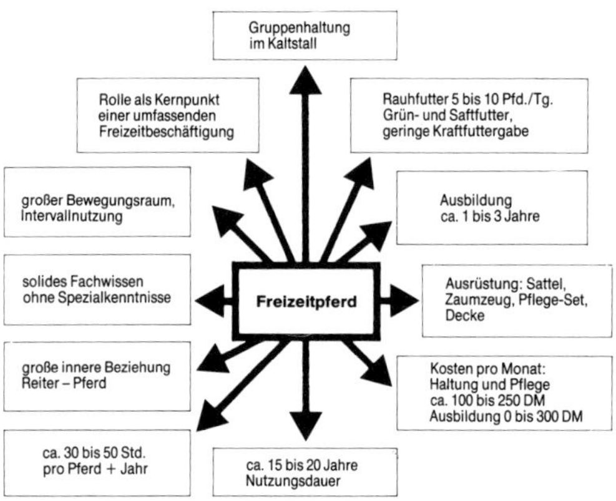

henfolge der Darstellung beinhaltet eine zunehmende Verbesserung der Haltungsbedingungen der Pferde. Die natürlichste Aufstallungsform für die Pferde ist zweifellos die Haltung in der Gruppe, üblicherweise auch mit Offenstallhaltung bezeichnet. Hierbei werden die Haltungsbedürfnisse am besten berücksichtigt. Auch von der Kostenseite und der Arbeitsentlastung her ist dies die günstigste Form. Versuche haben ergeben, daß diese Haltungsform selbst für Pferde, die im Leistungssport eingesetzt werden, praktikabel ist.

Bedürfnisse und Einflußfaktoren

Das artspezifische Verhalten der Pferde widerspricht von Natur aus jeder Art von Stallhaltung. Auf Grund äußerer Umstände ist eine Aufstallung unserer Pferde in Gruppenställen oder Einzelboxen oft nicht zu umgehen. *Es liegt an uns Menschen, die äußeren und inneren Lebensbedingungen für die Tiere so zu gestalten, daß diese künstliche Umwelt für sie erträglich wird.* Im Verlaufe der jahrtausendealten Entwicklungsgeschichte der Pferde hat sich das Pferd zu einem hochspezialisierten Fluchttier geformt. Atmung, Kreislauf und Bewegungsapparat sind in hohem Maße dem Bewegungsbedürfnis angepaßt. Die Sinnesorgane für Sehen, Hören und Riechen sind hochsensibel und ständig auf Empfang geschaltet. Diese Grundeigenschaften der Pferde sind heute noch bei allen modernen Zuchtrichtungen erhalten und müssen in jeder Art der Pferdehaltung Berücksichtigung finden.

In Tabelle 1 auf Seite 244 sind Faktoren dargestellt, die die Lebenssituation der Pferde beeinflussen. Die beiden Faktorengruppen sind teilweise gegeneinander gerichtet. Jede Haltungsform stellt daher eine Kompromißlösung dar. Die starke Differenzierungstendenz in der Nutzung unserer Pferde bedingt eine Reihe von unterschiedlichen Haltungsformen.

Festgefahrene Ansichten und zum Teil zu geringes Fachwissen verursachen Haltungsbedingungen, die nicht mehr tiergerecht sind. Es werden sicher mehr Pferde durch falsche Haltungsbedingungen geschädigt als durch den Einsatz im Wettkampfsport. Hier wäre ein sinnvoller Ansatzpunkt für den aktiven Tierschutz gegeben.

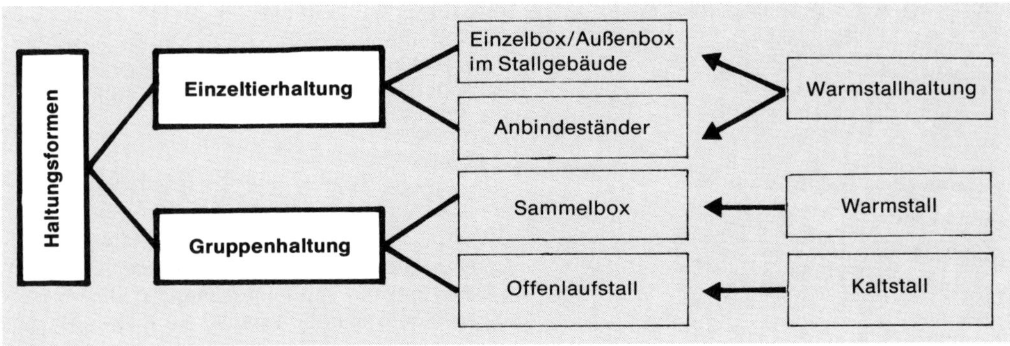

Abb. 3 Aufstallungsformen und ihre Einsatzbereiche.

Abb. 4 Haltungsformen und Anwendungsbereiche.

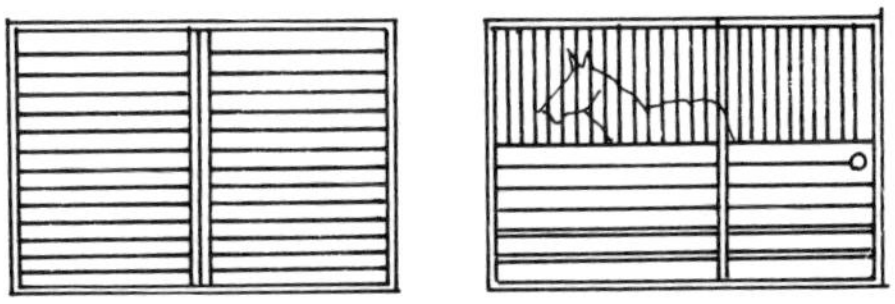

Einzelbox mit geschlossenen Trennwänden, voll vergitterten Frontwänden

- ☐ Hochleistungssportpferdehaltung, Ställe mit häufigem Wechsel des Pferdebestandes und hoher Besucherfrequenz
- ☐ hoher Sicherheitsfaktor, geringes Wohlbefinden des Pferdes
- ☐ Vereinsställe, Ausbildungsställe, Handelsställe, Hengsthaltung

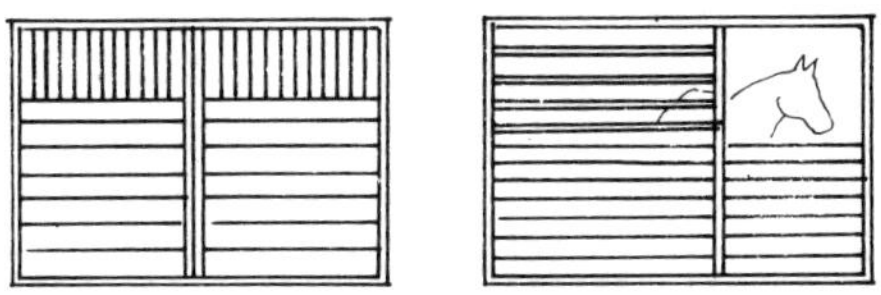

Einzelbox, Trennwand mit Gitter, Frontwand hälftig mit waagerechtem Gitter, hälftig u. U. offen

- ☐ Leistungs- und Hochleistungspferdehaltung
- ☐ sehr sicher, für das Pferd mit starker Einschränkung der sozialen Kontakte
- ☐ Privatbetriebe, Pensionsställe, Vereine

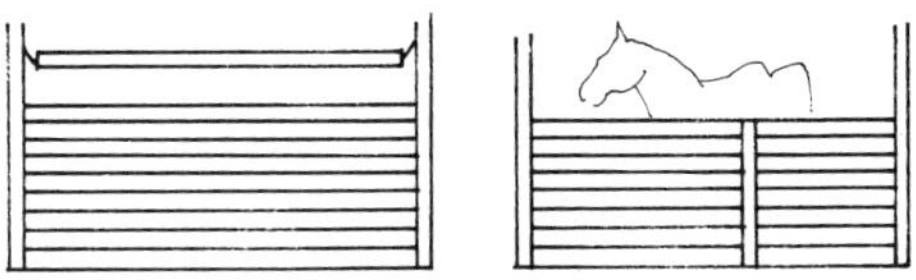

Einzelbox, Trennwand halbhoch mit Einhängestangen, Frontwand halbhoch geschlossen

- ☐ Leistungssport-, Sport- und Freizeitpferdehaltung in privaten und kommerziellen Betrieben
- ☐ gute Sozialkontaktmöglichkeiten
- ☐ kostengünstige Bauart

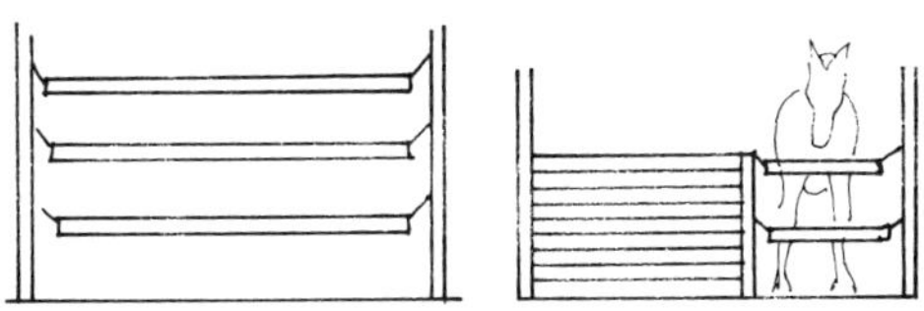

Einzel-Doppelbox, raumumschließende Teile aus variablen Einhängestangen

- ☐ Leistungssport-, Freizeit-, Zuchtpferdehaltung vorwiegend im Privatbereich
- ☐ sehr pferdegerecht
- ☐ geringe Investitionskosten

Fortsetzung auf Seite 244

Fortsetzung von Abb. 4 von Seite 243

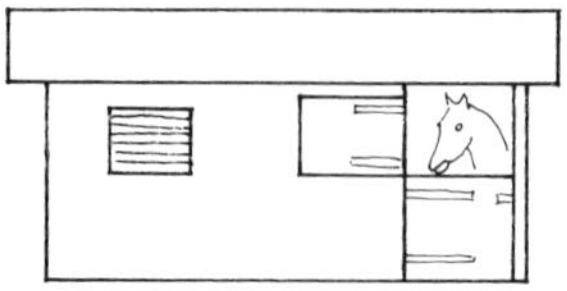

Außenboxen

- ☐ Freizeit- bis Hochleistungspferde
- ☐ sehr gesunde Haltungsform (psychisch und physisch)

Kleingruppenhaltung in Laufställen

- ☐ Haltergemeinschaften, Jungpferdehaltung, Freizeit- und Sportpferdebereich
- ☐ sehr gesund und tiergerecht

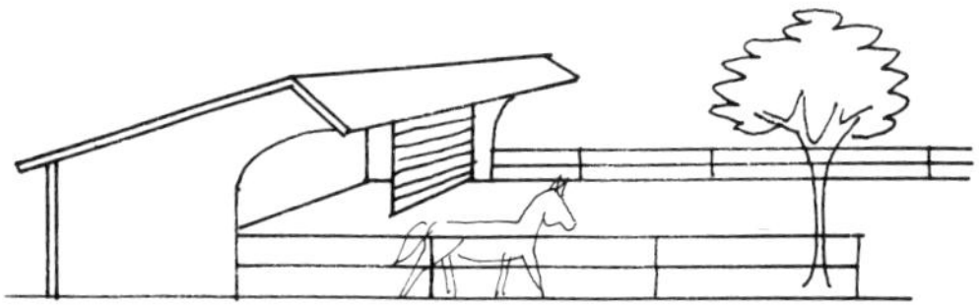

Gruppenhaltung, Kleingruppe und Herdenverband, Offenstall mit Paddock und Weide

- ☐ Offenstallhaltung – Freizeit- und Sportpferde, alle Rassen möglich
- ☐ sehr gesunde und tiergerechte Haltungsform
- ☐ kostenextensivste Haltung

Zusammengefaßt muß daher jede Form der artgemäßen Pferdehaltung nachstehende Faktoren berücksichtigen:

- ☐ Bewegungsbedürfnis,
- ☐ Licht- und Luftbedürfnis,
- ☐ Sozialverhalten,
- ☐ Trink- und Freßbedürfnis,
- ☐ Ruheverhalten.

Jeder Pferdehalter sollte sich fragen, ob er diesen Grundbedürfnissen der Pferde in seiner eigenen Pferdehaltung genügend Rechnung trägt.

Allgemeine Grundlagen der Reitanlagenplanung

Die in Abb. 1 dargestellten Grundelemente des konventionellen und alternativen Reitsportes sollten bei der Planung neuer und bei der Überarbeitung bestehender Reitanlagen Berücksichtigung finden.
Ein zukunftsorientierter Reitbetrieb weist ganz spezifische Funktionseinheiten auf, wie sie Abb. 5 der folgenden Seite aufzeigt.

Tabelle 1

Faktoren der Funktionsplanung eines Reitbetriebes

Bedürfnisfaktoren des Pferdes	Einschränkende Faktoren, die von außen kommen
☐ ausreichende Dimensionierung des Lebensraumes	☐ vorhandene Gebäude- und Anlagensituation
☐ tiergerechte raumumschließende Bauteile	☐ zur Verfügung stehende Geldmittel
☐ optimale Klimatisierung des Lebensraumes	☐ arbeitswirtschaftliche Möglichkeiten
☐ Beachtung der physischen und psychischen Bedürfnisse	☐ Verfügbarkeitsgrad
☐ fachgerechte Betreuung (Fachwissen und innere Einstellung)	☐ Personalsituation
	☐ Nutzungsrichtung und Nutzungsgrad
	☐ Klimasituation

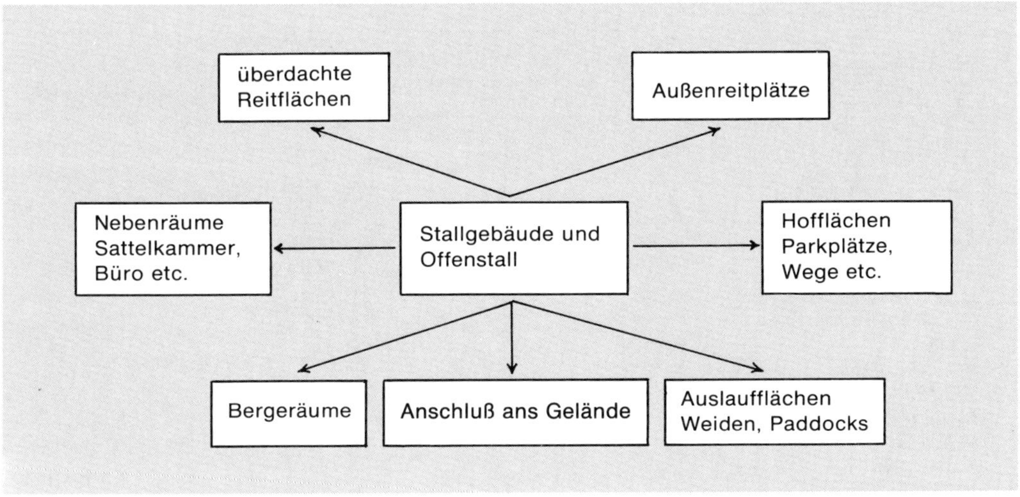

Abb. 5 Die inneren Zusammenhänge einer Reitanlage.

Vor jeder Projektierung ist eine ausgereifte Funktionsplanung notwendig. Zunächst ist das gewünschte Betriebsziel klar zu definieren und in seinen Konsequenzen darzustellen. Erst dann kann die Ausführungsplanung erfolgreich sein. In dieser Phase ist es notwendig, sich des Fachwissens erfahrener Reitanlagenplaner zu bedienen, da die meisten Architekten und Landwirtschaftsberater mit den spezifischen Problemfeldern einer Reitanlage nicht vertraut sind. Es empfiehlt sich, Modellbeispiele für die verschiedenen Alternativen durchzuspielen, um die tatsächlich gewünschte und von den äußeren und inneren Gegebenheiten her mögliche Endform herauszuarbeiten. Auf Grund dieser Vorüberlegungen ergibt sich die ideale Haltungsform. Diese muß dann hinsichtlich des Raum- und Flächenprogrammes, der Bauausführung und der Details konsequent im Mittelpunkt stehen. Abb. 6 auf der nächsten Seite zeigt die inneren Zusammenhänge einer Reitanlage (Raumbeziehungsschema) auf.

Standort

Der Standort der Stallanlagen hat einen starken Einfluß auf die Möglichkeiten einer Pferdehaltung. Stadtnahe Standorte eignen sich mehr für Betriebe mit Publikumsverkehr (Reitschulen, Pensionsstallungen). Stadtferne Standorte sind auf Grund der Verkehrslage und der klimatischen Situation (bessere Luftverhältnisse) mehr für Zuchtbetriebe und Pferdeausbildungsbetriebe geeignet. Auch die Nähe von möglichen Konkurrenzbetrieben hat einen Einfluß auf den Betriebstyp und die Betriebsausstattung.

Daneben hat der Standort auch geographisch gesehen einige wichtige Bedeutungen. Bei Neubauten ist darauf zu achten, daß Stallgebäude nicht in einer Senke, sondern besser in einer Hangzone placiert werden. Dadurch können Kaltluft und Schadgase (Ammoniak, Kohlendioxyd, Schwefelwasserstoff) ungehindert abfließen. Die Luftbewegung im Bereich einer Kaltluftzone ist relativ gering beziehungsweise völlig unterbunden. Dadurch wird der Abtransport der Schadgase im Stallinneren verhindert. Kaltluftzonen sind immer Nebelzonen; der Staubgehalt in diesem Bereich ist konzentrierter und stellt die Kondensationskerne für die Nebelbildung dar. Auch die Virulenz der Bakterien ist in Kaltluftzonen stark erhöht. Abb. 7 auf der folgenden Seite zeigt Situationen in unterschiedlichen Geländeformationen.

Sonne

Die Gebäudeachsen sind günstigenfalls so zu legen, daß sie von Süd-Ost nach Nord-West zeigen. Dadurch erfolgt in den Sommermonaten keine allzu hohe Aufheizung. Im Winter hat die Sonne ihren höchsten Stand im Süd-Westen, die Gebäude werden somit besser erwärmt.

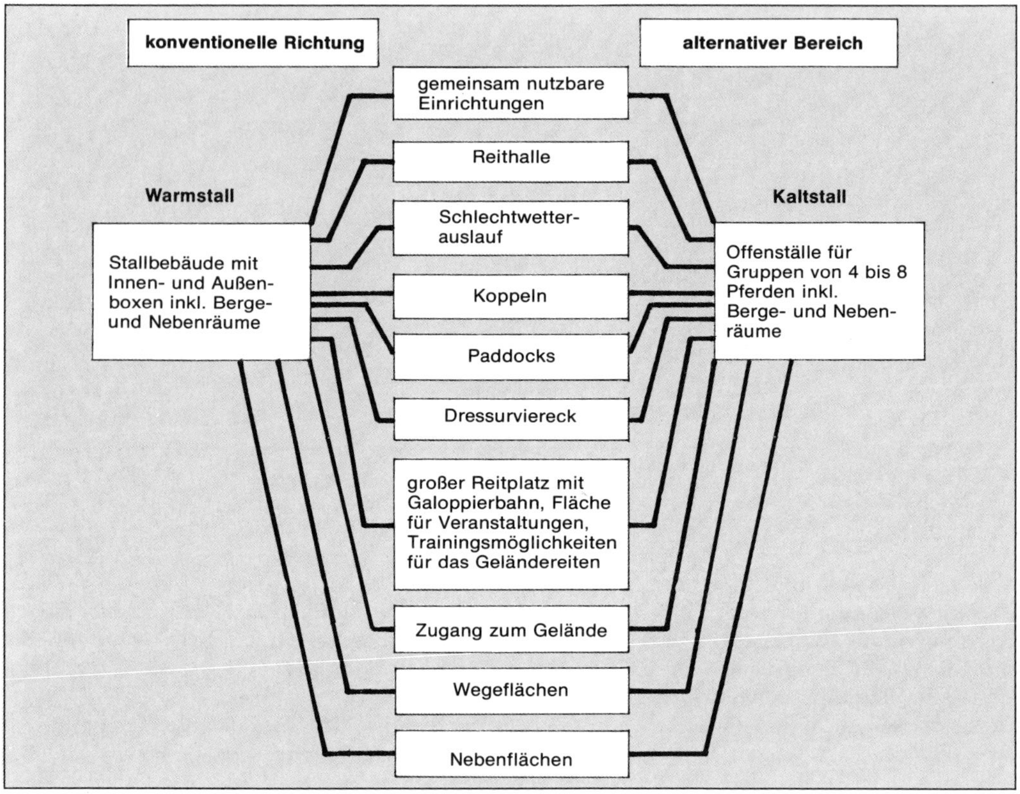

Abb. 6 Die inneren Zusammenhänge einer Reitanlage (Raumbeziehungsschema).

Wind

Praxiserfahrungen zeigen, daß Pferdehaltungsbetriebe in Zonen bewegter Luftströmungen gebaut werden sollten. Schadgase, Krankheitskeime und Staub werden hier besser aus dem Bereich der Pferde abtransportiert, und Frischluft wird in ausreichender Menge zugeführt. Auch das Problem der Mücken und Fliegen ist in Zonen mit bewegter Luft geringer. Empfehlenswert ist es, die Gebäudelängsachse parallel zur Hauptwindrichtung zu legen. Geschlossene Innenhöfe sind zwar attraktiv, führen jedoch in den Stallungen zu ungünstigen Klimaverhältnissen (s. hierzu Abb. 8).

Abb. 7 Auswirkungen der unterschiedlichen Geländeformationen auf die Stallanlagen.

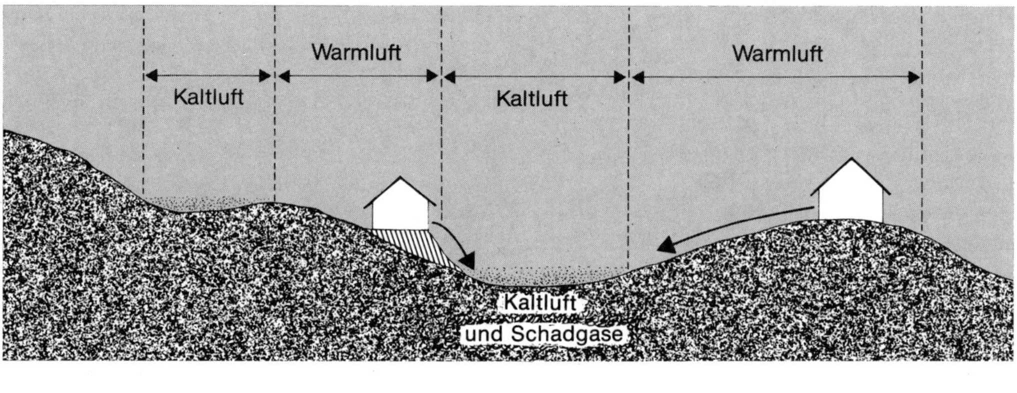

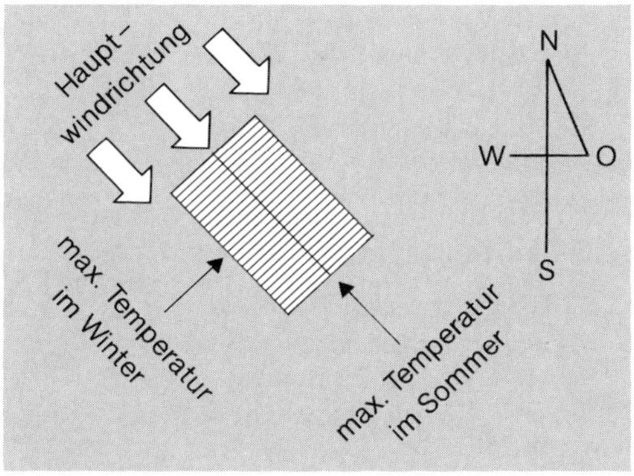

Abb. 8 Idealer Standort für Stallbetriebe sind Zonen mit bewegten Luftströmungen.

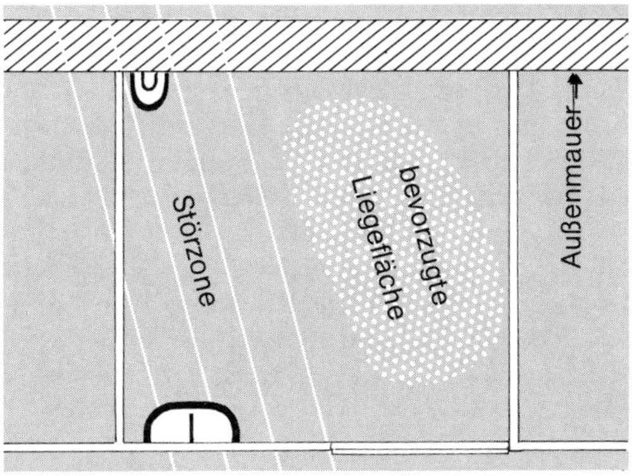

Abb. 9 Liegeverhalten eines Pferdes in einer Box mit Störzone.

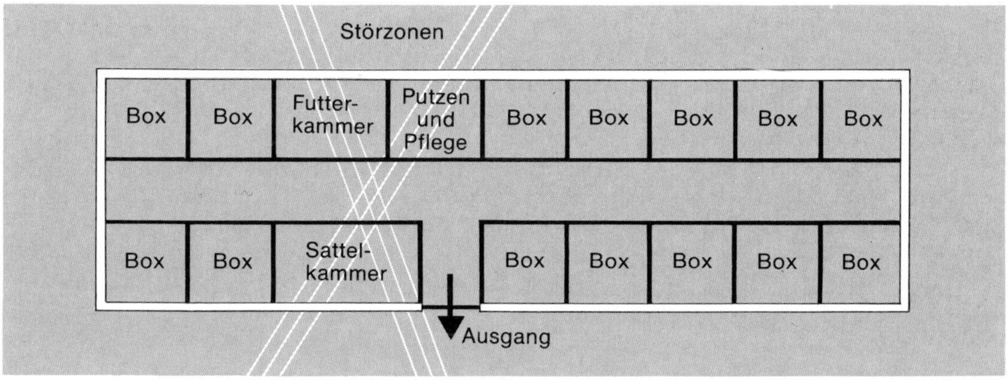

Abb. 10 Berücksichtigung von Störzonen in der Grundrißplanung.

Geopathische Zonen

Dieses Phänomen ist bis heute wissenschaftlich nicht voll erforscht. Praxiserfahrungen zeigen jedoch, daß Störzonen einen großen Einfluß auf das Verhalten aller Lebewesen haben. Störzonen werden eingeteilt in

- ☐ unterirdische Wasserläufe und
- ☐ andere Bodeneinflüsse (geologische Brüche und Verwerfungen, Hohlräume, Einlagerungen etc.).

Man spricht von einem Global-Gitter-Netz aus Störzonen, mit dem der gesamte Erdball überzogen ist. Das Netz wird nach seinem Entdecker auch Curry-Netz genannt, die Störzonen Curry-Streifen. Mit diesen Störzonen sind Strahlungen verbunden, die eine erkennbare Auswirkung auf das Verhalten, Wohlbefinden und den Gesundheitszustand aller Lebewesen haben. Es gibt im Bereich der Tierwelt sogenannte Strahlenflüchter (Pferd, Schwein, Rind, Hund) und Strahlensucher (Katzen, Ameisen, Bienen). Im Bereich der Störzonen, vor allem im Bereich sog. Kreuzungsstellen, werden nicht diagnostizierbare Erkrankungen beobachtet. Diese können sein: Lahmheiten, Koliken, Freßunlust, geringe Leistungsbereitschaft, Unfruchtbarkeit usw. Verhaltensbeobachtungen haben gezeigt, daß sich Pferde freiwillig nicht auf Störzonen legen, sofern die Möglichkeit einer anderen Platzwahl besteht. Diese Symptome lassen sich oft durch ein Umstellen im Stall bereits verbessern. In bezug auf den Stallbau sind daher geplante Standorte auf solche Störzonen zu untersuchen. Hochsensible Menschen können diese mittels Ruten, die bei Überqueren einer solchen Störzone ausschlagen, genau feststellen. In diesen Bereichen sollten möglichst keine Liegeflächen angelegt werden. Oft ist es möglich, Nebenräume wie Putz- und Pflegeplätze, Beschlagraum etc. dort zu placieren. (Siehe hierzu Abb. 9 und 10.)

Landschaft

Pferdehaltungsbetriebe nehmen relativ große Grundflächen ein. Dies stört mitunter das Landschaftsbild enorm. Aus diesem Grund ist es unabdingbar, neue Pferdehaltungsbetriebe so zu planen, daß sie sich harmonisch in das landschaftliche Umfeld einfügen. Gespräche mit den Genehmigungsbehörden, den Landschaftsschützern und unter Umständen auch dem Denkmalsschutz können hier wertvolle Dienste leisten.

Der Pferdestall

Zur Zeit werden die meisten Pferde in Deutschland in geschlossenen, wärmegedämmten Gebäuden gehalten. Um eine sichere und tiergerechte Unterbringung der Pferde zu gewährleisten, muß ein Stallgebäude eine Reihe von Mindestwerten und Funktionen erfüllen. So soll zum Beispiel jedem Pferd folgendes Stallvolumen zur Verfügung stehen:

- □ Großpferde: 28–40 m^3 pro Tier,
- □ Kleinpferde bis unter 148 cm Stockmaß: 20–27 m^3 pro Tier.

Das Stallvolumen berechnet sich wie folgt:

Gesamte Stallgrundfläche inclusive Stallgasse x durchschnittliche Stallhöhe : durch Anzahl der Pferde.

Pferdeboxen werden in ihrer Grundfläche nach folgender Formel berechnet (nach SCHNITZER):

Boxengrundfläche = 2 x Stockmaß^2

Die schmalste Boxenseite sollte mindestens Stockmaß x 1,5 des Pferdes haben. Diese Werte stellen Mindestwerte dar; der verantwortungsbewußte Pferdehalter wird diese Werte nach Möglichkeit überschreiten.

Stalleinrichtung

Die Stalleinrichtung hat eine wichtige Auswirkung auf die aufgestallten Pferde. Sie begrenzt den direkten Lebensraum und muß somit einige Grundanforderungen erfüllen:

- □ Keine Verletzungsgefahr.
- □ Sozialkontakt zu den Nachbarpferden.
- □ Keine Beeinträchtigung des Stallklimas.
- □ Günstige Lichtverhältnisse.
- □ Möglichst viel Sichtkontakt zur Umwelt.

Auch für den Betreiber eines Pferdestalles sind einige Gesichtspunkte zu beachten:

- □ Niedrige Investitionskosten.
- □ Arbeitsgünstige Versorgungs- und Entsorgungsmöglichkeiten.
- □ Leichte Kontrollmöglichkeit des Pferdebestandes.
- □ Hohe Lebensdauer bei gleichzeitig reparaturfreundlicher Bauart.

Die üblichen Bauweisen, die der Markt anbietet, entsprechen oft nur einigen dieser Anforderungen. Die Erkenntnisse im modernen Stallbau sollten auch bei den Pferdeboxen Anwendung finden. Üblich sind Metall/Holz-Kombinationen. Die wichtigsten Daten zum Stallbau und zur Einrichtung gehen aus nebenstehender Tabelle hervor.

Erfreulicherweise setzen sich zunehmend im Bereich der Frontwände und Türen waagerechte Gitterstäbe durch. Diese ermöglichen eine erheblich bessere Beobachtung der Umwelt für die Pferde, lassen mehr Licht in den Stall und bewirken eine freundliche Atmosphäre. Im Bereich der Trennwände dagegen empfehlen sich auf Grund möglicher Rangauseinandersetzungen senkrechte Gitterstäbe in entsprechend stabiler Ausführung.

Als Türen werden meist Schiebetüren mit geschlossenen Laufwerken und selbstschließenden Verschlüssen eingesetzt. Drehtüren stellen Gefahrenquellen dar und sollten nur dort eingebaut werden, wo Schiebetüren nicht möglich sind.

Als Holzfüllungen haben sich vor allem Bongossiholz, Kambala oder Bilinga bewährt, wobei Bongossi die besten Werte in bezug auf Festigkeit aufweist. Bei der Verwendung tropischer Hölzer sollte der Umweltschutz-Gedanke nicht außer acht gelassen werden. Als einheimische Alternativen bieten sich Eiche, Esche oder Akazie an. Imprägnierte Nadelhölzer werden zunehmend mit Skepsis betrachtet. Die in den Imprägniermitteln enthaltenen Gifte verursachen bei einigen Pferden Störungen im Atembereich oder auf den Schleimhäuten. Natürlich sind alle Holzteile im Kontaktbereich der Pferde zu hobeln, die

Tabelle 2

Die wichtigsten Daten zum Stallbau und zur Einrichtung

Nachstehende Daten basieren auf den Empfehlungen der FN und auf allgemeinen Erfahrungen aus Praxis und Wissenschaft. Sie stellen meist Mindestdaten dar, die nicht unterschritten werden sollten.

Warmstall

Stallinnenhöhe: ca. 2,80–3,50 m
Stallgassenbreite: 2,50–3,00 m
Verhältnis Boxen : Stallgasse = 2:1
Fensterfläche: 1/15–1/20 der Grundfläche

Fensterunterkante: 1,80–2,20 m
Bei mehr als 18 m Stallgassenlänge: 2 Außentüren
Türen: mindestens 1,20×2,20 m

	Boxengröße	Boxenwandhöhe	Ständergröße	Stallvolumen
Großpferd	mind. 9 m^2	mind. 2,20 m	mind. 1,6×3,0 m	28–40 m^3
Pony –148 cm	mind. 7 m^2	mind. 2,00 m	mind. 1,5×2,6 m	20–27 m^3
Pony –120 cm	mind. 5 m^2	mind. 1,40 m	mind. 1,4×2,2 m	15–20 m^3

Bei Hengsten sind ca. 30 cm höhere Wände erforderlich.

Futtertrog:	Freßhöhe ca. 80–90 cm über Einstreu
Tränke:	ca. 80–90 cm über Einstreu
Futterluke:	max. 18 cm Höhe
Gitterstäbe senkrecht:	max. 55 mm bei 1/2″ Rohren DIN 2440 (21,3 mm ∅, 2,65 mm Wandstärke), maximale Stablänge 1,0 m
Gitterstäbe waagrecht:	max. 18 cm lichte Weite bei 1″ Rohren DIN 2440 (33,7 mm ∅, 3,25 mm Wandstärke) Bei mehr als 1,5 m Stablänge ist ein Rohr DIN 2441 mit 4,05 mm Wandstärke erforderlich.
Rahmenstärke von Trennwänden, Frontwänden und Türen: ca. 45–50 mm	
Holzfüllungen:	Weichholz: 40–45 mm Hartholz: 38–40 mm bei max. Brettlänge von 1,8 m

Offenstall (Kaltstall) und Laufställe

Pro Pferd ist der gleiche Flächenbedarf wie in der Boxenhaltung erforderlich.
In Offenställen sind 2 Türöffnungen zu empfehlen (Fluchtmöglichkeit für rangniedere Tiere).
Die Maße für Türen, Fenster und Stallhöhe sind die gleichen wie im Warmstall.
Raumecken sind abzuschrägen (2 × 45° statt 90°). Eine oder mehrere stabile Säulen im Mindestabstand von 3 m sind von Vorteil, da rangniedere Tiere bessere Ausweichmöglichkeiten haben.

Bergeraum	Heu:	ca. 35 m^3	jeweils pro Pferd und Jahr (auf Großpferde bezogen)
	Stroh:	ca. 45 m^3	
	Kraftfutter:	ca. 4 m^3	
Größe der Dunglege	ca. 2–3 m^2 pro Pferd pro Monat bei sorgfältigem Stapeln per Hand oder Frontlader		

Kanten sind zu brechen oder zu berunden. Sehr positiv sind eingefräste Schlitze im Bereich der Holzfüllungen von ca. 2 cm. Sie bewirken folgendes:

- □ Auch im Bodenbereich kann ein gleichmäßiger Luftaustausch erfolgen.
- □ Boxen und Stallgassen werden gleichmäßiger ausgeleuchtet.
- □ Pferde können selbst im Liegen ihre Umwelt besser beobachten.

Pferde in solch »transparenten« Pferdeboxen liegen weitaus häufiger und länger als in geschlossenen Boxen – ein Beweis, daß sich das Wohlbefinden durch bautechnische Details positiv beeinflussen läßt.
Von geschlossenen Trennwänden oder gar Frontwänden ist abzuraten. Entgegen der Meinung mancher Pferdehalter fühlen sich »abgeschirmte« Pferde in der Regel nicht wohl, und es kommt zu einer permanenten Streßbelastung, da die Pferde ihre Umwelt nur mehr akustisch beobachten können.
Beachtet man die Rangordnung der Pferde, kann man die Boxenteile sogar so reduzieren, daß Pferde nur mehr durch eingehängte Stangen voneinander getrennt sind. Pferdehalter mit Fachverstand – vor allem in privaten Betrieben – wissen, daß ihre Pferde sich so am wohlsten fühlen. Fundierte Kenntnisse sind erforderlich, können aber durchaus auch vom Laien erlernt werden. So gehaltene Pferde sind im Umgang problemloser und im Sport in der Regel leistungsbereiter, da sie psychisch und physisch entspannter sind.
Neben der Einzelbox findet man auch vereinzelt noch Anbindeständer. Diese sind nur mehr dort zu verantworten, wo Pferde ausreichend, d. h. täglich mehrere Stunden, bewegt werden. Die vermeintlichen Vorteile werden von den negativen Einflüssen meist weit übertroffen. *Bei täglich maximal einstündigem Reiten sind Anbindeständer als nicht mehr tiergerecht abzulehnen.*

Abb. 11 Solche scharfkantigen Futtertröge dürfen in Ställen nicht verwendet werden.

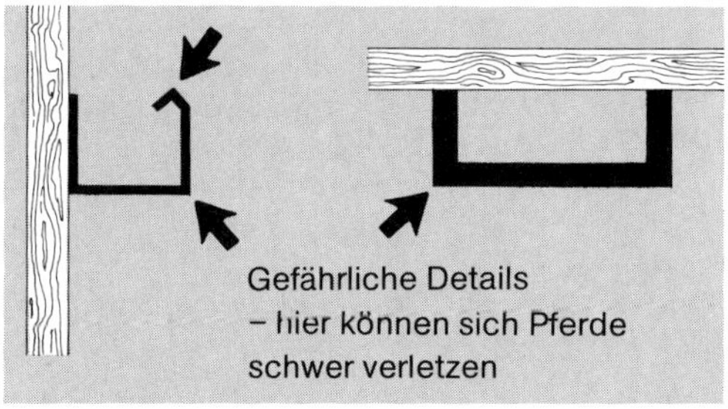

Als alternative Boxensysteme sind zu nennen:

- □ Boxen aus Rundholz,
- □ Boxen mit Planenbespannung.

Beide Systeme sind vor allem für mobile Einsatzzwecke konzipiert, haben sich aber auch im stationären Einsatz bewährt.
Mehreckige Boxen, wie sie vor einigen Jahren angeboten wurden, haben sich auf dem Markt nicht durchsetzen können. Interessanterweise ist wieder ein gewisser Trend zu nostalgischen Boxentypen z. B. mit Messingbeschlägen, lackiertem Holz und farbigen Metallteilen erkennbar. Der Kundenwunsch geht also wieder in Richtung Stallbau mit Atmosphäre. Solange dabei auch die Belange der Pferde beachtet werden, ist dies eine sehr positive Entwicklung.

Abb. 12 Moderne Pferdebox.

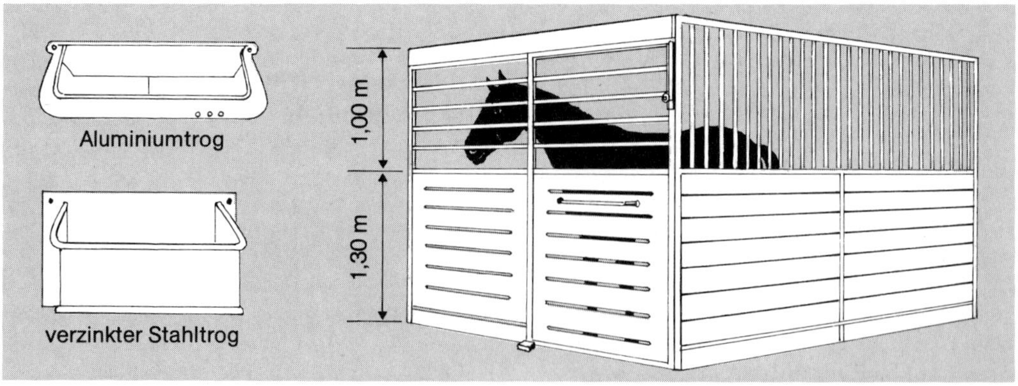

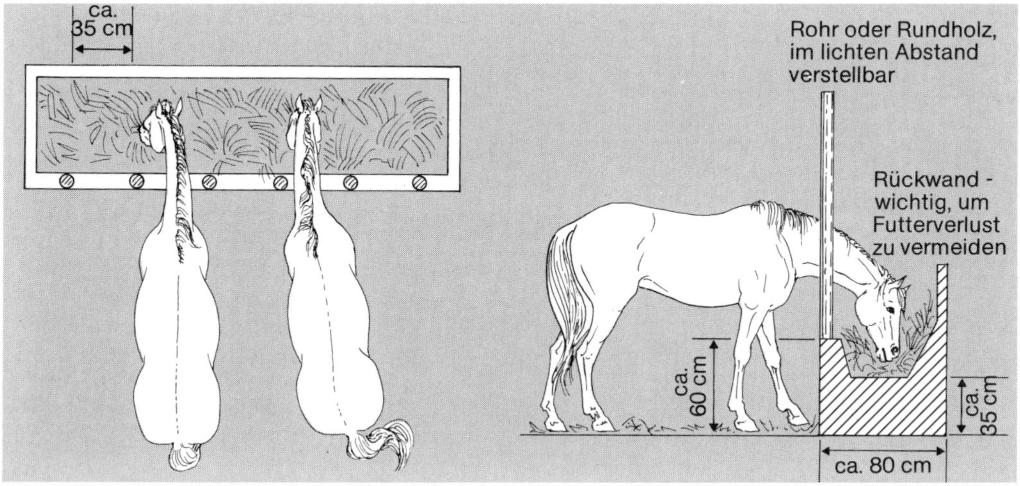

Abb. 13 Heuwand.

Futtertröge und Heuraufen

Ein weiterer Bestandteil der Pferdebox ist der Futtertrog für die Kraftfutteraufnahme. Er muß so beschaffen sein, daß keine Verletzungsgefahr für das Pferd besteht. Kanten müssen abgerundet sein, nach innen gezogene Wülste dürfen nicht scharfkantig enden. Die Maße sind ca. 25 x 70 x 20 cm. Die Schütthöhe des Futters sollte maximal 10–15 cm betragen, um eine Erwärmung und Durchfeuchtung zu vermeiden. Als Materialien haben sich verzinkte Stahltröge, Steingut (aber nur untermauert) und Gußtröge aus Aluminium oder Grauguß bewährt. Die optimale Freßhöhe liegt bei maximal 80–90 cm, für koppende Pferde hat sich eine Höhe von 20 cm bewährt. Ecktröge erscheinen auf Grund der Verletzungsgefahr für den Augenbereich weniger geeignet; ein Rechtecktrog in der Boxenecke montiert erfüllt die gleichen Anforderungen.

Die früher üblichen Heuraufen sind heute weitgehend verschwunden, nachdem Beobachtungen gezeigt haben, daß sie zu Haltungsschäden im Rückenbereich und zu verstärkter Hustenempfindlichkeit führen. Im Normalfall wird das Rauhfutter ebenerdig vorgelegt. Neu und recht praktisch scheint eine Rauhfutterraufe in Troghöhe zu sein, die auch ein Anfeuchten des Heues ermöglicht (Typ »Ohnweiler«).

In der Offenstallhaltung werden sog. Heuwände eingesetzt. Der Aufbau geht aus obiger Abb. hervor. Rauhfutter und Grünfutter können auch auf einem Futtertisch vorgelegt werden, der durch senkrechte Freßgitter (ca. 35 cm lichte Weite) abgetrennt ist.

Gebäudehülle – Warmstall

Der Lebensraum der Pferde im Stall wird durch die raumumschließenden Bauteile (Boden, Wände, Decken) begrenzt. Diese Flächen müssen hinsichtlich der Bauart und der Baustoffe aufeinander abgestimmt sein. Eine fachkundige Beratung ist auch in diesem Bereich zu empfehlen.

Stallboden

Im Bereich der Pferde sollte Beton auf Grund seiner Härte und Materialstrahlung vermieden werden. Alternativ zu Beton bietet sich ein luftdurchlässiger grober Bitukies (Unterasphalt aus dem Straßenbau) in der Stärke von 8–10 cm an. Dieser Boden isoliert gut, ist preiswert und wird von den Pferden gerne angenommen. Weitere Möglichkeiten sind spezielle Stallböden in Estrichform mit Isolationsmaterial, Holzpflaster oder Gummimatten verschiedener Ausführungen. Poröse Bodenbeläge sind mit einer Drainage und einer Unterflurwasserspülung zu versehen. Geschlossene Gummiplatten werden vollflächig verklebt oder verschraubt, um Keimbildung zu vermeiden.

Bodenbeläge aus Gummi oder ähnlichen Materialien bewirken eine gute Isolation, einen weichen Bodenbelag und eine gewisse Redu-

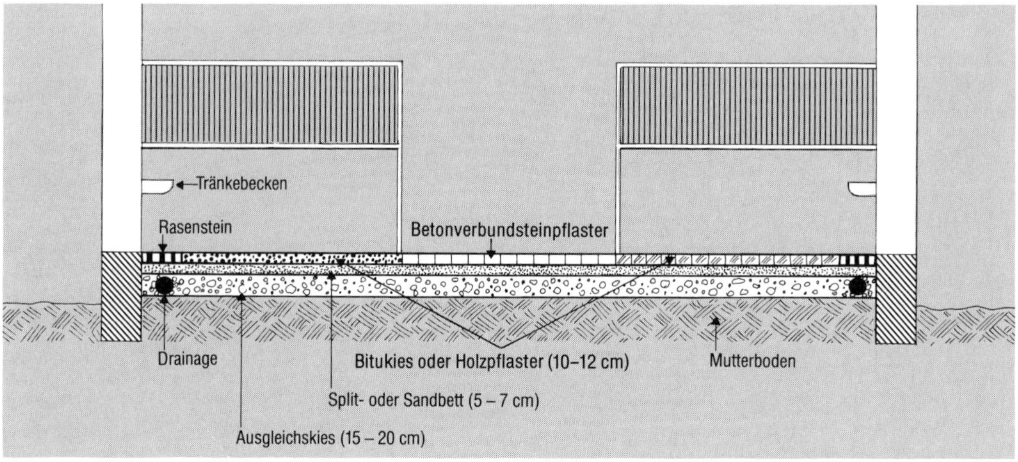

Abb. 14 Bodenplatte im Stallgebäude.

zierung des Einstreubedarfes. Eine einstreulose Haltung ist jedoch nicht möglich. Bei der Ausbildung der Bodenflächen im Stall sind die regionalen Bauauflagen (z. B. abflußlose Bodenplatten) zu beachten. Boxenboden und Stallgasse sollten auf gleichem Niveau liegen, um die Ansammlung von Kaltluft und Schadgasen zu verhindern. (Siehe hierzu Abb. 14.)

Stallgasse

Neben Holzpflaster, Gummibahnen oder ähnlichem hat sich vor allem das Betonverbundsteinpflaster bewährt. Es ist darauf zu achten, daß ein Stein mit gebrochener Kante verwendet wird. Dieser Boden ist rutschfest und trotzdem noch leicht zu pflegen. Die Breite der Stallgasse ist von der Anordnung der Boxen abhängig. Bei einreihiger Aufstallung sollte 2,50 m, bei zweireihiger Aufstallung 3,0 m nicht unterschritten werden. Dadurch ist gewährleistet, daß sich ein Pferd ohne Schwierigkeiten drehen kann und daß zwei Pferde gefahrlos aneinander vorbeigeführt werden können. Stallgassen über einer Breite von 3,50 m sind nicht zu empfehlen, da der Aufwand für die Sauberhaltung zu groß wird. (Siehe hierzu Abb. 14.)

Wände

Als Wandbaustoffe sollten luftdurchlässige Materialien verwendet werden. Holz, Ziegel und ähnliches erfüllen diese Voraussetzungen. Beton, Fliesen und dergleichen sind nicht zu empfehlen. Dampfsperren sollten im Wandbereich nicht eingebaut werden. Die Luftdurchlässigkeit der Wandbauteile stellt einen

Abb. 15 Verschiedene Baustoffe für Stallwände.

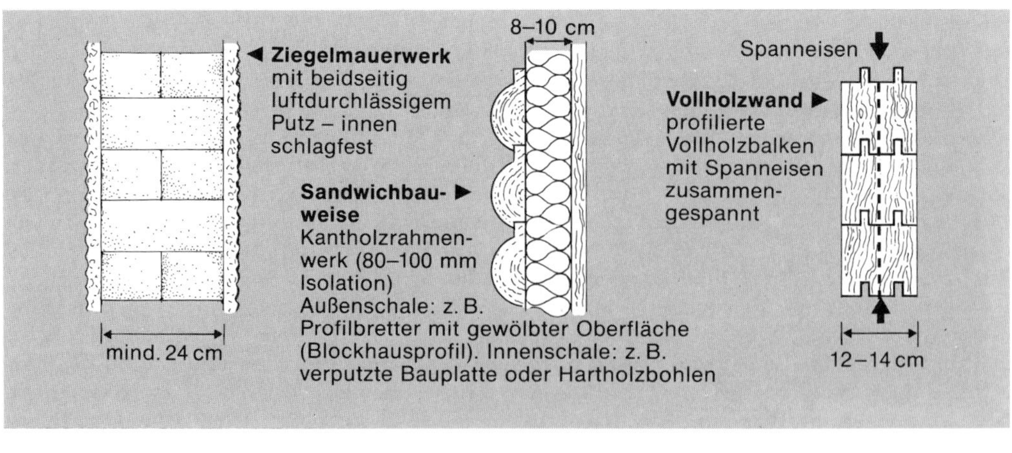

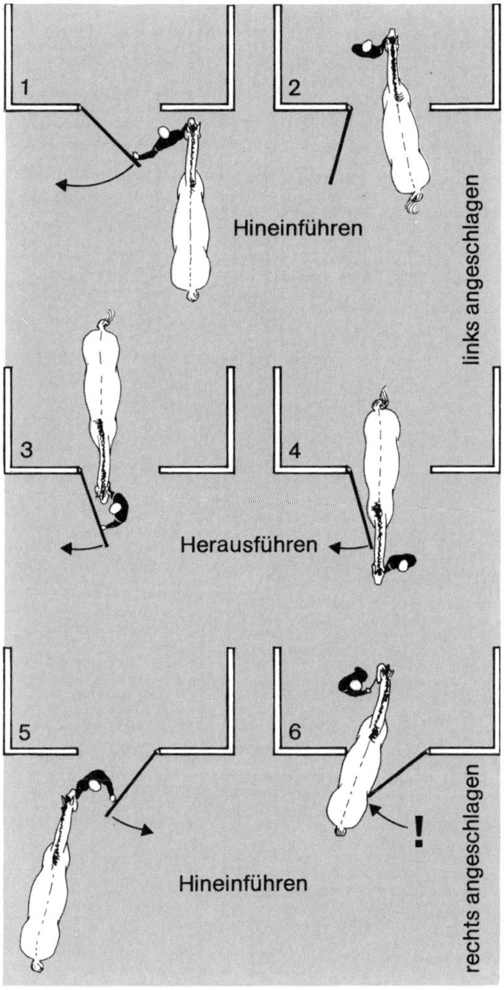

Abb. 16 Zur Frage »rechts- oder linksdrehende Tür?« (nach SCHNITZER).

wichtigen Faktor bei der Stallklimatisierung dar. Der K-Wert der Wände sollte etwa bei 0,5–0,7 liegen. Hierbei ist zu berücksichtigen, daß Tür- und Fensteröffnungen ebenfalls isoliert auszuführen sind, um Kältebrücken zu vermeiden. (Siehe Abb. 15.)

Fenster

Es empfiehlt sich, Isolierfenster aus Glas oder Kunststoff einzubauen. Die Gesamtfensterfläche liegt je nach Dachüberstand und Außenbelichtungsverhältnissen bei ca. 1/15 der Stallgrundfläche. Als Faustzahl kann man von ca. 1 Quadratmeter pro Pferdebox ausgehen. Müssen die Fensterflächen aus baulichen Gesichtspunkten im Bereich der Pferde angebracht sein, ist eine waagerechte oder senkrechte Vergitterung notwendig. Günstig ist es, die Funktionen Belichtung und Belüftung zu trennen.

Türen

Die Mindestbreite für Türen im Gehbereich der Pferde sollte 1,20 m, die Mindesthöhe 2,30 m nicht unterschreiten. Es ist zu beachten, daß sich im Bereich der Türöffnungen keine vorstehenden, scharfkantigen Teile befinden. Türklinken sind durch versenkte Muschelgriffe zu ersetzen. Bei geteilten Außentüren ist der untere Flügel mindestens 1,25 m hoch, damit die Pferde nicht herausspringen. Es empfiehlt sich, den unteren Flügel mit zwei Arretierungspunkten zu verschließen. Drehtüren sind so anzuschlagen, daß sie in Richtung des gedachten Fluchtweges aufgehen (s. Abb. 16). Innenboxen werden jedoch besser mit Schiebetüren ausgestattet. Außentüren sind mit Lüftungsgitter im Bodenbereich auszustatten.

Gebäudeformen

Folgende Grundtypen werden unterschieden:

- ☐ Stallgebäude mit deckenlastigem Bergeraum.
- ☐ Stallgebäude mit ebenerdig anschließendem Bergeraum.
- ☐ Stallgebäude mit separatem Bergeraum.

Diese Stallgebäude können ein- oder mehrreihig ausgeführt sein. Die sogenannten Außenboxen sind eine Sonderform des Stallgebäudes; hierbei ist das Pferd in einer Box untergebracht, bei der die Boxenwände gleichzeitig die Stallwände sind. Der unmittelbare Kontakt mit der Außenwelt durch die meist geteilten Drehtüren stellt eine sehr gesunde Haltungsform im Warmstall dar.

Aufgabe des Warmstalles ist es, die Außenklimaschwankungen zu dämpfen, sie aber in reduziertem Ausmaße im Stallinneren nachzuvollziehen. Pferde in Warmstallungen sind das ganze Jahr über voll nutzbar, da sich im Winter kein so starkes Haarkleid entwickelt bzw. die Pferde in den Wintermonaten geschoren werden können. Die Warmstallhaltung empfiehlt sich daher in erster Linie für Pferde, die im Wettkampfsport ganzjährig genutzt werden.

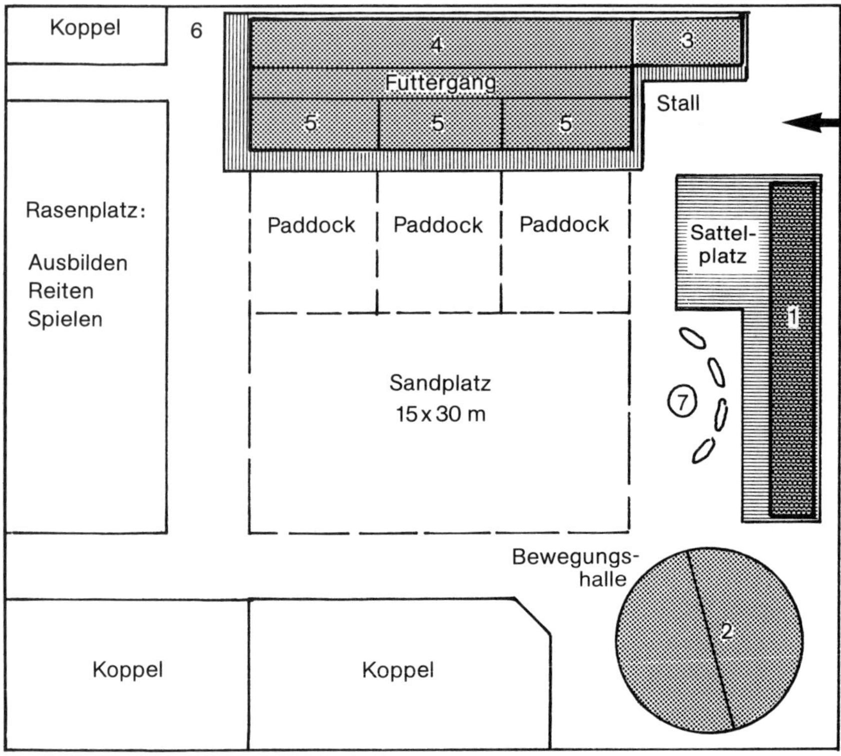

Abb. 17 Offenstallanlage für ca. 15 Pferde.
1 Nebenräume: Büro-, Sattelkammer, Schmiede
2 Longier- und Bewegungshalle (15 m ∅)
3 Remise
4 Bergeraum
5 Liegefläche für je 4–5 Pferde
6 Dunglege
7 Grillplatz

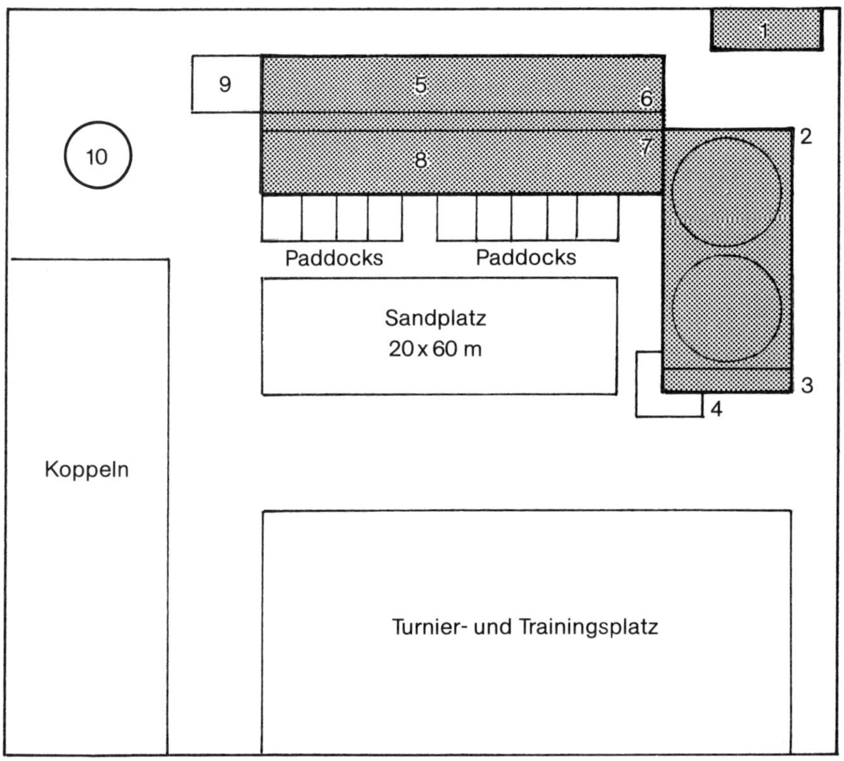

Abb. 18 Reitanlage für ca. 40 Pferde.
1 Remise
2 Reithalle (20×40 m)
3 Tribüne, Reiterstüberl, Büro u. Nebenräume
4 Terrasse
5 Bergeraum
6 Schmiede
7 Nebenräume
8 40 Boxenställe, zweireihig
9 Dunglege
10 Longierzirkel

Offenstall – Kaltstall

Der Kaltstall verfügt über keine sehr starke Isolation. Er bietet den Pferden eine trockene und zugfreie Unterstellmöglichkeit. Er wird aufgeteilt in die Bereiche: Liegebereich, Freßbereich und überdachter Aufenthaltsbereich. Daran anschließen sollte sich ein Auslauf mit relativ hartem Bodenbelag, der auch bei Schlechtwetterperioden leicht saubergehalten werden kann. Der harte, aber federnde Boden ist entgegen der landläufigen Meinung förderlich für die Gesundheit der Pferdebeine. Die Durchblutung wird angeregt, der Hufmechanismus aktiviert. Es können hier Holzpflasterböden, feste Sandschüttungen oder dergleichen eingesetzt werden. Entscheidend ist die Rutschfestigkeit des Bodens. Im Anschluß an diesen Auslaufbereich sollten Sandflächen und/oder Grünflächen zur Verfügung stehen, die je nach Witterungsverhältnissen von den Pferden frei gewählt werden können. Bergeräume und Nebenräume sind entweder direkt oder in unmittelbarer Nähe der Offenstallungen vorzusehen.

Die Betreibung von Offenstallanlagen ist mit jeder Pferderasse und jedem Pferdetyp möglich. Entscheidend ist das Fachwissen und Fingerspitzengefühl des Betreibers, denn dieser muß darauf achten, nur solche Pferde in der Gruppe zu halten, die sich von der Rangordnung her vertragen. Die Gruppen in der Offenstallhaltung dürfen nicht zu groß sein, mehrere kleinere Einheiten (bis maximal 8–10 Pferde) haben sich in der Praxis gut bewährt. Größere Gruppenhaltungen sind zum Teil rassenabhängig. Es sind Betriebe bekannt, in denen bis zu 100 Pferde in einer Gruppe gehalten werden, wie zum Beispiel Islandpferde. Die Vorteile der Offenstallhaltung bzw. Pferdegruppenauslaufhaltung sind:

- ☐ Gesündeste Haltungsform.
- ☐ Artgerechteste Haltungsform.
- ☐ Geringe Investitionskosten.
- ☐ Geringerer Arbeitsaufwand als in der Warmstallhaltung.
- ☐ Entspannte Pferde in der Nutzung.

Die Nachteile dieser Haltungsform sind:

- ☐ Größerer Flächenbedarf.
- ☐ Die Pferde sind nicht ständig verfügbar.
- ☐ Individuelle Fütterung ist mit mehr Aufwand verbunden.
- ☐ Die Arbeitsbedingungen für das Personal sind ungünstiger.

Diese Haltungsform eignet sich daher mehr für den Freizeitbereich und den Leistungssport in den unteren Kategorien. Betriebe mit Pensionspferdehaltung sollten diese Haltungsform alternativ mitanbieten, denn dadurch erhöhen sie die Attraktivität ihrer Anlage und sprechen eine breitere Zielgruppe an.

Stallklima

Das Stallklima spielt eine entscheidende Rolle für das Wohlbefinden unserer Pferde.

In der Offenstallhaltung ist die Stallklimatisierung in der Regel sehr einfach. Es ist lediglich darauf zu achten, daß die Liegebereiche zugfrei sind; eine Mindestluftbewegung von ca. 10 cm pro Sekunde ist jedoch notwendig. Der Schutz vor starker Sonne ist wichtiger als der vor großer Kälte. Aluminiumdächer erfüllen diese Funktion am besten.

Abb. 19 Grundrißbeispiel für einen Offenstall.

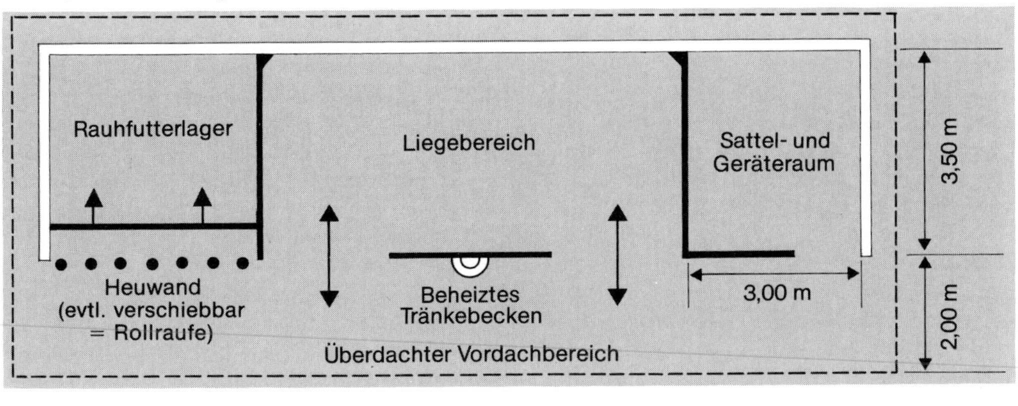

In Warmstallungen stellt die Stallklimatisierung bzw. -lüftung einen sehr großen Problemkreis dar, auf den daher näher eingegangen wird. Nachstehend sind die wichtigsten Faktoren dargestellt, die das Stallklima beeinflussen:

Licht

In der Praxis meist zu wenig beachtet: Tageslicht ist zur Gesunderhaltung aller Pferde notwendig! Dies wird durch die Fensterfläche von ca. 1/15 der Stallgrundfläche erreicht. Die Lichtveränderungen im Freien sollten im Stallinneren auch nachvollzogen werden. In Zuchtbetrieben werden z. B. regelrechte Lichtprogramme zur Anregung des Hormonhaushaltes gefahren.
Zu geringe Belichtung und Reduzierung des ultravioletten Anteiles führen zu Rachitits, verringern die Anzahl der roten Blutkörperchen und beeinflussen die Entwicklung innerer Parasiten positiv. Es ist bekannt, daß Erfolge im Training durch mangelhafte Lichtreize rückgängig gemacht werden können. Die Hypophysen- und Nebennieren-Funktion sind stark von Lichtreizen abhängig. Im Stallbereich sollten Warmtonlampen verwendet werden. Als Berechnungsgrundlage werden ca. 2,5–3,0 Watt pro m^2 Stallfläche angenommen.

Luftfeuchte

Das Pferd besitzt eine große Toleranzbreite gegenüber der Luftfeuchtigkeit. Die Toleranzwerte bewegen sich zwischen 70 bis maximal 80%. 85% sollten nicht überschritten werden. Das Wohlbefinden der Pferde in bezug auf die Luftfeuchtigkeit hängt stark von der Temperatur ab: Warme Luft kann mehr Feuchtigkeit aufnehmen als kalte Luft. Feuchtwarme Stalluft ist unangenehm für die Pferde und führt zu Erkrankungen der Atemwege.

Gaszusammensetzung

Die in der DIN-Verordnung genannten Werte dürften für die Pferdehaltung zu hoch sein. Bei Ammoniak werden 0,01% angegeben, in der Praxis werden jedoch bereits Schleimhautreizungen bei Konzentrationen von 0,009% beobachtet. 0,003% können das Lungengewebe angreifen. Ammoniak sollte in der Stalluft maximal zu 5–10 ppm (= Anteil pro Million) enthalten sein. Schwefelwasserstoff beeinträchtigt die Sauerstoffaufnahme im Blut und führt bei einer Konzentration ab 0,05% in der Atemluft zu einer lebensgefährlichen Bedrohung von Mensch und Tier. Der ideale Wert wird mit O ppm angegeben. Der Gehalt an CO_2 (Kohlendioxyd) darf 0,1 bis 0,2% nicht überschreiten. Zu beachten ist, daß die meisten Schadgase schwerer als Luft sind und demzufolge im Bodenbereich konzentrierter vorkommen als in Kopfhöhe des Menschen. Subjektive Luftbeurteilungen im Stehen sind daher nicht aussagekräftig. Aussage über die tatsächliche Luftzusammensetzung bzw. die Stallklimasituation kann nur eine fachkundige Messung mittels Dräger-Röhrchen, Rauchgasversuche etc. erbringen.

Luftbewegung

Eine ständige Luftbewegung ist notwendig, um Schadgase zu entfernen und Frischluft zuzuführen. Die Luftbewegung sollte im Sommer 0,4–0,8 m pro Sekunde, im Winter mindestens 0,2 m pro Sekunde betragen. Wird die gesamte Körperfläche des Pferdes von der bewegten Luft getroffen, können die Werte auch erheblich höher liegen. Es kommt dann zur Einschaltung der natürlichen Thermoregulation des Pferdes: Die Haare stellen sich auf, die Haut wird stärker durchblutet, das Pferd bewegt sich mehr. Das partielle Auftreten kalter Luftströmungen führt zu Zugerscheinungen. Es ist daher auf eine vollflächige und gleichmäßige Be- und Entlüftung des Stallraumes zu achten. Vorteilhaft ist hierbei der Einbau transparenter Boxenwände, d. h. auch im Holzbereich kann die Luft durch Lüftungsschlitze (max. 2 cm) zirkulieren. Lüftungssysteme dürfen eine Mindestluftbewegung von 10 cm/sec nicht unterschreiten. Die Möglichkeiten der Stallklima-Verbesserung werden im Abschnitt »Stallüftung« näher erläutert. Der Luftaustausch sollte im Sommer viermal pro Stunde und im Winter mindestens zweimal pro Stunde erfolgen. Die Luftmenge pro Pferd sollte ca. 40–60 m^3 betragen. Niedere Werte führen zu hohen Schadgaskonzentrationen und hohen Temperaturen, zu große Stallvolumina führen zu niederen Temperaturen und einer unangenehmen Arbeitssituation für das Personal.

Staubgehalt

Dem Staubgehalt der Luft wird zunehmend Bedeutung beigemessen. Gerade Hustenprobleme werden auf die mechanische Reizung durch den Grob- und Feinstaub zurückgeführt. Der Staub kann in die Lunge eindringen und allergene Wirkungen hervorrufen. Staub ist der Feststoffanteil in der Luft und liegt bei ca. 0,2–0,6 Milligramm pro m^3 Luft. Er stammt aus dem Futter, der Einstreu und vom Tier selbst (Haut, Haare). Man unterscheidet Staub aus Ablagerungen (Altstaub) und aus frischen Quellen (Einstreu, Futter). Staub ist unter anderem Träger für Bakterien, Pilze und Viren und dient Keimen als Schutzhülle, daher wirkt er ausgesprochen negativ auf das Stallklima. Staubverursachende Arbeitsvorgänge sind außerhalb des Stallraumes zu verlegen (nach DR. M. ZEITLER).

Temperatur

Das Pferd verfügt über ein gutes Anpassungsvermögen an unterschiedliche Temperaturverhältnisse. Extrem hohe und niedere Temperaturen werden leichter ertragen, wenn die Luftfeuchtigkeit gering ist. In der Offenstallhaltung sind Pferde erheblich unempfindlicher gegen Temperaturextreme. Dies liegt in einer besser funktionierenden Thermoregulation. Im Warmstall sollten die Außentemperaturschwankungen nachvollzogen werden und zwar zwischen ca. 8 und 18 Grad Celsius. Je kälter der Stall im Winter gehalten wird, desto dichter wird das Haarkleid der Pferde, der Futterverbrauch steigt um ca. 10–15% an. Je wärmer der Stall ist, desto empfindlicher werden die Pferde gegen Erkältungskrankheiten und Infektionskrankheiten. Die Einhaltung eines Komfortbereiches (gleichmäßige Temperatur zwischen 15–18 Grad) ist unerwünscht und schädlich für die Tiere.

Strahlungen

Zu diesem Themenkreis liegen noch sehr wenige Untersuchungen vor. Neben den anfangs angesprochenen Erdstrahlungen treten in der Stallhaltung auch Strahlungen durch Hochspannungsleitungen, Erdkabel oder durch Stahlbetonbauteile auf, die negative Auswirkungen auf das Wohlbefinden der Pferde haben können.

Stallüftung

In Abb. 20 sind einige Möglichkeiten für Stallbe- und Stallentlüftung dargestellt. Die Schwerkraftlüftung stellt eine zwar häufig praktizierte, aber selten gut funktionierende Lösung dar. Der Grund liegt darin, daß dem Stall die warme, aber schadgasarme Luft entzogen wird, die kalte schadgasreiche Luft jedoch im Stall verbleibt. In Stallungen mit Schwerkraftlüftung ist darum unbedingt darauf zu achten, daß das Stallniveau über dem Außenniveau liegt und die schadgashaltige Kaltluft durch Lüftungsschlitze in den Boxen und durch Lüftungsgitter in den Stallgassentüren abfließen kann. Eine der besten Zwangslüftungen ist die Gleichdrucklüftung mit einer Porendecke. Hierbei wird über Zuluftventilatoren durch eine hinterlüftete Decke die Luft frisch in den Stall zugeführt und sinkt mit einer Geschwindigkeit von 10 cm pro Sekunde nach unten. Die Abluft wird über Schächte mit tief angebrachten Öffnungen oder besser über Unterflurkanäle abgesaugt. Dieses Lüftungssystem wird am wenigsten durch geöffnete Türen oder Fenster beeinträchtigt. In den Unterflurkanälen können Schadgaskonzentrationen in einer lebensbedrohlichen Höhe entstehen.

Abb. 20 Stallbe- und Stallentlüftung.

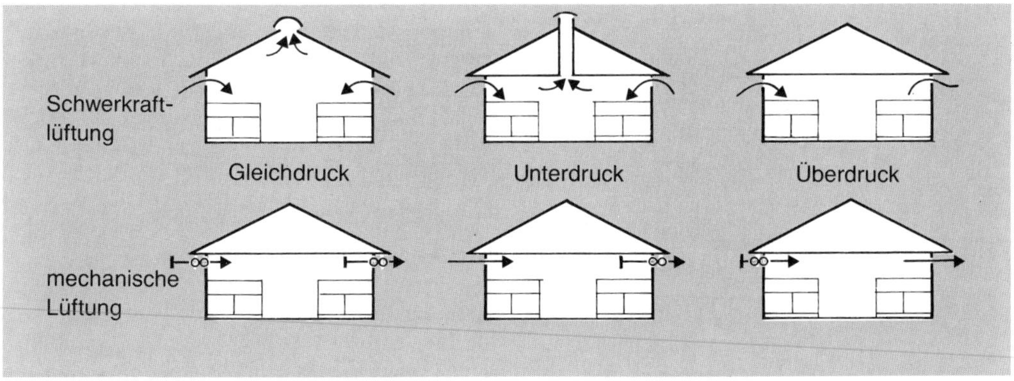

Zu den luftverbessernden Maßnahmen gehören in besonders schwierigen Fällen und im veterinärklinischen Bereich auch Geräte zur Luftentkeimung und Luftentfeuchtung. Damit ist zum einen eine Reduzierung des Keimgehaltes der Luft verbunden, zum anderen tritt eine spürbare Verbesserung der Geruchssituation auf.

Technik in der Pferdehaltung

Viele Pferdehalter scheuen sich, technische Anlagen in ihren Stall einzubauen. Dieses Vorurteil besteht sicher zu Unrecht. Moderne Technologien lassen sich so einsetzen, daß weder das Wohlbefinden der Pferde darunter leidet, noch der Charakter der Stallungen gestört wird. Die nachstehende Abb. 21 zeigt die Bereiche, in denen der Einsatz technischer Anlagen erhebliche Verbesserungen bewirken kann.
Der Einsatz solcher technischer Anlagen kann folgende Verbesserungen bewirken:

- ☐ Weniger Arbeit für das Stallpersonal, dadurch Kostenreduzierung.
- ☐ Mehr Wohlbefinden für die Pferde, dadurch gesteigerte Leistungsbereitschaft.
- ☐ Kosteneinsparung durch Rationalisierung (z. B. bessere Futterauswertung durch Futterautomaten, günstigere Einkaufspreise durch entsprechende Lagereinrichtungen etc.)
- ☐ Kontrolle aller Vorgänge im Stall und damit mehr Sicherheit für die Pferde.

Abb. 21 Versorgungsarbeiten.

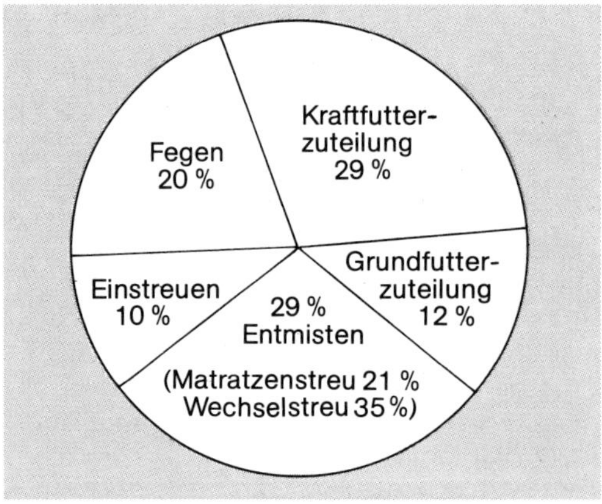

Arbeitswirtschaft

Eigene Untersuchungen haben gezeigt, daß sich der Einsatz technischer Anlagen im Bereich der Arbeitswirtschaft lohnt. In Betrieben mit reiner Handarbeit stellt sich die Arbeitssituation im Durchschnitt der untersuchten Betriebe wie folgt dar:

Kraftfutter	28,77 AKH/T/J
Grundfutter	12,97 AKH/T/J
Entmisten	44,81 AKH/T/J
Einstreu	12,87 AKH/T/J
Fegen	30,50 AKH/T/J
Gesamt	129,92 AKH/T/J

AKH/T/J = Arbeitskraftstunde pro Tier und Jahr (nach eigenen Untersuchungen des Autors)

Der Zeitbedarf für die Versorgungsarbeiten liegt bei durchschnittlich 130 Stunden pro Pferd und Jahr, d. h. auf den Tag bezogen bei ca. 20 Minuten. Ohne zusätzliche Arbeiten wie Putzen, Satteln, Anlagenpflege etc. wäre ein Pfleger bei ca. 20 Pferden voll ausgelastet. In nicht mechanisierten Betrieben sind 14–18 Pferde pro Pfleger auf Grund weiterer Arbeitsaufgaben die Regel.
Durchdachte Grundrißkonzeptionen und der Einsatz technischer Anlagen können die tägliche Versorgungsarbeit auf Werte zwischen 20–40 Stunden pro Tier und Jahr senken. Dies bedeutet eine Verteilung der Personalkosten in der Pferdehaltung auf die zwei- bis dreifache Menge Pferde! Neben der Arbeitsvereinfachung ist dies ein Argument, sich auch mit diesem Themenkreis auseinanderzusetzen. Im kommerziellen Betrieb dienen die nachstehenden Maßnahmen der Ertragssteigerung. Im privaten Bereich gewinnt der Pferdehalter mehr Zeit, um sich mit dem Pferd selbst zu befassen. *Der sinnvolle Einsatz technischer Anlagen senkt Kosten und bewirkt mehr Freiraum für die eigentliche Beschäftigung mit dem Pferd.*

Fütterungstechnik – Boxenstall
Die Arbeitskette der Kraftfutterverteilung beginnt bei der Lagerung. Bewährt haben sich hierbei luftdurchlässige Silos aus Stahlblech oder Folien, die direkt vom Silotankzug über

Befülleitungen beschickt werden. Durch entsprechende Schieber und Rohrleitungssysteme wird das Kraftfutter entweder direkt oder – bei Hafer oder Gerste – über eine Quetsche und eine daran nachgeschaltete Reinigung entnommen. Die Verteilung des Kraftfutters erfolgt wahlweise per Hand durch einen Futterwagen mit verschiedenen Abteilungen oder durch eine zentrale Fütterungsanlage. Dabei wird das Futter durch ein Rohrleitungssystem zu Einzeldosierapparaten transportiert, die eine mengenmäßig individuelle Fütterung der Pferde ermöglichen. Durch diese Anlagen kann die Anzahl der Futterzeiten erhöht werden. Dies bewirkt eine bessere Ausnutzung der Futterration und führt insgesamt zu einer Futterreduzierung bis zu 10–12%. Alternativ zu der vollautomatischen Anlage sind Halbautomaten auf dem Markt, deren Vorratsbehälter täglich oder wöchentlich per Hand gefüllt werden. Diese Automaten sind oft sehr preisgünstig und führen zu einer enormen Zeitersparnis bei der Kraftfutterverteilung. Gerade im Privatpferdebereich bieten sich diese Geräte an; sie ersparen vielen Pferdebesitzern das lästige regelmäßige Anfahren eines unter Umständen entfernt gelegenen Stalles nur zum Zwecke der Kraftfutterzuteilung.

Fütterungstechnik – Gruppenhaltung

Industrie und Forschungsinstitute befassen sich derzeit mit computergesteuerten Technologien für die Kraft- und Rauhfutter-Zuteilung in der Gruppenhaltung. Vom System her vergleichbar mit Bereichen der landwirtschaftlichen Nutztierhaltung tragen die Pferde einen Sender an Halsriemen oder Stallhalfter. Damit kann eine mengendosierte individuelle Fütterung durchgeführt werden. Gerade im Hinblick auf den erfreulichen Trend zur Gruppenhaltung eine interessante Entwicklung.

Im Bereich der Fütterungstechnik sind auch Vorratsraufen für das Rauhfutter zu erwähnen. Bei diesen Vorratsraufen wird das Heu ad libitum vorgelegt, d.h. die Pferde können nach Belieben viel und oft Rauhfutter zu sich nehmen. Nach einer gewissen Eingewöhnungszeit pendelt sich der Rauhfutterverbrauch auf ein Normalmaß ein. Es sind auch Heuraufen auf dem Markt, bei denen eine Durchfeuchtung des Heues mit Wasser oder Kochsalzlösung möglich ist. Dadurch wird der Hustenreiz bei vielen Pferden reduziert. Heuraufen sollten grundsätzlich in maximal 80 cm Höhe angebracht sein. Rollraufen tragen auch zu einer Arbeitsverringerung bei. Diese Raufen werden durch den Freßvorgang in den Futterstock geschoben.

Wasserversorgung

Im Randbereich der Fütterungstechnik nur kurz ein Wort zur Wasserversorgung: Hier haben sich die Selbsttränken bereits weitgehend durchgesetzt. Sie versorgen die Pferde zu jeder Tageszeit mit ausreichendem Frischwasser. Im Bedarfsfalle können sie einzeln abgestellt werden. Für die Offenstallhaltung empfehlen sich beheizte Tränkebecken, die über einen Niederspannungs-Transformator selbst bei tiefsten Temperaturen einwandfrei funktionieren.

Entmistungstechnik

Hierbei unterscheidet man zwischen mobilen und stationären Systemen. Mobile Systeme basieren auf sogenannten Hofschleppern, die auf Grund ihrer Wendigkeit und Größe in die Stallanlagen einfahren und den Mist abtransportieren können. Bei Boxenställen ist daher eine demontable Trennwandkonstruktion oder entsprechende Frontwandbauweise notwendig. Dies bedeutet in der Praxis eine erhebliche Kostensteigerung der Stalleinrichtung und Reduzierung der Lebensdauer des Stalles. Wegen des relativ hohen Arbeitsaufwandes werden die Entmistungsphasen sehr lang. Dies führt wiederum zu einer starken Beeinträchtigung der Stallklimaverhältnisse und zu einer Verschlechterung der gesamten Keimsituation. Das Ausmisten der Boxen durch den Frontlader oder Hofschlepper ist daher nicht unbedingt als vorteilhaft zu sehen. In Offenstallanlagen und in großen Laufställen dagegen ist der Aufwand geringer, die Vorteile überwiegen hier. Im Stallbereich haben sich stationäre Anlagen gut bewährt. In Unterflurkanälen transportieren Förderketten den Mist automatisch zur Dunglege. Verschließbare Klappen in oder vor den Boxen ermöglichen den Einwurf des anfallenden Mistes. Die Investition dieser Anlagen lohnt sich bei Betrieben ab ca. 10–15 Pferden, die eingesparte Arbeitszeit ist enorm. Diese Anlagen vermeiden auch die Anlegung sogenannter Mistmatratzen, die aus oben genannten Gründen für die Pferdehaltung nicht zu empfehlen sind. Die Kanäle werden gleichzeitig zur Luftabsaugung verwendet.

Pflegegeräte

Zur Pflege der Pferde werden zunehmend Staubsauger mit speziellen Vorsatzbürsten eingesetzt. Diese Geräte funktionieren in der Praxis sehr gut. Darauf zu achten ist, daß die elektrischen Leitungen außerhalb des Zugriffes der Pferde verlaufen. Neuerdings werden auch Zentral-Staubsauger-Anlagen eingebaut. Diese Anlagen arbeiten mit einem zentralen Gerät, das mit einer umlaufenden Vakuumrohrleitung verbunden ist. In den Pferdeboxen werden Luftsteckdosen installiert. Das Putzen der Pferde kann also in der Box erfolgen. Durch das Einschieben des Schlauches wird ein Schwachstromkreislauf geschlossen, das Zentralgerät schaltet ein und erzeugt den notwendigen Unterdruck. Die Vorteile dieser Anlagen liegen auf der Hand:

- □ Keine elektrischen Leitungen mit 220 Volt im Bereich der Pferde,
- □ keine Geräuschentwicklung,
- □ keine Staubentwicklung,
- □ wesentlich geringere Arbeitszeiten, da der Pfleger mit dem Saugschlauch zum Pferd geht und nicht umgekehrt.

Kontrollgeräte

In Pferdehaltungsbetrieben sind oft Pferde von enorm hohen Werten aufgestallt. Zur Überwachung des Stallverhaltens im Normalfall, besonders jedoch bei Fohlengeburten und bei Koliken haben sich Videoanlagen bewährt. In Kombination mit Kontrollgeräten für Geburten und Koliken lassen sich damit die Vorgänge im Stall beobachten, ohne daß die Pferde durch die Anwesenheit des Menschen beunruhigt werden.

Brandmeldeanlagen

Gebäude und Ausstattungen von Pferdehaltungen sind brandtechnisch oftmals ungünstig. Entstehende Feuer können sich schnell und in alle Richtungen verbreiten. Da viele Stallanlagen nicht in unmittelbarer Nähe von Wohnanlagen liegen, sind Brandmeldeanlagen eine sinnvolle und notwendige Einrich-

Abb. 22 Technik in einem modernen Stall.

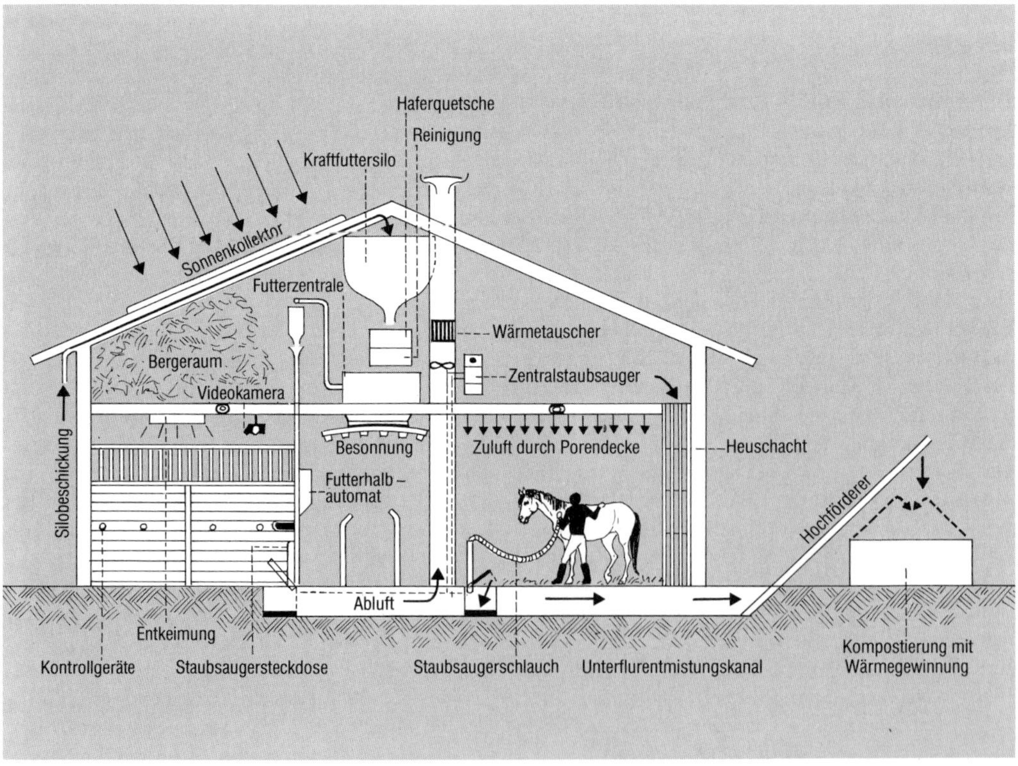

tung. Sie reagieren auf entstehende Rauchbildung durch ein akustisches und optisches Signal, das sogar bei der Feuerwehr direkt geschaltet sein kann. Zum anderen können sogenannte Sprinkleranlagen automatisch in Betrieb gesetzt werden, die eine schnelle Ausbreitung des Feuers verhindern. Die Kosten für eine derartige Brandmeldeanlage sind in Relation zu dem durch einen Brand verursachten Schaden äußerst gering. Regelmäßige Feuerschutzübungen sind in Absprache mit der zuständigen Feuerwehr durchzuführen.

Besonnungsgeräte
Vielfach werden in der Pferdehaltung auch Geräte eingesetzt, die über entsprechende Lampen ein Strahlungsfeld erzeugen, das dem Sonnenlicht sehr ähnlich ist. Schädliche Strahlenbereiche werden herausgefiltert, die gesundheitsfördernden Strahlen treffen konzentriert auf den Pferdekörper auf. Diese Anlagen haben sich in der täglichen Arbeit bewährt; bestrahlte Pferde sind in der Arbeit erheblich lockerer und trocknen unter der Anlage sehr schnell ab. Im veterinärmedizinischen Bereich haben sich diese Anlagen dadurch bewährt, daß sie die allgemeine Widerstandskraft der Pferde heraufsetzen und somit die Empfindlichkeit gegen Krankheiten reduzieren können. Der Anteil der ultravioletten Beleuchtungsquellen sollte relativ gering sein, da dieser Strahlenbereich durch das Haarkleid und die Haut der Pferde nicht durchzudringen vermag.
Neuerdings werden solche Anlagen auch zusätzlich mit Lüfter ausgestattet zur schnelleren Abtrocknung der Pferde.

Führanlagen
Vor allem im Bereich des Leistungssports findet man oft Führanlagen. Bei kontrolliertem und dosiertem Einsatz sicher eine wertvolle Hilfe im Training. Anlagen mit bis zu 150 m Durchmesser werden angeboten, üblich sind 15–18 m.

Überdachte Reitflächen

Auf Grund unserer Klimaverhältnisse ist es für die meisten Pferdehaltungsbetriebe notwendig, überdachte Reitflächen zu schaffen. In der Regel sind diese mit Reithallen der Maße 15 x 30 (Kleinbetrieb), 20 x 40 (Normalbetrieb), 25 x 60 und größer (Großbetrieb) ausgestattet. Diese Hallen werden stützenfrei in Leimbinderbauweise und anderen Holzbauweisen sowie in Stahl- oder Stahlbeton errichtet (s. Abb. 23, S. 262). Zu einer Reithalle werden oftmals Tribünen und diverse Nebenräume gebaut. In den Reithallen spielt sich sehr oft das Hauptgeschehen im Pferdehaltungsbetrieb ab. Als Ergänzung zu diesen Reithallen oder an Stelle solcher werden auch Longierhallen errichtet. Darin können die Pferde longiert oder auch geritten werden.

Weitere notwendige Gebäudeeinrichtungen

Bergeräume

Pferdehaltungsbetriebe benötigen platzaufwendige Lagerkapazitäten. Nachstehende Produkte müssen mittel- und langfristig eingelagert werden, um preisgünstig bezogen werden zu können:

Rauhfutter:
Heu (Hochdruckballen) ca 2,0–2,5 to pro Pferd und Jahr = 30–35 m^3/Jahr.

Kraftfutter:
Hafer ca. 2,0 to pro Pferd und Jahr = 4,0 m^3/Jahr oder
Pellets (ca. 2,0 to pro Pferd und Jahr = 4 m^3/Jahr.

Einstreu:
Stroh (Hochdruckballen) ca. 4,0 to pro Pferd und Jahr = ca. 45 m^3/Jahr.
Sägemehl ca. 3,6 to pro Pferd und Jahr = ca. 12,5 m^3/Jahr.
Getrocknete Hobelspäne ca. 2,3 to pro Pferd und Jahr = ca. 10 m^3/Jahr.

An Hand dieser Faustzahlen läßt sich der benötigte Lagerbedarf in Abhängigkeit von der Lagerdauer errechnen. Es ist eine Heu/Hafer-Futterration von je ca. 6 kg pro Tag und eine Stroheinstreu mit ca. 10 kg pro Tag zugrunde gelegt.

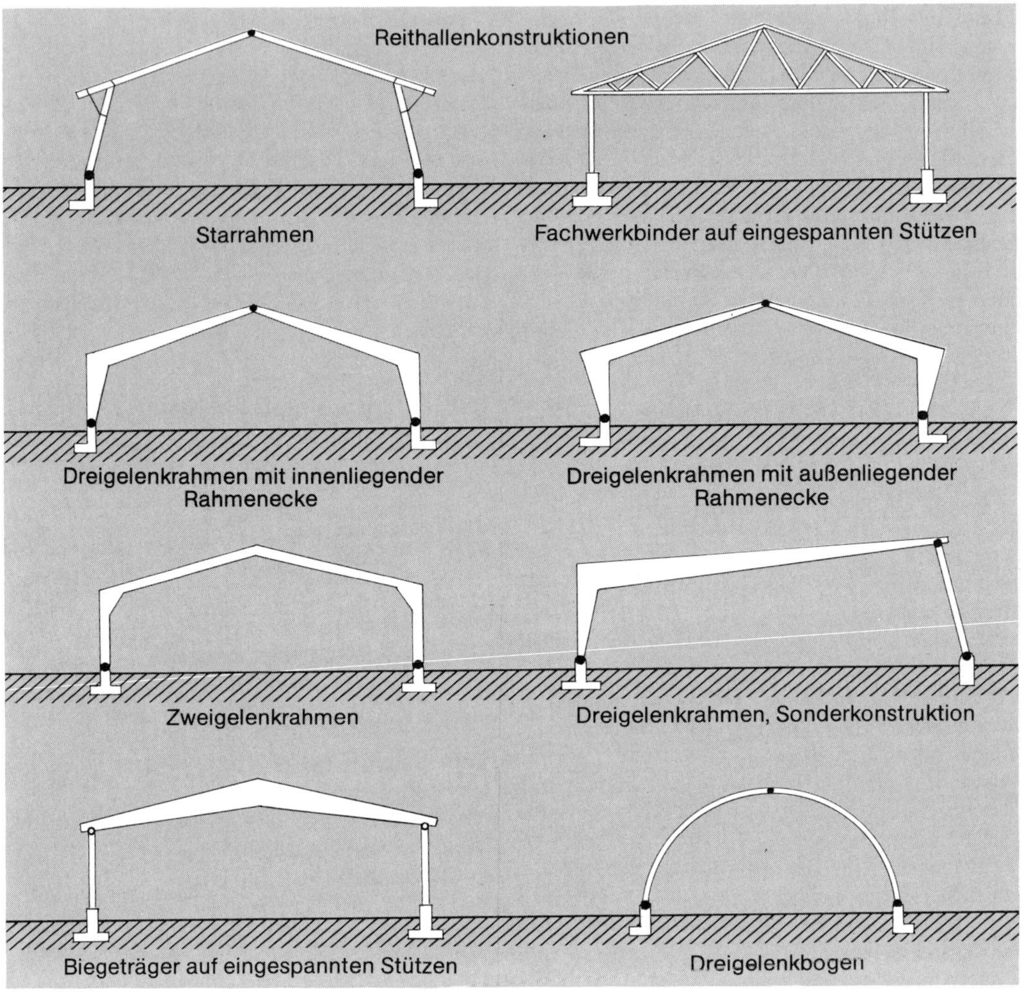

Abb. 23 Reithallentypen nach Dr. H. SCHULZ

Die Einkaufspreise für diese Produkte schwanken jahreszeitabhängig. Das gegenüberstehende Nomogramm (Dr. PIRKELMANN) zeigt, wie sich der Lagerbedarf aus der Menge und der Einlagerungsdauer ergibt.

Ausgehend vom Pferdebestand kann durch Anlegen senkrechter und waagerechter Linien im Uhrzeigersinn der erforderliche Gesamtlagerbedarf abgelesen werden. Im Nomogramm wurde als Beispiel die Lagerkapazität für Heu und Hafer für einen Bestand von 50 Pferden bestimmt.

Arbeitswirtschaftlich günstig sind ebenerdige Lagerräume. Die Beschickung und Entnahme erfolgt mit geringem Aufwand. Die Baukosten sind günstiger. In flächenknappen Betrieben und in Betrieben mit hohem Technisierungsgrad kann aber die deckenlastige Lagerung vorteilhaft sein.

Bergeräume sind in einfacher, nicht isolierter Bauart zu erstellen. Auf gute Durchlüfung und trockene Lagerflächen ist zu achten. Für Versorgungsgänge sind ca. 15% an Grundfläche zuzurechnen.

Abb. 24 An Hand dieses Nomogramms läßt sich leicht ermitteln, ob es sich lohnt, größere Lagerkapazitäten zu erstellen, um eventuelle Schwankungen in den Futtermittelpreisen aufzufangen. ▷

Gerätehallen

Die in der Pferdehaltung benötigten Geräte und Maschinen sollten in entsprechenden Gebäuden untergebracht sein. Der hierfür benötigte Flächenbedarf ergibt sich aus den eingesetzten Maschinen und Geräten. Eine Betriebswerkstatt im Bereich der Gerätehalle mit ausreichender Bestückung ist grundsätzlich zu empfehlen, können doch dadurch Kosten und Zeit eingespart werden. Berge- und Gerätehallen können in einfachen Bauweisen kosten- und arbeitsgünstig in Eigenleistung erstellt werden. Es lohnt sich, die entsprechenden individuellen Bedürfnisse vorher zu bedenken.

Bei der Bedarfsberechnung für Nebenräume sind auch Kapazitäten für Hindernismaterial, Dressurplatz-Einfassungen etc. vorzusehen. Erweiterungsmöglichkeit sollte gegeben sein, da viele Betriebe mit einem positiven Wachstum rechnen müssen. Der Platzbedarf für Grünfutter und Silage ergibt sich aus dem prozentualen Anteil an der Futterration. Er sollte bei der Planung bereits mitberücksichtigt werden.

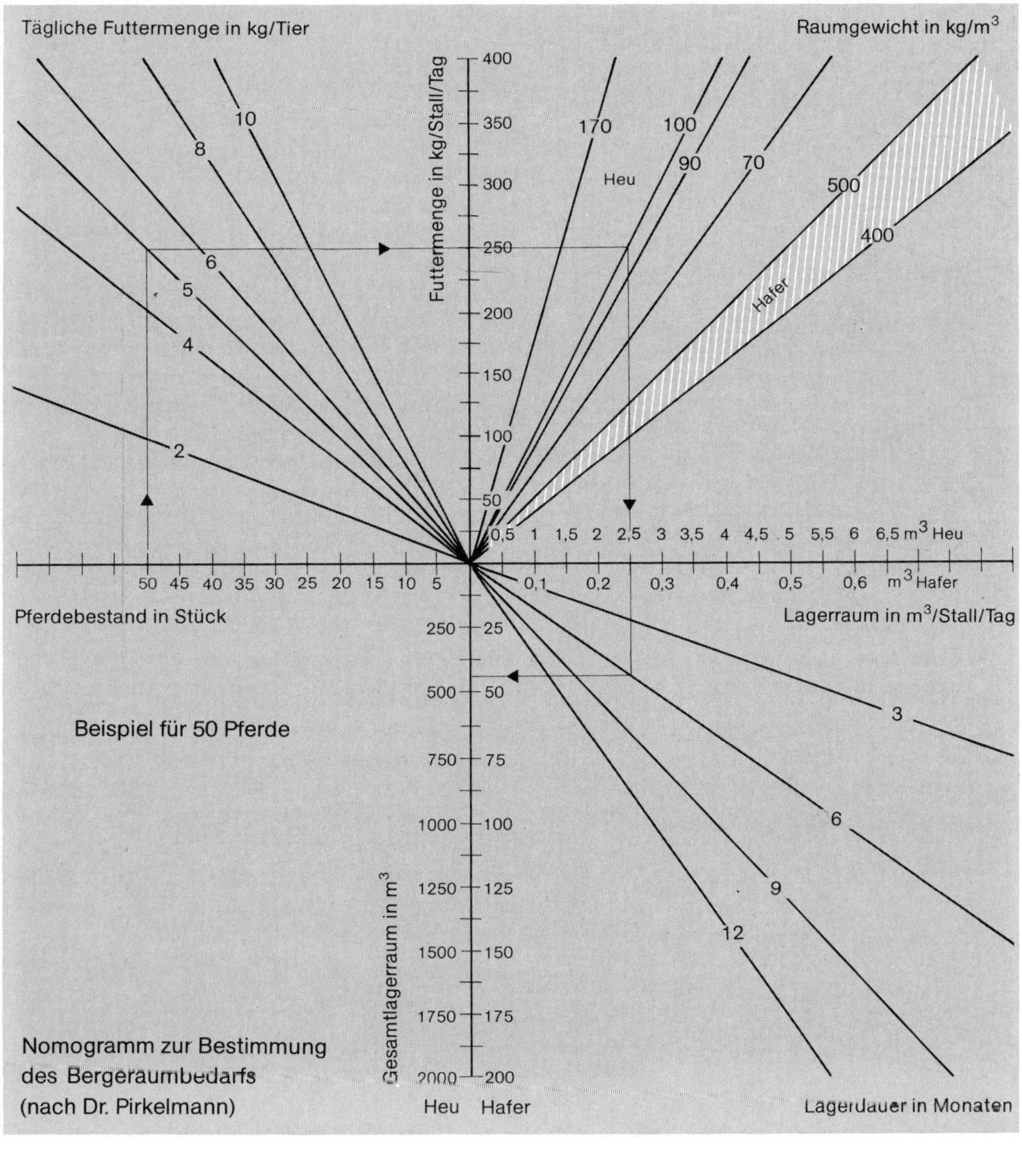

Nomogramm zur Bestimmung des Bergeraumbedarfs (nach Dr. Pirkelmann)

Nebenräume

Die wichtigsten Nebenräume in Pferdehaltungsbetrieben sind:

- ☐ Sattelkammer,
- ☐ Futterkammer,
- ☐ Büro/Verwaltung,
- ☐ Aufenthaltsraum »Reiterstüberl«,
- ☐ Jugendzimmer,
- ☐ Sanitärräume,
- ☐ Schmiede,
- ☐ Pflegeplatz.

Größere Anlagen sind zusätzlich auszustatten mit

- ☐ entsprechenden Tribünen,
- ☐ Turnierbedarfsräumen,
- ☐ Geräteraum,
- ☐ Personalraum,
- ☐ Umkleideraum etc.

Außenanlagen

Die Außenanlagen eines Betriebes für Pferdehaltung gliedern sich in folgende Bereiche auf:

- ☐ Reitflächen:
  - Longierzirkel,
  - Dressurplätze (Sand, Rasen),
  - Spring- und Arbeitsplätze, Turnierplätze, Geländestrecken.
- ☐ Auslaufflächen
  - Paddocks, Sandauslauf, Koppeln.
- ☐ Nebenflächen
  - Fahr- und Gehwege, Triebwege, Parkplätze für Pkw und Transporter.

Je nach Betriebstyp sind diese Bereiche in die Grundrißkonzeptionen mit einzuplanen.

Reitflächen

Diese sind grundsätzlich durch entsprechenden Aufbau und funktionierende Drainagen so zu erstellen, daß eine Nutzung während oder nach Schlechtwetterperioden möglich ist. Der Untergrund muß fest, aber federnd sein, Oberflächenwasser muß sicher abgeführt werden können. Die aufliegende Tretschicht muß locker, trittfest und wasserdurchlässig sein (s. Abb. 25).

Falls der Untergrund entsprechende Eigenschaften aufweist, kann auf die Tragschicht verzichtet werden.

In Reithallen gelten die gleichen Grundlagen wie bei Außenplätzen, die Tretschichten können auch in Hobelspänen oder anderen Belägen ausgeführt sein. Die Hinzuziehung eines Reitplatzbauers ist sehr zu empfehlen.

Jeder Reithallenbelag muß regelmäßig durch Einebnen, Abschleppen oder Eggen gepflegt werden. Je nach Nutzungsintensität ist ein Auswechseln der Tretschicht nach 5–8 Jahren erforderlich, da der mechanische Abrieb durch den Pferdehuf nicht zu vermeiden ist. Zur Pflege zählt auch das Feuchthalten durch entsprechende Beregnungsanlagen.

Rasenplätze sind in unserer Klimazone nur zu bestimmten Jahreszeiten und Schönwetterperioden bereitbar. Die Standfestigkeit kann durch Ansaat von Spezialrasen und das gelegentliche Aufbringen einer dünnen Sandschicht verbessert werden. Regelmäßiges Abschleppen, Eggen und Walzen sind für eine lange Lebensdauer notwendig.

Alle Reitplätze sind sicher einzuzäunen, so

Abb. 25 Untergrund von Reitflächen.

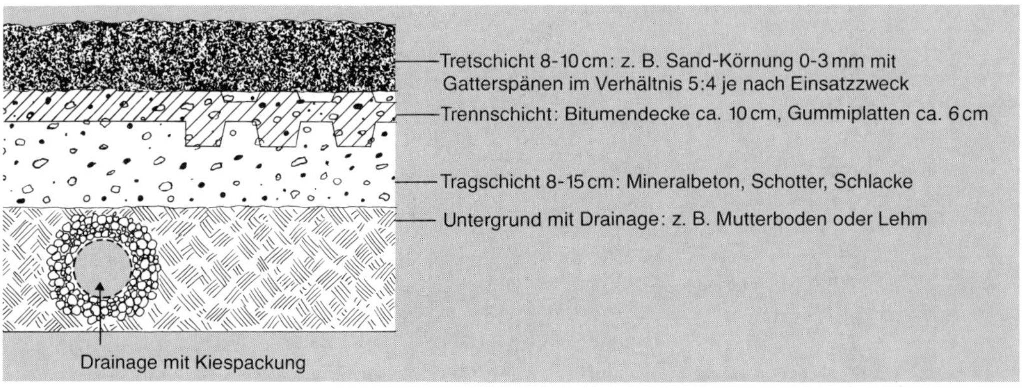

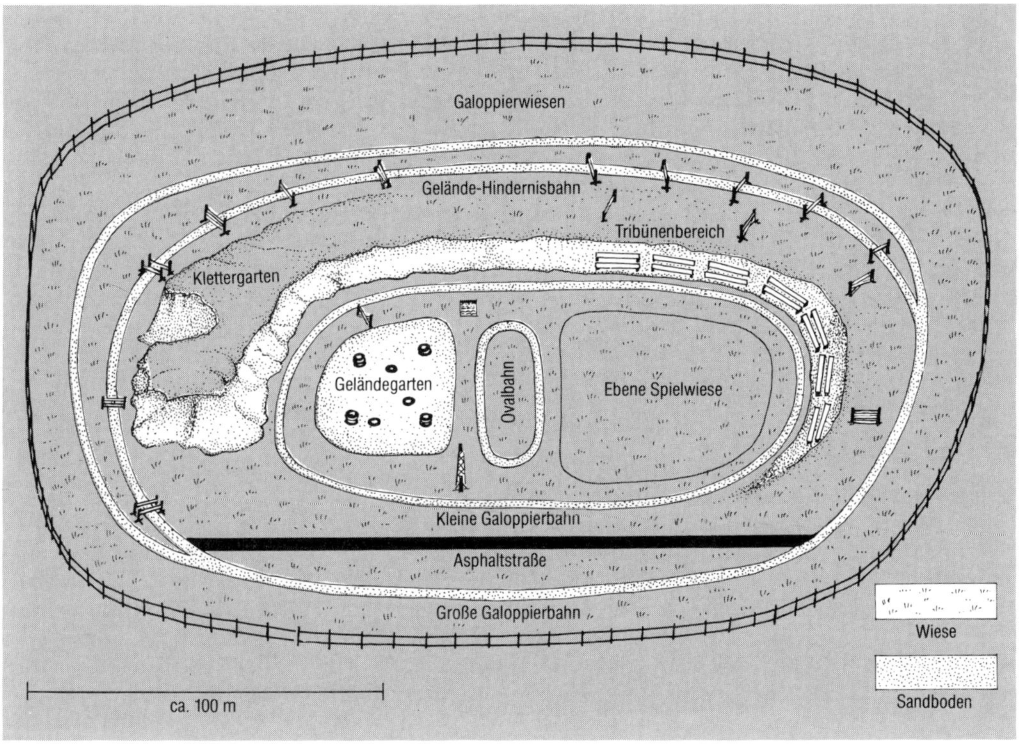

Abb. 26 Diese Grafik zeigt ein Trainingsareal, auf dem Reitschüler und junge Pferde sicher und gezielt auf die Problemstellung im Gelände vorbereitet werden.

daß eventuell freilaufende Pferde nicht auf öffentliche Verkehrsflächen geraten können. Hierbei haben sich Holz-, Gummi- und Kunststoffeinzäunungen bewährt.

In großen Reitanlagen empfiehlt sich die Anlage von Trainingsstrecken zur Vorbereitung des Reitens im Gelände. Mit etwas Phantasie lassen sich hier interessante Lösungen evtl. in Verbindung mit Trainingsplätzen oder Turnierflächen finden. Abb. 26 gibt hierzu einige Anregungen.

Auslaufflächen

Pferde benötigen zu ihrer Gesunderhaltung Flächen, auf denen sie sich frei bewegen können. Die kleinsten Flächen sind hierfür sog. Paddocks oder Kleinausläufe mit ca. 30 bis 60 m². Günstig ist der unmittelbare Zugang zu den Boxen, wie er sich z. B. bei Außenboxen leicht realisieren läßt.

Die nächstgrößere Flächeneinheit ist ein zentral gelegener Sand- bzw. Schlechtwetterauslauf. Hier können die Pferde in der Gruppe den täglich notwendigen Bewegungsbedarf decken. Eine Mindestgröße von 15 x 30 m ist als Sicherheitsfaktor aber nicht zu unterschreiten.

Diese Auslaufflächen sind mit einem ähnlichen Bodenaufbau wie Reitflächen zu versehen, die Tretschicht kann jedoch erheblich fester ausgebildet sein. Dies erleichtert die Trocken- und Sauberhaltung und fördert ein gesundes Hufwachstum. Die Einzäunungen müssen mindestens 1,80 m hoch sein, damit ein Überspringen ausgeschlossen ist. Elektrozaun-Systeme als zusätzlicher Schutz haben sich bestens bewährt.

Koppelgang

Optimal für Pferde ist natürlich regelmäßiger Koppelgang. Verantwortungsbewußte Pferdehalter sorgen dafür, daß zumindest einige parzellierte Weiden verfügbar sind. In der Reitpferdehaltung kommt es neben der Grünfutteraufnahme vor allem auf die Befriedigung des Bewegungsbedürfnisses der Pferde an. Koppeln sind zu pflegen, indem regelmäßig der Pferdemist zur Vermeidung von sogenannten Gailstellen entfernt wird. Abschleppen, Ausmähen und gelegentliches Nachsäen erhalten den Wert einer Koppel auf Dauer. Pferdekoppeln werden mit Holz, Gummibändern und Elektrozaunbändern aus Textilgewebe eingezäunt. Die Höhe und die Anzahl der querverlaufenden Bauelemente richtet sich nach der Art der aufgestallten Pferde, sollte jedoch 1,40 m bei mindestens zwei Querelementen nicht unterschreiten. Nachstehend sind einige Details zum Bau von Pferdekoppeln grafisch dargestellt (Abb. 27).

Nebenflächen

Die in einem Pferdebetrieb ablaufenden Ver- und Entsorgungsarbeiten sind so zu organisieren, daß es zu keiner Beeinträchtigung der Arbeit mit den Pferden kommt. Im Idealfall sind also die zu befahrenden Flächen von den Bereichen zu trennen, in denen Pferde geritten oder geführt werden. Da oftmals ungelernte Personen die Fahrzeuge und Geräte bedienen, sind Situationen zu vermeiden, die größere Erfahrung im Umgang z. B. mit Schleppern erfordern (Rückwärtsfahren, enge Einfahrten etc.). Führwege für Pferde dürfen nicht mit einer zu glatten Oberfläche versehen sein. Rauhe Sandschüttungen auf festem Untergrund dürften am besten geeignet sein. Triebwege zu Ausläufen und Weiden sind fest einzuzäunen, sollen trittsichere Beläge haben und nicht in Sackgassen oder spitzen Ecken enden. Gerade beim Austrieb oder Eintrieb stehen die Pferde unter Streß, der sich durch enorme Aktivitäten bis hin zu Aggressionen ausdrückt. Tore sind so anzulegen, daß sie grundsätzlich in Triebrichtung zu öffnen sind. Metalltore sind zwar langlebig und optisch attraktiv, im Gefahrenmoment geben Holzkonstruktionen jedoch leichter nach und führen zu geringeren Verletzungen.

Abb. 27 Beispiele für Pferdekoppeln: a Rundholz-Koppelzaun, b Halbrundholz-Koppelzaun, c Gummibänder-Koppelzaun, d Elektroband-Koppelzaun.

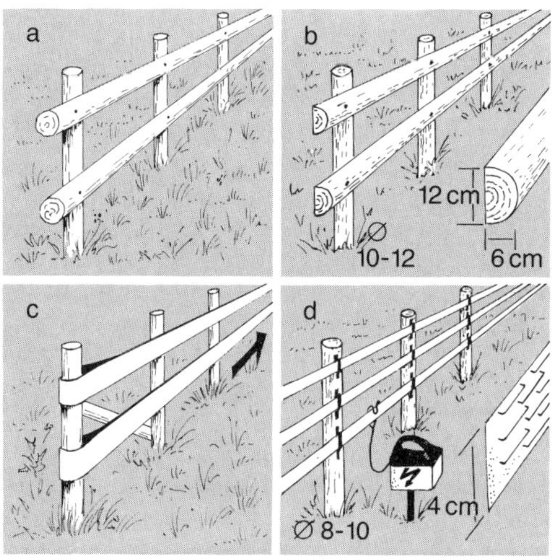

Parkflächen

Jeder Pferdehaltungsbetrieb ist einem mehr oder minder großen Publikumsverkehr ausgesetzt. Hierfür sind in ausreichendem Maße Parkflächen für Autos und Abstellflächen für Pferdeanhänger und große Transporter vorzusehen. Die Anzahl der Pkw-Stellplätze wird von den zuständigen Baubehörden gesetzlich vorgeschrieben und ist Bestandteil der Genehmigungsverfahren.

Abschließende Betrachtungen

Der Mensch hat im Verlaufe der Domestizierung der Pferde zunehmend die Verantwortung für das Pferd übernommen. Er ist dafür verantwortlich, daß die elementaren Bedürfnisse der Pferde in den jeweiligen Haltungsformen optimal beachtet werden. Jeder noch so aufwendig gestaltete Betrieb enthebt den Betreiber nicht von seiner Sorgfaltspflicht. Die durchschnittliche Lebenserwartung unserer Pferde liegt heute noch weit unter zehn Jahren. Neben einer Umgestaltung des Wettkampfsportes ist diesbezüglich vor allem im Bereich der Pferdehaltung mit Verbesserungsmaßnahmen noch viel zu erreichen.
Es sollte das Anliegen eines jeden Pferdehalters sein, moderne Reitanlagen so zu gestalten, daß sie rentabel, zum Wohle der Pferde und zur Freude des Menschen betrieben werden können.

Bau von Hindernissen, Parcours und Geländestrecken

Dipl.-Ing. agr. GEORG W. FINK
Amateur-Reitlehrer, Stall- und Reit anlagenbau, Parcoursbau, Gastdoze
FN-Arbeitskreis-Mitglied
Dinkelsbühl

Allgemeines zum Springsport

Springen ist ein faszinierendes Element im Reitsport. Durch seine Dynamik begeistert es den Zuschauer genauso wie den Reiter. In der langen Entwicklungsgeschichte des Reitsports hatte das Springen noch nie den Stellenwert wie heute. So gibt es kaum alte Reiterspiele, in denen das Springen im Vordergrund stand. Durch die Reitstile und die Bauart vieler Sättel war dies auch ein eher unbequemer Bewegungsablauf. Somit wurde nur gesprungen, um Hindernisse zu überwinden, die nicht umritten werden konnten. Wettkampfmäßige Bedeutung erlangte das Springen in England durch das Point-to-Point-Rennen und das Entstehen einer jagdlichen Tradition. Seinen Durchbruch erfuhr der Springsport erst durch den von Caprilli entwickelten »leichten Springstil«. Damit wurde der Sprungablauf bequemer und kontrollierbarer. Heute erfreut sich der wettkampfmäßige Springsport einer weltweiten Beliebtheit.

Durch gezielte Pferdezucht und intensive Ausbildungsmethoden haben wir gerade in der Bundesrepublik Deutschland ein hohes Niveau im internationalen Springsport erreicht. In der LPO (Leistungsprüfungsordnung der Deutschen Reiterlichen Vereinigung) sind die Regeln festgelegt. Die Reiter, die sich diesen Regeln unterwerfen, haben den wettkampfmäßigen Reisport als Motivation. Aber auch Reiter, die die reiterliche Erfüllung nicht im Leistungssport suchen, springen gerne über natürliche und künstliche Hindernisse. Dies gilt nicht nur für den Jagdreiter, sondern auch für den Wanderreiter oder für den »Spazierreiter«. Im Bereich der Ausbildung spielt das Springen eine wichtige Rolle für das Finden der Balance und des Selbstvertrauens.

Voraussetzungen zum Springen

Nahezu jedes Pferd und fast alle Reiter sind in der Lage zu springen. Für beide ist aber eine solide und vertrauensvolle Ausbildung genauso notwendig wie die richtige Ausrüstung und sicheres Hindernismaterial. Reiten und vor allem Springen muß kein Risikosport sein, wenn diese Voraussetzungen gegeben sind. Es liegt im Verantwortungsbereich aller Ausbilder – ob Profi oder Amateur –, das Reiten sicherer zu machen. Gerade ein Springausbilder muß neben ausreichender praktischer Erfahrung ein hohes Maß an pädagogischem Geschick besitzen. Ein guter Ausbilder, ein erfahrenes Pferd und ein funktionssicheres Hindernismaterial tragen erheblich dazu bei, den Einstieg in das Springen zu erleichtern.
Über die praktischen Grundlagen der Springausbildung gibt es bewährte Methoden (siehe dazu auch das Kapitel »Ausbildung des Springpferdes«).

Meisterschaftsparcours wie hier in Berlin sind eine besondere Herausforderung für Parcoursbauer und Reiter.

Künstliche Hindernisse

Anforderungen an Baumaterial und Bauart

Gutes Hindernismaterial zeichnet sich durch eine Reihe von Eigenschaften aus:

- ☐ Sicherheit
- ☐ Stabilität
- ☐ Funktion
- ☐ Aussehen.

Die *Sicherheit* steht an erster Stelle aller Eigenschaften. Weder Pferd noch Reiter dürfen durch unsachgemäße Bauart eines Hindernisses gefährdet sein. Dies gilt für alle Arten von natürlichen und künstlichen Hindernissen. Bei abwerfbaren Sprüngen ist das Fallverhalten der Stangen, der Einhängeteile und der Ständer zu beachten. Ein leichtes Berühren mit den Hufen darf ein Hindernis nicht zusammenbrechen lassen wie ein Kartenhaus. Schlägt das Pferd aber heftig gegen ein Hindernisteil, muß dieses gefahrlos abwerfbar sein. Selbst im abgeworfenen oder umgestürzten Zustand muß eine Verletzungsgefahr ausgeschlossen sein.

Scharfe Kanten, splitternde Materialien, spitz zulaufende Bauteile sind daher zu vermeiden. Auch die Querschnitte dürfen nicht zu gering gewählt werden. Pferde respektieren massive, volle Sprünge besser und springen daher sicherer. Zu dünne Stangen stellen eine selten beachtete Gefahrenquelle dar. Pferde schätzen einen Sprung nicht nur mit den Augen ein; sie besitzen ein – noch nicht ganz erforschtes – Echolotsystem, das ähnlich wie bei einer Fledermaus funktioniert.

Ausbilder, Turnierveranstalter, Richter und Reiter müssen dafür sorgen, daß der Springsport durch den Einsatz von dementsprechendem Hindernismaterial sicherer wird.

Zur Sicherheit gehört auch die *Stabilität*. Ein stabiler Sprung hat eine lange Lebensdauer. Er ist funktionssicher und hilft, Verletzungsgefahren zu vermeiden. Die auftretenden Belastungen durch das Springen sind groß. Auch die Witterung setzt dem Hindernisma-

terial enorm zu. Gute Baustoffe, haltbare Verbindungsmittel und ausreichende Querschnitte in der Hand eines Fachmannes sind die Garanten für Sicherheit und Stabilität.
Wichtig ist weiterhin die *Funktion*. Laut LPO soll wenigstens ein Viertel der Höhe eines Sprunges abwerfbar sein. Stangen und Gatter werden daher in Auflagen eingehängt, Mauerteile bestehen aus einzelnen Elementen.
In Höhe, Weite und Sprungprofil muß sich ein Hindernis an die Anforderungen im Wettkampf und in der Ausbildung anpassen lassen. Dies geschieht durch entsprechende Auflagensysteme, welche eine schnelle Höhenveränderung und ein Anpassen an andere Sprungprofile ermöglichen. Fangständer sollten standfest, aber leicht sein, gleiches gilt für Unterbauteile. Zur Funktion gehört auch die Beachtung genormter Längen und zueinander passender Systeme.
Neben diesen mehr technischen Voraussetzungen spielt auch das *Aussehen* eines Hindernisses eine wichtige Rolle. Die farbliche Gestaltung hat auf das Springverhalten der Pferde einen großen Einfluß. Ein Hindernis mit erkennbarer Mitte – dies können die weißen Felder in der Stangenmitte sein – taxieren Pferde leichter. Auch werden helle Farben besser akzeptiert als dunkle. Pferd und Reiter springen lieber über ein gepflegtes, schönes Hindernis, und für den Zuschauer bietet ein attraktiver Springplatz zusätzlichen Anreiz.

Die verschiedenen Hindernistypen

Das Reglement sieht eine Reihe von Hindernistypen vor, die nachstehend definiert und in der untenstehenden Abb. 1 grafisch veranschaulicht werden. Es handelt sich um ausgewählte Beispiele.

Hochsprünge

Das Kriterium für einen Hochsprung ist die Ausdehnung nur in die Höhe, nicht in die Tiefe. Die einzelnen Elemente (Stangen, Planken, Gatter, Mauerkästen) hängen oder liegen senkrecht übereinander.
Beispiele: Stangenrick, Plankensprung, Mauer.

Abb. 1 Beispiele von künstlichen und natürlichen Hindernissen (schematisierte Darstellung).

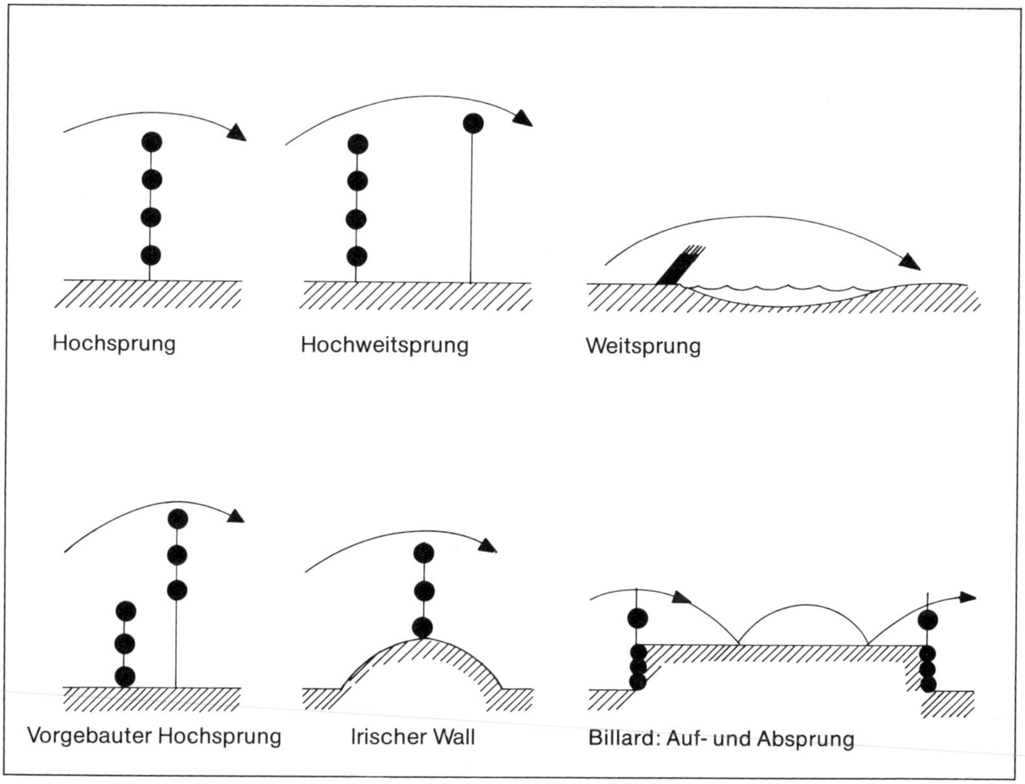

Hochweitsprünge
Charakteristisch für einen Hochweitsprung ist die Ausdehnung in die Höhe und Breite. Die Bauelemente liegen also über- und hintereinander.
Beispiele: Oxer, Triplebarre.

Weitsprünge
Entscheidend für Weitsprünge ist die Ausdehnung in die Weite in Sprungrichtung. Die Sprunghöhe spielt keine Rolle.
Beispiele: Trockene Gräben, Wassergraben.

Zwischentypen
Nicht jeder Hindernistyp kann eindeutig dem in Abb. 1 wiedergegebenen Schema zugeordnet werden. Sprünge, deren Kriterien unterschiedlichen Typen zugeordnet werden können, werden als Zwischentypen bezeichnet.
Beispiele: Vorgebaute Hochsprünge, überbaute Gräben.

Naturhindernisse
Hindernisse mit einer ortsfesten natürlichen Basis bezeichnet man als Naturhindernisse. Sie können Bestandteil der in Abb. 1 dargestellten Hindernistypen sein (z. B. Natursteinmauer, Irischer Wall) oder eigene Sprungabläufe bedingen (Wallaufsprung, Tiefsprung).
Beispiele: Billard, Pulvermann, Wall.

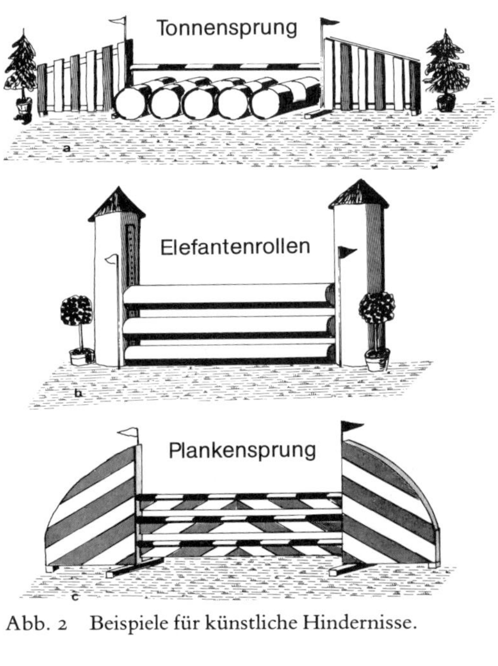

Abb. 2 Beispiele für künstliche Hindernisse.

Baumaßnahmen

Die Hindernistypen bestehen aus Bauteilen, die in den verschiedenen Zusammenstellungen und Formen miteinander kombiniert werden können. Die wichtigsten Bauteile sind:

- ☐ Hindernisständer
- ☐ Auflagen
- ☐ Einhängeteile: Stangen, Gatter etc.
- ☐ Mauern
- ☐ Unterbauteile (bei künstlichen Hindernissen mobil, bei natürlichen stationär).

Allen Bauteilen gemeinsam sind folgende Eigenschaften:

- ☐ Leicht transportabel (außer stationäre Hindernisse),
- ☐ stabile Ausführung bei geringem Gewicht,
- ☐ variantenreiche Kombinationsfähigkeit durch genormte Bauteile,
- ☐ tiefe Schwerpunkte bei tragenden Teilen,
- ☐ feine Anpassung in der Sprunghöhe und -weite,
- ☐ leichte und schnelle Veränderbarkeit,
- ☐ Sicherheit in allen Details.

Im einzelnen können die Bauteile wie folgt beschrieben werden:

Hindernisständer
Es werden *Einzelständer* und *Fangständer* unterschieden. Die Höhe sollte ca. 1,80–2,20 m betragen, dadurch ist gewährleistet, daß Pferde nicht von oben auf die senkrechten Teile springen können! Die Anbringung der Auflagen ist stufenlos oder in maximal 5 cm Abständen vorzusehen. (Siehe hierzu die beiden Abb. 3 und 4.)

Ständerfüße
Sie können verschiedene Formen haben, die Ausdehnungen sollten jedoch 60–80 cm nicht überschreiten.
In jedem Fall muß der Ständer auch auf unebenem Boden stabil stehen, in umgestürztem Zustand darf keine Gefährdung für Pferd und Reiter entstehen. Als Material werden in erster Linie Holz, verzinkter Profilstahl und Aluminium verwendet. Kunststoffe finden zunehmend Eingang im Hindernisbau. Die verwendeten Profile müssen rundkantig, hochbelastbar und langlebig sowie farbig gestaltbar sein. Für Trainingshindernisse eignen

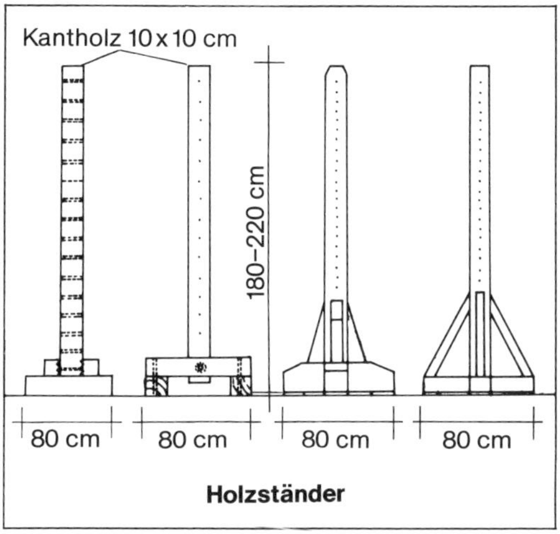

Abb. 3 Einzelständer – Konstruktionsbeispiele.

sich auch Autofelgen mit und ohne Reifen mit aufgesetzten Hülsen zur Aufnahme der Kantholzsäule.
Im Training werden aus Handhabungsgründen meist Einzelständer verwendet. Im Turniergeschehen sorgen Fangständer für attraktive und publikumswirksame Hindernisse, die gleichzeitig einen großen Platz optisch füllen. Für Fangständer gelten die gleichen Kriterien wie für Einzelständer – der gestalterischen Phantasie sind keine Grenzen gesetzt.

Auflagen

Stangen, Planken und Gatter werden in Auflagen eingehängt. Die Auflagentiefe beträgt max. 22 mm. Die Auflagenlänge beträgt ca. 8 bis max. 10 cm, damit die Stangen auch bei unebenen Bodenverhältnissen nicht von alleine fallen können. Der Auflagenradius ist mit 16 cm festgelegt, dadurch ist ein leichteres Herausfallen gewährleistet. Kanten und Ecken sind abzurunden (s. Abb. 5 auf der folgenden Seite). Es werden Steckauflagen, Hängeauflagen und andere Systeme angeboten. Wichtig ist immer die sichere, solide und funktionelle Ausführung.
Für Planken, Gatter und quadratische Stangen sind entsprechend flache Auflagen zu verwenden, um das Fallverhalten nicht zu verändern. Bei Oxern sollte die hintere Stange von Sicherheitsauflagen gehalten werden.

Stangen

In der Halle werden meist 3–4 m lange, im Freiparcours 4 m lange Stangen eingesetzt. Der Durchmesser bei massiven Stangen beträgt 10 cm, bei Hohlstangen kann er größer sein.
Gut bewährt haben sich zylindrisch gefräste Stangen; diese sind oberflächenglatt und relativ gerade. Eine Imprägnierung auf Salzbasis ist zu empfehlen, die Stangen halten länger und sind trotzdem farblich zu gestalten (auf ölhaltigem Holzschutzmittel haftet keine Farbe). Die Farben sind luftdurchlässig zu wählen, damit das Holz atmen kann (s. auch den Abschnitt »Pflege und Wartung«). Es eignen sich vor allem Fichten- und Kiefernstangen, die ast- und rißarm sind.

Abb. 4 Fangständer – Konstruktionsbeispiele.

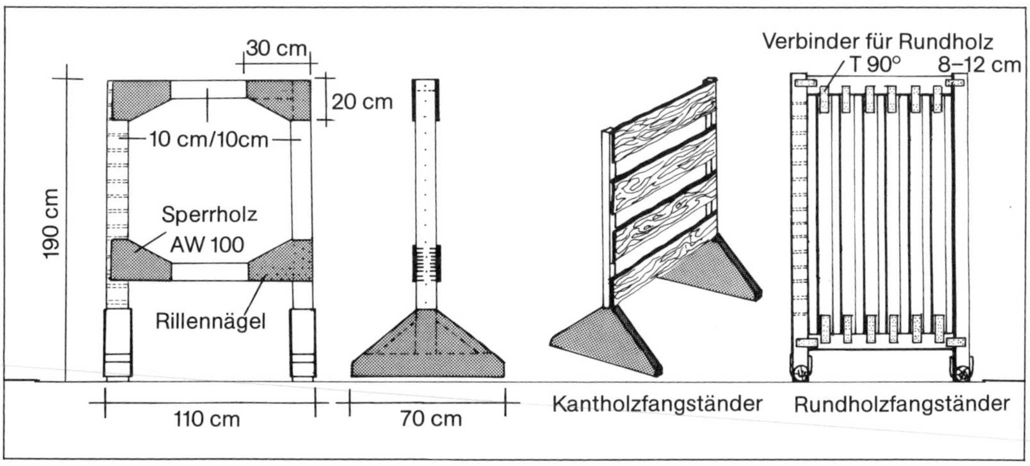

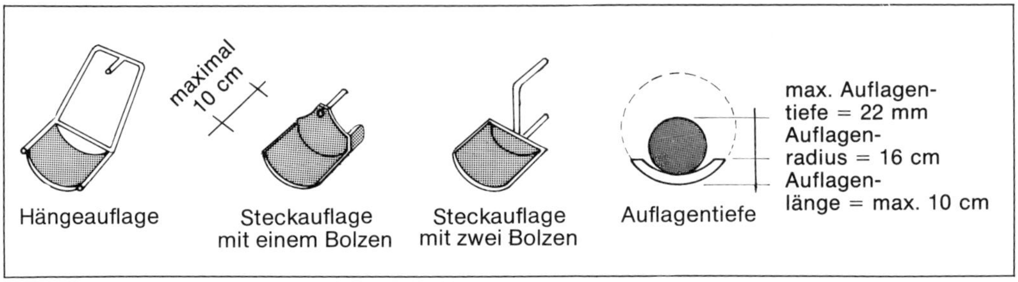

Abb. 5 Auflagen-Systeme.

Planken
Normale Planken, d. h. solche aus Bohlen, sind nur dann zu empfehlen, wenn die Kanten stark berundet sind. Besser ist es, die Bohle zwischen zwei Halbrundhölzer einzuspannen. Sinngemäßes gilt auch für Einhängegatter. Diese Maßnahme steigert die Stabilität und vermeidet Verletzungen am Pferdebein.

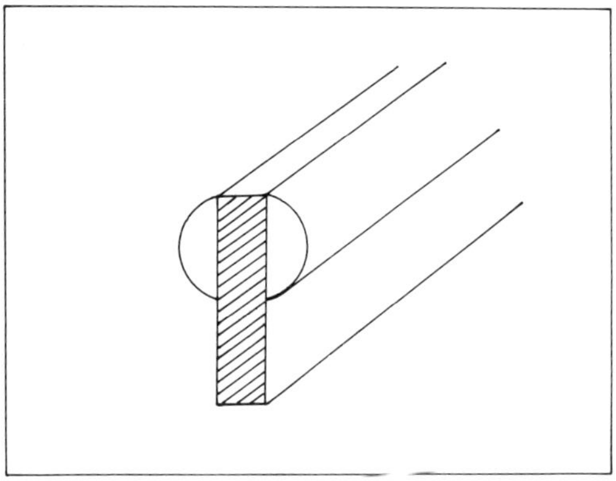

Abb. 6 Schnitt durch Planke mit Halbrundholz.

Mauern und ähnliche Hindernisse
Vorwiegend werden Mauern, Brückensprünge u. ä. aus Span- oder Sperrholzplatten auf entsprechenden Lattenrahmen erstellt. Wichtig ist bei den Platten die Verleimart. Spanplatten müssen die Bezeichnung V 100, Sperrholzplatten AW 100 tragen, um weitgehend wetterfest zu sein. Die Unterteile sind mit Tragegriffen oder -öffnungen auszustatten. Die Auflageteile (z. B. Mauerkästen) sind stabil zu bauen, da u. U. auch Pferde daraufspringen können (s. Abb. 7). Bei allen Hindernissen ist auf eine mögliche Kombination mit anderen Bauelementen zu achten. Dem Parcoursbauer stehen damit weitaus mehr gestalterische Möglichkeiten zur Verfügung.

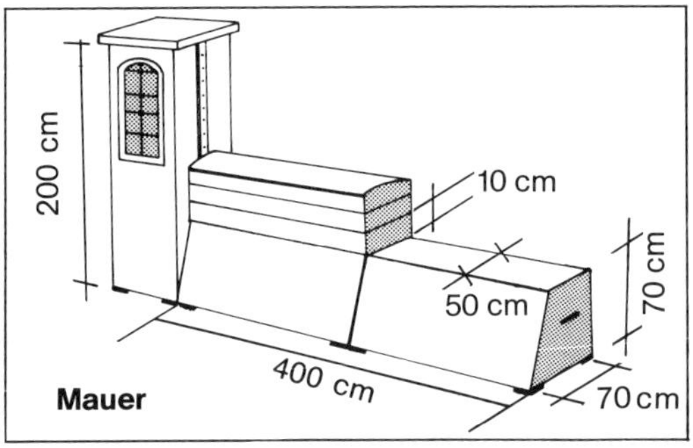

Abb. 7

Unterbauteile
Gerade bei Wettkämpfen wird viel Unterbaumaterial benötigt. Es erleichtert den Pferden das Taxieren und bringt Fülle und Ausstrahlung in das Geschehen. Bekannt sind die – am besten frisch gesteckten – Bürsten. Auch flächige Standelemente eignen sich gut als Füllmaterial. Auf Sicherheit und Stabilität ist natürlich auch hierbei zu achten (s. Abb. 9).

Abb. 8 Überprüfung der Stangenauflagen bei der Parcoursbesichtigung.

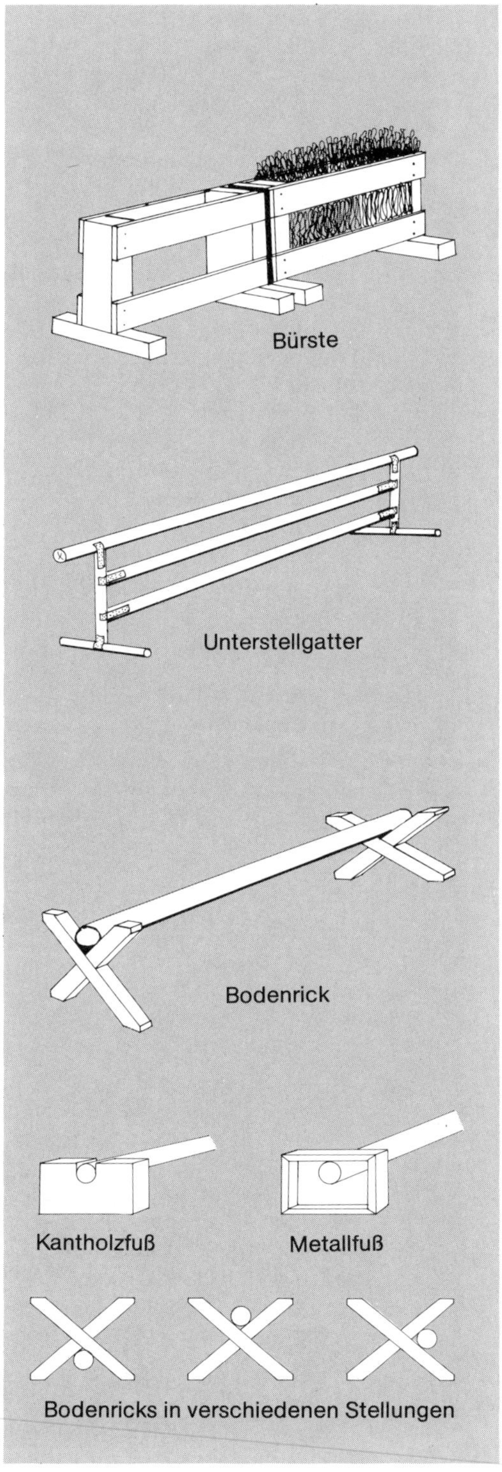

Abb. 9 Beispiele für Unterbauteile und Cavaletti. Auf Sicherheit und Stabilität ist zu achten.

Cavaletti

Sie spielen im Training eine große Rolle. In Gymnastikreihen lassen sie sich vielseitig als Absprunghilfen und kleine Sprünge einsetzen. Aus Sicherheitsgründen sollten nie mehr als 2 Cavaletti übereinandergestellt sein.

Der Parcoursbau

Ein Parcours ist eine Aneinanderreihung unterschiedlicher Hindernisse mit verschiedenen Entfernungen auf abwechslungsreicher Linienführung. Er bildet eine Einheit, die beim Start beginnt und im Ziel endet. Einen Parcours zu gestalten, erfordert solide reiterliche Erfahrung, fundierte theoretische Kenntnisse, Fingerspitzengefühl und kreative Phantasie. Ein guter Parcoursbauer ist Gestalter, Architekt und Künstler. An ihm liegt es, einen fairen Leistungsvergleich zu bekommen und den Ausbildungsstand und das Können von Pferd und Reiter zu testen. Für das Richterteam muß ein Parcours gut einsehbar sein, und auch die Zuschauer sollen auf ihre Kosten kommen.

Platzvoraussetzungen

Es eignen sich Plätze mit vorwiegend ebenem Profil und belastungsfähigem Boden. Das Verhältnis der langen zur kurzen Seite liegt bei ca. 2:1; unter 40 m im Freien bzw. 20 m in der Halle sollte keine Seite sein. Auch mehreckige Grundrisse eignen sich, sind aber schwieriger im Parcoursbau zu gestalten. Teilweise Terrassierung oder die Einbeziehung leichter Bodenunebenheit kann durchaus reizvoll sein. Vereinzelter Bewuchs mit Bäumen und Hecken ist sehr attraktiv, mitunter ergeben sich jedoch schwierige Licht-Schatten-Situationen (wie z. B. in Wiesbaden). Grundsätzlich ist ein Springplatz mit einer stabilen und erkennbaren Umzäunung auszustatten. Feste Hindernisse sind so zu placieren, daß möglichst viele Linienführungen möglich sind.

Beispiele aus einem mittelschweren Parcours

Als Beispiel ist ein mittelschwerer Parcours mit einmaligem Stechen beschrieben. Laut LPO sind mindestens 12 und maximal 18

Hindernisse vorgeschrieben. Es ist eine zweifache und eine dreifache Kombination geplant. Als weitere Kriterien sind eine Distanz und ein Wassergraben vorgesehen. Das Verhältnis der Hoch- zu den Hochweitsprüngen ist 8:6, insgesamt stehen 8 Sprünge auf der linken und 6 Sprünge auf der rechten Hand. Das Springen wurde so gebaut und zeigte sehr guten Sport, da die Elemente Rhythmus, Rittigkeit und Tempo deutlich angesprochen wurden. (Siehe hierzu Abb. 10, Parcoursplan, und Abb. 11, Darstellung der Hindernisse.)
Generell ist zu sagen, daß jeder Parcours in seinem Schwierigkeitsgrad den äußeren Umständen (Wetter, Bodenverhältnisse) und dem durchschnittlichen Leistungsstand von Pferd und Reiter angepaßt sein muß. Nur dann lassen sich gute Ergebnisse und schöne Ritte erzielen.
Der Trend im Parcoursbau geht in jüngster Zeit erfreulicherweise weg von den extremen Höhen; die Kriterien sind vielmehr Distanzen und Sprungprofile, die die Rittigkeit der Pferde und das Können des Reiters testen. Der Springsport wird dadurch interessanter und auch pferdeschonender.
Der Parcourschef hat eine große Verantwortung für Reiter und Pferd. Es liegt an seinem Können, Springbahnen zu bauen, die dem Tierschutzgedanken entsprechen und zum stilvollen Springen einladen.

Ausführungsmaßnahmen

Vor einem Turnier informiert sich der Parcoursbauer über die Platzverhältnisse und das Hindernismaterial. Er macht sich mit den standortbedingten Eigenarten (Sonnenstand, Platzgröße etc.) vertraut und gibt dem Veranstalter Empfehlungen. Am Turnier stellt er die Starterfelder und den zu erwartenden Leistungsstand fest und fertigt daraufhin seine Entwurfsskizze. Gemäß dieser legt er Stangen aus, die die jeweiligen Hindernisstandorte kennzeichnen. Nach der Überprüfung auf die Reitbarkeit der Linienführung wird der eigentliche Aufbau vorgenommen. Die Anzahl der Hindernisse, der Kombinationen sowie der Höhen und Weiten sind in der LPO festgelegt. Innerhalb dieser Rahmenvorschriften hat der Parcourschef relativ viel Spielraum in bezug auf die Gestaltung.
Der Schwierigkeitsgrad einer Sprungfolge wird von vielen Faktoren beeinflußt, die wichtigsten sind:

- ☐ Sprungprofile der vorausgehenden und nachfolgenden Sprünge,
- ☐ steigendes oder fallendes Geläuf,
- ☐ Sprünge mit »Bremswirkung«, z. B. Mauer,
- ☐ Gegenlicht oder Schattenbildung,
- ☐ Tempo,
- ☐ Linienführung usw.

In den beiden Abbildungen 12 und 13 (Seite 276) sind einige Grundregeln schematisch dargestellt. Es gibt mathematisch anmutende Formeln zur Berechnung solcher Distanzprobleme. Vereinfacht lassen sich die Zusammenhänge wie folgt darstellen:

1. Mit zunehmender Weite nimmt die Absprung- (A) und Landedistanz (L) ab.
2. Tempo und Schwung beeinflussen die Flugkurve und die Sprungweite, d. h. mit zunehmender Geschwindigkeit wächst die Distanz (D) A zu L.
3. Mit zunehmender Höhe verändert sich zwar die Flugkurve, die Absprung- und Landezonen jedoch werden kleiner, die Absprung- und Landedistanzen dagegen wachsen relativ wenig.

Die Entfernung zwischen den Hindernissen ergibt sich aus der Anzahl der Galoppsprünge, die dazwischenliegen. Ein durchschnittlicher Galoppsprung ist ca. 3,50 m lang. Eine Distanz zwischen zwei Hindernissen errechnet sich somit wie folgt:

D = Anzahl der Galoppsprünge × 3,5 m + L + A (m)

unter Berücksichtigung der Einflußfaktoren

Plusfaktoren:	fallendes Geläuf hohes Tempo einladende Sprünge (»Verkaufsoxer«) Richtung Ausgang weite Distanz erwünscht, etc.
Minusfaktoren:	steigendes Geläuf geringes Tempo bremsende Sprünge (Mauer) weg vom Ausgang gegen die Sonne enge Distanz erwünscht, etc.

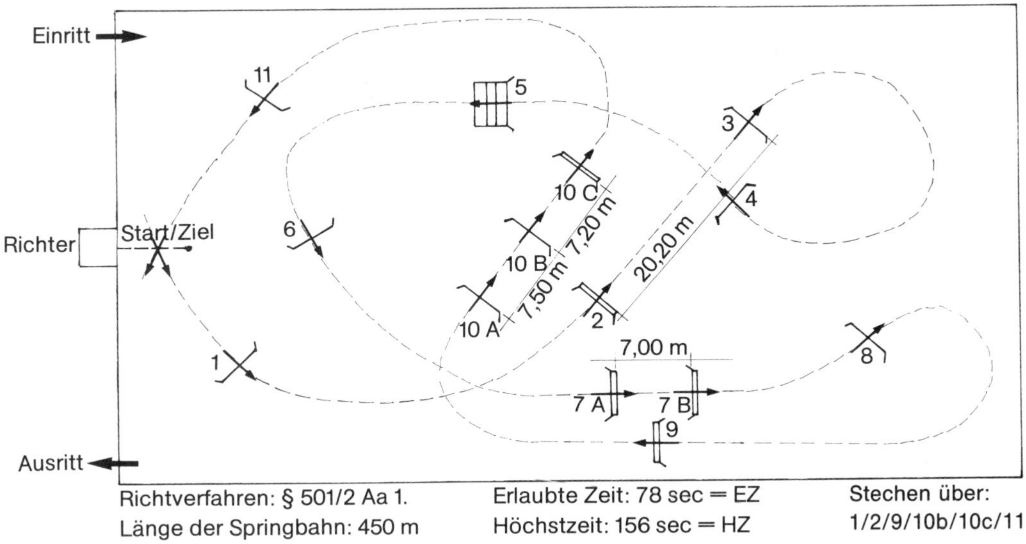

Abb. 10 Parcoursplan (Beispiel aus einer Springprüfung Klasse M/B).

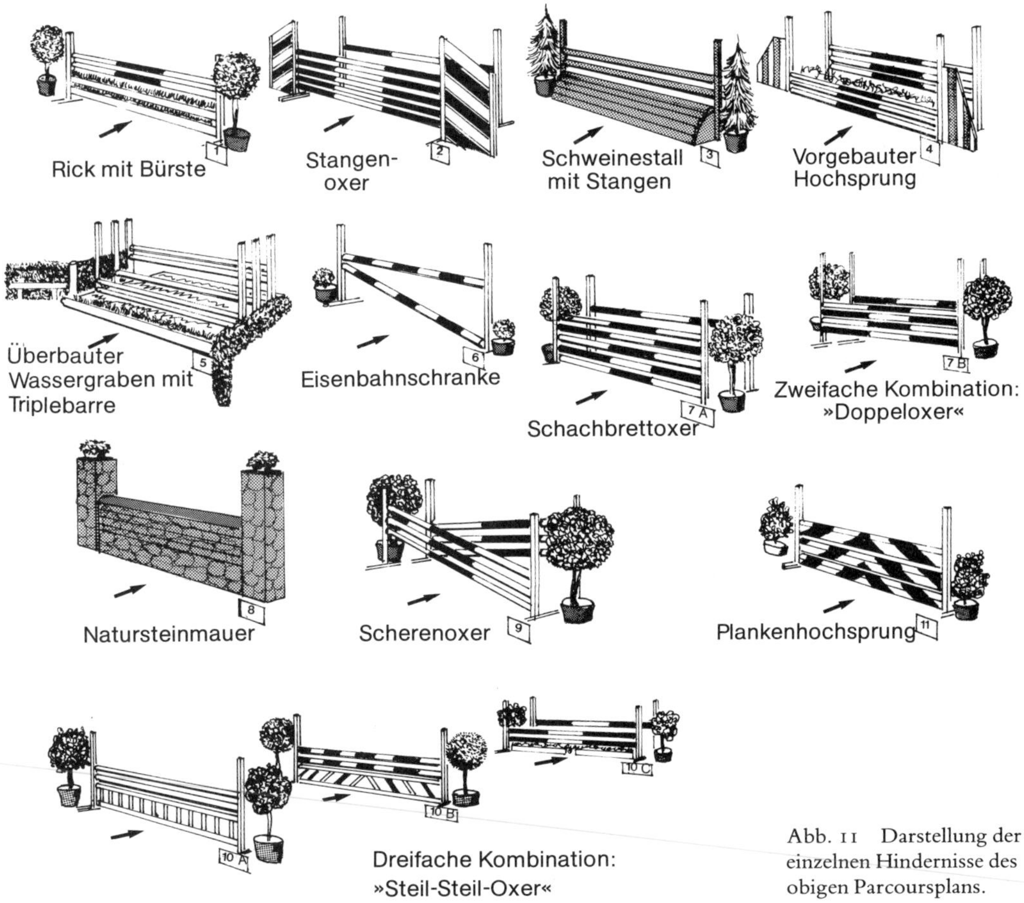

Abb. 11 Darstellung der einzelnen Hindernisse des obigen Parcoursplans.

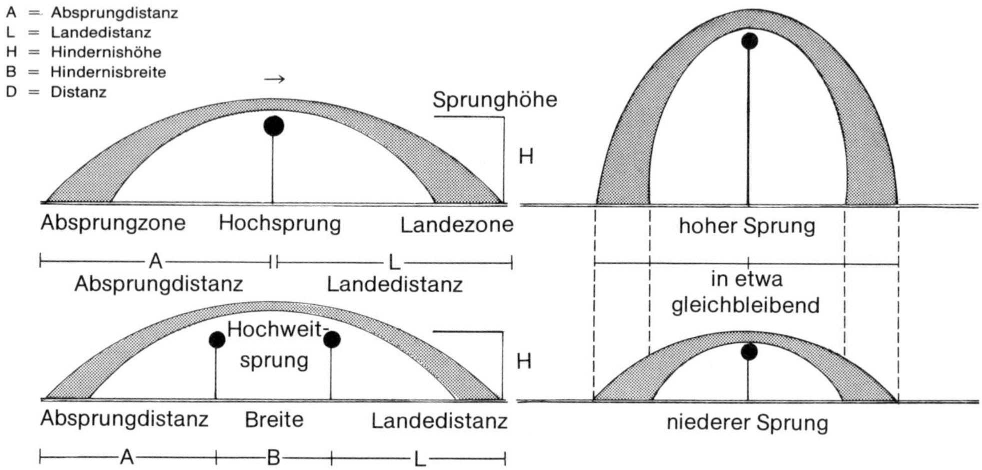

Abb. 12 Veränderung der Absprung- und Landezone bei verschieden hohen Sprüngen.

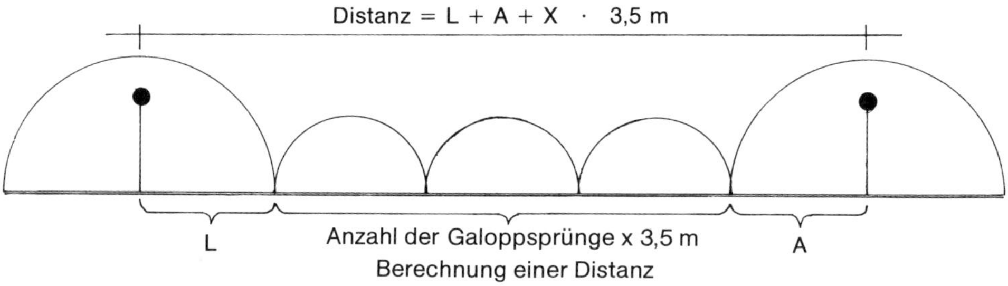

Abb. 13 Distanz zwischen zwei Sprüngen.

Diese hier vereinfacht dargestellten Grundlagen des Parcoursbaues lassen sich nur bis zu einem relativ bescheidenen Ausmaß erlernen. Neben den theoretischen Kenntnissen sind vor allem praktische Erfahrung und eine Portion Begabung notwendig, um schöne, einladende, faire und doch anspruchsvolle Parcours zu bauen.

Geländestrecken

Wettkampfmäßiges Geländereiten ist mit hohem Aufwand für alle Beteiligten verbunden. Der Aufbau einer festen Strecke erfordert viel Zeit, Anstrengung und Kosten. Trotzdem lohnt es sich, denn erst hier finden viele Reiter die Erfüllung ihrer Wünsche.
Grundsätzlich sind Geländehindernisse fest, d. h. sie haben keine abwerfbaren Teile. Trotzdem ist darauf zu achten, daß sie zerlegbar sind. Es kann doch vorkommen, daß ein Pferd so stürzt, daß es sich alleine nicht mehr aus dem Hindernis zu befreien vermag. Die Abmessungen sind im Vergleich zur gleichen Klasse im Springsport niedriger, da die Kriterien Tempo, Kondition, Hangneigung etc. den Sprungablauf erschweren.
Man unterscheidet natürlich vorkommende Hindernisse wie Gräben, Wälle, Hecken usw. und künstlich angelegte Naturhindernisse wie Ricks, Bänke, Langholzwagen etc. Auch die »künstlichen« Hindernisse sind dem Standort so angepaßt zu gestalten, daß sie einen Bezug dazu haben und möglichst natürlich erscheinen. In jedem Fall ist ein Hindernis auf strapazierfähigem Boden in der Weise anzulegen, daß es auch unter schwierigen Wetterverhältnissen noch gut zu springen ist. Trainingshindernisse sollten so placiert sein, daß auch ein Vorbeireiten möglich ist.
Laut LPO müssen Hindernisse »fest, achtunggebietend, fair und dem Gelände angepaßt

sein«. Die Sicherheitsregeln für den Hindernisbau gelten auch im Geländestreckenbau. Günstig ist es, Hindernisteile mit unverrottbaren braunen Kunststoffstricken untereinander zu verbinden. Diese können im Notfall auch zerschnitten werden. Als Baustoffe eignen sich alle in der Natur vorkommenden Materialien wie Baumstämme, Wurzelstöcke, Feldsteine, Hecken usw. Auch Telegrafenstangen, Weidegatter, Rübenmieten, Langholzwagen ergeben attraktive Hindernisse. Geländehindernisse werden stabiler und noch voller gebaut als die Hindernisse im Springparcours. Der Bau von Geländestrecken erfordert viel reiterliche Erfahrung, handwerkliches Können und hohen Materialeinsatz. Konstruktive Regeln lassen sich nur sehr schwer aufstellen, die Ausführungsart hängt zu sehr von den örtlichen Gegebenheiten ab.

Hindernisse im freien Gelände

In Abb. 14 sind einige bekannte Geländehindernisse dargestellt. Im Gegensatz zu Parcourshindernissen ist praktisch jedes Hindernis im Gelände eine Einzelanfertigung, die auf die standortbedingten Besonderheiten zugeschnitten ist. Bei der Konstruktion sollte beachtet werden, daß sie auch im Training sinnvoll verwendet werden können.

Pflege und Wartung

Hindernismaterial unterliegt einer starken Beanspruchung durch den Sport selbst, aber auch durch das Vertragen im Parcours und durch die Witterung. Selbst bei Verwendung bester Baustoffe ist eine regelmäßige Wartung erforderlich. Naturholzteile sind jedes Jahr aufs neue mit einem guten Holzschutzmittel zu versehen. Farbige Anstriche sind mit einer Drahtbürste von lockeren Farbteilen zu befreien. Gut ist es, die Holzteile vor dem ersten Anstrich mit einem salzhaltigen Holzschutzmittel zu imprägnieren und sie gründlich trocknen zu lassen. Dann sollte das Holz grundiert und erst anschließend mit einem luftdurchlässigen Farbanstrich versehen werden. Dies ist zwar aufwendig, bewirkt aber eine erheblich höhere Lebensdauer.

Abb. 14 Beispiele für Geländehindernisse.

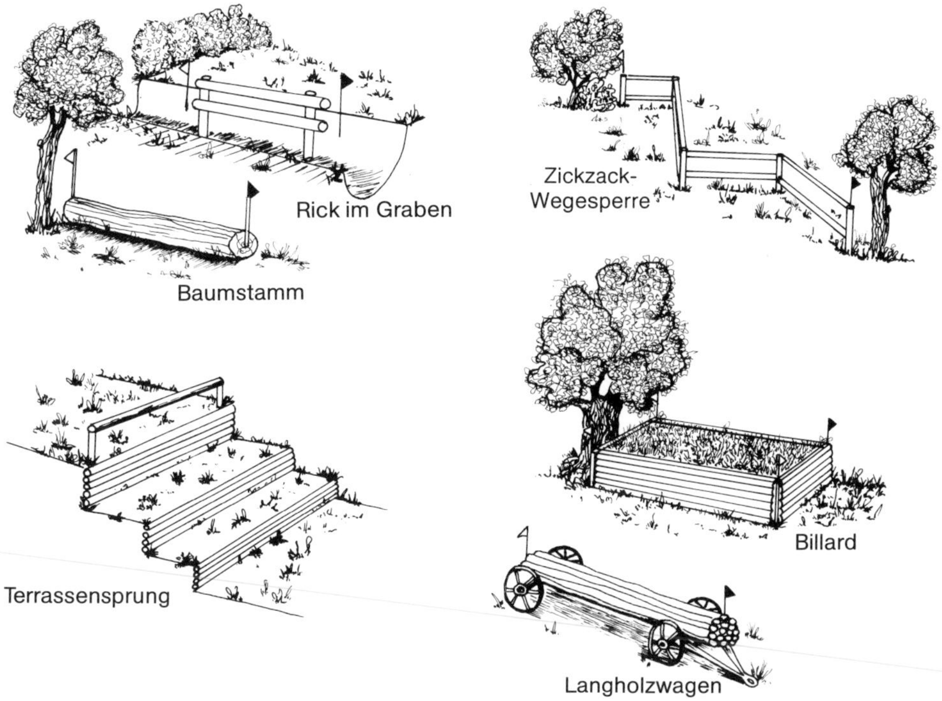

Das Reiterstadion in Aachen – ein klassischer Turnierplatz seit vielen Jahrzehnten.

Schraubverbindungen sind nachzuziehen, Nagel- und Klammerverbindungen sind zu kontrollieren. In jedem Fall sind verzinkte Verbindungsmittel zu verwenden. Defekte Teile sind sofort zu reparieren, sonst werden sie erfahrungsgemäß so lange trotzdem benützt, bis sie völlig unbrauchbar sind. Bei Reparaturen ist darauf zu achten, daß die reparierten Teile die gleichen Eigenschaften haben müssen wie die Originalteile: Stabilität, Sicherheit, Fallverhalten.
Von großer Bedeutung ist die sachgemäße Lagerung der Hindernisteile. Holzteile sind so zu lagern, daß sie nicht im Feuchten stehen. Stangen werden am besten auf Spezialstangenhalterungen gelagert; so hat man nicht nur die Gewähr für deren lange Lebensdauer, sondern gleichzeitig auch einen guten Überblick. Größere Anlagen haben zwei Sätze von Hindernissen, einen Satz für Veranstaltungen und einen für Trainingszwecke. Dadurch ist im Wettkampf immer ein optimales Hindernismaterial verfügbar. Dies wertet eine Veranstaltung wesentlich auf.

Abschließende Betrachtungen

Der Springsport im Parcours und im Gelände ist zum Teil ins Kreuzfeuer der öffentlichen Kritik geraten. Dies liegt in erster Linie an dem Personenkreis, der für den Aufbau und die Anlage der Bahnen und Strecken verantwortlich ist. Niemals darf der Grundgedanke einer fairen Wettkampfbasis außer acht gelassen werden. Es wäre unfair, durch bewußte Fallen, Klippen oder Linienführungen Strekken zu bauen, die zu Überforderungen von Pferd und Reiter führen. Wendungen und Distanzen sind so zu wählen, daß die Pferde nicht zu stark »mit der Hand« geritten werden müssen. Auch Abmessungen, die das Sprungvermögen der Pferde überfordern, sind als unfair zu bezeichnen. Gute Aufbauer berücksichtigen zudem die Umweltbedingungen wie Wetter, Bodenverhältnisse, Sonnenstand etc. Diese Faktoren kann nur derjenige beurteilen, der in der Lage ist oder war, selbst über die Springbahn oder Geländestrekke zu reiten. Es liegt an den Aufbauern, Veranstaltern und Richtern, dafür zu sorgen, daß der Springsport fair und attraktiv bleibt und damit Pferden und Reitern Freude macht.

Pferdesport

Die Organisationen des Reit-, Fahr- und Voltigiersports in der Bundesrepublik Deutschland und ihre wesentlichen Aufgaben

Dr. Dietmar Specht
Ehem. Geschäftsführer der Abt. Sport der Deutschen Reiterlichen Vereinigung e. V. (FN) und des Deutschen Olympiade-Komitees für Reiterei (DOKR), Warendorf
Neubearbeitung: Reinhard Wendt, Geschäftsführer des Bereichs Sport der FN und des DOKR, Warendorf

Basis der sportlichen Betätigung in der Bundesrepublik Deutschland sind die Sportvereine, so auch im Reit-, Fahr- und Voltigiersport. Rund 5300 Vereine in Stadt und Land geben all denen eine Heimstatt, die mit und am Pferd Sport treiben. Das geht vom »Nur-spazierenreiten-Wollen« über die Ponyreiterei und das Voltigieren bis hin zum Leistungssport in den Disziplinen Dressur, Springen, Vielseitigkeit, Fahren und Voltigieren.

Nationale und internationale Organisationen

Die *Internationale Reiterliche Vereinigung* – **F**édération **E**questre **I**nternationale (FEI) – mit Sitz in Bern/Schweiz ist die Spitzenorganisation des Reit-, Fahr- und Voltigiersports in der Welt. Ende 1993 umfaßte sie 96 nationale Vereinigungen und ist zuständig für alles, was in dieser Sportart international geschieht. So vergibt sie z. B. die Senioren-Weltmeisterschaften (Alter der Reiter und Fahrer: 22 Jahre und älter) in Dressur, Springen, Vielseitigkeit (alle vier Jahre) und Fahren (Zwei- und Vierspänner im jährlichen Wechsel), die kontinentalen Championate der Senioren und Junioren (Alter: bis 18 Jahre), für uns also die Europameisterschaften, und seit einigen Jahren auch Europachampionate für Ponyreiter (Alter: bis 16 Jahre) und Junge Reiter (Alter: bis 21 Jahre) sowie Welt- und Europameisterschaften im Voltigieren und im Distanzreiten. Sie erläßt die Regeln für den internationalen Turniersport einschließlich Voltigieren und Distanzreiten und ist der Gesprächspartner des Internationalen Olympischen Komitees (IOC), wenn es um die Reitwettbewerbe bei den Olympischen Spielen geht (s. hierzu auch den Bereich *Turnier- und Leistungssport*). Die Mitgliederorganisation der FEI für die Bundesrepublik Deutschland ist die *Deutsche Reiterliche Vereinigung* – **F**édération Equestre **N**ationale (FN). Die FN ist außerdem der Spitzenfachverband für den Reit- und Fahrsport im *Deutschen Sportbund (DSB)* und nimmt von der Größenordnung her hier z. Z. die zehnte Stelle ein. Rund 620 000 Menschen sind durch ihre Mitgliedschaft in einem Reit- und Fahrverein in der FN zusammengeschlossen, wobei zwei Fakten besonders erwähnenswert erscheinen:

- Über 40% der Mitglieder der Reit- und Fahrvereine gehören der Altersgruppe der bis zu 21jährigen an.
- Über 10 Jahre lang betrug die jährliche Zuwachsrate an Mitgliedern um die 10%. Eine gewisse Konstanz und damit Konsolidierung der Mitgliederzahlen zeichnet sich erst bei Beginn der 80er Jahre ab. Seit der »Wende« steigen die Zahlen wieder kontinuierlich an.

Nimmt man zu diesen Feststellungen noch das Ergebnis einer vor einiger Zeit gestarteten DSB-Umfrage hinzu, nach der 9 Millionen Menschen in der Bundesrepublik und Berlin gern reiten möchten, stellt sich das Fundament des Reit-und Fahrsports bei uns als sehr gefestigt und gesund dar.

Der Vollständigkeit halber sollte an dieser Stelle noch gesagt werden, daß der Trab- und Galopprennsport nicht in den Bereich der FN gehören, sondern in eigenen Organisationen zusammengeschlossen sind, die »Traber« im *Hauptverband für Traberzucht und Rennen (HVT)* in Bonn und die »Galopper« im *Direktorium für Vollblutzucht und Rennen (DVR)* in Köln. Beide Verbände arbeiten allerdings in allen Fragen, in denen eine gemeinsame Interessenlage besteht, mit der FN zusammen. Die dazu gebildete Fusion ist die *Arbeitsgemeinschaft Deutscher Pferdesport (ADP)*. Weitere Details hierzu sind in dem Abschnitt »Rennsport« nachzulesen.

Die Deutsche Reiterliche Vereinigung (FN) steht in ihrer Zusammensetzung in der Welt einmalig da, umfaßt sie doch nicht nur die Reiter und Fahrer, sondern gleichzeitig auch die bundesdeutschen Pferdezüchter. So heißt der Untertitel der Verbandsbezeichnung auch heute noch *»Hauptverband für Zucht und Prüfung deutscher Pferde«;* die früher hierfür geläufige Abkürzung »HDP« ist sicher noch vielfach bekannt.

Die Deutsche Reiterliche Vereinigung e.V. (FN) besteht aus drei Bereichen:

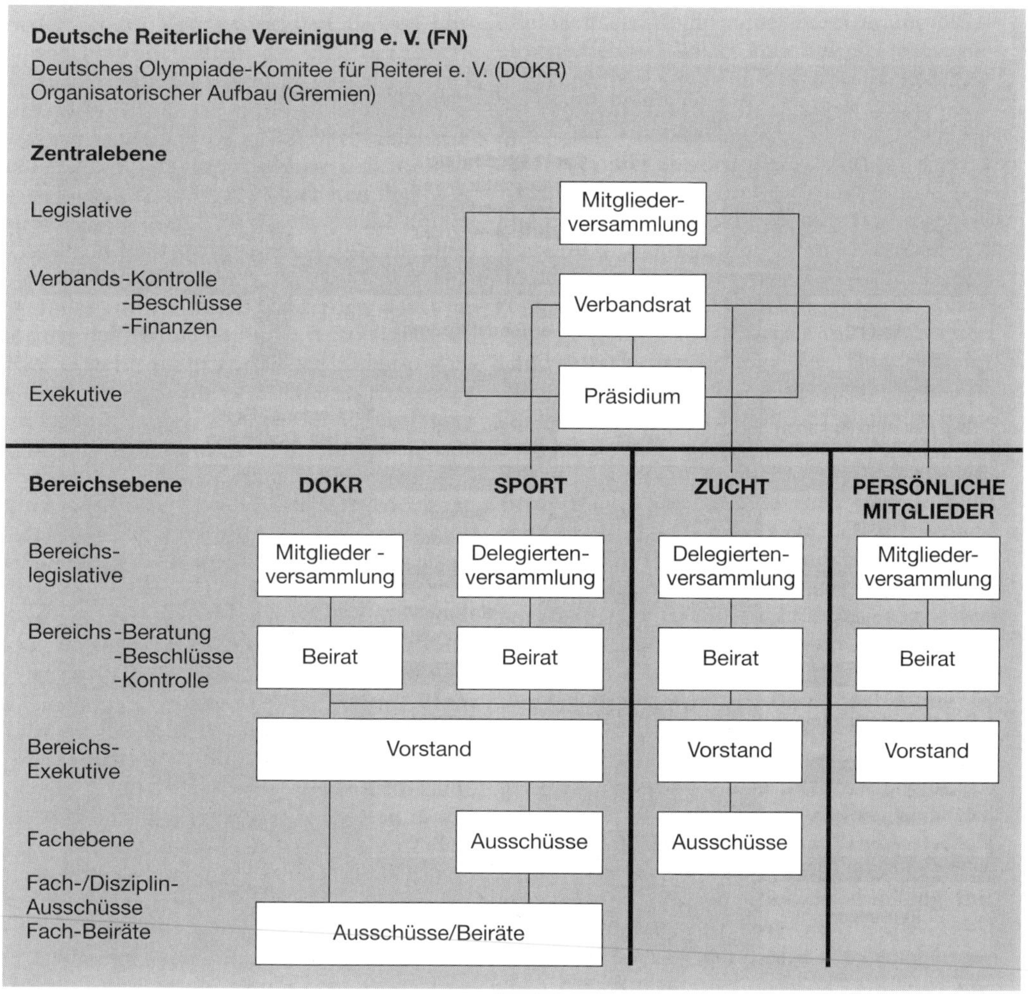

Das Berufsbild des Pferdewirts

MANFRED H. J. GOLD
Dipl.-Ing. (FH) und Landwirtschaftsrat beim Bayerischen Landesamt für Pferdezucht und Pferdesport, München; zuständig für die Berufsbildung Pferdewirt

Berufsausbildung Pferdewirt

Xenophon sagt: »Reiten zu wollen, ohne es gelernt zu haben, ist so unmöglich wie Flöte zu blasen, ohne in die Schule gegangen zu sein.«

Sowohl das Reiten, der Umgang mit Hengst und Stute, als auch das Trainieren von Pferden setzt, wenn man es richtig machen will, eine Menge Kenntnisse und Fertigkeiten voraus. Das Fachwissen ist so umfangreich, die praktischen Bereiche sind so vielfältig, daß sich daraus regelrechte Berufe entwickelt haben.
Das Pferd ist aus der Menschheitsgeschichte und Kultur nicht wegzudenken. Heute wird es wieder mehr ein Wirtschaftsfaktor in der Landwirtschaft und gibt dem Menschen in unserer schnellebigen Zeit die Möglichkeit, das »Zurück zur Natur« praktisch zu leben. Der Staat hat es sich deshalb zur Aufgabe gemacht, die mit dem Pferd betrauten Berufe zusammenzufassen und mit vereinheitlichten, nivellierten Prüfungen einen Qualitätsstandard der »Pferdeleute« zu schaffen. Er tut dies auf dem legislativen, gesetzgebenden Weg gleichermaßen wie über die Beratung und Förderung.
Basis für jede Berufsbildung im Bereich der staatlich anerkannten Ausbildungsberufe ist das von der deutschen Bundesregierung am 14. August 1969 erlassene Berufsbildungsgesetz. Es regelt die Ausbildung bis zur Abschlußprüfung und die Fortbildung bis zur Meisterprüfung. Die spezielle Ausbildung zum Pferdewirt und zum Pferdewirtschaftsmeister findet ihre Rechtsgrundlage ebenfalls bundesweit. Es sind dies die »Verordnung über die Berufsausbildung zum Pferdewirt vom 1. Nov. 1975 (BGBl. – Bundesgesetzblatt – I S. 2719), geändert durch Verordnung vom 20. 07. 1979 (BGBl. I S. 1145) und die »Verordnung über die Anforderungen in der Meisterprüfung für den Beruf Pferdewirt und über die Anerkennung von Prüfungen zum Nachweis der fachlichen Eignung für die Berufsausbildung zum Pferdewirt vom 4. Febr. 1980 (BGBl. I S. 131), geändert durch Verordnung vom 22. 03. 1985 (BGBl. I S. 595)«. Eine regionale Aufgabe der Regierungen der Bundesländer ist es, die Durchführung der Zwischen-, Abschluß- und Meisterprüfung zu regeln. Dies ist dort, wo immer im Berufsfeld Pferdewirt-Ausbildungsstätten und Auszubildende vorhanden sind, geschehen, und zwar in Prüfungsverordnungen, die für die gesamte Landwirtschaft gelten.
Ein weiteres bundeseinheitliches und gesetzliches Standbein ist die »Verordnung über die Eignung der Ausbildungsstätte für die Berufsausbildung zum Pferdewirt (Ausbildungsstättenverordnung) vom 4. Febr. 1980 (BGBl. I S. 136)«. Darin sind die Voraussetzungen festgehalten, die ein Pferdebetrieb bringen muß, um als Ausbildungsstätte anerkannt zu werden. Meister und anerkannter Ausbildungsbetrieb sind die Voraussetzung für die Berechtigung zum Einstellen und Ausbilden von Auszubildenden.

Trotz gesetzgeberischer Initiative des Bundes bleibt der Vollzug im Ausbildungswesen der Länderhoheit übertragen. Alle Bundesländer haben dafür »zuständige Stellen« errichtet, welche die Pferdewirtaus- und -fortbildung überwachen, regeln und gemeinsam mit berufenen Prüfungsausschüssen die erforderlichen Prüfungen durchführen. Dabei können bei Bedarf von mehreren Ländern gemeinsame Prüfungsausschüsse bei einer zuständigen Stelle errichtet werden.

Vor Staatshoheit und Gesetzesgrundlage gab es aber auch schon Lehre und Prüfung in den Pferdeberufen. Der Reichsverband für Zucht und Prüfung deutscher Pferde e.V. erließ bereits im Jahr 1927 eine Prüfungsordnung und erlangte eine »staatliche« Anerkennung des Bereiter- und Reitlehrerberufes.

Fachschulen standen im Laufe der Entwicklung in Stargard in Pommern und später in Berlin zur Verfügung. Die Deutsche Reiterliche Vereinigung e.V. übernahm nach dem Zweiten Weltkrieg die Aufgabe und führte an der Deutschen Reit- und Fahrschule in Warendorf Lehrgänge und Prüfungen durch, die übrigens auch jetzt für Nord- und Westdeutschland unter der Leitung der zuständigen Landwirtschaftskammer Westfalen weiterbestehen. In Bayern liegt die Prüfungsstätte in München-Riem für Reiten und Trabrennfahren, in Achselschwang für Pferdezucht und -haltung.

Für den Bereich Rennreiten prüft die Landwirtschaftskammer Rheinland. Zuchtberufsleute werden in den meisten Bundesländern selbständig geprüft.

Der Freistaat Bayern erließ im Jahr 1958 die erste Verordnung zur Regelung der Ausbildung im Bereich »Pferdezucht und -haltung« wie auch im »ländlichen Reit- und Fahrwesen«. Wenn auch die hoheitliche Zuständigkeit in der Obrigkeit des Bayerischen Staatsministeriums lag, so wurde doch aus Gründen des bundeseinheitlichen Ausbildungsstandards die Ausbildungs- und Prüfungsordnung (APO) der Deutschen Reiterlichen Vereinigung e.V. als Sachgrundlage akzeptiert. So gab es ab 1959 staatlich geprüfte Bereiter, Reitlehrer und staatlich geprüfte Gestütsmeister. Für den Zucht- und Haltungsbereich wurden zusätzlich gestütseigene Prüfungen an den Landgestüten abgehalten, und überregional prüfte das Direktorium für Vollblutzucht und -rennen e.V. Vollblutsgestütswärter und Vollblutsgestütsmeister. Als Ausbildungsbetriebe waren analog nur Vollblutgestüte und Galopperzucht ausgewählt.

Für die »Rennsportler«, die Jockeys und Traber, zeichnete für die Ausbildung und Prüfung das Direktorium für Vollblutzucht und Rennen e.V. in Köln beziehungsweise der Hauptverband für Traberzucht und Rennen, jetzt in Kaarst, verantwortlich. Als Kuriosium aus dieser Zeit mag gelten, daß im sogenannten Berufsverzeichnis die Jockeys bei den Künstlerberufen angesiedelt waren.

Voraussetzung und Ausbildungsweg

Ein Traumberuf, so meinen viele junge Mädchen und Burschen: Ein schöner Beruf ohne Zweifel, abwechslungsreich, sportbetont, oft in freier Natur, mit dem Lebewesen Pferd verbunden. Die Realität fordert absolute gesundheitliche Belastbarkeit, geistige Beweglichkeit und Reaktionsstärke, die Fähigkeit, sportlichen Mißerfolg psychisch fair zu verkraften sowie die Bereitschaft, in zeitlicher und arbeitsmäßiger Unabhängigkeit für das Tier, das keine tägliche »reguläre« Arbeitszeit kennt, engagiert zu sein. Das ist sehr viel, noch dazu in einem Dienstleistungsberuf, wo nicht selten der »öffentliche« Erfolg einem anderen winkt, meist dem Pferdebesitzer.

Sind die Voraussetzungen, die im wesentlichen aus der inneren Einstellung resultieren müssen, gegeben, dann kann jeder junge Mensch, der an Körper und Geist gesund ist, diesen Beruf ergreifen. Bezüglich schulischer Vorbildung ist als Minimum der Abschluß der Hauptschule obligatorisch; etwa 40% der Auszubildenden bringen einen mittleren Bildungsabschluß mit, etwa 17% starten mit Abitur oder Fachhochschulreife in die praktische Berufsausbildung. Gut ein Fünftel der beginnenden Pferdewirte hat einen Berufsabschluß – Gehilfenprüfung – in einem anderen Lehrberuf abgelegt und erhält deshalb laut Gesetz eine um ein Jahr verkürzte Ausbildungszeit. Die Ausbildungszeit dauert nach § 2 der Pferdewirtsverordnung sonst gesetzlich 3 Jahre. Der erfolgreiche Besuch eines Berufsgrundschuljahres Landwirtschaft – tierischer Bereich (Bayern, Niedersachsen) – wird auf die Ausbildungszeit angerechnet.

Während der gesamten Ausbildungszeit sind der Tätigkeitsbereich der Auszubildenden und die Kenntnisse und Fertigkeiten, die der Ausbildungsbetrieb zu vermitteln hat, im Ausbildungsrahmenplan festgelegt. Eine Zwischenprüfung nach Ablauf des ersten praktischen Ausbildungsjahres dient zur Überprüfung des Erlernten und gibt Hinweise für den weiteren Ausbildungsverlauf; bei extrem negativer Leistung kann auch die Beratung einsetzen, um einen Schwerpunkt- oder gar Berufswechsel einzuleiten. Praxisbegleitend findet Berufsschulunterricht in Pferdewirtsklassen statt, der als Teilzeit- oder Blockunterricht angeboten wird und für Berufsschulpflichtige obligatorisch ist.
Nach Ablauf der gesamten Ausbildungszeit (2 oder 3 Jahre) legt der Auszubildende seine Abschlußprüfung, früher Gehilfenprüfung, schriftlich, praktisch und mündlich ab und ist sodann, je nach Ausbildungsschwerpunkt,

☐ Pferdewirt – Schwerpunkt Zucht und Haltung
☐ Pferdewirt – Schwerpunkt Reiten
☐ Pferdewirt – Schwerpunkt Rennreiten
☐ Pferdewirt – Schwerpunkt Trabrennfahren.

Die Prüfung umfaßt:
einen *Kenntnisteil* (schriftlich und mündlich) mit den Fächern:

1. Pferdekrankheiten und ihre Bekämpfung
2. Ausbildungs- und Trainingsmethoden
3. Fortpflanzung, Züchtung, Vererbung und Rassen
4. Fütterungslehre, Futtergewinnung und -verwendung
5. Stallformen, Stallklima, Haltungsformen
6. Betriebsorganisation, Betriebsfläche, Arbeitskräfte, Güter des Betriebs, Kosten wichtiger Güter des Betriebes
7. Fachrechnen
8. Rechtsfragen im Bereich Pferdezucht und -haltung sowie Pferdesport
9. Wirtschafts- und Sozialkunde
10. Umweltschutz und Umweltbelastungen

und einen *Fertigkeitsteil* (praktisch) mit den Fächern:

1. Füttern, Tränken und Pflegen von Pferden
2. Beurteilen und Beschreiben von Pferden
3. Behandeln von Wunden, Anlegen von Verbänden, Hilfe beim Hufbeschlag
4. Arbeiten und Bewegen von Pferden
5. Pflegen und Ausbessern von Ausrüstung und Zubehör
6. Arbeitsschutz und Unfallverhütung.

Ein Gehilfenzeugnis und der Gehilfenbrief weisen den erfolgreich geprüften Pferdewirt aus (gem. § 34 BBiG). Damit ist der Einstieg in die Berufslaufbahn des jeweiligen Schwerpunktes geschafft.

Pferdewirt – ein Meisterberuf

Wer mit Gesundheit und Leben des Tieres und im Schwerpunkt Reiten sogar mit jungen Menschen und Erwachsenen umzugehen hat, der muß auch eine Meisterstufe erklimmen

Pferdewirt-Auszubildende beim Theorieunterricht im Lehrsaal.

Pferdewirt – Schwerpunkt Zucht und Haltung.

können. So sieht es der Gesetzgeber, und er zeichnet »meisterliche Leistung« nach einer umfangreichen Prüfung mit einem Meisterzeugnis und Meisterbrief aus. Nach einer mindestens dreijährigen hauptberuflichen Tätigkeit im Beruf nach der Abschlußprüfung kann die Pferdewirtschaftsmeisterprüfung abgelegt werden. Sie umfaßt vier Prüfungsteile:

1. Fachpraktischer Teil
2. Fachtheoretischer Teil
3. Wirtschaftlicher und rechtlicher Teil
4. Berufs- und arbeitspädagogischer Teil (Ausbilder-Eignung).

Pferdewirt – Schwerpunkt Reiten.

Vor allen Prüfungsteilen bietet der Staat Lehrgänge an, um den umfangreichen Lehrstoff zu vermitteln. Nach der Meisterprüfung dürfen folgende Berufsbezeichnungen geführt werden:

☐ Pferdewirtschaftsmeister – Teilbereich Pferdezucht und -haltung (früher staatlich geprüfter Gestütsmeister, Vollblutgestütsmeister)
☐ Pferdewirtschaftsmeister – Teilbereich Reitausbildung (früher staatlich geprüfter oder FN Reitlehrer)
☐ Pferdewirtschaftsmeister – Teilbereich Galopprenntraining (früher Galoppertrainer)
☐ Pferdewirtschaftsmeister – Teilbereich Trabrenntraining (früher Trabertrainer).

Die Aufgabe der Meister ist es vornehmlich, einen entsprechenden Pferdebetrieb zu leiten und, sofern dieser Betrieb als Ausbildungsstätte anerkannt ist, mit der Einstellung und Ausbildung von Lehrlingen im speziellen Schwerpunkt für den Berufsnachwuchs zu sorgen.

Das *Berufsbild* im allgemeinen und besondere Aufgaben in den einzelnen Schwerpunkten sind die folgenden Fertigkeiten und Kenntnisse gemäß § 3 der Pferdewirts-Verordnung (PfWVo):

Ausbildungsberufsbild

1. Versorgen, Pflegen, Führen und Transportieren von Pferden
2. Körperbau, Lebensvorgänge und Verhalten der Pferde
3. Tiergesundheit und Tierhygiene
4. Bewegen und Arbeiten von Pferden
5. Fortpflanzung, Züchtung, Vererbung und Rassenkunde
6. Futtermittel, ihre Gewinnung, Beschaffung und Verwendung
7. Formen der Pferdehaltung sowie bauliche und technische Einrichtungen
8. Einsetzen, Pflegen und Instandhalten von Maschinen, Geräten, Ausrüstung und Zubehör
9. Kenntnisse der betrieblichen Zusammenhänge in der Ausbildungsstätte
10. Kenntnisse der einschlägigen Rechtskunde
11. Kenntnisse der Wirtschafts- und Sozialkunde

Pferdewirt – Schwerpunkt Rennreiten.

12. Arbeitsschutz und Unfallverhütung
13. Umweltschutz.

Dazu kommen in den einzelnen Schwerpunkten folgende besonderen Kenntnisse und Fertigkeiten:

Pferdewirt Zucht und Haltung:
Zuchtvorgänge, Deckbetrieb, Fohlengeburt, Jungpferdeaufzucht, Zuchthygiene, Beurteilung und Auswahl von Zuchttieren, Anreiten und Einfahren von Jungpferden und Vorbereiten für Aufbauprüfungen oder für den Rennsport.

Pferdewirt Reiten:
Anreiten von Remonten und deren Ausbildung bis zu Dressur-, Spring- und Vielseitigkeitsprüfungen der Klasse L, Teilnahme an Wettbewerben mindestens bis zu dieser Klasse oder darüber. Anwendung und Pflege aller Zäumungs- und Ausrüstungsteile, Unterrichtserteilung an jugendliche und erwachsene Anfänger und Fortgeschrittene mit Einsatz des breiten Spektrums der Reitlehre.

Pferdewirt Rennreiten:
Arbeit und Training von Galopprennpferden auf der flachen Bahn und der Hindernisbahn.

Pferdewirt – Schwerpunkt Trabrennfahren.

Reiten von Rennen nach Order eines Pferdewirtschaftsmeisters bzw. Trainers Teilbereich Galopptraining.

Pferdewirt Trabrennfahren:
Einfahren, Vorbereiten und Trainieren von Trabrennpferden, Auswahl und Anwendung von geeigneten Hilfsmitteln, Beschirrungsteilen und Wagen für den Wettkampf. Fahren von Trabrennpferden nach Order des Pferdewirtschaftsmeisters Teilbereich Trabrenntraining bzw. Trainers im Rennen.

Chancen und Aussichten für die Pferdeberufe

»Brot und Spiele« brauchen die Menschen heute wie im alten Rom. Das wachsende Freizeitangebot läßt die Zukunft des Pferdes als gesichert gelten. Sportliches und genüßliches Freizeitreiten am Orts- oder Stadtrand, beim nahen Verein oder im privaten Pferdepensionsbetrieb kann eine umweltfreundliche Alternative zu motorisierten und weiträumigen Freizeitaktivitäten darstellen. Die Nachfrage nach qualifizierten Berufsleuten im Pferdebereich allgemein und besonders im Schwerpunkt Reiten und Zucht und Haltung ist gegenwärtig groß und kann kaum gedeckt werden. Grund dafür ist unter anderem der Anteil der weiblichen Berufsanfänger, die etwa drei Viertel der Lehrlinge ausmachen. Sie scheiden großteils nach Familiengründung aus oder stehen nur noch kurzzeitig zur Arbeit zur Verfügung.
Der Verdienst guter Pferdewirtschaftsmeister und Pferdewirte ist meist höher, als die geltenden landwirtschaftlichen Tarifverträge festlegen. Spitzenleute verdienen Spitzengehälter oder sind selbständige Unternehmer. Das Engagement muß dabei grundsätzlich groß sein. Der Umgang mit Pferden fordert eine zeitlich unbegrenzte Bereitschaft. Der Reitsport oder Rennsport bindet den Pferdeprofi an Sonn- und Feiertag an seinen Beruf. Trotzdem: Wer es als Berufung empfindet, mit dem edlen Geschöpf Pferd umzugehen, für den gibt es nichts Höheres.

Ausbildung von Pferd und Reiter

HEINZ-DIETER DONNER
Ehem. Fachreferent für Ausbildung bei der Deutschen Reiterlichen Vereinigung e. V. (FN), Warendorf

Es ist kaum verwunderlich, daß im Zeitalter der Mechanisierung und Spezialisierung allen Wissens und Könnens der schon vor Jahrzehnten totgesagte Reitsport eine Renaissance erfuhr. Während sich viele andere Sportarten überwiegend an die Jugend wenden, kann er von jedermann betrieben werden, weil er wie kein zweiter Sport in allen Abstufungen vom Leichten bis zum Schwersten auszuüben und in jeder Ausübungsart reizvoll ist.

Natürlich ist es von Vorteil, wenn man mit Pferden aufgewachsen ist und von klein auf im Sattel gesessen hat. Es lassen sich aber sehr viele Fälle anführen, in denen Fünfzigjährige und auch ältere zum Nutzen ihres Körpers und Geistes den Reitsport angefangen und erfolgreich betrieben haben. Von den Sportärzten ist die Befürchtung widerlegt, daß die Ausübung des Reitsportes der Entwicklung junger Mädchen abträglich sei, daß er – maßvoll betrieben – überhaupt gesundheitsschädigend wirken könne. Jegliche Betätigung kann jedoch schädigen, wenn sie übertrieben wird. Ein gut Teil richtiger Dosierung des Reitsportes fällt auf die Auswahl des passenden Pferdes, des geschulten, verständnisvollen Ausbilders und die richtige Selbsteinschätzung des Reiters über seinen Leistungsstand. Jeder kann den Reitsport seinen Neigungen und Bedürfnissen entsprechend gestalten: Entspannung im Spazierenreiten zu früher Morgenstunde durch Zwiesprache mit der Natur zu suchen, Hindernisse von 50 - 150 cm zu nehmen oder auch im sportlichen Wettkampf seine Kräfte bis zum letzten zu erproben, sich alleine oder in Gesellschaft zu bewegen. Jeder, der sich in den Sattel setzt und damit nicht krankhaften Ehrgeiz oder sonstige falsche Beweggründe verbindet, kann »auf seine Façon glücklich werden«!

Wahl des passenden Pferdes

Bei der Wahl des passenden Pferdes darf der Reiter sich nicht vorwiegend von dessen Schönheit, Farbe oder anderen Äußerlichkeiten leiten lassen. Oberster Grundsatz sollte sein: Je geringer das Können des Reiters, um so besser muß die Ausbildung des Pferdes sein! Ausbildungsstand und Charakter des Pferdes gehen vor Schönheit. Der Ausbildung von Pferden sollten sich nur bestens ausgebildete Reiter widmen.

Die Ausbildung des Pferdes

Die einfachste und schnellste Art der Pferdeausbildung ist die der bloßen Gewöhnung, des Lobens und des Strafens. Mit ihr geben

sich Gebrauchsreiter, »Westernreiter« oder Reiter und Anhänger der sog. »natürlichen« Methode, aber auch wenig anspruchsvolle Freizeitreiter gerne zufrieden. Die Alternative dazu bildet die »klassische Reiterei«.
Die klassische Art der Pferde- und Reiterausbildung bedient sich zwar auch der Gewöhnung, des Lobes und der Strafe, sofern angebracht, ihr grundsätzlicher Wert aber liegt vor allem in der *Gymnastizierung* und *Systematik*. Sie basiert auf den Gesetzen der Statik, Mechanik und Dynamik, auf den Lehren der Anatomie, Physiologie und Psychologie sowie den Grundsätzen und Erfahrungen alter Meister, deren Ursprung einige Jahrhunderte vor Beginn unserer heutigen Zeitrechnung liegt. Das klassische Ausbildungssystem gibt sich nicht mit der bloßen Gewöhnung – schlechthin »Dressur« genannt – zufrieden, sondern will durch planmäßige, stufenweise gesteigerte Übungen (Gymnastizierung) die Muskulatur des Pferdes kräftigen und so die Voraussetzungen schaffen, die das Pferd befähigen, die Anforderungen des Reiters mit rationellem Krafteinsatz erfüllen zu können. Die psychologisch richtig aufgebaute Ausbildungsarbeit führt dazu, das Pferd von sich aus mitarbeiten zu lassen und nicht gegen den Reiter zu kämpfen oder sich stumpfsinnig seinem Willen zu unterwerfen.
Voraussetzung ist die *ausreichende körperliche Entwicklung*. Daher sollte mit einer ernsthaften Ausbildung des Pferdes nicht vor Vollendung des dritten Lebensjahres begonnen werden. Um die planmäßige Ausbildung für die vielseitige Verwendung des Pferdes ab dem dritten bzw. vierten Lebensjahr zu erleichtern, ist eine vorherige sorgsame und liebevolle Erziehung zweckmäßig. Diese Erziehung des jungen Pferdes beinhaltet hauptsächlich die Gewöhnung an den Menschen, ruhiges Stehen bei den Pflege- und Schmiedearbeiten sowie den Geräuschen und Gegebenheiten unseres heutigen technischen Zeitalters.
Das junge Pferd wird mit Zaumzeug, Sattel und sonstigen Ausrüstungsgegenständen vertraut gemacht. Es muß sich an das Besteigen durch den Reiter und an das Reitergewicht gewöhnen. Sorgfältige Auswahl der richtigen Ausrüstungsgegenstände, ruhiger, aber bestimmter Umgang und ausreichend Zeit bei den täglichen Übungen beschränken die Gewöhnungsphase in der Regel auf ca. drei bis vier Wochen. Diese relativ kurze Zeitspanne ist allerdings entscheidend für den Verlauf der weiteren Ausbildung und die spätere Leistungsbereitschaft des Pferdes. Störende Eigenschaften oder Untugenden, die das Pferd während der Gewöhnungsphase erwirbt, werden es häufig sein Leben lang begleiten und sich unter negativen Umständen sogar verstärken.

Die Ausrüstung des Pferdes

Die Trense

Als zweckmäßige Ausrüstung in der ersten Ausbildungsperiode empfiehlt sich ein leichter, aber stabiler Trensenzaum mit dickem Gebißstück, welches an den Maulwinkeln (Lefzen) etwa einen halben Zentimeter Platz läßt. Auf keinen Fall sollte das Gebißstück größer sein, da sonst Maulfehler wie Zungenstrecken schon vorprogrammiert sind. Das »hannoversche Reithalfter«, durch falsche Machart und unverstandenen Gebrauch in Verruf geraten, kann nach wie vor für die Grundausbildung des Reitpferdes uneingeschränkt empfohlen werden. Wie kein anderes überträgt dieses Reithalfter die Wirkung des Trensengebisses auf das Nasenbein, mildert den Druck auf den Unterkiefer und fördert die Durchlässigkeit des Genicks. Voraussetzung ist, daß der Nasenriemen so kurz gearbeitet ist, daß die Verbindungsringe zum Backenriemen das Gebißstück an den Lefzen nicht berühren. Lediglich bei Pferden mit extrem kleiner Maulspalte können Schwierigkeiten im korrekten Anpassen auftreten.

Der Sattel

Der Sattel sollte nicht zu groß gewählt werden, damit die vorderen Kanten des Sattelblattes *hinter* der Schulter und nicht *auf* der Schulter des Pferdes liegen. Nur dann kann sich beim Pferd eine »Sattellage« bilden, besonders wenn in der ersten Arbeitszeit streng darauf geachtet wird, daß etwa alle 15 bis 20 Minuten der Sattelgurt gelöst und neu in die richtige Lage – etwa eine Handbreit hinter dem Ellenbogen – befestigt wird. Das Fettpolster am Widerrist und hinter der Schulter verschwindet und läßt den Sattel in einer festen und sicheren Lage ruhen. Der Sattelgurt sollte breit und elastisch sein. Schmale Sattelgurte kneifen und erzeugen beim Pferd Unbehagen.

Der Hufbeschlag

Der Beschlag der Hufe mit Eisen sollte möglichst lange hinausgezögert werden. In vielen Fällen ist Hufbeschlag heute nicht mehr notwendig, da die meisten Reitpferde fast ausschließlich auf weichem Boden und nur sehr selten auf Pflaster oder Kunststraßen gehen müssen. Die korrekte Hufstellung wird durch regelmäßiges, etwa sechswöchig wiederholtes Beschneiden durch den Hufschmied erreicht. Die ohne Eisen gehenden Pferde sind auch weniger der Verletzungsgefahr durch Anschlagen an die Röhrbeine ausgesetzt. Zum Schutze gegen dieses Anschlagen können in der Ausbildungszeit Bandagen oder Gamaschen angelegt werden. Besonders beim Longieren, welches den Übergang von der ersten Gewöhnungsphase zur effektiven Arbeit einleitet, kann dieser Beinschutz zweckmäßig sein.

Das Longieren

Die Arbeit an der Longe, einer ca. 7 Meter langen Leine, ist als Vorbereitung für die Übungen unter dem Reiter zweckmäßig und in vielen Fällen unentbehrlich. Das Vertrauen des Pferdes zum Menschen wird gefestigt, das Pferd wird an Gehorsam gewöhnt und gewinnt bereits an Biegsamkeit und Gewandtheit.

Zum Longieren sollte das Pferd grundsätzlich gesattelt und auf Trense gezäumt sein. Bei den ersten Longenübungen, bei denen das Pferd noch nicht ausgebunden wird, empfiehlt sich der Gebrauch eines Kappzaumes, um das Trensengebiß nicht durch die Führung an der Longe seitlich aus dem Pferdemaul herauszuziehen.

Der Longierplatz sollte ruhig gelegen und zweckmäßig sein. Jede Ablenkung des Pferdes von außen mindert den Wert der Longenarbeit. Eine Umzäunung gibt dem Pferd Anlehnung und verhindert ein Wegbrechen. In der Reitbahn oder auf dem Reitplatz ist diese Umzäunung leicht provisorisch aus Fängen oder Hindernisteilen zu erstellen.

Nur in der ersten Gewöhnungsphase des Longierens erübrigt sich das Ausbinden des Pferdes. Eine Longenarbeit, ohne dem Pferd die Möglichkeit einer Anlehnung an das Gebiß zu geben, ist Zeitverschwendung und lediglich als ein für die Pferdebeine nicht immer gutes »Bewegen« anzusehen. Die gebräuchlichste Art des Ausbindens geschieht mit zwei seitlich am Longiergurt anzubringenden, leicht verschnallbaren Ausbindezügeln. Die Höhe oder Länge des Einschnallens richtet sich nach dem angestrebten Zweck. Grundsatz sollte immer sein, die Stirnlinie des Pferdes niemals hinter die Senkrechte und die Maulspalte des Pferdes niemals tiefer als etwa Buggelenkshöhe kommen zu lassen.

Als praktisch haben sich doppelt lange Ausbindezügel, die »Laufferzügel«, erwiesen. Sie werden mit dem einen Ende an den tiefsten Ösen des Longiergurtes eingeschnallt, von innen nach außen durch den Trensenring geführt und mit dem anderen Ende an den höchstgelegenen Ösen befestigt. Hierdurch wird ein kurzes, starres Beizäumen und Überzäumen vermieden.

Weitere Ausbindearten, wie Chambon, Stoß- oder Kopfzügel, können von Fall zu Fall ihre Vorzüge haben, sie sind aber insbesondere für die erste Ausbildung des Pferdes nicht zu empfehlen.

Die Technik des Longierens

Wird ohne Kappzaum longiert, kann die Longe in den inneren Trensenring oder das Kinnstück geschnallt werden. Zunächst kommt es darauf an, daß das Pferd die Hufschlaglinie des Longierzirkels kennen und einhalten lernt. Zu diesem Zweck führt es der Longenführer entweder selbst auf den einzuhaltenden Hufschlag oder läßt dies durch einen Gehilfen ausführen.

Zweckmäßig wird das Longieren auf der linken Hand begonnen, weil die Linkswendung den meisten Pferden leichter fällt. Um ein gutes Zusammenwirken von Longe (Hand) und treibenden Hilfen (Peitsche) zu gewährleisten, ist anzustreben, daß baldmöglichst ein Mann alleine die Longe und Peitsche führt und ein Gehilfe überflüssig wird.

Linksherum wird die Longe stets mit der linken Hand, rechtsherum mit der rechten Hand gehalten. Sie muß so in der Hand liegen, daß sich die Schleifen jederzeit schnell abwickeln können. Die Peitsche, jeweils in der anderen Hand geführt, zeigt mit der Spitze auf die Hinterhand des Pferdes. Der Longierende hat seinen Standpunkt in der Mitte des Longierzirkels.

Die Stimme ist bei der Longenarbeit ein wesentliches Hilfsmittel. Bei fortgesetzt richtigem und gleichmäßigem Gebrauch werden

Große internationale Distanzritte werden nach dem FEI-Reglement durchgeführt und führen bei Weltmeisterschaften über die Strecke von 160 km (100 Meilen). Bei den Pausen und am Ziel soll sich das Pferd erholen, ohne steif zu werden.

Neben der erfrischenden Pflege, Füttern und Tränken gehören Kühlen oder Erwärmen und, je nach Verfassung, Ruhe oder Bewegung sowie Massage zur Pausenroutine.

DLG-Sieger auf einen Blick: Süddeutsches Kaltblut (Siegerhengst *Dinolino A*, Bayern).

Haflinger (Siegerhengst *Aga Khan*, Westfalen).

DLG-Siegerstute *Pandura* (Westfalen) v. Paradox-Roderich.

DLG-Siegerhengst *Weltmeyer* (Hannover) v. World Cup-Absatz.

Sieger Bundeschampionat der vierjährigen Reitpferde: *Pink Floyd* (Bayern) v. Pianist.

Sieger Bundeschampionat der dreijährigen Reitpferde: *Winnipeg* (Hannover) v. Wenzel I.

Sieger Bundeschampionat der sechsjährigen Springpferde: *Gaston* (Hannover) v. Grannus.

Sieger Bundeschampionat der Geländepferde: *Mendocino xx* v. Priamos xx.

Virginia Leng (GB) dominiert seit Jahren den internationalen Vielseitigkeitssport. Auf dem Foto reitet sie *Master Craftsman* bei der Military-Europameisterschaft in Burghley (Großbritannien).

John Whitaker (GB) und das Ausnahme-Springpferd *Milton*, Europameister und Weltcup-Sieger, beherrschen den Spitzen-Springsport weltweit wie niemand zuvor.

Nicole Uphoff und *Rembrandt*: In Seoul wurde die 21jährige Reiterin mit ihrem leichtfüßigen Westfalen-Wallach die jüngste Dressur-Olympiasiegerin aller Zeiten.

Karsten Huck auf *Nepomuk* gewann in Seoul die Bronzemedaille im Springreiten/Einzelwertung. Der Ersatzmann war zum Schluß bester deutscher Starter. *Nepomuk* v. Nathusius ist ein bayerisches Zuchtprodukt der Rasse Deutsches Reitpferd.

Die Arbeit an der Longe festigt besonders das Vertrauen des Pferdes zum Menschen.

die Pferde schon auf Zuruf hin ohne weitere Hilfen die Gangarten wechseln. Die Peitsche besorgt bei der Longenarbeit das Treiben. Die Peitschenhilfen müssen der Empfindlichkeit des Pferdes und dem beabsichtigten Zweck angepaßt sein. Ein guter Longenführer ist bei einem richtig angeleiteten Pferd stets in der Lage, dieses mit dem Ende der Peitschenschnur an jeder beliebigen Stelle zu berühren, ohne beim Pferd Panik oder Schreck auszulösen.

Um dem Pferd das Hereinlaufen in den Zirkel nicht anzugewöhnen, sollte zum Handwechsel oder zu sonstigen Verrichtungen am Pferd, wie z.B. Korrektur der Länge der Ausbindezügel, stets auf dem Hufschlag angehalten werden. Das Gehen auf dem relativ engen Kreisbogen strengt das Pferd sehr an, deshalb sind 45 Minuten ein Maximum an Longenarbeit. Junge Pferde sollten am Anfang ihrer Ausbildung nicht länger als 15 bis 20 Minuten longiert werden. Handwechsel muß – ca. alle 5 Minuten vorgenommen – der Einseitigkeit vorbeugen. Zeitweiliges Longieren des Pferdes über der Trittlänge genau angepaßte Bodenricks wird die Losgelassenheit und Rükkentätigkeit fördern. Freispringen ist dem Springen an der Longe jedoch vorzuziehen.

Der Zweck des Longierens ist erreicht, wenn das Pferd sich in seiner Muskulatur entspannt und sich mit raumgreifenden natürlichen Schritten, Tritten oder Sprüngen bewegt. Die Rücken- und Bauchmuskulatur spannt und entspannt sich dabei im Rhythmus der Bewegungen, die Halsmuskulatur dehnt sich nach vorwärts, und das Maul sucht eine stete Anlehnung am Trensengebiß. Die Bewegungen sind fleißig, aber nicht eilig.

Bei allem Nutzen, den die Longenarbeit bringen kann, bleibt sie doch nur ein Hilfsmittel. Die korrekte Ausbildung des Reitpferdes kann nur vom Sattel aus geschehen und nicht auf längere Zeit durch irgendwelche Hilfsmittel ersetzt werden.

Longieren im Schritt über Bodenricks. Die Bewegung soll fleißig, aber nicht eilig sein.

Longieren im Trab über der Trittlänge angepaßte Bodenricks fördert die Rückentätigkeit und Losgelassenheit des Pferdes.

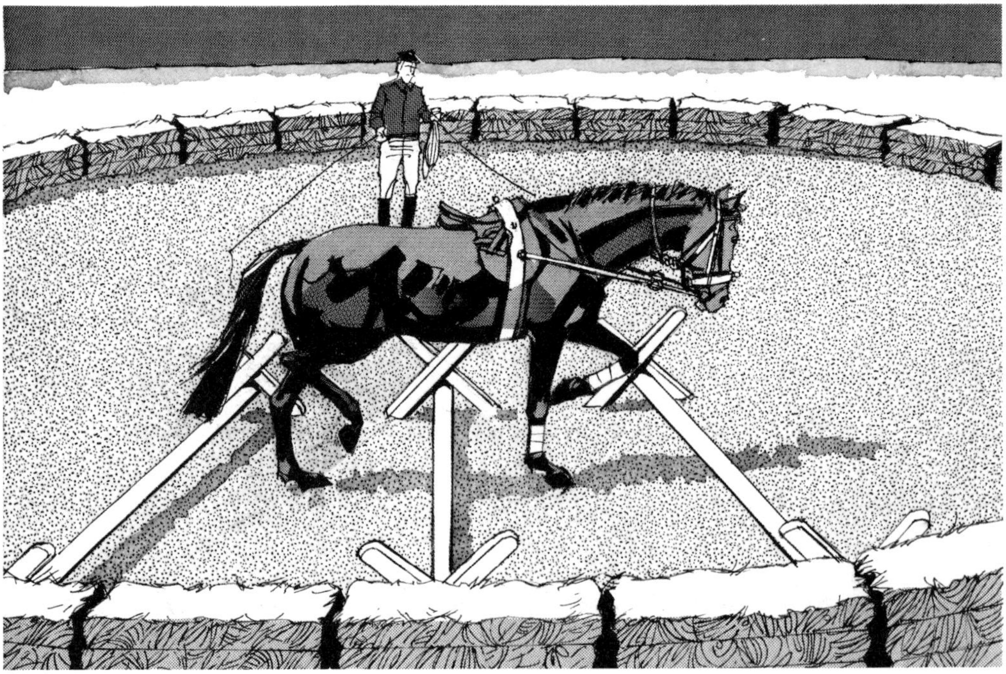

Die Ausbildung unter dem Reiter

Treibende Hilfen

Im fließenden Übergang zu der ersten Periode der Gewöhnung gewinnt nun im Rahmen der Systematik der Ausbildung die Phase der Schubkraftentwicklung an Bedeutung.
Das Ziel dieses Ausbildungsabschnittes ist es, den Gehorsam des Pferdes auf die vortreibenden Hilfen des Reiters zu gründen und zu festigen. Im späteren Verlauf der Ausbildung wird die Sensibilisierung des Pferdes auf die einseitigen Hilfen – dies sind zunächst der innere Schenkel und der äußere Zügel – den Schwerpunkt bilden. Die Grundlage für diese Arbeit legt der Reiter durch fleißiges Vorwärtsreiten, ohne dabei formend mit den Händen den Pferdehals einzuengen. In der ersten Ausbildungsperiode vermag manches junge Pferd insbesondere einen unerfahrenen Ausbilder sehr leicht durch ruhige, schwebende, fast kadenzierte Trabtritte zu täuschen. Es ist dann angebracht, die Trabarbeit, die die wesentliche Gangart in der Ausbildung bildet, durch öfter eingelegte Galoppreprisen zu unterbrechen und die Schubkraft aufzufrischen. Ebenso sollte nicht versäumt werden, wenn sich nur irgendwie die Möglichkeit dazu bietet, mit dem jungen Pferd im Gelände auf gerader Strecke zu reiten. Das Reiten im Rudel ergibt darüber hinaus gleichzeitig auch einen erzieherischen Effekt. Das Überwinden kleinerer Hindernisse bei dieser Gelegenheit bereitet die spätere Springausbildung vor.
Wenn auch hier die Forderung nach energischem »Vorwärts« erhoben wird, so darf daraus jedoch in keinem Fall ein Übereilen der Gangart entstehen. Es sollte bedacht werden, daß jedes Pferd ein ihm gemäßes Tempo hat. Dieses Tempo ist dann, wenn die Reinheit der natürlichen Fußfolge und der sichtbare Fleiß vorhanden sind, als »Arbeitstempo« anzusehen.

Das Lösen des Pferdes

Hat das Pferd das Verständnis für die vortreibenden Hilfen des Reiters gewonnen, folgen den bisherigen entspannenden Übungen gezielte lösende Lektionen. Das Endergebnis soll ein Pferd sein, welches unter dem Reiter in fleißiger, raumgreifender, naturgegebener Fußsetzung, in richtiger, muskulärer und psychischer Losgelassenheit an beiden Zügeln gleichmäßig eine federnde Anlehnung an der Hand des Reiters sucht.
Durch mißverständliche Auslegung von Reitvorschriften ist dem Wort »Anlehnung in der Tiefe« eine falsche Bedeutung gegeben worden. In keinem Ausbildungsabschnitt kommt es darauf an, daß das Pferd den Hals so tief wie möglich trägt, was angeblich die Rückenmuskulatur stärken soll. Im Gegenteil; die Folge hiervon wäre eine Überlastung der Vorhand, Stolpern und falsche Spannung der Rückenmuskulatur mit ungenügend unter den Schwerpunkt tretender Hinterhand. Der Halsmuskel des Pferdes muß sich vielmehr aus dem Rücken heraus nach vorwärts dehnen und nur soviel in die Tiefe kommen, daß ein kräftiges Untertreten der Hinterhufe in Richung des Schwerpunktes des Pferdekörpers gewährleistet ist. Nach statischen Gesetzen ist dies dann der Fall, wenn die Maulspalte des Pferdes sich ungefähr in Höhe des Buggelenkes befindet. Die Stirnlinie liegt etwa eine Handbreit vor der Senkrechten.
Als gezielte lösende Lektionen können Gangartwechsel, vorwiegend zwischen Trab und Galopp, das Reiten größerer gebogener Linien, wie z.B. der Zirkel, Vorhandwendungen sowie Schenkelweichen angesehen werden. Bei den Wechseln von einer Gangart in die nächsthöhere sollte der Reiter darauf bedacht sein, daß er seine Hilfen aus einem korrekten Sitz heraus immer sorgfältig vorbereitet und diese für das Pferd unmißverständlich sind. Die Stärke der Hilfengebung richtet sich dabei nach der Empfindlichkeit des Pferdes. Werden die Hilfen nicht prompt vom Pferd beachtet, kann sofort und deutlich eine Ermahnung durch Anlegen der Gerte, durch einen kleinen Sporenstich oder mit Zungenschlag gegeben werden, um das Pferd »schenkelgehorsam« zu halten und es auf feine Hilfen einzustimmen. Beim Zurückführen in die nächsttiefere Gangart wirkt der Reiter mit beiden Zügeln annehmend und wieder leicht nachgebend unter entsprechend geminderter treibender Einwirkung ein. Auch hier kann am Anfang der Ausbildung die beruhigende Stimme unterstützen. Angebracht ist der »Entlastungssitz«, keinesfalls aber eine verstärkte »Kreuzeinwirkung«. Zum Wenden auf die größere gebogene Linie deutet der

Reiter durch leichtes Seitwärtsweisen mit dem inneren Zügel die neue Richtung an, und mit dem äußeren Zügel muß soviel nachgegeben werden, wie der innere Zügel angenommen wird. Die Verbindung zum Pferdemaul wird dabei nicht aufgegeben. Versucht das Pferd, sich durch bloßes Seitwährtsnehmen des Halses und Geradeauslaufen der Wendung zu entziehen, sollte die äußere Hand – etwas tiefer am Widerrist stehend – die Biegung des Halses begrenzen. Die Zuhilfenahme der Gerte an der äußeren Seite ist zweckmäßig.

Wendung auf der Vorhand

Der Vorhandwendung kommt in diesem Ausbildungsabschnitt der Entwicklung der Schubkraft eine besondere Bedeutung zu. Mit ihr wird die Grundlage zum Übergang in die nächste Ausbildungsstufe vorbereitet. Bei der Vorhandwendung kommen die einseitig wirkenden Schenkelhilfen verstärkt zur Geltung. Mit diesen einseitig innen wirkenden Schenkelhilfen wird das Pferd an den äußeren Zügel gebracht, erhält »Stellung« in der Ganasche und wird stufenweise für die »Längsbiegung«, die Voraussetzung für die nächste Ausbildungsstufe der Entwicklung der Tragkraft, vorbereitet.
Zur Vorhandwendung erhält das Pferd eine geringe Kopfstellung zu der Seite der Wendung. Der innere Schenkel des Reiters drückt, etwas hinter dem Sattelgurt liegend, seitwärtstreibend die Hinterhand des Pferdes Tritt für Tritt um die Vorhand herum, wobei der innere Vorderfuß den Drehpunkt bildet. Der innere Hinterfuß des Pferdes tritt dabei vorwärts-seitwärts über den äußeren. Der äußere Schenkel des Reiters verhindert ein zu schnelles Treten und fängt jeden zweiten Tritt auf. Während und nach der Wendung sorgen Schenkel und Kreuz des Reiters dafür, daß das Pferd in gleichmäßiger Anlehnung bleibt und nicht zurückkriecht. Ein Vortreten, welches in der Regel mit einem Ausfallen über die äußere Schulter verbunden ist, muß durch die Wirkung des äußeren Zügels unterbunden werden. Bei der Vorhandwendung ist ein Zurücktreten der geringere Fehler.
Durch die einseitige Schenkelhilfe nimmt der Reiter erstmalig im Ausbildungsverlauf Einfluß auf die Bauch- und Rippenmuskulatur des Pferdes. Er löst damit eine entspannende Wirkung in dieser Körperpartie aus. Häufig herrscht die Meinung, daß zur Losgelassenheit nur die Rückenmuskulatur angesprochen ist. Dieser Irrtum begräbt in nicht seltenen Fällen alle Hoffnung auf eine fortschreitende Gymnastizierung und korrekte Ausbildung eines vielseitig brauchbaren Reitpferdes. Eine ungelöste Bauch-Rippen-Muskulatur ist die Ursache für auf dem Zügel liegende, das heißt zuviel Anlehnung auf dem Zügel suchende und mit gespannt aufwärtsgewölbtem Rükken gehende Pferde, die unbequem zu reiten sind und einem frühzeitigen Verschleiß unterliegen.

Schenkelweichen

Nutzbringend wird die Arbeit mit den einseitigen Hilfen, die durch die Vorhandwendung erlernt wurden, beim Schenkelweichen angewandt. Hier ist die Bedeutung noch mehr gesteigert, da diese lösende Lektion in der Vorwärtsbewegung erfolgt. Dies geschieht zunächst in der Gangart Schritt, im weiteren Verlauf der Ausbildung aber auch im abgekürztem Arbeitstrab, z.B. als »Übertretenlassen« an der offenen Zirkelseite.
Zu beachten ist, daß das Pferd beim Schenkelweichen, welches mit dem linken oder rechten Schenkel oder als »Viereck-Verkleinern-und-wieder-Vergrößern« geritten werden kann, keine Längsbiegung bzw. Rippenbiegung erhält, sondern lediglich mit geringer Stellung in der Ganasche – ohne Beteiligung des Halses – vorwärts-seitwärts geht. Ein Hauptfehler tritt durch das Verbiegen des Halses auf, bei dem das Pferd sich durch Seitwärtswenden des Halses dem Übertreten entzieht, auf die äußere Schulter kommt und nach wie vor die Bauch-Rippen-Muskulatur zur Abwehr spannt. Energisches Vorwärtsreiten auf gerader Linie und Feststellen des Halses am Widerrist durch verwahrende Zügelhilfe gilt als erste Korrektur. Bei erneutem Schenkelweichen sollte das Gangmaß etwas verkürzt und die äußere, verwahrende Hand etwas tiefer gestellt werden. Der innere seitwärtstreibende Schenkel kann entsprechend energischer einwirken.

Die unterschiedliche Veranlagung des Pferdes, aber auch seines Ausbilders, lassen eine genaue zeitliche Festlegung des zu erreichenden Ausbildungsstandes nicht zu. Generell kann gesagt werden, daß dieser erste Ausbildungsrahmen der Gewöhnungs- und Entwicklungsphase der Schubkraft von jedem Durchschnittspferd in maximal einem Jahr zu dem Ergebnis führt, daß das Pferd gehorsam den Hilfen des Reiters folgt. Seine natürlichen Gänge haben an Kraft und Ausdruck gewonnen, die entsprechende Muskulatur an seinem Körper tritt plastisch hervor und es spannt sich je nach Anforderung willig an oder ab, so daß das Pferd – im Gleichgewicht gehend – eine Haltung erreicht, bei der die Maulspalte etwa in Höhe zwischen Knie- und Hüftgelenk getragen wird, die Stirnlinie etwas vor der Senkrechten bleibt und das Genick den höchsten Punkt bildet. Die Anlehnung an das Gebiß wird vom Pferd beständig und leicht gesucht, und es bekommt vom Reiter, der durch vorwiegend passive Hand die Anlehnung gestattet, nur den jeweiligen Grad der Beizäumung angewiesen.

Es wurde schon einmal darauf hingewiesen, daß die Ausbildung des Pferdes nicht in der Einseitigkeit einer Reitbahn ersticken darf. Immer wieder sollte jede Gelegenheit genutzt werden, im Gelände und auch in Gruppen zu reiten. Ein weiterer Weg, die Ausbildung vielseitig zu gestalten, dem Pferd Abwechslung zu bieten und ihm die Freude an der Arbeit zu erhalten, ist die Bodenrick- und niedere Springarbeit. Es wäre falsch, in den beiden ersten Ausbildungsjahren schon eine Spezialisierung in Dressurpferd, Springpferd oder »nur« Ausreitepferd vorzunehmen. Je vielseitiger die Ausbildung erfolgt, um so mehr können sich alle natürlichen Anlagen des Pferdes entwickeln. Einseitige Ausbilder sehen ihre Aufgabe häufig darin, die Hinterhand des Pferdes zur Tätigkeit anzuregen, sie zum Tragen zu bringen und dafür zu sorgen, daß sie weit untertritt. Es wird dabei vergessen, daß das Pferd nur als Ganzes gesehen werden kann; zwar ist die Hinterhand der Motor, der für Bewegung und Schub sorgt, dabei darf jedoch die Bedeutung der tragenden, stützenden Kräfte der Vorhand nicht außer acht gelassen werden. Niemals sollte ein Ausbilder vergessen, das Pferd insgesamt zu schulen, zu kräftigen und den ihm zukommenden Anteil an der Arbeit im täglichen Gebrauch zu beachten.

Aus diesem Grunde muß auch die Schulung des Pferdes im Springen erfolgen, sobald der Reiter in der Lage ist, mit seinen Hilfen das Pferd soweit zu beeinflussen, daß er Tempo und Richtung bestimmen kann.

Das Springen, Springgymnastik

Hilfsmittel der Ausbildung auf dem Gebiet Springen werden zunächst neben niedrigen Hindernissen, die das Pferd beim Freispringen kennenlernt, die Bodenricks sein. Mit ihnen wird die Unebenheit des natürlichen Geländes, dem ursprünglichen Betätigungsfeld des Reitpferdes, in die Reitbahn getragen. Die

Aus der Bodenrickarbeit wird im Laufe der Ausbildung die Springgymnastik entwickelt.

Bodenrickarbeit fördert die allgemeine Losgelassenheit, festigt die Balance und gymnastiziert die gesamte Muskulatur des Pferdes im Rücken, im Hals und in den Beinen. Im späteren Verlauf der Ausbildung wird aus der Bodenrickarbeit die »Springgymnastik« entwickelt. Mit ihr hat der Ausbilder ein vorzügliches Mittel in der Hand, das Pferd ohne kräftemäßige Überlastung mit Hindernissen und Bewegungsabläufen vertraut zu machen, was die vielleicht später erfolgende Spezialisierung als Springpferd vorbereitet und die Grundlage für Leistungen über hohe Sprünge legt. Auch wenn der Lebenslauf des Pferdes diese Richtung nicht einschlägt, sollte das Pferd mit dem Überwinden angemessener Hindernisse bis zur Höhe von etwa einem Meter vertraut sein.

Bei der Springgymnastik handelt es sich um eine Kombination von allgemeiner Reitausbildung und Schulung, zweckmäßig aufgebaute Hindernisse zu überwinden. Diese Sprünge werden in den Ablauf der Ausbildungsarbeit einbezogen. Die Hindernisse sollten immer geschlossen, dicht, mit deutlicher Grundlinie und mit Fängen aufgebaut sein. Die Höhe schwankt je nach Anforderung zwischen 60 - 100 cm. Es kann hier die Aufstellung einzelner oder in den Galopprhythmus des Pferdes passender Kombinationen, gelegentlich auch bis zur vier- oder fünffachen Folge, vorgenommen werden.

Spezielle Ausbildungsziele, die durch die Springgymnastik erreicht werden können, sind vorwiegend die geschmeidige Hergabe des Rückens, Entwicklung der Schnellkraft, Schulung des Reaktionsvermögens, Wendigkeit, Festigung des Selbstvertrauens, das Taxiervermögen und natürlich auch das Springvermögen sowie die Entwicklung und Festigung der Springtechnik.

Einfahren des jungen Pferdes: Die Arbeit an der Doppellonge beginnt im Schritt.

Spezielle Polsterung der Doppellonge im Bereich der Hinterhandberührung.

Schleppenarbeit mit Balken und Helfer.

Das Einfahren des Pferdes

Sollte sich die Gelegenheit ergeben, wäre das Einfahren des Pferdes vor einem Wagen eine weitere Ergänzung der vielseitigen Ausbildung. Gehorsam, Charakterfestigkeit und Unempfindlichkeit gegen äußere Einflüsse wie Straßenverkehr und Lärm sind Eigenschaften, die bei jedem Reitpferd, gleich für welche Gebrauchsart es einmal vorgesehen ist, von unschätzbarem Wert sind. Bei den heute gegebenen Verhältnissen und Möglich-

Das junge Pferd in Begleitung eines ruhigen Fahrpferdes im Zweispänner vor dem Wagen.

keiten kann das Einfahren der Pferde nach einer Grundausbildung im Reiten, so wie sie nach dem ersten Jahr der Ausbildung gegeben ist, zweckmäßig sein, im Gegensatz zu früheren Zeiten, wo durch die Arbeiten auf dem Acker in der Landwirtschaft dieser Zeitpunkt gelegentlich vor dem Einreiten günstiger war.

Entwicklung der Tragkraft

Nach den Grundsätzen des klassischen Reitsystems steht in der weiteren Ausbildung die Entwicklung der Tragkraft des Pferdes im Vordergrund, ohne jedoch die bisher erreichten Ziele der Schubkraftentfaltung zu vernachlässigen. Dabei soll die von Natur kräftiger ausgestattete Hinterhand des Pferdes vermehrt am Tragen der Gesamtlast zugunsten einer Entlastung der schwächer ausgestatteten Vorhand beteiligt werden. Dieser Lastenausgleich ist erforderlich, weil die von Natur gegebenen Gleichgewichtsverhältnisse des Pferdekörpers auf Grund der vermehrt im vorderen Drittel liegenden Belastung durch das Reitergewicht verändert wurden. Es muß ein »reiterliches« Gleichgewicht erworben werden.

Falsch wäre es anzunehmen, daß der Schwerpunkt des Pferdes durch irgendwelche Manipulationen in der Kopfhaltung oder durch erweiterten Untertritt der Hinterhufe unter die Leibesmitte des Pferdes wesentlich nach hinten in Richtung Hinterhand verlagert werden könnte. Vielmehr kommt es darauf an, das Hüft- und Kniegelenk, die »Hanken«, so elastisch zu machen und die Muskulatur zu kräftigen, daß diese sich vermehrt beugen und dadurch mehr Last aufnehmen, diese sich aber auch wieder durch vermehrte Federkraft nach oben-vorwärts bewegen können. Dieser Ablauf vollzieht sich anders als in der ersten Phase der Ausbildung, bei der die Entwicklung der Schubkraft durch kräftiges Abstoßen der Hinterbeine nach vorwärts in die Dehnungshaltung hinein geschieht.

Versammlung

Die Einschränkung der Schubkraft zugunsten der Tragkraft durch vermehrtes Beugen von Hüft- und Kniegelenk, verbunden mit deutlicher Federkraft der Muskulatur, nennt man Versammlung. Das Beugen der Hanken ergibt optisch ein Senken und Niedrigerwerden der Kruppe und dadurch ein Erheben und Größerwerden des Pferdes in der Vorhand. Diese angestrebte »relative Aufrichtung« steht im Gegensatz zu der aktiven Aufrichtung, die durch Handeinwirkung und gewaltsames Hochnehmen des Pferdekopfes erfolgt. Hierbei werden die Tätigkeit der Rückenmuskulatur blockiert und das natürliche sowie auch das reiterliche Gleichgewicht empfindlich gestört. Bei gebäude-(skelett-)mäßig günstig entwickelten Pferden steht in der Versammlung die Maulspalte des Pferdes etwa in Höhe des Hüftknochens. Gewiß bergen alle Schemata ihre Gefahren. Die Erfahrung lehrt aber, daß durch die Stellung des Kopfes, bei entsprechender Mitwirkung von Rücken und Hinterhand, der flüssige, gleichmäßige Bewegungsablauf und das Gleichgewicht des Pferdes entscheidend beeinflußt werden.

Eine Stellung von Hals und Kopf, bei der sich das Gebißstück im Pferdemaul in Höhe der Hüften befindet, kann vom Reiter in jeder Situation mit Leichtigkeit beherrscht werden. Steht das Gebiß nämlich in gleicher Höhe mit dem Punkt, an dem die Halswirbel an die Rückenwirbel anschließen, so wirkt jede Zügelhilfe in Richtung auf das Rückgrat des Pferdes. Bereits ein Druck der Hand wirkt daher, wenn der Hals geschlossen bleibt und nicht an seiner Basis nach oben oder vorn am zweiten oder dritten Halswirbel nach unten wegkippt, auf das ganze Pferd und kann, wenn es im Genick willig nachgibt und den Rücken entspannt, bis zur Hinterhand gelangen. Ebenso kann dann die durch die Reiterschenkel erzeugte schwingende Tätigkeit der Hinterbeine durch das ganze Pferd hindurch ins Genick und Pferdemaul wirken.

Der Forderung, daß die Kräfte der Hinterhand stets voll gegen die Vorhand wirken müssen, steht bei den meisten Pferden eine von Natur schiefe Körperhaltung erschwerend entgegen. In der Regel handelt es sich um eine Rechtsschiefe.

Das Geraderichten des Pferdes

Bevor durch die gymnastizierenden, versammelnden Lektionen die dritte Stufe – die Phase der Entwicklung der Tragkraft – bei der Ausbildung des Reitpferdes im Rahmen des klassischen Reitsystems in Angriff genommen werden kann, muß das »Geraderichten« des Pferdes erfolgen. Hierbei kann es sich nicht um eine lineare Gradheit des Pferdekörpers handeln; dem steht entgegen, daß das Pferd in der Hüft- und Beckenpartie breiter gebaut ist als in der Schulter- und Vorhandpartie. Weiterhin muß die Schubentwicklung der Hinterhand gegen die Vorhand auch auf gebogenen Linien gewährleistet sein, daher auch der Fachausdruck »gebogen-geradegerichtet«.

Um das Pferd geradezurichten, muß sein gesamtes Skelett durch gymnastische Übungen so geschmeidig gemacht werden, wie es anatomisch nur möglich ist. Die Rückenwirbelbrücke muß sich in die Richtung des einzuschlagenden Weges, sei er gerade oder gekrümmt, eben oder bergauf und bergab, stets derart einstellen lassen, daß die volle Kraft der den Körper bewegenden Hinterbeine in die gewünschte Wegrichtung wirkt. Die geraderichtende Arbeit beginnt im Grunde genommen schon beim Anreiten des jungen Pferdes während der ersten Longenstunden. Sie setzt sich fort bei den lösenden Übungen unter dem Reiter während des Reitens auf den größeren gebogenen Linien und findet in der Phase der Schubkraftentwicklung ihre gezielte Vertiefung und Anwendung durch das Reiten engerer Wendungen sowie bei den Anfängen des Reitens »in Stellung«, welches die spätere Übung in den Seitengängen vorbereitet.

Beim korrekt im reiterlichen Sinne geradegerichteten Pferd tritt es mit dem inneren Hinterbein in die Richtung zur Spur des inneren Vorderbeines – die innere Schulter des Pferdes ist vor die innere Hüfte gerichtet –, und das äußere Hinterbein tritt in Richtung unter den Schwerpunkt, so daß es etwa die halbe Spur des äußeren Vorderhufes nach innen deckt.

Dieses Geraderichten beinhaltet schon die ersten Stufen der Versammlung. Eine weitere Lektion, die Versammlung zu fördern, ist neben den engeren Wendungen – das innere Hinterbein wird veranlaßt, tragend die Last aufzunehmen und sich zu beugen – vorwiegend der Kontergalopp im versammelten Tempo. Hierbei hat der Reiter die Möglichkeit, durch Zuhilfenahme der Reitbahnbegrenzung das Pferd geradegerichtet zu halten und mit dem äußeren Zügel das Tempo so zu regulieren, daß der tragende äußere Hinterfuß, ebenfalls sich beugend, Last aufnimmt. Weiterhin dienen die Übungen wie »Rückwärtsrichten«, »Hinterhandwendung«, »Kurzkehrt« und im späteren Verlauf die Seitengänge »Schulterherein«, »Renvers« und »Travers« dem Beugen der Hanken. Keinesfalls aber darf vergessen werden, nach den zeitlich immer nur kurz durchgeführten, versammelnden Lektionen die Streckmuskulatur des Pferdes stärker zu beanspruchen. Hierzu bietet sich der Mitteltrab an. In der bisherigen Ausbildung konnte die Forderung an das Pferd nur in der Erweiterung der Trabtritte und Galoppsprünge bestehen; aus den versammelnden Übungen heraus ist es nunmehr aber fähig, aus der gebeugten Hanke heraus abzufedern und in symmetrisch erweiterten klaren und kraftvollen Bewegungen Mitteltrab, Mittelgalopp und auch den starken Trab und starken Galopp auszuführen. Dieses ist dann der Prüfstein für den Grad der erreichten Versammlung. Gleichzeitig hat aber auch der Übergang vom Mitteltrab bzw. Mittelgalopp zum versammelten Tempo wieder eine große Bedeutung für die Gymnastizierung der Hanken, wenn sie die Last erneut gebeugt und federnd aufnehmen.

Treten keine besonderen Schwierigkeiten im Exterieur des Pferdes ein, z.B. durch Krankheiten oder andere äußere Einflüsse, so kann als zeitliche Dauer der Ausbildung bis zu diesem Punkt etwa zwei Jahre angenommen werden.

Die aufgezeigten Entwicklungsstufen des klassischen Reitsystems bedeuten Marksteine auf dem Wege zur Ausbildung eines gehorsamen, leichtrittigen und lange brauchbar bleibenden Pferdes. Je nach Veranlagung des Pferdes, äußeren Umständen und dem Können des Ausbilders wird sich die gymnastizierende Ausbildung individuell anpassen, ohne jedoch das Endziel, nämlich ein in natürlichen Gängen sich sicher bewegendes und in geschulter Selbsthaltung tragendes, im inneren und äußeren Gleichgewicht befindliches Pferd, zu verfehlen.

Die Ausbildung des Reiters

Viele Reitanfänger sind der irrigen Meinung, daß »ihr« Reitlehrer einen möglichst klangvollen Namen und eine lange Liste großer Erfolge im Turniersport haben sollte. Oft sind es aber gerade die Stillen und Unbekannten im Lande, die die wesentliche Arbeit in

der Reitausbildung vollbringen und dem Schüler wirklich die Grundbegriffe im Umgang mit dem Pferd und die Sicherheit im Sattel vermitteln. Unsere heutige Reitausbildung krankt daran, daß dank hervorragender Pferde der Reitschüler zu schnell scheinbare Leistungen vollbringt, ohne zunächst die Grundlagen des Reitens und des richtigen Umganges mit Pferden sachgerecht erlernt zu haben. Rückschläge, verdorbene Pferde, oft – zu oft sogar – schwere Unfälle bleiben nicht aus. Mit Sicherheit sind nicht diejenigen die besten Reiter, die nach kürzester Ausbildung die höchsten Sprünge überwinden und die meisten Turnierschleifen an der Wand hängen haben, sondern die, die ein Leben lang Freude am Pferd behalten und mit Stolz von sich behaupten können, keinem Pferd einen Schaden zugefügt zu haben. Ein hervorragender Pferdemann und erfolgreicher Reiter, der Olympiasieger 1928, Freiherr von Langen, hat es einmal so ausgedrückt: »Reiter sein heißt Selbstdisziplin üben und Achtung haben vor dem Pferd.«
Der erfahrene Reitausbilder wird seine Schüler nach seinen Methoden ausbilden. Er weiß junge Reiter, ältere Menschen, Sportambitionierte, Ängstliche und Forsche in der rechten Art anzusprechen. Die Lehrmethoden mögen unterschiedlich sein, der rote Faden, der zum allgemein angestrebten Ziel führt, wird vom qualifizierten Reitlehrer jedoch nicht außer acht gelassen. Hüten muß sich der Reitschüler jedoch vor solchen selbsternannten »Reitpädagogen«, die ihm nach neuentwickelten, »natürlichen« Methoden die Grundlagen der Reitkunst in zehn Stunden beibringen wollen!
Der Zweck der Reitausbildung ist, den Reiter zu befähigen, auf sein Pferd so einzuwirken, daß dieses tut, was der Reiter von ihm will, und beide – Roß und Reiter – in jedem Gelände sich mit Sicherheit bewegen. Der Reiter muß lernen, seinen Willen auf das Pferd zu übertragen. Diese Übertragung erfolgt durch bestimmte Einwirkung des Reiters auf das Pferd, die »Hilfen«. Die richtige Hilfengebung kann wiederum nur aus einer zweckmäßigen Körperhaltung erfolgen. Diese erfordert neben einem gewissen Maß an praktischem Können auch einige theoretische Kenntnisse.
Praktisches und theoretisches Wissen müssen sich gegenseitig gut ergänzen – kurz: Reiten lernt man ein Leben lang.

Die Ausrüstung des Reiters

Grundvoraussetzung für das richtige und sichere Reiten ist eine zweckmäßige Ausrüstung. Da ist zunächst der richtig verpaßte und in der richtigen Lage auf dem Pferderücken liegende Sattel, wobei der tiefste Punkt des Sattels in der Mitte des Rückens liegen muß. Des weiteren benötigt der Reiter eine zweckmäßige und den Sicherheitsanforderungen entsprechende Kleidung. Dazu gehört eine Hose, die in der Sitzfläche keine Falten werfen und im Knie nicht zu eng sein darf. Die Schuhe müssen die Knöchel des Reiters im Fußgelenk schützen und bis zum Absatz durchbesohlt sein, was ein Hängenbleiben am Steigbügel verhindert. Besonders wichtig ist das Tragen einer Sturzkappe.
Die Anschaffung der »traditionellen« Reitkleidung – Reithose, Stiefel, Jacke, Mütze – sollte zweckmäßigerweise erst nach einigen Unterrichtsstunden erfolgen.

Der richtige Sitz des Reiters

Zum Reiten eines Pferdes gibt es nur *einen* zweckmäßigen Sitz, und das ist der Gleichgewichtssitz. Er kann auf die verschiedensten Arten erlernt werden. Ausbildungsstand und Temperament des zur Verfügung stehenden Pferdes, Örtlichkeit – ob geschlossene Reitbahn oder Reitplatz – und Mentalität des Schülers spielen hierbei eine Rolle. Angebracht ist in der Regel, den Erstunterricht auf einem an einer Longe gehenden Pferd zu erteilen. Während der Ausbilder das Gehen des Pferdes, das richtige Tempo und den Weg bestimmen kann, hat der Reitschüler Gelegenheit, sich mit den Gangarten des Pferdes vertraut zu machen und seine eigene Balance zu finden. Im Gegensatz zu früher ist man heute der Anschauung, daß die ersten Reitstunden grundsätzlich auf dem Sattel mit Steigbügel erteilt werden sollten. Ein Herunterfallen des Reiters vom Pferd ist unter allen Umständen zu vermeiden.
Im Gleichgewichtssitz sitzt der Reiter bei völlig losgelassenen Muskeln mit beiden Gesäßknochen und dem Spalt auf dem Sattel. Das Gewicht des geradegehaltenen Oberkörpers ist annähernd gleichmäßig auf diese drei Sitzpunkte verteilt, die sich dabei um den tiefsten Punkt des Sattels verteilen. Die Oberschenkel läßt der Reiter gerade aus den Hüften herab-

hängen, sie liegen mit dem inneren, flachen Teil am Sattel an. Die Knie werden so tief genommen, daß der Sitz auf den Gesäßknochen darunter nicht leidet. Die Unterschenkel hängen aus dem Kniegelenk herab und liegen mit der flachen Wade an den Pferdehaaren – ohne zu klammern – an. Der Absatz bildet dabei den tiefsten Punkt. Im Gleichgewichtssitz soll der Reiter nur durch Halten des Gleichgewichts und durch die hängenden Ober- und Unterschenkel in Verbindung mit seinem Pferde bleiben. Ist ihm dieses nicht mehr möglich, so legt er die Oberschenkel, manchmal auch die Unterschenkel, fester an den Sattel bzw. an den Pferdeleib an und nimmt dadurch »Schluß«. Fehlerhaft wäre das Balancehalten durch unruhige Bewegungen des Oberkörpers, durch Seitwärtsnehmen der Arme oder gar durch Einknicken in der Hüfte.

Die ersten Übungen im Sattel, sei es an der Longe oder auf andere Weise, werden – geeignete Pferde vorausgesetzt – in allen drei Gangarten durchgeführt: im Schritt, im Trab und im Galopp. Freiübungen nach Anweisung, wie z.B. Armrollen, Beinrollen oder andere Gewandtheitsübungen, können unterstützend wirken und Steifheiten beim Reiter beseitigen. Hierbei ist es zweckmäßig, für kurze Momente die Steigbügel überzuschlagen, ganz vom Sattel zu entfernen oder nur auf einer Decke zu reiten, die mit einem Voltigiergurt mit Griffen festgehalten wird.

Die Hilfen

Sind Losgelassenheit und Balance beim Reiter erreicht und fühlt dieser sich in allen drei Gangarten im Sattel auf dem Pferde sicher, so sollte der Ausbilder ihm die Aufgaben der Einwirkung übertragen.

Neben dem »Balancehalten« lernt der Schüler jetzt auch das »Treiben« und »Anhalten«. Hierzu bedient der Reiter sich der sogenannten »Hilfen«. Es wird differenziert zwischen drei Hilfen, die nach ihrer hauptsächlichsten Wirkung folgendermaßen zu unterscheiden sind:

1. Schenkelhilfen
   = vortreibende Einwirkungen
2. Zügelhilfen
   = verhaltende Einwirkungen
3. Gewichtshilfen
   = unterstützende Einwirkungen.

Schenkelhilfen sind Einwirkungen der Unterschenkel auf die Bewegungsmuskulatur am Leib des Pferdes. Zügelhilfen sind Einwirkungen der Hände, die mittels der Zügel durch das Gebißstück (Trense) auf das Maul des Pferdes (Unterkiefer und Zunge) ausgeübt werden. Gewichtshilfen sind Einwirkungen des Reitergewichtes (Oberkörper), die durch das Gesäß auf das Pferd übertragen werden. Die Stärke aller dieser Hilfen ist abhängig von der Empfindsamkeit des Pferdes, von seinem Gehorsam (Ausbildung) und vom beabsichtigten Zweck. Der Idealfall findet sich beim Dressurreiten der Hohen Schule wieder, wo die Hilfengebung nahezu unsichtbar erfolgt.

Schenkelhilfen

Im Gleichgewichtssitz liegen die Unterschenkel des Reiters dicht hinter dem Sattelgurt. Die »vortreibende« Schenkelhilfe erfolgt durch gleichmäßiges Drücken oder Klopfen beider Unterschenkel. Hierdurch ergibt sich eine Einwirkung auf die Bewegungsmuskulatur des Pferdes. Diese Hilfengebung ist entweder vorschwingend auf den sich im Zustand der Vorwärtsbewegung befindlichen Hinterfuß oder abstoßend auf den sich im Zustand des Streckens befindlichen Hinterfuß. Jede Schenkelhilfe wirkt auf den gleichseitigen Hinterhuf. Die beste Einwirkung auf den Hinterfuß geschieht in dem Augenblick, in dem das Pferd im Begriff ist, den Hinterhuf vom Boden abzuheben.

Neben den beidseitig vortreibenden Schenkelhilfen kennen wir einseitige Schenkelhilfen: Die »verwahrende« Schenkelhilfe verhindert, daß die Hinterhand des Pferdes von der Spur der Vorhand abweicht, oder sie begrenzt ein solches vom Reiter gewolltes Abweichen. Die »seitwärtstreibende« Schenkelhilfe dagegen veranlaßt das Pferd, mit seiner Hinterhand auf einem anderen Hufschlag zu gehen als mit der Vorhand. Zur verwahrenden wie auch zur seitwärtstreibenden Schenkelhilfe wird der betreffende Schenkel, eine Handbreit hinter dem Sattelgurt am Pferdeleib drükkend, angewandt.

Zügelhilfen

Um eine anatomisch richtige und zweckmäßige Zügelhilfe geben zu können, darf die Einwirkungslinie vom Pferdemaul bis zum Reiterellenbogen nicht unterbrochen oder ge-

Der leichte Sitz, hier demonstriert von Ingrid Klimke beim Rennbahngalopp einer großen Vielseitigkeitsprüfung.

knickt sein. Die Hände des Reiters dürfen daher niemals höher oder tiefer gestellt sein, als diese Linie es gebietet. Es wird unterschieden in

1. annehmende Zügelhilfe,
2. nachgebende Zügelhilfe,
3. verwahrende Zügelhilfe und
4. durchhaltende Zügelhilfe.

Bei der *annehmenden Zügelhilfe* werden die Hände im Handgelenk einwärts-aufwärts gegen den eigenen Körper gedreht. Gespanntes Kreuz und anliegende Schenkel unterstützen die annehmende Zügelhilfe. Die annehmende Zügelhilfe darf niemals zu einem Ziehen am Zügel werden, sondern wird, wenn nötig unter vorherigem Verkürzen der Zügel, mehrmals wiederholt.
Bei der *nachgebenden Zügelhilfe* werden die Fingerknöchel nach vorn in Richtung Pferdemaul gehalten. Die nachgebenden Zügelhilfen beenden jede annehmende oder durchhaltende Zügelhilfe und geben dem Pferd beim Anreiten bzw. beim Verstärken des Tempos Bewegungsfreiheit nach vorne.
Der *verwahrende Zügel* hat vornehmlich eine zu starke seitliche Halsbiegung des Pferdes zu verhindern und das Maß und die Größe einer Wendung zu bestimmen.
Die *durchhaltende Zügelhilfe* wird angewandt, um einem Druck des Pferdes gegen die Hand des Reiters standzuhalten, und zur Durchführung einer »Parade«, der Vorstufe des annehmenden Zügels zum Anhalten. Gespanntes Kreuz und vorwärtstreibende Schenkelhilfe verstärken die durchhaltende Zügelhilfe.

Gewichtshilfen

Gewichtshilfen sind Einwirkungen des Reitergewichtes, die durch das Gesäß auf das Pferd übertragen werden. Diese Einwirkungen entstehen durch Veränderungen des Schwerpunktes. Es wird unterschieden zwischen den »beidseitigen Gewichtshilfen« – z. B. bei den annehmenden Zügelhilfen – durch Anspannen der Lendenmuskulatur und den »einseitigen Gewichtshilfen« – z. B. bei Wendungen – durch vermehrtes Belasten eines Gesäßknochens und Austreten des entsprechenden Steigbügels. Weiterhin existiert die »entlastende Gewichtshilfe«, bei der beide Gesäßknochen leicht angehoben werden, dabei ruht die Last des Körpers vermehrt auf den Innenseiten des Oberschenkels. Angewandt wird diese Hilfe zur Entlastung des Pferderückens bei verschiedenen Gelegenheiten.

Der leichte Sitz

Im weiteren Verlauf der Ausbildung wird der Schüler mit einer Variante des Gleichgewichtssitzes, dem »leichten Sitz« oder auch »Springsitz« vertraut gemacht. Hierbei wird mit stark verkürzten Steigbügelriemen geritten, so daß der Reiter seinen Körper zusammenduckt – Brustkorb, Becken, Knie, Fuß sind nahe zusammen – und sich so mit Leichtigkeit auch in höherer Geschwindigkeit sowie bei häufigem Schwerpunktwechsel gut ausbalancieren kann.

In Verbindung mit dem Erlernen des leichten Sitzes gehen die ersten Springübungen, zunächst über niedrige Bodenricks, bzw. Stangen am Boden, Hand in Hand. Auch ältere, erfahrene Reiter sollten sich nicht scheuen, niedrigste Hindernisse ohne Störung des Pferdes nehmen zu lernen. Selbst der »Spazier«-reiter kann im Gelände immer einmal in die Verlegenheit kommen, ein niedriges Geländehindernis nehmen zu müssen.

Mit der Ausbildung des Reitens im Gelände sollte nicht zu früh begonnen werden. Bei einem Durchschnittsreiter muß mit etwa dreißig Stunden Grundschulung an der Longe und in der eingezäunten Bahn – Reitplatz oder Reithalle – gerechnet werden. Oberster Grundsatz bei der gesamten Schulung ist immer die Unfallvermeidung.

Häufiges Reiten verschiedener Pferde sowie die Erweiterung und Vertiefung der theoretischen Kenntnisse werden das Verständnis und das Gefühl des Reiters ausbilden, so daß er in der Lage ist, die erlernten Hilfen aus dem erlernten »Sitz« heraus richtig und im notwendigen Zeitpunkt anzuwenden. Das Fundament ist gelegt!

Bodenarbeit

KERSTIN DIACONT
Freie Grafikerin,
Dressur- und Westernreiterin
Neu-Isenburg

Warum Bodenarbeit?

Die Ausbildung des Pferdes an der Longe und an der Hand wird von vielen Reitern als notwendiges Übel für das Anreiten junger Pferde betrachtet oder als halbherzige Bewegungstherapie, wenn man einmal keine Lust zum Reiten hat. Sinnvoll betrieben kann jedoch die Bodenarbeit ein faszinierender Bereich innerhalb des Gesamtspektrums der Arbeit mit Pferden sein. Sie hilft dem jungen Pferd, dem Ausbilder gegenüber Vertrauen und Gehorsam zu entwickeln. Sie gymnastiziert, ohne das Pferd mit dem Reitergewicht zu belasten. Und sie schult die Reaktionen ebenso wie das Bewegungsempfinden des Reiters oder des Ausbilders hinsichtlich seines eigenen Körpers (seiner Körpersprache) sowie seinen Blick für Probleme oder Eigenarten des Pferdes. Jedes Ziel der Ausbildung und fast jede Einzellektion – ob klassisch-, western- oder freizeitorientiert – kann mit entsprechenden Übungen aus dem Bereich Bodenarbeit vorbereitet und besser, im Sinne von widerstandsfreier, erreicht werden.

Grundsatzwissen

Erlernen der Pferdesprache

Grundlage der Bodenarbeit ist das Verständnis und das Imitieren von pferdetypischem Verhalten. Das Pferd kann nur verstehen, was es in seine eigene Verhaltensstruktur einzuordnen vermag. Und es kann nur »richtig« reagieren, wenn es sich mit seinem eigenen Umfeld – dem Menschen, seinem Stall und anderen Pferden – im Einklang befindet. Es ist dann zufrieden, wenn es seinen eigenen Platz, seinen Rang innerhalb des Umfeldes kennt. Die in der Herde erreichte Rangordnung verleiht ihm Sicherheit.
Nutzt der Mensch in der Bodenarbeit die Grundmuster des Pferdeverhaltens, kann er mit wenigen (jedoch gezielt und schnell eingesetzten) Mitteln zum Herdenchef aufsteigen. Hat er diese Position dem Pferd gegenüber erreicht, wird es ihm fast automatisch gehorchen – vorausgesetzt, er agiert in für das Pferd verständlicher Weise und bleibt in seinem Verhalten konsequent.

Grundmuster des Pferdeverhaltens
Aus dem Herdenverhalten lassen sich Grundmuster in die Mensch-Pferd-Beziehung übertragen:

1. Der Mensch (das Leitpferd) kann jedes Pferd von seinem Platz vertreiben. Daraus resultiert das Dominanz- und Ausweichtraining, wie später beschrieben.
2. Das rangniedere Tier läuft hinter oder schräg hinter dem ranghohen Tier (Menschen). Das bedeutet in der Bodenarbeit, daß ein Pferd nie am führenden Ausbilder vorbeidrängeln darf.
3. Der Leithengst treibt rangniedere Tiere auch schräg von hinten (Abb. 1).

Abb. 1 Der Hengst treibt die Stute seitlich von hinten.

Aus den Punkten 2 und 3 ergeben sich verschiedene Führpositionen für den Ausbilder: vor dem Pferdekopf, in Augenhöhe des Pferdes und schräg neben der Kruppe bzw. hinter dem Pferd (Abb. 2). Die dominanteste Position des Ausbilders ist entsprechend der Herdenordnung die schräg hinter dem Pferd (Abb. 3).

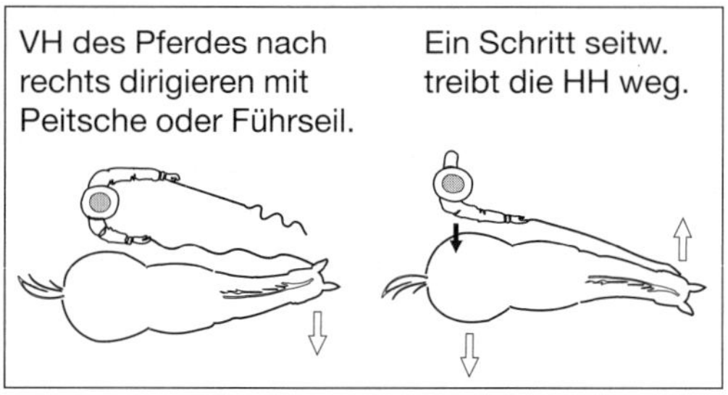

Abb. 3 Dirigieren des Pferdes von hinten.

Demuts- und vor allem Angriffsverhalten bzw. Aufsässigkeit des Pferdes sollten vom Menschen schnell und sicher erkannt werden, damit er schnell und bestimmt genug reagieren kann.
Demutsgesten sind z. B. das Ausweichen rückwärts (nicht zu verwechseln mit dem drohenden Rückwärtslaufen mit angelegten Ohren in Richtung eines Rivalen) sowie das Kauen des Pferdes. Beides kann mit der Bodenarbeit erreicht werden. Das Kauen zeigt sich jedoch nicht in Form des Zähneklappens bei sehr jungen Pferden, sondern eher in einer »nachdenklich« mahlenden Kaubewegung mit geschlossenem Maul, wenn das Pferd etwas Gelerntes verarbeitet.
Ohren anlegen, Zähne blecken, den Ausbilder anrempeln, Drehen der Hinterhand Richtung Mensch oder aggressives Steigen gehören in die Kategorie **Angriffsverhalten/Aufsässigkeit** und müssen energisch im Ansatz unterbunden werden.
Auch die **Alarmstellung** des Pferdes mit erhobenem Hals und Kopf bei **Fluchtbereitschaft** sollte der Ausbilder kennen.
Das Pferd nimmt sie ein, wenn es sich in seiner Bewegungsfreiheit eingeschränkt fühlt und/oder etwas Angsterregendes sieht.

Abb. 2 Die Positionen des Führenden und des Pferdes.

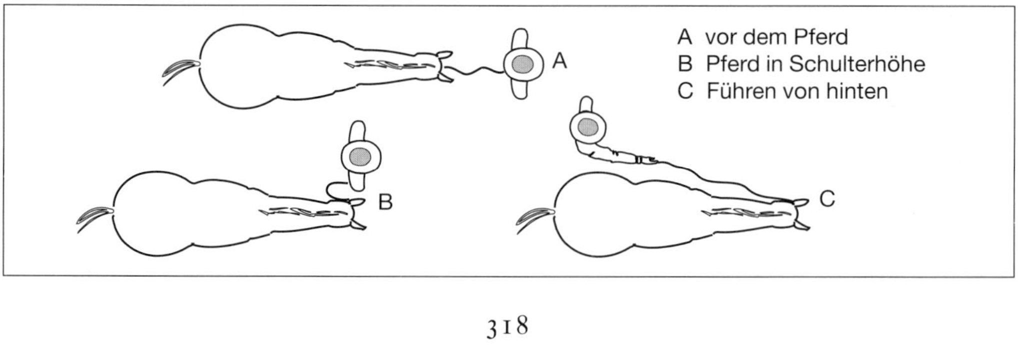

Abb. 4a–d Alarmstellung des Pferdes beim Aussacken – nach einiger Zeit läßt es sich die Berührung mit dem »gefährlichen« Sack ruhig gefallen.

Solange es sich in der Alarmstellung befindet, ist sinnvolle Arbeit nicht möglich, denn seine Aufmerksamkeit ist nicht beim Ausbilder. Die Alarmstellung kann auch manchmal zu panischen, unkontrollierbaren Reaktionen des Pferdes führen, wenn es keinen Ausweg mehr sieht.

Für den Ausbilder ergeben sich deswegen folgende *Erfordernisse für die Bodenarbeit* (und natürlich unter dem Reiter):

1. Er muß das Pferd dazu veranlassen, sich zu entspannen – Kopf und Hals zu senken.
2. Er muß dem Pferd bei angsterzeugenden Übungen ein Ventil, einen Ausweg lassen, so daß es nicht plötzlich (und gefährlich) explodiert. Sinnvollerweise deckt sich der Ausweg mit der Richtung, in die der Ausbilder das Pferd gerne gelenkt hätte. Diese Deckungsgleichheit gibt dem Pferd das Gefühl, sich freiwillig für die vom Ausbilder gewünschte Reaktion entschieden zu haben – ein wichtiger Schritt für eine *freiwillige* Mitarbeit des Pferdes.
3. Er sollte das Pferd immer wieder bewußt angsterzeugenden Situationen (Abb. 4) aussetzen, um es »abzuhärten«. Je öfter das Pferd dem Ausbilder trotz seiner Angst gehorcht (und merkt, daß ihm nichts passiert), desto mehr Vertrauen entwickelt es dem Menschen gegenüber.
4. Er sollte vermeiden, bei der Arbeit allzu dicht an das Pferd heranzugehen, um dessen persönlichen Bewegungsspielraum nicht einzuengen (mindestens 1 m Abstand). Daraus resultiert die *Arbeit auf Distanz*. Auch die Longenarbeit ist prinzipiell Arbeit auf Distanz.

Motivation, Spiel, Arbeit

Um die freiwillige Mitarbeit und Aufmerksamkeit des Pferdes bei der Arbeit zu erhalten, darf der Ausbilder ruhig ab und zu mit dem Pferd spielen (Abb. 5). Auch ranghohe Pferde spielen mit rangniederen, ohne ihre dominante Stellung zu gefährden. Im Spiel zeigt das Pferd oft verborgene Talente, bietet Verhaltensweisen an, die für die Ausbildung nutzbar sind und gibt dem guten Beobachter Aufschluß über seine Vorlieben und seine Schwächen.

Das Pferd sollte jedoch zwischen Spiel und Arbeit unterscheiden können (z. B. dadurch, daß es beim Spiel immer völlig frei ist und bei

Abb. 5 Im Spiel ist die Aufmerksamkeit des Pferdes freiwillig auf den Ausbilder gerichtet. Dies fördert eine harmonische Beziehung zwischen Pferd und Mensch.

der Arbeit mindestens ein Halfter am Kopf hat). Arbeit soll immer abrufbar sein, Spiel ist und bleibt freiwillig, auch wenn eventuell einzelne spielerische Ansätze später in die Arbeit einbezogen, d. h. abrufbar gemacht werden können.
Eine sichere Beherrschung seiner Körpersprache ist unerläßlich für eine »sichere« spielerische Beschäftigung mit dem Pferd. Die Aktivität beim Spiel sollte vom Menschen ausgehen sowie auf Distanz erfolgen, denn sonst kann es geschehen, daß sich der Mensch das Pferd kaum noch vom Leibe halten kann.

Belohnung und Strafe
Der vernünftige Umgang mit Pferden kann durch die Begriffe *gerecht, freundlich, bestimmt, schnell* und *bewußt* umrissen werden. Insbesondere das System von Belohnung und Strafe sollte sich an diesen Begriffen orientieren. Im einzelnen bedeutet das:
Freundlich So sollte die Grundeinstellung des Menschen zum Pferd sein. Sie sollte sich auch bei einer nötigen Strafe nicht in Zorn verwandeln. Eine richtige Strafe ist immer emotionslos und zielgerichtet.
Bestimmt Jeder Handlung des Pferdeausbilders muß Eindeutigkeit und Autorität zugrunde liegen. Jede halbherzig ausgeführte Aktion wird das Pferd in Frage stellen.
Schnell Ein Pferd reagiert schnell, für den Ausbilder oft zu schnell. Es kündigt jedoch seine Aktionen durch einige Zeichen an. Um einer unerwünschten Handlung des Pferdes zu begegnen, muß der Ausbilder diese fast vorausahnen, um sie im Ansatz zu unterbinden. Das bedeutet: Er muß das Pferd ständig gut beobachten. Auch Überraschungseffekte gehören zum Thema »schnell«. Damit ein Pferd sich nicht auf eine Strafe vorbereiten kann, sollte der Ausbilder durchaus verschiedene Strafen für das gleiche »Vergehen« des Pferdes auf Lager haben.
Bewußt Der Ausbilder muß sich ständig seiner eigenen Bewegungen und seiner Körperhaltung bewußt sein, denn Haltung und Ausstrahlung sind es, womit er das Pferd beeinflußt.
Gerecht Das Pferd muß wissen, wofür es bestraft oder belohnt wird, und es muß Strafe oder Belohnung auch als solche erkennen können – d. h. sie muß artgerecht sein.

Artgerechte Belohnungen sind folgende:
Das Verabreichen von kleinen **Leckerbissen** für erwünschtes Verhalten. Das Füttern des Pferdes ist jedoch nur eine der vielen Lobmöglichkeiten und durchaus nicht immer die beste. Sie sollte nicht überstrapaziert werden, weil einige Pferde sonst dem Ausbilder gegenüber zu Aufdringlichkeiten neigen.
Viel effektiver als Futter ist eine **Ruhepause** für das Pferd, in der es sich entspannen und das Vorangegangene verarbeiten kann (Abb. 6). Besonders nach »spannenden«, eventuell angsterzeugenden Übungen bedeutet die Ruhepause Erleichterung und damit Belohnung für das Pferd.
Das Pferd ist zudem dankbar für einen Ausbilder, der Souveränität und Ruhe ausstrahlt, denn dieser vermittelt ihm ein angenehmes **Sicherheitsgefühl.**
Etwas Angenehmes vermittelt der Ausbilder dem Pferd auch, wenn er **arttypisches Ver-**

Abb. 6 Ruhepausen zum Nachdenken – eine Belohnung für das Pferd.

Abb. 7 Imitation von arttypischem Schutz-Verhalten – man kann dem Pferd den Arm über den Hals legen und damit die Mutterstute imitieren.

halten imitiert. Er kann zum Beispiel dem ängstlichen Pferd einen Arm über den Hals legen und ahmt damit die Pferdemutter nach, die ihr Fohlen schützt (Abb. 7).
Jedes Pferd hat andere **sensible Punkte,** an denen es gern gekrault oder geklopft wird. Diese Punkte sollte man suchen, um das Pferd durch eine Berührung dort loben zu können. Die **beruhigende, tiefe Stimme** als Instrument des Lobes, also auch der Belohnung, sollte hinreichend bekannt sein.

Für das Pferd verständliche Strafen:
Das Spektrum der wirksamen Strafen bzw. »Ermahnungen« reicht von der lauten oder nur **erhobenen Stimme** bei sensiblen Pferden über die drohend aufgerichtete **Haltung des Ausbilders** (siehe Körpersprache) mit eventuell erhobenem Arm bis zu härteren Maßnahmen wie dem **Klaps mit der Gerte** oder Peitsche (natürlich kein Verprügeln des Pferdes) oder einem **Ruck am Halfter** oder an der Führkette auf die Nase (Abb. 8).
Neben den oben genannten Maßnahmen können jedoch auch art-, d.h. **herdentypische Strafen imitiert** werden: Ein Hufttritt ist durch einen Fußtritt zu imitieren, ein Biß durch ein Knuffen des Pferdes mit dem Ellbogen etc.
Manchmal muß eine solche Strafe blitzschnell erfolgen. Ein fast reflexhaftes Handeln des Ausbilders ist dabei wünschenswert. Der »richtige« Reflex ist antrainierbar, wie wir noch sehen werden. Eine leichte, gerechtfertigte Strafe zur rechten Zeit verhindert das Eskalieren eines Ungehorsams und so die Notwendigkeit härterer Strafen. Eine ungerechte Strafe jedoch verärgert und verunsichert das Pferd und nimmt ihm das Vertrauen zum Ausbilder.
Besonders bei Korrekturpferden, von denen man nicht genau weiß, wie sie vorher behandelt wurden, ist es oft besser, **abzulenken statt zu strafen.** Möglicherweise muß man sonst dauernd für etwas strafen, was der vorige Reiter erlaubt, schlimmstenfalls sogar gefördert hat, und das Pferd versteht die Welt nicht mehr...
Um seine Position als Ranghöherer nicht zu gefährden, muß der Ausbilder dem Bewegungsdrang und den schnellen Reaktionen des »Fluchttieres« Pferd Rechnung tragen. Er läßt besonders junge Pferde sinnvollerweise frei toben, bevor er Konzentration verlangt, und vermeidet damit Auseinandersetzungen.

Maß und Ziel der Arbeit
Pferde können zuwenig, zuviel und falsch gearbeitet werden – nicht nur unter dem Reiter, sondern auch bei der Bodenarbeit.
Zuwenig bedeutet unregelmäßig; ein Zuwenig pro Arbeitseinheit gibt es kaum: Man höre auf, wenn das Pferd etwas besonders gut gemacht hat, auch wenn das schon nach zehn Minuten der Fall ist. Ein stures Abspulen eines Trainingsprogramms sollte man vermeiden.

Abb. 8 Strafe durch harten Ruck am Halfter.

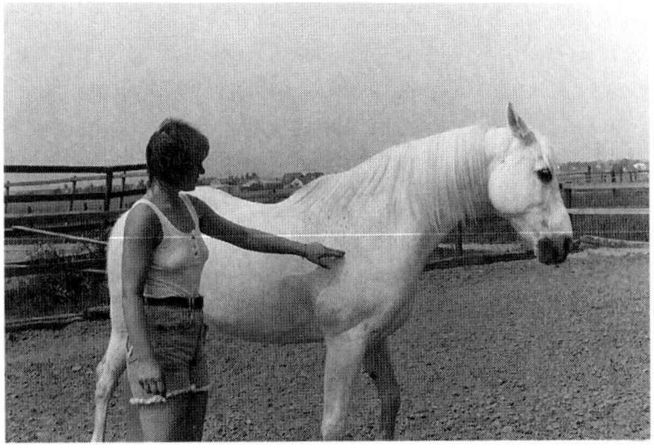

Abb. 9 Abwehrhaltung: »Laß mich in Ruhe.«

Zuviel und falsche Arbeit bedeuten eine Überlastung des Pferdes, zu schnelle Steigerung der Anforderungen und Trainingszeiten sowie ein monotones Aneinanderreihen von Lektionen, ohne die Stärken und Schwächen des Pferdes zu berücksichtigen. Damit langweilt man das Pferd, schädigt seine Gesundheit und nimmt ihm den Spaß an der Arbeit. Eine sinnvolle Staffelung von Übungen ist notwendig, wobei diese von Pferd zu Pferd und manchmal auch von Tag zu Tag unterschiedlich ist. Eine »Stimmungsprüfung« beim Pferd ist sinnvoll, wenn mit etwas Neuen begonnen werden soll oder eine ungeliebte Übung auf dem Programm steht. Auch Pferde haben öfter schlechte Laune, fühlen sich nicht wohl, sind wetterfühlig, rossig oder sonst etwas. An einem solchen Tag muß man keine Auseinandersetzung provozieren, nur weil etwas Bestimmtes auf dem Ausbildungsprogramm steht, mit dem das Pferd sowieso seine Schwierigkeiten hat.

Auch während und nach der Arbeit sollte man feststellen, wie sich die Verfassung des Pferdes ändert, um sein eigenes Verhalten zu überprüfen: Wird es ruhiger oder nervöser, gelöster oder gespannter etc.? Ziel jeder Arbeit sollte natürlich die Verbesserung der Verfassung des Pferdes sein, und es soll sich bei und nach der Arbeit wohl fühlen.

Ein nicht zu unterschätzender Faktor ist auch die dem Ausbilder zur Verfügung stehende Zeit: Oft steht er unter Zeitdruck und versucht dann, eine bestimmte angefangene Lektion auf Biegen und Brechen zu Ende zu bringen. Das ist auf jeden Fall zu vermeiden. Bei Zeitdruck sollte man lieber mit dem Pferd spielen.

Die Hilfen bei der Bodenarbeit

Bei der Bodenarbeit gibt es zwei Möglichkeiten, das Pferd zu beeinflussen:

1. durch Gestik und Haltung (Körpersprache),
2. durch äußere Hilfsmittel (Ausrüstung).

Wie beim guten Reiten soll die Ausrüstung bei der Bodenarbeit eine untergeordnete Rolle spielen. Sie soll gut und zweckmäßig sein, jedoch keine »Krücke« für schlechte Körpersprache und schlechte Erziehung des Pferdes darstellen.

Körpersprache des Ausbilders

Der Mensch verleiht mit seiner äußeren Haltung, seiner Gestik und Mimik seiner inneren Einstellung Ausdruck. Ein Pferd reagiert auf diese innere Haltung des Menschen bzw. sei-

Abb. 10a + b Kraftverschleißende (oben) und kraftsparende Art (unten), vom Stuhl aufzustehen.

nes Ausbilders. Es reagiert jedoch nicht nur auf die Haltung, die der Mensch bewußt zur Beeinflussung des Pferdes einsetzt, sondern auch auf Ängste, Verkrampfungen oder Unsicherheiten, deren er sich nicht oder nicht immer bewußt ist. Oft kann er diese gut vor anderen Menschen verbergen, nicht jedoch vor dem Pferd.
Zur Entwicklung einer »guten«, d.h. dem Pferd verständlichen, Körpersprache gehört in erster Linie das Bewußtmachen der eigenen Haltung und Bewegung in allen Facetten. Das bedeutet, daß sich ein Ausbilder und Reiter stets selbstkritisch beobachten und, falls notwendig, korrigieren sollte. Sowohl das autogene Training als auch die Feldenkrais-Methode bieten gute Ansatzpunkte, sich seiner eigenen Bewegungen bewußt zu werden und Spannungen im eigenen Körper zu erkennen und zu beseitigen. Während das autogene Training dem gestreßten Menschen eine Methode zur schnellen Entspannung bietet, geht es in den von Moshe Feldenkrais entwickelten Übungen darum, die Qualität der Bewegung zu verbessern. Durch sehr langsame und »sparsame« Bewegungen soll jede überflüssige Muskelanspannung bewußtgemacht und schließlich vermieden werden. Eine richtige Bewegung bedeutet nach Feldenkrais eine Bewegung, die maximalen Effekt mit minimalem Kraftaufwand erzielt. Der **ganze Körper** soll in einer fließenden, weichen (und damit eleganten) Bewegung zum Ziel einer bestimmten Handlung eingesetzt werden (Abb. 10a + b). Bewegungsblockaden im Körper, wie z.B. ein steifer Nacken oder Rücken oder eine unbewegliche Hüfte, schlechte, weil kräfteverschleißende Bewegungsgewohnheiten, eine schlechte Haltung, lassen sich mit der Feldenkrais-Methode erkennen und können abgebaut werden. Der eigene Körper wird sensibler und ausdrucksfähiger. Für die Bodenarbeit ist dies von elementarer Bedeutung, um vom Pferd nicht mißverstanden zu werden, denn jede Bewegung des Ausbilders ist für das Pferd ein Signal.

Körpersignale im einzelnen

Haltung und Bewegungsrichtung Wie beim Reiten ist eine aufrechte Haltung die Grundvoraussetzung für deutliche Signale. Jedes Zusammenfallen in Brustkorb oder Schultern behindert die freie Beweglichkeit und verhindert die nötige »autoritäre Ausstrahlung« des Ausbilders. Die Bewegungsrichtung des Ausbilders dirigiert das Pferd. Es weicht ihm rückwärts oder seitwärts aus oder folgt ihm.

Abb. 11 Armsignale: Vorwärtstreiben mit erhobenem Arm.

Mit den Armen weist der Ausbilder dem Pferd die Richtung, macht es aufmerksam, rahmt es ein (z.B. mit den Arm-Verlängerungen Longe und Gerte/Peitsche), kann es vorwärtstreiben (Abb. 11) oder anhalten (z.B. durch Heben des Armes vor der Nase des Pferdes). Durch starkes Aufrichten und Anheben beider Arme kann er eine Drohhaltung einnehmen.
Mit den Händen kann der Mensch dem Pferd angenehme und unangenehme Empfindungen vermitteln. Er kann es massieren oder streicheln. Oder er kann durch »Störbewegungen« wie Anpieken mit den Fingerspitzen oder Klatschen mit der flachen Hand bestimmte Körperteile zum Ausweichen veranlassen.
Beine und Füße sind neben der Haltung für die Deutlichkeit der Bewegungsrichtung des Ausbilders verantwortlich. Mit der Fußspitze zielt der Mensch auf den Punkt des Pferdes, der ausweichen soll. Der Winkel, in dem er sich dem Pferd bzw. dem Körperteil, der ausweichen soll, nähert, steuert die Richtung des Ausweichens.
Die Haltung von **Hals und Kopf** gehört zur allgemeinen Körperhaltung. Es gilt zum Beispiel folgendes: Ein eingezogenes Genick signalisiert dem Pferd Ängstlichkeit und blokkiert die Beweglichkeit des ganzen Menschen; ein angehobenes Kinn bedeutet Entschlossenheit und Autorität, ein eingezogenes Kinn schränkt die Beweglichkeit ein etc. Im

Kopfbereich kommen als Besonderheit noch die Ausdrucksmöglichkeiten des Gesichtes und vor allem der Augen hinzu. So kann man beobachten, daß ein verbissener Gesichtsausdruck zu verbissenem Handeln führt und damit auch zu einer gewissen Starrheit und Unbeweglichkeit in den Reaktionen des Ausbilders.

Die Augen und das Sehen nehmen eine Sonderstellung ein. Zusammengekniffene Augen verspannen das Gesicht und nehmen nur einen Ausschnitt des äußeren Geschehens auf.

Weit offene Augen entspannen und nehmen eine Bewegung des Pferdes ganzheitlich auf. Eine **innere »Leitbild-Datei«,** bei der der Mensch bestimmte Idealbilder einer harmonischen Bewegung des Pferdes als Gesamtbild in einer Ecke seines Gehirns »gespeichert« hat und mit dem Ist-Zustand des Pferdes vergleicht, kann beim Bewerten des Gesehenen helfen. Mit zunehmender Erfahrung können weitere **bildhafte Vorstellungen** einer richtigen Korrektur sowie von blitzschnellen, wünschenswerten Reaktionen des Ausbilders bei Ungehorsam des Pferdes gespeichert werden. Die bildhafte Vorstellung ist deswegen einer logischen Abfolge von Einzelhandlungen (die man genauso lernen und abrufen könnte) vorzuziehen, weil sie schneller, fast wie ein Reflex, abrufbar und verfügbar ist.

Abb. 12 a + b Sehenlernen: Das Pferd galoppiert ruhig und gelöst, ohne Spannungen (oben). Das gleiche Pferd mit Spannungen im Hals-Schulter-Bereich (unten).

Einen unharmonischen Ist-Zustand des Pferdes können jedoch viele Reiter nur unzureichend erkennen. Sie müssen erst **sehen lernen,** den Blick schulen (Abb. 12a + b). Dazu ist ein spezielles Interesse notwendig. Wer sich nur oberflächlich für sein Pferd interessiert, wird nicht lernen, eine harmonische Bewegung von einer unharmonischen zu unterscheiden. Zudem ist es notwendig, ideale und schlechte Bewegungen nebeneinander zu sehen und vergleichen zu können, z. B. auf Video-Aufzeichnungen. Sehen kann man Probleme des Pferdes bei bestimmten Bewegungen am besten, wenn man es nicht mittels Hilfszügel einzwängt.

Die richtige (ruhige und gleichmäßige) Atmung des Ausbilders hat elementare Auswirkungen auf die Grundbeweglichkeit seines Körpers. Ein Atemanhalten signalisiert dem Pferd Schreck oder Angst und kann den Körper des Ausbilders schlimmstenfalls komplett blockieren.

Zudem hat die Atmung Einfluß auf die **Stimmlage.** Hat man Atmung und Stimmlage nicht unter Kontrolle, so kann man natürlich auch die Stimme als Hilfe nicht gezielt einsetzen.

Ausrüstung des Pferdes

Für die Ausrüstung gilt dasselbe wie für die Körpersprache: So wenig wie möglich, so viel wie nötig.

Wie später noch erläutert wird, gibt es bei der Bodenarbeit verschiedene Zielsetzungen: das grundlegende Dominanztraining, die normale gymnastizierende Ausbildung, die Korrektur von Problemen, die Arbeit an Hindernissen und die versammelnde Arbeit. Für manche der Bereiche kann das eine oder andere Hilfsmittel sinnvoll sein.

Grundsätzliche Ausrüstung

Halfter, Führstrick und Longe sind die Ausrüstungsteile, die für das Dominanztraining ausreichen.

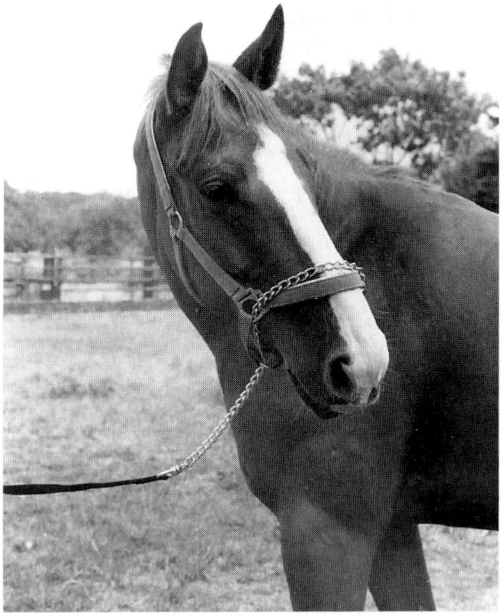

Abb. 13 Die Führkette wird durch die seitlichen Ringe des Halfters über die Nase gezogen.

Ein dünnes **Strickhalfter** ist für den Anfang sinnvoll, weil es einen gezielten Druck nicht auf den halben Pferdekopf verteilt, wie es ein breites Leder- oder Gurthalfter tun würde. Es darf nicht zu fest verschnallt sein, jedoch auch nicht so lose, daß es bei jeder Bewegung schlackert oder bei Zug über das äußere Auge rutscht.

Statt des Halfters kann auch ein **Kappzaum** oder ein **Sidepull** verwendet werden. Der Kappzaum hat jedoch den Nachteil, daß er durch seine feste Verschnallung dauernd Druck auf den Pferdekopf ausübt und diesen so etwas unsensibler macht.

Der **Führstrick** soll lang (mindestens 2,5 m) und schwer sein. Er darf nicht zu Knotenbildung neigen. Der Haken am Führstrick soll kein Panikhaken sein, der womöglich genau dann aufgeht, wenn man es gar nicht gebrauchen kann.

Die **Longe** ist für die Arbeit auf weiteren Zirkeln unentbehrlich. Sie soll die gleichen Merkmale wie der lange Strick aufweisen, also rund und nicht zu leicht sein. Die gängigen Longen aus Gurt- oder Bandmaterial flattern im Wind und neigen zur Verdrehung, was eine sensible Hilfengebung erschwert.

Führkette (Abb. 13) oder die **War Bridle** (Abb. 14) der Westernreiter können bei besonderen Schwierigkeiten und bei der Korrektur schon verdorbener Pferde eingesetzt werden.

Alle Hilfsmittel werden ohne konstanten Druck oder Zug verwendet. Ein Festziehen ist auf jeden Fall zu vermeiden.

Hilfsmittel zur Verlängerung der Reichweite des Ausbilders sind die Peitsche, eine

Abb. 14 Richtiges Anbringen der War Bridle.

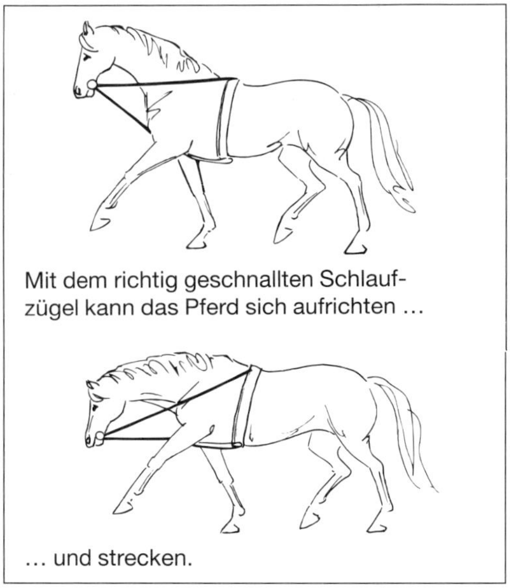

Mit dem richtig geschnallten Schlaufzügel kann das Pferd sich aufrichten ...

... und strecken.

Abb. 15 Schlaufzügel richtig angewandt.

lange und kurze Gerte sowie das Seilende des Führstrickes. Die Peitsche sollte nicht zu lang, der Peitschenschlag nicht zu schwer sein (am besten eine dünne Lederschnur), damit sie sensibel und **ohne Kraftaufwand** gehandhabt werden kann.

Abb. 16 Hoch eingezäunter Round-Pen als Führungshilfe und für die Arbeit ohne Longe. Idealerweise wäre er noch undurchsichtiger eingezäunt, um eine optische Ablenkung von außen auszuschließen und die Aufmerksamkeit des Pferdes beim Ausbilder zu halten.

Das Seilende des Führstrickes kann wie ein Propeller geschwungen werden und die Peitsche ersetzen. Die forcierte Bewegung des propellernden Endes verleiht jeder Bewegung des Ausbilders mehr Nachdruck. Zudem kann man mit dem **kreisenden Seilende** das Pferd bzw. genau den Körperteil des Pferdes berühren, der ausweichen soll. Das tut nicht weh, stört das Pferd aber massiv durch das regelmäßige Klatschen und es wird das Feld räumen. Besonders beim Dominanztraining, in dem es oft um schnelle Reaktionen des Ausbilders geht, ist das Seilende das im Vergleich zur Peitsche flexiblere Hilfsmittel. Bei versammelnden Übungen ist wiederum die Gerte oder die Peitsche vorzuziehen. Der Umgang mit Gerte, Peitsche und Seilende sollte sinnvollerweise geübt werden, bevor man sich damit ans Pferd wagt.

Bei besonderen Schwierigkeiten und bei manchen versammelnden Übungen kann es sinnvoll sein, mit Trense zu arbeiten und Hilfszügel und Longiergurt zu benutzen. Unter den Hilfszügeln kommen Chambon, ein richtig verschnallter Schlaufzügel (so daß das Pferd sich strecken kann; Abb. 15) und Ausbinder in Frage. Jedoch sollte ihr Einsatz auf ein Minimum reduziert werden. Viele Übungen lassen sich mit der Grundausstattung Halfter/Longe/Führstrick einfacher und besser ausführen.

Besser als Hilfszügel, aber bei weitem schwieriger, ist die Arbeit am langen Zügel, der viel sensibler und gezielter zu handhaben ist.

Äußere Bedingungen

Neben der Körpersprache und der Ausrüstung gibt es einen dritten Faktor, der die Arbeit erleichtern kann: Man sollte dem Pferd wenig Möglichkeiten geben, sich dem Zugriff des Ausbilders zu entziehen. Ein fest eingezäunter Round-Pen (Longierzirkel) oder eine provisorische Version davon (mit E-Zaun eingezäunt) lassen dem Pferd keine Möglichkeit, zum Beispiel nach außen auszubrechen (Abb. 16).

Die Bodenbeschaffenheit und das Wetter sollten – besonders bei jungen Pferden – beachtet werden. Zu tiefer Boden oder glitschiger Schlamm machen dem Gleichgewicht eines jungen Pferdes meist zu schaffen. Wind und Kälte führen oft zu Übermut und »explosivem Verhalten« des Pferdes.

Grundlegende Arbeit: Dominanztraining

In der Grundsatzarbeit wird die Rangordnung zwischen Mensch und Pferd geklärt. Der Mensch muß unter allen Umständen ranghöher als das Pferd, also dominant sein. Daraus resultiert auch der Name »Dominanztraining«.
Mit gezielter Körpersprache des Ausbilders und den psychologischen Grundsätzen des Herdenverhaltens wird das Pferd dazu veranlaßt, den Ausbilder als Leittier anzuerkennen. Das Leittier – der Ausbilder – verlangt bedingungslose Unterordnung und bietet dafür Schutz und Sicherheit. Dieses »autoritäre« Verhalten von Leittier und folgerichtig auch Leitmensch liegt im natürlichen Herdenverhalten begründet und bedeutet nicht, das Pferd gegen seine Natur zu unterjochen.
Bei der »natürlichen«, an das Herdenverhalten angelehnten Ausbildung kann man anfangs nach dem simplen Grundsatz arbeiten: **Das rangniedere Pferd muß dem ranghohen ausweichen.**
Daraus folgt, daß der Mensch das Pferd überall und immer von seinem Platz vertreiben kann. Er kann damit auf dem Auslauf beginnen und beispielsweise das dort in der Sonne dösende Pferd vertreiben, indem er schnell, hochaufgerichtet und zielsicher darauf zugeht. Dazu sollte er, besonders bei älteren Pferden, Gerte oder Peitsche mitnehmen, um seinem Ansinnen Nachdruck zu verleihen. Bei den ersten Übungen ist es egal, in welche Richtung das Pferd ausweicht. Es muß nur möglichst schnell auf die körpersprachliche Drohung des Menschen reagieren.

Ausweichtraining

Später geht man daran, das Pferd (mit Halfter und Führstrick) zielgerichtet weichen zu lassen. **Dabei geht es im Laufe des Trainings um eine Minimierung der körpersprachlichen Hilfen** (wie auch später beim Reiten) und dementsprechend um zunehmende Sensibilisierung und Aufmerksamkeit des Pferdes auf die Bewegungen des Ausbilders. Das Pferd soll sich ausschließlich auf den Ausbilder konzentrieren, was nicht nur Respekt, sondern auch viel Vertrauen voraussetzt.
Prinzipiell hat dabei das Pferd sechs Möglichkeiten des Ausweichens:

- ☐ nach oben,
- ☐ nach unten,
- ☐ nach hinten,
- ☐ nach vorne,
- ☐ zur Seite nach rechts,
- ☐ zur Seite nach links.

Die Arbeit besteht nun darin, das Pferd so zu schulen, daß es präzise in die vom Ausbilder gewünschte Richtung weicht. Die Möglichkeiten des Ausweichens nach oben und unten sind dabei erst einmal zu vernachlässigen; sie kommen bei der Freiheitsdressur und bei der Arbeit im Gelände zum Tragen.

Das Pferd weicht nach vorne aus

Der Ausbilder kann das Pferd zu sich heranholen: Dazu steht er frontal vor dem Pferd (Abstand anfangs etwa 2–3 m, später mehr), zieht leicht am Führstrick und macht eventuell selbst einen Schritt zurück (er lädt das Pferd damit praktisch ein, ihm zu folgen). Das Pferd kann nun entweder dem Zug folgen, oder es macht sich steif und baut Gegendruck auf.
Im ersten Fall wird es ausgiebig gelobt und eine Weile in Ruhe gelassen. Im zweiten Fall baut nun der Ausbilder etwas mehr Zug auf (Abb. 17) und wartet kurz, ob das Pferd reagiert. Tut es dies nicht, so läßt er wie bei einer Parade wieder los und baut erneut Zug auf. Der Zug muß sofort aufhören, wenn das Pferd einen Ansatz zum Vorwärtsgehen macht. So verbindet es den Schritt vorwärts mit dem angenehmen Aufhören des Drucks hinter den Ohren, und es wird kurz in Frieden gelassen. Das Pferd begreift schnell, daß es dem Druck hinter den Ohren entkommen

Abb. 17 Pferd heranholen – bei Widerstand etwas Druck aufbauen.

Abb. 18 Kopf durch vibrierenden Druckaufbau herunterziehen.

kann, wenn es vorwärts geht. Es kann zwischen angenehm und unangenehm wählen und entscheidet sich (freiwillig) für das angenehmere Vorwärtsgehen.
Um Spannungen im Rücken und im Hals zu korrigieren, kann man nun seinem Pferd auf die gleiche Weise auch den Kopf herunter»ziehen« und es so zu einer entspannten Haltung veranlassen (Abb. 18).
Beide Übungen sollen das Pferd dazu bringen, auf die Bewegungen des Ausbilders zu achten, einem Druck schnell nachzugeben

Abb. 19 Ausweichen nach hinten.

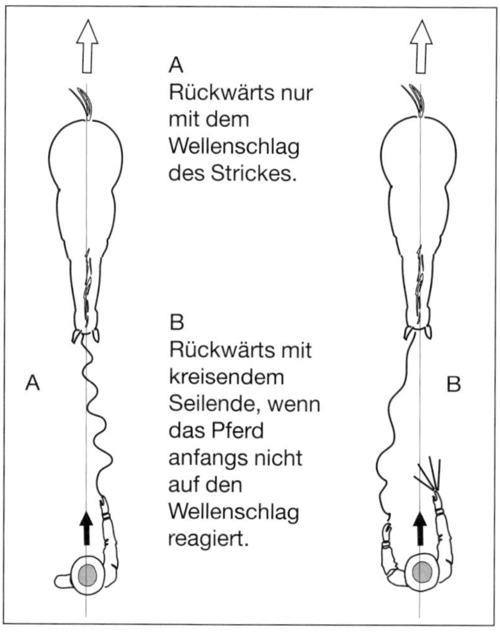

und dem Ausbilder überallhin zu folgen, wenn er einen leichten Zug am Führstrick aufbaut.
Der Ausbilder schickt das Pferd vor sich her: Er geht dazu schräg hinter dem Pferd, imitiert also die Position des Leithengstes. Dirigiert wird das Pferd durch die Veränderung der eigenen Körperposition (Seitwärtstreiben der Hinterhand) und den Einsatz einer Gerte z. B. an der Schulter (um die Vorhand zu lenken). Der Einsatz der Gerte imitiert die Bisse des Hengstes, wenn er die Richtung des von ihm getriebenen Pferdes korrigiert.

Das Pferd weicht nach hinten aus

Das Ausweichen nach hinten (Abb. 19) festigt die ranghohe Position des Ausbilders und gymnastiziert das Pferd.
Idealerweise soll der Ausbilder am Ende des Trainingsabschnittes das Pferd wegschicken können, ohne daß er sich selbst von der Stelle, an der er steht, wegbewegt (wichtig für die Arbeit auf Distanz). Eine Vorübung dazu ist es, drohend aufgerichtet frontal auf das Pferd zuzugehen. Das kreisende Seilende forciert die eigene Bewegung. Man kann damit das Pferd auch an der Nase berühren, wenn es stur stehenbleibt. Ein Anheben der Arme, eventuell auch ein Fuchteln mit den Händen und Armen, verstärkt die Drohhaltung des Ausbilders (Imitation des Steigens). Es kann bei sturen Pferden helfen, sie zu beeinflussen, ohne sie berühren zu müssen, d. h. sie für die Körperhaltung des Ausbilders zu sensibilisieren. Diese Vorübungen werden wieder weggelassen, sobald das Pferd aufmerksamer geworden ist.
Für die gerade Bewegungsrichtung des Pferdes ist es wichtig, daß der Ausbilder frontal auf das geradestehende Pferd zugeht. Jedes Abweichen von der Geraden bewirkt ein schräges Ausweichen des Pferdes. Später kann der Ausbilder seine Vorwärtsbewegung durch eine Wellenbewegung des Führstrickes bzw. der Longe ersetzen und damit Impulse auf den Kopf des Pferdes ausüben, die das Pferd stören und zum Ausweichen rückwärts veranlassen. Einseitige harte Anschläge können auch die Richtung des Ausweichens korrigieren, wenn der Ausbilder selbst stehenbleibt und so keine Änderung seines Bewegungswinkels vornehmen kann.
Die beiden Übungen »rückwärts wegschikken« und »zu sich heranholen« werden beim

Abb. 20 Eigenes Rückwärtslaufen des Ausbilders veranlaßt das Pferd zum Rückwärtsgehen.

Führen des Pferdes kombiniert, wenn das Pferd beides begriffen hat. Der Ausbilder führt beispielsweise das Pferd im Schritt oder Trab, bleibt abrupt stehen und veranlaßt das Pferd damit zum Anhalten. Dann geht er selbst rückwärts und läßt das Pferd damit rückwärts ausweichen (Abb. 20).
Sinn dieser Übung ist, die absolute Aufmerksamkeit des Pferdes für den Ausbilder zu erreichen.

Das Pferd weicht seitlich nach rechts oder links

Nur die Hinterhand weicht aus: Das Pferd führt dabei eine Vorhandwendung aus: Sinn der Übung ist die Kontrolle der Hinterhand. Um die Hinterhand zum Ausweichen zu veranlassen, bewegt sich der Ausbilder von seinem Standort schräg vor dem Kopf des Pferdes auf dessen Hinterhand zu. Dabei zielt er mit seiner linken Fußspitze auf den linken Hinterhuf des Pferdes, wenn die Hinterhand nach rechts weichen soll (Abb. 21). Dieses Zielen ist wichtig, um die genaue Richtung des Ausweichens zu steuern.

Abb. 21 Seitliches Ausweichen der Hinterhand nach rechts oder links.

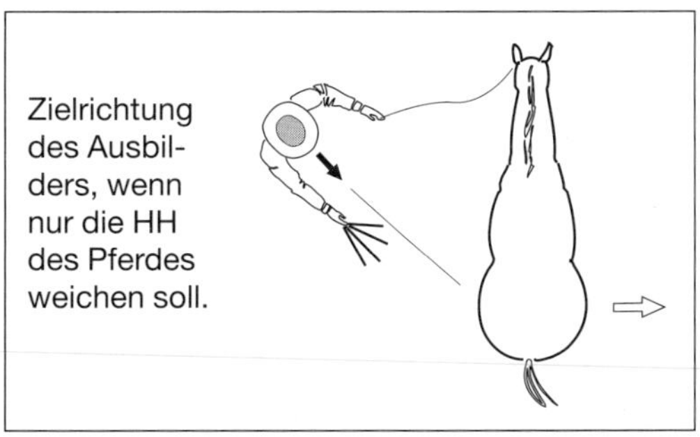

Die Vorhand soll bei dieser Übung auf jeden Fall stehenbleiben und nicht seitlich ausweichen. Am Ende der Übung soll das Pferd fast frontal vor dem Ausbilder stehen und ihn aufmerksam ansehen, auf neue körpersprachliche Signale wartend.
Um immer richtig zielen zu können, muß der Ausbilder der Hinterhand des Pferdes manchmal recht schnell nachsetzen; er sollte also über etwas Kondition verfügen.
Der Seilpropeller wird bei mangelnder Reaktion zwischen Sprunggelenk und Hüfte des Pferdes benutzt. Der Führstrick sollte bei diesen ganzen Aktionen weitgehend locker sein. Die Vorhand wird nicht über den angenommenen Strick kontrolliert (d. h. auf der Stelle gehalten), sondern über die richtige Bewegung der Hinterhand.

Fixierung

Hat der Ausbilder beide Seiten völlig unter Kontrolle, so ergibt sich als Prüfstein für den Erfolg der Übung die Fixierung des Pferdes auf seine Bewegungen.
Der Ausbilder stellt sich frontal vor das Pferd. Nun macht er zuerst einige Schritte nach rechts vorne – das Pferd weicht mit der Hinterhand nach links (vom Ausbilder aus gesehen). Dann macht er einige Schritte nach links vorne – das Pferd weicht mit der Hinterhand nach rechts. Es schaut ihn immer frontal an, wenn der Ausbilder ruhig stehenbleibt.
Später kann diese Übung in schneller Folge rechts/links variiert werden. Das Pferd reagiert bei schnellerer Folge über seine gesamte Längsachse und weicht nicht mehr nur mit der Hinterhand (Abb. 22). Es setzt sogar die Hinterhand vermehrt unter und führt eine ähnliche Bewegungsfolge aus wie das Westernpferd beim Cutting, jedoch mit umgekehrten Vorzeichen: Beim Cutting kontrolliert das Pferd das Rind, bei der Fixierung wird das Pferd vom Ausbilder kontrolliert.
Ist die Hinterhand-Kontrolle gefestigt, so kann der Ausbilder sein Pferd aus jeder beliebigen Gangart an der Longe anhalten, indem

Abb. 22 Hier kann man sehen, wie stark das Pferd bei der Fixierung die Hinterhand einsetzen muß.

Abb. 23 Die Vorhand weichen lassen: richtige und falsche Positionen des Ausbilders.

er einen Schritt in Richtung der Hinterhand macht: Das Pferd reagiert durch Untersetzen und Ausweichen mit der Hinterhand nach außen, es steht und schaut den Ausbilder an. Das funktioniert jedoch nur, wenn das Pferd an der Longe auch aufmerksam auf seinen Leitmenschen achtet und nicht mit ganz anderen Dingen beschäftigt ist.

Das Pferd weicht mit der Vorhand aus

Diese Übung ist eine Hinterhandwendung, bei schnellerer Ausführung ein Spin.

Die Position des Ausbilders ist hier schwieriger auszumitteln. Schon geringe Abweichungen von der richtigen Position führen beim Pferd zu falschen oder fehlenden Reaktionen. Der Ausbilder steht in Höhe der Schulter des Pferdes mit etwa einem Meter Abstand und bewegt sich nun schräg auf den vorderen Teil der Schulter zu (Abb. 23). Zielt die Bewegungsrichtung des Ausbilders zu weit Richtung Kopf des Pferdes, so wird es nur den Hals wegdrehen, aber mit den Vorderbeinen stehenbleiben. Zielt der Ausbilder zu weit Richtung Rumpf, so weicht das gesamte Pferd seitlich aus und zwar mit Vor- und Hinterhand gleichzeitig. Der Ausbilder zeigt mit der Fußspitze des näher am Pferd stehenden Beines auf den Ballen des Vorderhufes. Weicht das Pferd korrekt nur mit der Vorhand, so hat er richtig gezielt. Er muß nun jedoch in einem großen Bogen dem Kreis, den die Vorhand des Pferdes um die Hinterhand beschreibt, folgen (Abb. 24). Je schneller und besser das Pferd reagiert, um so schneller muß er laufen können, um in der richtigen Position schräg hinter der Schulter des Pferdes zu bleiben.

Abb. 24 Die Vorhand weicht aus. Reagiert das Pferd gut wie hier, braucht man den Seilpropeller nicht und hält den Strick wie abgebildet.

Der Führstrick darf sich während der Übung nicht spannen. Er muß lose genug sein, damit das Pferd Kopf und Hals in die Bewegungsrichtung – also weg vom Ausbilder – stellen kann.
Neben der Möglichkeit, Hinterhandwendung und Spin sowie die Biegung des Pferdes zu trainieren, bietet diese Übung die zweite Grundlage für die Longenarbeit. Sie ist Teil des **Richtungswechsels,** der sich aus dem Weichen der Hinterhand, dem Hereinrufen des Pferdes, dem Weichen der Vorhand und dem abschließenden Wegschicken des Pferdes zurück auf die Zirkellinie zusammensetzt.

Das Pferd weicht mit Vorhand und Hinterhand aus

Der Ausbilder sucht sich dazu eine Position, bei der er weder auf die Vorderhufe noch auf die Hinterhufe zielt. Er zielt vielmehr etwa auf den Brustkorb, die Rippen des Pferdes. Für die reine Seitwärtsbewegung, wie sie für bestimmte Trailübungen gebraucht wird, ist seine Bewegung ziemlich genau auf die Mitte des Pferdes gerichtet, für das Schenkelweichen die 45°-Seitwärtsbewegung mehr auf die Vorhand, die zuerst weichen und vorausgehen soll. Bei der Seitwärtsbewegung ist darauf zu achten, daß das Pferd sich dabei nicht im Hals verbiegt und so die Möglichkeit bekommt, über die Schulter wegzulaufen. Mit einem Wellenschlag des Strickes kann man das Pferd dazu veranlassen, den Hals wieder geradezurichten, also mit dem Kopf auszuweichen (Abb. 25C).

Arbeit auf Distanz

Alle beschriebenen Übungen sollten auch auf weiteren Abstand – auf Distanz – funktionieren. Eine gute Übung dazu und auch für die Kontrolle der deutlichen Körpersprache ist das Herumschicken des Pferdes in einem Bogen um den stehenden Ausbilder. Dieser schickt das Pferd rückwärts von sich weg, treibt dann die Schulter durch Zielen mit Arm und Seilpropeller zur Seite, zielt danach mehr auf die Mittelhand, und das Pferd entfernt sich im Bogen (Abb. 26). So kontrolliert man das Pferd auch bei der Longenarbeit.

Gymnastizierung und Gehorsam an der Longe

Aufbauend auf das Dominanztraining kann die Gymnastizierung des jungen oder auch Korrekturpferdes weitgehend ohne Hilfszügel betrieben werden. Das Pferd fühlt sich bei der Arbeit nicht eingezwängt und kann seine natürlichen Bewegungen frei entfalten. Spannungen durch Widerstand oder Angst entstehen nicht, weil das Fluchttier Pferd nicht durch mechanische Hilfsmittel an seiner Beweglichkeit und damit Fluchtbereitschaft gehindert wird.

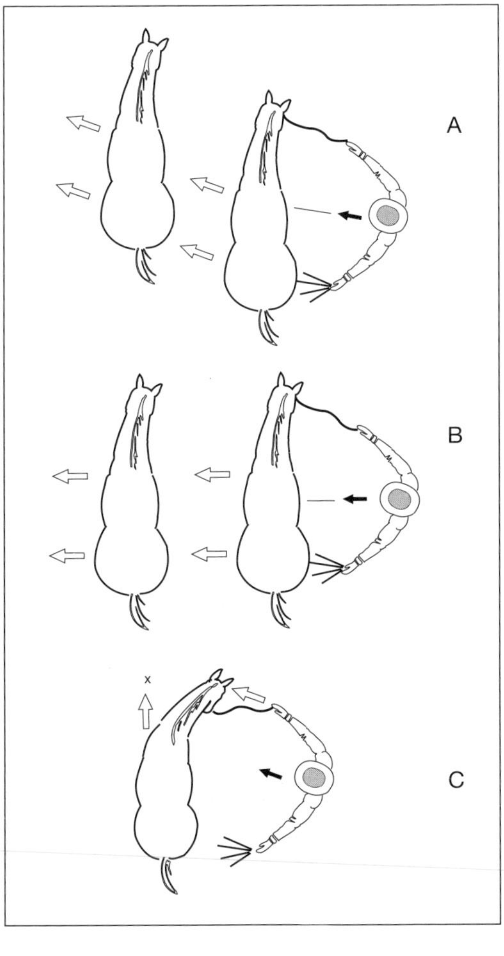

Abb. 25 Zielrichtung des Ausbilders beim Schenkelweichen (A) und bei der reinen Seitwärtsbewegung (B). Falls das Pferd sich wie in C verbiegt und in Bewegungsrichtung X einfach geradeaus läuft, kann es durch einen Wellenschlag Richtung Kopf wieder geradegerichtet werden.

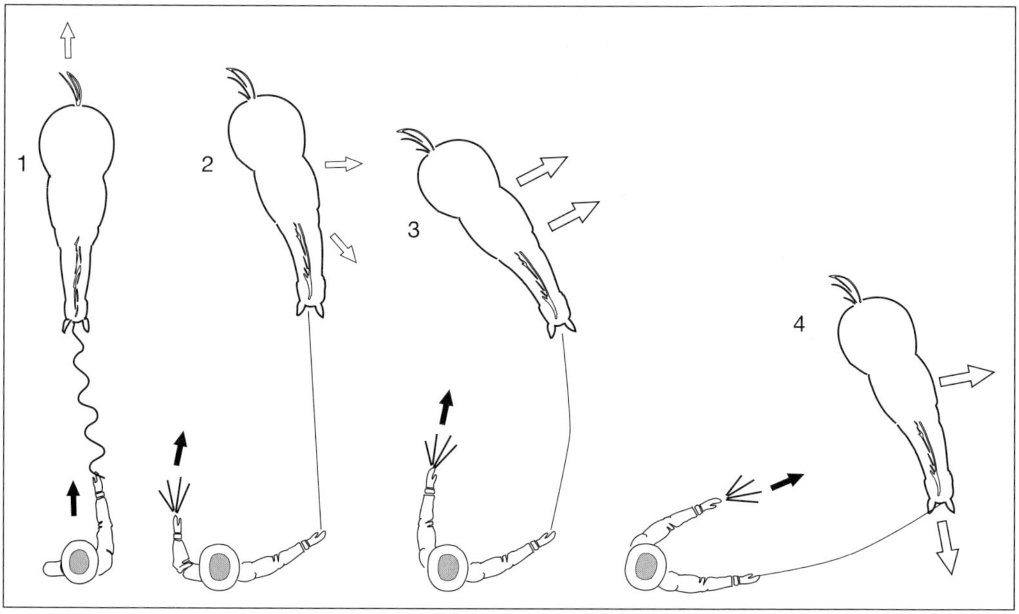

Abb. 26 Das Pferd im Bogen um sich herumschicken. Der Ausbilder rührt sich bei der Aktion nicht von der Stelle. Er dirigiert nur mit Armen und Seilpropeller.

Die **Ziele des Longierens** sind jedoch die gleichen wie in der klassischen Reitweise schon lange bekannt: Das Pferd soll vorab ohne Reitergewicht Muskeln zum Tragen eines Reiters ausbilden, es soll in engeren Wendungen ins Gleichgewicht gebracht werden, sich biegen, untertreten, taktmäßig treten etc. Wie soll denn das bei einem schwierigen oder verdorbenen Pferd ohne Hilfszügel gehen? fragt sich sicher mancher.

Es geht! Es wird manchmal länger dauern als mit Verwendung des Hilfszügels, jedoch wird der Lernerfolg nachhaltiger für das Pferd sein. Es durfte selbst entdecken, daß ein Tiefnehmen der Nase bequemer ist als ein Rückenwegdrücken. Es hatte keine Möglichkeit, sich bei Paraden zum Halten im Zügel abzustützen, also setzte es von allein die Hinterhand ein. Es lernte freiwillig.

Grundlage für das Arbeiten ohne Hilfszügel an der Longe ist die Aufmerksamkeit des Pferdes. Hat man seine Aufmerksamkeit, wird es immer bestrebt sein, den Ausbilder anzusehen, und es wird nach innen schauen, sich also richtig stellen.

Die Biegung folgt durch entsprechende Lektionen: Vergrößerung und Verkleinerung des Zirkels, Verstärken und Zurücknehmen des Tempos, Anhalten und Antreten oder Antraben lassen; diese Übungen erfordern besonders das Untersetzen des inneren Hinterfußes und damit auch die Biegung.

Schrittarbeit

Die Schrittarbeit nimmt eine besonders wichtige Stellung ein. Sie ist Gradmesser für den Gehorsam des Pferdes. Wenn es im Schritt zum Beispiel auf eine Aufforderung zum Anhalten nicht reagiert, so kann man davon ausgehen, daß es nicht will (oder daß die Körpersprache des Ausbilders nicht eindeutig ist), denn körperlich bereitet es ihm keine Schwierigkeiten, dies zu tun.

Kleine und Große Zirkel, Anhalten und Antreten sowie Rückwärtstreten lassen auf der Zirkellinie erhalten die Aufmerksamkeit und bedingen die Grundgymnastizierung; darauf kann dann langsam Trab- und Galopparbeit aufgebaut werden.

Immer, wenn das Pferd versucht, sich nach außen zu stellen (und damit mit der inneren Schulter in die Wendung herein- und mit dem äußeren Hinterbein aus der Wendung herausfällt), gibt man einen kurzen Impuls an der Longe, der das Pferd wieder veranlaßt, nach innen zu schauen. Das wiederholt man so oft, bis dem Pferd das dauernde Stören am Kopf zuviel wird und es eine Weile in der richtigen Stellung bleibt – und damit in Ruhe gelassen wird.

Zirkel verkleinern

Eine gute Methode des Zirkel-Verkleinerns ist es, langsam schräg (leicht hinter dem Pferd) auf die Hinterhand zuzugehen (nicht schnell, denn dann würde das Pferd anhalten). Das Pferd weicht leicht mit der Hinterhand nach außen, kommt damit mit der Schulter nach innen und verkleinert den Zirkel erst einmal ohne Widerstand in der Schulter gegen das Biegen. Damit vermeidet man ein Nach-innen-Zerren des Pferdes über den Zug an der Longe.

Besonders bei der Verkleinerung des Zirkels mit anschließender Vergrößerung kann man beobachten, daß sich das Pferd bei der Vergrößerung des Zirkels abstreckt. Es entspannt sich nach der »spannenden« Arbeit auf dem kleinen Zirkel von selbst.

Der richtige Galopp

Das richtige Anspringen erleichert man dem Pferd, indem man es vor dem Kommando zum Galopp kurz stärker nach innen stellt. In dem Moment, da man es angaloppieren läßt, läßt man vorne los; das Pferd kann den Hals leicht nach außen stellen, bekommt damit die innere Schulter zum Vorspringen frei und kann das äußere Hinterbein, mit dem die Bewegung eigentlich beginnt, besser einsetzen. Diese diagonale Hilfengebung verwenden die Westernreiter bei jungen Pferden.

Bei vielen Pferden ist es auch sinnvoll, sie aus dem Schritt angaloppieren zu lassen. Sie können dann nicht in den Galopp hineinrennen, wie es manchmal aus den Trab passiert.

Tempo verstärken, Tempo zurücknehmen

Um das Tempo zu verstärken oder zurückzunehmen, kann man Körpersprache mit dem Einsatz der Peitsche kombinieren oder auch nur mit dem eigenen Körper arbeiten (jeder, wie er es am besten vermag). Mit der Peitsche zielt man hinter die Hinterhand des Pferdes, man kann aber auch mit dem Schlag Sprunggelenk oder Fessel berühren. (Nicht von der Seite auf die Hinterhand zielen, das treibt sie heraus.)

Arbeitet man nur mit Körpersprache, verändert man seine Position in der Mitte des Zirkels, so daß man leicht hinter der Hinterhand des Pferdes herläuft. Dazu kann man den Arm heben und das Pferd damit vorwärtsschicken.

Um das Tempo zurückzunehmen, macht man einen Schritt, mit dem man auf eine Stelle vor dem Kopf des Pferdes zielt. (Tritt man dem Pferd völlig in den Weg, so hält

Abb. 27a–c Anhalten an der Longe: Ein Schritt Richtung Hinterhand (oben). Das Pferd setzt die Hinterbeine bremsend ein (Mitte) und weicht mit der Hinterhand nach außen (unten).

man es damit wie mit dem Schritt Richtung Hinterhand an, denn es hat gelernt, dem Ausbilder auszuweichen.) Es reicht auch oft, mit ausgestrecktem Arm oder der Peitsche vor den Kopf des Pferdes zu zeigen, um es zu verlangsamen.

Anhalten

Anhalten kann man das Pferd sowohl mit dem Schritt Richtung Hinterhand (Abb. 27a–c) als auch mit dem Blockieren vorne. Es ist von Lektion zu Lektion und auch von Pferd zu Pferd unterschiedlich, welche Methode wann eingesetzt werden soll. Der Ausbilder muß selbst probieren, wie das Pferd besser, d. h. für die Lektion sinnvoller reagiert.

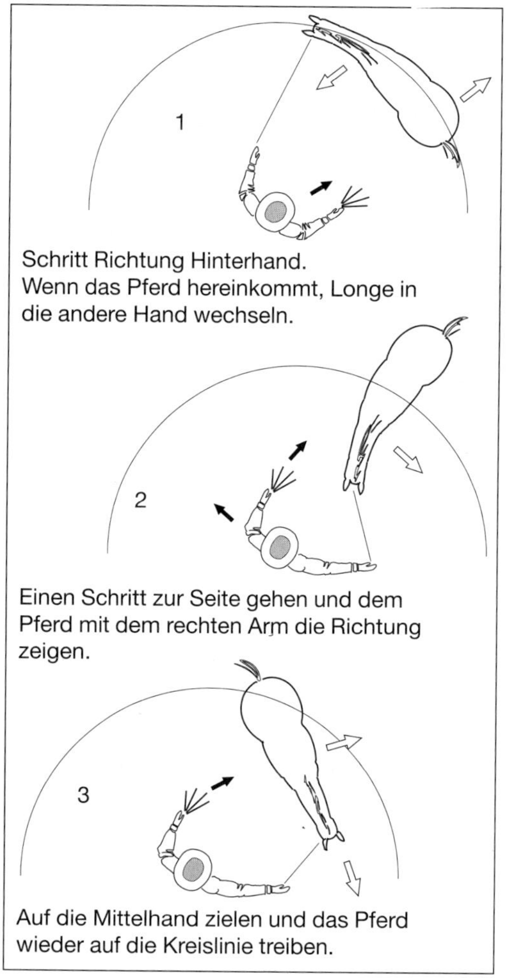

Abb. 28 Einfacher Richtungswechsel – ohne Hilfsmittel leicht auszuführen.

Arbeit im Round-Pen

Im Round-Pen kann der Ausbilder das Pferd nach einigen Trainingseinheiten mit Longe auch frei, ohne Longe, arbeiten und damit eine weitere Feinabstimmung auf seine Körpersignale erreichen. Der Richtungswechsel (Abb. 28) ist im Round-Pen besonders gut zu trainieren, da sich das Pferd dem Zugriff des Ausbilders nicht entziehen kann.

Probleme beseitigen

Grobe Fehler im Bewegungsablauf oder deutlichen Ungehorsam des Pferdes festzustellen fällt meist auch den »Untrainierten« leicht. Feinheiten wie ein leichter Widerstand des Pferdes in bestimmten Lektionen oder Verspannungen in bestimmten Teilen von Rükken oder Hals zu erkennen, ist viel schwerer und sollte durch bewußtes Sehen und Vergleichen mit inneren Idealbildern einer Bewegung (siehe Sehenlernen) trainiert werden.

Ursachenforschung

Allen Problemen gemeinsam ist, daß es sich um **Symptome** handelt, die eine Krankheit, einen Ausbildungsfehler oder eine grundsätzliche Störung der Beziehung Mensch – Pferd anzeigen. Es ist also nicht ratsam, am Symptom herumzudoktern, solange die Ursache nicht erkannt ist. Sinnvoll ist vielmehr der Versuch, ein wenig Ursachenforschung zu betreiben:

1. Die Ursache ist oft durch Beobachtung des Gesamtverhaltens des Pferdes (also nicht nur bei der Arbeit, sondern auch im Stall, auf dem Auslauf in freier Bewegung, beim Fressen, in Beziehung zu anderen Pferden etc.) festzustellen. Treten deutliche Unterschiede zwischen dem Verhalten bei der Arbeit und dem in der »Freizeit« auf, so liegt das Problem in falscher Arbeit.
2. Das Exterieur bietet den zweiten Ansatzpunkt. Deutliche körperliche Schwierigkeiten oder Fehlstellungen wirken sich natürlich auf die Arbeit aus.
3. Die dritte Gruppe der Ursachen ist das Verhalten des Ausbilders: Undeutliche Körpersprache, ungerechtes Verhalten, Über- oder Unterforderung können Probleme verursachen.

4. Die vierte Gruppe ist am schwierigsten zu beurteilen, vor allem, wenn man es mit älteren Pferden zu tun hat: Alte Verletzungen oder traumatische Erlebnisse können bestimmte Verhaltensweisen des Pferdes bedingen, die nicht mehr nachvollziehbar sind für denjenigen, der die Ursache nicht kennt.

All diese Faktoren müssen jedoch bei der Arbeit mit Pferden berücksichtigt werden. Richtige Bodenarbeit bei schon problematisch gewordenen Pferden bietet einen guten Ansatzpunkt, zumindest die Punkte 1–3 in den Griff zu bekommen.

Abb. 29 Das Pferd ist unaufmerksam und desinteressiert, wie die Außenstellung zeigt.

Ungehorsam auf Grund nicht geklärter Rangordnung

Je länger ein Pferd seinem Reiter schon »auf der Nase herumgetanzt« hat, desto schwieriger ist eine Korrektur. Bei den Machtkämpfen, die entstehen, wenn der Mensch sich plötzlich als Leittier aufspielt, gilt es schon sehr genau abzuschätzen, welche Reaktionen seines Pferdes man provozieren kann, mit denen man dann auch fertig wird. Des weiteren muß man sich der Deutlichkeit seiner Körpersprache sowie seiner schnellen Reaktionen sicher sein. Ansonsten sollte man die Korrektur jemandem überlassen, der die Methode beherrscht, will man nicht durch den Verlust solcher Machtkämpfe die Dominanz des Pferdes festigen.

Ein häufiges Problem ist, daß sich das Pferd nicht longieren läßt: Es dreht sich unaufgefordert herum, kommt unaufgefordert herein (rennt den Longierenden schlimmstenfalls fast um), bricht nach außen aus, reißt dem Longierenden die Longe aus der Hand usw. Grundsätzlich passiert das nur, wenn das Pferd den Ausbilder nicht als ranghöher anerkannt hat (es würde dies sonst einfach nicht wagen), also nicht aufmerksam ist (Abb. 29). Man beginne also die Korrektur mit den Übungen des Ausweichens – mit dem Dominanztraining, wie anfangs beschrieben – und longiere erst dann wieder, wenn das Pferd sicher nach jeder Richtung ausweicht.

Kehrt man dann wieder zur Longenarbeit zurück, ist das **Beobachten** des Pferdes das A und O, denn es kündigt seine Absichten immer vorher an: Will es hereinkommen, so wird es langsamer, schaut deutlich nach innen und dreht die Schulter nach innen. Diesen Punkt gilt es zu erkennen: Mit der Peitsche kann man nun Richtung Schulter schnicken (oder mit dem Arm in diese Richtung zeigen) und das Pferd damit auf die Zirkellinie hinaustreiben.

Hat man zu spät reagiert und das Pferd kommt nach innen, so sollte man es **nicht provozieren, sondern ablenken,** indem man selbst einen Schritt zur Seite macht, es einfach an sich vorbeilaufen läßt und wieder auf die Zirkellinie (gleiche Hand) schickt. Bricht das Pferd nach außen aus, so kann dies natürlich am besten im Round-Pen korrigiert werden. Ist keiner vorhanden, so gilt der Grundsatz: Man muß den Ansatz bekämpfen. Sieht man, daß das Pferd den Hals versteift und nach außen schaut oder den Hals nach innen verbiegt und über die Schulter weglaufen will, hält man es durch einen Schritt Richtung Hinterhand an. In schweren Fällen können als Hilfsmittel Führkette, War Bridle oder Ausbinder verwendet werden.

Probleme auf Grund von Verspannung und Angst

Einfluß durch Vertrauensbildung

Dominanztraining ist immer auch Vertrauensbildung durch die Sicherheit, die der Ranghohe dem Pferd bietet. Damit korrigieren sich manche schlechten Angewohnheiten des Pferdes von selbst: übertriebene Ängstlichkeit, Scheuen, Durchgehen etc.

Abb. 30a–c Die Arbeit mit einem verspannten Pferd im Round-Pen: Einige Roll Backs entspannen das Pferd.

Korrektur von Bewegungsstörungen und Verspannungen

Die »richtige«, d.h. spannungsfreie Bewegung sieht bei jedem Pferd anders aus. Die Idealvorstellungen von guter Bewegung bei verschiedenen Pferdetypen sollte in der Leitbilddatei vorhanden sein, um Störungen zu erkennen. Es geht darum, gewohnte Trainingsabläufe und so auch gewohnte (in diesem Fall schlechte) Verhaltensmuster zu durchbrechen.

Die meisten Störungen des Bewegungsablaufes werden durch das Reiten verursacht, sind also sinnvollerweise am besten bei Bodenarbeit korrigierbar. Allenfalls kann man etwas Schritt im Gelände reiten.

Spannungen sind nicht korrigierbar, indem man das Pferd mit Hilfszügeln noch weiter spannt und ihm eine Form aufzwingt, die sich nicht mit der momentanen Verfassung seiner Muskeln und Sehnen vereinbaren läßt. Sie werden hingegen am besten durch Ablenkung des Pferdes behoben: Trailhindernisse, die das Pferd zum Hinschauen veranlassen (siehe entsprechender Abschnitt), Springgymnastik, Arbeiten in einer »guten« Gangart des Pferdes, statt es dauernd nur in seiner schlechten zu zwiebeln. Häufige Richtungswechsel (am besten im Round-Pen) zwingen das Pferd zum Einsatz der Hinterhand. Besonders der Roll Back, bei dem das Pferd kraftvoll aus der Hinterhand abspringen muß, kann gute gymnastizierende Dienste leisten (Abb. 30).

Wie beim Reiten gilt auch bei der Bodenarbeit meist: Phlegmatische Pferde werden durch schnell aufeinanderfolgende Kommandos geweckt (z. B. schnelle Folge von Anhalten, Rückwärtsrichten und wieder Antraben lassen). Hektische Pferde werden durch längere Abschnitte im gleichen Tempo und wiederholtes langes, ruhiges Stehenlassen beruhigt.

Eine **abwechslungsreiche Arbeit fördert die Aufmerksamkeit** des Pferdes, und diese ist wiederum der Schlüssel zu einer effektiven Korrektur. Deswegen sollte man sich ruhig aus der Vielzahl von Übungen aus den Bereichen Springgymnastik/Trail/Dressur/Reining etc. diejenigen zusammenstellen, die dem Problem des Pferdes gerecht werden, und nicht denken: »Mein Dressurpferd braucht keine Trailübungen« oder ähnliches mehr.

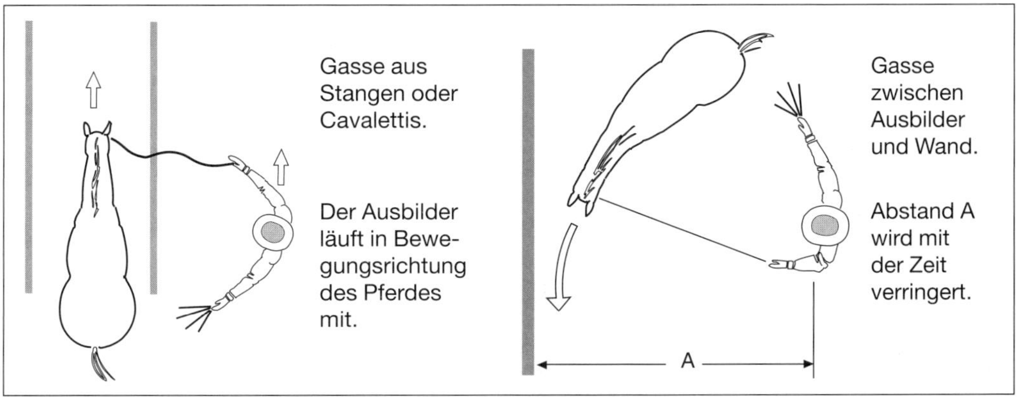

Abb. 31a + b Engpaßtraining.

Eine Besonderheit der natürlichen Ausbildung am Boden kann mit der Aussage »**Zappeln erlaubt**« beschrieben werden. Um eine schnelle Reaktion des Pferdes zu erhalten, provoziert man es durch »Störmanöver«. Besonders bei sturen, abgestumpften Pferden muß auf jeden Fall irgendeine Reaktion auf den Ausbilder (und sei sie noch so heftig) erreicht werden – gerade bei solchen Pferden, die sich sonst nur gegen ihn abschotten. Hektische Pferde dagegen springen manchmal völlig aufgelöst um den Ausbilder herum, wenn er eine schnelle Reaktion fordert.

Das ist alles in Ordnung. Man gestattet dem Pferd, sich aufzuregen. Die Erleichterung nach der Aufregung (siehe Lob) ist dann um so größer und der Lerneffekt um so nachhaltiger. In dieser Phase darf man jedoch das Pferd auf keinen Fall mit Hilfszügeln beengen; vielmehr muß es seine freie Beweglichkeit zum Ausweichen haben.

Das Training an sogenannten **Engpässen** gehört zu den Dingen, bei denen viele Pferde sich gehörig aufregen, weil sie sich ihrer Fluchtmöglichkeiten beraubt sehen. (Zum Engpaßtraining gehört prinzipiell auch das Verladetraining.)

Der Ausbilder kann sein Pferd durch eine Stangengasse, später durch massive Gassen aus deckenverhängten Sprüngen oder Strohballen, schicken oder auch zwischen sich selbst und einer Wand einen Engpaß erzeugen und das Pferd hindurchschicken (Abb. 31a + b). Voraussetzung ist, daß er sein Pferd vor sich her und im Bogen um sich herumschicken kann (siehe Dominanztraining).

Entspannung im Halten

Neben der Möglichkeit, sein Pferd in der Bewegung zu entspannen, gibt es auch die, es im Halten zu lockern.

Durch Abtasten des Pferdes können wir dessen Empfindlichkeiten feststellen: Es weicht hier einem Druck aus oder zuckt dort mit der Hautpartie, legt eventuell aus Schmerz die Ohren an etc. Auch in der Bewegung haben wir den Bereich am Pferdekörper lokalisiert, der Schwierigkeiten macht.

Man kann nun am stehenden Pferd **Hals und Genick entspannen,** indem man das Pferd zum tiefen Senken des Kopfes veranlaßt. Die eine Möglichkeit ist das schon beschriebene

Abb. 32 Durch eine vibrierende gegenläufige Bewegung wird das Pferd zum Senken des Halses veranlaßt.

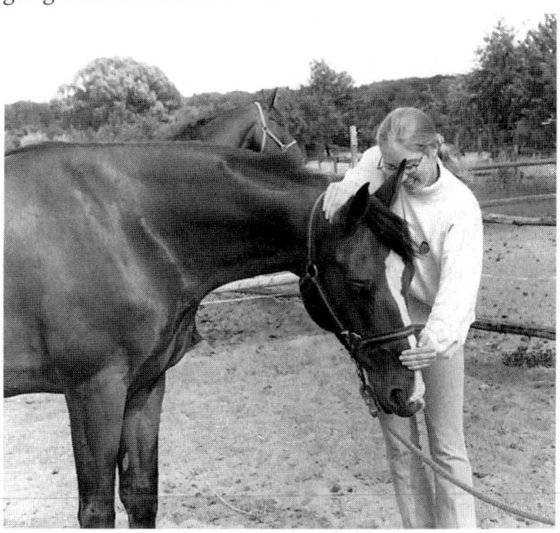

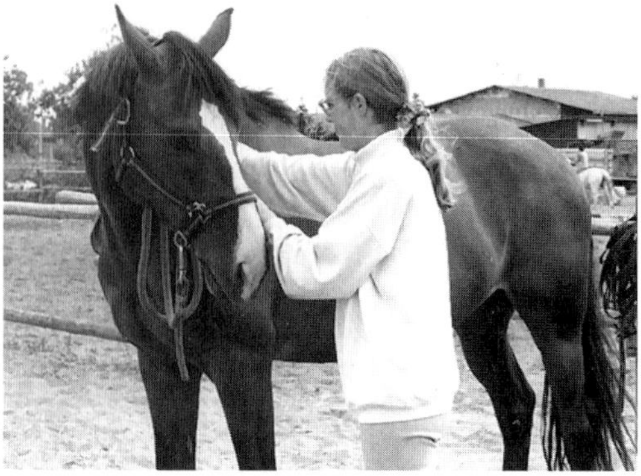

Abb. 33 Pferd im Hals stark stellen. Druckpunkt der Hand am Hals. Die andere Hand greift ins Halfter und zieht den Kopf herum.

Herunterziehen des Kopfes durch elastischen Druck auf das Genick. Bei der anderen faßt der Ausbilder das Pferd wie in Abb. 32 zu sehen an Nase und Genick und bewegt nun vibrierend die Hände gegeneinander; d. h. er zieht in schneller Folge, ohne zuviel Druck auszuüben, die Hand am Genick zu sich her und drückt die Nase des Pferdes mit der anderen weg. Die richtige Entspannung erkennt man beim Pferd durch halbgeschlossene Augen und eine entspannte Maulpartie.
Auch das Kraulen von Punkten, an denen das Pferd sich gern berühren läßt, trägt zur Entspannung bei.

Eine kurzfristige **starke seitliche Abstellung des Halses** im Halten lockert Schulter, Hals und Ganaschen des Pferdes sowie ansatzweise auch Steifheiten im Rumpf. Dazu legt man wieder eine Hand auf den Nasenrücken oder greift auf der Nase des Pferdes ins Halfter. Mit der anderen drückt man den Hals des Pferdes nach außen (Abb. 33).
Eine gute Übung, die auch für das Trailtraining sinnvoll ist, ist das **Strecken und Entspannen der Beine** des Pferdes. Dazu streckt man Vorder- und Hinterbeine des Pferdes nach vorne heraus (die Hinterbeine auch nach hinten heraus) und bewegt sie *leicht* seitlich hin und her. Es fördert die Beweglichkeit und das Gleichgewicht des Pferdes. Nach der Übung wird das jeweilige Bein entspannt und auf die Hufspitze gestellt (Abb. 34 + 35).

Weiterführende Arbeit

In der weiterführenden Arbeit müssen Tempo und Qualität der Bewegungen des Pferdes steuerbar werden. Die weiterführende Arbeit beginnt dort, wo spezielle Lektionen trainiert werden sollen und wo ein bestimmtes Ausbildungsziel verfolgt wird, zum Beispiel Dressur, Springen, Western- oder Wanderreiten.

Klassische Versammlung

Eine Möglichkeit, das Pferd schon im Halten leicht zu versammeln, ist das Schließen mit Gerte oder Peitsche. Dazu fährt der Ausbilder

Abb. 34 Streckübungen an den Beinen des Pferdes.

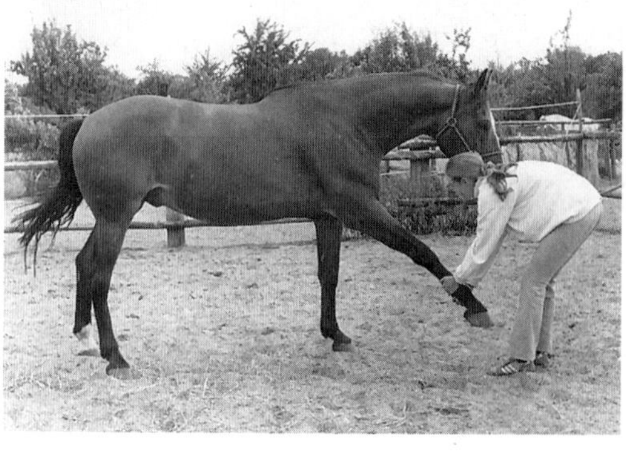

Abb. 35 ... mit anschließender Entspannung.

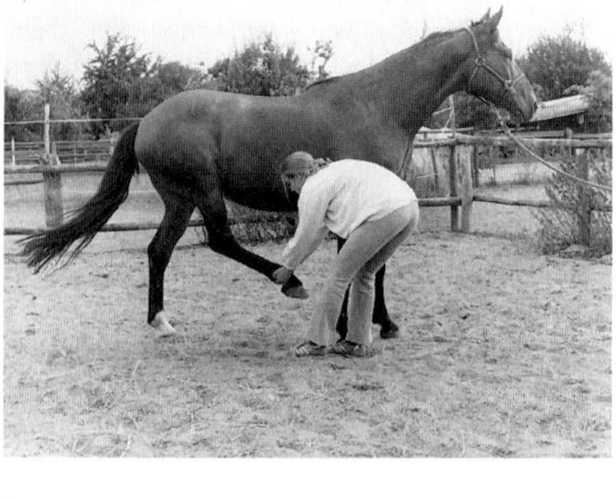

dem Pferd mit der Gerte vom Rücken über die Kruppe hinunter. Das Pferd sollte dabei die Hinterbeine etwas untersetzen.

Bei der versammelnden Arbeit an der Longe und an der Hand empfehlen sich als Hilfsmittel die Peitsche (kann feiner und weiter vom Arm des Ausbilders entfernt eingesetzt werden als das kreisende Seilende) sowie bei Bedarf die klassische Ausrüstung mit Trense, Kappzaum und eventuell Hilfszügel. Diese Hilfsmittel hindern das Pferd daran, sich seitlich zu verbiegen, wenn der Ausbilder Seitengänge fordert (Abb. 36).

Die Arbeit mit Ausbindern ermöglicht es dem Ausbilder, sich auf die Hinterhand zu konzentrieren, wenn er das Pferd durch Touchieren mit der Peitsche zum Untertreten veranlaßt. Er muß nicht darauf achten, ob das Pferd sich mit Hals und Kopf vorne entzieht. Will der Ausbilder seine Position bei der Hinterhandarbeit an der Longe nicht stark aus der Mitte heraus verändern, z. B. bei der Bewegungsfolge Halten – Rückwärtsrichten – Antraben – wieder Halten, hält der Ausbinder das Pferd gerade. Durch geringe Positionsänderungen kann der Ausbilder nun das Pferd vorwärts treiben, anhalten und rückwärts schicken (Abb. 36).

Sinnvoll ist es, Phasen der Arbeit ohne Ausbinder zu mischen mit Phasen, in denen man Ausbinder benutzt. Damit verhindert man, daß das Pferd zu eng im Hals wird. Es kann sich immer wieder entspannt strecken. Man erhält damit die leichten und freieren natürlichen Bewegungen des Pferdes, die durch zuviel »Zusammenschnüren« oft verlorengehen. Die richtige Länge der Ausbinder und deren Längenvariation während eines Trainingsabschnitts spielen zusätzlich eine große Rolle.

Die Hilfszügel können natürlich ersetzt werden durch die feinfühligere Einwirkung, die der Ausbilder mit der Doppellonge bzw. dem langen Zügel hat. Jedoch ist die Handhabung von Doppellonge und langem Zügel sehr viel schwieriger als eine Arbeit mit Ausbindern, weil sie sehr viel Gefühl und auch Übung erfordert.

Wie beim Reiten gilt bei der Bodenarbeit: **Früh genug aufhören,** nämlich dann, wenn das Pferd noch Reserven hat. Es ist nicht sinnvoll, das Pferd immer bis an die Grenzen seiner Leistungsfähigkeit zu treiben, denn so verliert es die Lust an der Arbeit.

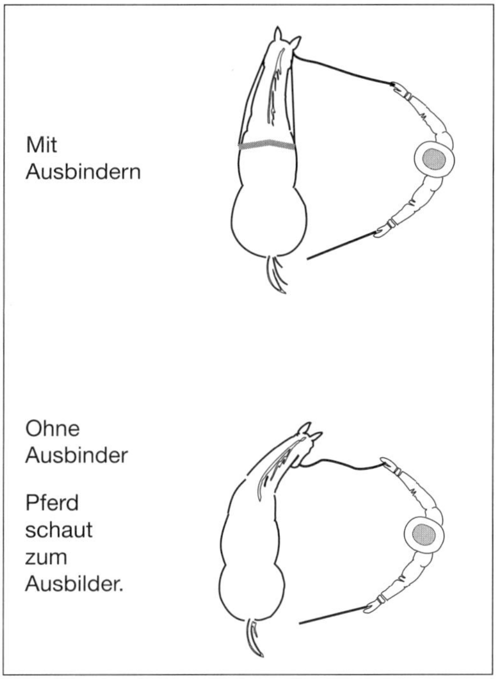

Abb. 36 Durch Ausbinder wird das Pferd gerade gehalten.

Reininglektionen

Auch die Lektionen des Reiningpferdes können an der Hand trainiert werden.

Das Ausweichtraining der Vorhand, also die Hinterhandwendung an der Hand, stellt die Grundzüge des **Spins** dar (Abb. 37). Das lose Seilende wird jedoch nun in der anderen Hand gehalten, damit der Ausbilder dem schnellen Drehen des Pferdes besser folgen kann (Abb. 38).

Das Tempo im Spin sollte nur langsam gesteigert werden, jedes Stocken oder unregelmäßiges Tempo während der Wendung weist auf eine Steifheit des Pferdes oder noch mangelndes Koordinationsvermögen hin; Tempo und Länge der Übung müssen dann zurückgenommen und dürfen nur sehr langsam wieder gesteigert werden.

Der **Roll Back** ist am besten im Round-Pen zu trainieren. Er kann vom Zaun weg und zum Zaun hin trainiert werden.

Da der Roll Back vom Zaun weg den Übungen zum Fliegenden Wechsel zu ähnlich ist, beschränkt man sich auf das Training des Roll Backs zum Zaun hin, wie es in den Abbildun-

Abb. 37 Richtige Ausführung des Spins an der Hand.

Abb. 39 Roll Back: ▷ Vier verschiedene Variationen.

Abb. 38 Spin an der Hand.

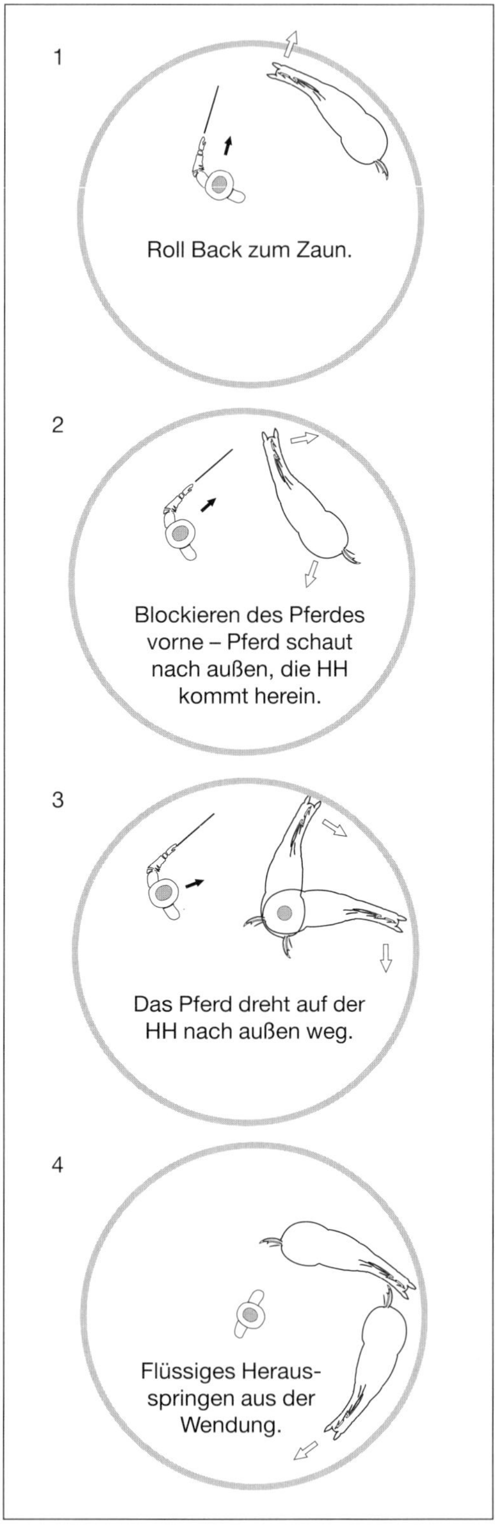

gen beschrieben wird. Das Pferd wird gestoppt und dazu veranlaßt, gegen den Zaun hin die Richtung zu wechseln. Dann wird mit einem Wedeln der Gerte oder einem schnellen Schritt hinter dem Pferd her mehr Tempo beim Herausspringen aus der Wendung gefordert (Abb. 39).

Bei allen weiterführenden Übungen muß sich der Ausbilder immer um **Deutlichkeit der Körpersprache** bemühen. Er muß die Hilfen genau differenzieren und eine **Doppelbelegung der körpersprachlichen Signale vermeiden,** um keine Fehlreaktionen zu provozieren. Die groben, »natürlichen« Hilfen des Dominanztrainings werden differenziert und zum Teil auch durch dem Pferd angelernte ersetzt. Jedes Ausbilder-Pferd-Paar wird eine in Nuancen andere Sprache untereinander aufbauen, wie auch beim Reiten jede Reiter-Pferd-Kombination etwas anders miteinander kommuniziert.

Fliegender Wechsel

Der fliegende Wechsel ist ein Richtungswechsel, wie er im Schritt und im Trab schon im Round-Pen trainiert wurde. Nun wird er einfach im Galopp gefordert.

Das Pferd wird verlangsamt und zum Ausbilder hereingeholt. Dies geschieht durch ein paar (schnelle) Schritte rückwärts. Er weicht aus, läßt das Pferd an sich vorbeilaufen, geht auf die Mittelhand des Pferdes zu (in diesem Moment sollte es umspringen) und treibt es damit wieder auf die Zirkellinie (Abb. 40). Dies ist die Figur »durch den Zirkel wechseln« der klassischen Dressur.

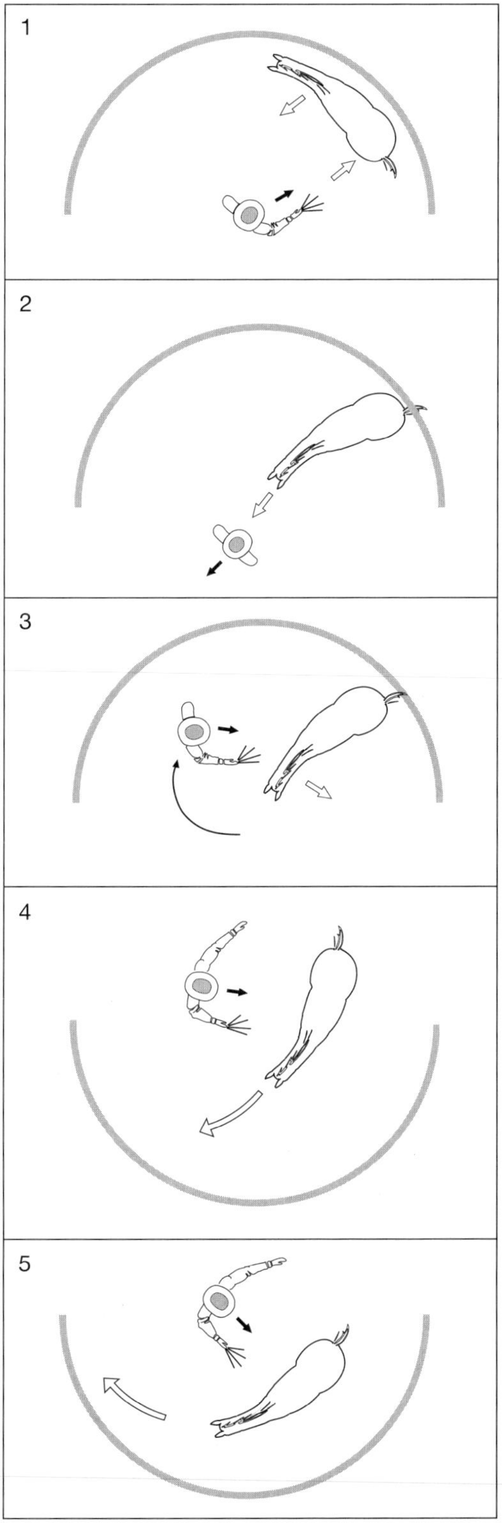

Abb. 40 Richtungswechsel für den fliegenden Galoppwechsel (hier von Linksgalopp zum Rechtsgalopp).
Phase 1: Das Pferd galoppiert linksherum. Der Ausbilder kann das Pferd durch einen langsamen Schritt Richtung Hinterhand oder durch einen vorsichtigen Gerteneinsatz vorn etwas bremsen.
Phase 2: Der Ausbilder geht zurück und holt das Pferd damit herein (es sollte dabei im Galopp bleiben).
Phase 3 und 4: Er weicht nach links aus und läßt das Pferd an sich vorbeilaufen, geht dann sofort auf die Mittelhand des Pferdes zu – das Pferd weicht nach rechts und sollte mit etwas Übung und Talent in diesem Moment in den Rechtsgalopp umspringen.
Phase 5: Der Ausbilder treibt das Pferd nun auf die Zirkellinie zurück.

Trailtraining an der Hand

Mehr noch als bei der klassischen Versammlung wird beim Trailtraining eine zentimetergenaue Arbeit hinsichtlich der differenzierten Körpersprache des Ausbilders und auch hinsichtlich der Bewegungen des Pferdes gefordert. Das Pferd lernt, auf minimalste Signale aufmerksam zu reagieren. Der Abstand zwischen Pferd und Ausbilder bei der Arbeit sollte mindestens 1–1,5 m betragen. Bei der Arbeit unter dem Sattel muß man dann die Bewegungsabläufe, die das Pferd in den Hindernissen schon ohne Reiter gelernt hat, nur noch nachreiten.

Durch die eingangs beschriebene Fixierung ist das Pferd bestrebt, den Ausbilder immer genau frontal anzuschauen. Dieses Verhalten wird für das Dirigieren des Pferdes in verschiedenen Hindernissen genutzt. Wie in Abb. 41 zu sehen, bedingt die Standortveränderung des Ausbilders auch eine Drehung des Pferdes in der Längsachse. Über diese Achsenverschiebung wird das Pferd zum Beispiel in rückwärtsorientierten Trailhindernissen gelenkt.

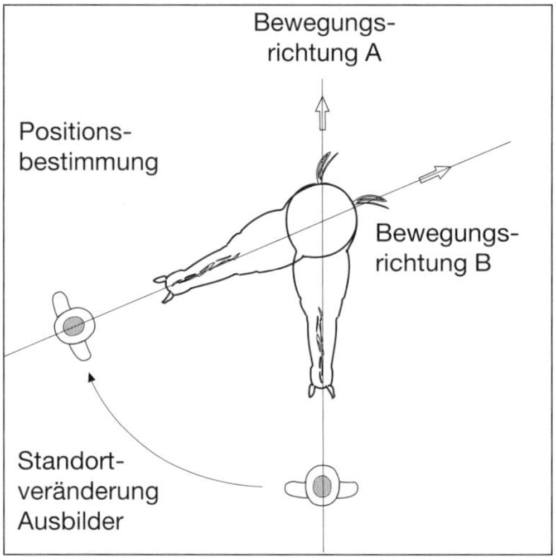

Abb. 41 Trailtraining: Drehung des Pferdes in der Längsachse.

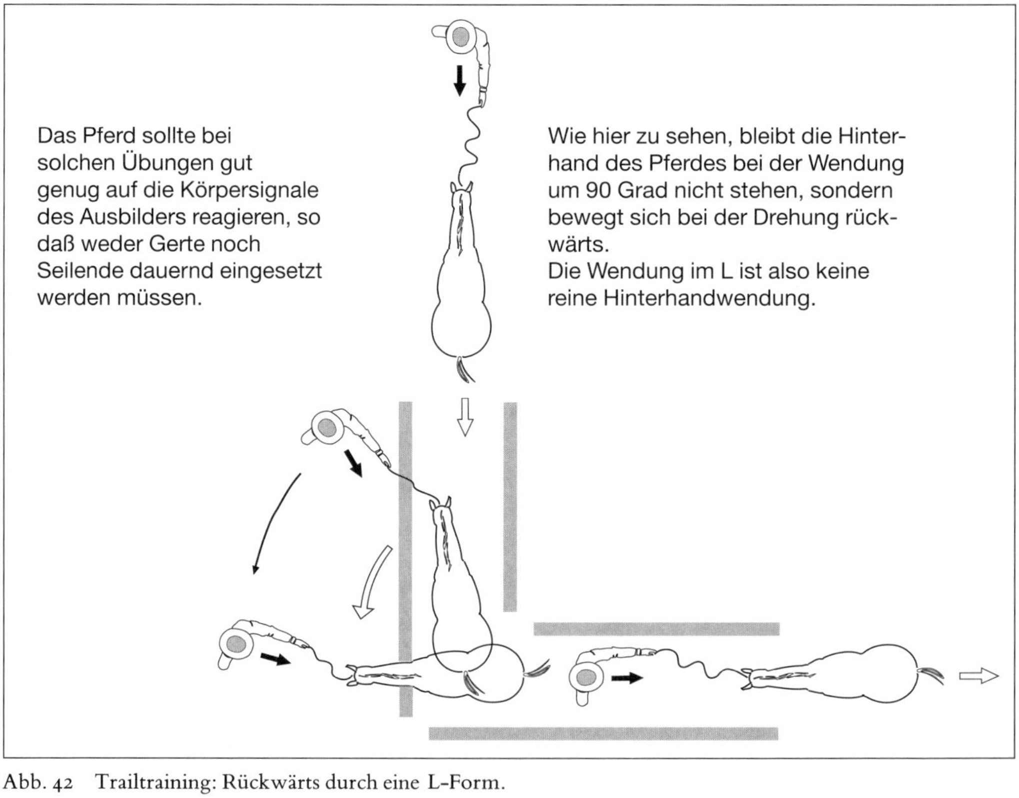

Abb. 42 Trailtraining: Rückwärts durch eine L-Form.

Abb. 43 Rückwärts einen Abhang hoch.

Eine weitere Abbildung (Abb. 42) zeigt, wie das Pferd sich bei einem Winkelhindernis (dem Stangen-L) mit seiner Längsachse immer frontal zum Ausbilder ausrichtet. Der Ausbilder macht im Idealfall nichts anderes, als seine eigene Position so zu verändern, daß die Gerade zwischen ihm und dem Pferd durch jenen Punkt geht, den das Pferd mit den Hinterbeinen treffen muß.
Seitwärtsbewegungen über eine Stange werden prinzipiell genauso ausgeführt wie die Seitwärtsbewegungen ohne Hindernisse.

Geländehindernisse

Abhänge und kleine Stufen

Über Hügel und kleine Abhänge herunter kann man das Pferd an der Longe schicken (vgl. Bewegungsablauf: Pferd im Bogen um sich herumschicken).
Den Gipfel von Gehorsam und Vertrauen stellt es dar, wenn das Pferd im Gelände bereit ist, den Signalen des Ausbilders **rückwärts** einen Hügel oder Stufen hoch (Abb. 43) oder – noch viel schwieriger – Stufen oder kleine Hänge hinunter zu folgen. Direkt hinter sich sieht das Pferd nichts; es muß also dem Ausbilder blind vertrauen, daß er es nicht in den Abgrund schickt.

Cavalettiarbeit und Springgymnastik

Das Treten im Schritt über – auch ungleich liegende – Stangen macht das Pferd aufmerksam auf das, was da am Boden überwunden werden muß. Trabarbeit über Cavalettis reguliert die Trittlänge über den gleichmäßig engeren oder weiteren Abstand der Cavalettis voneinander. Galoppieren über eine Stange, später über mehrere Stangen, fördert den Rhythmus und die Aufmerksamkeit des Pferdes.
Auch das grundlegende **Springtraining** des Pferdes kann an der Hand erfolgen. Der Round-Pen ist hierfür sehr geeignet. Jedoch sollte das Pferd sicher in Tempo und Gangart zu kontrollieren sein, denn die Arbeit soll kein wildes Herumgejage werden. Zudem sollen auf der Zirkellinie des Round-Pen natürlich nur kleine »Hopser« aufgestellt werden und keine dicken Sprünge, denn das Pferd muß gebogen abspringen und landen.

Ausblick: Freiheitsdressur, Kunststückchen

Die Bodenarbeit, die auf dem natürlichen Dominanztraining aufbaut, bietet auch die Grundlage für den, der weiterführend an Freiheitsdressur interessiert ist. (Das Pferd reagiert sensibel auf die Körpersprache des Menschen, so kann mit zunehmender Ausbildung auch die Longe oder der Führstrick entfallen.)
Je nach Talent des Pferdes sind durchaus viele Kunststückchen und Spielereien entwickelbar und natürlich auch die Lektionen der Hohen Schule.

Der Einsatz des Pferdes im Therapeutischen Reiten

Gottfried von Dietze
Ev. Pfarrer, seit fünfzig Jahren aktiver Reitlehrer und Ausbilder, Richter, Vorsitzender der Interessengemeinschaft Oberhessen für Therapeutisches Reiten e. V., Zentrum Nieder-Moos, Pferdefachliche Beratungsstelle, Mitglied im Deutschen Kuratorium für Therapeutisches Reiten e. V.

Seit Hippokrates, also seit etwa 450 v. Chr., weiß man vom Wert der Bewegung auf dem Pferde für die Gesundheit des Menschen. Die helfende und heilende Wirkung der Schwingungsimpulse, die vom Pferdekörper auf den Menschen übertragen werden, wurde zu allen Zeiten erkannt und therapeutisch angewendet.

Die drei Bereiche im Therapeutischen Reiten

In neuerer Zeit, besonders nach 1945 und intensiv seit etwa 1960, wird Therapeutisches Reiten in verschiedenen Formen durchgeführt. Ärzte, Physiotherapeuten, Pädagogen und Pferdefachleute aus vielen verschiedenen Ländern und Erdteilen arbeiten zusammen und tauschen ihre Erfahrungen aus, um den Einsatz des Pferdes möglichst effektiv und gefahrlos durchführen zu helfen.
In Deutschland unterscheiden wir die drei Bereiche des Therapeutischen Reitens:

1. Das Pferd in der Medizin: Hippotherapie
Der Arzt verordnet die krankengymnastische Behandlung auf neurophysiologischer Grundlage, die hierfür besonders ausgebildete Physiotherapeutin führt die Behandlung durch, das Pferd als »lebendes Übungsgerät«, besser gesagt Übungspartner, unterstützt die krankengymnastische Behandlung.

2. Das Pferd in der Pädagogik und der Psychologie: Heilpädagogisches Voltigieren und Reiten
Das Pferd wird im Rahmen der heilpädagogischen Förderung von verhaltensauffälligen oder intelligenzgeminderten Kindern und Jugendlichen zum Voltigieren und Reiten eingesetzt. Lernbehinderte, geistig behinderte und verhaltensgestörte Kinder können in der Gruppe mit dem Pferd aufgeschlossen und gefördert werden.

3. Das Pferd im Behindertensport: Reitsport für sportfähige, behinderte Reiter
Das Pferd ist Sportkamerad und Freund aller Menschen. Es gibt auch dem Behinderten die Möglichkeit, gemeinsam mit Nichtbehinderten den gleichen Sport auszuüben und mit ihnen in Leistungskonkurrenz zu treten. Dafür müssen aber Hilfsmittel gefunden werden, die fehlende Glieder ersetzen und funktionsuntüchtige unterstützen – also die Behinderung kompensieren. Solche kompensatorischen Hilfsmittel erlauben es dem Behinderten, sicher im Sattel zu sitzen und reiterlich korrekt auf das Pferd einzuwirken. Damit ist eine volle Integration im Reitsport möglich. Das Deutsche Kuratorium für Therapeutisches Reiten führt über den Arbeitskreis »Reiten als Sport für Behinderte« auch Leistungswettbewerbe zwischen den behinderten Reitern durch. Solche »Behinderten-Turniere« führen auf internationaler Basis bis zur Qualifikation einer Weltmeisterschaft.

Für jede Verwendungsart im Dienste des Menschen wird das Pferd seit Jahrhunderten nach Größe, Kaliber und Rasse ausgewählt sowie seinen Anlagen und Eigenschaften gemäß speziell gezüchtet, um dann in langer und mühseliger Kleinarbeit für seine besondere Aufgabe ausgebildet zu werden: das Wirtschaftspferd für die Land- und Forstwirtschaft, auch immer noch für die Brauerei, das Kutschpferd für die verschiedensten Anforderungen der vielen Landesteile mit ihren unterschiedlichen Boden- und Straßenverhältnissen (Sand, Lehm, steiniger Boden), auch für den Fahrsport, das Sportpferd als Renn-, Dressur-, Spring- und Vielseitigkeitspferd, das Pferd für Kinder und Jugendliche, für Freizeitreiter, Wanderreiter u. a. m. Für all diese Pferde übernahmen und übernehmen besonders befähigte Fachleute die Ausbildung. Nicht jeder Reiter kann ein junges Reitpferd anlernen und ausbilden. Nicht jeder Fahrer kann ein junges Pferd einfahren und zur absoluten Zugfestigkeit bringen. Und wohl kein Kind kann sein Pony selbst so ausbilden, daß es zuverlässig eingesetzt werden könnte.

Wie viel notwendiger aber ist eine sorgsame Auswahl und Ausbildung derjenigen Pferde, die in der Physiotherapie, in der Psychotherapie sowie in der Soziotherapie als Helfer und Partner für Kranke und Behinderte eingesetzt werden sollen!

Das Therapiepferd

Die Deutsche Reiterliche Vereinigung e. V. (FN) hat in ihren Empfehlungen in der Ausbildungs- und Prüfungsordnung (APO) die notwendigen Eigenschaften eines Therapiepferdes umrissen und die Wichtigkeit der speziellen Ausbildung betont. Danach sind die Kriterien für die Auswahl eines solchen Pferdes recht klar ausgedrückt:
Keiner speziellen Pferderasse oder Zuchtrichtung ist der Vorzug gegeben, sondern jedes Pferd kann sich als Therapiepferd eignen.
Es muß nur zuverlässig, ausgeglichen und scheufrei sein und jeder menschlichen Behandlung freundlich gegenüberstehen. Zudem muß es über eine gewisse Aufnahme- und Lernbereitschaft verfügen.

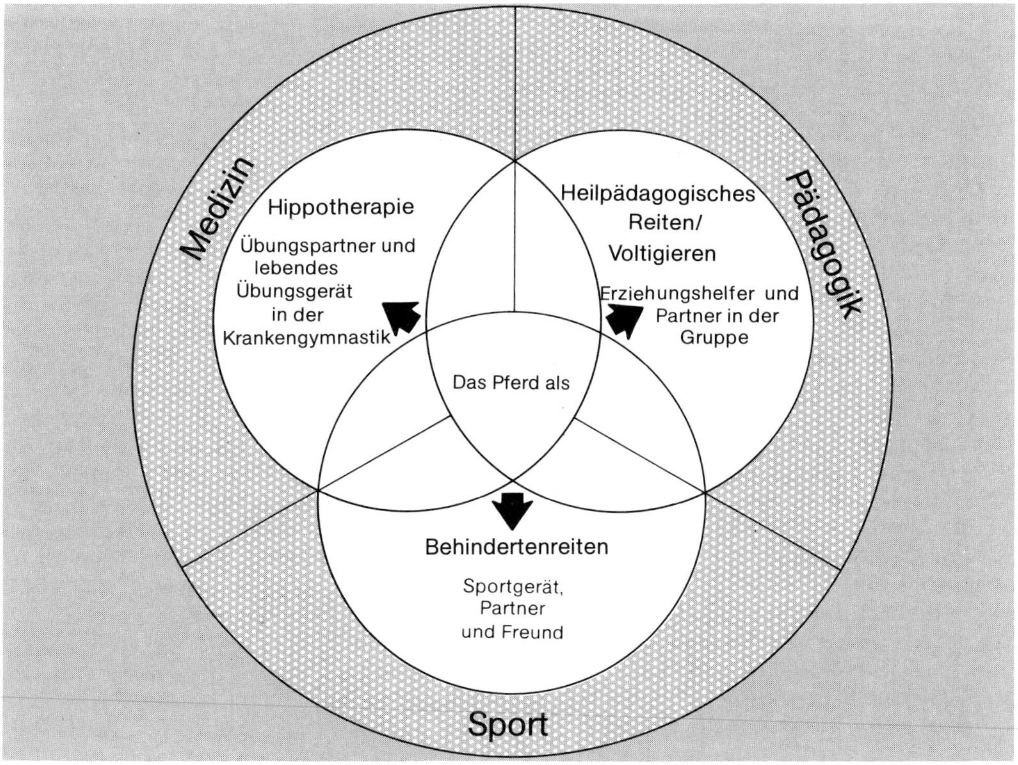

Ein Therapiepferd soll kein Riese sein (Obergrenze etwa bei 160 cm). Die Krankengymnastik auf seinem Rücken muß leicht und sicher durchzuführen sein. Der Rücken soll gut bemuskelt sein, damit ein Sitzen auch ohne Sattel weich und bequem ist. Der Bewegungsablauf ist taktmäßig und geschmeidig erwünscht, wichtig sind vor allem ein gleichmäßiger, fleißiger Schritt und ein weicher, gut zu sitzender Trab. Damit ist auch die Grenze der Größe nach unten gegeben: Ein kurzer Rücken und trippelnder Bewegungsablauf wie beim Shetlandpony sind in der Hippotherapie nicht zu gebrauchen.

Bei der Auswahl und bei der Ausbildung eines Therapiepferdes muß man auch genau wissen, auf welchem Gebiet und für welche Kranke oder Behinderte das Pferd eingesetzt werden soll. Über die Grundanforderungen an ein Therapiepferd hinaus muß es speziell für seinen Aufgabenkreis geeignet sein. Auch sollte bei der Auswahl bereits bedacht werden, daß das Pferd ein sympathisches, partnerschaftliches Lebewesen ist, das von einer Bezugsperson liebevoll betreut und korrekt gearbeitet werden will.

Es gibt also nicht nur »das Therapiepferd«, sondern immer nur »unser Therapiepferd«!

Der Einsatz in der Hippotherapie

Die Bewegungen des Pferdes im Schritt entsprechen weitgehend dem Bewegungsmuster des Menschen. Kann der Mensch sich wegen einer Erkrankung oder Behinderung nicht in seiner natürlichen Weise bewegen, so wird er doch durch den mehrdimensionalen Schwingungsimpuls des Pferderückens in die natürliche, schreitende Bewegung hineingenommen. Der Pferderücken überträgt etwa hundert Schwingungsimpulse/Minute auf den daraufsitzenden menschlichen Organismus. Diese Impulse können zu einer Verbesserung der Bewegungsmöglichkeiten des Erkrankten oder Behinderten führen.

Das für die Hippotherapie eingesetzte Pferd ist deshalb so auszuwählen, daß es einen raumgreifenden, taktmäßigen Schritt mit einem guten Schwingungsimpuls des Rückens hat; dabei muß es so ausgebildet sein, daß der Schwingungsimpuls gut dosiert werden kann. Hier muß der Pferdefachmann oft das Pferd in einem Schritt arbeiten, der in einer turniermäßigen Prüfung als schleppend oder übereilt abqualifiziert würde, für die krankengymnastische Behandlung aber in dieser Form erforderlich ist. Ein gut ausgebildetes Therapiepferd lernt diese feinen Unterscheidungen im taktmäßigen Schritt.

Durch die Ausbildung müssen das selbstverständliche »Vorwärts« des Pferdes, die Taktmäßigkeit in den Gängen, die Geschmeidigkeit sowie die Durchlässigkeit gefördert werden. Hierfür ist neben der dressurmäßigen, reiterlichen Ausbildung auch ein Vorwärtsreiten im Gelände und das Überwinden kleiner Sprünge notwendig, vor allem aber die Arbeit an der Longe. Die Stimme muß dabei manche reiterliche Hilfe ersetzen. Um den Stimmkontakt mit dem Pferd zu üben, ist ein regelmäßiges Freilaufenlassen in der Reithalle zu empfehlen. Dort kann auch ein kleiner Sprung zum Freispringen aufgebaut sein (Gymnastizierung). Für den Einsatz in der Hippotherapie ist die Duldsamkeit besonders zu üben: Das Pferd muß daran gewöhnt sein, vollkommen ruhig zu stehen, wenn ein schwerer Patient (vielleicht mit klemmendem oder schlagendem Schenkel) unter Verwendung verschiedener Hilfsmittel auf seinen Rücken gebracht wird. Es muß auch ruhig bleiben, wenn zwei Menschen (Krankengymnast und Patient) auf seinem Rücken sitzen oder wenn viele Menschen um es herum sind oder mit ihm gehen.

An dieser Stelle sei auf das Alter eines Therapiepferdes hingewiesen: »... gute Gewöhnung an die verantwortungsvollen Aufgaben in der Therapie, absolute Menschenfreundlichkeit und voller Gehorsam, Geschmeidigkeit der Bewegungen ...« Dieser Anspruch an das Pferd macht deutlich, daß kein altes ausrangiertes Reitpferd, erst recht kein ausgedientes Voltigierpferd verwendet werden kann. Besonders günstig ist es, wenn ein Pferd als junges Tier neben seiner reiterlichen Ausbildung bereits für seine Aufgaben als Therapiepferd vorbereitet werden kann. Gerade bei einem jungen Pferd ist die Aufnahme- und Lernbereitschaft noch besonders groß, vorausgesetzt, daß es bis dahin menschenfreundlich erzogen worden ist. Allerdings stellt ein allzu »jugendliches« Alter auch wieder einen Unsicherheitsfaktor dar. Das Pferd sollte erst dann Verwendung in der Therapie finden, wenn es ausgereift ist und damit sicher an der Hand des Reitlehrers steht. Ein etwa 6jähriges Pferd wird als ausgereift bezeichnet. Ein gut ausgebildetes Dressurpferd, das die Grundvoraussetzungen für ein Therapiepferd erfüllt, kann leicht und schnell für die Arbeit in der Therapie ausgebildet werden. Die Gewöhnung an die Longenarbeit und an all das, was in dem Aufgabenbereich der Hippotherapie auf das Pferd zukommt, dauert dann nur etwa 8–12 Wochen. In dieser Zeit ist eine solche Zusatzausbildung soweit abgeschlossen, daß bei guter Fortbildung des Pferdes die erwarteten Fähigkeiten richtig eingesetzt und gefestigt werden können.

Der Einsatz im Heilpädagogischen Voltigieren und Reiten

Im Bereich der Pädagogik, Sonderpädagogik, Heilpädagogik sprechen wir von dem Pferd als »Erziehungshelfer«. Das Pferd spricht Kinder und Jugendliche, auch verhaltensauffällige und verhaltensgestörte, ganz anders an als ein erwachsener Mensch. Auch von stark intelligenzgeminderten und ichbezogenen Kindern kann der Weg zum Du über das Pferd gefunden werden, dem gegenüber das Kind sich vielleicht zum ersten Mal in einem partnerschaftlichen Verhältnis öffnet.
Während beim Einsatz in der Hippotherapie das Pferd um der Sicherheit der Patienten willen sich manche natürlichen Reaktionen abgewöhnen muß, ist es beim Erleben des vierbeinigen Partners gut, wenn dieser seine artgemäßen Reaktionen zeigt. Dabei darf er allerdings weder aggressiv noch ängstlich sein. Auch berechtigte, abwehrende Bewegungen und Gesten dürfen nicht zum Beißen oder Schlagen führen; sie werden auch so verstanden.
Im Rahmen der Pädagogik können Voltigier- und Schulpferde, auch gut ausgebildete Freizeitpferde, gemäß den oben erwähnten Grundanforderungen Verwendung finden.

Der Einsatz im Reiten als Sport für Behinderte

Reiten als Sport für Behinderte geschieht im Rahmen des Breitensports und ist gleichzeitig Prävention und Rehabilitation. Beim Reitunterricht mit sportfähigen, behinderten Reitern trägt der Reitlehrer eine besondere Verantwortung. Aus diesem Grund werden für Reitlehrer, die auch behinderten Reitern Reitunterricht erteilen wollen, besondere Lehrgänge durchgeführt. Die Prüfung für eine solche Lizenz wird in Zusammenarbeit mit der Deutschen Reiterlichen Vereinigung e. V., dem Deutschen Behinderten Sportbund und dem Deutschen Kuratorium für Therapeutisches Reiten e. V. abgenommen.
Der behinderte Reiter benötigt ein besonders gut durchgerittenes Pferd, das leicht an den Hilfen steht. Es soll einen guten, natürlichen Vorwärtsdrang haben, ohne jemals durchgehen zu wollen. Verspannungen und explosionsartige Ausbrüche sollten bei einem solchen Pferd ausgeschlossen sein. Das Pferd sollte auch an der Hand, am Führzügel und am Langzügel ausgebildet sein. Darüber hinaus muß es durch entsprechende Gewöhnung für den Einsatz verschiedener Hilfsmittel vorbereitet sein. So muß es zum Beispiel den Ersatz des einen Schenkels durch die lange Gerte voll als Hilfe annehmen. Dies ist notwendig bei Benutzung des Damensattels oder bei Spezialsätteln für Beinamputierte. Auch die Trensenzügel am Bügelriemen oder Spezialzügel für Einhänder sollte es kennen. Der Reitlehrer muß wissen, daß er diesem Pferd einen Behinderten für die Durchführung des Reitsports anvertrauen kann, *bevor er den Behinderten auf dieses Pferd setzt.* Der behinderte Reiter muß die Möglichkeit haben, sicher und geschmeidig im Sattel zu sitzen und reiterlich korrekt auf das Pferd einzuwirken.

Kompensatorische Hilfsmittel

Für fehlende, verkümmerte, verwachsene oder durch Prothesen ersetzte Gliedmaßen müssen oft Veränderungen an Sattelung und Zäumung angebracht werden, die den Möglichkeiten des Reiters gerecht werden. Unter keinen Umständen darf dabei die korrekte Einwirkung des Reiters auf das Pferd verfälscht werden. Durch die Hilfsmittel dürfen nur die Behinderungen des Reiters kompensiert werden. Der behinderte Reiter erhält einen Sport-Gesundheits-Paß, in den die notwendigen Hilfsmittel eingetragen werden.

Hilfsmittel, die im Behindertenreiten Anwendung finden, sind auf den folgenden Seiten abgebildet.

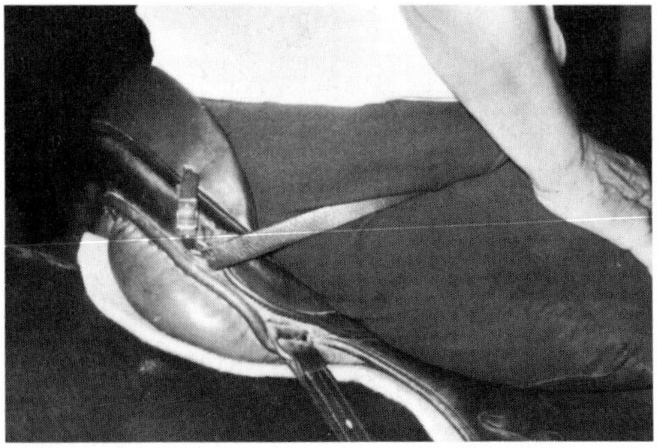

Abb. 1 Der Amputierte reitet ohne Prothese, der Stumpf findet rechts entweder Halt in einer Stumpftasche oder, wie auf dem Bild, gegen einen Riemen vom Packtaschenring hinten zum starken Ring vorne. Bei Anspannung gleiche Wirkung wie Steigbügel, beim Rutschen nach links kann der Stumpf frei unter dem Riemen herausrutschen. Ein Keil hilft zum tiefen Sitz und verhindert das Zurückrutschen des Reitergesäßes.

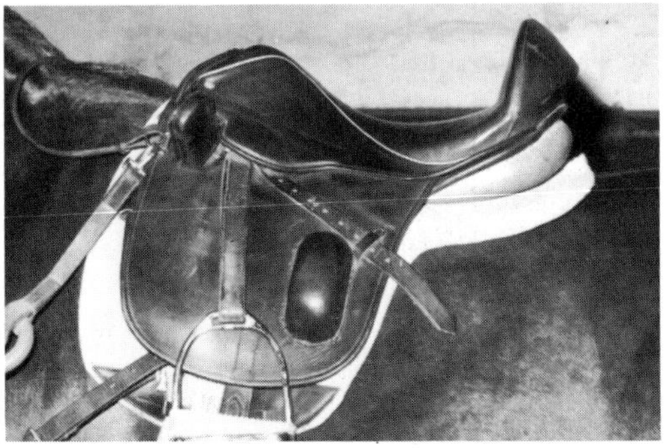

Abb. 3 Auf ähnlichen Grundüberlegungen wie bei Abb. 1 beruht die Konstruktion dieses Sattels für ganz kurze Beine: Der Keil am Sattelkranz gibt den tiefen Sitz, das Horn und die Pauschen geben dem kurzen Schenkel einen Halt.

Hilfsmittel für behinderte Reiter im Überblick

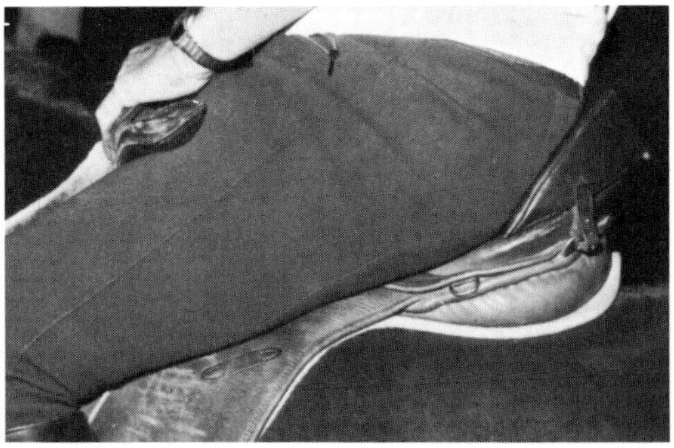

Abb. 2 Das Bild zeigt, ähnlich wie beim Damensattel, ein Horn über dem Oberschenkel, das ein Hochziehen des Knies verhindert und eine Art Ersatzknieschluß als Halt bietet. Am Sattel ist ein Sicherheitsbügel angebracht, wobei der Bügelriemen über eine Rolle auf die rechte Seite läuft und, wie in Abb. 1 noch sichtbar, hinter dem rechten Oberschenkel am Sattel verschnallt wird.

Abb. 4 Die Reiterin sitzt frei und losgelassen sicher im Sattel.

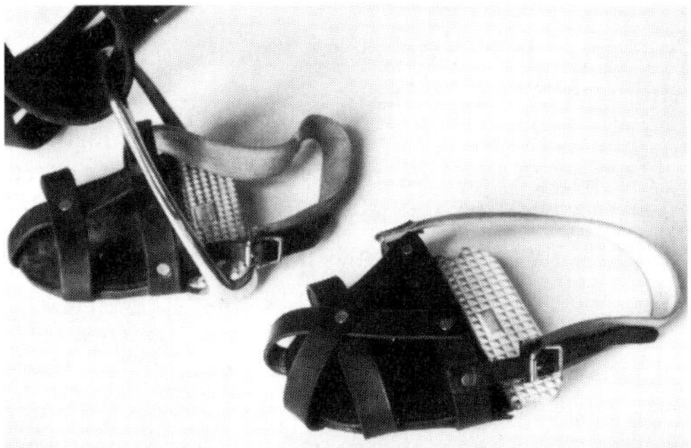

Abb. 5 Für Reiter mit gelähmten Beinen und auch für Prothesenträger empfiehlt sich eine Einlage am Bügel mit einem Gummi, die dem Bügel einen stets korrekten Sitz verleiht. Durch das Gummiband ist gewährleistet, daß sich bei einem Sturz der Fuß immer aus dem Bügel lösen kann.

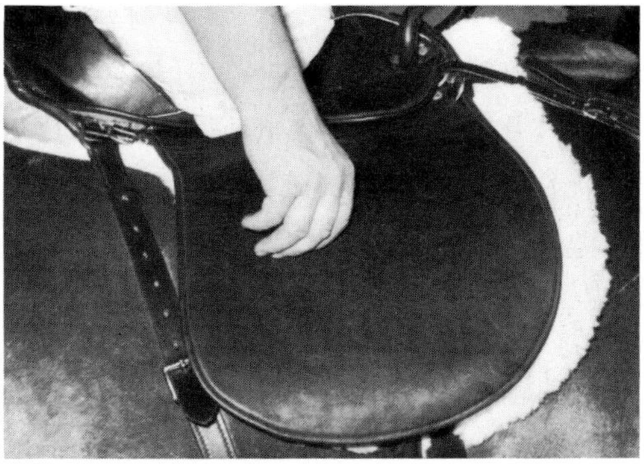

Abb. 7 + 8 Dieser Rechtsbeinamputierte hat auch keinen Reststumpf mehr. Der Keil ist rechts verdickt und etwas nach vorn gezogen, so daß das atrophierte Gesäß gleichmäßig im Sattel ruhen kann. Auf der linken Seite (Abb. 8) findet der Oberschenkel Halt durch ein Horn und der Unterschenkel findet Stütze an besonderen Pauschen. Der Sicherheitsbügel gewährleistet das leichte Abfallen vom Fuß im Falle eines Sturzes. Ein Bügel mit Griff vorne rechts am Sattel gibt die Möglichkeit zum Galoppieren im Gelände und zum Überwinden kleiner Sprünge. Der abgebildete Reiter ist bereits erfolgreich auf Jagden geritten.

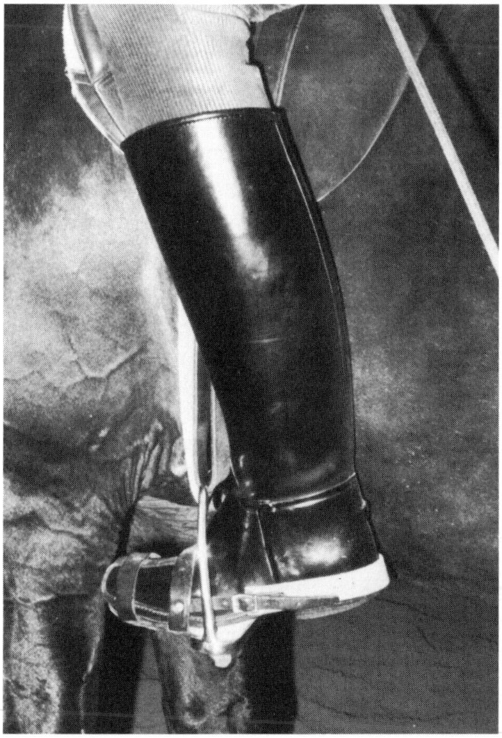

Abb. 6 Die Unterschenkelprothese sitzt korrekt im Bügel.

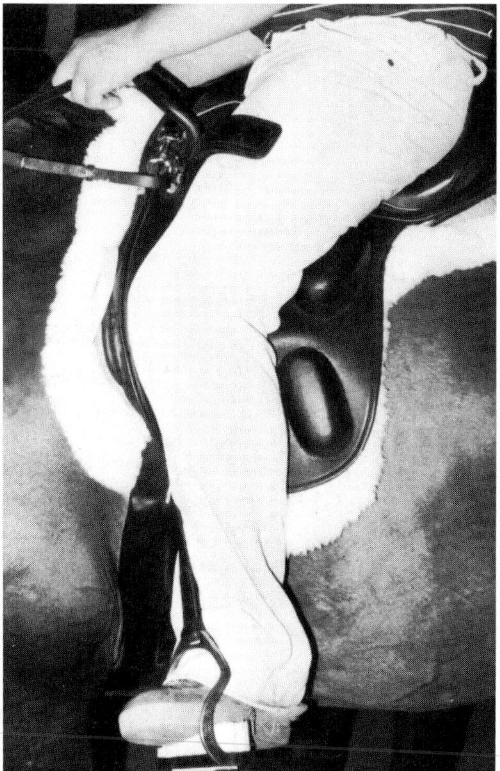

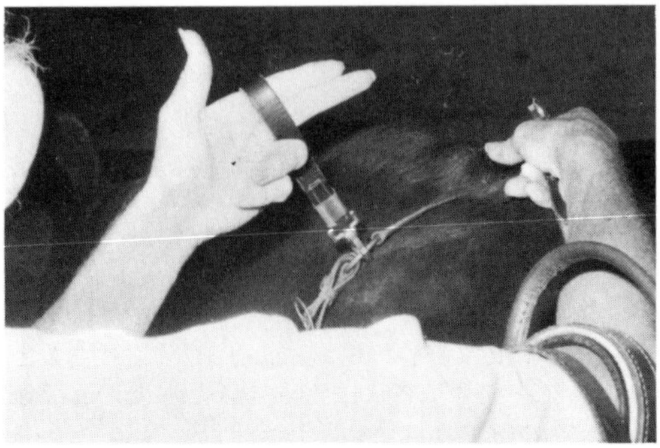

Abb. 9 + 10 Im Vorderzeug eingehakte oder besser eingenähte Schlaufen geben den Händen einen Halt. So landen unkontrollierte Bewegungen gelähmter Arme nicht gleich im Pferdemaul. Außerdem wird durch Zug, der ebenfalls nicht ins Maul geht, der Sitz gefestigt. Für die Zügelführung (Abb. 10) bleibt genügend Spielraum, auch wenn Zeige- und Mittelfinger in die Halteschlaufe gegriffen haben.

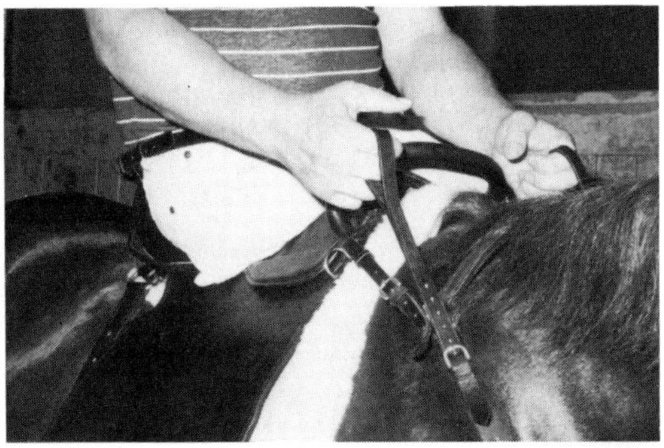

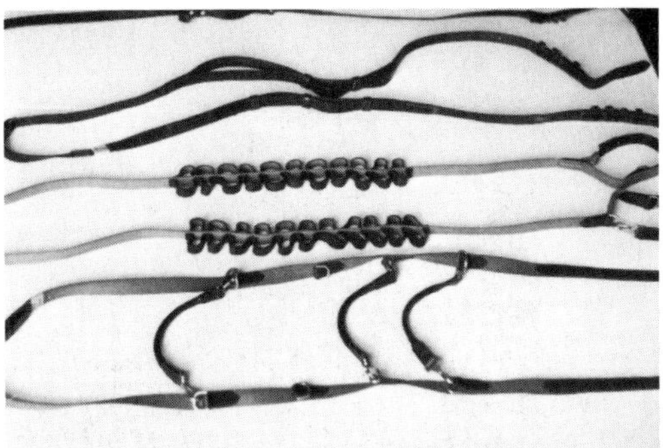

Abb. 11 Einige Veränderungen am Zügel für Einhänder oder für greifunfähige Hände. Wichtig ist, daß die korrekte Einwirkung auf das Pferd gewährleistet bleibt.

Mit solchen Hilfsmitteln darf er dann auch an Leistungswettbewerben teilnehmen. Im Laufe der letzten Jahre ist eine ganze Reihe von Hilfsmitteln entwickelt worden. Dabei wurde eines deutlich: Solche Hilfsmittel müssen wie orthopädische Hilfsmittel für den Reiter individuell konstruiert und angepaßt werden. Hierunter fallen in erster Linie Veränderungen am Sattel, wie Stumpftaschen, Einbettung für Prothesenbecher, zusätzliche Pauschen und Veränderungen an den Bügeln. Aber auch Hilfen für die Zügelhaltung bei Mißbildungen von Händen und Armen, bei fehlenden Gliedmaßen, bei Schwächen und Lähmungen in den Armen sollten individuell ausgesucht und auf den jeweiligen Reiter abgestimmt werden. Dabei ist es gut, immer daran zu denken, daß jede Zügeleinwirkung letztlich im empfindlichen Pferdemaul endet. Hier verursachte Schmerzen stellen wieder einen Gefahrenherd dar und müssen deshalb von vornherein ausgeschlossen werden.

Reitanlage für Therapeutisches Reiten

Die Anlage, in der für die Ausbildung des Therapiepferdes und für die Durchführung des Therapeutischen Reitens gearbeitet wird, spielt eine große Rolle. Ihr sollte besondere Aufmerksamkeit geschenkt werden.
Der Boden muß vollkommen eben sein, jede Wellenbildung oder gar ein Loch verhindert die Gleichmäßigkeit des Taktes, die doch für die Therapie so wichtig ist. Das Geläuf soll weich und federnd sein, aber nicht tief. Die Reitanlage sollte in sich geschlossen und damit störungsfrei sein, und es muß die Möglichkeit bestehen, den Raum abzuschließen. Die Therapie steht im Schutze der ärztlichen Schweigepflicht; Zuschauer dürfen (und müssen manchmal!) ferngehalten werden.
Wichtig ist der gleichmäßige und auf beide Seiten des Patienten gleich einwirkende Gang des Pferdes. Deshalb wird von vielen eine große Bahn mit langen Linien bevorzugt, auf denen geradeaus geführt oder geritten werden kann. Da hierbei aber das Durchreiten der Ecken immer wieder zu Störungen im Gleichgewicht führen kann, ziehen andere das gleichmäßige Rund des Zirkels vor, auf dem dann auf beiden Händen gearbeitet wird. Sowohl beim Longieren als auch beim Reiten ist aber gerade das gleichmäßige Rund auf dem Zirkel besonders schwer und erfordert ein großes Können des Reitlehrers. Es hat sich

deshalb sowohl für die Ausbildung der jungen Pferde als auch für die Arbeit in der Therapie und im Behindertenreiten, besonders aber im Rahmen der Heilpädagogik, eine kreisrunde Bande für den Zirkel angeboten. Mit einer nur angedeuteten Rundung (achteckige Halle) wird an verschiedenen Reitschulen (z. B. auch an der Deutschen Reitschule in Warendorf) zum Zwecke des Longierens schon seit längerer Zeit gearbeitet. Gerade die achteckige Bande aber führt zu Wellenbildungen auf dem Hufschlag, der immer wieder sauber eingeebnet werden muß. Dagegen bleibt das Geläuf bei der kreisrunden Bande eben. Auch ist nach vorn für das Pferd nie ein »Fluchtweg« offen. In einer solchen runden Bande fühlen sich Pferde und Patienten geborgen. Reitlehrer und Krankengymnast sind immer gut am Pferd. Die runde Bande hat sich seit Jahren bewährt. Wichtig ist, daß verhältnismäßig einfache Hilfsmittel zum Aufsitzen für die Patienten, auch für Rollstuhlfahrer, und Durchlässe in der Bande für Kinder zur Gruppenarbeit eingebaut sind. Solche Hilfen erleichtern die Arbeit. Die Pferde gewöhnen sich sehr schnell und stehen sicher an der Aufsitzrampe.
Bei der Entwicklung und Erprobung von Hilfsmitteln für Pferd und Reiter ist oberstes Gebot stets die Sicherheit des Patienten. Je nach Übungsziel, Behinderungsgrad, Behandlungsart und Art der Anlage sind verschiedene Variationen möglich bei der Verschnallung der Ausbinder, bei zusätzlichen Hilfszügeln, bei Verschnallung und Länge der Longe und bei dem Gebrauch des Langzügels. In allen Fällen ist es gut, sich eingehend von erfahrenen Pferdeleuten beraten zu lassen.

Ziel des Therapeutischen Reitens

All diese Dinge – die Eigenart und Einsatzmöglichkeiten des Pferdes, die notwendigen Besonderheiten in der Anlage, die verschiedenen Möglichkeiten der Hilfsmittel – müssen von den im Therapeutischen Reiten arbeitenden Menschen eingehend erlernt und beherrscht werden. Auskunft über Fortbildungskurse für Krankengymnasten, Pädagogen und Reitlehrer erteilt die Bundesgeschäftsstelle des Deutschen Kuratoriums für Therapeutisches Reiten e. V., Freiherr-von-Langen-Straße 13, 48231 Warendorf (Telefon 02581/6362195). Denn das Therapeutische Reiten soll nur von hierfür besonders befähigten und ausgebildeten Menschen in rechter Verantwortung durchgeführt werden.
Das für diese Arbeit eingesetzte »Therapiepferd« – in jedem Therapiezentrum liebevoll als »unser Therapiepferd« bezeichnet – muß auch »Pferd« bleiben, d. h. durch die Arbeit eines guten Pferdekenners und Reiters sein »Vorwärts« und seine Geschmeidigkeit behalten sowie im Gehorsam geübt bleiben. Es muß regelmäßig an der Longe und unter dem Sattel, auf dem Dressurviereck und im Gelände gearbeitet werden, damit es für diesen speziellen Einsatz brauchbar bleibt.
Nur dann können all die hervorragenden Eigenschaften des Pferdes für die Physiotherapie, die Psychotherapie und die Soziotherapie sich so positiv auswirken, daß Kranken und Behinderten mit sonst kaum möglichem Erfolg entscheidend geholfen werden kann. Der Einsatz des Pferdes im Therapeutischen Reiten ist also echte Lebenshilfe!

Abb. 12 Dieses junge Mädchen hat keine Beine, die Stümpfe sind in lederbezogene Filzschalen eingebettet. Bei der Weltmeisterschaft behinderter Dressurreiter in Dänemark konnte sie den Titel der Vizemeisterin erringen.

Turnier- und Leistungssport

Die Ausbildung des Dressurpferdes bis zur Hohen Schule

Brigadier KURT ALBRECHT
Ehem. Leiter der Spanischen Reitschule Wien

Die Anforderungen, welche in den einzelnen Ausbildungsphasen an das für den Reiter bestimmte Pferd ganz allgemein und für das Dressurpferd im besonderen gestellt werden müssen, sind an gewisse Begriffe gebunden, die bereits seit Jahrhunderten in der Reitersprache beheimatet sind und bis auf wenige Ausnahmen nach wie vor ihre Gültigkeit besitzen. Gestaltet man daher das Ausbildungsprogramm an Hand dieser Grundbegriffe und gültigen Richtlinien, so hat man den besten Anhalt sowohl für den richtigen Inhalt als auch für die richtige Reihenfolge des praktischen Vorgehens.

Fast alle Lehrbücher stützen sich auf diese alten und bewährten Lehrprogramme, und auch die FEI hält sich in ihren Bestimmungen strikt an die Definition und Interpretation dieser alten Reitlehre. Das Studium der ihnen zugrunde liegenden praktischen Anwendungsmöglichkeiten wird daher jedem Wißbegierigen die tägliche Umsetzung um vieles erleichtern. Oberflächlichkeiten waren nie eine brauchbare Basis für die Ausbildung eines Pferdes und werden es auch in Zukunft nicht sein. Letzten Endes können sie für einen ernsthaften Menschen – und als solcher darf ja wohl auch der »denkende Reiter« angesehen werden – doch keine wirkliche Befriedigung mit sich bringen.

Hat der Reiter und Ausbilder während der Grundausbildungsphase das Pferd bereits gut gearbeitet und sich an die Grundeigenschaften wie *Losgelassenheit, Durchlässigkeit, Takt, Schwung, Geradegerichtetsein* gehalten (denen auf seiten des Reiters der *korrekte Sitz* und die *richtige Hilfengebung* gegenüberstehen müssen), so ist damit ganz ohne Zweifel die beste Ausgangslage für die Fortsetzung der Grundausbildung hergestellt.

Nie kann oder darf der Übergang von der niedrigeren zur höheren Ausbildungsstufe von heute auf morgen erfolgen, sondern jeder neuen Leistungsanforderung muß eine genügend lange Zeit der Gymnastizierung des Pferdes vorausgehen. Der dafür benötigte Zeitraum wird sowohl von der Anlage und dem Auffassungsvermögen des Pferdes als auch vom Können des Reiters bestimmt werden. Im besonderen muß der Reiter jedoch die Fähigkeit besitzen, die noch vorhandenen und damit dem Fortschritt entgegenstehenden Schwierigkeiten zu erkennen.

Fortgeschrittene Ausbildung des Dressurpferdes

Die Losgelassenheit

Die Losgelassenheit des Pferdes ist eine Voraussetzung, ohne die man in keiner Ausbildungsstufe auszukommen vermag. Ist sie nicht vorhanden, so wird auch der feinfühligste Reiter vergeblich *in das Pferd hineinhorchen* und seine Einwirkungen werden ohne die gewünschte Antwort bleiben. Weil die physische Losgelassenheit aufs engste mit der psychischen verbunden ist, wird der gesamte Ausdruck des Pferdes diese widerspiegeln. Eine gewisse *Spannung* (und nicht Anspannung), die jede gesteigerte Anforderung ganz automatisch mit sich bringt und einen Beweis der Bereitschaft zur Mitarbeit sowie der erhöhten Aufmerksamkeit seitens des Pferdes darstellt, steht keineswegs im Widerspruch zur Losgelassenheit.

Die Durchlässigkeit

Die Gelöstheit als dem physischen Teil der Losgelassenheit stellt die wichtigste Voraussetzung für die Durchlässigkeit dar. Diese wiederum ist der eigentliche Schlüssel zu Schwung, Rittigkeit, Haltung und schließlich zur Hankentätigkeit. Je besser sie bei einem Pferd ausgeprägt ist, desto nuancierter können die Reiterhilfen gegeben werden.
Es versteht sich daher von selbst, daß der Grad dieser Durchlässigkeit in den einzelnen Ausbildungsstufen unterschiedlich sein wird. Immer spielt dabei auch die Rückentätigkeit eine wichtige Rolle. Ohne sie wäre der *Fluß* unterbrochen, und die wichtige Anforderung, daß sich jede angewendete Hilfe zu allen gewünschten Körperteilen weiterleiten lassen muß, bliebe unerfüllt. Die Ausbildung zum *Rückengänger* muß daher zu den wichtigsten Ausbildungszielen eines jeden Pferdes gehören.

Der Gehorsam

Auch der Gehorsam ist in einem sehr wesentlichen Maße in der Durchlässigkeit verankert. Um den einzelnen Reaktionen seines Pferdes mit den richtigen Gegenreaktionen begegnen zu können, muß der Reiter um deren Ursache wissen. Vor allem muß er zu unterscheiden wissen zwischen Reaktion auf äußere Einflüsse, welche dieses triebgesteuerte Lebewesen häufig geradezu zwingen, seinem »Triebzwang« Folge zu leisten, und dem echten Ungehorsam.
Die Ursache für einen solchen *echten Ungehorsam* wird aber keineswegs immer ein *Nichtwollen* des Pferdes sein, sondern in weit mehr Fällen wird einer Widersetzlichkeit ein *Nichtverstehen* oder noch häufiger ein *Nichtkönnen* zugrunde liegen. Man vergesse nicht, daß nur eine *erfüllbare Forderung* auch erfüllt werden kann. Aber häufig genügt schon eine ungenügende Vorbereitung seitens des Reiters im Augenblick der Einwirkung, um die damit verbundene Forderung für das Pferd unerfüllbar zu machen.

Der Schwung

Der Schwung bedarf als Voraussetzung ebenfalls der vollkommenen Durchlässigkeit. Er ist die Seele der Bewegung im Gleichgewicht. Je besser im Zuge der Ausbildung Schub- und Tragkraft entwickelt, je mehr der Rücken zum Auf- und Abwölben gebracht und je perfekter die Schulterfreiheit herausgearbeitet werden können, um so schwungvoller und elastischer wird die Fortbewegung des Pferdes. Ziel der fortgeschrittenen Ausbildungsphase ist, daß das Pferd den reiterlichen Hilfen bereits vermehrt *entgegenkommt,* um auf diese Weise kraftvolle Einwirkungen durch feinere ersetzen zu können.

Das Geradegerichtetsein

Das Geradegerichtetsein wurde zu allen Zeiten der Pferdeausbildung als eine der wichtigsten Grundlagen für die Schwungentwicklung bezeichnet. Beide haben eine nicht wegdenkbare Wechselbeziehung zueinander: Läßt sich der Schwung nur entwickeln, wenn das Pferd geradegerichtet geht, ist andererseits das Geradegerichtetsein die Voraussetzung dafür, den entwickelten Schwung in eine kadenzierte Bewegung umzuwandeln.
Dieses Geraderichten, das man auch als das *Einstellen der Vor- auf die Hinterhand oder umgekehrt* bezeichnet, ist dem Pferd keineswegs naturgegeben. Zunächst einmal ist fast jedes Pferd mit einer mehr oder weniger ausgeprägten *Schiefe* behaftet, die es im Wege der

Ausbildung zu eliminieren gilt. Durch diese Schiefe geht nicht nur unnötig viel Kraft verloren, sondern sie ist wohl auch die schädlichste Grundlage für die meisten Widersetzlichkeiten. Ein geradegerichtetes, sich vor dem Reiterschenkel befindliches Pferd wird versuchte Widersetzlichkeiten sehr schnell wieder beenden, weil der Reiter mit der kontrollierten, auf die Vorhand eingerichteten Hinterhand ein äußerst wirksames Instrument zur Unterbindung solchen Ungehorsams in der Hand hat.

Das Biegsammachen

Dies zählt zu den wohl wichtigsten Anforderungen der mittleren Ausbildungsstufe. Weil damit eine sehr anspruchsvolle Belastung aller beweglichen Körperteile des Pferdes verbunden ist, welche für das Pferd oftmals unangenehm, ja anfangs sogar schmerzhaft sein kann, ist in der ersten Ausbildungsphase nur ein mäßiges Resultat zu erreichen. Aber ebensowenig täte man dem Pferd etwas Gutes, würde man mit der gymnastizierenden Bearbeitung des Muskel- und Sehnenapparates sowie der Gelenksverbindungen warten, bis diese ihre endgültig ausgereifte Form erreicht haben. Dies ist keineswegs gesundheitsgefährdend, wenn mit der nötigen Vorsicht und entsprechend maßvoll vorgegangen wird. Außerdem entspricht es dem klassischen Grundsatz, daß um so früher damit begonnen werden muß, je kräftiger diese Körperpartien veranlagt sind und daher eine entsprechend längere biegende Bearbeitung benötigen.

Die großen Lehrmeister unter unseren reitenden Vorfahren haben der Biegung einen bedeutenden Platz innerhalb der Ausbildung eingeräumt. Ebenso wurden ihr in allen Lehrbüchern ausführliche Kapitel gewidmet, möglicherweise in manchen davon mit einer zu weitschweifenden Akribie. Trotzdem kommt keiner, der sein Pferd ausbilden möchte, daran vorbei.

Der Begriff »Biegung« hat allerdings in der Gegenwart eine der ursprünglichen Bedeutung nicht gerecht werdende Einengung erfahren. Spricht man nämlich heute von einer *richtigen,* einer *falschen* oder von einer *fehlenden Biegung,* wird dabei grundsätzlich nur an die horizontale oder Seitenbiegung gedacht. Eine mindestens ebenso große Bedeutung kommt jedoch der vertikalen oder Längsbiegung zu. Sie umfaßt vom Genick über die Hals- und Rückenwirbel bis zu den Gelenken der Vor- und Hinterhand alle Gelenksverbindungen, die im Zuge der Bewegung des Pferdes in Tätigkeit treten und vor allem durch den Zügel und das Gewicht des Reiters gesteuert werden.

Je müheloser sich die einzelnen Wirbel, vor allem die der Halswirbelsäule oder die von kräftigen Muskeln und Sehnen abgestützten Gelenke der Hinterhand, der notwendigen Biegung unterwerfen, um so angenehmer ist dem Pferd die Bewegung und desto mehr Einfluß wird der Reiter auf den Bewegungsablauf haben.

Nicht umsonst wurde gerade der *Längsbiegung* zu allen Zeiten eine so eminent wichtige Rolle eingeräumt. Sie bildet die Basis für alle weiteren Anforderungen wie *Stellung, Beizäumung, Aufrichtung, Anlehnung* und *Versammlung.*

Neben der vertikalen oder Längsbiegung gibt es, wie gesagt, die horizontale oder seitliche Biegung, die ebenfalls wiederum in der Halswirbelsäule und in einer vermehrten Längsbiegung beim stärkeren Untertritt des inneren Hinterfußes zustande kommt, aber auch in einer *Biegung des Rippenbogens* ihren Ausdruck findet. Letztere ist in Wirklichkeit keine echte Biegung, sondern entspricht nur einer Dehnung auf der einen Seite und einem Zusammenschieben der gesamten Zwischenmuskulatur auf der anderen Seite.

Beides, Längs- und seitliche Biegung, fällt Pferden unterschiedlich schwer und muß daher in ganz unterschiedlicher Arbeit erreicht werden. Manche dabei auftretenden Schwierigkeiten können erst im Zuge der *Umformung* des Pferdekörpers überwunden werden. Viele dieser Umformungen gehen mittels einer vernünftig aufgebauten gymnastizierenden Ausbildung so automatisch vor sich, daß sie dem Reiter gar nicht bewußt werden. Einige aber bedürfen gewisser theoretischer Anatomiekenntnisse und eines darauf aufgebauten praktischen Könnens. Dazu gehört auch das Wissen um die richtige Reihenfolge der Gymnastizierungsarbeit, beginnend mit der Genickbiegung über die Formung der Halswirbelsäule und der Vorbereitung der Rückenwirbelsäule auf ihre wichtige Brükkenfunktion; den Abschluß bildet schließlich die Hankenbiegung, der physisch wichtigsten Voraussetzung für die Hohe Schule.

Die Beizäumung und Aufrichtung

In alten Reitlehrbüchern werden diesem Themenbereich lange Ausführungen gewidmet; manches darin Gesagte hat der Schulreiterei zum Teil erheblichen Schaden zugefügt und ihr Wesen verfälscht. Beides sind *aktive Tätigkeiten,* die dem Reiter in Fällen nicht idealer gebäudemäßiger Anlagen des Pferdes oftmals einen enormen Kraftaufwand abverlangen. Noch mehr aber bedarf der Reiter eines ausgeprägten *Gefühls,* um im richtigen Augenblick dem kraftvollen Einsatz die *Belohnung* folgen lassen zu können. Letztere besteht in einem blitzartigen, nur Augenblicke währenden Nachlassen des Drucks auf die Laden.

Kein Reiter braucht sich heute darüber den Kopf zu zerbrechen, welcher von beiden Tätigkeiten – der Beizäumung oder der Aufrichtung – der Vorrang einzuräumen ist. Richtig ist allein, daß beide Hand in Hand gehen müssen. Jeder unvernünftige, vermehrte Einsatz der einen oder anderen Aktion bringt Nachteile mit sich, wie z. B. eine *Überzäumung* oder ein *Verkriechen hinter den Zügel* im Falle einer unzweckmäßigen, mit der Heranschließung der Hinterhand noch nicht konform gehenden Beizäumung, bzw. das *Wegdrücken des Rückens* bei unsachgemäßer, übertriebener Aufrichtung, wenn diese Brücke noch nicht genügend vorbereitet ist.

Die Versammlung

Dieser Begriff und die ihm zugrunde liegende immens wichtige Tätigkeit hat im Laufe des letzten Jahrhunderts eine gewisse Verzeichnung erfahren. Grundsätzlich sollte unter Versammlung die Bearbeitung der Hinterhand verstanden werden. Es wäre daher falsch, dabei der Reiterhand die vermehrte Arbeit zu überlassen. Sie hat lediglich die richtige Stellung von Kopf und Hals zu erhalten, das übrige müssen Kreuz und Schenkel tun. Daher auch das alte Reitersprichwort: »Wer sein Pferd mit weggestrecktem Schenkel reitet, wird es nie versammeln können.«

Weil man erst in einer höheren Ausbildungsstufe von Versammlung spricht, obwohl auch in den unteren Stufen eine bescheidene Versammlung notwendig ist, wird dieser Begriff sehr oft mit einer bestimmten Kopf- und Halsstellung verwechselt. Zwar ist sie eine wichtige Voraussetzung, die Versammlung aber muß, wie gesagt, weit mehr beinhalten. In erster Linie heißt es, die Kräfte der Hinterhand für die von ihr verlangte Aufgabe zu mobilisieren. Dies wiederum muß zur Folge haben, daß das Pferd eine seinem Ausbildungsstand und der Anforderung angepaßte *Körperform* haben soll.

Die richtige Stellung

Die wichtigste Voraussetzung für das Erreichen der Versammlung ist die richtige *Stellung* des Pferdes. Auch hier gilt es, manche falsche Auslegung zu korrigieren. Der Begriff beinhaltet nämlich keineswegs allein die richtige seitliche Biegung der Halswirbelsäule, sondern schließt den gesamten Pferdekörper ein.

Ohne entsprechendes Nachgeben in der Rippengegend (was in der Regel als *dem Reiterschenkel gehorchen* bezeichnet wird), ohne die mäßige seitliche Krümmung der Rückenwirbelsäule oder dem richtigen Setzen der Beinpaare kann nicht von einer der Anforderung angepaßten und daher richtigen Stellung gesprochen werden. Diese nur auf die seitliche Biegung der Halswirbelsäule Bezug nehmende Verwendung des Begriffes *Stellung* sollte schnellstens wieder aus dem reiterlichen (und richterlichen) Sprachgebrauch verschwinden, weil sie einfach nicht den Kern trifft und zu falschen Schlüssen verleitet. So bedingt zum Beispiel ein übertrieben hereingenommener Kopf (was einer nachteiligen Verbiegung der Halswirbelsäule gleichkommt) sehr häufig ein Ausfallen der äußeren Schulter oder eine Schiefe und damit den Verlust eines geregelten Ganges. Gerade dieser ist wiederum nur über eine korrekte Stellung erreichbar. Die richtige Stellung ist somit ein Überbegriff, der alles umfaßt, was dem Pferd die Erfüllung der gestellten Anforderung in korrekter Haltung und sauberer Gangmanier ermöglicht.

Die Fähigkeit eines Pferdes, sich in den Hanken (Hüft- und Kniegelenke) biegen zu können, ist die Voraussetzung für die Umwandlung eines Teiles der in diesen Gelenken entwickelten *Schubkraft* in *Tragkraft.* Alle verkürzten Gänge (die heute nicht ganz richtig als »versammelte Gänge« bezeichnet werden) verlangen eine solche vermehrte Tragkraft. Sie gibt dem Pferd die Kraft, auch in verkürzten Gängen den Schwung und die Selbsthaltung zu erhalten und einen Teil der Vorwärts-

bewegung in eine nicht minder kadenzierte Aufwärtsbewegung umzuwandeln.
Gleichzeitig dient diese biegende Bearbeitung der Hanken deren systematischer Vorbereitung darauf, später vermehrtes Gewicht ohne Haltungsverlust übernehmen zu können. Damit werden die Voraussetzungen für alle jene Anforderungen geschaffen, die an ein Spezial-Dressurpferd gestellt werden.

Die Seitengänge

Eine wichtige Aufgabe erfüllen die Seitengänge: *Schulterherein, Travers, Kruppeherein* und *Renvers*. Ihre gymnastizierende Wirkung fördert wie kaum eine andere Ausbildungstätigkeit der »Campagneschule« den Untertritt der Hinterbeine und mit ihm die Balancefähigkeit und Selbsthaltung des Pferdes.

Schulterherein

Das Schulterherein, dessen erstmalige Ausführung man dem großen französischen Reitmeister des 18. Jahrhunderts, François Robichon de la Guérinière, zuschreibt, dient in erster Linie der Aufgabe, die Mitwirkung der inneren Schulter bei der schränkenden Bewegung der Beine zu nutzen. Durch ihre gezielte Entbindung kann die Gleichgewichtshaltung wesentlich verbessert und dem Gang eine mehr und mehr ausdrucksvolle Kadenz verliehen werden.
Das Conter-Schulterherein – eine Übung, die heute kaum noch bekannt ist und nur selten angewendet wird – verfolgte zusätzlich den Zweck, das Pferd zu lehren, besonders den äußeren Zügel zu respektieren und dadurch Haltung und Stellung zu verbessern.
Beide Übungen können auf geraden Linien oder auf dem Zirkel ausgeführt werden. Letzteres stellt eine weitere Steigerung der Anforderung dar. In der Regel wird man sich mit einem Biegungsgrad begnügen dürfen, bei dem drei Hufspuren zu sehen sind, weil sich die Spuren des inneren Hinterfußes und des äußeren Vorderfußes decken. Es kann aber auch kein Fehler sein, wenn bei sonst korrekter Stellung der Biegungsgrad so vermehrt wird, daß vier Hufspuren erkennbar sind.

Kruppeherein, Travers, Renvers

Auch mit den so bezeichneten Übungen wurde bzw. wird ein ähnliches Ziel angestrebt. Der Übertritt der äußeren über die inneren Beinpaare verlangt vom Pferd ein enormes Balancevermögen und eine gute ausgeprägte Selbsthaltung, soll die Kadenz während der Bewegung nicht verlorengehen.
Alle Übungen auf doppeltem Hufschlag, die letzten Endes der Verbesserung der Haltung des Pferdes dienen sollen, werden aber nur dann gelingen und ihren Zweck erfüllen können, wenn auch der Reiter die notwendigen Voraussetzungen mitbringt: Einen Sitz mit gestreckter Wirbelsäule über dem Schwerpunkt des Pferdes, keinesfalls einen etwa dem Bewegungsrhythmus des Pferdes entgegenwirkenden Einsatz der Zügel- und Schenkelhilfen.
Immer wieder stößt man auf die praktizierte Meinung, daß eine starke Verlegung des äußeren Schenkels der Ausführung der Übung besonders dienlich sei. Dies aber widerspricht dem wichtigen Grundgesetz, daß jede übertriebene einseitige Belastung das Pferd zu disharmonischen Gegenmaßnahmen zwingt, um den Verlust des Gleichgewichtes auszugleichen. Jede unmotiviert starke Verlagerung eines Schenkels hinter den Gurt kommt aber einer solchen einseitigen Belastung mit dem Sitzknochen gleich.
Ebenso wichtig ist es – und dies ist besonders auf Traversallinien zu beachten –, daß immer die innere Schulter um eine knappe Pferdebreite der inneren Hüfte -vorausgehen muß. Geht die Kruppe voraus, wird die Schulter in ihrer freien Bewegung gehemmt und Fluß und Kadenz der Bewegung gehen verloren.

Fliegender Galoppwechsel

Auch der fliegende Galoppwechsel gehört noch in das Repertoire der mittleren Ausbildungsstufe. Hier gilt im besonderen Maße, was für die gesamte Ausbildung gilt, nämlich, daß jedes Zuviel an Einwirkung des Reiters mehr schadet als nützt. Schon das Fohlen beherrscht den fliegenden Galoppwechsel perfekt, und wenn es einem Pferd unter dem Reiter dann oftmals so schwer wird, ihn auszuführen, liegt das ausschließlich in den Verständigungsschwierigkeiten zwischen Mensch und Tier. Oft sind es die unterschiedlichsten Wege, auf denen schließlich diese Verständigung gelingt, was der beste Beweis dafür ist, daß das Pferd keiner Hilfe bedarf, sondern daß es den Menschen nur verstehen können muß.

Jeder Reiter sollte sich einmal ernsthaft damit auseinandersetzen, was im einzelnen beim Einspringen in den Galopp vor sich geht. Wahrscheinlich würde er dann auf so manche unnötige und vor allem unschöne eigene Körperbewegung verzichten und dem Pferd damit die Ausführung wesentlich erleichtern. Es ist selbstverständlich, daß man zu Beginn einer neuen Übung – so auch zu Beginn der Fliegenden-Galoppwechsel-Übung – die Verständigungszeichen (Hilfen) zunächst einmal deutlicher wird geben müssen, selbst wenn in solchen Augenblicken der korrekte Sitz darunter leidet. Das Ziel des Reiters sollte aber sein, sich seinem Pferd stets *fühlbar* statt *sichtbar* verständlich zu machen.
Überlegt man einmal die dem Pferd vorgegebenen Reaktionen, die den Reiterhilfen zwangsläufig folgen müssen, wird man auf ein für viele unerwartetes Ergebnis stoßen. So entwickelt der äußere Hinterfuß durch das Aufmachen seiner zusammengedrückten Gelenke jene Kraft, die dem Pferdekörper ein Vorschnellen ermöglicht. Zusammen mit dem äußeren Vorderfuß fängt der innere Hinterfuß das Gewicht auf und gibt es noch für einen weiteren Takt an den inneren Vorderfuß weiter, bevor die Schwebephase eintritt, in welcher der äußere Hinterfuß wieder vorschwingt und sich durch das Zusammendrükken seiner Gelenke die Kraft für die nächste Schubphase holt. Somit trifft der äußere Reiterschenkel auf ein aufgefußtes und damit *festgestelltes* äußeres Hinterbein. Auch wenn dieser dabei weit hinter dem Gurt eingesetzt wird, ist die Wirkung des Schenkeleinsatzes gleich Null. Zeigt diese allseits angewendete Schenkelhilfe trotzdem ihre Wirkung, so liegt das daran, daß durch das Zurücklegen des äußeren Schenkels automatisch ein vermehrter Druck auf den inneren Gesäßknochen ausgeübt wird; dieses wenngleich nur bescheidene zusätzliche Gewicht zwingt den inneren Hinterfuß zur Vorwärtsbewegung, um so das Gewicht abzustützen. Wird im Moment dieses Vorschwingens zusätzlich der innere Reiterschenkel am Gurt wirksam, so wird das vorschwingende innere Hinterbein zu einem vermehrten Untersetzen bewogen, und der Galopp wird runder und gesetzter. Es entsteht der gewünschte *Bergaufgalopp*. Somit sind es der innere Gesäßknochen und der innere Schenkel, die das Pferd zum Einspringen in den Galopp veranlassen, auch wenn es für viele den Anschein haben mag, als wäre es der weit hinter dem Gurt angelegte äußere Reiterschenkel.
Eine wichtige Rolle bei der Hilfengebung spielt ein gut ausgeprägtes reiterliches Gefühl dafür, daß Ort, Art und Zeitpunkt des Signalisierens zum Galoppwechsel richtig gewählt werden. Die an den Reiter gestellte Forderung, diese Wechselhilfen, möglichst unsichtbar, d. h. ohne Körperverrenkungen zu geben, zeichnet sehr deutlich den Weg vor: Hilfen müssen stets gefühlvoll, aber für das Auge unmerklich erteilt werden. Ein Pferd, das nie gelernt hat, diese Art der zurückhaltenden Hilfengebung und die davon ausgehenden Signale zu verstehen, wird vom Reiter erst entsprechend gearbeitet werden müssen, bis es sie annimmt. Fest steht, daß auch ein junges Pferd mit bescheidenen Hilfen auskommen würde. Gelingt das nicht, ist mit größter Wahrscheinlichkeit das ungenügende Einfühlungsvermögen des Menschen in den Bewegungsablauf des Pferdes dafür verantwortlich. Eine solche Disharmonie erzeugt aber beim jungen Pferd sehr rasch Aufregung und verhindert auf diese Weise zunächst das Gelingen der Übung. Je rascher der Reiter diese Disharmonie abzubauen vermag, desto leichter wird er sich mit dem Pferd verständigen können.

Hohe Schule

Hat das Pferd dieses fortgeschrittene Ausbildungsprogramm mit Erfolg absolviert und haben Aufmerksamkeit und Durchlässigkeit einen Grad erreicht, der psychisch und physisch die Gewähr gibt, daß das Pferd auch für die höchsten Anforderungen bereit ist, kann an diese Ausbildungsstufe herangegangen werden. Neben der psychischen Voraussetzung muß das Pferd auch eine überdurchschnittliche Intelligenz aufweisen, weil ohne sie die notwendige Bereitschaft zur Mitarbeit kaum erwartet werden kann. Eine gut ausgebildete Hankenbiegefähigkeit bei korrekter Beizäumung und Aufrichtung neben einem ausgeprägten Balancevermögen in den verkürzten Gängen sind die wichtigsten physischen Voraussetzungen. Ihre Vervollkommnung ist nun Aufgabe der letzten Ausbildungsstufe, welche ihre Krönung durch Piaffe, Passage und Galopp-Pirouetten erfahren soll.

Die Handarbeit

Zu den außerordentlich wichtigen Ausbildungshilfen auf diesem Weg zählt die Handarbeit. Wenn sie erst an dieser Stelle besprochen wird, so bedeutet das keineswegs, daß sie nicht schon früher angewendet werden dürfte. Im Gegenteil: Beginnt man damit bereits zu einem Zeitpunkt, in dem der Bänder- und Muskelapparat seine endgültig ausgewachsene Form noch nicht erreicht hat, wird man weit bessere Voraussetzungen zum Erlernen einzelner Lektionen vorfinden. Allerdings muß aus gesundheitlichen Gründen der Einsatz der Handarbeit richtig dosiert und vor allem das *Entgegenkommen des Pferdes* in Grenzen gehalten werden. Später entfällt dann die vorher gebotene Rücksichtnahme auf den noch nicht abgeschlossenen körperlichen Reifeprozeß, und es kann eine dem Ziel immer weiter näherkommende Ausführung der Übung verlangt werden, die schließlich ihre Fortsetzung und Vollendung *unter dem Sattel* erfahren muß.
Die Handarbeit dient zwei Zielen: Erstens soll sie die Hankenbiegefähigkeit und damit den *Untertritt* bis zur notwendigen Exaktheit erreichen helfen, zweitens dient sie gleichzeitig der Erziehung des Pferdes. Gerade die Arbeit an der Hand gibt dem Ausbilder die beste Gelegenheit, das Pferd bei all seinen Regungen und Reaktionen genauestens zu beobachten, wodurch ihm ermöglicht wird, seinerseits im richtigen Augenblick die richtigen Korrekturen anzubringen. Sie zwingt aber auch das Pferd, den Ausbilder ständig im Blickfeld zu behalten, was wiederum der so wichtigen Förderung der Aufmerksamkeit dient.
Diese mit der Arbeit an der Hand angestrebten Ziele verlangen vom Ausbilder eine entsprechende Denkarbeit, Beobachtungsgabe und viel Geduld. Wer unter *Arbeit an der Hand* nur das Bearbeiten der Hinterhandröhrenknochen mit der Touchiergerte versteht, geht mit völlig falschen Vorstellungen an diese Aufgabe. Auf diesem schablonenhaften Weg erreicht man meist gerade das Gegenteil des Gewünschten: Statt sich in den Hinterhandgelenken zu biegen und damit mit den Beinen noch intensiver unter den Körper zu treten, wird das Pferd zu einer falschen Aktivität mit ungebogenen Hinterhandgelenken verleitet, die ihm wesentlich leichter fällt und daher von ihm nur zu gerne angenommen wird. Gleichzeitig wird auf diese Weise die *Erleichterung* der Vorhand durch Gewichtsübertragung auf die Hinterhand verhindert und das Pferd zum *Kleber* erzogen.

Die »Arbeit an der Hand«.

Die Piaffe

Oftmals, und nicht zu Unrecht, als die attraktivste Ausdrucksstufe – früher *Hohe Schule* – bezeichnet, profitiert die Piaffe von der Arbeit an der Hand wohl am meisten. Eine korrekt ausgeführte Piaffe verlangt nämlich weit mehr als nur *diagonales Treten auf der Stelle.* Geschieht keine Gewichtsverlagerung von der Vor- auf die Hinterhand, wird die diagonale Beinbewegung nicht von einer deutlich ausbalancierten Schwebe begleitet, und steht den gut untertretenden Hinterbeinen und dem damit verbundenen Ausdruck einer gesenkten Nachhand keine stolz aufgerichtete Vorhand mit kräftig angehobenem Vorarm gegenüber, kann nicht von einer Piaffe im klassischen Sinne gesprochen werden.
Diese stolze und erhabene Pferdebewegung, die als *künstliche Gangart* definiert wird, wurde zum Vorbild für viele Reiterstandbilder vergangener Epochen. Man hat europaweit die Pferdezucht des 16. bis 18. Jahrhunderts mit der Zielsetzung ausgerichtet, ein Pferd mit besonders guten Anlagen für diese Aufgabe zu züchten. Damit ist aber auch be-

reits angedeutet, daß Pferderassen, die diese besonderen Anlagen für die Piaffe vom Gebäude her nicht mitbringen, eine vermehrte Ausrichtung der Ausbildung zur Behebung der mangelnden Anlagen benötigen. Jedes Pferd im ausgeprägten Rechtecktyp ist hierzu zu zählen. Um solchen Pferden überhaupt das notwendige *Setzen* möglich zu machen, bedarf es einer frühzeitig einsetzenden gymnastizierenden Vorbereitung, um dadurch die Muskulatur, Gelenke und Sehnen entsprechend zu formen, bevor diese vollkommen entwickelt sind.

Die Passage

In der offiziellen Definition wird die Passage als *Trabbewegung in höchster Vollendung mit sehr erhaben gerundeten, wenig raumgreifenden Tritten* beschrieben; sie bedingt ganz andersgeartete Voraussetzungen. Die Passage verlangt vom Pferd ein überdurchschnittliches Balancevermögen, das ihm einen ausgeprägten Schwebemoment zwischen Abheben und Auffußen des jeweiligen diagonalen Beinpaares ermöglicht. Weil dafür ein ausgewogenes Verhältnis zwischen Schub- und Tragkraft erforderlich ist, kann mit der Ausformung der Passage erst begonnen werden, wenn das Pferd über die nötige Kraft verfügt. Die Bewegung eines jungen Pferdes mit attraktiven Schwebemomenten, der man gerne den Namen *Naturpassage* gibt, kann weder als Abart noch als Vorstufe der richtigen Passage bezeichnet werden. Hier handelt es sich um eine Bewegung mit ungebogenen Hankengelenken, die von einem besonders ausgeprägten Imponiertrieb oder anderen Anlässen zur Aufregung ausgelöst wird.
Als eine der schwersten Anforderungen an das Dressurpferd dieser Ausbildungsstufe ist der Übergang von der Piaffe in die Passage zu werten, denn er verlangt vom Pferd sehr viel Kraft und Geschicklichkeit. Mit Hilfe der Schubkraft muß es das vermehrt auf die Hinterbeine verlagerte Gewicht wieder in Bewegung setzen, was für die zusammengedrückten Hinterhandgelenke eine besondere Anstrengung bedeutet. Daher wird auch die Passage zu Lernzwecken nicht aus der Piaffe entwickelt, weil dem Pferd der Übergang aus dem *versammelten Schritt* oder aus dem stark verkürzten *versammelten Trab* wesentlich leichter fällt. Erst wenn die Kräfte der Hinterhand dazu ausreichen, einmal mehr die Trag- und einmal mehr die Schubkraft einzusetzen, wird dem Pferd der Übergang von der Piaffe in die Passage ohne größere Schwierigkeit und Aufregung möglich sein.
Sowohl in der Piaffe als auch in der Passage kommt dem gefestigten Sitz des Reiters besondere Bedeutung zu. Ein Reiter, der auf dem Pferd *selbst zu piaffieren pflegt* (d. h. durch schaukelnde Bewegungen das Pferd zum Piaffieren bringen möchte), wird mit seinen Einwirkungen immer gegen den Bewegungsrhythmus des Pferdes wirken. Das damit verbundene Abheben eines Sitzknochens bringt das Pferd gerade in dem Moment, in dem es seine Hilfengebung benötigen würde, um den wichtigen Gewichtsimpuls.
Obschon in der Ausbildung zur Piaffe nicht gleich eine die Wirbelsäule senkende Hankenbiegung erreicht werden kann, die dem Pferd das weite Untertreten ohne Auf- und Abwärtsbewegung der Kruppe gestattet, so wird der Reiter von Anfang an auf diese einzig richtige und korrekte Bewegungsmanier hinarbeiten müssen. Nichts registriert ein Pferd schneller als die Möglichkeit, sich eine Übung zu erleichtern.
Von großer Bedeutung ist dabei auch das Verhalten der Vorhand. Eine Gewichtsabgabe wird ihr nur möglich sein, wenn die Hinterhand dieses abgegebene Gewicht zu übernehmen und auszubalancieren vermag. Erst dann werden auch das Abheben des Unterarmes bis fast zur Waagerechten und ein kurzes Verharren in dieser Stellung gelingen. Andernfalls kommt nur ein bescheidenes Abfußen bis zur Fesselkopfhöhe zustande, dem außerdem die wichtige Schwebephase fehlt. Die verlangte *Vorwärtstendenz* wird es notwendig machen, dem Pferd anfänglich einen etwas größeren Raumgewinn zu gestatten, der mit zunehmender Befähigung immer geringer werden muß, um schließlich in einen nur noch nach aufwärts entwickelten Schwung zu münden. Das Endziel soll das *Piaffieren auf der Stelle* sein, dem trotzdem die deutlich erkennbare Vorwärtstendenz anhaftet.
In der Passage muß der Reiter seinerseits darum bemüht sein, trotz der kraftvollen Pferdebewegung nicht in Rücklage und damit hinter den Schwerpunkt zu kommen, weil dadurch die Ausgeglichenheit zwischen Schub- und Tragkraft verlorengeht und somit die Passage an akzentuierter Ausführung ein-

büßt oder überhaupt beendet wird. Zum gefestigten Balancesitz muß daher noch das gut abgestimmte Zusammenspiel zwischen der etwas fester aushaltenden Hand und dem kräftige Impulse gebenden Schenkel treten.

Die Galopp-Pirouette

Sie gilt als eine Übung mit besonderer Aussagekraft über den Ausbildungsstand eines Pferdes. Wird sie vollendet beherrscht, so haben wir mit Sicherheit ein *rittiges Pferd* vor uns. War diese Übung einst mit dem Ziel entwickelt worden, im Kampf von der damit verbundenen Wendigkeit zu profitieren, wurde sie später zu einem wichtigen Prüfstein für die Qualität der Ausbildung.
Die Galopp-Pirouette verlangt vom Pferd neben der hohen Stufe des Durchgerittenseins eine nicht minder ausgeprägte Kraft in den Hinterhandgelenken. Würde ein Pferd bei der Ausführung auch die letzten Reserven seiner Kräfte heranziehen müssen, ginge damit der Ausdruck der Leichtigkeit verloren.
Wie alle Gänge und Touren der höchsten Ausbildungsstufe muß auch die Pirouette von dieser Leichtigkeit geprägt sein. Fehlt diese gänzlich oder geht sie gar während der Ausführung verloren, treten daher auch meist einige jener Fehler auf, die eine schlecht ausgeführte Pirouette kennzeichnen: Der saubere Takt des Galoppsprungs geht verloren, das Pferd wird eiliger, ein deutlicher Selbsthaltungsverlust entsteht, es sucht eine übertriebene Stütze in der Reiterhand, wirft sich herum oder fußt mit beiden Hinterbeinen gleichzeitig auf.
Generell liegen die Ursachen solcher Mängel immer in der Hinterhand: Sei es, daß den Pferden die Biegung in den Hanken unangenehm oder oft sogar schmerzhaft ist, sei es, daß die Längenverhältnisse der Hinterhandknochen oder die Winkelung der Gelenke von Natur aus ein notwendiges Unterspringen unmöglich machen, oder sei es, daß man zu einem Zeitpunkt mit dieser Übung begonnen hat, in der Muskel und Sehnen noch zu wenig unterstützende Kraft für diese schwere Aufgabe beisteuern konnten. Alle diese Ursachen versetzen das Pferd in einen mehr oder weniger starken Aufregungszustand, der nicht selten die Ausführung einer Pirouette auch dann noch begleitet, wenn die Ursachen bereits längst behoben sind.
Eine Pirouette findet stets im Dreitakt des Galoppsprunges statt. Sie wird aus dem *Schulgalopp* entwickelt, einer Galoppart, die extrem verkürzte Galoppsprünge aufweist und bei der die Unterstützung des diagonal fußenden Vorderbeines fast nur noch angedeutet wird. Das Aufheben fällt der vom Gewicht deutlich entlasteten Vorhand sehr leicht und es kann vorkommen, daß auf Grund der verlängerten Schwebe das zur Diagonale gehörende äußere Vorderbein um einen Bruchteil später aufsetzt als das Hinterbein. Die damit erreichte besondere Kadenz des Galoppsprunges bildet die eigentliche Basis für den Ausdruck der Leichtigkeit dieser Übung.
Die Einwirkung des Reiters darf sich auch in der Pirouette nicht von jener unterscheiden, die für den normalen Galoppsprung Anwendung findet. Allerdings muß sie äußerst korrekt und für das Pferd genügend deutlich akzentuiert gegeben werden. Besonders vorsichtig ist der Einsatz der Reiterhand zu handhaben. Jeder zu starke Einsatz würde das Pferd zu einem vermehrten *Auf-die-Hand-Legen* verleiten und schließlich dazu führen, daß der Reiter mehr und mehr gezwungen ist, die Vorhand um die Hinterhand herumzuheben. Auch der Schenkel hat bei der Ausführung keine andere Funktion als beim normalen Galopp. Ebensowenig brächte eine unnatürliche Verlagerung des Reitergewichtes durch extremes Zurückneigen des Oberkörpers den gewünschten Erfolg, im Gegenteil: der Reiter würde auf diese Weise das Pferd mit seinem noch zusätzlich wirkenden versteiften Kreuz nur in die Reiterhand *hineintreiben* und damit die Ausgeglichenheit zwischen Schub- und Tragkraft stören. Daß die Pirouette nach jedem Sprung in eine Vorwärtsbewegung umgewandelt werden können muß, stellt eine für Reiter und Pferd besonders hohe Anforderung dar. Sie verlangt vom Pferd eine in jeder Phase der Ausführung *korrekte Stellung* und zwingt den Reiter, mit seinen Hilfen *am Pferd zu bleiben,* um ihm diese Umwandlung ohne Störung zu ermöglichen.

Changement von Sprung zu Sprung

Obwohl der fliegende Galoppwechsel bereits in die vorausgegangene Ausbildungsstufe einzuordnen ist, wird man die Changements nach einer bestimmten Anzahl von Sprüngen erst verlangen können, wenn das Pferd so sicher

Ein Hengst der Spanischen Reitschule in der Piaffe unter einem Oberbereiter.

an den Hilfen steht, daß es die vom Reiter empfangenen Impulse verstehen und umsetzen kann. Die vielleicht noch größere Schwierigkeit bildet aber die für den Reiter damit verbundene Anpassung an den Bewegungsrhythmus des Pferdes. Besonders der Wechsel von Sprung zu Sprung bereitet dem Pferd viel weniger Schwierigkeiten als dem Reiter. Jede auch nur geringfügige Disharmonie im Zusammenspiel von Zügel-, Schenkel- und Sitzhilfen kann die Ausführung der Übung stören. Der beste Lehrmeister für den jungen Reiter ist ein Pferd, das die Wechsel nach jeder gewünschten Anzahl von Sprüngen beherrscht und selbst die dann und wann auftretenden rhythmusstörenden Reitereinwirkungen zu verkraften in der Lage ist.

Beim Erlernen der Changements ist besonders darauf zu achten, daß Pferde, die über eine ausgeprägte Biegefähigkeit der Hanken verfügen, sich beim Unterspringen gern durch ein Ausweichen mit den Hinterbeinen helfen, um auf diese Weise der größeren Anstrengung des geraden Unterspringens zu entgehen. Das auf diese Weise entstehende *Schwanken* ist nur sehr schwer abzustellen; häufig ist damit auch noch ein *Verhalten* verbunden, das den Galoppsprüngen etwas vom

Ausdruck einer fleißigen Vorwärtsbewegung nimmt. In solchen Fällen sollte man mit den Changements so lange warten, bis die Kraft in den Hinterhandgelenken entsprechend stark ist. Pferde im Gleichgewichtstyp haben diese Schwierigkeiten nicht.
Alle Anforderungen, die an ein Pferd der höchsten Ausbildungsstufe gestellt werden, verlangen diesem viel Kraft ab. Deshalb muß es gut vorbereitet werden. Zu den nachteiligsten Ausbildungspraktiken zählt es, das Pferd plötzlich vor Aufgaben zu stellen, nur weil diese im Aufgabenheft für eine bestimmte Dressurklasse vorgeschrieben sind. Die Ausbildung eines Pferdes besteht nicht in einer schematischen Aneinanderreihung von Aufgabenstellungen, sondern vielmehr in einer auf Physis und Psyche des Pferdes individuell Rücksicht nehmenden Umsetzung eines klaren, theoretisch wohl fundierten Konzeptes. Der Funktion des Gymnastizierens kommt dabei eine sehr hohe Bedeutung zu.
Der Begriff »Hohe Schule« drängt möglicherweise die Frage auf, ob die höchste Dressurstufe der Gegenwart der Hohen Schule von gestern gleichzusetzen ist. Zunächst muß festgehalten werden, daß die gesamte der Hohen Schule zugrunde liegende Lehrmeinung vollinhaltlich in das heute gültige Reglement übernommen wurde. Es lag also ausschließlich an Funktionären und Reitern, den damit verbundenen Auftrag in die Praxis umzusetzen. Im vollen Umfang scheint das aber nicht gelungen zu sein, sonst wäre der Begriff *Reitkunst* nicht gänzlich in der Bezeichnung *Reitsport* aufgegangen; vielmehr wäre die Kunst neben dem Sport weiter am Leben und im Sprachgebrauch erhalten geblieben. Es kann nicht das gleiche sein, ob man eine Leistung, bei der das harmonische Zusammenwachsen zweier so unterschiedlicher Geschöpfe die Grundessenz bildet, als rein reitsportliche Höchstleistung betrachtet, oder ob man die menschliche Kreativität, welche dieser Höchstleistung erst die Krone aufsetzen sollte, als einen der Kunst zuzuordnenden Anteil ansieht. Der Begriff der Hohen Schule hat immer im höchsten Maße auch den Menschen mit eingeschlossen und von diesem eine absolute Ebenbürtigkeit der Leistung verlangt. Daher lautete auch stets der Grundsatz, daß wohl der Mensch natürliche Schwächen des Pferdes durch besonderen Einsatz und besonderes Können wettmachen könne, umgekehrt aber reiterliches Unvermögen sich nicht hinter den Stärken des Pferdes verstecken dürfe.
Eine wichtige Forderung an die Zukunft der Dressur sollte daher sein, daß der Dressurreiter den Lohn, welchen er für seine Leistungen von seinem Pferd erhält, wiederum höher einschätzt als die menschliche Anerkennung. Damit würden auch alle im Zusammenhang mit der Ausbildung aufgewendeten Mühen nicht mehr als solche, sondern als eine wahre Bereicherung und Selbstbestätigung empfunden. Ein Ziel, das lohnen würde, von vielen angestrebt zu werden.

Die Reitstunde – Kernstück der Ausbildung

Aufbau einer Reitstunde

Der Aufbau einer Reitstunde ist nicht nur für den Erfolg oder Mißerfolg dieser Stunde entscheidend, sondern sehr wesentlich für die Qualität der gesamten Ausbildung. Anleitungen zum Aufbau einer Stunde können weder das Primat der Gültigkeit für alle anzutreffenden Fälle noch die Garantie eines absolut sicheren Erfolges für sich beanspruchen. Jeder in der Pferdeausbildung einigermaßen Versierte weiß, daß man immer wieder vor scheinbar unlösbaren Problemen steht oder doch zumindest schon oft bewährte Praktiken über Bord werfen muß.
Der gesamte große Schatz an Erkenntnissen der klassischen Reit(lehr)kunst beruht auf Erfahrungen, die von ernsthaft danach Suchenden gemacht wurden, aber schon bei Verwendung durch einen anderen oder bei der Anwendung bei Pferden mit gänzlich anderen Voraussetzungen viel von ihrem Glanz eingebüßt haben oder u. U. sogar zur Gänze verworfen wurden. Trotzdem blieben sie, sofern sie nicht der großen Linie so kraß widersprachen, daß sie abgelehnt werden mußten, ein wichtiger Teil des Gesamtwerkes, von dem wir heute zehren. Wenn also hier eingebürgerten Praktiken in einzelnen Fällen widersprochen wird oder ihnen andere entgegengestellt werden, kann dies für den unentwegt Erfahrung Sammelnden nur eine Bereicherung darstellen. Unsicherheit dadurch kann

nur bei jenem entstehen, dem noch die Festigkeit fehlt, Gehörtes umsetzen und dann abwägen zu können. Werden diese Anleitungen in diesem Licht gesehen, können sie vielleicht dem einen oder anderen eine Hilfe oder Anlaß zu Überlegungen sein, daß Gehörtes bisher nur falsch ausgelegt wurde.

Eine stark verbreitete Meinung lautet, man müsse mit ersten Anfängen von Übungen, deren Vollendung in der obersten Ausbildungsstufe verlangt wird, aus »Gesundheitsrücksichten« erst zu einem Zeitpunkt beginnen, wenn die vorausgehenden Ausbildungsstufen abgeschlossen sind. Dem steht die Behauptung gegenüber, daß mit dem Verzicht auf eine rechtzeitige Gymnastizierung wichtiger Gelenke und Muskelpartien nachteilige Folgen entstehen. Ein Pferd, dessen Grundausbildung als erfolgreich abgeschlossen anzusehen ist, kann jedoch mit ruhigem Gewissen einer kräftigen, das Pferd anstrengenden Gymnastizierung zugeführt werden. Selbstverständlich wird in jeder Stunde der denkende Reiter oder Ausbilder Anforderungen, Leistungsfähigkeit und Leistungsbereitschaft abzuschätzen haben und die Dosis danach bestimmen.

Widerstände des Pferdes, die als selbstverständliche Reaktionen auf zu überwindende psychische und physische Hürden erwartet werden müssen, dürfen keineswegs zur sofortigen Kapitulation Anlaß geben. Ihre Überwindung ist ebenso ein Gebot der Stunde wie die Dosierung der dazu dienenden Praktiken. Ständige Kapitulationen werden vom rangbestimmten Herdentier Pferd als Schwäche ausgelegt und mit einer dementsprechenden Reaktion quittiert.

Häufig wird eine Stunde bereits mit einem schwerwiegenden Fehlern eingeleitet, nämlich einem falsch ausgelegten *Lösen.* Lösen und das Abreagieren des »Stallmuts« sind zwei völlig verschiedene Dinge. Wird letzteres nach Stehtagen oder bei jüngeren, noch nicht völlig ausgegorenen Pferden möglicherweise notwendig, verlangt das Lösen nur eine *Lockerung des Bewegungsmechanismus.* Aus mehreren Gründen soll dies nicht durch ein eintöniges unkonzentriertes Abreiten erfolgen. Als Grund Nr. 1 kann angesehen werden, daß man dem Pferd unnötigerweise Gelegenheit gibt, seine Tagesarbeit entweder in »schlampiger« oder »übereilter, unaufmerksamer« Manier zu beginnen, statt sich vom ersten Augenblick an auf seinen Herrn einzustellen. Ein weiterer Grund ist der, daß auf diese Weise wertvolle, für die konzentrierte Arbeit benötigte Kräfte unnötig verausgabt werden. Als ein daraus resultierender dritter Grund ist zu nennen, daß der Übergang von einer »schlampigen« Reprise zu ernster Arbeit, ähnlich wie beim Menschen, meist eine psychische und physische Überwindung kostet, die oftmals eine über das Normalmaß hinausgehende Einwirkung des Reiters notwendig macht.

Was hier für die Einleitung einer Ausbildungsstunde gesagt wurde, gilt in gleichem Maß für die *Vorbereitung vor einem Turnierbewerb;* und zwar für das Springpferd genauso wie für das Dressurpferd. Weder das oftmalige Überwinden eines Probesprungs noch das in »letzter Minute« immer wieder probierte Reiten der im Bewerb verlangten Lektionen kann bei ehrlicher Überlegung einen Vorteil mit sich bringen, es sei denn, man sieht im bewußten Müdemachen des Pferdes einen solchen. Für beide Fälle gibt es bestimmt zweckdienlichere Vorbereitungsübungen. Vor allem ist jede Schablone nachteilig. Daher sind nicht einmal die ganz Großen unbedingt als Vorbilder geeignet, weil jedes Pferd eine spezifische Vorbereitung braucht. Unter Vorbereitung sollte aber nie das panikartige Nachholen- oder Einprägenwollen verstanden werden. Weder ein müdes noch ein unnötig »angeheiztes« Pferd bildet die ideale Voraussetzung für einen gut zu absolvierenden Bewerb. Ersteres findet seinen Niederschlag in einer für die Beurteilung meist nachteiligen Ausdruckslosigkeit (bei Dressurpferden) oder einer ebenso deutlich erkennbaren Übermüdung (besonders nachteilig für Springpferde). Im zweiten Fall wird ein Pferd durch oftmaliges Probieren, besonders wenn es nicht sogleich gelingt und damit häufig wiederholt wird, durch die damit verbundene Nervosität des Reiters angesteckt, und die Aufregung überträgt sich vom Reiter auch auf das Pferd.

Praktiken, auf die man eingeschworen ist, verwirft man, auch wenn sie zugegebenermaßen nur selten den wirklich erhofften Erfolg gebracht haben, nicht von heute auf morgen. Diesen Mut bringen nur wenige auf, und schon gar nicht in Fällen, in denen man ängstlich bemüht ist, gewohnte Geleise ja nicht zu verlassen und damit ein Risiko einzugehen.

Das Abgehen von Gewohntem verlangt verständlicherweise einen vorausgehenden langen Umdenkprozeß, der wahrscheinlich überhaupt nur als erfolgreich angesehen werden kann, wenn wenigstens bescheidene praktische Erfolge erkennbar sind. Selbst der besten Praktik anhaftende Rückschläge oder vorübergehende Mißerfolge werden in solchen Fällen immer gern dem Neuen zugeschrieben.

Lösen und Gymnastizieren

Als beste Einleitung bietet sich ein *fleißiger Schritt* in zunächst etwas freier Haltung, aber doch korrekter Anlehnung an. Schon vom ersten Moment an müssen an diesen Schritt sinnvolle Anforderungen gestellt werden: Er muß taktrein und in einem flüssigen Tempo vom Pferd angeboten werden, ohne daß der Reiter außer seiner Sitzeinwirkung noch eine andere benötigt. Ein solches Angebot wird nicht immer von vornherein erwartet werden dürfen, besonders dort nicht, wo das Pferd durch lange Perioden dazu nicht angehalten wurde. In solchen Fällen wird also der Reiter gezwungen sein, die Voraussetzungen zu schaffen. Dies geschieht jedoch nicht durch pumpende Bewegungen mit dem Oberkörper oder klopfende Schenkel, sondern durch einen senkrecht über dem Schwerpunkt des Pferdes mit ruhigem Oberkörper einsitzenden Reiter und die den Fluß zunächst unterstützende oder erzeugende Gerte. Die Schrittlänge soll der eines *Normalschritts,* also *Mittelschritts,* entsprechen. In einem fortgeschrittenen Ausbildungsstadium kann aber nach einigen Minuten der Lockerung zum *versammelten Schritt* verkürzt werden.
In diese erste Schrittphase, die einerseits der Lockerung, andererseits aber bereits dem Aufmerksammachen und somit der Vorbereitung für das Kommende dient, können dann bereits erste die Hinterhand gymnastizierende Anforderungen eingebaut werden, wie Kurz-Kehrt-Wendungen oder Schritte auf doppeltem Hufschlag, wie Schulterherein oder halber Travers.
Handelt es sich um ein Pferd, das am Beginn der zweiten Ausbildungsphase steht, braucht keineswegs bereits eine vollendete Ausführung verlangt zu werden. In diesem Fall dienen diese Übungen ausschließlich der Gymnastizierung und Biegsammachung.
Wenn man spürt, daß sich das Pferd vollkommen gelöst hat und ihm die mehr spielerisch abverlangten Anforderungen keinerlei Unbehagen verursachen und daher auch keinerlei Widerstand zu erkennen ist, kann die Fortsetzung der *Gymnastizierung im Trab* erfolgen. Zweckmäßig sollte als Hufschlagfigur für den Beginn der Schritt- und anschließenden Trabphase die »Große Tour« (20 m Ø Zirkel) gewählt werden. Dies aus mehreren Gründen: Die Aufmerksamkeit des Pferdes für die Wünsche des Reiters kann hier besser hergestellt werden, die dabei abverlangte vermehrte Biegung richtet das Pferd dem Reiter besser in die Hand, und dem Pferd kann die Notwendigkeit, seine Hinterhand immer mehr und mehr auch zum Tragen zu verwenden, besser deutlich gemacht werden. Selbstverständlich ist ein öfterer Handwechsel zweckmäßig.
Wird während dieser nunmehr nicht mehr ausschließlich der Lockerung, sondern bereits echter Arbeit dienenden Trabphase – besonders wenn immer wieder die »Verkleinerung« der Tour eingeschaltet wird – vom Pferd der Galopp angeboten, ist das ein Beweis dafür, daß die Hinterhandkräfte bereits aktiviert sind.

Ausbildung von Selbsthaltung und Tragkraft

Ein weiteres wichtiges Ziel, das nur auf dem Weg über die Kräftigung der Hinterhand und einen immer besseren Untertritt mit den Hinterbeinen erreicht werden kann, ist die *Ausbildung der Selbsthaltung.* Erst ein sich im Gleichgewicht bewegendes Pferd, das auch seinen Kopf selbst zu tragen vermag und dazu nicht mehr die Reiterhand als Stütze benötigt, bringt die Voraussetzung mit, die von ihm verlangten Übungen schließlich mit der geforderten Leichtigkeit auszuführen. Diese Leichtigkeit wiederum ist Basis für die »Kadenz«, also jene Ausdrucksform der Bewegung des Pferdes, die sie in die »Reitkunst« einordnet, oder – im Falle ihres Fehlens – auf dem Boden der Ausdruckslosigkeit beläßt.
Unbestritten gehört zu einer Selbsthaltung, wie sie von einem in der zweiten oder bereits dritten Ausbildungsstufe befindlichen Pferd gezeigt werden soll, eine *absolute Nachgiebigkeit im Genick,* die ihm ein Herannehmen der

Nase bis zur Senkrechten ermöglicht. Nun haben Schwierigkeiten, die in früheren Zeiten noch auf Grund eines teilweise ganz anderen Exterieurs, sei es wegen der Form und Dicke der Hälse, großer Ganaschen oder unglücklicher Genickverbindungen, fast selbstverständlich waren und daher vom Ausbilder oft die Zuhilfenahme von Spezial-Ausbildungsmitteln oder Hilfszügeln verlangten, heute Seltenheitswert. Es gibt heute kaum noch eine Reitpferderasse, der solche Mängel anhaften. Daher kann mit Fug und Recht behauptet werden, daß es zur Behebung heute auftretender Schwierigkeiten keiner derartiger Hilfsmittel einschließlich Hilfszügel bedarf, sondern daß diese alle auf einem ideenreichen Gymnastizierungsweg behoben werden können. Wenn dies in vielen Fällen trotzdem nicht geschieht, sondern immer noch Zuflucht zu Hilfszügeln der verschiedensten Art gesucht wird, dann hat dies seinen Grund meist in der fehlenden Bereitschaft, sich zunächst einmal gedanklich mit den Schwierigkeiten und ihrer Behebung zu beschäftigen.

Es soll hier nicht bestritten werden, daß der Hilfszügel in der Hand eines Experten eine verbessernde Wirkung haben kann. Die gedankenlose Verwendung jedoch, für die weder ein zwingender Grund besteht noch ein zeitliches Limit erkennbar ist, richtet mit Sicherheit einen kaum bedachten Schaden an.

Die Ausbildung der Selbsthaltung steht in enger Verbindung mit der *Ausformung der Tragkraft*. Dies verlangt aber immer ein in sich geradegerichtetes Pferd. Jede davon abweichende »Stellung«, zu der ein Pferd gezwungen wird, wenn ihm der Hals unnötig verbogen und damit die äußere Schulter geradezu zum Ausfallen veranlaßt wird, verhindert ein biegendes Untertreten mit den Hinterbeinen in Richtung Schwerpunkt.

Die Ansicht, daß die Nachgiebigkeit der Halsmuskulatur mit allen Mitteln erreicht werden muß, weil an ihr der Grad der Anlehnung gemessen werden könnte, widerspricht den anatomischen Gesetzen. *Nur ein steter Hals, der lediglich im Genick ein problem- (und schmerz-)loses Drehen des Kopfes gestatten muß, läßt einen Zügelanzug bis zum Ziel durch.* Man stelle sich nur einmal einen Menschen vor, der eine Vorwärtsbewegung ausführen soll und ununterbrochen den Hals nach links oder rechts gedreht bekommt! Daß an dieser fast durchwegs viel zu übertriebenen Verbiegung im Hals nicht selten das unkorrekte Verlangen eines Richters schuld ist, muß einmal ganz offen ausgesprochen werden. Hier macht sich die völlig falsche Auslegung des Begriffs »Stellung« bemerkbar, die grundsätzlich nur deren Korrektheit gelten läßt, wenn der Kopf extrem stark von der Bewegungsrichtung weggebogen wird. Wie sehr auf diese Weise dem Pferd anatomisch die Kadenz seines Ganges geraubt wird, bleibt unbedacht.

Es kann für den Ausbilder nicht oft genug auf die *Bedeutung des äußeren Zügels* hingewiesen werden. Er erleichtert dem Pferd einerseits dessen Bewegung durch Erhaltung der richtigen Stellung, verhindert damit aber gleichzeitig ein »Schwindeln« beim richtigen Spuren der Hinterbeine. Jedes Seitwärtstreten oder Ausfallen mit der äußeren Schulter geht zu Lasten der notwendigen Biegung in den Hankengelenken und damit zu Lasten der verlangten Versammlung. Wie sehr diese Negierung anatomischer Gesetze heute von Ausbildern und Reitern Besitz ergriffen hat, läßt sich daran erkennen, daß selbst erfahrene Ausbilder dem inneren Zügel die überragende Bedeutung einräumen und selbst dann bei ihm Zuflucht suchen, wenn sein Einsatz schon bei bescheidenster Überlegung sinnlos sein muß. Wie man aber sieht, überträgt sich diese Einstellung des Vorbilds durch die ganz automatisch damit verbundene Ausstrahlung auf den Schüler und bringt so langsam eine der wichtigsten Lehren zum Verschwinden.

Ein öfter geübtes »Reiten mit einer Hand«, das einfach eine Verbiegung gar nicht möglich macht, dafür aber den Reiter zwingt, durch Mitgehen mit dem gesamten Körper dem Pferd Wendungen oder das Gehen auf stark gebogenen Hufschlaglinien zu erleichtern, ja oft ohne Verlust der Gleichgewichtshaltung überhaupt erst gelingen läßt, würde sich sehr positiv auswirken.

Wer sich die bei der *Longenarbeit* geübten Praktiken einmal ernstlich in Erinnerung ruft, wird feststellen müssen, daß hier die »klassischen Ausbildungslehren« sehr wohl beachtet werden: *Weder wird das Pferd über Gebühr einseitig ausgebunden, noch wird der Reitschüler falsch im Gebrauch des Zügels instruiert.* Beim Pferd wird klar und deutlich demonstriert, daß es selbst auf stark gebogenen Hufschlaglinien dann am ausgeglichensten geht, wenn es den Kopf nicht unnatürlich in den Kreis gestellt hat, sondern seine Biegung eine einheitliche, vom Genick bis zur Schweifwurzel gleichmäßige ist. Dem Reitschüler aber wird ebenfalls vermittelt, daß er das Pferd in jede Gangart eingehen lassen kann, ohne vorher ein Verbiegen verlangen zu müssen. Und zusätzlich wird ihm die Bedeutung des richtigen Balancesitzens vor Augen geführt als jene Einwirkungsmöglichkeit, die durch keine andere ersetzt, sondern nur unterstützt werden kann.

Sitz und Hilfengebung

Natürlich können Übungen *auf zwei Hufschlägen* für die Ausbildung nur herangezogen werden, wenn der Reiter die korrekte Hilfengebung beherrscht. Zur korrekten Hilfengebung gehören der *Balancesitz* über dem Schwerpunkt des Pferdes, die differenzierte Beckenstellung, die Lage sowie der *richtige Einsatz der Schenkel* (nicht der Absätze) und vor allem die *Bedeutung und Wirkung des richtigen Zügels.*

Der *korrekte Sitz* verlangt keineswegs ein besonders intensives Einsitzen. Ein gestreckter, gut aufgerichteter Oberkörper läßt den Reiter genauso exakt im Sattel sitzen, gestattet ihm aber ein weitaus besseres Erfühlen des Bewegungsrhythmus des Pferdes. Geschieht nämlich die Einwirkung der Sitzknochen (Sitz-Schambein-Äste) im falschen Moment, also arrhythmisch, leidet darunter die Kadenz der Bewegung. Gerade das Übertreten oder Schränken bei Übungen auf doppeltem Hufschlag verlangt eine rhythmische Einwirkung, ohne die ein verlängertes Ausbalancieren unmöglich wäre und das Pferd zum schnellen Weiterschieben des Gewichts (also zum Laufen) gezwungen würde.

Im Zusammenhang mit der Beckenstellung wird daran erinnert, daß seine Bewegung nicht nur für den Einsatz seiner Äste (Sitzknochen), sondern vor allem durch das von ihm gesteuerte Kreuzbein von ausschlaggebender Bedeutung ist. Dem Schenkel sollte in erster Linie eine Unterstützung des Sitzes zukommen. Dieser Aufgabe kann er aber nur nachkommen, wenn seine Verlegung nicht mit dem Lösen eines der beiden Sitzknochen verbunden ist, d. h., daß jedes übertriebene Verlassen seines ihm zukommenden Platzes knapp hinter dem Sattelgurt nicht nur seine Fähigkeit als Impulsgeber einschränkt, sondern dadurch auch die Konstantheit des im Schwerpunkt benötigten Reitergesäßes gefährdet wird. Auch in diesem Zusammenhang ist das Reiten mit einer Hand ein gutes Mittel, allzu bewegliche Schenkel mit der Zeit an ihrem Platz belassen zu können. Je weniger Bewegung der Reiter über dem Schwerpunkt des Pferdes ausführt, desto weniger oft und für den Bewegungsrhythmus nachteilig wird die gemeinsame Schwerlinie (auf der die Schwerpunkte von Pferd *und* Reiter liegen sollen) verlassen werden.

Kommt zum arhythmischen Einsatz der Schenkel dann noch eine den Bewegungsablauf störende statt helfende Hand, ist das Chaos vollkommen. Wem das Gefühl für den richtigen Handeinsatz fehlt, dem kann nur geraten werden, sie ausschließlich »gut aushaltend« zu verwenden, im übrigen es aber dem Pferd zu überlassen, sich die Impulse selbst zu holen. Es sei noch einmal betont, daß jeder Zügelanzug, der den geradlinigen Weg vom Genick zur Schweifwurzel verläßt, unwirksam ist, ja störend wirkt.

Natürlich hat der Schenkel – und gemeint ist hier immer der Teil der Wade knapp unterhalb des Knies – in der Ausbildungsphase des Pferdes auch die sehr wichtige Aufgabe der Mitwirkung bei der Biegearbeit. Damit ein Pferd auf jeder gewünschten Hufschlaglinie in der richtigen *Stellung* gehen kann, muß es vom Genick bis zur Schweifwurzel gleichmäßig gebogen werden können. Eine noch größere Bedeutung als dem Nachgeben im Halsteil kommt dem Nachgeben im Rippenteil zu. Auch wenn es sich hier fast nur um ein symbolisches Zusammenschieben handelt, ist dies durch ein Liegenlassen-Können des Schenkels (auch als »Schenkelannehmen« bekannt) in der Rippengegend erfühlbar. Und gerade dieses Nachgeben fällt den meisten Pferden schwer und veranlaßt sie immer wieder zum Aufgeben der richtigen Stellung. Dieses Nachgeben muß daher durch ständig gymnastizierende Einwirkung eines u. U. ausgesprochen kräftig verwendeten Schenkels (bei korrektem Gegenhalt mit dem äußeren Zügel) erwirkt werden. Wird dies durch lange Ausbildungsphasen versäumt oder die Widerstände immer wieder nur im Hals gesucht und zu beheben versucht, wird man wahrscheinlich stets gegen den Stellungsverlust anzukämpfen haben und nie das Optimum an Durchlässigkeit erreichen können.

Wenn man sich heute vergegenwärtigt, welche Bedeutung seinerzeit der dem französischen Reitmeister des 18. Jahrhunderts, Guérinière, zugeschriebenen Übung *Schulterherein* beigemessen wurde, die geradezu epochemachend in das Repertoire der Ausbildung eingegliedert wurde, weil sie mehr als jede andere Ausbildungshilfe das Gleichgewicht des Pferdes zu festigen vermag, wundert man sich eigentlich darüber, wie wenig heute von ihr Gebrauch gemacht wird. Schon allein die Tatsache, daß man den Über-(Stall-)mut eines Pferdes durch das Einnehmen einer *Schulterherein-Stellung* einzubremsen vermag, sollte zusammen mit den anderen Vorzügen dieser Übung wieder den ihr gebührenden Platz auch im Ausbildungsrepertoire der Gegenwart verschaffen.

Mit mäßiger Abstellung im Schritt begonnen, begreift fast jedes Pferd das Verlangen des Reiters sehr schnell und vermag diese Übung bald auch im Trab auszuführen. Sie aber ausschließlich als Vorbereitung für den Turnierbewerb, in dem sie vorkommt, zu reiten, würde ihrem Wesen und vor allem der damit verbundenen Zielsetzung widersprechen. Nur wenn sie zu einem festen Bestandteil jeder Reitstunde wird, erfüllt sie ihre Aufgabe. Es wäre daher auch nicht sinnvoll, wenn diese Übung ausschließlich auf den langen, geraden Hufschlaglinien ausgeführt würde (zweifellos ist hier die Korrektheit der Ausführung am leichtesten zu kontrollieren). Auf gebogenen Hufschlaglinien, wie z. B. auf dem Zirkel, ist nämlich der damit erzielte Zweck noch wesentlich effektvoller. Weil auf einer gebogenen Hufschlaglinie die vermehrt abverlangte seitliche Biegung die allererste und beste Voraussetzung für das Eingehen auf eine Traversallinie bildet, kommt solchen Übergängen vom *Schulterherein* zum *Travers* eine die Selbsthaltung und Balancefähigkeit fördernde Bedeutung zu.

Damit wurde aber bereits angedeutet, daß auch dem *Travers* eine kaum weniger wichtige Aufgabe im Ausbildungsvorgang zufällt. Auch hier sollte, wie beim Schulterherein, dem Pferd zunächst das Wollen des Reiters im Schritt deutlich gemacht werden. Da die Einwirkung des Reiters mit Hilfe seines Sitzes auf das fördernde Beinpaar treffen soll (äußerer Hinter- und innerer Vorderfuß, im Schritt knapp hintereinander, im Trab gleichzeitig abgehoben), muß der Reiter diese Bewegung erfühlen können. Seine leicht zurückgenommene äußere Hüfte (incl. Schulter) wird zweckmäßigerweise anfangs noch durch die Gerte unterstützt, weil jedes Zurückbleiben der Hinterhand für das Pferd mit dem Verlust der Biegung um den inneren Schenkel (und automatisch mit dem Verlust der für die Ausführung notwendigen Stellung) verbunden ist. Schon nach wenigen (halben) Travers-Schritten oder -Tritten, bei denen vorrangig auf die richtige Biegung zu achten ist, soll das Pferd sogleich wieder geradeaus gerichtet werden. Diese verlangte Vorwärtsbewegung auf einfachem Hufschlag läßt in der Regel erst gar keine Widerstände aufkommen und zwingt außerdem den Reiter, seine Einwirkungen stets so zu gestalten, daß sie das Pferd einmal zum Seitwärts- und einmal zum Vorwärtstreten veranlassen.

Aus dieser Vorwärtsbewegung kann dann nach gelungener Ausführung die Hand gewechselt werden. Zu beachten ist, daß die Übung nie so lange fortgesetzt wird, bis das Pferd (sei es aus Kraftmangel oder anderen Gründen) seine korrekte Biegung aufgibt oder sich gegen die Anforderung wehrt (über den Zügel kommt, einseitig steif ist, sich verwirft o. ä.).

Der Reiter muß seine Anforderungen stets so dosieren, daß sie zwar gymnastizierend und formend wirken, aber nie das Pferd zu echten Widersetzlichkeiten herausfordern. Ein Widerwillen gegen die abverlangte Biegung oder gegen das Übertreten oder Schränken darf nicht als echte Widersetzlichkeit angesehen, sondern muß nach und nach mit sanfter »Gewalt« überwunden werden. Mit dieser Übung ist neben ihrer hervorragenden Gymnastizierungsmöglichkeit und einer sonst kaum in dem Maße erreichbaren Balancefähigkeit und Ausformung der Selbsthaltung auch noch der Vorteil verbunden, daß sich das Pferd erst gar nicht in eine durch falsche Biegung bedingte falsche Stellung hineinmanövriert; etwas, was beim »Andressieren von Seitengängen« sehr häufig vorkommt. Mehr als jedes übertrieben lange Geradeausreiten, vor allem, wenn dabei nicht die Hinterbeine zu einem energischen Untertreten angehalten werden, fördern Übungen wie Schulterherein oder Halbe-Travers-Tritte die Selbsthaltung des Pferdes durch die damit verbundene vermehrte Hankenbiegung. Nur so erfüllen die Seitengänge ihren eigentlichen Zweck. Ihre

Ausformung zur Turnierqualität verlangt dann nur noch wenig Anstrengung.
Je früher mit diesen Übungen begonnen wird, desto richtiger wird das Pferd von Beginn an geformt. Besondere Unwilligkeit gegen die Biegung auf einer Seite weist meist auf eine Schwäche in der Hinterhand auf der betreffenden Seite hin und hat ihren Grund viel seltener im Genick. Man kann daher einer solchen Festigkeit kaum mit der Kraft der Hand begegnen, sondern eher auf einem Weg, der das betreffende Hinterbein zum vermehrten Untertreten bringt.
Alle diese Ausbildungspraktiken werden aber ohne Wirkung und Erfolg bleiben, wenn sie vom Reiter mit falscher Sitz-, Schenkel- und Handeinwirkung durchgeführt werden. Wer sich dieses Zusammenspiel noch nicht anzueignen vermochte, wer vor allem in solchen Augenblicken Zeit zum Nachdenken braucht, schiebt beim Nichtgelingen dem Pferd zu Unrecht die Schuld zu. Es kann nicht oft genug betont werden, daß das Pferd nur imstande ist, physikalisch richtige und seiner Anatomie gerecht werdende Einwirkungen ohne Gleichgewichtsverlust auszuführen.
Wer nicht weiß, daß jedes Verlassen des Sattels mit einer Gesäßhälfte die ohnehin immer das Gleichgewicht des Pferdes gefährdende Fliehkraft noch verstärkt, oder wer die außer Kontrolle geratene äußere Pferdeschulter (was mit einem ganz logischen Wegdrängen verbunden ist) mit dem inneren Zügel einzufangen gedenkt, statt das Pferd vorerst wieder gerade zu richten und auf diesem Wege die äußere Schulter wieder unter Kontrolle zu bringen, wird mit den oben beschriebenen Praktiken wenig Erfolg haben.

Hankenbiegung und Versammlung

Die *Beherrschung der Hinterhand* ist das wichtigste Ziel jeglicher Pferdeausbildung. Wer aus falsch verstandener Mentalität oder Ignoranz anatomischer Gesetze darauf verzichtet oder zu einem Zeitpunkt damit beginnt, zu dem das Pferd seine »Waffen« längst kennt und anzuwenden gelernt hat, wird immer auf Gedeih und Verderb der Gnade ausgeliefert bleiben. Nur wenn ein Pferd den »Rang« des Menschen psychisch und physisch empfindet, wird seine von der Art diktierte Welt in Ordnung sein. Selbstverständlich lassen sich Krafteruptionen niemals gänzlich unterbinden, nur muß es Ziel des Reiters sein, die Rangverhältnisse so schnell wie möglich wieder herzustellen.
Mehr noch als im Schritt oder Trab haben diese *Kurztraversalen im Zirkel* gymnastizierende Wirkung, wenn sie im *Galopp* ausgeführt werden. Selbst wenn zunächst nur mit ganz wenigen Sprüngen begonnen wird (um das Pferd sodann sofort wieder gerade zu richten und den Galopp auf einfachem Hufschlag fortzusetzen), muß das Pferd dafür vorbereitet sein. Beginnt man mit einem falsch gebogenen Pferd, muß automatisch auch die Stellung ungeeignet sein, die Nachhand im richtigen Rhythmus mitzubringen. Nur die Ausführung in der richtigen Stellung ermöglicht das »Überspringen« (Übertritt bzw. Schränken im Galopp) mit richtiger Seitenbiegung.
Der Reiter muß sich diesen Vorgang einmal deutlich vor Augen führen, nur dann wird er vom Pferd nicht Dinge verlangen, die es nicht auszuführen in der Lage ist. Die wichtigste Basis dafür ist ein entsprechender Versammlungsgrad des Pferdes: Ohne eine wenigstens in bescheidenem Maße vorhandene Tragkraft und Hankenbiegungsfähigkeit wird es sich in eine stürmende Bewegung flüchten müssen, in der weder Biegung noch Stellung beachtet werden. Ist dagegen ein brauchbare Basis vorhanden und vermag das Pferd dank korrekter reiterlicher Einwirkungen die Wünsche des Reiters zu verstehen, werden in der Regel die Anfangsschwierigkeiten und die ganz automatisch auftretenden Unmutsäußerungen des Pferdes bald überwunden sein. Eine Ausdehnung derart anstrengender Übungen über Gebühr wirkt sich logischerweise im Galopp nachteiliger aus als im Schritt oder Trab. Der denkende Reiter wird aber ganz leicht die richtige Dosierung finden.
Kann diese Übung einmal als wesentlicher Ausbildungsteil in die tägliche Arbeit eingegliedert werden, so ist dies als großer Sprung vorwärts anzusehen. Pferden, die solche Kurz-Galopptraversalen einmal in deutlicher Selbsthaltung auszuführen vermögen, wird mit Sicherheit auch die *Galopp-Pirouette* keine Schwierigkeit machen. Letztere aber ist ein wichtiger Prüfstein für den Rittigkeitsgrad des Pferdes, das für höchste Dressuraufgaben vorgesehen ist.
Auch der Fliegende Galoppwechsel läßt sich häufig aus Hufschlagfiguren, in denen der

Die Vielseitigkeit – früher Military – wird häufig als Krone der Reiterei bezeichnet. Im Gelände auf der Querfeldeinstrecke werden an Pferd und Reiter höchste Anforderungen gestellt.

Zwei weltweit berühmte »Westfalen«: Der mehrfache Goldmedaillengewinner Dr. Reiner Klimke mit *Ahlerich*. Dieses Paar schrieb Dressursport-Geschichte.

Dressur-Quadrille der Warendorfer Hengste anläßlich der traditionellen Hengstparade. Ein Teil der Hengste wird auch im Rahmen der Ausbildung von angehenden Reitlehrern bei der Deutschen Reitschule, die dem Landgestüt angegliedert ist, geritten.

Weltmeister Norbert Koof auf *Fire* in bester Manier. So wird der Springsport zum Genuß. Dieses Bild vermittelt den Eindruck, daß auch das Pferd Freude an seiner Leistung hat.

In schweren Springprüfungen sieht man nicht immer nur schöne Bilder. Auch das gehört dazu: Das »Abräumen« einer Mauer beeindruckt die Zuschauer, für das Pferd ist es ein Teil seiner Ausbildung und Erziehung zu noch größeren Leistungen.

Wie vorbildlich Hindernisse mit höchsten Abmessungen auch stilistisch zu bewältigen sind, zeigt immer wieder Gerd Wiltfang. Der Reiter läßt seinem sensiblen Pferd die Freiheit, die es benötigt, um auch solche Sprünge in feiner Manier fehlerfrei zu überwinden.

In der Landephase werden die Fesselgelenke des Pferdes so weit durchgebogen, daß der Fesselkopf den Boden berührt. Nur gesunde Pferdebeine sind diesen Belastungen gewachsen.
Auch in Vielseitigkeitsprüfungen ist das Parcoursspringen ein wichtiger Teil der Prüfung.

Bildserie des bekannten französischen Springpferdes *Malesan Galoubet A* (Selle français) unter Gilles Bertrand de Balanda. Dieser Hengst hat als überragendes Springpferd jahrelang Furore gemacht. Die Bilder geben den perfekten Bewegungsablauf beim Überwinden einer zweifachen Kombination anläßlich der Weltmeisterschaften 1982 in Dublin wieder.

Die »Badminton Horse Trials« sind das Mekka der Vielseitigkeitsreiterei. Hier ein Sprung der Geländestrecke, der geradezu »überflogen« wird.

Die Engländerin Lucinda Prior-Palmer-Green gehörte jahrelang zur Weltspitze im Vielseitigkeitssport. Kein Reiter hat so oft in Badminton gewonnen wie sie, und kein Reiter demonstriert im Gelände solch vollendete Harmonie über dem Sprung. In jeder Phase dieses Sprunges sind Pferd und Reiter eine Einheit.

Die Bildserie zeigt die Reiterin mit dem Pferd *Beagle Bay* in Badminton beim Überwinden des Hindernisses Nr. 8 (Stockholm Fence). Auch die Verfassungsprüfung ein Tag nach dem Geländeritt vor Badminton House ist für die Zuschauer ein Erlebnis.

Schwieriger Wassereinsprung durch verlorenen Bügel.

Wasseraussprung: Orientierung auf den nächsten Sprung.

Tiefsprünge wie dieser in Badminton werden für Pferd und Reiter zur echten Mutprobe.

Badminton: Flüssig und ohne Unterbrechung beim Auf- und Absprung überwindet dieses Paar die schwierige Hinderniskombination. Der Reiter stört dabei nicht, sondern hilft dem Pferd durch seine dosierte Einwirkung, daß der Bewegungsrhythmus nach vorne nicht unterbrochen wird.

Wer einer Voltigier-Gruppe im Wettkampf zuschaut, der ist überrascht, welche Vielfalt von Übungsformen auf dem Pferd möglich ist, eine Kombination von Elementen der Gymnastik, des Geräteturnens und der Akrobatik.

Der Ponysport hat in den letzten Jahren einen weiteren Aufschwung erfahren. In Pony-Springprüfungen sind die Anforderungen so gestiegen, daß das Leistungsniveau bereits über die Klasse L hinausgeht.
Der Leistungsvergleich beim Ponyreiten steht jedoch nicht immer an erster Stelle. Beim Kostümreiten gewinnt nicht das beste, sondern das schönste Paar.

Der Fahrsport mit Ponys wird vor allem von Senioren bestritten. In der Geländeprüfung sind Ausdauer, Wendigkeit und Teamwork gefragt.

Einer der härtesten Leistungstests ist das Distanzreiten. Darüber hinaus ist es die einzige Pferdesportart, bei der ausschließlich der Gesundheitszustand des Pferdes mit über Sieg und Niederlage entscheidet. Gradmesser dafür sind auf der Strecke und am Ende des Rittes vor allem die Puls-/Atemwerte als Maßstab für den Konditionszustand des Pferdes.

Der Fahrsport als Wettkampfsport wird immer beliebter. Links unten der Präsident der Internationalen Reiterlichen Vereinigung, S. K. H. Prinz Philip, der mit seiner persönlichen Begeisterung für den Fahrsport dieser Disziplin

viele positive Akzente verleiht. Im Gelände, sei es beim Durchfahren einer Wasserstelle oder einer Sandgrube, werden an Fahrer, Pferde und Material die höchsten Anforderungen gestellt.

Schaugespanne demonstrieren das vielfältige Erscheinungsbild des Fahrsports.

Ein eleganter Dogcart, gezogen von einem Irischen Connemara Pony.

Tandem-Anspannung mit Andalusiern.

Pony-Viererzug bei der Dressurprüfung.

Fünferzug mit ungarischer Jucker-Anspannung.

Allgäuer Zehnerzug.

Vier Pferde vor dem Schlitten bei einem winterlichen Ausflug.

Reiter die Hinterbeine des Pferdes gut beherrscht, leichter erlernen (vom »Erlernen« kann im Sinne des Wortes keine Rede sein, sondern es geht nur um das »Verstehen« des reiterlichen Wollens).

Die Fortsetzung der Ausbildung über die »Campagneschule« hinaus wird, wenn diese wichtigste Grundlage den in ihr enthaltenen Kriterien entspricht, zunächst in einer mehr und mehr platzgreifenden Feinabstimmung bestehen. Mit Ausnahme der *Passage,* die ein Optimum an Trag-Schubkraft-Kombination erfordert und daher dem Zeitabschnitt vorbehalten bleiben muß, in dem diese Kräfte bereits in einen ausreichendem Maße vorhanden sind, wird alles, was später im höchsten Dressurabschnitt gefordert wird, schon in der Campagneschule eingeleitet.

Die Zusammensetzung *von Fliegenden Wechseln zu Changements* beruht in erster Linie auf dem gut ausgeprägten Rhythmusgefühl des Reiters. Besonders die Wechsel von Sprung zu Sprung vermag ein Reiter seinem Pferd nur beizubringen, wenn er über ein solches Gefühl verfügt.

Die Ausführung von Galopp-Pirouetten in einer Form, in der das Element der Leichtigkeit und Selbständigkeit für jedermann erkennbar sein muß, wird bei einer entsprechend langen und auf ihre Kriterien bedachtnehmende Vorbereitung keine Schwierigkeit bilden.

Auch die *Piaffe,* zweifellos eine der ausdrucksvollsten Gänge der Hohen Schule, sollte mit ihren Ausbildungsanfängen bereits in den ersten Teil der Campagneschule zurückreichen. Wenngleich diese Anfänge vordringlich der Biegung in den Hankengelenken dienen, stellen sie doch die wichtigste Voraussetzung für die Piaffe selbst dar. Und hier wiederum ist es die »Handarbeit«, die, wenn sie zum festen Bestandteil der Ausbildetätigkeit gemacht werden kann, dem Ausbilder wertvollste Unterstützung sein kann. Weil viel Wissen um ihr Wesen und die zu beachtenden Kriterien im Laufe der vergangenen Jahrzehnte verlorengegangen ist, soll dieser Arbeit ein eigener Abschnitt gewidmet werden.

Arbeit an der Hand

Leider ist durch die einseitige Einstufung der *Arbeit an der Hand* als ausschließlich für die Piaffe-Ausbildung gedachtes Instrumentarium verhindert worden, daß sich mehr Reiter und Ausbilder dieses wertvollen Ausbildungsbehelfs bedienen. Schon allein um ihrer erzieherischen Komponente willen wäre dies wünschenswert, böte die Arbeit an der Hand doch eine der ganz wenigen Gelegenheiten, Versäumnisse auf dem Gebiet des besseren Kennen- und Verstehenlernens zwischen Mensch und Pferd nachzuholen.

Mit größter Wahrscheinlichkeit wird nur derjenige überhaupt den Wert der Handarbeit ausschöpfen können, der sich zunächst einmal geistig mit ihr auseinandersetzt, bevor er die dabei gewonnenen Erkenntnisse in die Praxis umsetzt. Diese eingehende Beschäftigung umfaßt somit einen psychischen wie physischen Prozeß. Das spätere Umsetzen muß in der gleichen Reihenfolge vor sich gehen. Die dem Menschen heute für seine Beschäftigung mit dem Pferd zur Verfügung stehende Zeit erschöpft sich in den Reitstunden. Sitzt der Reiter aber einmal im Sattel, beschränkt sich der Kontakt zu seinem Pferd auf die Hilfengebung, eine Verständigung, die oftmals mehr Mißverständnisse als Verständnisse zur Folge hat. Den vor und nach der Reitstunde angehängten Stallminuten kann wohl ebenfalls kein besonderer Wert beigemessen werden. Um so wertvoller wären daher einige am Beginn der Reitstunde der Arbeit an der Hand gewidmete Minuten. Hier muß es sich keineswegs um eine »perfekte Aufbauarbeit« handeln; ein damit erreichter erzieherischer Effekt wäre bereits ein großer Ausbildungsgewinn.

Die praktische Ausführung stellt aber neben das breite Spektrum theoretischen Wissens noch zwei weitere sehr wesentliche Anforderungen an den ausführenden Menschen: große Geduld und hohes Einfühlungsvermögen sowie die wertvolle Gabe einer guten Reaktionsfähigkeit, die Reaktionen des Pferdes erkennen und blitzschnell in die richtige Gegenreaktion umwandeln kann.

Für den Beginn kann als goldene Regel angesehen werden, daß dem »Hänschen das Lernen leichter fällt als dem Hans«. Unterlegt man diesem Grundsatz noch zusätzlich die ebenso bekannte Tatsache, daß sich ein Muskel in seiner noch nicht abgeschlossenen Formung leichter modellieren läßt als in einer Phase, da er bereits seinen fix und fertigen Aufbau erfahren hat, wird man nicht den Fehler schwerwiegender Versäumnisse begehen.

Eingeschränkt muß die Frage nach dem rechtzeitigen Beginn aber dadurch werden, daß der Mensch seine Anforderungen richtig dosieren können muß. Dies gilt sowohl für die körperlichen wie für die psychischen Anforderungen. Ist das Pferd bereits gesattelt und gezäumt (was anzustreben ist), benötigt man als zusätzliche Ausrüstung nur ein Paar Ausbindezügel (gleich der Arbeit an der Longe) und nach Möglichkeit einen Kappzaum mit Führzügel. Sollte letzterer nicht vorhanden sein, müßte der Führzügel so in die Trense eingeschnallt werden, daß eine Beschädigung des Mauls weitgehend verhindert wird.

Schon allein das Führen eines durch (anfangs mäßiges) Ausbinden für die Arbeit an der Hand vorbereitetes Pferd am Hufschlag besitzt für beide eine enorm erzieherische Wirkung. Dabei hat der Führende so viel Abstand vom Pferd einzuhalten, daß er stets das gesamte Pferd im Blickfeld hat und umgekehrt auch das Pferd den Führenden. Der Führende muß sich jeder unbedachten Bewegung enthalten, will er nicht eine unerwünschte Reaktion des Pferdes heraufbeschwören; das Pferd dagegen wird angehalten, seine uneingeschränkte Aufmerksamkeit auf den Führenden zu richten und sich mit dessen Führhilfen vertraut zu machen.

Sehr schnell wird der Führende die Erfahrung machen, wie schwer allein eine solche »Beherrschung« fällt, wie notwendig eine dem Pferd zugeordnete Aufmerksamkeit des Menschen ist, und wie richtig und gleichzeitig sparsam diese Führhilfen gegeben werden müssen. Diese Arbeit an der Hand bietet eine gute Gelegenheit, die Wirkung des gesamten zur Verfügung stehenden Repertoires an Führhilfen auszuprobieren, wozu neben der Touchiergerte und ihrer sehr diffizilen Verwendungsmöglichkeit besonders auch die Stimmhilfen zählen. Wer einmal diese erste Stufe der Arbeit an der Hand beherrscht, wird viel über den Bewegungsablauf und die Bewegungsmanier des Pferdes, zumindest im Schritt und im Trab erfahren, des weiteren wird er sich ein Urteil über das Gebäude des Pferdes gebildet und vor allem das Augen- und Ohrenspiel des Pferdes kennen und beurteilen gelernt haben.

Am schwersten wird ihm in dieser Anfangsphase fallen, das Pferd geradegerichtet am Hufschlag behalten zu können. Ein Erziehungsprogramm, dessen Bewältigung nicht hoch genug gewertet werden kann.

Ein weiterer in dieser Phase anzustrebender und auch für jedermann erreichbarer Faktor ist die Gewöhnung des Pferdes an die Berührung mit der Gerte. Jedes Pferd muß die Gerte kennen, respektieren und auch »erdulden« lernen! Ein Pferd, das bei jeder Berührung mit der Gerte (oder Peitsche) »flieht«, ist nur sehr schwer anzufassen, und unterstützende Hilfen vom Boden aus sind so gut wie unmöglich.

Wer bei seinen Überlegungen über den Wert dieser Arbeit noch eine zusätzliche Bestätigung haben möchte, betrachte sich einmal Stiche aus früheren Epochen. Fast aus jedem läßt sich das vom Ausübenden angestrebte Rangverhältnis zwischen Mensch und Pferd erkennen, vor allem also der Wunsch des Menschen, diese dem Pferd innewohnende geballte Kraft zu beherrschen. Trotzdem hat man nie den Eindruck, daß dieses Beherrschen auf brutaler Gewaltanwendung beruht; vielmehr wird die auf anderen Faktoren beruhende Überlegenheit des Menschen sogar oftmals durch locker geführten Zügel demonstriert. Die gezielte, schon auf ein bestimmtes Ausbildungsziel gerichtete Fortsetzung dieser Arbeit wird zwar eine entsprechende theoretische Beschäftigung für den Ausbilder oder Reiter notwendig machen, er bringt jedoch durch diese Vorbereitungsphase bereits soviel Grundkenntnisse und Grundkönnen mit, daß ihm Sinn und Ablauf dieser Fortsetzung wahrscheinlich sehr schnell geläufig werden. Es gibt kein für den Reit- oder auch Fahrdienst vorgesehenes Pferd, dem eine solche Arbeit nicht von Nutzen wäre.

Diese Arbeit an der Hand, an den Beginn der Reitstunde gestellt, bringt auch noch den Vorteil mit sich, daß ein Teil der Lockerungsphase durch sie absolviert und außerdem dem Pferd von der ersten Minute des Zusammenseins der Rang des Führenden vor Augen geführt wird. Letzerer ist eine wichtige Komponente des Gehorsams und darf daher nie über längere Zeitmomente in Frage gestellt werden. Die für diese Arbeit aufzuwendende Zeit soll nicht mehr als ca. 10 Minuten betragen und vor allem nicht mit Kämpfen enden. Daher ist vom Durchführenden eine große Portion Geduld, aber auch Ernst und Durchsetzungsvermögen zu verlangen – alles Eigenschaften, die einen Reiter und in noch höhe-

rem Maß einen Ausbilder oder Lehrer auszeichnen.
Für jede Arbeit vom Boden aus muß die Regel gelten, daß dabei fortwährend das gesamte Pferd im Auge behalten wird. Meist genügen schon geringfügige Unaufmerksamkeiten von seiten des Ausbilders oder die Konzentration auf einen Körperteil (wie dies sehr häufig durch die zu intensive Beschäftigung mit der Hinterhand geschieht), um das Pferd zu einer fehlerhaften Ausführung zu veranlassen.
Das nachteilige Ergebnis der Handarbeit kommt dann zustande, wenn das Pferd durch die Einwirkung mit der Gerte hinten höher wird als vorne, d. h. wenn es mit den Vorderbeinen am Boden »kleben bleibt« und mit kaum gebogenen Hinterbeinen auf und ab arbeitet, statt unter den Körper zu arbeiten. Beim korrekt an der Hand piaffierenden Pferd muß sich die Rückenlinie leicht nach rückwärts senken, die Kruppe muß fast unbeweglich bleiben, der Sprunggelenkshöcker möglichst vor der Hüftlinie bewegt und vor allem bei guter Aufrichtung der Vorderbeine in einem harmonischen Rhythmus und erkennbarer Leichtigkeit vom Boden abgehoben werden. Je ausgeprägter die Phase dieses vom Boden Abgehobenwerdens des jeweiligen diagonalen Beinpaares ist, desto attraktiver wird diese Bewegung selbst für den Laien. Ihre Erhabenheit ist nämlich die wichtigste Komponente der Korrektheit.
Manche Pferde finden ohne Schwierigkeit den Takt, manche brauchen dazu eine Hilfe. Diese muß aber nicht unbedingt »aktiv« sein, sondern kann auch in »passiver« Form geboten werden. So kann eine kurze Trabreprise, die nach und nach verkürzt wird, bis schließlich ohne Taktverlust die Bewegung auf der Stelle übrig bleibt, eine solche passive Hilfe darstellen. Weder die Einwirkungen mit dem Führzügel noch mit der Touchiergerte dürfen dabei so stark in Erscheinung treten, daß dadurch der Takt verlorengeht. Touchierhilfen mit der Gerte sollen nach Möglichkeit überhaupt erst angewendet werden, wenn der Takt so gefestigt ist, daß durch die aktive Einwirkung nur die Intensität der Bewegung gesteigert, nicht aber die Bewegung disharmonisch wird.
Die wertvollste Grundlage für die Harmonie und Erhabenheit jeder Bewegung ist die Freiwilligkeit. Jedem Ausbilder, dem es gelingt, mit Hilfe eines reichen Einfühlungsvermögens diese freiwillige Mitarbeit des Pferdes zu erreichen, ist allen anderen um Längen voraus.
Da mit der Handarbeit der Zweck verfolgt wird, ein Pferd für höhere Dressurleistungen vorzubereiten und aufzubauen, muß selbstverständlich auch den Begriffen »Aufrichtung und Beizäumung« der notwendige Tribut gezollt werden. Nur ein korrekt aufgerichtetes und gleichzeitig gut beigezäumtes Pferd kann bei entsprechend aufgewölbtem Rücken die gewünschte Gewichtsverlagerung zur Hinterhand vollziehen. Der richtig geschnallte Ausbindezügel ersetzt bei der Handarbeit die Hilfen aus dem Sattel.
Selbstverständlich gehört bei der Arbeit an der Hand eine zweckmäßige, genügend lange, aber trotzdem nicht allzu biegsame Touchiergerte zur Ausrüstung. Sie hat dabei eine wichtige Funktion, wenngleich nicht die ausschließliche. Nur in dessen Hand wird sie ein wirklich wertvolles Instrument sein, bei dem der Geist bis in die Fingerspitzen ausstrahlt und ihm so deren richtigen Einsatz diktiert.

Auf der jahrhundertelangen Suche des Menschen nach Wegen und Möglichkeiten, die Kraft des Lebewesens Pferd, die seiner eigenen um ein Vielfaches überlegen ist, in eine Form zu packen, die ihm eine optimale Nutzung gestattet, hat er Steinchen um Steinchen zusammengetragen. Manches davon hat den Schatz bereichert, anderes wurde bald mit Recht wieder verworfen. Was immer auch der Mensch an Nutzen aus der Verbindung mit dem Pferd zu ziehen beabsichtigt, eine Frage wird er sich beantworten müssen: Will ich mich der Kraft dieses Tieres auf Gedeih und Verderb ausliefern oder will ich jenes Wissensgut nützen, das in Generationen zusammengetragen wurde und mir ein nicht unbedeutendes Quantum Macht in die Hand zu geben vermag.
Ein Respekt gebietendes Durchsetzungsvermögen sollte überhaupt ein wichtiger Teil des reiterlichen Rüstzeugs sein. Mit »Zuckerbrot« allein läßt sich ein Tier, das von seinen Anlagen her geradezu gezwungen ist, sich nur dem Stärkeren unterzuordnen, weder ausbilden und umformen, noch können ihm Leistungen abverlangt werden, die über das Maß der von der Natur mitbekommenen Bewegungsmanier wesentlich hinausgehen. Die

»Peitsche« muß hier gleichrangig an die Seite des Zuckerbrots treten, ohne daß dadurch der Psyche dieses Tieres Schaden zugefügt würde. Sie kann somit gleichzeitig Taktstock und Mittel zum Strafen sein. Die Fähigkeit des Menschen, sie so zu gebrauchen, daß sie vom Pferd in dessen Psyche richtig eingeordnet werden kann, darf getrost als Ausdruck eines besonderen Gefühlsreichtums angesehen werden.

Manches Körnchen, das in den Gesetzen der Handarbeit seine Heimat hat, ist weit über diesen Rahmen hinaus ein Behelf für jedermann. Daß das gesamte Repertoire und damit eine erfolgreiche Arbeit an der Hand nicht zum Allgemeingut der Reiterei werden kann, ist vollkommen klar. Es sollte aber doch wenigstens in den Kreisen der Dressurreiterei eine bleibende Heimstatt finden. Sie, die Arbeit an der Hand, war ein fester Bestandteil der Reitkunst und ihrer Ausbildungsgesetze. Der Zwang, sich auch immer geistig mit diesen Gesetzen auseinandersetzen zu müssen, vermochte damit auch höchste menschliche Ansprüche zu erfüllen und den Kontakt mit seinem Pferd auf eine ganz andere Ebene zu stellen.

Die Reitkunst unterscheidet sich von allen übrigen Künsten dadurch, daß besondere menschliche Leistungen erst dann auf die Ebene der »Kunst« gehoben werden können, wenn es gelingt, auch das zweite beteiligte Lebewesen auf diesem Höhenflug mitzunehmen. Erst die Kadenz hebt den Gang eines Pferdes auf die Ebene der »Reitkunst« und verleiht ihm den Adel und Ausdruck, der auch einen weniger Fachkundigen zu bestechen vermag.

Sehr einfach läßt sich diese Behauptung an Beispielen aus dem Alltag des Menschen belegen: Jedermann vermag den Unterschied zu erkennen zwischen dem Gang eines Menschen, der sozusagen »naturbelassen« zur Erfüllung seiner alltäglichen Aufgaben dient, und jenem, dem für besondere Zwecke eine eigene Ausbildung und Vervollkommnung und damit eine ausgeprägte Elastizität und rhythmische Eleganz zuteil wurde. Auch im Tanzgeschehen sind solche Unterschiede nicht zu übersehen: Zwischen den Tanzschritten des »Künstlers« und denen eines »Amateurs« liegen kleine Welten.

Erst wenn die biegefähigen Gelenke mit der nötigen (Trag-)Kraft ausgestattet werden können, sind die Voraussetzungen für den federnden, kadenzierten Gang geschaffen. Gemeint ist damit, daß es nunmehr dem Pferd möglich ist, sich für einen längeren Moment auf den stützenden Beinen ausbalancieren zu können, statt dieses Gewicht sogleich wieder weiterschieben zu müssen.

Dabei spielt neben der Kraft aber auch die Fußsetzung eine bedeutende Rolle: Ein breitbeiniger Gang wird weder beim Menschen noch beim Pferd die gewünschte Eleganz haben! Aber auch alle Trab- und Galoppverstärkungen können nur dann ohne Takt- und Haltungsverlust herausgeritten werden, wenn das Pferd auch bei gedehntem Rahmen über die benötigte Trag- und die beim kraftvollen Aufmachen gebogener Gelenke entwickelte Schubkraft verfügt.

Die Prüfung in einem Dressurbewerb darf also niemals mit einer Materialprüfung verwechselt werden. Wird sie das, gibt es dafür eine entsprechende Benotung. Wer sich daher auf das Glatteis höherer Dressurprüfungen begibt oder später begeben möchte, muß sich schon viel früher darüber im klaren sein, daß er mit dem Pferd, das vielleicht über allerbeste Anlagen verfügt und die Tonleiter möglicherweise sogar weitgehend perfekt beherrscht, zwar die höchste Stufe erreichen kann, daß ihm aber deswegen noch keineswegs automatisch ein Spitzenrang auf einer Stufe zukommt.

Zwei Faktoren bestimmen den Wert eines Ritts im Dressurbewerb: Die »technische Qualität« der Ausbildung von Reiter und Pferd bildet die Grundlage für die Exaktheit und stellt den einen Faktor dar. Den zweiten bildet die »künstlerische Begleitmusik«, die um so lautstärker sein muß, je höher die Ebene ist, auf der das Geforderte gezeigt wird und die es letzten Endes zum »Reitkunstwerk« machen soll.

Die Summe der sich bei der Beurteilung von Gängen mit oder ohne Kadenz ergebenden Notenunterschiede ist zu groß, als daß sie durch anderes wettgemacht werden könnte. Und das ist gut so, denn schließlich wollen wir alle, denen das Niveau der Disziplin Dressur als der wichtigsten Bewahrerin überlieferter Reitkunstkriterien am Herzen liegt, daß auch in Zukunft die von der Kreativität und dem Können des Reiters oder Ausbilders abhängige »Kunst« das Herzstück der Ausbildung und auch des Dressurbewerbs bleibt.

Die Ausbildung des Springpferdes aus meiner Sicht

HANS GÜNTER WINKLER
Olympiasieger im Springreiten
(5 × Gold, 1 × Silber, 1 × Bronze) und 108 Nationenpreise, FN/DOKR-Bundestrainer Springen (Ausbilder)
Warendorf

Oft habe ich mich gefragt, weshalb sich Reiter so wenig Zeit zum Lesen von guten Fachbüchern nehmen. Vielleicht kommt es durch den altbekannten Ausspruch: »Reiten lernt man nur durch Reiten!« Dem kann ich nicht ganz zustimmen, aus dem einfachen Grund, weil möglicherweise jeder etwas anderes unter dem Wort Reiten versteht. Sich auf dem Pferd fortzubewegen, fällt auch schon unter den Begriff des Reitens. Sieht man Reiten als Kunst an, so müssen wir zuerst einmal die Technik erlernen, die Zusammenhänge verstehen und dann üben.

Auch jeder Künstler muß erst die Technik seiner Kunst erlernen und das nötige »Handwerkszeug« besitzen, bevor er der eigenen Persönlichkeit freien Lauf lassen kann, um später seinen Stil zu entwickeln.

Die Zeitdauer der Grundausbildung eines Springpferdes ist individuell verschieden; sie hängt von der Springveranlagung des Pferdes und der Erfahrung des Ausbilders und Reiters ab. Darauf soll in diesem Kapitel nicht eingegangen werden. Über die Grundlagen der Springausbildung gibt es bewährte Methoden, die überall anerkannt sind.

Die Spezialausbildung des Springpferdes bis zur höchsten Klasse läßt sich jedoch nicht so leicht in ein allgemeingültiges Schema pressen; da gibt es viele Wege, die zum Ziel führen können.

Gerade der Springsport ist heute von erfolgreichen Individualisten beherrscht, doch Harmonie, Rhythmus und Gleichklang vor, über und nach dem Sprung sind selten geworden. Deshalb möchte ich mich hier an jene Reiter wenden, die trotz guter Pferde und Erfolgen willens sind, an sich zu arbeiten und Feinheiten, auf die es im Springsport ankommt, zu verbessern oder zu erlernen. Denn nur durch Wissen und Beherrschung dieses Wissens in der Praxis ist der Springreiter in der Lage, auch in Zukunft einen beständigen Platz im Sport halten zu können.

Im folgenden möchte ich aufzeigen, wie vorsichtig der Springreiter mit hochveranlagten Pferden umgehen muß, damit er sie für große Einsätze erhalten kann. Das beste Pferd nützt uns nichts mehr, wenn wir es in der Ausbildung, im Training und vor allem beim Springen psychisch und physisch überfordern. Es gehört auch ein wenig Wettkampfpsychologie zur Ausbildung eines Spitzenreiters mit seinem Spitzenpferd, damit beide im Erfolg und in der Niederlage ihre Ausstrahlung sowie ihre positive Einstellung zueinander und zum Leistungssport behalten.

Der Springreiter

Der Springreiter sollte die rein technischen Fähigkeiten in Dressur und Springen, die er sich in einigen Ausbildungsjahren im Reitverein bei Fortbildungslehrgängen etc. angeeignet hat, als Grundvoraussetzung bereits mitbringen. Dieser Themenkomplex ist an anderer Stelle in diesem Buch abgehandelt und soll hier nicht mehr vertieft werden. Meine persönliche Erfahrung lehrt mich jedoch, daß der gefühlvolle Reiter schneller und leichter zu fördern ist als der kraftvolle. Wichtig ist es auch, von der Verhaltensweise der Pferde, der Pferdepsychologie und der Veterinärkunde etwas zu verstehen, damit man sich die praktische Ausbildung durch theoretisches Wissen erleichtern kann.

Der Springreiter ist ein Leistungssportler und wird deshalb seinen eigenen Körper durch Konditionstraining, Lockerungsübungen und

Halla, ein Ausnahmepferd, mit dem die internationale turniersportliche Karriere von H. G. Winkler in den 50er Jahren begann. In der Anfangsphase der Ausbildung war sie sehr schwierig.

Ausgleichssportarten in Form halten. Ein Springreiter, der sich selbst und sein Pferd untrainiert am Wochenende über die verschiedenen Parcours jagt, während der Woche aber sein Pferd zum Ausruhen stehen läßt, selbst untätig bleibt, ist nicht mehr zu entschuldigen. Es gibt genügend Fachliteratur über Sport- und Trainingslehre, und jeder sollte sich von der Notwendigkeit dieser Vorbereitungen überzeugen.
Sicherlich ist es richtig, daß Springreiter heutzutage stets unter Leistungsdruck, ja sogar unter Leistungszwang stehen, um eine Startberechtigung zu erreichen und in die Auswahlmannschaften aufgenommen zu werden. Ohne verantwortungsvolle Ausbildung – des Reiters wie des Pferdes –, ohne vernünftigen Aufbau und kluge Leistungssteigerung über Jahre kommt aber auch ein gut veranlagter Reiter mit seinem Pferd nicht zum gewünschten Erfolg. Daneben ist Geduld ein wichtiger Faktor. Bei zu großer Eile bleibt meist das Pferd auf der Strecke. Erst wer gelernt hat, mit Kopf und Verstand zu trainieren, wird seine Leistungsstärke im richtigen Moment ausspielen können.
Es gibt auch unter Springreitern absolute Naturtalente, die gefühlsmäßig immer das Richtige tun und auch im Sprung immer passend ankommen, weil sie sich auf ihr Gefühl für Tempo und Galopprhythmus verlassen können. Doch dies sind Ausnahmefälle. Wir sollten schon versuchen, über Grundtempo, Galopprhythmus, Hilfen vor dem Sprung und Taxiertechniken einiges zu lernen und wenigstens theoretisch zu verarbeiten, bevor wir ein gut veranlagtes Pferd durch Unwissenheit in der Ausbildung verschlechtern statt verbessern.
Alles ist ohnehin nicht erlernbar, auch gibt es keine maßgeschneiderte Springlehre für jedermann. Das Gefühl für das richtige Tempo für das jeweilige Pferd – das muß jeder Reiter im täglichen Training mit seinem Pferd selbst herausfinden. Hinzu kommt auch noch das gegenseitige Vertrauen zwischen Reiter und

Pferd und die positive Einstellung zur Ausbildung. Über das Verhältnis zum Partner Pferd wäre sicherlich vieles zu sagen; es ist aber von solch persönlicher Natur, daß jeder Reiter selbst erfahren muß, welches die richtige Einstellung ist. Sie kann man weder lehren noch lernen; entweder man hat sie, oder man hat sie nicht.

Das Springpferd

Exterieurbeurteilungen sind in zahlreichen Pferdebüchern zu finden. Dort sieht man auch schöne, korrekte Pferde abgebildet, die sich als Modellathleten präsentieren. Doch kann es geschehen, daß solche Pferde später bei der Ausbildung vielleicht nicht das halten, was sie auf Grund ihres Exterieurs versprochen hatten.

Wenn ich die Spitzenpferde der letzten 30 Jahre vor meinem geistigen Auge passieren lasse, so sehe ich viele sogenannte fehlerhafte Pferde, die von einem Pferdekenner als untauglich abgelehnt worden wären. Meiner Meinung nach ist die Exterieurfrage heute überstrapaziert. Für mich zählt ein Pferd mit einem einwandfreien Charakter und einem Kämpferherz mehr als das ideale Springpferdmodell, das mich dann im entscheidenden Moment im Stich läßt. Eine ansprechende Gesamterscheinung ist angenehm, erlaubt jedoch keine uneingeschränkten Rückschlüsse auf die Qualität des Pferdes. Nur eine Ausnahme gibt es: die Augen; sie trügen selten, verbergen sich hinter einem gutem Auge doch meist gute Charaktereigenschaften.

Schon beim Herausführen des Pferdes aus der Box ist es angebracht, seine ersten Tritte zu beobachten, da sie bereits einen Eindruck vom Befund der uns so wichtigen »Hufrolle« und allem, was damit zusammenhängt, vermitteln können. Ein paar Tritte auf dem Pflaster geben ein weiteres erstes Bild über den augenblicklichen Zustand, wobei ich als Springreiter in erster Linie an einem regelmäßigen Abfußen interessiert bin, da verbrauchte Pferde kein guter Start für eine Springkarriere sind. In Zweifelsfällen ist zu raten, das Pferd an der Longe auf beiden Händen traben zu lassen, um festzustellen, ob ein Wendeschmerz und damit verbundene Ungleichheiten vorhanden sind. Natürlich sollte man sich das Pferd überhaupt gut anschauen und vor

Pinkerton in hervorragender Manier über einem mächtigen Oxer.

allen Dingen die Sehnen abfühlen, denn Sehnenschäden und störende Überbeine kann man vorab auch ohne Tierarzt feststellen. Grundsätzlich möchte ich aber betonen, daß trotz dieser ersten Beurteilung der Ankauf eines Pferdes von der tierärztlichen Untersuchung abhängen sollte. Dabei braucht man sich nicht in unnötige Kosten zu stürzen, wenn man vorher schon entscheidende Mängel selbst festgestellt hat, die einen von dem Ankauf absehen lassen.
Was nun die reiterliche Beurteilung betrifft, so möchte ich persönlich nach Möglichkeit das Pferd nicht freispringen sehen, sondern unter dem Reiter. 1,30 m unter dem Sattel gesprungen haben mehr Aussagekraft als 1,60 m frei. Es hat sehr gute Pferde gegeben, die frei sehr wenig gezeigt haben, unter dem Reiter aber zu großer Leistung aufgelaufen sind. Umgekehrt habe ich bei Auktionen Pferde über große Höhen springen sehen, ohne daß diese jemals in einem M-Springen placiert worden wären.
Man sollte sich darüber im klaren sein, daß ein Quentchen Glück dazu gehört, den richtigen Partner für größere Aufgaben zu finden. Ich habe im Laufe meiner Karriere immer wieder Leute von ihrem Pferdewissen prahlen hören, aber in der entscheidenden Stunde fehlte ihnen dann doch das passende Pferd.
Natürlich ist heute alles viel einfacher geworden, da wir auf Grund der enormen Popularität des Reitsports im Gegensatz zu früher, wo wir unsere Pferde generell aus den am besten veranlagten Wagenpferden aussuchen mußten, nun über eine Leistungszucht verfügen, welche die Auswahl des geeigneten Pferdes sehr viel einfacher macht. Wie schon gesagt, ist es immer gut, das Pferd unter dem Reiter anzuschauen, da man von unten in allererster Linie Beintechnik und Sprungablauf beurteilen kann. Sollte man aber wirklich interessiert sein, das betreffende Pferd für sich zu erwerben, so führt kein Weg daran vorbei, sich daraufzusetzen, da man nur selbst feststellen kann, ob einem das Pferd liegt und ob es der persönlichen Reitweise entgegenkommt oder nicht. Auch kann ich nur dann feststellen, ob mir das Pferd das entsprechende Sicherheitsgefühl gibt und neben den technischen und reiterlichen Fähigkeiten, verbunden mit einem guten Maul, auch noch über das notwendige Springvermögen für die Klasse verfügt, in welcher ich reiten möchte.
Man sollte sich stets vor Augen halten, daß man im Laufe der Zeit viel verbessern kann. Eines kann man auf keinen Fall hinzufügen: das Vermögen, wobei dann auch wieder zu sagen ist, daß übervorsichtige Pferde durch zu frühes und zu rohes Springen verprellt sein können, was eine Beurteilung über das Vermögen nicht immer einfach macht.
Zusammenfassend möchte ich aus meiner Erfahrung sagen, daß es möglich ist, ein Springpferd zu beurteilen; trotzdem läßt sich erst nach ein bis zwei Jahren gemeinsamer Arbeit erkennen, was aus dem betreffenden Pferd werden kann.

Ausbildungskriterien

Wer ein gut angerittenes Pferd mit Veranlagung zum Springen übernimmt, sollte sich auf eine Ausbildungszeit von vier Jahren einstellen. Auch ein bereits im Sport erfolgreiches Pferd, das jedoch reittechnisch von seinem Reiter umgestellt werden muß, benötigt dazu mindestens ein Jahr. Je nach Veranlagung von Pferd und Reiter kann sich diese Zeitspanne um ein halbes Jahr nach oben oder unten bewegen. Nicht zuletzt spielt hier wieder der Faktor Geduld eine wesentliche Rolle; zu schnell zu viel erreichen zu wollen, ist immer falsch. Auf die schnelle kann man nur Zufallserfolge ernten.
Eine korrekt aufgebaute Ausbildung wird abgestimmt auf die psychische und physische Belastbarkeit eines Pferdes. Ein Pferd muß nach und nach mit den Anforderungen im Leistungssport vertraut gemacht werden. Das Pferd, das beispielsweise springtechnisch alles beherrscht, jedoch nervlich nicht belastbar ist, wird im Parcours versagen. Hier wurde dem Pferd nicht genügend Zeit gelassen, psychisch zu verarbeiten, was es technisch zu leisten vermag. Auch wir Reiter kennen den Unterschied zwischen dem Übungsparcours zu Hause und dem Auftritt vor Publikum. Aus diesem Grunde sollten die Pferde erst dann bei einem offiziellen Springen präsentiert werden, wenn Reiter und Pferd im Training eins geworden sind. Störende Einflüsse von außen müssen auf dem Turnier stets aufs neue abgebaut werden, um die Ruhe und die notwendige Konzentrationsfähigkeit auf fremdem Platz zu erhalten. – Einen Überblick über die Ausbildungsschritte vermittelt Tabelle 2 auf der folgenden Doppelseite.

Als Ausbilder und Trainer ist H. G. W. ein gefragter Mann. Weltweit werden seine Erfahrungen als Springreiter sehr geschätzt.

Das Training

Wie lange und wie oft ich das Training durchführe, ist zwar aus dieser Übersicht zu ersehen, wieviel aber jedes Pferd nun wirklich an Training braucht, und wie variabel man dabei sein sollte, ist individuell und kann von mir hier im einzelnen nicht erläutert werden. Ein Grundsatz sei aber eingefügt: Man sollte aufhören, wenn das Pferd die verlangten Übungen gut ausgeführt hat. Pausen sind selbstverständlich ebenso einzulegen und die Trainingsprogramme sind auch in ihrer Reihenfolge völlig flexibel zu gestalten. Individuell angepaßtes und abwechslungsreiches Training hält das Pferd aufmerksam und bei guter Laune; eintöniges, unflexibles Routinetraining stumpft die Pferde ab und macht sie lustlos.

Mein Spezialtraining für meine grundverschiedenen Spitzenpferde habe ich in drei Trainingsblöcke eingeteilt:

Tabelle 1

	Springpferdedressur	Springtraining	Konditionstraining und Beschäftigungstherapie
Zeitaufwand	Täglich ca. 20–30 Min.	Höchstens 2–3mal wöchentlich 10–15 Min.	Täglich 1–2 Stunden
Schwerpunkt der Arbeit im Training	Meine Ausbildungsskala für Springpferde: ● Losgelassenheit ● Geschmeidigkeit ● Durchlässigkeit ● Gehorsam	Springtrainingsvariationen: ● Freispringen für mich (Couloirspringen) ● Gymnastikspringen ● Trabarbeit über Stangen ● Übungssprünge in der Linienführung parcourssimulierend ● Springen von Hindernisreihen	● Reiten im Gelände ● Galoppbahn ● Klettern im Schritt ● Spazierenreiten im Schritt ● Führmaschine, falls keine andere Möglichkeit

Tabelle 2
Die Springausbildung

	Prinzipien der Ausbildung des Springpferdes	Prinzipien der Ausbildung des Springreiters
	Prinzipien der Ausbildung des Springpferdes Von der Grobkoordination zur Feinstkoordination **Voraussetzung:** Grundausbildung des Pferdes	**Prinzipien der Ausbildung des Springreiters** Von der Grobform zur Feinstform **Voraussetzung:** Grundlagentraining des Reiters
1. Ausbildungsstufe:	**Pferd** 1. Erreichen und Erhalten der Losgelassenheit über den gesamten Zeitraum der täglichen Arbeit. 2. Verbesserung der Leistungsfähigkeit durch Ausdauertraining. 3. Ziel: Erreichen von Durchlässigkeit und Gehorsam.	**Reiter** 1. Vervollkommnung des leichten Sitzes – weiches Eingehen in den Bewegungsablauf des Pferdes. 2. Verfeinern und Verbessern der Hilfengebung: a) Rittigkeitstraining – b) Reiten über Sprünge 3. Sammeln von Erfahrung und richtiges Verhalten in schwierigen Situationen. 4. Genaue Einschätzung der Leistungsfähigkeit eines Springpferdes.
2. Ausbildungsstufe:	**Pferd** 1. Festigung von Gehorsam – Beweglichkeit – Ausdauer. 2. Verbesserung der Springtechnik an einzelnen Hindernissen und Doppelsprüngen. 3. Ziel: Aufbau der Leistungsfähigkeit in Verbindung mit Springtechnik und Springvermögen.	**Reiter** 1. Vertrautmachen mit neuer Aufgabenstellung: Springen von Hindernissen (Höhe – Weite) und Kombination mit unterschiedlichen Abmessungen. 2. Vertiefung der Anwendung der erforderlichen Hilfen. 3. Richtiges taktisches Verhalten. 4. Vertiefung der individuellen Sachkenntnis (Lehrbücher, z. B. Erstellung eines Trainingsplanes). 5. Erhalten der Springfreudigkeit des Pferdes.
3. Ausbildungsstufe:	**Pferd** 1. Festigen und Verfeinern der Springtechnik beim Pferd. 2. Überprüfen und Korrigieren vorhandener Schwächen. 3. Ziel: Ausführung einer bestimmten Aufgabenstellung eines M- oder S-Springens in zusammenhängender Folge. 4. Entwicklung und Erhaltung der Leistungsfähigkeit.	**Reiter** 1. Korrigieren der Mängel in Sitz und Hilfengebung. 2. Feinstes Beherrschen der Ausführung der einzelnen Hilfen. 3. Zum Erreichen von Höchstleistung ist das Gefühl für das Zusammenwirken der erforderlichen Hilfen Voraussetzung.

Trainingsformen und Lektionen

Neue Lektionen
- Gymnastikspringen
- Vertrautmachen mit neuen Hindernissen
- Reiten von kombinierten Dressur-Springaufgaben, methodischer Aufbau von Doppelsprüngen mit normalem, mit kürzerem und längerem Abstand
- Springen an der Hand
- Individuelles Vorbereitungstraining
- Springen an der Hand
- Individuelles Vorbereitungstraining für spezielle Wettkämpfe

Wiederholung
- Entspannende Übungen (Lösen)
- Tempowechsel
- Anreiten von Hindernissen
- Paraden
- Rückwärtsrichten
- Bodenrickarbeit
- Gymnastikhindernisse
- Doppelsprünge
- Einzelne Hindernisse
- Geländearbeit

Neue Lektionen
- Methodischer Aufbau von Kombinationen mit normalen, mit kürzeren und/oder längeren Abständen
- Fliegender Galoppwechsel
- Parcoursspringen

Wiederholung
- Entspannende Übungen (Lösen)
- Rittigkeitsarbeit: Tempowechsel – Übergänge – Paraden
- Bodenrickarbeit
- Gymnastikspringen
- Parcoursspringen

Neue Lektionen
- Erreichen von vollkommener Durchlässigkeit
- Wechsel von Belastung vor und nach Wendungen – gerade, schräg
- Wechsel von Belastung vor und nach Wettkämpfen (Ruhe – Weidegang – Longieren – leichtes Bewegungstraining)

Wiederholung
- Entspannende Übungen (Lösen)
- Rittigkeitsarbeit: Tempowechsel – Übergänge – Paraden
- Festigung der Technik an allen Hindernisarten

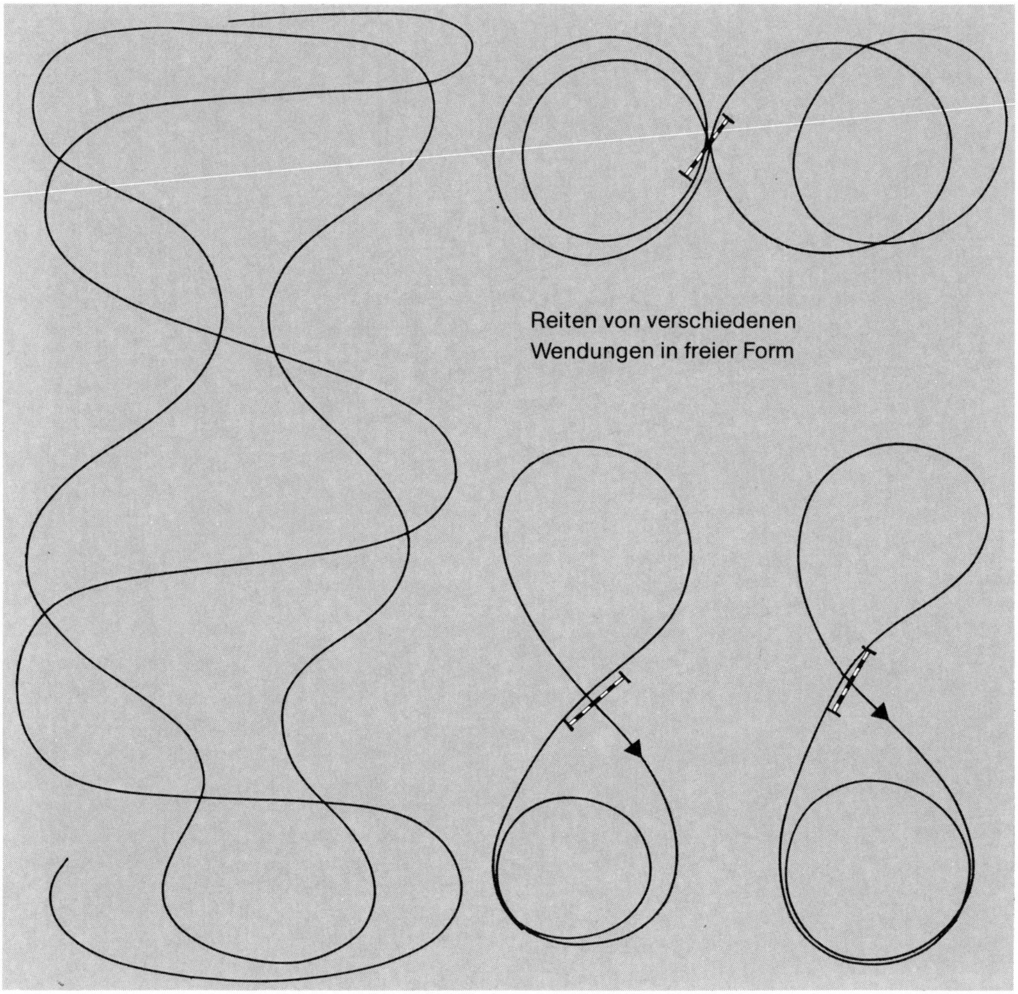

Übungsbeispiele für Losgelassenheit und Geschmeidigkeit:

- Auf gebogenen Linien Schrittreiten.
- Wendungen reiten im Schritt und im Trab (Schlangenlinien durch die ganze Bahn u. a).
- Zirkel, Volten, freie Wege ohne Einhaltung der bekannten Hufschlagfiguren.

Tabelle 1 (Auszug)

	Springpferdedressur
Zeitaufwand	Täglich ca. 20–30 Min.
Schwerpunkt der Arbeit im Training	Meine Ausbildungsskala für Springpferde: ● Losgelassenheit ● Geschmeidigkeit ● Durchlässigkeit ● Gehorsam

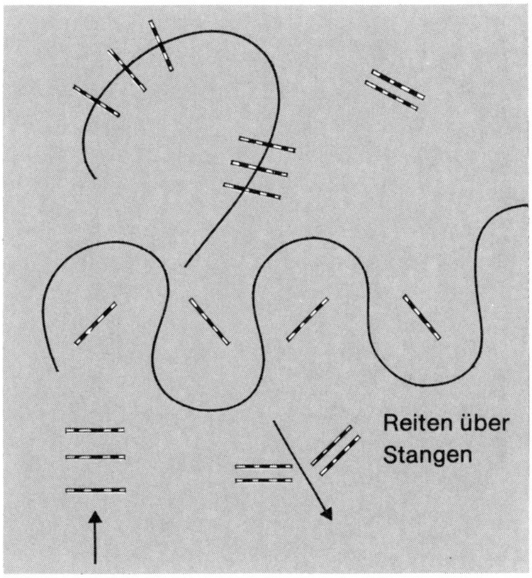

Übungsbeispiele für Losgelassenheit und Beweglichkeit:

- Schrittreiten über Stangen.
- Traben über Stangen.
- Tempowechsel im Trab und im Galopp.

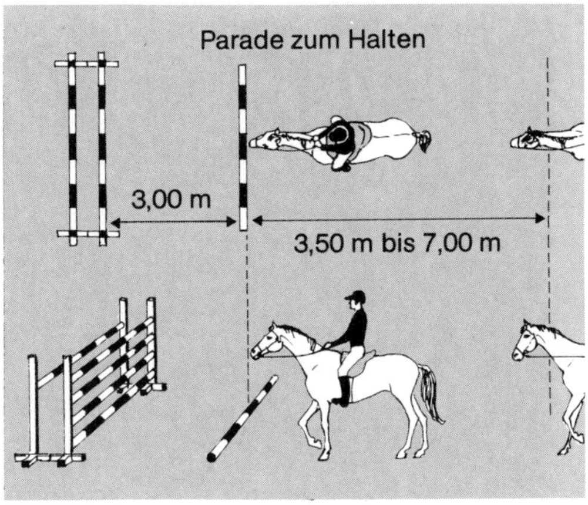

Durchlässigkeit und Gehorsam werden erreicht durch:

- Paraden zum Halten.
- Rückwärtsrichten.
- Rittigkeitstraining.
- Parade zum Halten vor dem Sprung im Abstand von ca. 7,00–3,50 m (siehe obige Grafik) – vor allem bei stürmischen Pferden.

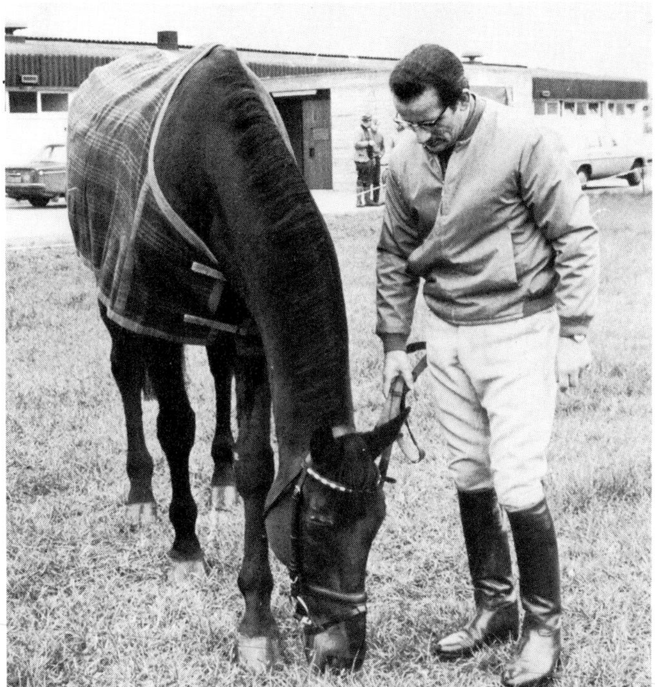

Nach der Arbeit sollte das Pferd nicht sofort in den Stall gestellt werden. Es wird zuerst geführt, bis es trocken ist; auch Grasenlassen gehört zur Entspannungsphase.

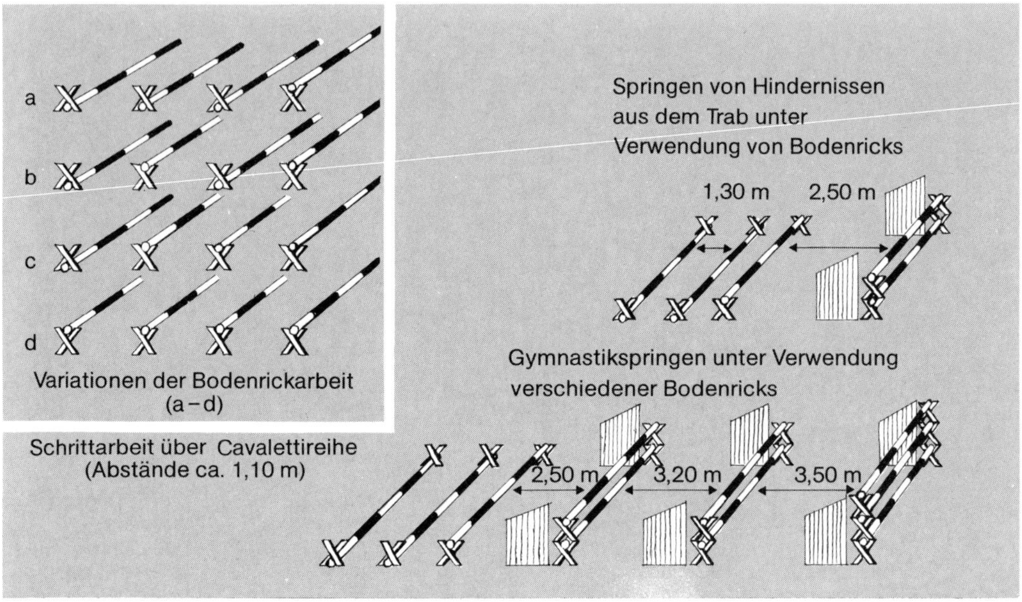

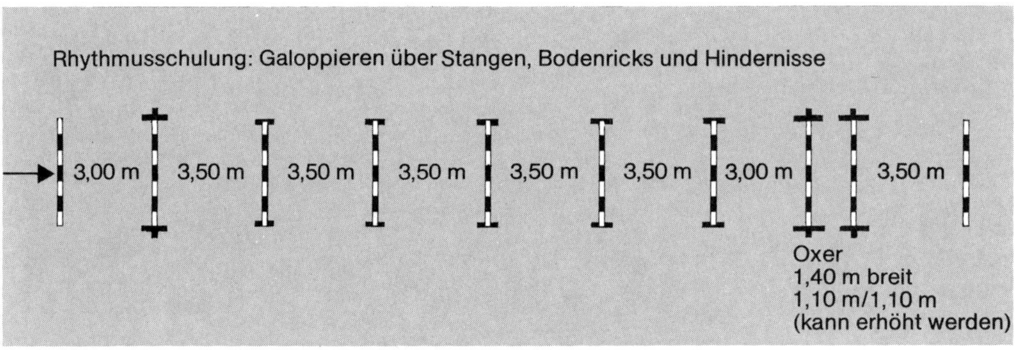

Trainingsbeispiele für Bodenrickarbeit und Rhythmusschulung.

Tabelle 1 (Auszug)

	Springtraining
Zeitaufwand	Höchstens 2–3mal wöchentlich 10–15 Min.
Schwerpunkt der Arbeit im Training	Springtrainingsvariationen: ● Freispringen für mich (Couloirspringen) ● Gymnastikspringen ● Trabarbeit über Stangen ● Übungssprünge in der Linienführung parcourssimulierend ● Springen von Hindernisreihen

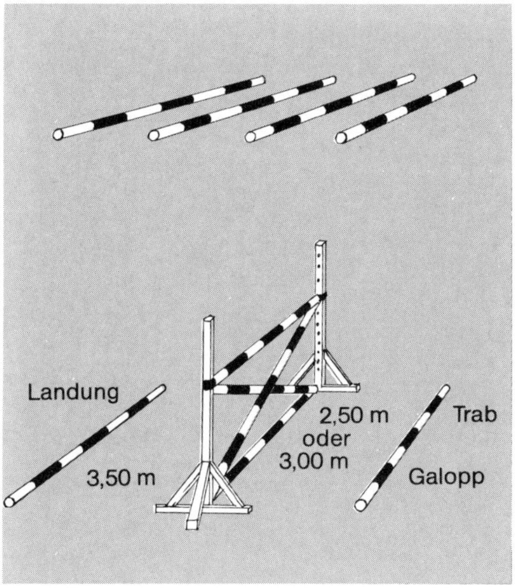

Steilsprung mit vorgelegter Stange als Trainingshindernis für das Anreiten von Einzelhindernissen.

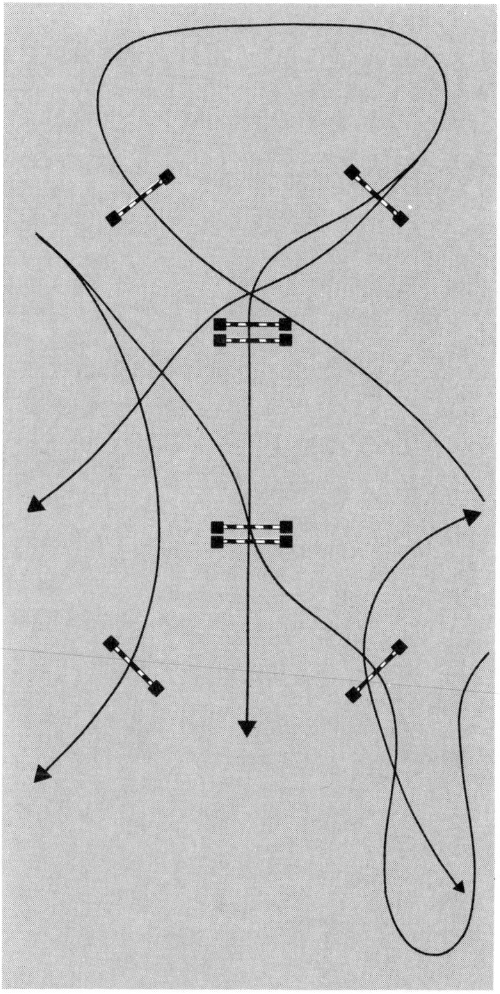

Beispiel für vielseitigen Hindernisaufbau auf begrenztem Platz. Üben von Einzelsprüngen oder Parcoursspringen je nach Linienführung. ▷

Das Springen von Wassergräben bereitet vielen Pferden Probleme. Auch dieses Pferd (*Romanus* 1959 bei seinem ersten großen Auftritt in Rom) hatte sehr viel Respekt vor dem Wassergraben, was an der außergewöhnlich hohen Sprungkurve zu erkennen ist.

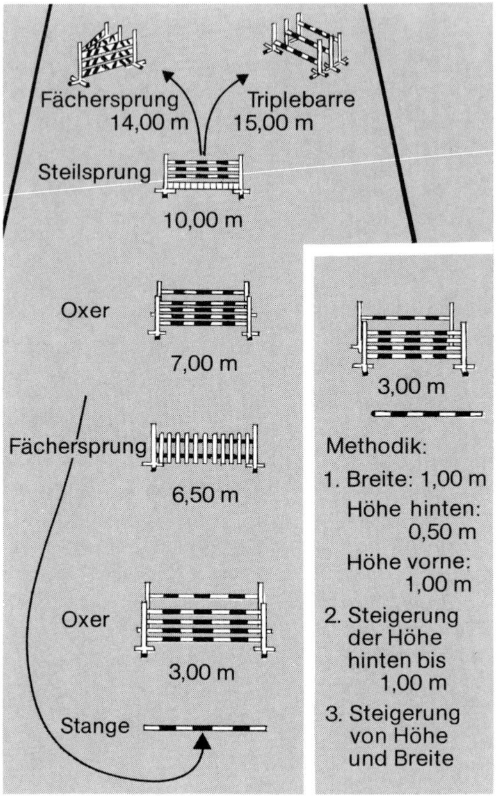

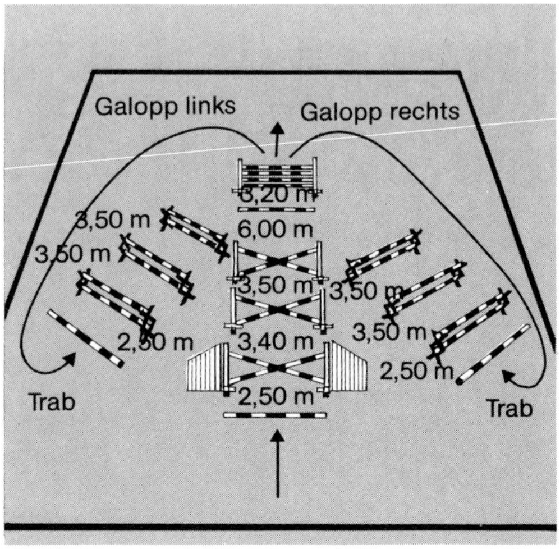

Vier ausgewählte Trainingsbeispiele für verschiedene Hindernisreihen (siehe auch die Grafik der gegenüberliegenden Seite):
Das Springen solcher Hindernisreihen gymnastiziert die Muskulatur der Hinterhand und des Rückens und fördert die Mitarbeit des Pferdes. Auch der Reitersitz wird dabei geschult.

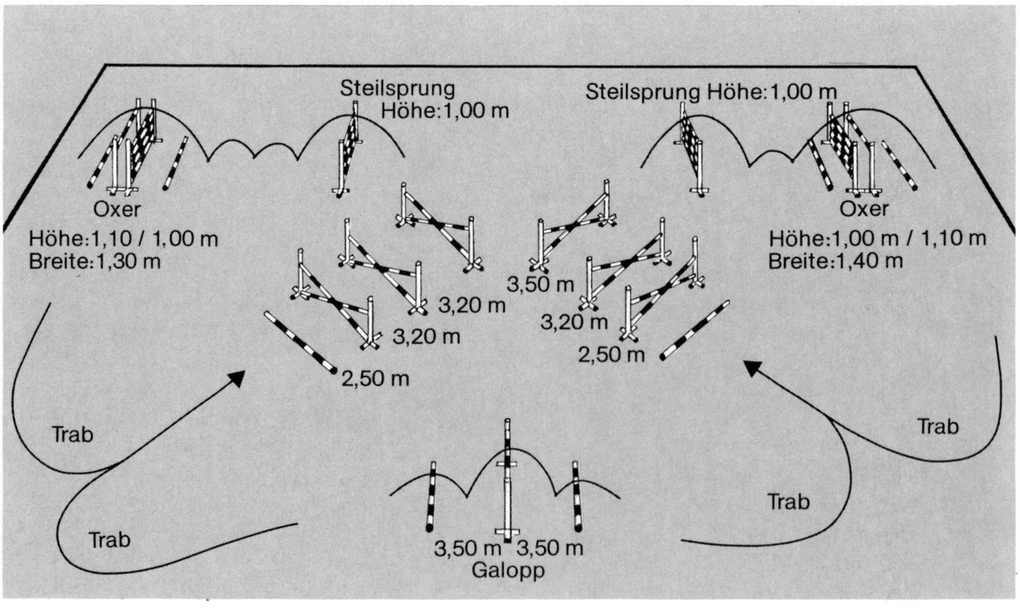

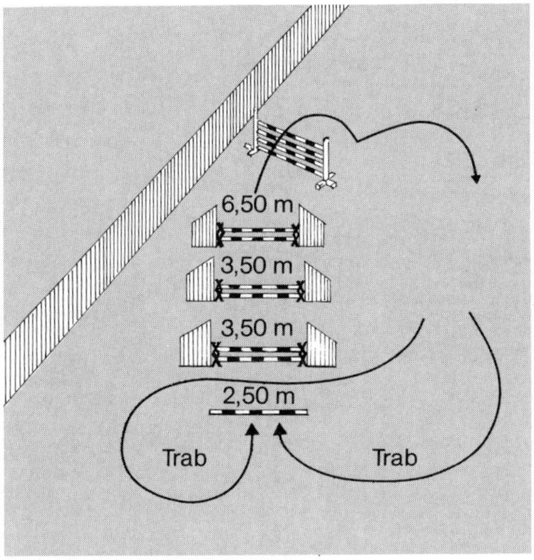

Ein Trainingsbeispiel

Jeder Ausbilder und Reiter geht in seiner Trainingsarbeit anders vor und jedes Pferd – ich sagte es bereits – bedarf einer individuellen Behandlung. An Hand meines Pferdes *Torphy* möchte ich jedoch ein Trainingsbeispiel geben.

Das Training beginne ich heute mit *Torphy* im Gelände. *Torphy* ist auf Trense mit englischem Reithalfter gezäumt. Wie alle meine Pferde trägt er vorne Gamaschen, um die Sehnenpartien vor Verletzungen zu schützen. Nach dem Aufsitzen reite ich im Trainingsgelände ein paar hundert Meter Schritt mit hingegebenem Zügel. Man sollte sein Pferd, wenn es gerade aus dem Stall gekommen ist, nicht gleich in eine »Zwangsjacke« stecken, es also unmittelbar nach dem Aufsitzen beizäumen und durchs Genick reiten. Dieses Überfallen führt meist zu Widersetzlichkeiten und langen Knebeleien, die unnötig sind. Durch Vorwärtsreiten, jetzt am langen Zügel, gewöhnt sich das Pferd an das Gewicht des Reiters, die Muskulatur lockert sich und das Pferd löst sich ganz von selbst nach dem langen Aufenthalt in der Box.

Nach der Schrittstrecke trabe ich an, noch immer am langen Zügel – ich verkürze ihn erst ganz allmählich, nachdem sich das Pferd ausbalanciert hat. Dieses An-den-Zügel-Reiten versuche ich durch vermehrtes Treiben mit dem Schenkel, indem ich aber genauso vorsichtig mit der Hand am Pferdemaul bleibe wie zuvor. Das Pferd soll sich weiter mit langem Hals an die Anlehnung heranstrecken, ohne zuviel hinter die Senkrechte zu kommen.

Nach einiger Zeit pariere ich durch den Schritt und reite am langen Zügel weiter. Sinn der Übung ist es, das Pferd langsam aufzuwärmen und damit Muskulatur und Gelenke allmählich auf die Arbeit vorzubereiten. Nach einigen Minuten galoppiere ich an und halte eine leichte Verbindung zum Pferdemaul. Ich wechsle einige Male fliegend den Galopp, um auch im Gelände beidseitig die Geschmeidigkeit zu fördern.

Seit 20 Minuten bin ich nun im Gelände, beschreibe einen großen Kreis und nähere mich dem Trainingsplatz. Dieser besteht aus einem großen Grasfeld, das von einer Galoppierbahn umgeben ist. Eine Berg- und Talbahn an der langen Seite dient dazu, auszubalancieren und geschmeidig zu machen. Dieses Auf und Ab ist ein gutes Training. Die Pferde müssen sich in jeder Phase selbst tragen und entweder abfangen oder untersetzen. So eignen sich diese Übungen in Schritt, Trab und Galopp hervorragend, um ein Pferd zu gymnastizieren. Neben der Berg- und Talbahn befinden sich auf dem Platz verschiedene Naturhindernisse, die ich in mein Springtraining einbaue.

Auf diesem Platz beginnt nun die eigentliche Vorbereitung auf das Turnier am Wochenende. Das Pferd ist nach der Lösungsphase im Gelände hinreichend eingeritten, so daß sein gesamter Bewegungsapparat auf die nun folgenden Aufgaben vorbereitet ist. Zuerst überprüfe ich *Torphys* Kondition auf der Sandbahn. Nachdem ich eine halbe Runde im Mittelgalopp ausgesessen habe, forciere ich das Tempo zum starken Galopp und gehe gleichzeitig in den leichten Sitz über. Beginnend auf der linken Hand, reite ich die zweite Runde auf der rechten Hand und nehme dann das Tempo nach und nach zurück, lasse den Wallach nach 1200 Metern langsam auspendeln und erst in den Trab und nach einer weiteren halben Runde in den Schritt übergehen.

Da es sich hier um eine nicht zu tiefe Sandbahn handelt, fördert dieses Training die Kondition des Pferdes; es bekommt Luft und Kraft. Den schnell zurückgelegten 1200 Metern als erster Trainingseinheit folgt zunächst eine Phase, in der ich das Pferd wieder zu Atem kommen lasse. Um die Schrittreprise

Der Holsteiner Wallach *Torphy*, mit dem H. G. Winkler bei den Olympischen Spielen 1972 in München noch einmal die Goldmedaille und 1976 in Montreal die Silbermedaille mit der deutschen Mannschaft gewann.

im Sinne eines Intelligenztrainings zu nutzen, reite ich auf die Berg- und Talbahn. Hier lasse ich bei einem Höhenunterschied bis zu 5 m das Pferd am langen Zügel zweimal hin- und zurückgehen. So wird die Atmung ruhiger, die ganze Muskulatur wird durch das ständige Auf und Ab dennoch beansprucht.

Jetzt folgen Übungen, welche die Geschmeidigkeit überprüfen und den Gehorsam, um das Pferd im Parcours in jeder Phase absolut unter Kontrolle zu haben. Hierzu gehe ich auf das Feld in der Mitte des Platzes und stelle das vollkommen losgelassene Pferd an die Hilfen. Jetzt verlange ich wirklich Beizäumung, wobei aber die treibenden Hilfen um ein Vielfaches stärker sind als die verhaltenden. Nachdem ich das Pferd an die Hilfen gestellt habe, galoppiere ich an. Der größte Teil des Trainings spielt sich schon deshalb im Galopp ab, weil ich das Pferd auf eine Springprüfung vorbereite und diese nun einmal im Galopp absolviert wird. Ich bin ständig bemüht, den Galopp zu halten, d. h. das Tempo nicht zu stark zu verkürzen, sondern immer auf Vorwärtsreiten, Vorwärtsspringen und Raumgewinn bedacht zu sein. Ich nutze die ganze Fläche des Übungsplatzes aus, doch reite ich keine Hufschlagfiguren im klassischen Sinn, sondern Linien, die in jedem Parcours vorkommen können. Ich simuliere also eine Prüfung, ohne mit dem routinierten *Torphy* zu springen. Statt dessen reite ich um die Hindernisse herum, forciere und verkürze das Tempo, übe Rechts- und Linkswendungen, wobei ich jede Richtungsänderung mit fliegendem Wechsel durchführe. Alles geschieht genau wie in einer Springprüfung, in der es gilt, auf dem kürzesten Wege zum Ziel zu kommen. Drei bis vier Minuten habe ich *Torphy* im scharfen Rechts- und Linksgalopp geritten, ohne zu springen. Ich pariere jetzt durch und lasse die Zügel aus der Hand kauen. Jetzt darf das Pferd zur Belohnung Gras fressen. Ich klopfe seinen Hals und spreche mit ihm.

Mir ist es überhaupt beim Reiten wichtig, mich mit meinen Pferden zu unterhalten und die Sprache oft zu gebrauchen. Dabei kommt

es nicht darauf an, was man sagt, sondern wie man es sagt – auch in der Kommunikation mit Pferden macht der Ton die Musik. Meine Pferde sind auf meine Stimme eingespielt und wissen genau, in welcher Gemütsverfassung ich mich befinde. Bevor ich irgendwelche Hilfsmittel zur manchmal notwendigen Bestrafung benutze, versuche ich erst einmal, den Schaden mit einer ärgerlichen Stimme zu beheben. Das Schimpfen genügt in den meisten Fällen. Umgekehrt lobe ich jede gute Lektion, spreche beruhigend auf die Pferde ein und stärke so ihr Selbstvertrauen. Durch diese Art des Umgehens entsteht ein sehr enges Verhältnis zwischen Pferd und Reiter, der sein Pferd zwar mit allen möglichen Mitteln zu einer geduldigen Maschine »trimmen« kann, aber, wenn er Ausnahmeerfolge erzielen möchte, stets einen Partner braucht, der zur Mitarbeit bereit ist und doch noch über einen eigenen Willen verfügt.
Diese gesunde Mischung zwischen solider Arbeit und gegenseitigem Verständnis zu finden, führt dann zu dem, was man vielleicht mit *reiterlicher Kunst* bezeichnen darf. Nachdem ich weitere 10 Minuten mit *Torphy* im Schritt mit hingegebenem Zügel geritten bin, übergebe ich mein Pferd dem Pfleger, der es ohne Sattel führt, bis es ganz trocken ist. Auch dann wird der Wallach nicht gleich in die Box geschickt, sondern gründlich geputzt, die Beine abgespritzt, Hufe ausgekratzt. Erst jetzt kommt das Pferd in den frisch gemachten Stall und kann die verdiente Ruhepause genießen.

Abschließende Gedanken zum Springsport

Der Springsport, unsere Pferde und wir Reiter werden uns immer verändern, anpassen und weiterentwickeln. Da wir es aber in unserem Sport mit Lebewesen zu tun haben, versteht es sich von selbst, daß wir bemüht sein müssen, nur soviel an Leistung zu verlangen, wie das Pferd auf Grund seiner Anatomie auch zu leisten vermag. Wir können zwar immer größere Höhen und schnellere Zeiten verlangen und auch erzeugen, doch dies geht auf Kosten der Gesundheit unserer Pferde.
Psychische Belastbarkeit kann man durch richtige Ausbildung und korrektes Training ebenfalls nur bis zu einem gewissen Grad schulen. Auch der Mensch im Leistungssport kommt an die Grenzen der Belastbarkeit. Der Sportmediziner kann dies bestätigen.
Wir Reiter sollten zusammen mit den Verhaltensforschern und Veterinärmedizinern unseren Sport dahingehend beeinflussen, daß er pferdegerecht bleibt. Vor allem sollten nur athletisch trainierte, gesunde Pferde unter echten Sportlern als Reiter an den Start gehen, damit Pferde und Reiter ohne gesundheitliche Schäden alt werden können. Spitzensportler werden von Jugendlichen, vom Laienpublikum und von den Reitern selbst zu Idolen erkoren. Dieser Verantwortung müssen wir uns bewußt sein und uns entsprechend einsetzen für die Pferde, den Sport und zur Freude der Zuschauer.

Vielseitigkeitsreiten – Ausbildung und Training

ALBRECHT VON BREDOW
Landestrainer für Junioren und Junge Reiter, Mertingen

Die Ausbildung

Die Dressur

Die Dressurarbeit des Vielseitigkeitspferdes hat schon immer Schwierigkeiten bereitet. Wichtig für die Ausbildung des Pferdes ist, das Wesentliche zu erkennen. Zuerst ist die *Losgelassenheit* zu erreichen, und erst im Laufe der Ausbildung kann man sich erarbeiten, was jede Vielseitigkeitsdressur kennzeichnen soll: Schwung sowie Gehfreudigkeit bei geregelten Gängen und Durchlässigkeit.
Im Training müssen am Anfang lösende Lektionen und taktmäßiges Vorwärtsreiten vorherrschen. Zum Lösen empfehlen sich: Leichttraben, Trab und Galopp im Wechsel, Schenkelweichen, Traben über Cavaletti und eventuell Galoppieren im leichten Sitz. Damit soll eine vollständige Losgelassenheit des Halses und Rückens erreicht werden. Das Pferd muß sich in jeder Gangart willig in die Tiefe und an die Reiterhand heranstrecken können; nur so ist man sicher, daß die gewünschte Rückentätigkeit vorhanden ist. Hat ein Pferd Schwierigkeiten im Hals oder Rücken, muß es manchmal über Monate in die Tiefe gearbeitet werden, damit die Muskulatur am Unterhals verschwindet und es im Rücken schwingt. Das Pferd in die Tiefe arbeiten heißt: Bei schwungvollem Vorwärtsreiten befinden sich Pferdehals und Nase in einer leichten Vorwärts-Abwärts-Dehnung. Die Rückenmuskulatur kann sich nur dann wunschgemäß entwickeln und kräftigen, wenn bei Losgelassenheit die richtigen Muskelgruppen in Tätigkeit gesetzt werden.
Ein weiterer wichtiger Teil der dressurmäßigen Ausbildung ist die *Gymnastizierung* des Pferdes. Neben den Grundgangarten kann dieses u. a. durch das Zirkelverkleinern und -vergrößern durch Volten und Reiten von Schlangenlinien erfolgen.
Die *Durchlässigkeit* wird durch Übergänge im Trab und im Galopp gefördert, was zur beginnenden *Versammlung* führt. Das Anreiten und Durchparieren ist ebenso zu üben wie die Verstärkungen im Trab und im Galopp. Bei dieser Arbeit kräftigt sich die Muskulatur und das Pferd wird elastisch. Gut für die Durchlässigkeit ist auch ein gelegentliches, ruhiges Rückwärtsrichten.
Als Gehorsamsübung soll man das *Halten* üben, wobei das Pferd mehrere Sekunden lang ruhig stehenbleiben soll.
Sehr wichtig ist, daß ein Vielseitigkeitspferd eine *lockere, raumgreifende Galoppade hat.* Um sie zu verbessern, kann man bei der Galopparbeit auf dem Zirkel einige Galoppsprünge zulegen, um dann das Tempo wieder einzufangen. Es empfiehlt sich, diese Übung mehrmals hintereinander auszuführen. Durch den ständigen Wechsel des weiten Vorspringens der Hinterhand und des Sich-Aufnehmens und Sich-Setzens sind Pferde mit schwacher Galoppade ganz entscheidend zu verbessern.

Zeigt das Pferd bei der dressurmäßigen Arbeit Widersetzlichkeit, was natürlich vorkommen kann, muß man in Ruhe den Widerstand überwinden und sich das Pferd in die Hand arbeiten, so daß es die Schenkel annimmt und sich an die äußere Hand herandehnt. Die Auseinandersetzung muß kurz sein, danach wird frisch vorwärts geritten und das Pferd gelobt. Es soll gehorsam werden, den Reiter anerkennen und sich unter ihm wohl fühlen. Auf keinen Fall darf die dressurmäßige Arbeit übertrieben werden, sondern man muß sich die Gehfreudigkeit des Pferdes stets erhalten.

Das Springen

Das Springen besteht in erster Linie aus der *Cavaletti-Arbeit* und dem *Überwinden einzelner Hindernisse und Kombinationen*. Mit ruhigen Pferden kann man einmal in der Woche einen Übungsparcours springen.
Das Traben über Cavaletti am Boden (Abstand 1,25–1,40 m) hilft, das Pferd zu lösen; es erhöht die Trittsicherheit und Aufmerksamkeit, des weiteren verfeinert es den Takt und stärkt die Sehnen, Muskeln und Gelenke. Auch diese Arbeit soll den Pferderücken zum Schwingen bringen. Stellt man dann hinter die Cavaletti noch einen Sprung in drei oder fünf Meter Entfernung, so lernt das Pferd aus dem Trab abzudrücken. Jedes Springen aus dem Trab ist von größtem Wert, da hierdurch die Hinterhand besonders gekräftigt wird. Ebenso wichtig ist das Springen von Kombinationen. Hier kann man das Pferd vor immer neue Aufgaben stellen. Die Abstände zwischen den Hindernissen gehen von »in-out« über einen Galoppsprung bis zu zwei Galoppsprüngen zwischen den Hindernissen, welche in Art und Höhe unterschiedlich sind.
Bei bereits weiter geförderten Pferden kann man, um den Schwierigkeitsgrad zu erhöhen, die Abmessungen zwischen den Sprüngen leicht verändern und ruhig eine Kombination mit acht bis zehn Sprüngen bauen.
Übungen, die aus dem Trab gesprungen werden, soll man bei etwas Geschick mit viel Ruhe ausführen. Deshalb ist es für unerfahrene Reiter wichtig, Kombinationen und Gymnastikreihen so zu bauen, daß man aus dem Trab hineinreiten kann. Hierzu baut man den ersten Sprung in Trabhöhe und verkürzt den Abstand zum zweiten um etwa einen Meter, oder man legt Cavaletti vor die Reihe, wie vorher beschrieben. Der Lernprozeß für das Pferd ist hierbei vielseitig, denn es wird zur Aufmerksamkeit und zum Mitdenken erzogen. Es soll sich aufnehmen, mutig abdrücken und sich dann fliegen lassen. Die Schnellkraft wird so erhöht und auch die Trittsicherheit beim Landen verbessert. Pferde müssen bei dieser Arbeit einen geschmeidigen Rücken, Geschick und Elastizität bekommen, die sie im Gelände brauchen, um sich in kniffligen Situationen helfen zu können.
Beim Parcoursspringen ist zu beachten, daß die Hindernisse einladend und voll gebaut sind. Die Linienführung soll lang sein und sog. Rittigkeitswendungen aufweisen. Mit schwierigen Pferden ist häufiges, nervenstrapazierendes Springen eines zusammenhängenden Parcours nicht ratsam. Das Pferd muß sich nach dem Sprung im Galopp beruhigen. Wenn es wieder sicher an den Hilfen und unter Kontrolle ist, kann der nächste Sprung angeritten werden. Man sollte nach Möglichkeit nichts üben, was die Nerven des Pferdes strapaziert; Springfreudigkeit und Ruhe müssen erhalten bleiben.

Die Geländearbeit

Bei der Geländearbeit gibt es viele Teilgebiete, mit denen sich der Vielseitigkeitsreiter befassen muß:

Vertrautwerden mit dem Gelände

Am Anfang des Trainings steht das Vertrautmachen des Pferdes mit den Gegebenheiten des Geländes und das Kennenlernen des Verkehrs. Am leichtesten gelingt dies mit Hilfe eines Führpferdes. So zeigt man seinem Pferd in aller Ruhe Wälder, Hänge, Kiesgruben und Wasserstellen. Beim Wasser soll man sich viel Zeit lassen. Das Pferd darf alles beschauen, soll saufen und planschen, bis es Freude am Wasser bekommt und von allein gerne hineingeht. Nur ist im Frühjahr und im Herbst darauf zu achten, daß sich die Pferde nicht erkälten. Vorsicht bei sumpfigen Stellen: Sie machen die Pferde unsicher und ängstlich! Gewinnt das Pferd an Sicherheit, beginnt man vor dem Führpferd zu reiten, bis sich das auszubildende Pferd selbstverständlich und ohne Angst überall hinreiten läßt. – Ein Stufenplan für die Ausbildung des Pferdes im Gelände ist in den Tabellen 1 und 2 auf der folgenden Doppelseite aufgezeigt.

4

3

Ein wichtiger Teil der Geländeausbildung ist das Grabentraining. Ein Trainingsgraben sollte so angelegt werden, daß er natürlich wirkt, zumindest auf einer Seite Anlehnung hat und durch ein Rastersystem umgebaut werden kann.

Tabelle 1
Das Anlernen des Vielseitigkeitspferdes im Gelände

Ausbildungsweg	Lernvorgang des Pferdes	Trainingsgelände
1. Stufe Zeigen des Geländes mit Führpferd im Schritt und Trab (ca. 14 Tage).	● Vertrautwerden mit dem Gelände.	● Wald- und Wiesenwege.
Zeigen von leichten Kletterstellen, Wasser, Gräben und Gruben mit Führpferd.	● Vertrautwerden mit den Besonderheiten des Geländes.	● Durchreiten trockener Gräben, fester, flacher Wasserstellen bis Sprunggelenkstiefe, leichte Hänge, Kiesgruben usw.
Reiten auf befahrenen Wegen mit Führpferd.	● Vertrautwerden mit dem Straßenverkehr.	● Feldwege und Feldstraßen.
2. Stufe Ausbilden und Reiten ohne Führpferd im Gelände.	● Selbständiges Vertrautwerden mit allen Geländegegebenheiten.	● Ausnutzung aller Möglichkeiten.
Schritt, Trab und Galopp im leichten Geländesitz.	● Gewöhnung an die Galopparbeit.	● Galopparbeit auf ebenen Wegen mit gutem Geläuf.
3. Stufe Fortsetzung der bisherigen Ausbildung.	● Vertrautbleiben mit dem Erlernten.	● Ausnutzung aller Möglichkeiten.
Erste leichte Springübungen. Bei ängstlichen Pferden mit Führpferd. Grundsätzlich mit Begleitpferd. Das Begleitpferd wartet hinter dem Sprung – in Springrichtung – im Halten. Anreiten der Sprünge, soweit wie möglich aus dem Trab.	● Gewöhnung an leichte, natürliche Geländesprünge. Erkennen des Sprunges durch Zeigen und ruhiges Anreiten.	● Baumstämme. Schmale Gräben. Auf- und Absprung über Kanten und leichte Böschungen. Wassereinsprung – niedrig und natürlich.

2

1

Tabelle 2
Die Fortbildung des Vielseitigkeitspferdes im Gelände

Ausbildungsweg	**Lernvorgang des Pferdes**	**Trainingsgelände**
1. Stufe Festigung der Galopparbeit, Klettern leichter Steigungen.	● Sicher werden im Gelände und Verkehr.	● Wald- und Wiesenwege, Kletterhänge, Wasserstellen.
Springen leichter Hindernisse.		● Einfache Sprünge. Gräben, Tiefsprünge und Sprünge gegen den Hang.
Reiten auf befahrenen Wegen und Straßen.		
2. Stufe Erschwerte Galopparbeit, Leichte Steigungen bergauf galoppieren, bei gutem Boden etwas bergab galoppieren.	● Erlernen der Technik für Bergauf- und Bergabgaloppieren.	● Griffige Wege.
Reiten von Wendungen im Galopp bei erhöhtem Tempo.	● Erlernen von Schnelligkeit und Wendigkeit.	● Falls nicht anders möglich, im Herbst nach Erlaubnis auf Stoppelfeldern.
Springen von Hindernissen der Klasse A. Klettern mittlerer Steigungen.	● Ausbildung der Sprungkraft und der Muskulatur.	● Springen und Klettern siehe oben.
3. Stufe Galopparbeit. Bergauf mittlere Steigungen. Erreichen der Grundkondition.*) Gewöhnung an unebenes Gelände. Gewöhnung an harten, ebenen Boden im Schritt und Trab.	● Förderung der Geschicklichkeit. Verbesserung der Trittsicherheit.	● Ausnutzung aller Geländemöglichkeiten. Springen von Wällen, Terrassen, Pulvermanns Grab, Kombinationen, überbauten Gräben, Tiefsprüngen und Sprüngen gegen den Hang.
Springen von Hindernissen und Kombinationen der Klasse A.	● Weitere Schulung des Erkennens, Taxierens sowie der Springtechnik.	

*) Grundkondition: = Kondition für tägliche Arbeit von eineinhalb Stunden. Der Trainingszustand erlaubt, jederzeit mit der intensiven Prüfungsvorbereitung zu beginnen.

Wegestreckentraining
Ein Teil der Ausbildung im Gelände ist das Trainieren der Wegestrecke. Es stellt sowohl Konditionstraining als auch Gewöhnung an unterschiedliche Bodenverhältnisse zur Verbesserung der Trittsicherheit dar. Auf geeigneten Wegen werden die Trabreprisen mit der Zeit mehr und mehr ausgedehnt. Neben Schrittpausen wird auf ausgesucht gutem Geläuf auch etwas galoppiert.
Um die Pferde an harten Boden zu gewöhnen, reitet man Schritt und Trab auf Asphaltstraßen oder festen, ebenen Wegen. Das Tempo im Trab muß auf jeden Fall abgekürzt sein, damit der richtige Effekt entsteht. Die Beine sollen nicht nach vorne herausschwingen, sondern mehr senkrecht abgesetzt werden. Anfangs dürfen nur kurze Strecken auf Asphalt zurückgelegt werden, später kann man sie aber auf einige Kilometer steigern.

Springen im Gelände
Bei der Gewöhnung an die Geländehindernisse ist große Sorgfalt nötig. Das Überwinden kleiner natürlicher Hindernisse aus dem Schritt oder Trab muß beim Ausritt zur Selbstverständlichkeit werden. Alle angelegten Hindernisse müssen fest und massiv gebaut sein, sie sollen auf das Pferd respektabel wirken. Damit die Pferde schnell Vertrauen bekommen, darf man sie zuerst nur über kleine Geländehindernisse arbeiten. Ein Pferd muß es beispielsweise auch richtig lernen, einen Tiefsprung zu überwinden und sicher zu landen. Bei hohen Hindernissen wären die Pferdebeine ohne diesen Lernprozeß schnell geschädigt, da sie bei derartigen Landungen zu großen Belastungen ausgesetzt werden.
Bei Tiefsprüngen hat der Reiter viel zu beachten. So soll das Tempo beim Anreiten nicht hoch, aber auch nicht zu verhalten sein. Über dem Tiefsprung muß bei etwas weniger vorgeneigtem Sitz genügend nachgegeben werden. In der Landephase ist der Oberkörper je nach Landewinkel mehr als üblich zurückzunehmen, um auch hier richtig über dem Schwerpunkt zu sitzen. Gleichzeitig gehen die Unterschenkel etwas nach vorne. Dabei hat der Reiter eine sichere Anlehnung, ohne gleichzeitig den Pferdehals einzuengen.
Einen Wassereinsprung kann man an Stellen üben, wo der Untergrund fest und das Wasser nicht zu tief ist. Tiefes Wasser bremst und führt leicht zum Sturz.
Beim Springen von Gräben und Oxern soll man die Anforderungen steigern, damit die Pferde lernen, sich mehr und mehr fliegen zu lassen. Hat das Pferd die nötige Sicherheit beim Überwinden der Hindernisse gefunden, sollten höhere Sprünge nur noch selten geübt werden. Immer muß man darauf bedacht sein, bei allen diesen Übungen die Beine seines Pferdes im Rahmen des Möglichen zu schonen! An dieser Stelle sei noch auf den Unterschied zwischen Training und Prüfung hingewiesen: Während man im Training die Pferde mit der nötigen Ruhe über interessante Hindernisse im Schwierigkeitsgrad der Klassen A und L reitet, werden sie in der Prüfung bei höherem Tempo mehr angepackt, um Hemmungen zu überwinden. Zu starkes Anpacken kann aber auch zu starke Erregung bewirken; es kommt also auch hier auf die richtige Dosierung an.

Klettern
Zur Kräftigung der Muskulatur und zur Verbesserung der Kondition sollen Vielseitigkeitspferde einmal in der Woche »klettern«. Am besten reitet man zu diesem Zwecke zwanglos bergauf und bergab, wobei das Pferd keine Unruhe zeigen darf. Nur gelegentlich geht man einen steileren Hang an. Beim Bergaufreiten soll sich das Pferd bei guter Genickbiegung gleichmäßig hochstemmen. Der Reiter behält sichere Verbindung zum Maul, das Gesäß liegt dicht am Sattel, der Oberkörper ist je nach Steigung stark vorgebeugt. Beim Bergabreiten macht das Pferd kurze, ruhige Tritte und senkt sich in der Hinterhand. Geht es steil bergab, so setzt sich das Pferd auf die Hinterhand und rutscht mit den Hinterbeinen, ohne zu treten. Auch hierbei hält der Reiter das Gesäß dicht am Sattel und den Oberkörper vorgebeugt.

Galopparbeit und Temporeiten
Soll die Galopparbeit erfolgversprechend sein, so ist der geschulte Sitz des Reiters Vorbedingung. Die Bügel, die im Gelände sowieso kurz verschnallt sind, werden zur Galopparbeit noch einmal verkürzt. Der Reiter hat den Fuß ganz im Bügel, die Hacken sind tief, die Knie fest geschlossen. Der Oberkörper wird vorgeneigt, um den eigenen Schwerpunkt mit dem nach vorn verlagerten des Pferdes übereinzubringen. Dabei hält man die Schultern ruhig und schwingt in den Hüften.

Zwischen dem treibenden Schenkel und der weich anstehenden Hand wird das Pferd in Training und Prüfung in einer Aufwärtsgaloppade gehalten. Auf keinen Fall darf man sich spazierentragen lassen, da das Pferd leicht auf die Vorhand kommt. Bei heftigen Pferden ist es ratsam, aus den Zügeln eine Brücke zu bauen, die Hände rechts und links an den Hals zu stützen und aus den Handgelenken heraus die Hilfen zu geben. Es ist falsch, bei diesen Pferden hartnäckig gegenzuhalten, durch Annehmen und Nachgeben bekommt man das Pferd langsam in die Hand.
Temporeiten muß man üben, um das richtige Gefühl für das Tempo zu bekommen. Zweckmäßigerweise verbindet man es mit der notwendigen Galopparbeit. Zur Schonung des Pferdes wählt man ein gut federndes und griffiges Rasen- oder Sandgeläuf. Auf Sandbahnen muß das Tempo niedriger gehalten werden, da dieser Untergrund die Sehnen und Gelenke sehr viel stärker strapaziert. Zum Temporeiten steckt man sich eine Strecke von etwa 1 km ab und versucht, bei gleichmäßigem Galopp das Tempo 400 m/min zu erreichen. Hierzu vergleicht man auf der Uhr die Zeit von 2,5 Minuten und die zurückgelegte Strecke. Bei der Galopparbeit muß das Pferd ruhig und gleichmäßig gehen, nie darf es gejagt oder mit starken Hilfen überfallen werden.

Reiten mit hingegebenem Zügel (Spazierenreiten)

Legt man im Gelände eine Schrittreprise ein, so soll dies am besten mit hingegebenem Zügel erfolgen. Die Pferde müssen lernen, sich auch bei Unebenheiten im Gelände ohne Hilfe und Stütze auszubalancieren. Diese Tatsache wird oft verkannt, ist aber äußerst wichtig. Darüber hinaus ist es grundsätzlich notwendig, daß sich das Pferd in Zufriedenheit ausstrecken und dehnen kann.
Abschließend sei zur Geländearbeit gesagt: Im Verlauf dieser Arbeit muß das Pferd bei ruhigem Training Vertrauen zu Gelände und Reiter gewinnen. Ein gutes Vielseitigkeitspferd steht im äußersten Gehorsam, muß aber ebenso zur Mitarbeit und Selbständigkeit erzogen werden. Das gelingt am besten, wenn es in Ruhe und bei richtigem Tempo an die Aufgabe herangeführt wird. Solch einem Pferd wird es stets möglich sein, sich zu konzentrieren und mitzuarbeiten.

Der leichte Sitz

Das Reiten im leichten Sitz dient der Entlastung des Pferderückens. Zudem ermöglicht er bei schnellerer Galoppade eine bessere Anpassung der Schwerpunkte von Pferd und Reiter. Dadurch wird die notwendige Harmonie bei der Geländearbeit und der Springausbildung gesichert. Nur durch ständige Schulung erlangt man die körperliche Geschmeidigkeit, die es dem Reiter ermöglicht, vollkommen ausbalanciert im Gleichgewicht zu sitzen.

Richtige Bügellänge und Körperposition

Im leichten Sitz werden die Steigbügelriemen entsprechend der Größe des Reiters um mehrere Löcher gekürzt. Im Vergleich zur Dressur werden die Bügel normalerweise drei bis fünf Löcher kürzer geschnallt. Kleine Reiter mit etwas kurzen Oberschenkeln sollten die Bügel nur etwa vier Loch verkürzen, damit die Knie nicht zu hoch am Sattel anliegen. Der Reiter steckt den Fuß bis zum Fußballen in den Bügel, jedoch nur so weit, daß die Fußgelenke noch federn können. Die Absätze werden heruntergedrückt, die Zehenspitzen zeigen etwas nach außen; dadurch kommen die Waden vermehrt an das Pferd, die Knie werden geschlossen. Diese Schenkellage ermöglicht es dem Reiter, sich jederzeit auszubalancieren und korrekte Hilfen zu geben.
Der Oberkörper wird vorgeneigt, um den Schwerpunkt mit dem nach vorne verlagerten Schwerpunkt des galoppierenden Pferdes in Übereinstimmung zu bringen. Dabei wird das Gesäß etwas angehoben, so daß es dicht über der Satteloberfläche schwebt. Die Bewegung des galoppierenden Pferdes wird mit der federnden Hüfte in den Knie- und Fußgelenken abgefangen, Kopf und Schultern bleiben ruhig. Die Hände, die zu beiden Seiten leicht an den Pferdehals gelegt werden, müssen bei gefühlvoller Anlehnung die Galoppsprünge herauslassen. Fehlerhaft wäre es, die Hände fest aufzustützen, um sich selbst eine Erleichterung im Rücken zu verschaffen.
Um diese Bedingungen des leichten Sitzes erfüllen zu können, muß der Reiter seinen Körper vollkommen beherrschen. Wichtig sind also Elastizität in Fuß-, Knie- und Hüftgelenken sowie Beweglichkeit in Schulter-, Ellenbogen- und Handgelenken.

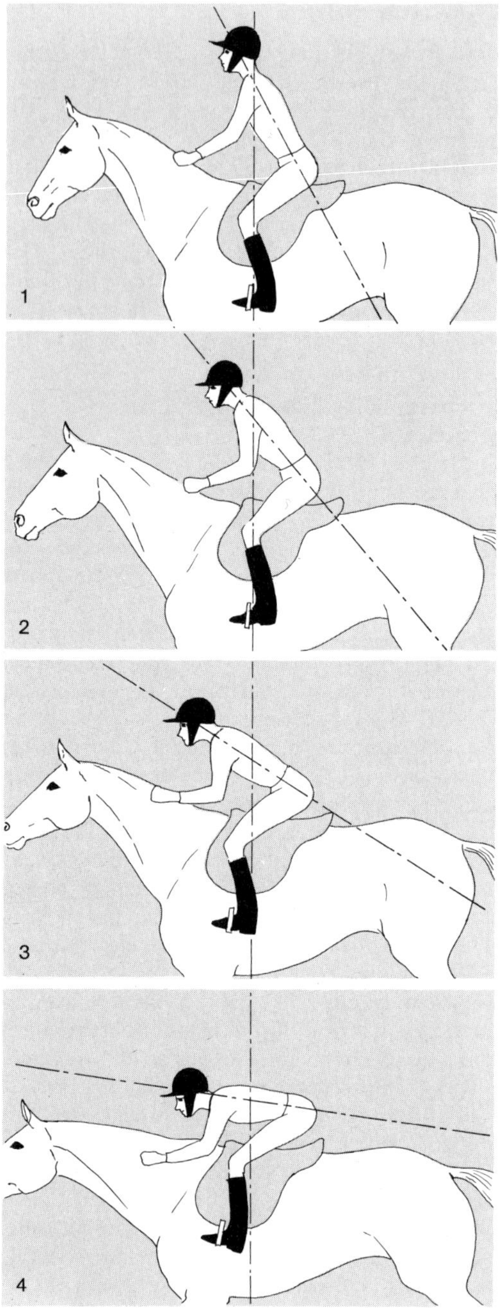

Darstellung der Anpassung der Körperposition:

1 Springsitz Klasse M und S. Bügellänge: 4–5 Loch kürzer.
2 Springsitz Klasse L und M/Zeitspringen. Bügellänge: 4–5 Loch kürzer.
3 Springsitz Klasse A und L/Geländesitz. Bügellänge: 4 Loch kürzer.
4 Rennbahnsitz. Bügellänge: 5–7 Loch kürzer.

Nur so kann der Reiter im leichten Sitz den Pferderücken entlasten und dem Hals genügend Freiheit geben. Durch den treibenden Schenkel und die Anlehnung der verwahrenden Hand wird die mühelose raumgreifende Galoppade ermöglicht.

Die Sitzvariationen: Springsitz, Geländesitz, Rennbahnsitz

Das Reiten im leichten Sitz ist in drei Teilgebiete aufzuteilen:

1. Der Springsitz Im Parcours hält das Gesäß leichte Fühlung mit dem Sattel, der Reiter bleibt im Oberkörper ruhig und reitet mit festliegender treibender Wade, um sich das Pferd zwischen den Sprüngen immer wieder in die Hand zu galoppieren. Diese Einwirkung ist auch notwendig, um Galoppsprünge verlängern zu können.
Zum Aufnehmen und Wenden wird der Oberkörper im Hinblick auf die Schwerpunktverlagerung etwas aufgerichtet. Das Gesäß geht mehr an den Sattel, um die Hilfen zu unterstützen. Das Reiten von Wendungen verlangt außerdem die richtige Gewichtsverlagerung nach innen, den fest anstehenden, an den Pferdehals angelegten äußeren Zügel und den zurückgenommenen, auswendigen Schenkel.
Die innere Hand führt durch die Wendung, darf aber auf keinen Fall hochgenommen werden oder ziehen. Das sichere Hineingaloppieren in die Hand, das Wenden, das Zulegen und Einfangen muß zuerst erlernt werden, bevor die Schulung über Sprünge beginnt. Denn nur so kann man ein Pferd gekonnt an die Sprünge führen und es hinterher gleich wieder in der Hand haben.
Beim Reiten über den Sprung zeigen sich Reaktionsfähigkeit und Körperbeherrschung des Reiters. Beides ist nötig, um richtig auf die Bewegung des Pferdes eingehen zu können.
Absprungphase: Zur Einleitung der Absprungphase sitzt der Reiter vermehrt ein, um das Pferd anzupacken und die treibenden Hilfen des festliegenden Schenkels zu unterstützen. Springt das Pferd ab, geht der Reiter gleichzeitig auf die Bewegung ein, das heißt, er nimmt den Oberkörper vor, führt die Hand in Richtung Pferdemaul und hebt das Gesäß aus dem Sattel. Je steiler die Flugkurve wird, um so stärker wird die Anpassungsbewegung des Reiters.

Sprungphase: Der Oberkörper folgt über dem Sprung der Bewegung und bleibt dabei dicht am Pferd, wobei das Gesäß in dieser Phase nicht zu weit aus dem Sattel gehoben werden darf. Der Blick ist geradeaus gerichtet, die Schenkel bleiben unverändert am Gurt liegen. Das Ellenbogengelenk, welches nicht abgespreizt werden darf, ist wie das Handgelenk locker, so daß die Hand jederzeit dem sich nach vorwärts-abwärts streckenden Hals in Richtung Pferdemaul folgen kann. Dabei bilden Unterarme und Zügel eine Linie. Der Reiter behält auch über dem Sprung eine weiche Anlehnung, dabei dürfen die Zügel aber nicht durchhängen. Kommt der Reiter jedoch einmal hinter die Bewegung, so muß das Pferd den Zügel selbst nehmen können. Es sollte nicht so sein, daß der Reiter über dem Sprung die Arme vorwirft oder, was häufig zu sehen ist, in der Absprungphase erst einmal mit den Händen zurückzieht, um den Oberkörper vorbringen zu können.
Landephase: Zur Landung liegen die Hände am Hals, die Unterschenkel werden vorgeschoben, um bei federnder Hüfte den Stoß der Landung abzufangen. Gegen Ende der Landephase geht das Gesäß wieder in Fühlung mit dem Sattel. Der Reiter darf sich nicht zu weit aufrichten oder gar den Oberkörper nach hinten werfen und mit dem Gesäß plötzlich in den Sattel fallen.

2. Der Geländesitz (Abb. s. folgende Seite)
Im Gelände wird der Schwerpunkt des Reiters durch das höhere Tempo noch etwas weiter nach vorne verlagert. Der Reiter hebt deshalb das Gesäß etwas über den Sattel, schwingt in den Hüften mit und gibt den Pferderücken vollkommen frei. Wichtig ist, daß dabei Kopf und Schultern möglichst ruhig bleiben. Die weich führenden Hände lassen jeden Galoppsprung heraus.
Zum Anreiten von Sprüngen, zum Parieren und bei engen Wendungen senkt sich das Gesäß an den Sattel, um das Pferd durch die treibenden Hilfen zu unterstützen. Das Einsitzen in den Sattel im Gelände mit der Absicht, ein Pferd vorwärts zu reiten und anzutreiben, ist vollkommen verkehrt. Die treibende Einwirkung muß allein vom Schenkel kommen.

3. Der Rennbahnsitz (Abb. s. folgende Seite) Auf der Rennbahn werden die Bügel noch einmal um ca. zwei bis drei Loch gekürzt. Die Zügel werden nachgefaßt, das Gesäß kommt noch weiter aus dem Sattel und der Schwerpunkt verlagert sich somit noch mehr nach vorne. Das elastische Eingehen auf die Galoppbewegung ist entscheidend, damit das Pferd in seinem Bewegungsablauf nicht gestört wird. Bei schwachen Reitern oder temperamentvollen Pferden ist anzuraten, aus den Zügeln eine Brücke zu machen, die Hände an den Hals zu lehnen und die Hilfen aus dem Handgelenk zu geben.

Das Training

Das Basistraining

Spätestens Mitte Januar ist mit der Winterarbeit, die ein fester Bestandteil des Trainings ist, zu beginnen. Wichtig ist, daß man sich jetzt ausgiebig und gründlich mit der Dressur befaßt, denn ohne eine gut gerittene Dressur sind Spitzenleistungen nicht zu erreichen. Erst das durchlässige und gymnastizierte Pferd wird alle zu erwartenden Strapazen und Schwierigkeiten leichter meistern können. Abwechslung in die Winterarbeit bringt die Springgymnastik. Mit speziellen Übungen, wie Gymnastikreihen, wird an der Manier, der Technik und der Sprungkraft gearbeitet. Zusätzliche Abwechslung bringen Longieren, Freispringen, Auslauf im Schnee und Spazierenreiten. Das Pferd bekommt so bis Mitte März eine gute Grundkondition.
Ab Mitte März wird zeitweise schon ein Training im Gelände möglich sein. Die Pferde werden sich dabei erfreut und übermütig zeigen. Es ist mit leichter Geländearbeit zu beginnen, auf längere Galoppreprisen sollte in den ersten Wochen verzichtet werden.
Je nach Wetterverhältnissen beginnt ab Ende März das umfassende Training des Vielseitigkeitspferdes in Dressur, Springen und Gelände (s. »Ausbildung« und Tabelle 3). Es wird jetzt vermehrt im Gelände trainiert und damit auch die allgemeine Grundkondition verbessert. Das Pferd darf in dieser Trainingsphase noch gut gefüttert und ausgeruht wirken. Die tägliche Trainingsdauer beträgt etwa zwei Stunden; bis zu eineinhalb Stunden wird intensiv gearbeitet, die restliche Zeit spazierengeritten. Die so erreichte Grundkondition soll es ermöglichen, daß jederzeit mit dem Intensivtraining begonnen werden kann.

1 2

6 7

Der Geländesitz (Bildreihe: Lucinda Prior-Palmer). 1 + 2 Schwerpunkt der Reiterin direkt am Pferd. 3 + 4 Gekonntes Ausbalancieren in der Landephase, richtige Zügellänge mit weicher Anlehnung. 5–8 Die Reiterin folgt nach der Landung dem weit nach vorne gekommenen Schwerpunkt des Pferdes. 9 + 10 Übergang zum leichten Sitz. Mit aktivierter Hinterhand galoppiert das Pferd weiter.

6 5 4

3 4 5

8 9 10

Leichter Sitz auf der Rennbahn. Die Gesamtbewegung ist flüssig.

3 2 1

Das Intensivtraining

Das Intensivtraining dient dazu, das Pferd direkt auf die Prüfungsanforderungen vorzubereiten und ihm die notwendige spezielle Kondition zu verleihen. Dieses Training sollte bei einer Vielseitigkeitsprüfung etwa vier Wochen, bei einer Großen Vielseitigkeitsprüfung Klasse L sechs und bei einer Großen Vielseitigkeitsprüfung Klasse M oder S bis zu zehn Wochen dauern. Das Training soll eine Woche vor Prüfungsbeginn enden.

Galopparbeit

Besonders der Galopparbeit kommt eine große Bedeutung zu, denn während der Prüfung wirken sich Schnelligkeit und Ausdauer in Pluspunkten aus. Es ist notwendig, die Galopparbeit einmal in der Woche intensiv zu betreiben. Galoppiert wird überwiegend ruhig in einem Tempo von 400–500 m/min, um zuerst einmal die Muskulatur zu kräftigen. Zu Beginn des Trainings wird nach 1000 m eine Pause eingelegt, indem man langsam zum Trab und zum Schritt durchpariert, nach etwa 100 m Schritt wird die Hand gewechselt und weitere 1000 m galoppiert, dann wieder Schritt usw. In der dritten Trainingswoche wird beim Handwechsel nur noch zum Trab durchpariert, aber bei der Hälfte der Gesamtstrecke eine Schrittpause eingelegt. Das Galopptraining für Große Vielseitigkeitsprüfungen wird in drei Teilen mit zwei Schrittpausen durchgeführt.
Das Galopptraining beginnt mit einer Distanz von 2000–3000 m, je nach Trainingszustand des Pferdes. Man steigert es wöchentlich um 500–1000 m, um am Ende der Trainingszeit auf die in der Prüfung verlangte Distanz zu kommen (Rennbahn und Querfeldeinstrecke). Gut ist es, wenn man die Galopparbeit teilweise auf ansteigendem Geläuf durchführen kann. Die Atemtechnik wird hierbei sehr verbessert, denn das Pferd muß tief durchatmen; dadurch vergrößert sich auch das Lungenvolumen. Dieses Training hat den gleichen Effekt wie wesentlich schnelleres Galoppieren, doch werden hierbei die Vorderextremitäten – speziell deren Sehnen – sehr viel weniger belastet.
Bei der Galopparbeit ist besonders zu beachten, daß das Pferd immer einen guten Atemrhythmus findet sowie Lunge und Beine nicht überanstrengt werden.

Der Konditionierungsprozeß ist ein komplexer und komplizierter Vorgang, und es ist erwiesen, daß viele Pferde nur 70% ihrer konditionellen Leistungsfähigkeit erreichen, weil sie falsch trainiert werden. Es hat sich bewährt, zur Konditionskontrolle im Training die PAT-Werte (**P**uls, **A**tmung, **T**emperatur) des Pferdes zu messen. Im Training sollte dies der Reiter selbst, im Wettkampf der verantwortliche Tierarzt erledigen. Gemessen wird mit Stethoskop und Armbanduhr:

Tabelle 3
Kontrollwerte Puls/Atmung für Training und Prüfung

	Puls	Atem	
Absolute Ruhe:	28–40	6–16	(Stall, bekannte Umgebung)
Normale Ruhe:	32–48	16–24	(offene, fremde Umgebung, Aufmerksamkeit)
Normalwerte:	48	12	4 : 1
Leichte Arbeit:	60	30	2 : 1
Mittlere Arbeit:	70	70	1 : 1. Bei 40 : 40 unbedenklich, bei 100 : 100 und mehr ernsthaft
Schwere Arbeit:	80	120	1 : 1,5 Umkehrwert
Erschöpft:	80	160	1 : 2 Herzkrank oder Konditionsmangel
Umkehrwert – unterer Bereich:	42	48	1 : 1,2 harmlos
Umkehrwert – oberer Bereich:	90	94	1 : 1,2 ernst
Umkehrwert – sehr hoch	90	140	alarmierend, schlechte Kondition, wenn nicht in 10 Min. erholt

Quelle: »Richtlinien für Reiten und Fahren«, Band 1, FN-Verlag

Über die Messung dieser Werte (PAT) wird es möglich, die Erholungszeit, die ein Pferd nach Belastung benötigt, zu erfassen. Diese Zeit wiederum steht in Beziehung zum Trainings- und damit zum Konditionszustand des Pferdes. Normalerweise genügt es, die Pulswerte zu messen.
Die Puls-Atem-Werte ändern sich ständig, schon bei den Ruhewerten kann man zweierlei Normalwerte feststellen:

- ☐ Ruhige Pferde neigen zu niedrigen Werten,
- ☐ unruhige tendieren zu höheren Werten.

Generell muß gesagt werden, daß die Pulswerte zuverlässigere Rückschlüsse auf die Kondition ermöglichen als die Atemwerte. So kann z. B. die Atmung durch die Temperatur (Außen- und Körpertemperatur) und die Höhenlage stärker beeinflußt werden als der Puls.

Springen im Gelände
Einmal in der Woche wird auch über Geländehindernisse trainiert. Zu Beginn des Intensivtrainings kann dies über natürliche Hindernisse erfolgen, wie jegliche Art von Gräben, Baumstämme usw. Im Laufe des Trainings übt man dann zuerst über Hindernisse der Klasse A und später auch der Klasse L. Selbst mit M- oder S-Pferden wird man nur in Ausnahmefällen höhere Hindernisse als die der Klasse L trainieren. Erfahrene Geländepferde läßt man nur noch wenig im Gelände springen; sie werden in Kurzprüfungen auf höhere Aufgaben vorbereitet.
Das Pferd sollte zum Aufwärmen genügend galoppiert und zuerst auf dem Trainingsplatz über kleine Sprünge gelöst werden. Hat der Reiter das Pferd gut in der Hand, kann er sich auch an die nicht ungefährliche Aufgabe des Trainings über feste Sprünge wagen. Aus einer spontanen Regung heraus und ohne Vorbereitung sollte man niemals Geländehindernisse springen.

Wassereinsprünge
Wie bereits bei der Ausbildung bemerkt, muß Wasser den Pferden völlig vertraut gemacht werden. Wassereinsprünge sollen im Training nicht zu schwer sein, um das Pferd nicht zu verunsichern. Vor dem Training sollte die Wasserstelle geprüft werden, um jegliche Sturz- und Verletzungsgefahr auszuschalten.

Vorbereitung auf eine Prüfung
Bereiten wir uns auf eine Große Vielseitigkeitsprüfung vor, muß auch das *rennmäßige Galoppieren* geübt werden. In der zweiten Hälfte der Trainingsperiode wird das Tempo wöchentlich einmal auf 640 m/min erhöht. Das Zulegen erfolgt gleichmäßig aus einem Tempo von ca. 500 m/min. Man reitet etwa 200–400 m rennmäßig und führt das Pferd langsam zum ruhigen Kanter zurück.
Um die Schnelligkeit und Ausdauer des Pferdes zu prüfen, wird in der vorletzten Trainingswoche die Rennbahn bei Zeitnahme einmal in voller Distanz durchritten. Dieser Rennbahngalopp erfolgt, nachdem das Pferd durch Leichttraben und ruhiges Kantern richtig vorbereitet wurde. Es empfiehlt sich, dabei jedoch nicht schneller als etwa 600 m/min zu reiten.
Vor der Großen Vielseitigkeitsprüfung müssen Pferde und Reiter auch mit dem Springen von Rennbahnhindernissen vertraut gemacht werden. Hierzu wird das Pferd nach vorangegangener Lockerungsarbeit in ruhigem Tempo mehrmals über die Hindernisse galoppiert. Jedesmal wird das anfangs nur mäßig schnelle Tempo gesteigert, bis das Pferd sich aus einem Tempo von 600 m/min mutig fliegen läßt. Hat es sich an diese Art des Springens gewöhnt, kann man auch mehrere Hindernisse in der Folge überwinden.
Schnelles Galoppieren bringt neben der körperlichen auch eine Nervenbelastung. Darum sollte man nicht mehr als notwendig tun, das Pferd hinterher lange Schritt reiten, es beruhigen und im Anschluß zum Grasen führen.
Das *Wegestreckentraining* wird zwei- bis dreimal wöchentlich durchgeführt. Da Wegestrecken prüfungsmäßig im Tempo von 220 m/min – das entspricht dem Trabtempo – geritten werden, bietet sich die Trainingsart des Trabspiels an. Trabspiel heißt: Traben in möglichst hügeligem Gelände mit geländeangepaßtem Tempowechsel in spielerischer Form zur Konditionsförderung und um eine stabile Kreislaufbasis zu erreichen. Gegen Ende der Trainingszeit muß das Pferd die in der Prüfung verlangten Distanzen mühelos absolvieren.
Grundsätzlich ist ein möglichst langfristiges Konditionstraining mit unterschiedlichen Belastungsformen, wie Galopparbeit, Bergetraben und Klettern, anzustreben. Trainingsspitzen mit überzogener Galopparbeit (zu schnel-

les Galoppieren bei ungenügender Grundkondition) sind zu vermeiden, da Sehnen und Gelenke dabei zu sehr beansprucht werden und die Verletzungsgefahr damit automatisch wächst.
Wichtig für die Kondition ist jegliche Bewegung an der frischen Luft. Man sollte sich viel Zeit nehmen, um am langen Zügel im Schritt spazierenzureiten. Das gibt Kondition und Losgelassenheit, es beruhigt die Nerven und bringt einen Ausgleich zu dem anstrengenden Training.
Beim Intensivtraining übt man, neben der normalen dressurmäßigen Arbeit, auch Teile der verlangten Dressuraufgabe, damit Pferd und Reiter sie perfekt ausführen können. In dieser Trainingsphase muß man als Reiter lernen, mit seinem Pferd ruhig und konzentriert zu arbeiten. Dazu gehört auch langes Stillstehen und das Loben des Pferdes. Die ganze Dressuraufgabe im Zusammenhang darf nicht zu oft geritten werden, denn es besteht die Gefahr der Eigenmächtigkeit beim Pferd. Rechtzeitig vor der Prüfung muß das Pferd auch an ein vollständiges Dressurviereck mit weißer Begrenzung und Paradepunkten gewöhnt werden.
Die Springausbildung ist in dieser Trainingsphase ernst zu nehmen und bedarf großer Sorgfalt. Durch die viele Galopparbeit und das Training auf der Rennbahn neigen die meisten Pferde zur Heftigkeit. Zur Prüfungsvorbereitung sollte Springgymnastik durchgeführt werden, die zu sauberem, ruhigem Springen erzieht und bei der die Sprungkraft des Pferdes voll entwickelt wird. Mit ruhigen Pferden ist Parcoursspringen einmal in der Woche angebracht.
Zur Springausbildung gehören auch einige Übungen, die das Pferd auf ganz besondere Situationen im Gelände vorbereiten sollen. So muß das Pferd daran gewöhnt werden, ein Hindernis schräg zu springen. Zuerst wird es durch gerades Springen mit einem Steilsprung vertraut gemacht. Danach versucht man, leicht von rechts kommend, im Linksgalopp schräg zu springen und erhöht nach und nach den Schwierigkeitsgrad. Das gleiche übt man von links im Rechtsgalopp.
Man kann sich vornehmen, das Pferd auf der gleichen Hand landen zu lassen oder bei dem Sprung den Galopp zu wechseln. Diese Übung läßt sich auch an einem schmalen Oxer ausführen. Winkel- oder V-Sprünge kommen häufig in Geländeprüfungen vor. Um richtig vorbereitet zu sein, baut man sich auf dem Turnierplatz aus Ständern und Stangen einen V-Sprung. Schön wäre es, Bürsten darunterzustellen, damit er natürlich wirkt. Mit etwas Geschick läßt sich daran folgendes üben: Das Springen über Eck, das »In-and-out« und das Überwinden mit einem Galoppsprung dazwischen. Genausogut kann man sich zu Übungszwecken einen Schafpferch in allen Variationen aufbauen. Dieses recht populäre Hindernis erfordert gutes Reaktionsvermögen und ein schnelles und geschicktes Wenden des Pferdes.
Nach jedem Training ist es sinnvoll, das Pferd eine Viertelstunde zu führen. Dabei beruhigt es sich am besten und trocknet schnell. In Rennställen werden die Pferde nach der Arbeit eine halbe Stunde geführt. Hiermit begründen manche Tierärzte, daß Husten und Erkältungen bei Rennpferden viel seltener auftreten als in Reitställen.

Das Abschlußtraining

Das Intensivtraining endet eine Woche vor Prüfungsbeginn. Das Pferd kann sich bei ruhiger, nervenschonender Arbeit erholen und Kräfte sammeln. Mit ruhiger Arbeit ist gemeint: Leichte Dressurarbeit, viel Spazierenreiten und gelegentlich ein Kanter. Wichtig ist in dieser Woche eine peinlich genaue Pflege der Beine. Das Pferd muß völlig gesund in die Prüfung gehen.

Der Trainingsplan

Der Trainingsplan ist hier als Schema dargestellt, um dem Reiter eine Möglichkeit des Trainingsaufbaus aufzuzeigen. Man darf aber ein Pferd nicht ausschließlich nach einem vorgefertigten Plan arbeiten. Wohl soll das, was in dem Plan angeführt ist, auch durchgeführt werden, aber an welchen Tagen zum Beispiel im Gelände trainiert oder ein Springtraining abgehalten wird, das hängt von verschiedenen Faktoren ab: dem Wetter, den Bodenverhältnissen und dem Zustand des Pferdes. Es bedarf eines guten Gefühls dafür, um zu spüren, welche Arbeit wann zum gewünschten Erfolg führt.
Das Haupttraining findet, wenn möglich, am Morgen oder in den Vormittagsstunden statt. Später darf sich das Pferd noch auf einer kurz

Schwungvoll und nervenstark: *Gigolo FRH* unter Isabell Werth, Weltmeisterin im Dressurreiten 1994.

Tänzerische Leichtfüßigkeit: *Rembrandt* unter Nicole Uphoff-Becker.

Hohe Versammlung in der Passage: Anky van Grunsven mit *Olympic Bonfire* (NL), Weltmeisterin in der Dressur-Kür 1994.

Professionell und fehlerfrei: Franke Sloothak/*Weihaiwej*, Weltmeister im Springreiten 1994.

Eine Klasse für sich: *Ratina Z* unter Ludger Beerbaum. Weltmeister im Springreiten (Mannschaftswertung) 1994.

Ein harmonisches Paar: *Taggi* unter Sören von Rönne, Weltmeister im Springreiten (Mannschaftswertung) 1994.

Souverän und sicher im Gelände: Bettina Overesch mit dem englischen Vollblüter *Watermill Stream*.
Beste deutsche Reiterin auf dem 8. Platz bei der Weltmeisterschaft 1994.

Fehlerfrei im Gelände und fehlerfrei im Parcours: Der Weltmeister 1994 im Vielseitigkeitsreiten, Vaughan Jefferis (NZL) auf dem neuseeländischen Vollblüter *Bounce*.

Stilistisch hervorragend: Michael Freund, Weltmeister im Fahren 1994 (Einzel- und Mannschaftswertung).

Unten links: Unterwegs auf der Marathonstrecke: Hansjörg Hamann, Weltmeister 1994 (Mannschaftswertung).

Alles im Griff: Christoph Sandmann, Weltmeister 1994 (Mannschaftswertung). ▷

Start bei Sonnenaufgang: Die Distanzreiter formieren sich hinter dem Startauto.

Unten links: Glücklich im Ziel nach 160 km Distanzreiten: Dennis Pesce auf *Melfenik* (FRA), Gewinner der Silbermedaille bei der Weltmeisterschaft 1994. *Unten rechts:* 160 km in 601,93 Minuten, 6 Minuten Vorsprung vor dem Zweiten: Valerie Kanavy (USA) und ihr Schimmel *Peitaz,* Weltmeisterin im Distanzreiten 1994.

Teamwork: Silbermedaille für die deutsche Mannschaft mit dem Pferd *Rodeo* bei der Weltmeisterschaft 1994 im Voltigieren.

gehaltenen Koppel oder einem Auslauf frei bewegen. Wegen der Verletzungsgefahr sollte es allein im Auslauf sein, aber damit es ruhig bleibt, einen Nachbarn haben. Diese Bewegung an der Luft ist konditionsfördernd und besonders gut für die Psyche des Pferdes.
Das Spazierenreiten wird auf den Nachmittag oder in die Abendstunden gelegt. Der Organismus des Pferdes wird ein zweites Mal in Gang gesetzt und muß arbeiten. Dies ist für die Gesunderhaltung besonders wichtig. Natürlich kann man aus Zeitgründen das Haupttraining auch auf den Abend verlegen. Man sollte es sich zur Gewohnheit machen, vor jedem Training 10 Minuten Schritt zu reiten. Genauso wichtig ist das Schrittreiten und Führen des Pferdes nach der Arbeit, denn es soll wieder ganz normal atmen sowie trokken und ruhig sein, wenn es in den Stall gebracht wird.
Zum Abschluß möchte ich betonen, daß es sehr wichtig ist, sein Pferd genau zu kennen. Man kann sich im Stall gar nicht häufig genug mit ihm beschäftigen oder es an Halfter und Strick zum Grasen führen. Über allem aber steht die mit viel Überlegung aufgebaute Arbeit, die zu einem Zusammenwachsen von Pferd und Reiter führt und die es auch erlaubt, in schönem Stil sicher zu reiten.

Warten vor dem Start zur Geländestrecke.

Die Trainingspause nach der Turniersaison

Nach jeder Turniersaison sollte das Vielseitigkeitspferd seine wohlverdiente Ruhepause erhalten. Es versteht sich von selbst, daß das Pferd nach der letzten Prüfung abzutrainieren ist. In der Ruhepause soll es sich erholen, und eventuelle krankhafte Erscheinungen oder Verletzungen müssen auskuriert werden.
Es ist weiterhin sorgfältig zu pflegen, und wenn kein Weidegang möglich ist, wird es schonend, aber genügend bewegt. Völlig falsch wäre es, das Pferd einfach in der Box stehen zu lassen.

Tabelle 4
Wochentrainingsplan

Montag	Dienstag	Mittwoch	Donnerstag	Freitag	Samstag	Sonntag
30 Min. Dressur: Lösen 30 Min. Cavalettiarbeit und Springgymnastik	60 Min. Spazierenreiten	30 Min. Dressur: Lösen und Gymnastizieren 15 Min. Dressur: Lektionen oder Aufgabe reiten 15 Min. Spazierenreiten	30 Min. Spazierenreiten 30 Min. Wegestreckentraining	60 Min. Gelände: Lösen dann jede Woche im Wechsel entweder: Galopparbeit und Spazierenreiten oder: Klettern und Wegestreckentraining	45 Min. Dressur: Lösen und Gymnastizieren, einige Lektionen 15 Min. Spazierenreiten	Sapzierenreiten
60 Min. Gelände: Lösen Galopparbeit Spazierenreiten	30 Min. Longieren oder Freispringen 30 Min. Wegestreckentraining	60 Min. Gelände: Lösen Springen Klettern Spazierenreiten	60 Min. Springarbeit: Lösen (kurzer Bügel) Cavalettiarbeit Springgymnastik oder Parcoursspringen	60 Min. Spazierenreiten	60 Min. je nach Verfassung des Pferdes: Spazierenreiten oder Nachholen nicht durchgeführten Trainings	

für Vielseitigkeitsprüfungen: 1 bis 2 Stunden täglich, 4 Wochen lang
für Große Vielseitigkeitsprüfungen Klasse L: 2 Stunden täglich, davon ½ Stunde Spazierenreiten, ca. 6 Wochen lang
für Große Vielseitigkeitsprüfungen Klasse M und S: 3 Stunden täglich, davon 1 Stunde Spazierenreiten, ca 8–10 Wochen lang

Tabelle 5
Jahresplanung
Für Pferde ab dem 7. Lebensjahr, bei langfristig angelegtem Training

Monat	Training	Dauer
Januar/ Februar	*Basistraining:* Spazierenreiten, als Handpferd mitnehmen, etwas longieren, Freispringen, Auslauf. *zusätzlich:* 2× wöchentlich 30 Min. Dressur: Lösen; 2× wöchentlich 30 Min. Dressur: Lösen und Gymnastizieren; 1× wöchentlich 30 Min. Cavalettiarbeit und Springgymnastik.	1½ Stunden täglich
März	*Basistraining:* wie Januar/Februar. *zusätzlich:* Geländetraining in allen Teilbereichen. Langsam beginnen und vorsichtig steigern.	2 Stunden täglich
April/Mai	*Intensivtraining:* mit 1× wöchentlich Galopp, 1x wöchentlich Klettern, 2× wöchentl. Wegestrecke/Trabspiel. An ca. 3 Kurzprüfungen teilnehmen; diese in das Trainingsprogramm im Abstand von 2–3 Wochen einbauen.	2 Stunden täglich
Juni	Teilnahme an einer großen Vielseitigkeitsprüfung (GVL). Danach abtrainieren, ca. 3 Wochen nur Bewegungstraining und Weidegang.	1 Stunde Weide 1 Stunde bewegen
Juli/ August	*Intensivtraining:* Vorbereitung auf die zweite Große Vielseitigkeitsprüfung. Im August an ca. 2 Kurzprüfungen teilnehmen. Wenn nötig, Galopptraining und Klettern auf 3× in 2 Wochen steigern.	2 Stunden täglich
September	Teilnahme an einer großen Vielseitigkeitsprüfung (GVM). Danach abtrainieren, leicht bewegen, Weidegang.	1 Stunde Weide 1 Stunde bewegen
Oktober	*Erholungsphase:* Tagsüber Weidegang, nachts Stallhaltung, entsprechende Fütterung, gute Pflege, Verletzungen ausheilen.	Weidegang
November/ Dezember	*Leichte Bewegung:* Weidegang, Schrittreiten, als Handpferd mitnehmen, etwas longieren.	1 Stunde Weide oder Auslauf 1 Stunde bewegen

Tabelle 6

Intensivtraining für eine VL/VM
Länge der Querfeldeinstrecke ca. 4000 m

Trainingseinheiten	Dressur Jeden 2. Tag	Springen Jeden 3. Tag	Galoppieren Jeden 4. Tag	Klettern Jeden 4. Tag	Wegestrecken/ Trabspiel Jeden 3. Tag	Springen im Gelände	Spazierenreiten
1. Woche	1. 30 Min. Lösen 2. 45 Min. Lösen Gymnastizieren 3. 45 Min. Lösen, Gymnastizieren und Lektionen	1. 30 Min. Cavaletti Springgymnastik 2. 45 Min. Cavaletti Springgymnastik	1 × 2000 m Tempo 450 m/Min.	10–15 Min.	30 Min.	1 × Naturhindernisse	täglich
2. Woche	1. 30 Min. Lösen 2. 45 Min. Lösen Gymnastizieren 3. 45 Min. Lösen Gymnastizieren Aufgabe reiten	1. 30 Min. Cavaletti Springgymnastik 2. 45 Min. Cavaletti Springgymnastik Parcours	1. 1 × 3000 m Tempo 450 m/Min. 2. 1 × 2000 m davon: 1000/T. 450 1000/T. 500	10–15 Min.	30 Min.	1 × Hindernisse Kl. A	täglich
3. Woche	wie 1. Woche	1. 30 Min. Cavaletti Springgymnastik 2. 45 Min. Cavaletti Springgymnastik Einzelsprünge	1 × 4000 m davon: 1000/T. 450 1000/T. 520 1000/T. 450 davon: 300/T. 600 1000/T. 450	10–15 Min.	30 Min.	1 × Naturhindernisse	täglich
4. Woche	wie 2. Woche	wie 2. Woche	1. 1 × 2000 m davon: 1000/T. 450 1000/T. 520 davon: 400/T. 600 2. 1 × 3000 m davon: 1000/T. 450 1000/T. 520 davon: 400/T. 620 1000/T. 500	15 Min.	30 Min.	1 × Hindernisse Kl. A und einige Kl. L	täglich
5. = letzte Woche vor der Prüfung	Kein Konditionstraining, aber genügend Bewegung, damit sich kein Übermut anstaut. Etwas Dressur und Galoppieren, viel Spazierenreiten.						

Die einzelnen Trainingseinheiten sollen je nach Wetterverhältnissen und dem Trainingszustand des Pferdes für jede Woche zusammengestellt werden.

Vorbereitung auf die Prüfung – Aufgaben des Coach

Planung der Saison

Die Aufgaben eines Betreuers oder Coach von Vielseitigkeitsreitern setzen schon zeitig vor der Saison ein. Die Vorbereitung auf eine Prüfung und somit das intensive Training beginnt bei Vielseitigkeitspferden wesentlich früher als bei anderen Disziplinen des Reitsports.

Bereits im Frühjahr, nach den ersten Trainingseindrücken, beginnt der Coach, mit seinem Schützling die Turniersaison zu planen. Es entsteht daraus ein Plan, der nur mit viel Erfahrung aufgestellt werden kann. Dabei werden Schwerpunkte gesetzt, z. B. regionale oder Deutsche Meisterschaften.

Wichtig dabei ist, daß der Coach seinen Schüler, soweit möglich, durch das Training und zu den Prüfungen begleitet. Dabei muß er prüfen, ob die Ziele nicht zu hoch angesetzt waren. Eventuell ist das Programm auch aus einem anderem Grund wieder zu ändern, z. B. bei auftretenden Verletzungen.

Besondere Aufgaben des Coach

- ☐ Das Training sinnvoll dosieren.
- ☐ Überprüfen, ob in allen Trainingsbereichen – Dressur, Springen und Gelände – der notwendige Trainingsstand erreicht ist, dabei Pferd und Reiter nicht überfordern, ihnen aber optimales Leistungsvermögen und Vertrauen geben.
- ☐ Dem Reiter klarmachen, daß Aufbauprüfungen nicht zum Siegen da sind.
- ☐ Den Reiter lehren, immer die Fairness gegenüber dem Pferd zu wahren.
- ☐ Pferd und Reiter genau zu den Meisterschaften fit haben.

Es ist wichtig, daß man vernünftig plant und sich angemessene Ziele setzt. Läuft es im Training und bei den Aufbauprüfungen gut, kann man die Ziele immer höher stecken.

Welche Bereiche muß der Coach überprüfen?

Fütterung Es kommt nur Futter bester Qualität in Frage. Hafer, Gerste, Heu und Stroh sind nach wie vor das beste Pferdefutter. Fertigfutter eignet sich nur, wenn die Körnerstruktur erhalten geblieben und es von sehr guter Qualität ist. Gemahlenes und pelletiertes Fertigfutter sollte man nicht verwenden. Mais hat sich als Ergänzungsfutter und vor anstrengenden Prüfungen als energiereiches Futter gut bewährt. Die ergänzende Versorgung mit Vitaminen und Mineralstoffen muß zusätzlich gesichert sein. Ein Salzleckstein ist selbstverständlich. Zweimal in der Woche wird Mash gekocht (siehe hierzu auch das Kapitel »Möglichkeiten der praktischen Pferdefütterung«).

Der Nährstoffbedarf wächst mit steigendem Training. Wenn auf Schnelligkeit trainiert wird, gehen die Rauhfuttergaben zurück und die Kraftfuttergaben steigen. Bei Verdacht auf Mangelerscheinungen von Mineralstoffen und Spurenelementen kann der Tierarzt ein Blutbild machen.

Impfungen und Wurmkuren Tetanus- und Hustenschutzimpfung sind selbstverständlich. Viermaliges Entwurmen der Pferde im Jahr – im Winter mit einem Präparat, das zusätzlich die Magenbremsen vernichtet – ist ratsam. (Siehe auch das Kapitel »Gesundheitsprobleme im Pferdebestand«.)

Gesundheitspflege Die Gesundheitspflege beim Vielseitigkeitspferd nimmt viel Zeit in Anspruch. Es muß täglich gründlich geputzt werden. Die Hufe werden nach jedem Geländetraining gefettet. Nach anstrengendem Training werden die Beine gekühlt und dann mit Wärmebandagen eingepackt. Für den Coach ist es besonders wichtig, die Beine und den Futterzustand zu überprüfen.

Hufbeschlag Ständig muß der feste Sitz der Eisen kontrolliert werden. Das Pferd wird alle 6–8 Wochen umbeschlagen. Bei großen Vielseitigkeitsprüfungen ist der günstigste Beschlagstermin 14–10 Tage vor Prüfungsbeginn.

Ausrüstung Trense, Brustgeschirr und Sattel müssen optimal sitzen und strapazierfähig sein. Vor der Saison werden alle Nähte überprüft und wenn notwendig nachgenäht. Besonders sorgfältig werden die Steigbügelriemen und der Sattelgurt überprüft. Für den Reiter ist es wichtig, daß die Zügel griffig sind und der Sattel einen festen Sitz gewährleistet. Der Sattel für die Geländeprüfung muß einen flachen Baum haben. Gamaschen und Glocken müssen so angepaßt werden, daß sie nicht scheuern.

Packen fürs Turnier Das Sattelzeug wird in der Turnierkiste verstaut, dazu kommen

Glocken und Gamaschen. Dann werden eingepackt: Stallbandagen und Watten, Medikamente, Putzzeug, Huffett, Fliegenmittel, Ersatzhalfter, einige Stricke, Ersatzeisen, Stollen, etwas Werkzeug, Taschenlampe und Pferdedecken.

Was der Coach auf dem Turnier zu beachten hat – eine Checkliste

1. Transport
Ohne Stollen; wenn mit, dann auch mit Glokken, Transportgamaschen oder besser Bandagen. Schweifschoner und Decke, wenn nötig. Temperaturen bei Tag- oder Nachttransport bedenken. Richtige Belüftung.

2. Aufstallung
Anbinden nach zwei Seiten. Prüfen, ob die Anbindevorrichtungen fest verankert sind. Flankierbäume sind notwendig. Vorne und hinten Stallbandagen anbringen.

3. Erste Tätigkeiten
Zeitplan besorgen. Information über Abreiteplatz, Dressurviereck, Geländestart und Turnierplatz. Beschlagskontrolle. Stollen einschrauben. Leichte dressurmäßige Arbeit in der Nähe des Dressurvierecks. Grasen lassen. Starterliste besorgen.

4. Vor der Dressur
Rechtzeitig auf dem Abreiteplatz erscheinen. Ohne Peitsche und ohne Gamaschen. Lieber etwas länger, aber mit viel Ruhe arbeiten. Ständig den Ausgleich zu der sich einstellenden Nervosität von Pferd und Reiter suchen. Vor dem Einreiten nur ruhig um das Viereck reiten, in Richtung auf die Richter halten, das Pferd ruhig stehen lassen.

5. Gelände abgehen
Geländeskizze besorgen. Auswendig lernen: Distanzen mit Min./Höchstzeit der Teilprüfungen. Hindernisse und Pflichttore in der Reihenfolge. Genau ansehen: alle Start- und Zielausflaggungen. Strafzonen – einfache, Überschneidungen und durchgehende Strafzonen. Die Stelle festlegen, an der in die Strafzone hineingeritten wird. Bodenverhältnisse prüfen, dabei Wetterveränderung bedenken. Auf Baumwurzeln, Steine, Löcher und Baumstümpfe besonders achten. Die beste Linienführung suchen. Genau überlegen, an welcher Stelle ein Hindernis in welchem Tempo zu springen ist. Immer und besonders bei Kombinationen auch andere Möglichkeiten überdenken. Mehrmals abgehen, das letzte Mal nach Möglichkeit allein. Eventuell einmal die Strecke rückwärts abgehen.

6. Vor der Prüfung im Gelände
Letztes Füttern 4 Stunden vor der Prüfung (Kraftfutter und Heu). Sattelzeug überprüfen, besonders die Zügel und Bügelriemen. Beschlagskontrolle. Nummern und Startplan holen. Informieren, wo im Gelände der Schmied steht. Helfer einweisen, ihm den Eimer mit Ersatzeisen, Spray, Schweißmesser, Schwamm, Decke usw. herzurichten. Zeiten, soweit nötig, auf die Hand schreiben. Noch einmal am schwarzen Brett nach eventuellen Änderungen sehen. Probewiegen.

Das Pferd: Bandagieren oder Gamaschen anlegen. Mit Tesaband sichern. Falls Glocken, nur solche zum Überstülpen verwenden. Sorgfältig satteln. Zügel am Ende knoten.

Der Reiter: Stumpfe Sporen anlegen, Stoppuhr, Springpeitsche, Zeitplan in die Tasche stecken.

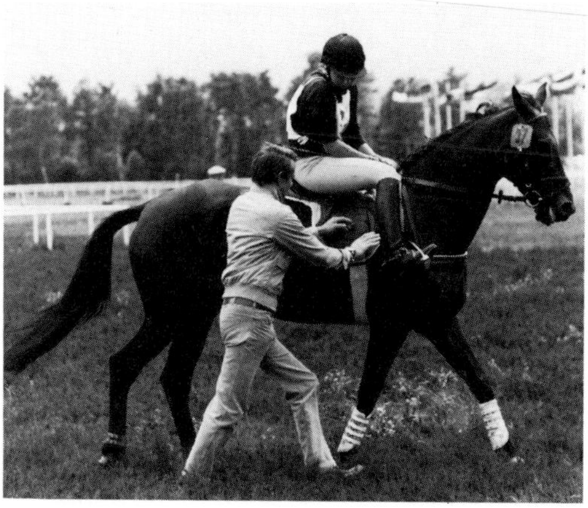

Der Coach in Aktion: Überprüfen der Sattelung vor der Rennbahn.

7. Vor dem Start
Bei Großen Vielseitigkeitsprüfungen 10 Minuten vorher am Start eintreffen. Uhrenvergleich. Nach genauer Startzeit fragen. Stoppuhr überprüfen. Am Ende der Zwangspause rechtzeitig aufsitzen, eine Minute galoppieren und eine weitere Minute Trab und Schritt reiten. Rechtzeitig an den Start gehen.
Bei Vielseitigkeitsprüfungen etwa 30 Minuten vorher am Start eintreffen und das Pferd 20 Minuten gründlich abreiten. Nach Möglichkeit Probesprünge machen.

Fahrsport – Kutschen – Wagenpferde

HERMANN P. LAUR
Ehem. Fahrlehrer (FN), Fahrrichter und Vorstandsmitglied der Fachgruppe Fahren des Deutschen Reiter- und Fahrer-Verbandes (DRFV) Köln

Der Fahrsport im historischen Überblick

Reit- und Fahrsport – so heißt heute der wesentliche Lebenszweck des Tieres, dem dieses Handbuch gewidmet ist. Reit- und Fahrvereine sind die Basis der Organisation, in der ein Großteil der heute in der Bundesrepublik Deutschland gehaltenen Pferde zum Einsatz kommt. Das Fahren spielt dabei – rein statistisch gesehen – nur eine untergeordnete Rolle. Das zeigt ein Blick in die Jahresberichte der Deutschen Reiterlichen Vereinigung (FN): Im leistungssportlichen Wettbewerb sind durchschnittlich nur 1–1,5% der Prüfungen dem Fahren gewidmet; in ähnlichen Größenordnungen bewegen sich lediglich die Vielseitigkeitsreiter. Immerhin, die Zahl der Fahrwettbewerbe hat sich binnen zehn Jahren verdreifacht, während der Reitsport regelrecht explodierte.
Mag auch die große Blütezeit des Fahrsports der Vergangenheit angehören – allenthalben ist das Interesse an dieser Disziplin wieder lebendig. Dies gilt für weite Teile Deutschlands ebenso wie im europäischen und überseeischen Ausland. Die intensiven Bemühungen einiger Enthusiasten, Pferdefreunden den Spaß am Fahren wieder nahezubringen, haben dazu sicher ebenso beigetragen wie allgemein gesellschaftliche Entwicklungen und Modetrends. In der hoch spezialisierten Arbeitswelt unserer Zeit sucht der Mensch den Ausgleich in der Natur. Neben dem Reitsport gewinnt dabei das familienfreundliche Hobby des Gespannfahrens zunehmend an Bedeutung. Vielleicht hat sich hier sogar die Nostalgiewelle positiv ausgewirkt.
International machte sich die Aufnahme des Fahrsports als offizielle Disziplin durch die Fédération Equestre Internationale (FEI) mit kontinentalen und Weltchampionaten deutlich bemerkbar. Eine wichtige Rolle spielt dabei die dynamische Persönlichkeit S. K. H. Prinz Philip, Herzog von Edinburgh, dessen aktive Begeisterung für den Fahrsport während seiner Amtsführung als FEI-Präsident prägende und sehr positive Akzente hinterließ.
So kommt es, daß die einst fast vergessene vierte Disziplin des Reit- und Fahrsports zunehmend im Vormarsch begriffen ist – sei es als reines Freizeitvergnügen oder aber als ambitionierter Leistungssport im Wettbewerb.
In diesem Zusammenhang sei erwähnt, daß das ungünstige prozentuale Verhältnis im

Turnierwesen keineswegs nur auf das geringe Interesse seitens der Teilnehmer zurückzuführen ist, sondern eher auf das der Turnierveranstalter. So machten beim Erwerb der Leistungsabzeichen des Reit- und Fahrsports in den vergangenen Jahren die erwachsenen Fahrer zwischen 10 und 20% aus. Immerhin benötigt man zum Erwerb des Deutschen Fahrerabzeichens (Bronze) zwei Pferde, ein Zweispännergeschirr und eine Kutsche, während die Erwerber des Deutschen Reiterabzeichens mit einem Pferd und einem Sattel auskommen. Spricht man beim Deutschen Sportbund bei diesen Leistungsabzeichen gern von der »Olympiade des kleinen Mannes«, so stellt dieser Anteil der nichtolympischen Sportart Fahren wohl eine recht stattliche Höhe dar. Dies kann aber nicht über die Tatsache hinwegtäuschen, daß die Fahrer gegenüber den Reitern immer eine Minderheit darstellen werden.

Das war nicht immer so. In der Geschichte erscheinen die Pferde zunächst als Wagentiere, und viel später erst wurden sie geritten. Kampfwagenfahrer galoppierten aus den Steppen um das Kaspische Meer und aus Persien durch die mesopotamischen Reiche. In den Kulturvölkern des Altertums bestand die Elite der Armeen aus Fahrern, ehe sie von den Reitern abgelöst wurden. Ohne das Pferd als Zugtier wäre wohl auch die Völkerwanderung ganz anders verlaufen. Handel und Wandel, zivilisatorische und kulturelle Entwicklung von der frühen Geschichte bis ins Zeitalter der Maschinen hingen in kaum vorstellbarer Weise vom Wirtschaftsfaktor Wagenpferd ab.

Ohne das schwere Arbeitspferd des Bauern wäre durch die Jahrhunderte auch keine ertragreiche Landwirtschaft möglich gewesen. Als Zugtier vor Lastwagen erschloß das Pferd ganze Kontinente. Zugpferde ermöglichten

Für S.K.H. Prinz Philip bedeutete die Fahrer-Weltmeisterschaft in Windsor Great Parc 1980 Mannschaftsgold, zugleich wurde die ungarische Vorherrschaft auf dem Kontinent erstmals unterbrochen.

Die mächtigen Shire-Horses erinnern während der großen Turniere in Windsor an die einstige Rolle des Zugpferdes.

nicht nur die Karawanen der Hanse. Auf Treidelpfaden zogen sie die Lastkähne der Binnenschiffahrt, über Göpel trieben sie Pumpen und Dreschmaschinen an, als Grubenpferde förderten sie Kohle und Erz.

Aus frühen Reisewagen entwickelten sich Postkutsche und Droschke. Der menschliche Hang nach Repräsentation, Luxus und Bequemlichkeit führte zu eleganten Equipagen bis hin zu den Prunkkarossen der Fürsten. Schon bei den Assyrern galt der Vierspänner als das Gefährt der Könige.

Die Entwicklung der Wagenfederung, die Zucht leichterer und schnellerer Pferde sowie der Bau befestigter Straßen waren wichtige Meilensteine auf dem Weg zum modernen Verkehr. Nicht nur Wirtschafts- und Reisefahrzeuge gehörten zum täglichen Leben des Bürgers; Hochzeitskutsche und Leichenwagen, die bespannte Feuerwehr und der Schlitten, Jagdwagen und schließlich – 1828 in Paris – die erste Straßenbahn waren ebenso selbstverständlich wie die Fourage- und Artilleriegespanne des Militärs.

Nach Fürsten und Adel entdeckte schließlich auch der Bürger die Freude am Fahren. Es entstand, was man in Großbritannien als »pleasure driving« bezeichnete: das Luxus- und Vergnügungsgespann. Hier lagen die Wurzeln des heutigen Fahrsports auf Turnieren wie in der Freizeit.

Vom Prunk zum Sport

Angesichts dieser Entwicklung wird bewußt, daß das Pferdegespann – geschichtlich gesehen – ein bedeutendes Kulturgut darstellt. Der heutige Fahrsport ist die einzige Möglichkeit, die daraus entstandene verfeinerte Fahrkunst lebendig zu erhalten und das Gespannfahren in seiner unvergleichlichen Schönheit vor rein musealem Charakter zu bewahren.

Vielgestaltig waren die Ausgangspunkte für den Fahrsport unserer Zeit. Der weite Weg führte von den Wagenrennen der Antike zunächst zu Wettfahrten privater Postkutschenlinien, aber auch von den Triumph- und Zeremonienwagen der frühen Geschichte zur Prestigekonkurrenz prunkvoller Equipagen auf den Reichstagen. Mit zunehmender Bedeutung der Schnelligkeit verdrängten Zweckmäßigkeit und Eleganz in Europa allmählich die behäbige kalte Pracht.

Das Großbürgertum wollte mit seinen Gespannen gesehen und bewundert werden. Vom Wettstreit der Luxuswagen im Bois de Boulogne, Unter den Linden, am Wiener Prater und in den vornehmen Vierteln Londons war nur noch ein kleiner Schritt zu ersten Schauvorstellungen auf großen Turnierplätzen. Noch heute sind Optik und Stilfragen von entscheidender Bedeutung bei der Präsentation oder Gespannkontrolle, Pflichtbestandteil aller Dressurprüfungen der höheren Kategorien und auf z. T. auch internationalen Pferdeleistungsschauen.

Schon für die konkurrenzfähige Vorstellung der Gespanne auf Schauwettbewerben spielte eine perfekte Leinenführung – also die Fahrkunst – eine wichtige Rolle; aber auch die Qualität und der Trainingszustand der Pferde sollten im Wettbewerb gemessen werden. Aus den privaten Postkutschenlinien Englands, sicher nicht zuletzt auch aus dem großen militärischen Einsatzgebiet, entstanden bald zivile Leistungsfahrten, woraus teilweise wahre Marathon-Prüfungen wurden, wie beispielsweise die berühmte Alpenfahrt.

Der Fahrsport in seiner heutigen Form entwickelte sich in den »Coaching Days« Anfang bis Mitte des vorigen Jahrhunderts, erreichte um die Jahrhundertwende einen bedeutenden Höhepunkt, um parallel mit der beginnenden Motorisierung seine größte Blütezeit zu erleben. Zentren waren die europäischen Metropolen mit einem deutlichen Schwerpunkt in England.

Benno von Achenbach, der Nestor des deutschen Fahrsports, und ab 1906 Fahrexperte am königlichen Marstall Kaiser Wilhelms II.

Zum harten Leistungssport ist der Fahrsport jetzt geworden, und auch für den »fliegenden« Bockrichter geht es nicht ohne Risiko. Oft muß er Fehler des Fahrers buchstäblich ausbaden.

zu Berlin, verfaßte 1899 zuerst für den »Deutschen Sportverein« seine Stil-Anspannungsgrundsätze. Sie wurden dann vom »Kartell für Reit- und Fahrsport« als Anhaltspunkte anerkannt und in der Turnierordnung (TO) des späteren Reichsverbandes zur Grundlage für unser heutiges Fahrreglement. Die dem Fahrsport gewidmeten Abschnitte der Leistungsprüfungsordnung (LPO) der Deutschen Reiterlichen Vereinigung e. V. in Warendorf beruhen (von Geländeprüfungen abgesehen) großenteils auf Achenbachs Lehren. Dies trifft auch zu auf die Ausbildungsgrundsätze für den Fahrsport in den »Richtlinien für Reiten und Fahren« der deutschen Spitzenorganisation.

Diese Richtlinien und ihr Vorläufer, die Heeresdienstvorschrift (HDV) für die bespannten Truppenteile, trugen in der Zeit zwischen den beiden Weltkriegen und danach das deutsche Fahrsystem nach Achenbach in alle Bevölkerungsschichten hinein. Ein solider Stamm qualifizierter Amateur- und Berufsausbilder – größtenteils aus den Kavallerieschulen des Heeres hervorgegangen – und die von Oberlandstallmeister Gustav Rau tatkräftig verwirklichte Idee der »Ländlichen Reit- und Fahrvereine« verhalfen dem deutschen Fahrsport zu einer Basis von noch nie dagewesener Breite. Kutschwagen und Gebrauchsgeschirre waren überall vorhanden, und zur Grundausbildung eines jeden Reitpferdes gehörte ganz selbstverständlich auch die Arbeit im Gespann. Erst die Vollmotorisierung der Landwirtschaft entzog dem deutschen Fahrsport in den fünfziger Jahren seine breite Basis und schien seinen völligen Niedergang einzuleiten.

Die Marathonstrecke bei Schloß Surenburg im westfälischen Riesenbeck ist eine der anspruchsvollsten in Deutschland und darüber hinaus.

Anspannungsarten und Wagentypen

Die höfische Equipage, in schweren Galageschirren achtspännig aus dem Sattel gefahren, gehört ebenso zu diesem Thema wie das elegante Hackney-Pony, mit federleichtem amerikanischen Kumtgeschirr einzeln vor dem schnellen, luftbereiften Roadster. Vier Pferde nebeneinander am zweirädrigen römischen Kampfwagen, der Traber unter dem Krummholz (Djuga), flankiert von den beiden Galopins der russischen Troika, der Sechserzug vor der Mail-Coach, auf glanzvollen Turnieren souverän vom Bock vorgestellt, der ungarische Jucker mit fünf Pferden – zwei an der Deichsel, davor drei nebeneinander – im reichverzierten Brustblattgeschirr vor dem Esterhazywagen: Ganze Bände füllt die Beschreibung dieser Vielfalt von Möglichkeiten, Geschirren und Fahrzeugen. Auch die seltene Einhorn-Anspannung – zwei Pferde an der Deichsel, eines am Ortscheit davor – hat ihren Reiz. Hier müssen wir uns jedoch auf das beschränken, was für Turnier- und Freizeitsport heutzutage von Bedeutung ist.

Grundsätzlich unterscheidet man englischen und ungarischen Stil, Stadt- und Landanspannung. Das Kumt, ein kragenartiges Lederkissen zur Übertragung der Zugkraft, ist charakteristisch für die englische Anspannung. Dazu gehören Pferde von etwas kräftigerem Kaliber – ursprünglich war der Oldenburger Karossier der Idealtyp –, die in den Farben gut zusammenpassen sollten. Die englischen Wagen sind ebenfalls etwas schwerer gebaut und meist in gedeckten Farben lackiert. Die »Lenkung« besteht aus Kandarengebissen und der englischen Kreuzleine, die von Achenbach zur deutschen Fahrleine weiterentwickelt wurde.

Die ungarische Anspannung bedient sich zur Kraftübertragung des Brustblattes, auch Sielen genannt. Im Originalstil sind diese Geschirre durch geflochtene Lederriemen und bunte Bänder reich verziert, bei Mehrspännern mit Glöckchen behangen. Als Gebiß findet ursprünglich nur die Doppelringtrense Verwendung. Die ungarische Fahrleine hat im Griffende Schnallen, die »Wiener Frösche«. Die leichteren, schnellen Pferde können farblich stärker voneinander abweichen. Sie ziehen verhältnismäßig niedrige, leichte Wagen, meist offen oder mit Halbverdeck, ähnlich unseren Jagdwagen.

In der neuen Blütezeit der Viererzüge sollen die Zweispänner ihre Stellung behaupten. Der Ungar István Fehér mit typischer Jucker-Anspannung.

Die Geschirre der Stadt- oder Parkanspannung sind durch reich plattierte Beschläge und zum Teil durch die Verwendung von Lackleder gekennzeichnet. Die Landanspannung – ob Kumt oder Brustblatt – weist in allem eine schlichte Verarbeitung auf. Dazu passen alle Jagdwagentypen, Wagonette, Vierrad-Dogcart und jede naturholzfarbene Break. Auch zum Brustblatt kann selbstverständlich die deutsche oder englische Kreuzleine Verwendung finden. Die Gebisse sollten jedoch stets mit dem Anspannungsprinzip Kumt bzw. Brustblatt in Einklang stehen. Dies gilt übrigens auch für die verwendete Fahrpeitsche. Zum ersteren gehört eine Bogenpeitsche, zum letzteren die Stockpeitsche mit glattem oder verziertem Schlag. Nicht zuletzt wird sogar der Anzug von Fahrer und Beifahrern durch die Art der Anspannung bestimmt: Bei Kumtgeschirr und auf englischen Wagen, wie Coach bzw. Phaetons u. a., trägt der Fahrer einen schwarzen Rock oder grauen Anzug mit schwarzer Melone oder grauem Zylinder, der Beifahrer eine klassische Livree. Zur Brustblatt- bzw. Sielenanspannung gehören ein Sportanzug und weicher Hut. Bei original ungarischen Geschirren und Wagen ist, zumindest für die Beifahrer, auch die ungarische Nationaltracht stilgerecht. In allen Fällen kann Reitanzug ohne Sporen getragen werden.

In diesem Rahmen kommen nun ganz bestimmte Zusammenstellungen von Pferden und Wagen in Betracht:

- ☐ Zweirädrige Fahrzeuge: einspännig mit Dogcarts oder Gig, zwei Pferde hintereinander vor hohen Dogcarts oder Tandem-Cart, drei Pferde hintereinander – Random – vor hohen Tandem-Carts.
- ☐ Vierrädrige Kutschwagen: einspännig vor Buggy, Spider- und Damen-Phaeton; zweispännig an der Deichsel vor allem Land- und Jagdwagen, Vierrad-Dogcart, Wagonette, leichte Break und alle Phaeton-Typen.
- ☐ Werden zwei weitere Pferde vorgespannt, kann mit folgenden Wagen weitergefahren werden: Alle ungarischen Landwagen, größere Jagdwagen, Wagonette und Break, Vierrad-Dogcart und Mail-Phaeton. Ausschließlich dem Viererzug vorbehalten sind Park-Coach, Drag und Char-à-bancs. Diese Typen eignen sich auf Grund ihrer Bauart und ihres hohen Gewichts auch für den Sechserzug, der auf den Turnierplätzen inzwischen leider ausgestorben ist.

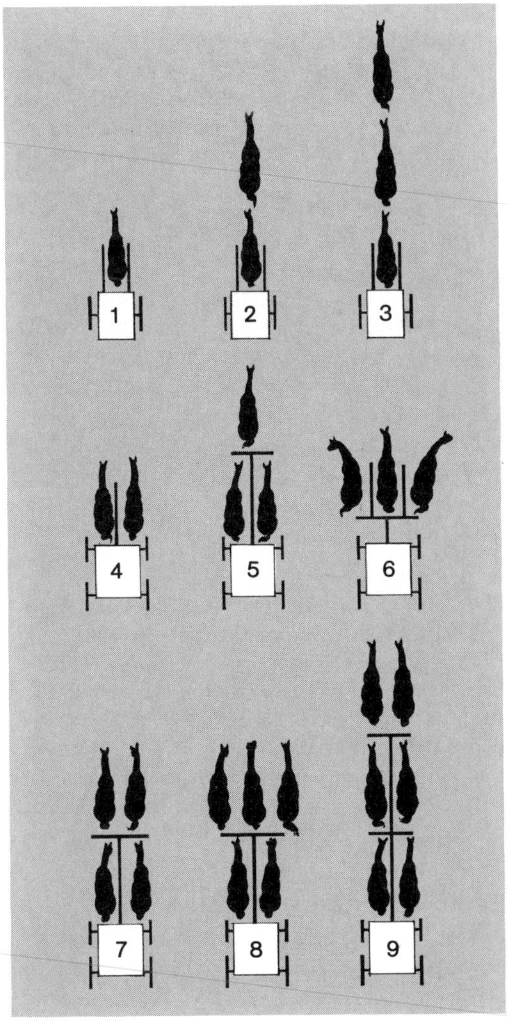

Übersicht der Anspannungsarten: 1 Einspänner, 2 Tandem, 3 Random, 4 Zweispänner, 5 Einhorn, 6 Troika, 7 Viererzug, 8 Juckerzug, 9 Sechsspänner.

Das perfekt vorgestellte Tandem ist eine Augenweide für die Freunde gehobener Fahrkunst.

Holland-Friesen in Einhorn-Anspannung vor dem Demi-Mail-Phaeton, etwas für Kenner!

Zehner- und Zwölferzüge vom Bock aus gefahren sind ein beliebtes Schauelement, haben aber mehr circensische als fahrsportliche Bedeutung.

Das deutsche Fahrsystem nach Achenbach

»Benno von Achenbach, geboren am 24. Juli 1861 in Düsseldorf, gestorben am 15. Oktober 1936 in Berlin, war der Begründer einer deutschen Fahrkunst, und sein Name wird für immer verbunden bleiben mit seiner Forderung nach höchstem künstlerischen Ausdruck beim Fahren.«

Mit diesen Worten charakterisierte Oberst a. D. MAX PAPE in seinem Standardwerk »Die Kunst des Fahrens« überaus zutreffend die Bedeutung seines Lehrmeisters, dem wir das »Deutsche Fahrsystem« verdanken. Kunst kommt von Können: Ein so anspruchsvoller Sport wie das Fahren bedarf nicht nur des Rahmens einer großen Tradition und einer praktikablen Sportordnung, sondern auch präziser Regeln für die Ausübung. Die Ausarbeitung dieser Regeln bis in die feinsten Details, aufbauend auf dem bewährten englischen Fahrsystem, ist das eigentliche Lebenswerk Benno von Achenbachs.

Als fröhliches Hobby und unbeschwertes Freizeitvergnügen kann man am Gespannfahren durchaus seinen Spaß haben, auch wenn man nie etwas vom Achenbach-System gehört hat. Rücksichtsvoll und mit weicher Hand kann man sehr gut sein Gespann mit der »Naturmethode« durch den Verkehr lenken – in jeder Hand eine der beiden Leinen. Ein leichter Zug auf der rechten Seite leitet die Rechtswendung ein und umgekehrt. Annehmen und Nachgeben beider Linien führen Verkürzung bzw. Verstärkung des Tempos herbei bis hin zum Anhalten bzw. Anfahren. Die menschliche Stimme spielt dabei zur Unterstützung eine größere Rolle als beim Fahren nach Achenbach. Schwieriger wird es schon, wenn eine treibende Peitschenhilfe nötig wird, beim Betätigen der Bremse oder wenn Fahrtrichtungszeichen zu geben sind.

Wer aber die höheren Weihen der Fahrkunst anstrebt, muß sich eines Systems bedienen – sei es des englischen, des ungarischen oder eben des deutschen, von dem hier die Rede sein soll. Dies gilt nicht nur für den Leistungssportler, der sein Gespann auf dem Turnier möglichst vollendet mit anderen messen will. Da das Achenbach-System vor allem auf größter Zweckmäßigkeit beruht, kommt man damit auch im Straßenverkehr und bei Spazierfahrten in der freien Natur viel besser zurecht. Schließlich dient es der Sicherheit und Bequemlichkeit, wenn der Fahrer bei Bedarf stets eine Hand frei hat, um zu bremsen, Zeichen zu geben, zu grüßen oder die Peitsche zu benutzen. Darüber hinaus werden insbesondere die Pferde geschont.

Dieses Kapitel kann und will kein Lehrbuch ersetzen. Aber wo immer eingehend über den Fahrsport gesprochen wird, sollten die wichtigsten Grundsätze des Achenbach-Systems erklärt werden.

Ausrüstung des Fahrzeugs

Damit die Pferde gleichmäßig im Zug stehen oder bei Bedarf auch entlastet werden können, braucht der Wagen eine feste Bracke. Ist nur eine bewegliche Spielwaage vorhanden, wird sie an beiden Enden mit Lederriemen oder Seilen festgelegt. Die Kreuzleine nach Achenbach – elf Löcher im Verschnallstück,

Der richtige Umgang mit allen Bestandteilen des Geschirrs ist die Basis für den Erfolg im Fahrsport.

Schnallen nahe vor der Hand des Fahrers – ermöglicht den unterschiedlichen Einsatz der Pferde je nach Temperament und Gebäude, Kondition oder Ermüdung, ohne Veränderung der Stranglänge und ohne Absitzen, also während der Fahrt.

Die Fahrpeitsche gehört stets in die Hand des Fahrers und nicht in den Köcher am Spritzbrett, solange die Kutsche in Bewegung ist.

Leinenführung und Fahrtechnik

Ob Ein- oder Sechsspänner, zwei bzw. drei Pferde voreinander als Tandem oder Random – stets liegen in der Grundhaltung alle Leinen sicher in der linken Hand. Eine Umstellung vom Ein- und Zweispänner zum vier- und mehrspännig Fahren ist nicht nötig.

Alle Wendungen werden stets durch Nachgeben mit der äußeren Leine eingeleitet. Das heißt z. B.: Zur Linkswendung wird nicht an der linken Leine gezogen, vielmehr wird die rechte Leine verlängert. Zuvor wird das Tempo zurückgenommen. Vor Rechtswendungen mit vierrädrigen Fahrzeugen sind die Leinen zu verkürzen, weil die Pferde in der Wendung dem Fahrer näher kommen als beim Geradeausfahren, da der Fahrer auf dem Bock rechts sitzt.
Die Bauart eines Kutschwagens und der Sitz des Fahrers rechts auf dem Bock bedingen die Verschiedenheit von Rechts- und Linkswendungen. Diese werden deshalb auch grundsätzlich unterschiedlich gefahren.
Bei zunächst senkrechter Stellung der Hände in Grund- und Dressurhaltung können kleinere Wendungen und Ausweichen durch Drehen der Handgelenke ausgeführt werden.
Wenn die Leinen für die Geradeausfahrt richtig abgemessen in der linken Hand liegen, dürfen sie nur noch durch korrekte Griffe verändert werden. Unkontrolliertes Durchgleitenlassen einzelner Leinen ist ein grober Fehler und kann bei Vier- und Mehrspännern zu Unfällen führen. Umgekehrt ist im Augenblick der Gefahr jeder zur Abwendung geeignete Griff richtig und damit erlaubt.
Diese Grundgesetze im einzelnen zu erläutern und zu begründen, würden den Rahmen dieses Beitrags sprengen. Sie haben sich aber tausendfach bewährt, und ihre Befolgung bringt jedem Fahrer und seinen Pferden nur Vorteile.
Die Grifftechnik des deutschen Fahrsystems läßt sich nur recht ungenau in Textform darstellen. Auch die folgenden Abbildungen können nur einen ungefähren Eindruck vermitteln. Wer aber darauf angewiesen ist, die Griffe der Achenbachschen Leinenführung nach Bildern zu lernen, der sollte es im Sinne des Meisters nicht auf Kosten der Pferdemäuler tun! Für den Anfänger ist deshalb zum Üben das rasch zusammengestellte Fahrlehrgerät doppelt wichtig.

Die Grifftechnik bei Grundhaltung, Gebrauchshaltung und Dressurhaltung wird auf der nächsten Doppelseite demonstriert und detailliert beschrieben.

Fahrsport in Deutschland heute

In dem Abschnitt »Vom Prunk zum Sport« über die Entwicklung des Fahrsports war abschließend vom deutlichen Einbruch in den 50er Jahren die Rede. In der Folgezeit geriet das Fahren in vielen Gebieten der Bundesrepublik Deutschland – meist auch in der DDR – nahezu in Vergessenheit. Bei den Spitzenorganisationen des Reit- und Fahrsports hatte man andere Sorgen, als nachhaltige Förderung des Fahrsports zu betreiben. Der Kutschwagen als Verkehrsmittel – und sei es nur zum Spazierenfahren – wurde mit zunehmender Entwicklung des modernen Straßenverkehrs immer problematischer. Auch abseits der Haupt- und Nebenstraßen hatte inzwischen der Gesetzgeber in den Forst- und Landschaftsgesetzen des Bundes und der Länder dem Gespannfahren recht enge Grenzen gezogen; es wurde schlicht vergessen, die Fahrverbote in der freien Natur auf Kraftfahrzeuge zu beschränken (löbliche Ausnahme: Bayerns Naturschutzgesetz). Während für die Reiter die mit dieser Gesetzgebung verbundenen Probleme weitgehend ausgeräumt werden konnten, ist es heute in vielen Gegenden verboten, mit einem Kutschwagen nichtöffentliche Feld- oder Waldwege zu befahren, ohne daß dafür ein sachlicher Grund gegeben wäre.
Während deutsche Fahrer national und international schon wieder Erfolge erzielten, wußten viele Reiter nicht mehr, weshalb ihr Club die Bezeichnung »Reit- und Fahrverein« trägt. Nun ist es aber mit dem Fahrsport wie mit dem Reiten: Wie schön es ist, merkt man erst, wenn man es kann! Doch es fehlte zunächst an Gelegenheit, das Fahren kennenzulernen. Es fehlte an Ausbildern und an Gespannen, die sich für den Unterricht eigneten. An gute Gebrauchs- oder Turniergeschirre und entsprechende Fahrzeuge zu einem vernünftigen Preis heranzukommen, wurde immer schwieriger.
Gehörten also Kutschen endgültig ins Museum? War ein meisterhaft gefahrener Viererzug lediglich eine sentimentale Reminiszenz aus der guten alten Zeit? Oder stand es um den deutschen Fahrsport vielleicht doch nicht so schlecht, wie es vielerorts den Anschein hatte? Bis vor 25 Jahren war die Situation an der Basis noch nahezu hoffnungslos; am schlimmsten stand es um den Nachwuchs.

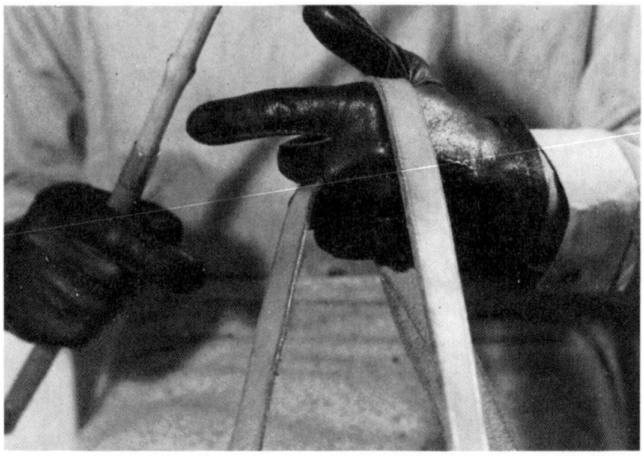

Grundhaltung: Linke Leine zwischen Daumen und Zeigefinger, die rechte zwischen Ring- und Mittelfinger; in der Hand liegen beide übereinander, glatte Seite nach oben, und werden von den drei unteren Fingern der Hand gut festgehalten. Daumen und Zeigefinger bleiben locker geöffnet, um jederzeit die Fahrpeitsche aus der rechten Hand übernehmen zu können.

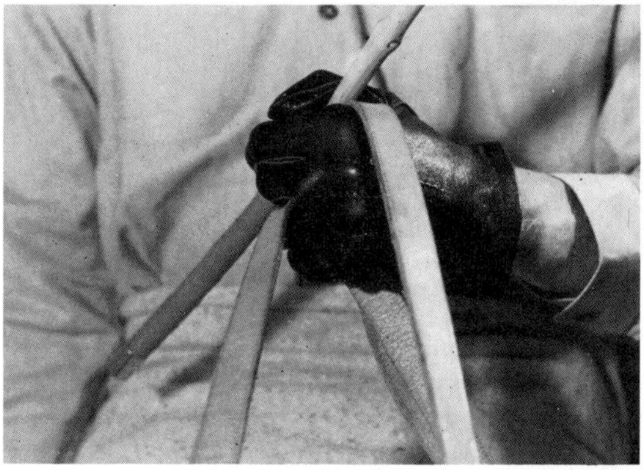

Dann schließen sich diese beiden Finger um den Peitschenstock, damit die rechte Hand frei wird zur Betätigung der Bremse, für Fahrtrichtungszeichen etc. Die Peitsche soll bei allen Griffen – auch in den Wendungen – stets schräg vorwärts-aufwärts weisen.

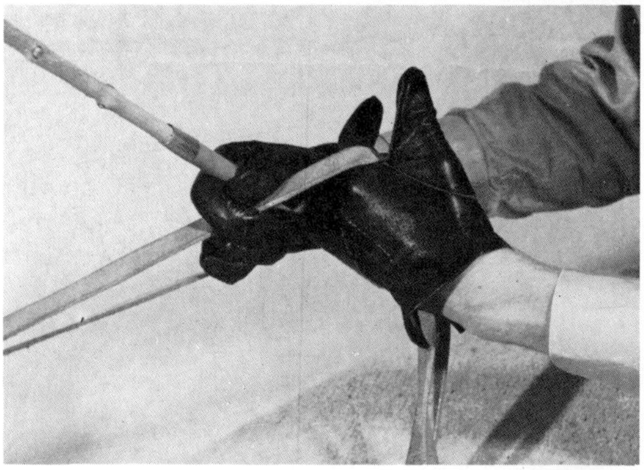

Gebrauchshaltung: Die rechte Hand greift von oben auf die rechte Leine, umfaßt diese mit drei Fingern, während der Zeigefinger die linke Leine umfaßt und gegen Daumen und Peitschenstock andrückt. Wenn die rechte Hand gut zupackt, können sich die Finger der linken Hand öffnen und schließen, damit bei längeren Fahrstrecken keine Verkrampfung eintritt.

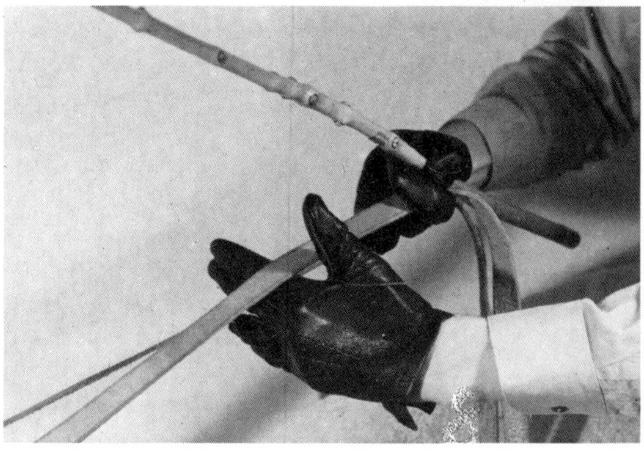

Zum Verkürzen der Leinen dient die allmähliche Parade: Während die rechte Hand beide Leinen sicher festhält, greift die linke ein Stück weiter vorn so in beide Leinen, daß mit einer leichten Abwärtsbewegung der rechten Hand wieder die Grundhaltung zustande kommt; die rechte geht dann wieder vor die linke.

Fast genauso sieht übrigens die durchgehende Parade aus: Die rechte Hand faßt die Leinen direkt hinter der linken und zieht das erforderliche Stück nach hinten durch die linke Hand, die sich so lange öffnet.

Auch die vorübergehende Parade beruht auf der Gebrauchshaltung. Die rechte Hand gleitet auf beiden Leinen ein Stück nach vorn, schließt sich dann wieder und nimmt die Leinen an, während die linke nach oben ausweicht. Die Umkehrung dieses Vorgangs läßt die Pferde wieder im ursprünglichen Tempo gehen.

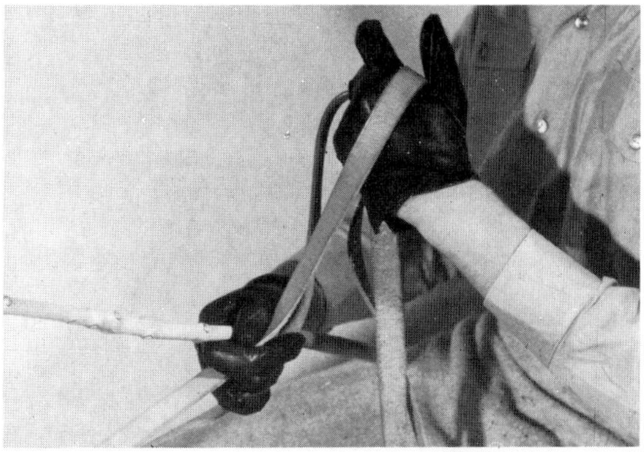

Zur Dressurhaltung zieht die rechte Hand fünf bis zehn Zentimeter der rechten Leine seitlich aus der anderen Hand heraus und bleibt dann ein paar Zentimeter seitlich vor der linken stehen. Durch Abwärts- oder Aufwärtsdrehen beider Handrücken kann man kleine Rechts- oder Linkswendungen fahren bzw. ausweichen.

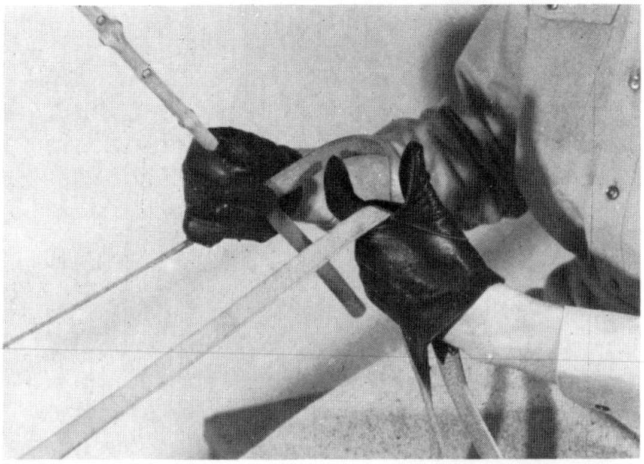

Zur vollen Linkswendung geht die rechte Hand aus der Dressurhaltung nach vorn, während der linke Handrücken nach oben gedreht wird. Wichtig ist dabei, daß die linke Leine oberhalb der Knöchel verläuft, weil dadurch die größtmögliche Einwirkung erzielt wird.

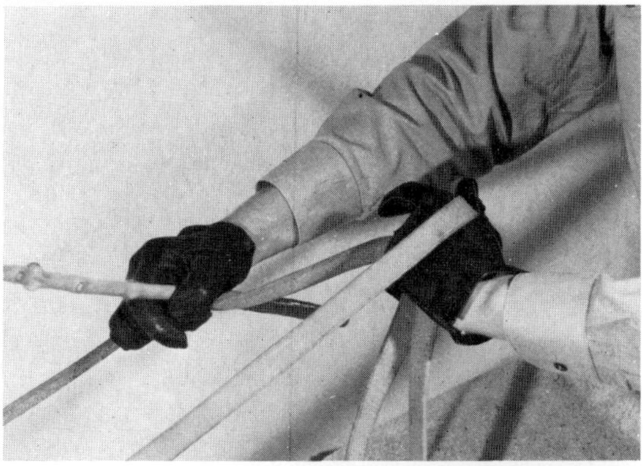

Für eine volle Rechtswendung gleitet die rechte Hand auf der rechten Leine etwa 15 bis 20 Zentimeter nach vorne und umfaßt sie von oben mit den drei unteren Fingern. Dann gibt die linke Hand durch Abwärtsdrehen des Handrückens nach, während die rechte Hand annehmend zurückgeht und dabei den Handrücken nach unten dreht.
Das gleiche Bild ergibt sich auch, wenn in der Dressurhaltung beide Handrücken nach unten gedreht werden, um rechts auszuweichen.

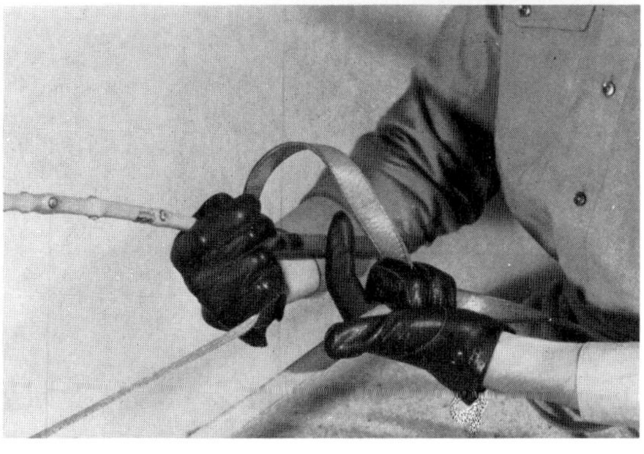

Doch langsam zeichnete sich ein deutlicher Silberstreifen am Horizont ab. Bald ging es wieder aufwärts und so kann man heute behaupten: Das Gespannfahren in allen Variationen – vom fröhlichen Hobby bis zum anspruchsvollen Leistungssport – ist wieder eine höchst lebendige Sache.

Am augenfälligsten wird diese Tendenz auf den bedeutenden internationalen Turnierplätzen. Die Spitzenfahrer der deutschen Equipe waren zwar schon bisher voll konkurrenzfähig, haben aber inzwischen sowohl zahlenmäßig als auch hinsichtlich des Pferdematerials wesentliche Verstärkung bekommen. Auch in der Beachtung und Betreuung durch die Spitzenorganisationen sind gute Fortschritte festzustellen. Obgleich noch nicht olympische Sportdisziplin, wird der Fahrsport in Warendorf vom Deutschen Olympiade-Komitee für Reiterei e. V. (DOKR) betreut und hat seit 1978 mit Franz Hermann Hahn einen eigenen Bundestrainer.

Den Vorsitz des DOKR-Fahrausschusses übernahm später der hessische Fahrrichter Enno Georg, da die Belastung für den Bundestrainer mit zunehmenden internationalen Starts der Zweispänner und der Pony-Viererzüge immer größer wurde. Nach den beiden ersten Zweispänner-Weltmeisterschaften in Sandringham und Riesenbeck, ja, nachdem sogar mit Einspännern internationaler Leistungssport möglich wurde, entschied man sich in Warendorf für ein Team von zwei Bundestrainern: Als Nachfolger Hahns amtiert der zehnmalige Deutsche Meister der Viererzugfahrer, Bernd Duen, Friesoythe, als Honorartrainer der Aktiven in seiner Sparte. Für »alles übrige« – d. h. Pony-Viererzüge, Zwei- und Einspänner – wurde der Badener Ewald Meier, ebenfalls schon oft erfolgreicher Viererzugpilot (und bewährter Reitlehrer) hauptberuflicher Bundestrainer.

Recht positiv sieht es in den letzten Jahren aber auch an der Basis der Pyramide aus. Neben der großen Anzahl der organisierten und

Zentrale Figur im frühen deutschen Spitzenfahrsport war der damalige Bundestrainer und DOKR-Ausschußvorsitzender Franz-Hermann Hahn (rechts).

Bundestrainer Bernd Duen.

Bundestrainer Ewald Meier.

Ausbildung von Ausbildern, wie hier im Landgestüt Warendorf, ist der springende Punkt, ohne den der große Aufschwung des Fahrsports undenkbar wäre. Die Gestütsbeamten in Dillenburg und Marbach sind ebenfalls darin engagiert.

nichtorganisierten Freizeitreiter etabliert sich eine wachsende Zahl aktiver Hobbyfahrer. Meist sind es Ponys – vom Shetty über Norweger oder Haflinger – und kleinere Importpferde, die am eigenen Haus oder bei Bauern untergestellt werden. Das Kapitel »Ponysport« gibt hierzu weitere Auskunft.
Ein großer Teil der Besitzer folgt dem Trend zu ursprünglicher und naturnaher Fortbewegung ohne Bindung an einen Verein, mangels Fahrausbildung jedoch im schlichten Fuhrmannsstil und vielfach leider auch ohne ausreichende Kenntnisse über den Umgang mit Pferden und deren Haltung. Dieser Personenkreis braucht unbedingt fachliche Betreuung, ohne sich dessen bewußt zu sein – etwa durch den »Breitensportausschuß« der Deutschen Reiterlichen Vereinigung. Dieser hatte sich anfangs fast ausschließlich der Hobby- und Wanderreiter angenommen. Dann kamen Reiterspiele für Kategorie C und erst seit 1989/90 auch reizvolle Angebote für Fahrer. Wäre solche Betreuung schon früher geboten worden, hätte sich aus dem großen Reservoir der Hobbyfahrer vielleicht auch früher leistungssportlich interessierter Nachwuchs für den eigentlichen Fahrsport herauskristallisiert! Das wäre sehr wichtig gewesen, klafft doch zwischen solcher Basis und den Spitzenfahrern noch eine merkliche Lücke. Während den Anfängern im Turniersport durch zunehmende Angebote der Kategorie C auf kleinen Turnieren vielerlei Startmöglichkeiten geboten werden, fehlt es dem deutschen Fahrsport am notwendigen Mittelbau.
Vielfältig sind mittlerweile die Ausbildungsangebote kommerzieller Art wie auch von Landes-Reit- und Fahrschulen oder Landgestüten. Natürlich bedingt dies für den Teilnehmer einen auswärtigen Aufenthalt von einer oder mehreren Wochen. Aber wenn der Berg nicht zum Propheten will, kommt schon mal der Prophet zum Berg: Es gibt schon wieder viele sogenannte »Wanderfahrlehrer«, nachdem der frühere Mangel an qualifizierten Ausbildern weitgehend behoben ist. Hier sind insbesondere die Ausbildungsmaßnahmen an den Landgestüten Hessens, Bayerns und Baden-Württembergs zu erwähnen. Dadurch ist die Zahl der Amateurausbilder-Prüfungen seit dem Jahr 1975 nach oben geschnellt: Amateurfachlehrer von Null auf 10 bis 15 pro Jahr, Fahrwarte auf bis zu 80 jährlich!
Wer sich dem Fahrsport widmen will, muß sich aber darüber im klaren sein, daß er neben dem erhöhten Aufwand an Zeit und Kosten gegenüber dem Reitsport auch ein wesentlich stärkeres Engagement mitbringen muß. Gerade auf der Ebene des örtlichen Reit- und Fahrvereins wird er oftmals gegen zahlreiche Vorurteile ankämpfen müssen – leider nicht zuletzt bei den Berufsreitlehrern: »Ein gutes Reitpferd spannt man nicht vor die Kutsche« oder »Fahren ist nur ein Hobby für Millionäre«.
Das Gegenteil ist richtig. Nicht nur für Pferdeliebhaber, die aus dem einen oder anderen Grund nicht reiten können oder wollen, ist der Fahrsport ein ideales Betätigungsfeld. Auch unter den aktiven Reitern gibt es viel mehr Fahrinteressenten, als allgemein angenommen wird. Gerade aus Kostengründen wird die Zukunft des Fahrsports der unteren und mittleren Ebene auf dem verstärkten Einsatz von Reitpferden basieren.

Fahren und Reiten schließen sich gegenseitig nicht aus, sondern ergänzen sich gut. Für Reitpferde ist das Fahren ein nützlicher Ausgleich: Der Schritt wird gefördert, der Brustkorb besser entwickelt, die Sattellage entlastet und vieles mehr. Jeder kann es selbst »erfahren«, vorausgesetzt, er arbeitet sein Pferd in allen Disziplinen korrekt.
Auf dieser Grundlage der zusätzlichen Fahrausbildung des Reitpferdes sind dem Fahrsport bereits zahlreiche neue Anhänger zugeführt worden. Da gibt es anspruchsvolle Freizeitfahrer, die größten Wert auf korrekte Anspannung und Hilfengebung legen. Auch auf Turnieren mit Fahrprüfungen kann man ab und zu wieder ein und dasselbe Pferd in Springen, Dressurreiten und Fahren starten sehen. Um dieser Entwicklung zum Durchbruch zu verhelfen, müßte freilich das Problem der Ausbildung von Wagenpferden besser gelöst werden. Vorerst soll die kurzgefaßte Anleitung zum Einfahren von Reitpferden am Ende dieses Kapitels einen Einstieg in die Praxis erleichtern.

Wege zur Ausbildung

Das Thema Ausbildung ist, wie bei jedem Sport mit dem Pferde, eine doppelspurige Angelegenheit mit Wechselwirkung. Wie der Reitunterricht nur auf dem gut ausgebildeten Lehrpferd Erfolg haben kann und die Ausbildung dieses Pferdes nur dem erfahrenen Reiter möglich ist, so steht es auch beim Fahrsport.
Für den Einzelinteressenten ist diese Frage noch am ehesten lösbar. Die staatlichen Ausbildungsstätten, die Lehrgänge für Ausbilder durchführen, wurden bereits angesprochen. Vielfach finden dort Fahrlehrgänge für Anfänger und Fortgeschrittene statt, darüber hinaus in diesen Bundesländern, in Norddeutschland und im Rheinland auch auf Vereinsebene. Hier stehen Gerät, Pferdematerial und Ausbilder zur Verfügung. Das Einfahren jüngerer, gut gerittener Pferde macht dann keine Schwierigkeiten. Oft werden auch eingefahrene Pferde preisgünstig angeboten.
Von jeher aber war der Reit- und Fahrsport in Deutschland vorwiegend ein Anliegen von Gruppen Gleichgesinnter. Erfahrungsgemäß ist die Wiederbelebung des Fahrsports gerade in den Reitervereinen durchaus möglich. Manchmal braucht man nur die verkrustete Oberfläche zu durchstoßen und kann bald ein überraschend großes Interesse am Fahren wecken. Freilich geht es nicht ohne Mühe und Einsatz. Wie kann man vorgehen?

1. Informationen in den Vereinsmitteilungen oder am Schwarzen Brett geben Auskunft über das Fahren als ideale Ergänzung zum Reitsport. So findet man auch in einem Großverein die möglichen Interessenten heraus. Ergebnis einer solchen Umfrage: Über 10% von 500 Mitgliedern!
2. Alle Interessenten werden zu einer Zusammenkunft eingeladen – dazu möglichst auch ein Vorstandsmitglied und der Reitlehrer. Spätestens jetzt müßte sich herausstellen, ob es im Verein vielleicht doch jemanden mit Fahrkenntnissen gibt. Dann könnte man gleich zum nächsten Schritt übergehen, sonst müßten wenigstens einzelne Interessenten erst extern einen Fahrlehrgang besuchen.
3. Unter Anleitung eines ausgebildeten Fahrers werden geeignete Schul- bzw. Privatpferde ausprobiert und eingefahren.
   Vor allem muß jetzt überlegt werden, wo man einen gebrauchten Kutschwagen und Fahrgeschirre erwerben oder leihen kann. Den Kauf könnten alle Fahrinteressenten nötigenfalls gemeinsam finanzieren.
4. Mit wenigstens zwei eingefahrenen Pferden, einem Wagen und einem Zweispännergeschirr könnte in bescheidenem Umfang ein kleiner Fahrlehrgang durchgeführt werden. Aber wer übernimmt die Ausbildung? Inhaber des Deutschen Fahrerabzeichens in Bronze können in einem intensiven Lehrgang die Prüfung als Fahrwart ablegen (später auch zum Amateur-Fahrlehrer FN). Interessenten wenden sich an ihren Landesverband. Fast immer kann von dort auch ein Gastausbilder nachgewiesen werden. Lehrgangsziel ist zunächst das neue »kleine« Fahrerabzeichen; es ist nämlich die Voraussetzung zum Erwerb der DFA in Bronze.
5. Nach erfolgreichem Abschluß eines solchen Lehrgangs darf man sich nicht auf den Lorbeeren ausruhen; es muß weiter gefahren werden. Dazu sollte jetzt eine eigene Fahrabteilung im Verein gebildet werden, die sich um regelmäßigen Fahr-

unterricht bemüht. Nun könnte man einen ersten Turnierbesuch – z. B. Pony- oder Einspänner-Wettbewerb – vorbereiten.

Das alles mag nach grauer Theorie klingen, doch diese Vorschläge wurden bei großen Reitervereinen in verschiedenen Landesverbänden schon vor Jahren praktisch erprobt. In den meisten Fällen bleibt es nicht bei einem Lehrgang, sondern es folgen weitere Ausbildungsmaßnahmen bis hin zum Vierspännigfahren.

Mit guter Information durch die örtliche Presse kommen weitere Interessenten hinzu, aus den Teilnehmern des ersten Lehrgangs gehen Amateur-Ausbilder hervor, die in Dillenburg, Warendorf oder Marbach etc. ihre Prüfung absolvieren. Gibt es genügend ausgebildete Fahrer und Pferde, lohnt sich bald sogar die Veranstaltung eines reinen Fahrturniers. Der Weg dahin ist zuweilen steinig, aber durchaus gangbar.

Kutschen und Fahrgeschirre

Zunächst aber noch ein Wort zur Beschaffung einwandfreier Fahrgeschirre und brauchbarer Kutschwagen. Hier spielt zweifellos die EQUITANA in Essen eine bedeutende Rolle, die alle zwei Jahre als Fachmesse »rund um das Pferd« auch die weniger populären Spezialgebiete nicht vernachlässigt. Dies gilt für Ponykinder und Freizeitfahrer ebenso wie für die anspruchsvollen, stilbewußten Leistungssportler.

Im Hobbybereich gibt es dort preiswerte Importgeschirre, aber auch handwerklich solide Prunkgeschirre für Haflinger, die ein Sattlermeister regelmäßig dort ausstellt. Einige deutsche und englische Aussteller liefern turniergerechte Qualitätsgeschirre für Großpferde und Ponys. Bewährte Ponywagen auf luftbereiften Drahtspeichenrädern liefern diverse Firmen. Einige Modelle werden auch für Großpferde in turniergerechter Aus-

Die Vielfalt der Wagentypen ist für den Anfänger im Fahrsport zunächst verwirrend, erst recht für den Freizeitfahrer. Wichtiger, als alle Typen auswendig hersagen zu können, ist ein Gespür für die Zweckmäßigkeit und das richtige Verhältnis zum vorgespannten Pferdematerial.

Diese im Originalstil neu produzierte Char-à-bancs – in England auch Roof-seated Break bezeichnet – paßt am besten zu einem kalibrigen Viererzug. Genauso ein Fahrzeug haben jedoch die rheinischen Ponyfahrer Droemont maßstabsgetreu verkleinert für ihre Welsh-Ponys konstruiert und perfekt gebaut. So etwas kann nicht jeder und deshalb können auch in Deutschland wieder Kutschenfabriken blühen und gedeihen.

Ein Blick in die Montagehalle der renommierten süddeutschen Kutschenmanufaktur Kühnle. Fließbandarbeit ist kaum möglich; vielmehr ist hier hochwertige handwerkliche Präzision erforderlich. Die Baumuster sind überliefert, die technischen Einzelheiten entsprechen modernstem Standard. Andererseits haben die tüchtigen Schwarzwälder Kutschenbauer auch erstklassige Geländewagen für alle Anforderungen entwickelt. Damit haben sie eine führende Position auf dem Weltmarkt erobert.

führung hergestellt. Mehrere deutsche Firmen bieten stilechte Kutschwagen auf eisen- oder gummibereiften Holzrädern an, daneben robuste Geländewagen. Die Preise für solche Fahrzeuge in hoher handwerklicher Qualität schwanken zwischen zwölf- und dreißigtausend Mark, während man kleine zweirädrige Ponygefährte schon ab tausend Mark erwerben kann. Stilrein und ausgezeichnet in der Verarbeitung sind auch die Erzeugnisse einiger englischen Firmen, die sich ganz auf den Kutschwagenbau spezialisiert haben. Hier erhält man vornehmlich Spider Phaetons, Gigs, Carts und Wagonetten zu Preisen, die in Anbetracht der Qualität durchaus angemessen erscheinen.

Das Bestechende an diesen neu entwickelten Kutschwagen ist nicht nur die Tatsache, daß sie den klassischen Modellen naturgetreu nachempfunden sind. Man hat vielmehr die historischen Vorbilder durch die Verwendung hochwertiger, wetterfest verleimter Furniere, moderner Silicon-Magnesium-Federstähle und leicht laufender Qualitäts-Kugellager weiterentwickelt, also um die technischen Errungenschaften unseres Jahrhunderts bereichert. Sie sind wahlweise mit aufgeschrumpften Stahlreifen oder mit lautlos rollenden Vollgummireifen lieferbar. Hydraulisch betätigte Scheibenbremsen sind bei den »besseren Modellen« heutzutage selbstverständlich.

Abschließend aber zurück vom internationalen Turnierfahrzeug zum Angebot für den romantisch gestimmten Freizeitfahrer. Umfaßte das Programm der eingangs erwähnten Ponykutschenbauer bereits gemütliche Planwagen im Kleinformat, so gibt es jetzt auch den perfekt ausgestatteten Familienwohnwagen für den Zug durch kräftige Großpferde.

Angesichts der oben erwähnten Geldbeträge könnte mancher Fahrsport-Interessent abgeschreckt werden, ehe er überhaupt aktiv geworden ist. Zum ersten Start im einfachen Reiterwettbewerb benötigt man noch keinen Dressursattel der Spitzenqualität. Für den Hobbyfahrer und die unteren Turnierkategorien genügen auch einfachere Fahrzeuge. Auch für den anspruchsvolleren Fahrsport ist die Ausrüstung keine reine Geldfrage. Gerade auf dem Lande läßt sich auch heute noch manche Kutsche, die nur der Aufarbeitung bedarf, zu einem vernünftigen Preis auffinden. Für Kutschen und Geschirre hat sich übrigens längst ein florierender Gebrauchtmarkt entwickelt (u. a. EQUITANA).

Fahren auf Turnieren

Welche Möglichkeiten bietet nun der Turniersport, wenn alle oben umrissenen Voraussetzungen erfüllt sind – also die Ausbildung des Fahrers und eines oder mehrerer Pferde, das geeignete Fahrzeug, Geschirr und Zubehör? Da ist zunächst die Anfang der siebziger Jahre geschaffene Turnier-Kategorie C. Hier können Anfänger und Freizeitfahrer ohne besondere Formalitäten mit nicht eingetragenen Pferden und einfacherer Ausrüstung teilnehmen.

Die Startmöglichkeiten sind vielfältig: In Fahrerwettbewerben für Ein- und Zweispänner wird vor allem das Können des Fahrers geprüft. Daneben gibt es Schauwettbewerbe, die dem Veranstalter besonders viel Spielraum für die Ausschreibung einräumen. Die Gebrauchsprüfung Klasse E für Ein- und Zweispänner dient vor allem der Beurteilung des Pferdematerials und seiner Ausbildung. In einfachen Dressurprüfungen für Ein- und Zweispänner ohne Gespannkontrolle sollen gleichzeitig das Können des Fahrers und der Ausbildungsstand seiner Pferde beurteilt werden. Beim Hindernisfahren – ein- und zweispännig – geht es um die für den Parcours benötigte Zeit unter Vermeidung von Hindernisfehlern, ähnlich wie in den Springprü-

Beim Hindernisfahren kommen Ausbildungsstand und Geschicklichkeit besonders zur Geltung.

Wenn man den holländischen Horseman Abraham Chardon – Reitstallbesitzer und heute Internationaler Fahrrichter – bei diesem rasanten Hindernisfahren beobachtet, wird eines deutlich: Für alle Teilprüfungen im Fahrsport gibt es nur eine Grundlage – die Dressur. Schwung, Harmonie und Eleganz schaden nämlich weder im Parcours noch im Marathon.

fungen für Reitpferde. Das Gelände- und Streckenfahren ist die Vorstufe zum Geländetest in höheren Kategorien.

Dressur, Hindernis und Gelände – diese drei Disziplinen findet man auch in den stärker leistungssportlich orientierten Kategorien B (regional) und A (überregional). Ähnlich wie in den Gebrauchsprüfungen sind auch dort die Anforderungen höher. Die Dressurprüfungen werden durch die Gespannkontrolle oder Präsentation ergänzt, in der neben der Zweckmäßigkeit auch der optische Gesamteindruck des Gespanns beurteilt wird. Die Lektionen in diesen Kategorien sind wesentlich schwieriger: Volten, Achten, Schlangenlinien, diese sogar mit einer Hand zu fahren. Beim Hindernisfahren geht es jetzt nicht allein um die Geschicklichkeit im raschen Durchmessen zahlreicher Tore ohne Berührung der Markierungen. Für den Erfolg in den verschiedenen Spezialprüfungen der Kategorien B und A bedarf es auch großer Routine. In besonderem Maße trifft dies für das Gelände- und Streckenfahren – zwei- oder vierspännig – der Klassen L, M und S zu. In der höchsten Stufe, der Marathonfahrt Klasse S, werden Kondition und Leistungsbereitschaft der Pferde in einem Maß geprüft, dem nur der kluge Einsatz aller Reserven durch den Fahrer gerecht werden kann.

Die Parallele zur Military des Reitsports schließlich sind die Vielseitigkeitsprüfungen für Zwei- und Vierspänner in den Klassen A bis S. Die Teilprüfungen Dressur, Gelände- und Hindernisfahren werden dabei nicht getrennt ausgeschrieben, sondern sind von den Gespannen hintereinander zu absolvieren – meist über zwei bis drei Tage verteilt. Meisterschaften auf nationaler und internationaler Ebene wurden bislang als Vielseitigkeitsprüfungen für Zwei- und Vierspänner ausgeschrieben (national auch für Pony-Viererzugfahrer).

1983 gab es erstmals ein internationales Zweispänner-Championat bei Rom, und in der Bundesrepublik Deutschland folgte bald eine erste Deutsche Meisterschaft als Zweispänner-Vielseitigkeit. Seit 1985 haben die Zweispänner auf Initiative des scheidenden FEI-Präsidenten Prinz Philip ihre eigene Weltmeisterschaft.

Damit ist die Vielfalt der Startmöglichkeiten auf Turnieren nur in groben Zügen umrissen. Einzelheiten sind in der bereits mehrfach er-

Im Gelände- und Streckenfahren werden höchste Anforderungen an Kondition und Leistungsbereitschaft der Pferde gestellt. Pferde ohne natürlichen Vorwärtsdrang sind bei großen Prüfungen chancenlos.

wähnten Leistungsprüfungsordnung (LPO) der Deutschen Reiterlichen Vereinigung nachzulesen. Insbesondere kann diese summarische Aufzählung nur einen schwachen Eindruck davon vermitteln, wieviel Freude und Erfüllung der Leistungssport der verschiedenen Ebenen einem passionierten Fahrer zu bieten hat. Auch die Fülle von Trainingsfleiß, Enttäuschungen und hartem sportlichen Einsatz kann man nur im wörtlichen Sinne »erfahren«, wenn man sich aktiv dem Abenteuer Fahrsport aussetzt.

Wer aber dazu nicht bereit oder in der Lage ist, könnte dennoch vom Fahrsport auf Turnieren profitieren. Schon das Zuschauen bereitet nicht weniger Vergnügen als das Beobachten reiterlicher Wettkämpfe. Nur – wer weiß das heutzutage schon wieder? Auf jeden Fall wissen es die vielen tausend Schlachtenbummler auf den Geländestrecken nationaler wie internationaler Championate, die sich in Hamburg, Aachen, Riesenbeck oder Donaueschingen wie eine große Familie treffen, ebenso natürlich in Holland, England, Ungarn, der Schweiz oder Polen!

Wem aber das Zuschauen allein nicht genügt, dessen Augenmerk sei noch einmal auf die eingangs erwähnten Leistungsabzeichen gelenkt: Das Deutsche Fahrerabzeichen ist in Silber und Bronze (vier- bzw. zweispännig) mit vorherigem Lehrgang von jedermann zu erwerben. Man braucht dazu also nicht unbedingt ein eigenes Gespann. Nur das DFA Klasse I in Gold wird auf Grund von Vierspänner-Turniererfolgen verliehen. Das Deutsche Jugendfahrer-Abzeichen in Bronze wurde per 1. Januar 1990 vom »Kleinen Fahrerabzeichen« abgelöst, mit etwas geringeren Anforderungen.

Wie populär diese nichtturniermäßige Leistungsprüfung inzwischen wieder ist, zeigt ein Blick auf den rasanten Anstieg der Fahrerabzeichen-Prüfungen (s. Grafik) in den letzten 40 Jahren: Nach einem totalen Tief bis unter 300 Abzeichen pro Jahr betrug die Gesamtzahl 1983 immerhin schon mehr als in der Blütezeit vor der Motorisierung der Landwirtschaft. 1993 erreichte die Zahl mit 4993 eine erneute Spitze – Tendenz steigend!

Abschließend noch eine Information für alle Interessenten: Wer sich ernsthaft mit dem Fahren befassen möchte und in seinem örtlichen Reitverein keine Unterstützung findet, kann sich jederzeit an den Deutschen Reiter- und Fahrer-Verband, Fachgruppe Fahren, wenden. Die Anschrift der Fachgruppen-Ge-

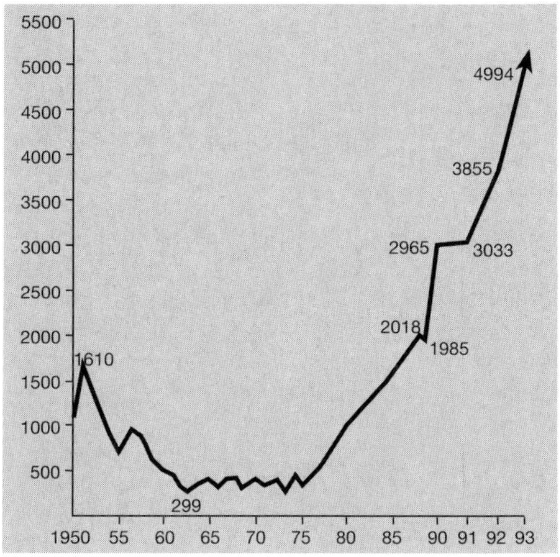

schäftsstelle – z. Hd. Herrn Ulrich Model – lautet: Katharinenhof, 57632 Flammersfeld. Unter Vorsitz des international hoch angesehenen Fahrexperten Leopold Graf Rothkirch versucht die DRFV-Fachgruppe Fahren nach besten Kräften, die nachstehende Aufgabenstellung wahrzunehmen:

- ☐ Information der Mitglieder über grundsätzliche und aktuelle Fragen des Fahrsports.
- ☐ Förderung der Fahrer, insbesondere des Nachwuchses und der Jugend.
- ☐ Beratung in allen Angelegenheiten des Fahrens sowie der Pferdehaltung und Fahrausrüstung.
- ☐ Erfahrungsaustausch und Unterstützung auf allen Gebieten des Leistungsprüfungswesens, insbesondere. bei Ausschreibung und Durchführung von Fahrturnieren jeder Art.
- ☐ Vertretung der Mitglieder bei der Deutschen Reiterlichen Vereinigung, bei dem DOKR und bei weiteren Gremien.
- ☐ Beratung der Mitglieder in Fragen der Ausbildung, Nachweis von Trainings- und Ausbildungsmöglichkeiten, Durchführung von Veranstaltungen.
- ☐ Anbieten günstiger Versicherungsmöglichkeiten für die Mitglieder.
- ☐ Organisation von Gruppenreisen zu Fahrsportereignissen.
- ☐ Pflege guter persönlicher Kontakte und breite Werbung für den Fahrsport auf allen Ebenen.

Diese Aufgaben werden wirksam wahrgenommen in enger und vertrauensvoller Zusammenarbeit mit der Deutschen Reiterlichen Vereinigung, dem DOKR, der Deutschen Richtervereinigung, den einzelnen Landesverbänden und deren Vereinen.

Kutschwagen für den Leistungssport

Es wurde bereits erwähnt, daß Anfänger im Turniersport in der Kategorie C mit recht beliebigen Fahrzeugen in den Wettbewerben starten können. Sobald man aber Geschmack am leistungssportlich orientierten Fahren gefunden hat, gelten erheblich strengere Anforderungen. Darüber soll der folgende Abschnitt informieren, damit etwaige Anschaffungen gleich für alle Kategorien des Turniersports tauglich sind.

Immer wieder kam es vor, daß bei Fahrprüfungen hinsichtlich der LPO-gerechten Anspannung kleinere Zugeständnisse hinsichtlich des Reglements gemacht werden mußten. Auch bei großen Wettbewerben gab es dafür Beispiele. So wäre um ein Haar der damals noch amtierende Mannschaftsweltmeister Ungarn bei der Weltmeisterschaft der Fahrer in Windsor 1980 disqualifiziert worden. Die Geländewagen der Magyaren waren, entgegen dem damaligen FEI-Reglement, nicht mit feststellbaren Handbremsen ausgerüstet. Die Jury gab sich sportlich und ließ den Favoriten gegenüber Gnade vor Recht walten.

Aber auch bei jedem kleinen einheimischen Fahrwettbewerb könnte ein aufmerksamer Richter – oder ein besonders ehrgeiziger Konkurrent durch Protest – spielend die Hälfte der angetretenen Gespanne »aus dem Verkehr ziehen«. Man achte doch nur einmal darauf, wie viele (oder besser: wie wenig) Turnierfahrzeuge mit den von der Straßenverkehrszulassungsordnung (StVZO) vorgeschriebenen Rückstrahlern ausgestattet sind, wie es von der LPO gefordert wird. Zwar mag man eine Disqualifikation aus solch formalen Gründen als unbillige Härte, ja als unsportlich empfinden, aber kein Schiedsgericht könnte den eindeutigen Verstoß gegen die Leistungsprüfungsordnung aus der Welt schaffen. Darüber muß sich jeder Turnierteilnehmer im klaren sein.

Viel wichtiger aber sind diejenigen praktischen und optischen Gesichtspunkte, von

Robuste Wagen braucht man in der Geländestrecke. Hier wurde ein stabiles Fahrzeug hergerichtet, bei dem aber die klassischen Radnaben den Hindernissen Angriffspunkte bieten. Moderne Geländekutschen haben keine vorstehenden Teile mehr. Sie sind Ganzstahlkonstruktionen auf fast unverwüstlichen Stahlrädern.

denen der Erfolg in den einzelnen Prüfungsarten mehr oder weniger stark abhängt. So wie der Sprinter die richtigen Spikes unter den Sohlen haben möchte, der Autorennfahrer sich um die bestgeeigneten Reifen bemüht oder der Reiter um die ideale Sattelung und Zäumung, so sollte der Fahrer dem Kutschwagen große Aufmerksamkeit widmen.

Man muß nicht zum Beweis die Achsbrüche des Meisterfahrers Bernd Duen bei Welt- und Europameisterschaften heranziehen – hier versagten manche hochwertige Erzeugnisse renommierter Wagenbauer.

Dieser Beitrag will weniger für extreme Ausnahmesituationen als vielmehr für den Alltag des Fahrsports die wichtigsten Gesichtspunkte an Hand der gängigsten Wagentypen herausstellen. Bei aller Konzentration auf das Wesentliche sollen dabei auch die allseits geläufigen Selbstverständlichkeiten nicht unerwähnt bleiben.

Oberster Grundsatz für die Teilnahme mit Pferdegespannen an Pferdeleistungsschauen jeder Art und Kategorie muß die Sicherheit von Mensch und Tier sein. Wer auf dem Turnier einen Wagen mit morschen Rädern, angebrochener Deichsel, provisorisch geflicktem Fahrgestell oder schlechten Bremsen benutzt, handelt grob fahrlässig und verantwortungslos gegenüber Beifahrern, Funktionären und Zuschauern sowie seinen Pferden. Der wünschenswerte gute Pflegezustand des Fahrzeugs wird zur sinnlosen Täuschung, wenn durch geschicktes Überlackieren schwerwiegende Mängel verdeckt werden. Jeder Kutschwagen soll sich also in einem verkehrssicheren Zustand befinden, auch wenn man den Turnierplatz damit nicht verläßt.

In zweiter Linie wichtig ist die Zweckmäßigkeit, d. h. der praktische Wert für die vorgesehene Aufgabe. Ein Turnierfahrzeug soll leicht laufen, wendig sein und eine gute Fahrbarkeit aufweisen. Der Zustand und die Bauart des Wagens sollen dem Fahrer die Einwirkung vom Bock aus auf seine Pferde und diesen die Arbeit im Geschirr erleichtern. Diese Forderungen werden im allgemeinen erfüllt von kurzen Wagen mit hohen Rädern, mittlerem Gewicht und tiefem Schwerpunkt, aber hohem Bock, deren Vorder- und Hinterräder spuren. Lenkkranz und Räder müssen gut geschmiert sein. Bei Wagen mit Deichsel muß diese fest im Lenkschemel sitzen. Die Länge sollte für Großpferde 2,80 m, die vordere

Dressurprüfung für Einspänner in Dillenburg: Größe des Wagens und Typ des Pferdes passen gut zusammen.

Höhe über dem Boden ca. 1,05 m betragen, für kleinere Pferde sowie Ponys entsprechend weniger. Bei vierrädrigen Wagen für Einspänner ist eine gut zum Pferd passende, in sich starre Schere zu verwenden, die nur in senkrechter Richtung beweglich gelagert und gegen Aushängen gesichert ist. Von einachsigen Fahrzeugen ist hier nicht die Rede, weil diese nur noch für die seltenen Tandem- bzw. Randomprüfungen in Frage kommen.

Zu den wichtigsten Punkten für alle Einsatzgebiete gehört schließlich noch die ausgewogene Harmonie zwischen Format und Kaliber der Pferde einerseits sowie Größe und Gewicht der Wagen andererseits. Auf Turnieren sollte das Gewicht des beladenen Wagens zu dem der Pferde das Verhältnis von 1:1 möglichst noch unterschreiten, besonders im Gelände.

Im Allgemeinen Teil der LPO »Ausrüstung der Fahrpferde, Fahrponys und Gespanne«, finden sich die Vorschriften hinsichtlich der auf Turnieren zugelassenen Fahrzeuge. Demnach sind, um dem bescheiden ausgestatteten Anfänger Zugang zum Turniersport zu ermöglichen, in den Wettbewerben der Kategorie C alle Bauarten von Kutschwagen erlaubt, wenn sie den Anforderungen der LPO entsprechen. Diese gelten auch für die in den Kategorien B und A zugelassenen Fahrzeuge und lauten:

- *Ein- und Zweispänner müssen mit mindestens 2, Vier- und Mehrspänner mit mindestens 4 Sitzen ausgestattet sein.*
- *Einachsige Wagen sind nur für Einspänner (bei Tandems und Randoms Tandemcart) bei Dressur- und Hindernisfahren zulässig.*
- *Der Wagen muß mit einer feststellbaren Bremse, Wagenlampen und runden Rückstrahlern versehen sein. Fußbremsen sind erlaubt. Sperrvorrichtungen am Drehkranz sind nicht erlaubt. In Gelände-, Gelände- und Streckenfahren und Hindernisfahren brauchen die Lampen nicht mitgeführt zu werden.*
- *In allen Teilprüfungen dürfen die Teilnehmer Reservematerial nach eigenem Ermessen mitführen.*

In den Kategorien B und A sind nun – abgesehen von Tandem- und Randomprüfungen sowie Dressur und Hindernisfahren für Einspänner – ausschließlich vierrädrige Kutschwagen gestattet; deren äußere Spurbreite darf höchstens 160 cm betragen. Traberkarren, Parkwagen und ähnliche Wagentypen sind ausdrücklich verboten. Das Buggy – idealer und preisgünstiger Wagentyp für die Vorstellung leichterer Pferde auf dem Viereck – ist entsprechend seiner Bauart auf Ein- und Zweispännerprüfungen beschränkt, aber leider nur noch für Eignungs- und Gebrauchsprüfungen, ebenso der luftbereifte Turnierwagen mit Speichenrädern. Scheibenräder sind also oberhalb der Kategorie C ausgeschlossen. In der LPO heißt es dann noch: »In Gelände- und Streckenfahren darf kein Teil des Wagens breiter als die äußere Spurbreite sein, mit Ausnahme der Radnaben und Ortscheite. Abweiser sind nicht erlaubt.« Mit diesen darf zwischen einer vorstehenden Nabe und den Speichen bzw. der Felge eine Verbindung hergestellt werden, damit erstere nicht an Hindernisteilen hängenbleibt.

Wer nun über Kategorie A hinaus an internationalen Prüfungen oder Turnieren teilnehmen möchte, muß sich nach Artikel 904 im »Reglement für Fahrturniere« der FEI richten bzw. den »Besonderen Bestimmungen für Pony-Vierspänner« etc. Diese Vorschriften sind für Viererzüge aufgestellt, wurden aber für andere Anspannungsarten sinngemäß abgewandelt. Hier wird nur erwähnt, was von der LPO abweicht.

Die Wagen für Vierspänner müssen vierrädrig mit einer Bremse ausgestattet sein. In Prüfungen der Kategorie A müssen sie Wagenlaternen und Rücklichter oder Reflektoren haben. Geschwindigkeitsmesser, Kilometerzähler und Sperrvorrichtungen am Drehkranz vorn am Wagen sind in keiner der Prüfungen erlaubt. Luftbereifung ist generell ausgeschlossen. Für die Marathonfahrt ist für den kompletten, aber unbesetzten Viererzug-Wagen ein Mindestgewicht von 600 kg vorgeschrieben. Bei Pony-Viererzügen ist ein Gewicht von 300 kg einzuhalten. Für Großpferde-Zweispänner beträgt das Mindestgewicht 350 kg, für Pony-Zweispänner nur noch 225 kg.

Anstelle der größten Spurbreite von 160 cm sieht das FEI-Fahrreglement bei Ponyfahrzeugen nur 120 cm vor. Für einen Viererzug werden – wie in der LPO – folgende Reserveteile verlangt: je ein Vorder- und Hinterstrang, je eine Vorder- und Hinterleine, je ein Haupt- und Vorderortscheit.

Das leichte, luftbereifte Buggy ist optimal für das Ein- und Zweispännig-Fahren, insbesondere mit Ponys. Der Transport läßt sich sogar auf dem Autodach bewältigen.

In nationalen wie in internationalen Prüfungen ist Werbung an Geschirr und Wagen nur unter bestimmten Voraussetzungen an Wirtschaftsgespannen von Handels- oder Züchterorganisationen zulässig.

Spezielle Anforderungen bei den Teilprüfungen

1. Geländeprüfungen

In ganz besonderem Maß sind die eingangs umrissenen Forderungen bezüglich Bauart und Zustand der Wagen zu beachten, erst recht die vorstehenden Sicherheitsgrundsätze, wenn es um den Einsatz im Gelände geht. Für solche Prüfungen, die an Fahrer, Pferde und Material die höchsten Anforderungen stellen, kommen nur sehr robuste Fahrzeuge in Betracht, die nicht zu weich gefedert sind und die solide, auf Sturz versetzte Speichen in entsprechenden Naben und Felgen haben. Die Vorderräder müssen den Wagenkasten »unterlaufen«.

Für die in Geländehindernissen erforderliche extreme Wendigkeit sind Wagen mit Langbaum nicht dankbar, auch sollte die Deichsel eher deutlich kürzer als zu lang sein. Ein weniger breit gebautes Fahrzeug kommt leichter durch enge Durchfahrten, muß dann aber einen besonders tiefen Schwerpunkt haben, um nicht zum Kippen zu neigen. Der Bock soll hoch genug für eine sichere Leinenführung sein, aber auch nicht zu hoch, damit man von niedrigen Ästen über der Fahrbahn nicht unnötig behindert wird. Die Bremse muß nicht nur gut, sondern auch schnell zu bedienen sein. Deshalb empfiehlt es sich, eine Fußbremse einzubauen; als Handbremse ist die

Zugbremse der Spindel- oder Kurbelbremse sowie der Druckbremse vorzuziehen. Die einwandfreie Funktion der Bremsen sollte man laufend überprüfen.
Alles in allem muß ein Kutschwagen für Geländeprüfungen technisch hundertprozentig in Ordnung sein. Äußerlich ist kein Bestzustand erforderlich und auch nicht sinnvoll, weil z. B. eine hochwertige, teure Lackierung fast immer Schaden nehmen wird. Deshalb ist ja auch in nationalen wie internationalen Vielseitigkeitsprüfungen für die Teilprüfung Gelände- bzw. Marathonfahrt seit langem die Verwendung eines anderen Wagens als in der Teilprüfung Dressur mit Gespannkontrolle erlaubt. Übrigens soll ein Fahrzeug für internationale Geländeprüfungen dem vorgeschriebenen Mindestgewicht von 600 kg möglichst nahe kommen. Schwerere Wagen belasten die Pferde unnötig, und leichtere müssen mit Zusatzgewichten beschwert werden, wofür sie nach Stabilität und Federung meist gar nicht geeignet sind. Kompromisse sind aber oft unvermeidlich.
Alle Forderungen werden kaum von einem Wagen allein erfüllt. Es liegt aber in der Natur der Sache, daß entsprechend gebaute Jagdwagen deutschen oder ungarischen Typs ihnen oft sehr nahe kommen. Das gilt weniger für manche Wagonetten, Vierrad-Dogcarts und mittelschwere Phaetons (Stanhope, allenfalls Demi-Mail). Völlig ungeeignet sind – auch zweispännig – typische Stadtwagen, wie Spider, Duc etc., und auf Grund der heutigen Austragungskriterien auch die klassischen Reisewagen wie Coach, Char-à-Bancs und alle C-Feder-Equipagen.
Dem Ideal entsprechen am ehesten reine Marathonkonstruktionen routinierter und technisch versierter Wagenbaufirmen. Vorbei ist die Zeit der stahlbewehrten Ungetüme, seit LPO und FEI-Bestimmungen alle über Naben und Ortscheite hinausragenden Wagenteile (sog. Abweiser) verbieten.

2. Dressurprüfungen

Um mit dem Ende des vorletzten Absatzes zu beginnen: Gerade die dort zuletzt genannten Wagentypen – erstklassigen Lack- und Pflegezustand vorausgesetzt – wären in einer Vierspänner-Dressurprüfung mit Gespannkontrolle hinter passenden Pferden mit stilgerechtem Geschirr sicher preiswürdig. Das heißt aber nicht, daß die weiter oben für Geländefahren als zweckmäßig bezeichneten Fahrzeuge für Dressurprüfungen ungeeignet wären. Nur kommt es eben zusätzlich zu den am Anfang beschriebenen allgemeinen Gesichtspunkten verstärkt auf die optische Seite an, wenn Gespannkontrolle vorgesehen ist.
Mit anderen Worten: Alle in diesem Rahmen liegenden Wagentypen, die in diesem Kapitel aufgezählt wurden, und einige mehr sind dann für Dressurprüfungen hervorragend geeignet, wenn sie sich auch äußerlich in bestem Zustand befinden, mit den vorgespannten Pferden harmonieren und zum verwendeten Anspannungsstil passen. Es würde sicherlich zu weit führen, an dieser Stelle alle Wagentypen einzeln aufzuführen. Zu den ungarischen Jucker- und Esterhazy-Wagen paßt natürlich am besten das Brustblatt im ungarischen Originalstil, zu allen anderen Jagd- und Landwagen die Landanspannung – Brustblatt

Der ehemalige FEI-Präsident Prinz Philip ließ sich schon früh diesen Geländewagen konstruieren, der auch in der Präsentation hohe Punktzahlen erreichen könnte.

Der Traum vom Universalfahrzeug – stabil fürs Gelände und stilrein für die Dressur – ist unrealistisch, weil Hindernisse nun mal nicht aus Gummi sind, wie dieses in Riesenbeck.

Wenn Wagenpferde in der Dressur Versammlung bieten sollen wie ein Reitpferd, muß die Kutsche möglichst leicht sein. Im schweren Zug ist Versammlung nicht möglich.

oder Kumt – und schließlich zu allen Wagen englischen Typs eine Stadtanspannung auf Kumt und Kandare. In Vielseitigkeitsprüfungen muß laut LPO in den Teilprüfungen Dressur und Hindernisfahren derselbe Wagen benutzt werden. Somit erübrigen sich besondere Ausführungen über die im Parcours einzusetzenden Fahrzeuge.

Worauf beim Kauf einer Kutsche zu achten ist

In schweren Geländeprüfungen wurden wiederholt Wagen gesehen, die den oben beschriebenen technischen bzw. baulichen Voraussetzungen nicht genügten. In erster Linie und in dieser Reihenfolge waren folgende Fehler und Mängel zu sehen:

- ☐ Nicht spurende und zu schwache Räder,
- ☐ unzureichende Bremsen,
- ☐ zu lang gebaute Wagen,
- ☐ weiche und ausgeschlagene Federung,
- ☐ kleinere technische Mängel und unzulänglich ausgeführte Reparaturen am Wagen,
- ☐ mangelhafte Reserveteile und Fehlen ausreichenden Hilfsmaterials wie Seile etc.

Beim Beobachten und Richten von Dressurprüfungen fällt immer wieder schlechter Pflegezustand einiger Wagen auf – vor allem in den Kategorien C und B – sowie die mangelnde Übereinstimmung der Anspannungsart mit dem verwendeten Wagentyp. Gravierender, weil auch in Kategorie A und internationalen Prüfungen nach wie vor festzustellen, sind Fehler in der leider oft unterbewerteten Harmonie zwischen Größe und Gewicht der Wagen und Kaliber der vorgespannten Pferde. Dies ist eben nicht nur ein optischer Mangel, sondern kann auch die Leistung des Gespanns beeinträchtigen.

Daneben ist für die Leistung des Gespanns in der Prüfung der Sitz des Fahrers von großer Bedeutung. Er muß so gebaut sein, daß man wirklich entspannt und fest darauf sitzen kann. Ungünstig ist ein hoher Bockkeil, auf dem man sich fast stehend mit den Füßen am schrägen Bodenteil abstützen muß. Von solchen Sitzen, bei denen die volle Auflage der Oberschenkel meist fehlt, hat man schon Fahrer herabstürzen sehen, nur weil eines der Pferde mit dem Kopf schlug und er auf den Ruck über die Leinen nicht vorbereitet war.
Ein anderer häufiger Fehler am Kutschwagen

kann den Sturz eines oder beider Stangenpferde begünstigen: Eine Deichsel mit fester Aufhalterbrille bringt es mit sich, daß das Stolpern oder gar ein Sturz eines Stangenpferdes die Deichsel so mitreißt, daß auch das andere Pferd stürzt. Deshalb ist eine bewegliche Deichselbrille aus Stahl, die die Bewegungen der einzelnen Pferde ausgleicht, ungemein wichtig. Um diesen Zweck zu erfüllen, sollten die Schenkel der Deichselbrille etwa 25–30 cm lang sein.

Viel öfter als einen Sturz des Fahrers oder der Pferde erlebt man in Geländeprüfungen und rasanten Hindernisparcours das Umkippen der Kutsche. Ein möglichst großer Drehkranz unterstützt die Stabilität des Wagens und trägt zudem die Deichsel sicherer, weil das Einsteckstück länger wird. Dies ist besonders wichtig beim Viererzug, weil hier die Deichsel das sogenannte Vorgehänge – Postwage, Vorwage mit Ortscheiten etc. – mittragen muß.

Die meisten der vorher genannten Mängel kann man bei genauer Kenntnis und Prüfung bereits bei der Anschaffung des Wagens vermeiden. Dazu gehören auch die eingangs betonten Gesichtspunkte, wie möglichst großer Raddurchmesser und gute, nicht ausgeschlagene und genügend lange Federn. Beides wirkt sich bei Unebenheiten kräfteschonend auf die Pferde aus.

Zwei Mängel, die sich besonders im Gelände- und Hindernisfahren störend bemerkbar machen, sind nicht unbedingt bauartabhängig; diese betreffen die Sprengwage und die Bremsen. Ist die feste Sprengwage, auf der die Docken befestigt sind bzw. an der die Ortscheite angehängt werden, nicht wenigstens 5–10 cm breiter als die breiteste Stelle des Wagens, kann man meist selbst Abhilfe schaffen. Dadurch bekommen nicht nur die Stangenpferde genügend Platz, um ungehindert ziehen zu können; bei engen Durchfahrten dienen die Enden der Sprengwage oder der Ortscheite auch als Peilpunkt für den Fahrer, wodurch sich das lästige Umsehen nach hinten erübrigt. Dessen Folge ist bekanntlich eine Veränderung der Leinenführung und im Ergebnis ein mögliches Anecken oder ein Hindernisfehler. Das gleiche passiert, wenn die hydraulische Fußbremse nicht gefühlvoll betätigt wird. Blockierende Räder können in Wendungen nicht nachrollen, sondern schneiden die Kurve.

Der Versuch, alle bisher genannten Gesichtspunkte für den idealen Kutschwagen beim Kauf zu berücksichtigen, wird meist fehlschlagen. Ganz ohne Kompromisse geht es gerade im Fahrsport fast nie ab, zumal, wenn nicht unbegrenzte Mittel zur Verfügung stehen. Letztendlich muß also der Interessent sich eine eigene Meinung bilden und herausfinden, was für ihn und seine Ambitionen am wichtigsten ist. Es wäre schön, wenn die Lektüre dieser Zeilen dazu beigetragen hätte.

Über aller Theorie aber sollte man die Praxis nicht vernachlässigen. Besuche bei Kutschenherstellern und -händlern, in Kutschenmuseen und vor allem die Beobachtung der Fahrzeuge unserer erfolgreichen Fahrer in Aktion können beim Kauf eines eigenen Wagens vor mancher Enttäuschung bewahren.

Neben dem guten Rat von Experten – etwa von der Fachgruppe Fahren des DRFV – kommt der Fahrsport-Enthusiast auch nicht ohne Fachliteratur aus: Einige der überregionalen Pferdesport-Zeitschriften berichten regelmäßig über diese Disziplin, eine wirkliche Fahrsport-Fachzeitschrift hohen Niveaus ist die dreisprachig gedruckte »ACHENBACH« aus der Schweiz. Wer an Turnieren teilnehmen oder Fahrprüfungen veranstalten möchte, braucht die LPO und das sehr preiswürdige »Handbuch für Reit- und Fahrvereine«, dazu das jeweils gültige Aufgabenheft – alles im FN-Verlag Warendorf erschienen. Von dort kommen auch die »Richtlinien für Reiten und Fahren« Band V, die man schon zur Teilnahme an einem Fahrkurs haben sollte, wenn man nicht »Das Fahrerabzeichen« des Verfassers bevorzugt, in dem das erforderliche Wissen als Frage- und Antwortspiel angeboten wird.

Das Einfahren von Reitpferden

Die früheren Probleme, die einer Verbreitung des Fahrsports im Wege standen, sind größtenteils gelöst. Das Thema Fahrausrüstung ist, wie bereits dargelegt, eigentlich nur noch eine Frage des Geldes. Genügend Fahrausbilder gibt es auch wieder – der Interessent muß lediglich die passende Möglichkeit ausfindig machen. An guten, eingefahrenen Wagenpferden herrscht aber beileibe noch kein Überangebot, und an diesem Punkt will der folgende Abschnitt ansetzen. An Reitpferden mangelt es heutzutage nirgends mehr, und jedes ordentliche Reitpferd ist im Grunde genommen ja auch ein potentielles Fahrpferd.

Nach sorgfältiger Vorbereitung kann ein Reitpferd, das noch nie im Wagen war, auch einspännig eingefahren werden.

Wesentliche Schwierigkeit bleibt das Einfahren. In fast allen Fällen wird der Pferdenachwuchs heutzutage nach dem Anlongieren sofort unter den Sattel genommen. Nur in seltenen Ausnahmefällen erfolgt die Ausbildung des jungen Pferdes noch nach dem klassischen Prinzip, nämlich in der Reihenfolge: Longe, Schleppenarbeit, Einfahren, Anreiten. In der Hengstprüfungsanstalt Adelheidshof des Hannoverschen Landgestüts Celle wird noch nach diesem Prinzip verfahren. Jeder nicht angekörte Hengst aus diesem Ausbildungsbetrieb könnte also nach dem Kastrieren jederzeit als Wagenpferd eingesetzt werden. In der Mehrzahl der Fälle aber erwacht das Interesse am Fahrsport unter aktiven Reitern, und viele von ihnen besitzen bereits ein oder mehrere Pferde. Daher erscheint es vordringlich, das Einfahren des gerittenen Pferdes zu beschreiben und zu erlernen.

Ausbildung auch ohne »Lehrmeister«

Wenn in der Fachliteratur vom Einfahren junger Pferde die Rede ist, wird fast immer vom Vorhandensein eines erfahrenen Wagenpferdes als »Lehrmeister« ausgegangen. Ältere Pferdeleute, die in ihrer Jugend noch mit dem Einfahren von Pferden befaßt waren, kennen im allgemeinen nur diese eine Methode. Da aber neuen Fahrsportinteressenten das ältere Wagenpferd normalerweise nicht zur Verfügung steht, muß dieser Vorgang eben »solo« vonstatten gehen. Das ist zwar nicht so einfach wie im Zweispänner, aber bestimmt nicht die schlechteste Methode. Würde sonst etwa der frühere Springreiter, spätere Fahrerweltmeister von 1982 und 1986, Tjeerd Velstra, Leiter des »Nederlandse Hippische Centrum« in Deurne, dieses Verfahren bevorzugen? Oder andere routinierte Pferdeleute, die jederzeit einen »Lehrmeister« zur Verfügung hätten?

Ehe wir uns der eigentlichen Technik des Einfahrens zuwenden, zunächst einige wichtige Grundvoraussetzungen, nämlich die *Qualifikation des Ausbilders* und die *Eignung des Pferdes*.

Der Ausbilder muß zumindest solide Grundkenntnisse im Fahren besitzen, er soll gut mit Pferden umgehen können sowie mit ihrer Anatomie und Psyche vertraut sein. Er braucht neben der Liebe zur Kreatur viel Geduld – also auch Zeit – und sollte möglichst eine souveräne Ruhe ausstrahlen. Darüber hinaus benötigt er ein bis zwei geschickte Helfer und einen genügend großen, abgelegenen sowie eingezäunten Platz.

Grundlage: das Vertrauen zwischen Fahrer und Pferd

Ein in den Grundgangarten korrekt ausgebildetes Reitpferd, das keine wesentlichen Charakter- und Temperamentschwierigkeiten aufweist, dürfte uns die Arbeit nicht allzu schwer machen. Das Alter spielt dabei keine besondere Rolle, wenngleich das jüngere Pferd meist eine größere Lernfähigkeit aufweist. Beim älteren Tier ist dagegen die Vertrauensbasis bereits weiter gefestigt, vorausgesetzt, daß es nicht bei früheren Einfahrversuchen schlechte Erfahrungen gemacht hat. Also bitte: Hände weg von Korrekturpferden, wenigstens beim ersten Versuch auf diesem Gebiet.

Angesichts der großen Leistung, die im heutigen Fahrsport von Wagenpferden erwartet wird, kommt es nicht nur auf einwandfreien Charakter, guten Gesundheitszustand und entsprechende Kondition an. Entscheidend sind auch bestimmte Mindestanforderungen an das Exterieur. In einem Fachvortrag des Deutschen Reiter- und Fahrerverbandes hat ein angesehener Experte die Frage beantwortet, wie ein leistungsfähiges Fahrpferd aussehen muß. Zitat des Züchters, Fahrrichters und Ehrenvorsitzenden der DRFV-Fachgruppe Fahren, Franz Lange, eines der erfolgreichsten Turnierfahrer der Nachkriegsgeschichte:

»Wie muß ein Wagenpferd aussehen?

1. *Es muß vier vorzügliche Beine mit erstklassigen Hufen haben. Ein Pferd hat nur soviel Wert, wie seine Hufe aushalten.*
2. *Es muß über viel Boden stehen, damit es Raumgriff entwickeln kann. Die Schulter muß lang und schräg sein, dann bietet sie Gewähr für eine gute Geschirrauflage.*
3. *Der Hals soll lang und ohne Unterhals sein, nicht zu tief angesetzt, damit das Geschirr nicht auf die Luftröhre drückt. Wichtig ist genügend Freiheit in den Ganaschen, damit keine Schwierigkeit in der Beizäumung entsteht.*
4. *Der Widerrist soll ausgeprägt sein und lang in den Rücken auslaufen. Er ist Ansatz- und Stützpunkt für Sehnen und Muskulatur, die für den Bewegungsablauf wichtig sind.*
5. *Das Mittelstück soll wegen der ausgewogenen Statik nicht zu lang sein; die Kruppe dagegen muß lang und gut bemuskelt sein, um einen kräftigen Schub aus der Hinterhand entwickeln zu können.*
6. *Das Knie muß lang sein und weit nach vorne reichen, das Sprunggelenk stark, tief sitzend und entsprechend gewinkelt, um eine weit unterreichende, tragende Hinterhand zu gewährleisten.*
7. *Das Pferd muß genügend Brustbreite und Gurtentiefe haben, um Herz und Lunge Platz zu bieten.«*

Dem sei nur hinzugefügt, daß neben dem Gebäude, welchem für ein Leistungspferd große Bedeutung zukommt, auch Charakter und Temperament gleichrangig sind. Denn nicht nur das Pferd soll Vertrauen zu seinem Ausbilder haben; umgekehrt muß sich der Fahrer auch hundertprozentig auf den einwandfreien Charakter seiner Zugtiere verlassen können. Andernfalls steht es schlecht um ihn, weil die Einwirkungsmöglichkeiten mit der langen Fahrleine, Stimme, Peitsche und Bremse vom Bock aus unvergleichlich geringer sind als etwa die des Reiters. Der sitzt ja bekanntlich regelrecht »im Pferd«. Deshalb ist es auch die größere Kunst, mit unseren bescheidenen Hilfen das Wagenpferd in gleicher Vollendung zu präsentieren, wie es dem guten Reiter gelingt.

Die Bedeutung eines soliden Vertrauensverhältnisses zwischen Pferd und Mensch kann nicht hoch genug bewertet werden. Sie wird auch in der Fachliteratur immer wieder betont.

Wir gehen davon aus, daß Ausbilder und Pferd die Longenarbeit mit der einfachen Longe bereits beherrschen. Sie dient dem systematischen Lösen und Gymnastizieren der Muskeln, dem schrittweisen Konditionstraining und der Festigung des Vertrauensverhältnisses zum Ausbilder, indem an bereits Bekanntes angeknüpft wird.

In diesem Zusammenhang sei auf das Kapitel »Die Ausbildung von Pferd und Reiter« verwiesen, und auch das Kapitel »Artgemäße Pferdehaltung und verhaltensgerechter Umgang mit Pferden« gibt wertvolle Hinweise auf die generelle Verhaltensweise des Pferdes.

Erster Schritt: Arbeit an der Doppellonge

Als Übergang zum eigentlichen Einfahren dient die Doppellongenarbeit. Ein eigenes Doppellongengeschirr wird im allgemeinen nicht vorhanden sein. Wenn man nicht regelmäßig Pferde einfährt, ist es auch nicht erforderlich. Statt dessen beginnen wir zunächst mit dem ganz normal gesattelten Pferd. Die Reitzügel sind am Sattel befestigt, die relativ kurz geschnallten Bügel sind heruntergezogen und die Bügelriemen werden mit Kordel oder Sporenriemchen beidseitig am Sattelgurt festgelegt.

Diese Methode hat zwei Vorteile: Das Reitpferd ist mit dem Sattel besser vertraut als mit jedem anderen Geschirrteil, und die nicht zu lang geschnallten Bügel weisen die ideale Höhe zur Führung der Doppellonge auf. Damit sie besser gleiten kann, entfernen wir aus den Bügeln etwa vorhandene Gummieinlagen.

Eine Doppellonge ist ca. 17 m lang, wobei die ersten zwei Meter an jedem Ende möglichst aus rundgenähtem Leder hergestellt werden sollten, da dieses besser in den Steigbügeln bzw. Führungsringen gleitet. Schnallen und Schnallstrippen zum Einschnallen in die Trensenringe befinden sich an den äußersten Enden, das Mittelstück besteht aus 13 m durchgehendem, kräftigem Gurt. Einfach

und preiswert kommen wir zu einer Doppellonge, indem wir einen 17 m langen, soliden Rolladengurt an jedem Ende mit Karabinerhaken versehen, wie sie bei Stoß- oder Ausbindezügeln üblich sind.
Vor Beginn der ersten Doppellongenarbeit sollte das Pferd ausgiebig geritten oder mit der vertrauten, einfachen Longe gearbeitet worden sein. Vorder- und Hinterbeine werden durch Bandagen oder Galoppgamaschen gegen Streichen und andere Verletzungen geschützt. Nun führen wir, während ein Helfer das Pferd hält, die beiden Longenenden von hinten durch die Steigbügel zu den Trensenringen. Gleichzeitig wird die einfache Longe wie üblich eingeschnallt, anfangs am besten mit einem Kappzaum, und von einem zweiten Helfer übernommen.
Der Ausbilder spricht beruhigend mit dem Pferd, während er vorsichtig mit dem Ende der Doppellonge in der Hand, soweit es diese zuläßt, hinter dem Pferd Aufstellung nimmt. Wenn dabei die Gurte mit den Hinterbeinen in Berührung kommen, wird das Pferd ständig beruhigt und gelobt, sobald es dies anstandslos duldet. Dieser erste kleine Fortschritt wird sogleich auch mit einem bereitgehaltenen Leckerbissen belohnt. Während weiter mit dem Pferd gesprochen wird, bewegen wir die Longe locker an der Außenseite der Hinterbeine auf- und abwärts, und sofort ist wieder die nächste Belohnung fällig.
Nun beginnt die Longenarbeit im Schritt, wobei das Pferd am Kopf geführt wird, während der Ausbilder mit der Doppellonge in gehörigem Abstand hinterhergeht. Nach wenigen Schritten wird wieder angehalten und mit Lob sowie Belohnung nicht gespart. Alles vollzieht sich mit größtmöglicher Ruhe und Geduld.
Ganz allmählich kommt der Doppellongenführer näher zum Mittelpunkt, immer wieder durch Beruhigungspausen unterbrochen. Zuletzt befindet er sich am gleichen Standpunkt wie der Helfer mit der einfachen Longe. Jetzt folgen längere Schrittreprisen, und schließlich wird unter wiederholtem Loben und Belohnen die Hand gewechselt. Zunächst beginnen wir auf der neuen Hand genauso wie zuvor beschrieben.
Sobald die Schrittarbeit unter häufigen weichen Paraden zum Halten in völliger Ruhe möglich ist, wird das Pensum beendet. Am nächsten Tag knüpfen wir daran aufs neue an und nehmen dann, sobald Ruhe eingetreten ist, die einfache Longe heraus. Bis die Führung allein mit der Doppellonge gelingt, sollte zunächst wieder ein Helfer am Kopf des Pferdes mitgehen. Dann aber kommt der Zeitpunkt, wo die Schrittarbeit auch ohne Helfer möglich wird. Erst wenn sie voll beherrscht wird – unter häufigem Nachgeben auch mit dem äußeren Longengurt –, legen wir erste kurze Trabreprisen ein. Zwischendurch halten wir hin und wieder an und spenden bei jedem Fortschritt reichlich Lob und Leckerbissen.
Die Doppellongenarbeit, die bei der Ausbildung von Reitern und Fahrern leider viel zu kurz kommt, wird nun mit täglich leicht steigenden Anforderungen fortgesetzt. Zunächst im Schritt, später auch im Trab, wechseln wir durch den Zirkel und aus dem Zirkel die Hand. Bei diesen Übungen muß der Longenführer darauf achten, daß er durch gleichzeitiges Verändern seines Standpunktes zur Zirkellinie und wieder zur Zirkelmitte zurück eine ständige weiche Verbindung zum Pferdemaul aufrechterhält. Das rasche, geschmeidige Umgreifen beim Handwechsel ohne Störung des Pferdes ist dabei von großer Bedeutung. Es wird dadurch erleichtert, daß das Pferd – wie bei der Ausführung solcher Lektionen unter dem Sattel – einen Moment lang geradegerichtet geht.
Zwischen der Arbeit auf dem Zirkel legen wir nun immer häufiger auch Übungen im Schritt geradeaus ein. Noch mehr als auf dem Zirkel müssen wir dabei an das häufige, gefühlvolle Nachgeben mit beiden Leinenenden denken. Erst wenn diese Arbeit in großer Ruhe und zur vollen Zufriedenheit gelingt, setzen wir neben der Stimme auch die Longierpeitsche als treibende Hilfe ein. Am sichersten kommen wir voran, wenn wir ein bis zwei Wochen lang täglich ohne Unterbrechung weitermachen, wobei das Pferd zwischendurch immer wieder auch geritten wird.
Zur Führung der Doppellonge tritt an die Stelle des Sattels bald ein halbes Zweispännergeschirr oder ein Einspännergeschirr ohne Stränge. Die Aufgabe der Steigbügel übernehmen jetzt zwei große Führungsringe (z. B. von einer ausgedienten Kinderschaukel), die beiderseits des Kammdeckels in gleicher Höhe mit Sporenriemen am Bauchgurt eingeschnallt werden. Diese tiefe Führung der Longenenden ist nach wie vor wichtig, damit

der äußere Gurt nicht über die Kruppe des Pferdes nach oben auf den Rücken gleiten kann, sondern stets hinten oberhalb der Sprunggelenke verläuft. Nach vorne zu den Trensenringen hin werden die Enden nun aber durch die Leinenringe am Kumt bzw. am Halsriemen des Brustblattes geführt.

Zweiter Schritt: Schleppenarbeit

Der nächste Schritt zum Einfahren ist nun die Schleppenarbeit. Wir verwenden von jetzt an nur noch ein Einspänner- bzw. halbes Zweispännergeschirr. Schon an der Doppellonge wurde das Pferd allmählich an den Schweifriemen gewöhnt. Nach ausgiebigem Longieren halten wir an und ein Helfer schnallt die Stränge möglichst lang ein. An deren Enden haben wir je ein kräftiges Seil von etwa 3 m Länge befestigt. Ein zweiter Mitarbeiter steht am Kopf des Pferdes. Mit der Doppellonge nimmt der Ausbilder hinter dem Pferd Aufstellung, während die beiden Helfer nun die Seilenden hinter den Strängen erfassen und von beiden Seiten neben ihn treten. Dabei halten sie die Stränge zunächst so, daß sie nicht mit der Hinterhand in Berührung kommen.

Wir lassen das Pferd im Schritt antreten und arbeiten wie gewohnt geradeaus und in einem großen Kreisbogen. Dabei kommen nun ab und zu die Stränge mit der Außenseite der Hinterbeine in Berührung. Sobald dabei keine Schwierigkeiten mehr auftreten, was durch häufiges Loben und Belohnen beschleunigt wird, lassen sich die Helfer allmählich gleichzeitig etwas vom Pferd mitziehen. Bleibt es stehen, war der Zug zu stark und muß verringert werden. Nach dem ersten deutlichen Fortschritt kann die Arbeit für diesen Tag beendet werden. Sie wird dann täglich unter stets etwas stärkerer Zugbeanspruchung wiederholt.

Nun muß auch darauf geachtet werden, daß nach dem Abschirren die Brustpartie des Pferdes gründlich mit kaltem Wasser gekühlt und abgewaschen wird. Am besten setzt man dem Wasser einen kräftigen Schuß Spiritus zu; manche Fahrer verwenden den Spiritus auch nur wenig verdünnt. Diese Maßnahme ist künftig nach jeder Einfahrübung zu wiederholen. Sie gehört auch beim fertigen Wagenpferd zum selbstverständlichen Absorgen im Anschluß an die Arbeit im Geschirr.

Die beste Vorbereitung für das künftige Wagenpferd ist die Arbeit an der Schleppe, wie hier von Friesenfahrer Günter Fröhlich vorgeführt.

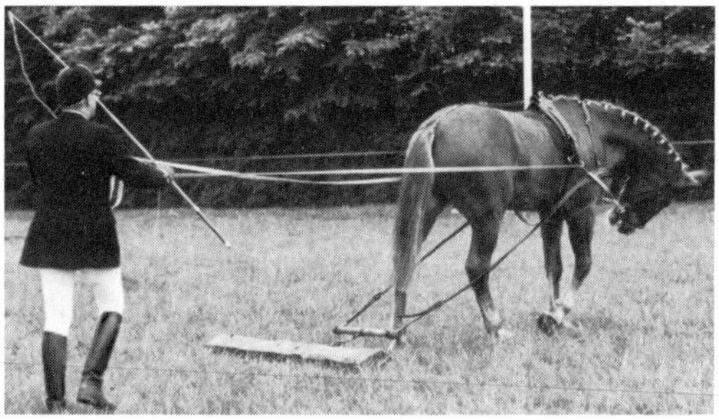

Zwei Fehler führen hier zum Überrollen: Zu wenig nachgebende Hand und die viel zu kurzen Stränge am Ortscheit.

Als leichte Schleppe haben wir ein Rundholz von etwa 2½ m Länge und rund 20 cm Durchmesser vorbereitet. An jedem Ende wurde ein solider Ring oder Haken aus Eisen fest angebracht. Den Rundbalken befestigen wir nun an den Strickenden in solchem Abstand, daß das Pferd auch bei etwaigem Auskeilen nicht damit in Berührung kommen kann. Wir machen dazu in den Strick eine Schleife, die notfalls mit einem Zug schnell zu öffnen ist.

Der richtige Untergrund für den ersten Versuch ist eine weiche Wiese, ein Sandplatz oder die Lohe im Dressurviereck. Bis sich das Pferd an das neuartige Geräusch hinter ihm gewöhnt hat, geht ein Helfer mit dem Führzügel oder der einfachen Longe nebenher, während der Ausbilder das »Gespann« zunächst nur geradeaus lenkt. Auch jetzt folgen allmählich Kreisbogen, bei denen die Stränge mit den Hinterbeinen gelegentlich in Kontakt kommen. Auch hierbei darf, wie bei allen späteren Phasen der Ausbildung, das reichliche Loben und Verabreichen von Leckerbissen nicht vergessen werden.

Nach ein bis zwei Tagen kann das Gewicht durch Anhängen weiterer Rundhölzer hinter dem ersten Balken erhöht werden. Außerdem suchen wir gelegentlich etwas unebeneren Boden auf, um die Geräuschentwicklung zu verstärken. Wenn es dabei keine Schwierigkeiten mehr gibt, sollte auch einmal ein Stück Straße oder Pflaster überquert werden.
Parallel zu dieser Arbeit machen wir unser künftiges Wagenpferd allmählich mit dem Kutschwagen vertraut, indem wir es daneben- und davorstellen. Auch sollten wir es an das spezifische Geräusch eines rollenden Fahrzeugs dadurch gewöhnen, daß zwei Helfer den Wagen neben dem in der Schleppe gehenden Pferd herschieben. Um die Ausbildung abwechslungsreich zu gestalten, wird zwischendurch immer wieder Arbeit unter dem Sattel und Longieren mit der einfachen oder der Doppellonge eingeschoben.
Dabei sorgen wir dafür, daß einer der Longengurte auch einmal zwischen die Hinterbeine des Pferdes gerät, gelegentlich sogar bei der Schleppenarbeit ein Strang. Denn auch daran muß sich jedes künftige Zugtier gewöhnt haben, damit später vor dem Wagen beim Übertreten der Stränge keine Panik entsteht. Kitzlige Pferde vor dem Wagen sind gefährlich!

Gewöhnung an die Schere

Sobald schließlich die Schleppenarbeit auch in engeren Wendungen reibungslos vonstatten geht, folgt der letzte Schritt unmittelbar vor dem Einspannen in den Wagen. In die Tragösen am Selett des Einspännergeschirrs werden zwei lange, leichte und elastische Stangen eingeschoben. Die beiden Helfer nehmen weit hinter dem Pferd die anderen Enden auf und gehen während der Schleppenarbeit neben dem Longenführer her. Durch gelegentliches Berühren des Pferdes mit den Stangen sorgen wir dafür, daß die Scherbäume eines Einspännerwagens später als ganz normal empfunden werden. Zuletzt kann man die Stangenenden sogar mit je einem Strick auf den ersten Balken der Schleppe binden.
In der Zwischenzeit haben wir mehrfach ein komplettes Einspännergeschirr aufgelegt. Lediglich an Stelle des Fahrzaums mit Scheuklappen findet zunächst noch ein gewöhnlicher Trensenzaum Verwendung. Gerade sensible Pferde müssen nämlich an die unvermeidlichen Scheuklappen gesondert gewöhnt werden. Damit reagieren sie selbst auf gewohnte Geräusche hinter sich zunächst schreckhaft, um so mehr auf alles Ungewöhnliche. Deshalb sollte das Pferd beim Einfahren alles sehen können, was hinter ihm geschieht. An die Scheuklappen gewöhnt es sich am besten beim normalen Longieren und unter dem Sattel in der Reitbahn.
Bald ist nun die Schleppenarbeit soweit fortgeschritten, daß auch mit den an der Schleppe locker angebundenen Stangen selbst engere Wendungen problemlos gefahren werden können. Jetzt ist der Zeitpunkt gekommen, da wir unser Pferd zum erstenmal in den Wagen spannen. Gerade für diesen Schritt sind größte Ruhe, Gelassenheit und Geduld die wichtigsten Voraussetzungen.

Das Pferd vor dem Wagen

Nach längerer Schleppenarbeit bringen wir das aufgeschirrte Pferd vor den Wagen, wie wir es inzwischen schon viele Male geübt haben. Wieder steht ein Helfer am Kopf des Pferdes, während der andere dem Ausbilder beim Einspannen behilflich ist. Letzterer behält dabei die Doppellonge jederzeit griffbereit in einer Hand. Mit gutem Zureden und nach häufiger Gewöhnung an das Fahrzeug sollten dabei keine Schwierigkeiten auftreten. Sobald das Pferd eingespannt ist, wird es belohnt, und man läßt es nur einige Minuten im Wagen stehen. Wenn keine Unruhe und auch keine störenden Einflüsse von außen vorliegen, werden wir das Pferd nun einige Schritte mit dem Wagen führen. Anschließend loben wir es erneut und spannen sofort wieder aus.
Am nächsten Tag wird alles genauso wiederholt und das Führen auf eine etwas größere Strecke ausgedehnt. Nur wenn sich keinerlei Probleme dabei ergeben, kann jetzt der Ausbilder erstmals auf den Bock steigen und von dort mit der als Einspännerleine verwendeten Doppellonge die Richtung bestimmen. Selbstverständlich erfolgt die Führung von Longe bzw. Leine des eingespannten Pferdes durch die Leinenaugen auf dem Selett, auch bereits in der mit Stangen ergänzten Schleppe. Am Anfang gehen auf beiden Seiten die Helfer mit eingeschnalltem Führzügel bzw. einfacher Longe nebenher. Sie sollten dabei möglichst überhaupt nicht mehr einwirken. Nach ausreichender Gewöhnung an die Arbeit im

Wagen kann schließlich auch auf diese Sicherheitsmaßnahme verzichtet werden.
Ein bis zwei Wochen lang setzen wir nun die Fahrübungen ausschließlich im Schritt fort. Dabei verlängern wir die Fahrstrecke von Tag zu Tag ganz geringfügig. Unter allen Umständen ist eine Überforderung des Pferdes zu vermeiden, zumal sich die Muskulatur erst nach 2–3 Monaten der neuen Beanspruchung voll angepaßt hat. Genau wie bei der Schleppenarbeit suchen wir dann allmählich etwas rauhere Bodenverhältnisse auf, also Unebenheiten und zuletzt auch ein Stück Pflaster oder anderen harten Belag.
Erst wenn all dies reibungslos bewältigt wird, können wir die erste kurze Trabreprise einlegen. Dies geschieht natürlich wieder auf dem ruhigen, eingezäunten Fahrplatz. Auch die Trabstrecken werden nur allmählich hinsichtlich Häufigkeit und Länge gesteigert. Dabei ist ganz besonders darauf zu achten, daß der Takt geregelt ist und das Pferd nie zum Wegeilen kommt.
Mit zunehmender Sicherheit können wir schließlich auch beginnen, auf ruhigen, verkehrsarmen Wegen zu fahren. Voraussetzung dafür ist selbstverständlich, daß unser Pferd schon vorher unter dem Sattel an andere Verkehrsteilnehmer gewöhnt worden ist. Sowenig, wie man mit einem jungen Pferd allein ausreiten sollte, werden wir mit einem Neuling vor dem Wagen ohne Hilfe in den Straßenverkehr gehen. Anfangs kann der Beifahrer sogar vorsorglich zur Absicherung noch eine Longe in die Hand nehmen, die zusätzlich zur Leine in der Trense eingeschnallt ist. Eine etwaige Tendenz zum Durchgehen auf Grund eines unerwarteten Ereignisses kann zu zweit natürlich eher bewältigt werden. Wenn Paraden und Bremsenhilfen nicht mehr durchkommen, hilft wie beim Reitpferd das Abwenden auf einen zunächst großen und später immer kleineren Zirkel. Im Straßenverkehr heißt das: Möglichst herunter von der Fahrbahn, dabei Ruhe bewahren und lieber einen Flurschaden in Kauf nehmen als einen Verkehrsunfall verursachen!
Die Gefahr solcher Zwischenfälle läßt sich durch genaue Befolgung der hier gegebenen Anleitung sehr reduzieren, und mit zunehmender Sicherheit von Pferd und Fahrer wird sie immer geringer. Das darf uns aber nie zum Leichtsinn verleiten. Für das Pferdegespann gilt nicht nur der bekannte § 1 der Straßenverkehrsordnung; der Fahrer muß weit mehr als der Reiter sein Pferd im Auge behalten und vorausahnend sehen, was auf ihn zukommt. Nur so kann er die erforderliche Korrektur frühzeitig einleiten.
Mit dem bis dahin Erreichten hat aber das eigentliche Fahren erst begonnen. Nun kommt es im weiteren Training darauf an, den Gehorsam des Pferdes über bessere Verständigung durch feinere Hilfengebung zur wirklichen Harmonie weiterzuentwickeln. Erst dann wird man allmählich dem endgültigen Ausbildungsziel näherkommen, welches darin besteht, daß das Pferd dem Willen des Fahrers entsprechend den Wagen in allen Gangarten und in allen geeigneten Geländeverhältnissen sicher zieht. Verlangt wird freier Schritt mit weitem Raumgriff, Trab im harmonischen Takt und weiche Anlehnung bei schöner Aufrichtung, um den annehmenden oder nachgebenden Leinenhilfen willig folgen zu können.

Schlußbemerkung

Die Feinheiten zur Erreichung solcher höher gesteckter Ausbildungsziele sind kaum aus Büchern zu erlernen, sondern erfordern viel Training und ein hohes Maß an Kondition und Leistungsbereitschaft.
Nicht zu ersetzen ist aber in dieser Phase der Rat guter Ausbilder und der Erfahrungsaustausch mit gleichgesinnten Sportkameraden. Und da wird unter echten Fahrern nicht »gemauert«, sondern immer gern geholfen.

gets grass when it is and hay when it ain't.« – Es kriegt Gras, wenn es welches gibt, und Heu, wenn es kein Gras gibt.

Es dürfte also genügen, sich an einige Grundregeln zu halten. Der Pflanzenfresser Pferd hat einen kleinen Magen und soll daher mengenmäßig wenig, aber dafür öfter gefüttert werden. Für die Verdauung ist viel Ballaststoff notwendig. Wichtig ist, daß die Kraftfuttermenge auf die tägliche Arbeit abgestimmt wird. Plötzlicher Futterwechsel ist zu meiden. Es darf nur allerbeste Qualität gegeben werden. Das Ziel ist ein Pferd, das über genug Reserven für die benötigte Energie verfügt, ohne überflüssiges Gewicht zu tragen. Dem disziplinfremden Zuschauer erscheinen Pferde in Distanzkondition meist viel zu mager; das gleiche trifft übrigens auch auf den Vollblüter in Rennkondition zu.

Eine weitere Regel, die bei Distanzpferden nicht angewandt wird, ist die genaue Einhaltung der Futterzeiten. Distanzpferde müssen sich soweit wie möglich daran gewöhnen, unregelmäßig gefüttert zu werden und auf jeden Fall dann zu fressen, wenn es etwas zu fressen gibt. Werden nur kleine Mengen gegeben, ist dies unproblematisch. Wer seinem Pferd viel Futter auf einmal gibt und das auch noch unregelmäßig tut, hat die Kolik vorprogrammiert.

Das Pferd bekommt also ausreichend Rauhfutter und Kraftfutter je nach geleisteter Arbeit. Weil Hochleistungspferde viel Energie, aber wenig Protein benötigen, sind energiereiche Futtermittel wie Mais und Maisöl wertvoll. Hafer kann bis zu ein Drittel durch Mais ersetzt werden. Ein guter Mineral-Vitaminzusatz und 30 g Salz täglich (oder zur freien Verfügung) sowie jederzeit frisches, sauberes Wasser runden das Futterprogramm ab. Eine Blutanalyse im Frühjahr kann Auskunft über eventuelle Mängel im Mineral- oder Spurenelementbereich erteilen.

Die Menge des benötigten Kraftfutters ist von Rasse zu Rasse und von Pferd zu Pferd verschieden. Pferde arabischer Blutführung kommen auch beim Distanztraining oft mit 2–3 Kilogramm täglich aus, mehr als 6 kg werden kaum aufgenommen. Andere Rassen sind selten so genügsam; jedes Tier muß aber genau beobachtet und entsprechend gefüttert werden. Ausführlich zum Thema Fütterung berichtet das Kapitel »Möglichkeiten der praktischen Pferdefütterung«.

Ein regelmäßiges Entwurmungsprogramm unter tierärztlicher Leitung ist unerläßlich. $\frac{1}{4}$ bis 1 Tasse Obstessig täglich in das Kraftfutter oder Trinkwasser gegeben, hält Fliegen fern und fördert die Verdauung von Kraftfutter. Nach anstrengender Arbeit ist Mash wohltuend. Eine jährliche Zahnkontrolle sowie Impfung nach Notwendigkeit und/oder Vorschrift des jeweiligen Landes gehören zum Grundprogramm (siehe hierzu das Kapitel »Gesundheitsprobleme im Pferdebestand«).

Besondere Aufmerksamkeit erfordert der Hufbeschlag – ein verlorenes Eisen kann die Arbeit eines ganzen Jahres zunichte machen. Zu Beginn der Saison plant man mit dem Hufschmied unter Berücksichtigung seiner Urlaubspläne und der Hauptdistanztermine das Beschlagprogramm. Falls das Gelände es zuläßt, ist es ratsam, die Pferde, die genügend hartes Hufhorn haben, »barfuß« gehen zu lassen, sofern über mehrere Monate keine Wettbewerbe anstehen. Schließlich ist der Beschlag ein notwendiges Übel. Die häufigsten Fehler beim Distanzbeschlag sind unsachgemäß vorgenommene Beschneidung des Strahles und der Sohle oder zu schwere und abstehende Eisen. Die Eisen sollten eine Unterstützung, keine Änderung der natürlichen Hufform darstellen. Jedes überflüssige Gramm Eisen muß während des Rittes vom Pferd tausendfach unnötig gehoben werden. Die Art des Eisens hängt vom Gelände ab, glatte Profileisen werden am häufigsten benutzt. Abruptes Bremsen belastet Sehnen und Knochen unnötig. Borium kann auf festem, glattem Boden wertvoll sein, ist aber wegen des Bremseffektes nur mit Vorsicht zu benutzen. Das gleiche gilt für Stollen, die auf festem Boden die Fußstellung ändern, in weichem Gelände ungute Bremswirkung entwickeln und in unebenem Gelände Verletzungen verursachen können. Muß man mit einem nicht abgehärteten Pferd in steinigem Gelände einen Ritt machen, so kommt man um Einlagen nicht herum. Polierte Schenkel sind wertvoll, um Abrieb der Trachten sowie Erschütterungen zu mindern.

Lockerungs- und Dehnübungen, um das Pferd vor ▷ dem Ritt oder vor der Nachuntersuchung aufzuwärmen bzw. in den Pausen zu lockern. Alle Handgriffe sind betont langsam und nicht gegen den Widerstand des Pferdes durchzuführen.

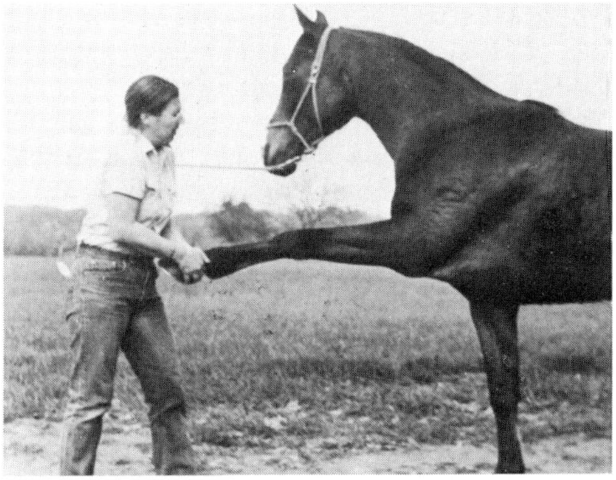

Strecken der Vorder- und der Hinterbeine auf beiden Seiten.

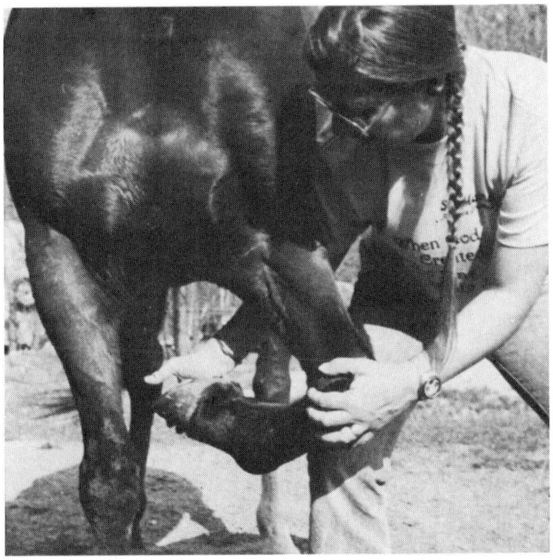

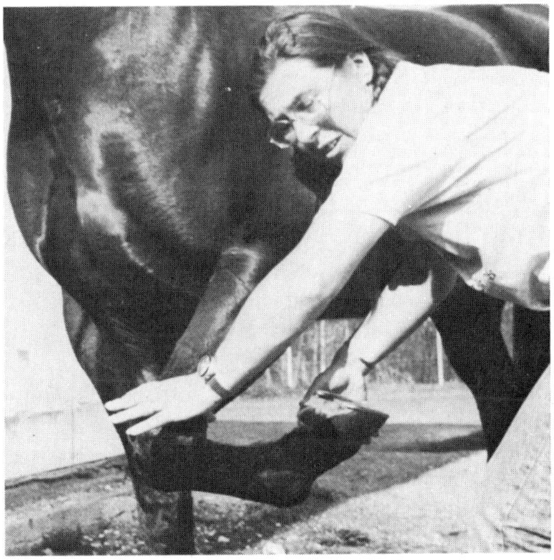

Drehungen im gebeugten Vorderbein abwechselnd nach innen und außen.

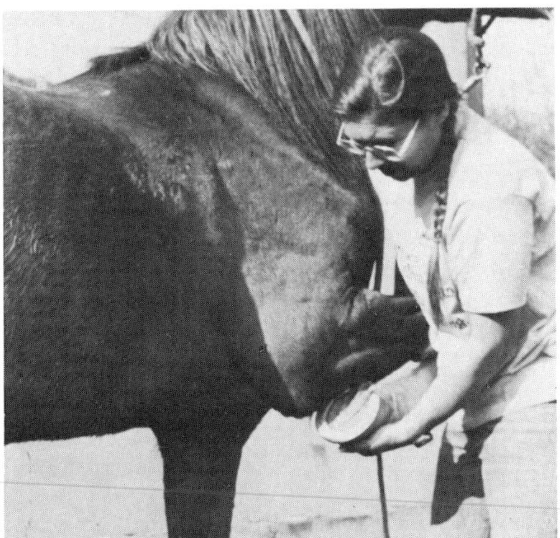

Anhebung der Schulterpartie, Förderung der Durchblutung aller Gelenke durch Spannung.

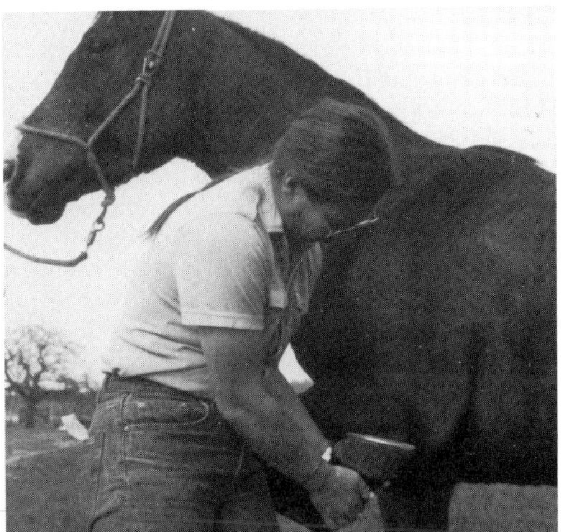

Spannen des Vorderfußwurzelgelenks, Fesselgelenks und Krongelenks.

Im Wettkampf
Bei Wettkämpfen übernachten die Pferde vielfach in Behelfsunterkünften. Dies ist praktischer, billiger und oft hygienischer als Boxen, die ohnehin in solcher Anzahl in abgelegenen Gegenden nicht zu bekommen sind. Es ist nicht pferdegerecht, nach 160 gerittenen Kilometern ein Pferd einzusperren; die Umstellung wäre zu abrupt. Pferde, die in einem Aufbaupaddock stehen oder von einem Elektrozaun umgeben werden, lernen bald, daß dies ihr Revier ist. Sie entspannen sich und bedürfen weniger aufwendiger Pflegemaßnahmen als Pferde, die in einer Box stehen. Spielt das Wetter wirklich einmal nicht mit, so kann ein Doppelhänger als Notunterkunft für einige Stunden zur Überbrückung dienen.
Für den Ritt braucht das Pferd ausreichend Rauhfutter im Magen und gespeicherte Energie. Üblicherweise wird abends vor dem Ritt voll gefüttert (die Ausnahme bilden verschlagsgefährdete Pferde) und morgens vor dem Ritt ein wenig. Das Füttern während des Wettkampfes hängt vom einzelnen Pferd und vom Ritt ab. Kraftfutter wird innerhalb von acht Stunden nicht in Energie verwandelt. Daher ist seine Verfütterung bei Ritten, die in dieser Zeit beendet sind, nur von psychologischem Wert. Beim 100-Meilen-Ritt dagegen kann Kraftfutter, das in den Pausen gegeben wird, durchaus als Energiequelle nützlich sein. Rauhfutter ist für die Darmtätigkeit absolut notwendig: Ein Pferd auf einem 100-Meilen-Ritt *muß* in den Pausen Rauhfutter bekommen! Während des Rittes dem Tier Elektrolyte aufzuzwingen, kann die Dehydratation verschlimmern, falls diese noch mehr Flüssigkeit aus dem Blut abziehen. Das Pferd weiß selbst instinktiv und besser als der Mensch, was es braucht; aus diesem Grunde hat es sich bewährt, Heu, eine geringe Menge Kraftfutter und Elektrolyte zur Auswahl anzubieten.
Nach dem Ritt gibt man erst kleinere Mengen Futter, da das ganze Körpersystem des angestrengten Pferdes müde ist. Geht der Ritt am Folgetag weiter, so muß später viel Kraftfutter nachgefüttert werden, ansonsten genügt Mash. Gras ist fast nie verkehrt, auch Heu nicht, es sei denn, das Pferd wurde überfordert. In diesem Falle ist Gras vorzuziehen, da es dem Körper nicht so viel elektrolythaltigen Speichel entzieht.
Gelingt es einem, das Pferd ständig hydriert zu halten, so kann man beliebig Wasser geben. Ist das Pferd jedoch dehydriert, so reicht man nach und nach kleinere Mengen. Wasserkoliken können durch zu viel Durst, zu viel und vor allem zu kalt aufgenommenes Wasser in einen überhitzten Magen sowie durch Herumstehen nach dem Tränken verursacht werden. Speziell durch letzteres nimmt das aufgenommene Wasser nicht schnell genug die Magentemperatur an.

Worauf der Distanzreiter zu achten hat

Tierärztliche Betreuung

Die Rolle des Tierarztes bei Distanzritten ist dem einen oder anderen noch immer unklar. Gewünscht wird eine Zusammenarbeit von Reiter und Tierarzt, um das Pferd gesund durch den Ritt zu bringen. Er ist kein Polizist, der Pferde disqualifiziert, obwohl er gelegentlich bei uneinsichtigen Reitern diese Rolle spielen muß! Der gute Tierarzt berät gemeinsam mit dem Reiter, welche Möglichkeiten es gibt, weiterzumachen, oder ob ein rechtzeitiges Aufhören besser wäre. Um eine solche Zusammenarbeit zustande zu bringen, muß der Reiter jegliche Probleme mit dem Tierarzt erörtern; das beginnt bereits bei der Voruntersuchung. Der Reiter kennt sein eigenes Pferd besser als der Tierarzt, der es ja nur beim Ritt beobachtet, und wird manchmal früher wissen, wenn etwas nicht in Ordnung ist. Schenkt der Reiter dem Tierarzt nicht reinen Wein ein, und stellt der Tierarzt fest, daß das Aussehen des Pferdes der Aussage des Reiters widerspricht, so wird sich der Tierarzt nach dem Pferd richten. Diesem Reiter ist nicht zu helfen, und sein Pferd wird öfter ausscheiden müssen, da der Tierarzt sich nicht darauf verlassen kann, daß sein Rat befolgt wird. In jedem Falle trägt der Reiter die volle Verantwortung für die Gesundheit seines Pferdes.

Beobachtung und Beurteilung des Pferdes

Vor dem Start verfügt jedes Pferd über eine gewisse Menge an Energie. Der Reiter muß mit dieser Menge – vergleichen kann man sie mit einem vollen Eimer – so haushalten, daß sie bis zum Ziel reicht. Hat er am Ziel noch einen halben Eimer voll, so hätte er schneller reiten können. Ist der Eimer bereits vor dem Ziel leer, so ist der Ritt zu Ende und der Reiter scheidet aus. Dieses richtige Haushalten mit der vorhandenen Energie ist bei Mehrtageritten am schwierigsten. Werden alle Glykogenreserven verbraucht, kann das Pferd – und sei es dazu noch so bereit – nicht mehr weiterlaufen. Es dauert mindestens 48 Stunden, bis diese Reserven wieder annähernd aufgebaut sind.

Die Hauptgefahren für ein Pferd auf dem Distanzritt sind Verschlag, Lahmheiten, Krämpfe und alles, was unter die Rubrik Erschöpfung fällt. Wie soll sich der Reiter verhalten, um diese Gefahren zu umgehen? Wie beurteilt er den Zustand seines Pferdes?

Verschlag kurz nach dem Start kann meist verhindert werden. Er entsteht vor allem dadurch, daß ein Pferd ungewohnterweise gestanden oder trotz Stehens weiterhin viel Kraftfutter bekommen hat. Er entsteht weiterhin, wenn das Pferd vor dem Start nicht aufgewärmt oder der Ritt zu schnell angegangen wurde. Verschlag entsteht auch bei kaltem Wetter oder wenn Pferde sehr aufgeregt sind. Der Reiter soll sein Pferd vor dem Start stets warm reiten, bei kaltem Wetter die Nierenpartie zudecken, den Ritt langsam starten, bis die Muskulatur warmgelaufen ist, und auf keinen Fall kurz nach dem Start einen Berg stürmisch angehen. Bekommt sein Pferd dennoch Verschlag, so muß er absteigen, bei nicht heißem Wetter die Hinterhand zudekken, abwechselnd die anschwellenden Muskeln massieren und das Pferd im Schritt führen. Leichte Bewegung regt den Kreislauf an und fördert den raschen Abtransport der Giftstoffe.

Es gibt allerdings auch Tierärzte, die raten, Pferde mit Verschlag stehen zu lassen. Dies korreliert in allen Fällen mit dem Grad der Schwere des Verschlags. Stellt sich Verschlag im späteren Verlauf des Rittes als ein Teil des Erschöpfungssyndroms ein, so wird das Pferd auf keinen Fall bewegt; es braucht erst einmal Ruhe sowie sofort eingeleitete Therapiemaßnahmen.

Lahmheiten können einfach durch Pech entstehen; Pferde aber, die von ihrem Reiter rücksichtslos über Stock und Stein und durch

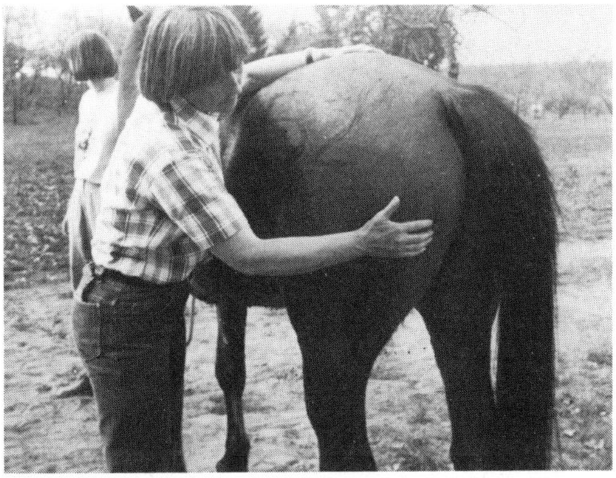

Massage zur besseren Durchblutung und Lockerung der Muskulatur. Muskelspannungen können so mit den Fingern erfühlt und möglicherweise vorsichtig gelöst werden.
Kräftige, aber gefühlvolle Handgriffe sind hier geboten, da über schmerzvolle Einflußnahme neue Verspannungen ausgelöst werden können.

Darstellung der Muskelgruppen, die durch Massagen behandelt werden können. Die abgebildete Linienführung zeigt den Verlauf der einzelnen Muskelfasern; in dieser Richtung sollte massiert werden.

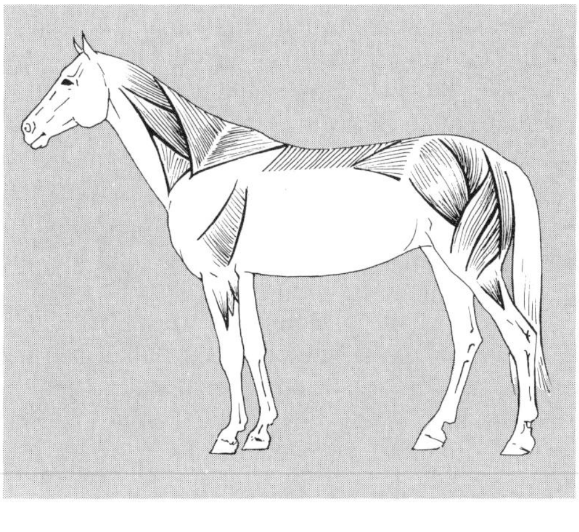

Wasserstop unterwegs: Bei einem Distanzritt können Pferde große Mengen Schweiß absondern. Bei langen Ritten sollte deshalb jede Gelegenheit zur Wasseraufnahme und speziell bei Hitze zur Kühlung der Pferde genutzt werden.

Sumpf gejagt werden, sind eher davon betroffen als vernünftig gerittene. Ist eine Lahmheit aufgetreten, so versucht man, die Ursache zu beheben. Manche Lahmheiten verschwinden in kurzer Zeit, wenn der Reiter richtig darauf reagiert.

Muskelkrämpfe treten auf, wenn mit kalter Muskulatur, z. B. nach einer Pause, zu schnell geritten wird. Sie können auch entstehen, wenn durch zu schnelles Reiten der Sauerstoff die Muskeln nicht erreichen kann. Jeder, der selbst einmal gelaufen ist, weiß, daß Krämpfe scheinbar aus heiterem Himmel kommen können. Mit Massage und Führen des Pferdes im Schritt kann man Krämpfe zumeist beheben.

Das *erschöpfte Pferd* kann eine Menge unterschiedlicher Symptome zeigen; von der Dehydratation über Koliken und Verschlag bis hin zum Wärmestau und synchronisiertem, diaphragmatischem Flattern gibt es viele Möglichkeiten. Die Ursachen hierfür sind: Zu wenig Sauerstoff oder Blutzucker, zu wenig Fett zum Verbrennen, zu viel Kohlendioxid oder Milchsäure, zu viel gespeicherte Hitze.

Auf der Strecke muß der Reiter sein Pferd so reiten, daß Probleme vermieden werden. Er soll vorwiegend im aeroben Bereich des Pferdes reiten, um ein Sauerstoffdefizit zu verhindern und ein Minimum an Glykogen zu verbrauchen. Ausflüge in den anaeroben Bereich sollten kurz sein. Der Reiter soll jede Möglichkeit zum Tränken benutzen und notfalls durch Absprache mit seiner Crew für mehr Wasserstops und Abwaschmöglichkeiten sorgen, um keine Dehydratation entstehen zu lassen. (Auch in diesem Zusammenhang sei auf das Kapitel »Leistungsphysiologie des Sportpferdes« verwiesen.) Durch eine Hautfaltenkontrolle beim Pferd kann er, ohne abzusteigen, unterwegs den Wasserhaushalt bis zu einem gewissen Grad kontrollieren. Auch Gehlust, Harnzwang und Durchfall kann er auf der Strecke feststellen.

Bei den Pausen und am Ziel soll sich das Pferd erholen können, ohne steif zu werden. Diese Erholungsphase ist ein Wechsel von Ruhe, Bewegung, Strecken und Massage, Kühlen oder Wärmen; allgemeine Pflege, Füttern und Tränken nach Bedarf gehören ebenfalls zur Pausenroutine.

Der Reiter muß jederzeit beurteilen können, ob sein Pferd in Ordnung ist. Die wichtigsten Faktoren sind Puls, Atmung, Hydratation und Darmtätigkeit, die Aufschluß über den Gesamtzustand geben. Sind alle Faktoren in Ordnung, so droht dem Pferd auch keine Erschöpfung.

Auch die Pulswerte des Pferdes hat der Reiter ständig unter Kontrolle. Erfolgt keine deutliche Beruhigung des Pulses, ganz gleich wie hoch die Eingangswerte waren, so muß langsamer geritten werden. Liegt der Puls nach 30 Minuten über etwa 55 Schläge/Min., so ist das Tempo für den Trainingszustand zu schnell gewesen. Es ist erwiesen, daß Pferde mit erhöhtem Puls mehr Muskel-, Herzmuskel- und Leberschäden sowie eher Nierendysfunktion erlitten haben, mehr dehydriert waren und mehr Glykogen verbraucht hatten als Pferde mit niedrigeren Pulswerten (ROSE/PURDUE/HENSLEY 1977; ROSE/ARNOLD/KRISTIN/CHURCH/PARIS 1980).

Zur Hydratationskontrolle geeignet – außer dem Hautfaltentest – sind Menge und Farbe des abgesetzten Harns, die Farbe der Schleimhäute, die Feuchtigkeit des Gaumens und der Augenhornhaut, die Kapillarfüllzeit und welche Zeit das Pferd benötigt, die Halsvene zu füllen. Jeder Reiter sollte lernen, was für sein Pferd normal ist, um diese Faktoren auch kontrollieren und Abweichungen feststellen zu können.

Die Atmung ist für die hier genannte Beurteilung bedingt von Bedeutung, jedoch von ausschlaggebender Bedeutung zur Beurteilung des Funktionszustandes der oberen und unteren Atemwege. Ein Pferd holt tief Luft, um seinen Sauerstoffbedarf zu decken, und es atmet schnell, um sich zu kühlen. Stellt man ein Pferd in eine Wärmekammer, so fängt es an zu hecheln, bevor es zu schwitzen beginnt; erst später steigt seine Körpertemperatur. Hecheln muß also nicht durch Erschöpfung oder Dehydratation verursacht sein. Nordische Rassen hecheln, um sich abzukühlen, aber auch andere Pferde tun es, wenn das Wetter heiß oder schwül geworden ist. Hat sich die Atmung nach einiger Zeit nicht beruhigt, so sollte man die Temperatur messen. Ist diese nicht wesentlich erhöht, dann erfüllt das Hecheln lediglich den Zweck, das Pferd kühl zu halten. Ist aber die Körpertemperatur wesentlich erhöht – im Bereich um 40° C oder sogar höher –, so gelingt es dem Pferd trotz Hechelns nicht mehr, seinen Hitzehaushalt zu regulieren. Dies kann auf Überhitzung, Dehydratation oder auch auf eine Infektion zurückzuführen sein.

Auch andere Faktoren geben Auskunft über den Gesamtzustand des Pferdes. Sind die Muskeln verspannt oder zittern sie, stimmt etwas nicht. Ein Pferd, das lieber ruht als frißt, muß nicht unbedingt anomal sein; verschmäht es dagegen eine Rübe oder einen Apfel, könnte seine Müdigkeit schon Anlaß zur Sorge geben. Die Wachsamkeit eines Pferdes kann nur im Vergleich mit seinem Normalzustand beurteilt werden. Viele Distanzpferde schalten derart ab, wenn sie nicht gerade laufen müssen, daß ihr Zustand bedenklich erscheint; dennoch sind sie in Ordnung. Wieder gilt es, daß jeder Reiter sein Pferd sehr gut kennen muß, um zu wissen, ob es wirklich übermüdet ist oder nur diesen Anschein erweckt. Sind die Beine heiß oder stark pulsierend, so ist Pflege notwendig und unter Umständen Ärger nicht weit.

Wenn der Reiter begriffen hat, welche Symptome für die Beurteilung seines Pferdes wichtig sind, wenn er gelernt hat, sich in sein Pferd hineinzufühlen, und wenn er dann sein Pferd so gut kennt, daß er Abweichungen von der Norm jederzeit feststellen kann, wird er in Zusammenarbeit mit dem Distanztierarzt sein Pferd meist gesund ins Ziel bringen können. Gelingt ihm dies regelmäßig, so ist er das geworden, was man unter einem echten »Distanzreiter« versteht.

Voltigieren – Grundlagen, Übungsformen, Wettkampf

ULRIKE RIEDER
Ehemalige Vorsitzende des Fachbeirats Voltigieren der Deutschen Reiterlichen Vereinigung e. V. (FN) und ehemaliges Mitglied des FEI Voltigierkomitees, Voltigierwartin, nationale und internationale Voltigierrichterin, Erste Vorsitzende des »Voltigierzirkels«, der Interessen- und Fördergemeinschaft für den Voltigiersport, Gaiberg bei Heidelberg

Das Voltigieren als Freizeit- und Turniersport gewann in den letzten Jahrzehnten immer größere Beliebtheit. Über 1200 Reitervereine in der Bundesrepublik Deutschland haben das Voltigieren in ihr Angebot aufgenommen, um Kindern und Jugendlichen eine zusätzliche Möglichkeit für eine sinnvolle Freizeitgestaltung zu bieten und sie damit an das Pferd heranzuführen.

Bei der *Deutschen Reiterlichen Vereinigung (FN)* werden mehr als 55 000 aktive Voltigierer gezählt, außerdem hat der Voltigiersport inzwischen auch in zahlreichen europäischen Ländern, den USA, Südamerika und Australien Verbreitung gefunden. 1982 wurde der Voltigiersport von der *Internationalen Reiterlichen Vereinigung (FEI)* als reitsportliche Disziplin anerkannt. 1984 wurden die ersten *Europameisterschaften* in Wien (Österreich) und 1986 die ersten *Weltmeisterschaften* in Bulle (Schweiz) ausgetragen. Auch bei den World Equestrian Games in Stockholm 1990 waren die Voltigierer mit ihrer Weltmeisterschaft vertreten und sind auch 1994 in Den Haag wieder mit dabei.

Voltigieren ist keineswegs eine neue Sportart. Aus alten Quellen geht hervor, daß man die Vorzüge dieser Sportart schon zu den Zeiten des Rittertums und später bei der Ausbildung der Reiter in der Kavallerie zu schätzen wußte. Durch die Aufnahme eines Voltigierwettbewerbs im Einzelvoltigieren bei den *Olympischen Spielen 1920 in Antwerpen* fand diese Form des Voltigierens als Gewandtheitsschulung für Soldaten ihren Höhepunkt. Das moderne Voltigieren, wie es mit einigen Verbesserungen heute ausgeübt wird, wurde erst nach dem zweiten Weltkrieg entwickelt, um Kindern ein preiswertes Angebot zu machen, mit dem Reitsport zu beginnen. Daraus hat sich in den letzten 50 Jahren eine beliebte Freizeitsportart, aber auch ein Wettkampfsport mit eigenen Regeln, Turnieren und Meisterschaften entwickelt.

Das Wort Voltigieren, welches von dem französischen Begriff *»La Voltige«* (Springen über das Pferd) abgeleitet wird, bedeutet, *Einzel-*

und Partnerübungen in turnerisch-gymnastischer Form auf dem galoppierenden Pferd auszuführen. Etwa 8–15 junge Sportler, Jungen und Mädchen, betreiben diesen Sport zusammen in einer *Gruppe*. Sie turnen auf einem dafür speziell ausgebildeten *Voltigierpferd,* das von dem *Longenführer* (der meistens auch Übungsleiter ist) auf einem Zirkel von ungefähr 13 m Durchmesser an der Longe geführt wird. Das Voltigierpferd trägt keinen Reitsattel, sondern einen Voltigiergurt mit zwei Griffen. Während das Pferd auf dem Zirkel galoppiert, laufen die Voltigierer, die am Rande des Zirkels stehen, abwechselnd einzeln, zu zweit oder zu dritt in die Zirkelmitte, von dort an das Pferd heran, springen auf und zeigen eine Vielfalt von Übungsformen.
Sind die Voltigierer mit 18 Jahren aus der Gruppe herausgewachsen, können sie diesen Sport als *Einzel-* und als *Doppelvoltigierer* weiterbetreiben.
Die Voltigierer – ob als Gruppe insgesamt oder als Einzelvoltigierer –, das Pferd und der Longenführer bilden eine Einheit, die zusammen harmonieren muß, um Erfolg zu haben.

Voraussetzungen und Vorbereitungen zum Voltigieren

Die Voltigierer

Das ideale Anfangsalter für den Voltigiersport liegt zwischen 6 und 8 Jahren, je nach der körperlichen Entwicklung des Kindes. Die Größe des Pferdes, das einer Anfängergruppe zur Verfügung steht, spielt dabei eine wichtige Rolle. Es ist empfehlenswert, erst dann mit dem Voltigieren zu beginnen, wenn es dem Kind gelingt, den inneren Griff des Voltigiergurts zu erreichen. Ist der Anfänger dazu noch nicht groß genug, so besteht die Gefahr, beim Aufspringen unter das Pferd zu geraten. Kindern unter 6 Jahren fehlt es auch meist noch an Konzentrationsfähigkeit, um die Wartezeiten zu überbrücken, bis sie wieder an die Reihe kommen.
An Gruppenwettbewerben dürfen sich Voltigierer bis zu 18 Jahren beteiligen, während sie an Einzelvoltigier- und Doppelvoltigier-Wettbewerben ab dem 16. Lebensjahr teilnehmen können. Jungen und Mädchen können miteinander in einer Mannschaft zusammen voltigieren und führen auch dieselben Übungen aus. In den letzten Jahren hat sich das Voltigieren zunehmend zu einem Mädchensport entwickelt – eine Tendenz, die bei jugendlichen Reitern auch generell zu beobachten ist. Die Ursachen hierfür wurden bisher noch nicht untersucht, doch es liegt nahe, daß den Mädchen die turnerisch-gymnastischen Bewegungsformen besser liegen und sie sich in diesem Alter stärker zum Pferdesport hingezogen fühlen.
Die meisten Reit- und Voltigiervereine haben entsprechend dem unterschiedlichen Leistungsniveau folgende Übungsgruppen eingerichtet: Anfänger- bzw. Spielgruppen, Fortgeschrittenengruppen sowie vielfach auch Leistungsgruppen, die an Wettkämpfen teilnehmen. Eine Übungsgruppe sollte 10–15 Mitglieder haben, damit die Voltigierer während einer Unterrichtsstunde genügend zum Üben bekommen. Für eine Leistungsgruppe sind 8–10 Mitglieder empfehlenswert, da an einem Wettkampf nur 8 Voltigierer zum Einsatz kommen können und zusätzlich 1–2 Ersatzleute.
Zum Voltigieren braucht man keine aufwendige Kleidung oder Ausrüstung. Im Sommer genügen eine kurze Sporthose und ein T-Shirt, im Winter lange Gymnastikhosen oder ein Trainingsanzug. Wichtig sind strapazierfähige Gymnastikschuhe aus Leder, die eine biegsame, rutschfeste Sohle haben müssen.

Das Voltigierpferd

Dem Pferd kommt gerade bei dieser Sportart eine große Bedeutung zu, hängt es doch vom richtigen Voltigierpferd ab, ob die Voltigierer mit Freude bei der Sache sind und ob sie Fortschritte machen. Ebenso sind die Leistungen einer Wettkampfgruppe ganz wesentlich an deren Voltigierpferd geknüpft, das durch seine gleichmäßige, schwungvolle Galoppade den Sportlern erleichtert, ihre Übungen sauber und sicher vorzuführen.
Pferde, die alle erforderlichen Eigenschaften mitbringen, sind nicht ganz einfach zu finden. Oft muß man sich lange bemühen, bis man ein brauchbares Pferd, das meist auch noch ausgebildet werden muß, im Stall stehen hat. Dazu ist es unerläßlich, die angebotenen Pferde selbst mit Voltigierern auszuprobieren und das Pferd vorher sorgfältig auf seinen *Gesundheitszustand untersuchen* zu lassen. Rasse

und Herkunft sind von untergeordneter Bedeutung, doch sollte das Pferd so weit dressurmäßig ausgebildet sein, daß es den Anforderungen mindestens einer *A-Dressur* genügt. Des weiteren sollte es *mindestens 5 Jahre alt* sein, denn jüngere Pferde sind noch nicht voll belastbar und würden den hohen Anforderungen beim Voltigieren nicht gewachsen sein.
Ein *gutmütiger, ruhiger Charakter* ist für ein Voltigierpferd unerläßlich. Es sollte brav, geduldig und unkompliziert im Umgang sein, damit die Kinder Vertrauen zu ihm fassen können. Schreckhafte und kitzlige Pferde sowie Schläger und Beißer sind schon aus Sicherheitsgründen untauglich. Ein Voltigierpferd braucht einen *breiten, langen und unempfindlichen Rücken* und sollte in der Nieren- und Flankenpartie nicht kitzlig sein. Empfehlenswert ist ein Stockmaß von 1,60–1,80 m, je nachdem, ob das Pferd mehr für Anfänger- oder für Wettkampfgruppen zum Einsatz kommt.
Das Voltigierpferd sollte *willig vorwärtsgehen* und den Galopp anbieten, ohne daß es dauernd mit der Peitsche getrieben werden muß.

Kür: »Hochgestützter Handstütz« in hervorragender Ausführung.

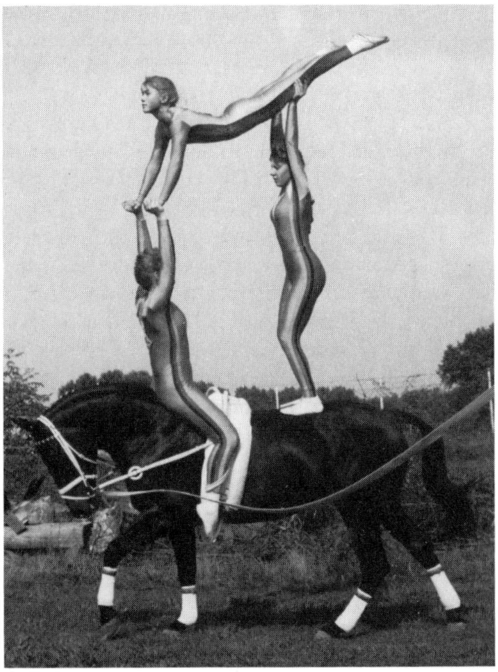

Weiter sollte man auf eine *gleichmäßige, schwungvolle und taktmäßige Galoppade* achten und darauf, daß es genügend Ausdauer besitzt, um 15 Minuten ohne Schwierigkeiten durchgaloppieren zu können.
Das geeignete Voltigierpferd wird bald zum Liebling aller Kinder im Verein werden, das sie nicht nur als ihren Sportpartner betrachten, sondern für dessen Pflege und Wohlergehen sich die Jugendlichen verantwortlich zeigen.

Die Ausrüstung des Voltigierpferdes

- ☐ Eine Trense mit Reithalfter, Kappzaum.
- ☐ Ein gut gepolsterter Voltigiergurt aus Leder mit zwei großen, stabilen Griffen und zwei Fußschlaufen.
- ☐ Eine Schaumgummi- oder Filzunterlage für den Gurt.
- ☐ Die Verwendung einer Decke mit den folgenden Maßen ist empfehlenswert: 70 cm Länge hinter dem Gurt und 90 cm Breite.
- ☐ Zwei Ausbindezügel.
- ☐ Eine ca. 8 m lange Longe aus festem Gurtband.
- ☐ Eine lange, leichte Longierpeitsche.
- ☐ Bandagen.

Der Voltigierausbilder und Longenführer

Der Voltigierausbilder, der meistens auch selbst die Longe führt, ist von zentraler Bedeutung. Sein Können und Fachwissen, sein pädagogisches Geschick sind für die erfolgreiche Arbeit der Voltigierer und für den Gruppenzusammenhalt ausschlaggebend.
An einen guten Übungsleiter werden hohe Anforderungen gestellt. Neben der Fähigkeit, ein Pferd korrekt longieren zu können, sollte er sowohl über sportpädagogischen Sachverstand als auch über genügend Fachkenntnisse bezüglich des Voltigiersports verfügen. Dazu gehört, daß er die methodischen Lehrwege beherrscht, die korrekte Ausführung der Übungen beurteilen und korrigieren kann und daß er es versteht, durch eine geschickte Übungsauswahl den Unterricht abwechslungsreich und lebhaft zu gestalten. Sein Unterrichtsstil sollte das Alter, die Interessen und die Begabungen seiner Schüler berücksichtigen und dem Leistungsstand seiner Gruppe entsprechen. Anfängergruppen sind anders zu

unterrichten als solche, die bereits Wettkämpfe besuchen. Hierfür muß der Ausbilder noch Kenntnisse von Lernvorgängen, Unterrichtsmethoden und -maßnahmen, der Trainingslehre und gymnastischen Vorbereitung besitzen.
Als Longenführer muß er sein Pferd und die Voltigierer ständig im Auge behalten und sich schnell auf wechselnde Situationen und Reaktionen einstellen können, um ein optimales Zusammenwirken aller am Voltigieren Beteiligten zu erreichen.
Durch sein geschicktes, fachgerechtes Longieren kann er entscheidend die gleichmäßige Galoppade des Pferdes beeinflussen und macht dadurch erst ein harmonisches Üben der Voltigierer möglich, die wissen, daß sie sich auf das Pferd und ihren Übungsleiter verlassen können. Der Ausbilder weiß die erzieherischen Werte des Voltigierens klug zu nutzen und bringt seinen Schülern den richtigen Umgang mit dem Pferd bei. Er läßt sie Aufgaben in der Pferdepflege selbständig übernehmen und versteht es, sein Pferd so einzusetzen, daß es lange zur Freude seiner Voltigiergruppen dienen kann.
Viele erfolgreiche Ausbilder sind junge Leute, die selbst aktiv voltigiert haben und auf Grund ihrer praktischen Erfahrungen besonders gute Voraussetzungen mitbringen. Interessierte Ausbilder machen von der Möglichkeit Gebrauch, sich an Wochenenden in Lehrgängen über Longieren und Unterrichtslehre fortzubilden, die in allen Landesverbänden angeboten werden.
In der *Ausbildungsprüfungsordnung (APO)* der *Deutschen Reiterlichen Vereinigung (FN)* wurden die Zulassungsvoraussetzungen und Lehrpläne der Qualifikationen zum *Fachübungsleiter Voltigieren,* zum *Voltigierwart* und zum *Voltigierlehrer* 1994 neu festgelegt. Zusätzlich können jetzt Helfer im Voltigiersport sich als sogenannte *Betreuer* ausbilden lassen. Die verschiedenen Ausbildungswege werden in vielen Landesverbänden in Wochenendlehrgängen angeboten. Man kann auch an der *Fachschule für Voltigieren in Hohenhameln* bei Hildesheim in einem zweiwöchigen Kompaktlehrgang eine entsprechende Qualifikation erwerben.

Betreuer
Ein zukünftiger Betreuer muß mindestens 16 Jahre alt sein und neben einschlägigen Erfahrungen im Umgang mit dem Pferd noch einen Erste-Hilfe-Kurs nachweisen. Im Verein ist seine Aufgabe, vor allem im Anfängerunterricht dem Ausbilder an die Hand zu gehen und die Voltigierer zu betreuen und zu beaufsichtigen.

Fachübungsleiter Voltigieren
Der Fachübungsleiter Voltigieren muß folgende Voraussetzungen mitbringen, bevor er zu einem Lehrgang zugelassen wird: Er muß mindestens 16 Jahre alt sein und wenigstens ein Jahr lang als Hilfsausbilder im Voltigierunterricht mitgeholfen haben. Ein Nachweis praktischer Selbsterfahrungen, wie zum Beispiel das Voltigierabzeichen Klasse IV oder ein Longiertest, und der Abschluß eines Lehrgangs für Betreuer im Voltigiersport sind zusätzliche Bedingungen.
Sein Aufgabengebiet ist der Unterricht im Freizeit- und Breitensport mit den Schwerpunkten spielerische Gymnastik, Sammeln von Bewegungserfahrungen mit und ohne Pferd, Bewegungsspiele, Sitz- und Gleichgewichtsübungen, Vermitteln von Grundübungen.

Voltigierwart
Wer sich zum Voltigierwart qualifizieren möchte, muß mindestens 18 Jahre alt sein, zwei Jahre in einem Verein als Hilfsausbilder tätig gewesen sein und den Abschluß eines Lehrgangs für Betreuer im Voltigiersport sowie einen Erste-Hilfe-Kurs nachweisen. Außerdem muß er das Voltigierabzeichen Klasse III in Bronze besitzen und einen Longiertest absolviert haben.
Ein geprüfter Voltigierwart soll in der Lage sein, Voltigierer auf Wettkämpfe vorzubereiten. Deshalb wird unter anderem auf folgende Themen Wert gelegt: methodisches Erarbeiten und Korrektur der Pflicht- und Kürübungen und vorbereitendes Training für den Wettkampfsport, Erarbeiten von zweckgymnastischen Übungen, Aufwärmprogrammen und Konditionstraining, Ausbildung und Training des Voltigierpferdes.

Voltigierlehrer
Um Voltigierlehrer zu werden, muß der Bewerber mindestens 21 Jahre alt sein, das Voltigierabzeichen Klasse II in Silber besitzen und die Voltigierwartprüfung nachweisen. Außerdem muß er wenigstens zwei Jahre lang

in der Leistungsklasse A nach seiner Qualifikation zum Voltigierwart unterrichtet haben. Ein geprüfter Voltigierlehrer wird hauptsächlich als Trainer im Turniersport und als Lehrgangsleiter tätig sein. Daher liegt der Schwerpunkt seiner Ausbildung auf dem Training für Wettkampfvoltigierer einschließlich der Trainingsplanung, dem Anbringen von Feinkorrekturen, der Unterrichtserteilung im Longieren und der Unterweisung von Nachwuchsausbildern sowie der zukünftigen Tätigkeit als Referent und Seminarleiter.

Nähere Einzelheiten über Zulassung, Anforderungen, Lehrinhalte und Prüfungsfächer sind der neuesten *Ausbildungsprüfungsordnung (APO) der FN* von 1994 zu entnehmen. Weitere Auskünfte über Lehrgangstermine und -orte erteilen die Landesverbände.

Der Übungsplatz

Zum Voltigieren sollte ein Platz von mindestens 18 × 18 m zur Verfügung stehen: Dabei ist darauf zu achten, daß vom Zirkel bis zur Begrenzung ein Sicherheitsabstand von mindestens 2,5 m besteht, damit die Voltigierer vom Pferd nach außen abspringen können, ohne mit den Abgrenzungen in Berührung zu kommen.

Der Boden sollte eben, federnd und trittfest sein. Am geeignetsten ist Reithallenboden aus Hobel- und Sägespänen. Im Freien ist ein nicht zu tiefer Sandboden, mit Sägemehl gemischt, zu bevorzugen. Auf Rasenboden sollte nur voltigiert werden, wenn dieser nicht zu hart ist und mit einer Schicht Sägemehl auf der Zirkellinie bedeckt ist. Eine Begrenzung des Longierplatzes verhindert, daß das Pferd nach außen ausbricht und gibt ihm die nötige Anlehnung.

Richtiges Longieren

Vor jeder Übungsstunde müssen der Voltigiergurt und das Zaumzeug richtig verpaßt werden. Die *Ausbindezügel*, die dem Pferd die richtige Stellung geben sollen, werden so verschnallt, daß sich das Pferd auf die Zirkellinie einstellen kann. Das heißt, der innere Ausbinder wird etwa 2 Löcher kürzer geschnallt als der äußere. Die Länge der Ausbinder ist dann richtig, wenn das Pferd im Galopp losgelassen am Zügel steht und dabei das Genick der höchste Punkt ist und die Nase etwas vor der Senkrechten steht.

Die *Longe* wird am inneren Trensenring befestigt. Das Longenende wird (beim Longieren auf der linken Hand) mit der linken Hand des Longenführers so aufgenommen, daß das Pferd auf einem Zirkel von mindestens 13 m Durchmesser gehen kann. Die Longe sollte nicht verdreht sein und darf niemals durchhängen, sondern sollte immer eine weiche Verbindung zum Pferdemaul herstellen. Die *Peitsche* wird mit der rechten Hand so gehalten, daß die Voltigierer unter ihr durchlaufen können; sie sollte auf die Hinterhand des Pferdes zeigen.

Der *Longenführer* steht auf einem Punkt in der Zirkelmitte. Er bleibt mit dem linken Fuß auf einer Stelle stehen und dreht sich um seine eigene Achse, während er das Pferd longiert.

Die *Hilfen des Longenführers* sind Stimme, Longe und Peitsche, die die Kreuz-, Schenkel- und Zügelhilfen des Reiters ersetzen. Ziel des korrekten Longierens soll sein, daß das Pferd an die Ausbindezügel zwanglos herantritt, Anlehnung sucht und taktmäßig losgelassen im Gleichgewicht geht. Je besser ein Voltigierpferd an der Longe geht, desto besser werden auch die Leistungen einer Gruppe sein, da ein gleichmäßiger, schwungvoller Galopp das Voltigieren ganz wesentlich erleichtert.

Durch das Zusammenwirken der Hilfen erreicht der Longenführer die gewünschte *Versammlung* des Pferdes, bei der es seinen Rükken hergibt und mit der Hinterhand untertritt. Mit der Peitsche hat der Longenführer die Möglichkeit, treibend auf das Pferd einzuwirken, indem er den Peitschenschlag an die Hinterbeine des Pferdes bringt. Durch halbe Paraden kann er das Tempo verkürzen, dabei wird die Longe kurz angenommen und wieder nachgegeben. Die Stimme hat eine treibende Wirkung, wenn man sie hebt und kurze energische Kommandos gibt; senkt man die Stimme und werden die Kommandos lang und gedehnt ausgesprochen, so wirkt sie beruhigend und verhaltend.

Grundsätzlich muß man viel Geduld, Ruhe und Besonnenheit mitbringen und sein Pferd gut kennen, um immer richtig reagieren zu können. Dabei sollten kleine Belohnungen und das Loben des Pferdes nicht vergessen werden.

Pflicht- und Kürübungen

Wer einer Voltigiergruppe oder einem Einzelvoltigierer beim Training oder im Wettkampf zuschaut, staunt, welche Vielfalt von Übungsformen und -kombinationen auf dem Pferd möglich sind. Viele der beim Voltigieren verwendeten Bewegungsformen lassen sich aus Elementen der Gymnastik, des Gerätturnens und der Akrobatik ableiten.
Der Unterschied zu diesen Sportarten besteht jedoch darin, daß alle auf das Pferd übertragenen Bewegungen durch dieses wesentlich beeinflußt werden. Seine Eigenschaften, wie z. B. seine Größe, die Beschaffenheit seines Rückens, seine Galoppade und seine Reaktionen auf Gewichtsverlagerungen, setzen den Bewegungsmöglichkeiten Grenzen. Keine Übung kann demnach gelingen, wenn sie nicht im Einklang mit den Bewegungen des Pferdes steht. Dies verlangt von den Voltigierern ein ständiges Sich-Anpassen und Einstellen auf ihr Voltigierpferd. Deshalb ist auch nicht jede Kürübung auf jedem Pferd möglich. Es gibt Pferde, auf denen man besonders gut steht, die jedoch empfindlich auf dynamische Übungen reagieren; andere wiederum unterstützen zwar durch ihre schwungvolle Galoppade die Schwungübungen, aber möglicherweise kann man schwer auf ihnen stehen.
Die meisten Übungen lassen sich auf wenige *Grundformen* zurückführen, die sich vielfach variieren lassen, z. B. durch

- ☐ *Wechseln der Bewegungsrichtung* von vorwärts, rückwärts oder seitwärts,
- ☐ *Erweiterung zu Partnerübungen* und zu Dreierübungen,
- ☐ *Veränderung der Position* vor dem Gurt, auf dem Hals, hinter dem Gurt, auf der Kruppe,
- ☐ *Änderung der Position bei Partnerübungen* nebeneinander, hintereinander, gegeneinander, aufeinander,
- ☐ Verbinden mehrerer Übungsteile zu Übungsfolgen.

Alle diese Variationen zählen übrigens zu den *Kürübungen* (siehe dort).
Man unterscheidet zwischen dynamischen und statischen Übungsformen. Zu den *dynamischen Übungen* zählen Auf- und Abgänge, Schwünge, Drehungen, Rollen sowie Übergangs- und Verbindungsteile. Zu den *statischen Übungen* gehören alle Elemente, bei denen eine bestimmte Haltung oder Position ohne Verlagerung des Schwerpunkts über mehrere Galoppsprünge beibehalten wird: das sind z. B. Übungskombinationen mit Sitzen, Knien, Stehen, Fahne, Handstände und Standwaagen.

Die Grundübungen für die Pflicht

Eine Pflichtübung beginnt mit dem Anlaufen an das Pferd, dem Mitgaloppieren und dem Aufsprung und wird mit dem Abgang oder Absprung nach innen beendet. Im Wettkampf werden die Pflichtübungen in Übungsfolgen miteinander verbunden. Bevor die aus sechs Einzelübungen bestehende Pflicht begonnen werden kann, muß der Voltigierer folgende Grundübungen sicher beherrschen:

Aufsprung

Der Voltigierer läuft der Longe entlang auf das Pferd zu, erfaßt die Griffe des Voltigiergurts und läuft in der Fußfolge des Pferdes im Linksgalopp mit. Nach ein, zwei oder drei Galoppsprüngen springt er mit geschlossenen Beinen vom Boden ab, schwingt das rechte Bein möglichst hoch über den Rücken des Pferdes und zieht sich an den Griffen hoch, während er den Oberkörper im Sprung nach vorne neigt. Das linke Bein wird dabei nach unten gestreckt, und der Voltigierer landet nahe am Gurt weich im Sitz. Beide Hände erfassen die Griffe. Der Voltigierer sitzt im aufrechten Sitz mit angelegten Beinen und Unterschenkeln sowie erhobenem Kopf nahe am Gurt; die Fußspitzen sind nach unten gestreckt.
Das Erlernen des Aufsprungs erfordert viel Übung. Der Voltigierer muß dabei lernen, den Schwung des Galoppsprungs richtig zu nutzen, um ihn in Sprunghöhe umsetzen zu können.

Abgang nach innen

Im Sitz läßt der Voltigierer kurz mit der rechten Hand den äußeren Griff los und führt das rechte Bein hoch und gestreckt über den Pferdehals nach innen. Dabei bleibt der Oberkörper möglichst aufrecht, das linke Bein liegt am Pferd an. Nun werden beide Beine zusammengeführt und geschlossen. Mit aufrechtem Oberkörper, gestreckten Beinen und Fußspitzen erfolgen das Abdrücken vom Pferd, die

weiche Landung und das Auslaufen in Bewegungsrichtung des Pferdes.
Dieser Abgang wird bei den A-/B-Gruppen nach innen und bei den D-Gruppen nach der Mühle nach außen verlangt.

Wende nach innen
Im Sitz beide Beine gestreckt nach vorne führen, um Schwung zu holen, dann die Beine nach hinten schwingen und sie hoch über dem Rücken des Pferdes schließen. Möglichst hoch und weit vom Pferd weg abschwingen, von den Griffen abdrücken, loslassen, innen federnd landen und auslaufen.
Dieser Abgang erfolgt bei den D-Gruppen nach dem Stützschwung nach innen, während er bei den C-Gruppen nach der Flanke nach außen angeschlossen wird.

Der Aufsprung zum Sitz.

Abgang (»Wende nach innen«) nach einer Pflichtübung.

Die Pflichtübungen

Pflicht für A- und B-Gruppen und Einzelvoltigierer

Für die beiden höchsten Leistungsklassen besteht die Pflicht aus 6 Übungen, die in zwei Blöcken im Galopp ausgeführt werden:

A- und B-Gruppen und Einzelvoltigierer

1. Block
Aufsprung zum Sitz

1. Grundsitz
Freier Grundsitz mit Armen in Seithalte.

2. Fahne
Linker Arm und rechtes Bein werden gleichzeitig ausgestreckt.

3. Mühle
Ganze Mühle im Vierertakt, mit Abgang nach innen.
Beim Einzelvoltigieren erfolgt hier ein Bodensprung mit dem Aufsprung zur Schere.

2. Block
Aufsprung zum Sitz

4. Schere
Mit Vorwärtsschere zum Rückwärtssitz und Rückwärtsschere zum Vorwärtssitz.

5. Stehen
Freies Stehen mit Armen in Seithalte.

6. Flanke
1. Phase Flanke zum Innensitz,
2. Phase Flanke mit Wende nach außen zur Landung außen.

Bewegungsablauf dieser Pflichtübungen

1. Der Grundsitz
Der Grundsitz beginnt mit dem Aufsprung. Der Voltigierer landet dicht hinter dem Gurt im Sitz. Der Oberkörper ist aufrecht, der Blick geradeaus gerichtet. Die Arme werden etwas über Schulterhöhe ausgestreckt. Die Unterschenkel liegen an, und die Fußspitzen sind nach unten gestreckt. Der Voltigierer bleibt mindestens vier Galoppsprünge aufrecht so sitzen.

Pflichtübung »Fahne«.

2. Die Fahne
Die Fahne ist eine Gleichgewichtsübung, welche ein hohes Maß an Balancevermögen und Körperspannung erfordert. Nach dem Sitz mit beiden Beinen aufknien, den linken Unterschenkel schräg über die Wirbelsäule des Pferdes legen; sodann das Körpergewicht auf den rechten Arm und den linken Unterschenkel verlagern und das rechte Bein nach hinten, den linken Arm nach vorn ausstrecken. Hand und Fußspitze sind etwa auf gleicher Höhe. Von der linken Hand bis zur rechten Fußspitze entsteht eine nach oben gebogene Linie, der Kopf ist zurückgenommen. Die Übung mindestens vier Galoppsprünge aushalten.

Pflichtübung »Mühle« (4. Phase).

3. Die Mühle
Die Mühle ist eine ganze Drehung im Sitzen, die in vier Phasen im *Vierertakt* ausgeführt wird. In der ersten Phase führt der Voltigierer im Sitz das rechte Bein über den Pferdehals zum Innensitz. Dann wird in der zweiten Phase das linke Bein über die Kruppe geführt zum Rückwärtssitz. In der dritten Phase schwingt das rechte Bein über die Kruppe zum Außensitz und in der vierten Phase das linke Bein über den Pferdehals wieder zum Sitz vorwärts. Für jede Phase hat der Voltigierer vier Galoppsprünge Zeit. Die Beine sollen hoch und bis in die Fußspitzen gestreckt über das Pferd geführt werden. Der Abgang wird im Vierertakt angeschlossen.

4. Die Schere
Die Schere ist eine dynamische Übung, bei der die Beine hoch über dem Pferderücken gekreuzt werden. Bei der *Vorwärtsschere* erfolgt eine halbe Drehung nach außen, bei der *Rückwärtsschere* eine halbe Drehung nach innen. Im Sitz holt der Voltigierer Schwung und verlagert sein Gewicht auf die Arme, dann werden beide Beine gestreckt zurückgeschwungen und im höchsten Punkt das linke Bein über das rechte gekreuzt. Der Voltigierer landet im Rückwärtssitz und faßt mit den Händen um. Nun muß er wieder Schwung

Pflichtübung »Schere« (2. Phase, Rückwärtsschere).

holen, die Hüfte beugen und beide Beine gestreckt hochschwingen, das linke Bein über das rechte kreuzen und zum Sitz vorwärts kommen.

5. Das Stehen

Aus dem Sitz aufknien, dann in die Hocke gehen und das Gewicht gleichmäßig auf beide Füße verlagern. Wenn der Voltigierer sein Gleichgewicht gefunden hat, werden die Griffe losgelassen, und er richtet sich zum Stehen auf. Die Arme werden in Seithalte geführt, und mit federnden Knie- und Fußgelenken wird die Galoppbewegung ausgeglichen. Der Voltigierer bleibt mit aufrechtem Oberkörper und erhobenem Kopf mindestens vier Galoppsprünge stehen. Dann erfaßt er die Griffe wieder und gleitet geschmeidig mit gestreckten Beinen in den Sitz.

6. Die Flanke

Die Flanke ist eine Schwungübung, die ein hohes Maß an Kraft, Körperspannung und Bewegungsschnelligkeit erfordert. Sie besteht aus zwei Teilen: *Flanke zum Innensitz* und *Abflanken über das Pferd nach außen.* Im Sitz wieder kräftig Schwung holen, dann beide Beine rück-hochschwingen und über dem Pferderücken schließen. Im höchsten Punkt des Rückschwunges die Hüfte abwinkeln und in den Innensitz gleiten. Wieder Schwung holen, beide Beine geschlossen rück-hochschwingen, mit den Armen abdrücken und hoch über die Kruppe mit gestreckten Beinen nach außen schwingen, Griffe loslassen und außen federnd landen und auslaufen.

Pflichtübung »Stehen«.

Pflichtübung »Flanke«.

Pflicht für C- und D-Gruppen

In den neuen Richtlinien von 1994 wurden die Anforderungen in der Pflicht für *D- und C-Gruppen* vereinfacht. Die leichteren, leistungsmäßig abgestuften Pflichtübungen führen zwar schon zu den Zielübungen der *A- und B-Gruppen* hin, es werden jedoch noch nicht alle sechs herkömmlichen Pflichtübungen in ihrer Endform (wie auf den vorange-

gangenen Seiten beschrieben) verlangt. Somit wird der Einstieg für neue Gruppen im Turniersport wesentlich erleichtert.
In diesen Leistungsklassen werden ebenfalls 6 Pflichtübungen verlangt, die von allen Voltigierern im Galopp in zwei Blöcken ausgeführt werden:

D-Gruppen

1. Block

Aufsprung zum Sitz

1. D-Sitz
Beide Arme sind in den Ellenbogen angewinkelt, Hände liegen in der Hüftbeuge.

2. D-Fahne
Nur das rechte Bein wird ausgestreckt, der linke Arm bleibt am Griff.

3. D-Mühle
In 4 Phasen im Fünfertakt:
Linkes Bein über den Pferdehals nach außen zum Außensitz führen und wieder zurück zum Sitz, dann rechtes Bein über den Pferdehals nach innen zum Innensitz und wieder zurück zum Sitz, danach erfolgen:

4. Abgang und Landung nach außen

2. Block

Aufsprung zum Sitz

5. Knien
Mit den Armen in Seithalte, Beine und Füße liegen flach auf dem Pferd.

6. Stützschwung
1 × aus dem Sitz nach hinten hochschwingen, dann Wende nach innen.

C-Gruppen

1. Block

Aufsprung zum Sitz

1. Grundsitz
Freier Grundsitz mit Armen in Seithalte.

2. C-Fahne
Rechtes Bein und linker Arm werden hintereinander ausgestreckt.

3. C-Schere
1. Phase: Vorwärtsschere und aus dem Rückwärtssitz 1 × Hochschwingen rücklings, Abgang aus dem Rückwärtssitz mit halber Drehung zur Landung nach innen.

2. Block

Aufsprung zum Sitz.

4. C-Mühle
Ganze Mühle im Fünfertakt.

5. C-Stehen
Stehen mit hängenden Armen.

6. C-Flanke
1. Phase Flanke zum Innensitz, rechtes Bein über den Pferdehals zum Sitz, danach Wende zur Landung nach außen.

Aufbau und Gestaltung einer Kür

Bereits Anfänger können einfache Kürübungen erlernen. Kürübungen lockern den Unterricht auf und sind eine willkommene Abwechslung neben dem Wiederholen der Grund- und Pflichtübungen. Besonders viel Freude haben Kinder an den Partnerübungen, bei denen sie mit ihren Kameraden immer etwas Neues ausprobieren können. Neue Elemente werden zuerst im Halten oder auf dem Übungspferd ausprobiert, bis der Aufbau klappt. Dann werden sie im Schritt und erst dann im Galopp durchgeführt. Bevor mit dem Einführen etwas schwierigerer Kürübungen begonnen werden kann, sollten alle Grund- und Pflichtübungen im Galopp beherrscht werden. Erst dann ist eine Gruppe auch soweit, daß sie an ihren ersten Wettkämpfen teilnehmen kann.
Beim Aufbau einer Kür müssen der Leistungsstand der Gruppe sowie die Eignung des Pferdes mit berücksichtigt werden. Bei der Gestaltung der Kür kann man seinen Einfällen und seiner Phantasie freien Lauf lassen, mit der Einschränkung, daß niemals mehr als drei Voltigierer gleichzeitig auf dem Pferd sein dürfen. Wenn der Ausbilder Wert auf eine vielseitige Ausbildung gelegt und seiner Gruppe öfter Gelegenheit gegeben hat, aus bekannten Übungen wieder neue zu entwikkeln, dann wird die Gruppe bald über eine große Auswahl von Übungen für die Gestaltung ihrer Kür verfügen. Jeder Voltigierer ist seinem Können und seiner Eignung entsprechend einzusetzen. Eine Kür sollte nicht mit ein paar »Stars« aufgebaut werden; der Ausbilder sollte vielmehr Wert darauf legen, daß die Gruppe möglichst gleichmäßig daran be-

teiligt ist. – Eine Kür wird interessant und abwechselnd gestaltet, wenn folgende Regeln beachtet werden:

- □ Statische und dynamische Übungsformen gleichermaßen verwenden.
- □ In der Bewegungsrichtung der Kürübungen abwechseln: vorwärts, rückwärts und seitwärts.
- □ Durch Verbindung der einzelnen Übungen zu Übungsfolgen ergeben sich fließende Übergänge.
- □ Verschiedene Auf- und Abgänge zwischen den Übungsteilen einbauen.
- □ Einige Höhepunkte sollten in der Kür Akzente setzen.

Ein schwieriger Inhalt und eine geschickte Kürgestaltung allein machen noch keine gute Kür aus; auch eine sichere, gelungene Ausführung gehört dazu. Das heißt, daß nur solche Übungen in eine Wettkampfkür aufgenommen werden sollten, welche die Voltigierer im Training sicher beherrschen. Wenn die Ausführung der Übungen unsicher und nachlässig ist, wird selbst die am besten gestaltete Kür ihre Wirkung verfehlen. Voraussetzung zum Gelingen einer Kürvorführung und deren harmonische Gestaltung sind somit wiederholtes Trainieren und Feilen an den verschiedenen Übungen. Durch das Zusammenspiel der Voltigierer mit dem Pferd bei allen Übungen, Übergängen sowie Auf- und Abgängen erweckt die Kür den Eindruck einer scheinbaren Mühelosigkeit und Leichtigkeit.
Es gibt unzählige Möglichkeiten, Kürübungen zu kombinieren und zu variieren. Deshalb sollen an dieser Stelle (neben den voranstehenden Abbildungen) nur einige Beispiele von bekannten Übungen aufgezählt werden:

- □ Schultersitz-Stehen, Dreierstehen.
- □ Doppelfahne, Fahne und Standwaage.
- □ Standwaage auf der Schulter.
- □ Handstand auf der Schulter.
- □ Übersprung, Rolle am Hals usw.

Der Voltigierunterricht

Obwohl in den meisten Vereinen die Voltigiergruppen nach ihrem Leistungsstand eingeteilt sind, findet der Übungsleiter selten eine homogene Gruppe vor. Jungen und Mädchen, Jugendliche verschiedener Altersstufen, Anfänger und Fortgeschrittene sind oft zusammen in einer Gruppe. So muß der Ausbilder bei seiner Unterrichtsplanung, den methodischen Wegen und bei der Auswahl der Übungen diese unterschiedlichen Voraussetzungen berücksichtigen. Von seiner Geschicklichkeit hängt es ab, ob die Gruppe zu einer Mannschaft zusammenwächst.

Kürübung »Stern«.

Durch *planmäßiges, stufenweises Vorgehen* werden die Anforderungen langsam gesteigert und so dem Voltigierer kleine Erfolgserlebnisse vermittelt. In *Lernschritten* werden aus einfachen und leichten Übungsteilen schwierige entwickelt. Durch vielseitiges, wiederholtes Üben lernen die Voltigierer, ihr Können von der Grobform der Übungen bis zur Feinform zu verbessern.
Eine Voltigierstunde dauert in der Regel 45 bis 60 Minuten. Sie besteht aus drei Abschnitten:

1. Einleitung (10–15 Minuten),
2. Hauptteil (ca. 30 Minuten),
3. Ausklang (15–20 Minuten).

Im *Einleitungsteil* wird das Voltigierpferd ablongiert, und die Voltigierer wärmen sich mit Lauf- und Gymnastikübungen auf. Erst wenn das Pferd gelöst ist, beginnen die Übungen am Pferd. Im *Hauptteil* der Stunde wechseln sich Galopp-Phasen (bis zu 15 Minuten) und Schrittphasen ab. Hier sollte der Schwerpunkt der Stunde liegen. Die Übungsaufgaben richten sich nach dem Lernziel; so wird z. B. eine neue Übung erlernt, bestimmte Pflichtübungen werden verbessert, oder ein Teil der Kür wird zusammengestellt. Der *Ausklang* der Stunde dient zur Auflockerung. Hier können die Voltigierer eine Wunschübung wählen oder ähnliches. Anschließend wird das Pferd trockengeführt und von den Voltigierern geputzt. Im folgenden noch einige Hinweise, die für den Unterricht zu beachten sind:

- ☐ Geschicklichkeits- und Konzentrationsübungen sollten am Anfang der Stunde ausgeführt werden.
- ☐ Neue Bewegungsabläufe sollten erst im Halten, dann im Schritt und schließlich im Galopp eingeübt werden.
- ☐ Die Länge der Galoppphasen richtet sich nach der Kondition, dem Ausbildungsstand und der Belastbarkeit des Pferdes.
- ☐ Die Voltigierer müssen beim Einführen von neuen Übungsteilen eine Bewegungsvorstellung erhalten. Dies geschieht am besten durch Vormachen der Übung am stehenden Pferd oder am Holzpferd.
- ☐ Durch vielseitige Übungsauswahl wird das Interesse seitens der Voltigierer wachgehalten.
- ☐ Ein Übungspferd aus Holz oder Metall ist zum Einüben von neuen Übungen sehr hilfreich.

Die Voltigierabzeichen

Was für die Reiter die Reitabzeichen sind, das sind für die Voltigierer die Voltigierabzeichen. Sie können das »kleine Voltigierabzeichen« und die Abzeichen in Bronze, Silber oder Gold erhalten. Ein Voltigierabzeichen zu erlangen bietet für die Voltigierer einen großen Anreiz und ein Ziel, das jeder ab einem bestimmten Könnensstand erreichen möchte, wird ihm doch durch die Verleihung des Abzeichens sichtbar bestätigt, daß er jeweils die verlangten Pflichtübungen im Galopp beherrscht und über Grundkenntnisse im Voltigiersport sowie in anderen relevanten Bereichen verfügt. Als öffentliche Anerkennung erhält der Voltigierer von seinem Verband eine Anstecknadel und ein Stoffabzeichen, das er auch bei Wettkämpfen auf seinem Dreß tragen darf. Die Voltigierabzeichen können nur bei einer Sonderprüfung erworben werden.

Neu ist das 1994 eingeführte *kleine Voltigierabzeichen (DVA IV),* bei dem das vereinfachte Pflichtprogramm der *C-Gruppen* im Galopp verlangt wird. Außerdem werden die Voltigierer noch über Grundkenntnisse im Umgang mit dem Pferd, der Pferdehaltung und des Tierschutzes sowie im Gebiet der Voltigierlehre und der Ausrüstung des Voltigierpferdes geprüft.

Wenn der Voltigierer das *Kleine Voltigierabzeichen* schon drei Monate besitzt, kann er das nächste Abzeichen erwerben, das *Abzeichen in Bronze (DVA III).* Hier muß er alle sechs Pflichtübungen der *A-/B-Gruppen* auf dem galoppierenden Pferd zeigen und ebenfalls eine theoretische Prüfung ablegen. In der anschließenden *Theorieprüfung* sind Fragen über folgende Fachgebiete zu beantworten:

- ☐ Umgang mit dem Pferd: Pferdehaltung und Pferdepflege, Pferderassen, Bestimmungen des Tierschutzgesetzes,
- ☐ Voltigierlehre: Richtlinien des Voltigierens und Wettkampfbestimmungen,
- ☐ Organisation des Reit-, Fahr- und Voltigiersports.

Für diese beiden Abzeichen gilt, daß der Voltigierer sowohl in der Theorie als auch in allen Pflichtübungen mindestens die Wertnote 5,0 von den Richtern erhalten muß. Liegt die Note einer Übung unter 5,0, so hat er die Chance, diese Übung zu wiederholen. Besitzt ein Voltigierer das Abzeichen in Bronze schon mindestens ein Jahr, so kann er das *Voltigierabzeichen in Silber* erwerben. Auch dazu muß er eine Sonderprüfung ablegen. Hierfür braucht er bei allen sechs Pflichtübungen mindestens eine *Durchschnittswertnote von 7,0,* wobei keine Übung eine Wertnote unter 5,0 erhalten darf. Zusätzlich muß nochmals eine *theoretische Prüfung* über die obengenannten Gebiete abgelegt werden; Mindestwertnote: 7,0.

Das *Voltigierabzeichen in Gold* wird für besondere Leistungen vergeben. Voltigierer, die zehnmal bei Wettkämpfen die *Durchschnittswertnote* von 9,0 für Pflicht und Kür erreicht haben, können mit diesem Abzeichen ausgezeichnet werden. Dieses Abzeichen kann nicht durch eine Prüfung erworben werden, sondern wird vom Verband nur an die fähigsten Einzelvoltigierer verliehen, die über einen längeren Zeitraum Spitzenleistungen erbracht haben!

Voltigierwettbewerbe und ihre Bewertung

Voltigierwettbewerbe sind eine feste Einrichtung im Turniersport. Die Turniersaison findet ihren Höhepunkt bei der alljährlichen *Deutschen Meisterschaft,* die seit 1963 ausgetragen wird.
Wenn eine Gruppe alle Pflichtübungen des D-Wettbewerbs im Galopp erlernt hat, sind die Grundlagen für die Teilnahme an einem Wettkampf gelegt. Als nächstes muß die Gruppe ein Kürprogramm erarbeiten und zusammenstellen. Der Wettkampf bildet somit für die Voltigierer ein Ziel, auf das sich die Gruppe zusammen vorbereiten muß, was sich positiv auf den Gruppenzusammenhalt auswirkt.
Eine *Turniergruppe* besteht aus acht Voltigierern und einem Ersatzvoltigierer, die im laufenden Jahr noch nicht 19 Jahre alt werden.

Gruppenwettbewerbe

Gemäß den *Richtlinien für Voltigieren,* in denen alle Regeln und Wettkampfbestimmungen festgelegt sind, werden die Wettbewerbe in vier Klassen eingeteilt. Einige Landesverbände bieten zusätzlich spielerische Wettbewerbe im Schritt und im Galopp an, die für turnierunerfahrene Gruppen gedacht sind.
In neuen Richtlinien von 1994 wurden die Wettkampfklassen durch die Einführung der D-Gruppen erweitert. Die Wettbewerbsklassen sind jetzt folgendermaßen eingeteilt:

D-Gruppen
Startberechtigt sind hier alle Gruppen, die zum ersten Mal an den Start gehen oder im vergangenen und laufenden Jahr nicht mehr als zweimal die Wertnote 5,0 oder höher in einem Wettkampf in dieser Klasse erreicht haben. Diese Klasse dient als Eingangsstufe für Turnierneulinge.

C-Gruppen
Dazu gehören alle Gruppen, die im vergangenen und laufenden Jahr in der Abteilung D die *Wertnote 5,0 oder höher schon zweimal* erhalten bzw. alle Gruppen, die in der Abteilung C die *Wertnote 5,0 noch nicht zweimal* erreicht haben.

B-Gruppen
In dieser Wettkampfabteilung sind alle Gruppen startberechtigt, die im vergangenen und laufenden Jahr in der Abteilung C die *Wertnote 5,0 oder höher zweimal* erreicht haben.

A-Gruppen
Teilnahmeberechtigt sind alle Gruppen, die im vergangenen und laufenden Jahr in der Abteilung B die *Wertnote 6,5 oder höher mindestens zweimal* erreicht haben.

Der *Ablauf eines Wettkampfs* ist wie folgt: Die Voltigiergruppe läuft gleichmäßig hinter dem Pferd und dem Longenführer in den Wettkampfzirkel ein und stellt sich in einer Linie neben Pferd und Longenführer zum Gruß auf. Während der Longenführer seinen Platz in der Mitte des Zirkels einnimmt und das Pferd auf dem Hufschlag der Zirkellinie angaloppieren läßt, nimmt die Gruppe Aufstellung außerhalb des Zirkels. Alle acht Voltigierer zeigen anschließend einzeln die *sechs Pflichtübungen* der jeweiligen Leistungsklasse (siehe entsprechender Abschnitt).
Darauf folgt eine frei zusammengestellte *Kür* mit Einzel-, Doppel- und Dreierübungen, an der jedes Gruppenmitglied mindestens einmal beteiligt sein muß. Für die Kür hat die Gruppe höchstens 5 Minuten zur Verfügung. Beginnend mit der ersten Pflichtübung bis zur letzten Kürübung darf eine Gesamtzeit von 12½ Minuten für A- und B-Gruppen, 13½ Minuten für C-Gruppen bzw. 11½ Minuten für D-Gruppen nicht überschritten werden. D-Gruppen haben allerdings nur 4 Minuten Kürzeit, und es sind keine Dreierübungen erlaubt, sondern eine Auswahl an Übungen für die Zusammenstellung einer Pflichtkür. Nach ihrer Vorführung stellt sich die Gruppe wieder in der Zirkelmitte auf, um Richter und Publikum zu grüßen, und läuft dann aus der Bahn aus.
Die Wettbewerbe werden üblicherweise *im getrennten Richtverfahren von drei Richtern* bewertet, die Wertnoten von Null (nicht ausgeführt) bis 10 (ausgezeichnet) jeweils für *Pflicht, Kürschwierigkeit, Gestaltung, Kürausführung und Gesamteindruck* vergeben können. Für eine exakte Beurteilung können die Rich-

Kür: »Querlieger rücklings hochgestützt«.

Kür: »Handstand vorwärts gegrätscht«.

ter halbe Noten und sogar Zehntelnoten für die Pflicht- und Kürbewertung verteilen.

Bewertung der Pflicht

Jede Pflichtübung eines jeden Voltigierers wird einzeln bewertet. Sechs Pflichtübungen für acht Voltigierer ergeben damit 48 Wertnoten. Die Summe der Pflichtübungen wird durch 8 dividiert, dies ergibt die Pflichtdurchschnittsnote. In den Richtlinien der FN sind die Ausführungsvorschriften zu finden, z. B. daß jede statische Pflichtübung (Grundsitz, Fahne, Stehen) mindestens *vier Galoppsprünge* ausgehalten werden muß. Für verschiedene Fehler können die Richter Abzüge von 1–2 Punkten vornehmen.

Bewertung der Kür

Eine Kür wird nach dem Wert der Schwierigkeit, Gestaltung und Ausführung bewertet. Die *Inhaltsnote* berücksichtigt:

- ☐ die Anzahl der Schwierigkeitsgrade und
- ☐ den Wert der Schwierigkeit der Übungsteile (leicht, mittel, schwer).

Auf eine phantasievolle, geschickte Gestaltung wird von den Richtern besonderer Wert gelegt. Bei der *Bewertung der Gestaltung* werden folgende Kriterien miteinbezogen:

- ☐ die Harmonie der Voltigierer mit dem Pferd,
- ☐ die Abwechslung in der Auswahl der Elemente und die Variationen der Auf- und Abgänge und Übungsverbindungen,
- ☐ der Wechsel zwischen dynamischen und statischen Übungsteilen und die Abwechslung in der Bewegungsrichtung zwischen Vorwärts-, Rückwärts- und Seitwärtsübungen,
- ☐ die Originalität der Übungen, die Ausstrahlung der Kür und der Bewegungsfluß der Übungsfolgen,
- ☐ der gleichmäßige Einsatz aller Voltigierer bei der Gruppenkür,
- ☐ die Musikinterpretation.

Bei der *Ausführungsnote* werden berücksichtigt:

- ☐ die Sicherheit aller Übungsteile,
- ☐ Leichtigkeit und Bewegungsgenauigkeit,
- ☐ die Bewegungsweite (Höhe und Weite in der Ausführung),
- ☐ die Körperhaltung,
- ☐ der Bewegungsfluß,
- ☐ die Harmonie mit dem Pferd.

Einzelkür: »Handstand«.

Einzelkür: Der »Standspagat« verlangt eine hohe Spreizfähigkeit.

Des weiteren bestehen folgende wichtige Ausführungsbestimmungen für eine Kür:

□ Jeder Voltigierer muß mindestens einmal in der Kür eingesetzt sein.
□ Es sind nur Übungen mit *bis zu drei Voltigierern* erlaubt. (Gilt nicht für D-Gruppen. Hier sind nur Doppelübungen erlaubt.)
□ Jede statische Kürübung muß *mindestens drei Galoppsprünge* ausgehalten werden.

Die Wertnoten für Kürinhalt und Kürausführung werden verdoppelt.

Bewertung des Gesamteindrucks
Bei dieser Note werden das Verhalten der Gruppe, das Longieren, die Vorstellung des Pferdes, die Aufmachung der Gruppe und des Longenführers sowie die Aufstellungen der Mannschaft berücksichtigt.
Für die Placierung und das Abschneiden der Gruppe im Wettkampf ist nur die *Gesamtleistung der Mannschaft* ausschlaggebend. Jeder Voltigierer trägt mit seinen sportlichen Leistungen zum Erfolg der Gruppe bei, doch kein Mitglied der Gruppe wird einzeln besonders herausgestellt.

Einzelvoltigieren

Beim *Einzelvoltigierwettbewerb* wird das persönliche Können, die Einzelleistung, besonders bewertet. Allerdings kann man an Einzelwettbewerben erst ab 16 Jahren und dann ohne Altersbeschränkung teilnehmen. Das Einzelvoltigieren gibt vor allem jenen Jugendlichen, die bald aus der Gruppe ausscheiden werden oder aus Altersgründen nicht mehr in Gruppenwettbewerben starten können, Gelegenheit, im Wettkampfsport aktiv zu bleiben. Auch hier werden die *sechs Pflichtübungen und eine Kür von einer Minute Dauer* verlangt.
Die *Pflicht* besteht aus den bereits bekannten Übungen Grundsitz, Fahne und Mühle, danach folgen ein Boden- und ein Aufsprung, gefolgt von Schere, Stehen und Flanke. Alle Pflichtübungen werden in einer Übungsverbindung geturnt.
Die *Kür,* die der Einzelvoltigierer frei nach seinem Können und seinen Ideen zusammenstellen kann, muß in einem Fluß gezeigt werden. Die Kürnote setzt sich aus dem *Wert der Schwierigkeit,* der *Gestaltung* und der *Note für die Kürausführung* zusammen. Um die Maxi-

malnote für die Schwierigkeit zu erreichen, müssen zehn Übungsteile mit höchstem Schwierigkeitsgrad (S) enthalten sein.
Die Kürgestaltung berücksichtigt folgende Kriterien: Vielseitigkeit der Kürelemente, Wechsel der Bewegungsrichtung, Originalität, Setzen von Höhepunkten, Bewegungsfluß und Ausstrahlung sowie die Harmonie des Voltigierens mit dem Pferd.
Bei der Ausführungsnote sind die gleichen Kriterien wie beim Gruppenvoltigieren ausschlaggebend. Zusammen aus der Pflicht-Durchschnittsnote und der Kür-Gesamtnote wird die Endnote für die Placierung errechnet.

Doppelvoltigieren

Das *Doppelvoltigieren* wurde in den Wettkampfvorschriften neu festgelegt. Das Paar kann gemischt sein oder auch nur aus zwei Damen oder Herren bestehen. Beide Voltigierer müssen über 16 Jahre alt sein. In einer frei zusammengestellten Kür von zwei Minuten haben sie die Möglichkeit, ihr Können in einer Kombination von verschiedenen dynamischen und statischen Doppelübungen in einer Bewegungsgestaltung zu zeigen, die nach dem Wert der Schwierigkeit, der Gestaltung und der Ausführung beurteilt wird. Eine Pflicht wird nicht verlangt.

Pädagogische Gesichtspunkte des Voltigierens

Voltigieren ist nicht nur Sporttreiben auf dem Pferd. Es schließt vielmehr mit ein, daß die jungen Sportler den Umgang mit dem Pferd erlernen und eine partnerschaftliche Beziehung zu ihm aufbauen. Das Pferd ist kein starres »Turngerät«, das am Ende der Übungsstunde einfach in den Geräteraum geschoben wird, sondern es ist der Trainingspartner der Voltigierer, ohne den die Sportart nicht ausgeübt werden kann.
Für viele Kinder, vor allem in den Städten, ist das Voltigierpferd das erste Pferd, mit dem sie näheren Kontakt bekommen. Sie müssen von Anfang an kleine Pflichten und Aufgaben bei der Pferdepflege übernehmen, z. B. das Pferd trockenführen, es auf- und abzäumen usw. Dabei können sie sich mit seinen Verhaltensweisen und Reaktionen vertraut machen. *Fürsorge, Hilfsbereitschaft, Selbständigkeit und Verantwortungsgefühl* werden dabei verlangt. Mit zunehmender Übung gelingt es auf spielerische Weise, sich in die Bewegungen des Pferdes einzufühlen, sich seinem Rhythmus anzupassen und das Gleichgewicht auf ihm zu finden. Dabei müssen sie rücksichtsvoll mit dem Tier umgehen, um ihm keine Schmerzen zuzufügen. So dürfen sie ihm zum Beispiel nicht hart in den Rücken fallen, beim Aufspringen ihm nicht die Füße in die Flanken stoßen usw. Jede Übung muß mit Rücksicht auf das Pferd behutsam ausgeführt werden. So lernen die jungen Voltigierer, durch ihr einfühlsames Verhalten *Rücksicht* gegenüber ihrem Pferd zu üben.
Durch das Üben in der Gruppe werden *Gemeinschaftssinn* und *Zusammenarbeit* gefördert. Die Voltigierer lernen, sich gegenseitig zu helfen und gemeinsam Aufgaben zu lösen. Zwar üben die Jugendlichen häufig allein auf dem Pferderücken, doch es kommt letztlich nur auf die Gruppenleistung an. So ist auch im Wettkampfsport nur die *Gesamtleistung der Mannschaft* entscheidend; die Einzelleistungen der Voltigierer werden nicht gesondert herausgestellt. Besonders bei den Doppel- und Dreierübungen kommt es auf die Zuverlässigkeit und eine gute Zusammenarbeit aller beteiligten Voltigierer an.
Scheiden die Voltigierer spätestens mit 18 Jahren aus einer Wettkampfgruppe aus, so können sie das Erlernte und ihr individuelles Können beim *Einzelvoltigieren* und im *Doppelvoltigieren* beweisen. Neben den sportlichen Werten sind die erzieherischen Werte dieses Sports besonders zu beachten. Diese Vorzüge werden beim *heilpädagogischen Voltigieren* von Verhaltensgestörten und Behinderten genutzt; das Kapitel »Der Einsatz des Pferdes im Therapeutischen Reiten« berichtet ausführlich hierüber.

Voltigieren – eine selbständige Sportart und Vorstufe zum Reiten

Viele Voltigierer nehmen früher oder später Reitstunden, weil sie sich durch das Voltigieren für den Reitsport begeistert haben. Sie haben anderen Reitanfängern voraus, daß ihnen der Umgang mit dem Pferd vertraut ist, daß sie gelernt haben, das *Gleichgewicht* auf dem Pferderücken zu finden und daß sie bereits einen geschmeidigen, *losgelassenen Sitz* haben. Auch die anfängliche Ängstlichkeit und Verkrampfung sind bereits überwunden. Wenngleich die Voltigierübungen nicht viel mit dem Reiten gemein haben, so bildet das Voltigieren doch eine ausgezeichnete Grundlage zum Reitenlernen. Kein Reitverein, der auf Jugendarbeit Wert legt, wird auf Voltigierstunden verzichten können. Die meisten Voltigierer suchen in Freizeitgruppen den Kontakt zum Pferd und bleiben ein paar Jahre mit Freude dabei, bis sie früher oder später zum Reiten überwechseln oder sich anderen Aktivitäten zuwenden. Es darf aber nicht übersehen werden, daß durch das Voltigieren viele sich für den Reitsport interessierende Jugendliche in die Reitvereine kommen, die aus Familien stammen, für die Reitstunden unerschwinglich sind. Diese jungen Menschen können aber ohne große finanzielle Aufwendungen Erfolge im Voltigieren erringen und an Turnieren teilnehmen, wenn sie sportliche Begabung, Begeisterung und Einsatzbereitschaft mitbringen.

Im Turniersport hat sich das Voltigieren längst zu einer *selbständigen Sportart* entwikkelt. Der Voltigiersport hat ein eigenes Wettkampfreglement, spezielle Ausbildungswege für Ausbilder, Trainer und Richter. In den Landesverbänden und in der Reiterlichen Vereinigung wird das Voltigieren durch *Fachbeiräte und ihre Sprecher* vertreten, die mit den *Jugendausschüssen* zusammenarbeiten und sich mit allen Fragen des Voltigiersports befassen. Unter dem Namen *»Der Voltigierzirkel«* wurde 1991 eine Förder- und Interessengemeinschaft für den Voltigiersport gegründet. Mitglieder aus der ganzen Bundesrepublik Deutschland und aus 16 weiteren Nationen, vor allem Ausbilder, Aktive und Voltigierbeauftragte, haben sich zu dieser Gemeinschaft zusammengeschlossen. Im *Voltigierzirkel* können alle, die sich engagieren wollen, ihr Können und Wissen zum Nutzen des Voltigiersports in diese starke Gemeinschaft einbringen und somit aktiv bei der zukünftigen Entwicklung des Sports mitwirken. Im persönlichen Erfahrungsaustausch werden wertvolle Informationen weitergegeben und können die Mitglieder Hilfestellung in vielen Fachfragen erhalten. Zur Verbesserung des Informationsflusses gibt der *Voltigierzirkel* vierteljährlich die Mitglieder-Zeitung *»Voltigierzirkel aktuell«* heraus.

Fortbildungslehrgänge und Tagungen ermöglichen es Ausbildern und Richtern, ihre Kenntnisse zu erweitern, und Voltigierern, ihr Können zu verbessern. Im Einzelvoltigieren haben die Voltigierer die Möglichkeit, länger im Wettkampfsport aktiv zu bleiben. Aus ihren Reihen wurden schon viele engagierte junge Leute für eine Tätigkeit als Ausbilder oder Richter gewonnen. Auch in den Jugendgremien der Verbände sind heute viele ehemalige Voltigierer zu finden, die dort für die Belange des Voltigiersports eintreten.

Die vielfältigen Aktivitäten, wie Zeltlager, Voltigiertage, Projektwochen an den Schulen und Jugendaustausch, weisen darauf hin, daß das Voltigieren als *Freizeit- und Breitensport* einen hohen Stellenwert besitzt. Nur ein kleiner Teil aller Voltigierer bringt es so weit, das Voltigieren leistungsmäßig zu betreiben und an Turnieren teilzunehmen. Viele Jugendliche, die Freude an Pferden haben, finden im Voltigieren eine sinnvolle Freizeitbetätigung in den wöchentlichen Übungsstunden, ohne jemals in einem Wettkampf aufzutreten. Trotz Meisterschaften, internationaler Turniere und ständiger Leistungssteigerungen im Spitzensport hat der Voltigiersport seinen Charakter als eine wichtige Jugend- und Freizeitsportart für alle Schichten bewahrt.

Ponysport – Reiten und Fahren

CORNELIA ENDRES
Bundestrainerin der Pony-Dressurreiter
im Deutschen Olympia-Komitee
für Reiterei
Warendorf

Der Ponysport hat in den letzten Jahren einen enormen Aufschwung erfahren. Noch vor gar nicht so langer Zeit diente das Pony lediglich als Vorstufe, um Kinder in spielerischer Form an den Umgang mit dem Pferd heranzuführen. Allein schon die geringere Körpergröße läßt Kindern ein Pony weniger gewaltig und furchterregend erscheinen als ein Großpferd. So entsteht Vertrauen zwischen Kind und Tier und damit die unerläßliche Basis im Umgang mit dem Partner Pferd.
Über diese erste Annäherungsphase hinaus hat das Pony inzwischen aber noch weitere Verwendung gefunden – als kindgemäßer Partner Pferd im Reitunterricht. Immer mehr Kinder und Jugendliche beginnen ihre reiterliche Ausbildung mit einem Pony. Auf Grund seiner geringeren Körpermasse ist es leichter zu handhaben als ein Großpferd und kommt daher den naturgemäß geringeren Körperkräften des Kindes entgegen. Eine vom Kind gegebene Schenkel-, Gewichts- oder Zügelhilfe wird normalerweise beim Pony eher die gewünschte Reaktion auslösen als beim Pferd, da aus physikalischen Gründen eine kleine Masse leichter zu bewegen ist als eine große. Das Kind merkt, daß sich das Pony reaktiv von ihm beeinflussen läßt, was bei einem Pferd einfach wegen des kräftemäßigen Mißverhältnisses viel schwerer sein wird. Daraus resultieren Erfolgserlebnisse, die wiederum zum Weitermachen motivieren sowie Begeisterung und Selbstvertrauen schaffen.
Das Pony vermittelt dem reitenden Kind das Gefühl für den Bewegungsablauf in den Grundgangarten. Voraussetzung hierfür ist jedoch eine gewisse Mindestanforderung an das Exterieur und die Bewegungen des Ponys. Es gibt heute viele elegante Reitponys, die im Exterieur einem Großpferd in »Kleinformat« entsprechen und den Kindern das gleiche Bewegungsgefühl vermitteln wie große Pferde den Erwachsenen.
Über die Aufzucht und Ausbildung sowie den praktischen Umgang mit dem Pony berichtet ausführlich das entsprechende Kapitel. Dieses Kapitel soll vor allem dem Sport gewidmet sein.

Leistungsvergleiche beim Ponyreiten

Irgendwann entwickelt jeder Jugendliche den Wunsch, das Erlernte im Leistungsvergleich mit anderen auszuprobieren. Das rege Interesse am sportlichen Wettkampf hat in den letzten Jahren dazu geführt, daß immer mehr Turnierveranstalter reine Ponyprüfungen in ihr Programm aufgenommen haben. Hier können sich die Jugendlichen unter gleichen Voraussetzungen miteinander messen.
Die Leistungsprüfungsordnung (LPO) der Deutschen Reiterlichen Vereinigung, die alle Wettkampfbestimmungen zur Regelung des Turniersports enthält, sieht keine bundeseinheitliche Höchstaltersgrenze für Ponyreiter vor. Die einzelnen Bundesländer und hier die Landeskommissionen für Pferdeleistungsprüfungen regeln die Altersfrage autonom. Das zugelassene Höchstalter schwankt zwischen 16 und 18 Jahren. Von dieser vorgeschriebenen Altersgrenze abgesehen, muß jeder Ponyreiter für sich selbst entscheiden, wann er

Ausbildung auf Bosal den Vorteil, die Wirkung des an die äußere Halsseite angelegten Druckzügels zu unterstreichen: Sie pieken das Pferd leicht in den Hals und veranlassen es dazu, den Hals von der Störungsquelle wegzubiegen, sich also in Richtung der beabsichtigten Wendung zu stellen. Mecaten aus dem weichen Rayon haben diese Wirkung nicht, sind aber leichter zu handhaben, da sie sich nicht wie die Mecaten aus Pferdehaar durch Feuchtigkeit verhärten.
Bosal und Mecate gibt es in verschiedenen Stärken (1, 3/4, 5/8, 1/2 und 3/8 Zoll und »pencil« = Bleistiftstärke). Je nach Größe des Pferdekopfes beginnt man die Bosalausbildung mit der Stärke 3/4 oder 5/8 Zoll und verringert die Stärke mit zunehmender Sensibilität des Pferdes bis auf 3/8 Zoll. Die Stärke »pencil« wird als Unterlegzäumung für die Umstellung des Pferdes auf Kandare verwendet.

Trainingsgebisse für die Umstellung auf Kandare und zur Korrektur

In der texanischen Ausbildungsmethode treten an die Stelle des Bosals pelhamähnliche Trainingsgebisse, welche mit Doppelzügel benutzt werden. Der Reiter kann, wenn nötig, mit dem direkten Trensenzügel die Stellung des Pferdes korrigieren. Bei guter Reaktion des Pferdes jedoch kann er nur mit dem äußeren Kandarenzügel bei losen Trensenzügeln eine Wendung einleiten (Neck Reining = einhändige Zügelführung durch Bewegen der Zügelhand über den Mähnenkamm nach rechts oder links).
Die Verwendung nur eines Zügels mit einer Dreieckschnallung, wie es in der klassischen Reitweise bei Pelhams gemacht wird, ist beim Westernreiten falsch, da die Wirkung von Trensen- und Kandarenzügeln nicht voneinander getrennt werden kann.
Trainingsgebisse gibt es in vielen verschiedenen Ausführungen, was Hebellänge, Mundstück (gebrochen, ungebrochen, gerade, gebogen etc.) und Material betrifft. Sie werden auch für die Korrektur verdorbener Pferde eingesetzt. (In der Hand eines Könners wären sie sicherlich auch für die Korrektur von klassisch gerittenen Pferden sinnvoll.)
Eine besondere Form der Trainingsgebisse sind die sog. Snaffle-Bits with Shanks (einfach gebrochene Gebisse mit meist beweglich gelagerten kurzen Hebeln). Sie werden oft mit nur einem Paar Zügel benutzt, weil bei diesen gebrochenen Gebissen der direkte Zügel trotz der leichten Hebelwirkung hauptsächlich auf der jeweilig beabsichtigten Seite wirkt.
Viele Trainingsgebisse (mit ungebrochenem Mundstück) können auch nach vollzogener Umstellung als Kandare verwendet werden, indem man den korrigierenden Trensenzügel ausschnallt.

Kandaren

Die endgültige Umstellung auf Kandare erfolgt etwa im dritten Jahr der Ausbildung, wenn das Pferd alle geforderten Lektionen sicher nur bei reiterlicher Anwendung des äußeren Druckzügels beherrscht (das bedeutet, daß die Umstellung auf die einhändige Zügelführung auf Bosal oder Trainingsgebiß schon vollzogen sein muß).
Die kalifornische Methode verwendet eine sehr schwere Kandare mit langen Hebeln und dem charakteristischen Löffel – das Califor-

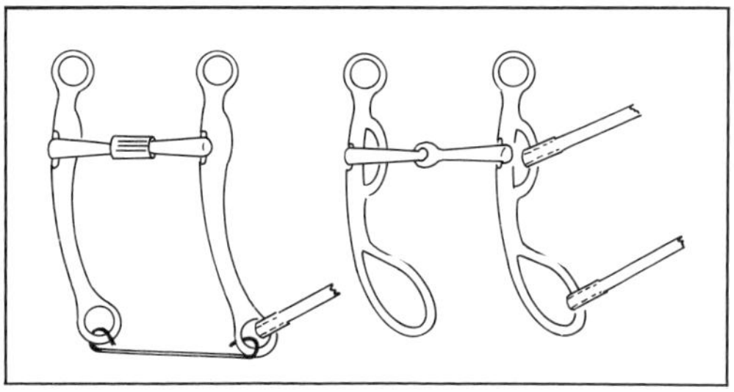

Snaffle-Bits with Shanks, links mit Kupferröllchen über dem Gelenk, rechts einfach gebrochen und mit Doppelzügel zu benutzen.

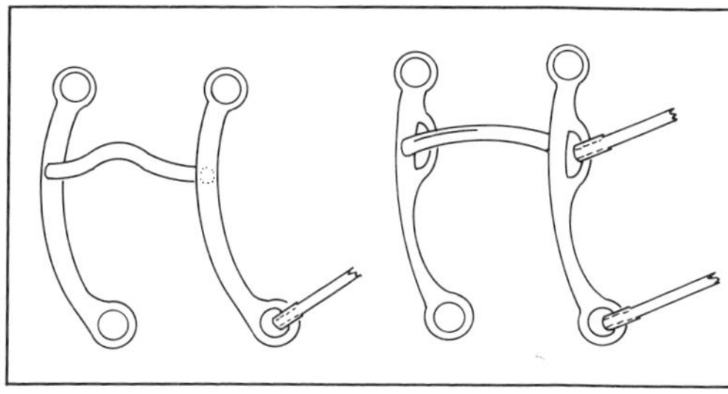

Einfache, starre Kandaren; das rechte Gebiß ist auch mit Doppelzügel als Trainingsgebiß zu benutzen. Man beachte die getrennte Schnallung von Trensen- und Kandarenzügel.

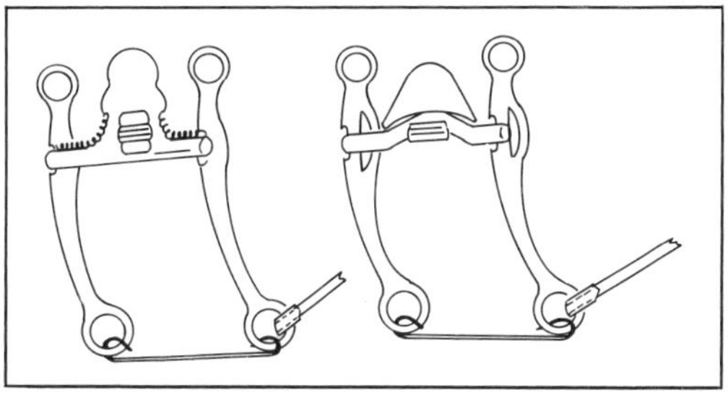

Links das California Spade Bit, rechts eine Abwandlung davon.

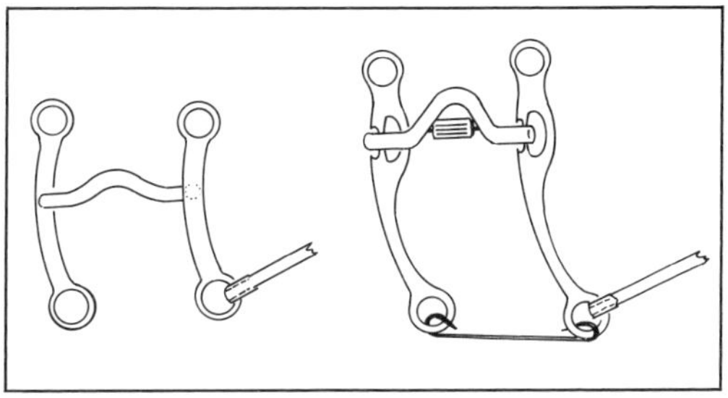

Bits mit hoher und niedriger Zungenfreiheit.

nia-Spade-Bit. Diese Zäumung ist einschließlich des Gewichtes der Zügel so ausgewogen, daß sie das Pferd zum sog. Head-Set (Abknicken im Genick und Einziehen des Kinns, vergleichbar etwa dem englischen Am-Zügel-Gehen) veranlaßt, ohne daß der Reiter mit der Hand auch nur minimalen Druck auf das Maul ausübt. Zusätzlich sind die Hebel beweglich gelagert, so daß der Reiter durch leichtes Annehmen der Zügel dem sensiblen Pferd schon ein Signal dadurch geben kann, daß sich der Kinnriemen ein wenig mehr spannt, ohne daß sich das Gebiß im Maul des Pferdes bewegt. Das bedeutet natürlich auch, daß der Reiter die Fähigkeit haben muß, seine Handeinwirkung millimetergenau zu steuern. Wer das nicht kann, sollte eine andere Zäumung wählen.

In den ersten Wochen der Umstellung trägt nun das Pferd dieses scharfe Gebiß nur spazieren. Die Kandarenzügel hängen unangefaßt durch. Das Pferd wird erst einmal weiterhin auf Bosal geritten. Es soll sich lediglich an das Gewicht der Kandare im Maul gewöhnen. Später werden die Zügel zusätzlich zur Mecate, die immer noch beidhändig benutzt wird, in eine Hand genommen. Aus den Gegebenheiten der Rinderarbeit mit dem Lasso hat sich die linkshändige Zügelführung für die Kandarenzügel entwickelt; für den Hobbyreiter ist es jedoch gleich, welche Hand er für die einhändige Zügelführung bevorzugt.

Anfangs sind die Kandarenzügel sehr lang, werden dann Woche für Woche leicht verkürzt, bis sie die Mecate ersetzen. Das Bosal bleibt jedoch auch nach vollzogener Umstellung noch lange Zeit zusätzlich am Pferd, um gegebenenfalls damit korrigieren zu können; denn die Kandare allein ist nicht geeignet, dauernde Stellungskorrekturen vorzunehmen, da auch das Benutzen des direkten Zügels immer mit einer eher beidseitigen Hebelwirkung auf Kinn und Genick des Pferdes verbunden ist.

Neck-Reining: Loser innerer Kandarenzügel, zur Führung angelegter äußerer Zügel, Gewichtsverlagerung in Richtung der Wendung (das Foto zeigt einen Roll Back).

Die texanischen Kandarengebisse sind sehr viel leichter und milder als die Spade Bits und verwandte Gebisse der kalifornischen Methode und dementsprechend leichter zu handhaben. Ihre Hebel sind meist starr und recht kurz, oft nach hinten gebogen, so daß das Pferd ohne Verletzungsgefahr damit grasen könnte (Grazer Bit).

Kandaren gibt es, wie Trainingsgebisse, in vielen verschiedenen Ausführungen hinsichtlich Hebellänge, Zungenfreiheit, Gewicht und Material. Ursprünglich gehören zwar die Kombination Trense – Bosal – Spade Bit und andererseits Trense – Trainingsgebiß – Grazer Bit jeweils zusammen. Im modernen Westernsport vermischen sich jedoch oft beide Ausbildungsmethoden. Vorlieben des Pferdes für bestimmte Gebisse werden berücksichtigt; so mögen beispielsweise viele nervöse Pferde starre Kandarengebisse nicht besonders, auch wenn sie mit Trainingsgebiß und nicht mit Bosal umgestellt wurden. Mildere Abwandlungen des Spade Bit, z. B. mit einem kleinen Röllchen anstelle des schweren Löffels und beweglichen, kürzeren Hebeln, sind hier eine Lösung. Andererseits können auch mit Bosal umgestellte Pferde später mit einem einfachen, leichten Kandarengebiß geritten werden.

Sättel, Steigbügel, Satteluntertagen

Sättel

Der Westernsattel verteilt das Gewicht von Sattel plus Reiter auf eine recht große Auflagefläche auf dem Pferderücken. Eine eher punktuelle Belastung des Pferderückens, wie sie z. B. bei einem Dressursattel möglich ist, ist im Westernsattel nicht möglich. Der Rükken eines Arbeitspferdes durfte gar nicht punktuell belastet werden, denn dies hätte eine frühzeitige Ermüdung der Rückenmuskulatur zur Folge gehabt.

Westernsättel gibt es in zwei grundsätzlichen Formen (mit diversen Varianten). Der kalifornische Sattel hat ein hohes Cantle und einen tiefen Sitz sowie ein hohes Horn. Sein Schwerpunkt liegt ähnlich wie beim englischen Dressursattel. Der Sitz des Reiters ähnelt dem des klassischen Dressurreiters. Auch die Art der Einwirkung mit Schenkeln und Gewicht (nicht Intensität und Dauer!) ähnelt dadurch eher der in der klassischen Dressur gebräuchlichen Einwirkung.

Der texanische Sattel dagegen ist insgesamt flacher, mit niedrigem Cantle und dem Schwerpunkt der Sitzfläche weiter hinten, so daß sich der Reiter mit dem Oberkörper leicht hinter und mit den Unterschenkeln leicht vor der Senkrechten befindet. Aus diesem Sitz ergibt sich fast zwangsläufig, daß der Unterschenkel bei der texanischen Methode

Kalifornischer Sattel mit hohem Cantle und tiefem Sitz.

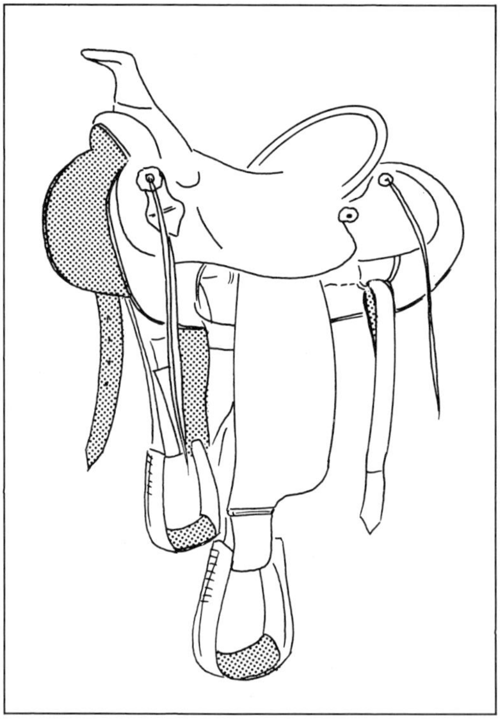

Texanischer Sattel mit niedrigem Cantle und dem tiefsten Punkt der Sitzfläche weiter hinten.

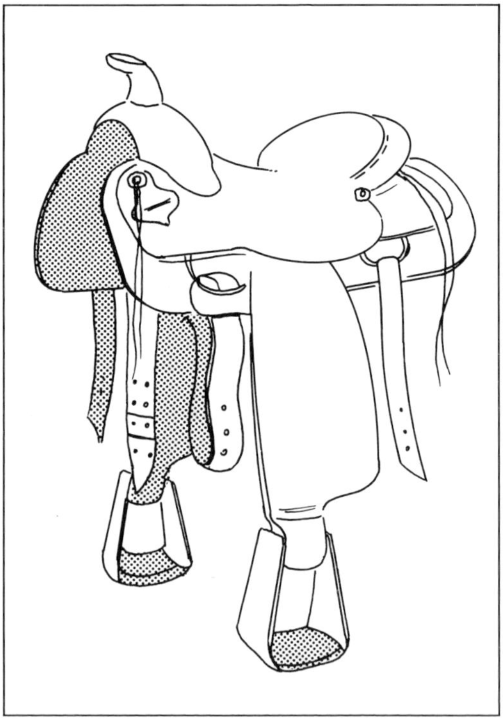

Paso Peruano: Diese Rasse wurde lange konsequent selektiert, um möglichst bequem große Wegstrecken zurückzulegen. Die typische Bewegung der Vorhand (Termino) ist gut zu erkennen.

Das Westernreiten hat sich aus der Arbeitsreiterei der amerikanischen Cowboys entwickelt und ist heute ein seriöser Sport mit einer Vielfalt von Disziplinen. Aufgabe des reitenden Rinderhirten war die Kontrolle der Viehherde. Daraus entwickelten sich bestimmte Anforderungen sowohl an den Pferdetyp als auch an die Art der Zusammenarbeit von Reiter und Pferd.

Das Pferd muß lernen, mit einem Minimum an reiterlicher Einwirkung und Hilfengebung zu reagieren. Die meisten Pferdefreunde, die das Westernreiten bevorzugen, gehören zu den Freizeitreitern.

Westernreiter begeistern sich für die Art der Ausrüstung und Zäumung, den bequemen Sattel und die Gelassenheit der westerngerittenen Pferde oder speziell dafür geeigneten »Western Horses«: Quarter Horse, Paint Horse und Appaloosa Horse.

Kopf mit Charakter:
Der Paso-Peruano-Hengst *Bonnie*
mit typischer Zäumung.

Freizeitspaß:
Gruppenausritt im Gelände
auf Paso Finos.

der Hilfengebung keine wesentliche Rolle mehr spielt. Diese Art des »rücklastigen« Sitzens ist auch heute noch mehr »arbeitsorientiert«. Der Reiter stützt viel mehr Gewicht im Bügel ab als im kalifornischen Sattel. Besonders im schwierigeren Gelände verhilft dadurch der texanische Sattel dem Reiter zu einem stabileren und bequemeren Sitz.
Für die Rinderarbeit besitzen die meisten Westernsättel einen hinteren Bauchgurt, der ein Hochschlagen des Sattels verhindern soll, wenn ein Rind am Sattelhorn hängt. Nur dafür ist der hintere Gurt sinnvoll. Ansonsten kann er getrost ausgeschnallt werden.
Befestigt wird der Sattel mit dem vorderen Bauchgurt, stilgerecht nicht mittels einer Schnalle, sondern durch einen Schlipsknoten.

Steigbügel
Die Steigbügel der Westernsättel sollten groß und schwer sein. Bevor man einen neuen Sattel benutzt, müssen die ursprünglich parallel zum Sattel hängenden Bügel »ausgedreht« werden. D. h. man feuchtet die Fender – jene Stücke breites Leder, welche als Bügelriemen dienen – innen mit Wasser an, dreht beide Bügel jeweils einmal nach außen herum und fixiert sie unter dem Sattel mit einem durchgeschobenen Besenstiel o. ä. Nach etwa vier Wochen sind die Bügel in einem etwa 80-Grad-Winkel zum Sattel fixiert. Mit dieser Prozedur verhindert man, daß sich dem Reiter der Bügel unter den Fußballen wegdreht.

Sattelunterlagen
Im Gegensatz zu den besonders im Dressursport verwendeten, extrem dünnen Satteldekken benutzt der Westernreiter ein mehrere Zentimeter dickes, sogenanntes Pad, das den Rücken des Pferdes gut abpolstern soll. Natürlich »schwebt« der Reiter dadurch eher über dem Pferd, statt »im Pferd« zu sitzen, wie es in der klassischen Lehre gefordert wird. Jedoch ist auch dies ein Charakteristikum der Westernreitweise, deren Priorität es ist, auf weiten Strecken pferdeschonend und bequem zu reiten. Im Zuge der im Abschnitt »Grundausbildung des Pferdes unter dem Reiter« noch erläuterten Minimalhilfengebung bedeutet der durch eine dicke Sattelunterlage verminderte Kontakt mit dem Pferderücken keine Beeinträchtigung der Kontrolle des Pferdes und kann bei Pferden mit empfindlichem Rücken anfangs sehr hilfreich sein.

Die Ausbildung des Westernpferdes

Artgerechte Haltung des Pferdes als Ausbildungserleichterung

Westernreiten bedeutet prinzipiell Arbeitserleichterung beim Reiten. Dabei ist der Westernreiter bestrebt, die Ausbildung des Pferdes auch durch eine den Grundbedürfnissen des Pferdes angemessene Haltung zu erleichtern. Das Pferd soll Gelegenheit bekommen, Bewegungstrieb, Sozialtrieb und Erkundungstrieb auszuleben. Gewährleistet ist dies durch Offenstallhaltung oder zumindest durch täglichen Weidegang oder Auslauf von mehreren Stunden. Die Vorteile dieser artgerechten Haltung liegen klar auf der Hand:

1. **Bewegungstrieb:** Das Pferd ist von Natur aus ein Lauftier mit äußerst leistungsfähigem Bewegungsapparat. Blockiert man nun seinen Bewegungsdrang, indem man es 23 Stunden am Tag in einer Box oder – noch schlimmer – in einem Ständer einsperrt, so ist es nur natürlich, daß es sich in der kurzen Zeit, in der es geritten werden soll, austoben möchte. Buckeln oder Pullen sind in vielen Fällen Untugenden, die aus der unnatürlichen Haltung der Pferde resultieren.
Gibt man nun dem Pferd die Möglichkeit, sich im Auslauf oder auf der Weide ausreichend zu bewegen, so stellt sich dem Reiter nicht mehr die Aufgabe, dem Bewegungsdrang des Pferdes entgegenzuwirken. Er vermeidet unnötige Einwirkung mit der Hand und sitzt von Anfang an auf einem relativ entspannten Pferd.
Beim Spiel mit Artgenossen oder auch nur durch die ständige Bewegung im Schritt beim Grasen trainiert sich das Pferd außerdem bis zu einem gewissen Grad selbst. Die Grundkondition eines Koppelpferdes ist höher als die eines Stallpferdes. Eine zusätzliche Erleichterung für den Reiter ist der Umstand, daß das Koppelpferd schon zu Beginn der Arbeit unter dem Reiter lockerer ist, so daß lösende Übungen teilweise entfallen können; die anfängliche Steifheit des Stallpferdes fehlt. Auch das Scheuen desjenigen Pferdes, das nur einen Grund sucht, um sich durch einen schnellen Satz zusätzliche Bewegung zu verschaffen, verschwindet durch ausreichend

Artgerechte Haltung: ausreichend freie Bewegung beim Spiel mit Artgenossen.

freie Bewegung. Die Beziehung zwischen Reiter und Pferd gestaltet sich dadurch vertrauensvoller. Der Reiter verkrampft sich nicht mehr in Erwartung des nächsten »Hopsers«.

2. Sozialtrieb: Bekommt das Pferd die Möglichkeit, in einem kleinen Herdenverband seinen Platz zu finden, so ist es durch die Befriedigung seines natürlichen Bedürfnisses ausgeglichener und wird auch den Menschen als den Ranghöheren besser akzeptieren.

3. Erkundungstrieb: Das Pferd ist von Natur aus neugierig. Bekommt es keine Möglichkeit, seine Neugier zu befriedigen, weil es ständig nur eingesperrt seine Boxenwände anstarrt, so stumpft es entweder ab oder neigt dazu, vor allem und jedem Angst zu haben. Beides ist für den Westernreiter gleichermaßen schlimm. Ein abgestumpftes Pferd ist nicht mehr bereit, mitzuarbeiten; es ist wenig aufnahmefähig. Das überängstliche Pferd dagegen kann unberechenbar werden – der Reiter neigt dann aus Angst dazu, zuviel mit der Hand einzuwirken, das Pferd festzuhalten. Und damit fehlt die Grundlage der beim Westernreiten angestrebten Minimalhilfengebung.

Ausbildung an der Hand als wichtige Vorstufe zur Ausbildung unter dem Sattel

Dem ernsthaften Westernreiter ist nicht nur die gute Ausbildung seines Pferdes unter dem Sattel wichtig, sondern gleichermaßen eine gute Erziehung im Hinblick auf alle anderen Bereiche, in denen Mensch und Pferd miteinander zu tun haben. Dazu zählen das Führen, die Arbeiten an der Hand, das Anbinden, das Verhalten des Pferdes beim Putzen, beim Hufbeschlag etc.

Eine erfolgreiche Erziehung des Pferdes beginnt im Idealfall lange vor dem ersten Aufsitzen des Reiters. Sie hat den absoluten Gehorsam des Pferdes zum Ziel und stützt sich hauptsächlich auf eine frühzeitige Klärung der »Rangordnung«. Absoluter Gehorsam bedeutet jedoch nicht, die natürlichen Eigenarten des Pferdes zu zerstören, sondern nur die unbestrittene Anerkennung des Menschen als »Leittier«. Widersetzlichkeiten infolge ungeklärter Rangordnung, bei denen das Pferd einfach ausprobiert, wer der Stärkere ist, sind damit so gut wie ausgeschlossen. Auf Grund seines natürlichen Herdenverhaltens wird ein

Pferd den Forderungen seines von ihm akzeptierten menschlichen Führers widerstandslos und auch gerne folgen. Die Funktion des Leittieres kann jedoch der Mensch nur dann ausfüllen, wenn das Pferd sowohl Vertrauen zu ihm als auch Respekt vor ihm hat. Der Reiter sollte sich also davor hüten, das Vertrauen seines Pferdes durch Überforderung, ungerechtfertigte Strafen, Jähzorn oder sonstige schlechte Behandlung zu mißbrauchen – aber auch davor, dem Pferd zuviel durchgehen zu lassen. Inkonsequentes Verhalten verunsichert das Pferd und gefährdet den Ausbildungserfolg.

Eine wichtige Hilfe des Westernreiters in jeder Phase der Ausbildung (an der Hand, an der Longe und unter dem Reiter) ist seine Stimme. Kommandos wie Halt, Schritt, Trab, Zurück etc. lernt das Pferd schon beim Führen. Später, an der Longe, wird der Gehorsam auf diese verbalen Hilfen verfeinert.

Besonders die Arbeit am Führstrick sichert dem Ausbilder frühzeitig Respekt und Gehorsam. Er verlangt z. B. das Anhalten aus dem Schritt und später aus dem Trab auf sein verbales Kommando und schließlich nur noch als Reaktion auf sein eigenes Stehenbleiben (auch in der Herde darf das rangniedere Pferd das ranghöhere nicht überholen oder an ihm vorbeidrängeln). Rückwärtsrichten und Seitwärtstreten können schon an der Hand – immer in Verbindung mit einem deutlichen verbalen Kommando – geübt werden.

Weiterhin kann die Aufmerksamkeit des Pferdes bereits durch Führen über Stangen, Autoreifen, Balken etc. geschult werden. Fast alle Trailhindernisse können mit jungen Pferden an der Hand geübt werden. Der Wert dieser vorbereitenden Phase an der Hand kann gar nicht hoch genug eingeschätzt werden, da der Westernausbilder schon während dieser Zeit weitgehend die Vertrauensbasis zwischen sich und dem Pferd aufbaut. Er setzt es Schritt für Schritt immer neuen, teilweise beängstigenden Situationen aus und kann es an der Hand von deren Ungefährlichkeit überzeugen. Als Beispiel sei hier das sog. Aussacken des jungen Pferdes genannt: Dem Pferd wird unter beruhigendem Zureden ein Sack oder eine Decke leicht gegen die Flanken, auf die Kruppe und an den Hals geschlagen, und zwar so lange, bis es bei der Berührung nicht mehr zusammenzuckt. Furchteinflößende Gegenstände – aufgespannte Regenschirme, Säcke mit klappernden Büchsen o. ä. – werden dem Pferd unter beruhigendem Zureden immer wieder gezeigt. Später berührt man sie damit. Bei besonders ängstlichen Pferden kann man angsterregende Dinge auch zur Gewöhnung am Zaun des Auslaufes befestigen.

Die Grundausbildung des Westernpferdes unter dem Reiter

Allgemeines zur »äußeren Form« des Pferdes und zur Hilfengebung

Die Grundlagen des Westernreitens decken sich weitgehend mit denen der englischen Reitweise. Es sind dies allgemeingültige Richtlinien, wie sie mit den Begriffen Losgelassenheit, Gleichgewicht und Takt beschrieben werden. Sie müssen sich damit decken – wenn es auch die entsprechenden Begriffe selbst im Vokabular des Westernreiters so nicht gibt –, denn es handelt sich hierbei um die Grundvoraussetzungen jeden Reitens. Die »äußere Form« des Westernpferdes (die Haltung) deckt sich jedoch nicht unbedingt in jedem Fall mit den Vorstellungen der englischen Reitweise. Es gibt ja auch innerhalb der Westernreiterei, wie schon kurz beschrieben, zwei Hauptströmungen: California und Texas Style (und dazwischen diverse, leicht abweichende persönliche Methoden für diese oder jene Lektion). Der kalifornische Stil kommt mit einem in vielen Lektionen leicht versammelten Pferd den Vorstellungen eines klassisch-englisch vorgebildeten Reiters von einem gut gerittenen Pferd sehr nahe. Die meist wenig gebogenen und oft mit sehr langem Hals gehenden, texanisch ausgebildeten Pferde können jedoch dem Betrachter, der die äußere Form überbewertet, ohne auf Losgelassenheit und Gleichgewicht zu achten, eher »schlecht geritten« vorkommen. Nun bedingen ja beim Westernreiten – wie auch in der englischen Reitweise – Exterieur, Ausbildungsstand und Verwendungszweck die Kopf- und Halshaltung des Pferdes. Der Vorteil beim Westernreiten ist, daß der Reiter viel weniger Wert auf die äußere Form legt und dementsprechend nicht geneigt ist, mit diversen Hilfszügeln diese Form zu erzwingen. Das soll nun nicht heißen, daß die Westernreiter überhaupt keine Hilfszügel benutzen – zu Korrekturzwecken tun sie es manchmal

Die äußere Form des Pferdes ergibt sich aus Exterieur und Ausbildungsstand. Das Bild zeigt ein auf Kandare gezäumtes Pferd mit geschlossenem kalifornischen Zügel (mit Romal).

auch –, aber die Hilfszügelreiterei ist bei weitem nicht so verbreitet wie bei den englisch Reitenden.

Die Minimalhilfengebung: Ein bedeutendes Ziel beim Westernreiten ist die weitestgehende Reduzierung der Hilfengebung. Der Begriff der Minimalhilfengebung darf jedoch nicht mißverstanden werden; die auf ein Minimum reduzierte Hilfengebung ist natürlich erst das Resultat der Ausbildung. Der Westernreiter wird sich zwar von Anfang an darum bemühen, möglichst wenig einzuwirken, kommt aber in manchen Fällen – bei faulen, sturen oder auch hektischen Pferden – nicht umhin, vorübergehend stärker mit Kreuz, Schenkeln und Zügeln zu arbeiten. Die Reduzierung der Hilfengebung basiert auf dem Prinzip, das Pferd durch Fehler lernen zu lassen. Eine falsche Bewegung oder Reaktion wird sofort mit Zügel, Schenkel und Kreuz korrigiert (so oft hintereinander wie nötig). Richtiges Verhalten wird dagegen sofort durch völliges Loslassen der Zügel und einen entspannten, passiven Sitz belohnt. Eine große Hilfe bei dieser Art der Ausbildung ist die Stimme des Reiters, die lobend oder strafend, aufmunternd oder beruhigend wirken kann und auf die das Pferd schon bei der Ausbildung an der Hand zu reagieren gelernt hat.

Vom Prinzip her arbeitet der Westernreiter fast paradox: Er bringt dem Pferd in der Phase des Anreitens bei, auf Schenkel-, Zügel- und Gewichtshilfen zu reagieren, um ein Mittel zur Korrektur in der Hand zu haben. Schon recht bald, nachdem das Pferd begriffen hat, wie es die Hilfe zu verstehen hat, beginnt er wieder mit der Reduzierung.
Gerade für die angestrebte Minimalhilfengebung ist es wichtig, daß das Pferd während jeder Ausbildungsphase locker im Rücken und empfindlich im Maul bleibt. Ein hartmäulig gewordenes Pferd, das sich womöglich auch noch im Rücken festmacht, ist keinesfalls mit minimalen Hilfen zu reiten. Deswegen muß sich der Westernreiter sehr frühzeitig Gedanken darüber machen, wie er unnötigen Ungehorsam des Pferdes, den er mit härterer Einwirkung korrigieren müßte, von vornherein vermeidet. Mit »unnötigem Ungehorsam« ist alles zu bezeichnen, was der Reiter vermeiden kann, indem er Überforderungen ausschließt.

Der lose Zügel: Besondere Bedeutung kommt im Verlauf der Westernausbildung der Reduzierung der Zügelhilfen zu. Ein Hauptkriterium des Westernreitens ist der sog. lose, d. h. leicht durchhängende Zügel. Das Pferd wird grundsätzlich mit einem losen Zügel belohnt. Anfangs kann sich diese Belohnung bei einem Pferd mit viel Vorwärtsdrang ähnlich kurz wie das Nachgeben in einer halben Parade bei der klassisch-englischen Reitweise gestalten. Später werden die Phasen des Nachgebens immer länger. Es besteht dann so lange kein direkter Zügelkontakt, wie das Pferd keinen Fehler macht, also keiner Korrektur bedarf, bzw. so lange, bis der Reiter ein Signal für Richtungs- oder Tempoänderung geben will. Bei einem eher faulen Pferd kann der Reiter unter Umständen schon von Anfang an den Zügel durchhängen lassen. Die Einwirkung mit dem Zügel darf immer nur einen Sekundenbruchteil dauern, und sie ist auf Trense oder Bosal immer einseitig. Bei den Ausbildungszäumungen werden normalerweise nie beide Zügel mit gleicher Intensität angenommen, damit dem Pferd von Anfang an jede Möglichkeit genommen ist, sich auf den Zügel zu legen.
Bedient sich der Westernreiter anfangs wie sein englischer Kollege des richtungweisenden, stellenden inneren Zügels, so reduziert er

Der lose Zügel (hier in einer den Spin vorbereitenden Hinterhandwendung): Der äußere Zügel liegt als Druckzügel lose am Hals, der innere Zügel ist nach seinem richtunggebenden Impuls wieder locker.

Wendungen mit dem jungen Pferd: Die Hände stehen weit auseinander; durch die weit herausgeführte innere Hand wird dem Pferd anfangs der Weg in die Wendung gezeigt, der äußere Zügel liegt am Hals an.

auch dessen Gebrauch, sobald das Pferd eine Richtungsänderung mit dem angelegten äußeren Zügel assoziieren kann. Diese Reduzierung der Benutzung des inneren Zügels gipfelt schließlich im Neck-Reining, bei dem das Pferd nur noch auf den angelegten, aber trotzdem losen, äußeren Zügel reagiert.

Longenarbeit, erstes Aufsitzen
Grundsätzlich gestaltet sich das Anreiten eines jungen Pferdes in der Westernreitweise nicht viel anders als in der englischen, nämlich mit beidhändiger Zügelführung auf Trense. Der Westernreiter arbeitet jedoch am Anfang mit weit auseinanderstehenden Händen, zeigt dem Pferd praktisch durch weites Herausführen der inneren Hand den Weg in die Wendungen. Nach vorbereitender Longenarbeit (am besten in einer Rundbahn, damit das Pferd gar nicht erst auf den Gedanken kommt, sich in einer Ecke umzudrehen), bei der neben der grundsätzlichen Gymnastizierung beim Laufen auf gebogenen Linien vor allem auch der Gehorsam auf stimmliche Kommandos gefestigt werden soll, folgen die ersten Runden unter dem Reiter. Dabei achtet der Westernreiter darauf, dem Pferd keine Möglichkeit zum Ungehorsam zu geben. Sinnvoll ist es, für die ersten Reitversuche eine nicht zu große Reitbahn zu benutzen – unter Umständen den Round Corral, der auch zum Longieren verwendet wurde. In solch einer beengten Umgebung bekommt das Pferd wenig Gelegenheit, sich dem Reitergewicht durch Flucht zu entziehen. Dadurch kann der Reiter in dieser frühen Phase schon versuchen, die Einwirkung mittels der Zügel weitgehend einzuschränken – d. h. er wird hauptsächlich mit der Stimme und einem ruhigen, ausbalancierten Sitz versuchen, das Tempo des Pferdes gleichmäßig zu halten.

Anhalten und Anreiten – Schwerpunkt von Reiter und Pferd
Da es beim Westernreiten keinen vergleichbaren Ausdruck dafür gibt, will ich mit dem in der englischen Reitweise gebräuchlichen Ausdruck »Paraden« arbeiten. Jedoch ist die Parade beim Westernreiten nicht das etwas stärkere Annehmen des vorher schon leicht anstehenden Zügels, sondern das kurze einseitige Zupfen am vorher leicht durchhängenden Zügel (s. auch den Abschnitt »Zäumungen«). Paraden zum Halten oder in die nächstniedrige Gangart werden durch die

Stimme des Reiters angekündigt und von einem leichten Zupfen am Zügel begleitet. Sinnvoll ist es, dazu den äußeren Zügel zu verwenden und das Pferd dabei minimal gegen die Umzäunung zu stellen. Wenn es schräg vor sich ein Hindernis – die Umzäunung – sieht, wird es logischerweise verlangsamen, um nicht dagegenzuprallen. Der Reiter erspart sich mit diesem Verfahren eine härtere Einwirkung mit der Hand.
Soll das Pferd aus dem Halten antreten oder das Tempo verstärken, so verlegt der Reiter seinen Schwerpunkt nach vorne – das Pferd wird ihm durch Verlegen seines eigenen Schwerpunktes nach vorne folgen. (Dieser Punkt wird in der englischen Reitweise grundsätzlich anders gehandhabt. Das englisch gerittene Pferd wird durch Zurücknehmen des Reiterschwerpunktes – tiefes Einsitzen – von hinten nach vorne an die begrenzende Hand herangeritten. Im Zuge der angestrebten Minimalhilfengebung ist dies für den Westernreiter nicht sinnvoll, denn er begrenzt die Vorwärtsbewegung von vornherein nicht durch den anstehenden Zügel.) Ein Zurücknehmen des Tempos oder eine Parade zum Halten wird durch Zurücknehmen des Reiterschwerpunktes signalisiert. Die Gewichtshilfen sind in der Westernreiterei vorrangig. Schenkel und Zügelhilfen sollen im allgemeinen eher zweitrangig sein, auch wenn sich dies bei Problempferden in den Anfängen der Ausbildung nicht immer realisieren läßt.

Wendungen: Einsatz von Gewicht, Schenkeln und Zügeln

Wendungen werden normalerweise durch Gewichtsverlagerung in Richtung der Wendung und ein leichtes Zupfen am ansonsten losen inneren Zügel eingeleitet. Damit das Pferd die innere Schulter nicht hängen läßt, kann der Reiter dabei die innere Hand höher nehmen. Der äußere Zügel liegt bei jeder Wendung am Hals an, damit das Pferd im Hinblick auf das später angestrebte einhändige Neck-Reining diese Hilfe des angelegten Zügels untrennbar mit einer Wendung verbindet.
Die Gewichtsverlagerung – Reitergewicht nach innen, so daß das Pferd der Schwerpunktverlagerung des Reiters durch Verlagerung seines eigenen Schwerpunktes in Richtung der Wendung folgt – wird allerdings nicht immer gleich gehandhabt. Auch inner-

Enge Rechtswendung im Trab.

halb des Westernreitens gibt es viele Methoden. Vor allem die modernen »Reining-Spezialisten« unter den Trainern reiten eine Wendung oft mit leichter Gewichtsverlagerung nach außen. Sie treiben das Pferd praktisch von sich (von ihrem eigenen Gewicht) weg und lassen dabei die innere Schulter des Pferdes völlig frei (siehe auch den nächsten Abschnitt über die schwierigeren Lektionen).
Über den Einsatz der Schenkel in Wendungen gibt es beim Westernreiten verschiedene Ansichten. Die kalifornische Methode setzt prinzipiell die Unterschenkel ähnlich der englischen Methode ein – also ein das Ausfallen der Hinterhand begrenzender äußerer Schenkel und ein biegender innerer. Allerdings wird auch hier Intensität und Dauer der Einwirkung weitestgehend minimiert, was aber nicht ausschließt, daß bei einem steifen Pferd anfangs in fast englischer Manier dauernde Einwirkung mit Schenkeln, Kreuz und auch Zügeln nötig sein kann. Diese Einwirkung geschieht so lange, bis das Pferd gelernt hat, daß ein korrigierender Einfluß durch den Reiter erst dann unterbleibt, wenn es in gewünschter Weise reagiert. (Prinzipiell ist auch die Verfeinerung der englischen Hilfengebung nichts anderes, nur daß auch bei fortgeschrittener Ausbildung immer eine leichte Verbindung zum Pferdemaul besteht sowie dauernde, leichte Fühlung zwischen Unterschenkel und Pferdekörper. Der Westernrei-

ter arbeitet dagegen im fortgeschrittenen Ausbildungsstadium nur noch mit kurzen Schenkel- und Zügelimpulsen ohne vorherigen, dauernden Kontakt. Nur zur Korrektur oder zum Üben neuer Lektionen wirkt er wieder stärker ein.)
Daneben gibt es andere Methoden, bei denen der Reiter das Pferd durch Einsatz des äußeren Schenkels vom Schenkeldruck weg und in die Wendung hineintreibt (normalerweise in Verbindung mit der Methode der Gewichtsverlagerung in Wendungen nach außen).

Arbeit im Schritt und im Trab

Der Reiter beginnt mit Übungen im Schritt – große Wendungen, Anhalten und wieder Anreiten. Ist das Pferd im Schritt willig und gehorsam, geht er zu Übungen im Trab über – Geradeaustraben, Paraden zum Schritt, später größere Wendungen im Trab und schließlich auch das Anhalten aus dem Trab. Wichtig ist, wie bei jeder Reitweise, ein taktmäßiger, ruhiger, gelöster Trab und ein raumgreifender, nicht verklemmter Schritt. Was Raumgriff und Schwung im Trab betrifft, so setzt der Westernreiter andere Maßstäbe als der englisch Reitende. Gefragt sind im Hinblick auf bequemes Sitzen des Reiters kurze, eher gleitende Trabtritte, nicht der federnde, kadenzierte Trab eines Dressurpferdes. Je nach Temperament des Pferdes kann der Reiter auch im Trab von Anfang an versuchen, mit minimalen Zügelimpulsen auszukommen und so lange am losen Zügel zu reiten, wie das Pferd ruhig und taktmäßig trabt. Ob der Reiter leicht trabt, aussitzt oder in den leichten Sitz geht, kommt auf das jeweilige Pferd an.
Bei hektischen Pferden, die immer wieder versuchen, unter dem Reiter davonzulaufen, empfiehlt es sich, erst einmal auszuprobieren, ob sie sich nach ein paar Runden durch beschwichtigendes Zureden nicht von allein beruhigen. Tun sie das nicht, so versucht man es durch laufendes Durchparieren zum Schritt und daraus zum Halten (mit langem Stehenbleiben). Nötigenfalls kann man ein Pferd auch einmal frontal gegen die Reitbahnbegrenzung laufen lassen. Bald wird es merken, daß ihm das Rennen nichts nützt, da es doch immer wieder stehenbleiben muß.
Das Stehenlassen des Pferdes unter dem Reiter beruhigt nicht nur die Nerven eines hektischen Pferdes, sondern stellt gleichzeitig eine gute Gehorsamsübung dar, deren Wert nicht zu unterschätzen ist. Auch das Ground-Tying, das Stehenlassen des Pferdes ohne Reiter auf ein verbales Kommando und das Signal der herabhängenden Zügel kann in diesem Zusammenhang geübt werden.
Ist das Pferd in Schritt und Trab in der Bahn sicher und ohne dauernde Zügeleinwirkung zu kontrollieren, kann es in diesen beiden Gangarten auch ins Gelände geritten werden. Die Geländearbeit dient der Festigung des Gleichgewichtes unter dem Reiter und des Gehorsams. Der Reiter muß allerdings darauf achten, im Gelände nichts zu verlangen, was das Pferd in der Bahn noch nicht gelernt hat.

Galopparbeit, Diagonale Hilfengebung

Ist das Pferd in Trab und Schritt gehorsam und geregelt, so kann mit der Galopparbeit begonnen werden. Viele Trainer galoppieren ihre Pferde zwar schon sehr früh, ich halte es hingegen für besser, zu warten, bis sich das Pferd im Schritt und im Trab völlig sicher unter dem Reiter ausbalanciert hat. Dann ist die Gefahr geringer, daß es im Galopp mit dem Reitergewicht aus dem Gleichgewicht kommt und das verlorengegangene Gleichgewicht durch immer schnelleres Auffußen (d.h. Davonrennen) zu erhalten sucht. Dies geschieht vom Pferd völlig ohne böse Absicht, veranlaßt den Reiter aber normalerweise zu etwas härterer Handeinwirkung, um es wieder durchzuparieren – eine Reaktion, die im Hinblick auf losen Zügel und Minimalhilfengebung grundsätzlich zu vermeiden ist.
Die von vielen Westernreitern verwendete Form der diagonalen Galopphilfen unterscheidet sich recht deutlich von der englischen Methode (die aber auch im Westernreiten nicht falsch ist). Das Pferd wird bei der diagonalen Hilfengebung leicht nach außen gestellt, der Reiter sitzt nach außen und gibt Druck mit dem äußeren Schenkel. Das Pferd bekommt damit die innere Schulter zum Vorspringen frei und wird auf der richtigen Hand angaloppieren. Wie der Trab des Westernpferdes soll auch der Galopp eher flach und kurz sein.

Verkürzen der Grundgangarten

Legt der Reiter anfangs nur Wert darauf, daß das Pferd geregelt und losgelassen geht, wird

er im weiteren Verlauf der Grundausbildung darauf hinarbeiten, die Grundgangarten zu verkürzen, um noch bequemer sitzen zu können. Dabei wird hauptsächlich die Länge des Trabrittes bzw. des Galoppsprunges verkürzt. Eine starke Aufrichtung des Pferdes ist nicht gefragt – es sei denn, sie ergibt sich bei Pferden mit passendem Exterieur von selbst. Das Verkürzen der Gangarten soll natürlich auch beim Westernreiten nicht zu einem Verlust des Taktes (z. B. Viertakt im Galopp) und zu einem Hängenlassen der Hinterhand führen, obwohl man leider in den sogenannten Pleasure-Prüfungen (in denen es auf möglichst langsames Reiten am losen Zügel in der Gruppe ankommt) immer wieder sehen kann, daß dort Pferde placiert werden, die taktunrein mit hängendem Kopf im Sande schlurfen. Im Prinzip handelt es sich aber hierbei um negative Auswüchse, und es gibt auch Bestrebungen, dies durch ein besseres Reglement für die Durchführung von Pleasure-Prüfungen zu ändern.
Wichtig ist, die Verkürzung der Gangarten nicht durch dauernde Handeinwirkung erreichen zu wollen. Wie in allen anderen Bereichen der Ausbildung auch sollen kurze Anschläge am Zügel genügen. Da das Pferd nicht, wie in der klassischen Reitweise, dauernd von hinten nach vorn an eine begrenzende Hand herangetrieben wird, gestaltet sich die Verkürzung des Tempos und der Schrittlänge nicht in Form einer Versammlung, sondern eher in Form einer Verlangsamung.

Rückwärtsrichten

Besonderes Augenmerk wird in der Grundausbildung auf ein sauberes und flüssiges Rückwärtsrichten gelegt. Die gängigste Methode ist, durch beidseitiges kurzes Annehmen des Zügels das Pferd zum Rückwärtstreten aufzufordern, begleitet von dem Kommando »back« oder »Zurück«, welches das Pferd schon an der Hand gelernt haben sollte. Der Reiter bleibt dabei mit seinem Gewicht voll im Sattel. Viele Reiter heben dabei die Hände an. Nach einiger Zeit genügt schon das Anheben der Hände als Signal zum Rückwärtsrichten; es muß dann kein Druck mehr auf das Maul ausgeübt werden. Reagiert das Pferd gut, so kann der Reiter später durch Antippen mit beiden Schenkeln mehr Tempo verlangen, wie es in der Reining erforderlich ist. Erwünscht ist ein flüssiges, fast laufendes, schnelles Rückwärtsrichten, meist mehr als zehn Tritte.

Seitwärtstreten

Beim Westernreiten gibt es sowohl das auch in der englischen Reitweise gebräuchliche Vorwärts-Seitwärts-Treten als auch eine reine Seitwärtsbewegung ohne Vorwärtstendenz, wie sie für viele Trailhindernisse (siehe Trail) gebraucht wird.
Die Hilfengebung für das Vorwärts-Seitwärts-Treten (Two Track) unterscheidet sich wenig von der englischen Methode für das Schenkelweichen. Das Pferd wird entgegen der Bewegungsrichtung gestellt, der Reiter sitzt entgegen der Bewegungsrichtung. Zügel- und Schenkeleinwirkung werden jedoch reduziert, sobald das Pferd weiß, was der Reiter von ihm will. D. h. auch der Two Track wird am losen Zügel geritten. Der Westernreiter verlangt dieses Schenkelweichen im Schritt, im Trab und schließlich im Galopp. Zum Vergleich: In der klassisch-englischen Reitweise gibt es die Stellung entgegen der Bewegung im Galopp nicht, sondern nur die Traversale, in der das Pferd in Bewegungsrichtung gestellt ist.
Die reine Seitwärtsbewegung wird natürlich nur im Schritt verlangt. Die Hilfengebung ist prinzipiell die gleiche, nur wird die Vorwärtsbewegung durch kurze Zügelimpulse sowie durch eine stärkere Gewichtsverlagerung des Reiters nach hinten begrenzt.

Hinterhandarbeit – auch ohne ständige Einwirkung des Reiters

Der Westernreiter forciert die Hinterhandarbeit seines Pferdes hauptsächlich durch Art und Aneinanderreihung der Lektionen, z. B. durch häufiges Wechseln der Gangart und Reiten von Tempounterschieden in Trab und Galopp. Eingeschoben werden immer wieder Paraden zum Halten – daraus ein Rückwärtsrichten und sofortiges erneutes Anreiten in Schritt, Trab oder Galopp. Die Hinterbeine des Pferdes stehen nach dem Rückwärtsrichten gut unter, so daß sich ein energisches Antreten mit guter Hankenbiegung fast von allein ergibt. Dazu kommen immer engere Wendungen in Trab und Galopp. Bei allen Übungen ist darauf zu achten, daß die Einwirkung mit der Hand minimal bleibt. Idealerweise soll der Westernreiter später z. B.

Galoppreprisen nur durch leichtes Vorneigen bzw. Zurücknehmen des Gewichtes reiten können, ohne überhaupt mit den Zügeln einzuwirken.

Das Prinzip der Hinterhandarbeit, ohne dabei das Pferd zu treiben, ist das Ergebnis anerzogenen Gehorsams und bei bestimmten Lektionen eine Notwendigkeit, um nicht umzufallen. Baut man die Übungen langsam genug auf und unterläßt jede Überforderung des Pferdes, wird es schließlich auch aus jeder Gangart mit gut untergeschobener Hinterhand anhalten können, ohne daß der Reiter mehr tun muß, als dem Pferd ein Kommando mit der Stimme, eine Gewichtshilfe und einen minimalen, kurzen Impuls am Zügel zu geben. Der Reiter muß nur von Anfang an darauf achten, daß er dem Pferd nie die Gelegenheit gibt, sich bei einer Parade zum Halten auf die Hand zu legen. Hat es diese Gelegenheit, weil der Reiter mit der Hand zu unflexibel ist, wird es immer versuchen, sich in der Hand des Reiters abzustützen und später auch bei einem Stop die Vorhand in den Boden rammen, statt die Hinterhand zu belasten. Das gleiche geschieht, wenn die Muskeln der Hinterhand für eine solche Belastung noch nicht genügend trainiert sind. Es kommt dann zu den unschönen Bildern mit aufgerissenem Maul und weggedrücktem Rücken.

Daß bei sachgemäßer Ausbildung keinerlei Handeinwirkung des Reiters mehr nötig ist, um ein Pferd aus jeder Gangart und jedem Tempo mühelos anzuhalten, beweisen immer wieder Vorführungen, bei denen Pferde komplett ohne Zäumung geritten und aus schnellem Galopp gestoppt werden.

Trailübungen

Wie schon erwähnt, gehören in die Grundausbildung auch Trailübungen, von denen viele an der Hand vorbereitet werden können. Man beginnt mit einfachen Übungen wie dem Überwinden von passend liegenden Stangen im Schritt und im Trab. Klappt das, kann man die Abstände für das »Walk over« im Schritt unpassend legen, so daß das Pferd von allein seine Schrittlänge verkürzen bzw. verlängern muß. Diese Übung (nur im Schritt durchzuführen) verlangt vom Pferd schon deutlich mehr Mitarbeit und Aufmerksamkeit – und in Richtung selbständiger Mitarbeit soll das Westernpferd ja ausgebildet werden.

Rückwärtsrichten in Schlangenlinien um Pylone: Das Pferd reagiert auf das Anheben der Hand.

Einfache Übungen mit Stangen kann man ergänzen durch Autoreifen, zwischen denen das Pferd sich seinen Weg suchen soll, später durch Stangen, die es seitwärtstretend überwinden muß. Darauf aufbauend können Kombinationshindernisse verwendet werden, die Seitwärtstreten mit Vor- und Hinterhandwendungen und/oder Rückwärtsrichten verbinden. Das Rückwärtsrichten um Markierungen herum oder im rechten Winkel in einer L-Form ist für den Reiter ein wichtiger Hinweis, inwieweit er in der Lage ist, die Hinterhand seines Pferdes zu kontrollieren.

Dieses »gelenkte« Rückwärtsrichten sollte jedoch keinesfalls begonnen werden, wenn das Pferd im Normalfall noch nicht gerade und flüssig rückwärts geht. Wichtig ist vor allem, daß, bevor solche Hindernisse in Angriff genommen werden, das Pferd gelernt hat, auf seitwärtstreibenden Schenkel bzw. Gewichtsverlagerung und die Hilfen zum Rückwärtsrichten sicher zu reagieren; anderenfalls ist jedes Pferd mit solchen Stangen-Trailhindernissen überfordert.

Zusätzlich kommen zu diesen mehr oder weniger konstruierten Hindernissen simulierte Geländehindernisse hinzu: die Brücke – als Abwandlung davon die Wippe –, ein Tor, Plastikplanen oder Wassergräben, Hindernisse aus Strohballen, Säcke und Eimer, die transportiert werden müssen. Auch für denjenigen, der keine Turnierambitionen hat, ist das Arbeiten mit solchen Hindernissen im Hinblick auf ein sicheres Geländepferd sinnvoll. Zusätzlich hat die Trailausbildung den

Das Pferd ist gehorsam und hat genug Vertrauen zu seinem Reiter, so daß es über die Wippe auch ohne Zäumung zu reiten ist.

Vorteil, das Vertrauen des Pferdes zum Reiter zu festigen; irgendwann begreift es, daß der Reiter nichts Unmögliches oder Gefährliches von ihm verlangt.

Eine sinnvolle Staffelung bei der Trailarbeit sieht allerdings bei jedem Pferd anders aus. Es gibt Pferde, die machen sich überhaupt nichts daraus, über eine Brücke zu marschieren, wogegen sie sich beim Seitwärtstreten über eine querliegende Stange fürchterlich aufregen können. Man sollte versuchen, herauszufinden, welche Übungen dem jungen Pferd am besten liegen und jeweils mit diesen beginnen. Unbedingt zu beachten ist, daß man bei jeder begonnenen Übung – auch wenn man eine erwischt hat, die das Pferd überhaupt nicht mag – zumindest einen Teilerfolg verbuchen kann. Ohne diesen ist das Pferd in dem Fall »Sieger« geblieben – und das wird es sich merken. Das bedeutet, daß man sich gerade für die ersten Trailübungen mit dem jungen Pferd sehr viel Zeit nehmen muß, um sie ohne Hektik in akzeptabler Form zu Ende zu bringen.

Auch kleine Sprünge fehlen im Trail nicht. Sie werden meist in einer Trailprüfung als Gradmesser für die Durchlässigkeit und den Gehorsam des Pferdes benutzt, denn im Anschluß daran steht oft ein kniffeliges Stangenhindernis, bei dem das Pferd völlig konzentriert seine Hufe placieren muß. Meist hat der Reiter nur zwei bis drei Galoppsprünge zwischen Sprung und Stangenhindernis. Unaufmerksamkeiten zeigen sich dann in sichtbarer Handeinwirkung oder Patzern am Hindernis.

Weiterführende Ausbildung

Die Grundausbildung dient hauptsächlich dem Zweck der Gymnastizierung in den Grundgangarten, in Wendungen und Paraden sowie der Entwicklung der richtigen Muskelpartien und der Festigung von Gehorsam und Vertrauen. In der darauf folgenden Phase der Ausbildung des Westernpferdes werden nun die westerntypischen Lektionen Stop, Spin und Roll Back trainiert. Dazu kommen fliegende Wechsel in langsamem und schnellem Galopp und gesteigertes Tempo beim Rückwärtsrichten sowie eine Festigung der Tempokontrolle im Galopp. Auch im Trail werden die Anforderungen gesteigert; so kann man z. B. kurze Galoppreprisen zwischen zwei Hindernissen einschalten, Hinderniskombinationen aufstellen etc. Am besten ist es, wenn nur sehr selten Hindernisse geritten werden, die das Pferd bereits kennt und beherrscht. Schon eine geringfügige Veränderung bewirkt eine erhöhte Aufmerksamkeit seitens des Pferdes, und es besteht nicht so leicht die Gefahr, daß es bei bekannten Hindernissen den Hilfen des Reiters vorgreift

Trail: Durchreiten eines Tores, ohne es dabei loszulassen.

oder sie einfach schlampig bewältigt, d.h. überall anstößt.
Alle diese Übungen werden noch immer mit der beidhändigen Zügelführung geritten, wenn auch immer wieder versucht werden soll, eine Wendung hauptsächlich mit dem äußeren Zügel einzuleiten. Das Gebiß ist weiterhin eine Trense (oder ein Bosal), unter Umständen auch ein leichtes Trainingsgebiß.

Stop
Das Pferd hat in der Grundausbildung gelernt, beim Anhalten aus dem Galopp seine Hinterbeine gut unterzusetzen.
In einer Reinigung wird nun oft vor dem Stop ein sog. Run Down, also ein schneller Galopp, gefordert. Daraus resultiert der spektakuläre Sliding Stop, bei dem das Pferd den verbleibenden Schwung aus der schnellen Vorwärtsbewegung durch Rutschen auf der Hinterhand abfängt. Viele Pferde trippeln dabei mit den Vorderbeinen mit. Stops von talentierten Pferden auf gutem Boden haben nicht selten eine Länge von zehn und mehr Meter.
Nun hat der Reiter einiges zu beachten, wenn er das Galopptempo vor dem Stop steigern will. Erstens hat jedes Pferd ein bestimmtes Tempo, aus dem es am besten stoppen kann. Diesen Punkt muß der Reiter vorsichtig herauszufinden versuchen, damit er das Pferd nicht durch überhöhtes Tempo überfordert. Zweitens muß der Boden geeignet sein. Tiefer, matschiger Boden läßt das Pferd »stekkenbleiben« und es kann sich dabei wehtun. Am besten geeignet ist eine lockere Sandauflage auf einem relativ festen Untergrund. Drittens ist das »Timing« für den richtigen Zeitpunkt der Hilfe zum Stoppen (kurz vor der Schwebephase) sehr viel wichtiger als bei Stops aus dem langsamen Galopp. Und schließlich kann sich der Reiter auch noch unter zwei verschiedenen Grundvarianten der Hilfengebung entscheiden: In der kalifornischen Version wird der Pferderücken beim Stop entlastet, d.h. der Reiter nimmt sein Gewicht leicht aus dem Sattel heraus; das hat den Vorteil, daß das Pferd den Rücken aufwölben kann. In der texanischen Version sitzt der Reiter tief ein, wie bei einer englischen Parade, und belastet dabei den Rücken stärker. Welche Art der Hilfengebung die bessere ist, ist normalerweise abhängig von Temperament und Anatomie des jeweiligen Pferdes.

Ein Trainingsstop (aus langsamem Galopp). Das Pferd ist auf Bosal gezäumt; idealerweise sollte der Zügel in diesem Augenblick schon wieder los sein.

Beherrscht das Pferd den gleitenden Stop aus schnellem Galopp, so braucht er im Training nur noch selten geritten zu werden; gymnastizierende Stops aus langsamem Galopp genügen dann.

Roll Back
Der Roll Back ist eine gesprungene Hinterhandwendung aus dem Galopp in den Galopp. Die vollendete Version des Roll Back ist eine einzige, fließende Bewegung. Das Pferd soll aus dem Galopp ohne deutlich sichtbares Verharren um 180° herumspringen und flüssig weitergaloppieren. Das vorbereitende Training dieser Lektion kann im Schritt und im Trab beginnen, sobald das Pferd in der Grundausbildung genügend unter dem Reiter ausbalanciert ist. Der Reiter pariert etwa eine Pferdelänge neben der Reitbahn-Umzäunung zum Halten durch. Dann wendet er das Pferd zur Begrenzung hin ab und treibt es durch Anklopfen mit dem äußeren Schenkel und unter Umständen auch durch Antippen mit der Gerte an der äußeren Schulter schnell aus dieser Wendung heraus. Er sitzt dabei deutlich in Richtung der Wendung. Der innere Zügel sollte nach einem kurzen stellenden Impuls lose sein, der äußere liegt am Hals an. Gefordert ist hauptsächlich das schnelle Herauskommen aus der Wendung, die Einleitung kann zu Anfang langsam erfolgen. Um das Pferd dazu zu veranlassen, die Hinterhand bei

Roll Back gegen den Zaun mit beidhändiger Zügelführung (etwa zu zwei Drittel ausgeführt): Das Pferd springt aus der Hinterhand um 180 Grad herum; der Reiter sitzt in Bewegungsrichtung.

Der Spin: Das innere Hinterbein ist der Drehpunkt, das Pferd ist nach innen gestellt, der innere Zügel trotzdem lose. Die Vorhand läuft trabartig um die Hinterhand herum.

der Wendung weit unterzusetzen, kann man es anfangs zwei, drei Tritte rückwärtsrichten, bevor man es abwendet. Dies trainiert man ruhig so lange im Trab, bis das Pferd von sich aus aus der Wendung herausgaloppiert. Danach beginnt man damit, das Pferd aus dem Galopp zu stoppen und daraus den Roll Back einzuleiten. Prinzipiell trainiert der Reiter dies, wie auch die Version aus dem Trab, erst einmal gegen den Zaun, bis sich der Bewegungsablauf gefestigt hat und das Pferd nicht mehr versucht, beispielsweise schon nach 90° nach vorne wegzulaufen. Später wird der Roll Back auch ohne Zaunbegrenzung, z. B. auf der Mittellinie der Bahn, geritten. Beim Roll Back ist es wichtig, das Pferd zwar schnell, aber nicht hektisch oder unkontrolliert aus der Wendung herauszubekommen. Das bedeutet, daß der Reiter gerade bei Pferden mit viel Vorwärtsdrang (und fast alle Reining-Pferde haben diesen) das Tempo nicht allzusehr forcieren darf. Die meisten Pferde bieten von allein mehr Tempo an, wenn sie ihr Gleichgewicht in den schnellen Wendungen gefunden haben.

Spin

Der Spin ist eine trabartig gelaufene, schnelle Hinterhandwendung. Als Vorübung, die schon in der Grundausbildung beginnen kann, empfiehlt sich das traversartige Zirkelverkleinern und -vergrößern im Schritt und später im Trab. Der Reiter sitzt nach innen. Mit zunehmender Beweglichkeit des Pferdes wird der Zirkel immer weiter verkleinert. Schließlich wird durch Annehmen des äußeren Zügels die Vorwärtsbewegung begrenzt. In dem Moment sitzt der Reiter nach außen, um die innere Schulter des Pferdes zum weiten seitlichen Ausgreifen freizubekommen. Das Pferd sollte nun auf dem inneren Hinterbein stehenbleiben und mit überkreuzenden Vorderbeinen um dieses herumlaufen. Es ist dabei leicht nach innen oder gerade gestellt. Wie auch in der klassischen Hinterhandwen-

Spin nach links.

dung soll minimale Vorwärtstendenz erhalten bleiben, obwohl es erwünscht ist, daß das innere Hinterbein als Drehpunkt auf der Stelle stehenbleibt.
Viele Reiter verkleinern den Zirkel auch mit nach außen gestelltem Pferd und stellen es erst gerade, wenn seine Hinterhand stehenbleiben soll. Sie sitzen von vornherein gegen die Bewegungsrichtung. Diese Methode hat bei manchen Pferden den Vorteil, daß sie ihr inneres Hinterbein besser für die Drehung positionieren und schon bei der Verkleinerung des Zirkels die innere Schulter für die Seitwärtsbewegung frei haben.
Auch im Spin bietet das Pferd meist von allein mehr Tempo an, wenn es gelernt hat, sein inneres Hinterbein zu positionieren. Nun haben manche Pferde allerdings Schwierigkeiten, das innere Hinterbein stehenzulassen, treten wie beim Schenkelweichen über oder laufen nach hinten oder vorne aus der Wendung heraus. Daraus entsteht dann meist eine Art Mittelhandwendung. Von diesen Pferden sollte man immer nur eine 180°-Wendung auf einmal verlangen, dann wieder im Trab anreiten, stoppen, eine neue 180°-Wendung reiten etc., damit sie durch das dauernde neue Antreten veranlaßt werden, das innere Hinterbein besser unterzusetzen.
Auch für den Spin gibt es eine zweite Version aus der kalifornischen Reitweise, die aber heute im Turniersport nicht mehr gern gesehen wird, da ihr die Rasanz fehlt. Es ist dies ein Galopp-pirouettenartig gesprungener Spin, bei dem der Reiter in Bewegungsrichtung sitzt, wie beim Roll Back. Er wird entsprechend auch nicht aus Schritt und Trab entwickelt, sondern durch Zirkelverkleinern im Galopp, wie auch die klassisch englische Pirouette. In der Vollendung ist er zwar ungleich schneller als diese, kommt aber an das Tempo eines gelaufenen Spins nicht heran, da das Pferd die Bewegung in einzelne Sprünge aufteilen muß, während der gelaufene Spin eher eine fließende, gleitende Bewegung darstellt.

Fliegende Wechsel

Zur Vollendung der Ausbildung gehören auch die fliegenden Wechsel. Wie schon die Grundgangarten, so wünscht man sich auch den fliegenden Wechsel des Westernpferdes eher flach als kadenziert und hoch hinausgesprungen. In der Reining werden die Wechsel, je nach Pattern (Reining-Aufgabe), aus dem Zirkel vom schnellen zum schnellen Galopp, vom langsamen zum langsamen, vom langsamen zum schnellen und, was besonders schwierig ist, vom schnellen zum langsamen Galopp verlangt. Im Western-Riding, einer Kombination aus Trail- und Reiningelementen, werden die Wechsel durchgehend ruhig und langsam geritten.
Nun gibt es für den Wechsel, analog den beiden verschiedenen Arten anzugaloppieren, zwei grundsätzliche Methoden: einmal die englische und zum anderen die der diagonalen Hilfengebung. Hat man sich, wie die meisten Westernreiter, für die diagonale Hilfengebung entschieden, so kann man den fliegenden Wechsel aus dem Schenkelweichen im Galopp (Two Track) entwickeln. Der Reiter galoppiert z. B. auf der rechten Hand, wechselt durch die ganze Bahn und stellt dabei sein Pferd nach links gegen die Bewegungsrichtung. Damit wird die rechte Schulter frei zum Vorspringen. Vor dem Wechselpunkt stellt der Reiter das Pferd in der Schwebephase um, also in Bewegungsrichtung nach rechts, sitzt nach rechts um und bekommt damit die linke Schulter des Pferdes frei – ein kurzer Schenkeldruck rechts wird ein halbwegs talentiertes Pferd zum Umspringen nach links bewegen. Manche Reiter trainieren das Pferd auch darauf, beim Wegnehmen des inneren Schenkels statt bei Druck des äußeren Schenkels umzuspringen.

Wie überall beim Reiten gibt es verschiedene Methoden, die funktionieren und ihre Berechtigung haben; sie alle zu beschreiben, würde den Rahmen dieses Kapitels sprengen. Gemeinsam ist jedoch der diagonalen Hilfengebung in allen Varianten, daß das Pferd anfangs in Außenstellung gewechselt wird. Mit fortschreitender Ausbildung entfällt die Außenstellung und das Pferd wird nur noch durch Umlegen des Unterschenkels und leichte Gewichtsverlagerung gewechselt.

Speed Control / Schnelle und langsame Zirkel

Zirkel galoppieren – das sollte jeder können. Trotzdem hapert es damit oft gewaltig, wenn die stützenden drei Seiten der Normalbahn auf einmal fehlen, wie es auf reininggeeigneten Plätzen meistens der Fall ist. Der Richter will ein Pferd sehen, das von seinem Reiter

völlig kontrolliert und ohne Anlehnung an die Bande auf verschieden großen, absolut runden Zirkeln mit deutlichen Tempounterschieden am angemessen losen Zügel geritten wird. Das bedeutet für das Training, daß man sich hin und wieder einen Stoppelacker o. ä. suchen muß, wenn kein genügend großer Platz zur Verfügung steht, auf dem man ohne Bandenanlehnung Zirkel reiten kann. Dort sollte man nun üben, einen großen Zirkel in hohem Tempo zu reiten, das Pferd dann für einen kleineren Zirkel nur durch Zurücknehmen des Reitergewichtes deutlich zu verlangsamen, den nächsten Zirkel wieder groß und schnell zu reiten etc. Diese Übungen können, wenn das Pferd den fliegenden Wechsel schon beherrscht, mit diversen Wechseln verbunden werden. Besonderes Training ist natürlich in einen Wechsel von einem großen, schnellen Zirkel in einen kleinen, langsamen zu investieren.
Wie bereits im Abschnitt über die Grundausbildung erwähnt, sitzen nun viele Reiter in diesen Zirkeln leicht nach außen und zwar deshalb, um einem Abdrängeln des Pferdes nach außen von der Zirkellinie entgegenzuwirken, indem sie das Pferd mit ihrem Gewicht und Schenkeldruck außen von sich weg nach innen treiben. Dabei ist das Pferd vor allem in sehr schnellen Zirkeln mehr oder weniger gerade gestellt. In dieses Bild paßt nun auch gut der Wechsel mittels der diagonalen Hilfengebung.

Run Downs
Auch der schnelle Galopp auf der Mittellinie vor einem Stop muß geübt werden. Der Reiter muß erstens darauf achten, daß das Pferd schnurgerade bleibt, zweitens darf es in keiner Phase verspannt sein oder gegen die Hand gehen. Es muß also trotz des gesteigerten Tempos die absolute Kontrolle durch den Reiter gewährleistet sein. Galoppiert ein Pferd vor einem Stop nicht völlig losgelassen in einer Bergaufbewegung, so kann es nicht ausbalanciert stoppen und wird versuchen, sich irgendwo abzustützen – in der Reiterhand oder durch hartes Aufsetzen der Vorhand während des Stops. Das führt dann zu einer holpernden, steifen Bewegung. Sinnvoll ist es, einen Run Down langsam zu beginnen und das Tempo erst etwa in der Hälfte der Strecke langsam und vorsichtig zu steigern, so daß das Pferd, bis die Hilfe zum Stop kommt, noch mit der Beschleunigung beschäftigt ist. Oft erwarten die Pferde einen Stop schon an bestimmten Stellen und versuchen, den Hilfen vorzugreifen. Das führt zu stockenden Galoppsprüngen vor dem erwarteten Stop. Der Bewegungsrhythmus wird empfindlich gestört, und das bedingt bei einem anschließenden Stop auch wieder Fehler. Dieses Vorgreifen vermeidet man, wenn man Stops und Run Downs in der Ausbildungsphase immer wieder an anderen Stellen verlangt.

Zeitlicher Ablauf der Ausbildungsstadien

Aus dem bisher zur Ausbildung des Westernpferdes Gesagten kann man einen Ausbildungsplan ableiten, der im folgenden kurz zusammengestellt ist. Variationen innerhalb der Phasen sind grundsätzlich möglich.

1. Ausbildungsjahr (Snaffle Bit = Trense)
Ausbildung an der Hand/Aussacken/Longieren und erstes Aufsitzen/Geradeausreiten, große Zirkel in Schritt und Trab/Paraden zum Schritt und Halten/Rückwärtsrichten/Seitwärtstreten im Schritt, später im Trab/Galopp auf geraden Linien und großen Zirkeln/Festigung des Gelernten im Gelände/Trailübungen/Engere Wendungen in Schritt, Trab, Galopp/Vorübungen für Spin, Roll Back, Stop.

2. Ausbildungsjahr (Snaffle Bit oder Bosal/u. U. Snaffle with Shanks = Trainingsgebiß)
Festigung der Bewegungsabläufe/Verfeinerung der Hilfengebung, hauptsächlich die Reaktion auf den äußeren Druckzügel fördern/Vermehrte Hinterhandarbeit, Spin, Roll Back und Stop vervollkommnen/Speed Control auf den Zirkeln/Fliegende Wechsel/Run Downs/Kompliziertere Anforderungen im Trail.
Viele Profitrainer packen alles, was ich hier für das zweite Jahr beschreibe, aus Zeit- und Kostengründen in das erste Jahr. So manches Pferd bietet auch von sich aus das schnellere Vorgehen an; doch wie im englischen Sport auch geht dies normalerweise auf Kosten der Gesundheit des Pferdes und der Gründlichkeit der Ausbildung, obwohl die Ergebnisse

auch in kurzer Ausbildungszeit oft schon verblüffend sind.

3. Ausbildungsjahr
Endgültige Umstellung auf Bit (Kandare) entweder durch Doppelzäumung Bosal/Kandare oder durch ein Trainingsgebiß. Weitere Verfeinerung der bisher beschriebenen Lektionen.

Zu den Standardhindernissen der Trailprüfung gehört die Wippe.

Die Turnierdisziplinen und ihre Anforderungen

Pleasure

Wie der Name schon sagt – eine Pleasure-Prüfung soll Vergnügen machen. Bei dieser Prüfung werden die Pferde in der Gruppe in den drei Grundgangarten auf jeder Hand vorgestellt. Bewertet werden die Gänge des Pferdes, die Harmonie zwischen Reiter und Pferd, das Exterieur und der angemessen lose Zügel. Besonderen Wert legt der Richter auf ein sehr langsames Grundtempo, ein Kriterium, das manchmal zu unerwünschten Auswüchsen wie schlurfendem Trab und taktunreinem Galopp geführt hat.
Je nach Alter des Pferdes gibt es Junior-Pleasure-Prüfungen für drei- und vierjährige Pferde, die beidhändig auf Trense oder Bosal vorgestellt werden dürfen, und Senior-Pleasure-Prüfungen für fünfjährige und ältere Pferde, die einhändig auf Kandare geritten werden müssen.
Als Einstiegsprüfung für junge Pferde ist Pleasure gut geeignet, weil außer den geregelten Grundgangarten und wenigen Paraden für die Gangartenwechsel sowie hin und wieder (nicht bei jedem Richter) einer Verstärkung des Trabtempos nicht viel verlangt wird.
Zusätzlich gibt es Prüfungen für Turnieranfänger, bei denen die Zäumungsbestimmungen nicht in Kraft treten, also auch ältere Pferde mit Trense vorgestellt werden dürfen.

Trail

In Trailprüfungen wird sowohl der Gehorsam des Pferdes auf möglichst unsichtbare Hilfen des Reiters, seine Ruhe in kniffligen Hindernissen als auch seine Fähigkeit, in bestimmten Situationen selbständig zu arbeiten und aufzupassen, bewertet. Die Gangarten zwischen den einzelnen Hindernissen sowie die Auswahl bzw. Kombination von Hindernissen bestimmt der Richter. Vorgeschriebene Standardhindernisse sind: ein Tor, welches, ohne es loszulassen, geöffnet, durchritten und geschlossen werden muß; eine Wippe oder Brücke; Reiten über mindestens vier Stangen in Schritt, Trab oder Galopp; Rückwärtsrichten um Markierungen herum oder durch eine L-Form.
Dazu kommt eine große Auswahl an Wahlhindernissen: Seitengänge über verschiedene Formen, die aus Stangen, Pylonen, Strohballen oder sonstigem gebaut sein können; ein Stangenquadrat, in dem sich das Pferd einmal um 360° (in Form einer Mittelhandwendung) drehen muß; das Transportieren von Säcken mit Blechbüchsen oder Eimern; das Überreiten von Plastikplanen sowie Kombinationen aus verschiedenen Hindernissen und schließlich auch kleine Einzel-Sprünge.
Wie auch in der Pleasure gibt es Junior- und Senior-Prüfungen mit der jeweils vorgeschriebenen Zügelführung und Zäumung.

Reining

Die Reining ist neben den Prüfungen, bei denen mit Rindern gearbeitet wird, die spektakulärste Reitdisziplin. Sie wird prinzipiell in hohem Grundtempo im Galopp, möglichst am losen Zügel, geritten. Verlangt werden schnurgerade Run-Downs, also schnelle Ga-

lopps auf geraden Linien mit anschließendem Sliding Stop, bei dem das Pferd einige Meter auf der Hinderhand rutschen soll; des weiteren kleine, langsame und große, sehr schnelle Zirkel, meist in Form einer Achter-Figur in Verbindung mit fliegenden Wechseln aus dem Zirkel. Dazu kommen deutlich erkennbare Tempounterschiede, rasante Wendungen aus dem Galopp um 180° in den Galopp (Roll Backs), trabartig gelaufene Wendungen um 360° (Spins), manchmal bis zu vier hintereinander auf jeder Hand, und schnelles, fast laufendes Rückwärtsrichten (mehrere Meter). Dabei soll trotz losen Zügels das Pferd in jeder einzelnen Phase der absoluten Kontrolle des Reiters unterliegen. Jedes Manöver, das nicht am vorgeschriebenen Punkt erfolgt, ein verspäteter Wechsel, ein schiefes Rückwärtsrichten, ein unrunder Zirkel, ein Steckenbleiben, d. h. Stocken in der Flüssigkeit der Wendungen, und natürlich auch ein aufgerissenes Maul oder unwilliges Schweif- oder Kopfschlagen des Pferdes kosten Strafpunkte.
Auch hier erfolgt die Trennung in 3- bis 4jährige Pferde, die beidhändig auf Snaffle-Bit oder Bosal vorgestellt werden, sowie 5jährige und ältere Pferde, die einhändig auf Kandare geritten werden.
Daneben gibt es die Anfänger-Reining ohne Zäumungsbestimmungen, in der auch ältere Pferde beidhändig geritten werden dürfen. Hier sind niedrigeres Grundtempo, einfache statt fliegende Wechsel, eine Hinterhandwendung statt eines schnellen Spins und ein Stop aus langsamem Galopp erlaubt. Wert wird vor allem auf das kontrollierte Tempo und das genaue Reiten »auf den Punkt« gelegt.

Western Riding

Beim Western Riding wird vor allem die Qualität der fliegenden Wechsel bewertet. Diese Prüfung wird durchgehend sehr ruhig geritten. Sie beginnt mit dem Durchreiten eines Tores und dem Überwinden einer einzelnen Stange im Trab. Danach sind an der langen Seite 5 Markierungen mit jeweils fliegendem Wechsel in der Mitte zu umreiten. Es folgen 4 Schlangenlinien, bei denen jeweils auf der Mittellinie ein Wechsel geritten wird, ein gerades Abwenden auf die Mittellinie im Galopp, ein Stop und gerades Rückwärtsrichten. Zu hohes oder ungleichmäßiges Tempo, Wechsel nicht direkt am Punkt oder fehlerhaft nachgesprungen, Berühren der Stange, Loslassen des Tores oder schlechte Manier am Tor, schiefer Stop und schiefes Rückwärtsrichten mit Widerstand des Pferdes führen zu Punktabzug. Ein Wehren des Pferdes in jeder Form (Kopfschlagen, Maul aufsperren etc.) bedeutet gleichfalls Punktabzug. Der lose Zügel ist beim Western Riding sowohl in den beidhändig zu reitenden Junior-Prüfungen als auch in den einhändig zu reitenden Senior-Prüfungen deutliches Kriterium eines für diese Prüfung geeigneten und richtig ausgebildeten Pferdes.

Western-Riding: Abgekürzter Galopp; die Haltung des Pferdes ergibt sich aus Lektion und Exterieur.

Western-Horsemanship

Diese Prüfung ist eine Kombination aus einer kurzen, ruhigen Reiningaufgabe, die meist nur aus jeweils 3 bis 4 Sprüngen Rechts- und Linksgalopp mit 1 bis 2 Stops, Rückwärtsrichten und einer Wendung dazwischen besteht und anschließendem Rail-Work (= kurze Pleasure). Bei dieser Prüfung befinden sich von Anfang an alle Starter in der Bahn, stellen sich in einer Reihe am einen Ende des Platzes auf und starten nacheinander die Einzelaufgabe. Wer mit der Einzelaufgabe fertig ist, stellt sich auf der anderen Seite auf. Das bedeutet für diejenigen, die zum Schluß starten, vor allem bei Starterfeldern von über 20 Teilnehmern erstens einen »Kaltstart« und zweitens auch das Reiten der Einzelaufgabe gegen den Herdentrieb des Pferdes. Die Besten aus der Einzelaufgabe werden dann noch einmal zum Reiten der Pleasure aufgefordert, welche den endgültigen Ausschlag für die Placierung gibt. Bei dieser Prüfung werden vor allem Sitz und unsichtbare Einwirkung des Reiters sowie die Harmonie zwischen Reiter und Pferd bewertet. Auch farblich schön abgestimmte Kleidung des Reiters wird erkennbar mitbewertet.

Super-Horse

Eine Kombinationsprüfung für Allroundpferde, die aus den wesentlichen Elementen des Western Riding, der Reining, des Trails und der Pleasure zusammengesetzt ist.

Cutting

Das Cutting ist eine Prüfung, bei der das Pferd ein ihm vom Reiter bezeichnetes Rind aus einer Herde aussondern und diesem den Rückweg zur Herde abschneiden soll. Bewertet wird die selbständige Arbeit des Pferdes sowie dessen Geschicklichkeit und Schnelligkeit; jede Korrektur durch den Reiter gilt als Fehler.

Cutting.

Working Cowhorse

Diese Prüfung besteht aus zwei Teilen: Dry Work und Fence Work. Mit Dry Work wird eine normale Reining-Prüfung bezeichnet; Fence-Work ist der Ausdruck für die Arbeit mit einem einzelnen Rind, das innerhalb eines Zeitlimits entlang der Bande mehrmals gestoppt und schließlich in eine Achter-Figur hineingetrieben werden soll.

Zum Schluß will ich der Vollständigkeit halber noch kurz die Renndisziplinen Barrel Race und Pole-Bending erwähnen, die aber prinzipiell eher aus dem Rahmen der normalen Reitdisziplinen herausfallen.

Barrel Race

In einem Dreieck werden 3 Tonnen aufgestellt. Jeder Starter muß nun nach Zeit diese Tonnen in einem vorgegebenen Kurs umrunden.

Pole-Bending

In einer Reihe stehen 6 Stangen im Abstand von 6,3 m, die im Galopp slalomartig umrundet werden. Auch hier geht es wieder nach Zeit. Im Vorteil ist ein Pferd, das gut und flüssig fliegend wechselt.

Sowohl beim Pole-Bending als auch beim Barrel Race sind – im Gegensatz zu allen anderen Disziplinen – eine mechanische Hackamore sowie auch Hilfszügel, z. B. ein Tie-Down (ein Ausbindezügel, der auf die Nase wirkt), erlaubt. Außerdem ist hierbei die Art der Zügelführung nicht streng reglementiert (die Kandare darf beidhändig benutzt werden). Auch die Art der Zäumung ist nicht abhängig vom Alter des startenden Pferdes.

Gangpferdereiten

UTA OVER
Pressesprecherin der Internationalen Gangpferde-Vereinigung e. V., Fachjournalistin
Forst/Eifel

Die Bezeichnung »Gangpferde« ist eigentlich etwas ungenau, hat sich aber eingebürgert. Sie bedeutet, daß diese Pferde mehr als die drei Grundgangarten Schritt, Trab, Galopp gehen, nämlich Tölt, je nach Rasse in vielen Variationen, und Paß. Dabei ist es im Grunde unerheblich, ob diese Gänge angeboren, d. h. genetisch fixiert, sind oder antrainiert wurden.

Zur Geschichte des Gangpferdes

Darstellungen von töltenden und Paß gehenden Pferden sind schon in der Antike bei Assyrern, Persern, Indern und Chinesen zu sehen. Da aber von den zeitgenössischen Künstlern fast alle Tierarten so abgebildet wurden, darf man den Darstellungen allein noch keine Beweiskraft beimessen. Hinzu kommt jedoch oft eine detaillierte Beschreibung der unterschiedlichen Gangarten, aus der Tölt und Paß deutlich ersichtlich sind, so daß man davon ausgehen kann, daß diese Gangarten schon im Altertum erkannt und geschätzt wurden. Die Römer unterschieden beispielsweise genau zwischen Trabern, welche sie »tormentor« = Quäler nannten, und dem weich gehenden »tieldone«, dem Tölter oder Paßpferd.

Aus dem Mittelalter ist eine Fülle von Informationen über Tölter, damals »Zelter« genannt, überliefert. Reisen bedeutete in jener Zeit reiten, und man legte im damaligen langsam zusammenrückenden Europa erhebliche Strecken zurück. Der erschütterungsfreie Tölt ist die dafür angenehmste Gangart.
Auch bei der Falkenjagd wurden Tölter bevorzugt, weil die Falken bei Erschütterungen schnell erschraken und unruhig wurden. Die

Gangpferde haben eine lange Tradition. Hier die Darstellung auf einer griechischen Vase der Antike.

Der Fugger auf der Falkenjagd. Für höhere Gesellschaftsschichten kam im Mittelalter nur das elegant-bequeme Gangpferd in Frage, hier ein Tölter.

Tölter waren auch die Reitpferde der Ritter, und der »weiße Zelter«, übrigens oft ein Maultier, galt als das vornehmste Fortbewegungsmittel für Damen.
Der Niedergang der Tölterzucht begann mit dem Ausbau eines gut entwickelten Straßennetzes, auf dem Kutschen fahren konnten – jetzt brauchte man andere Pferde; der weiche Tölt wurde unerheblich. Damit verschwanden töltende Pferde in Europa fast völlig. Hinzu kam, daß die Kavallerie an Bedeutung gewann – hier wurden »Einheitspferde« mit dem klar erkennbaren Zweitakt des Trabes oder dem Dreitakt des Galopps bevorzugt. Tölt- und Paßveranlagung wurde »weggeritten«, entsprechend veranlagte Pferde aus der Zucht genommen. Das ist heute noch so bei Pferderassen wie beispielsweise den Pferden der Pura Raza Española, die durchaus Töltveranlagung zeigen: Der Tölt wird als »unerwünschte« Gangart unterdrückt. Anders bei Arabern, hier wird der Tölt – zwar nicht in unseren Breiten, aber im Ursprungsland – durchaus geschätzt.
Nach Amerika wurden töltende Pferde spanischer und afrikanischer Abstammung mit den Konquistadoren eingeführt. Ihre Blütezeit lag vor den Sezessionskriegen, wo sie die Pferde »der Reichen und Schönen« waren, mit denen die Plantagenbesitzer ihre riesigen Besitze kontrollierten. In den südamerikanischen Ländern ist die Tradition der töltenden Pferde seit Jahrhunderten ungebrochen.
Das gleiche gilt für Island. Das Islandpferd dürfte das am längsten »rein« gezogene Reitpferd der Welt überhaupt sein, denn seit ca. 1000 Jahren darf kein Pferd mehr nach Island eingeführt werden. Hier war der Tölter und Passer bis ins zwanzigste Jahrhundert hinein Arbeitstier in der Landwirtschaft, Reittier, Zugpferd und nicht zuletzt Fleischlieferant.
Ähnlich ist es bei den asiatischen Nomadenvölkern. Mongolische, kasachische und andere Nomadenpferde sind ausgezeichnete Tölter und Paßpferde und haben auch im heutigen ländlichen Leben noch einen hohen Stellenwert.
Auf dem europäischen Kontinent gewannen Tölt und Paß als Gangart erst wieder nach dem Zweiten Weltkrieg mit dem Aufkommen der Freizeitreiterei an Bedeutung. Die Islandpferde sorgten Mitte der fünfziger Jahre durch ihre »seltsamen« Gänge für Aufsehen und machten die Reiter wieder darauf aufmerksam, daß auch andere Pferderassen Töltveranlagung haben. Seit einigen Jahren sind in Europa jetzt auch nord- und südamerikanische Gangpferde eingeführt; damit ist die Rassevielfalt der Tölter in Europa größer denn je.

Vier- und Fünfgänger

Schritt ist die ruhigste Gangart – nicht nur wegen des Tempos, sondern auch wegen der Fußfolge, bei welcher immer ein Bein am Boden ist. Die Fußfolge ist hinten links – vorne links – hinten rechts – vorne rechts. Dabei ist zeitweilig ein Bein, zeitweilig sind auch zwei Beine am Boden; man spricht von der Einbein- und Zweibeinstütze. Da *immer mindestens ein Bein* am Boden ist, entsteht keine Sprungphase, so daß der Schritt für den Reiter erschütterungsfrei ist.
Anders beim **Trab,** einer diagonalen Gangart, bei dem das Pferd von dem einen jeweils gegenüberliegenden Beinpaar auf das andere springt. Hier ist zeitweise kein Bein am Boden – es gibt eine Sprung- oder Schwebephase, die Erschütterung für den Reiter bedeutet.
Das **Galopp** ist ein Dreitakt ebenfalls mit Sprungphase.

Paß ist ein Zweitakt wie der Trab, jedoch springt hier nicht jeweils ein diagonales Beinpaar, sondern beide Beine der gleichen Körperhälfte – *fast gleichzeitig*. Paß wird meist im Renntempo geritten; hierbei entsteht eine deutliche Schwebephase.

Tölt ist ein Viertakt wie der Schritt mit Einbein- und Zweibeinstütze. Im Unterschied zum Schritt kann man den Tölt jedoch vom langsamen Tempo bis hin zum Renntempo in immer derselben Fußfolge reiten; die Geschwindigkeit beim Renntölt beträgt etwa 45 km/h. Tölt ist genetisch fixiert; schon wenige Tage alte Fohlen tölten auf der Weide.

Walk, die spezielle Gangart der Tennessee Walking Horses, ähnelt dem Tölt – jedoch sind hier *immer drei Beine* am Boden, was dem Reiter noch mehr das Gefühl des Gleitens gibt.

Ausbildung

Gangpferde werden zuerst im Schritt und dann gegebenenfalls im Trab ausgebildet – also in den Gangarten, in denen das junge Pferd am leichtesten sein Gleichgewicht findet und das Reitergewicht am einfachsten tragen kann. Erst wenn es diese beiden Gangarten sicher beherrscht, werden die Spezialgangarten geschult.

Die meisten Gangpferderassen werden erst relativ spät – mit vier Jahren – angeritten. Eine Ausnahme bilden die Töltenden Traber, die von der Rennbahn kommen; sie arbeiteten schon vorher im Sulky, kommen meist aber auch nicht früher als vierjährig unter den Sattel. Lediglich die amerikanischen Tölter werden oft zweieinhalbjährig kurz angeritten, um dann aber noch ein Jahr in Ruhe gelassen zu werden.

Die südamerikanischen Tölter – Paso Peruanos und Paso Finos – werden grundsätzlich gebißlos angeritten und erst in einer späteren Ausbildungsphase, wenn sie im Gleichgewicht sind und auf Gewichtshilfen sozusagen perfekt reagieren, auf Stange geritten. Dies geschieht nach einer Übergangsphase, in welcher sie beide Zäumungen tragen, ähnlich wie in der klassischen Westernausbildung.

Bei beiden Rassen gehören zur Erreichung einer größeren Geschmeidigkeit auch Dehnübungen des Halses vom Sattel aus und an der Hand zum festen Ausbildungsprogramm: Nach und nach wird der Hals so gedehnt, daß der Kopf am Ende der Ausbildung den Sattel berührt. Dadurch werden die Beweglichkeit des Pferdekörpers und seine Wendigkeit gefördert.

Zur Ausbildung des Islandpferdes gehört traditionsgemäß, daß es vor dem Einreiten lernt, als Handpferd mitzugehen.

Bei den Paso Peruanos und Paso Finos wird großer Wert auf die Ausbildung an der Hand gelegt – hier *Mariposa KCO* mit Nora Otte.

Fast alle Gangpferde in Europa dürfen noch im natürlichen Herdenverband leben wie diese Islandpferde, American Saddlebred Horses und Aegidienberger im Gangpferde-Zentrum Aegidienberg.

American Saddlebreds werden zweieinhalbjährig sehr oft erst eingefahren, bevor sie eingeritten werden – hierdurch baut sich eine Kondition auf, die das Reitergewicht leichter trägt. Abgesehen davon fördert das Einfahren den Gehorsam und das Selbstbewußtsein des jungen Pferdes sowie den freien und schwungvollen Gang.

Die Ausbildung des Islandpferdes beginnt im Schritt, der Trab kommt erst später hinzu, wenn das schon gefestigte Pferd ihn anbietet. Tölt wird kurzzeitig geritten, wenn er angeboten wird, aber nicht systematisch gefördert. Das junge Pferd wird längere Zeit in den drei Grundgangarten geritten, um es zu festigen. Erst dann kommt die Ausbildung zum Tölt, der meist schon »da« ist. Rennpaß ist der letzte Teil der Ausbildung, weil er als kraftraubende Gangart ein bereits konditioniertes Pferd verlangt.

Bei der Gangpferde-Ausbildung in Deutschland spielt bei allen Rassen die Bodenarbeit eine nicht zu unterschätzende Rolle (siehe dazu das entsprechende Kapitel). Arbeit an der Longe und an der Doppellonge gehen dem Reiten meist voran. Die Longenarbeit dient hier nicht der Konditionierung, sondern der Förderung schwungvoller Gänge und des Gehorsams.

Haltung

Grundsätzlich fühlen sich alle Pferde im Herdenverband wohler als in Einzelhaltung. Die Herde gibt ihnen Sicherheit und Gelassenheit sowie die Bewegung, die ein Pferd braucht, um seinen Körper gesund und in Schwung zu halten.

Fast alle Gangpferderassen werden in ihren Heimatländern robust gehalten, nicht jedoch der Tennessee Walker und das American Saddlebred Horse, wenn sie als Showpferde genutzt werden: Sie werden oft nicht artgerecht gehalten und sind Manipulationen unterworfen, die die deutschen Züchter und Reiter aus tierschützerischen Gründen ablehnen. Dazu gehört z. B. das Durchtrennen der unteren Schweifmuskeln, um den Schweif höher zu halten, ebenso wie extreme Gewichtseisen.

Gangpferde mit einer ungebrochenen Tradition als Reitpferde werden auch auf guten Charakter hin gezüchtet und können daher ohne weiteres in Herden- oder Gruppenauslaufhaltung leben. Stark beanspruchte Reitpferde werden selbstverständlich nicht Tag und Nacht auf der Weide gelassen, sondern nur stundenweise; ansonsten ist ihnen aber zur Gesunderhaltung des Bewegungsappara-

tes ausreichender Auslauf in einem Paddock zuzugestehen.
Die meisten Gangpferde sind ausgesprochen leichtfuttrig. Größere Kraftfuttermengen, wie beispielsweise beim Deutschen Warmblut gefüttert, schaden ihnen nur. Eine Ausnahme machen lediglich Gangpferde mit hohem Vollblutanteil wie American Saddlebred Horses oder Töltende Traber.
Hitze- und Kälteresistenz spielt bei den importierten Rassen eine gewisse Rolle. Zwar akklimatisieren sich die Pferde hier innerhalb kurzer Zeit – jedoch nicht völlig. Immer noch ist die Hitzeresistenz des Islandpferdes gering, andere Rassen aus südlichen Ländern können bei absoluter Robusthaltung Probleme mit Kälte und Nässe bekommen, wobei hauptsächlich die Nässe das Problem darstellt. Deshalb müssen den Pferden Schutzmöglichkeiten geboten werden wie Unterstände, eingestreute Ställe o. ä. Im großen und ganzen gesehen ist die Haltung der meisten Gangpferde, die ja immer Reitpferde waren und damit »praktisch« sein mußten, jedoch problemlos.

Gangpferderassen

Islandpferde

Mit etwa 40 000 Tieren sind Islandpferde die zahlenmäßig größte Gangpferde-Population in Deutschland. Seit etwa vierzig Jahren gibt es auch hierzulande Nachzucht.

Herkunft
Die Vorfahren des Islandpferdes sind bei den nordischen Ponys zu suchen, die mit den Wikingern nach Island kamen; vereinzelt waren offensichtlich aber auch edle östliche Pferde dabei, was man heute noch am Exterieur mancher Pferde sieht.

Exterieur
Das Islandpferd ist mit einem Stockmaß von 1,35–1,45 m das kleinste bei uns gerittene Gangpferd. Das Zuchtziel ist ein kraftvolles und geschmeidiges Pferd mit genügend Fundament, schräger Schulter und einem federnden Rücken. Die Gliedmaßen sollen stark und trocken sein, die Gelenke markant mit har-

Sandra Feldmann und *Glampi* vom Erbeldinger Hof, das mehrfache Weltmeisterpaar. *Glampi* im Tölt in der Einbeinstütze.

monischen Übergängen. Der Kopf ist ausdrucksvoll und nicht zu schwer.

Farben
Es sind alle Farben erlaubt, wobei auch Farbschattierungen zu sehen sind, die man bei hiesigen Warmblutzuchten kaum mehr findet, wie Grau- und Gelbtöne. »Windfarben« nennt man das bei den Islandpferden.

Charakter
Das Islandpferd ist von freundlichem Wesen mit einem entschiedenen Hang zur Selbständigkeit. Es ist gehorsam, aber oft distanziert dem Menschen gegenüber.

Leiri unter Andrea Jänisch im Tölt in der Zweibeinstütze.

Die Geschmeidigkeit des Paso Peruano: *Libertino* unter Cesar Bacca in der »Schnecke«, einer klassischen peruanischen Reitfigur.

Gangarten
Schritt, Trab, Galopp, Tölt und Paß, wobei keine Gangart vernachlässigt werden soll.

Eignung
Ein kleines, starkes Allround-Pferd; Islandpferde eignen sich sowohl als Freizeit- und Wanderreitpferd wie auch als Pferd für hohe Ansprüche im Gangpferde-Turniersport.

Paso Peruano

Peruanische Pasos waren die ersten südamerikanischen Tölter, die nach Europa kamen – kleine starke Pferde mit viel Ausstrahlung, dem »Brio«, der dem Reiter oft wichtiger ist als der abgezirkelt korrekte Gang. »Forteleza, nobleza, belleza« – Stärke, Adel und Schönheit sollen das Pferd auszeichnen.

Herkunft
Ihre Vorfahren stammen aus Spanien und Nordafrika – sie kamen mit den spanischen Eroberern ins Land und werden seit 1531 konsequent auf Töltveranlagung gezüchtet.

Exterieur
Ein mittelgroßer Naturtölter von ibero-afrikanischem Gepräge. Das Stockmaß dieses gleichermaßen kraftvollen wie eleganten Reitpferdes liegt um 1,50 m. Der Körperbau hat genügend Fundament, die Beine sind oft fein und lang gefesselt. Der Hals ist auf der schrägen Schulter hoch aufgesetzt, der Kopf ist edel mit geradem, oft leicht konvexem Profil.

Farben
Alle Farben mit möglichst kleinen Abzeichen; Schimmel und Schecken sind in Peru unerwünscht, in Europa wird das immer weniger wichtig.

Charakter
Ein ausgesprochen freundliches und leistungsbereites Pferd, immer bemüht, es dem Menschen recht zu machen. Dadurch ist der Paso Peruano bei allem sprühenden Temperament besonders leichtrittig und angenehm im Umgang. Der erstklassige Charakter ist ein wichtiges Selektionsmerkmal.

Paso-Peruano-Hengst *FPC Provinciano*.

Gangarten
Der Paso Peruano ist der Naturtölter par excellence. Die Gangarten sind Paso Llano (Tölt) und Paso Sobreandando (Tölt mit Verschiebung zum Paß) sowie ab und an Huanchano (Paß). Schritt, Trab und Galopp spielen eine untergeordnete Rolle.
Keineswegs ein Fehler, sondern durchaus erwünscht ist der Termino, jene rollende Seitwärtsbewegung der Vorderbeine aus der Schulter heraus, welche das Auffußen verzögert und es daher sanfter macht.
Paso Peruanos werden auf bequeme Gänge, nicht auf Schnelligkeit gezüchtet. Alle Gänge sollen eher raumgreifend als zu hoch sein.

Eignung
Ein sehr angenehmes Pferd für Freizeit und Wanderritte; für Distanzritte unter hiesigen Bedingungen ist es noch nicht erprobt. Im Gangpferdesport ist der »PP« jedoch nicht mehr wegzudenken.

Paso Fino

Paso Finos haben dieselben Vorfahren wie die Paso Peruanos, also iberische und afrikanische Pferde, die mit den Eroberern nach Südamerika kamen. Das kulturelle Umfeld in Südamerika ließ hier jedoch eine andere Pferderasse entstehen – *noch* ein bißchen eleganter, manchmal sogar etwas extravagant, ein Pferd für Genießer, wobei das feine Erscheinungsbild nicht darüber hinwegtäuschen sollte, daß die Pferde äußerst leistungsfähig sind.

Herkunft
Kolumbien, Puerto Rico, karibische Inseln allgemein.

Exterieur
Ein relativ kleines trockenes Pferd mit kurzer Rückenlinie und runder Kruppe. Die schräge Schulter wird von trockenen Gliedmaßen mit kurzen Röhrbeinen und relativ steil gestellten Fesseln getragen; daraus resultieren kurze, hohe Bewegungen. Der Hals ist hoch aufgesetzt, der Kopf edel mit geradem Profil.

Farben
Alle Farben, möglichst kleine Abzeichen.

Charakter
Der Paso Fino ist ein temperamentvolles und sensibles Pferd, dabei jedoch äußerst angenehm im Umgang.

Gangarten
Hauptsächlich Tölt in verschiedenen Tempi, aber auch Schritt und Galopp; daneben »Trote«, ein weicher, gebrochener Trab.

Eignung
Der Paso Fino hat viel Gehwillen, Temperament und natürliche Anmut. Er ist ein äußerst geschmeidiges Pferd. Sicherlich das richtige Pferd für ambitionierte Freizeitreiter mit gutem reiterlichen Können. Ein exzellentes, sehr geschicktes Geländepferd.

Paso-Fino-Hengst *Arebol de la Estrella* unter Andrea Jänisch im Tölt.

Aegidienberger

Der Aegidienberger ist die jüngste Gangpferderasse – erst knapp zehn Jahre alt. Sie ist entstanden aus der Idee, die Vorzüge zweier Töltrassen miteinander zu vereinen. Der ursprünglich offiziell genehmigte Zuchtversuch wurde im Mai 1994 als abgeschlossen erklärt, der Name Aegidienberger für die neue Rasse genehmigt.

Herkunft

Der Name bezeichnet die Herkunft: Gangpferde-Gestüt Aegidienberg im Siebengebirge bei Bonn. Vor zehn Jahren begann Walter Feldmann mit dem Aufbau einer klassischen ⁵⁄₈-Kreuzung Islandpferd × Paso Peruano. Das bedeutet, das »Endprodukt« nach drei Generationen hat 5 Teile Islandpferde-Erbe und 3 Teile Paso Peruano. Erst die dritte Generation gilt als endgültiger Aegidienberger und wird untereinander gekreuzt.

Pizarro, Aegidienberger Hengst, wie er sein soll: kompakt und dennoch elegant.

Joyel, fünfjähriger Aegidienberger Hengst, unter Vera Reber im Tölt. Er vereinigt die Vorzüge beider Rassen: Adel und viel Tölt, gepaart mit Kraft und viel südamerikanischer Ausstrahlung.

Exterieur

Ein eleganter Tölter mit einem Stockmaß zwischen 1,40 und 1,50 m mit guter schräger Schulter, kräftigem Rücken und weit untertretender Hinterhand. Der Hals soll gut aufgesetzt, der Kopf ausdrucksvoll sein.

Farben

Alle Farben.

Charakter

Der Aegidienberger vereinigt in sich die große Freundlichkeit des Paso Peruano mit der Selbstsicherheit des Islandpferdes. Erwartet wird ein leichtrittiger Tölter mit viel Temperament und Brio, dabei sensibel und angenehm im Umgang.

Gangarten

Größter Wert wird auf den fest verankerten Tölt gelegt. Daneben werden Schritt, Trab und Galopp aber nicht vernachlässigt.

Stammväter und Endprodukt: Der Fuchs (links) ist ein Paso Peruano, der Rappe (rechts) ein Isländer und der Schimmel (Mitte) ein Aegidienberger.

Kraftvoll, sanft und bequem soll der Mangalarga Marchador sein, dabei mit taktklaren Gängen.

Eignung
Ein eleganter Tölter mit viel, jedoch leicht regulierbarem Temperament, dabei Selbständigkeit und Selbstsicherheit. Aegidienberger sind angenehme Reitpferde für den ambitionierten Sport- und Freizeitreiter.

Mangalarga Marchador

»MM« sind ausgesprochen vielseitige Arbeits- und Reitpferde mit viel Tölt.

Herkunft
Die Rasse ist noch relativ jung. Im 18. Jahrhundert wurden in Brasilien Berber- und spanische Stuten mit einem Alter-Real-Hengst gekreuzt und systematisch auf »Marcha«, einer dem Tölt verwandten Gangart, gezüchtet. Ein Zuchtbuch gibt es seit 1949, dem zur Zeit etwa 6000 Züchter mit rund 100 000 Pferden angehören.

Exterieur
Ein kompaktes Pferd mit einem Stockmaß von 1,40 bis 1,55 m. Der Rücken ist kurz mit langer Kruppe; die Idealformel hierfür lautet: Hals, Rücken, Hüftknochen bis Sitzbein müssen dieselbe Länge haben. Die Schulter ist schräg, die Gelenke sind trocken; es werden kräftige elastische Fesseln gefordert. Zur Zucht zugelassen werden dreijährig nur diejenigen Pferde, die Tölt gehen.

Farben
Alle Farben, wobei in Brasilien Schimmel bevorzugt werden.

Charakter
Ein freundliches und sanftes Pferd, das auch für Reitanfänger geeignet ist. Die Pferde sind unkompliziert und in sich gefestigt.

Gangarten
Schritt und Galopp, seltener Trab. Die typischen Gangarten sind Marcha Batida (Trabtölt) und Marcha Picada (Tölt).

Eignung
Ein hervorragendes Gelände-, Freizeit- und Wanderreitpferd, das auf Grund seines ausgeglichenen und freundlichen Wesens und seiner guten Nerven ein echtes Familienpferd ist.

Tennessee Walking Horse

Ein »Zweigänger« unter den Gangpferden, der auf seine Spezialgangarten Walk und Canter gezüchtet wird. Daher sind die Pferde im Typ recht unterschiedlich, was durchaus erwünscht ist; nur in ihrem ausgeglichenen Charakter und in den Gangarten sind sie gleich.

Olivers Crackerjack, ein großrahmiger Tennessee-Walker-Hengst mit langen Linien.

Princess Babe, siebenjährige Tennessee-Walker-Stute im Walk.

Herkunft
Der Stammhengst *Black Allan* führte Morgan- und Hambletonianblut in seinen Adern, später wurden Vollblüter, amerikanische Traber und Saddlebred-Horses eingekreuzt. Bei der Spezialisierung auf Gänge spielte die »Reinheit« der Rasse lange Zeit eine untergeordnete Rolle.

Exterieur
Angestrebt wird ein elegantes, nicht zu leichtes Reitpferd mit schön gewölbtem Hals und gerader Rückenlinie. Die Schulter soll schräg sein, die Beine kräftig mit kurzen Röhrbeinknochen und gut sichtbaren Sehnen. Wert wird auf die kraftvolle Hinterhand gelegt. Das Stockmaß liegt zwischen 1,50 und 1,60 m.

Farben
Alle Farben, auch Schecken. Einfarbige Pferde werden allerdings bevorzugt.

Charakter
Wichtigstes Charaktermerkmal ist die absolute Gutmütigkeit und Ausgeglichenheit, verbunden jedoch mit Vorwärtsdrang und Lernwillen.

Gangarten
Flat Food Walk, Running Walk und Canter. Der Flat Food Walk ist ein im Trabtempo relativ flach gelaufener Schritt, bei dem immer zwei bzw. drei Beine am Boden sind. Dies unterscheidet den Flat Food Walk vom Tölt mit seiner Einbeinstütze, worauf Tennessee-Walker-Besitzer großen Wert legen. Der Running Walk ist die bis zum Renntempo gesteigerte Version des Flat Food Walk, der aber immer noch sehr bequem zu reiten ist. Canter ist ein runder und langsamer Schaukelgalopp. Trab ist unerwünscht.

Eignung
Wegen der unterschiedlichen Typen ist der Tennessee Walker sowohl ein Reitpferd für ängstliche Reiter und Jugendliche als andererseits auch für anspruchsvolle Dressurreiter – je nach Typ.

American Saddlebred Horse

Eine in Europa noch relativ neue Reitpferderasse, die aber wegen ihrer brillanten Erscheinung auffällt und schnell Freunde gewonnen hat.

Herkunft
USA, Hauptzuchtgebiet Kentucky. Die Vorfahren dieser hocheleganten Pferde stammen aus den Galloway- und Hobbypferden der englischen Siedler, aus Narragansett-Pacern und Vollblütern.

Exterieur
Ein auffallend schönes Pferd mit hoch angesetztem feinen und langen Hals, edlem Kopf

Supreme Fella, ein American Saddlebred-Hengst in der für die Rasse gewünschten Aufstellung.

und gerader langer Rückenlinie. Die Beine sind lang und schlank, die Fesselung relativ schräg.

Farben
Meist Füchse, andere Farben, auch Schecken werden anerkannt.

Charakter
Als Pferd der Südstaaten ist das Saddlebred Horse bei allem Talent zur Show und sprühendem Temperament unter dem Sattel ausgesprochen freundlich dem Menschen gegenüber und angenehm im Umgang.

Gangarten
Der Saddler ist im Grunde ein Dreigänger mit Töltveranlagung. Diese kann durch systematische Ausbildung gefördert werden, so daß das Pferd den Tölt in verschiedenen Tempi (slow gait = langsam, rack = Renntempo) sein Leben lang absolut sicher und mühelos geht.
Trab und der schwungvolle Canter werden auch von Fünfgängern gefordert.

Eignung
Ein hochelegantes Reit- und Fahrpferd. Gefahren wird meist in einer leichten Kutsche, die der Eleganz des Pferdes entspricht. Als Dreigänger eignen sich American Saddlebred Horses neben dem Gangartenreiten auch ausgezeichnet als Dressur- und Springpferde. Das berühmte Filmpferd *Fury* war übrigens ein Saddler.

Missouri Foxtrotter

Dieses in Amerika sehr beliebte Pferd ist in Europa bisher nur in wenigen Exemplaren vertreten.

Herkunft
Die Rasse entstand im 18. Jahrhundert im Westen der USA aus töltenden Siedlerpferden, die später mit American Saddlebred Horses und Tennessee Walkern gekreuzt wurden. Wichtig hierbei war der besondere Gang, der Foxtrott.

Exterieur
Etwas uneinheitlich, da auf Gang gezüchtet wurde. Die Pferde sollen aber alle guten Reitpferdepoints aufweisen.

Farben
Alle Farben, auch Schecken.

Charakter
Ein sehr sanftes, sehr besonnenes Pferd, das dem Reiter auch Fehler nicht übel nimmt. Es ist das Reitpferd des U.S. Forest Service, weil es als weich, ausdauernd und sehr verläßlich gilt.

Gangarten
Flat Foot Walk – ein flacher, nicht zu schneller Schritt.
Foxtrott – ein Viertakt, der in etwa dem Trabtölt entspricht. In schnellerem Tempo sieht es so aus, als gehe das Pferd mit den Vorderbeinen Schritt und trabe mit den Hinterbeinen. Die Aktion ist eher flach als hoch, manchmal wirkt sie sogar schlurfend, ist für den Reiter aber äußerst bequem. Der Kopf nickt bei jedem Schritt, die Bewegung geht wellenförmig durch den Körper, so daß auch der Schweif rhythmisch mitschwingt.
Canter – langsamer, runder Galopp.

Eignung
Wegen seiner ruhigen Gänge und seiner großen Ausgeglichenheit ist der Missouri Foxtrotter das Anfängerpferd par excellence, geeignet auch für Kinder, ängstliche und ältere Reiter. Unter guten Reitern hat er jedoch viel Brillanz und Leistungswillen.

Töltender Traber

Großrahmige, vollblütige Traber, bei denen der Tölt zwar verankert, auf der Rennbahn aber unerwünscht ist und weggefahren bzw. -geritten wird.

Herkunft
Speziell auf amerikanischer Zuchtgrundlage gezogene Traber haben eine gute Töltveranlagung. In ihren Adern fließt das Blut importierter Vollblüter aus Europa und der daraus entstandenen Standardbreds, der schnellen amerikanischen Trab- und Rennpferde. Töltende Traber kommen oft von der Rennbahn und müssen dann recht sorgfältig umgeschult werden.

Exterieur
Ein elegantes Reitpferd mit allen guten Reitpferdepoints eines edlen Pferdes.

Töltende Traber-Vollblutpferde mit vier Gängen. Hier Jochen Schumacher auf *Tom*.

Farben
Hauptsächlich Füchse und Braune, keine Schecken.

Charakter
Pferde mit viel Temperament, dabei aber ausgeglichen und angenehm im Umgang. Die Traber, die von der Rennbahn kommen, brauchen eine angemessene Umgewöhnungs- und Ausbildungszeit, sind dann aber durchaus als »Familienpferd« geeignet.

Gangarten
Schritt, Trab, Galopp, Tölt und Paß. Den drei Grundgangarten und dem Tölt wird der Vorzug gegeben.

Eignung
Ein hervorragendes, schnelles und wendiges Geländepferd mit starken Nerven, ausdauernd auch für Distanzritte und den ambitionierten Freizeitreiter, der einen »großen« Tölter haben möchte.

Turniersport mit Gangpferden

Wie bereits erwähnt, gibt es in Deutschland rund 40 000 Islandpferde. Es ist klar, daß sich bei einer solchen Population der Wettbewerbsgedanke herauskristallisiert – nicht zuletzt als Selektionsmerkmal für die Zucht. So findet man auch in der Islandpferdeszene die größte Anzahl an Turnieren, mittlerweile streng geordnet nach örtlichen, regionalen und nationalen Turnieren, gekrönt von nationalen, europäischen und Weltmeisterschaften. Hierbei gibt es immer noch »das kleine Problem«, daß Pferde, die aus Island kommen, nicht wieder zurück auf die Insel dürfen –

Vera Reber auf *Frosti* im Jahre 1994. Mit 22 Jahren stellte dieser Isländer, der seit vielen Jahren im Turniersport erfolgreich ist, nach etlichen Meistertiteln nochmals einen deutschen Rekord im Rennpaß auf.

selbst wenn sie Weltmeister geworden sind. Damit sind sie für die isländische Zucht verloren.
Allgemein gliedern sich die Prüfungen der einzelnen Gangpferderassen in Dressurprüfungen (welche je nach Rasse unterschiedlich, weil traditionell begründet, sind), in Gangprüfungen, Geländeprüfungen und Rennen.
Jede Rasse hat eine eigene Prüfungsordnung, die sich nach dem jeweiligen Dachverband ausrichtet. Eine Möglichkeit, rasseübergreifende Turniere zu veranstalten, bietet die Internationale Gangpferdevereinigung e.V. Nach ihrer Prüfungsordnung, die die Besonderheiten jeder Rasse berücksichtigt, werden jedes Jahr etliche meist international besetzte Turniere ausgetragen. Hier haben alle Gangpferde die Möglichkeit, in ihrer speziellen Gangart zu starten und beurteilt zu werden. Lediglich auf diesen Turnieren starten auch Islandpferde mit American Saddlebred Horses und Paso Finos in einer Prüfung und werden nach einheitlichen Kriterien beurteilt – jedoch immer unter Berücksichtigung der rassespezifischen Eigenheiten. Das Problem ist hier, daß die Richter die Rassestandards und Feinheiten in den Gängen aller vertretenen Rassen kennen müssen, wofür regelmäßige Richtertagungen sorgen.

Faszination Gangpferdereiten

Die Faszination des Reitens auf Gangpferden liegt zum einen in der Leichtigkeit im Umgang mit diesen Pferden und zum anderen im Reiten selbst.

Leichtigkeit im Umgang

Seit vielen Jahrhunderten werden Gangpferde als reine Reitpferde gezüchtet.
Die Zuchttradition beispielsweise des Warmblutpferdes europäischer Abstammung ist jedoch eine andere: Vor dem Aufkommen eines guten Straßennetzes in Europa im 17. Jahrhundert wurden Pferde als Reit- und Packpferde genutzt. Als aber Straßen gebaut wurden und Kutschen darüber rollten, war ein anderer Pferdetyp gefragt: das Fahrpferd. Das Fahrpferd hat ein anderes Exterieur als das reine Reitpferd und auch andere Charaktereigenschaften.
Vor etwa zweihundert Jahren begannen dann in großem Maße auch militärische Gesichtspunkte die Pferdezucht zu bestimmen: Man brauchte ein möglichst einheitliches Pferd, das nicht allzu sensibel war und den rauhen und strapaziösen Militärbetrieb aushielt.
Aus diesen Militärpferden wiederum rekrutierten sich Anfang bis Mitte dieses Jahrhunderts die jetzigen Sportpferde, deren hohe Leistungsfähigkeit durch einen Schuß Vollblut erreicht wurde. Für die systematische Zucht des Freizeitpferdes im heutigen Sinn hingegen bestand damals kein Bedarf.
Die Zuchttradition des Warmblutpferdes weist also historische Brüche auf: vom Reit- und Tragetier über das Kutsch- und Militärpferd zum Sportpferd. Gangpferde hingegen wurden in ungebrochener Tradition nach Charaktereigenschaften gezüchtet, nach Menschenfreundlichkeit sowie Leichtigkeit im Umgang und beim Reiten. Ein Gangpferd konnte noch so spektakuläre Gänge aufweisen und noch so schön oder schnell sein: War es nicht absolut freundlich, nicht lernbegierig und von sich aus arbeitsfreudig, wurde es nicht in die Zucht genommen.
Seit Jahrhunderten auf den engen Kontakt mit dem Menschen gezüchtet, achten diese Pferde sehr auf die Körpersprache des Menschen und sind begierig, ihm zu gefallen. Auf Grund dieser Sensibilität, welche mit der des Arabers oder Vollblüters zu vergleichen ist, vertragen sie allerdings keine schlechte Behandlung. Es sind Pferde, die sich gern präsentieren. Bei grober oder unsachgemäßer Behandlung jedoch geht ihre Ausstrahlung verloren, der »Brio« (womit Brillanz gemeint ist), der ihre Erscheinung so reizvoll macht.

Der Reiz des Islandpferdes

Islandpferde sind anders. Ihnen fehlt meist die Menschenbezogenheit des südamerikanischen Tölters – die Herde ist ihnen wichtiger. Um so größer ist aber ihr Respekt vor dem Menschen.
Wollen andere Tölter dem Menschen gefallen, so ist das Islandpferd bei aller Distanz dem Menschen gegenüber eher gehorsam und bewahrt dabei dennoch immer seinen selbständigen Charakter.
Die jahrtausendelange halbwilde Haltung dieser Pferde auf Island hat sie geprägt und läßt sich in einigen Jahrzehnten des engeren Kon-

takts mit dem Menschen auf dem Kontinent nicht ändern.
Doch auch die Scheu und die Distanz des Islandpferdes haben ihren Reiz, und hat ein Isländer aber zu einem Menschen erst einmal Vertrauen gefunden, so entwickelt er sich eher zu dessen »Kumpel« als der sensible südamerikanische Tölter.

Gänge – von angenehm bis spektakulär

Natürlich tragen auch der für den Reiter so bequeme *Tölt* und der rasante *Rennpaß* zur Faszination dieser Pferde bei.
Tölt in jeder Variation und in jedem Tempo ist immer angenehm zu sitzen. Das Gefühl, von 0 auf 45 km/h in der gleichen Gangart beschleunigen zu können, ohne »Schalten« sozusagen, hat ganz eindeutig seinen Reiz. Bei gut veranlagten oder gut ausgebildeten Pferden ist Tölt darüber hinaus ausgesprochen leicht zu reiten. Gerade der Reiter, der diese Gangart zum erstenmal erlebt, wird ob der Leichtigkeit und des Gefühls des Schwebens begeistert sein.
Hinzu kommt die Vielfalt der Töltvariationen. Der Tölt eines Islandpferdes ist kürzer und härter und wirkt rasanter als beispielsweise der des Paso Peruano, der auch im schnellsten Tempo noch etwas »Rundes« hat. Der *Walk* des Tennessee Walkers grenzt ebenso wie der *Foxtrott* des Missouri Foxtrotters ans Gleiten. Und der spektakuläre *Rack* des American Saddlebred ist nur noch vom Rennpaß des Isländers zu überbieten.
Paß, der fast nur im Renntempo geritten wird, gilt als die Krone der Gangpferdereiterei. Er wird allerdings nur von wenigen Sportreitern geritten.

Freizeitpferde par excellence

Gangpferde sind in Europa meist Freizeitpferde – vom sogenannten Familienpferd bis hin zum feinst gerittenen Pferd, welches eine seiner Rasse entsprechende klassische Ausbildung genossen hat. Durch das Fehlen einer traditionell geprägten Reiterszene, welche rein auf dem Leistungsgedanken = Turnier aufgebaut ist, werden die Pferde unbefangener geritten und präsentiert. Lediglich bei der mit 40 000 Pferden am stärksten vertretenen Rasse der Islandpferde gibt es eine straffe Turnierszene; jedoch sind die darin vertretenen Pferde und Reiter gegenüber der Masse der Freizeitreiter zahlenmäßig relativ gering.
Die Philosophie der Gangpferdereiterei kollidiert mit dem Leistungsdenken der hiesigen traditionellen Reitszene. Die reine Freude an der Bewegung ohne Leistungsdruck überwiegt. So bleiben Gangpferdereiter meist unter sich, denn die Faszination des Reitens um des Reitens willen ist der hiesigen Turnierszene nur schwer verständlich zu machen.

Ein Hauch von Exklusivität

Die meisten Gangpferdereiter sind Individualisten, die viel Geld für ein Gangpferd ausgeben, denn Gangpferde sind nicht billig: Unter 10 000,– DM ist kein korrekt angerittener fünfjähriger Isländer zu bekommen, bei südamerikanischen Töltern zahlt man leicht das Doppelte.
Das Gefühl, ein schönes, teures, sensibles und temperamentvolles Pferd zu haben, das allgemein auffällt, gibt dem Reiter auch hierzulande einen gewissen Hauch von Exklusivität. Für viele macht auch das einen Teil der Faszination aus.
Gangpferde gehören in Asien bis heute zum ländlichen Leben, und in Amerika sind sie seit vierhundert Jahren nicht mehr wegzudenken. Lediglich in Europa schienen sie durch die auf Warmblutpferden basierende Turnierszene dem Untergang geweiht zu sein. Doch heute ist ganz eindeutig ihr Comeback festzustellen. Sie sind wieder da, und sowohl die Importe als auch die Zucht zeigen seit Jahrzehnten steigende Tendenz.

Das Pferd im Freizeit- und Breitensport

Dr. Hans-Dietrich Wagner
Langjähriger Beauftragter für den Bereich Breitensport und Justitiar der Deutschen Reiterlichen Vereinigung e. V. (FN), Warendorf

Was bedeutet »Breitensport« im Rahmen des Reitsports?

Die Begriffe »Freizeitsport« und »Breitensport« sind nicht auf den Pferdesport beschränkt. Nach der Terminologie des Deutschen Sportbundes (DSB) verstand man unter »Breitensport« einen zwar wettkampforientierten Sport, jedoch auf einer niedrigen – und dementsprechend »breiten« – Leistungsebene. Unter »Freizeitsport« verstand man dagegen einen von jedem Wettbewerbs- und Wettkampfdenken losgelösten Sport.
In unserem Pferdesport waren mit dieser Definition nun alle Klarheiten beseitigt. Bereits der Begriff »Freizeitsport« ist mißverständlich; denn ein normaler Reiter reitet doch nur in seiner Freizeit, es sei denn, er wäre Berufsreiter. Auch die Wettkampforientierung kann kein taugliches Unterscheidungsmerkmal sein; denn ein Wettrennen auf ungesattelten Kaltblütern wäre als Breitensport, eine Quadrille auf S-Niveau dagegen mangels Konkurrenz und Placierung als Freizeitsport einzustufen. Um diesen Tücken der Abgrenzung zu entkommen, hatten wir uns im Pferdesport dazu entschlossen, die Begriffe »Freizeitsport« und »Breitensport« synonym zu verwenden. Daraus war dann das Wortungetüm »Freizeit-Breitensport« entstanden.
Sehr viel einfacher und auch realistischer ist folgende Definition: Der »Freizeit-Breitensport« ist der Normalzustand der gesamten pferdesportlichen Szene. Innerhalb der Deutschen Reiterlichen Vereinigung (FN) wird daher der Freizeit-Breitensport als »Allgemeiner Reit- und Fahrsport« bezeichnet. Das ist auch die Bezeichnung der damit betrauten

Abteilung innerhalb des »Bereichs Sport« der FN. Der Turniersport ist bei dieser Definition der Ausnahmezustand. Das mag zunächst überraschen, überzeugt indessen, wenn man sich die Zahlen ansieht:
Von den 645 000 Mitgliedern in deutschen Reitervereinen sind allein 560 000 dem Breitensport zuzurechnen; denn nur eine kleine Minderheit von gut 80 000 besitzt einen Reiterausweis, der zu Starts auf Turnieren berechtigt. Um einen Reiterausweis zu erhalten, muß man Mitglied in einem der 5300 Reitervereine der Deutschen Reiterlichen Vereinigung (FN) sein. Wer also außerhalb dieser Vereine reitet, startet nicht auf Turnieren und ist immer Breitensportler. Wie viele Reiter mögen das sein? Hier sind wir auf Schätzungen angewiesen; mit 300 000 dürften wir die Größenordnung etwa getroffen haben. Zählen wir also zusammen: 560 000 in FN-Vereinen organisierte Breitensportler zuzüglich 300 000 Reiter außerhalb dieser Vereine sind zusammen 860 000 Breitensportler im Pferdesport. Das ist jeder 100. Deutsche – eine einprägsame Zahl! Diesem Heer der Breitensportler stehen nur gut 80 000 Turnierreiter gegenüber – weniger als ein Zehntel aller Reiter. Sprechen wir im folgenden vereinfachend vom »Breitensportler«, wenn wir diese 860 000 meinen.

Das Selbstverständnis des Breitensportlers

Eine solide Grundausbildung ist für den reiterlichen Breitensport wie für den künftigen Leistungssportler unverzichtbar. Jedwede Art von Dilettantismus findet im Reitsport ihre rechtliche und sittliche Grenze; sie kollidiert mit den Belangen des Tierschutzes und der notwendigen Unfallsicherheit.
Richtig, wenn auch nicht unbestritten, ist die Erfahrung, daß der »klassische Reitunterricht« in gleicher Weise die optimale Anleitung für den Breitensportler ist. Dennoch gibt es unter Breitensportlern sowohl Autodidakten als auch jene Reiter, die bewußt eine »andere Reitweise« anstreben (beispielsweise den Westernstil) und den »Klassischen Reitunterricht« nicht als allgemein gültigen »Basisunterricht« anerkennen wollen, sondern in ihm vielmehr bereits die Vermittlung einer Reittechnik sehen, die auf den Leistungssport zugeschnitten ist und daher dem eigentlichen Freizeitreiter angeblich nicht gerecht wird.
Das Autodidaktentum kann im Reit- und Fahrsport niemals eine moralische Legitimation haben, weil es wie gesagt der Unfallverhütung nicht gerecht würde und sich außerdem am lebenden Objekt Pferd vollzieht. Die Übernahme gesicherter Erfahrungen ist daher im Reitsport nicht nur üblich, sondern auch dringend zu empfehlen. Tierschutz und Unfallverhütung sind damit zugleich der kleinste gemeinsame Nenner jeder möglichen Reitweise, wobei die Diskussion, was hier legitime Alternative ist, sich erst im Anfangsstadium befindet. Diese Diskussion ist derzeit noch belastet sowohl durch gelegentliche Minderwertigkeitsgefühle der einen wie auch durch bisweilen doktrinäre Sichtverengung der anderen Seite. Es bleibt der aufgeschlossenen Auseinandersetzung der nächsten Jahre vorbehalten, andere Reitweisen, z. B. den Westernreitstil zu definieren und ihre Eigenständigkeit, ihr Für und Wider sowie ihre Grenzen aufzuzeigen.
Gerade in der Bundesrepublik ist der Sog des hier sehr attraktiven Turniersports besonders groß, was neben seiner guten Seite unzweifelhaft auch die Gefahr einer qualitativen Ausdünnung des turnierfernen Breitensports in sich birgt und damit das Selbstverständnis des Breitensports erschwert.

Landschaftsreiten zwischen Umweltschutz und gesetzlichen Anforderungen

Während der Leistungssport (im wesentlichen bestehend aus Dressur und Springen) weitgehend an feste Sportstätten gebunden ist, spielt sich der Breitensport (Reiten und Fahren) auch außerhalb dieser Trainings- und Wettkampfstätten in der offenen Landschaft ab.
Die Hinwendung des Breitensportlers zur Natur läßt ihn in besonderer Weise die Schönheit der Landschaft erleben, setzt ihn gleichzeitig aber auch allen Interessenkollisionen aus, die sich aus einer ständig enger werdenden Landschaft einerseits und einer stän-

dig stärker werdenden Hinwendung der Bevölkerung zur Natur andererseits ergeben. Daß täglich etwa 140 ha freie Landschaft in der Bundesrepublik zu Bauland gemacht werden oder durch Gewerbe, Industrie oder Verkehrsflächen in Anspruch genommen werden und daß dieser Flächenverbrauch sich im Laufe eines Jahres auf die Größe des Bodensees summiert, schürt nicht nur die Zukunftssorge aller ökologisch sensiblen Bundesbürger, sondern konfrontiert auch den Freizeitreiter mit ganz konkreten Problemen. Hinzu kommt, daß die Flurbereinigung der letzten Jahre zur Begradigung und wesentlichen Reduzierung (auf ein Drittel) des früheren ländlichen Wegenetzes geführt hat. Die verbliebenen Wege sind befestigt worden einschließlich der früher unbefestigten Seitenstreifen und damit für die Reiter grundsätzlich ungeeignet. Der Bau von landschaftszerschneidenden Trassen (insbesondere Autobahnen) erschwert die Anlegung überregionaler Reitwege. Die Enge der Landschaft und der Konkurrenzdruck aller Interessengruppen in der verbliebenen Natur haben zu einer gesetzlichen Reitreglementierung (auf Bundes- und Landesebene) geführt. Demzufolge ist der Reitsport grundsätzlich nur noch auf Wegen möglich und auch dort – regional unterschiedlich – stark eingeengt.
Öffentliche Straßen und Wege dürfen von Reitern und Gespannen im Rahmen der Straßenverkehrsordnung benutzt werden. Das sind allerdings nicht gerade die Wege, die dem Naturerleben des Reiters sowie der Physiologie des Pferdes entsprechen. Das *Bundeswaldgesetz* und das *Bundesnaturschutzgesetz* gestatten in Anlehnung an eine jahrhundertealte Tradition den Reitern zwar grundsätzlich auch die Benutzung der nichtöffentlichen Wege. Diese im Prinzip großzügige Regelung wird jedoch als Bundesrahmenrecht durch die *Landesgesetzgebung* unterschiedlich – und teilweise leider sehr einschränkend – ausgefüllt. So haben wir heute in der Bundesrepublik unserer Länderstruktur entsprechend 16 verschiedene gesetzliche Regelungen für das Reiten und Fahren auf nichtöffentlichen Wegen in Feld und Wald. Die Deutsche Reiterliche Vereinigung e.V. (FN) veröffentlicht in ihrem Jahresbericht alljährlich eine Fundstellenübersicht aller hier in Frage kommenden Rechtsvorschriften (Gesetze, Verordnungen, Erlasse).
Wichtig ist die Erkenntnis, daß die diesbezügliche Gesetzgebung in den Bundesländern zu keinem Zeitpunkt als abgeschlossen zu betrachten ist. Darin liegt für den Reitsport gleichermaßen eine Chance wie auch eine Gefahr. Mangelnde Aufklärungsarbeit und etwaige Disziplinlosigkeit von Reitern in Feld und Wald führen stets zur Forderung nach reiterfeindlicher Reglementierung.
Das stete Bemühen der Deutschen Reiterlichen Vereinigung um eine erhöhte Reitdisziplin in Feld und Wald (s. dazu den Abschnitt »Ausbildung des Breitensportlers«) hat zwar einerseits zu einer deutlichen Verbesserung der Verhältnisse und damit auch des Klimas beigetragen; andererseits hat das verstärkte Umweltbewußtsein der Öffentlichkeit dazu geführt, auf etwaige (tatsächliche oder vermeintliche) Belastungen der Natur durch den Reit- und Fahrsport noch empfindlicher zu reagieren als bisher.
Es bleibt daher die vordringliche Aufgabe der Deutschen Reiterlichen Vereinigung, den Landschaftsreiter zu einem umweltbewußten Verhalten anzuhalten. Früher hieß dies: »Reitdisziplin in Feld und Wald.« Unter den vielen landschaftsbeanspruchenden Sportarten nimmt der Reitsport insofern eine glückliche Sonderstellung ein, da sowohl die Pferdehaltung als auch ein disziplinierter Reitsport selbst als positiver Umweltfaktor einzustufen sind. Das Pferd und der Reiter gehören in die europäische Kulturlandschaft. Der umweltbewußte Reiter, der sich an die »Spielregeln« hält, ist eine Bereicherung der Landschaft.

Die Hinwendung zum Pferd als Kreatur

Wer ohne Turnierambitionen reitet, fühlt sich in besonderer Weise dem Pferd als Kreatur verbunden. Er faßt den Reitsport primär als Hinwendung zum Lebewesen Pferd auf. Wem jedoch die Hinwendung zur Kreatur Pferd das Hauptanliegen seines Sports ist, der wird zugleich weniger geneigt sein, diese Hinwendung auf das »Reiten« zu beschränken. Er wird die Pferdehaltung nicht als Mittel zum Zweck, sondern als Selbstzweck begreifen.
Wer z. B. tagelang neben seinem Reitpferd ein Handpferd mit sich führt, tut dies nicht nur,

um das Bagagefahrzeug zu sparen (ein Wanderritt mit Bagagefahrzeug ist in der Regel billiger und einfacher zu organsieren); er multipliziert vielmehr seine Mensch-Tier-Beziehung durch die Hinwendung auch zum Handpferd.

Zwar wird jeder gute Turnierreiter es zu Recht weit von sich weisen, sein Pferd als »Sportgerät« zu betrachten; mit gleichem Recht wird er betonen, daß auch ihn emotionale Beziehungen mit seinem Pferd verbinden und daß ohne diesen emotionalen Konsens unverzichtbare Sportpferdeeigenschaften, wie zum Beispiel Vertrauen oder Leistungsbereitschaft, nicht denkbar wären. Dennoch nimmt der Freizeitreiter für sich in Anspruch, daß dort, wo Reiter und Pferd nicht (wie im Turniersport) klar definierten Leistungsanforderungen unterworfen sind, die emotionalen Reiter-Pferd-Beziehungen notwendigerweise einen anderen Stellenwert haben. Das findet Ausdruck in einer noch stärkeren Betonung des Umgangs mit dem Pferd als l'art pour l'art. Es ist daher auch unverkennbar, daß in den letzten Jahren gerade aus dem Bereich des Breitensports die Forderung nach einer verhaltensgerechten Pferdehaltung stark betont wurde (viel Licht, Luft, Bewegungsmöglichkeit, Sozialkontakte).

Innerhalb der »klassischen Disziplinen« sind es übrigens die Vielseitigkeitsreiter, die in ähnlich sensibler Weise eine artgerechte Pferdehaltung fordern und zunehmend auch praktizieren.

Eine solide Grundausbildung ist auch für »Freizeitreiter« wichtig. Die Belange des Tierschutzes und die Unfallverhütung sprechen dafür.

Auf der Grenze zwischen Breitensport und Leistungssport

Es gibt natürlich Übergänge vom Breitensport zum Leistungssport: So ist z. B. das *Distanzreiten* über große Strecken (z. B. mehr als 80 km) mit Recht als Leistungssport einzustufen. Maßstab ist hier jedoch weniger die Anstrengung für den Reiter als vielmehr der für einen langen Distanzritt notwendige systematische Trainingsaufbau des Pferdes mit dem Ziel der Teilnahme an einem Leistungsvergleich. *Das* ist das Kriterium des Leistungssportes, nicht die jeweilige Anstrengung des Reiters.

Es läßt sich letztlich alles, was normalerweise Inhalt einer nicht wettkampforientierten Reiter-Pferd-Beziehung ist, perfektionieren, reglementieren und schließlich im Wettkampf testen. Während beispielsweise der *Trailparcours* (s. auch dort) bei uns Ausdruck spielerischer Beschäftigung des Reiters mit seinem Pferd ist, ist in den USA und Kanada eben dieser Sektor zu einem sehr ernst genommenen (und sogar hoch dotierten) Wettkampf perfektioniert worden.

Daß in den USA in sog. *»halter classes«* sogar Pferde an der Hand dem Richter vorgeführt werden, die eigens für diesen Zweck gezüchtet und ausgebildet und niemals im Leben geritten oder gefahren werden, zeigt abermals, daß sich eben jeder Teilaspekt reiterlicher Betätigung perfektionieren und als Wettkampf reglementieren läßt. Das sollte man ohne ideologische Voreingenommenheit hinnehmen, wenngleich auch nicht zu leugnen ist, daß jede Reiter-Pferd-Beziehung bei ihrer Entwicklung zur wettkampforientierten Perfektion ein Stück ihrer »Unschuld«, nämlich der »Hinwendung zum Pferd um seiner selbst willen« verliert.

Ein weiteres Beispiel für den fließenden Übergang zwischen Breiten- und Leistungssport ist der *Islandpony-Sport.* Diese sympathischen Pferde scheinen mit ihren verhältnismäßig geringen Ansprüchen an die Pferdehaltung und bei ihrer begrenzten Körpergröße bei maximaler Tragfähigkeit wie geschaffen für einen familienorientierten Reitsport. Hinzu kommt ein nicht zu leugnender Mangel an Springtalent, was die Islandpony-Freunde davor bewahrt, den Versuchungen des Show-Jumpings zu erliegen. Aber es läßt sich wie gesagt eben alles perfektionieren – auch Tölt und Rennpaß. Wer heute Deutsche und Europa-Meisterschaften der Islandpferde-Reiter erlebt, weiß, daß es auch hier eine streng wettkampforientierte Szene gibt. Zu Recht wies der langjährige Bundesvorsitzende des »Islandpferde-Reiter- und Züchterverbandes« (IPZV) – Prof. Dr. Walter Güldner – darauf hin, daß sich Leistungssport und Freizeitsport gegenseitig befruchten, zumal der Turniersport mit Islandpferden mit seinen showträchtigen Darbietungen die Attraktivität des Islandponys generell erhöht. Hier wird mit Weitblick und verbandspolitischem Geschick das ausgewogene Nebeneinander von Familiensport und wettkampforientiertem Turniersport mit Meisterschaftsprogramm praktiziert.

Es ließen sich noch mehr Beispiele für Übergangsformen vom Breitensport zum Wettkampfsport finden. Es wäre jedoch ebenso falsch, dieses Phänomen als »Sündenfall« des Breitensports zu betrachten, wie andersherum etwa als Beweis mißzuverstehen, daß eben letztlich jeder »ernsthaft betriebene Breitensport« irgendwo in den Leistungssport münden müsse.

Das »Freizeitpferd«

Wenn der Breitensport mit dem Pferde der gesamte Sport außerhalb des turniermäßig verfaßten Leistungssportes ist, dann ist es zugleich klar, daß es niemals ein spezifisches »Freizeit-Reitpferd« oder »Freizeit-Fahrpferd« geben kann. Vielmehr hat jede Pferderasse und jeder Schlag ganz spezifische Besonderheiten, die ihn für verschiedene Sportzwecke oder auch für Haltungsformen besonders geeignet erscheinen lassen.

Bei einem relativ engen Verwendungszweck, wie es der turniermäßig betriebene Reitsport ist, kann man natürlich zugleich einen Wunschkatalog der äußeren und inneren Eigenschaften des idealen Sportpferdes erstellen. Wenn also die abschließende Definition des »idealen Reitpferdes« im Rahmen des »klassischen Reitsports« immerhin theoretisch möglich ist, so ist sie im Breitensport schlicht unmöglich. Denn hier auf dem Felde der unbegrenzten Möglichkeiten des Sports mit dem Pferde hat jedes physisch und psy-

chisch gesunde Pferd besondere Freunde und bietet spezielle Möglichkeiten.
Das gilt auch – und in Deutschland an erster Stelle – für das »Deutsche Reitpferd«, zumal der Breitensport in seiner Reitweise sowie in den Formen der Sportausübung selbst weitgehend den Leitbildern des »klassischen Sports« folgt. Dementsprechend ist ein potentielles Turnierpferd anlagebedingt zugleich ein gut geeignetes Pferd für den Breitensportler. Es gilt also auch hier als Leitbild die Definition des »Deutschen Reitpferdes«:

»Ein edles, großliniges und korrektes Reitpferd mit schwungvollen, raumgreifenden, elastischen Bewegungen, das auf Grund seines Temperamentes, seines Charakters und seiner Rittigkeit für Reitzwecke jeder Art geeignet ist.«

Da es jedoch das ideale Reitpferd (mit optimaler Ausprägung *aller* einzelnen Eigenschaften) in praxi nicht gibt, vielmehr jedes Pferd vom Idealtyp abweicht, stellt sich zwingend die Frage, welche Abweichungen vom Breitensportler am ehesten toleriert werden können. Hier wird man ohne weiteres sagen können, daß die geforderten positiven *Interieureigenschaften* des Pferdes noch wichtiger sind als für den Leistungssportler, denn letzterer wird eher in der Lage sein, Temperamentschwierigkeiten seines Pferdes zu überspielen als der Freizeitsportler. Vor allem aber wird der Leistungssportler eher geneigt sein, in Anbetracht spezieller besonderer Vorzüge seines Pferdes (z. B. Raumgriff, Springvermögen) eventuelle Temperamentschwierigkeiten in Kauf zu nehmen. Dagegen will der Breitensportler in erster Linie ein verläßliches Pferd haben, das, innerlich ausgewogen, weniger leicht zu schreckhaften Reaktionen neigt. Ein Beispiel mag dies erläutern: Wenn einer der talentiertesten Springreiter der Welt sein legendäres Erfolgspferd *Halla* sehr liebevoll eine »irre Ziege« nannte, dann ist damit eine Übersensibilität dieses Ausnahmepferdes angedeutet, die unter diesem Reiter kompensierbar war, sich im breitensportlichen Einsatz aber wahrscheinlich negativ ausgewirkt hätte, ohne die besonderen Vorzüge dieses Pferdes zur Geltung kommen zu lassen.
Da der Breitensport allumfassend ist und *jeden* Sport mit dem Pferd einschließt, finden hier auch *solche Pferderassen* ihre Liebhaber und ihren zweckmäßigen sowie sinnvollen Einsatz, die für den Turniersport nicht geeignet wären. Hier alle Möglichkeiten aufzuzählen, hieße alle in Deutschland z. Z. gehaltenen Pferderassen und -schläge sowie ihre speziellen Vorzüge und ihren bevorzugten Einsatz zu beschreiben. Das würde zweifellos den Rahmen dieses Abschnittes sprengen. Daher seien nachfolgend nur einige besonders markante Beispiele aufgeführt, in denen Abweichungen vom Zuchtziel des »Deutschen Reitpferdes« im deutschen Breitensport dennoch ihre Liebhaber finden:

Islandpony
In der Bundesrepublik Deutschland werden derzeit ca. 40 000 Islandponys gehalten. Sehen wir uns die offizielle Zuchtzieldefinition des Islandpferde-Reiter- und Züchterverbandes (IPZV) an:

»Ein starkes, ausdauerndes Reitpferd für Erwachsene, das durch Auswahl und entsprechende Ausbildung auch von Kindern geritten werden kann. Die Gangart Tölt muß vorhanden sein. Das Islandpferd soll willig und angenehm, freundlich im Umgang mit anderen Pferden und den Menschen sein. Es muß so robust sein, daß es bei Haltung im Freien mit Offenstall sich von überwiegend Gras und Heu das ganze Jahr ernähren kann. Es ist ein vielseitiges und robustes Freizeitpferd für die ganze pferdeinteressierte Familie.«

Hier sind also weder »«Schwung« noch »Raumgriff« erwähnt. Dagegen ist größtes Gewicht auf das Interieur gelegt. Im Vordergrund stehen Handlichkeit, einfache Haltung, Familienfreundlichkeit und Unfallsicherheit.

Gangpferde
Als Gangpferde bezeichnet man alle Pferde, die neben den drei klassischen Gangarten Schritt, Trab und Galopp noch weitere, nämlich Tölt und Paß (oder Übergänge zwischen Tölt und Paß), zeigen. Das sind bei uns in erster Linie die Isländer, die rein zahlenmäßig unter den »Gangpferden« eindeutig dominieren.
Es gibt jedoch neuerlich auch weitere Vertreter, so z. B. aus Südamerika die Pasos und den Mangalara Marchador, aus Nordamerika z. B. die Tennessee-Walker. Die begeisterten Anhänger dieser Rassen preisen deren Bequemlichkeit im Tölt und verweisen darauf,

daß diese Gangart uralt und in letzter Zeit nur deswegen in den Hintergrund gedrängt worden sei, weil die aus der Militärreitweise entstandene, klassische Reitweise eben »nur Schritt, Trab und Galopp« kenne und anerkenne.
Ob die in der »Szene« den Gangpferden prophezeite große Renaissance Wirklichkeit wird, bleibt abzuwarten.

Haflinger
Der zuerst in Südtirol gezüchtete Haflinger besticht nicht nur wegen seiner schönen Fuchsfarbe mit der hellen Mähne und seines sowohl auf Kaltblut- wie auch orientalischen Blutanteilen basierenden unverwechselbaren Charmes, sondern ist darüber hinaus wegen seiner gesunden Konstitution und seiner außerordentlichen Trittsicherheit ein sehr »praktisches« Freizeitpferd.
Die in den letzten Jahren recht behutsam vorgenommene weitere Einkreuzung arabischer Blutanteile hat die wünschenswerten Reitpferdeeigenschaften stärker betont (mehr Feingliedrigkeit im Fundament bei etwas längerer Fessel, längerer und geschmeidigerer Hals, besser markierter Widerrist, längs-ovale Rippenausbildung, weniger arteigene hohe Knieaktion), ohne jedoch bei dieser »Veredelung« unverzichtbare Ursprungsmerkmale – nämlich das Temperament, den Charakter, die Robustheit, die Trittsicherheit – zu vernachlässigen.
Sein ursprünglicher Einsatz vorwiegend als Zug- und Tragtier prädestiniert den Haflinger heutiger Prägung nach wie vor als Freizeit-Fahrpferd. Die Überlegung, welche künftigen Möglichkeiten im Haflinger als Zugpferd in einer alternativen Landwirtschaft liegen und in welcher Weise sich dieser Einsatz mit einem Freizeit- und Fahrsport kombinieren läßt, sei an dieser Stelle nur angedeutet.

Norweger Fjordpferd
Das Fjordpferd stammt aus Westnorwegen und verbreitete sich nach dem zweiten Weltkrieg über ganz Nord- und Westdeutschland als robustes, genügsames Pferd für landwirtschaftliche Kleinbetriebe. Seine markante Falbfarbe mit der Stehmähne und dem Aalstrich, der sich bis in den Schweif fortsetzt, ist unverkennbar. Seine Geeignetheit für den Breitensport besteht jedoch in seiner Genügsamkeit, seiner Gutartigkeit und seinem soliden, stabilen Fundament. Ähnlich wie beim Haflinger werden auch beim Norweger Fjordpferd zunehmend die Reitpferdeeigenschaften züchterisch betont, in diesem Fall jedoch weniger durch Edelblut-Zufuhr als durch Selektion auf elegante, leichte Typen hin.

Quarter Horse
Die deutsche Quarter Horse Association (DQHA) fordert ein besonders ausgeglichenes Pferd, das gebäudemäßig befähigt ist, mit der Hinterhand weit unter den Schwerpunkt zu treten. Ein so gebautes Pferd kommt den Bemühungen des Reiters um mehr Lastaufnahme der Hinterhand entgegen. Für diesen Vorteil nimmt der Quarter-Horse-Freund den mangelnden Raumgriff im Trab gern in Kauf.

Andalusier
Die Versammlungsbereitschaft bei mangelndem Raumgewinn im Trab ist noch stärker ausgeprägt beim Andalusier, der ebenfalls – wenn auch derzeit vereinzelt – in Deutschland seine Freunde gefunden hat. Die andalusische Dressur mit den »tanzenden Pferden« ist ein beliebtes Schauspiel auf allen Pferdesportmessen.

Appaloosa und Pinto
Daß es im reiterlichen Breitensport auch Pferdeliebhaber gibt, die sich Pferde primär nach der Farbe aussuchen, belegt nur die schier unbegrenzte Skala freizeitsportlicher Möglichkeiten. Hier seien nur die Appaloosas und die Pintos erwähnt.

Araber
Unvollständig wäre die Aufzählung, ohne den *Araber* zu erwähnen. Obwohl es viele Araber auch im Leistungssport gibt und obwohl gerade diese Einzelexemplare dann besonders geeignet sind, dem bisweilen etwas strengen Leistungssport Lichtpunkte aus Schönheit und Charme hinzuzufügen, ist die eigentliche Domäne des Arabers eben nicht der klassisch definierte Leistungssport (anders seine hervorragende Eignung im Distanz-Leistungssport). Seine Intelligenz, Handlichkeit und damit Familienfreundlichkeit sind bekannt. Daß sich dieses wohl zu den schönsten Pferderassen der Welt gehörende Geschöpf

trotz seiner nicht zu leugnenden begrenzten Eignung im olympisch definierten Leistungssport unangefochten in aller Welt zu behaupten vermag, hat es nicht nur seinem Wert als Einkreuzungsfaktor für alle Warmblutschläge, sondern nicht zuletzt der Liebe und dem ästhetischen Empfinden einer Reiterwelt zu danken, die die Pferdehaltung primär als Selbstzweck betrachtet – als Hinwendung zur Kreatur Pferd.

Die Ausrüstung des Breitensportlers

Während die Ausrüstung im Turniersport in der Leistungsprüfungsordnung (LPO) festgelegt ist, wählt der Pferdesportler außerhalb des Turniersports die Ausrüstung seines Pferdes nach Gesichtspunkten des Stils und der Zweckmäßigkeit. Wo der jeweilige Freizeitsport mit dem Pferd eine starke Bindung an eine besondere Reitkultur hat, ist die Ausrüstung zugleich Ausdruck eben dieser Kultur. Sie erfüllt hier über ihre eigentliche Funktion hinaus die Aufgabe einer optischen Abrundung. Das trifft insbesondere für die Westernreiterei, für iberische Reitweisen sowie für die südamerikanischen Traditionen des Paso zu. Dagegen gibt es beispielsweise beim Wanderreiten und im Distanzsport keinen »Ausrüstungsstil«. Hier herrscht die Zweckmäßigkeit vor. Zweckmäßig ist, was für Reiter und Pferd bequem ist. Daß sowohl im Distanzsport wie im Wanderreiten der Westernsattel häufig verwendet wird, ist nicht zuletzt darin begründet, daß dieser Sattel eine sehr große Auflagefläche hat. Da er jedoch in ursprünglicher Ausführung sehr schwer (ca. 60 Pfund) ist, ist man in letzter Zeit dazu übergegangen, in großer Vielfalt Trachtensättel zu bauen, d.h. Sättel mit großflächigen und oftmals nach hinten über den Sattelrand hinausragenden Trachten. Dieses Prinzip hatte sich bereits beim deutschen Militärsattel bewährt. Auffällig ist, daß bei der grundsätzlichen Vorurteilslosigkeit der Freizeitsportler der Sattel iberischer Tradition in Deutschland keine nennenswerte Verbreitung gefunden hat. Das wäre der Sattel mit starker Betonung sowohl der vorderen als auch der hinteren Pauschen und dadurch bedingter relativer Fixierung von Gesäß und Oberschenkel.

Bei der Zäumung sind die blanke Kandare oder die gebißlose Zäumung sehr verbreitet. Eine große Sensibilität wird gerade im Distanzsport gegenüber einer »atembeengenden Zäumung« bewiesen, wogegen mit Gebissen verschiedenster Bauart und Wirkungsweisen oftmals sehr unbekümmert experimentiert wird. Dabei ist allerdings zu berücksichtigen, daß gerade im Western- und Distanzsport die »leichte Zügelführung« mit grundsätzlich durchhängendem Zügel vorherrscht.

Daß bisweilen die Alternativfunktion des »Freizeitsports« auch in der Ausrüstung und in der Aufmachung des Reiters bewußt betont wird, ist nicht zu übersehen. Ein gewisser »Abenteuer-Look« trägt im Einzelfall infantile Züge. Bei weiterer Festigung breitensportlichen Selbstbewußtseins wird sich gewiß auch hier eine zweckmäßig-schlichte Eleganz einstellen, ohne als Unterwerfung unter eine leistungssportliche Stil-Diktatur mißverstanden zu werden. – In diesem Zusammenhang sei auch auf das Kapitel »Zäumung und Sattelung« und die darin enthaltenen recht aufschlußreichen Abbildungen verwiesen.

Breitensport und die reiterliche Organisation

Ein organisatorisch von der Basis losgelöster Turniersport wäre nicht lebensfähig. Daß dagegen manche »Freizeitsportler« auf jegliche organisatorische Einbindung glauben verzichten zu können und darin den Reiz der Ungebundenheit empfinden, macht lediglich ein (menschlich vielleicht verständliches) egoistisches Individualempfinden sichtbar, ändert jedoch nichts daran, daß auch der Breitensport auf die Einbindung in die Gesamtorganisation angewiesen ist. Diese Abhängigkeit ergibt sich zwingend aus der Kompliziertheit des Reitsports/Fahrsports sowohl in sportpädagogischer Hinsicht (notwendiger Reitunterricht) als auch hinsichtlich einer sportlichen Infrastruktur (Reitbetriebe, Reitanlagen, Reitwege usw.). All das ist nur durch eine Organisation lösbar.

Im übrigen erwartet auch die politische Öffentlichkeit einen verläßlichen Ansprechpartner, sobald es um den Interessenausgleich zwischen dem Pferdesport einerseits und anderen gesellschaftlichen Gruppen geht.

Deutsche Reiterliche Vereinigung e.V. (FN)

In der Deutschen Reiterlichen Vereinigung (FN) als Bundesdachverband des Reit- und Fahrsports in der Bundesrepublik wird der Breitensport organisatorisch von der »Abteilung Allgemeiner Reit- und Fahrsport« betreut (s. auch das Kapitel »Organisationen des Reit-, Fahr- und Voltigiersports in der Bundesrepublik Deutschland und ihre wesentlichen Aufgaben«). Im FN-Ausschuß »Allgemeiner Reit- und Fahrsport« sind alle Breitensport-Beauftragten der Landesverbände vertreten. Ebenso wie die Landesverbände verfügen auch die Provinzialverbände, die Kreisverbände und die rund 5300 einzelnen Reitervereine über jeweils einen »Breitensport-Beauftragten«.
Zu den Aufgaben des Breitensport-Beauftragten auf allen Ebenen der Organisation gehört die Betreuung der Breitensportler, das Bemühen um Reitmöglichkeiten in Feld und Wald, die Organisation besonderer Angebote an die Breitensportler (s. dazu den Abschnitt »Besondere Erscheinungsformen des Breitensports«) und nicht zuletzt das Bemühen um eine stete Fortbildung des Breitensportlers speziell unter den Gesichtspunkten des Umweltschutzes, des Tierschutzes und der Unfallverhütung.

Vereinigung der Freizeitreiter in Deutschland (VFD)

Die Vereinigung der Freizeitreiter in Deutschland (VFD) wurde im Jahre 1973 gegründet. Sie ist nicht Mitglied in der Deutschen Reiterlichen Vereinigung (FN), umfaßt mit etwa 20000 Mitgliedern zwar nur einen sehr kleinen Teil des gesamten reiterlichen Breitensports (etwa 560000 Breitensportler in den FN-Vereinen, etwa 300000 außerhalb der Vereine). Die VFD widmet sich indessen mit Hingabe einem besonderen Ausschnitt im weiten Spektrum des Breitensports, nämlich dem Spazier- und Wanderreiten. So definiert die VFD u.a. ihr Selbstverständnis wie folgt:

»Freizeitreiten, wie wir es verstehen, ist eine Frage der inneren Einstellung zum Reiten in der Natur.«

Da die VFD nicht den Turniersport vertritt, muß ihre Definition des Breitensports notwendigerweise weniger dessen umfassende Basisfunktion als vielmehr seine Alternativpositionen betonen. Es ist daher auch kein Zufall, daß die VFD nicht nur den Turniersport, sondern auch die dem Leistungssport zugrundeliegende Reitweise immer wieder in Frage stellt und sowohl im Reiten selbst als auch in der Pferdehaltung sehr experimentierfreudig ist. Auf dem Gebiet der Pferdehaltung hat die VFD der gesamten Entwicklung wertvolle Impulse gegeben.

Islandpferde-Reiter- und Züchterverband (IPZV)

Wie bereits in den beiden Abschnitten »Auf der Grenze zwischen Freizeitreiten und Leistungssport« und »Das Freizeitpferd« dargestellt, hat der IPZV ein familiengerechtes Freizeitpferd zu seinem primären Zuchtziel erkoren. Der gut organisierte IPZV pflegt neben dem Freizeitreiten auch den Turniersport und hat sich insoweit eine eigene »IPO« (Islandpferdeleistungs-Prüfungsordnung) gegeben. Der IPZV ist Anschlußverband der FN. Ihm gehören heute rund 10000 Mitglieder mit etwa 40000 Islandpferden an.

Verein Deutscher Distanzreiter und Fahrer e.V. (VDD)

Diese bundesweite Vereinigung wurde im Jahre 1976 gegründet. Die Gründung ist das Resultat des Umstandes, daß damals innerhalb der Reitorganisation eine Spielart des Pferdesports außerhalb des Turniersports zu wenig Beachtung und organisatorische Zuwendung fand – nämlich das Distanzreiten. 1981 wurde der VDD ebenfalls Anschlußverband der FN. Das VDD-Reglement ist Bestandteil der Leistungsprüfung der FN (LPO) und für alle Ritte verbindlich. (Siehe hierzu auch die detaillierten Ausführungen im Kapitel »Distanzreiten«.)
Eine Variante des Distanzsports ist das »Ride and Tie«, das in den USA seit 1971 und in Europa seit 1981 als Wettkampf durchgeführt wird. »Ride and Tie« heißt »Reiten und Anbinden«. Im Wettkampf bilden zwei Reiter und ein Pferd ein Team, wobei jeweils immer einer reitet oder das Pferd unterwegs anbindet und weiterläuft, während der andere läuft, bis er das angebundene Pferd eingeholt hat und seinerseits mit ihm den Ritt fortsetzt.

Erste Westernreiter Union Deutschland e. V. (EWU)

Seit 1993 ist die Erste Westernreiter Union Deutschland (EWU) an die Deutsche Reiterliche Vereinigung (FN) angeschlossen. Sie stellt die mitgliederstärkste Organisation des Westernreitens in Deutschland dar. Auch innerhalb des Westernreitens gibt es eine Turnierszene mit derzeit etwa 200 Teilnehmern, daneben jedoch die breite Basis des Western-Breitensports. Die EWU hat es sich zur Aufgabe gemacht, die aus Nordamerika stammende Westernreitweise auch hier zu pflegen. Sie tut das unabhängig von der hierbei verwendeten Pferderasse, wenngleich auch im Westernturniersport das Quarter Horse vorherrscht.

Besondere Erscheinungsformen des Freizeit- und Breitensports

Jagdreiten

Es würde zu weit führen, an dieser Stelle über die Geschichte der Reitjagd im roten Rock zu berichten. Man kann davon ausgehen, daß die meisten der rund 5300 Reitervereine der Bundesrepublik jährlich eine Reitjagd veranstalten. Das Jagdreiten erfreut sich ungebrochener Beliebtheit. Es wird sowohl hinter den Meuten geritten (sog. »Schleppjagden«) wie auch ohne Hunde (sog. »Fuchsjagden«). Als Meutehalter treten ca. 20 Meutevereine oder Privatpersonen auf. Dennoch werden höchstens 20% aller Reitjagden hinter der Meute geritten.
Das jagdliche Brauchtum hat alte Traditionen und wird insbesondere von jenen Vereinen gepflegt, die sich eine Meute halten. Die breitensportliche Variante des Jagdreitens verlangt vom Reiter Routine, reiterliches Können und ein hohes Maß an Disziplin, um nicht sich selbst und andere zu gefährden. Das Kapitel »Jagdreiten« beschäftigt sich ausschließlich mit diesem Bereich der Reiterei.

Wanderreiten, Reiterpfade

Die Überwindung großer Strecken mit dem Pferd ist die ursprüngliche und älteste Form des Reitens überhaupt. Was früher selbstverständliche Fortbewegung war, wird heute um seiner selbst willen betrieben. Das Wanderreiten – diese glückliche Verbindung von Sport und Naturerleben – gewinnt ständig mehr Anhänger und ist heute die beliebteste Erscheinung innerhalb des so formenreichen reiterlichen Freizeitsports. Das folgende Kapitel über das »Wanderreiten« nimmt ausführlich Stellung hierzu.
Neben dem Ritt mit begrenztem Teilnehmerkreis gibt es auch offen ausgeschriebene Wanderritte mit oftmals mehreren hundert Teilnehmern. Dem Geschick des Veranstalters ist es überlassen, derartige große Felder in kleine überschaubare Gruppen einzuteilen, um einerseits die Landschaft nicht durch zu große Reitertrupps zu belasten und andererseits den Reitern in kleinerer Gruppe die notwendige Intimität zu vermitteln, die Voraussetzung für das gewünschte Naturerleben ist.
Heute gibt es in der Bundesrepublik bereits eine größere Zahl von Veranstaltern, die jährlich einen offen ausgeschriebenen Wanderritt veranstalten. Die FN veröffentlicht in ihrem Jahresbericht jährlich die Anschriften dieser Veranstalter.
Das Gelingen eines Wanderrittes hängt wesentlich von der Streckenführung ab. Die Beengtheit unserer Landschaft und die Asphaltierung und Betonierung auch der Feldwege erschweren das Wandern zu Pferde sehr. Um so wichtiger ist die Ausweisung geeigneter *überregionaler Reitwege*. Sie sollen nicht nur die lokalen Reitwegenetze der einzelnen Reitervereine, Reitställe usw. miteinander verbinden, sondern zu durchgehenden, die ganze Bundesrepublik umspannenden Reitwegen zusammengefaßt werden. Diese überregionalen Reitwege sind mit dem etwas romantisch klingenden Namen »Deutscher Reitpfad« benannt worden. Die Freizeitsport-Beauftragten der Landesverbände sind derzeit bemüht, bereits festgelegte überregionale Reitwege (in Baden, Hessen und Niedersachsen) zu erweitern und weitere Gebiete zu erschließen (derzeit insbesondere in Bayern und Rheinland-Pfalz). Reiterpfade sind ihrer rechtlichen Natur nach nichts anderes als die Markierung von Wegen, die gesetzlich ohnehin beritten werden dürfen, darüber hinaus zum Reiten besonders geeignet erscheinen und (im Gegensatz zu lokalen Wegenetzen) als überregionale Verbindungstrassen geeignet sind. Die Anlegung solcher Wege ist mit einer

Vielzahl von Verhandlungen mit den Eigentümern verbunden. Auch hier hängt das Gelingen nicht selten von der »reiterlichen Disziplin in Feld und Wald« ab.

Breitensportliche Wettbewerbe auf Turnieren

Der Breitensport ist bei Wahrung seiner Selbständigkeit die natürliche Grundlage des Leistungssports. Unsere Turniere müssen sich daher dem Breitensport öffnen. Wenn sich die Turniere wie in der Vergangenheit mehr oder weniger auf reine Dressur- und Springprüfungen beschränken, dann vernachlässigen sie ihre eigene Basis. Darunter leidet der Breitensport – denn ihm gehen die Attraktivität der Turniere und der darin liegende Fortbildungsanreiz verloren. Es leidet jedoch auch das Turnierwesen selbst; denn Turniere werden ohne die Breite im Erscheinungsbild monoton, sie verlieren an Reiz und Ausstrahlung. Wichtig ist daher eine Durchdringung von Breitensport und Turniersport. Jede ideologische Abkapselung ist von Nachteil. Die FN hatte daher zum 1. Januar 1990 eine neue Leistungsklasse VI eingeführt. Es genügt der Erwerb des sog. »kleinen Reiter- bzw. Fahrerabzeichens Kl. IV«, das in etwa den Anforderungen des früheren Jugendreiter- bzw. -fahrerabzeichens entspricht. Der Inhaber dieses Abzeichens wird in die neue Leistungsklasse VI eingestuft und kann nunmehr sowohl in den reinen Kategorie-C-Wettbewerben wie auch in den Leistungsprüfungen der Klasse A starten.
Die Wettbewerbe im Bereich der Kategorie C sind per 1. 1. 1990 in der neuen LPO sehr viel stärker strukturiert, nämlich in:

- ☐ Wettbewerbe im Umgang mit dem Pferd,
- ☐ Geschicklichkeitswettbewerbe,
- ☐ Reiterspiele,
- ☐ Voltigierspiele,
- ☐ Mannschaftsballspiele,
- ☐ Formationsreiten und -fahren,
- ☐ Streckenwettbewerbe für Reiter u. Fahrer.

Die LPO verweist zugleich auf das »Handbuch für Reit- und Fahrvereine«. Hierin sind etwa 150 dieser Wettbewerbe beschrieben. Diese Beschreibungen dürfen nicht als Reglementierung mißverstanden werden. Sie sollen dem Veranstalter eine Hilfe sein. Der Veranstalter kann weitere Wettbewerbe erfinden und vorhandene beliebig variieren.
In jedem Falle soll der breitensportliche Wettbewerb

- ☐ »horsemanship« vermitteln,
- ☐ dem Teilnehmer Spaß machen,
- ☐ einen Fortbildungsanreiz bieten,
- ☐ den Reiter nicht dazu verführen, aus Ehrgeiz die Rücksicht auf das Pferd zu vernachlässigen,
- ☐ auch für die Helfer und sonstigen Beteiligten attraktiv sein (Familienfreundlichkeit),
- ☐ auch für den Zuschauer interessant sein.

Urlaub auf dem Reiterhof

Viele Reiter ohne eigenes Pferd verbringen ihren Urlaub auf einem Reiterhof oder dergleichen, um sich zumindest während dieser Zeit ganz dem Reitsport zu widmen. Pferdehalter nehmen oftmals ihr Pferd mit in den Urlaub und erleben dort ihr eigenes Pferd in neuer Umgebung von einer anderen Seite. Dieses Erleben bereichert die emotionale Reiter-Pferd-Beziehung. Es gibt viele Reitställe, die sich auf einen derartigen Reittourismus eingerichtet haben. Die FN hat seit vielen Jahren Qualitätsmerkmale in reitpädagogischer und tierschützerischer Hinsicht entwickelt und vergibt das Prädikat »FN-Reitstall« an solche Betriebe, die diesen Kriterien entsprechen. Mit der Kennzeichnung der Betriebe ist eine sich alle zwei Jahre wiederholende genaue Überprüfung des Betriebes verbunden. Diese Hervorhebung geeigneter Betriebe ist nicht nur ein Anreiz für die Betriebe selbst, sondern vor allem eine Orientierungshilfe für den »Kunden«, d. h. den Reiter, der seinen Urlaub in einem Reitbetrieb verbringen will und zu Recht gewisse Erwartungen bezüglich Pferdehaltung und Reitpädagogik hat.

Breitensportliches Fahren

Es ist erst einige Jahre her, daß die FEI (Internationale Reitsportorganisation) das Fahren entdeckt hat, und schon begann der wettkampfmäßig betriebene Fahrsport im Rampenlicht neu erworbener weltweiter Publizität seinen älteren Bruder – den breitensportlichen Fahrsport – in den Schatten zu stellen. Doch je perfekter und damit aufwendiger das turniermäßige Fahren wird, um so stärker

wird auch der Trend, mit geringerem finanziellem und zeitlichem Aufwand an die Zeiten anzuknüpfen, wo ein Mecklenburgischer Domänenpächter »mal eben so« ein paar Meilen auf ein Täßchen Kaffee zum Nachbar fuhr.
Während der klassische *Reit*sport in vieler Hinsicht aus militärischen Traditionen hervorging und seine heutige olympische Ausprägung zwar als Höhepunkt empfunden wird, jedoch Alternativen durchaus denkbar sein läßt, hat sich der Fahrsport schlicht und pragmatisch aus dem Wirtschafts- und militärischen Fuhrwesen entwickelt. Benno von Achenbach hatte nicht nur die englische Fahrweise studiert, sondern sich bereits im ersten Weltkrieg in »allerhöchstem Auftrag« Gedanken darüber gemacht, wie Anspannung und Fahrweise aussehen müßten, um so pferdeschonend wie nur möglich zu fahren.
So wundert es also nicht, daß der heutige Freizeitfahrer nicht etwa mit alternativen Fahrweisen liebäugelt, sondern das »Achenbach-System« ebenso akzeptiert wie der deutsche Turnierfahrer und wie darüber hinaus so mancher Droschkenkutscher aus Wien oder Salzburg, der nach jahrelangem eigenem Fahrstil feststellt, daß das Achenbach-System keine willkürliche Manier, sondern die Festlegung einer Praxis ist, die auf Bequemlichkeit, Effektivität, Pferdeschonung und nicht zuletzt Unfallsicherheit abgestellt ist. Das Deutsche Fahrerabzeichen in Bronze ist zwar die formale Voraussetzung für eine Turnierteilnahme (Kategorie B und A), dennoch ist diese Ausbildung wegen des dort vermittelten Achenbach-Systems und der Fahrunterweisung im Straßenverkehr für jeden Freizeitfahrer von gleichem Wert. Daß der Freizeitfahrer darüber hinaus auch Kenntnisse im Fahrzeugbau, in der Pferdehaltung und vor allem in umweltgerechter Fahrweise einschließlich der hierfür unerläßlichen Gesetze haben muß, ist eine Erfahrung, die immer wieder den Wunsch aufkommen läßt, für diese weiteren Aspekte gezielte Zusatzlehrgänge für Freizeitfahrer zu schaffen.
Der Freizeitfahrer legt bei der Wahl seines Wagens und der Anspannung großen Wert auf Handlichkeit, Strapazierfähigkeit und praktische Brauchbarkeit. Diese Gesichtspunkte engen seine Wahl jedoch nicht zwangsläufig auf die ungarische Anspannung (Brustblattgeschirr) ein, sondern lassen ihn bisweilen auch mit Bedacht die englische Anspannung (Kumtgeschirr) wählen, wie überhaupt der Freizeitfahrer (anders als oftmals der Freizeitreiter) für Stilfragen sehr aufgeschlossen ist. Der Wagen muß natürlich in jedem Falle zur Zahl und zum Kaliber der Pferde passen. Die schweren Wagen scheiden schon deswegen aus, weil das Freizeitfahren auf den Ein- oder Zweispänner beschränkt ist. Als Zweiachser wird der Typ des aus dem englischen Dogcart entwickelten Mehrzweckfahrzeugs bevorzugt. Mit Wagen dieses Modells fuhr man in England zur Jagd oder zum Rennen; Foxhounds oder Greyhounds fanden im Wagen reichlich Platz. Dieser Platz läßt sich heute bei Überlandfahrten und Wandertouren zwanglos für das notwendige Gepäck nutzen. Die Grundform dieses Wagenmodells läßt sich modifizieren und um weiteren Stauraum erweitern.

Auch Freizeitfahrer praktizieren weitgehend das Achenbach-System.

Der Freizeit-Fahrsport sollte sich stets seine ästhetische Note bewahren. »Praktisch, aber stilvoll« lautet die Devise.

Ausbildung des Breitensportlers

Der Reiterpaß

Im Jahre 1975 führte die Deutsche Reiterliche Vereinigung den »Reiterpaß« ein. Bis zum Jahr 1993 hatten bereits etwa 150 000 Reite-

rinnen und Reiter diesen Paß erworben. Der Reiterpaß ist kein »Weniger« gegenüber dem Reiterabzeichen, sondern etwas »Anderes«, nämlich das Bekenntnis des Reiters zum Umweltschutz, zum Tierschutz und zur verantwortungsvollen Unfallverhütung.
Der Tatsache, daß die Reiterpaß-Prüfung eine eigenständige Prüfung mit besonderer Zielrichtung ist, entspricht der besondere Stil sowohl des Lehrganges als der Prüfung. Wenn der Reiterpaß-Richter in der praktischen Prüfung mitreitet, demonstriert er sinnfällig diese Besonderheit und trägt dazu bei, die Prüfung nicht nur fachlich, sondern auch atmosphärisch aufzuwerten. In der Reiterpaß-Prüfung ist der Richter nicht zu kritischer Distanz verpflichet. Er hat nicht nur Pluspunkte und Fehler zu saldieren, um zum formalen Ergebnis »bestanden« oder »nicht bestanden« zu kommen. Er hat darüber hinaus zu motivieren. In den Reiterpaß-Richtlinien der FN heißt es dazu wörtlich:

»Die Prüfung soll neben ihrer Testfunktion auch einen zusätzlichen reitpädagogischen Wert haben. Sie soll daher bei Wahrung ihres sportlichen Niveaus und ihres objektiven Aussagewertes in lockerer Atmosphäre erfolgen. Der Reiterpaß-Richter kann während der Prüfung auch Korrekturen anbringen und Ratschläge erteilen. Eine abschließende gemeinsame kritische Besprechung ist dem Zweck der Prüfung förderlich.«

Die FN strebt nicht an, den Reiterpaß wie den Führerschein gesetzlich einführen zu lassen. Fest steht jedoch, daß jeder Reiter Mindestkenntnisse und Mindestfähigkeiten haben muß, um im Straßenverkehr nicht sich und andere zu gefährden. Ebenso wichtig ist das Verhalten des Reiters in der Landschaft. Hierzu gehört mehr als Gesetzestreue, hierzu gehört insbesondere »Reitertakt«. Die Fülle dieser teils aus dem Gesetz folgenden, teils konventionellen »Benimmregeln« lassen sich auch in einem Reiterpaß-Lehrgang kaum alle vermitteln und erlernen. Das Wesentliche ist daher die Sensibilisierung des Reiters für die Belange des reiterlichen Umweltschutzes im weitesten Sinne.

Freizeitreiter und Sportreiter haben eines gemeinsam: die besondere Hinwendung zum Pferd als Lebewesen. Doch solche Bilder sind heute auf dem Turnierplatz selten geworden.

Berittführer, Gespannführer

Während der Einzelreiter sich selbst und seinem Pferd gegenüber verantwortlich ist für umweltgerechtes Verhalten, Tierschutz und Unfallverhütung, soll der »Berittführer« mit gleicher Zielrichtung Verantwortung auch für andere – nämlich eine ihm anvertraute Reitergruppe – übernehmen. In der Ausbildungs- und Prüfungsordnung (APO) der Deutschen Reiterlichen Vereinigung (FN) heißt es hierzu:

»Die Berittführerausbildung soll den Reiter befähigen, eine Reitergruppe im Straßenverkehr, in der freien Landschaft und im Walde unter Beachtung
- *der Bestimmungen des Straßenverkehrsrechts und des jeweiligen Landesrechts über das Reiten in Feld und Wald,*
- *der Belange des Umweltschutzes, insbesondere des Tier-, Natur- und Landschaftsschutzes,*
- *des sachgemäßen Umgangs mit Pferden,*
- *der Maßregeln zur Unfallverhütung*

zu begleiten und zu führen.«

Der Berittführer findet sein Pendant auch im Breitensport der Fahrer. Per 1. 1. 1994 wurde in der APO die Qualifikation eines »Gespannführers« geschaffen. Zu seiner Ausbildung gehört bezeichnenderweise auch die Vorbereitung einer Touren- und Wanderfahrt.

Fachübungsleiter Reiten und Fachübungsleiter Fahren

Neben dem staatlichen Ausbildungsberuf des »Pferdewirts« (s. Kapitel »Das Berufssbild des Pferdewirts«) sieht die Ausbildungs- und Prüfungsordnung (APO) der Deutschen Reiterlichen Vereinigung (FN) auch Verbandslehrkräfte vor. Was lag näher, als auch Lehrkräfte zu schaffen, die sich speziell dem Breitensport widmen sollen. Das sind der »Fachübungsleiter Reiten« und der »Fachübungsleiter Fahren«.
Die Aufgaben des Fachübungsleiters *Reiten* sind in der APO so beschrieben:

»Der Fachübungsleiter Reiten soll insbesondere
- *Anregungen zur Betätigung im reiterlichen Breitensport geben,*
- *Reiter in Fragen des reiterlichen Umweltschutzes anleiten,*
- *Anleitung zur systematischen Vorbereitung von Reiter und Pferd auf Grundwettbewerbe und Wanderritte geben,*
- *Grundwettbewerbe vorbereiten und durchführen,*
- *mehrtägige Wanderritte planen und leiten,*
- *Reitjagden planen und vorbereiten.«*

Die reiterlichen Fähigkeiten sollten denen eines sicheren Jagdreiters entsprechen, so daß er auch als Feldpiqueur einsetzbar wäre. Unerläßlich für eine Lehrkraft im Breitensport ist die Befähigung zum Animieren und Motivieren.
Das Aufgabenfeld des Fachübungsleiters *Fahren* ist in der APO in entsprechender Weise abgesteckt.

Ideelle Bedeutung des Breitensports mit dem Pferde

Die Erkenntnis, daß der Sport mit dem Pferde die gesamte Palette aller pferdesportlichen Aktivitäten abdeckt, macht den Breitensport nicht nur quantitativ zur breiten Basis des (zahlenmäßig unbedeutenden) Turniersports, sondern auch sportideologisch und sportethisch zur Grundlage des Leistungssports: Der Breitensport bewahrt den stark perfektionierten turniermäßigen Leistungssport vor einer Erstarrung in Einseitigkeit.
Der Präsident der Deutschen Reiterlichen Vereinigung, Graf Landsberg-Velen, hat mit Recht darauf hingeweisen, daß die Aufnahme immer weiterer Nationen in die FEI die Tendenz verstärke, den bisher als allein gültig betrachteten Turniersport olympischer Prägung zu relativieren. Es könnten theoretisch andere Formen reiterlicher Sportausübung neben die bisherigen olympisch definierten Sportformen treten. Ob das nun »Asiatische Reiterspiele« oder sonstige Formen reiterlicher Betätigung sind, mag der künftigen Entwicklung vorbehalten bleiben.
Jede weitere Entwicklung wäre jedoch unmöglich, wenn sich der Turniersport heutiger Prägung als allein gültige Art des Reitsports definiernen würde. Jede Ausübung des Pferdesports außerhalb einer engen Reglementierung hat natürlicherweise eine besondere Innovationsfähigkeit. Wenngleich hier oft-

mals »das Rad neu erfunden« wird und bereits gemachte Erfahrungen wiederholt werden, bildet der liberale und experimentierfreudige Breitensport die natürliche Grundlage für Erneuerungsansätze und bereichert die stete Diskussion um Pferdesport und Pferdehaltung.
Das Zuchtziel des »Deutschen Reitpferdes« definiert die Idealvorstellung des Turnierreiters an sein Sportpferd. Dieses Pferd ist zwar in gleicher Weise ideal geeignet für den Breitensport. Dennoch würden heute ganze Pferderassen und -schläge bereits ausgestorben sein, wenn es nicht im Rahmen der unbegrenzten Vielfalt des Breitensports auch Reitweisen und Präferenzen gäbe, für die andere Pferd ebenso oder besser geeignet sind.
Wäre die Behauptung zu hoch gegriffen, daß nur der Breitensport die Vielfalt unserer Pferderassen und damit ein lebendiges Stück menschlicher Kultur zu bewahren geeignet ist?

Praktische Tips zum Wanderreiten

JOACHIM BRAND
Freier Journalist, Pferdehalter und Freizeitreiter, Elfershausen

Das Wanderreiten gewinnt nicht nur unter den Freizeit- und Westernreitern, sondern auch unter den Turnierreitern immer mehr Anhänger. Vom täglichen Streß und Leistungsdenken geplagt, versucht der Mensch heute, »auf Zeit auszusteigen«. Ausdruck dafür ist nicht allein das Wanderreiten, sondern auch das, was häufig unter Nostalgiedenken zu verstehen ist – die Suche nach dem einfachen Leben. Dabei spielen Spannung, Abwechslung und das Erleben und Sehen von Neuem außerhalb des Gewohnten eine wesentliche Rolle. Normale Geländeritte genügen dem Reiter bald nicht mehr, kennt er doch die Umgebung des Stalles bis zum letzten Stein und Strauch. So werden seine Ritte immer ausgedehnter, wenn er es nicht gar vorzieht, sein Pferd in den Hänger zu verladen und in anderen Gegenden zu reiten.
Die Anfänge der Wanderreitbewegung dürften auf die fünfziger und sechziger Jahre zurückgehen; damals begannen zwei oder drei einfallsreiche Leute in Schottland mit dem »pony-trekking«. Bei dieser Art von Reiten geht es im Schrittempo durch weitgehend unberührtes Land, oft auf historischen Viehtriebswegen, quer durchs schottische Hochland, werden Flüsse und Bäche durchfurtet oder es dienen stillgelegte Bahnlinien und alte Ortsverbindungswege als Reitpfade. Da es dabei im Schrittempo vorangeht und mit den Pferden sehr schonend umgegangen wird, können auch völlige Reitanfänger, d. h. Reitunerfahrene an den Ritten teilnehmen. Mitbestimmend bei der Einführung des Trekkinggedankens war auch die Absicht, für die einheimischen britischen Ponyrassen nach dem Krieg eine neue Aufgabe zu finden, da sie zu dieser Zeit praktisch nur noch als Schlachttiere genutzt und vom Aussterben bedroht waren. Auf Grund des regen Interesses werden heute in Großbritannien sogar importierte Haflinger eingesetzt, da der einheimische Markt die Nachfrage nicht mehr voll befriedigen kann.

Allgemeines zum Wanderreiten

Das Wanderreiten in Deutschland dagegen ist *kein* Hobby für Reitanfänger. Ganz im Gegenteil; an den Reiter werden wesentlich höhere Anforderungen gestellt, da er auf langen Wegstrecken oft mit seinem Pferd allein in einsamem Gelände die unterschiedlichsten Situationen zu meistern hat, ohne Schmied und Tierarzt, ohne Bauern und Futtermittellieferanten in der Nähe und ohne hilfreichem Telefon. Notwendige Kenntnisse bezüglich Erster Hilfe (und zwar für Reiter *und* Pferd) sowie Hufbeschlag muß er sich also bereits vor dem Wanderritt aneignen, ebenso die nötigsten Handfertigkeiten, ohne die der Reiter unterwegs verloren ist. Wer meint, ohne Vorbereitung und richtige Ausrüstung einfach losreiten zu können, der handelt unverantwortlich gegen sich, sein Pferd und alle anderen Ritteilnehmer!

Eine wichtige Voraussetzung ist, daß *der Reiter* vor Antritt eines Rittes regelmäßig geritten ist, am besten auch sein Pferd selbst fitgemacht hat und daß er über die notwendige Kondition verfügt. Das heißt, der Durchschnittsreiter muß sich vorher erst die nötige Kondition verschaffen: Treppensteigen statt Aufzug, Radfahren oder zu Fuß gehen statt Auto fahren und gelegentliche Dauerläufe bergauf und bergab, eventuell mit dem Pferd an der Hand – all das und vieles mehr bietet sich für die Vorbereitung an.

Ebenso muß auch *das Pferd* systematisch in Kondition gebracht werden. Beim Wanderreiten geht es nicht darum, irgendwelche Zeitrekorde aufzustellen, Pokale und Schleifen zu sammeln oder pünktlich an irgendeinem festgelegten Ziel anzukommen. Was zählt, ist, sich gemeinsam mit dem Pferd in der freien Natur zu bewegen, dort, wo es einem gefällt, Quartier zu machen und am nächsten Tage wieder weiterzuziehen. Terminplan und Wecker bleiben zu Hause, man lebt im Rhythmus der Pferde, erwacht, wenn es hell wird und geht zu Bett, wenn es dunkel wird. Von daher betrachtet ist der Ritt mit vollem Gepäck »ins Blaue« das Allerschönste, was es geben kann.

Andererseits stellt er auch die allerhöchsten Anforderungen an Reiter, Pferd und Ausrüstung. Für Reitanfänger ist diese Art zu reisen nichts, das gäbe ein Fiasko. Sowieso empfiehlt es sich, mit Tagesritten zu beginnen, die Leistung zu Wochenendritten zu steigern und anfangs das Gepäck per Begleitauto zum vorbestellten Quartierort transportieren zu lassen. Mit der Zeit bekommt man Routine, wird sicher und kennt seine und seines Pferdes Grenzen.

Alle Ritte, bei denen es um einen Sieg geht, haben mit wahrem Wanderreiten nichts zu tun. Sternritte, Rallyes, Orientierungsritte und Distanzritte (siehe hierzu auch das entsprechende Kapitel) werden in einer bestimmten Form gewertet, sind also dem Grundgedanken des Wanderns zu Pferde sehr fern. Manche der dort gewerteten Fähigkeiten gehören allerdings auch für den Wanderreiter zum täglichen Handwerkszeug, zum Beispiel der Umgang mit Karte und Kompaß, oder die »Horsemanship«; das alles setzt ein gezieltes Training voraus. Viel zu lernen ist bei den Distanzreitern. Inzwischen ist der Distanzsport jedoch so weit gediehen, daß die Pferde ganz gezielt auf wenige Tage, nämlich den Distanzritt, in Spitzenkondition gebracht werden, mit allen Kriterien und Konsequenzen des Leistungssports.

Bevor man einen Wanderritt antritt, empfiehlt es sich, seine Mitreiter genau auszusuchen, da der Ritt mit dem schwächsten Mitglied und dem schwächsten Pferd steht und fällt. Wichtig ist auch ein gemeinsames vorangehendes Training, was sich zumindest an den Wochenenden realisieren läßt. Genau feststehen muß, wer die Gruppe führt, und in jeder Situation ist diesem Anführer absolut zu gehorchen. Dieser muß also außer dem nötigen »Pferdeverstand« und der entsprechenden Erfahrung auch ein gewisses Maß an Autorität und etwas Fingerspitzengefühl im Umgang mit Menschen mitbringen. Bei der Zusammensetzung einer Gruppe ist es immer ratsam, es so einzurichten, daß eine gerade Anzahl von Teilnehmern entsteht, da bei ungeraden Teilnehmerzahlen unvermeidlich Einzelgänger produziert werden. Einzelreiter sind zwar im Vorteil, da sie nur auf sich und ihr Pferd Rücksicht zu nehmen brauchen. Dafür aber sind sie bei eventuellen Unglücksfällen völlig auf sich allein gestellt, müssen mehr Ausrüstung mitführen (bei einer Gruppe reichen beispielsweise ein Verbandskasten für alle und ein Hufbeschlagwerkzeug, um nur zwei Dinge zu nennen), und auch bei Einkäufen oder beim Mittagessen im Gasthaus kann es mit der Unterbringung und Beaufsichtigung des Pferdes Schwierigkeiten geben. Das alles gilt es vor dem Ritt zu erwägen.

Vorbereitung von Pferd und Reiter

Über das Wanderpferd ist nichts besonderes zu sagen, da praktisch jeder Reiter sein eigenes Pferd verwenden kann. Gesunde Hufe, Beine und eine robuste Konstitution sind Voraussetzung, desgleichen eine gute Lunge und ein trainiertes Herz. Paßt das Pferd in der

Größe und auch im Charakter zu seinem Reiter, so ist der Rest nur noch eine Frage der Ausbildung und des Trainings, ohne die es – wie bei jeder anderen Verwendung des Pferdes – nicht geht. Das Kapitel »Ausbildung von Pferd und Reiter« gibt hierzu wertvolle Hinweise.

Die Ausbildung des Pferdes

In der Ausbildung des Pferdes, die wie bei jedem anderen Reitpferd mit der grundlegenden Dressurarbeit (bis zu den Seitengängen) beginnt, ist nach dem Einzelreiten vor allem auch das *Reiten in der Gruppe* zu üben. Wichtig ist die Entwicklung eines raumgreifenden und fleißigen Schrittes, der ja auf Gepäckritten die am meisten verwendete Gangart darstellt.
Im *Gelände* ist das Pferd mit allen eventuell auftretenden Schwierigkeiten bekanntzumachen: Wasser (vielleicht muß es sogar schwimmen), Springen, Bergauf- und Bergabklettern, tiefer Boden, Übersetzen von Flüssen mit der Fähre, *Straßenverkehr,* Über- und auch Unterführungen, landwirtschaftliche Maschinen, flatternde Planen, Schafe, Wild, Geflügel, dichtes Unterholz (Vorbereitung hierzu ist die Cavaletti-Arbeit). Das Zu-Fuß-Gehen ist eine gute Gelegenheit, dem Reiter ein gewisses Maß an Training zu verschaffen, wie es später wichtig wird, wenn man unterwegs ist: Alle Stunden das Pferd fünf bis fünfzehn Minuten führen, bringt den Kreislauf des Reiters in Schwung, hilft Steifheiten vorzubeugen und entlastet das Pferd. Verstärkt gilt das natürlich bei der Bewältigung großer Abstiege).
Scheut das Pferd, so gebe man ihm Gelegenheit, den furchterregenden Gegenstand genau zu beschauen, zu beschnuppern und führe es notfalls an ihn heran. Wichtig ist es, dem Pferd Zeit zu geben und, falls erforderlich, nach ein paar Tagen die Situation zu wiederholen, da jedes Pferd von Fall zu Fall verschieden lang braucht, um etwas zu lernen. Grundfalsch ist es, etwas mit Gewalt oder per Strafe erzwingen zu wollen, da dann das Pferd die bewußte Situation oder den Gegenstand mit Strafe assoziiert und um so mehr Angst hat. Daß ein erfahrenes Leitpferd sehr gute Dienste tun kann, dürfte vom üblichen Ausbildungsbetrieb her bereits bekannt sein, desgleichen, daß man im Straßenverkehr ein junges Pferd nach links hin durch das erfahrene Pferd gewissermaßen abschirmen läßt.
Meiner Ansicht nach ist unser europäischer Reitstil der für unsere Gegend am besten geeignete, da er in Europa aus der Tradition der Kavallerie in Anpassung an unsere Umwelt entstand. Wer Ambitionen in Richtung USA hat oder den in Island und Spanien verbreiteten Reitstil bevorzugt, kann natürlich auch so reiten, wie es in diesen Ländern üblich ist.
Wichtig beim Langstreckenritt ist es, daß der Reiter im *Gleichgewicht* und losgelassen sitzt. Lange Bügel sind beim Streckenritt wesentlich bequemer als kurze Bügel; das kann so weit führen, daß man die Bügel noch länger schnallt als zum Dressurreiten. Zum Leichttraben sind dann die Bügelriemen zu verkürzen. Bei letzterem ist ab und zu Handwechsel angezeigt, um eine einseitige Ermüdung des Pferdes und Reiters zu vermeiden. Trabt ein Pferd aber lieber auf der einen Hand, so läßt man es dies tun. In der Vorbereitungszeit sind selbstverständlich beide Seiten des Pferdes gleichermaßen auszubilden. Günstig ist die einhändige Zügelführung, wobei das Pferd gut auf Gewichtshilfen gehen muß. Die rechte Hand braucht der Reiter zu allen möglichen Tätigkeiten: Karte und Kompaß halten, Richtung zeigen etc.

Das Training des Pferdes

Hand in Hand mit der Ausbildung des Pferdes geht das Training. Ohne dieses ist ein Pferd für größere Anforderungen nicht zu gebrauchen. Lunge, Herz, Muskeln und Sehnen würden untrainiert einen tagelangen Ritt nie durchhalten, und Satteldruck tritt bei fetten, weichen Pferden eher auf als bei trainierten. Wenn ein Pferd das ganze Jahr über regelmäßig in Bewegung gehalten, das heißt etwa eine Stunde täglich in der Halle, auf dem Platz oder im Gelände geritten wird, so reicht eine Vorbereitungszeit von wenigen Wochen für einen geplanten Wanderritt aus. Sinn dieses Trainings ist es, Muskeln, Sehnen und Lunge auf die erhöhten Anforderungen vorzubereiten. Parallel zur Steigerung der Anforderungen läuft eine Steigerung der Kraftfutter- bzw. Haferration. Der Weidegang sollte sinnvoll eingeschränkt werden, da zuviel Gras den Darm über Gebühr belastet und zu Lasten der Atmung gehen kann. Andererseits sollte den Pferden gutes Heu oder wenigstens Stroh im-

Marschhalfter mit Anbindestrick.

Marschhalfter ohne Kopfstück.

Anbinden des Pferdes: kurz und hoch an einer Astgabel.

Der Anzug des Reiters

Der Anzug des Reiters ist so zweckmäßig wie möglich zu halten, das heißt: Stiefel, in denen man auch laufen kann; Hosen, die bequem sind, keine Druckstellen erzeugen und denen man Schmutz nicht so leicht ansieht; Baumwollhemden, Wollsocken, Kopfbedeckung, Jacke, Regenschutz (am besten den Poncho) und wenigstens eine Garnitur zum Wechseln. Ein Pullover für kalte Abende ist dringend zu empfehlen. Zum Schlafen, wenn keine Hotelübernachtung angesetzt ist, ist ein Schlafsack mitzunehmen oder eine Wolldecke mit Reißverschluß, die eventuell über die Satteldecke unter den Sattel gelegt wird. Falten darf es dabei nicht geben! Eine Luftmatratze ist aus Gewichtsgründen ungünstig; besser sind Isoliermatten, die aber recht sperrig sind.
Die persönlichen Dinge des Reiters seien hier nicht weiter erwähnt, da sie individuell verschieden sind.

Allgemeines Gepäck

An Gepäck für den Packtaschenritt ist folgendes nötig: klein zusammenrollbarer Deckengurt, 2 Pferdebandagen, Feldflasche mit Wasser, Fliegenschutz für Mensch und Tier, Halstuch, Handschuhe als Schutz gegen Sonnenbrand, Kochgeschirr (falls nötig; gut geeignet: deutsches Militärmodell oder das französische Kochgeschirr), Esbit und Esbitkocher, Notizbuch und Schreibgerät, Wurzelbürste, Striegel, Kardätsche, Hufkratzer und Handtuch, eventuell Spaten und Handbeil, auf jeden Fall ein Taschenmesser, Fahrtenmesser, Landkarten, Kompaß, Geld, Schecks, Ausweis, Impfpaß, Telefonnummern (von Schmied, Tierarzt, Fahrer mit Pferdehänger), 5 Meter Seil, Zeltleine, Anbinderinge, Nähzeug und Reserveknöpfe, Verbandszeug, Desinfektionsmittel, Kopfweh- und Grippetabletten, Streichhölzer (wasserdicht verpackt), Taschenlampe, Batterien, Leuchtgamaschen, Schuhputzzeug, Sattelseife, Taschentücher und Papiertaschentücher. Am besten stellt sich jeder eine eigene Liste nach seinen Gedanken und Bedürfnissen auf. Wichtig ist, für jede eventuelle Situation alles dabeizuhaben, andererseits aber die Pferde auf keinen Fall zu überladen.
Beim Packen ist in die rechten Packtaschen genausoviel wie in die linken zu verstauen und auch der Sattel vorn etwa so schwer zu

Die wichtigsten Ausrüstungsteile für die Packtaschen

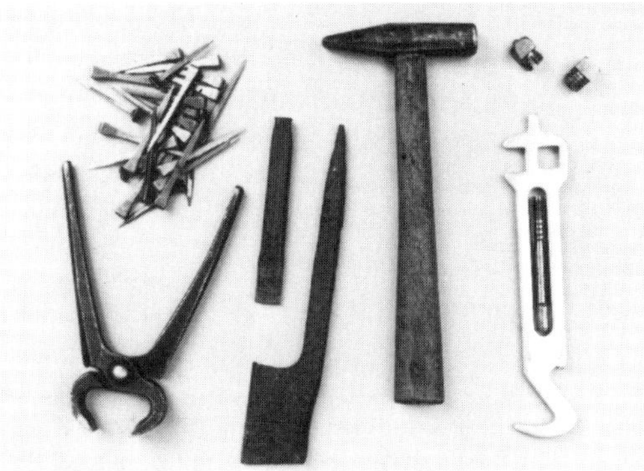

Hufbeschlagwerkzeug: Nägel, Zange, kleiner Meißel, Nietklinge, Hammer, selbstreinigende Stollen, Stollenschlüssel mit Notbohrer.

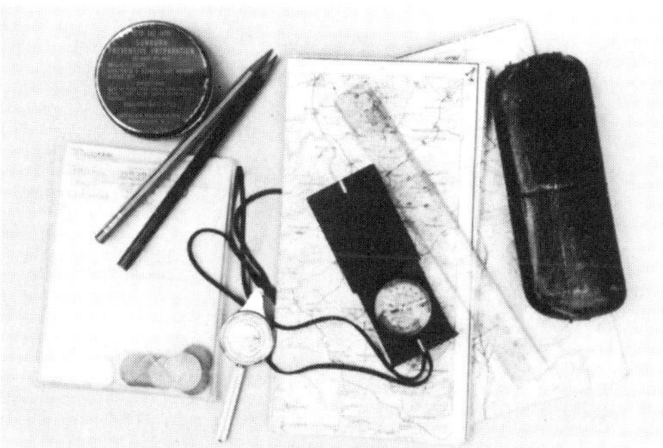

Inhalt der Kartentasche: Karte, Schreibzeug, Kompaß, Lineal, Kurvenmesser, Reservebrille im Etui, Ausweis, Kleingeld, Notizbuch mit wichtigen Adressen und Telefonnummern.

Profileisen mit aufgeschweißten Stollen, Zehenrichtung.

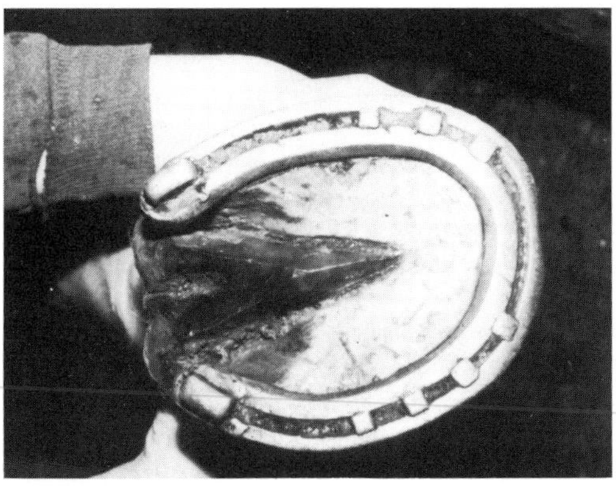

Verbandszeug, Hansaplast, elastische Binden, Dreieckstuch, Rettungsdecke, Wunddesinfektionsmittel, Mullbinden, Streichhölzer.

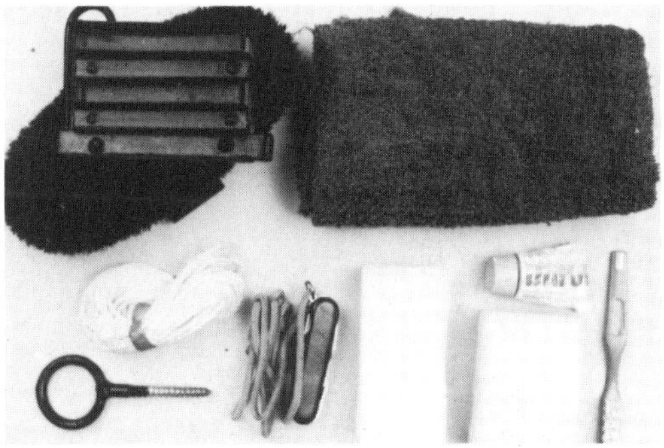

Putzzeug, Anbindering, Zeltleine, Taschenmesser, Zahnbürste, Zahnpasta, Seife.

beladen wie hinten, sonst besteht die Gefahr von Satteldruck. Harte Gegenstände werden in Kleidungsstücke eingewickelt und kommen weg vom Pferdekörper. In den Taschen darf nichts herumfallen, das gilt vor allem für zerbrechliche Gegenstände und Werkzeug! Jedes Ausrüstungsstück muß sicher befestigt sein, so daß Teile weder »fliegen« noch scheuern können.

Begleitfahrzeug

Wer mit Begleitfahrzeug reisen will, muß alle Treffpunkte vorher genau festlegen. Von Vorteil ist es, einen permanent erreichbaren Telefonkontakt ausgemacht zu haben, von dem aus die Koordination der Reiter und des Trosses übernommen werden kann. Noch besser ist natürlich eine Funkverbindung, die vor allem bei Unfällen gute, da schnelle Dienste leisten würde.

Eine weitere Möglichkeit besteht darin, das *Gepäck per Kutsche* oder bespanntem Gummiwagen mitzuführen. Zu beachten ist dabei, daß große Asphaltstrecken für die Pferde sehr anstrengend sind, außerdem nicht jeder für Reiter passierbare Weg auch für ein Pferdefuhrwerk geeignet ist. Andererseits ist es natürlich die stilechtere Art zu reisen und bietet auch für Nichtreiter die Möglichkeit, am Ritt »hautnah« teilzunehmen.
Selbstverständlich muß das Fahrzeug, vor allem seine Bremsen, in bestem technischen Zustand sein. Regelmäßiges Schmieren des Drehkranzes und der Räder erleichtert den Pferden ihre Arbeit, genauso wie richtig verpaßtes Geschirr. Ob man Kumt- oder Brustblattanspannung wählt, hängt vom Gelände ab. Ein entsprechendes Konditionstraining ist für die Zugpferde ebenso wichtig wie für die Reitpferde. Verkehrssicherheit muß sowieso vorausgesetzt werden können.

Umgang mit Karte und Kompaß und Streckenplanung

Nun zur Planung eines Wanderritts. Steht das Ziel fest, so besorgt man sich die einschlägigen topographischen Karten im Maßstab 1:50 000; zwei Zentimeter auf dieser Karte entsprechen einem Kilometer in der Natur. Welche Marschleistungen man erzielt, hängt vor allem von den Pferden, den Reitern, dem Wetter und dem Gelände ab. Viel Klettern kostet sehr viel Zeit, tiefer Boden genauso wie steiniger Boden, große Hitze ebenso wie Dauerregen, und etwas Unvorhergesehenes kommt sowieso immer dazwischen. Rechnen Sie also ruhig mit 25–30 Kilometern Tagesleistung bei den ersten Ritten. Dabei ist an die tatsächlich zurückgelegte Wegstrecke gedacht und nicht an die Luftlinie! Nützlich sind Kartenmesser, mit denen man seinen Weg auf der Karte abfahren kann. Jedoch kann es einem passieren, daß so mancher Weg inzwischen geteert, so mancher Weg aufgelassen und viele Fähren stillgelegt wurden. Zur Aufbewahrung des Kartenmaterials dient eine Kartentasche, die es in vielen Modellen auf dem Markt gibt. Je größer und stabiler die Tasche ist, desto besser. Ein guter Marschkompaß gehört zur Ausrüstung; damit hat man bereits in der Vorbereitungszeit gelernt, umzugehen

Die wichtigsten Handgriffe mit dem Kompaß

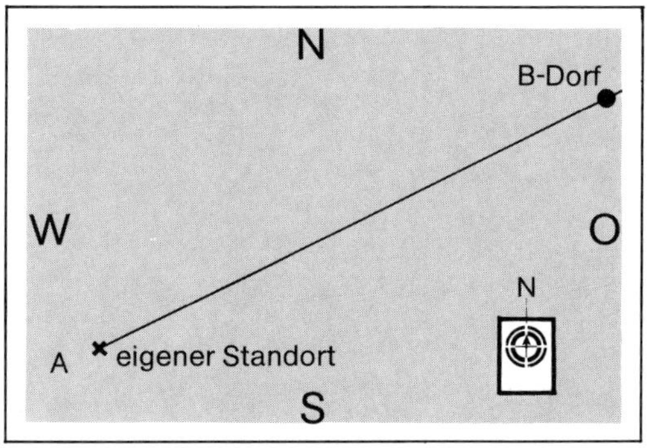

Einnorden der Landkarte Hierzu wird der Kompaß auf die Karte gelegt und die Karte mit dem Kompaß so lange gedreht, bis der obere Rand der Karte nach Norden zeigt. Vom eigenen Standort aus befinden sich Orte auf der Karte in der gleichen Richtung wie in der Natur.

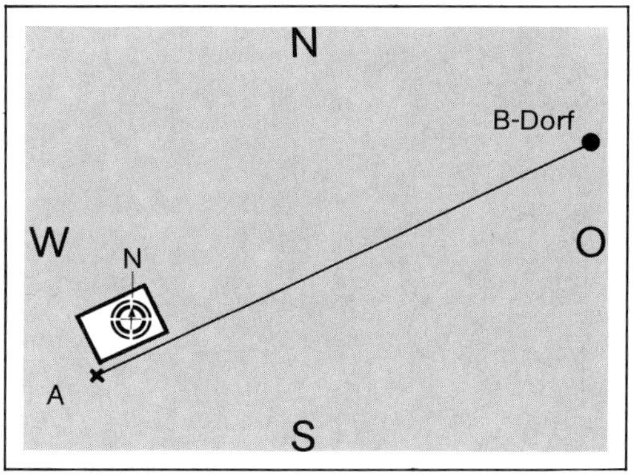

Festlegen der Marschrichtungen Angenommen, man will vom Ort A nach B reiten, so legt man die Anlegekante des Kompasses (eventuell verlängert durch ein Lineal oder die Kordel des Kompasses) an die Linie A–B und dreht die Skala des Kompasses so lange, bis die Nordmarkierung der Skala nach dem oberen Rand der Karte weist. Einnorden der Karte ist nicht nötig! Den so eingestellten Kompaß dreht man so lange im Gelände, bis die Kompaßnadel und die Nordmarkierung sich decken. Die Visierlinie des Kompasses zeigt nun in die gewünschte Richtung. Wenn die Sicht auf den anvisierten Punkt nicht frei ist, so merkt man sich den nächsten sichtbaren Punkt, reitet diesen an und wiederholt dort das Anvisieren.

Leider erweist sich die Rittplanung nicht immer als einfach, da viele Länder und auch Privatwaldbesitzer das Reiten im Wald verbieten. Die Kenntnis der entsprechenden *Reitgesetze* ist wichtig, und vor allem ist bei Ritten mit größeren Gruppen vorher die *Genehmigung für den Durchritt* einzuholen, notfalls sogar die Streckenführung zu ändern. Normalerweise kann man als Nur-Durchreitender mit viel Entgegenkommen rechnen, wenn man sich an die Spielregeln für Wald und Flur hält: also keine wilde Jagd im Wald, nicht querbeet durch Wiesen und Felder, kein Rauchen und auch kein offenes Feuer im Wald, kein wildes Biwakieren und dergleichen mehr. Zivilisiertes Aussehen von Pferd und Reiter hilft erfahrungsgemäß auch bei der Quartiersuche sehr.

In diesem Zusammenhang sei auch auf das Kapitel »Das Pferd im Freizeit- und Breitensport« verwiesen.

Der Ritt

Nach der bisherigen Theorie und dem Vorbereitungstraining nun zur Praxis! Am Tage vor dem Abritt werden die Pferde wie üblich bewegt und versorgt. Sämtliches Gepäck wird ordnungsgemäß verpackt bereitgelegt, damit man den nächsten Morgen nicht mit überflüssiger Sucherei zubringen muß. Wecken ist dann um fünf oder sechs Uhr, im Sommer so früh wie möglich. Anschließend Pferde füttern, dann Frühstück, Stall ausmisten, Pferde putzen. Zum Fressen müssen die Pferde zwei Stunden Zeit haben, während der sie nicht gestört werden sollen. Nach dem Putzen werden die Pferde beladen, alles wird nochmals überprüft, und dann erfolgt der Abmarsch im Schritt.

Die erste Tagesetappe des Wochenritts sollte auch mit gut trainierten und routinierten Pferden 40 oder 50 Kilometer nicht übersteigen. Länger werden die Etappen gegen Mitte des Rittes, um dann am Ende der Woche wieder kürzer zu werden. Selbstverständlich reitet man die letzte Strecke vor Ankunft im Stall Schritt, damit die Pferde nicht naßgeschwitzt ankommen. Trockenen Pferden kann man bei der Ankunft als erstes den Wassereimer vorhalten, anschließend wird Heu gegeben, dann erst Hafer. Letzteres deshalb, weil gierige Pferde sonst mit Heißhunger den Hafer verschlingen, wodurch einerseits Kolikgefahr besteht, andererseits das Futter nicht gut gekaut und auch nicht gut verwertet wird. Nachgetränkt wird, falls nicht ständig Wasser zur Verfügung steht, nach etwa zwei Stunden. Keine Experimente mit Futtermitteln unterwegs! Die Gefahr ist zu groß, daß die Pferde ein fremdes Futter nicht vertragen – man denke da nur an Eiweißkonzentrate aus der Schweinemast, Gerstenschrot etc. Futterwechsel sollten immer langsam eingeleitet werden.

Wichtig ist es, nach dem Absatteln die Hufe auszukratzen und den Beschlag zu kontrollieren; Sattel- und Gurtenlage sind auf Druckstellen zu untersuchen (notfalls ein nasses Leintuch darauf und eine Decke mit dem Deckengurt darüberbinden).

In allererster Linie muß auch einem angehenden Wanderreiter das Wohl seines Pferdes am Herzen liegen – lange Abende in der Wirtschaft und langes Schlafen am Morgen sind ausgeschlossen! Wilde Galopps sind ebenso unmöglich wie Rowdytum in Wald und Flur. Die Natur hat Augen, und unser Ruf, ob gut oder schlecht, eilt uns voraus.

Im Quartier verhält man sich so, wie es sich für einen Reiter gehört. Man richtet sich nach den Spielregeln des Gastgebers. Das Aufräumen des Pferdequartiers vor dem Abritt am nächsten Morgen ist wohl eine Selbstverständlichkeit. Es kommt schon vor, daß man für die Übernachtung nichts bezahlen muß, und obendrein wird man noch zum Essen eingeladen. Wie man sich für diese Gastfreundschaft revanchiert, ist eine Frage des Taktes. Meiner Erfahrung nach sind unsere Bauern in dem Moment äußerst hilfsbereit, in dem sie sehen, daß uns das Wohl unserer Vierbeiner wichtiger ist als alles andere! Wer natürlich kommerzielle Reitbetriebe anstrebt, wird den üblichen Pensionssatz zu entrichten haben.

Wer im Wald unter freiem Himmel biwakieren will, muß sich als erstes die Genehmigung des Besitzers einholen. Alte Steinbrüche sind im Hinblick aufs Feuermachen gut, da nur in den seltensten Fällen Brandgefahr besteht. (Auf Waldbrandgefahr ist sorgsamst zu achten!) Die Wasserfrage ist ebenso wie die Futter- und Einstreufrage vorher zu klären. Von Vorteil ist selbstverständlich ein Begleitfahrzeug mit Pferdehänger. Letzteres sollte, wie schon angeführt, auf Abruf zur Verfügung stehen.

Im Biwak müssen die Pferde unbedingt sicher angebunden werden. Gut ist es, wenn man die Erlaubnis bekommt, Fichtenstangen zu schlagen, mit denen man einen Stangenstall improvisieren kann. Zum Befestigen benutzt man ein Seil oder Bindegarn; Nägel sind in der freien Natur verpönt.

Die Kunst, ein Zelt aufzustellen, übt man vor dem Ritt. Das Zelt ist nicht in eine Senke zu stellen und nicht unter Bäume; ein Abflußgraben für Regenwasser ist anzulegen. Weiterhin ist daran zu denken, das Sattelzeug trocken unterzubringen, das heißt entweder im Begleitfahrzeug, falls ein solches vorhanden ist, oder die Sättel sind über eine Stange zu hängen und mit einem Poncho oder einer Plastikfolie abzudecken.

Ein *Nachtritt* kann sehr schön sein, sofern man das Gelände gut kennt. Allerdings liegt leider soviel Wohlstandsmüll im Wald, daß die Pferde sich Hufverletzungen zuziehen, sich in Draht verheddern oder anderweitig zu Schaden kommen können. Auch haben die Jäger verständlicherweise etwas gegen Reiter im Wald, wenn sie auf Wild ansitzen. Kurz gesagt: Man läßt es lieber. Wer dennoch in die Dunkelheit gerät, muß versuchen, den nächsten Ort im Schritt zu erreichen. Daß Pferde nachts beleuchtet werden müssen, ist hoffentlich allgemein bekannt. Gut bewährt haben sich Leuchtgamaschen hinten an den Pferdebeinen und eine Taschenlampe in der Hand, um Autofahrer zu warnen. Die Steigbügellampen haben sich nicht bewährt, da sie zu wenig stabil und die Batterien zu schnell leer sind. Außerdem schaltet sich der kleine Schiebeschalter gern von selbst ein, so daß die Lampe dann, wenn sie gebraucht wird, leer ist. Rückstrahler zur Anbringung an den Steigbügeln gibt es seit einiger Zeit auch. Im Dunkeln ist es sinnlos, mit der Taschenlampe den Weg vor sich ausleuchten zu wollen, besser läßt man die Augen sich an die Dunkelheit gewöhnen. Unsere Pferde sehen nachts sowieso wesentlich besser als wir.

Da man sich das Reitwetter kaum bestellen kann, ist es unvermeidlich, einmal in den *Regen* zu kommen. Befindet man sich innerhalb einer Ortschaft, so ergibt sich immer eine Möglichkeit, sich unterzustellen. Bei Dauerregen steht man vor der Wahl, entweder einen Ruhetag einzulegen oder trotzdem weiterzureiten. Unter dem Poncho ist man ja trocken aufgehoben, und die Pferde stört Regen recht wenig. Wird der Regen zu stark, der Wind zum Sturm, so zeigen sie schon, daß ihnen das Spiel zu dumm wird: Sie drehen einfach die Hinterhand gegen den Sturm und warten ab, bis das Unwetter aufhört. Gerät man in ein Gewitter, so sitzt man ab und führt. Bäume und wellblechgedeckte Schuppen sind zum Unterstellen denkbar ungeeignet, da sie Blitze anziehen.

Herbst und Winter machen das Wandern über lange Strecken schwierig, da das dichte Winterfell der Pferde ein zügiges Tempo verhindert, das Wetter schlecht ist und viele Wege bodenlos sind. Liegt Schnee, so besteht bei Temperaturen um Null Grad Celsius die Gefahr des Aufstollens. Gummieinlagen und Hufgrips verhindern dies, letztere aber sind nicht gerade billig. Um Stollen wird niemand herumkommen, da sonst Sturzgefahr besteht. Im Gegensatz zu früher sind die heute erhältlichen Hartstift- und Kornstollen ein wahrer Segen, da sie nicht nachgeschärft werden müssen. Matsch gibt nasse Fesselbeugen, die sich leicht entzünden können. Warmes Einpacken nach dem Abtrocknen der Fesseln hilft dem ab. Der Winterreitbetrieb sollte genützt werden, um die Pferde regelmäßig zu bewegen und sie somit für das Frühjahrstraining fit zu halten. Ein regelrechter Winterschlaf hingegen ist Gift für die Tiere, da dann ein mindestens zehn- bis zwölfwöchiges Training nicht zu vermeiden ist.

An Wissen für einen Wanderritt ist außer dem Erwähnten mitzubringen: Erste Hilfe für Pferd und Reiter mit »Bordmitteln«, Kenntnis der häufigsten Giftpflanzen, Kenntnisse im Hufbeschlag (wenigstens bei einem der Teilnehmer). Wichtig sind weiterhin eine gute Gesundheit und Kondition sowie der nötige Versicherungsschutz (Personenhaftpflicht, Tierhalterhaftpflicht und Unfallversicherung; siehe hierzu auch den Themenbereich »Pferd und Recht«), da sonst der schönste Ritt die übelsten Folgen nach sich ziehen kann.

Noch einmal möchte ich abschließend jedem ans Herz legen, daß ein Wanderritt weder ein Unternehmen für Reitanfänger noch für Sonntagsreiter ist, da er sehr viel an praktischem Wissen und Können voraussetzt. Sind die Vorbedingungen nicht erfüllt, so kann statt des erwarteten reiterlichen Höhepunktes tiefe Enttäuschung eintreten. Als Motto für jeden Reiter, speziell für den verantwortungsbewußten Wanderreiter, möge der alte englische Spruch gelten: »The rider must live only for his horse which is his safety, his honour and his reward.«

Das Jagdreiten

ROMEDIO GRAF V. THUN-HOHENSTEIN
Ehem. Land- und Forstwirt
Salzgau/Schleswig-Holstein

Die Parforcejagd – einst und jetzt

Die Parforcejagd zu Pferde, die Jagd hinter einer Meute auf lebendes Wild (Fuchs, Reh, Hirsch und Sau), reicht weit zurück. Sie ist aber kein Abbild der Urjagd, der reinen Ernährungs- und Verteidigungsjagd. Dafür gab es schon in grauer Vorzeit praktischere und ergiebigere Methoden als die aufwendige Parforcejagd auf ein einziges Stück Wild.
Der Urjäger und Urmensch, der, um zu überleben, jagen mußte, erkannte bald die Fähigkeiten des Hundes, dank dessen Wolfserbes, die Fährte oder Spur von Wild ausdauernd zu verfolgen, und er nutzte sie entsprechend. Das Pferd spielte dabei aber keine Rolle. Erst als der Mensch eine Kulturstufe erreicht hatte, die es ihm ermöglichte, Pferde und auch Hunde durch selektierende Zucht für besondere Zwecke zu formen, bediente er sich dieser beiden Helfer. Gemeinsam maßen und messen nunmehr Mensch, Pferd und Hund ihre Kräfte mit der Natur.
Die Parforcejagd hat bis heute ihre Anziehungskraft behalten. Während in England, Irland und Frankreich die »blutige Jagd« üblich ist, d. h. lebendes Wild gejagt wird (z. B. Fuchsjagd), so werden in der Bundesrepublik Deutschland nur noch unblutige Jagden veranstaltet. Das heißt, daß ein Reiter den Fuchs »spielt« und von der Jagdgruppe verfolgt wird, oder aber bei der Schleppjagd wird auf einer vorher festgelegten Jagdstrecke von einem berittenen »Schlepper« eine künstliche Spur gelegt und von der Meute aufgespürt. Auch hier wird ein Fuchs verfolgt, nämlich in Gestalt dieses Reiters.

In den weiten und übersichtlichen Steppengebieten des östlichen und südlichen Kulturkreises entwickelte sich die Parforcejagd mit Sicht-Hetzern, also Vertretern der verschiedenen Windhundrassen, von denen immer nur einige wenige zur gleichen Zeit geschnallt wurden. Im folgenden interessiert jedoch nur die Parforcejagd des westlichen Kulturkreises, in dessen zum Teil stark bewaldeter Landschaft die lauthals jagenden, kopfstarken Bracken-Meuten die erste Rolle spielten. Heute unterscheiden wir zwei Formen:

- □ die *französische Vénerie,* als Wurzel sozusagen, und
- □ das *englische Hunting,* chronologisch später entstanden und auf allen fünf Kontinenten lebendig.

Zur Verdeutlichung des jagdlichen Unterschiedes sei hier eine ausführliche Gegenüberstellung erlaubt.

Die »Grande Vénerie«

Man versteht darunter die Meuten, die auf Rothirsch, Rehwild, Damschaufler, Fuchs und Schwarzwild jagen und denen die Jäger beritten folgen. Die Reihenfolge entspricht übrigens der französischen Rangordnung.
Die Vénerie hat jahrhundertelang auf dem westeuropäischen Kontinent großen Einfluß besessen. Ein großer Teil des höfischen Jagdbetriebes außerhalb Frankreichs, besonders im 17. und im 18. Jahrhundert, stellte eine getreue Kopie derselben dar. Für Deutschland seien hier stellvertretend die Namen Kranichstein, Göhrde, Dessau-Wörlitz und Nymphenburg genannt.

Neben der »Grande Vénerie« gibt es auch die »Petite Vénerie«; darunter versteht man in Frankreich die Fußmeuten, die den Hasen jagen. Ältere Mitglieder (boutons) folgen diesen Meuten zuweilen zu Pferde.

Die Vénerie ist die Jagd des Waldes, und in manchen Fällen wurden ausgedehnte Staatsforsten von den absoluten Herrschern Frankreichs mit Hilfe eines sinnvoll ausgedachten Spinnennetzes aus Alleen und Schneisen, verknotet durch unzählige Sterne und Kreuzwege, speziell für die »chasse à courre«, die Parforcejagd, angelegt. Es ist die Jagd der großen kopfstarken Meuten, aufgegliedert in Relais (das sind kleinere Abteilungen, die an bestimmten Punkten der Jagdstrecke aufgestellt sind), die nach sorgfältiger Planung jagdstrategisch gezielt verteilt werden, was jedoch eine genaue Kenntnis des zu jagenden Wildes voraussetzt. Bei der Vénerie kommt heute noch täglich das uralte Jägerhandwerk zur Geltung, wie zum Beispiel die Arbeit des Leithundes auf der Gesundfährte am Morgen des Jagdtages beim sog. »faire le bois«.

Auch die 72 hirschgerechten Zeichen werden noch genauso beachtet wie bei uns zu Zeiten des Kupferstechers und Radierers Ridinger. Die vielfältigen Signale der Parforcehörner haben hier, im unübersichtlichen Waldgelände, einen funktionellen, praktischen Sinn. Deshalb tragen nicht nur die Mitglieder der jeweiligen Equipage das Horn, sondern jeder anerkannte »véneur« (Hetzjäger) ist dazu berechtigt. Ein sog. »bouton« (Knopf) ist Subskribent einer Equipage (zur Meute gehörender Personenkreis) und zum Tragen der bei der Vénerie üblichen Uniform berechtigt. Diese wiederum weist spezifische Details in Farbe, Aufschlägen und Galonierung auf. Charakteristisch dabei ist der hohe Stulpstiefel, der dem noch heute von den Bereitern der Spanischen Hofreitschule getragenen Stiefel ähnlich ist. Ein Stück weißen Strickstrumpfes, ca. eine Handbreite über dem Knie, muß zu sehen sein. Der links getragene Hirschfänger am gold- oder silberdurchwirkten Koppel, Hetzpeitsche, Jagdkappe, bei Damen der kleidsame, galonierte kleine Dreispitz sowie das Parforcehorn vervollständigen den Jagdanzug.

Von einem Véneur wird erwartet, daß er die wichtigsten Signale beherrscht und sie im richtigen Moment, je nach der jagdlichen Situation, zu blasen versteht.

Das gleiche gilt für die »curée«, die Fütterung und Belohnung der Meute, die ein umfangreiches Repertoire altehrwürdiger Jagdsignale umfaßt. Neben der Fanfare der eigenen Equipage wird zu Ehren von Gästen auch deren Fanfare geblasen, falls sie einer entsprechenden Equipage angehören. Routiniers stecken ein frisches Paar weißer Handschuhe ein, um bei der Curée korrekt auftreten zu können.

Der technische Ablauf einer Jagd der Grande Vénerie hat im Laufe der Jahrhunderte nur wenig Änderung erfahren, praktisch seit der Zeit des Königs Franz I. (1494–1547), des »père de la vénerie«: vom Bestätigen des Wildes mit dem Leithund im Morgengrauen des Jagdtages, der Wahl des zu jagenden Stückes durch den »maître d'équipage«, der Jagd selbst mit den großen, hervorragend Laut gebenden, aber langsamen französischen Bracken verschiedener Schläge und Rassen, begleitet in jeder Phase von den Signalen der Parforcehörner, bis zum Halali und dem großartigen Zeremoniell der Curée. Alles spielt sich heute noch so ab, wie es zum Beispiel Gaston Phoebus, Graf von Foix, der erste Klassiker der Vénerie, in seinen Schriften um 1560 forderte.

Die Vénerie hat sich in Frankreich seit den Merowingern, Karolingern und Valois über ihre bourbonische Glanzzeit hinweg, durch Kaiserreiche und Republiken bis zum heutigen Tag in ihren Grundzügen erhalten. Sie wird ziemlich allgemein als ein verehrungswürdiges Kleinod der Nation betrachtet – ein soziologisches Phänomen.

Auf den Nur-Reiter, dem die Arbeit der Meute nichts sagt und der zum Wild keine Beziehung hat, wirkt die Vénerie jedoch leicht eintönig. Gesprungen wird nicht, gelegentlich ist ein Graben zu überwinden. Die Alleen und Schneisen bieten keine natürlichen Hochsprünge. Andererseits dauern die Jagden sehr lange; große Distanzen werden zurückgelegt und verlangen eine enorme Kondition von Pferd und Reiter; vier bis sechs Stunden sind die Norm, manchmal auch acht. Die zurückgelegten Strecken, besonders bei Rotwild, aber auch bei Schwarzwild, schwanken zwischen 20–40 Kilometer.

Das verwendete Pferdematerial umfaßt alle Kategorien. Vom drahtigen Anglo-Araber, vom kleinen bis großen Vollblüter, über alle regionaltypischen Vertreter des Selle Français bis hin zum großrahmigen, eisenharten normannischen Satteltraber sind alle Kaliber vertreten. Letzterer ist infolge seiner großen Ausdauer, Härte und Gehlust ein Charakteristikum des franzöischen Jagdbetriebes, besonders als Dienstpferd für das Jagdpersonal, das bekanntlich immer und überall den zweieinhalbfachen Weg zurücklegen muß!

Das französische Jagdpferd wird, wie alle Jagdpferde, nach folgendem Gesichtspunkt ausgewählt: zu tragendes Gewicht in Relation zur verlangten Leistung; das heißt, das Pferd muß große Strecken im Galopp zurücklegen, ohne zu pullen, aber auch ohne jede Triebigkeit. Besonderes Sprungvermögen wird, wie bereits erläutert, nicht verlangt, dafür aber große Geschicklichkeit auf unebenem Terrain, denn nicht alle Schneisen sind gepflegt, und tiefe, verwachsene Spurrillen verlangen Trittsicherheit. Dazu kommt absolute Verträglichkeit im Felde und gegenüber den Hunden. Kleber sind unbrauchbar. Der deutsche Jagdreiter, erzogen und groß geworden im Geist des englischen »fox-hunting« und der hierzulande üblichen Form des Schleppjagd- und sonstigen Reitjagdbetriebs, muß völlig umdenken. Vereinfachend könnte man sagen: Der Véneur reitet, um zu jagen; der Fox-Hunter jagt, um zu reiten. Doch gibt es auch auf den Britischen Inseln ein zahlenmäßig starkes Lager, dem die Arbeit der Hunde über alles geht.

Wer sich jedoch nur ein wenig mit der französischen Parforcejagd beschäftigt, dem eröffnet sich eine längst versunken geglaubte Welt. In den großen Waldungen umweht ihn plötzlich der Atem von Jahrhunderten, und bei der Curée mit ihrem ergreifenden Zeremoniell wird die Achtung vor der Kreatur, die Ehrung des Schöpfers im Geschöpf in einer Form demonstriert, die Ökologie und Naturschutz wohl niemals erreichen werden.

Sicherlich gibt es hin und wieder auch hier bereits entwicklungsbedingte Auswüchse, z. B. die Motorisierung oder das Sprechfunkgerät; letzteres ist jedoch meist bei der Führung der Zuschauer zu beobachten, denen der Zutritt, auch unter den Königen, niemals verwehrt war.

Das in der Parforcejagd enthaltene Gefahrenmoment für jeden teilnehmenden Jäger, der Einsatz der Muskelkraft, Ausdauer und Schärfe der Sinne, die Fairneß dem Wild gegenüber – all das sind Faktoren, die zugleich werben und selektieren, heutzutage mehr denn je. Bei der Parforcejagd hat das Wild eine faire Fluchtchance (50% sind Fehljagden, das Wild entkommt – gesund, wohlgemerkt, nicht angeschossen); dies ist ein Spielraum, den der mit den modernsten Errungenschaften der Optik und Waffentechnik ausgerüstete grüne Jäger dem Wild kaum läßt.

Fox-Hunting

Auf den Britischen Inseln ging die Parforcejagd einen anderen Weg. Der Ursprung war zwar der gleiche, doch die Veränderung des Landschaftsbildes blieb nicht ohne Folgen. Der forcierte Flottenbau ließ die großen Wälder verschwinden, das Rotwild wurde auf Restgebiete zusammengedrängt, das Schwarzwild ausgerottet, die landwirtschaftliche Nutzfläche zunehmend verkoppelt. Bereits Ende des 17. Jahrhunderts war man gezwungen, nach einer anderen Wildart als dem klassischen Rotwild Ausschau zu halten. Der Fuchs bot sich an, in zweiter Linie der allerdings kurz und in Bogen flüchtende Hase. Verschiedene Rotwildmeuten, auch private, hielten sich bis weit in das 19. Jahrhundert hinein, mußten aber dann wegen Mangels an jagdbarem Wild aufgegeben werden.

Heute jagen nur mehr vier Meuten auf Rotwild – praktisch nur mehr in Devonshire – und eine Damwild-Meute im New Forest. Der endgültige Umschwung wird gern mit 1762 datiert, als der fünfte Herzog von Beaufort auf dem Heimritt nach erfolgloser Hirschjagd seine Meute zum Spaß auf einen zufällig vorbeischnürenden Fuchs ansetzte und mit einem kapitalen *run* belohnt wurde. Inzwischen ist die *Beaufort-Meute* eine der Säulen des Fox-Hunting geworden und Badminton in Gloucestershire, Wohnsitz des Herzogs und Unterbringungsort der Meute, ein Begriff in der ganzen Welt.

Die geschilderte Entwicklung wirkte sich zum Segen der Parforcejagd aus und ihre Popularität stieg ins unermeßliche. Die im Vergleich zur Vénerie wesentlich einfachere und auch weniger aufwendige Art zu jagen, der hohe sportliche Anspruch, verbunden mit nicht geringer Gefahr für Leib und Leben, führten zu einer echten Demokratisierung. Der Fuchsjäger, gleichgültig welchen Ranges und welcher Herkunft, war gezwungen, mit seinem Pferd zu springen, wollte er den sehr viel schneller gewordenen Hunden in der of-

Die in der Regel 4–6 Stunden dauernden Jagden verlangen von Pferden und Reitern eine enorme Kondition.

fenen Landschaft über Weiden und Äcker und deren Einfriedungen folgen.
Der Einfluß des Hunting auf die gesamte Entwicklung von Pferdesport und Pferdezucht ist unübersehbar. Es weckte Sinn und Verständnis für Rennsport und Vollblutzucht, stand an der Wiege des Hindernissports und befruchtete zu gleichen Teilen den modernen Springsport und die Vielseitigkeitsreiterei.
Durch die englische Form des Jagdreitens kam überhaupt erst frische Luft in die stark verstaubte Reiterei des ausgehenden Rokoko. Man begann tatsächlich, querbeet zu reiten. Infolgedessen nahm der gesamte Jagdbetrieb einen sehr viel mehr nüchternen und härteren Charakter an. So verschwand zum Beispiel das große Parforcehorn, war es doch bei den sich häufenden Stürzen viel zu gefährlich. Man stellte sehr bald fest, daß im rasanten Einsatz über gefährliches Gelände nur ein Mann die Meute führen kann und daß dafür ein kurzes handliches Horn genügt. Die wenigen wirklich notwendigen Signale können darauf geblasen werden. Das genügte.
Das englische Hunting-Horn ist gerade 23–30 cm lang und wird vom »huntsman«, in vielen Fällen identisch mit dem »Master«, zwischen dem 1. und 2. Knopf getragen.
Auch die Meuten wurden entsprechend kleiner und handlicher, maximal 25 Koppeln. Demzufolge fiel der große Personalaufwand fort, zumal weder der sportliche Geist noch die Gegebenheiten einen Meutewechsel in Form der erwähnten »Relais« zuließen. Ein bis zwei »whippers-in« (Piqueure) genügten. Die immer schneller gezüchteten Foxhounds können auf federndem Grasland, bei gutem »scent«, eine höllische »pace« vorlegen. Da sie dem Felde gegenüber meist über mehrere 100 m Vorsprung verfügen, wird in den klassischen Weidelandschaften Englands, den sogenannten »shires«, ein hoch im Blut stehender Hunter benötigt, der gewaltig galoppieren kann und sich über die Natursprünge bedenkenlos fliegen läßt, dabei aber stets klar im Kopf bleibt. Die Wallgegenden Irlands dagegen verlangen ein wesentlich umsichtigeres, sehr kraftvolles Überwinden der Hindernisse.

»Ach möcht' es Herbst das ganze Jahr sein!« Das farbenprächtige Bild des Jagdfeldes mit der Meute.

Englische Jagden werden häufig in großen Feldern geritten, und die Kleidung der Reiter sowie die dabei eingesetzten Pferde sind oft gemischt und unkonventionell. Doch das Gelände stellt immer höchste Ansprüche an Reiter und Pferd.

Reitjagd in Deutschland in mustergültiger Ordnung des Jagdfeldes. Vorne der Fuchs, dann der Master und die Piköre sowie das Feld in lockerer Folge.

Wassereinsprünge, die einen besonderen Reiz, jedoch auch ein erhöhtes Risiko darstellen, erfordern einen ausreichend breiten Einsprung.

»Jagd aus!« Zeremoniell des Curée.

Die französische Parforcejagd hat sich seit den Karolingern über die bourbonische Glanzzeit hinweg, durch Kaiserreiche und Republiken bis zum heutigen Tag in ihren Grundzügen erhalten. In Deutschland ist die »Blutige Jagd« auf lebendes Wild schon lange verboten.

Let's go West: In Amerika unterwegs.

Freizeitreiten bietet alles, was Reiten zum Erlebnis macht: Intensiven Kontakt zum Pferd, freie Wahl der zu reitenden Strecke und das Gefühl für das Pferd in dem Raum, aus dem es kommt und in den es hineingehört. Gerade Haflinger (oben), Araber (links unten) und Isländer (unten) sind dabei die idealen Partner des Menschen. Härte und Robustheit sowie einwandfreier Charakter sind die wichtigsten Eigenschaften eines Freizeitpferdes.

Eine besonders reizvolle Variante der Freizeitreiterei mit sehr hohem Anspruch stellt das »Cross-Country-Reiten« in Amerika dar. Die Packtiere müssen optimal versorgt werden, das Gepäck für viele Tage sorgfältigst verladen sein, und alle Reiter müssen ihre Pferde so reiten, daß sie die geforderten Distanzen unter allen Umständen unversehrt überstehen. Eine deutsche Gruppe in Wyoming/USA in einer Höhe zwischen 3500 und 4000 Metern.

Da auf der Landeseite oft erstaunliche Überraschungen, wie gewaltige Gräben oder beachtliche Niveauunterschiede, warten, wird in vielen Fällen nach dem Aufsprung ein sehr kraftvolles Abdrücken nötig. Entsprechend groß ist die Zahl der Unfälle. Sie sind auch schwerer und öfter tödlich. Das wird jedoch in Kauf genommen und tut der Begeisterung keinen Abbruch. Niemand wird zum Jagdreiten gezwungen!

Die Schwierigkeiten liegen heutzutage in anderer Richtung. Der beträchtlich angestiegene allgemeine Wohlstand in Verbindung mit wesentlich mehr Freizeit hat die Felder zu gewaltiger Stärke anschwellen lassen. 250 bis 400 Reiter sind keine Ausnahme. Das gilt in erster Linie für die feinen Meuten Englands und die Umgebung von Dublin.

Die seit dem zweiten Weltkrieg fortschreitende Intensivierung der Landwirtschaft hat jedoch viel Weideland absorbiert, bis dahin großartiges Galoppiergelände. Im gleichen Maße nahm die Verdrahtung der Landschaft zu. Die Jagdgesellschaften sind deshalb in zahlreichen Gegenden ihres Territoriums gezwungen, sog. Verbindungshindernisse zu unterhalten, »jumpable places« oder »hunt jumps« genannt, die es den Reitern ermöglichen, an den Hunden zu bleiben. Dies ist übrigens eine Methode, die in den Vereinigten Staaten schon lange praktiziert wird und zwar in Gestalt der sogenannten »chickencoops«, die über den Draht gestellt werden und von beiden Seiten springbar sind.

Die Unterhaltung der englischen Verbindungshindernisse, die einerseits springbar bleiben sollen, andererseits vom Weidevieh respektiert werden müssen, ist äußerst kostspielig und arbeitsintensiv. Unmittelbar nach jedem Jagdtag werden ein oder zwei Reparaturkommandos in Marsch gesetzt. Die Zahl der notwendigen Hindernisse schwankt. So unterhält z. B. die »Cottesmore«, eine der vier »klassischen« Meuten Leicestershires, auf der sogenannten schlechteren Hälfte ihres Territoriums 400 (!) dieser Sprünge. Andere Meuten kommen mit 80 bis 100 aus.

Ebenso sind die Ponyfelder gewaltig angestiegen. Das ist besonders in den Weihnachtsferien oder an Ostern, falls es früh im Jahre liegt, fühlbar. Für diese jungen bis jüngsten Reiter muß durch geschickte und gezielte Führung im Jagdfeld gesorgt werden, so daß keine Unfälle provoziert werden.

Zu guter Letzt sind die zahlreichen begeisterten Zuschauer und Fans, zum großen Teil motorisiert, eine ernst zu nehmende Größe. Bei aller Passion und gutem Willen können sie natürlich gewaltig stören, ganz abgesehen von der Verstopfung sämtlicher Land- und Feldwege. Das gilt natürlich, wie bereits angedeutet, auch für Frankreich, wo die Autokolonnen in den Forsten von Fontainebleau, Compiegne, Rambouillet und Chantilly den Jagdverlauf nicht immer gerade fördern.

Im großen und ganzen wird die Führung der einzelnen Jagdgesellschaften mit allen zeitgemäßen Problemen recht gut fertig. Sie wird unterstützt und getragen von einer seit Jahrhunderten in der Landbevölkerung fest verwurzelten Popularität. Durch diese Popularität, zusammen mit dem Hinweis auf den wirtschaftlichen Faktor, den es mit 450 Meuten insgesamt in England und Irland darstellt, hat das Hunting bisher allen Angriffen standgehalten.

Wildmeuten

Grande Vénerie 1978/1979

Frankreich:

- ☐ Es jagen Hirsch: 32 Equipagen; davon 2 auch auf Schwarzwild und 2 auch auf Rehwild.
- ☐ Es jagen Rehwild: 37 Equipagen; davon 2 auch auf Hirsch (s. o.) und 1 auf Hase.
- ☐ Es jagen Schwarzwild: 19 Vautraits (Fachausdruck für Schwarzwildmeuten); davon 2 auch auf Hirsch und 1 auch auf Damschaufler.

Das sind insgesamt 88 Meuten, zusammen mit den Fußmeuten 178, hinzu kommen noch 2 Schleppmeuten. Eine wahrhaft stolze Bilanz für das zu Ende gehende Jahrhundert.

Interessant ist in diesem Zusammenhang die Entwicklung der Waldfläche in Frankreich. Für das vorrömische Gallien nimmt man als Ausgangsbestand ca. 40 Millionen Hektar Wald an. Im 14. Jahrhundert waren es nur mehr 13 Millionen und in der Mitte des 18. Jahrhunderts 8 Millionen.

Der absolute Tiefstand wurde um 1825 mit 6,3 Millionen erreicht. Von da an ging es wieder aufwärts. 1918 gab es bereits über 10,3 Millionen ha Wald. Heute sind es ca. 14 Millionen ha. Da noch sehr viel Brachland zur Verfügung steht, das laufend aufgeforstet wird, schätzen Forstleute auf eine langfristige Zunahme um weitere 6 Millionen ha. Im Vergleich verfügt die Bundesrepublik Deutschland über 7,1 Millionen ha Wald.

Belgien:

☐ Es jagen Rehwild: 2 Equipagen.
☐ Es jagen Hasen: 2 Equipagen.

Nach strengem Brauch gehört eine Hasenmeute zur »Petite Vénerie« ähnlich der deutschen Trennung in Hohe bzw. Niederjagd, auch wenn den Hunden wie bei den beiden belgischen Meuten zu Pferde gefolgt wird. Aus diesem Grunde haben wir sie hier aufgeführt, da es sich ja immerhin um Reitjagden handelt.

Kanada:

☐ Es jagt auf Wolf oder Kojote: 1 Meute (Equipage du Rallye-Québéc).

Es handelt sich hier um die Wiederbelebung einer uralten französischen Tradition, die in der Praxis seit der zweiten Hälfte des 19. Jahrhunderts nicht mehr zur Ausführung kommt. Die französische Verwaltung kennt heute noch die nominelle »charge des louvetier«, des Wolfsjägermeisters, dessen Aufgabe darin besteht, ein bestimmtes Gebiet zum Wohl der Bevölkerung wolfsrein zu halten. Die Stellung des Grand Louvetier de France war (meistens) erblich.
Dem Grafen Le Couteulx de Canteleu zufolge, einem französischen Jagdklassiker, stellt die Jagd auf den Wolf »le plus beau courre de la Vénerie Française« dar.
Es zeugt von viel Traditionsbewußtsein jenseits des Ozeans, in der »neufranzösischen« Provinz Québéc nach Uraltvätersitte und Brauch mit 19 Koppeln Français blancs et noirs den Wolf zu forcieren.

In der Neuen Welt, soweit sie englisch spricht, also in den Vereinigten Staaten, Kanada, Australien, Neuseeland und in den ehemals englisch verwalteten Gebieten, wird natürlich im Sinne des Fox-Hunting gejagt. Auch in diesen Gebieten, mit Ausnahme von Indien, ist eine stetige Zunahme zu verzeichnen. Tabelle 1 mag dies verdeutlichen.

USA:

Die Vereinigten Staaten verfügen über eine sehr alte, weit in das 18. Jahrhundert zurückreichende Hunting-Tradition. Schon George Washington, Landedelmann und Kavalier, hielt sich eine Fuchsmeute. Aus dieser Zeit stammt auch noch der rein gezogene American Foxhound, der wie einem Gemälde von Stubbs, Sartorius oder Wotton entstiegen wirkt.
Gejagt wird der nordamerikanische Kit-Fuchs in roter (Swift-Fuchs – vulpes velox) und grauer (Großohr-Kitfuchs – vulpes macrotis) Art. Beide Formen sind wesentlich kleiner als unser Rotfuchs (vulpes-vulpes), aber sehr schnell und geben guten Sport. Der graue amerikanische Kit-Fuchs geht in Bedrängnis gerne zu Baum. – Das gleiche gilt für Kanada.

Tabelle 1

Land	Wild	Zahl der Meuten 1978/79	1935/36
USA	Fuchs	137	120
Kanada	Fuchs	11	4
Australien	Fuchs	12	2
Neuseeland	Hase	24	3
Indien	Schakal	1	20
Kenia	Schakal	1	
Afrika	gesamt	1	
Südafrika	Schakal, gelegentlich, sonst Schleppe	3	

Australien und Neuseeland:

In Australien wurde der Fuchs erst aus Europa eingeführt. Zuweilen werden auch verschiedene Wallabys-Känguruh-Arten gejagt, soweit sie nicht geschützt sind. Im Schafzuchtgebiet der beiden neuseeländischen Inseln wird Hase gejagt.
Charakteristisch sind dort kilometerlange Drahteinfassungen des Weidelandes, die zwangsläufig gesprungen werden müssen – meist unter Zuhilfenahme eines Koppelpfahls als Taxierungspunkt. Die Verhältnisse sind dort ähnlich wie in East-Galway, Irland, wo der Draht allerdings nicht glatt ist. Doch alles ist Gewohnheitssache, und Pferde können sehr gut sehen!

Indien:

Bei der nunmehr einzigen indischen Meute handelt es sich um die Oootacamund Hunt der indischen Militärakademie, die das Privileg besitzt, im Nationalpark Wenlock Forest den Schakal zu jagen.

Die Parforcejagd erfordert von Reiter, Pferd und Meute ein hohes Maß an Disziplin.

Afrika:
Die afrikanischen Meuten jagen wechselweise Schakal bzw. laufen auf der Schleppe.

Fox-Hunting
Auf englische Art jagen und den Meuten zu Pferde folgen diese Länder (die Vergleichszahlen geben Aufschluß auf die allgemeine Entwicklung, s. Tabelle 2):

☐ Zu 1: Die irischen Hasen-Meuten – »Harriers« – sind, im Gegensatz zu den englischen, in keiner Weise ausschließlich auf den Hasen beschränkt. Stößt man auf den Fuchs, wird dieser bedenkenlos gejagt.

☐ Zu 2: Es wird hier bewußt Rotwild gesagt, da die englischen Meuten im Gegensatz zu den französischen, die nur Hirsche jagen, allerdings bereits vom Spießer aufwärts, Kahlwild von November bis Ende Februar forcieren.
Der technische Ablauf ist im Prinzip der gleiche wie in Frankreich. Lediglich die Hörner fallen weg, da sich die Jagd in der Heidelandschaft von Exmoor und dessen gleichfalls sehr übersichtlichen Randgebieten bewegt. Natürlich gibt es keine Relais, und es wird keine Jagduniform getragen. Der rote Rock ist ausschließlich der Equipage vorbehalten. Das Feld reitet in Schwarz oder »ratcatcher« (Tweed mit Plastron). Alle drei Rotwildmeuten jagen praktisch in derselben Gegend Südwestenglands.

☐ Zu 3: Unter Kastenhirsch versteht man weibliches Rotwild, das in einem Fahrzeug in das betreffende Jagdgebiet gebracht wird. Die Meute jagt dann so lange, bis sich das Stück stellt. Sie wird abgeschlagen bzw. unter Kontrolle gehalten, bis das Fahrzeug für das Stück wieder eintrifft. Meist betritt es freiwillig den Anhänger, um die Heimfahrt in das Gatter anzutreten. Hunde und Wild kennen quasi das Spiel.

Die einzige reine Damwildmeute Europas, vermutlich der ganzen Welt, die *New Forest Buckhounds,* jagt im gleichnamigen Waldgebiet an der Südküste Englands, westlich von Southampton. Auch hier wird Schwarz getragen, die Equipage trägt sog. Forestgrün.

In dem teilweise sehr unübersichtlichen Waldgelände wären französische Hörner durchaus am Platz, aber sie sind dort anscheinend in Vergessenheit geraten.

Die Pardubicer Parforcejagd besaß vor dem ersten Weltkrieg übrigens u.a. ein Tier, »Baba« genannt; sie lieferte 20 Jahre lang (!) hervorragende Jagden. Vom reiterlichen Standpunkt waren dies die schwersten und ergiebigsten Jagden, da im deckungsarmen Gelände das Wild gut sichtbar wirklich läuft.

In alter Zeit benutzte man auch Damwild für diesen Zweck. Die kaiserliche Parforcejagd in Döberitz wie auch die Kavallerieschule in Hannover benutzte sogenannte Kastenkeiler, meist Überläufer, die aber zum Schluß ausgehoben und mit der kalten Waffe abgefangen wurden.

Interessant ist die Vermehrung der Meuten seit dem zweiten Weltkrieg. Addiert man sämtliche Fußmeuten in Großbritannien und Irland, dann steht das Verhältnis 1978/79 : 1905/06 448 : 392! Ein kaum glaubliches Resultat, bedenkt man die heutige Zeit.

Tabelle 2

Wild	Land	Anzahl der Meuten 1983/84	1935/36	1905/06
Fuchs	Großbritannien	203	195	178
Hase	Großbritannien	26	40	101
Fuchs	Irland (Nord u. Süd)	37	28	24
Hase[1]	Irland (Nord u. Süd)	26	18	39
Rotwild[2]	Großbritannien	3	8	16
Rotwild (Kastenhirsch)[3]	Irland (Nord u. Süd)	2	2	4
Fuchs	Italien	2	2	?
Fuchs	Spanien	1	?	?
Fuchs	Portugal	1	1	1
Fuchs	Frankreich	1	?	?
Damwild	Großbritannien	1	?	?
		304	294	363

Die Schleppjagd

Bereits verhältnismäßig früh, nämlich in der zweiten Hälfte des 19. Jahrhunderts, zwangen verschiedene Umstände die Meuten, sich im Interesse der Beibehaltung des Jagdvergnügens von der Fährte auf die Kunstspur umzustellen. Kunstspur deshalb, da eine nachgeahmte Jagd auf Schalenwild, im Simulator sozusagen, nicht möglich ist.

In Kontinentaleuropa war es in erster Linie Deutschland, das infolge der hochorganisierten grünen Jagd und der traditionell parforcejagdfeindlichen Mentalität ganz allgemein damit in größerem Stil begann. Ab 1934/1935 war die gesetzmäßige Basis für die Parforcejagd durch das Reichsjagdgesetz sowieso nicht mehr gegeben. Andererseits hatte das Heer sehr bald den hohen Wert des freien Galoppierens über feste Hindernisse im geschlossenen Pulk für die Persönlichkeitsbildung, nicht nur der Offiziere der berittenen und bespannten Truppenteile, sondern für den künftigen Stabsoffizier überhaupt, erkannt. Infolgedessen wurde die Haltung von Schleppmeuten bei den Kavallerie- und Artillerieregimenten weitgehend gefördert.

Vorbild und auch Zuchtreservoir blieb immer die berühmte Meute des MRI (Militär-Reit-Institut) Hannover, der späteren Kavallerieschule. Ähnlich lagen und liegen die Motive in anderen europäischen Ländern. Die Bundesrepublik ist auch heute noch die Hochburg des modernen Schleppjagdbetriebes.

Die Schleppmeuten in Amerika und Südafrika entstanden einerseits aus faktischem oder vorübergehendem Wildmangel, andererseits auch aus Zeitmangel. Viele berufstätige Jagdreiter konnten wohl zwei Stunden vor Geschäftsbeginn für einen strammen Galopp hinter den Hunden Zeit finden, nicht aber drei volle Tage in der Woche hinter Wild herjagen. Sonntags wird in den englischsprachigen Ländern, außer in Irland und auch dort nur von den Harrier-Meuten, im allgemeinen nicht gejagt.

Für die Nachkriegsentwicklung der Schleppjagden in Deutschland spielten drei Faktoren eine große, voneinander mehr oder weniger unabhängige Rolle.

1. Aus Meuten der traditionsreichen englischen Garde- und Kavallerieregimenter aus dem Verband der britischen Rheinarmee gelang es in Hamburg und Nordrhein-Westfalen in verhältnismäßig kurzer Zeit, wieder hervorragende, bestens geführte und laut jagende Fox-hound-Meuten aufzubauen. Das gleiche gelang im niedersächsischen Raum dem überaus passionierten und kenntnisreichen Master Christian v. Loesch.
   Die englischen Regimentsmeuten – schon Wellington hatte während des gesamten Peninsula-Feldzuges seine Meute mit sich geführt – hatten zunächst Wild gejagt, fanden aber nach Wiedereinführung der Jagdhoheit zu Beginn der fünfziger Jahre kein legales Betätigungsfeld mehr. Auf diese Weise kam brauchbares, zum Teil sogar wertvolles Blut in die deutschen Kennels.
2. Der zweite bahnbrechende Faktor war die Einführung des Beagles in den Schleppjagdbetrieb, eine Pioniertat des bekannten Lübecker Veterinärs Dr. H. H. Martens. Der sehr viel kleinere Vetter des Foxhounds, ausgestattet mit hervorragender Nase, ausreichendem Galoppiervermögen und unbändigem Jagdeifer, ist leichtführig, wirtschaftlich in der Haltung und ermöglicht somit den Schleppjagdbetrieb auch in sozusagen kleinräumigeren Landschaften.
3. Der dritte Faktor war der bis heute ansteigende Zufluß von Reitern, der naturgemäß zu immer stärkeren Feldern führt und eine immer mehr ausgefeilte Organisation voraussetzt. Eine überaus erfreuliche Erscheinung, zugleich aber auch eine nicht immer leicht zu bewältigende Aufgabe.
   Motivation ist in erster Linie die Freude an einer wertungsfreien Leistung von Reiter und Pferd ohne den Leistungszwang bzw. -druck des Turnierplatzes.

Selbstverständlich sind die reiterlichen Anforderungen in den Einzugsgebieten der einzelnen Meuten differenziert. Die Dachorganisation, die Fachgruppe Jagdreiten im DRFV (Deutscher Reiter- und Fahrerverband), bemüht sich jedoch seit Jahren erfolgreich, ein gewisses Leistungsminimum auf Bundesebene sicherzustellen. Eine nicht immer ganz einfach zu erreichende Zielsetzung.

Der kynologische Teil, die Überwachung der Foxhound- und Beagle-Zucht, wird in enger Zusammenarbeit mit dem deutschen Jagdgebrauchshundverband, dem die Vereinigung der Meutehalter korporativ angehört, durchgeführt. Die alljährliche Junghundeschau in Schwarzenstein, dem Dorado der Rheinisch-Westfälischen Meute, ist mittlerweile das Schaufenster der bundesdeutschen Schleppmeuten geworden. Weit über 100 Nennungen kostbaren Junghunde-Materials werden von internationalen Richtern beurteilt. Ebenso finden Schauschleppen statt.

Die Motorisierung hat ganz allgemein die Mobilität der Meuten und Jagdreiter enorm gesteigert. Sehr viel größere Räume stehen dadurch zur Verfügung. Andererseits stellten die teilweise langen Anmarschwege ein hervorragendes Konditionsmittel dar, das durch nichts zu ersetzen ist.

»Geschleppt« wird im Sinne des Wortes heutzutage natürlich nicht mehr. Der Tropfkanister mit den für die Kunstspur verwendeten, bei den einzelnen Meuten verschiedenen Flüssigkeiten ist heute Allgemeingut. Er hatte bereits vor dem zweiten Weltkrieg seinen Siegeszug angetreten. – Folgende Länder haben Schleppmeuten:

- □ England: 10
- □ USA: ca. 15% der Foxhound-Meuten, die beide Jagdarten durchführen.
- □ Dänemark: 1
- □ Holland: 3
- □ Belgien: 1
- □ Italien: 1 (der gelegentliche Fuchs wird nicht verschmäht)
- □ Südafrika: 2 (überschneidet sich mit Schakalwild)

Dazu gezählt werden die fünf englischen Bloodhound-Meuten, die die frische Menschenspur, den »clean-boot«, jagen und denen zum Teil auch zu Pferde gefolgt wird. Die bekannteste ist wohl die *Windsor Forest Meute,* Master ist derzeit Lt. Col. W. A. Stringer.

Unsere zersiedelte Landschaft zwingt zu Konzessionen in der Führung und Gestaltung der Jagdstrecke. Andererseits hängt die sportliche Glaubwürdigkeit des Schleppjagdbetriebes davon ab. Es ist nicht immer leicht, das geeignete Jagdgelände zu finden, bei dem alle Kriterien einer anspruchsvollen Schleppjagd gegeben sind, wobei auch an die Auswahl geeigneter Plätze für Stops und Halali-Platz gedacht werden sollte. Für Jagdstrecken gilt im allgemeinen das auf den folgenden Seiten Gesagte, wobei dem freien Ermessen eines Fachmannes natürlich jeder Spielraum gegeben wird.

Organisation der Jagd und der Jagdstrecken

Ein Vorteil unserer Reitjagden liegt in der Möglichkeit, Länge und Schwierigkeitsgrad derselben im voraus festzulegen. Der Veranstalter hat es in der Hand, seine Jagden dem jeweiligen Ausbildungsstand von Reiter und Pferd sowie deren Kondition anzupassen.

Ziel und Zweck eines geregelten Reitjagdbetriebes sollte sein, Pferde und Reiter durch systematisch gesteigerte Anforderungen im Laufe der Saison so weit zu fördern, bis ein gewisses, regional variables Optimum erreicht ist. Man kann dann die Saison mit ca. einem halben Dutzend Jagden beschließen, die ein gleichmäßiges, leicht angehobenes Niveau aufweisen.

Ob nun diese Jagden von einer zentralen Stelle aus durchgeführt werden oder ob die Veranstalter bei rechtzeitiger gegenseitiger Terminabsprache ein Gremium oder eine Persönlichkeit mit dieser Aufgabe betrauen, ist an und für sich unwichtig, es ist lediglich eine Frage der Organisation und der sportlichen Einstellung aller Beteiligten.

Veranstalter sollten sich darüber klar sein, daß eine korrekt angelegte und durchgeführte Jagd, eingepaßt in den oben erwähnten Rahmen des systematischen Leistungsaufbaus, sportlich sehr viel wertvoller ist als zum Beispiel *die* Hubertusjagd einmal im Jahr für untrainierte Pferde und nicht genügend vorbereitete Reiter.

Abgesehen von der Gesamtanlage der Jagd, z. B. Anzahl der Stops, Länge der Schritt- und Trabreprisen usw., spielt der Ausbau der einzelnen Jagdstrecken die wichtigste Rolle. Das Wort Ausbau sei in diesem Zusammenhang noch einmal betont. Parcours, Geländestrecken von Vielseitigkeitsprüfungen werden aufgebaut. Eine Jagd wird ausgebaut, das heißt, man nutzt die von der Natur dargebotenen, innerhalb der jeweiligen Landschaft vorhandenen Möglichkeiten. Diese sind naturgemäß sehr verschieden, und deshalb spricht man auch bereits seit Jahrhunderten vom guten, schweren oder schlechten Jagdgelände.

Hinweise für den Ausbau

1. Alle natürlichen Gegebenheiten wie Hänge, Wälle, Gräben und Wasserläufe möglichst nutzen; natürlich nur, wenn sie tatsächlich Hindernisse auf dem Verfol-

gungsweg hinter dem imaginären Wild darstellen.
Es ist unlogisch, eine leicht zu umreitende Sandkuhle zu wählen, nur um das Spektakulum einer Rutschpartie bieten zu können. Das gilt auch für freistehende Schafpferche. Der Fuchs flüchtet zwar gerne dorthin, weil so die Spur verlorengeht, man springt sie aber nicht.

2. Jagdnah und glaubhaft bleiben! Das heißt, Linienführung und Länge der einzelnen Strecken immer in Relation zu den jeweiligen Hunden, Foxhounds oder Beagles, und zum gedachten, gejagten Wild halten, z. B. Hasenbogen.
   - Der Hirsch flüchtet im offenen Gelände anders als im Walde.
   - Der Fuchs verhält sich im Weidegebiet völlig anders als in der kupierten Kleinfelderlandschaft usw.
3. Zahl der Hindernisse – Weniger ist meist mehr! Ein Dutzend in die Landschaft »eingeschmolzene«, nicht umreitbare Hindernisse sind bedeutend wertvoller als sogenannte Hüpfjagden über 50 bis 70 umreitbare, aus dünnen Bohnenstangen zusammengebundene Sprünglein.
4. Das Hindernis, das am meisten vorkommt und bei dessen Bau am meisten gepfuscht und gespart wird, ist das in Weidezäune gesetzte Koppelrick oder sonstige Einfriedungen. Grundsätzlich soll es unumreitbar sein, rechts und links fest angeschlossen. Der originale Stacheldrahtzaun ist im allgemeinen der am besten respektierte Fang.
5. Niemals am Material sparen. Oberbäume sollten mindestens 20 cm Durchmesser haben. Wo es irgend geht, die Sprünge so bauen, daß sie möglichst von beiden Seiten zu springen sind. Eine große Kostenersparnis, wenn der Kurs beim nächsten Mal geändert werden soll. Ansonsten lieber 500 DM zuviel ausgeben als 0,50 DM zuwenig.
6. So breit wie irgend möglich – 10 m, am liebsten 12–15 m. Läßt das Gelände es gar nicht anders zu, so sind heutzutage schmalere Sprünge, die von maximal zwei Reitern zugleich überwunden werden können, statthaft. Sie werden auch von Wildmeuten in großer Zahl und sehr aufwendig unterhalten, da sonst in vielen Fällen der Jagdbetrieb nicht möglich wäre. Aber auch hier gilt der Grundsatz: Solide Bauweise und möglichst von beiden Seiten springbar. Dazu gehört auch ein strenger »fieldmaster«.
7. Höhe nicht unter 85–90 cm. Wer höher als 1 m baut (1,10 entspricht bereits einer Vielseitigkeitsprüfung Klasse M), muß sein Feld ziemlich genau kennen.
8. Hindernisse möglichst im natürlichen Zustand belassen. Ein Jagdhindernis steht nicht auf dem geschorenen Rasen eines Turnierplatzes. Ackergeräte, Glasscherben, Flaschen und Draht müssen vorher natürlich entfernt werden.
9. Waldpartien, besonders Schneisen, verleiten seit jeher zu übertriebener Hinderniskonzentration. Das ist falsch und unlogisch. Auf je 150–200 m ein Langholzwagen, eine Waldarbeiterbank oder Meterholz, alles natürlich die volle Breite der Schneise ausfüllend, genügen.
10. Wasserpartien, ob Bach und Fluß, See oder Teich, sind immer gefährlich. Sie verlangen sorgfältiges und genaues Absuchen nach verborgenen Löchern, Untiefen, Steilabfällen und ähnlichem. Besonders sumpfige Ränder müssen vorher geprüft werden.
11. Strohwische zum Markieren sollten genügen. In der Natur gibt es sowieso keine Kennzeichnung. Der erfahrene Jagdreiter erkennt schon von weitem die Stelle, wo gesprungen werden kann bzw. muß.
12. Keine Sonderhindernisse für das zweite und dritte Feld, das stiftet nur Verwirrung. Für diese Felder muß eine eigene Linienführung ausgedacht werden, die streckenweise, wenn keine Hochsprünge vorkommen, mit der Hauptlinie identisch sein kann. Anzustreben ist eine Art Parallelkurs, um diesen Reitern viel Anblick zu ermöglichen. Sehr aufwendig und in manchen Gegenden kaum darzustellen.
13. Doppelsprünge oder Kombinationen nur dann, wenn sie wirklich echt und notwendig sind. In der Regel sind es Wegesprünge aller Art oder das Überqueren eines Gehöfts über Tore oder Zäune.
14. Niemals bewußt vertrackte Situationen wie Spitzkehren oder ähnliches herbeiführen wollen. In der Praxis auf der Wildjagd geraten immer nur einzelne, ganz vorne oder an den Flügeln reitende Reiter

in solche, niemals das ganze Feld. Ebenso niemals bewußte Fallen bauen. Wozu auch? Das Gelände immer vorher zu Pferde besichtigen und sich dabei zwei Fragen stellen. Erstens: Wie würde das betreffende Stück Wild flüchten? Zweitens: Wie würde ich reiten? Hält man sich daran, kommt man einer vernünftigen Streckenführung meist ziemlich nahe.

Brauchtum beim Schleppjagdbetrieb

Abgesehen von Höflichkeit, absoluter Pünktlichkeit, Sauberkeit von Anzug, Pferd und Sattelzeug, Rücksichtnahme und Disziplin ist es dem Stilgefühl jedes Masters überlassen, wieviel Brauchtum er von seinem Feld verlangen will.
In Deutschland hat sich bei unserem künstlichen Reitjagdbetrieb eine Überschneidung dreier Sphären ergeben. Man *jagt auf englisch* (schnelles Galoppieren über Sprünge hinter schnellen Hunden), *gibt sich französisch* (Jagdsignale, Zeremonie der Curée, Schabracken etc.) und *ehrt die Reiter deutsch* (Überreichung des Bruchs, sonst nirgends auf der Welt, da dem deutsch-österreichischen Kulturraum der Schießjagd zugehörig).
Das Ausziehen des rechten Handschuhs beim Halali (wieder französisch) ist ein Überbleibsel des auszuhebenden Überläufers, meist Kastenkeiler – sehr deutsch. Wie man sieht, so leicht ist das nicht. Meist gelingt es, nach dem Motto »Weniger ist meist mehr« einen würdigen Mittelweg zu finden.

Die Jagdhunde

Zur Reitjagd, ob nun auf gesunder Fährte oder Spur oder auf der Kunstspur, verwendet man ausschließlich Hunde aus der großen Familie der Bracken. Diese sehr heterogene Gruppe – sie reicht von Rhodesian Ridgeback bis zum Kaninchenteckel – verfügt über eine allen gemeinsame charakteristische Eigenschaft: Die Hunde sind in der Lage, eine gesunde Fährte oder Spur über weite Strecken lange Zeit lauthals zu verfolgen. Diese gewaltige Lungenleistung vollbringt beispielsweise der Foxhound über 4–5 Stunden bei einer Durchschnittsgeschwindigkeit von bis zu 20 km/h.

Die Vénerie Sie verwendet heutzutage in der Hauptsache folgende vier Hunderassen:

1. den großen dreifarbigen (weiß-schwarz-lohe) Anglo-Français mit bis zu 70 cm (und mehr) Widerristhöhe;
2. den Blanc et Noir, gleichfalls sehr groß und kalibrig, hervorgegangen aus dem Saintongeois;
3. den dreifarbigen Poitevin, dem Hund des Haut-Poitou;
4. den Français Blanc et Orange.

Im Südwesten jagt man vielfach noch mit dem Bleu de Gascogne, auch mit dem ganz hellen, zierlichen Porcelain. Dazu kommen noch eine ganze Reihe regionaler Brackenschläge.

In Großbritannien wird das Jagdreiten traditionell stark gepflegt, oft ist auch ein »Jagdpfarrer« (links im Bild) mit von der Partie.

Das Hunting Es kennt nur diese vier Rassen:
1. Staghounds
2. Harriers
3. Foxhounds
4. Beagles.

Da in der Bundesrepublik sich das Jagdreiten an das englische Fox-Hunting anlehnt, sollen im folgenden diese vier Rassen näher beschrieben werden.

Staghound
Früher eine eigenständige Rasse, ergänzt sich der Staghound aus den wegen Übergröße ausrangierten Foxhound. Er ähnelt somit den großen Franzosen, ohne allerdings über deren orgelartigen Hals zu verfügen. Die wenigen verbliebenen englischen Hirschmeuten können sich jedoch behelfen.

Harrier
Der Harrier ist ein kleinerer, feingliedriger Foxhound, durch planmäßige Greyhound-Einkreuzung hat er eine charakteristische »rennmäßige« Hinterhand. Er jagt hauptsächlich den Hasen, in Irland auch den Fuchs, was in dem kupierten, durch zahlreiche Wälle unterteilten Gelände auch möglich ist. Zu Beginn dieses Jahrhunderts und zwischen den beiden Weltkriegen war der Harrier noch sehr viel populärer als heute.
Für die Schleppjagden Kontinentaleuropas kommen eigentlich nur die beiden folgenden Jagdhunde in Frage, nämlich Foxhound und Beagle.

Foxhound
Er ist der Hund für die Reitjagd schlechthin. Wie schon der Name sagt, ist der Foxhound auf den Fuchs spezialisiert, daher ist er sehr schnell, spurlaut und intelligent. Seine Widerristhöhe liegt bei 60 cm. Trotz aller Uniformität gibt es auch hier Varianten: rauhhaarige Welshounds, schwarz-rot oder weiß-gelb, die meist sehr hellen, ebenfalls nur zweifarbigen Fellhounds der wallisischen Küste oder die schwarzroten glatthaarigen Dumfriesshire Hounds in Schottland.

Beagle
Er ist der Kleinste im Meuteverband jagende Laufhund (Bracke). Der Beagle ist dreifarbig (weiß-schwarz-lohe) und seine Widerristhöhe reicht bis zu 40 cm. Er ist ein reiner Hasenhund, der dem kurz laufenden, in großen Kreisen Flüchtenden ausdauernd verfolgt. Beagle-Meuten wird ebenso wie Basset-Meuten zu Fuß gefolgt. Seit 1945 etwa hat man jedoch in der Bundesrepublik den Beagle als brauchbaren Hund für den Schleppjagdbetrieb entdeckt.
Kleiner und kompakter als der Foxhound, gelten für den Beagle ähnliche, leicht angepaßte Kriterien:

Tabelle 3
Die wichtigsten Points des Foxhound

Kopf:	Breit zwischen den Sehern, mit deutlichem Stop.
Schulter:	Möglichst lang und schräg.
Rücken:	Gerade. Im hügeligen Gelände wird ein aufgewölbter bis Karpfenrücken nicht ungern gesehen.
Hinterläufe:	Mäßig gewinkelt.
Vorder- und Hintermittelfuß:	Nicht zu kurz, um abfedern zu können. Möglichst wenig steil gestellt.
Pfoten:	Breit und so gestellt, daß die Last von sämtlichen Krallen getragen werden kann und eine einseitige Abnutzung derselben vermieden wird.
Rute:	Möglichst gerade, nur leicht geschwungen. Sog. Posthorn-Ruten sind verpönt, obwohl sie ein Indikator für einen starken Rücken sind.

Tabelle 4
Die wichtigsten Points des Beagle

Kopf:	Relativ groß, Schädel lang und schmal.
Schulter:	Schräg und bemuskelt, aber nicht überladen.
Hals:	Mittelstark mit Wamme (im Gegensatz zum Foxhound).
Rücken:	Lang und gerade.
Hinterläufe:	Gut gewinkelt.

Dazu muskelbepackte Keulen und jene Ausstrahlung, die zugleich Energie und Ausdauer verrät.

Der Beagle – ein idealer Meutehund: gutmütiger Charakter, gepaart mit Lebhaftigkeit und Intelligenz, kerngesund, sehr liebenswert.

Beim Beagle kommt hinzu, daß die Vermischung mit dem amerikanischen Beagle, einem etwas modifizierten Standard, das klare Rassebild ein wenig verwischt.
Als Kuriosum sei noch am Rande die *Windsor-Forest-Meute* erwähnt. Sie ist eine reine Bloodhound-Meute, seinerzeit von der Household Cavalry in Detmold und Lippspringe begründet. Diese Hunde jagen auf Menschenfährte, dem »clean boot«. Das bedeutet, ein junger Athlet läuft über einen bestimmten, mit Hindernissen versehenen Kurs. Früher oder später, je nach Witterung, wird die Meute auf die unverstärkte Menschenwitterung angesetzt. Bloodhounds verfügen über einen wundervoll tiefen Hals und sind schnell genug, um ihnen zu Pferde im Galopp folgen zu können.
Die amerikanischen Foxhound-Varianten werden in den Staaten gleichfalls mit Erfolg auf der Schleppe eingesetzt, in erster Linie in Maryland und Virginia.
Die laute Jagd mit Bracken ist seit jeher eines der reizvollsten Kapitel der Jagd-Kynologie. Der Schleppjagdbetrieb hilft dieses Kulturerbe am Leben zu erhalten.

Das Jagdpferd

Wer hier die Apotheose einer einzigen Rasse oder einen breit angelegten kritischen Vergleich verschiedener Rassen erwartet, wird enttäuscht sein. Jagdreiter sind in erster Linie Praktiker und richten sich bei der Wahl ihrer Pferde nach einigen wenigen Kriterien, die in auswechselbarer Rangfolge zunächst so aussehen:

1. Die Relation vom Gewicht des Reiters zum Pferd muß stimmen.
2. Das Pferd muß topfit sein und auch von der Fütterung her volle Kondition besitzen.
3. Es muß genügend Blut haben oder edel genug sein (der Engländer ersetzt das mit

dem Wort »quality«, der Franzose mit »qualité«), um seinen Reiter eine Reihe von Stunden in erhöhter Gangart, bergauf bergab und über alle möglichen Hindernisse querbeet zu schleppen.

4. Es muß durch und durch gesund sein – an und für sich eine Selbstverständlichkeit. Gesundheit ist aber an das Vorhandensein der drei anderen Kriterien gebunden. Fehlen diese, so ist das Pferd nach einer anstrengenden Jagd sicher nicht mehr gesund.
5. Das Pferd muß die für die Landschaft typischen und spezifischen Hindernisse gründlich kennen.
   Wer das nicht beachtet, bleibt als Jagdreiter nicht lange gesund. Der Schwarzdornoxer in Leicestershire, die Steinmauer von Galway, der Double-bank in Waterford oder Tipperary, der dichtbewachsene, von Gräben umsäumte, mit Ricks verzierte holsteinische Knick, die gähnenden Gräben von Meath oder die widerwärtig steilen, hauchdünnen, aber eisenfesten Staccionatas in der Campagna, vergleichbar nur mit den ähnlich festen, ebenso steilen Post-and-Rails von Virginia, Maryland oder Pennsylvania, von Drahthindernissen ganz zu schweigen – all das muß dem betreffenden Pferd am betreffenden Jagdtag bekannt und geläufig sein.
   Wer einmal versucht hat, Pferde ohne sorgfältige Eingewöhnung im neuen Jagdgelände zu reiten, versucht das kein zweites Mal.
6. Das Jagdpferd muß bequem sein – conditio sine qua non –, sonst wird ein langer Jagdtag zur Qual anstatt zum Genuß. Bei 75% der Pferde kann bei richtiger und konsequenter Ausbildung der Reiter früher oder später zum Treiben kommen. Die übrigen sind eben keine Jagdpferde. Fleiß und Anlehnung (bis zu einem gewissen Grade) sind vom wirklichen wüsten Pullen immer noch himmelweit entfernt.

Beachtet man diese wenigen Kriterien, so stellt man fest, daß gute Jagdpferde im Schnitt in keiner Weise an Brände oder Herkunftsländer gebunden sind. Man kann sie überall finden.

Was bei Schleppjagden zu beachten ist

1. Organisation, Jagdstrecke, Ausbau

□ *Vom Veranstalter* (in vielen Fällen identisch mit dem Master):
1. Rechtzeitiges Festlegen des oder der Termine bis zu einem bestimmten Datum. Wahl der Meute oder Meuten. Genaue Absprache mit dem betreffenden Master. Finanzfragen, Gebietszuständigkeiten; evtl. Unterbringung von Meute, Pferden und Equipage.
2. Rechtzeitiges Aussuchen der Kurse. Rechtzeitige Rücksprache mit Grundeigentümern und Jagdberechtigten.
3. Beschaffung der benötigten Holzmenge. Jedes Sparen ist hier falsch. Oberbäume möglichst nicht unter 20 cm Durchmesser.
4. Beim Ausbau der Strecke: Logische Anpassung an die Landschaft unter Berücksichtigung des Verhaltens der fiktiv zu jagenden Wildart, z. B. für Beagle-Meuten hasentypische Bögen
   Sprünge nur dort, wo sie auch hingehören. Wenige, aber logisch placierte und korrekt ausgebaute Hindernisse sind immer besser als zahlreiche falsch und deplaciert »aufgebaute« Hindernisse. Länge und Zahl der einzelnen Schleppen sowie Abmessungen und Schwierigkeitsgrad der Hindernisse sind dem Konditionszustand von Hunden und Pferden sowie dem Zweck der Jagd (Jugendjagd, Seniorenjubiläum, Kanonenjagd etc.) anzupassen.
5. Zweckmäßige Wahl der Plätze für Meet, Halali und, falls nicht damit identisch, für die Curée. Stärke der Felder und der Zuschauermenge, Zahl der Fahrzeuge, Windschutz etc. bedenken. Wasserstelle für die Meute! Sonst Wasserbehälter.

□ *Vom Master:*
1. Sorgfältige Abklärung bezüglich Gebietsüberschneidungen mit anderen Meuten.
2. Rechtzeitige Bekanntgabe aller Einzelheiten (Tag, Ort, Uhrzeit, evtl. Quartiere, Anmarschwege) an seine eigene Jagdgesellschaft.
3. Genaue Kenntnis der Jagdstrecke aneignen, bzw. Einfluß auf deren Ausbau nehmen. Dafür sorgen, daß der Schlepper, mindestens ein Mitglied der Equipage und der oder die Feldführer ebenfalls die Strecke im Schlaf beherrschen. Der Master allein ist verantwortlich für den Sport, den er bietet, er sammelt Geld (Mitgliedsbeiträge, Cap etc.) dafür ein, und es ist seine Pflicht, dafür zu sorgen, daß aus Unkenntnis oder Nachlässigkeit keine Pannen und Konfusionen entstehen. Sollte die Meute über einen Huntsman verfügen, der mit dem Master nicht identisch ist, so gilt das oben über die Strecke Gesagte ebenfalls für ihn.
4. Den (oder die) Begleitreiter für die Schleppe rechtzeitig bestimmen und einweisen.
5. Eine frische, gehorsame und eingejagte Meute vorzustellen in einem Konditions- und Futterzustand, der auf Außenstehende begeisternd wirkt.

6. Das gleiche gilt für Pferde, Sattelzeug, Anzug, Haarschnitt und Auftreten der gesamten Equipage.
7. Pünktliches Eintreffen am Treffpunkt. Anmarsch und Verladung entsprechend planen. An Curée, komplettes Schleppzeug, Ersatzteile, Hundekoppeln etc. denken. Die Punkte 3–7 können bei Vorhandensein eines Huntsmans in sinnvoller Arbeitsteilung erledigt werden.

2. Die Jagd

☐ *Vom Veranstalter:*
1. Klare Ausschilderung der Anmarschstraßen und -wege zum Treffpunkt.
2. Rechtzeitiges Einteilen und Kennzeichnen der einzelnen Bereitstellungsräume: Meute, Jagdpferde, Ausladeplatz, Parkplatz, evtl. Gespanne, Zuschauer.
3. Sicherstellen und rechtzeitiges Einweisen in strategische Punkte von Arzt, Tierarzt, Krankenwagen, Pferdetransporter. Zumindest Telefonnummer der Abdeckerei dabeihaben.
4. Die von der Meute mitgebrachte oder vom Veranstalter selbst gestellte Curée rechtzeitig zum Halali-Platz schaffen. Dort standortgerechte Brüche in genügender Zahl bereithalten.
5. Klare und bestimmte Zuschauerführung. Je nach Lage: motorisiert, per Gespann oder zu Fuß. Einheitlichkeit ist vorteilhafter, gemischte Führungen verursachen mehr Arbeit und Planung. Eventuell Funkverbindung.

☐ *Vom Master:*
1. Absolute Pünktlichkeit! Zeitiges Verladen.
2. Kurze, aber intensive Überprüfung der bei Organisation, Jagdstrecke, Ausbau unter Master genannten Punkte 4–7.
3. Bekanntmachung des Jagdherrn und des oder der Feldführer. Jedwede Überorganisation verwirrt. Wichtig sind nur die Schlußpiqueure. Jagdherren, die nicht vorwärtsreiten, sind als Feldführer unbrauchbar und werden als gewöhnliche Mitglieder des betreffenden Feldes behandelt (Vorbeireiten gestattet).
4. Bei warmer Witterung an Wasser für die Hunde denken. Evtl. Fahrzeug zu dem oder den betreffenden Stopps schicken.

☐ *Vom Jagdreiter:*
1. Absolute Pünktlichkeit (Anmarsch planen). Tadellos sauberes und korrektes Herausbringen von Reiter und Pferd (Handschuhe, Plastron, für Damen Haarnetz), Sattelzeug, Beschlag in Ordnung.
2. Ausgesucht höfliche und freundliche Manieren zu jedermann. Jeder Jagdreiter repräsentiert seinen Sport.
3. Unaufgefordertes Begrüßen des Masters und der Equipage (ohne Händeschütteln), Bezahlen der Cap.
4. Wahl des Feldes und rechtzeitiges Melden bzw. Vorstellen beim jeweiligen Feldführer (Fieldmaster). Es bleibt den einzelnen Meuten überlassen, auf welchem Qualifikationswege sie ihre Mitglieder auf die einzelnen Felder aufteilen. Für alle Jagdreiter gilt: Nüchterne Selbsteinschätzung bzw. Einschätzung des betreffenden Pferdes. Es versteht sich von selbst, daß, gleichgültig für welches Feld, das betreffende Pferd in entsprechender Kondition zu sein hat.
5. Das Reiten im Feld hat unter dem Gesichtspunkt zu erfolgen: »Was Du nicht willst, das man Dir tu, das füg auch keinem andern zu!« Also, Augen auf und Blick nach vorne, Strich- und auf Lücke reiten. Schnell schalten! Puller reiten hinten oder an den Flügeln. Genügend Abstand von den Hunden. Keinerlei Einmischung in die Meuteführung, nur ein Mann führt die Meute; für Krisensituationen sind die Piqueure da. Rechtzeitig aufpullen bzw. weit ausschwenken, um nicht zu stören. Sofortige Hilfsbereitschaft auf Aufforderung. Nach einem Sturz liegenbleiben, bis das Feld vorbei ist. Pferd unbedingt laufen lassen. Ein festgehaltenes, herumwirbelndes Pferd vor oder hinter einem Hindernis kann eine Katastrophe bedeuten.

☐ *Vom Zuschauer:*
Abstand zur Meute und zu Pferden halten. Nicht füttern oder streicheln. Keine eigenen Hunde mitbringen. Nicht im Wege stehen. Auf sich selbst aufpassen, den Anordnungen des Veranstalters unbedingt Folge leisten. Der Witterung entsprechend wetterfest gekleidet sein.

3. Nach der Jagd

☐ *Vom Veranstalter:*
Das hängt von der jeweiligen Organisation ab. Erfolgt nach der Curée evtl. noch Feuer und Imbiß etc. am Halali-Platz, so ist entsprechende Vorsorge zu treffen für Gulaschkanone, Brennmaterial, Verladeplatz, Transporter, Pkw, Pferdedecken etc. Wird vom Halali weitergeritten, so ist für eine reibungslose Zuschauerrückführung zu sorgen.

☐ *Vom Master:*
Siehe oben. Auf jeden Fall kein kopfloses Herumstehen oder Hin- und Herhasten. Hunde und Pferde müssen windgeschützt abgelegt bzw. trockengeführt werden können. Ansonsten sofortiger geordneter Abmarsch der Meute und Equipage in der erforderlichen Richtung, gefolgt von den Feldern.

☐ *Vom Jagdreiter:*
1. Absitzen, Gurte lockern, auf Beschlag und Verletzungen achten, führen.
2. Unaufgefordert Bruch holen. Gegenseitige Ablösung beim Pferdeführen.
3. Erst nach Atemberuhigung und völligem Trockensein verladen.
4. Pferdeversorgung hat stets Vorrang vor dem geselligen Teil.

☐ *Vom Zuschauer:*
Es gilt das gleiche wie bei der Jagd. Bei der Reichung der Curée nicht stören. Den Reitern bei der Wartung ihrer Pferde nach Aufforderung zur Hand gehen.

Das Jagdreiten in den neunziger Jahren: Bedrohte Blüte

INGA KRUGMANN-RANDOLF
Jagdreiterin, ehrenamtliche Referentin für Öffentlichkeitsarbeit in der Fachgruppe Jagdreiten/Vereinigung der Meutehalter im Deutschen Reiter- und Fahrer-Verband, Journalistin
Bonn

Schleppjagden in der Bundesrepublik Deutschland

In den neunziger Jahren steht das Jagdreiten hinter Hunden in schönster Blüte und zugleich in existentieller Bedrohung. Die Demokratisierung unserer Gesellschaftsordnung, breiter Wohlstand und zunehmend mehr Freizeit ermöglichen es mehr Menschen als je zuvor, diesen naturverbundenen Sport mit hohem erzieherischem Wert auszuüben. Zur gleichen Zeit wird Reitern und Pferden der ohnehin bescheidene Rest an Bewegungsfreiheit in der Natur eingeschränkt.

Die Entwicklung der Meuten

Die Zahl der Meuten zur Ausübung der Schleppjagd ist im Bundesgebiet von vier im Jahre 1957 auf zwei Dutzend im Jahre 1994 gestiegen. In den siebziger Jahren bewegte sich die Zahl der in der Fachgruppe Jagdreiten des Deutschen Reiter- und Fahrerverbandes zusammengeschlossenen Meuten zwischen elf und vierzehn. Dahinter verbirgt sich aber eine erhebliche Fluktuation. Was immer die Gründe für das Entstehen und Vergehen einzelner Meuten gewesen sein mögen – sei es, daß man die arbeitsmäßigen und finanziellen Belastungen unterschätzt hat; sei es, daß eine starke Masterpersönlichkeit keinen Nachfolger hat aufkommen lassen; sei es, daß ein trauriges Schicksal dahinter steht –, es erfordert sehr viele verschiedene Voraussetzungen und Fähigkeiten, eine gut jagende Meute auf Dauer zu unterhalten.
Immer wieder finden sich Reiter, die mit Passion ein paar Hunde anschaffen und meinen, nun wären sie für die Schleppjagd gerüstet. Passion allein genügt jedoch nicht, um eine laut und spurgetreu jagende Meute zusammenzuschmieden. Dazu gehören nicht nur Zeit und Geld sowie ein Platz für Kennels (Zwinger) und geeignetes Trainingsgelände; dazu gehört auch Opferbereitschaft, die Hunde bei Wind und Wetter zu bewegen, kranke Hunde auch bei Nacht zu pflegen sowie ein in langjähriger Erfahrung zu Zucht, Haltung und Ausbildung gewonnenes »Know-how«.

Die Fachgruppe Jagdreiten

Dem Austausch und der Verbreitung dieses Fachwissens dienen die alljährlichen Bundesjunghundeschauen der Fachgruppe Jagdreiten in Haus Schwarzenstein am Niederrhein beim Rheinisch-Westfälischen Schleppjagd-Verein, wo der Zuchtwert des Nachwuchses von einem internationalen Richterkollegium beurteilt wird. Schwarzenstein ist zu einem festen Begriff und zu einem festen Termin für die kynologisch interessierten Jagdreiter geworden. Hier können sie sehen, was die Meuten ihres Einzugsbereichs an Nachzucht zu bieten haben, und sie wissen: Gute Meuten garantieren gute Jagden. Durch den Vergleich auf den

Junghundeschauen ist eine merkliche Verbesserung in der Zuchtqualität auch weniger erfahrener Meutehalter erzielt worden.
Das Jagdreitervolk – insbesondere die Species Schleppjäger – besteht aus geselligen Individualisten. Sie haben sich für einen Sport entschieden, bei dem es nichts zu gewinnen gibt, keine Preise und keinen Glanz auf dem Siegertreppchen. Trotz unterschiedlicher Ziele (manche Meuten jagen lieber im kleinen Freundeskreis, andere legen Wert auf möglichst viele zahlende Jagdteilnehmer), unterschiedlicher Organisationsformen (Vereinsmeute, Privatmeute im Alleinbesitz oder im Besitz mehrerer Beteiligter) und unterschiedlicher Auffassungen von Tradition und Brauchtum wirken die Zusammenkünfte der Fachgruppe Jagdreiten auch in diesen Bereichen harmonisierend. Man kann immer voneinander lernen. Jede Meute wird entsprechend den sie prägenden Persönlichkeiten und entsprechend ihren wirtschaftlichen und räumlichen Möglichkeiten ihren eigenen Stil entwickeln. Nicht plüschige Rotrock-Romantik zu konservieren ist das Anliegen der Fachgruppe, sondern die Erhaltung und Verbreitung einer traditionsgebundenen und dennoch zeitgemäßen Reitjagdkultur.
Mehr als jeder andere Sport und jede andere Form der Reiterei ist die Schleppjagd ein natur- und kreaturverbundener Sport, der das harmonische Zusammenwirken von Reitern, Pferden und Hunden in der freien Natur verlangt; es ist der Sport mit dem Dreiklang. Nicht nur die Reiter, sondern auch die Zuschauer genießen mit allen Sinnen die farbenfrohen Bilder der Rotröcke, der sorgfältig herausgebrachten Pferde und der jagdeifrigen Meute, deren helles Geläut bei der Arbeit auf der Schleppspur auch noch das Gehör erfreut.

Von Meutehunden wird viel verlangt

Der Meute kommt bei der Schleppjagd die Hauptrolle zu. Von Meutehunden wird vieles verlangt. Passioniert sollen sie sein, aber auch diszipliniert, selbstbewußt, aber auch gehorsam und außerdem verträglich mit ihren Artgenossen im Kennel und mit fremden Hunden. Sie müssen spurtreu, laut, schnell und ausdauernd laufen, damit die Jagd im roten Rock für alle Beteiligten ein Vergnügen wird. Ein Meutehund muß bestimmte körperliche und charakterliche Voraussetzungen für seine Aufgaben mitbringen. Da hierüber wenig bekannt ist, lohnt es, ergänzend zum vorstehenden kenntnisreichen Kapitel »Das Jagdreiten«

Jagdreiten ist Dynamik, Leistung, Lebenslust. Im Feld heißt es »Strich reiten«, um andere am Sprung nicht zu behindern.

Aufbruch zur Jagd mit der Meute des Rheinisch-Westfälischen Schleppjagdvereins in der traditionellen Formation: Vorneweg Master und Huntsman, die Meute flankiert von den Pikören, dahinter Jagdherr und Feldmaster mit dem springenden Feld. Am Schluß die Gruppe der Nichtspringer.

von Romedio Graf Thun-Hohenstein noch einige Ausführungen zum Thema Hunde und Jagdpferde zu machen.

Bei der alljährlichen Bundes-Junghundschau wird der Nachwuchs nach veterinärmedizinischer Kontrolle auf Gebiß- oder Hodenfehler erst im Wurf und danach einzeln im Schauring von englischen und deutschen Richtern in einer Art Materialprüfung beurteilt.

Zunächst werden die *physischen points* bewertet. Beim Laufhund kommt es auf einen guten Bewegungsmechanismus an. Ein breiter Brustkorb soll viel Raum für Herz und Lunge bieten, der Rücken soll gerade und nicht zu lang sein; eine kräftige Muskulatur ist wichtig; die ganze Anatomie soll auf Galoppade ausgerichtet sein und weitausgreifenden Bewegungsablauf mit schwungvollem Schub aus einer kräftigen Hinterhand sichern.

Zweitens geht es um die *psychischen points,* die Wesensfestigkeit. Der Hund soll sich ohne Scheu selbstbewußt im Ring bewegen, aber auch Führungsbindung an seinen Huntsman oder Master zeigen. In seinem Ausdruck möchten die Richter Intelligenz erkennen. Ein Hund, der sich ängstlich zur Seite drückt, ist im praktischen Jagdbetrieb problematisch. In fremder Umgebung wird das Gewimmel von fremden Menschen und Pferden ihn wahrscheinlich verängstigen, durch Weglaufen kann er die »Betriebssicherheit« der Meute stören.

Wenn auch der Körperbau Aufschluß über das Ausdauerpotential gibt, so können doch wesentliche Eigenschaften für die praktische Arbeit eines Meutehundes bei der Schau im Ring nicht geprüft werden, nämlich Nase und Geläut. Auch ob der Hund »sozial verträglich« oder ein Beißer ist, läßt sich in den wenigen Minuten seines Auftritts nicht beurteilen. Hunde, die im Meuteverband leben, müssen »gemeinschaftsfähig« sein, ständige Stänkerer stören.

Die Junghundschau soll den Meutehaltern Zuchtorientierung geben. Es sollte nur mit Hunden gezüchtet werden, denen die Richter das Prädikat »sehr gut« zuerkannt haben. Mitunter hält sich noch ein Meutehalter an den pragmatischen Spruch des chinesischen Politikers Deng Xiaoping: »Egal, ob die

Tabelle 1

Bundesrepublik Deutschland – Trends nach Zahl der Meuten und Hundetyp

	Gesamt-anzahl	davon Fox-hounds	Beagles	Französische Hirschhunde	Black and Tans	Blood-hounds
1957	4	3	1			
1967	9	8	1			
1970	10	8	2			
1975	14	10	4			
1980	17	9	7	1		
1983	21	11	7	2	1	
1990	27	13	7	5	1	1
1994	25	12	7	4	1	1

Tabelle 2

Statistik der Jagdmeuten auf der Welt (soweit im Baily erfaßt)

		1985–86	1935–36	1905–06
Foxhounds	England und Wales	190	185	167
Foxhounds	Schottland	11	10	11
Foxhounds	Irland	36	28	24
Harriers	Großbritannien	24	40	101
Harriers	Irland	27	18	39
Staghounds	England	4	8	16
Staghounds	Irland	2	2	4
Draghounds	Großbritannien	10	14	9
Draghounds	Irland	–	1	1
Beagles	Großbritannien	82	74	–
Beagles	Irland	28	3	–
Basset Hounds	Großbritannien	11	4	–
Basset Hounds	Irland	1	–	–
Otterhounds	Großbritannien	–	19	19
Otterhounds	Irland	2	–	1
Mink & Coypu		15	–	–
Bloodhounds	England	5	–	–
Anzahl der Jagdmeuten Großbritannien und Irland		446	406	392
Foxhounds	USA	136	120	–
Foxhounds	Kanada	14	4	–
Beagles	USA	31	–	–
Basset Hounds	USA	13	–	–
Meuten	Frankreich	3	13	–
Meuten	Belgien	5	–	–
Andere Meuten	Europa	23	10	–
Meuten	Indien	1	20	–
Meuten	Australien	16	2	–
Meuten	Neuseeland	22	3	–
Meuten	Afrika	4	1	–
Summe		268	173	–
Gesamtsumme		714	579	392

Quelle: Baily's Hunting Directory 1985–1986
(in späteren Ausgaben ist diese Statistik nicht mehr veröffentlicht worden)

Die in Deutschland am meisten verbreiteten Meutehundrassen sind Foxhounds und Beagles. Links eine Koppel Foxhounds des Rheinisch-Westfälischen Schleppjagdvereins, rechts eine Koppel der Beagle-Meute Lübeck.

Katze schwarz oder grau ist, Hauptsache, sie fängt Mäuse«, indem er für sich sagt: »Egal, ob mein Hund mit dem Prädikat sehr gut oder genügend bewertet wird, Hauptsache, er jagt gut in der Meute.«

Das ideale Jagdpferd

Gelassenheit, Geschmeidigkeit, Gleichgewicht, Geschicklichkeit und Gehorsam sind die fünf Kriterien für ein gutes Jagdpferd. Es kommt nicht auf den Brand an, sondern auf die Anlagen und die Ausbildung.

Das ideale Jagdpferd ist groß und schön, einsatzfreudig und doch gelassen. Eigentlich ist es pottbrav, aber vor den Zuschauern schnaubt und tänzelt es und zieht so bewundernde Blicke auf seinen Reiter. Es ist mutig und zugleich vorsichtig, verweigert nie einen Sprung und fällt nie. Alle schwierigen Situationen im Jagdverlauf überwindet es möglichst selbständig, gleicht alle Fehler des Reiters aus, und es hat so gut wie nichts gekostet. Das ist das Ideal. Aber wann findet man schon sein Ideal: den idealen Job, den idealen Mann, die ideale Frau? Man muß leben mit dem, was man hat, und das Beste daraus machen. Das ist die wahre Lebenskunst. Wenn es einem Reiter gelingt, aus seinem Pferd, das er nun einmal hat, das für ihn beste Jagdpferd zu machen, so wird er mit purem Jagdgenuß belohnt werden.

Was ist ein Jagdpferd? In Deutschland gibt es nicht selten die Meinung: Ein Jagdpferd ist ein Pferd, mit dem man sonst nichts Rechtes anzufangen weiß. Wer weder zum Springen noch zur Dressur Eignung zeige, könne getrost als Jagdpferd eingesetzt werden. Ein Pferd, das einmal bei einer A-Dressur vorne war, sei schon »zur Jagd zu schade«. Solche Einschätzung des Jagdreitens führt dann auch noch zu dem Irrglauben, ein Pferd bedürfe zu diesem Freizeitvergnügen keiner besonderen Ausbildung und keines Trainings, es werde schon mitlaufen. Auf diese Weise bekommen die Tierärzte und Krankenwagen zu tun, wenn Pferde angesichts des ungewohnten Trubels und Tempos in Panik geraten. Solch falscher Ansatz gibt auch dem Vorurteil Nahrung, Jagdreiten mache die Pferde kaputt. Umfragen würden mit Sicherheit ergeben, daß unter den Pferden, die regelmäßig viele Jagden gehen (sagen wir etwa ein Dutzend im Jahr) und die von erfahrenen Reitern geritten werden, alte Pferde über zwölf Jahre überproportional vertreten sind.

Nach irischer Definition – und wer versteht mehr vom Jagdreiten als die Engländer und Iren? – muß ein Hunter über Springveranlagung, Manieren, Stil, Schnelligkeit und Qualität verfügen (jumping ability, manners, style, pace and quality). Manners umfassen Auftreten und Betragen, style sowohl Technik als auch Eleganz. Der Hunter soll sich

◁ Erläuterung zur nebenstehenden Tabelle I:
Sie zeigt, daß die kynologische Vielfalt zunimmt. Neu sich gründende Meutevereine entscheiden sich überwiegend für die eleganten, leicht zu führenden französischen Hirschhunde, die wenig größer, aber schmaler als die Foxhounds sind. Black and Tans – so genannt nach ihrer schwarz-braunen Farbe ohne Weiß – sind selten: Es gibt nur je eine Meute in Irland und in Deutschland. In der ehemaligen DDR gibt es 1994 (noch) keine Meute, aber westdeutsche Schleppjäger reisen mit ihren Hunden auf Einladung zu Jagden dorthin.

ein zappelige, ungebärdige Pferde und nimmt sich vor, sie im Jagdfeld zu meiden. Aber wenn die Jagd erst einmal läuft, laufen sie selber wie die Uhrwerke.

Die Ausbildung von Jagdpferden

Pferde sind furchtsame Fluchttiere, mit fremden Vorkommnissen müssen sie behutsam vertraut gemacht werden. Bei sensiblen Pferden sollte man besondere Sorgfalt auf die »vertrauensbildenden Maßnahmen« verwenden, um Paniksituationen zu vermeiden. Es zahlt sich später in Zuverlässigkeit aus.
Whyte-Melville rät: »Überzeuge Dein Pferd davon, daß Du sein bester und klügster Freund bist, daß alles, was Du tust, nur zu seinem Wohlbefinden beitragen soll. Bemühe Dich, sein Vertrauen nicht zu enttäuschen, und Du wirst finden, daß seine Verstandeskräfte stark genug sind, um zwischen Ursache und Wirkung zu unterscheiden.«
Die schönsten Anlagen jeden Lebewesens liegen brach, wenn sie nicht durch Ausbildung geweckt und gefördert werden. Jagdreiten ist eine zu schöne und zu gefährliche Sache, als daß man sie unausgebildeten Reitern und Pferden überlassen sollte. Der wahre Reiz erschließt sich erst, wenn man Mühe darauf verwendet hat, die Grundvoraussetzungen zu erfüllen.
»Unter einem gut ausgebildeten Jagdpferd verstehe ich ein Pferd, das im Jagdfeld – ohne zu pullen – willig über die Hindernisse geht und auf seinem Platz bleibt. Außerdem muß es Erfahrungen auf vielen Jagden in unterschiedlichem Gelände gesammelt haben«, definiert Cosima von Schultzendorff aus der jagdpassionierten Familie von Loesch, Begründer und Halter der Niedersachsen-Meute in Dorfmark.
Während den deutschen Turnierreitern ihre Cracks »für die Jagd zu schade« sind, benutzt man auf den Inseln das Querfeldein-Reiten hinter Hunden auch für Spitzenpferde zur Ausbildung. Virginia Leng (Ginny Elliot) zum Beispiel, die zu den Top Ten der Weltelite der Military gehört, reitet ihre Turnierpferde regelmäßig in der Jagd. Nachdem sie mit dem Schimmel *Welton Houdini* auf dem schweren Badminton-Kurs bei nassem Boden einen üblen Sturz hatte, ritt sie im folgenden Winter und Frühjahr mit ihm hinter Hunden, um seine Fähigkeit, mit schwierigen Bodenverhältnissen fertig zu werden, zu trainieren. Das hat 1993 zu ihrem Sieg, ihrem dritten in Badminton, beigetragen.
Es gibt Jagdreiter, die reiten nur Schimmel, was zugegebenermaßen zum roten Rock auf grünen Wiesen oder im goldenen Herbstlaub besonders hübsch aussieht. Aber Schimmelreiter müssen schon besonders gut sein, denn wenn sie Fehler machen, fallen sie immer auf. Bleibt aber ein schlichter Brauner mal am Sprung stehen, prägt er sich im Eifer des Gefechts den Mitreitern oder Zuschauern kaum ein.
Eine der köstlichen Sentenzen von Whyte-Melville: »Man steigt wohl stets in der Absicht in den Sattel, so lange darin zu bleiben, als die Umstände es gestatten.« Ihm gestatteten es die Umstände bis zum 80. Lebensjahr. Einem untrainierten, mit den Anforderungen einer Jagd unvertrauten Reiter mit einem noch nicht genug ausgebildeten Pferd werden es die Umstände vielleicht nicht gestatten, bis zum Ende einer Jagd im Sattel zu bleiben. Und das ist schade. Denn auch die Einmal-im-Jahr-Jagdreiter auf ihren Einmal-im-Jahr-Jagdpferden sollen Freude an diesem Sport haben, der ein wahres Vergnügen ist, wenn der Reiter den Anforderungen gewachsen ist und das Pferd entsprechend vorbereitet hat.

Interessenkollisionen in Wald und Flur

Eine gute Meute, bei der Jagdeifer und Leistungsbereitschaft zusammen mit Disziplin und Führungsbindung an den Master oder Huntsman eine kraftvolle Harmonie ergeben, ist – wie bei den Pferden – das Ergebnis von wohlüberlegter Zuchtselektion, gesunder Aufzucht, kenntnisreicher Ausbildung und fachmännischem Training. Jeder Jagdreiter muß wissen, daß die Lust, die ihm eine Meutejagd bescheren kann, von dieser langen Vorarbeit abhängt. Erfahrungsgemäß – Förster und Jagdpächter können das bestätigen – wird das Wild durch das Training und die Jagdausübung einer disziplinierten, gut im Gehorsam stehenden, wildsauberen Meute nicht beunruhigt.
Die Freizeitgesellschaft hat den Lebensrhythmus und Bewegungsraum der Menschen verändert. Mehr Freizeit bedeutet: mehr Men-

schen in Feld und Wald. Umweltschützer, Spaziergänger, Jogger, Radfahrer, Jäger und Reiter kommen sich ins Gehege. Es gibt Interessenkollisionen und konkurrierende Ansprüche in der Nutzung von Wald und Flur. Es kommt zu Streitigkeiten und zu behördlichen Regelungen, bei denen die Pferde, mangels gemeinschaftlicher Interessenvertretung der Reiter, oft den kürzeren ziehen. Aber wenn sich Umweltschützer, Wanderer, Jäger, Behördenvertreter und Reiter einmal zu einem ruhigen Gespräch zusammensetzen, zeigt es sich, daß die gegenseitigen Vorwürfe und Verdächtigungen oft auf Vorurteilen und Unwissenheit beruhen. Hier muß man durch sachliche Aufklärung zum Interessenausgleich kommen.

Schon zahlenmäßig können die Pferde für Wald und Feld keine Belastung darstellen. Es gibt nur noch knapp 500 000 Pferde im Bundesgebiet. 200 000 davon kommen durch ihre spezifische Nutzung für Leistungssport und Zucht nicht über Turnierplätze, Rennbahnen, Stall und Koppel hinaus. Die meisten Freizeitreiter verlassen mit ihren Pferden nie die Reithallen und Sandplätze, so daß nur noch eine geringe Zahl ins Gelände geht. Würde man den Geländepferden ihren durch Zersiedelung der Landschaft und Asphaltierung des ländlichen Wegenetzes (zu 80 Prozent) ohnehin schon beschränkten Bewegungsraum noch verringern, so könnte man die Pferde bald in die Liste vom Aussterben bedrohter Arten aufnehmen, denn in nicht einmal drei der vergangenen Jahrzehnte sind bereits drei Millionen Pferde buchstäblich von der heimischen Bildfläche verschwunden.

Die Pferdeleute sollten sich verpflichtet fühlen, auf das sich neu bildende Umweltbewußtsein unserer Zeit mit der Information Einfluß zu nehmen, daß die Erhaltung der Pferde nicht schädliche Inanspruchnahme der Natur bedeutet, sondern einen Beitrag zugunsten der Natur und der Kultur.

Fox-Hunting in Großbritannien

Während bei den deutschen Meuten ab Mitte Dezember die ruhige Zeit einkehrt, herrscht auf den »grünen Inseln« dann Hochsaison. Die Hunting Season beginnt dort zunächst im August/September mit dem Cub-Hunting, der Jagd auf Jungfüchse, und klingt im März aus.

Obwohl es Klagen gibt, daß moderne Entwicklungen in der britischen Landschaft guten Sport fast unmöglich machen, beschert Fox-Hunting doch »many memorable days in the field«, heißt es in Baily's Hunting Directory, dem seit 90 Jahren in London erscheinenden Meute-Jahrbuch.

Wie lange allerdings werden die englischen Jagdreiter ihrer großen Passion noch nachgehen können? Für viele von ihnen gehört Fox-Hunting zum unabdingbaren Lebensstil, und ein Verbot erscheint ihnen als die nächstgrößte Katastrophe nach dem Untergang des britischen Empire.

Die Jagd zu Pferde mit Hunden auf Fuchs, Hase und Hirsch ist nicht nur eingeschränkt durch ein engeres Straßennetz, mehr bebaute Felder und intensivere Landwirtschaft, sondern es wird ihr auch von der Liga gegen grausame Sportarten und anderen Anti-Gruppen hart zugesetzt. Seit mehr als einem Dutzend Jahren gibt es heftige Auseinandersetzungen auf der politischen Ebene und bei der Ausübung dieses aus dem Zeitgeist heraus umstrittenen Sports. Die Antis erscheinen mit ihren Protestplakaten bei den Meets, sie verbreiten eine feindselige Atmosphäre, verjagen die Füchse aus den für die Jagd ausersehenen Revieren, locken die Hunde auf falsche Fährten oder verwirren sie mit falschen Hornsignalen. Es ist sogar zu Handgreiflichkeiten gekommen.

Aufbruch zur Jagd.

In den Augen der Antis ist es ein grausamer Tod für Füchse, Hasen und Hirsche, von einer Meute gehetzt zu werden. Das Argument, die Fuchsjagd sei ein Dienst an der Allgemeinheit, finden sie lächerlich.
Die Verteidiger halten dagegen, der Zweck der Jagd mit Hunden auf lebendes Wild sei, das Überhandnehmen bestimmter Wildarten oder Tierseuchen zu verhindern. Die Tötung mit Fallen, Gift oder Gewehr könne zu einem langsamen, qualvollen Tod führen, während die Tiere bei der Meutejagd entweder schnell getötet werden oder – viel häufiger – unverletzt entkommen.
Bei der Hirschjagd wird das Rotwild, wenn die Hunde es gestellt haben, mit dem Gewehr erlegt. Man muß den Verteidigern der Hirschjagd zu Pferde zugestehen, daß sie erfindungsreich in ihren Argumenten sind. Doch sind diese – insbesondere für Jäger und Schleppjagd-Reiter – nicht nachzuvollziehen. Zum Beispiel die Behauptung, die Jagd mit Hirschhund-Meuten – von denen es übrigens nur vier in Großbritannien gibt – bewahre das Rotwild davor, von Wilderern ausgerottet zu werden. Weil nämlich unter den passionierten Jagdreitern viele Farmer seien, die nur deshalb bereit seien, die Wildschäden auf ihren Äkkern zu tolerieren, weil der Master der Meute sie dafür entschädige. Oder daß wenig ertragreiche Einödhöfe in Moor- und Hügelgebieten wie Exmoor keine Pächter und damit Landschaftspfleger finden würden, wenn es nicht zum Ausgleich für die karge Einsamkeit das Vergnügen der Jagd zu Pferde gäbe.

Im Damensattel in vollem Tempo über Hecken und Zäune – das kann man auch heute noch in England sehen.

»Ein Verbot der Jagd zu Pferde wäre ein Verlust an Lebensqualität auf dem Lande, sowohl für Tiere als auch für Menschen«, hieß es in einer Leserzuschrift an den *Daily Telegraph.*
»Wenn das Jagdreiten verboten würde, wären die Folgen für den Reitsport in Großbritannien katastrophal«, meint Michael Clayton, Chefredakteur der Wochenzeitung *Horse and Hound.* Zwei wichtige Auswirkungen der Jagdreiterei sind seiner Ansicht nach zu berücksichtigen:
Das ist einmal ihre große Bedeutung für den gesamten britischen Pferdesport. Jagdfelder sind der Nährboden, auf dem der reiterliche Nachwuchs gedeiht. Viele Kinder lernen im Gelände einen außerordentlich geschmeidigen Sitz. Die meisten englischen Ponyclubs hängen mit den Jagdclubs zusammen. Sogar fünf Schulen unterhalten Beagle-Meuten. In der Arbeit mit ihnen erlernen die Jugendlichen, Verantwortung zu übernehmen und einen Kleinbetrieb zu managen. Point-to-point-Hindernisrennen und Steeplechases werden von Jagdreitern veranstaltet und bilden talentierte Reiter und Pferde heraus, was den Briten international herausragende Erfolge in der Vielseitigkeit, im Springsport und in Hindernisrennen beschert.
Zum zweiten ist der beträchtliche Umfang der Jagdreiterei zu berücksichtigen, der mit allem Drum und Dran durchaus ein Wirtschaftsfaktor ist. Es sind etwa 16 500 Menschen direkt im Jagdbetrieb beschäftigt, und weitere 18 000 Arbeitsplätze hängen indirekt davon ab. Insgesamt sind laut *Horse and Hound* 300 000 Menschen in diesen Sport involviert.
Es gibt rund 50 000 Jagdreiter in Großbritannien. Man schätzt, daß von den 600 000 Pferden und Ponys bis zu 100 000 ihren Hafer als Hunter verdienen. Und was soll aus den 25 000 Meutehunden werden? Als Haus- oder Wachhunde sind sie ungeeignet. Auch die Hunde kann man als Wirtschaftsfaktor einstufen. Es gibt rund 200 Foxhound-Meuten,

Zu den schönsten Reitjagden in Bayern zählt die »Bayerische Staatsjagd« auf der Insel Herrenchiemsee.

75 Beagle- und 20 Harrier-Meuten für die Hasenjagd, vier Packs für die Hirschjagd, außerdem 32 Bloodhound-, Basset- und Minkhound-Meuten. Nur elf Meuten üben die Schleppjagd ohne lebendes Wild auf einer getropften Fährte aus.

Unter jugendlichen Reitern in England wachsen Zweifel, ob man es heutzutage noch rechtfertigen könne, »mit Meutehunden nur zum Spaß eine wehrlose Kreatur zu jagen«. Es gäbe bessere Möglichkeiten, die Zahl der Füchse und Hirsche zu kontrollieren, wenn sie überhaupt kontrolliert werden müsse. Vielleicht ist es als ein Zeichen des Abbrökkelns zu bewerten, daß 1993 fünf Beagle-Meuten aufgelöst, aber nur eine neu gegründet wurde.

Die Schleppjagd, die in Deutschland mit viel Freude an der Arbeit der Hunde und mit reitsportlichen Anforderungen betrieben wird, ohne Wild zu hetzen, ist in den Augen traditionsbewußter passionierter Foxhunter auf den Inseln, denen das Jagen wichtiger ist als das Reiten, keine Alternative. Wahrscheinlich werden sie sich aber doch damit befassen müssen.

Im Februar 1992 ist im Londoner Unterhaus die McNamara Bill, ein Antrag, die Jagd zu Pferde auf lebendes Wild zu verbieten, nur knapp durchgefallen. Irgendwann wird sich eine Mehrheit dafür finden. Die Labour-Partei hat angekündigt, Fuchs- und Hasenjagden zu verbieten, wenn sie an die Macht kommt. Einige Politiker der liberalen Partei neigen zu einer ähnlichen Haltung. Abgesehen von dem Verbot kann schon die Verschärfung bestehender Gesetze das Jagen zu Pferde erheblich beeinträchtigen, wenn nicht gar unmöglich machen. Die konservative Regierung ist nicht »pro-hunting«, betrachtet aber den Sport als Privatangelegenheit, die nicht der Gesetzgebung unterworfen ist.

Die British Field Sports Society, deren Vorsitzender ein Parlamentarier der Konservativen ist, ist von der Defensive in die Offensive gegangen, um die Jagd mit Hunden zu verteidigen. Unter Einschaltung einer Public Relations Agentur wurde ein Paket von Aufklärungsmaterialien erarbeitet, das in Form von Videos, Flugblättern und Broschüren in allen Regionen eingesetzt wird.

Auch aus Brüssel droht Gefahr, denn mit der Harmonisierung der Gesetze in den Ländern der Europäischen Union befürchten die britischen Meuten (und ihre zahlreichen Anhänger, die die Jagden per Auto, Fahrrad oder zu Fuß begleiten) das Aus für die Jagd zu Pferde auf lebendes Wild durch das Europäische Parlament.

Trotz dieser Widerstände wird in England

zäh an den Traditionen der Fuchs- und Hasenjagd festgehalten. Und diese Traditionen sind eindrucksvoll. So kann zum Beispiel die Holcombe Hunt in Lancashire den Nachweis führen, daß sie schon im Jahre 1304 von König Edward I. die Jagdrechte bekam. Oder die Meute des Duke of Beaufort in Badminton – sie ist seit ihrer Gründung 1786 immer in den Händen der Familie geblieben. Und seit mehr als 200 Jahren wird die Tradition beibehalten, daß jeweils der Duke of Beaufort die Mastership innehat, begonnen mit dem Gründer, dem 5. Herzog, bis zum heutigen in der 11. Generation.

Und was hat die britische Jagdreiter-Tradition für Charaktere hervorgebracht: Da ist der legendäre Capt. Ronnie Wallace, der 1994 mit 74 Jahren seine 50. Saison als Master und Huntsman von Foxhounds vollendete. Er wird als »Genius« bezeichnet, hat den ihm folgenden, gut berittenen Jagdreitern stets Sport von höchstem Niveau geboten. Er war mit einem Jagdtag nicht zufrieden, wenn die besser berittenen Mitglieder des Jagdfeldes nicht die Herausforderung und das Vergnügen eines erstklassigen Ritts gehabt hatten. Ronnie Wallace hat mehr Einfluß auf die Fuchsjagdpraxis und die Meutehundzucht der Nachkriegszeit genommen als irgend jemand sonst. Er hat Jagdpersonal herangebildet und zu guten Huntsmen geformt. Ab 1944 war er einige Jahre Master bei drei verschiedenen Meuten, dann 25 Jahre bei der Heythrop und ab 1977 bei der Exmoor, in deren urigem Gebiet Füchse und Hirsche gejagt werden.

Er hat seine Hunde immer unter Kontrolle. Er wird gepriesen als eine Persönlichkeit, deren aktive Periode von 50 Saisons in Folge weder an Jahren noch an Qualität übertroffen werden kann.

Ein weiterer markanter Charakter ist Vivian Roger Bishop, Master of Foxhounds, der es mit der Golden-Valley-Meute auch auf nahezu 50 Saisons gebracht hat. Seit 1945 jagte er zweimal wöchentlich. Nie in all den nahezu 50 Jahren hat er eine Jagd versäumt, nur 1966 mußte er nach einer Operation wegen eines Schlags in die Magengrube kurz aussetzen. Mit seiner Jagd-Equipage ist er stets auf den Glockenschlag pünktlich und beim Stelldichein untadelig herausgebracht. Schlechtes Wetter kennt diese Meute nicht, häufig wird auch in Schnee und Frost und unter ähnlichen mißlichen Bedingungen gejagt. Die Golden-Valley-Meute hat den Ruf, daß es bei ihr freundlich und fröhlich zugeht, und das wird dem guten Vorbild des höflichen Masters zugeschrieben, der es auch versteht, ausgezeichnete Beziehungen zu allen Farmern der Gegend zu unterhalten. Ein Charakter wie Vivian Roger Bishop beweist, wie zäh in England an der Hunting-Tradition festgehalten wird.

Fuchs- und Coyote-Jagden in Nordamerika

Es gibt nicht weniger als 155 anerkannte und registrierte Meuten auf dem nordamerikanischen Kontinent, 15 in Kanada und 140 in den Vereinigten Staaten. Die älteste noch bestehende Meute ist die von Montreal (1826). Die Piedmont Fox Hounds in Virginia gibt es ununterbrochen seit 1840 und den Rose Tree Foxhunting Club in Pennsylvania seit 1859. George Washington, der erste Präsident der Vereinigten Staaten, war ein begeisterter Fuchsjäger.

So groß wie der Kontinent ist auch die Vielfalt des Geländes und des gejagten Wildes: rote und graue Füchse, Luchse und Coyoten, die auf den großen Ebenen des Mittleren Westens, auf den Höhen der Rocky Mountains sowie an den Küsten des Pazifischen Ozeans gejagt werden. Coyoten laufen ähnlich wie Rotfüchse, legen aber weitere Strecken zurück. Das gejagte Wild wird selten erlegt, meist kann es entkommen. Da Füchse und Coyoten in den meisten US-Staaten rar sind, wird ihnen das Entkommen von den Jagdteilnehmern gegönnt. Nicht der »kill« ist das Ziel, sondern der »run« – nicht das Töten, sondern der Sport.

Vielfach werden auch Schleppjagden geritten. Die Meuten führen importierte englische oder amerikanische Fuchshunde oder Kreuzungen mit lokalen Rassen.

Englische Foxhunting-Traditionen werden bei einigen Meuten deutlich gepflegt, bei anderen hat sich mehr der amerikanische Individualismus durchgesetzt. Die amerikanische Masters of Foxhounds Association ist stolz darauf, daß sich die Zahl der registrierten Meuten seit der Jahrhundertwende von 50 auf 155 verdreifacht hat und daß das Jagdreiten so regen Zuspruch findet.

Rennsport

Vollblut – Zucht und Sport

Dr. Peter Bormann
Leiter der Zuchtabteilung des Direktoriums für Vollblutzucht und Rennen e.V., Köln

Die Entwicklung der Vollblutzucht in Großbritannien

Im internationalen Sprachgebrauch gilt die Bezeichnung *Vollblut* nur für zwei Pferderassen, nämlich für das arabische und für das englische Vollblut. Letzteres sind die Pferde, deren Stammbaum (*Pedigree*) bis zu den englischen Vorfahren zurückzuführen ist, die im ersten *General Stud Book* von 1793 aufgeführt sind. In einem Stud Book (Stutbuch) von 1791 waren alle in England zur Zucht von Rennpferden verwendeten Hengste und Stuten mit ihren Vorfahren eingetragen. Mit Hilfe exakt geführter privater Stutbücher, vor allem der von Cuthbert Routh (1694–1752) und der drei Herzöge von Lancaster (1716–1778), war es möglich, zahlreiche Pedigrees des Vorbuches von 1791 für das erste General Stud Book zu ergänzen und zu korrigieren. In einem gesonderten Abschnitt wurden 78 verschiedene Stutenfamilien aufgeführt, die möglicherweise zum Teil miteinander verwandt waren. Man vermutet somit, daß alle englischen Vollblutpferde der Welt von 49 Original-Mutterstuten abstammen, die lange vor der Veröffentlichung von 1793 gezielt zur Zucht von schnellen Pferden verwendet wurden. Diese waren nicht nur Pferde der englischen Landrasse – keltische Ponys (Galloways) –, sondern auch eingeführte Stuten reinsten orientalischen Blutes, *Royal Mares* genannt (Königliche Stuten), die vorwiegend mit orientalischen Hengsten (Arabern, Berbern, Türken) gepaart wurden.
Nachweislich erste Einfuhren von Pferden orientalischen Ursprungs erfolgten schon im Jahre 1121 unter Alexander, dem König von Schottland. Unter König James I., dem Duke of Newcastle, wurde 1616 der erste reine Araberhengst, *Marham Arabian,* importiert.

Er war von besonderem züchterischen Wert, nahm aber, ähnlich wie die 174 Hengste des ersten General Stud Book, nicht den Einfluß wie *Darley Arabian*. Dieser 1704 von J. B. Darley eingeführte Araber des Kuhaylan-Types paßte genetisch zu den vorhandenen Stuten so gut, daß er besonders häufig in Pedigrees vorkommt und seine Nachkommen zahlreicher sind als die der beiden anderen »Stempelhengste« *Byerley Turk* und *Godolphin Barb* oder *Arabian*, die 1689 und 1729 nach England kamen. Ihre Enkel bzw. Urenkel *Eclipse, Herod* und *Matchem* seien besonders hervorgehoben:

Eclipse, 1764 während einer totalen Sonnenfinsternis geboren, wurde von seinem Züchter, dem Duke of Cumberland, erst fünfjährig in Rennen eingesetzt. Innerhalb von zwei Jahren gewann er mit Leichtigkeit alle 18 Rennen und weitere 18 Matches; das waren Wettläufe, in denen nur zwei Pferde gegeneinander liefen. Als er im Jahre 1789 an einer Kolik einging, war er bereits Vater von 344 Siegern. Er ist heute in etwa 85% aller Pedigrees zu finden. In direkter väterlicher Linie gehen Hengste wie z. B. *Dark Ronald, Oleander, Phalaris, Teddy, St. Simon, Nearco, Ticino, Ribot, Nekkar, Birkhahn, Kaiseradler, Imperial, Vaguely Noble* und zahlreiche Söhne derselben auf ihn zurück.

Herod, manchmal auch *King Herod* genannt, war für seinen Besitzer und Züchter, denselben wie von *Eclipse,* ein erfolgreiches Renn- und Vaterpferd. Über seinen Enkel *Diomed* hat er entscheidenden Einfluß auf die amerikanische Vollblutzucht genommen.

Matchem war trotz seiner für heutige Verhältnisse geringen Größe (153 cm Widerristhöhe) ein Pferd, das über längere Strecken als eine Meile (ca. 1600 m) erfolgreich war. Er wurde sechsjährig als Deckhengst in Nordengland aufgestellt und erscheint heute in den Abstammungen so bekannter Rennpferde wie *Hurry On, Relic, Niccolo Dell'Arca, Caran D'Ache* und *Santa Claus.*

Kriterium für die Zucht: die Rennleistung

Die Verwendung orientalischen Blutes im 17. und 18. Jahrhundert ergab, daß Kreuzungen mit der englischen Landrasse nicht länger erfolgreich waren. Für den schnellen Zuwachs an Geschwindigkeit und Größe der Rennpferde wurde letztlich die Auswahl der besten Elterntiere verantwortlich gemacht. So zog man zur Selektion die *Rennleistung* als Ersatz für die natürliche Auslese des Stärksten in freier Wildbahn heran. Erste Aufzeichnungen über Rennergebnisse hatte ein Y. Nelson bereits 1670 vorgenommen, die er auf Anforderung Interessenten zur Verfügung stellte. Nach R. Black erfolgte 1727 die erste Herausgabe von Rennkalendern mit detaillierten Angaben über Pferde, Reiter, Ort und Datum des Rennens, Strecke, Zahl der gelaufenen Pferde, getragene Gewichte, Placierungen u. a. m. Andere Quellen geben für die Veröffentlichung von Rennergebnissen das Jahr 1709 an. Seit 1773 werden die Rennkalender, ebenso wie das General Stud Book, von Weatherby's veröffentlicht.

Voraussetzungen für die Aufnahme im General Stud Book

Die Herausgeber dieses Stutbuches verlangten zur Eintragung eines Vollblutpferdes, daß es auf Vorfahren zurückzuführen sei, die in vorangegangenen Gestütbüchern eingetragen waren. Etwa 100 Jahre später wurde im Vorwort zu Band 18 vermerkt, daß einige aus den USA und Australien eingeführte Pferde in den Stutbüchern ihrer Länder aufgenommen, aber nicht auf ehemals aus England exportierte Vollblüter zurückgeführt werden konnten. Diese Pferde wurden mit einem Hinweis auf ihr Gestütbuch gekennzeichnet. Erst in Band 22 wird der Beschluß der Mitglieder des Jokkey Clubs vom Mai 1913 bekanntgegeben, wonach auf Vorschlag des Lord Jersey die Qualifikation eines Vollblüters wie folgt definiert wurde: Kein Hengst oder Stute kann nach diesem Datum als im General Stud Book eintragungsfähig angesehen werden, wenn nicht auf beiden Seiten des Pedigrees die Vorfahren vollständig in früheren Bänden des Gestütbuches eingetragen sind. Die Verfasser nehmen sich das Recht, zu entscheiden, welche Pferde nach dieser Definition für das Buch zugelassen oder ausgeschlossen werden können.

Damit war das Prinzip des »geschlossenen Stutbuches« ausgesprochen. Reimporte englischer Vollblüter aus Amerika hätten zu dem Problem geführt, daß selbst der amerikanische Derbysieger von 1914, *Durbar II,* als Enkel von *Lexington,* und zahlreiche andere

Nachkommen dieses Hengstes nicht eintragungsfähig gewesen wären, da die Abstammung eines Großvaters von *Lexington* nicht vollständig zu klären war.
Zur Krise schien es 1948 zu kommen, als in Frankreich die »2000 Guineas« und das »St. Leger« von *My Baby* und *Black Tarquin* gewonnen wurden, die nach den strengen Regeln des *Jersey Act* als Halbblüter anzusprechen gewesen wären. Daraufhin gab ein Komitee dem Jockey Club eine Stellungnahme ab, welche einige Änderungen der bisherigen Voraussetzungen enthielt.
Von diesem Zeitpunkt an mußte jedes eintragungsfähige Pferd acht bis neun Generationen reinen Blutes vorweisen – somit konnte man es ein Jahrhundert lang zurückverfolgen –, und es mußte solche Leistungen erbracht haben, die nur auf die Reinheit seines Blutes zurückzuführen waren.

Nach den Internationalen Vereinbarungen über Zucht und Rennen lautet die Definition für Vollblut:

1. Das Pferd muß das Produkt einer Kreuzung zwischen einem Hengst und einer Stute sein, die beide vor dem 1. 1. 1980 in einem anerkannten und von der internationalen Gestütbuch-Kommission genehmigten Gestütbuch eingetragen sind, oder es muß in allen Linien seiner Abstammung auf so eingetragene Pferde zurückgehen.
2. Das Pferd muß acht aufeinanderfolgende Kreuzungen, die mit Pferden der oben erwähnten Kategorie eingetragen sind, nachweisen, eingeschlossen der Kreuzung, aus der es hervorgegangen ist.

Dennoch kennen wir im deutschen Rennsport auch Pferde, die nicht im ADBG oder einem international anerkannten und bestätigten Gestütbuch für Vollblut eingetragen sind; es sind Pferde, die gemäß Zuchtbuchordnung (ZBO) in einem Vorbuch eingetragen sind und damit die Berechtigung zur Teilnahme an Rennen besitzen. Die Gründe für eine Nichteintragung konnten verschiedener Natur sein. Heute sind es im wesentlichen Nachkommen von Stuten, die bereits früher in die Liste zur Teilnahme an Rennen eingetragen waren.

Doch zurück zur Entwicklung der Vollblutzucht in Großbritannien.

Gründung des englischen Jockey Clubs

Um 1750/51 war während der Regierungszeit Georgs II. der Jockey Club von England gegründet worden. Die lose Verbindung rennsportinteressierter Männer aus Nord- und Südengland war richtungweisend nicht nur für das Mutterland der Vollblutzucht, sondern in der Folgezeit für alle Länder, die Pferderennsport und Vollblutzucht einführten. Dieser Club schuf feste Regeln für das gesamte Rennsystem. In den Leistungsprüfungen kamen zunehmend jüngere Pferde an den Start. Zweijährige liefen erstmals 1769/70.

Klassische Rennen

Während der Regierungszeit von Georg III. (1760–1811) wurden die sogenannten klassischen Rennen für Dreijährige ausgeschrieben. Als »klassisch« wurden sie deshalb bezeichnet, weil sich Pferde eines Jahrgangs, Hengste und Stuten, unter gleichen Bedingungen trafen und alle das gleiche Gewicht trugen: nur für Stuten waren 1½–2 kg weniger erlaubt.
Das erste klassische Rennen, das »St. Leger«, fand 1776 statt. Während es ursprünglich über eine Distanz von 2900 m abgehalten wurde, sind es heute in nahezu allen rennsporttreibenden Ländern nur noch 2800 m. Seinen Namen erhielt dieses Rennen nach dem Generalleutnant A. St. Leger. 1779 folgten – nach dem Stammsitz des populären zwölften Earl of Derby benannt – die »Oaks« über 1½ Meilen (in Deutschland »Preis der Diana« für Stuten über 2200 m) und 1780 das »Derby«, ab 1784 über 1½ Meilen (in allen europäischen Ländern wird es auch heute noch über 2400 m gelaufen). 1809 und 1814 wurden nach den jeweils garantierten Geldpreisen die »2000 Guineas« (in Deutschland das »Henckel-Rennen« über 1600 m, jetzt Mehl-Mülhens-Rennen) und die »1000 Guineas« (»Schwarzgold-Rennen«, für Stuten, ebenfalls 1600 m) ausgeschrieben. Diese fünf Rennen werden, unter teils anderen Namen, in allen Ländern gelaufen und gelten als das höchste Ziel eines Züchters, selbst wenn es inzwischen höher dotierte Gruppenrennen gibt.

Andere Leistungsprüfungen

1791 wurden aus wirtschaftlicher Notwendigkeit die *Ausgleiche,* d. h. gewichtsmäßige Abstufungen zwischen den unterschiedlich veranlagten Pferden, geregelt. Diese Ge-

Das erste klassische Rennen, das »St. Leger«, fand 1776 in England statt. Auf dem Bild ein Fehlstart des Rennens von 1836 – wie ihn ein Maler damals gesehen hat.

wichtsabstufungen des genialen Admiral Rous (1795–1877) gelten heute noch in den Ausgleichen, in denen das Gewicht durch den Ausgleicher festgesetzt wird. Neben Flachrennen über die flache Bahn werden Hindernisrennen entweder über versetzbare Hürden oder Jagdrennen über feste Hindernisse gelaufen. Altersgewichtsrennen sind Zuchtrennen oder Aufgewichtsrennen. Bei letzteren wird das zu tragende Gewicht, abgesehen von Alter und Geschlecht, von den Gewinnen des Pferdes abhängig gemacht.

Beginn der Vollblutzucht in Deutschland

Zu Beginn des 19. Jahrhunderts kamen englische Vollblutpferde auch nach Deutschland. Zunächst waren es in erster Linie Hengste, die zur Verbesserung verschiedener Rassen eingeführt wurden. Man wollte Härte, Ausdauer, Leistungsvermögen und Gesundheit auch in die deutsche Pferdezucht einbringen, nachdem diese Vorzüge nach F. Chales de Beaulieu in der Schlacht von Waterloo von den Vollblütern unter Beweis gestellt worden waren. Gleichzeitig sollten Korrektheit, Adel und Eleganz verbessert werden. Unter diesem Gesichtspunkt der Veredlung wurde schon 1788 der erste Vollbluthengst namens *Alfred* nach Neustadt/Dosse zum Einsatz in der Mecklenburgischen Warmblutzucht gebracht. Beaulieu kommt auch zu dem Schluß, daß nach dem 18. Juni 1815 Mecklenburg besonders aufnahmefähig für eine pferdezüchterische Betätigung war. So nahm in Norddeutschland die deutsche Vollblutzucht ihren Anfang. Landwirte und interessierte Tierzüchter, unter ihnen besonders die Gebrüder Wilhelm (1789–1876) und Gottfried von Biel (1792–1873), hatten erkannt, daß man nur nach englischem Vorbild im eigenen Land eine bodenständige Vollblutzucht aufbauen und betreiben konnte. Dazu gehörte ebenso ein klar geregelter Rennsport. Auf ihre Initiative hin wurde das erste Rennen am 22. 8. 1822 in Doberan, westlich von Rostock gelegen, durchgeführt. 1823 bestand die Zucht der Gebrüder von Biel bereits aus 23 Mutterstuten nebst Nachzucht.

Graf Plessen-Ivenack hatte 1816 den ersten Hengst für die Zucht von Rennpferden aus England eingeführt. Andere mecklenburgische Züchter wie von Maltzahn, Graf Hahn und Graf Wilamowitz-Möllendorf seien stellvertretend für viele andere genannt.

Allmählich faßte die Vollblutzucht auch in Schlesien Fuß und brachte so bekannte Züchter wie Graf Henckel von Donnersmarck, Graf Johannes Renard und Ernst Freiherr von Falkenhausen hervor.
Über Mitteldeutschland, wo vor allem der preußische Staat die Vollblutzucht förderte, kam die Zucht dieser edlen Pferde in westliche Gebiete. Graditz bei Torgau an der Elbe wurde 1866 zum preußischen Hauptgestüt erklärt. Auch heute wird die Tradition von Graditz als Vollblutgestüt privat fortgeführt, neben einer Vollblutstutenherde, die speziell der Veredelung der sächsischen Reitpferdezucht dient.
Als ältestes nicht privates Vollblutgestüt wird 1831 das herzoglich braunschweigische Gestüt Harzburg genannt, das nach zwischenzeitlichen Rückschlägen – 1874 Verkauf fast aller englischen Vollblutstuten – eine besondere Rolle in der deutschen Vollblutzucht spielte und auch heute noch die Tradition fortsetzt. Erst 1869 wurde das bekannte Gestüt Schlenderhan des Freiherrn E. von Oppenheim gegründet. Andere Gestüte folgten teilweise wesentlich später.

Das erste klassische Rennen in Deutschland

Im Jahre 1830 schrieben die Gebrüder von Biel für 1834 unter klassischen Bedingungen das »Union-Rennen« für Ungarn, Österreich, Preußen, Mecklenburg, Holstein und den Kontinent aus. Startberechtigt waren Pferde, deren Geburt 1831 auf dem Kontinent zu erwarten war. Das Rennen führte über 1½ Meilen, Hengste trugen 54 kg und Stuten 52½ kg. Die Nennung hatte also im Jahre vor der Geburt zu erfolgen.
120 Dukaten Einsatz und 80 Dukaten Reugeld waren zu zahlen. Blieb ein lebendes Fohlen aus, so entfiel das Reugeld. Von den Einsätzen wurden zwei silberne Becher für den Sieger und den Zweitplacierten im Werte von je 10 Dukaten angefertigt. Der Sieger erhielt alle Einsätze, abzüglich 240 Dukaten für den Zweiten. Diese erste »Union« (als höchste Prüfung der Dreijährigen dem »Derby« entsprechend) wurde schließlich am 18. Juni 1834 von drei Pferden bestritten, von denen der von Baron W. von Biel gezogene Hengst *Alba* gewann.

Gestüt Schlenderhan – auf dem Foto der Waldstall – wurde 1869 gegründet.

Erste Angaben über eine geregelte deutsche Vollblutzucht

1836 erschien der erste deutsche Rennkalender, 1840 wurde, dem englischen Vorbild gleich, der Norddeutsche Jockey-Club gegründet. Unter seiner Leitung wurde 1842 ein erstes Norddeutsches Gestütbuch herausgegeben. Es enthielt bereits 780 Zuchtstuten von 250 Züchtern. Einige Pferde trugen den Vermerk »nicht erwiesen Vollblut«. Damit war dieses Gestütbuch auch eine Art Vorbuch des 1847 veröffentlichten ersten Allgemeinen deutschen Gestütbuches (ADGB). In diesem waren alle aufgeführten Pferde exakt nachweisbar auf Vorfahren des General Stud Book zurückzuführen.
1866 gab es in Deutschland bereits 50 Rennbahnen, vor dem ersten Weltkrieg sogar über 100, also weit mehr als heute in der Bundesrepublik Deutschland.

Gründung der Leitungsstelle des Rennsports

1867 ist das Gründungsjahr des Union-Klubs, der unter Graf J. Renard den Norddeutschen Jockey-Club ablöste. Unter seiner Leitung wurden in Berlin Vollblutzucht und Rennsport vorbildlich bis 1933 geführt. Zu den wichtigsten Maßnahmen gehörte die Einführung des Totalisators 1870 in Hamburg und 1875 in Berlin. Damit erhielt der Rennsport eine finanzielle Grundlage. Für den Veranstalter wurde vom gesamten Wettumsatz ein bestimmter Prozentsatz zurückbehalten und zweckgebunden zur Durchführung der Rennen verwendet. Seit Verabschiedung des Rennwett- und Lotteriegesetzes von 1922 entsprach das ca. einem Sechstel des Umsatzes. 1874 wurden vom Union-Klub verschiedene Fachkommissionen geschaffen und die Führung des Allgemeinen Deutschen Gestütbuches übernommen. 1876 erfolgte die Übernahme des seit einem Jahr regelmäßig herausgegebenen Wochenrennkalenders. Vorübergehend, von 1888–1918, war sogar der Trabrennsport dem Union-Klub unterstellt.
Von 1933–1945 oblag die Leitung der deutschen Vollblutzucht und des Rennsports der eingesetzten »Obersten Behörde für Vollblutzucht und Rennen«. Nach vorübergehender Führung durch Länder- bzw. Zonenkommissionen wurde 1949 das Direktorium für Vollblutzucht und Rennen e.V. mit Sitz in Köln gebildet. Diese Organisation wurde 1960 als Züchtervereinigung nach den Grundsätzen des deutschen Tierzuchtrechtes anerkannt.

Kurz nach dem Start.

Das Union-Gestüt in Merten/Sieg wurde 1960 als Pensionsgestüt eingerichtet.

Aufbau von Zucht und Rennsport nach 1945

Nach starker Dezimierung des Vollblutpferdebestandes durch den Zweiten Weltkrieg war 1945 nur noch die Hälfte der ca. 850 Stuten vorhanden, die es vor dem Krieg in Gesamtdeutschland gegeben hatte. Davon standen auf dem Gebiet der Bundesrepublik etwa 300. Bis 1958 gab es in der Vollblutzucht in Form des ADGB und des Jahresrennkalenders noch deutsche Gemeinsamkeiten. Erst dann wurden getrennte Gestütbücher geführt mit 535 Vollblutstuten in den alten Bundesländern und 200 Stuten in den neuen. Zehn Jahre später waren durch einen enormen wirtschaftlichen Aufschwung im Westen bereits 1111 bzw. 265 im Osten registriert und nach weiteren zehn Jahren fast 2000 Stuten bzw. 290 Stuten. Damit war der Bestand der dreißiger Jahre in Deutschland gut verdoppelt.

Zuchtgrundlagen

Der nach der Wiedervereinigung auf rund 3000 Stuten angestiegene Zuchtbestand ist zusammen mit ca. 140 anerkannten Vollbluthengsten auf über 1400 Züchter verteilt. Die Verteilung der Zuchtstuten liegt, ähnlich wie in Großbritannien, schwerpunktmäßig bei den kleinen Züchtern in privatem Besitz. Eine Aufteilung von

995 Züchtern mit einer Stute
234 Züchtern mit zwei Stuten
83 Züchtern mit drei Stuten

bedeutet, daß 88% der Züchter etwa 50% aller Stuten für die Zucht verwenden. Da nach der Rennordnung die Bezeichnung »Gestüt« als Deckname erst ab vier Stuten vergeben wird, besitzen die restlichen 12% der Züchter – also die Gestüte – auch 50% der Zuchtpopulation. Dabei zählen Fährhof, Auenquelle, Schlenderhan, Görlsdorf und Erlengrund zu den größten Betrieben. Diese Zahlen erlauben nur einen bescheidenen Vergleich mit anderen westlichen Ländern oder fast »industriell« betriebenen amerikanischen Gestüten und verdeutlichen, welche Rolle die deutsche Vollblutzucht im internationalen Geschehen spielen kann.

Im folgenden zum Vergleich einige Zahlen der Vollblutzuchten anderer Länder, die meistens mit großzügiger staatlicher Unterstützung ihre edelsten Zuchten fördern (Stand Dezember 1992):

	USA	Großbritannien/ Irland	Frankreich	Italien	Japan
Deckhengste	6368	1087	478	229	675
Zuchtstuten	60272	23424	8519	2998	15071
Fohlen	35700	12438	3897	1834	10366

Das Gestüt Fährhof zählt mit ca. 50 Stuten zu den größten Gestüten in der Bundesrepublik.

Das Zuchtgebiet

Das Zuchtgebiet der Vollblüter erstreckt sich, ähnlich wie das der Traber-, Araber- und Trakehner-Zucht, über das gesamte Bundesgebiet, d. h. von Passau bis zum Rheinfall von Schaffhausen und hinauf bis zur Insel Fehmarn und über Brandenburg bis Sachsen. Gewisse Konzentrationen, besonders von Gestüten, sind im klimatisch begünstigten Rhein-Main-Gebiet, Rheinland, Westfalen und Niedersachsen zu erkennen.

Vollblüter sind an keine bestimmte Scholle gebunden. Dank ausgewogener Fütterung ist, bei zwingender Bewegungsmöglichkeit, die Zucht nahezu überall mit Erfolg möglich.

Selektionsprinzipien

Die Vollblutzucht, oft als Krone der Tierzucht bezeichnet, ist seit Anbeginn eine Leistungszucht. Die Leistungsdaten in Form der Rennergebnisse sind seit über 150 Jahren ver-

Ein seltener Gast auf deutschen Rennbahnen: Jockey-Legende Lester Piggot.

öffentlicht und somit für jeden an der Zucht Interessierten nachlesbar. Welchem Kriterium bei der Auswahl der Zuchttiere die meiste Bedeutung beigemessen wird, ist oft unterschiedlich beurteilt worden. Die Gefahr liegt jeweils in der Einseitigkeit. Das bedeutet, daß nicht nur Schnelligkeit (ausgedrückt in der gelaufenen Zeit oder der Gewinnsumme, welche über Jahrzehnte hinweg wegen des veränderten Preisniveaus nicht vergleichbar ist) oder die Zahl der Siege (wenn nicht in Relation zu den Starts gesehen) allein als Maßstab zur Bewertung herangezogen werden sollten. Auch Fruchtbarkeit, Charakter, Temperament, Erbgesundheit und Härte gelten als Selektionsmaßstäbe. Verschiedene Kriterien sind schwer vergleichbar und von äußeren, nicht meßbaren Faktoren abhängig. Selbst moderne statistische Auswertungs- und Korrekturverfahren erlauben wohl bestimmte Einflüsse zu erkennen und auszuschließen, doch die Suche nach dem geeignetsten Maßstab ist noch nicht zu Ende (Zuchtwertschätzung).

Die Zeitmessung, oft mit technischen Mängeln behaftet, ist erst im Zeitalter exakter elektronischer Messung und seit einer Kopplung der Startmaschine mit der Zielfotografie vergleichbar, aber dennoch abhängig von Bodenzustand und Taktik während des Rennens. Zum anderen ist das Pferd mit Sicherheit an seiner physiologischen Grenze angelangt. Man stelle sich nur über 250 Herzschläge pro Minute während eines Rennens vor! Erst dann ist zu verstehen, daß seit Einführung des amerikanischen Rennsitzes mit extrem kurzen Bügeln die Geschwindigkeit nur unwesentlich verbessert wurde. Wenn heute hier und da schnellere Zeiten über bestimmte Strecken gemessen werden, dann sind Verbesserungen der Umwelt, wie beispielsweise günstigeres Geläuf, Kurvenerhöhungen o. ä., der Grund dafür.

Gewinnsummen sind abhängig vom gesamten Preisniveau und inflationären Einflüssen unterworfen. Siege und Placierungen – dazu gehören in der Regel im Flachrennen nur die ersten vier Pferde eines Feldes und in Hindernisrennen die ersten fünf – sind relativ.

Seit 1938 verwendet man in Deutschland ein sogenanntes Generalausgleichgewicht, kurz GAG, als Leistungsparameter, das seit dieser Zeit auch veröffentlicht wird. Die technische Kommission der Obersten Behörde gab 1939 Richtlinien für die Bearbeitung der Ausgleiche heraus, die auch heute noch Grundlage der Ausgleicher oder Handicapper sind.

In allen Bundesländern Deutschlands führen fünf Herren – sogenannte Ausgleicher – Buch oder Kartei über alle im Training befindlichen sowie gelaufenen Pferde und beobachten Rennverlauf, Taktik und Richterspruch. Zur Gewichts- oder Formberechnung eines Pferdes werden alle gelaufenen Rennen herangezogen – ohne Berücksichtigung des gewonnenen Geldes. Dabei sind im allgemeinen Abstände zum siegenden Pferd in Flachrennen je Länge mit 1 kg, eine halbe Länge, Kopf und Hals mit etwa ½ kg zu bewerten.

Jeweils nach Abschluß der Rennsaison werden alle Zweijährigen, die dreimal von Start bis Ziel und dabei zweimal placiert oder einmal siegreich gelaufen sind, sowie alle älteren Pferde, die dreimal gelaufen oder einmal gesiegt haben, auf Grund ihrer gezeigten Leistung mit einem Jahres-Generalausgleichgewicht versehen. Dieses ist unterteilt nach den zwei Altersklassen und in Flach- und Hindernisrennen, wird vom besten Pferd des Jahres heruntergerechnet und liegt zwischen 40 und 110–115 kg. Von diesem Generalausgleichsgewicht werden die zu tragenden Gewichte in Ausgleichsrennen errechnet.

Das bedeutet theoretisch, daß im kommenden April in einem Rennen über 1600 m mit dem angegebenen Gewicht und altersbedingten Gewichtsabstufungen alle Pferde im toten Rennen einkommen müßten. In der Praxis laufen die Pferde in Flachrennen in vier verschiedenen Ausgleichsklassen, um jeweils rennmäßige Gewichte zu tragen. Die Zweijährigenleistung wird als GAG für dreijährige Flachpferde, die Leistung der dreijährigen und älteren Pferde als GAG für vierjährige und ältere Flachpferde veröffentlicht. Da Hindernispferde frühestens als Dreijährige laufen dürfen, werden deren Jahresgeneralausgleiche für vierjährige Hindernispferde und solche für fünfjährige und ältere Pferde herausgegeben.

Dieses GAG, in allen Ländern in ähnlicher Form bekannt, stellt somit den bisher objektivsten Maßstab dar, der auch über zurückliegende Jahrgänge oder nach Umrechnung von ausländischen Wertskalen am ehesten vergleichbar ist. Seit 1986 wird in Europa eine sog. *International Classification* verwendet (95 kg GAG = 110 I.C.).

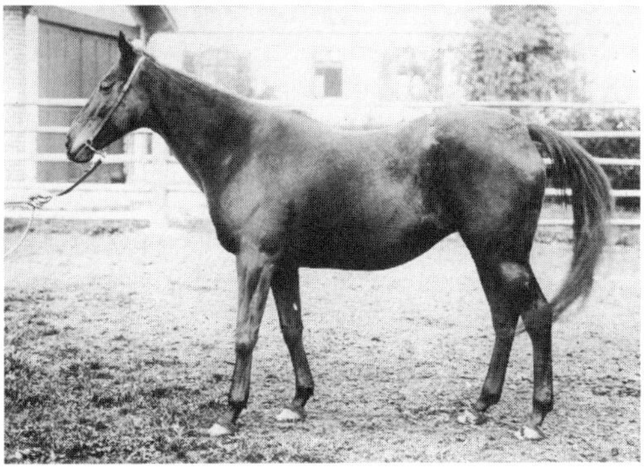

Festa, db. St., gez. 1883 in England v. St. Simon–L'Abesse de Jouarre. 1901 für fast 22 000,– Goldmark in Newmarket erworben, brachte *Festa* dem Gestüt Waldfried die fünf hervorragenden Nachkommen Festino, Fels, Fabula, Faust und Fervor.

Ticino, b. H., gez. 1939 im Gestüt Erlenhof v. Athanasius-Terra. Bester Hengst der deutschen Zucht und Vater der vier Derby-Sieger Niederländer, Neckar, Lustige und Orsini.

Mondrian, F. H., gez. 1986 v. Surumu-Mole. Züchter und Besitzer: M. Becher und J. Th. Pavenstedt. Gewinnreichster Dreijähriger der BRD mit 1 011 725,– DM. 4 Siege in Gruppe-I-Rennen, Pferd des Jahres 1989.

Orofino, db. H., gez. 1978 im Gestüt Zoppenbroich v. Dschingis Khan-Ordinale. Gesamtgewinnsumme in vier Rennjahren: 1 091 925,– DM, überlegener Derby-Sieger 1981 und dreimal zum »Galopper des Jahres« gewählt.

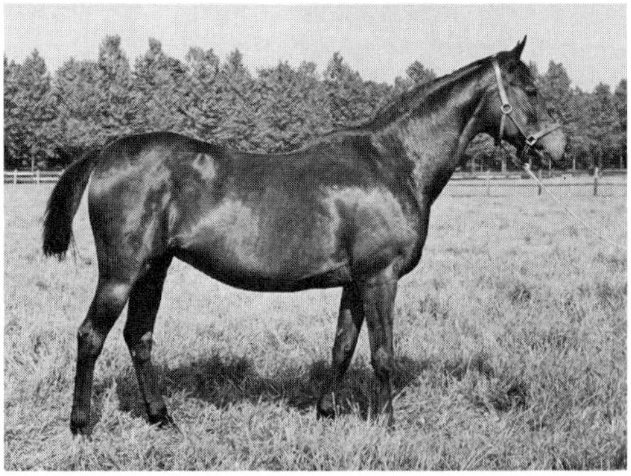

Bona, db. St., gez. 1954 v. Magnat-Bereitschaft. Die Stute brachte nach Bandit für J. Harzheim noch die Deckhengste Bacchus und Basalt und wurde Stammstute und Namensgeberin für das Gestüt bei Lechenich.

Priamos, db. H., gez. 1964 v. Birkhahn-Palazzo. Gewinnreichstes und international geprüftes Produkt der vom Gestüt Schlenderhan eingeführten Stute, die der deutschen Vollblutzucht vier Deckhengste brachte.

Windwurf, b. H., gez. 1972 v. Kaiseradler-Wiesenweihe. Für das Gestüt Ravensberg der erfolgreichste Vertreter der Waldrun-Familie, zweimal »Galopper des Jahres«, inzwischen begehrter Deckhengst.

Star Appeal, db. H., gez. 1970 v. Appiani II-Sterna. Züchter: Gestüt Röttgen. Zunächst in Großbritannien gelaufen, ehe er im Besitz von W. Zeitelhack als erstes in Deutschland trainierte Pferd Europas größtes Rennen, den Prix de l'Arc de Triomphe, gewann.

Surumu, F. H., gez. 1974 im Gestüt Fährhof v. Literat-Surama. Nach der bisher vorhandenen Zuchtwertschätzungsmethode unter Berücksichtigung der Qualität der Mutterstuten (GAG) einer der erfolgreichsten Vererber der letzten Jahre.

Mindestleistung für die Verwendung von Deckhengsten

Das GAG fand letztlich auch Eingang in das Tierzuchtrecht, in dem u. a. nach Tierarten und Rassen unterschiedliche Forderungen an die Mindestleistung in der Zucht verwendeter Vatertiere gestellt werden. In der Vollblutzucht bedeutet das, daß ein Hengst als eine wesentliche Voraussetzung zur Anerkennung ein veröffentlichtes Generalausgleichgewicht von 95 kg in Flachrennen erreicht haben muß (110 I.C.). Nur etwa 1% eines Hengstjahrganges erreicht diese Marke, die damit einen scharfen Selektionsmaßstab darstellt. Auch eingeführte Deckhengste müssen entsprechende Handicapeinstufungen als eine entscheidende Voraussetzung erfüllt haben.

In der Reitpferdezucht oder in der Warmblutzucht werden etwas niedrigere Anforderungen gestellt. Hier genügt ein GAG von 75 kg in Flachrennen oder 80 kg in Hindernisrennen bei mindestens 20 Starts in 3 Rennjahren.

Ein Vollblüter erfüllt die Anforderungen zur Verwendung in der Reitpferdezucht auch dann, wenn er keine Rennbahn betreten hat und dafür in Turnierprüfungen 5 Placierungen in Dressur- oder Springprüfungen der Klasse S oder 3 Placierungen in Vielseitigkeitsprüfungen der Klasse M oder S an erster bis dritter Stelle erreicht hat. Auch der erfolgreiche Abschluß einer Hengstleistungsprüfung im 100-Tage-Test oder einer Stationsprüfung berechtigt zum Einsatz als Deckhengst.

Leistungen von Zuchtstuten

Bei Stuten sind keine Anforderungen für die Zuchtverwendung vorgeschrieben. In das Zuchtbuch (ADGB) sind Vollblüter und Traber, im Gegensatz zu allen anderen Rassen, bereits mit der Geburt eingetragen. Züchter ist bei diesen beiden Rassen der Besitzer der Mutterstute zum Zeitpunkt der Geburt. Die jeweils höchste Einstufung der Stuten im GAG wird seit Band 30 des Gestütbuches angegeben.

Bislang spielte bei einer Zuchtstute die Abstammung die entscheidende Rolle. Die Praxis zeigt jedoch und wissenschaftliche Untersuchungen bestätigen dies, daß in der größeren Menge – also im Durchschnitt – die leistungsstärksten Stuten die erfolgreicheren Nachkommen bringen. Einzelbeispiele, die

nern und sonstigen Wissenschaftlern erarbeitet und der Mitgliederversammlung zur Beschlußfassung vorgelegt. Die Anerkennung der Deckhengste wird von der Zuchtkommission selbst ausgesprochen.
Neben der Zuchtkommission wurden zahlreiche andere Kommissionen gebildet, die spezielle Aufgaben im Auftrage der Mitgliederversammlung erledigen.

Verbandsgeschäftsführung

Zur geschäftlichen Abwicklung hat der Verband in Köln ein Büro mit verschiedenen Abteilungen eingerichtet: Rennbahnstraße 154, 50737 Köln. So werden von der *technischen Abteilung,* zentral für alle Rennvereine, jeweils vor dem Rennen Nennungen, Streichungen, Starterangaben und Rennergebnisse mit allen dazugehörigen Statistiken nach den Renntagen registriert und veröffentlicht; das bedeutet, daß auch eine im Haus befindliche Drukkerei dazugehört. Desgleichen sind die Führung des Farbenbuches für die Festlegung differenzierbarer Rennfarben, Besitzwechsel aller Renn- und Zuchtpferde sowie die Vergabe von Lizenzen und Legimitationskarten neben zahlreichen anderen Dingen Aufgabe dieser Abteilung.
In der *Zuchtabteilung* werden alle Arbeiten im Zusammenhang mit der Gestütsbuchführung erledigt, einschließlich Gesundheitsüberwachung, Anerkennung und Hengstschauen. Zunehmend an Bedeutung gewinnen die zahlreichen Einfuhren von Zucht- und Rennpferden. Über die *Buchhaltung* werden u. a. alle Nennungen, Rennpreise, Züchterprämien, Reitgelder und sonstige Gebühren verrechnet und der Versand des Wochenrennkalenders geregelt.
Neben der Geschäftsleitung ist noch eine Abteilung für Werbung und Public Relations vorhanden, die Öffentlichkeitsarbeit leistet.

Berufsausbildung in Vollblutzucht und Rennsport

Am 1. November 1975 hatten die drei Pferdesportverbände im Einvernehmen mit dem Bundesminister für Bildung und Wissenschaft nach jahrelangen Bemühungen gemäß Berufsbildungsgesetz eine Ausbildungsordnung erstellt. Mit Bundesgesetzblatt Nr. 122 vom 6. 11. 1975 erließ der Bundesminister für Ernährung, Landwirtschaft und Forsten die Verordnung über die Berufsausbildung zum *Pferdewirt.* Unter dieser Berufsbezeichnung sollen verschiedene Richtungen eine breite berufliche Grundbildung erhalten und speziell im letzten Ausbildungsabschnitt in vier verschiedene Schwerpunkte aufgeteilt werden:

1. Pferdezucht und -haltung (früher Gestütswärter und Pferdepfleger),
2. Reiten (bisher Bereiter, Berufsreiter und -fahrer),
3. Rennreiten (bisher Jockey),
4. Trabrennfahren (bisher Berufsfahrer im Trabrennsport).

Im Bereich der Vollblutzucht und des Rennsports ist der Ausbildung von *Rennreitern* und *Gestütswärtern* schon vor Erlaß der Ausbildungsverordnung größte Aufmerksamkeit geschenkt worden. Der Rennreiter – Jockey darf er sich erst nach 50 Siegritten in Rennen der Klasse A nennen – hatte schon vor dem Kriege eine harte und lange Lehrzeit (bis zu 5 Jahren) zu absolvieren. Jetzt gilt für alle Schwerpunkte eine Ausbildungsdauer von drei Jahren, die u. U. durch ein nachgewiesenes Berufsgrundschuljahr verkürzt werden kann. Solange kein einheitliches Ausbildungsprogramm vorhanden ist, sind Zugeständnisse in den einzelnen Ländern möglich. Viele der gesetzlichen Regelungen und Verordnungen werden durch die Erfordernisse der Praxis Änderungen erfahren, um die gesamte Ausbildung der Entwicklung anzupassen. Durch die Zugehörigkeit zur Landwirtschaft und als Ausbildungsberuf, der an die Versorgung von Tieren gebunden ist, gelten andere Arbeitszeitregelungen in bezug auf Anfangszeiten, Wochenstunden sowie Samstags- und Sonntagsbeschäftigung als in zahlreichen anderen Ausbildungsberufen.

Deutsche Spitzenjockeys ▷
von einst und jetzt.

Otto Schmidt

Julius Rastenberger

Kurt Narr

Fritz Drechsler

Hein Bollow

Micky Starosta

Lutz Mäder

Oskar Langner

Peter Alafi

Peter Schiergen

Manfred Hofer

Andreas Boschert

Galopprennen werden auf der ganzen Welt von mehr Menschen besucht als jede andere Sportart. Zum einen locken sie die Pferde und die ganze Atmosphäre, zum anderen die Wetten und das Geld.

Mit Sicherheit ist der Beruf des Pferdewirts vielseitig, abwechslungsreich und naturverbunden. Zu den allgemeinen Tätigkeiten gehören Füttern, Tränken, Putzen und andere tägliche Versorgungsarbeiten, die unter dem Begriff Haltung zusammengefaßt werden könnten und zur Gesunderhaltung des Pferdes notwendig sind. Die Pflege und Wartung bestimmter Maschinen und Geräte gehören zur Ausbildung ebenso wie Fragen zum Umweltschutz; Arbeitsschutz und Unfallverhütung, Rechts-, Wirtschafts- und Sozialkunde sind weitere wichtige Fächer.

Die einzelnen Fertigkeiten und Kenntnisse sind unter Berücksichtigung der jeweiligen Schwerpunkte nach einem Ausbildungsrahmenplan zu vermitteln. Gegebenenfalls sind auf Grund betriebspraktischer Besonderheiten Teile der Ausbildung außerhalb der Ausbildungsstätte durchzuführen. So erhalten Auszubildende im Schwerpunkt Zucht, soweit sie in Vollblutgestüten ausgebildet werden, Reit-, u. U. auch Fahrlehrgänge, zusätzlich außerbetriebliche Ausbildungsmaßnahmen, möglichst auch in Grünlandbewirtschaftung. Rennreiter erhalten nach Möglichkeit zusätzlich eine turnierreiterliche Ausbildung mit dem Ziel des Reitabzeichens Klasse IV (Bronze).

Nach dem ersten Ausbildungsjahr ist, wie in allen Berufen, eine Zwischenprüfung durchzuführen. Fertigkeiten und Kenntnisse richten sich nach dem Rahmenplan und dem im Berufsschulunterricht, meist in speziellen »Pferdeklassen«, vermittelten Lehrstoff. Grundsätzlich kann dem angehenden Berufsrennreiter erst nach absolvierter Zwischenprüfung die Erlaubnis erteilt werden, Rennen zu reiten. Der Abschluß einer entsprechenden Unfallversicherung sollte Selbstverständlichkeit sein.

In der Abschlußprüfung wird der jeweils gewählte Schwerpunkt durch entsprechend unterschiedliche Arbeitsproben berücksichtigt. Leider werden zur Ermittlung des Gesamtergebnisses Fertigkeits- und Kenntnisteil mit gleichem Gewicht gewertet. Bestandene Zwischenprüfung und Führung des Berichtsheftes sind grundlegende Zulassungsvoraussetzungen. Dazu kommen beim Berufsrennreiter mindestens drei Ritte in Rennen.

Erst nach bestandener Abschlußprüfung erhält der Berufsrennreiter eine entsprechende Reitlizenz. Bis zum 50. Sieg in Rennen der Klasse A erhalten Auszubildende und Berufsrennreiter eine Gewichtserlaubnis (eine Vergünstigung, weniger als das vorgeschriebene Gewicht erbringen zu müssen). Diese ist gestaffelt nach 3 kg bis zum dreißigsten Sieg, 2 kg bis zum vierzigsten und 1 kg bis zum fünfzigsten. Hierbei zählen für Flachrennen nur Siege in Flachrennen; Entsprechendes gilt für Hindernisrennen. Reitet ein Auszubildender ein Pferd seines Trainers, so ist die Gewichtserlaubnis 5 kg bis zum zehnten Sieg, 4 kg bis zum dreißigsten, 2½ kg bis zum vierzigsten und 1½ kg bis zum fünfzigsten Sieg. Diese Erlaubnis kann auch der Berufsrennreiter in Anspruch nehmen, wenn er nach der Abschlußprüfung bei seinem Trainer ununterbrochen beschäftigt geblieben ist.

Für jeden Ritt erhält der Berufsrennreiter oder Auszubildende ein Reitgeld, das sich im Siegfall verdoppelt. Außerdem erhält der Rennreiter in Rennen der Klasse A 5% des von seinem Pferd gewonnenen Geldpreises. Dem Auszubildenden stehen diese 5% nur im Siegfall zu. Bei günstigem Körpergewicht und guter körperlicher Verfassung ist der Berufsrennreiter oder Jockey in der Lage, recht lang zu reiten. In vielen Fällen setzt zunehmendes Körpergewicht diesem Vorhaben ein Ende. Dies könnte auch bei Beginn der Ausbildung bereits der begrenzende Faktor sein. Der Auszubildende sollte nicht mehr als 40 kg wiegen. Ideal ist für den späteren Jockey, wenn er 50 bis 55 kg reiten kann. Da männliche Auszubildende von diesem Problem stärker betroffen sind als weibliche, nimmt deren Zahl ständig zu; von derzeit ca. 100 bestehenden Ausbildungsverträgen mit Rennreitern sind 80 mit Mädchen abgeschlossen (Stand Herbst 1993). Sehr oft kommen die Rennreiterinnen trotz bester Abschlußprüfungen im späteren Berufsleben nicht zu den erwarteten Erfolgen wie ihre männlichen Kollegen. Gründe dafür dürften teils mangelnde Kraft und Kondition sein.

Als Fortbildungsstufe für alle Pferdewirte besteht nach weiterer dreijähriger Tätigkeit die Zulassung zur *Pferdewirtschaftsmeisterprüfung.* Auch hier ist die Meisterprüfung in den vier Schwerpunkten möglich und entspricht im Rennsport der Trainerprüfung. Das Berufsbildungsgesetz macht sogar bei entsprechender Spezialisierung die Änderung der Schwerpunkte möglich.

Auf Grund des Berufsbildungsgesetzes wurde 1980 die Verordnung über die Eignung der Ausbildungsstätte erlassen. In bezug auf den Pferdebestand werden im Schwerpunkt Reiten mindestens zehn Pferde im Training verlangt. Für die Ausbildung im Schwerpunkt Zucht wird in Vollblutgestüten die Haltung von mindestens fünf Zuchtstuten und einem Deckhengst gefordert, um alle Tätigkeiten eines Zuchtbetriebes wie z. B. Bedeckung, Abfohlung und Aufzucht zu erlernen. Auch in diesem Schwerpunkt überwiegt bei derzeit 30–35 Verträgen in Vollblutgestüten das weibliche Geschlecht.

Nach der Ausbildung ist auch hier die Fortbildungsstufe zum Pferdewirtschaftsmeister möglich. Gut ausgebildete Kräfte werden in allen Sparten, die sich mit Zucht, Ausbildung und Sport des Pferdes befassen, benötigt.

Weitere detaillierte Angaben hierzu sind in dem Kapitel »Das Berufsbild des Pferdewirts« nachzulesen.

Traber – Zucht und Sport

Dr. Örs Katona
Zuchtleiter beim Hauptverband für Traber-Zucht und -Rennen e. V., Kaarst

Die Ursprünge

Der Begriff »Traber« wurde von den Römern geprägt, die im 5. Jahrhundert v. Chr. in Britannien einen Pferdeschlag beschrieben, der sich durch besondere Trabanlagen auszeichnete. Sie nannten ihn »Tormentor«, was soviel wie Traber bedeutet. Aus diesem Pferdeschlag hat sich der englische Norfolk-Traber entwickelt, der seinerseits bei der Entstehung des eigentlichen Trabers eine wesentliche Rolle gespielt hat.
Pferderennen, in denen der Trab als Gangart vorgeschrieben war, fanden wohl erstmals im frühen 18. Jahrhundert in Skandinavien statt. Es handelte sich in erster Linie um Schlittenrennen, in denen die einheimischen Kaltblüter angespannt wurden. Aus diesen Kaltblütern ist der sog. »Kaltbluttraber« entstanden, der eine eigene Pferderasse darstellt. Er wird heute in Finnland, Norwegen und Schweden überwiegend für den Rennbetrieb gezüchtet, der in diesen Ländern eine fast vergleichbare Bedeutung besitzt wie der Rennbetrieb mit dem eigentlichen Renntraber.
In Holland wurden ab ca. 1750 Trabrennen in den Straßen durchgeführt, an denen sog. »Harddravers« teilnahmen. Diese aus den Friesenpferden herausgezüchtete Rasse hat einen weiteren wesentlichen Teil zu den Blutgrundlagen des Trabers beigetragen.
Eine systematische Traberzucht mit entsprechenden Leistungsprüfungen ist zuerst in Rußland ab ca. 1780 entwickelt worden. Unabhängig hiervon enstanden ab ca. 1820 in Frankreich bzw. rund ein Jahrzehnt später in Nordamerika weitere systematische Traberzuchten, und zwar jeweils auf völlig verschiedenen Blutgrundlagen. Diese drei Originalzuchten des Trabers begründeten die nahezu weltweite Verbreitung des Trabers. Die Traberzucht in allen anderen Ländern entstand auf der Grundlage dieser Originalzuchten.

Die Originalzuchten des Trabers

Der Orlow- und der russische Traber

Für weite Strecken ist der Trab die wirtschaftlichste Gangart, da in ihm die eigentlich gegensätzlichen Anforderungen von Ausdauer und Schnelligkeit vereint und optimiert sind. Dieses Anliegen war bei den enormen Entfernungen im russischen Zarenreich von besonderer Bedeutung. So verwundert es nicht, daß erstmals in Rußland die Zucht von Pferden mit der Hauptgangart Trab systematisch angegangen wurde. Graf Orlow-Tschesmensky (1737–1809), politischer Berater und Liebhaber der Zarin Katharina II., versuchte mit einheimischen Pferden leichter Schläge, ein schnelles, ausdauerndes und schönes Pferd zu züchten, wobei die Trableistung im Vordergrund stand. Wegen seiner Leibesfülle, die ihm beim Reiten Schwierigkeiten bereitete, sollte die Trableistung im Wagen oder Schlitten erbracht werden.
Nachdem diese Zuchtversuche mit einheimischen Pferden fehlschlugen, importierte Graf Orlow unter Einsatz enormer Geldmittel den arabischen Vollblut-Schimmelhengst *Smetanka ox* sowie Harddraver-Stuten aus Holland und Dänemark. Der Vollblut-Araber sollte die geforderte Schönheit und Härte, die Harddraver-Stuten das geforderte Trabvermögen und Kaliber liefern. Die resultierenden Kreuzungsprodukte unterzog Graf Orlow einer systematischen Leistungsprüfung: Einer-

Graf Orlow-Tschesmensky (1737–1809) versuchte als erster, systematisch Traber mit großen Rennleistungen zu züchten. Der Schimmelhengst *Bars I* (auf dem Bild vor dem Schlitten) wurde der Stammvater des Orlow-Trabers.

seits mußte eine Strecke von rund 400 m viermal nacheinander in maximalem Renntrab zurückgelegt werden, wobei im vierrädrigen Rennwagen oder im Rennschlitten 240 kg zu ziehen waren. Andererseits mußte eine Strecke von rund 20 km schnellstmöglich getrabt werden. Die Ergebnisse dieser ständigen Prüfungen wurden sorgfältig aufgezeichnet und bildeten die Grundlage der Zuchtauswahl. Bereits nach zwei Generationen fand Graf Orlow in dem Schimmelhengst *Bars I* seine Vorstellungen verwirklicht; Vater von *Bars I* war ein *Smetanka ox*-Sohn, die Mutter war eine holländische Harddraver-Stute. Mit diesem Hengst züchtete er unter enger Inzucht bzw. Inzestzucht weiter, so daß *Bars I* nach einer siebzehnjährigen Decktätigkeit zum Stammvater der neuen Pferderasse, dem »Orlow-Traber«, wurde. Bereits nach vier weiteren Generationen hatten sich die Zuchtprodukte in Exterieur und Leistung so weit konsolidiert, daß von einer neuen Rasse gesprochen werden konnte. Da weder Graf Orlow noch nach dessen Tod seine Ehefrau Hengste abgaben, konnte sich die neue Rasse nicht weit verbreiten. Nach dem Übergang der Orlowschen Gestüte in das Eigentum des Zaren, der Orlow-Hengste in den staatlichen Deckstationen aufstellte und damit der Allgemeinheit zugänglich machte, erlangte der Orlow-Traber landesweite Verbreitung. Zur wichtigsten Pferderasse Rußlands wurde er, als die russische Post ausnahmslos mit Orlow-Trabern bestückt wurde. Parallel dazu breitete sich der Trabrennsport, der mit Eröffnung des Moskauer Hippodroms bereits 1830 seine ersten geordneten Anfänge hatte, über das ganze Land aus. Ab ca. 1870 setzte dann auch ein reger Export von Renntrabern nach Westeuropa ein, nachdem hier die Zucht eines Trabers begann.

Mit dem Erscheinen von Trabern aus Nordamerika um die Jahrhundertwende, die sowohl den Orlow-Trabern als auch den bereits vorhandenen einheimischen Trabern überlegen waren, erlosch die westeuropäische Nachfrage weitgehend. Die Überlegenheit der nordamerikanischen Traber hatte auch in Rußland selbst deutliche Auswirkungen. Es wurden rund 150 Traberhengste und 200 Traberstuten aus den USA importiert und in der Orlow-Zucht eingesetzt. Die Einkreuzungen führten zu einer Aufspaltung des Orlow-Trabers in eine Original-Orlow-Linie und eine russisch-amerikanische Linie, den sog. »Metis-Traber«. Für diese Metis-Traber bürgerte sich vor allem im Ausland der Begriff »russischer« Traber immer mehr ein; er war von Beginn der Zucht an deutlich schneller als der Original-Orlow-Traber. Internationale Konkurrenzfähigkeit besaß er aber nur bis zur Jahrhundertwende; bis dahin wurde er allerdings in einer zweiten Welle in großem Umfang nach Westeuropa exportiert. Der Origi-

finden in Bayern mittlerweile von Frühjahr bis Spätherbst mindestens viermal in der Woche Trabrennen statt. Weitere Trabrennen finden an drei Renntagen im Jahr in Pfarrkirchen, der Wiege der bayerischen Traberzucht, statt; hier wird mit dem »Bayerischen Zuchtrennen« eines der ältesten Rennen Deutschlands durchgeführt. Auch die Galopp-Rennbahn München-Riem veranstaltet mangels ausreichenden Galopp-Startpferden Trabrennen; in der Regel werden zwei Rennen pro Tag – und zwar mit beachtlicher Dotierung – abgehalten.

In Berlin, dem vierten Schwerpunkt des deutschen Trabrennsports, finden ebenfalls regelmäßig vier Renntage pro Woche statt. Hier ist die Karlshorster Rennbahn mittlerweile vom neuen Eigentümer, der Treuhandanstalt, durch den Trabrennverein Mariendorf gepachtet worden.

Auf diesen Rennbahnen werden jährlich rund 10 000 Trabrennen abgehalten, bei denen 400 Millionen DM an Wetten umgesetzt und 70 Millionen DM an Rennpreisen und Züchterprämien ausbezahlt werden. Tabelle 1 stellt die wichtigsten Kenndaten des Rennbetriebs für das Jahr 1993 zusammen.

Zusätzlich zu den ausgewiesenen Rennpreisen kommen Züchterprämien in Höhe von 10% der Rennpreise hinzu, die nicht den Besitzern, sondern den Züchtern der Pferde zustehen.

Die ausgewiesenen Rennpreise und Wettumsätze stellen Rekordmarken einer seit den fünfziger Jahren kontinuierlichen Aufwärtsentwicklung dar. Dieser Trend ist lediglich durch die Folgen einer vorübergehenden Kürzung der Rennwettsteuer-Rückerstattung 1982 unterbrochen worden, die zu einem empfindlichen Rückgang führte, der erst nach einigen Jahren wieder ausgeglichen werden konnte.

Neben den in Tabelle 1 namentlich aufgeführten Rennbahnen gibt es noch rund vierzig weitere Einrichtungen, auf denen überwiegend ländliche Pferde-Zucht- und -Rennvereine fallweise einige Renntage mit Trabrennen veranstalten. Diese Rennen stellen keine Leistungsprüfungen im Sinn des Tierzuchtgesetzes und der Trabrennordnung dar, da die Voraussetzungen für die Lieferung aussagekräftiger Leistungsdaten nicht gegeben sind (z. B. Beschaffenheit und Linienführung des Geläufs, fehlende Zeitmessung). Sie erfreuen sich aber trotzdem großer Beliebtheit, vor allem bei einem Publikum, das ansonsten wenig Kontakt mit Trabern hat, und entfalten somit eine beachtenswerte Werbewirksamkeit. Die bekannteste derartige Veranstaltung stellen die »Duhner Wattrennen« vor Travemünde im Juli jeden Jahres dar, die alljährlich von 20 000 und mehr Zuschauern besucht werden.

Am Rennbetrieb nehmen jährlich ca. 8000 Pferde teil, die 90 000 Starts absolvieren. Die

Tabelle 1
Kenndaten des Rennbetriebs 1993

Rennbahn	Renntage	Rennen	Rennpreise*)	Wettumsatz
Berlin-Karlshorst	88	930	2 169 370 DM	15 875 214 DM
Berlin-Mariendorf	102	1 134	7 446 950 DM	43 081 731 DM
Dinslaken	79	1 003	8 238 750 DM	59 907 145 DM
Elmshorn	49	636	1 297 550 DM	8 604 435 DM
Gelsenkirchen	91	1 123	12 622 500 DM	77 269 960 DM
Hamburg	107	1 356	7 951 100 DM	46 237 587 DM
Mönchengladbach	58	750	3 661 900 DM	26 943 688 DM
Mühldorf	14	141	210 350 DM	1 700 305 DM
München-Daglfing	88	999	8 910 820 DM	61 029 550 DM
München-Riem	16	32	222 300 DM	1 805 180 DM
Pfaffenhofen	43	489	2 979 050 DM	20 310 755 DM
Pfarrkirchen	3	34	176 500 DM	622 923 DM
Straubing	45	472	1 646 190 DM	8 550 913 DM
Sonstige	15	64	180 700 DM	674 865 DM
Gesamt	870	10 098	63 552 080 DM	418 938 496 DM

*) Zu den Rennpreisen werden zusätzlich 10% an Züchterprämien ausbezahlt.

Trabrennen finden bei jedem Wetter statt, auch im Winter.

Sogar auf dem Watt wird getrabt: Duhner Wattrennen.

Tabelle 2
Kenndaten der Startpferde 1993

Alter	Anzahl Pferde	Anzahl Starts/Pferd	Jahres-gewinn-summe/Pferd
Zweijährige	331	3,0	10 248 DM
Dreijährige	1 154	7,2	7 764 DM
Vierjährige	1 564	11,8	9 949 DM
Fünfjährige	1 441	13,0	9 877 DM
Sechsjährige	1 137	13,4	8 352 DM
Siebenjährige	915	12,7	9 133 DM
Achtjährige	602	12,7	5 713 DM
Neunjährige	387	12,4	5 153 DM
Zehnjährige	231	11,9	5 210 DM
Ältere	185	10,8	3 960 DM
Gesamt	7 947	11,3	8 477 DM

Starthäufigkeit ist stark altersabhängig, wobei die Zweijährigen die geringste Startfrequenz besitzen. Der Durchschnitt über alle Altersstufen liegt bei etwa 11 Starts pro Pferd und Jahr. Die rund 8000 Startpferde wetteifern um einen Preiskuchen von rund 70 Millionen DM, so daß die durchschnittliche Gewinnsumme pro Pferd und Jahr 8000 DM beträgt. Tabelle 2 zeigt die wichtigsten Kenndaten der Startpferde.
Art und Rennpreisausstattung der Rennen werden in der sogenannten Ausschreibung festgelegt. Diese muß sich im Rahmen des vorgegebenen Rennsystems bewegen. Trabrennen sind die alleinigen Leistungsprüfungen auf dem Gebiet der Traberzucht im Sinn des Tierzuchtgesetzes. Das Rennsystem ist somit in das Zuchtprogramm eingebettet und damit auf die Erzeugung und Lieferung von Leistungsdaten mit möglichst großer züchterischer Aussagekraft ausgerichtet. Neben der Erfüllung züchterischer Aufgaben muß das Rennsystem aber auch für den Wetter möglichst attraktiv gestaltet sein, damit die wirtschaftliche Grundlage von Traberzucht und Trabrennsport – der Wettbetrieb – in bestmöglichem Umfang gewährleistet wird.
Auf Grund dieser – manchmal nicht leicht miteinander zu vereinbarenden – Anforderungen werden die Ausschreibungen nach folgenden Eigenschaften der Pferde differenziert: Nationalität, Alter (das Mindestalter beträgt zwei Jahre, das Höchstalter bei Stuten zehn bzw. bei Hengsten und Wallachen vierzehn Jahre), Geschlecht (Hengste, Wallache, Stuten), Gewinnsumme und Rekord. Durch die unterschiedliche Kombination dieser Kriterien und die Variation innerhalb der Kriterien (z. B. Beschränkung auf bestimmte Mindest- oder Höchstgewinnsummen) in der Ausschreibung der Rennen kann dann erreicht werden, daß immer wieder andere Pferde mit unterschiedlicher absoluter und aktueller Leistungsfähigkeit zusammentreffen. Eine weitere Variationsmöglichkeit bieten Rennstrecken-Zulagen, die Pferde mit höheren Gewinnsummen gegenüber ihren Konkurrenten aus einer niedrigeren Gewinnsummenkategorie aufnehmen müssen (»Geldpönalitäten-System«). Diese Ausschreibungsmöglichkeiten werden in erster Linie für die Rennen des »Alltagssports« genutzt. In den höher dotierten sowie den züchterisch besonders aussagekräftigen Rennen dominieren Ausschreibungen, in denen die Teilnahmeberechtigung nur an einige wenige Kriterien

Tabelle 3
Ausgeschriebene Zuchtrennen 1994

Datum	Rennverein	Rennen	Mindest-Rennpreis
Zweijährige			
30. 06.	HH	Versuchsrennen der Zweijährigen/Hengste	80 000 DM
04. 07.	HH	Versuchsrennen der Zweijährigen/Stuten	80 000 DM
31. 07.	MG	Großer Preis der Firma Holthoff	60 000 DM
20. 08.	SR	Rennen Nr. 4	100 000 DM
04. 09.	BM	Jugend-Preis	100 000 DM
11. 09.	HH	Walter-Heitmann-Rennen	140 000 DM
25. 09.	MD	Bayerischer Jugend-Preis	100 000 DM
16. 10.	GE	Buchmacher Springer Gold-Cup	300 000 DM
29. 10.	PFH	Criterium der Zweijährigen	100 000 DM
13. 11.	RE	Preis des Winterfavoriten	100 000 DM
28. 11.	DIN	BSG Championat der Zweijährigen	100 000 DM
Dreijährige			
12. 05.	HH	Permit-Rennen	60 000 DM
24. 05.	PFK	Bayerisches Zuchtrennen	60 000 DM
02. 06.	MG	Großer Schlösser Alt-Preis	60 000 DM
05. 06.	BM	Adbell Toddington-Rennen	60 000 DM
12. 06.	HH	Bernhard-Frahm-Rennen	100 000 DM
19. 06.	DIN	Großer Preis der NRZ	100 000 DM
03. 07.	BM	Buddenbrock-Rennen	100 000 DM
17. 07.	RE	Trophäe der Dreijährigen	100 000 DM
06. 08.	BM	Arthur Knauer-Rennen	150 000 DM
07. 08.	BM	Deutsches Traber-Derby	560 000 DM
28. 08.	MD	Bayern-Pokal	100 000 DM
10. 09.	EH	Großer Preis der Stadt Elmshorn	60 000 DM
18. 09.	GE	Großer Preis der Spielbank Hohensyburg	300 000 DM
01. 10.	PFH	Großer Herbst-Preis der Traber	120 000 DM
08. 10.	HH	Krone der Dreijährigen	100 000 DM
08. 10.	HH	Hamburger Dreijährigen-Preis	60 000 DM
24. 10.	SR	Straubinger Dreijährigen-Preis	60 000 DM
Vierjährige			
20. 03.	HH	Hanseaten-Preis	100 000 DM
10. 04.	MG	Niersia-Pokal	90 000 DM
07. 05.	SR	Pokal der Vierjährigen	80 000 DM
15. 05.	RE	Recklinghäuser Criterium	100 000 DM
23. 05.	DIN	Pokal der Rheinfelsquelle	90 000 DM
29. 05.	GE	A + M-Pokal	100 000 DM
12. 06.	MD	Großer Preis von Daglfing	60 000 DM
02. 08.	BK	Großer Preis von Ruhleben	60 000 DM
03. 09.	PFH	Preis der Stadt Pfaffenhofen	60 000 DM
02. 10.	MD	Criterium der Vierjährigen	75 000 DM
30. 10.	MD	Großer Preis von Deutschland	500 000 DM

BM: Berlin-Mariendorf; BK: Berlin-Karlshorst; DIN: Dinslaken; EH: Elmshorn; GE: Gelsenkirchen; HH: Hamburg; MD: München-Daglfing; MG: Mönchengladbach; PFH: Pfaffenhofen; PFK: Pfarrkirchen; RE: Recklinghausen; SR: Straubing

Tabelle 4
Ausgeschriebene Gruppenrennen 1994

Datum	Rennverein	Rennen	Mindest-Rennpreis
06. 03.	HH	Pit Pan-Rennen	160 000 DM
03. 04.	HH	Heide Lore-Rennen	60 000 DM
04. 04.	HH	Championship von Bahrenfeld	60 000 DM
04. 04.	DIN	König-Pilsener-Pokal	194 000 DM
17. 04.	BM	Robert Großmann-Erinnerungs-Rennen	60 000 DM
18. 04.	MD	Großer Preis von Bayern	200 000 DM
24. 04.	RE	Deutsches Championat der Fünfjährigen	60 000 DM
01. 05.	GE	Bild-Pokal	100 000 DM
23. 05.	PFK	Großer Jubiläums-Preis	100 000 DM
23. 05.	HH	Deutsche Amateur-Meisterschaft	110 000 DM
12. 06.	HH	Gladiatoren-Rennen	145 000 DM
26. 06.	BM	Matadoren-Rennen	100 000 DM
10. 07.	GE	Elite-Rennen	200 000 DM
10. 07.	GE	Elite der Vierjährigen	60 000 DM
10. 07.	GE	Elite der Fünfjährigen	60 000 DM
10. 07.	GE	Elite der Steher	60 000 DM
10. 07.	GE	Buchmacher Paweltzik-Sprinter-Pokal	90 000 DM
10. 07.	GE	Preis des Porsche-Zentrums Essen	60 000 DM
10. 07.	GE	Preis der Nationen	60 000 DM
14. 07.	GE	Gelsentrab-Cup	130 000 DM
24. 07.	MD	Deutsches Traberchampionat	120 000 DM
31. 07.	BM	Preis von Europa	100 000 DM
03. 08.	BM	Charlie-Mills-Memorial	60 000 DM
05. 08.	BM	Gelinotte Memorial	90 000 DM
12. 08.	RE	Deutsches Championat der Fünfjährigen	60 000 DM
13. 08.	RE	Deutscher Stuten-Preis	105 000 DM
14. 08.	RE	Vest-Pils-Preis	105 000 DM
21. 08.	MD	Großer Preis von München	60 000 DM
25. 09.	MD	Münchner Pokal	150 000 DM
28. 09.	MD	Steher-Trophy	60 000 DM
03. 10.	MD	Preis der Besten	200 000 DM
09. 10.	HH	Hamburger Stuten-Preis	100 000 DM
09. 10.	HH	Großer Preis von Bild	150 000 DM
23. 10.	HH	Preis der Spielbank Hamburg	60 000 DM
31. 10.	DIN	Europa-Championat der Fünfjährigen	100 000 DM
01. 11.	MG	Rheinischer Stuten-Preis	90 000 DM
06. 11.	GE	Großer Preis der Stadt Gelsenkirchen	100 000 DM
15. 11.	MG	Großer Preis der Stadt Mönchengladbach	60 000 DM
16. 11.	HH	Deutschland-Pokal	100 000 DM
20. 11.	MD	Großer Daglfinger Stuten-Preis	60 000 DM
27. 11.	GE	Großer Preis der Bitburger Brauerei	100 000 DM
04. 12.	DIN	Goldenes Pferd	100 000 DM
26. 12.	GE	Gelsentrab-Park-Gala	100 000 DM

geknüpft ist (z. B. Alter, Geschlecht, Nationalität). Die »offenste« Ausschreibungsform ist das »Frei für alle«, bei der – abgesehen von den grundlegenden Anforderungen (z. B. Eintragung in einem anerkannten Traberzuchtbuch, rennfähiges Alter) – alle Pferde ohne jegliche Einschränkung teilnahmeberechtigt sind.

Die Trabrennordnung kennt folgende besondere und wichtigere Arten der Rennen:

Qualifikationsrennen
Die Teilnahme an Leistungsprüfungen ist nur möglich, sofern sich das Pferd hierfür qualifiziert hat. Die Qualifikation wird in sog. Qualifikationsrennen erworben; es handelt sich um Feststellungsprüfungen ohne Dotation und Wettbetrieb. Gefordert werden bei den Zweijährigen eine Mindestzeit von 1:25.0 über 1600 m und bei den Älteren eine Mindestzeit von 1:25.0 über mindestens 1900 m.

Zuchtrennen
In diesen Rennen sollen die besten Pferde innerhalb eines Jahrgangs ermittelt werden. Sie dienen im Hinblick auf das Zuchtziel der Frühreife in besonderem Maß der Leistungsprüfung der Zuchtpopulation. Es sind somit nur zwei-, drei- und vierjährige Inländer teilnahmeberechtigt, die in Abteilung A des Geburtenregisters (siehe Abschnitt »Traberzucht«) eingetragen sind. Es werden pro Jahr insgesamt rund 40 Rennen dieser Art veranstaltet.

Gruppenrennen
In diesen Rennen sollen die besten Pferde innerhalb oder zwischen Jahrgängen ermittelt werden; sie dienen einerseits der Überprüfung, inwieweit das Zuchtziel der Frühreife erreicht worden ist, und andererseits der Standortfeststellung im internationalen Bereich. Es handelt sich somit um Vergleichsrennen für inländische Pferde meist unterschiedlichen Alters untereinander oder für inländische und ausländische Pferde gleichen oder unterschiedlichen Alters, das zwischen 3 und 14 Jahren liegen kann. Es werden pro Jahr insgesamt rund 50 Rennen dieser Art veranstaltet.

Standardrennen
Es handelt sich um gehobenere Rennen mit regionaler Bedeutung, deren Mindestdotierung 30 000 DM und deren Höchstdotierung 50 000 DM beträgt. Weitere, besondere Ausschreibungsanforderungen bestehen nicht. Es werden pro Jahr insgesamt rund 60 Rennen dieser Art veranstaltet.

Die Tabellen 3 und 4 (siehe die beiden vorangehenden Seiten) zeigen die Zucht- und Gruppenrennen nach Alter der teilnahmeberechtigten Pferde geordnet, die für das Jahr 1994 ausgeschrieben wurden.

Der Rennbetrieb liefert folgende wichtige Leistungsmerkmale:

Rennzeit
Die Rennzeit stellt die einheitlich auf 1000 m umgerechnete Durchschnittszeit dar; sie wird aus der für die gesamte Rennstrecke benötigten absoluten Zeit berechnet und in Minuten, Sekunden und Zehntelsekunden angegeben. Die beste Rennzeit eines Pferdes wird als »Rekord« bezeichnet.

Beispiel:

- □ Benötigte Zeit bei einer Rennstrecke von 2100 m: 2 Min. 42.8 Sek.
- □ Rennzeit: 162.8 Sek. : 2100 = 77.52 Sek. = 1 Min. 17.5 Sek. = »1:17.5«

Die Zeitmessung erfolgt elektronisch, wobei die Start- und Zielpassage mittels Lichtschranken festgestellt wird.

Gewinnsumme
Sie stellt die Summe der erzielten Rennpreise, bezogen auf ein bestimmtes Jahr (»Jahresgewinnsumme«) oder auf die gesamte Rennlaufbahn (»Lebensgewinnsumme«) dar. Auslandsgewinne werden an Hand von international vereinbarten und weltweit gültigen Wechselkursen umgerechnet.

Plazierung
Die Plazierung stellt den in einem bestimmten Rennen erreichten Rang (»Platz«) dar. Die Plazierungen werden mittels Zielfotografie festgestellt. Bei knappen Abständen zwischen den Pferden wird das sogenannte »Zielfoto« über das bahneigene Fernsehen veröffentlicht. Sofern auch mit der Zielfotografie kein Abstand festgestellt werden kann, wird auf »totes Rennen« erkannt. In diesem Fall belegen zwei oder mehr Pferde den gleichen Rang.

Trabsicherheit
Trabrennen sind in taktreinem Trab zu absolvieren. Galopp, Dreischlag und Paß führen, sofern sie zu einem Vorteil gegenüber den Konkurrenten führen oder zu lange bzw. wiederholt gezeigt werden, zur Disqualifikation: Das Pferd wird dann aus der Wertung genommen, auch wenn es auf einem mit einem Rennpreis dotierten Platz liegt.

Galopprennen in seiner ganzen Härte! Ein derart schwieriges Geläuf schafft nur die Sandbahn.

Das Feld ist ab – Start in die Rennsaison auf einer der gepflegten amerikanischen Grasbahnen.

Die Galopper, die bei den bekannten Winterrennen in der Schweiz teilnehmen, müssen das ganze Jahr über in Rennkondition gehalten werden.

Hier kommen die Spezialisten unter den Galoppern auf ihre Kosten. Nicht alle Rennpferde werden mit diesen Bodenverhältnissen fertig.

Faszination des Galopprennsports. Weltweit haben die Galopprennen mehr Zuschauer als in jeder anderen Sportart.

Hindernisrennen gehören zu den härtesten Prüfungen im Galoppsport.

Skikjöring – und was dabei passieren kann: eine akrobatische Situation!

Autostart auf einer der vielen amerikanischen Trabbahnen. Diese Startart hat den früher üblichen Bänderstart weitgehend abgelöst.

Die kraftvolle Aktion in der Schubphase des Trabers wird auf diesem Foto besonders deutlich. Die Hinterhand ist die treibende Kraft, über den hier gut sichtbaren »Overcheck« hat der Fahrer die Möglichkeit, die Aufrichtung des Pferdes besser dirigieren zu können.

Das Feld in voller Pace.

Bewegungsstudie in der Schwebephase: Auf dem Bild der Hengst *Devil Hanover,* der im »Hambletonian«, dem bedeutendsten Trabrennen Amerikas, zweimal Zweiter war.

Auch die Trabrennen im Winter, gefahren im Schlitten oder vor dem Sulky auf Kufen, erfreuen sich großer Beliebtheit. Besonders gepflegt wird diese Tradition in den Ländern der europäischen Alpenregion, wie hier in St. Moritz/Schweiz.

Zur Gewährleistung der Sauberkeit des Rennbetriebs – es sind das Tierschutz-, das Tierzucht- sowie Rennwett- und Lotteriegesetz tangiert – wird eine aufwendige und kostenintensive Dopingbekämpfung durchgeführt. Dopingkontrollen werden systematisch seit den siebziger Jahren durchgeführt. Pro Renntag werden routinemäßig ein bis zwei Blut- oder wahlweise Harnproben genommen. Darüber hinaus werden die drei Erstplazierten aller Rennen mit einer Dotation ab 50 000 DM obligatorisch auf Doping kontrolliert. Bei Verdachtsfällen ordnet die Rennleitung weitere Dopingkontrollen – auch bei unplazierten Pferden – an. Im Jahr 1993 sind auf den deutschen Trabrennbahnen insgesamt 1585 Dopingproben genommen und untersucht worden, von denen neun Proben positiv waren. Diese Zahlen unterstreichen die große präventive Wirkung der Dopingbekämpfung. Ein positiver Dopingfall liegt vor, wenn eine in der Dopingliste enthaltene Substanz festgestellt wird; hierbei ist die ermittelte Konzentration ohne Belang. Ein positiver Dopingfall führt im Rahmen einer Verwaltungsmaßnahme – aus tierschützerischen Gründen – zu einer mindestens dreimonatigen Ausschließung des betreffenden Pferdes vom Rennbetrieb. Weiterhin wird das Pferd aus der Wertung genommen, was zur Anullierung der erzielten Plazierung, Rennzeit und eines etwaigen Rennpreises führt. Der Trainer des Pferdes erhält – ebenfalls im Rahmen einer Verwaltungsmaßnahme – ein achttägiges Fahrverbot. Gleichzeitig wird ein verbandsinternes Ermittlungsverfahren eingeleitet, das bei begründetem Verdacht einer Manipulationsabsicht schließlich in einem Ordnungsverfahren mündet, in dem u. a. weitere, mehrmonatige Start- und Fahrverbote verhängt werden können.

Traberzucht

Als in Deutschland mit einer systematischen Traberzucht begonnen wurde, herrschte bereits ein reger Rennbetrieb. Es wurden überwiegend Gebrauchspferde mit gutem Trabvermögen – vor allem Holsteiner und Oldenburger, später auch Halbblüter und schließlich in stark steigendem Ausmaß importierte Traber der drei Originalzuchten – eingesetzt. Die wirtschaftliche Notwendigkeit, den immer umfangreicheren Rennbetrieb mit den erforderlichen Startpferden zu versorgen, führte schließlich zu einer eigenständigen Traberzucht. Da ein eklatanter Mangel besonders an geeigneten inländischen Traberhengsten herrschte, war man auf den Import reinrassiger Hengste der drei Originalzuchten angewiesen. Diese Hengste kreuzte man dann mit einheimischen Warmblut-, Halbblut- sowie Englischen und Arabischen Vollblut-Stuten.

Um die Traberzucht auf eine systematische Grundlage zu stellen, beschloß der Union-Club 1888, ein eigenes offizielles Zuchtbuch anzulegen. In dieses Zuchtbuch wurden nur Pferde aufgenommen, die selbst bzw. deren Vater oder Mutter einen Mindestrekord von 1:50.0 besaßen, was einer Geschwindigkeit von 32,7 km/h entspricht. Diese engagierten Beschlüsse eilten den Gegebenheiten allerdings voraus, da zu dieser Zeit einerseits Pferde mit den genannten Leistungsanforderungen selten waren und andererseits ihre Abstammung nicht unbedingt bekannt war. So dauerte es acht Jahre, bis der erste Band des »Deutschen Traber-Gestüt-Buchs« (DTGB) 1896 herausgegeben werden konnte. Er begann mit den Zuchtergebnissen des Jahres 1886 und enthielt die Zuchtpferde mit ihrer Nachzucht bis einschließlich 1895. Es waren somit zehn Geburtsjahrgänge erfaßt, die insgesamt 563 Fohlen umfaßten. Im Hauptteil »Mutterstuten nebst ihrer Nachzucht« sind insgesamt 174 Stuten mit 218 Fohlen verzeichnet. Diese Stuten sind 148 verschiedenen Mutterlinien zuzuordnen. Hiervon besaßen 108 Stuten ein Traberpedigree, 47 Stuten waren Halbblüter und 19 Stuten Englische Vollblüter. Innerhalb der Stuten mit Traberpedigree stellten die amerikanischen Traber mit 52 Stuten den Hauptanteil, gefolgt von den russischen Trabern mit 22 Stuten und den 17 bereits als deutsche Traber bezeichneten Stuten. Ein Anhang zum Mutterstutenteil enthielt die Mutterstuten mit unbekannter Abstammung bzw. unbekanntem Verbleib mit ihren Nachkommen. Unter diesen 345 Fohlen befand sich mit *Lump* der erste deutsche Traber, der einen Rekord unter 1:40.0 erzielen konnte. In das Hengstregister wurden alle Hengste mit Traberpedigree aufgenommen, die in Deutschland in der Traberzucht eingesetzt wurden bzw. als Väter von im DTGB eingetragenen Mutterstuten verzeichnet waren. Es handelte sich um insgesamt 134 Hengste. Den Hauptanteil stellten die amerikanischen Traber mit 107 Hengsten, gefolgt von den russischen Trabern mit 15, den französischen Trabern mit fünf und den deutschen Trabern mit vier Hengsten.

Das erste deutsche Trabergestüt »Mariahall« wurde 1885 bei Frankfurt am Main vom Gründer des Frankfurter Trabrennvereins eingerichtet. Die Mutterstutenherde bestand ursprünglich aus sechs amerikanischen, je einer russischen, österreichisch-ungarischen und deutschen Stute sowie zwei Halbblut- und drei Englischen Vollblut-Stuten. Der bereits erwähnte, erste deutsche 1:40-Traber *Lump* wurde hier gezüchtet. Er war rein amerikanisch gezogen, doch war die Abstammung seiner Mutter im Detail nicht bekannt, so daß sie nur im Anhang des DTGB Aufnahme gefunden hatte. Nicht zuletzt auf Grund dieses Erfolgs wurden alle nicht amerikanisch gezogenen Stuten ausgesondert und durch importierte amerikanische Stuten ersetzt.

Im Jahre 1887 wurde das größte private Trabergestüt »Schabernack« bei Neuß gegründet. Die Mutterstutenherde bestand aus 18 Traberstuten sowie je zwei Halbblut- und Englischen Vollblut-Stuten. Das Gestüt erhielt nach dem Umzug in die Lauvenburg den Namen »Gestüt Lauvenburg«, unter dem es – nach längerer Unterbrechung – heute mit großem Erfolg weitergeführt wird.

Die mit Abstand größte Bedeutung für die deutsche Traberzucht erlangte das 1890 gegründete »Haupttrabergestüt Lilienhof« bei Ihringen in Baden. Besitzer war die Technische Kommission des Union-Clubs. Aufgabe dieses Musterbetriebs war es, die richtige Blutgrundlage für die Zucht des deutschen Trabers herauszufinden. Zu diesem Zweck wurden je ein amerikanischer, russischer und französischer Traber sowie ein Englischer Vollblut-Hengst als Beschäler aufgestellt. Die Mutterstutenherde bestand ursprünglich aus sieben russischen, jeweils fünf nordamerikanischen und französischen, drei österreichisch-ungarischen sowie je drei Halbblut- und Englischen Vollblut-Stuten. Mit diesem Bestand wurden systematisch Kreuzungen durchgeführt. Bereits mit dem ersten Geburtsjahrgang gelang ein Volltreffer: Er enthielt den ersten deutschen Derbysieger, *Bambus,* der rein amerikanisch gezogen war. Auch die folgenden Jahre sahen die rein amerikanisch gezogenen Pferde als die erfolgreichsten Zuchtprodukte. Die Kreuzungen zwischen amerikanischen Hengsten und russischen Stuten brachten zwar trabsichere, aber nicht ausreichend schnelle Pferde; wichtigstes Produkt war die Stute *Tumannaja,* die später nach amerikanischen Hengsten drei Derbysieger brachte. Die Kreuzungen zwischen amerikanischen Hengsten und französischen Stuten brachten unbefriedigende Ergebnisse. Kreuzungen mit Englischem Vollblut führten gelegentlich zu erfolgreichen Zufallsprodukten, während Kreuzungen mit Halbblutstuten gänzlich erfolglos waren. Auf Grund dieser eindeutigen Ergebnisse wurden die Zuchtversuche eingestellt und eine reine Leistungszucht auf amerikanischer Blutgrundlage mit größtem Erfolg betrieben. In 28 Jahren wurden sieben Derbysieger gezüchtet. Mit der Auflösung des Union-Clubs 1918 verlor Lilienhof seinen Träger, so daß es 1919 aufgelöst werden mußte.

Weitere wichtige Gestütsgründungen vor der Jahrhundertwende erfolgten in der Nähe Hamburgs mit den Gestüten »Wilhelmsburger Hof« im Besitz der Familie Busch, die auch heute mit großem Erfolg Traberzucht betreibt, sowie den Gestüten »Altengamme« und »Hansa«. In Bayern befaßte sich das bereits bestehende staatliche Landgestüt Landshut ab 1890 schwerpunktmäßig mit der Traberzucht auf amerikanischer Blutgrundlage und stellte sie damit auf eine zukunftsorientierte Basis. Die hier bereits seit den siebziger Jahren bestehende Traberzucht war bis dahin überwiegend auf der Basis einheimischer Warm- und Halbblüter erfolgt.

Nach der Jahrhundertwende setzte sich eine leistungsorientierte Traberzucht auch auf bäuerlicher Basis durch: Neben den klassischen Gebrauchspferden wurden in zunehmendem Maße Traberstuten gehalten, die ebenfalls als landwirtschaftliche Zugtiere eingesetzt werden konnten. Auf Grund der Erfahrungen der großen Gestüte wurden diese nicht oder nur teilweise nach Traberprinzip gezogenen Stuten von reinrassigen – überwiegend amerikanisch gezogenen – Traberhengsten gedeckt. Diese Hengste standen in den großen Gestüten oder in eigens eingerichteten Hengststationen. Besonders hervorzuheben ist hier der 1894 gegründete »Verein für Traber- und Warmblutzucht im Rottal«, dessen importierte amerikanische Deckhengste in Bayern geradezu legendären Ruhm genossen und nicht nur der Traber-, sondern auch der Landespferdezucht völlig neue Impulse gaben. Dieser Verein veranstaltete 1894 auf seiner Rennbahn in Pfarrkirchen das erste bayerische Rennen, in dem nur reingezogene Traber teilnahmeberechtigt waren. Es wird heute noch unter dem Namen »Bayerisches Zuchtrennen« durchgeführt.

In der nächsten Generation wurde dann insbesondere auf der weiblichen Seite sehr stark selektiert, wobei überwiegend Halbblutstuten und Stuten mit niedrigem Traber-Blutanteil wegen der unbefriedigenden Rennleistungen ihrer Nachkommen ausgesondert wurden. So blieben von den in Band I des DTGB verzeichneten 148 Mutterlinien bis zum Band VII (1913) nur mehr 61 Mutterlinien übrig, wobei die Halbblut-Linien mit einem Verlust von 89,2% extrem stark betroffen waren. Der Versuch, die deutsche Traberzucht auf einheimischen Rassen aufzubauen, war somit gescheitert. Die ausgesonderten Stuten wurden dann – wie in den großen Gestüten – durch reinrassige oder zumindest in den ersten zwei Generationen nach Traberprinzip gezogene Stuten ersetzt. So erfolgte eine schrittweise Umstellung von der Kreuzungs- über die Verdrängungszucht zu einer immer stärker ausgeprägten Reinzucht.

Der Erste Weltkrieg unterbrach die stetige Aufwärtsentwicklung: Umfangreiche Aufkäufe und später Requirierungen von Traberstuten durch die Heeresverwaltung führten in Verbindung mit den Verlusten durch die Kriegswirren zu empfindlichen Bestandslükken. Diese Lücken konnten mangels Importmöglichkeiten nur durch Gebrauchskreuzungen – unter Hintanstellung des Reinzuchtgedankens – aufgefüllt werden. Weiterhin wurden viele Kreuzungsprodukte der zahlreichen in der Landespferdezucht vor allem Bayerns eingesetzten amerikanischen Traber-Deckhengste in das Traber-Zuchtbuch eingetragen. Dies alles führte zu einer zahlenmäßigen Überkompensation, die aber mit deutlichen Qualitätseinbußen verbunden war. So schnellte die Zahl der in das DTGB eingetragenen Mutterstuten bis zum Band VIII (1918) auf 1541 Stuten hoch, von denen aber lediglich rund 60% reinrassige Traber waren.

Um diesen züchterischen Wildwuchs zu ordnen, wurden im ersten Nachkriegsbestand des DTGB für die Klassifizierung der eingetragenen Pferde in Abhängigkeit vom Anteil an »Traberblut« drei Abteilungen eingeführt:

- ☐ Register I für Traber-Vollblut,
- ☐ Register II für Traber-Halbblut,
- ☐ Register III für Traber-Kreuzungsprodukte.

Nicht zuletzt diese Gliederung des Zuchtbuchs und die zahlenmäßige Besetzung der einzelnen Register dokumentierten die dringende Notwendigkeit des Imports hochwertigen Zuchtmaterials. Der Dachverband wollte dies nicht der Privatinitiative allein überlassen, sondern gab den Import amerikanischer Zuchtpferde in Auftrag. Anfänglich wurden in erster Linie junge Zuchtstuten importiert, um dann – nach Vorhandensein der erforderlichen Geldmittel – auch nach amerikanischen Maßstäben Spitzenhengste einzuführen. Diese Importe waren höchst erfolgreich; sie stellten regelmäßig die erfolgreichsten Deckhengste in Deutschland. So errang der bereits 1920 importierte *Peter Duffy* (ein Sohn von *Peter the Great*) von 1929 bis 1932 das Vaterpferde-Championat. Sein unmittelbarer Nachfolger wurde der 1928 importierte *David Guy* (ein Vertreter der Axworthy-Linie), der von 1933 bis 1938 Championatsträger wurde und zehn Deckhengste stellte. Spektakulärster Import war aber der bereits erwähnte Hambletonian-Sieger von 1932, *Walter Dear* (ein Enkel von *Peter the Great*), der nach einer höchst erfolgreichen Rennlaufbahn in seiner neuen Heimat ebenfalls »Abonnements«-Champion der Vaterpferde wurde und unter seinen insgesamt 193 Nachkommen 24 Deckhengste stellte. Er war auch Erzeuger von *Probst,* der als bester europäischer Traber galt.

Weitere wichtige Importe waren *Peter Pluto* (ein Sohn von *Peter the Great*), der unter seinen insgesamt 163 Nachkommen nicht weniger als 17 Deckhengste brachte, sowie der auf *Bingen* ingezüchtete *Legality,* der im Nachkriegsdeutschland noch eine führende Rolle spielen sollte. Diese hochwertigen Importe aus den USA glichen die qualitativen Kriegsverluste nicht nur aus, sondern ließen Deutschland zur führenden Trabernation Europas werden. Zu dieser sprunghaften Verbesserung trug auch der konsequente Austausch der nicht reinrassigen Mutterstuten, deren Nachzucht im Renn- bzw. Zuchtbetrieb kaum konkurrenzfähig war, in erheblichem Ausmaß bei. Der Anteil dieser Stuten betrug im DTGB von 1942 nur mehr 2,8% der 2214 eingetragenen Mutterstuten. Zu diesem Zeitpunkt war das Leistungsniveau der deutschen Traberzucht erstmals so hoch, daß sie aus eigener Kraft existieren konnte und Importe zur Aufrechterhaltung des hohen Niveaus aus den Originalzuchten nicht mehr erforderlich waren. Diese Blütezeit wurde durch die Folgen des Zweiten Weltkriegs jäh beendet. Neben den zahlenmäßig hohen Verlusten durch Requirierungen und unmittelbare Kriegseinwirkungen war der Verlust fast aller Spitzen-Deckhengste zu beklagen, darunter auch von *Walter Dear,* der gemeinsam mit dem neuen Hoffnungsträger der Traberzucht, seinem Sohn *Probst,* im sowjetisch besetzten Gebiet verschwand.

Mit der Teilung Deutschlands verlief die Entwicklung der Traberzucht in seinen beiden Teilen völlig unterschiedlich und führte schließlich mit der Gründung der beiden deutschen Staaten zur gänzlichen Trennung.

Bei Kriegsende war der Niveauverlust in der sowjetischen Besatzungszone wesentlich ausgeprägter als im Gebiet der späteren Bundesrepublik. Einerseits waren die kriegsbedingten Verluste in der dortigen Hochburg, dem Raum Berlin/Brandenburg, besonders schlimm, und andererseits waren die politischen und wirtschaftlichen Rahmenbedingungen für die Zucht eines »Luxustiers« ungünstig. So hatte die fortschreitende Verstaatlichung die Privatinitiative für die dringend erforderlichen Importe weitgehend unterbunden, während der neue Staat nur wenig Interesse an der Förderung der Traber zeigte. So bestanden praktisch keine Möglichkeiten, die Kriegsverluste zahlenmäßig oder gar qualitativ auszugleichen. Für die Produktion der für die Aufrechterhaltung des Rennbetriebs erforderlichen Startpferde wurden die beiden VEB-Gestüte Lindenhof bei Templin und Prieros bei Berlin eingerichtet. Sie mußten mit dem vorgefundenen Zuchtstutenbestand, der auf rund 150 Stuten reduziert wurde, und den verbliebenen, nur mittelmäßigen Deckhengsten arbeiten. Im Lauf der Zeit wurden einige Hengste – überwiegend aus dem Ostblock – importiert, die aber dem internationalen Standard nicht entsprachen. Mangels ausreichender Selektionsmöglichkeiten auf der männlichen Seite wurde neben der Hengstekörung eine offizielle Stutenselektion durchgeführt, wobei das Exterieur eine wichtige Rolle spielte. In dieser äußerst bewußten Zuchtauslese sind die nach westlichen Maßstäben zwar sehr bescheidenen, im Ostblock-Maßstab aber durchaus bemerkenswerten Zuchtfortschritte und -erfolge zu erklären. Dieser Leistungsstand konnte aber den Anforderungen in der Bundesrepublik nur sehr bedingt genügen, wie sich nach der Wiedervereinigung zeigte.

Bester Sohn *Legalitys: Epilog,* Deutscher Deckhengst-Champion.

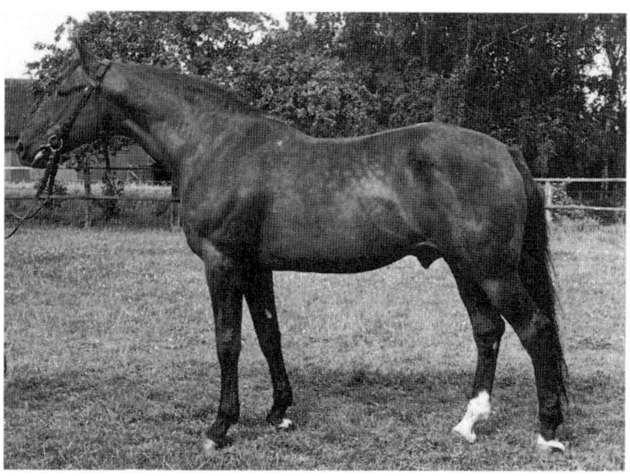

Auf dem Gebiet der späteren Bundesrepublik standen bei Kriegsende trotz erheblicher Verluste noch einige wenige gutklassige Deckhengste zur Verfügung. Allen voran ist *Epilog* zu nennen, Sohn des bereits erwähnten und lange Zeit verkannten Import-Amerikaners *Legality* und einer von einem französischen Traberhengst abstammenden deutschen Spitzenstute. Er produzierte eine Reihe sehr guter Renn- und Zuchtpferde, »unsterblich« wurde er aber durch seinen 1945 geborenen Sohn *Permit.* Dieser war zwar ein spätreifes Pferd, wurde aber durch Siege in den wichtigsten europäischen Rennen, u. a. im prestigeträchtigsten »Prix d'Amerique« von Paris, zum besten europäischen Rennpferd, das über ein Jahrzehnt mit 1:17.3 den absoluten europäischen Rekord hielt. *Permits* Rekord wurde durch *Eidelstedter,* einem weiteren Sohn Epilogs, auf nationaler Ebene auf 1:16.6 verbessert. In der Zucht erwies sich *Permit* ebenfalls als Volltreffer: Seine Nachkommen beherrschten in bislang nie gekannter Dominanz fast alle deutschen Zuchtrennen, u. a. konnten seine Söhne *Errol, Gutenberg, Hadu* und *Lord Pit* das Deutsche Traber-Derby gewinnen.

Bester Sohn *Epilogs: Permit.* Sieger im Prix d'Amerique 1953; langjähriger Deckhengst-Champion.

Die internationalen Erfolge *Permits* konnten aber nicht darüber hinwegtäuschen, daß das Vorkriegsniveau verlorengegangen, ja daß man sogar in die internationale Zweitklassigkeit abgerutscht war. Nicht nur die kriegsbedingten Verluste, sondern auch die Teilung Deutschlands hatten einfach zu einem zu starken Aderlaß geführt. Diese Verluste konnten nur zahlenmäßig, allerdings innerhalb weniger Jahre, kompensiert werden. Bei den Neueintragungen handelte es sich – im Gegensatz zu den umfangreichen Neueintragungen während und kurz nach dem Ersten Weltkrieg – fast ausschließlich um reingezogene inländische Traberstuten. Die übrigen neu eingetragenen Stuten waren in ihrer Mehrzahl ebenfalls reine Traber, deren Abstammung aber auf Grund der Kriegswirren unbekannt oder nur teilweise bekannt war. Sie wurden entweder in das Register II oder III eingetragen. Im Jahr 1959 – mit dem Erscheinen des zweiten Nachkriegsbands des DTGB – wurde die Registereinteilung neu definiert. Das Register III wurde aufgelöst und die dort eingetragenen Pferde in das Register II übernommen. Bereits in das Register II eingetragene Pferde stiegen in das Register I auf, sofern sie einen Mindestrekord von 1:26.0 besaßen (entspricht einer Geschwindigkeit von 41,8 km/h). Im Vergleich zur Leistungsanforderung für die Eintragung in den ersten Band des DTGB bedeutet dies eine Verbesserung, bezogen auf ein Mitteldistanz-Rennen über 2000 m, einen Vorsprung von 400 m. Nach dieser Neuordnung enthielt das Register II nur noch 32 Mutterstuten, bis es 1974 geschlossen wurde. Seitdem werden nur mehr Traber in das deutsche Zuchtbuch eingetragen, deren beide Eltern in einer anerkannten Traberzucht registriert sind.

Bei den Deckhengsten kam es zu zahlreichen Importen französischer Hengste, nachdem sich Frankreichs Traberzucht stark verbessert zeigte und ab den sechziger Jahren auch international sehr erfolgreich war. Ein weiterer Grund waren wohl die beeindruckenden Zuchterfolge *Epilogs,* der ja eine »Halbfranzösin« zur Mutter hatte. Diese französischen

Sea Cove, amerikanischer Traber in deutschem Besitz: 1:12.0 / rd. 4,1 Mio. DM Gewinnsumme. Weltrekordhalter über Mitteldistanzen.

Hengste nahmen zum Teil mit bestechendem Erfolg am deutschen Rennbetrieb teil, während sie in der Zucht insgesamt – von wenigen Ausnahmen abgesehen – doch deutlich enttäuschten. Erwähnenswert sind vor allem *Fifi Beau Gosse,* der mit einer Epilog-Tochter den Derbysieger *Vinci* brachte, und *Ballon Rouge,* der eine Reihe frühreifer Jahrgangs-Spitzenpferde produzierte. Die eigentliche Blutgrundlage der deutschen Traberzucht, der amerikanische Traber, wurde aber auch in dieser Phase nicht vernachlässigt. So wurden in vergleichbarer Zahl auch amerikanische Hengste importiert, die zwar in der Regel mit weniger Erfolg am Rennbetrieb teilnahmen als die importierten Franzosen, in der Zucht aber insgesamt deutlich erfolgreicher waren. Gemeinsam war diesen Importen, daß es sich nicht um erstklassige Hengste handelte – diese waren auf Grund der Finanzstärke ihrer Heimatzuchten entweder unverkäuflich oder für deutsche Verhältnisse unerschwinglich. So arbeitete die deutsche Traberzucht über eine längere Zeit zweigleisig. In vielen größeren Gestüten standen amerikanische und französische Deckhengste nebeneinander. Nachdem das Rennsystem ab den siebziger Jahren die Frühreife sehr stark betonte, wurden die französischen Deckhengste aber immer mehr verdrängt.

Der Leistungsstand der deutschen Traberzucht hat sich seit der Umstellung auf Frühreife kontinuierlich verbessert. Nachdem ab den achtziger Jahren auch Hengste von internationalem Spitzenformat käuflich waren und dann auch nach Deutschland importiert wurden, erfuhr die deutsche Traberzucht einen fast sprunghaften Leistungsschub. Die deutschen Traber nehmen bei den Zwei- bis Vierjährigen im europäischen Maßstab einen Spitzenplatz ein. So werden die aktuellen Europarekorde bei den zweijährigen Hengsten (*Real Speed* 1:14.1) und Stuten (*Sunset Lane* 1:14.0) von deutschen Inländern gehalten. Mittlerweile sind aber auch die älteren deutschen Traber international konkurrenzfähig. Der absolute deutsche Rekord liegt bei 1:11.7 (entspricht 50.2 km/h); er wurde 1994 vom zwölfjährigen Hengst *Reado* erzielt. Besonders erwartungsvoll blickt die deutsche Traberzucht auf den amerikanisch gezogenen Importhengst *Sea Cove,* der in den Jahren 1992 und 1993 die in 16 Läufen entschiedene Europameisterschaft errang, 1994 das prestigereichste Trabrennen der Welt für ältere Pferde, den »Prix d'Amerique« von Paris, gewann und schließlich mit 1:12.0 einen neuen Weltrekord über die Mitteldistanz aufstellte. Besonders erfreulich ist, daß die Mutter dieses mit über vier Millionen DM drittgewinn-

Diamond Way, deutscher Traber: 1:14.5 / rd. 1,4 Mio. DM Gewinnsumme. Derbysieger 1985, mehrfacher Deckhengst-Champion.

Campo Ass, Sohn von *Diamond Way:* 1:12.0 / rd. 1,6 Mio. DM Gewinnsumme.

reichsten Trabrennpferds aller Zeiten ebenfalls in Deutschland beheimatet ist.
Neben Deckhengsten wurden in den letzten Jahren auch viele hochklassige Zuchtstuten aus den USA importiert, die in der Regel ein Fohlen bei Fuß führen. Diese Fohlen werden, sofern der Besitzer ihrer Mutter auf das Recht einer dauernden Ausfuhr verzichtet, als Inländer in das Zuchtbuch eingetragen. Mit dieser Möglichkeit wird ein zusätzlicher Anreiz für die Einfuhr hochwertiger Zuchtstuten geschaffen, die auch sehr rege genutzt wird. Mit dem »echten« Inländer *Diamond Way,* der schon als Rennpferd europäische Spitzenklasse zeigte und diesen Status als Deckhengst noch verbessern konnte, hat die deutsche Traberzucht aber bewiesen, daß sie wieder in der Lage ist, internationale Spitzen-Deckhengste auch schon aus eigener Kraft zu produzieren. *Diamond Way* ist nicht nur Vater der bereits erwähnten Europarekordlerin *Sunset Lane,*

Tabelle 5
Rekord-Entwicklung im Deutschen Traber-Derby

Jahr	Rekord	Pferd
1903	1:24.7	*Freund Fritz*
1912	1:23.1	*Glückstern*
1923	1:22.5	*Johannes*
1925	1:20.9	*Homer*
1926	1:20.6	*Florentiner*
1927	1:19.1	*Homer*
1934	1:18.6	*Xiphias*
1937	1:17.4	*Probst*
1952	1:17.3	*Permit*
1962	1:16.6	*Eidelstedter*
1970	1:15.6	*Simmerl*
1981	1:15.2	*Indiz*
1982	1:14.4	*Esbartero*
1983	1:14.1	*Isenburger*
1984	1:13.5	*Barton*
1987	1:12.1	*Dizam Speed*
1992	1:11.7	*Otto-Mani*
1994	1:11.7	*Reado*

Tabelle 6
Rekord-Entwicklung im Deutschen Traber-Derby

Jahr	Rekord	Pferd
Rennstrecke 3200 m		
1895	1:46.1	*Bambus*
1896	1:45.7	*Cid*
1897	1:36.3	*Ebony*
1907	1:36.1	*Spinalmont*
1909	1:33.1	*Glückstern*
1910	1:31.1	*Raute*
1913	1:30.5	*Adbell Toddington*
1924	1:30.2	*Homer*
1926	1:28.6	*Lebenskünstler*
1928	1:26.0	*Britton*
1930	1:25.7	*Semper idem*
1935	1:25.1	*Probst*
1942	1:24.9	*Missouri*
1961	1:23.5	*Ditmarsia*
1969	1:23.4	*Violine*
1975	1:23.1	*Patrizier*
Vor- und Endlauf/Rennstrecke jeweils 2000 m		
1979	1:20.0	*Onore*
1980	1:19.8	*Zirrus*
1981	1:18.1	*Noble Stardom*
1982	1:17.8	*Irmas Diamant*
Vor- und Endlauf/Rennstrecke jeweils 1900 m		
1985	1:16.0	*Diamond Way*
1986	1:15.9	*Every Way*
1989	1:15.4	*Grimaldi*
1990	1:14.9	*Chergon*

sondern auch des international erfolgreichsten älteren Inländers *Campo Ass,* der 1993 in der europäischen Meisterschaft hinter *Sea Cove* den zweiten Platz belegte. Anschauliche Beispiele für die Leistungsentwicklung bietet die absolute Rekordliste und die entsprechende Liste des Deutschen Traber-Derbys (siehe Tab. 5 + 6 auf der vorhergehenden Seite).

Die Wiedervereinigung Deutschlands führte auch zur Zusammenfassung der nach dem Zweiten Welktkrieg getrennten Zuchtbücher der Bundesrepublik und der DDR. So enthält der aktuelle Band XXIII des DTGB (1992) auch die Mutterstuten und Deckhengste der ehemaligen DDR. Es sind rund 7200 Mutterstuten und 700 Deckhengste mit ihrer Nachzucht verzeichnet. Von den 148 Mutterlinien in Band I des DTGB enthaltenen Mutterlinien sind noch 13 Mutterlinien vorhanden: acht amerikanische, zwei Englische Vollblut- und jeweils eine deutsche, russische und englische Mutterlinie. Bemerkenswert ist, daß keine einzige der zahlreichen Halbblutlinien überleben konnte. Bei der Nationalität der Zuchttiere bestehen auffallende Unterschiede: So sind fast 90% der eingetragenen Mutterstuten Inländer, während die Deckhengste zu rund 75% importiert sind. Die Herkunfts-Struktur der im Jahr 1993 eingesetzten Deckhengste zeigt die untenstehende Grafik.

Die Diskrepanz zu den Gestütsbuch-Angaben ist in der Eintragung von Vätern begründet, die nur indirekt über eingeführte Fohlen wirkten und in Deutschland nicht aufgestellt waren. Auffallend ist der fast verschwindend geringe Anteil französischer Deckhengste.

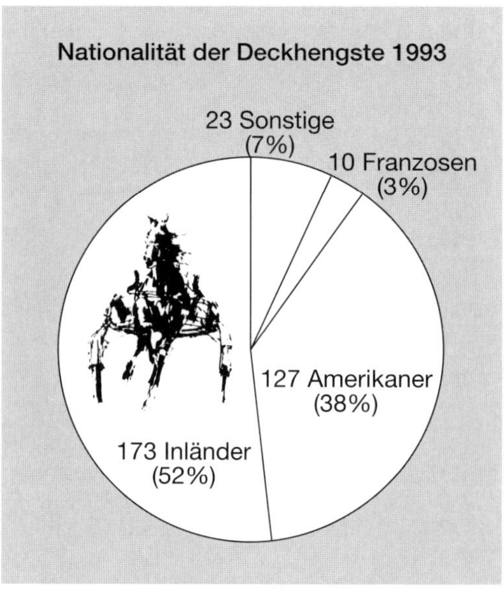

Von den etwa 330 in Deutschland eingesetzten Hengsten werden jährlich rund 3600 Stuten gedeckt, wobei die Bedeckungsstruktur sehr ungleichmäßig ist. Mehr als der Hälfte der Hengste werden nur eine bis fünf Stuten zugeführt, so daß sie in ihrer Gesamtheit lediglich ein Neuntel aller Stuten decken, während den zehn meistbeschäftigten Hengsten etwa ein Viertel aller Stuten zugeführt werden. Unter diesen zehn Hengsten befanden sich 1993 sieben amerikanische und drei inländische Hengste, was den amerikanischen Einfluß auf die deutsche Traberzucht noch weiter ausdehnt und die Ausrichtung auf die amerikanische Zuchtrichtung eindrucksvoll dokumentiert. Meistbeschäftigter Deckhengst 1993 war aber ein Inländer, der bereits erwähnte *Diamond Way* mit 180 Stuten.

Diese rund 3600 gedeckten Stuten verteilen sich auf rund 1600 Züchter. Die Bestandsgrößen dieser Züchter sind ähnlich wie die Bedekkungszahlen sehr ungleich verteilt. Etwa zwei Drittel der Züchter besitzen nur eine oder zwei Zuchtstuten, während die zehn größten Züchter rund ein Siebtel aller Zuchtstuten halten. Zentren der Zucht sind Nordrhein-Westfalen mit den Gestüten »Büntenhof« bei Ahlen, »Forstwald« bei Weilerswist, »Schlieckmann« bei Gütersloh und »Lauvenburg« bei Kaarst sowie Schleswig-Holstein bzw. Hamburg mit den Gestüten »Lasbek« bei Lasbek, »Schulz« bei Jevenstedt und »Helenenhof« bei Aukrug. Ein weiteres Zentrum ist Bayern, in dem es allerdings nur ein größeres Gestüt, das erst einige Jahre bestehende Gestüt »Schwarz«, gibt. Hier betreibt der »Traber Zuchtfonds Bayern e.V.« auf gemeinnütziger Basis eine Hengststation, in der rund ein Viertel aller bayerischen Zuchtstuten gedeckt wird. Die beiden ehemaligen VEB-Gestüte Lindenhof und Prieros in Brandenburg gehören mit jeweils 15 Zuchtstuten ebenfalls zu den größeren Zuchtstätten.

Aus den 3600 Bedeckungen resultieren jährlich ca. 2500 Fohlen. Diese Fohlen werden nur dann in das Zuchtbuch eingetragen, wenn sie von einem Verbandstierarzt bei Fuß ihrer Mutter aufgenommen werden. Dieser stellt Geschlecht, Zahnalter, Farbe und Abzeichen fest, implantiert einen elektronischen Transponder zur lebenslangen, unverwechselbaren

Kennzeichnung und Identifizierungsmöglichkeit, und er entnimmt eine Blutprobe für die blutgruppenserologische Abstammungsüberprüfung. Das Fohlen wird aber nur dann in das Zuchtbuch eingetragen, wenn das Ergebnis dieser Abstammungsüberprüfung, die bei einem etwaigen Ausfall des Transponders auch zur Identitätsüberprüfung genutzt werden kann, mit positivem Ergebnis abgeschlossen ist. Die obligatorischen Identitätskontrollen anläßlich der Rennteilnahme werden durch Ablesen des Transponder-Codes – einer zehnstelligen Ziffern/Buchstabenkombination – durchgeführt.

Die Zuchtwahl gründete sich in den ersten Anfängen hauptsächilch auf die Rassezugehörigkeit und die Rennleistung, wobei als Leistungsmerkmal der Rekord im Vordergrund stand. Nach der Herausgabe des DTGB konnten dann zusätzlich Abstammung und damit die Rennleistungen der Verwandten – insbesondere der Nachkommen – systematische Berücksichtigung finden; als Leistungsmerkmal kam die Gewinnsumme hinzu. Das Exterieur spielte nur eine untergeordnete Rolle. Wegen der großen Leistungsunterschiede innerhalb der Population und der – im Vergleich zu anderen Pferdezuchten – genauen und züchterisch aussagefähigen Leistungsdaten war die Zuchtauswahl anfänglich verhältnismäßig einfach. Dies schlug sich in einem sehr großen und raschen Zuchtfortschritt nieder. Gerade wegen dieser erfolgreichen Zuchtarbeit wurden die Leistungsunterschiede zwischen den Pferden aber im Lauf der Zeit immer geringer, so daß das Erkennen der Erbanlagen immer schwieriger wurde. In dieser Situation sollte die staatliche Hengstekörung mit ihrem standardisierten Beurteilungsverfahren Abhilfe schaffen. Dieses Verfahren leistete auch so lange seine Dienste, bis die bestehenden Leistungsunterschiede eine Differenzierung der Rennleistung an Hand der im Rahmen der Körung beurteilten drei Bestzeiten zuließen. Es war aber abzusehen, daß diese Grenze bei einer über lange Zeit streng nach Leistung ausgerichteten Zucht allmählich erreicht sein würde. In dieser Situation gab der Zuchtverband ein nach populationsgenetischen Erfordernissen ausgerichtetes Zuchtwertschätzverfahren bereits zu Anfang der siebziger Jahre in Auftrag. Es sollte als künftige Beurteilungsgrundlage für die Rennleistung im Hinblick auf den Zuchteinsatz dienen. Nachdem dieses Verfahren zur Praxisreife entwickelt worden war, wurden seine Ergebnisse – sog. Zuchtwert-Indices – im Rahmen der staatlichen Körung als Zusatzinformation genutzt.

Nach dem Wegfall der staatlichen Körung wird die offizielle Zuchtauswahl der Deckhengste durch den Verband in zwei Stufen durchgeführt. Die erste Stufe der Zuchtauswahl erfolgt im Rahmen der Verbandskörung. Ihr liegen die Beurteilungskriterien Abstammung, Eigenleistung, Exterieur und Gesundheitszustand inkl. Erbgesundheit zugrunde. Zentrale Bedeutung für die Beurteilung der Eigenleistung besitzt nunmehr der Zuchtwert, der mittels populationsgenetischer Methoden alljährlich am Lehrstuhl für Tierzucht der Universität München an Hand der Leistungsmerkmale Rennzeit und Gewinnsumme geschätzt wird. In diesen Zuchtwert-Index gehen alle inländischen Starts im Alter von zwei bis vier Jahren ein. Weitere Beurteilungskriterien für die Rennleistung sind die (erfolgreiche) Teilnahme an züchterisch besonders aussagekräftigen Rennen (z. B. Klassische Zuchtrennen) und das Verhältnis von Siegen und Plätzen zu Starts. Die zweite Stufe der Hengstauswahl wird im Rahmen des Selektionsverfahrens an Hand der Nachkommenleistung durchgeführt. Die Beurteilung der Nachkommenleistung erfolgt wie bei der Eigenleistung schwerpunktmäßig auf Grund der Zuchtwertschätzung, wobei nicht nur die gestarteten, sondern alle eingetragenen Nachkommen eines Hengstes Berücksichtigung finden. Dem Selektionsverfahren unterliegen alle Hengste, die mindestens zwanzig Nachkommen in rennfähigem Alter haben. Die Beurteilung sowohl der Eigen- als auch der Nachkommenleistung erfolgt entsprechend dem Zuchtziel der Frühreife schwerpunktmäßig an Hand der Rennleistungen im Alter von zwei bis vier Jahren. Auf Grund der neuen Bestimmungen des Tierzuchtgesetzes von 1989 ist der Verband verpflichtet, Nachkommen auch von nicht gekörten oder selektierten Hengsten in das Zuchtbuch einzutragen. Zur Unterscheidung werden ihre Nachkommen lediglich in die »Abteilung B« des Geburtenregisters eingetragen, während die Nachkommen der gekörten oder selektierten Hengste in die »Abteilung A« eingetragen werden. Pferde aus Abteilung B des Geburtenregisters sind von

der Teilnahme an Zuchtrennen ausgeschlossen. Ein Aufsteigen von »Abteilung-B-Nachkommen« in die Abteilung A ist allerdings möglich, sofern der Zuchtwert für die Eigenleistung eine Standardabweichung über dem Durchschnitt ihres Jahrgangs liegt.
In der Traberzucht ist die technische Besamung sowohl mit Frisch- als auch Gefriersamen erlaubt. Die züchterische Eignung für die Erteilung der Besamungserlaubnis durch die zuständigen staatlichen Stellen gilt als gegeben, sofern der betreffende Hengst gekört oder selektiert ist. Die technische Besamung hat stark steigende Tendenz; derzeit werden etwa 40% aller Belegungen mit dieser Methode durchgeführt. Fohlen aus einem Embryotransfer besitzen ebenfalls das Recht, in das Zuchtbuch eingetragen zu werden. Diese Methode wurde aber bislang nur in einigen wenigen Fällen – und zwar ohne zählbare Erfolge – praktiziert.

Verbandswesen

Die Vereinigungen, die der Traberzucht und dem Trabrennsport in der Bundesrepublik Deutschland dienen, haben sich im Hauptverband für Traber-Zucht und -Rennen e.V. (HVT) mit Sitz in Kaarst bei Düsseldorf zusammengeschlossen. Es handelt sich um die Rennvereine, Züchter- und Besitzervereine sowie die Vereine der Trabertrainer und Amateurfahrer. Der HVT ist die nach dem Tierzuchtgesetz von den zuständigen Landesbehörden anerkannte, alleinige Züchtervereinigung auf dem Gebiet der Traberzucht in der Bundesrepublik Deutschland; dies gilt auch nach der Wiedervereinigung der beiden deutschen Staaten. In dieser Eigenschaft beaufsichtigt und fördert der HVT die deutsche Traberzucht und deren Leistungsprüfungen. Der Zuchtbetrieb ist mittels der Zuchtbuchordnung, der Rennbetrieb mittels der Trabrennordnung geregelt.
Die Aufsicht über den Rennbetrieb führt der HVT über die von ihm beauftragten »regionalen Aufsichtsorganisationen« durch. Für die Bundesländer Baden-Württemberg, Bayern, Hessen, Rheinland-Pfalz, Saarland ist die »Commission für Traberzucht und -Rennen in Bayern e.V. (CTB)«, für Berlin und in kommissarischer Form für die neuen Bundesländer die »Organisation für Berliner Traber-Zucht und -Rennen e.V. (OBT)« und für die Bundesländer Bremen, Hamburg, Niedersachsen, Nordrhein-Westfalen, Schleswig-Holstein der »Zentralverband für Traber-Zucht und -Rennen e.V. (ZVT)« mit den Unterabteilungen »Nord« und »West« zuständig. Die Übersicht zeigt die den einzelnen Aufsichtsorganisationen zugeordneten wichtigeren Rennbahnen.

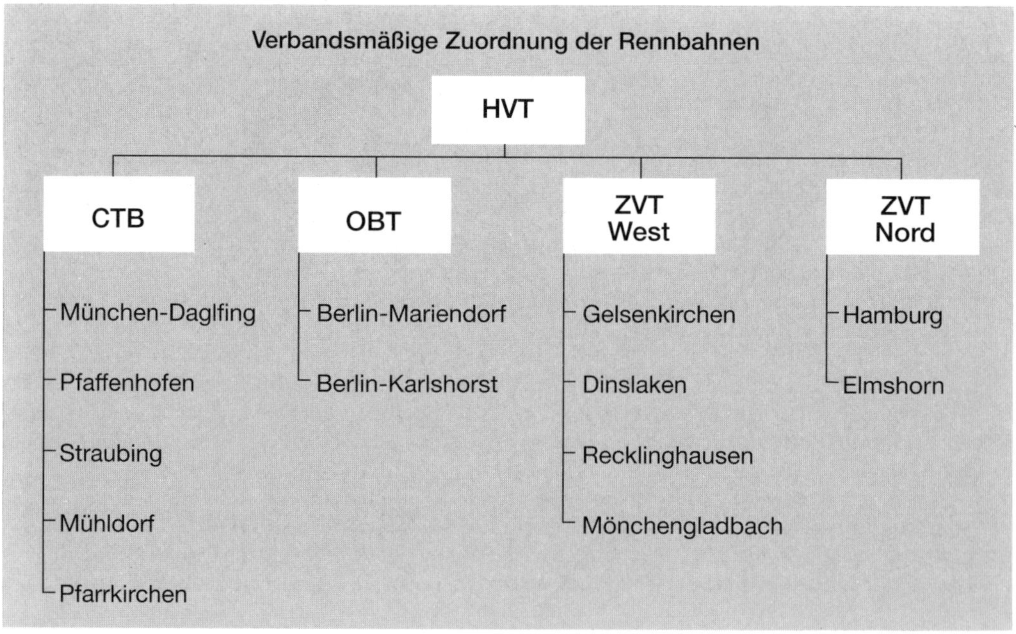

Pferdemedizin

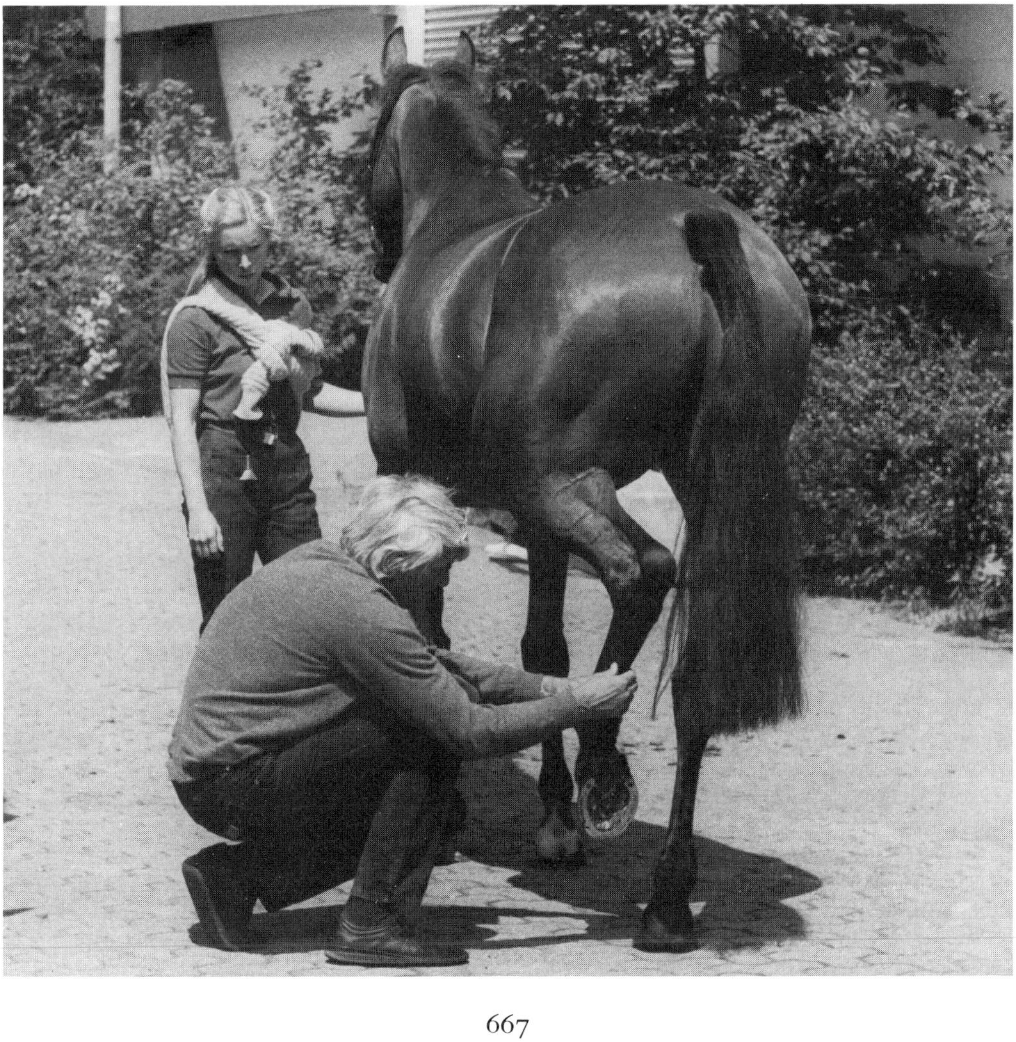

Möglichkeiten der Gesundheitsförderung beim Pferd – ein Ausblick

Professor
Dr. Dr. med. vet. habil. PETER THEIN
Fachtierarzt für Pferde
Fachtierarzt für Mikrobiologie
Industrieberater
apl. Professor am Lehrstuhl für Medizinische Mikrobiologie, Infektions- und Seuchenmedizin der Tierärztlichen Fakultät München

Zur gegenwärtigen Situation der Pferdehaltung

Die derzeitige Pferdezucht und Pferdehaltung repräsentiert weltweit einen wirtschaftlichen Wert, dessen Höhe nicht beziffert werden kann. Gerade in den Ländern und in den Zuchten, in denen der Typ des Hochleistungssportlers Pferd gezogen und verwendet wird, überschreiten die Summen für das einzelne Individuum manchmal die Möglichkeiten der eigenen Vorstellung. Dennoch gibt es nach wie vor vielfältige Ansätze zur Gesundheitsförderung auch bei dieser Tierart. Zum einen befindet sich das Pferd zunehmend in der Hand knallharter Profis, die dieses Tier nur noch als wirtschaftlichen Faktor sehen, zum anderen wächst die Zahl der Liebhaber des Pferdes, die für ihr Hobbytier gerade noch das nötige Kleingeld aufbringen können. Hier befindet sich das Pferd zwar häufig in liebevoller, aber falscher Umgebung.
Gesundheitsförderung ist aus meiner Sicht zu verstehen als Förderung von Forschung und Erkenntnissen, die dazu beitragen können, daß sich zu klinisch relevanten Zuständen Erklärungen und Verbesserungs- bzw. Optimierungsmöglichkeiten anbieten lassen. Dies beinhaltet insgesamt den Faktor Bedarfsdeckung des Pferdes bei Schadensvermeidung. Wie kaum bei einer anderen Haustierart beschäftigen sich Gruppen und Grüppchen, Vereine und Selbstberufene mit vor allem auch gesundheitlichen Problemen des Pferdes, die in entsprechenden Publikationsorganen an den Nutzer, d.h. den Halter, Reiter, Fahrer usw. zum Teil völlig ungefiltert und fachlich sehr fragwürdig abgegeben werden. Daraus resultiert eine hohe Zahl selbsternannter »Fachleute«, die über ihre ganz persönlichen Erkenntnisse und Veröffentlichungen auch zur Verunsicherung beim Klientel Pferdebesitzer beitragen. Gerade aus diesen Informationsquellen schöpfen viele Halter ihr Wissen, das sie dann in der täglichen Arbeit mit dem Pferd umzusetzen versuchen. Darüber hinaus findet sich dieser Trend verdichtet in Organisationsformen unterschiedlicher Art zur »Förderung der Gesundheit des Pferdes« im weitesten Sinne. Entsprechend sind die Möglichkeiten auch zu Fehlansätzen unserer pferdehaltenden Gesellschaft.
Die wirklichen Bedürfnisse des Pferdes werden mit der wachsenden Zahl pferdehaltender Betriebe immer weniger beachtet. Die Diskrepanz zwischen dem inzwischen theoretisch vorhandenen Wissen zur Bedarfsdeckung des Pferdes und seiner Anwendung in der täglichen Praxis wird somit immer größer. Daraus resultiert, daß immer mehr Pferde immer früher sterben oder verwertet werden müssen. Die am häufigsten hierfür genannten Ursachen sind Erkrankungen der Atemwege, sehr oft begleitet von Abwehrschwächen, Streßfolgen, Erkrankungen des Bewegungsapparates, Folgen von Fehlernährung.
Auf einige medizinische Sachverhalte dieser Wechselbeziehung von Ursache und Wirkung sowie die Möglichkeiten ihrer positiven Beeinflussung wird im Nachstehenden detailliert eingegangen.

Es stimmt nachdenklich, daß das zum Freizeitkameraden stilisierte Pferd heute deutlich öfter krank wird und eine geringere Lebenserwartung hat als der ehemalige Arbeitskamerad Pferd, der sein Leben in schwerer Arbeit mit dem Menschen gemeinsam verbrachte. Zu jener Zeit wurde laut Statistik von etwa 25% der vorhandenen Pferde das vierzehnte Lebensjahr überschritten, während dies heute nicht einmal mehr von jedem zehnten Pferd erreicht wird!

Neben den angesprochenen, zum erheblichen Teil nicht pferdegerechten Haltungsformen kommen potenzierend pferdeungemäße Nutzungsformen hinzu: tagelange Standzeiten, unregelmäßige Bewegung, plötzliche Überbelastung, »sportlicher Ehrgeiz« und ähnliches mehr. Damit wird den genannten Krankheiten Vorschub geleistet, und nicht selten, auch das muß leider gesagt werden, ist es das Ziel mancher Besitzer in Zusammenarbeit mit Tierärzten, »Pferde fit« anstatt sie gesund zu machen.

Es wird nicht unterstellt, daß all dies unbedingt Vorsatz ist. Vielmehr sind Unkenntnis, Gedankenlosigkeit, Nachlässigkeit – bei vorhandener Pferdeliebe – die häufigsten Ursachen. Bedenklicher wird es, wenn Profitstreben und Absicht dahinterstehen. Bedenkt man, welch enormen Aufschwung die Nutztierhaltung in den letzten Jahrzehnten genommen hat und welches Wissen in der Haltung von Rindern, Schweinen, Geflügel usw. bereits praktisch eingesetzt wird, so kann man heute nur konstatieren, daß trotz der bereits angeführten Gruppierungen und existierenden Organisationsformen in der Pferdehaltung keine entscheidende Fortentwicklung zu verzeichnen ist.

Es ist an der Zeit, daß die Pferdehaltung und -nutzung von den existenten Gremien der Tiermedizin, der Tierzucht, der sportlichen Vereinigungen und des Tierschutzes so kontrolliert und gemaßregelt werden, daß Gesundheitsschäden, Dauerschäden, Frühabgängen usw. durch stringente Beachtung und Berücksichtigung der erforderlichen Lebensbedingungen des Pferdes effektiv vorgebeugt wird. Aus diesem Grunde möchte ich auf drei wesentliche und nicht allgemein erkannte Problemkreise eingehen. Diese betreffen sowohl den Pferdehalter als auch die mit Gesundheitsfürsorge Pferd beauftragten Institutionen und Tierärzte. Es handelt sich um:

1. Fohlenaufzucht,
2. Streß und Streßfolgen,
3. Immunpräventive, Infektionskontrolle.

Bei allen drei Problemkreisen kann davon ausgegangen werden, daß sie exemplarisch aufzeigen, in welchem Umfang Mängel in der Gesundheitsfürsorge des Pferdes bestehen.

Fohlenaufzucht

Der Prozentsatz an Fohlenverlusten in deutschen Zuchten unterschiedlicher Rassen liegt plus / minus bei 10% (BOSTEDT / THEIN 1990; THEIN et al. 1983; THEIN / ESSICH 1993). Diese Werte entsprechen in etwa auch denen, die aus der internationalen Literatur ersichtlich sind. Innerhalb dieses Prozentsatzes dominieren Verluste infolge bereits pränatal angelegter Defekte (BOSTEDT / THEIN 1990; THEIN et al. 1983; THEIN / ESSICH 1993). Diese lassen sich einem groben Schema folgend vor allem einteilen in inutero gesetzte Infektionen mit der Folge von Verfohlungen oder krank geborenen Fohlen sowie Mißbildungen auf genetischer Grundlage. Dazu zählt auch die Immundefizienz mit ihren unterschiedlichen Formen sowie die Anlage von Zwillingsfohlen. In unseren Untersuchungen konnten bis zu 14% Verluste aus derart pränatal angelegten Defekten in der Warmblut- und Vollblutaraberzucht nachgewiesen werden (THEIN / ESSICH 1993). Internationalen Untersuchungen zufolge ist eine wesentliche Ursache für neonatal auftretende Infektionskrankheiten die funktionelle Immuninsuffizienz, und hier vor allem das Phänomen der Malabsorption. 25–35% aller Infektionskrankheiten in der Adaptationsphase haben hier ihren ätiologischen Ursprung.

Wir konnten in unseren Untersuchungen nachweisen, daß die Immunglobulinspiegelbestimmung bei Fohlen nach dem ersten Saugakt ein außerordentlich wichtiges Instrumentarium zur Beurteilung seines weiteren klinischen Zustandes ist (THEIN et al. 1983; THEIN et al. 1989; THEIN / ESSICH 1993). In allen Fällen, in denen Immunglobulinmängel vorlagen, konnte über eine gezielte Substitution mit Kolostralglobulinen Abhilfe geschaffen und Infektionskrankheiten vermieden werden; diese Fohlen erkrankten nicht. Dane-

ben hat es sich als hilfreich erwiesen, durch Einsatz geeigneter Tests auch die Globulingehalte im Kolostrum der jeweiligen Mutterstute zu erfassen, denn nur durch deren Kenntnis ist eine Aussage hinsichtlich der beim Fohlen festgestellten Immunmangelsituation gewährleistet (siehe dazu auch das Kapitel »Gesundheitsprobleme im Pferdebestand«).
Die gesundheitsfördernde Maßnahme ist also darin zu sehen, das neugeborene Fohlen sowie seine Mutterstute auf Globulingehalt durch Einsatz praxisrelevanter Tests zu untersuchen und diese Methode vor allem routinemäßig anstelle der bisher routinemäßig gepflegten polypragmatischen »Neugeborenenpräventivmaßnahmen« einzusetzen. Als Test kann ein kalibrierter Latexagglutinationstest empfohlen werden, der den Grenzwert von 400 mg/dl Immunglobulin G beim Pferd sicher erfaßt. Gerade von den sogenannten Edelrassen (Vollblutaraber, Appaloosa, Englisches Vollblut) ist bekannt, daß sie vermehrt zu Immundefizienzien auf hereditärer Grundlage neigen. Bei allen arabisches Blut führenden Rassen kennen wir zum Beispiel den tödlichen Mangel an reaktiven B- und T-Zellen bei neugeborenen Fohlen, der als kombinierte Immundefizienz (CID) bezeichnet wird. Darüber hinaus konnten wir nachweisen, daß bei den Stuten arabischen Vollblutes im Vergleich zum Warmblut offenbar eine schlechtere Kolostralglobulinversorgung vorliegt (THEIN et al. 1989). Diese Fakten sollten im Sinne einer Gesundheitsförderung bekannt sein und berücksichtigt werden. Es wäre anzustreben, Elterntiere strikt aus der Zucht auszuschließen, die derartige Mängel an ihre Fohlen vererbt haben. Dies gilt für weitere genetisch fixierte und damit auf Grund pränataler Ursache erscheinende Mängel mit der Konsequenz von Fohlenverlusten.
Circa 80% aller Fohlen machen im ersten Lebenshalbjahr mehr oder weniger schwere Episoden infektiöser Durchfälle durch. Was deren mikrobiologische Diagnostik anbelangt, befinden wir uns quasi im Neuland. Auf der Virusseite sind Rota-, Adeno- und Coronaviren involviert, auf der Bakterienseite vor allem Escherichia coli, Clostridien, Corynebakterien, Salmonellaspezies und Campylobacter. Dennoch wissen wir beispielsweise nicht sicher, welcher Escherichia coli-Typ der für das Fohlen enteropathogenste ist. Es ist bekannt, daß das Intestinalepithel des Pferdes Rezeptoren für das K88-Antigen besitzt. Ob oder unter welchen Umständen es zur Kolonisierung dieser E-Coli-Typen kommt, ist nicht bekannt (TZIPORI/WITHERS/HAYES 1984). Insgesamt haben wir auf der Infektionsseite in den meisten Fällen keine Einfaktorenätiologie, sondern eine Faktorenkrankheit zur Grundlage. Es ist beschrieben, daß bereits die Verzögerung des ersten satten Kolostrumaufnehmens um 4 Stunden bei Fohlen dazu führen kann, daß diese hochsignifikant mehr Endotoxämieerscheinungen zeigen und daß Streß im weitesten Sinne signifikant erhöhte Zahlen von Magenulcera beim Fohlen verursacht (FURR/MURRAY 1989). Es sind also hier wahrscheinlich die exogenen Stressoren in Verbindung mit inneren, endogenen Stressoren und ätiopathogenetisch zu Enteritiden befähigten Erregern im Zusammenspiel als die Auslöser für Fohlendurchfälle zu sehen.
Leider existiert weder ein einziger verwertbarer Impfstoff, der, bei der Stute eingesetzt, zur Bildung von spezifischen Kolostralglobulinen auch des Typs IgA mit Schutzfunktion im Fohlendarm führen könnte, noch existieren wirksame Impfstoffe, die dem Fohlen selbst appliziert werden könnten (THEIN 1983 u. 1988). Gesundheitsfördernde Maßnahme wäre also die Entwicklung von Vakzinen für die Mutterstute mit dem Ziel des Schutzes des Saugfohlens. Ein Impfstoff zum Beispiel auf der Basis von Rotaviren und Adenoviren – in Kombination mit den wichtigsten darmpathogenen Bakterienspezies – zur oralen Applikation, der dann später beim Absatzfohlen als Booster eingesetzt werden kann, könnte einen aktiven Immunschutz leisten. Des weiteren fehlen Institute, die sich intensiv und kompetent mit der Diagnostik dieser Infektionen und deren Maßregelung sowie der Entwicklung geeigneter Impfstoffe beschäftigen.
Vor allem die Vermittlung des entsprechenden Wissens in der Pferdezucht und an die damit Beauftragten, also auch an die betreuenden Tierärzte, über die Zusammenhänge zwischen Placentationsverhältnissen der Stute, Immunversorgung des Fohlens, exogene und endogene Streßfaktoren und ihre Rolle innerhalb der Ätiopathogenese von Fohlenerkrankungen ist als sehr wesentliche, gesundheitsfördernde Maßnahme in Pferde-

zucht und -haltung anzusehen. Mit den herkömmlichen Impfstoffen und -seren sind die besprochenen Krankheitskomplexe nicht befriedigend abzudecken (BOSTEDT/THEIN 1990; THEIN 1981), zumal die gegebenen Empfehlungen für die Erstimpfungen, vom Alter der Fohlen her gesehen, häufig zu früh liegen. In diesem Zusammenhang möchte ich auch darauf hinweisen, daß die vielerorts übliche Präventivbehandlung neugeborener Fohlen durch Applikation von Antibiotika (z. B. Tardomyocel) zu frühestmöglichen Zeitpunkten nach der Geburt allein oder in Kombination mit anderen Pharmazeutika contraindiziert erscheint. Diese in der Pferdepraxis gern gepflegte, zur Prävention von Erkrankungen der Neugeborenen allerdings ungeeignete, routinemäßig vorgenommene Applikation unterschiedlicher Antibiotika und/oder Antibiotika-Vitaminkombinationen sollte somit überdacht werden. Mit der Dominanz der bereits inutero angelegten Noxen, damit auch der Infektionen, ist eine routinemäßige Applikation von Antibiotika nach der Geburt an gesund geborene Fohlen nicht zu empfehlen. Hierdurch können sowohl Dosis- als auch Wirkungsprobleme auftreten, und es kann einer Resistenzbildung bei Bakterieninfektionen als auch gelegentlich einer iatrogen verursachten Immunsuppression dadurch Vorschub geleistet werden. Ein bereits infiziert geborenes Fohlen (z. B. neonatale Septikämie) muß anders therapiert werden als ein gesund geborenes Fohlen oder ein Fohlen, das, begünstigt durch endogene und/oder exogene Stressoren, nach der Geburt klinisch manifeste, bakteriell bedingte Infektionskrankheiten entwickeln kann (BOSTEDT/THEIN 1990; KOTERBA et al. 1984; THEIN 1981; THEIN/ESSICH 1993). Als Präventivmaßnahme für Neugeborene sowie für Absatzfohlen empfehlen wir daher die Paramunisierung, mit der wir in vielen Fällen sehr gute Erfolge erzielt haben (LINDNER et al. 1993; THEIN 1993). Das Wesentliche ist auch hier wieder die Erkenntnis und deren Weitergabe von den Zusammenhängen zwischen ätiopathogenetisch wichtigen, mikrobiellen und nichtmikrobiellen Faktoren, ihrer Ausmündung in die Krankheit und Möglichkeiten von deren Vermeidung als gesundheitsfördernde Maßnahme.

Streß und Streßfolgen: Atemwegserkrankungen und Endotoxämie

Das Pferd, vor allem das Leistungspferd heutiger Prägung, hat feste Verpflichtungen hinsichtlich seiner sportlichen Leistungen. Dies macht das Reisen zu einem unumgänglichen Übel. Damit verbunden sein kann zum Beispiel die Reaktivierung oder Aktivierung von Infektionskrankheiten unter Streßeinwirkung. Ich möchte im folgenden kurz auf die wesentlichen Folgen des Transportstresses im genannten Rahmen eingehen.

Tabelle 1

Transporteinflüsse und -folgen für das Pferd

- ☐ Angst, Nervosität, gestörte Psyche (Prügel)
- ☐ Sedationsfolgen
- ☐ Verletzungen
- ☐ Schädigung durch Abgase
- ☐ Überhitzung/Unterkühlung
- ☐ Falsche Körperhaltung
- ☐ Limitierung physiologischer Reaktionen (Urinieren)
- ☐ Inhalation von Stäuben mit Bioaktivität (Heu)
- ☐ Aufnahme quantitativ hoher Mengen Bakterien mit Absiedelung im Bronchialbaum
- ☐ Anstieg von CO (bis um das Zehnfache) im Blut
- ☐ Reduktion der Alveolarmakrophagen
- ☐ Störungen im Serumenzym-Haushalt (AST, CK, LDH)
- ☐ Anstieg der Lipidkonzentrationen (Ausdruck negativer Energiebilanz)
- ☐ Dehydration

Wie in Tabelle 1 dargestellt, hat der Transport eine Reihe negativer Folgen für das Pferd, die insgesamt alle im Streß münden. Von BUONNACCORSI und Mitarbeitern (1989) ist beschrieben, daß das Pferd mit zwei Formen von Streß reagieren kann. Die erste ist die »flight-or-fight-Reaktion«, mit einer Aktivation des sympathischen Systems und einer Freisetzung von Katecholaminen, die zweite ist die sog. Wachsamkeitsreaktion mit einer Aktivierung der hypophysären, adrenokortikalen Achse mit der Folge der Freisetzung von ACTH. Das Pferd reagiert auf Streß primär mit dem ersten Typ mit der Folge, daß

verlängerter Streß stark negative Folgen vor allem auf den Leberstoffwechsel hat.
Am Komplex der Atemwegserkrankungen wird deutlich, wie Pferde auf Transportstreß reagieren können (siehe dazu die Tabellen 1, 2, 3), in dessen Folge vor allen Dingen die Lungenmakrophagen geschädigt werden können. Streß dürfte mit seiner Auswirkung auf die Abwehrbereitschaft des Pferdes die wesentliche Voraussetzung für den Beginn der Atemwegsinfektionen auf viraler und/oder bakterieller Grundlage sein (BAYLY et al. 1986; LAEGREID et al. 1988; THEIN 1992; WONG et al. 1990).

Tabelle 2
Aufgaben der Alveolarmakrophagen

Bakterizidie
- □ Phagocytose
- □ Sekretion lysosomaler Enzyme
- □ Sekretion reaktiver Sauerstoffvermittler
- □ Produktion antibakteriell wirkender Peptide

Immunfunktionen
- □ Antigenpräsentation für Lymphozyten
- □ Produktion von Interleukin-1 und α-IFN
- □ Regulierung der Immunantwort über Prostaglandine

Entzündungsfördernde Funktionen
- □ Sekretion von C-Komponenten
- □ Sekretion neutrophiler Chemotaxisfaktoren
- □ Sekretion vasodilatatorisch wirkender Substanzen

Für das Pferd wesentliche Streßfaktoren sind Transport und Training (Tabelle 4). Es gibt inzwischen fundierte Untersuchungen über deren Einfluß auf den Atemweg des Pferdes, deren Konsequenz immer die ist, daß die Lungenabwehr stark unterdrückt wird. Wenn nun zum Beispiel der Absetzer im Vollblutsport aus dem Zuchtstall in den Trainingsstall kommt, unterliegt er automatisch diesen beiden wichtigen Blöcken von Streß, und dies meist mit einem noch nicht komplett reaktionsfähigen, immunologischen Abwehrsystem. Damit beginnt gelegentlich bereits das Ende der Laufbahn eines an sich vielversprechenden, teuer gezogenen Leistungssportlers. Weltweit sind zunehmend Bronchiopneumonieprobleme auch bei jungen Rennpferden zu sehen infolge von Streptococcus-zooepidemicus-Infektionen. Es ist bekannt, daß exzessives Training auch zu einem ansteigenden Albumingehalt in der Lunge führen kann, was als Ausdruck eines Anstieges der Gefäßpermeabilität in diesem Bereich angesehen wird (BAYLY et al. 1986). Auch eine nicht

Tabelle 3
Folgen von Training und Transport für die Alveolarmakrophagen

- □ Quantitative Abnahme der Zellzahl
- □ Reduzierte Lebensfähigkeit
- □ Reduktion der aktiv phagozytierenden Zellen
- □ Mehraufnahme phagozytierter Partikel
- □ Reduzierte bakterizide Aktivität
- □ Reduzierte Atemaktivität

Tabelle 4
Transportfolgen, Trainingsfolgen, Narkosefolgen

Reagierendes System + = Anstieg über das physiologische Mittel
− = Abnahme unter das physiologische Mittel

	Cortison	ACTH	Lactat	Hämatokrit	Lungenmakrophagen (Funktion)	Thyronin	Serum-Zn-Spiegel	Katecholamin
Transport	+	n. u.	n. u.	n. u.	−	−	−	n. u.
Training	+	+	+	n. u.	−	n. u.	−	+
Narkose	+	+	+	+	n. u.	n. u.	n. u.	n. u.

n. u. = nicht untersucht

spezifische, streßassoziierte Entzündung im Bronchialepithel infolge des Trainings ist beschrieben. Der angestiegene Albuminspiegel mag dazu führen, daß vorhandene Bakterien ein günstiges Wachstumsmedium finden, in dem sie sich vermehren und somit zur klinischen Manifestation am Atemweg führen können. Die aufgezeigten und weitere, hier nicht aufgezeigte pathophysiologische Veränderungen am Atemweg, vor allen Dingen an der Lunge des Pferdes, bestehen diesen Untersuchungen zufolge über 5 Tage nach Abschluß der körperlichen Anforderung (BAYLY et al. 1986). Schon daraus läßt sich als gesundheitsfördernde Maßnahme ableiten, daß Trainingsprogramme und Rennveranstaltungen, auch von der Terminierung her gesehen, unter diesem Gesichtspunkt gewertet werden sollten. Innerhalb der Phase dieser genannten 5 Tage ist das Leistungspferd einem hohen Risiko ausgesetzt, eine Atemwegserkrankung zu entwickeln, aus deren akuter Form sich auch die chronische Verlaufsform entwickeln kann.

Hand in Hand damit geht der gerade in der Leistungspferdezucht noch immer unbefriedigende Impfstatus mit der Folge einer teilweisen Immuninkompetenz in der Population gegenüber wesentlichen Arten von Erregern von Atemwegserkrankungen (LANGE et al. 1992; THEIN 1988). Gesundheitsfördernde Maßnahmen in dem hier gezeigten Zusammenhang Transport – körperliche Anforderung – Atemwegserkrankung wären also: Nur den ordnungsgemäß vakzinierten Jährling so spät wie möglich in das Training aufnehmen, das Training zu überdenken hinsichtlich der genannten Faktoren der negativen Einwirkung von Streß auf die Abwehr am Atemapparat und ein Einbeziehen dieses Wissens in Trainings- und Rennabläufe. Auch hierzu gehört die Entwicklung neuer und verbesserter Impfstoffe zur Bekämpfung von Atemwegsinfektionen.

Im gleichen Kontext zu sehen ist die Entwicklung und quantitative Zunahme der gefürchteten Enterocolitis, Colitis X, Lamnitis bei Pferden unterschiedlichen Alters. Die bisher bekannten ätiopathogenetischen Zusammenhänge sind in Tabelle 5 aufgezeigt. Der Anstieg adrenaler Hormone als Streßfolge im Blut infolge von Transport, Training, Diätveränderungen, Umwelt und Arbeitsstreß, Narkose und ähnlichen exogenen Stressoren kann zum Bild der Endotoxämie, mit den klinischen Erscheinungen der Hufrehe, oder Enterocolitis-Colitis X führen. Eine Übersäuerung (Milchsäure) im Darm kann zur Schädigung der Darmschleimhaut führen, und es kommt zur Endotoxinfreisetzung – vor allem bei vorhergehendem Kohlenhydratüberangebot in der Nahrung mit der Folge einer hohen Milchsäureproduktion durch gramnegative Darmbakterien. Die Endotoxinfreisetzung kann Zerstörung der Zellmembranen, welche normalerweise die Freisetzung der Endotoxine in den Blutstrom verhindern würden, verursachen. Sekundär folgt eine Überladung der Leber mit einer Überforderung ihrer Filterkapazität. Damit haben wir den Zustand der Endotoxämie mit der Folge der Thrombosierung kleinerer Gefäße unterschiedlicher Lokalisation und nachfolgender Krankheit.

Tabelle 5
Colitis als Streßfolge

Kohlenhydratüberladung ↔ **Streß**
↓ ↓
Steigende Milchsäureproduktion durch gramnegative Darmbakterien
↓ ↓
Untergang gramnegativer Bakterien → Endotoxinfreisetzung
↓
Zerstörung transferverhindernder Zellmembranen im Darmlumen
↓
Lebertransfer, Leberüberforderung (Filterkapazität)
↓
Endotoxämie:
Verstopfung kleinerer Gefäße
↓
Klinische Folgen:
Colitis
Rehe
AG-AK-Komplexe
Schwartzmann-Phänomen

Das Pferd ist generell sehr empfindlich gegenüber gramnegativem Endotoxin unterschiedlichen bakteriellen Ursprungs, und es entwickelt ungewöhnliche Immunreaktionen infolge einer wiederholten Belastung mit Endotoxin oder Kohlenhydratüberangebot (COLLINS et al. 1972; GATTIN et al. 1982; GARNER 1983; KIRKPATRICK et al. 1979;

immer wieder Abortfälle erlebt, die an sich totgeglaubt waren. Desgleichen ist eine Zunahme der durch Herpesviren der genannten Typen verursachten sog. »Zentralnervösen Verlaufsform« auch bei ordnungsgemäß geimpften Pferden zu verzeichnen (THEIN/BROWN 1988; THEIN et al. 1993). Es existieren Anhaltspunkte dafür, daß die Herpesviren des Pferdes in ihrem Biotypverhalten variabel sein können, und damit muß auch die Möglichkeit einkalkuliert werden, daß sie nicht mehr komplett von den in den Impfstoffen enthaltenen Impfviren immunologisch abgedeckt werden (THEIN et al. 1988; THEIN et al. 1993).

Der zunehmende Handel mit Pferden aus aller Welt, vorwiegend auch aus den neu geöffneten Ostgebieten Europas, ist eine potentielle Gefahr hinsichtlich des Einschleppens neuer Krankheitserreger bzw. neuer Variationen von Krankheitserregern, gegen die unsere eigenen Pferde immunologisch nicht oder nur partiell geschützt sind. Hier sind staatliche Organisationen aufgefordert, im Sinne der Gesundheitsförderung in internationalen Absprachen Kontrollmöglichkeiten zu schaffen, die verbindlich gemacht werden. Ganz offensichtlich scheint sich in der EG zur Zeit das Gegenteil anzubahnen, nämlich das Aufgeben von Kontrollmaßnahmen innerhalb des Pferdeverkehrs sowie eine eher reduzierte Bereitschaft für Impfprogramme insgesamt. Voraussetzung für die Erkennung von Pferdeinfektionskrankheiten oder Seuchen ist eine gut funktionierende Überwachung. Diese ist weltweit nicht gewährleistet. Die Erkennung neuer Viren im Feld sowie Varianten von bekannten Viren scheint definitiv vom Zufall abhängig zu sein, da es keine gezielten Untersuchungen in dafür eingerichteten Instituten gibt. Empfehlenswert im Sinne einer gesundheitsfördernden Maßnahme ist die Einführung einer regelmäßigen Überwachung der Pferdebestände mit dem diagnostischen Bemühen des Nachweises aller relevanten Viren und Bakterien sowie der Beobachtung der Immunitätslage der Pferde. Des weiteren bedarf es einer Übereinkunft hinsichtlich der anzuwendenden Untersuchungsmethoden und ihrer Standardisierung in allen damit befaßten Labors. Für die Industrie gilt, daß Pferdeimpfstoffe, die bereits im Markt sind, hinsichtlich ihrer Stammzusammensetzung aktualisiert werden sollten, auch unter Einbeziehung der Verwendung neuer Adjuvantien mit einer besseren Fähigkeit zur Stimulation auch der zellulären Immunabwehr und möglicherweise zur Erzeugung einer nicht nur stammspezifischen Immunität.

Die rein formalen Vorschriften, wie sie zum Beispiel nationale und internationale Verbände wie FN und FEI geben, Pferde in einem bestimmten Intervall vor Start oder sportlichen Ereignissen zu impfen, reichen für eine Reduktion der Infektionsausbreitung bei weitem nicht aus. Sofern die oben genannten Konditionen nicht besser berücksichtigt und in Zukunft keine länderübergreifenden Maßnahmen zu deren Sicherstellung geschaffen werden, bleiben derartige Impfungen reine Alibifunktionen.

Gesundheitsförderung beim Pferd verstehe ich primär als Förderung des bewußten Wissens vom Pferd und von seinen Lebensvorgängen bei allen mit dem Pferd Beschäftigten. Vor allem die Tierärzte sollten als Vermittler gesicherten Wissens fungieren. Hierzu gehört ein Problembewußtsein, das auf naturwissenschaftlich gesicherten und verarbeiteten Fakten beruht, und nicht auf Emotionen oder nicht selten in der Bewertung überschätzten »eigenen Erfahrungen«.

Hier wurde versucht, dies an drei relevanten Problemkreisen darzustellen, die an sich nur ein kleines Segment des großen Themas »Gesundheitsförderung Pferd« darstellen. Wir wissen, daß die Aufgaben des Tierarztes, der mit dem Pferd beschäftigt ist, sich im Rahmen seiner Tätigkeit auch über den Rechtsbereich erstrecken und damit vor allem im Bereich des Tierschutzes und des Tierschutzgedankens sowie des Gesetzes angesiedelt sind. Des weiteren ist er in der Tierzucht überwachend und beratend tätig, in der Tierhaltung wieder beratend und betreuend, mit der Aufgabe der Behandlung des einzelnen Tieres und der gesamten Population zur Gesunderhaltung, sowie im Handel, im Sport und dem damit verbundenen Tiertransport. Da das sehr breit gefächerte Aufgabenfeld unseres Berufsstandes nur in den wenigsten Fällen von einzelnen Individuen abgedeckt werden kann, bedarf es in zunehmendem Maße eines einvernehmlichen Verständnisses und Dialogs auf der Basis von gesichertem Wissen zur Gesunderhaltung der Spezies Pferd, ohne die die Kulturgeschichte des Menschen um einiges ärmer wäre.

Funktionelle Anatomie des Pferdes

Professor
Dr. Dr. med. vet. habil. HELMUT WAIBL
Direktor des Anatomischen Institutes der Tierärztlichen Hochschule Hannover

Erst das Verständnis von Bau und Funktion aller Organsysteme, sowohl im einzelnen als auch im Gesamtkörper, gibt Aufschluß über die Aktionen des Pferdes und seine Reaktionen auf Umwelt und geforderte Leistung. In diesem Kapitel wird deshalb versucht, Grundlegendes zu Anatomie und Funktion der Organsysteme des Sportpferdes (mit dem heute üblichen Stockmaß) in systematischer Reihenfolge darzulegen.

Der Bewegungsapparat

Der passive Teil des Bewegungsapparats des Pferdes umfaßt das *knöcherne Skelett* und die verbindenden *Gelenke;* diese werden aktiv durch die *Skelettmuskulatur* bewegt.

Knochen und Gelenke

Das Knochengerüst besteht aus über 200 Einzelknochen, von denen die meisten gelenkig miteinander verbunden sind. Nur etwa 10% der Knochen, vor allem im Schädelbereich, sind fest verwachsen.
Allgemein ist das Skelett eingeteilt in die Knochen des Schädels, des Stammes (Wirbelsäule, Rippen und Brustbein) sowie der Vor- und Hinterhand.

Der Schädel (Abb. 1)
Die zumeist platten Schädelknochen formen durch ihre intensive Verknöcherung den Hirnschädel mit seiner beim Pferd relativ kleinen Schädel- oder Gehirnhöhle und den gut doppelt so langen Gesichtsschädel mit den beiden, parallel liegenden Nasenhöhlen. Unterkiefer und Zungenbein sind dem Oberschädel an seiner Unterseite beweglich angelagert. Am Oberschädel (= Hirn- und Gesichtsschädel) unterscheidet man Schädeldach, Seitenwände, Nackenwand und Schädelbasis. Das Schädeldach, bestehend aus Nasenbein (A), Stirnbein (B) und Scheitelbein (mit Zwischenscheitelbein, C), deckt die Nasen- und Gehirnhöhlen ab. Es schützt dadurch die Nasenmuscheln, die Augen und vor allem das Gehirn. Am Übergang vom Gesichts- zum Hirnschädel ist das Stirnbein (B) doppelwandig und z. T. durch die beidseitige Stirnhöhle luftgefüllt.
Die Spitze des Oberschädels formen das Zwischenkieferbein (D) mit den 3 Oberkieferschneidezähnen (I, I 1–3) jeder Seite sowie das anschließende Oberkieferbein (E) und das kleine, seitlich verdeckte Gaumenbein. Sie bilden gleichzeitig die Bodenplatte der beiden Nasenhöhlen als auch das Dach der Mundhöhle. Die Seitenwand des Gesichtsschädels ist durch die lange Reihe der 6 Backenzähne (3 Prämolare P 1–3 und 3 Molare M 1–3) im

Oberkiefer geprägt. Hier ist der tragende Knochen, das Oberkieferbein (E), durch die von der Nasenhöhle belüftete vordere und hintere Kieferhöhle vergrößert. Am Übergang zum Hirnschädel ragt das durch die kantige Angesichtsleiste deutlich sichtbare Jochbein (F) seitlich der Augenhöhle (a) und der Schläfengrube (b) hervor. Es trägt an seinem hinteren Ansatz das Kiefergelenk (d). Den Abschluß der Schädelseitenwand und die Nackenwand bildet das niedrige abgerundete Hinterhauptbein (H) mit dem langen Drosselfortsatz (H′). Die Knochen der Schädelbasis (G, Keilbeine, Felsenbein und Hinterhauptbasis) sind von vielen Öffnungen umgeben oder durchdrungen, die den meisten der 12 Gehirnnervenpaare und einer Anzahl von Blutgefäßen Austritt bzw. Einlaß in die Schädelhöhle und damit vom bzw. zum Gehirn und dessen Häuten gewähren.

Die rechte und linke Unterkieferhälfte (U) verknöchern erst im 1. Lebensjahr im Bereich des Kinns miteinander. Die große Seitenfläche des Unterkiefers ermöglicht einerseits den Einbau der bis zu 15 cm langen Mahl- oder Backenzähne (6, P 2–4, M 1–3), andererseits den Ansatz der umfangreichen Kaumuskulatur.

Kopfgelenke Im Kiefergelenk (d) ist der Unterkiefer über eine zwischengeschobene Knorpelscheibe mit dem Jochbogen des Oberschädels gelenkig, d. h. vertikal und auch etwas horizontal beweglich, verbunden. Die Hauptbewegung, das Öffnen und Schließen der Mundspalte, wird durch ein seitlich gelegenes Band geführt. Daneben ist es dem Pferd möglich, auch seitliche Mahlbewegungen zum Zerreiben von Rauhfutter oder Hafer auszuführen. Dazu muß der Gelenkkopf des Unterkiefers durch Muskelkraft aus der Gelenkvertiefung des Jochbogens nach vorne gezogen werden. Dort findet er eine ebene Auflage vor, die nun ausreichend weite, horizontale Kieferschläge zuläßt.

Die Verbindung des Oberschädels (am Hinterhauptbein, H) mit dem 1. Halswirbel und jene zwischen dem 1. und 2. Halswirbel werden funktionell auch als Kopfgelenke bezeichnet.

Im sog. 1. Kopfgelenk bildet sich zwischen den beiden rundlichen Fortsätzen des Hinterhauptbeins und den tiefen Aushöhlungen des 1. Halswirbels ein sog. Ellipsoidgelenk aus. Die bauliche Ähnlichkeit mit einem Kugelgelenk würde hier viele Bewegungsrichtungen erwarten lassen, aber straffe, vor allem seitlich angeordnete Bänder und Muskeln, gestatten nahezu nur Nickbewegungen (»Ja-Sager-Gelenk«). Im 2. Kopfgelenk dreht sich der Schädel mit dem straff gehaltenen 1. Halswirbel um den zapfenartigen »Zahn« des 2. Halswirbels (»Nein-Sager-Gelenk«).

A Nasenbein
B Stirnbein
C Scheitelbein
D Zwischenkieferbein
E Oberkieferbein
F Jochbein mit Angesichtsleiste
G Schädelbasis
H Hinterhauptbein mit Drosselfortsatz (H′)
U Unterkiefer

a Augenhöhle
b Schläfengrube
c äußerer Gehörgang
d Kiefergelenk

1 Oberkieferschneidezähne
2 oberer Hengstzahn
3 Oberkieferbackenzähne
4 Unterkieferschneidezähne
5 unterer Hengstzahn
6 Unterkieferbackenzähne

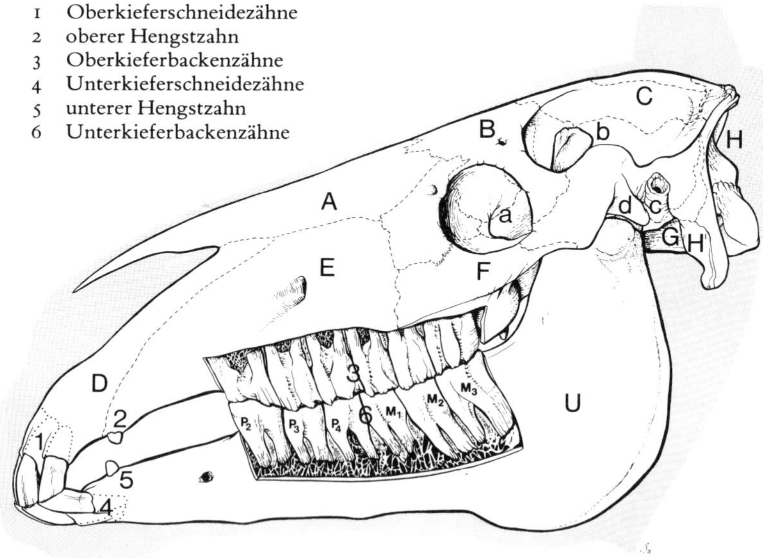

Abb. 1 Der Schädel

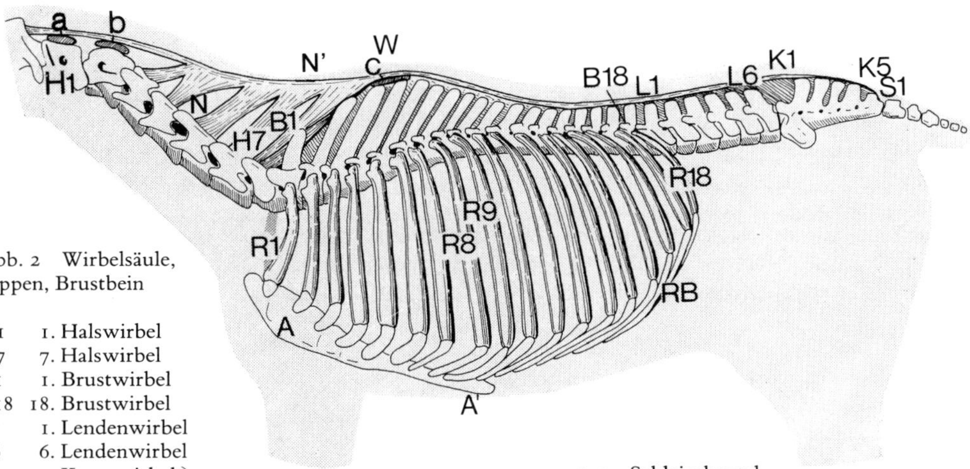

Abb. 2 Wirbelsäule, Rippen, Brustbein

H 1	1. Halswirbel	
H 7	7. Halswirbel	
B 1	1. Brustwirbel	
B 18	18. Brustwirbel	
L 1	1. Lendenwirbel	
L 6	6. Lendenwirbel	
K 1	1. Kreuzwirbel	Kreuzbein
K 5	5. Kreuzwirbel	
S 1	1. Schwanzwirbel	
R 1	1. Rippe	»Tragrippen«
R 8	8. Rippe	
R 9	9. Rippe	»Atmungsrippen«
R 18	18. Rippe	

A	Brustbein
A'	Schaufelknorpel
RB	Rippenbogen
N	Nackenplatte
N'	Nackenband
W	Widerrist

a–c	Schleimbeutel
a	über dem 1. Halswirbel
b	über dem 2. Halswirbel
c	über dem 3. + 4. Brustwirbel

Stammskelett

Wirbelsäule, Rippen, Brustbein (Abb. 2)

Wirbelsäule Die Wirbelsäule bildet eine geschwungene Kette unterschiedlich gebauter Wirbel von fast 3 m Länge. Die sehr beweglichen 7 Halswirbel (H 1–H 7) steigen vom Hinterhauptbein in der unteren Hälfte der Halsdicke zum Brusteingang ab. Die 18 Brustwirbel (B 1–B 18) und die 6 Lendenwirbel (L 1–L 6) sind zu einem etwa 1,5 m langen Stab verbunden, der im Bereich des Brustkorbs den Rippen seitlich Ansatz bietet und lediglich im Lendenbereich vertikale sowie geringfügige Rotationsbewegungen zuläßt. Die insgesamt 5 Kreuzwirbel sind völlig zum 25 cm langen Kreuzbein (K 1–K 5) verknöchert. Dagegen ist die ca. 0,5 m lange Kette aus den 15–21 Schwanzwirbeln (ab S 1) wieder frei beweglich.

Wirbel Alle Wirbel nach dem 2. Kopfgelenk sind zwischen ihren Wirbelkörpern nicht durch spalthaltige Gelenke, sondern knorpelig-bindegewebig über die Zwischenwirbelscheiben (sog. Bandscheiben) gekoppelt. Somit sind hier degenerative Erkrankungen wie z. B. Verkalkungen möglich. Diese Zwischenwirbelscheiben wirken als stoßdämpfende Puffer bei jeder Biegung oder Wendung. Derartige Wirbelsäulenverbiegungen erfordern zusätzlich zwischen den Wirbelbogen noch echte Schiebegelenke, für die jederseits an der Vorder- und Hinterseite eines Wirbelbogens ein flacher Gelenkfortsatz ausgebildet ist. Ihre Verschiebemöglichkeit ist im Halsbereich sehr groß, im Brustteil kaum und in der Lendenpartie nur vertikal vorhanden. Das verknöcherte Kreuzbein benötigt keinerlei Gelenke. Zwischen den Schwanzwirbeln sind lediglich dicke, gut bewegliche Zwischenwirbelscheiben angelegt.

Den Zusammenhalt der Wirbelkette insgesamt gestalten lange und kurze Bänder, die entweder über große Strecken (vom Schädel bis zum Kreuzbein) oder auch nur einzeln benachbarte Wirbel verbinden. Zwischen Hinterhauptbein, Halswirbel und Widerrist sind diese Bänder zur paarigen Platte (Nackenplatte, N) und zum doppelten Nackenband (N') umgestaltet. Beide ermöglichen dem Pferd ein nahezu kraftfreies, passives Tragen des schweren, weit vorgelagerten Kopfes. Dem Nackenband sind über dem 1. und 2. Halswirbel (a, b) und dem 3. und 4. Brustwirbeldornfortsatz (c, im Widerrist) Schleimbeutel unterlagert, die vor allem bei

Kutschpferden durch ihre langwierigen Entzündungen (Widerristfisteln) Schwierigkeiten bereiten können.
Insgesamt besteht das Achsenskelett des Pferdes aus einem relativ steifen Mittelstück (Brust-, Lenden- und Kreuzwirbel) und zwei willkürlich, gut beweglichen Gewichtsausgleichpendeln: der langen, gut bemuskelten Halswirbelkette, die weit vorne den schweren Kopf als Trimmgewicht steuert, und einem zur Feinsteuerung der Bewegungen geeigneten Schwanzteil.

Rippen Die Unbeweglichkeit der Brustwirbelsäule wird einerseits in Vertikalrichtung durch die langen Dornfortsätze des Widerrists (W) verursacht, andererseits sind zu beiden Seiten jeweils 18 Rippen (R1–R18) angefügt, von denen die ersten 8 (Trag- oder »wahre« Rippen, R1–R8) starr mit dem Brustbein (A) verbunden sind. Die hinteren 10 Rippen (Atmungs- oder »falsche Rippen«, R9–R18) sind über ihre langen Knorpel zum Rippenbogen (RB) aneinandergelagert und können sich somit etwas zur Seite dehnen. Die Rippen berühren mit ihrem Kopf benachbarte Brustwirbelkörper in jeweils zwei relativ freien Gelenken und mit ihrem Höcker den kurzen Querfortsatz des gleichzähligen Brustwirbels. Kleine Bänder schränken dann die möglichen Bewegungen zur Aus- und Einwärtsdrehung für die Ein- und Ausatmung auf das notwendige Maß ein.
Mit ihren am Brustbein (A) ansetzenden Knorpelabschnitten verbinden sich die 8 Tragrippen (R1–R8) mit den entsprechenden Gruben des Brustbeins. Das 1. Rippenpaar läuft am Brusteingang eng zusammen und besitzt daher nur eine gemeinsame Gelenkgrube. Die knorpeligen Abschnitte der 10 Atmungsrippen (R9–R18) legen sich an beiden Körperseiten zum langen, nach vorne und unten geschwungenen Rippenbogen (RB) zusammen, der damit den Hinterrand des Brustkorbs formt. Den unteren Abschluß des Brustkorbs bildet das schiffskielförmige Brustbein (A), mit dem die Rippen über ihre Knorpel verbunden sind. Die breiten Außenflächen des Brustkorbs bieten der starken Brustmuskulatur Ansatz, die den Schulter-Oberarm-Bereich der Vorhand, aber auch Hals und Kopf gut beweglich und gleichzeitig in ausreichend festem Muskeltonus verankert. Das Brustbein endet mit seinem Schaufelknorpel (A′) in der Bauchwand.

Vor- und Hinterhand (Abb. 3a + b, 4)
Die *Knochen* und *Gelenke* der *Vor-* und *Hinterhand* sind durch die Spezialisierung des Pferdes zum Lauftier geprägt. Diese führte zu einer Reduktion der Zehenstrahlen auf nur noch die dritte oder mittlere Zehe bei gleichzeitiger Aufrichtung der Fußung auf die »Zehenspitze«.

Vorhand (Abb. 3a + b) Das platte dreieckige Schulterblatt (A) bildet mit seinem ca. 10 cm hohen Knorpel (A′) den Rest des ursprünglich dreigliedrigen Schultergürtels.

Abb. 3a Knochen und Gelenkwinkel der Vorhand

A Schulterblatt
A′ Schulterblattknorpel
B Oberarmbein
C Speiche
C′ Elle
C″ Ellbogenhöcker
D Knochen der Vorderfußwurzel
E Röhrbein
E′ äußeres Griffelbein
F Fesselbein
G Kronbein
H Hufbein
I äußeres Gleichbein
K Strahlbein

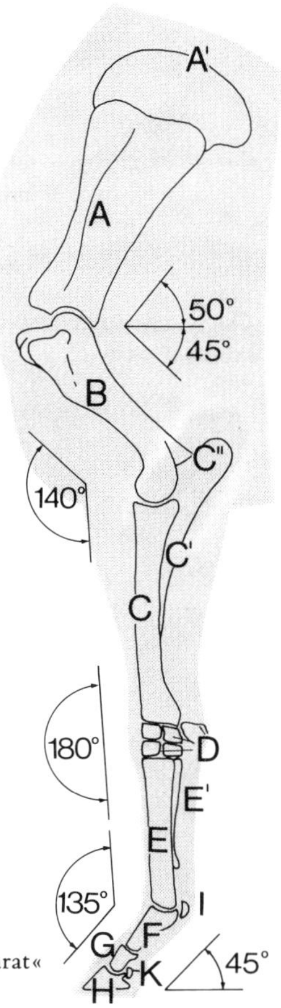

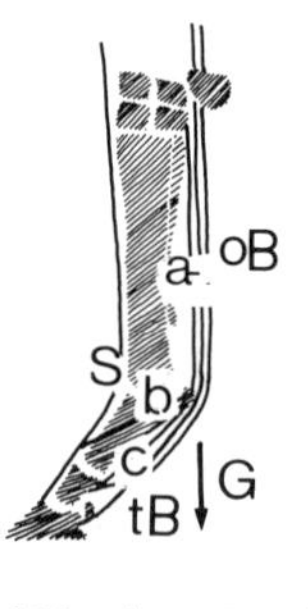

Abb. 3b »Fesselträgeapparat«

a Musculus interosseus medius
b sein äußerer Seitenstrang
c untere Gleichbeinbänder
S Strecksehne
oB oberflächliche Beugesehne
tB tiefe Beugesehne
G Gewichtsdruck

Durch seine Form liegt es schräg nach unten dem vorderen Viertel des Brustkorbs und dem Widerrist ohne direkte Knochenverbindung seitlich flach an und bietet große Ansatzflächen für die radiär zustrebende, breite Schultergürtelmuskulatur. Somit hängt das Schulterblatt durch eine nahezu quadratmetergroße Masse sehnig-muskulöser Strukturen an der seitlichen Brustwand. Funktionell ist dies umgekehrt wirksam. Der Rumpf schwingt optimal gefedert in dieser vielfachen bindegewebigen Gurtaufhängung zwischen den beiden Schultern! Eine gelenkige Verbindung zwischen Rumpf und Schulter, etwa wie beim Menschen durch ein Schlüsselbein, würde die notwendige Stoßdämpfung, z. B. bei der Fußung nach einem Hindernissprung, nur stören oder sogar verhindern.

Das schräg nach hinten-unten wegstrebende starke Oberarmbein (B) besitzt die gleiche Länge wie der Schulterblattknochen (A). Dabei bildet das Schultergelenk durch die Schrägstellung der beiden Knochen einen Standwinkel von etwa 95° an der Beugeseite. Durch diese »Normalstellung«, die von der Muskulatur im straffen Tonus gehalten wird, bietet das Schultergelenk eine hervorragende stoßbrechende Mittelstellung. Die Bewegungsmöglichkeit des in Kugelform angelegten Gelenkes wird durch die stark sehnige Durchsetzung der umgebenden Muskeln zum reinen Wechselgelenk mit Streck- und Beugerichtung eingeengt.

Im Unterarm sind die Speiche (C) und die stark zurückgebildete Elle (C′) zu einem Knochen verwachsen, wobei der Ellbogenhöcker (C″), immer noch in Brustbeinhöhe gelegen, das Niveau des Ellbogengelenks etwa eine Handbreit überragt. Das Ellbogengelenk (140°) verbindet, als ein nur Streck- und Beugebewegung erlaubendes Scharniergelenk, die Rolle des Oberarmbeins mit den Gelenkflächen der Speiche und Elle. Seine Drehachse liegt im Schwerelot der Vorhandfußung. Eine Überstreckung wird durch den Ellbogenhöcker verhindert; damit ist der Unterarm in Normalstellung nahezu senkrecht ausgerichtet.

Sieben (manchmal acht) kleine, kantige Knochen formen die Fußwurzel (D, fälschlich auch Vorderknie genannt). Sie sind in zwei Reihen versetzt übereinander angeordnet. Die einzelnen Gelenke der kräftig konturierten Fußwurzel (Karpalgelenk = 180°) bringen schlechte Voraussetzungen für die Stoßdruckdämpfung mit. Deshalb behilft sich dieses aus mehreren Einzelknochen zusammengesetzte Gelenk durch geringfügige, aber stark verzögerte Verschieblichkeit dieser Knochen, so daß insgesamt ein wirksamer Puffer entsteht. Dieser Vorgang wird von einer Masse kurzer, z. T. elastischer Bänder der Gelenkkapsel gesteuert. Die Führung der Hauptbewegung in Streck- und Beugerichtung übernehmen starke Seitenbänder, die an der Innen- und Außenseite deutlich fühlbar sind.

Dem relativ langen Röhrbein (E), mit etwa der halben Länge des Unterarms, liegen innen und außen die Griffelbeine (E′) von oben bis zur Höhe des unteren Drittels an. Sie stellen Rudimente des 2. und 4. Mittelhandknochens dar.

Die dreigliedrige Zehe beginnt mit dem über die halbe Zehenlänge reichenden Fesselbein (F). Ihm folgt das um die Hälfte kürzere Kronbein (G). Die Fußung übernimmt das Hufbein (H). Das Skelett des Fußes wird durch sog. Sehnenbeine vervollständigt: Die beiden Gleichbeine (I) legen sich von hinten dem Fesselgelenk (Verbindung von Röhr- und Fesselbein) und das Strahlbein (K) dem Hufgelenk (Verbindung von Kron- und Hufbein) an. Das Krongelenk (Verbindung von Fessel- und Kronbein) besitzt kein Sehnenbein.

Diese drei Zehengelenke übernehmen einen hervorragenden Beitrag im Sinne der Stoßdämpfung, deshalb sind sie funktionell gemeinsam zu betrachten. Baulich stellt das Fesselgelenk ein rein einachsiges Wechselgelenk dar; diese Gelenkart ist optimal für die rasche und sichere Vorwärtsbewegung. Am Kron- und vor allem am Hufgelenk müssen auch kleine Seitwärtsbewegungen möglich sein, um Bodenunebenheiten, z. B. durch eine Grasnarbe, auszugleichen. Deshalb sind hier zweiachsige oder Sattelgelenke ausgebildet. Das Fesselgelenk steht normalerweise in einer Überstreckungsstellung von 135°; dieser Zehenwinkel (45°) wird vom Kron- und Hufgelenk ungebrochen weitergeführt.

Ein kräftiger Bandapparat (Fesseltrageapparat), in den die beiden Gleichbeine (I) einbezogen sind, stabilisiert diese Überstreckung der Zehe im Stehen. Seine Schwächung wird als »Durchtrittigkeit« oder »Bärentatzigkeit« bezeichnet. Hauptbestandteil dieses Fesseltrage-

Abb. 4 Die Hinterhand

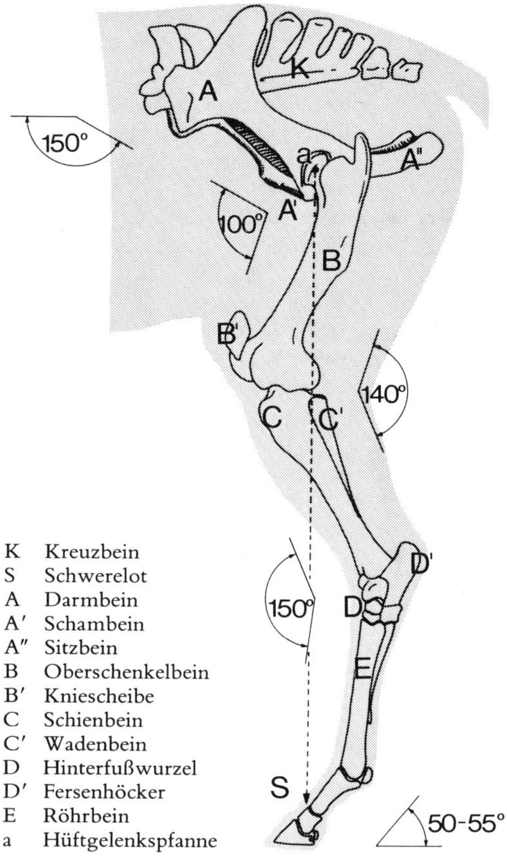

K Kreuzbein
S Schwerelot
A Darmbein
A′ Schambein
A″ Sitzbein
B Oberschenkelbein
B′ Kniescheibe
C Schienbein
C′ Wadenbein
D Hinterfußwurzel
D′ Fersenhöcker
E Röhrbein
a Hüftgelenkspfanne

apparats (Abb. 3b) ist ein beim erwachsenen Pferd rein sehnig gebauter Muskel (a, Musculus interosseus medius). Er beginnt hinten am Fußwurzelgelenk (D) und verläuft zwischen Röhrbein (E) und tiefer Beugesehne (tB) nach unten zum Fesselgelenk. Dort unterbrechen die Gleichbeine (I) seine sich aufspaltenden Sehnen und wirken beim Durchtreten dem übermäßigen Gewichtsdruck (G) entgegen. Dabei wird dieser Gewichtsdruck einerseits über Seitenstränge (b), innen und außen um das Fesselbein (F) herum, zur an der Vorderseite gelegenen Zehenstrecksehne (S) abgegeben und andererseits über Gleichbeinbänder (c) an die Hinterseiten des Fessel- und Kronbeins verteilt. Dies führt zu einer Versteifung der Zehengelenke bei der Gewichtsbelastung durch die Fußung, zumal Kron- und Hufgelenk über gemeinsame Gelenkbänder und gemeinsame, z. T. opponierende Sehnen (Streck- und Beugesehnen) gekoppelt sind.

Hinterhand (Abb. 4) Die beiden Hüftbeine bilden mit dem von oben eingehängten Kreuzbein (K) den knöchernen Beckengürtel. Jedes Hüftbein setzt sich aus dem vorne und seitlich abstehenden Darmbein (A) und den an der Beckenfuge mitbeteiligten Scham- (A′) und Sitzbein (A″) zusammen. In der Verknöcherungszone dieser drei Knochen liegt außen die Hüftgelenkspfanne (a).

Der Beckengürtel besitzt über das straffe Kreuz-Darmbeingelenk (150°) eine starre Verbindung zur Wirbelsäule, die die verlustlose Übertragung der Schubkraft aus der Hinterhand auf den Körper garantiert.

Das lange Oberschenkelbein (B), der stärkste Knochen des gesamten Pferdeskeletts, zieht aus der Hüftgelenkspfanne (a) nach vorne-unten zum Knie. Somit ist das Hüftgelenk (100°) das erste bewegliche Gelenk der Hinterhand. Seinem Bau als eine Art Kugelgelenk entsprechend müßten neben Streckung und Beugung viele Seitwärtsbewegungen möglich sein. Die außerordentlich starken Hüftmuskeln jedoch und wahrscheinlich ein zusätzliches Band im Hüftgelenk beschränken die Möglichkeiten auf die beiden Hauptrichtungen : Beugung nach vorne und Streckung nach hinten.

Am unteren Ende des Oberschenkelbeins sitzt ihm die handtellergroße Kniescheibe (B′) als Sehnenbein auf. Sie ist ein Teil des Kniegelenks (140°), in dem sich das Oberschenkelbein mit dem Schienbein (C) und dem kleinen Wadenbein (C′) verbindet. Insgesamt liegt das Kniegelenk durch die schräge Lage des Oberschenkels weit vor dem Schwerelot (S) unter dem Hüftgelenk. Im langen, nach hinten und unten wegstrebenden Unterschenkel verläuft innen das starke, dreikantige Schienbein (C); ihm ist außen das auf die oberen zwei Drittel reduzierte, dornartige Wadenbein (C′) angelagert. Durch die Länge des Schienbeins wird das Sprunggelenk hinter das vom Hüftgelenk ausgehende Schwerelot der Fußung gedrückt.

Im kompliziert gebauten Sprunggelenk (150°) sind die Fußwurzelknochen in drei Etagen angeordnet. In der oberen Reihe befindet sich außen das den langen, etwa 10 cm hohen Fersenhöcker (D′) tragende Fersenbein; innen übernimmt das Rollbein die Verbindung zum Schienbein. Die mittlere, nicht durchgehende Reihe wird durch einen flachen Zwischenknochen repäsentiert, während die untere Reihe aus 3–4 flachen Einzelknochen aufgebaut ist. Die Mittelfuß- und Zehenknochen entsprechen im allgemeinen jenen der Vorhand. Unterschiedlich sind die um ein Viertel größere Länge des Röhrbeins (E) und das seitlich enger gestaltete Hufbein der Hinterhand. Die Konstruktion der drei großen Hinterhandgelenke mit ihren unterschiedlich offenen Gelenkwinkeln (Hüftgelenk – vorne, Kniegelenk – hinten und Sprunggelenk – vorne) ermöglicht die Bewältigung zweier Aufgaben. Bei der Streckung dieser Gelenke gewinnt das Pferd als Lauftier durch Verlängerung der Hinterhand eine große Schrittlänge. Zudem bietet diese wechselseitige Beugewinkelöffnung eine ideale Federung. Die Beuge- und Streckbewegungen in Knie- und Sprunggelenk werden durch starke Seitenbänder sichergestellt. Die Zehengelenke der Hinterbeine (Fessel-, Kron- und Hufgelenk) entsprechen in Bau und Funktion bis auf den etwas steileren Zehenwinkel (50–55°) denen der Vorderbeine.

Huf und Hufmechanismus (Abb. 5a+b)
Das deutlichste Beispiel für die enge Beziehung von *Bau* und *Funktion* stellt der Huf des Pferdes dar. Er ist eine Sonderbildung der Haut und sitzt dem Zehenende als Schutzorgan auf. Von ihm wird einerseits eine ausreichende Festigkeit bei der Fußung verlangt, d.h. Stemmkraft und Unempfindlichkeit gegen die Härte des Bodens auch bei hohem Fußungsdruck; andererseits muß schon im Huf selbst ein Teil der enormen Stoßkräfte, welche z.B. bei einer Landung nach dem Sprung auftreten, abgefangen werden. Diese doppelte Funktion (Festigkeit und Stoßbrechung) bedingt auch den im Huf deutlichen baulichen Kompromiß.
Zum einen wird die Festigkeit (siehe Abb. 5a) durch die Knochensäule der Zehe (Fessel- [A], Kron-[B] und Hufbein [C]) erreicht, die in der vorderen Hufhälfte ohne Unterhautpolster durch die starre Hornwand (C′) über den harten Tragrand zur Fußung weitergeführt wird. Dagegen übernimmt die hintere Hufhälfte durch ihren weichen, polsterartigen Aufbau aus Kron- und Hufkissen (= Ballen-

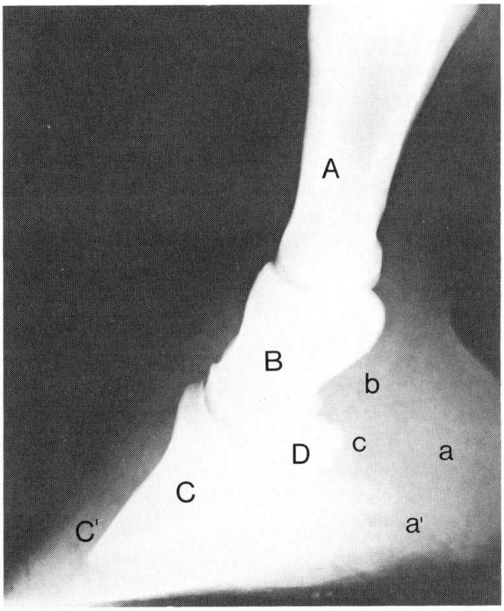

A	Fesselbein	a	Ballenkissen
B	Kronbein	a′	Strahlkissen
C	Hufbein	b	tiefe Beugesehne
C′	Hornwand	c	Hufknorpel
D	Strahlbein		

Abb. 5a Röntgendarstellung einer Pferdezehe, Vorderfuß

Abb. 5b Transversalschnitt durch die hintere Hälfte des Hufes

A	Hufsohle	a	Kronkissen
B	Trachtenwand	b	Ballen- und Strahlkissen
C	Eckstrebenwand	c	Hufknorpel
D	Strahlwände	d	Blutgefäßnetze
E	Hufbeinast		

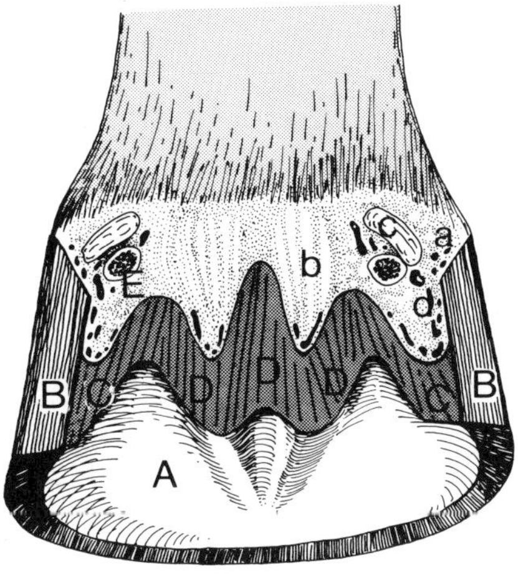

[a] und Strahlkissen [a']), elastisch schwingenden Hufknorpeln (c) und der in der Belastung federnden Hufrolle (Strahlbein, Hufrollenschleimbeutel und tiefe Beugesehne [b]) die Stoßbrechung.
Übergangselemente zwischen diesen festen und den elastisch-weichen Anteilen des Hufes sind vor allem an seiner Unterfläche die dazwischen liegende, nach oben gewölbte Hufsohle (siehe Abb. 5b, A) sowie die ziehharmonikaähnlich gebaute Stellung der Trachten- (B), Eckstreben- (C) und Strahlwände (D). Hier werden die Krafteinwirkungen durch Gewebeverschiebungen in viele Richtungen geteilt und somit auch verringert. Diese kleinen Bewegungen in der hinteren Hufhälfte sind an der blankgescheuerten Oberseite der Schenkelenden gebrauchter Hufeisen erkennbar.
Praktische Folgerung daraus ist, daß die Hufnägel nicht in der hinteren Hufhälfte eingeschlagen werden dürfen, denn dort behindern sie die Bewegungen des Hufmechanismus und damit die Stoßbrechung im Huf. (Zum Thema »Hufbeschlag« sei auf das entsprechende Kapitel verwiesen.) Ähnliche Störungen entstehen bei Zwanghuf, Platthuf, Fehlen von Eckstreben oder Strahl und bei Hufknorpelverknöcherungen. Ein Resultat daraus ist die dauernde Überbelastung der Hufrolle als dann nahezu einziges, stoßdämpfendes Element im Huf. Dies führt oft (viel zu oft aus tierärztlicher Sicht!) zur chronischen Hufrollenentzündung. Da die Stoßbrechung mehr eine Leistung der Vorhand ist, tritt diese Erkrankung auch zumeist dort auf.

Muskulatur

Die *Skelettmuskeln* bewegen *aktiv* und *willkürlich* mit oder ohne Hilfe sichtbarer *Sehnen* die Gelenke. Nur die wenigen Hautmuskeln zeigen keine Beziehung zum Skelett, sondern zur Haut, und können diese – beispielsweise zur Fliegenabwehr – erschüttern.

Der Kopf (Abb. 6)
Die willkürlichen Muskeln des Kopfes sind in zwei Gruppen eingeteilt. Die mimische Muskulatur des Gesichts stammt z. T. von Hautmuskeln ab. Sie bewegt und umschließt die natürlichen Körperöffnungen: Lippen, Nüstern, Backen (1–8), Augenlider (9) und Ohrmuscheln (10). Durch ihre vielgestaltige Ausbildung erlaubt sie eine reichhaltige Mimik, die uns Einblick in die Stimmungslage des Pferdes gibt (z. B. Flehmen, Drohen, Ohrenspiel).
Der zweiten Gruppe werden die bei allen Pflanzenfressern starken Kaumuskeln (11, 12) zugeordnet. Sichtbar ist vor allem der breite, die Ganasche bildende Masseter (12). Sie schließen unter großem Kieferdruck die Zahnbögen und bewegen sie zum Zerreiben des Futters durch wechselseitige Kontraktion in horizontaler Richtung.

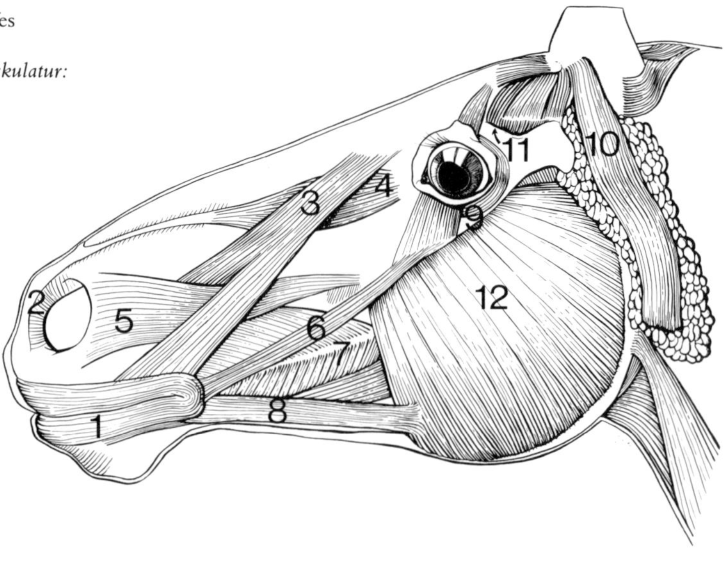

Abb. 6 Die Muskeln des Kopfes

1–10 *Gesichts- oder mimische Muskulatur:*
1 Lippenschließmuskel
2 Öffner der Nüster
3 Nasenlippenheber
4 Heber der Oberlippe
5 Kiefernasenmuskel
6 Jochmuskel
7 Backenmuskel
8 Niederzieher der Unterlippe
9 Schließer der Lidspalte
10 Niederzieher der Ohrmuschel

11–12 *Kaumuskulatur:*
11 Schläfenmuskel
12 äußerer Kaumuskel (Masseter, Ganasche)

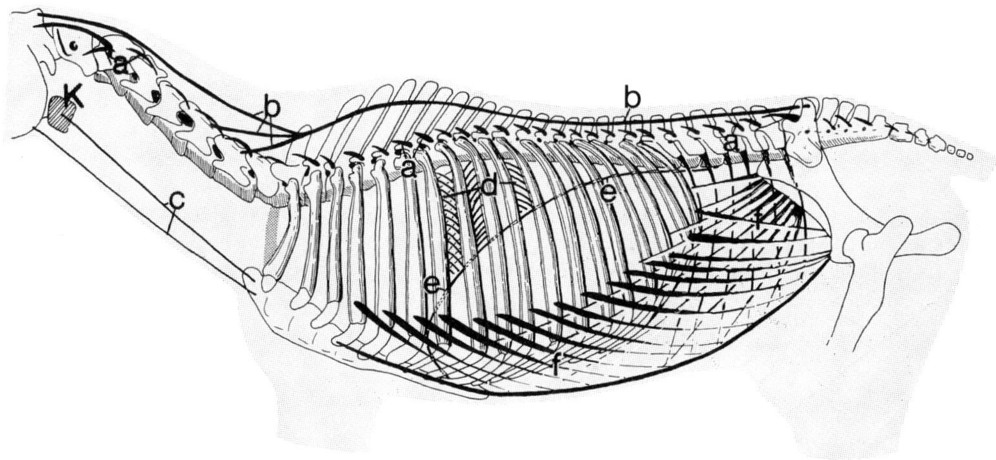

Abb. 7 Die Rumpfmuskulatur

a tiefe Rückenmuskeln
b oberflächliche Rückenmuskeln
c untere Halsmuskeln
d Zwischenrippenmuskeln (beispielhaft schematisiert)
e Zwerchfell
f vier Bauchmuskeln

K Kehlkopf

Der Rumpf (Abb. 7)
Die Muskeln des Rumpfes sind rein baulich, sicherlich nicht funktionell, in jene für die Wirbelsäule, des unteren Halsrandes, der Rippen und des Bauches zu gliedern.

Die Wirbelsäulenmuskeln (a und b) liegen zum weitaus größten Teil auf der Wirbelkette, stabilisieren und bewegen sie. Es sind die dem Reiter wohlbekannten, starken Rükkenmuskeln, die dem Pferd die exakte Haltung, aber vor allem in ihrer durchtrainierten Geschmeidigkeit Schwung und Eleganz in der Bewegung sowie Sicherheit im Gleichgewicht verleihen. In der Tiefe des Rückens (a), d. h. nahe der Wirbelsäule, sind sie vielfach aufgeteilt und verbinden somit nur benachbarte Wirbel vom Kopfende über die Halswirbel bis zum Schweif. Sie regulieren das feine Wirbelspiel. Die Kraft und Festigkeit im Hals und besonders im Rücken bringen die mächtigen, oberflächlich liegenden Rückenmuskeln (b), die als dicke Pakete über lange Strecken der Lende, des Widerrists und des Halses verlaufen.

An der Halsunterseite formen deutliche Muskelstränge (c) links und rechts die Drosselrinne. Dort liegt dicht unter der Haut die Drosselvene, an der der Tierarzt die intravenöse Injektion oder die Blutentnahme ausführt. Diese Muskeln verbinden den Kopf (und den Kehlkopf) mit dem Brustbein und werden deshalb als Niederzieher des Kopfes bezeichnet. Die operative Unterbrechung ihres Verlaufs (Kopperoperation) soll die Untugend des Luftabschluckens unterbinden.

Die Rippenbewegung gehört funktionell zur Atmung. Zwei segmentierte, breitflächige Muskelplatten (d) zwischen allen Rippen mit konträrem Faserverlauf bewirken die Dehnung des Brustkorbs (Einatmung) sowie seine Verengerung (Ausatmung). Der wichtigste Atmungsmuskel der Ruhephase des Pferdes ist jedoch das Zwerchfell (e), das innen an den Rippen ansetzt. Wie eine stark gewölbte, sehr schrägliegende Querwand trennt es die Brusthöhle von der Bauchhöhle, wobei es längsverlaufende Organe durch seine Öffnungen ziehen läßt (Aorta, Speiseröhre, hintere Hohlvene). In Kontraktion verkleinert das Zwerchfell seitlich seine Vorwölbung und vergrößert damit den Brustraum für die Lunge (Einatmung). In der Muskelerschlaffung drückt das Gewicht der Bauchhöhlenorgane passiv das Zwerchfell und damit auch die Lunge nach vorne (Ausatmung).

Die vier breitflächigen Bauchmuskeln (f) umschließen die Bauchhöhle und erstellen damit eine auch in der Bewegung wichtige Verbindung des Brustkorbs mit der Lendenwirbelsäule und dem Becken. In Kontraktion verkleinern sie den Bauchraum (»Bauchpresse«: Druckerhöhung für Kot- und Harnabsatz, Austreibung des Fohlens bei der Geburt), aber sie helfen auch bei der Ausatmung mit (»Dampfrinne«), und ergeben schließlich den notwendigen Gegenzug für die Spannung des Pferderückens im Stand und in der Bewegung. Den Bauchmuskeln liegt außen direkt unter der Haut der besonders im Herbst nach dem Sommerweidegang mehrere Zentimeter starke große Bauchhautmuskel auf. Er erstreckt sich von der Kniefalte weit nach vorne bis über die Schulter und zeigt seine lokalen Kontraktionen durch Erzittern der Haut.

Die Vorhand (Abb. 8)
Da beim Pferd eine gelenkige Verbindung zwischen Vorhand und Rumpf fehlt, müssen starke, breitflächige Muskeln und Sehnenplatten die Schultern an die Brustkorbwand pressen. Sie sind radiär um das Schulterblatt angeordnet und verbinden dieses mit der Rippenwand, dem Widerrist, der Halswirbelsäule, dem Kopf, dem Brustbein, der Bauchwand und dem Rücken. Auf die Funktion dieser sehnigen Muskelverspannung für die Stoßdämpfung wurde schon im Abschnitt Knochen und Gelenke der Vorhand hingewiesen. Durch ihre Kontraktionen können sie das schräggestellte Schulterblatt etwas über dessen Mittelpunkt um ein Drehfeld (D) schwingen lassen, wobei als Hauptbewegung das Schultergelenk vor- und zurückpendelt, während die Widerristkante des Schulterblatts mit ihrem Knorpel im gegenläufigen Sinne mitschwingt. Dadurch wird der Schultergelenkswinkel stark vergrößert, woraus – und dies ist vor allem beim Traber deutlich sichtbar – eine große Schrittlänge resultiert.
Die eigentlichen Schultergelenksmuskeln (a, a′) ziehen als rundliche Bündel mit ihren derben Sehnen eng über das Gelenk und halten es immer leicht gebeugt in einer für die Stoßminderung der Fußung notwendigen Verzögerungsstellung. Ähnlich wirken die Muskeln des nach vorne gebeugten Ellbogengelenks (b, b′), wobei insbesonders der mächtige, zum Ellbogenhöcker ziehende Trizeps (b′) die für die Standfestigkeit und den Schritt gleichermaßen wichtige Streckfunktion ausübt. Sein äußerer Muskelkopf wölbt sich im Stehen halbkugelförmig vor.

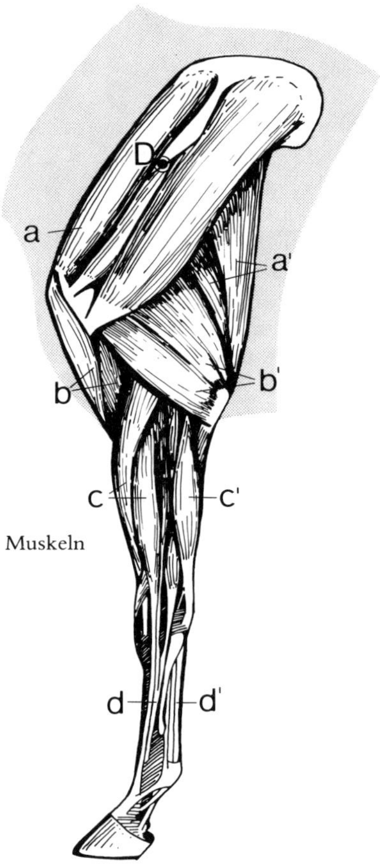

Abb. 8 Die Muskeln der Vorhand

- a Strecker des Schultergelenks
- a′ Beuger des Schultergelenks
- b Beuger des Ellbogengelenks
- b′ Strecker des Ellbogengelenks
- c Strecker des Fußwurzelgelenks und der Zehengelenke
- c′ Beuger des Fußwurzelgelenks und der Zehengelenke
- d Strecksehnen der Zehengelenke
- d′ Beugesehnen der Zehengelenke
- D Drehfeldmittelpunkt des Schulterblatts

Weitere Muskeln, die über dem Ellbogengelenk liegen, stabilisieren das Gelenk, zum anderen ziehen die meisten (c, c′) als schmale, langgestreckte Bündel über die obere Hälfte des Unterarms. Sie gehen etwa handlang über dem Karpalgelenk in ihre starken Sehnen (d, d′) über, die an der Vorderseite als Strecker (d) des Fußwurzelgelenks und der Zehengelenke, an der Hinterseite als Beuger (d′) dieser Gelenke wirken. Diese antagonistische Anordnung und Funktion ergibt die Stabilität

der Fußgelenke, die vor allem an der komplexen Verspannung des Fesselgelenks deutlich wird.
Somit zeigen sich an der Vorhand im Schulterbereich breit auslaufende Muskelplatten zum Rumpf, am Oberarm runde kraftvolle Muskeln (b), die direkt auf die nahegelegenen Knochenvorsprünge einwirken und vom Ellbogen an schmale Muskelbäuche (c, c′), die über ihre langgestreckten, deutlich fühlbaren Sehnen (d, d′) eine Fernwirkung auf Fuß und Zehenspitze ausüben. Damit besitzt die schlanke, trockene Vorhand bereits 60 cm über dem Boden, also ab Mitte Unterarm, keine fleischigen Muskeln mehr.
Der lange Verlauf der druckempfindlichen Sehnen über Fußwurzel- und Zehengelenke wird zumeist durch Sehnenscheiden oder über Schleimbeutel geführt, die, ebenso wie die Sehnen selbst, bei Überbelastung häufig erkranken (beispielsweise Entzündung der Fesselbeugesehnenscheide oder des Hufrollenschleimbeutels).

Die Hinterhand (Abb. 9)
Ihre Aufgaben sind zweierlei: Erstens muß aus der Hinterhand die notwendige Schubkraft für die Vorwärtsbewegung kommen; zweitens muß sie im ruhigen Stehen eine möglichst muskelkraftarme Stabilität halten können. Da diese beiden Funktionen einerseits aktive Muskelkraft, andererseits passive Verspannung verlangen, sind hier unterschiedliche Bausysteme zu erwarten.
Die zur Entwicklung der aktiven Schubkraft nötige Muskulatur ist als riesige Muskelmasse der Kruppe (a′) aufgelagert; sie streckt das Hüftgelenk. Zudem ist das Oberschenkelbein rundum von dicker fleischiger Muskulatur (b) umgeben, die einerseits das Knielenk, andererseits das Sprunggelenk streckt (b′, c′). Da, wie im Abschnitt über die Knochen und Gelenke der Hinterhand beschrieben, diese drei Gelenke alternierend offene Winkel mit dazwischenliegenden langen Knochenhebeln darstellen, resultiert aus deren Streckung gleichzeitig jene Schubkraft und Schrittlänge, die von einem brauchbaren Sportpferd gefordert werden. Um die in der Hinterhand produzierte Bewegungsenergie verlustlos auf den Rumpf zu übertragen, muß sie starr über das Becken im Kreuz-Darmbeingelenk mit der Wirbelsäule und damit mit dem Rumpf verbunden sein.

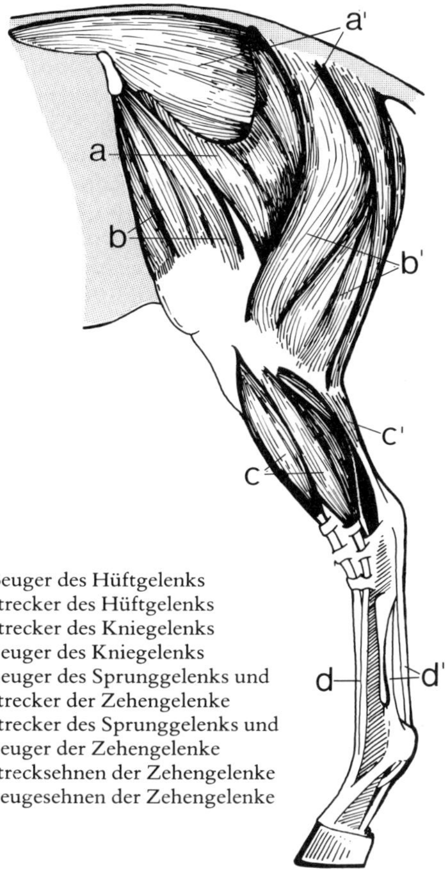

a Beuger des Hüftgelenks
a′ Strecker des Hüftgelenks
b Strecker des Kniegelenks
b′ Beuger des Kniegelenks
c Beuger des Sprunggelenks und Strecker der Zehengelenke
c′ Strecker des Sprunggelenks und Beuger der Zehengelenke
d Strecksehnen der Zehengelenke
d′ Beugesehnen der Zehengelenke

Abb. 9 Die Muskeln der Hinterhand

Diese starre Befestigung der Hinterhand an der Wirbelsäule ist somit auch bestens geeignet, die zweite Aufgabe zu meistern, nämlich das möglichst »unermüdbare«, ruhige Stehen ohne Kraftaufwand. Schwierigkeiten ergeben sich hier für die »aktiven«, offenen Gelenke: Hüft-, Knie- und Sprunggelenk. Im Hüftgelenk ist dies noch ideal gelöst, da es im Stand exakt im Schwerelot über der Fußung der Hufsohle liegt und damit ein labiles Gleichgewicht erhält.
Das Kniegelenk befindet sich jedoch vor und das Sprungelenk hinter dem Schwerelot. Um hier Muskelkraft zu sparen, werden diese beiden Gelenke über vollständig in Sehnen umgewandelte Muskeln gekoppelt und somit passiv verspannt. Dabei verbindet vor und hinter dem Schienbein je eine straffe Sehne das Oberschenkelbein mit dem Fußskelett.

Man nennt diese Konstruktion wegen seiner baulichen Ähnlichkeit mit einer Zimmermannssäge die »Spannsägenkonstruktion«. Wie durch eine Schubstange (Schienbein) verbunden, können sich dadurch Knie- und Sprunggelenk immer nur gleichzeitig strekken oder beugen. Zudem kann das Pferd über die Kniegelenksstreckmuskel (b, Quadrizeps) und die beiden inneren, geraden Bänder der Kniescheibe diese im Stand auf einen Knochenvorsprung des Oberschenkelbeins in leichter Streckstellung fixieren. Damit ist gleichzeitig das Sprunggelenk gestreckt und fixiert.

Da die Hinterhand wie die Vorhand unterhalb der Fußwurzel (hier Sprunggelenk) keine aktiven Muskeln besitzt, gilt für den Hinterfuß die gleiche passive Verspannung des Fesselträgers und der weiteren Zehengelenke. Normalerweise wird diese Fixation in der Ruhephase nur einseitig auf dem Standbein ausgeführt, während die andere Hinterhand locker entlastet auf der Tragrandkerbe des Hufes ruht (Schildern).

Die Organsysteme

Verdauungsapparat

Hier wird die lebensnotwendige Nahrung aufgenommen und zerkleinert, enzymatisch aufgeschlossen und teilweise resorbiert; die Ausscheidungsstoffe werden in den Darm rückresorbiert und zusammen mit den Ballaststoffen als Kot ausgeschieden. Zur Bewältigung dieser vielfältigen Aufgaben besitzt das Pferd einen Verdauungskanal von etwa 35 m Länge (= Reithallenlänge) mit sehr unterschiedlicher Weite. Er wird eingeteilt in: Mundhöhle, Schlundkopf, Speiseröhre, Magen, Dünn- und Dickdarm mit After und den beiden dazugehörenden großen Verdauungsdrüsen Leber und Bauchspeicheldrüse.

Die Mundhöhle

Sie leistet vor allem die Nahrungsaufnahme und -zerkleinerung. Außen ist sie von den Lippen und Backen bedeckt, während sie innen von einer widerstandsfähigen Schleimhaut und den beiden Zahnbögen umschlossen wird. Sie ist schmal, aber sehr lang (ca. 30 cm) und wird im geschlossenen Zustand von der ebenso schmalen und langen Zunge ausgefüllt.

In die Mundhöhle öffnen sich die Ausführungsgänge der Speicheldrüsen. Der Speichel macht das zumeist sehr trockene Futter für die Darmpassage gleitend. Aus Platzgründen sind nur die kleinen Speicheldrüsen in der Mundhöhlenwand selbst zu finden (Lippen-, Backen-, Gaumen- und Zungendrüsen); die großen müssen sich in den Kehlgang und seitlich in den Halsansatz zurückziehen (Unterzungen-, Unterkiefer- und Ohrspeicheldrüse).

Die Zähne

Zahnformel: $\dfrac{3\ 1\ 3\ (4)^{*}\ 3}{3\ 1\ 3\quad 3} = 40\ (42)$

* evtl. einschließlich »Lücken- oder Wolfszahn«

Milchgebiß: $\dfrac{3\ 1\ 3}{3\ 1\ 3} = 28$ Milchzähne

Die 3 Ober- und Unterkieferschneidezähne jeder Kopfhälfte übernehmen Funktionen der Nahrungsaufnahme, z. B. beim Weidegang durch Abquetschen von Grasbüscheln; ihre Kauflächen sind durch das Einsenken von Schmelzbechern (Kunden) gekennzeichnet. Das weitere Zerreiben des Futters obliegt den 3 Prämolaren und 3 Molaren (= vordere und hintere Backenzähne), deren sehr hoher Zahnkörper (mit Wurzeln bis zu 10 cm!) an seiner Kaufläche Schmelzleisten trägt.

Als Pflanzenfresser benötigen die Pferde einen sehr harten Zahnaufbau, der dennoch im Laufe des Lebens einer gewissen, teilweise regelmäßigen Abnützung unterliegt. Die Erscheinungsbilder dieser Abnützung, insbesonders der Unterkieferschneidezähne, sind seit Jahrtausenden bekannt und werden seit jeher zur Zahnaltersschätzung herangezogen.

Zahnaltersschätzung (nach HABERMEHL, 1975) (Abb. 10a, b, c)

Sie erfolgt bis zum 8. Lebensjahr an den Unterkieferschneidezähnen durch folgende Daten: Durchbruch der Milchzähne, Durchbruch der bleibenden oder Ersatzzähne (= Zahnwechsel) und Abnützungserscheinungen (Auftreten von Kundenboden oder -spur und des Zahnsternchens, siehe Abb. 10a).

Unterkieferschneidezähne	Durchbruch der Milchzähne	Zahnwechsel	Auftreten der Kundenspur
Zange (I1)	6 Tage	2 ½ Jahre	6 Jahre
Mittelzahn (I2)	6 Wochen	3 ½ Jahre	7 Jahre
Eckzahn (I3)	6 Monate	4 ½ Jahre	8 Jahre

Man beachte, daß in der nördlichen Erdhemisphäre die Fohlen normalerweise im Frühjahr zur Welt kommen. Somit tritt bei unseren Pferden der Zahnwechsel (auch mit seinen Schwierigkeiten) im Herbst auf. Ab dem 5. Lebensjahr ist das bleibende Gebiß vollständig. Nach dem 8. Lebensjahr wird die Zahnaltersschätzung ungenauer. Es fehlen jetzt eindeutige Kennzeichen, so daß Kombinationen von Zahn- und Kiefermerkmalen herangezogen werden müssen (s. Abbildung 10b + c).

Man sollte die Zahnaltersschätzung immer unter Berücksichtigung der Gesamterscheinung des Pferdes vornehmen. Kleinpferde besitzen etwas härtere Zähne als Großpferde, so daß ihr »Zahnalter« immer etwas jünger erscheint als ihr wahres Alter. An Pferden mit Kiefer- und Gebißanomalien (Hecht-, Karpfen-, Treppengebiß oder bei Barrenwetzern)

a

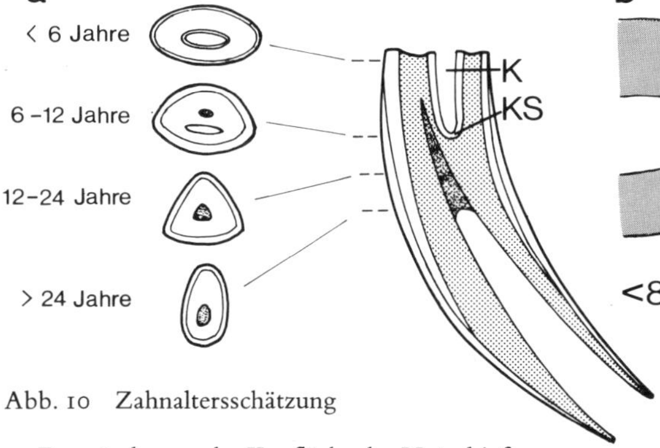

b

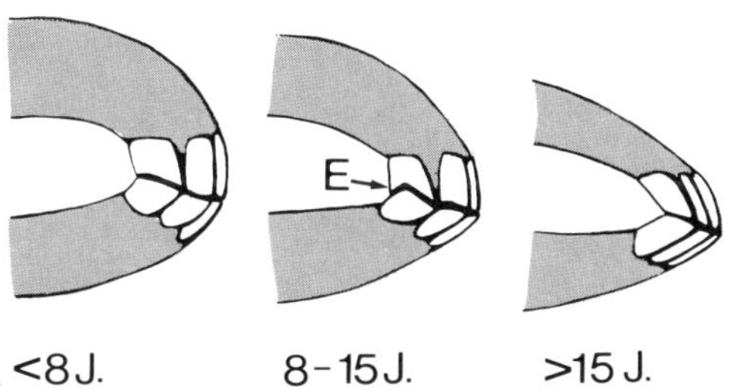

c

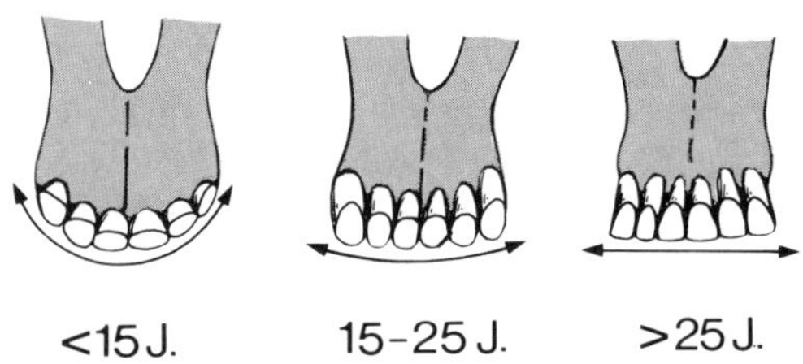

Abb. 10 Zahnaltersschätzung

a Formänderung der Kaufläche des Unterkieferschneidezahns durch den Abrieb, rechts: schematisierter Längsschnitt durch einen Unterschneidezahn, K = Kunde, KS = Kundenspur.

b Formänderung der Gebiß- und Schneidezahnwölbung
< 8 Jahre: Zangengebiß
8–15 Jahre: halbes Zangengebiß, E = Einbiß
> 15 Jahre: Winkelgebiß

c Formänderung des Schneidezahnbogens
< 15 Jahre: rund
15–25 Jahre: fast gerade
> 25 Jahre: gerade

Merkmale	8–15 Jahre	15–25 Jahre	über 25 Jahre
Form der Schneidezahnreibefläche	dreieckig-queroval	dreieckig	hochoval
Zahnsternchen (= Ersatzdentin der Pulpahöhle)	vorhanden (mit Kundenspur)	vorhanden	vorhanden
»Einbiß« am Oberkiefereckzahn	vorhanden	kann vorhanden sein	fehlt
Zahnwölbung	halbes Zangengebiß	Winkelgebiß	Winkelgebiß
Zahnbogen	rund	fast gerade	gerade

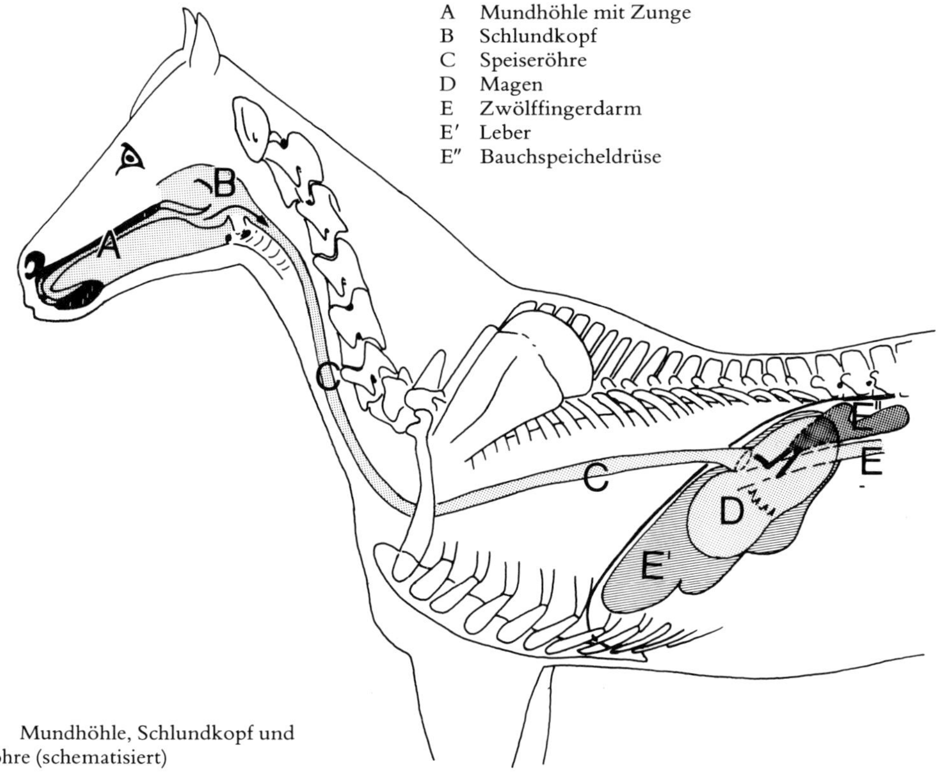

Abb. 11 Mundhöhle, Schlundkopf und Speiseröhre (schematisiert)

sollte keine Zahnaltersschätzung vorgenommen werden, da es in solchen Fällen zu schwierig ist, präzise Altersschätzungen vorzunehmen.

Der Schlundkopf (Abb. 11)
Der Schlundkopf (= Rachenhöhle) bildet hinter der Mundhöhle einen gemeinsamen Raum für die Kreuzungsstelle des Atmungs- und Verdauungsweges. Er führt einerseits in die enge Speiseröhre, andererseits in den Kehlkopf weiter. In seiner Schleimhaut sind zur Abwehr alimentärer und aerogener Infektionen die Mandeln in Form des sog. lymphatischen Rachenringes angelegt.

Die Speiseröhre (Abb. 11)
Sie ist ein von Schleimhaut ausgekleideter, etwa 1,20 m langer muskulöser Schlauch, der am Schlundkopf beginnend durch den Hals und die Brusthöhle zieht und wenige Zentimeter hinter dem Zwerchfell in der Bauchhöhle den Mageneingang erreicht. Infolge seiner Länge, Enge und Biegungen kann es, vor allem bei Trockenschnitzelfütterung, an bestimmten Stellen (Brusteingang, Mageneingang) zu Verstopfungen kommen.

Der Magen (Abb. 11 und 12)
Der für einen Pflanzenfresser dieser Körpergröße außerordentlich kleine Magen (10–15 l Inhalt) liegt linksseitig der Hinterwand des Zwerchfells über der Mitte der Bauchhöhle direkt an. Seine Schleimhaut ist durch eine gezackte Randleiste in zwei Zonen (drüsenlos und drüsenhaltig) geteilt, in deren Nähe sich häufig die Larven der Magendasseln einfressen. Die Wand des Magens ist kaum dehnbar und überdies durch eine starke Muskelschleife zur Speiseröhre hin abgeschlossen. Dadurch ist es einerseits dem Pferd praktisch unmöglich zu erbrechen, andererseits kann eine Magenüberdehnung zur Zerreißung führen, so daß normalerweise der Futterbrei kontinuierlich vom Magen an den Dünndarm weitergegeben werden muß.

Dünndarm und Anhangsdrüsen (Abb. 12)
Der etwa 25 m lange Dünndarm befindet sich zum größten Teil im linken oberen Bauch-

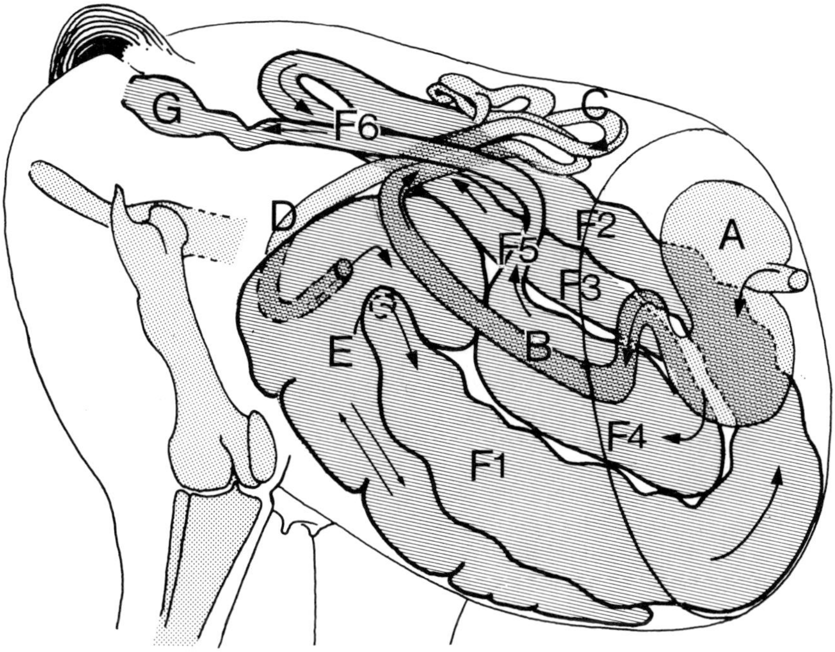

A	Magen	F	Grimmdarm (»Kolon«)	F4	rechte, obere Längslage (= »magenähnliche Erweiterung«)
B	Zwölffingerdarm	F1	rechte, untere Längslage	F5	Querkolon
C	Leerdarm	F2	linke, untere Längslage	F6	»kleines Kolon«
D	Hüftdarm	F3	linke, obere Längslage	G	Mastdarm
E	Blinddarm				

Abb. 12 Dünn- und Dickdarm (schematisiert), Ansicht von vorne und rechts

höhlenbereich. Seine Abschnitte sind der Zwölffinger-, Leer- und Hüftdarm.

Zwölffingerdarm (B) An der »Magenpforte« beginnt der Zwölffingerdarm (ca. 1 m lang) dicht hinter der Leber; er geht nach einer Biegung um die rechte Niere zur linken Körperhälfte und bald darauf in den Leerdarm (C) über. Der Darminhalt durchfließt diesen Darmabschnitt rasch.

Leber und Bauchspeicheldrüse Die beiden großen Anhangsdrüsen des Darmes, Leber und Bauchspeicheldrüse, sind embryonal aus der Schleimhaut des Zwölffingerdarms entstanden und bleiben ihm auch durch ihre Ausführungsgänge funktionell verbunden.

Die braunrote *Leber* (siehe Abb. 11 E′) ist mit ca. 5 kg Gewicht die größte Drüse des Körpers. Sie liegt in der rechten oberen Hälfte der Zwerchfellrückseite schräg an. Neben zahlreichen Regulationsaufgaben innerhalb des Stoffwechsels nimmt sie durch die Bildung und kontinuierliche Abgabe von Galle (das Pferd besitzt keine Gallenblase!) in den Zwölffingerdarm an der Verdauung teil.

Die viel kleinere, rötlichgelbe *Bauchspeicheldrüse* (siehe Abb. 11 E″) liegt unter dem letzten Brustwirbel. Sie gibt durch zwei Gänge an den Zwölffingerdarm täglich etwa 7 l »Pankreassaft« ab, der fett-, eiweiß- und kohlenhydratspaltende Enzyme enthält. Daneben bildet sie die Hormone Insulin und Glukagon, die sie dem Blutkreislauf zur Regulierung des Blutzuckerspiegels zuführt.

Leerdarm (C) Im fast 25 m langen und wenige Zentimeter weiten Leerdarm wird die Passage des Futters langsamer. Dadurch können die Verdauungssekrete des Magens, der Leber (Galle), der Bauchspeicheldrüse und des Darms selbst auf die Nahrungsbestandteile einwirken, so daß diese somit z. T. resorbiert werden, zumal die innere Darmoberfläche durch Zotten und mikroskopisch kleine Zellausläufer um ein Vielfaches vergrößert wird.

Hüftdarm (D) Aus der Mitte der linken Bauchhöhlenhälfte steigt der 30–70 cm kurze, aber muskelstarke Hüftdarm in Richtung rechte Nierengegend an und preßt strahlförmig kleine Mengen des Futterbreis durch eine fest verschließbare Öffnung in den Dickdarm weiter.

Dickdarm (E, F, G) Der ca. 9 m lange Dickdarm entspricht über große Strecken in seinem Volumen (bis zu 50 cm Durchmesser) seiner Benennung. Er besteht aus Blind-, Grimm- und Mastdarm.

Blinddarm (E) Der hakenförmige Blinddarm besitzt, bei einer Länge von etwa 1 m, ein durchschnittliches Volumen von 30–35 l. Er beginnt in der rechten Nierengegend mit dem Blinddarmkopf, schwingt sich vor dem Becken nach vorne-unten und erreicht mit seiner Spitze das hintere Ende des Brustbeins. Seine Wand ist nicht glatt, sondern trägt viele Ausbuchtungen (Poschen), die von vier Bandstreifen unterteilt sind. Einer Gärkammer ähnlich, entspricht der Pferdeblinddarm funktionell dem Wiederkäuerpansen. Seine Hauptaufgabe ist die Verdauung der Zellulose, die mit Hilfe spezieller Bakterien und Unterstützung durch Einzeller gewährleistet wird.

Grimmdarm (F) Am insgesamt 8 m langen Grimmdarm sind deutlich sichtbar zwei gleich lange Abschnitte zu unterscheiden: das »große« und das »kleine Kolon« = auf- und absteigender Grimmdarm.

Das »große Kolon« nimmt fast die gesamte untere Bauchhöhlenhälfte ein. Dazu legt es sich in zwei nach hinten offene, hufeisenförmige Schlingen. Es beginnt rechts mit einem voluminösen Abschnitt = »rechte, untere Längslage« (F1), die rechts nach vorne zum Zwerchfell zieht, sich dort krümmt und dann als »linke, untere Längslage« (F2) nach hinten bis zum Beckeneingang reicht. Diese beiden »unteren Längslagen« besitzen nach einem sehr engen Beginn am Blinddarm (E) eine durchschnittliche Weite von 25–30 cm.

Vor dem Becken biegt der hier wiederum enge Grimmdarm nach oben um (»Beckenflexur«) und verläuft wieder auf der linken Seite nach vorne = »linke, obere Längslage« (F3), dreht sich am Zwerchfell nach rechts, um sich dann auf der rechten Seite hinter dem Magen sackartig zu erweitern = »magenähnliche Erweiterung« (F4) mit einem Durchmesser von bis zu 50 cm.

Die großen Volumina des Grimmdarms (F) beteiligen sich wie der Blinddarm an der Zelluloseverdauung. Der Wechsel von voluminösen und engen Abschnitten am »großen Kolon« wie auch die sehr lockere Verankerung und folglich die Möglichkeit zur Verlagerung oder Verdrehung der »linken Längslagen« (F2, F3) sind anatomische Voraussetzungen für manche der häufigen Darmkoliken.

Nach der »magenähnlichen Erweiterung« (F4) = »rechte, obere Längslage«, verengt sich der Grimmdarm konusartig zum Querkolon (F5) und führt nach links in das 4 m lange »kleine Kolon« (F6) über. Dieses liegt eng gewunden, bis auf seine beiden Bandstreifen in Lage und Aussehen dem Dünndarm nicht unähnlich, in der linken oberen Bauchhälfte. Hier entsteht durch Darmperistaltik und Rückresorption von Wasser die Form und Konsistenz des »Pferdeapfels«.

Mastdarm (G) Im Anschluß an das »kleine Kolon« (F6) beginnt der Mastdarm mit einer ampullenartigen Erweiterung. Er durchläuft gestreckt das etwa 30 cm lange Becken. Den Abschluß des Darmkanals bildet der After, dessen zweifacher Schließmuskel in Höhe des zweiten Schweifwirbels im hinten etwas vorstehenden Afterkegel gelegen ist.

Atmungsapparat

Der lebensnotwendige kontinuierliche Gasaustausch von Sauerstoff und Kohlendioxid des Blutes mit der Luft findet in den Lungenbläschen statt. Die davorliegenden Atemwege (Nasenhöhlen, Nasenrachen, Kehlkopf, Luftröhre sowie die großen und kleinen Bronchien) regulieren, befeuchten und erwärmen den Luftstrom.

Nasenhöhlen und Nasenrachen (Abb. 13)
Die beiden Nasenhöhlen beginnen mit den durch Haut und Knorpel spaltartig verengten Nüstern (A). Im oberen Winkel der Nüster öffnet sich ein scheinbar funktionsloser, fingerlanger Hautschlauch (A′, Nasentrompete oder »falsches Nasenloch«), der bei Rennpferden durch seine Aufblähung die forcierte Atmung behindern kann.

Die nebeneinanderliegenden, ca. 35 cm langen schleimhautausgekleideten Nasenhöhlen werden neben kleinen Muschelbildungen (B″) im Nasengrund vor allem durch die obere (B) und die untere Nasenmuschel (B′) räumlich

Abb. 13 Nasenhöhle und Nasenrachen
(Längsschnitt durch den Kopf des Pferdes)

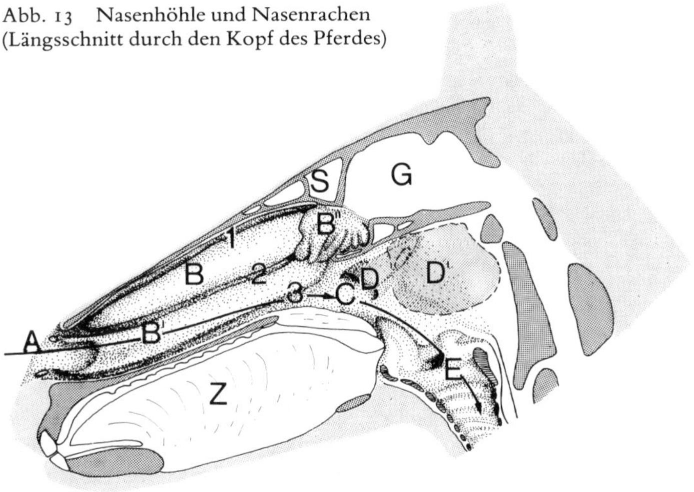

A Nüster
B obere Nasenmuschel
B′ untere Nasenmuschel
B″ Muscheln im Nasengrund
C Nasenrachen
D Mündung der Ohrtrompete
D′ Luftsack
E Kehlkopf
G Gehirn- oder Schädelhöhle
S Stirnhöhle
Z Zunge
1 Riechgang
2 Sinusgang
3 Atmungsgang

Abb. 14 Der Kehlkopf
(obere Hälfte entfernt)

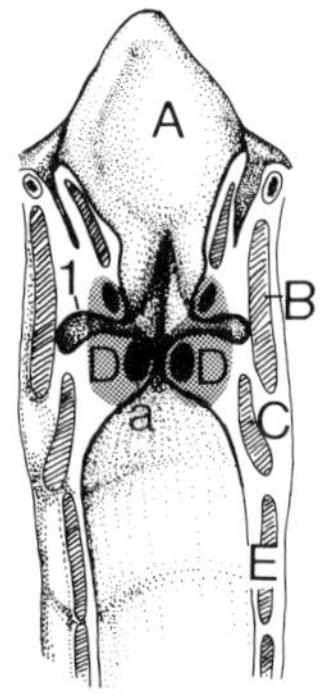

A Kehldeckel
B Schildknorpel
C Ringknorpel
D Stellknorpel (schraffiert)
E 1. Luftröhrenknorpel
a linkes Stimmband
1 linke seitliche Kehlkopftasche

gestaltet. Dadurch entstehen drei an der Nasenscheidewand miteinander verbundene Nasengänge: Oben der »Riechgang« (1) zum Riechfeld des Siebbeinlabyrinths, in der Mitte der »Sinusgang« (2) zu den Nasennebenhöhlen und unten der »Atmungsgang« (3) direkt zur Rachenhöhle. Der »Atmungsgang« ist am weitesten und wird deshalb vom Tierarzt zur Einführung von Sonden benützt.

Der »Sinusgang« führt aus der Nasenhöhle seitlich in die große (hintere) und in die kleine (vordere) Kieferhöhle. Der großen Kieferhöhle ist im Gebiet zwischen den Augen die Stirn-Muschelhöhle und an der Schädelbasis die Gaumen-Keilbeinhöhle angeschlossen. Mit der kleinen Kieferhöhle verbindet sich die untere Muschelhöhle. Diese von Nasenschleimhaut ausgekleideten Nebenhöhlen sind beim Fohlen noch sehr klein und werden mit zunehmendem Alter immer größer. Sie erhalten mit jedem Atemzug Frischluft. Dennoch treten relativ häufig Entzündungen dieser Höhlen auf, die in den Kieferhöhlen oft aus durchbrechenden Zahnwurzelentzündungen entstehen. Andererseits können kranke Backenzähne des Oberkiefers nach einer operativen Öffnung der Kieferhöhle von oben her ausgestemmt werden.

Als Nasenrachen (C) wird der obere Teil der Schlundkopfhöhle bezeichnet, in den die beiden Nasenhöhlen gemeinsam einmünden. An seiner Rückwand ist die durch eine Knorpelplatte gestützte Mündung (D) der gleichseitigen Ohrtrompete zu erkennen. Durch den Eingang in die Ohrtrompete ist direkt unter der Schädelbasis jederseits der etwa faustgroße Luftsack (D′) zu erreichen. Die Funktion dieser nahezu nur den Equiden (Pferde, Esel, Zebra, Tapir, Klippschliefer) eigenen Aussackung der Eustachischen Röhre konnte bisher nicht geklärt werden. Im Nasenrachen wird der Luftstrom nach unten umgelenkt und gelangt so durch die Schlundkopfhöhle in den Kehlkopf (E).

Der Kehlkopf (Abb. 14)
Er bildet eine sanduhrartige Verengung des Atemweges am Beginn der Luftröhre. Sein Knorpelgerüst besteht vorne aus dem Kehldeckel (A), unten und seitlich aus dem Schildknorpel (B), hinten aus dem Ringknorpel (C) und oben aus den beiden beweglichen, die Stimmbänder haltenden Stellknorpeln (D). Vielgestaltige Muskeln und Bänder verspannen aktiv und passiv diese Knorpelkonstruktion. Die auskleidende Schleimhaut buchtet

sich vor den Stimmbändern (a) in die Kehlkopftaschen (1) seitlich vor. Beim Kehlkopfpfeifer fehlt durch Nervenausfall die muskelbedingte Spannung des linken Stimmbandes (a). Dieses flottiert dann »tongebend« im Atemluftstrom und behindert besonders die Ausatmung.

Die Luftröhre (Abb. 15)
Sie führt als knapp 1 m langes und ca. 8 cm weites Schleimhautrohr durch den Hals und den Brusteingang bis zur Gabelung (A') der Luftröhre (A) in die Stammbronchien der beiden Lungen über der Herzbasis (in Höhe der 5. Rippe). Etwa 50 Knorpelspangen stabilisieren die Wand. Die Schleimhaut trägt ein Epithel mit kopfwärts gerichtetem Flimmerschlag zur Entfernung eingeatmeter Partikel und befeuchtet mit ihren vielen kleinen Drüsen die Luft.

Die Lungen (Abb. 15)
Sowohl die linke als auch die rechte Lunge ist durch einen tiefen Einschnitt in jeweils einen großen Hinterlappen (B) und einen kleinen Vorderlappen (B') gegliedert. An der Unterseite der rechten Lunge befindet sich noch ein Anhangslappen.
Das vom feucht glänzenden Lungenfell überzogene Organ liegt beidseitig der Brustwand innen von der 1. bis zur 17. Rippe (oben) durch Adhäsion an. Ihr medizinisch bedeutsamer Hinterrand (LHR = Begrenzung des Lungenfelds bei der tierärztlichen Untersuchung) zieht oben vom 16. Zwischenrippenraum nach vorne und unten geschwungen in Richtung auf den Ellbogenhöcker (in Höhe der 6. Rippe).
Jede Lunge enthält zwei Kanalsysteme: Der Luftweg verläuft von den Stammbronchien über ihre Verästelung (»Bronchialbaum«) zu den Lungenbläschen (Alveolen). Der Blutkreislauf führt der Lunge über die Lungenarterien sauerstoffarmes Blut bis in die Lungenkapillaren zu, die die luftgefüllten Lungenbläschen umschlingen. Hier erfolgt der Gasaustausch. Das sauerstoffreiche Blut wird jetzt über die Lungenvenen der linken Herz-

Abb. 15 Luftröhre und Lunge (schematisiert)

A Luftröhre
A' Gabelung der Luftröhre
B Hinterlappen der linken Lunge
B' Vorderlappen der linken Lunge
LHR Hinterrand des linken Lungenfeldes bei der tierärztlichen Untersuchung
LI Lungengrenze bei vollständiger Inspiration

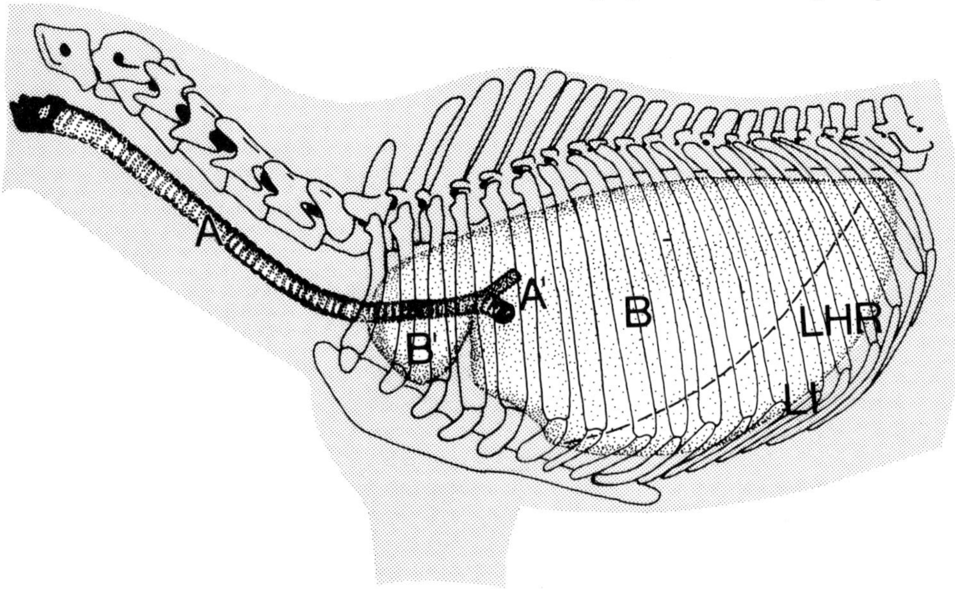

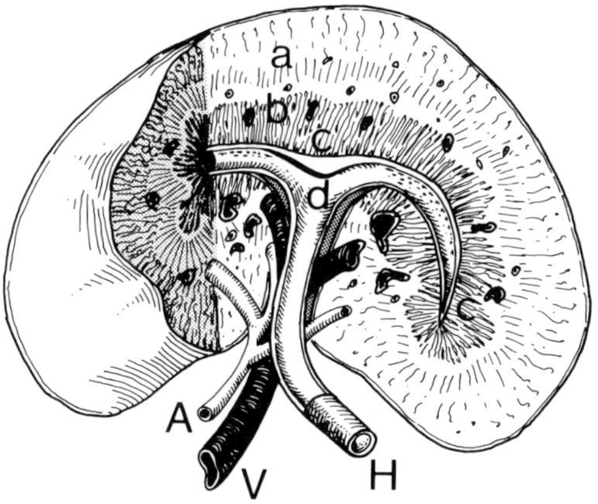

A	Nierenarterie	a	Rindenzone der Niere
V	Nierenvene	b	Markzone
H	Harnleiter	c	Sammelrohre
		d	Nierenbecken

Abb. 16 Die Niere des Pferdes (Teil-Horizontalschnitt)

vorkammer und dann dem großen Körperkreislauf wieder zugeleitet.

Die riesige innere Oberfläche des Bronchialbaums mit seiner empfindlichen Schleimhaut neigt häufig zu Entzündungen. Viren, Bakterien und Pilze, oft kombiniert mit ungünstiger Haltung, sind dafür ursächlich verantwortlich. Daraus entstehende chronische Bronchitiden können zu monatelangem oder vollständigem Leistungsausfall des Sportpferdes führen (s. dazu auch das Kapitel »Gesundheitsprobleme im Pferdebestand«).

Harn- und Geschlechtsorgane, Euter

Die Harn- und Geschlechtsorgane stehen in ihrer embryonalen Entwicklung und in ihrer späteren Ausbildung in enger Beziehung zueinander.

Die Harnorgane (Abb. 16)
Unter diesem Begriff sind die Nieren, Harnleiter, die Harnblase und die Harnröhre zusammengefaßt.

Die etwa handflächengroßen Nieren zeigen eine glatte Oberfläche. Während die rechte Niere mehr herzförmig ist, ähnelt die etwas langgestreckte linke Niere einer großen Bohne. Sie liegen nicht exakt parallel, sondern die rechte direkt vor, die linke hinter der Unterseite des ersten Lendenwirbelkörpers.

Die winzigen Nierenkörperchen, die vor allem in der Nierenrindenzone (a) liegen, bilden durch Filtration aus ihren arteriellen Blutgefäßschlingen den Primärharn. Dazu müssen die beiden Nieren des Pferdes täglich von über 4000 Liter Blut unter hohem Druck durchflossen werden. Der Primärharn wird im vielfach gewundenen Kanälchensystem weitergeleitet und dort weitgehend rückresorbiert. Diese Kanälchen besitzen eine innere Oberfläche von 4000 cm^2, die selektiv jene Stoffe rückresorbiert, die der Körper benötigt (Wasser, Elektrolyte) und solche ausscheidet, die als harnpflichtige Produkte des Stoffwechsels dem konzentrierten Sekundärharn beigegeben werden (Harnstoff, Harnsäure, Wasser, Medikamente).

Aus den Kanälchen erreicht der Harn über Sammelrohre (c) das Nierenbecken (d) und fließt dann in den Harnleitern (H) zur Harnblase (siehe Abb. 17 und 18) ab. Diese liegt auf dem Vorderrand des Beckenbodens. Erwähnenswert sind kleine Harnleiterdrüsen, die dem Harn viele Schleimstoffe zumischen, so daß der Urin auch beim gesunden Pferd ein schlierig-schleimiges Aussehen erhält. Aus der Harnblase werden pro Tag zwischen 3–6 Liter Urin durch die bei der Stute kurze, beim Hengst lange Harnröhre, reflektorisch dem Dehnungsreiz entsprechend, ausgeschieden.

Die Aufgabe der Geschlechtsorgane ist die Produktion der Keimzellen, die Befruchtung und bei der Stute die Entwicklung des Fohlens.

Männliche Geschlechtsorgane (Abb. 17)
Als *innere Geschlechtsorgane* des Hengstes werden die Hoden (A), Nebenhoden (A′), Samenleiter (B) und die akzessorischen Geschlechtsdrüsen (C, D, F) zusammengefaßt. Ihnen ist als *äußeres Geschlechtsorgan* der Penis (G) mit Vorhaut (I) zugeordnet.

Die eiförmigen, etwa 200 g schweren Hoden (A) liegen hoch in der Leiste des Hengstes. Sie sind eng umhüllt vom Hodensack (A″). Seine fettig glänzende Oberfläche deckt als zarte dunkle Haut die darunterliegende Fleischhaut und weitere Bindegewebsschichten ab. Die innere Oberfläche des Hodensacks ist als sog. Scheidenhautfortsatz (A″) von Bauchfell aus-

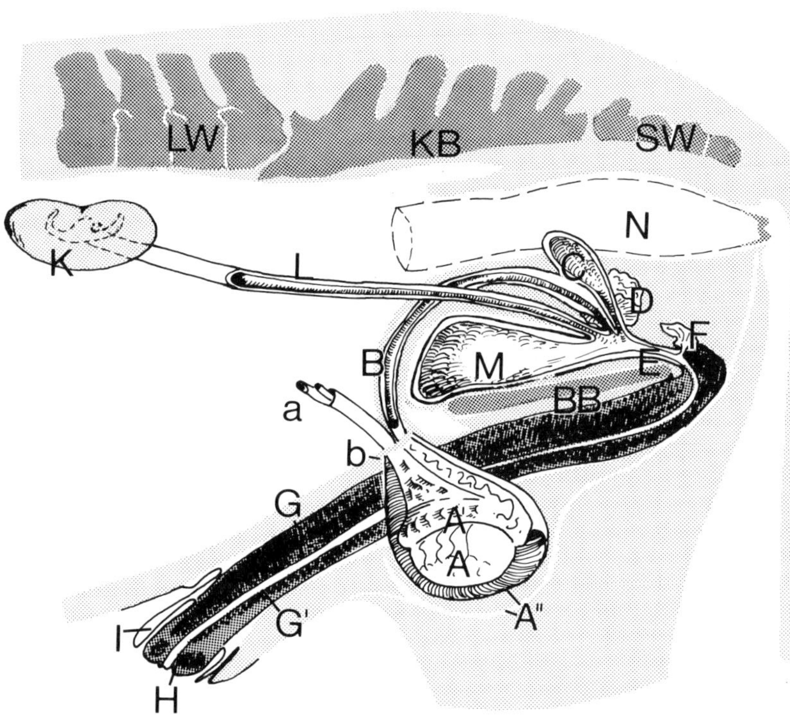

A	linker Hoden	G	Penis	LW	Lendenwirbel
A′	Nebenhoden	G′	Penisteil der Harnröhre	KB	Kreuzbein
A″	Hodensack und Scheidenhautfortsatz	H	Eichel	SW	Schwanzwirbel
B	Samenleiter	I	Vorhaut	BB	Beckenboden
C	Samenblasendrüse	K	linke Niere	a	Blutgefäße für den Hoden und Nebenhoden
D	Prostata	L	Harnleiter		
E	Beckenstück der (Samen-)Harnröhre	M	Harnblase	b	Bauchring des Leistenkanals
F	Harnröhrenzwiebeldrüse	N	Mastdarm		

Abb. 17 Der Harn- und Geschlechtsapparat des Hengstes

gekleidet und geht am Bauchring (b) des Leistenkanals in die große Bauchfellhöhle über. Somit wird bei einer Kastration die Bauchfellhöhle geöffnet. Bei älteren Hengsten wird des öfteren mit »gedecktem Scheidenhautfortsatz« kastriert, d.h. die Bauchfellhöhle wird im leistennahen Bereich des Scheidenhautfortsatzes gequetscht, um so einen eventuellen Hodensackbruch durch den weiten Leistenbauchring älterer Tiere zu verhindern.

Den Hoden (A) füllt ein stark gewundenes Kanalsystem nahezu aus, in dem sich die Samenzellen über verschiedene Vorstufen entwickeln. Zwischen den Kanälchen lagern sich kleine Zellgruppen, die das männliche Geschlechtshormon *Testosteron* produzieren. Wenige Sammelkanäle treten in den Nebenhodenkopf über und vereinigen sich zum stark geschlängelten, etwa 80 m langen Nebenhodenkanal. Hier reifen die Samenzellen. Vom Nebenhodenschwanz verläuft der Geschlechtsgang als Samenleiter (B) durch den Leistenkanal (b) in die Bauchhöhle, biegt nach hinten um und mündet hinter dem Harnblasenhals in das Beckenstück der Harnröhre (E). Dieses Harnröhrenstück im Becken ist von den akzessorischen Geschlechtsdrüsen: Samenblasendrüse (C), Prostata (D) und Harnröhrenzwiebeldrüse (F) umlagert. Ihre Sekrete vervollständigen die Aufschwemmung der

Samenzellen zum durchschnittlich 150 ml umfassenden Ejakulat. Diese Sekrete puffern das saure Milieu der Geschlechtsgänge der Stute und ernähren die Samenzellen.
Der Penis (G), das Kopulationsorgan, besteht aus zwei Komponenten. An der Unterseite des Penis verläuft die enge Harnröhre (G′) bis zur Vorderwand der Eichel (H). Sie ist am Penisschaft von einem schmalen und an der Eichel von einem faustgroßen venösen Schwellkörper umgeben, der bei der Ejakulation doppelt faustgroß anschwillt. Er garantiert den freien Durchfluß des Samens.
Den Penisschaft (G) selbst bildet ein paarig gebauter, arterieller Schwellkörper. Seine Füllung mit Blut beginnt schon vor dem Aufsprung des Hengstes und führt zur Versteifung und Verlängerung des Schlauches auf über 1 Meter. Im nicht erigierten Zustand hüllt eine doppelt gefaltete Vorhaut (I) den vorderen freien Penisteil mit Eichel (H) ein und drückt ihn in den geschützten Bereich der unteren Bauchwand zwischen den beiden Oberschenkeln.

Weibliche Geschlechtsorgane (Abb. 18)
Sie sind in der Bauchfellhöhle in die *inneren Geschlechtsorgane*, Eierstöcke (A, A′), Eileiter (B) und Gebärmutter (Uterus, C) gegliedert, denen sich im Becken als *Begattungsorgan* die Scheide (D) mit ihrem Vorhof (E) sowie als *äußerer Abschluß* die Scham (F) anschließen. Ihre Aufgaben werden als keimbereitend, -leitend und -bewahrend den Organen zugeordnet, d.h. im einzelnen die Produktion der Eizelle, ihren Transport nach der Befruchtung und die Entwicklung des »nestflüchtenden« Fohlens in der Gebärmutter als Brutraum bis zur Geburt.
Diese Leistungen werden vom hormonell gesteuerten »Zyklus« der Eierstöcke und der Gebärmutter überlagert, der äußerlich durch

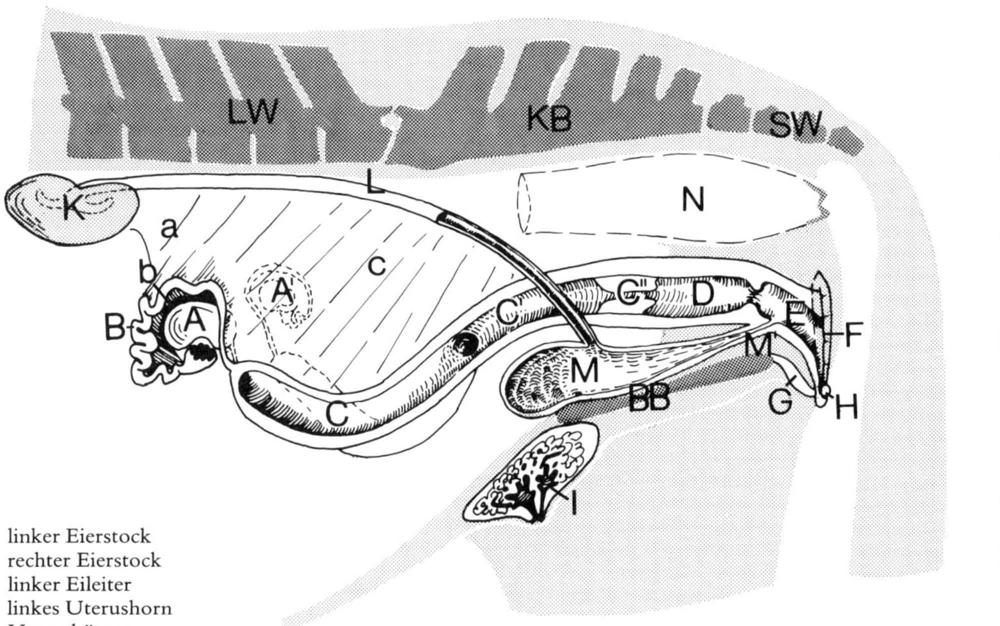

A linker Eierstock
A′ rechter Eierstock
B linker Eileiter
C linkes Uterushorn
C′ Uteruskörper
C″ Uterushals
D Scheide
E Scheidenvorhof
F Scham
G Kitzler
H Eichel des Kitzlers
I Euter
K linke Niere

L Harnleiter
M Harnblase
M′ Mündung der Harnröhre
N Mastdarm

LW Lendenwirbel
KB Kreuzbein
SW Schwanzwirbel
BB Beckenboden

a Eierstocksgekröse
b Eierstockstasche
c »breites Mutterband« = Aufhängung des Uterus

Abb. 18 Der Harn- und Geschlechtsapparat der Stute

die bekannten Erscheinungen der Rosse erkennbar wird. Der Eierstockszyklus dauert durchschnittlich 21 Tage, wobei die Zeit (1–3 Tage) vor dem Eisprung als »Hochrosse« bezeichnet wird und in der Duldung des Hengstaufsprungs durch die Stute gekennzeichnet ist. Eine folgende Trächtigkeit dauert dann ca. 11 Monate; eine exakte Tragezeitangabe ist unmöglich, da viele Faktoren (Rasse, Haltung, Geschlecht des Fohlens usw.) variierend einwirken. Jahreszeitliche Einflüsse auf den Zyklus sind trotz der nun seit etwa 5000 Jahren dauernden Domestikation immer noch vorhanden und werden in unseren Breitengraden durch die Decksaison in Frühjahr und Frühsommer deutlich, die sich auch an der Aktivität der Geschlechtsorgane nachweisen läßt. Die Rennpferdezucht verlegt den Beginn der Decksaison immer mehr in den Winter, um später günstigere Voraussetzungen für die Jahrgangsrennen zu erhalten.

Die Eierstöcke (A, A′) sind gut kinderfaustgroß, bohnenförmig und liegen etwa handbreit hinter und unter den Nieren in der Bauchfellhöhle. Im Eierstock befinden sich als sog. Funktionsgebilde die Follikel (Eibläschen) neben ihren Vorstufen und Gelbkörper früherer Zyklen. Sie werden außen von Blutgefäßen umhüllt, die wiederum von der Eierstockskapsel und dem Bauchfell überzogen sind. Lediglich an einer kleinen Stelle, der Ovulationsgrube, erreichen die Funktionsgebilde (Follikel und Gelbkörper) die Oberfläche des Eierstocks. Ihr gegenüber setzt das Eierstocksgekröse (a) an, d.h. die Aufhängung der Keimdrüse aus der Lendengegend, die gleichzeitig die Leitungsbahnen (Arterien, Venen, Lymphgefäße und Nerven) aus der Lendenregion zum Organ führt. Der Eierstock ist nur z. T. von der Eierstockstasche (b) umgeben. Sie bildet eine lockere häutige Umhüllung, die sich aus dem Eierstocksband und der kurzen Aufhängung des Eileiters zusammensetzt.

Der Eileiter (B) windet sich, nur wenig geschlängelt und am Vorderrand des Eierstocks beginnend, außen um diesen in einer Länge von 20–30 cm herum. Er mündet als enger Kanal mit Schließmuskel in die Spitze des Gebärmutterhorns (C). Seiner unterschiedlichen Weite entsprechend, unterscheidet man einen gefransten, trichterförmigen Beginn, der das gesprungene Eibläschen aufzufangen hat. Dann folgt ein etwas weiterer Teil, die Eileiterampulle, in der die Eizellbefruchtung durch das Spermium stattfindet und auch schon die ersten Zellteilungen des Keimlings ablaufen. Die hintere Hälfte des Eileiters bis zum Übergang in den Uterus bildet dann einen engen Transportkanal für diese Zellteilungsstadien.

Die »zweihörnige Gebärmutter« teilt sich äußerlich in drei Abschnitte ein: je ein linkes (C) und rechtes Horn (Länge ca. 25 cm), einen gemeinsamen Körper (C′, ca. 20 cm) und einen Hals (C″, ca. 6 cm).

Die schlauchartigen Uterushörner (C) beginnen etwas hinter dem gleichseitigen Eierstock und ziehen konvergierend beckenwärts zum Gebärmutterkörper. Ihre Schleimhaut stellt den Nistplatz des Keimlings während der Trächtigkeit dar. Als Vorbereitung dazu läuft parallel zu jedem Eierstockszyklus der »Uteruszyklus«, in dem sich die Schleimhaut dem Zyklusstand gemäß in Aufbau-, Sekretions- und Regenerationsphase befindet. Eine zyklische Schleimhautabstoßung mit Blutung kommt bei der Stute nicht vor.

Der unpaarige weite Körper der Gebärmutter (C′) ermöglicht das Einwachsen der Fruchthäute des Fohlens vom tragenden zum nichttragenden Horn während der Trächtigkeit. Ihm folgt der kurze, dicke und muskelstarke Gebärmutterhals (C″) als Abschluß zur Scheide (D). Sein Kanal ist geradlinig, sehr eng und mit Ausnahme der Zeit der Hochrosse und der Geburtsphase durch einen zähen Schleimpfropf verschlossen.

Im Laufe der Trächtigkeit bilden das tragende Horn und der Uteruskörper einen weiträumigen, dem werdenden Fohlen angepaßten »Tragsack«, der sich gegenüber den Baucheingeweiden in der unteren Bauchhöhlenhälfte rücksichtslos Raum schafft. Die zunehmende Gewichtsbelastung des trächtigen Uterus wird durch das aus der Lendengegend kommende, stark bemuskelte »breite Mutterband« (c) stabilisiert. In dieser Aufhängung verlaufen auch die wichtigen Versorgungsgefäße für Gebärmutter und Frucht.

Die Scheide (D) verbindet als über 20 cm langes Schleimhautrohr den Uteruskanal mit dem Vorhof (E). Ihre sog. »kutane Schleimhaut« hält durch ihre mehrschichtige Zelldecke den mechanischen Belastungen der Kopulation und der Geburt stand. Sie beginnt vorne mit dem relativ weiten Scheidengewölbe, in das der Gebärmutterhals knopfartig vorspringt. In den hinteren zwei Dritteln ist die Scheide vom Bindegewebe des Beckenausgangs umgeben. Das vordere Drittel ragt jedoch, von Bauchfell bedeckt, in die freie Bauchhöhle vor. Dies ermöglicht einerseits ein lebensgefährlich verletzendes Durchstoßen des Scheidengewölbes durch den Hengst bei der Begattung (s. hierzu auch das Kapitel »Fruchtbarkeit und Fortpflanzung des Pferdes«), andererseits kann dieser Weg operativ zur Behandlung von Eierstockerkrankungen genützt werden. Am Übergang zum Vorhof (E) wird die Scheide von außen durch einen starken Muskelring (Hymenalring) etwas eingeengt. Ein Hymenrest kommt bei manchen Stutfohlen in Form eines niedrigen Schleimhautrings vor.

Der Scheidenvorhof (E, Länge ca. 10 cm) reicht von der Einmündung der Harnröhre (M′) bis zum freien Ende des Kitzlers (G) in der Scham (F). Seine Schleimhaut trägt an der Boden- und Seitenwand kleine Vorhofdrüsen zu ihrer Befeuchtung. Unter der Schleimhaut sind starke venöse Blutgefäßnetze versammelt, die als hormonell-nervös gesteuerte Schwellkörper funktionieren.

Die Scham (F) bildet mit den beiden Lippen eine senkrechte, etwa 15 cm lange, bemuskelte Spalte. Im stumpfen, unteren Schamwinkel wird beim »Blitzen« oder »Blinken« der Stute in der Rosse, zumeist auch beim Harnabsatz, die etwa 2 cm große Eichel (H) des Kitzlers (G) sichtbar. Dieses stark entwickelte Organ (G) entspringt wie der Penis des Hengstes am Sitzbein und ist ihm, wenn auch bei viel geringerer Größe, im Aufbau ähnlich.

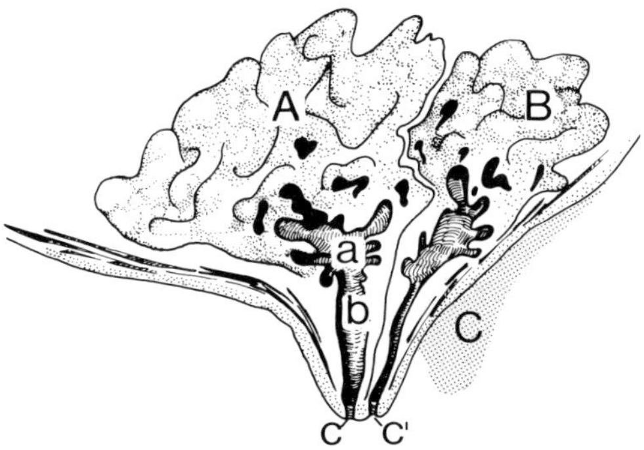

A vordere Milchdrüse
B hintere Milchdrüse
C rechte Euterhälfte
a Drüsenteil der Milchzisterne
b Zitzenteil der Milchzisterne
c, c′ vorderer und hinterer Strichkanal

Abb. 19 Schnitt durch die linke Euterhälfte (schematisiert)

Das Euter (Abb. 19)

Einerseits ist das Euter baulich eine *modifizierte Schweißdrüse* und gehört somit als Anhangsorgan zur Haut; funktionell jedoch ist diese Drüse eng mit dem hormonellen Geschehen der Fortpflanzung verflochten.

Zudem ist das Euter als sekundäres Geschlechtsorgan erst nach der ersten Trächtigkeit voll entwickelt. Es besteht aus der linken und rechten Euterhälfte, die sich vor der Leiste eng der Bauchwand anschmiegen. Jede Euterhälfte enthält zwei Milchdrüsen (A, B), deren Sekret, die Milch, sich im Drüsen- (a) bzw. Zitzenteil (b) der Milchzisterne sammelt. An der Spitze der etwa 3–4 cm langen Zitze münden somit zwei Strichkanäle (c, c′). Bei Stutfohlen wachsen aus diesen Strichkanälen wenige »Fohlenhaare«, die jedoch spätestens beim Saugen des ersten Fohlens ausfallen. Die Stutenmilch ist weniger gehaltvoll als die Kuhmilch und hat die in der unten stehenden Übersicht aufgeführte Zusammensetzung (nach KOLB, 1967).

Die besondere Bedeutung der Biestmilch (Kolostrum) für das neugeborene Fohlen kann nicht genug betont werden. Sie enthält unter anderem die lebenswichtigen Gammaglobuline (Antikörper) für das noch nicht abwehrbereite Neugeborene und wirkt auf das Darmpech stark abführend.

Die Vergrößerung des Euters am Ende der Trächtigkeit und das Absondern der »Harztropfen« gelten als Zeichen der nahen Geburt.

Stutenmilch

Menge	Trockenmasse	Fett	Eiweiß	Kasein	Lactose	Asche
8–10 l/d	10,5%	1,6%	2%	1,2%	6,4%	0,4%

Eine häufig vorkommende, wäßrige Anschwellung der Euterhaut (und der Bauchhaut) in dieser Zeit geschieht unter dem Östrogeneinfluß der Geburt und vergeht fast immer ohne Schaden in den ersten Tagen nach dem Abfohlen.

Haut und Haare

Das Fell oder die Haut ist sicherlich das *größte Organ* des Pferdes. Neben seinen vielfältigen Aufgaben (mechanischer und Säureschutz, Sensibilitäts-, Immun- und Ausscheidungsorgan, Wärme- und Blutdruckregulation sowie spezifische Drüsensekretion einschließlich der Milchdrüse) stellt vor allem die Farbe ein besonderes Kennzeichen (Signalelement) dar. Sie bestimmt den ersten Eindruck und damit oft die enge Bindung des Menschen zum Pferd.

Die Haut ist aus folgenden drei unterschiedlich dicken Schichten aufgebaut: Außen deckt die feine Oberhaut (Epidermis) mit ihren toten, hornhaltigen Schuppenzellen die äußere Oberfläche ab. Diese Hornschuppen werden über Zwischenzellagen von den basal liegenden Hautkeimzellen gebildet. Mit der Oberhaut eng verzahnt ist die innen folgende, relativ dünne Lederhaut (Corium). Sie besteht aus faserhaltigem Bindegewebe, in dem viele Blutgefäße, Nerven und Drüsen die eingangs genannten Funktionen ausführen. Darunter folgt die dicke Unterhaut (Subcutis), auch sie ist bindegewebig aufgebaut. Auffälligstes Kennzeichen der Unterhaut ist ihr Gehalt an gelbem, ölig-flüssigem Fettgewebe, das der Haut als Verschiebeschicht dient und sie dadurch mit ihrer Elastizität bei stumpfen Verletzungseinwirkungen schützt. Mit der Unterhaut eng verbunden, übernimmt die oberflächliche Körperfaszie mit ihren Hautmuskeln den Kontakt zwischen äußerer Haut und der tiefen Faszien- und Muskelschicht des Körpers.

Rudimentäre Hautballen sind an der Innenseite der Gliedmaßen die Kastanie und in der Fesselbeuge der Sporn; hingegen stellt das Kammfett des Hengstes eine Sonderbildung der Unterhaut dar.

Die Hautdrüsen

Die Talgdrüsen liegen meist einer Haarwurzel an. Sie fetten die umliegenden Haarschäfte ein. Starke Ansammlungen von Talgdrüsen sind um den After, die Scham, das Euter und am Hodensack zu finden.

Die Schweißdrüsen sind vor allem am Hals sowie in der Brust-, Schulter- und Flankengegend angelegt. Durch Verdunstung des Schweißes entsteht Kälte, die der Abkühlung der Hautoberfläche und der unter der Haut liegenden Blutgefäßnetze dient. Mit dem Schweiß werden bestimmte Stoffe (Salze und Harnstoff) ausgeschieden. Manche Schweißdrüsen geben eiweißhaltige Sekrete mit spezies- und geschlechtsspezifischen Duftstoffen ab.

Haare und Fell

Hauptbestandteil des Fells sind die etwa 10–15 mm langen Grannenhaare, deren dickste Stelle (ca. 0,2 mm) etwa in der Mitte des Haarschafts liegt und die in eine feine Spitze auslaufen. Während sie beim wenige Wochen alten Fohlen eine leicht gewellte und matte Oberfläche zeigen, sind sie beim 3 Monate alten Fohlen schon glatt und glänzend. Das Winterhaar ist meist doppelt so lang wie das Sommerhaar. Langhaare, wie die Mähne, Stirnschopf, Schweif und Kötenschopf, sind besonders elastische, glänzende und nicht im Rhythmus des Haarwechsels ausfallende, sondern dauernd wachsende Haare. Tasthaare, die vor allem Sensibilitätsorgane darstellen, kommen beim Pferd nur um die Augenlider und die Mundspalte vor. Ein pferderassenspezifischer Haaraufbau konnte bisher nicht nachgewiesen werden.

Die Leitungsbahnen

Neben den bisher dargestellten Organen benötigt der Körper des Pferdes Versorgungssysteme, die mit ihren Funktionen jede Körperzelle erreichen können. Zu diesen weit verzweigten Versorgungs- und Leitungsbahnen gehören der *Blutkreislauf*, das *Lymphsystem*, die *hormonelle Regulation* sowie das *Nervensystem* mit den *Sinnesorganen*.

Blutkreislauf

Durch seine Röhrensysteme *(Arterien, Kapillaren* und *Venen)* gelangt das Blut in die Nähe jeder Körperzelle, um diese mit den lebensnotwendigen Substanzen zu versorgen (Sauerstoff, Nährstoffe, Wasser, Salze, Hormone und Vitamine) und ihre Schlackenstoffe abzutransportieren (Kohlendioxid und andere Stoffwechselprodukte). Zudem werden mit dem Blut Abwehrstoffe verteilt (Blutzellen, Antikörper, Mediatoren und Enzyme).

Das Herz (Abb. 20)
Als zentrale Pumpstation sorgt das Herz (Gewicht ca. 3 kg) für die leistungsgerechte Blutzufuhr in die unterschiedlich zu versorgenden Körperteile.
Trotz einheitlicher Bauweise kann funktionell von einem rechten (venösen) und einem linken (arteriellen) Herzen gesprochen werden. Das gesamte Venenblut des Körpers fließt über die hintere (a) und die vordere (a′) Hohlvene in die rechte Vorkammer (A) und tritt dort durch eine mit 3 Segelklappen ausgestattete Öffnung (1) in die rechte Kammer (B) über. Diese relativ schwach bemuskelte Kammer drückt das venöse Blut in die Lungenarterien (b). In der linken Vorkammer (C) sammelt sich das gesamte arterielle Blut von den

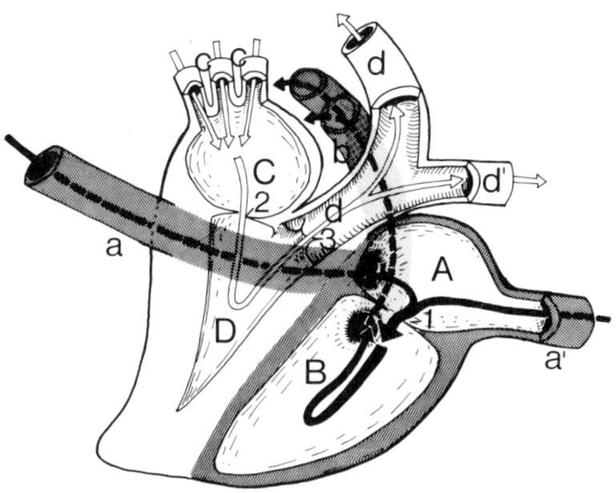

A	rechte Vorkammer	d	Aorta
B	rechte Kammer	d′	Arterie für Vorhand, Hals und Kopf
C	linke Vorkammer	1	rechte Herzklappenöffnung
D	linke Kammer	2	linke Herzklappenöffnung
a	hintere Hohlvene	3	Aortenklappe
a′	vordere Hohlvene		
b	Lungenarterie (mit venösem Blut)		
c	Lungenvenen (mit arteriellem Blut)		

Abb. 20 Längsschnitt durch das Herz; Ansicht von rechts (schematisiert)
(dunkle Pfeile = venöse Blutflußrichtung,
helle Pfeile = arterielle Blutflußrichtung)

Lungenvenen (c) und wird durch die Segelklappenöffnung (2) in die linke Kammer (D) weitergegeben. Ihre muskelstarke Wand stößt das Arterienblut in die Aorta (d) und damit in den gesamten Körper weiter.
Alle Kontraktionen werden im allgemeinen automatisch vom Herzen selbst gesteuert; bei Leistungssteigerungen jedoch wird die Herzaktion, gekoppelt mit der Lungentätigkeit, vom Nervensystem geregelt. Starke Herzbelastung über längere Zeit führt vor allem bei untrainierten oder kranken Pferden zur Sauerstoffschuld im Herzmuskel.

Die Arterien (Abb. 21)
Die linke Herzkammer (H) stößt in Ruhebedingungen das arterielle Blut ca. 35mal pro Minute unter hohem Druck in die Aorta (a) und damit in den Körperkreislauf. Die abzweigenden Arterien bringen das Blut mit der Pulswelle nach hinten zur Brustwand, den Baucheingeweiden (a, Magen, Milz, Leber, Darm), zu Becken und Hinterhand (a′) sowie nach vorne zu Hals, Kopf und Vorhand (b, c). In ihren Endaufzweigungen werden die Arterien zwar immer kleiner, dennoch vergrößert sich durch ihre vielfache Aufteilung der Gesamtquerschnitt, und damit sinken der Blutdruck und die Fließgeschwindigkeit deutlich ab. Die kleinsten Arterien verlieren allmählich nahezu sämtliche Wandschichten und teilen sich in den zu versorgenden Geweben in die Kapillaren (Haargefäße) auf. Hier findet der Austausch von Sauerstoff und Nährstoffen mit Kohlendioxid und Stoffwechselprodukten mit den benachbarten Zellen statt.

Die Venen (Abb. 21)
Der nachgeordnete Gefäßabschnitt der Kapillaren im Gewebe geht in kleine Venen über, die das sauerstoffarme Blut den zumeist parallel zu den Arterien verlaufenden, größeren Venen zuführen. Ihre herzwärts zielende Blutstromrichtung wird durch ventilartige Venenklappen gesichert. Die Venen ziehen in die Brusthöhle zurück und münden durch die sog. Hohlvenen (c, Durchmesser ca. 4 cm) in die rechte Vorkammer des Herzens.

Der Pfortaderkreislauf (Abb. 21)
Die abführenden Venen der Verdauungseingeweide der Bauchhöhle (und der Milz) fließen über die Pfortader (d) zur Leber (L) und teilen sich dort in ein zusätzliches Kapillarge-

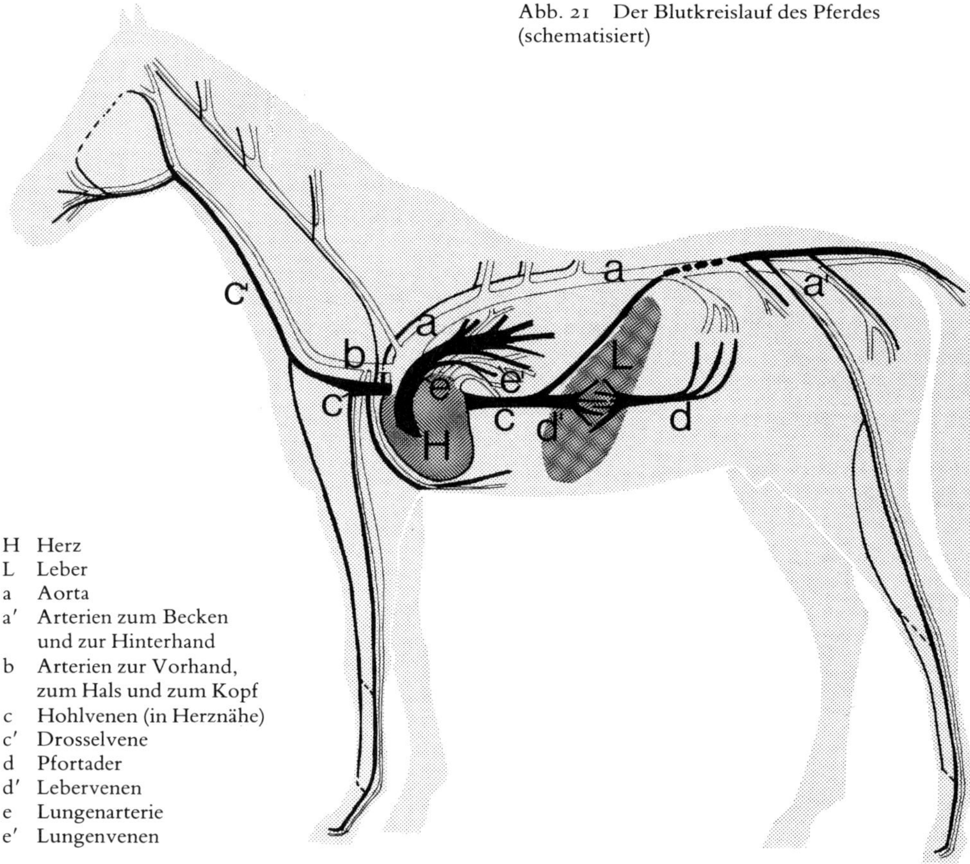

Abb. 21 Der Blutkreislauf des Pferdes (schematisiert)

H Herz
L Leber
a Aorta
a' Arterien zum Becken und zur Hinterhand
b Arterien zur Vorhand, zum Hals und zum Kopf
c Hohlvenen (in Herznähe)
c' Drosselvene
d Pfortader
d' Lebervenen
e Lungenarterie
e' Lungenvenen

biet auf. Hier folgt also nach einer Venenteilstrecke (Pfortader) eine zweite Kapillaraufzweigung, die über die Lebervenen (d') ins allgemeine Venensystem übergeht. Sinn dieser Zusatzeinrichtung ist die direkte Bearbeitung und Entgiftung der im Magen-Darm-Trakt resorbierten Nährstoffe durch die Leberzellen, bevor sie den großen Körperkreislauf erreichen.

Der Lungenkreislauf (Abb. 21)
Die Lungenarterie (e) führt, aus der rechten Herzkammer kommend, das gesamte venöse Blut den beiden Lungen zu. Nach der Aufteilung in kleine Arterien wird das Blut in den Lungenkapillaren mit Sauerstoff beladen. Dieses nun arterielle Blut wird jetzt in den Lungenvenen (e') zur linken Vorkammer zurückgeleitet.
Der Lungenkreislauf ist also dem Körperkreislauf nicht parallel, sondern nachgeschaltet und verbindet die rechte Herzseite über die Lunge mit der linken. Da alle Gefäße, die Blut zum Herzen bringen, als Venen bezeichnet werden, fließt in den Lungenvenen sauerstoffbeladenes, also arterielles, und in der Lungenarterie venöses Blut.

Der Blutkreislauf

Gesamtblutmenge: ca. 40 Liter

Herzfrequenz: 32–45mal pro Minute in Ruhe

Ort der Pulskontrolle:

Allgemein: Gesichtsarterie, am Unterkieferrand, dicht vor der Ganasche

Vorhand: Hauptmittelfußarterie, dicht hinter dem inneren Griffelbein

Hinterhand: Hauptmittelfußarterie, dicht vor dem äußeren Griffelbein

Huf: Zehenarterien, seitlich am Fesselkopf

Intravenöse Injektion: Drosselvene, kopfnahe Hälfte

Die Milz (Abb. 22)
Die etwa 50 cm lange und 1–2 kg schwere Milz (M) schmiegt sich in der Bauchhöhle dem linken Rippenbogen von innen an. Funktionell gehört sie einerseits als Blutspeicher und als »Grab der Erythrozyten« zum Blutkreislauf. Andererseits wirkt die »weiße Milzpulpa« (= Masse der Lymphknötchen) durch Lymphozytenvermehrung in hohem Maße am spezifischen Abwehrgeschehen gegen körperfremde Stoffe mit. Somit kann die Milz funktionell auch dem Lymphsystem zugeordnet werden.

Lymphsystem (Abb. 22)

Das über den Körper verteilte Lymphgewebe dient durch seine Bereitstellung von immunkompetenten Lymphzellen und deren rasche Vermehrung bei einer Antigen-Antikörper-Reaktion der *spezifischen Infektionsabwehr* oder der *Immunisierung* nach einer prophylaktischen Impfung. Die Lymphzellen sind zur Erkennung körperfremder Stoffe mit einem Gedächtnis ausgestattet. Dieses Erinnerungsvermögen erlaubt ihnen, bestimmte Antigene (Bakterien, Viren und andere Fremdstoffe) nach einmaligem Kontakt (z. B. Grundimmunisierung oder Erstimpfung) bei einem weiteren Kontakt (Wiederholungs- oder Auffrischungsimpfung) wiederzuerkennen und dann mit einer weitaus höheren Abwehrbereitschaft (Immunität oder sogar Allergie) zu reagieren. Diese Leistung (Antikörperbildung bzw. -ausscheidung, Abtöten von Fremdkeimen) erbringen beide Lymphzellarten (**B**- und **T**-Zellen). Sie entstammen beide dem embryonalen Knochenmark (K) und besiedeln das gesamte Lymphgewebe, vor allem Lymphknoten, große Bezirke der Milz und der Dünndarmschleimhaut.
Natürlich benötigt ein derart kompliziertes Abwehrsystem eine lange Aufbauphase. Die Stammzellen der **T**-Lymphozyten durchwandern den **T**hymus (**T**, Bries) des Fohlens; dort werden einige ihrer Abkömmlinge auf die künftigen spezifischen Aufgaben im Lymphsystem vorbereitet. Für die **B**-Zellen ist bisher beim Säugetier kein eindeutig sicheres Schulungsorgan nachgewiesen; es werden dafür entweder das Knochenmark selbst (englisch: **B**one marrow) oder die riesigen Lymphzellenansammlungen in der Dünndarmschleimhaut (P = Peyersche Platten) angenommen.
Da die Funktion der Lymphzellen in der Erkennung und Bekämpfung von Fremdstoffen liegt, ist es verständlich, daß sie durch die nahezu hermetisch abgeschlossene Fohlenentwicklung im Uterus der Stute keine Möglichkeit besitzen, ihre Funktionen zu testen und weiterzubilden; zudem entwickelt sich die Darmschleimhaut erst vollständig mit Aufnahme der Verdauungstätigkeit.
Daraus ergibt sich für das neugeborene und wenige Wochen alte Fohlen, daß es nahezu ungeschützt den Fremdstoffen der Umwelt nach der Geburt gegenübersteht. Mit der Geburt und den ersten Fremdstoffkontakten im Stall beginnt eine dramatische, wenige Wochen dauernde Entwicklung der Lymphzellen des Thymus, der Darmschleimhaut und der übrigen Lymphgewebe.
Diese abwehrlose(-arme) Zeit direkt nach der Geburt muß durch einen Kunstgriff der Natur, also die direkte Übertragung sofort wirksamer Antikörper überbrückt werden. Die Medizin kennt dieses Prinzip bei einigen Infektionsbekämpfungen als Seruminjektion. Beim neugeborenen Fohlen hingegen übergibt die Mutterstute fast alle möglichen Antikörper durch das Kolostrum (Biestmilch). Diese hochmolekularen Antikörper können aber nur wenige Stunden direkt nach der Geburt die Darmschleimhaut des Fohlens durchdringen und damit in den Kreislauf gelangen. Die über die Geburt hinaus verzögerte Entwicklung des Lymphsystems erklärt einerseits die Bedeutung der Kolostrumaufnahme, andererseits die Infektionsanfälligkeit junger Fohlen.

Die Lymphgefäße (Abb. 22)
Sie verbinden als weit verzweigte Nebenbahnen des Venensystems die Zwischenzellflüssigkeit mit dem Blutkreislauf. Ihre blind in allen Geweben (Ausnahme: Hautoberfläche und Nervensystem) und in besonderen Lymphgeweben (Mandeln und Darmlymphplatten) beginnenden Lymphkapillaren transportieren in der sog. Lymphe aufgeschwemmte, hochmolekulare Stoffe zu größeren Lymphgefäßen, die in ihrem Bau den Venen (mit Klappen) sehr ähnlich sind. Diese durchfließen die im folgenden beschriebenen Lymphknoten, in denen sie von Schadstoffen (z. B. Bakterien) befreit werden. Überwinden diese Fremdstoffe die Lymphknotenbarriere, so kann daraus eine Blutvergiftung resultie-

Abb. 22 Das Lymphsystem des Pferdes (schematisiert)

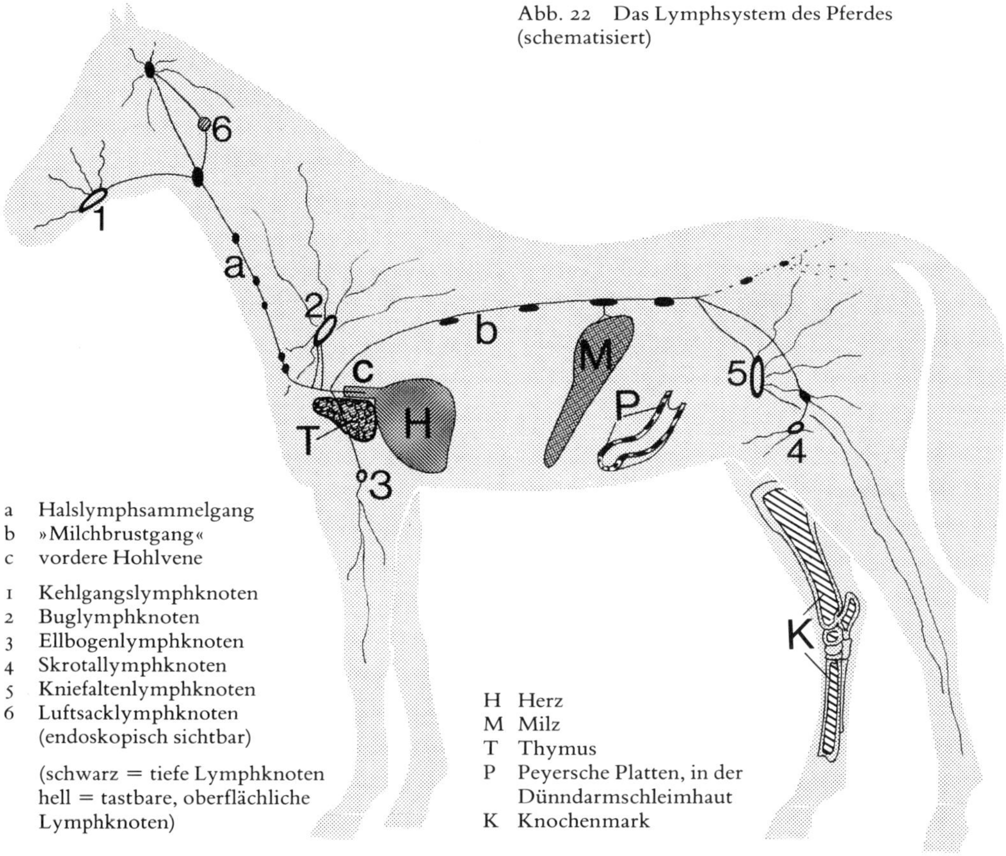

a Halslymphsammelgang
b »Milchbrustgang«
c vordere Hohlvene

1 Kehlgangslymphknoten
2 Buglymphknoten
3 Ellbogenlymphknoten
4 Skrotallymphknoten
5 Kniefaltenlymphknoten
6 Luftsacklymphknoten (endoskopisch sichtbar)

(schwarz = tiefe Lymphknoten
hell = tastbare, oberflächliche Lymphknoten)

H Herz
M Milz
T Thymus
P Peyersche Platten, in der Dünndarmschleimhaut
K Knochenmark

ren. Nach der Filterung durch einen oder mehrere Lymphknoten strömt die gesamte Lymphe vom Kopf über die Halslymphsammelgänge (a) und vom Körper und der Hinterhand über den sog. Brustlymphsammelgang (b) in die vordere Hohlvene (c) nahe dem Herzen und übergibt somit dem Blutkreislauf die Aufgabe der Neuverteilung ins periphere Gewebe.

Damit ist im Körper ein zweiter zum Herzen zurückführender Kreislaufschenkel aufgebaut, der es den Venen ermöglicht, die eigenen Aufgaben im rasch zirkulierenden Blutkreislauf zu erledigen, ohne durch die langsame Umverteilung hochmolekularer Stoffe oder die zeitaufwendige Reinigung der Gewebe behindert zu sein.

Die Lymphknoten (Abb. 22)

Als Filterstationen für Schadstoffe sind sie in die Lymphgefäßbahnen eingebaut. Sie filtrieren die Lymphe eines bestimmten Gebietes oder sind zur Sicherheit als Sekundärstationen mehrfach hintereinander geschaltet. In der klinischen Diagnostik sind ihre Veränderungen (vor allem Schwellung oder Vereiterung) wichtige Indikatoren, denn sie lassen Rückschlüsse auf die erkrankte Körperregion zu.

Man unterscheidet oberflächliche und tiefe Lymphknoten. Manche der oberflächlichen sind beim Pferd tastbar (Kehlgangs- [1], Bug- [2], Ellbogen- [3], Skrotal- [4] und Kniefaltenlymphknoten [5]), andere wie z. B. der Luftsacklymphknoten (6) können durch Endoskopie sichtbar gemacht werden. Die tiefen Lymphknoten liegen vor allem in den Körperhöhlen und sind zumeist bestimmten Organen zugeordnet (z. B. Lunge und Darm).

Hormondrüsen (Abb. 23)

Endokrine Drüsen produzieren Hormone, also biochemisch hochwirksame Stoffe, die vegetative Prozesse im Körper anregen oder

hemmen. Diesen Drüsen fehlen eigene Ausführungsgänge, deshalb geben sie ihre *Hormone* in den *Blutkreislauf* ab und erreichen so, oft gemeinsam wirkend, ihre *Zielorgane*.
Die enge Verbindung zu vegetativ-steuernden Teilen des Nervensystems, sowohl in der Hormonbildung als auch in ihrer Wirkung, ist vor allem bei den Geschlechtshormonen bekannt. Störungen des Hormonhaushalts führen deshalb zumeist zu Allgemeinerkrankungen.

Die Hypophyse (Hirnanhangdrüse) (Abb. 23)
Sie hängt unter dem Zwischenhirn und zeigt schon durch die bauliche Verbindung den »neuro-hormonalen Konnex« zwischen dem Nervensystem und den Hormondrüsen auf. Die Hypophyse (H) besteht aus drei Teilen: Hinter-, Zwischen- und Mittellappen.
Hinterlappenhormone: Sie werden im Zwischenhirn (Hypothalamus) gebildet und von der Hypophyse an den Kreislauf abgegeben (Adiuretin steigert die Harnausscheidung, Vasopressin erhöht den Blutdruck, Oxytocin führt zum »Einschießen« der Milch ins Euter und kontrahiert die Uterusmuskulatur).
Die wichtigsten Vorderlappenhormone nennt man Gonadotropine, die die Ausbildung und Funktion der Geschlechtsorgane steuern sowie das Wachstumshormon und je ein Steuerungshormon für die Schilddrüse und die Nebennierenrinde bilden.
Insgesamt scheint die Hypophyse das Zentralorgan des gesamten Hormonhaushalts zu sein.

Die Epiphyse (Zirbeldrüse) (Abb. 23)
Die Zirbeldrüse (E) bildet eine Ausstülpung des Hirnstammes zwischen Groß- und Kleinhirn. Ihre Funktion wird in einer Beeinflussung der Geschlechtsvorgänge in Abhängigkeit von der Lichtintensität (»biologische Uhr«) gesehen.

Die Schilddrüse (Abb. 23)
Zwei pflaumengroße Drüsenkörper sind durch ein enges Band zur etwa 30 g schweren, rotbraun gefärbten Schilddrüse (S) verknüpft. Sie liegt hinter dem Kehlkopf der Luftröhre zu beiden Seiten dicht an. Im Inneren werden in den einzelnen Drüsenabschnitten jodhaltige Hormone gebildet, die viele Stoffwechselvorgänge, insbesonders im Energie- und Salzhaushalt, regulieren. Funktionelle Beziehungen bestehen zum Körperwachstum und den Geschlechtsorganen. Die Schilddrüsenfunktion selbst wird von der Hypophyse gesteuert.

Die Nebenschilddrüsen (Abb. 23)
Die beiden inneren Nebenschilddrüsen (NS, oder Epithelkörperchen) liegen meist an oder in der Schilddrüse; die zwei äußeren (NS') sind am Übergang des Halses zum Brusthöhleneingang zu finden.

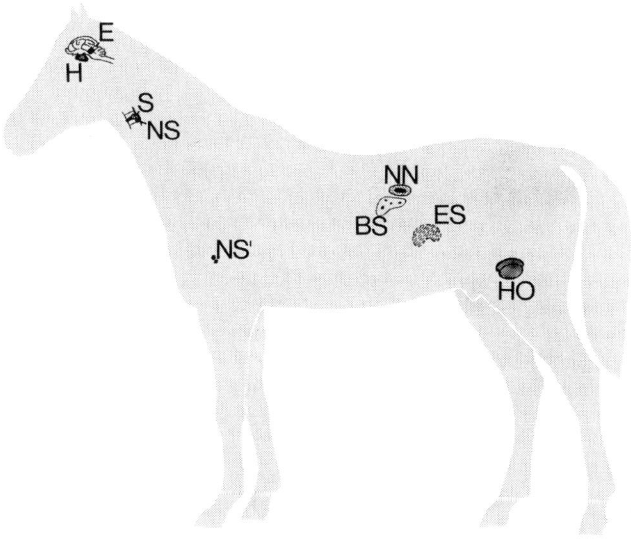

H	Hypophyse
E	Epiphyse
S	Schilddrüse
NS	innere Nebenschilddrüsen
NS'	äußere Nebenschilddrüsen
NN	Nebenniere
BS	Bauchspeicheldrüse
ES	Eierstock
HO	Hoden

Abb. 23 Lage der Hormondrüsen

Ihr »Parathormon« regelt den Kalzium- und Phosphathaushalt mit, wodurch der Knochenbau und die nervöse Erregung der Muskulatur beeinflußt wird.

Die Nebennieren (Abb. 23)
Vor den Nieren im Lendenbereich des Bauchraums gelegen, bestehen die Nebennieren (NN) aus zwei Gewebearten: Nebennierenrinde und -mark. Die *Rinde* produziert die sog. »Corticoide«, die vielfache und wichtige Aufgaben im gesamten Stoffwechsel besitzen, so daß sich eine Zerstörung der Nebennieren tödlich auswirkt. Daneben werden geringe Mengen an Geschlechtshormonen gebildet. Die Hormonbildung unterliegt der Steuerung der Hypophyse.
Das *Mark* gibt »Adrenalin« und »Noradrenalin« ab, zwei Wirkstoffe, die den gesamten Körper auf »Fluchtreaktion« einstellen, also durch Steigerung der Herzfrequenz, des Blutdrucks und der Blutzufuhr zur Muskulatur erregend wirken. In Streßsituationen ist das Nebennierenmark hochaktiv.
Dem Nebennierenmark ähnliche Nervenzellknoten (Paraganglien), die immer in der Nähe großer Blutgefäße liegen, sind weitere Beispiele für die enge Beziehung der hormonellen und nervösen Regulation.

Keimdrüsen: Hoden und Eierstock (Abb. 23)
Die Hoden (HO) bilden unter Beeinflussung durch die Hypophyse in ihren »Leydigschen-Zwischenzellen« das männliche Geschlechtshormon »Testosteron«. Dieses steuert u.a. die Entwicklung der sekundären Geschlechtsorgane sowie den gesamten Körperbau (z. B. »Kamm« des Hengstes, Hengstzahn, starke Bemuskelung), aber auch das Benehmen des Hengstes und seine Libido.
Die Follikel des Eierstocks (ES) der Stute produzieren unter der zyklischen Steuerung durch die Hypophysenhormone die »Östrogene«, die in der Brunst die bekannten Symptome und Verhaltensweisen regeln. In der blutgefüllten Follikelhöhle des Eierstocks nach dem Eisprung bauen Zellen den Gelbkörper auf, der »Progesteron« abgibt, wodurch der gesamte Geschlechtsapparat auf eine eventuelle Trächtigkeit vorbereitet wird. Bei einer Trächtigkeit wird ein Teil der zu deren Schutz benötigten Progesteronausschüttung von der Plazenta übernommen. Die Plazenta (auch als »Mutterkuchen« bezeichnet) besteht aus Eihäuten und der Uterusschleimhaut.

Die Bauchspeicheldrüse (Abb. 23)
Im verdauungswirksamen (»exkretorischen«) Hauptteil der Bauchspeicheldrüse (BS) sind die sog. »Langerhansschen Inseln« verstreut eingelagert. Ihre α-Zellen produzieren das den Blutzucker erhöhende »Glukagon«, während das Hormon »Insulin« ihrer β-Zellen den Blutzuckerspiegel senkt.

Nervensystem (Abb. 24)
Hier ist baulich das *Zentralnervensystem* (*Gehirn* [G] und *Rückenmark* [RM]) von den *peripheren Nerven* zu unterscheiden. Ihre Funktionen werden als *motorische, sensible* sowie *sensorische* (für die Sinnesorgane) und *vegetative* (Organsteuerung) Qualitäten beschrieben.

Die Bauchspeicheldrüse (Abb. 23)
Im verdauungswirksamen (»exkretorischen«) Hauptteil der Bauchspeicheldrüse (BS) sind die sog. »Langerhansschen Inseln« verstreut eingelagert. Ihre α-Zellen produzieren das den Blutzucker erhöhende »Glukagon«, während das Hormon »Insulin« ihrer β-Zellen den Blutzuckerspiegel senkt.

Nervensystem (Abb. 24)

Hier ist baulich das *Zentralnervensystem* (*Gehirn* [G] und *Rückenmark* [RM]) von den *peripheren Nerven* zu unterscheiden. Ihre Funktionen werden als *motorische*, *sensible*, *sensorische* (für die Sinnesorgane) und *vegetative* (Organsteuerung) Qualitäten beschrieben.

Das Zentralnervensystem (Abb. 24)
Das Gehirn (G) des Pferdes ist doppelt faustgroß bei einem Gewicht von ca. 500 g; das etwa 2 m lange Rückenmark (RM) wiegt ca. 250 g. Dieses Gewichtsverhältnis des übergeordneten Gehirns zum Reflexzentrum Rückenmark von 2:1 beträgt beim Hund 4,5:1 und beim Menschen 45:1. Das bedeutet jedoch nicht, daß das Pferd zu wenig Gehirnmasse besitzt, sondern daß es seiner Bestimmung gemäß als hochspezialisiertes Lauftier vor allem eine im Rückenmark reflexkoordinierte Motorik und vegetative Überwachung der voluminösen Körperorgane benötigt. Die Nervenzellen im Gehirn und Rückenmark,

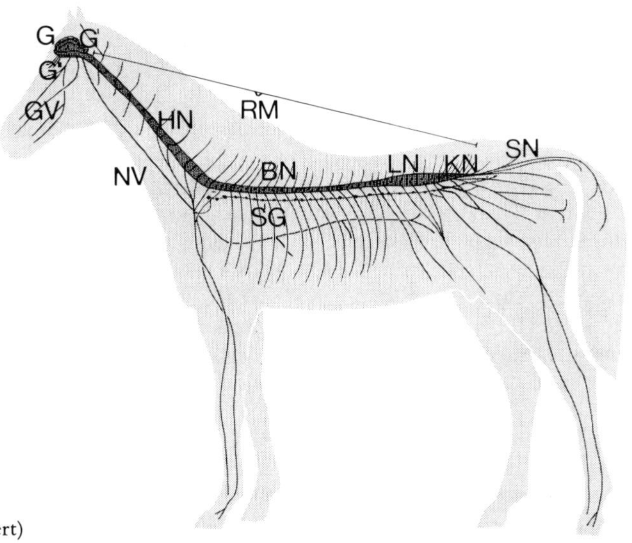

RM Rückenmark
G Gehirn
G′ Kleinhirn
G″ Stammhirn
GV Gehirnnerven
NV Nervus vagus (parasympathisch)
SG sympathischer Grenzstrang
HN Halsnerven
BN Brustnerven
LN Lendennerven
KN Kreuznerven
SN Schwanznerven

Abb. 24 Das Nervensystem (schematisiert)

deren spezielle Eigenschaft in der nervösen Reizbildung und -leitung liegt, werden durch ein besonderes Gewebe (sog. Glia) gestützt und ernährt. Den äußeren mechanischen Schutz des empfindlichen Zentralnervensystems übernehmen mehrere Häute (weiche und harte Gehirnhaut) sowie die Schädelkapsel bzw. die Wirbelsäule. Das Gehirn zeigt alle Anteile des Säugergehirns (Groß- [G] und Kleinhirn [G′], Stammhirn [G″]).

Das periphere Nervensystem (Abb. 24)
Vom Gehirn gehen die »12 Gehirnnervenpaare (GN)« aus, die zum Großteil den Kopf mit seinen Sinnesorganen versorgen, aber auch mit dem »Nervus vagus« (NV, 10. Gehirnnerv, der »Umherschweifende«) die parasympathisch-vegetative Steuerung der Brust- und Bauchorgane übernehmen.
Das Rückenmark entsendet an die beiden Körperhälften je 42 Rückenmarks- oder Spinalnerven. Sie werden, wie vergleichbar das Rückenmark selbst, ihrem Austritt aus den seitlichen Wirbellöchern entsprechend, in 8 Hals- (HN), 18 Brust- (BN), 6 Lenden- (LN), 5 Kreuz- (KN) und 5 Schwanzspinalnerven (SN) eingeteilt.
Die 42 Spinalnerven jeder Körperseite ziehen motorisch zu allen Muskeln, sensibel zur Haut (Knochenhaut, Gelenke, Sehnen und Sehnenscheiden) sowie zur Auskleidung der Körperhöhlen und steuern mit ihren unwillkürlichen, vegetativen (parasympathisch und sympathisch [SG]) Fasern die Lebensvorgänge aller Organzellen. Zum Teil verbinden sie sich netzartig miteinander oder verlaufen als dicke Nerven (0,3–2 cm) z. B. an den Gliedmaßen mit einer Länge bis zu 160 cm bis in den Huf.
Für das Sportpferd im täglichen Gebrauch sind die motorischen und sensiblen Nerven zur Vor- und Hinterhand am wichtigsten. Zum einen führen Schädigungen dieser Nerven zur Muskellähme an den Beinen, zum anderen können nach einem peripheren Nervenschnitt die sensiblen Nervenfasern vom Rückenmark aus wieder durch ihre Leitschienen in das geschädigte Gebiet (zum Beispiel Hufrolle) einwachsen und somit erneut eine schmerzbedingte Lahmheit auslösen.

Sinnesorgane

Die sensiblen peripheren Nerven teilen im Sinne einer Schutzeinrichtung dem Zentralnervensystem Umweltreize (Hautsinne) und eigene Organfunktionen (Organsinne) mit. Diese allgemeinen Sinnesreize werden über Tast-, Schmerz- und Temperaturrezeptoren in oder unter der Haut aufgenommen, dann über die peripheren Nerven geleitet und im Nervenzentrum beurteilt und eventuell reflexartig beantwortet. Die Schmerzempfindlichkeit ist beim Pferd unterschiedlich verteilt, wobei die Hals-, Rücken- und Gliedmaßenhaut relativ unempfindlich ist im Vergleich zur Haut von Lippen, Nase, Augen, Ohren, Bauch, Genitalbereich und zur Knochenhaut sowie zur häutigen Auskleidung der Körperhöhlen.

Eine besondere Art der Sensibilität stellt der Tiefensinn dar, der zum größten Teil unbewußt abläuft. So wird z. B. über Rezeptoren, die den Muskeltonus überwachen, dauernd dem Nervenzentrum über die Stellung der Gliedmaßen berichtet. Diese vor allem dem Kleinhirn untergeordneten Reize sind bei einem vierfüßigen Lauftier mit unterschiedlichen Gangarten, Sprüngen und Wendungen von herausragender Bedeutung.

Das Auge (Abb. 25)

Der Augapfel (A) des Pferdes besitzt einen Durchmesser von etwas unter 50 mm, wobei der Querdurchmesser um wenige Millimeter größer ist als die Längs- und Höhendurchmesser. Seine Wand ist dreischichtig.

Die *äußere Augenhaut* (Sclera) besteht aus Bindegewebszellen, die an der Vorderseite zur gefäßlosen, vollsaftigen und damit durchsichtigen Hornhaut (Cornea) umgestaltet ist.

Die *mittlere Augenhaut* (Aderhaut) besitzt in der hinteren Hälfte große Blutgefäßnetze und Pigmentzellen, seitlich bildet sie den Aufhängeapparat der Linse (Ziliarkörper, C), und vorne umschließt sie als zumeist dunkelbraune Regenbogenhaut (Iris, D) die Pupille. Die Pupillenform ist normalerweise durch Nervenmuskelzellen queroval verspannt, wobei vor allem der obere Rand durch sog. Traubenkörner (normalerweise vorkommende Netzhautwucherungen) seine glatte Linie verliert. Beim toten Pferd ist die Pupille rund.

Die *innere Augenhaut* oder *Netzhaut* (Retina, E) trägt vor ihrer Pigmentschicht die Stäbchen und Zapfen (Sinneszellen) sowie viele weitere Nervenzellen, die den lichtbedingten Reiz filtern und über den Sehnerv (F) zum Gehirn weiterleiten. Der Sehnerveneintritt in die Netzhaut wird als blinder Fleck bezeichnet. Wenn bei Dunkelheit gebündeltes Licht in das Pferdeauge (auch bei anderen Tieren) einstrahlt, so wird es durch guaninkristallhaltige Fasern hinter der Netzhaut z. T. schillernd reflektiert, wodurch eine zusätzliche Reizung der Sinneszellen erreicht wird (dadurch hat das Pferd ein besseres Dämmerungssehen als der Mensch).

Im Inneren des Augapfels liegen vorne die durch die Iris unvollständig getrennten, flüssigkeitsgefüllten Augenkammern. Dahinter

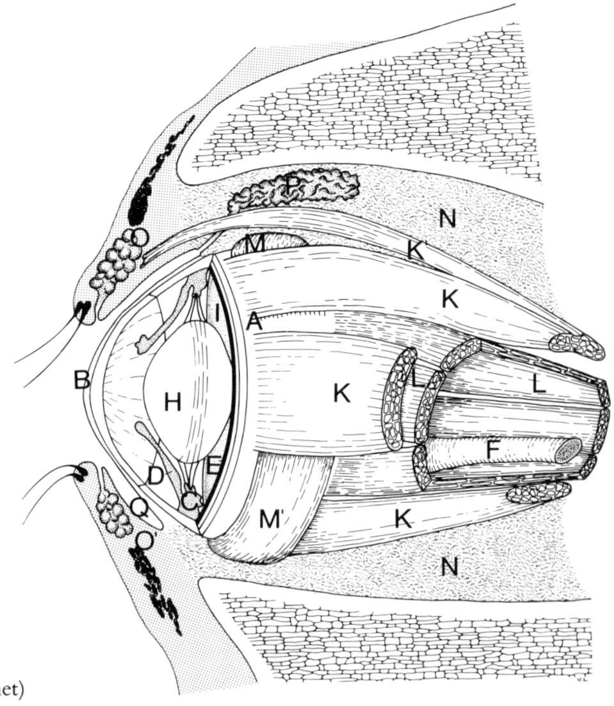

A	Augapfel
B	Hornhaut
C	Ziliarkörper
D	Iris
E	Netzhaut
F	Sehnerv
H	Linse
I	Glaskörper
K	gerade Augenmuskeln
K′	oberer Augenlidmuskel
L	Zurückzieher (Muskel)
M, M′	schiefe Augenmuskeln (oberer bzw. unterer)
N	Augenfaszie und Fettpolster
O, O′	Augenlid (oberes bzw. unteres)
P	Tränendrüse
Q	Bindehautsack

Abb. 25 Das Auge des Pferdes (z. T. geöffnet)

ist die nur schwach akkomodierbare Linse (H) in die Fortsätze des Ziliarkörpers (C) eingehängt. Den überwiegenden Bereich der Augapfelhöhle füllt der Glaskörper (I) aus, der durch seinen Flüssigkeitsgehalt den Augeninnendruck mitbestimmt.

Den beiden Augäpfeln wird funktionell je eine Sehachse zugeordnet, die in einem Winkel von 90° divergieren. Somit entsteht nur ein relativ kleines Feld für das gemeinsame Sehen der beiden Augen. Die vielfältige, aber koordinierte Augenbewegung wird durch eine Reihe kleiner, willkürlicher Muskeln ausgeführt. Von den vier Seiten der knöchernen Augenhöhle des Schädels erreicht je ein gerader Muskel (K) außen an der Sclera den Augapfel und kann ihn somit zu seiner Seite ziehen. Sie werden von einem eng anliegenden Muskelkegel (L, »Zurückzieher«) unterstützt. Dazu erfolgt durch die Kontraktion des oberen (M) schiefen und unteren (M′) schiefen Augenmuskels die Innen- bzw. die Außenrotation des Augapfels. Diese Muskelbewegungen funktionieren unabhängig voneinander, da die mehrschichtige Augenfaszie und Fettpolster (N) als Gleitkörper eingebaut sind.

Die empfindliche Hornhaut (B) wird durch die beiden *Augenlider* (O, O′) mit ihren langen Wimpern geschützt. Im nasenseitigen Augenwinkel ist noch ein drittes Augenlid (Nickhaut mit dem Blinzknorpel) angelegt, das jedoch nur bei Rückverlagerung des Augapfels (z. B. durch Druck auf das Auge von vorne oder Tetanuskrampf) passiv über die Hornhaut vorspringt. Die zweite Aufgabe der Augenlider ist die kontinuierliche Verteilung der von der Tränendrüse (P) sezernierten Flüssigkeit über die Hornhaut. Die Tränenflüssigkeit sammelt sich im Tränensee und fließt aus dem Bindehautsack (Q, innerer Überzug der Lider und der Vorderseite der Hornhaut) durch beide nasenseitigen punktförmigen Öffnungen in den Tränennasenkanal ab. Dieser ca. 25 cm lange Kanal mündet im Bereich des gleichseitigen Naseneingangs.

Abb. 26 Das Ohr des Pferdes (schematisiert)

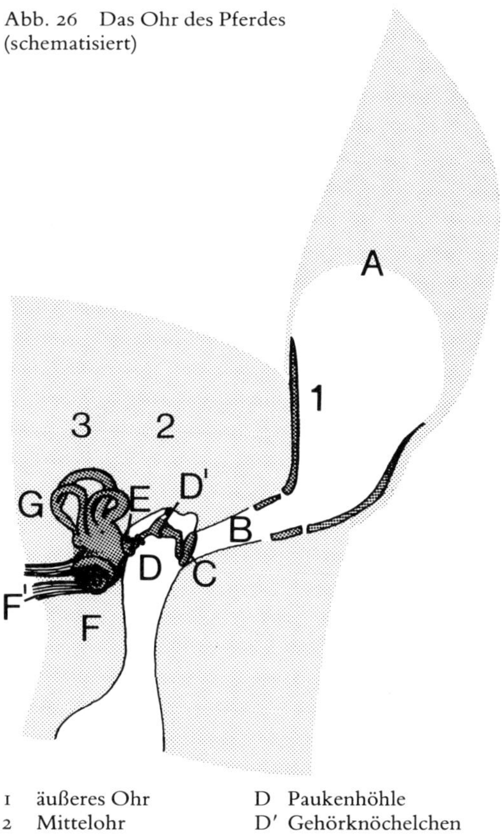

1 äußeres Ohr
2 Mittelohr
3 Innenohr

A Ohrmuscheltüte
B äußerer Gehörgang
C Trommelfell

D Paukenhöhle
D′ Gehörknöchelchen
E ovales Fenster
F Gehörschnecke
F′ Gehörnerv
G Gleichgewichtsorgan (Bogengänge und Vorhof)

Das Ohr (Abb. 26)

Im Ohr sind der *Hörapparat* und das *Gleichgewichtsorgan* versammelt, sie werden vom Schläfenbein knöchern umschlossen. Als Einteilung gilt allgemein: äußeres Ohr (1), Mittel- (2) und Innenohr (3).

Das *äußere Ohr* (1) besteht aus der trichterförmigen Ohrmuscheltüte (A) und dem äußeren Gehörgang (B). Ihre Funktion liegt im Einfangen hörbarer Schallwellen und deren Weiterleitung durch den äußeren Gehörgang bis zum Trommelfell (C). Der Bau der Ohrmuschel ist an seiner Basis dem der menschlichen Ohrmuschel ähnlich, lediglich der beim Menschen nach vorne eingerollte Muschelhinterrand ist beim Pferd zu einer langen spitzen Tüte ausgezogen. Die gute Beweglichkeit dieser Muschel, deren Stellungsspiel auch Mimik und damit seelische Stimmungslagen verrät (»angelegte Ohren«), wird durch verschiedene, radiär die Ohrmuschelbasis umfassende Muskeln hervorgerufen.

Das *Mittelohr* (2) umfaßt die Paukenhöhle (D)

mit den darin eingespannten Gehörknöchelchen (D'): Hammer, Amboß, Linsenbein und Steigbügel. Sie verbinden durch ihre knöcherne Schalleitung das Trommelfell (C) mit dem ovalen Fenster (E); das ist der Zugang zur Gehörschnecke (F) im Innenohr.
Das *Innenohr* (3) enthält die Gehörschnecke (F) und die drei Bogengänge sowie den Vorhof des Gleichgewichtsapparates. In der häutigen Schnecke (F) zieht, einer gedrehten Spindel ähnlich, das Gehörorgan als doppelter Hautschlauch zur Schneckenspitze. Die mittlere Trennwand beherbergt die Sinneszellen (Cortisches Organ), die durch die unterschiedlichen Schallwellen verschieden gereizt werden und dann diese Reize dem starken Gehörnerv (F') zur Weitergabe ans Gehirn übermitteln.
Das Gleichgewichtsorgan (G) beginnt an der Schneckenbasis mit den zwei Vorhofabteilungen, deren Sinneszellen kammartig in das flüssigkeitsgefüllte Lumen vorragen. Ähnlich werden die Sinneszellen der Ampullen der in den drei Richtungen des Raumes senkrecht aufeinanderstehenden Bogengänge, durch Richtungs- und Drehmomentsänderungen des Kopfes erregt. Ihre Reizungen geben sie über den Gleichgewichtsnerv an das Gehirn weiter. Das gesamte Innenohr ist nur etwa 10 mm hoch.

Der Geruchssinn

Die Nervenzellen des *Riechfeldes* sind in die Schleimhaut des Nasengrunds am Siebbeinlabyrinth eingestreut. Ihre Anzahl sowie ihre Ausdehnung und damit auch ihr Leistungsvermögen soll zwischen denen des Hundes und des Menschen liegen. Die Nervenzellfortsätze (»Riechhärchen«) nehmen die Geruchsreize der im Drüsensekret der Nasenhöhle gelösten Moleküle auf und leiten sie über die Riechnervenfäden weiter in die vordere Schädelhöhlengrube zum Riechhirn.
Dem Riechfeld im Aufbau ähnlich ist beim Pferd ein weiteres, jedoch rudimentäres Witterungsorgan, das in Form von zwei bleistiftstarken Röhren (etwa 15 cm lang) in den Boden der Nasenhöhle eingelassen ist. Dieses sog. Jakobsonsche Organ soll in seiner Funktion zwischen dem Geruchs- und dem Geschmackssinn liegen.

Der Geschmackssinn

Über nahezu die gesamte Zungenschleimhaut sind sogenannte *Geschmacksknospen* verteilt. Dort sind einige Deckzellen zu Geschmackssinneszellen umgebaut, die mit ihren feinen Fortsätzen die Oberfläche erreichen. Sie vermögen aus gelösten Stoffen Geschmacksempfindungen zu erkennen und geben diese Reize über Kopfnerven an das Gehirn weiter. Diese Geschmacksknospen finden sich in den pilzförmigen Papillen (an der Zungenspitze und den Seitenrändern) sowie an der Zungenwurzel jederseits auf der umwallten Papille (fast in Zungenmitte) und der blattartigen Papille (am hinteren Seitenrand).

Schlußbemerkung

Bau und Funktion der hier dargestellten einzelnen Organsysteme des Sportpferdes sollten nicht dazu verleiten, bestimmte Körperteile in ihrer Bedeutung zu überschätzen. Erst das physiologische Zusammenwirken aller Systeme schafft das gesunde Pferd.

Leistungsphysiologie des Sportpferdes

Prof. Dr. WOLFGANG V. ENGELHARDT
Professor am Physiologischen Institut
der Tierärztlichen Hochschule, Hannover

Erhebliche finanzielle Mittel werden jährlich für den Kauf von Sportpferden, für die Haltung, das Training, am Wettschalter und für Preise ausgegeben. Demgegenüber nehmen sich die Aufwendungen für die Forschung zur Leistungsphysiologie von Sportpferden, über den Einfluß des Trainings und geeignete Trainingsmethoden außerordentlich bescheiden aus. Die geringe Forschungsaktivität spiegelt sich auch in der Leistungsbilanz wider. Während Sportler seit 1900 ihre Leistungen ganz entscheidend steigern konnten – so haben beispielsweise 800-m-Läufer ihre Laufgeschwindigkeit um 16% verbessern können, wie überhaupt in nahezu allen Sportdisziplinen immer wieder neue Rekorde gemeldet werden –, wurden im Galoppsport in den vergangenen 80 Jahren im Englischen und im Deutschen Derby die Laufgeschwindigkeiten nur um 2 bzw. 5% verbessert; in den letzten beiden Jahrzehnten wurde überhaupt keine nennenswerte Leistungssteigerung erzielt (Abb. 1). Dies ist um so erstaunlicher, als wir bei den Pferden über die Möglichkeiten des Trainings hinaus auch noch den Vorteil der züchterischen Selektion haben.

In diesem Zusammenhang ist es von Interesse, daß bei den Trabern in den letzten Jahrzehnten große Fortschritte erzielt wurden. Bei ihnen wurden in verstärktem Maße der Einfluß von Arbeit und Training auf Herz, Kreislauf, Muskeln und Atmung untersucht, und es wurden neue Trainingsmethoden erprobt und angewandt. Im Galoppsport wird dagegen noch vorwiegend nach traditionellen Methoden gearbeitet.

Abb. 1 Relative Zunahme der Laufgeschwindigkeit von Mensch und Pferd seit der Jahrhundertwende (nach HÖRNICKE et al., 1970, ergänzt und erweitert).

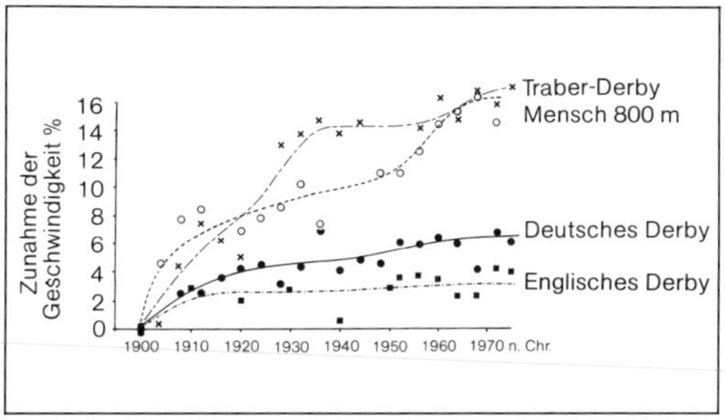

Energiestoffwechsel des arbeitenden Muskels

Es ist wichtig hervorzuheben, daß der einzige Kraftstoff für den arbeitenden Muskel das Adenosin-Triphosphat (ATP) ist. Das benötigte ATP kommt aus verschiedenen Energiequellen. Im Muskel ist nur sehr wenig ATP vorhanden, und es reicht nur für ganz wenige Muskelkontraktionen. ATP kann auch aus der im Kreatinphosphat (KP) gespeicherten Energie gewonnen werden; aber auch diese Energiequelle ist sehr begrenzt. Der größte Teil der Energie wird aus Glucose, die als Glykogen gespeichert werden kann, und aus der Oxidation von freien Fettsäuren gewonnen. Dabei kann ATP einerseits ohne Sauerstoff, also anaerob, über Brenztraubensäure zu Milchsäure abgebaut werden; diese Milchsäure bleibt dann zunächst im Körper. Ein wesentlich effizienterer Weg dagegen ist die ATP-Bildung mit Hilfe von Sauerstoff. Der aerobe (in Gegenwart von Sauerstoff) Abbau erfolgt bis hin zu CO_2 und Wasser (Abb. 2).

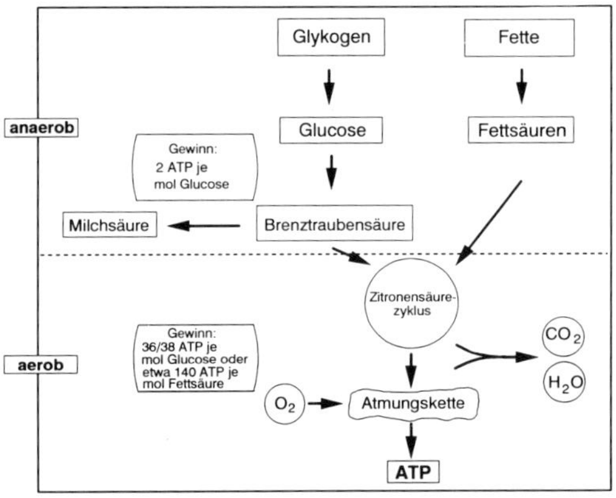

Abb. 2 Aerobe und anaerobe Energiegewinnung bei Arbeit.

Für die folgenden Überlegungen ist es wichtig zu wissen, daß diese ATP-Bildung verschieden schnell erfolgt (Abb. 3). Das im Muskel vorhandene ATP ist innerhalb der ersten wenigen Sekunden bereits vollständig verbraucht. Aus dem Zerfall von Kreatinphosphat wird anschließend schnell ATP frei, das aber nur für etwa 20–30 Sekunden reicht. Es folgt eine für den Muskel kritische Phase, in der die aerobe ATP-Bildung noch nicht genügend angelaufen ist. In dieser Phase muß

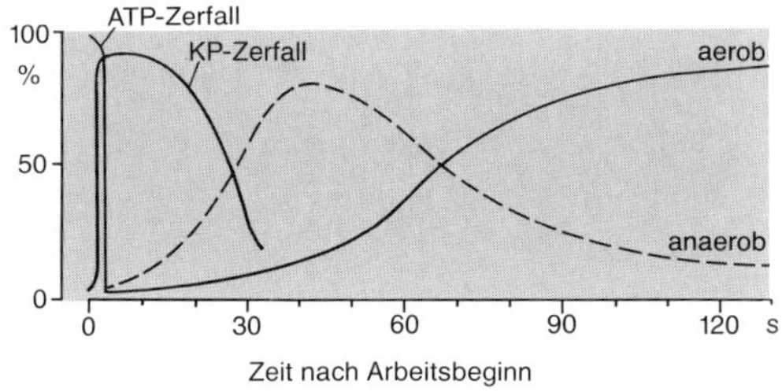

Abb. 3 Zeitlicher Verlauf der energieliefernden Prozesse im Muskel zu Beginn einer leichten Arbeit (aus SCHMIDT und THEWS, 1987).

ATP anaerob unter Bildung von Milchsäure produziert werden. Für die Ausdauerleistungsfähigkeit ist ein möglichst niedriger Anteil der anaeroben ATP-Bildung wichtig, da das Tier mit zunehmendem Milchsäurespiegel im Blut ermüdet. Eine Minute nach Beginn der Arbeit ist es für die Ausdauerleistungsfähigkeit entscheidend, daß der aerobe Anteil möglichst hoch und der anaerobe möglichst niedrig ist, denn mit zunehmendem anaerobem Anteil ermüdet das Tier zunehmend. Es kommt hinzu, daß dieser anaerobe Glucoseabbau wenig effizient ist. Aus 1 Mol Glucose entstehen bei anaerobem Abbau nur 2 Mol ATP. Erst nach etwa 1 Minute nimmt die aerobe ATP-Bildung immer mehr zu, und die anaerobe kann abnehmen. Beim aeroben Glucoseabbau entstehen aus 1 Mol Glucose 36–38 Mol ATP, so daß 18–19mal mehr Energie als beim anaeroben Abbau frei wird. Bei der Oxidation von freien Fettsäuren werden in Abhängigkeit von der jeweiligen Fettsäure im Mittel je Mol etwa 140 Mol ATP gebildet. Für länger dauernde Arbeit ist es entscheidend, daß die effiziente aerobe ATP-Produktion möglichst groß ist. Entsprechend ist die Sauerstoffaufnahme für die Beurteilung des Stoffwechsels sehr entscheidend.

Einfluß von Arbeit auf Stoffwechsel, Atmung und Kreislauf

Aerober Stoffwechsel und Ausdauer

Die Dauerleistungsgrenze, d. h. die Fähigkeit, eine Arbeit ohne nennenswerte Ermüdung über längere Zeit durchzuführen, ist vor allem limitiert durch die Möglichkeit, die für die Arbeit notwendige Energie aerob zur Verfügung zu stellen. Die Fähigkeit zu länger anhaltender Arbeit, bei der größere Muskelgruppen beteiligt sind, hängt davon ab, wieviel und welche Substrate für die ATP-Bildung zur Verfügung stehen, wieviel Sauerstoff vom Körper aufgenommen und zu der arbeitenden Muskulatur gebracht werden kann. Im einzelnen sind daran beteiligt:

- □ Substrate für Energiegewinnung,
- □ die Lungenventilation,
- □ die Sauerstoffdiffusion aus den Lungenalveolen ins Blut,
- □ die Sauerstofftransportkapazität des Blutes,
- □ das Herzminutenvolumen,
- □ die Diffusion von Sauerstoff aus dem Blut in den Muskel und
- □ die Sauerstoffausnutzung im Muskel.

Im folgenden sollen zunächst die Vorgänge diskutiert werden, die mit der Ausdauer der Pferde zu tun haben; damit sind Muskelarbeiten gemeint, die länger als zwei Minuten anhalten.

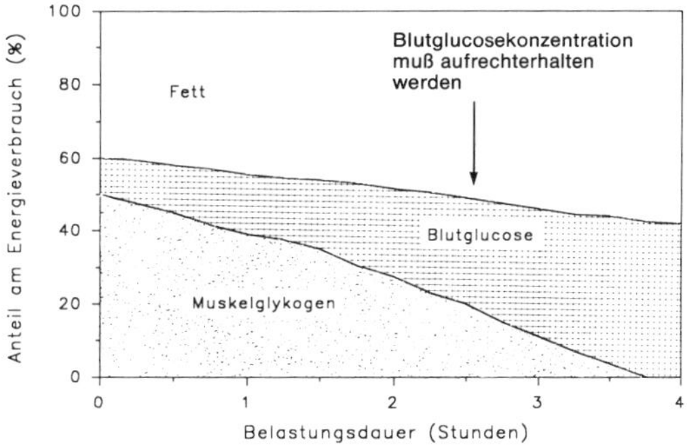

Abb. 4 Energiequellen bei längerer Arbeit mit einer Belastungsintensität von 70% der maximalen Sauerstoffaufnahme. Bei länger anhaltender Arbeit nimmt die Bedeutung der Blutglucose als Substrat für die Energiegewinnung zu. Sportler können in dieser kritischen Phase durch Glucoseaufnahme eine Erschöpfung mindern (nach COYLE, 1991).

Substrate für Energiegewinnung

Bei einer geringen Arbeitsbelastung von bis zu 60% der maximalen Sauerstoffaufnahme bleibt der Muskelglykogengehalt hoch. Die bei derartigen, nicht hohen Belastungsintensitäten auftretenden Ermüdungen sind vor allem durch Dehydration und Hyperthermie bedingt. Bei längeren stärkeren Belastungen zwischen 65 und 85% der maximalen Sauerstoffaufnahme ist eine Muskelermüdung und eine Unfähigkeit, die Arbeit fortzusetzen, eng korreliert mit der Muskelglykogenabnahme. Bei einer Arbeitsintensität von 70% der maximalen Sauerstoffaufnahme wird zunächst die benötigte Energie vor allem aus dem Muskelglykogen gewonnen, etwa 40% aus freien Fettsäuren (Abb. 4). Bei länger anhaltenden derartigen Belastungen nimmt der Anteil der Oxidation von freien Fettsäuren zwar etwas zu, es wird aber zunehmend wichtiger, daß durch Glucoseneubildung die Blutglucosekonzentration hoch bleibt. Eine Glucoseneubildung nach 2½–3 Stunden Arbeit erfolgt überwiegend aus dem Abbau von Körpereiweiß. Dieser ist neben dem Wasserverlust die wesentliche Ursache für die Abnahme des Körpergewichtes bei längerer derartiger Belastungsdauer. Damit die Glucosekonzentration und damit die Glucoseoxidation nicht unter einen notwendigen Stellenwert absinkt, wird zum Beispiel Sportlern bei längerer Belastung eine Kohlenhydrataufnahme empfohlen.

Sauerstoffaufnahme und Atmung

Bei Arbeit ist die Atmung gleichermaßen wichtig für die O_2-Aufnahme, die CO_2-Abgabe, die Regulation des Säurebasenhaushaltes und auch für die Temperaturregulation. Pferde können bei schwerer Arbeit die Sauerstoffaufnahme um das 33- bis 35fache steigern. Die Steigerung ist beim Pferd wesentlich größer als beispielsweise beim Hund und beim Menschen (beim Hund beträgt sie das Zehn-, beim Menschen das Zwanzigfache) (ENGELHARDT 1977, 1989). Die Atemfrequenz steigt mit zunehmender Belastung der Pferde an. Während sie beim Menschen unabhängig von der Schrittfrequenz ist, ist beim Pferd im Galopp die Atemfrequenz im Verhältnis 1 : 1 mit der Galoppfrequenz korreliert (HÖRNICKE et al. 1983; ATTENBURROW 1983). Dem galoppierenden Pferd wird deshalb die Atemfrequenz praktisch durch die Sprungfrequenz aufgezwungen. Das schnell galoppierende Pferd hat dadurch, verglichen mit dem Menschen und mit anderen Lauftieren, eine relativ hohe Atemfrequenz und deshalb eine verhältnismäßig flache Atmung.

Dadurch bleibt die Totraumbelüftung auch bei höherer Belastung der Pferde relativ hoch. Der Bewegungsablauf beim Galopp scheint die Atmung zu erleichtern. Durch das Strekken des Körpers ist die Inspiration (Einatmung) verbessert; andererseits wird durch das Andrücken der Vorderbeine in der Landephase die Exspiration (Ausatmung) unterstützt. Bei Pferden mit Erkrankungen der Atemwege kann das 1:1-Verhältnis zwischen der Inspiration und der Fußung signifikant verändert sein.

Auch Traber zeigen bei submaximaler Arbeit eine 1:1-Synchronisation zwischen Fußung und Atmung. Bei maximaler Anforderung kann sich dies aber ändern; auf eine Einatmung können dann 2 Fußungsfolgen (aber auch 1:1,5; 1:2,5; 1:3) kommen. Dies ermöglicht bei maximaler Arbeit den Trabern tiefe Inspirationen bis zu 25 Litern. Traber haben durch eine variable Teilsynchronisation bei hohen Laufgeschwindigkeiten eine wesentlich niedrigere Atemfrequenz und tiefere Inspirationen als Galopper.

Da die Atemfrequenz durch die Schrittfolge beim Pferd weitgehend festgelegt ist, wird die Sauerstoffaufnahme vor allem durch das Atemzugvolumen variiert. Durch die verhältnismäßig hohe Atemfrequenz wird die mögliche Kapazität des Atemzugvolumens selten genutzt. Die Zunahme der Lungenbelüftung und die Sauerstoffaufnahme bei schwerer Arbeit sind in Tabelle 1 zusammengefaßt.

Menschen können die Sauerstoffaufnahme je kg Körpergewicht gegenüber den Ruhewerten bei weitem nicht so stark steigern wie Pferde. Ursache dafür ist einerseits, daß die

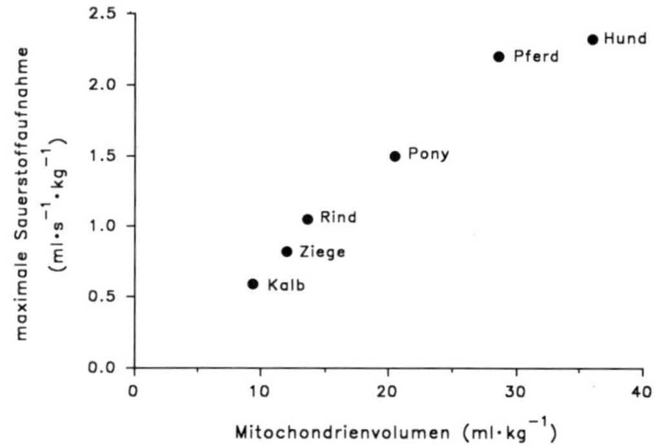

Abb. 5 Beziehung zwischen Mitochondrienvolumen und maximalem Sauerstoffverbrauch je kg Körpergewicht (nach WAGNER et al. 1991).

Ruhe-Sauerstoffaufnahme bei kleineren Tieren je kg Körpergewicht wesentlich höher ist als bei großen Tieren. Andererseits ist bei maximaler Belastung je kg Körpergewicht die maximale Sauerstoffaufnahme bei Pferd und Hund deutlich größer als bei Rind, Ziege und Kalb. Die hohe maximale aerobe Stoffwechselaktivität des Muskels bei Pferd und Hund drückt sich auch in einer vergleichsweise hohen Mitochondriendichte aus (Abb. 5). Die Differenz zwischen Ruhe und Belastungsumsatz ist bei den großen Tieren groß. Das bedeutet, daß die großen Tiere bei Belastung mehr Sauerstoff für die arbeitende Muskulatur zur Verfügung haben. Ratten können bei starker Belastung den Sauerstoffverbrauch gegenüber den Ruhewerten um das 4fache, Hunde um das 10fache, Menschen um das 18fache und Pferde um das 30fache steigern.

Tabelle 1

Atmung und Sauerstoffaufnahme in Ruhe und bei Arbeit (mittleres Körpergewicht der Pferde 550 kg; aus HÖRNICKE et al. 1983)

	Ruhewerte	Steigerung bei schnellem Galopp
Atemminutenvolumen	$60\ l \cdot min^{-1}$	23fach
Atemzugvolumen	5 l	2,6fach
Atemfrequenz	$12\ min^{-1}$	10fach
O_2-Aufnahme	$1{,}8\ l \cdot min^{-1}$	33fach

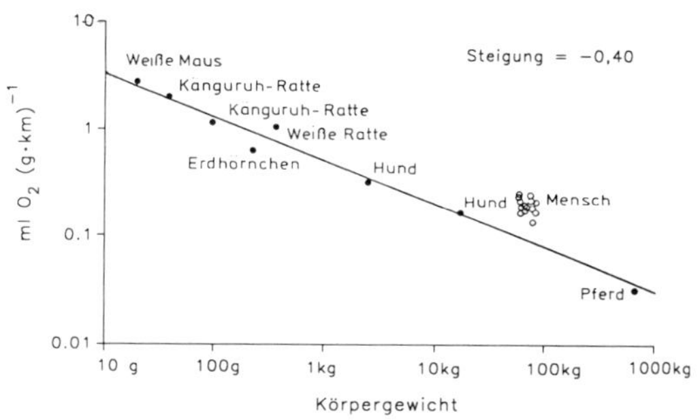

Abb. 6 Sauerstoffverbrauch, um 1 g Körpergewicht 1 km weit fortzubewegen, bei verschieden schweren Tieren und beim Menschen (aus SCHMIDT-NIELSEN, 1975).

Diese Steigerung ist einerseits durch den abnehmenden Ruheumsatz je kg Körpergewicht mit steigendem Körpergewicht und andererseits durch die hohe maximale Sauerstoffaufnahme bei Hund und Pferd bedingt. Dadurch steht den großen Tieren bei Arbeit viel von dem aufgenommenen Sauerstoff für die jeweilige Muskelarbeit zur Verfügung. Dies erklärt, wieso die großen Tiere 1 g Körpergewicht über 1 km ökonomischer befördern können als die kleinen Tiere.

In der doppelt logarithmischen Darstellung (Abb. 6) ist das Pferd 6,7mal effizienter als der Mensch, und es befördert 1 g Körpergewicht 93mal effizienter als die Maus. Dabei fällt auf, daß in dieser Abbildung die Werte für den Menschen oberhalb der gemeinsamen Regressionsgrade liegen; der Mensch läuft also weniger effizient als andere hier gezeigte entsprechend schwere Tiere. Vergleichende Untersuchungen zeigen, daß bei den Tieren die Zweibeiner energetisch gesehen weniger effizient laufen als die Vierbeiner.

Es ist nicht bekannt, inwieweit die Kraft der Atemmuskulatur beim Pferd limitierend für die schnelle Bewegung der großen Gasmengen ist. Es ist bisher ebenfalls nicht sicher zu beantworten, ob bei gesunden Pferden die Sauerstoffaufnahme in der Lunge leistungsbegrenzend für schwere Arbeiten ist. Es scheint vielmehr, daß leistungsbegrenzend vor allem die Pumpleistung des Herzens, die Sauerstofftransportkapazität des Blutes und die Sauerstoffausnutzung in der Peripherie sind. Andererseits meinten GILLESPIE und PASCOE (1983), daß Pferde möglicherweise mehr in der Lage seien, die Herz-Kreislauf-Funktion zu erhöhen als den Lungengasaustausch. LITTLEJOHN et al. (1983) haben beobachtet, daß auch gesunde Pferde bei hohen Laufgeschwindigkeiten eine gewisse Hypoxämie (Sauerstoffmangel im Blut; PaO_2 niedriger als normal) zeigen. Dies könnte darauf hinweisen, daß bei den hohen Belastungen über die Lungen nicht genügend Sauerstoff in das arterielle Blut kommt. Der beobachtete Anstieg des arteriellen Lungenblutdruckes bei Belastung der Pferde (BERGSTEN 1974) könnte das Entstehen eines interstitiellen Lungenödems und damit einen behinderten Gasaustausch begünstigen.

Lungenblutungen scheinen bei allen Pferderassen nach starker Belastung vorzukommen. Obwohl nach dem Rennen nur selten Blut im

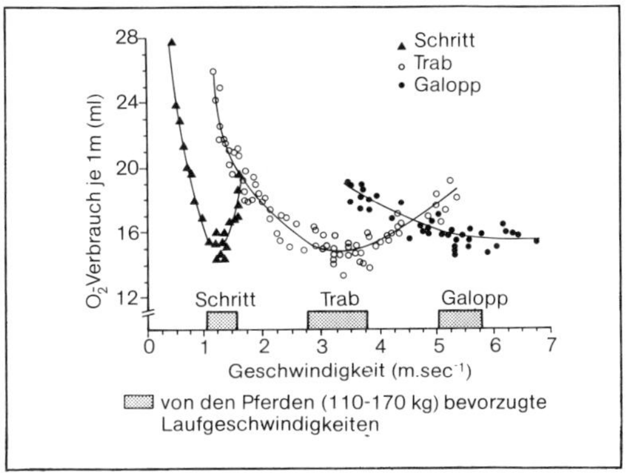

Abb. 7 Sauerstoffverbrauch bei kleinen Pferden (110–170 kg) im Schritt, Trab und Galopp je Meter zurückgelegter Entfernung in Abhängigkeit von der Geschwindigkeit (nach HOYT und TAYLOR, 1981, modifiziert).

Nüsternsekret gesehen wird, wurde bei 40–75% der Pferde Blut im Trachealsekret gefunden. Histologische Untersuchungen zeigen, daß offensichtlich alle Rennpferde irgendwann einmal eine gewisse alveoläre Blutung hatten (SWEENEY und SOMA 1983; MASON et al. 1983). Die Distanz und auch die Höhe der Laufgeschwindigkeit, wenn sie oberhalb von 240 m je Minute liegt, haben offensichtlich keinen signifikanten Einfluß auf eine Blutansammlung.

Die Laufgeschwindigkeit eines Pferdes ist ein guter Parameter für die Belastungsintensität. Mit steigender Laufgeschwindigkeit nimmt die Sauerstoffaufnahme linear zu (ENGELHARDT 1977; HÖRNICKE et al. 1983; FREGIN/THOMAS 1983). Der Wirkungsgrad ist bei verschiedenen Laufgeschwindigkeiten innerhalb der einzelnen Gangarten jedoch nicht gleich. Im Schritt, im Trab und vermutlich auch im Galopp nimmt der Wirkungsgrad der Arbeit (angegeben in ml O_2-Verbrauch je ein Meter zurückgelegte Strecke) zunächst mit zunehmender Laufgeschwindigkeit ab, erreicht dann ein Minimum und steigt wieder an (Abb. 7). Läßt man ein Pferd die Laufgeschwindigkeit frei wählen, bevorzugt es eine Geschwindigkeit, in der der Wirkungsgrad besonders günstig ist.

Herzschlagfrequenz und Herzleistung

Die Ruheherzschlagfrequenz des Pferdes liegt im Mittel bei 30–40 Schlägen pro Minute. Bei maximaler Arbeit kann die Herzschlagfrequenz auf bis zu 240 je Minute – das sind 4 Schläge pro Sekunde – ansteigen. Obwohl das Pferdeherz etwa 14mal so schwer ist wie das Menschenherz (das Pferdeherz wiegt etwa 7 kg), ist die Herzschlagfrequenz ebenso hoch oder sogar höher als die des Menschen. In Abb. 8 ist die Ruheherzschlagfrequenz beim Pferd mit 30, beim Menschen mit 60, beim Hund mit 120 und bei der Ratte mit 356 pro Minute angegeben. Bei maximaler Belastung kann die Herzschlagfrequenz beim Pferd auf maximal 250 pro Minute ansteigen, beim Menschen sind Werte von 194, beim Hund von 300 und bei der Ratte von fast 600 angegeben. Pferde können somit die Herzschlagfrequenz um das 8,3fache, der Mensch nur um das 3,2fache und der Hund um das 2,5fache erhöhen.

Nach Beginn der Arbeit steigt die Herzschlagfrequenz schnell an. Bei starker Belastung wird zunächst häufig eine kurzfristig überschießende Reaktion gesehen; nach 30–45 Sekunden fallen bei gleichbleibender Arbeit die Werte dann auf einen Plateauwert (gleichbleibender Wert) ab. Diese Herzschlagfrequenz bei standardisierter Belastung ist ein gutes Maß für die jeweilige Leistung.

Bei Sportlern wird meistens der Sauerstoffverbrauch während einer definierten Arbeit zur Beurteilung der Leistungsfähigkeit verwendet. Beides, die Sauerstoffaufnahme und auch die geleistete Arbeit, können bei Sportpferden während der natürlichen Arbeit und während des Trainings nicht ohne weiteres gemessen werden. Eingehende Untersuchungen haben gezeigt, daß die Laufgeschwindigkeit des Pferdes ein brauchbarer Parameter für die jeweilige Leistung ist (Abb. 9). Die Steigung der Regressionsgerade hängt von dem Trainingszustand, aber auch von der Bodenbeschaffenheit und zu einem gewissen Teil auch von Lufttemperatur und Luftfeuchtigkeit ab. Voraussetzung bei einem Test ist deshalb, daß die Bodenverhältnisse von Versuch zu Versuch gleich bleiben.

Nach Ende der körperlichen Arbeit nimmt die Herzschlagfrequenz in den ersten 30–60 Sekunden zunächst sehr schnell und dann zunehmend langsamer ab. Je größer die während der Belastung eingegangene Sauerstoffschuld ist, d. h. je größer die Ermüdung ist, um so langsamer sinkt die Herzschlagfrequenz auf die Ausgangswerte ab. Da jedoch über die Belastungsintensität und den Trainingszustand hinaus Lufttemperatur, Luftfeuchtigkeit, Windgeschwindigkeit und Erregung der Pferde die Abnahme der Herzschlagfrequenz beeinflussen, kann aus der Abnahme der Herzschlagfrequenz nach einer Belastung die Ausdauerleistungsfähigkeit von Pferden nicht befriedigend beurteilt werden. Die Erfassung von Herzschlagfrequenz im Anschluß an eine Belastung kann jedoch sehr sinnvolle Hinweise auf eine extreme Ermüdung von einzelnen Pferden während und nach einer stärkeren Ausdauerbelastung geben.

Mit steigender Herzschlagfrequenz nimmt die Diastolendauer (Herzmuskelerschlaffung) des Herzens wesentlich stärker ab als die Systolendauer (Herzmuskelkontraktion). Bei ei-

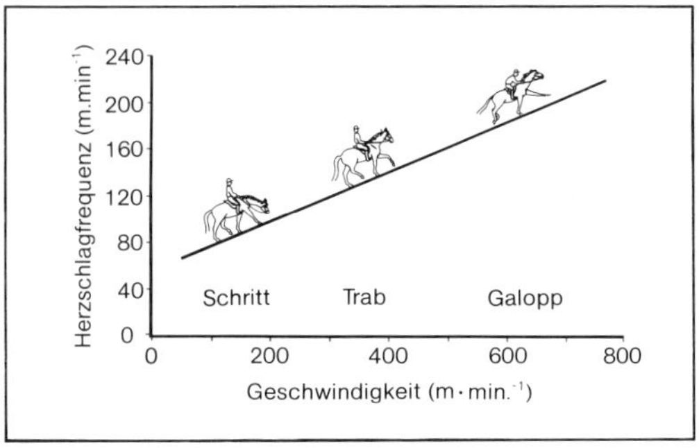

Abb. 9 Herzschlagfrequenz bei zunehmender Laufgeschwindigkeit der Pferde (nach ENGELHARDT, 1979).

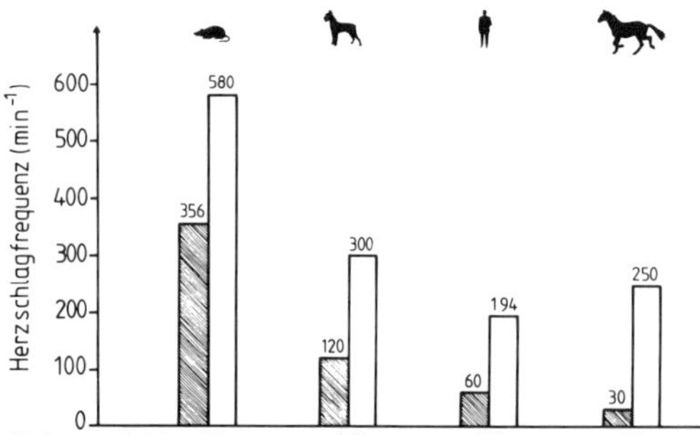

Abb. 8 Herzschlagfrequenz bei Ratte, Hund, Mensch und Pferd in Ruhe und bei maximaler Belastung (nach MEIXNER und HÖRNICKE, 1982).

ner Herzschlagfrequenz von 30 Schlägen je Minute ist die Diastole und damit die Erholungszeit für den Herzmuskel 25mal länger als bei 230 Schlägen je Minute (Abb. 10). Bei einer Herzschlagfrequenz von 230 ist die Diastolenzeit auf nur 0,06–0,07 Sekunden abgefallen. Während dieser sehr kurzen Zeit muß etwa 1 Liter Blut in jede Herzkammer fließen. Die Verteilung des aufgenommenen Sauerstoffs im Körper des Pferdes hängt von der Pumpleistung des Herzens (das Herzminutenvolumen ist das Produkt aus Herzschlagfrequenz und Schlagvolumen) und von der Sauerstofftransportkapazität des Blutes (der Hämoglobinkonzentration) ab. Die Zunahme des Herzminutenvolumens erfolgt im wesentlichen durch Erhöhung der Herzschlagfrequenz; das Herzschlagvolumen ändert sich mit steigender Herzschlagfrequenz nur wenig. Das Herzminutenvolumen kann gegenüber Ruhe bei schwerer Arbeit um das 9,8fache ansteigen (Abb. 11).

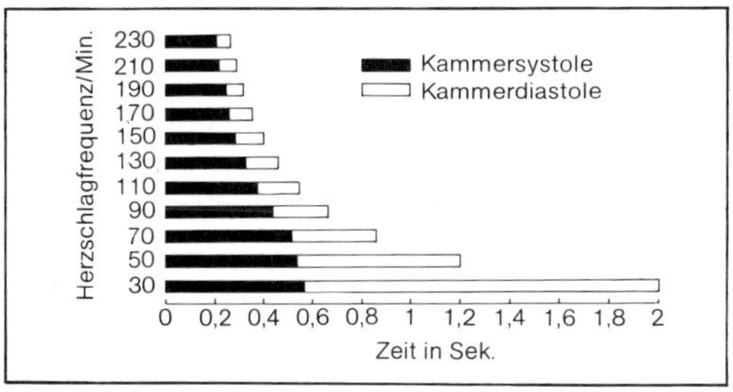

Abb. 10 Mittlere Systolen- und Diastolendauer bei zunehmender Herzschlagfrequenz der Pferde (nach ENGELHARDT, 1979).

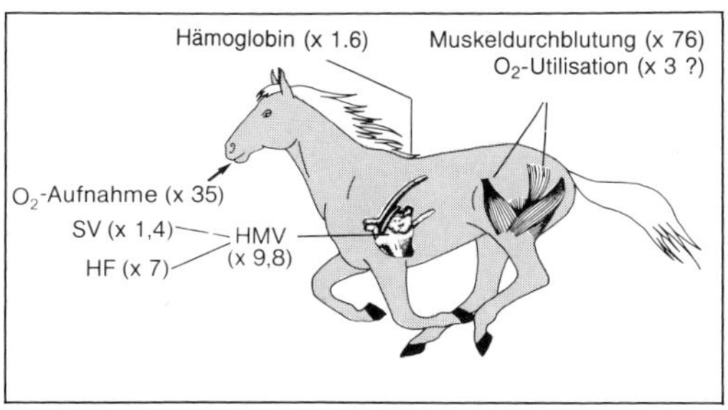

Abb. 11 Parameter von Herz und Kreislauf, die an der gesteigerten Sauerstoffaufnahme bei schwerer Arbeit der Pferde beteiligt sind. In Klammern sind die mittleren Steigerungen gegenüber den Ruhewerten angegeben. Durch Fragezeichen sind die Angaben gekennzeichnet, die bei Pferden bei starker Belastung noch nicht gemessen wurden (nach ENGELHARDT, 1989).

Hämoglobinkonzentration und Sauerstofftransportkapazität des Blutes

Die Steigerung der Sauerstoffaufnahme um das 35fache ist durch das gesteigerte Herzminutenvolumen allein nicht zu erklären. Es kommen hinzu eine erhöhte Sauerstofftransportkapazität des Blutes, eine bessere Muskeldurchblutung und eine größere Sauerstoffausnutzung im arbeitenden Muskel (Abb. 11). Pferde sind in der Lage, durch Entspeicherung der Milz die Hämoglobinkonzentration im Blut um bis zu 60% gegenüber den Ruhewerten zu steigern. Dadurch kann auch 60% mehr Sauerstoff mit dem Blut transportiert werden.

Muskeldurchblutung

Eine weitere wichtige Anpassung an die Arbeit ist die stark erhöhte Durchblutung und die höhere Sauerstoffausnutzung durch den arbeitenden Muskel.

Bei Pferden wurde gezeigt, daß in stark arbeitenden Muskeln die Durchblutung um das 70- bis 76fache erhöht war (s. Abb. 11). Die Werte sind etwa doppelt so hoch wie die beim Menschen auf dem Fahrradergometer gemessenen Werte. Die hohe Durchblutung ist durch eine starke Abnahme des peripheren Widerstandes infolge niedriger pH-Werte in der arbeitenden Muskulatur des Pferdes zu erklären. Die niedrigen pH-Werte und auch die erhöhte Temperatur des arbeitenden Muskels erleichtern die Sauerstoff-Freisetzung aus dem Hämoglobin. Dieser als Bohr-Effekt bekannte Mechanismus erlaubt eine schnelle, gute Ausnutzung des in den Muskelkapillaren vorhandenen Sauerstoffs. Er ist beim Pferd höher als beim Menschen und bei den meisten übrigen untersuchten Tieren.

Aufwärmen der Pferde vor der Arbeit

Wie wichtig die verbesserte Sauerstoffausnutzung und damit der verbesserte aerobe Stoffwechsel sein können, zeigt Abb. 12. Die Auswirkung eines ausgiebigen Aufwärmens der Pferde vor der Belastung wurde geprüft. Es wurde die Sauerstoffaufnahme bei Pferden gemessen, die 0,5, 1,0, 1,5 und 2,0 Minuten maximal gearbeitet haben. Bei den nicht aufgewärmten Pferden war die Sauerstoffaufnahme, wie dies auch zu erwarten ist, während der maximalen Belastung hochsignifikant niedriger. Kein Hochleistungssportler wird nicht aufgewärmt an den Start gehen.

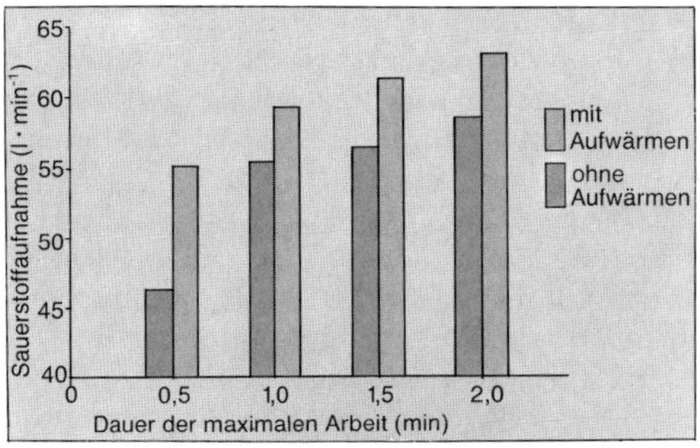

Abb. 12 Mittlere Veränderung der Sauerstoffaufnahme bei 5 Warmblutpferden mit und ohne vorheriges Aufwärmen bei verschieden langen, sehr starken Belastungen auf dem Laufband (nach ROSE und EVANS, 1987).

Auch Traber werden nicht ohne einen befriedigenden Vorlauf starten. Es ist zu hoffen, daß auch im Galopprennsport in Zukunft das Aufwärmen der Vollblüter angemessener berücksichtigt wird.

Anaerober Stoffwechsel, Sprintleistung und Ermüdung

Es ist zu fragen, ob Pferde über die durch die hohe Sauerstoffaufnahme bedingte gute Ausdauerleistungsfähigkeit hinaus auch eine hohe anaerobe Stoffwechselkapazität und damit eine gute Voraussetzung als Kurzstreckensprinter haben. Über den anaeroben Stoffwechsel des Pferdes wissen wir bisher wenig. In Abbildung 3 wurde bereits gezeigt, daß das im Muskel vorhandene ATP nur für wenige Kontraktionen ausreicht. Bei den kurzzeitigen Belastungen sind das Kreatinphosphat und die anaerobe Glykolyse wichtig. Erst bei den längeren Belastungen nimmt zunehmend der aerobe Stoffwechsel an Bedeutung zu. Entsprechend der Belastungsdauer und der Belastungsintensität werden die Pferde das benötigte ATP überwiegend aus dem anaeroben oder aus dem aeroben Stoffwechsel gewinnen.

Eine Besonderheit im Hinblick auf den anaeroben Stoffwechsel ist in der Pferdezucht das Quarter Horse. Siedler in Nordamerika haben ihre Liebe für das Rennen aus England mit nach Amerika gebracht. Da sie jedoch nicht die Zeit hatten, gepflegte Bahnen anzulegen, wurde die Hauptstraße der Ortschaft als Rennstrecke über eine Viertelmeile benutzt. Von dieser ¼ Meile (a quarter of a mile) stammt der Name dieser Pferderasse. Durch die Art des Rennens fand eine Selektion statt, die den Antritt und die Schnelligkeit auf der kurzen Strecke förderte. So ist das Quarter Horse sogar dem englischen Vollblut auf kurzen Strecken überlegen. Das Quarter Horse läuft über 400 m mit einer Spitzengeschwindigkeit von bis zu 1200 m je Minute. Es ist anzunehmen, daß beim Quarter Horse das ATP für diese nur 400 m (wozu es weniger als 20 Sekunden benötigt) zu 80% aus dem Kreatinphosphat, zu 18% aus dem anaeroben Glucoseabbau und nur zu 2% aus dem aeroben Stoffwechsel stammt (Tab. 2). Wenn diese Werte mit einem Rennen im Derby, also über 2400 m, wofür die Pferde etwa 2 Minuten benötigen, verglichen werden, so kommen nur noch 5% des ATP aus dem Kreatinphosphat, 70% aus dem anaeroben Abbau und 25% aus der aeroben ATP-Gewinnung.

Tabelle 2
Woher kommt das ATP bei verschiedenen Leistungen der Pferde?
(nach SNOW und VOGEL, 1987; in ENGELHARDT, 1989)

	Distanz	KP	anaerob	aerob
Rennen				
Quarter Horse	400 m	80%	18%	2%
Vollblut	1000 m	25%	70%	5%
	1600 m	10%	80%	10%
	2400 m	5%	70%	25%
	3200 m	5%	55%	40%
Vielseitigkeit		10%	40%	50%
Distanzritt		1%	5%	94%

Tabelle 3
Muskelfasertypen bei Pferden (aus Zusammenstellung von SNOW 1983)

	Typ I	Typ II	
	ST	FTH	FT
Kontraktionsgeschwindigkeit	langsam	schnell	schnell
Oxidative Kapazität	hoch	mittel bis hoch	gering
Kapillardichte	hoch	mittel	niedrig
Glykogengehalt	mittel	hoch	hoch
Ermüdung	gering	mittel	hoch

ST = slow twitch   FTH = fast twitch, high oxidative   FT = fast twitch

Mit der Dauer der Belastung nimmt der aerobe Anteil zu. Bei Vielseitigkeitsprüfungen mit sehr wechselnden Belastungen liegt der aerobe Anteil bei 50%, bei Distanzritten bei 94%.
Die Zusammenstellung in Tabelle 2 soll auch zeigen, wie wichtig es ist, daß bei Pferden im Hinblick auf die Art der geforderten Leistung ein spezielles Training und eine Selektion im Hinblick auf die geforderten Leistungen notwendig sind.
Zur Beurteilung der anaeroben Leistungsfähigkeit sind die vorhandenen Muskelfasertypen, die für den anaeroben Stoffwechsel wichtigen Enzyme und die Milchsäureanhäufung bei definierter Belastung von Bedeutung.

Muskelfasertypen

Die Kontraktion des Muskels erfolgt durch Muskelfasern. Meistens wird zwischen drei verschiedenen Fasertypen unterschieden (Tabelle 3). Auf Grund der kontraktilen Eigenschaften wird differenziert zwischen den sich langsam kontrahierenden und nur sehr langsam ermüdenden (ST oder Typ I), den sich schnell kontrahierenden oder schnell ermüdenden (FT oder Typ II B) und einer oder mehrerer Übergangstypen (FTH oder Typ II A). Die meisten Muskeln des Pferdes enthalten ebenso wie die des Menschen ein Mosaik aus diesen drei Muskelfasertypen. Entsprechend den wichtigsten Funktionen der einzelnen Muskeln kommen die verschiedenen Fasertypen unterschiedlich häufig vor. Beim Menschen ist z. B. bei Elite-Marathonläufern bekannt, daß in den am Laufen beteiligten Muskeln vor allem die sich langsam kontrahierenden und sehr langsam ermüdenden ST-Fasern vorkommen. Demgegenüber haben Sprinter in diesen Muskeln wesentlich weniger ST-Fasern.
Es scheint, daß die Verteilung der Muskelfasertypen in einem Muskel in hohem Maße genetisch bedingt ist. Ziel neuerer Untersuchungen ist es deshalb, bei Pferden nach Analyse von Muskelbiopsieproben die Veranlagung als Sprinter oder mehr für Ausdauerbelastungen vorherzusagen. Alle bisherigen Bemühungen in dieser Richtung waren jedoch wenig erfolgreich.

Tabelle 4
Prozentuale Anteile der schnell kontrahierenden Muskelfasern im M. gluteus medius bei Pferden (nach SNOW und VOGEL, 1987)

Quarter Horse	93%
Vollblut	87%
Warmblut	82%
Distanzritt-Pferde	72%
Schwere Hunter	69%

In Tabelle 4 sind die prozentualen Anteile der sich schnell kontrahierenden und schnell ermüdenden Muskelfasern im M. gluteus medius bei verschiedenen Pferden gezeigt. Bei dem auf kurze Sprintstrecken spezialisierten Quarter Horse sind 93% der vorhandenen Fasern schnell kontrahierende bzw. schnell ermüdende Fasern, 7% langsam kontrahierende und wenig schnell ermüdende. Die Zahl der schnellen Fasern ist beim Vollblüter niedriger und hat ein Minimum beim auf Distanzritte spezialisierten Pferd. Beim Schweren Hunter sind nur noch 69% schnelle Fasern und 31% langsame, wenig schnell ermüdende Fasern vorhanden.

Auch der Vergleich der prozentualen Anteile der sich schnell kontrahierenden Muskelfasern zwischen Pferd, Kamel, Hund und Mensch ist interessant (Tab. 5). Der Greyhound ist ein Sprinter wie das Quarter Horse; bei ihm sind 97% der Muskelfasern schnelle Fasern. Demgegenüber hat der Foxhound, der Meutehund mit notwendiger Ausdauer, nur 65% mittel- bis hochgradig ermüdende und 35% wenig ermüdende Fasern. Bei Kamelen überwiegen bei weitem die wenig ermüdenden, langsamen Muskelfasern. Für den Menschen sind Mittelwerte aus mehreren Muskeln und auch verschiedenen Literaturstellen angegeben; der Vergleich ist deshalb vielleicht nicht ganz berechtigt. Der Mensch hat wesentlich weniger schnelle Fasern. Selbst bei Sprintern über 100–200 m (Strecken also, die jenen des Quarter Horse entsprechen) sind nur 56% (in anderen Untersuchungen bis 61%) der Fasern schnelle Fasern; beim Menschen handelt es sich also bei fast der Hälfte um langsame, wenig ermüdende Muskelfasern. Bei Skilangläufern sind 77% der Fasern langsam kontrahierende und gering ermüdende, nur 23% der Muskelfasern sind schnelle Fasern. Dies mag eine Erklärung dafür sein, daß der Mensch und auch das Kamel langsame Species sind. Sie laufen im Vergleich zum Greyhound nur fast halb so schnell (Tab. 6). Pferde scheinen also wesentlich mehr als der Mensch Sprinter zu sein.

Tabelle 6

Maximale Laufgeschwindigkeit von Pferden, Hunden, Kamelen und Menschen

Quarter Horse	$1200\ \mathrm{m \cdot min^{-1}}$
Vollblut	$1000\ \mathrm{m \cdot min^{-1}}$
Greyhound	$1000\ \mathrm{m \cdot min^{-1}}$
Kamel	$720\ \mathrm{m \cdot min^{-1}}$
Mensch	$600\ \mathrm{m \cdot min^{-1}}$

Tabelle 7

Laktat-Dehydrogenase-Aktivität (LDH) im Muskel als Hinweis auf die Höhe der anaeroben Kapazität. Werte in $\mathrm{mmol \cdot min^{-1} \cdot kg^{-1}}$ Muskelfeuchtgewicht (nach SNOW und HARRIS, 1985).

	Laktat-Dehydrogenase (LDH)
Vollblut	980
Greyhound	994
Mensch	220

Für anaerobe Kapazität wichtige Muskelenzyme

Der hohe Anteil der schnell kontrahierenden und auf den anaeroben Stoffwechsel stärker eingestellten Muskelfasern des Pferdes zeigt sich auch in der hohen LDH-Aktivität im Muskel als Maß für die Kapazität der anaeroben Bereitstellung von ATP. Beim Vollblüter und auch beim Greyhound sind die LDH-Aktivitäten deutlich höher als beim Menschen (Tab. 7).

Milchsäurekonzentration im Blut und Ermüdung

Wenn der Körper die erforderliche Energie für die Muskeltätigkeit ausschließlich durch aeroben Stoffwechsel zur Verfügung stellen kann, so wird keine nennenswerte Ermüdung auftreten. Bei hohen kurzzeitigen Belastungen und bei höheren, länger anhaltenden Belastungen wird der Muskel versuchen, die notwendige Energie anaerob zu gewinnen.

Tabelle 5

Prozentuale Anteile der schnell kontrahierenden Muskelfasern bei Pferd, Hund und Mensch (Werte für Pferd und Hund aus SNOW und HARRIS, 1985; SNOW und VOGEL, 1987; Kamel aus SALTIN und ROSE, 1994. Mittlere Werte für den Menschen aus verschiedenen Quellen; in ENGELHARDT, 1989)

M. gluteus medius						mehrere Muskeln	
Pferde		Hunde		Kamel		Mensch	
Quarter Horse	93%	Greyhound	97%	Kamel	30%	Sprinter	56%
Schwere Hunter	69%	Foxhound	65%			Skilangläufer	23%

Als Anzeichen der auftretenden Ermüdung kann die Höhe der Blut-Laktatkonzentration gewertet werden. Je höher die Laktatkonzentration ansteigt, um so stärker ist der Grad der Ermüdung.
Nach unseren Untersuchungen beginnt bei den Pferden die Laktatkonzentration im Blut bei einer Laufgeschwindigkeit von über 330–350 m je Minute oder bei Herzschlagfrequenzen über 150 Schlägen pro Minute anzusteigen. In diesem Bereich ist die Ausdauerleistungsgrenze der Pferde zu erwarten. Mit steigender Laufgeschwindigkeit und damit zunehmend anaerobem Stoffwechsel steigen die Laktatkonzentrationen schnell an (Abb. 14). Die Blutlaktatkonzentrationen waren bei starker Belastung der Pferde 40–50mal höher als in Ruhe. Bei Pferden wurden Blutlaktatkonzentrationen von bis zu 30 mmol je Liter Blutplasma gemessen. Die Laktatkonzentrationen sind bei Pferden und auch beim Greyhound wesentlich höher, als dies im allgemeinen bei vergleichbaren Leistungen beim Menschen bekannt ist (s. Tab. 8). Auch dies deutet auf eine im Vergleich zum Menschen gute Sprintleistung der Pferde hin.

Thermoregulation und Schweißsekretion

Durch wirksame physiologische Regulationsmechanismen wird die Temperatur im Körperkern der meisten Säugetiere in sehr engen Grenzen konstant gehalten. Auch die Thermoregulation zeigt, daß Pferde im Vergleich zum Menschen eher für Kurzstrecken konzipiert sind. Bei längerer Belastung muß der Körper große Wärmemengen abgeben. Bei der Sauerstoffaufnahme wurde erwähnt, daß Pferde bis zu 60 l Sauerstoff pro Minute verbrennen. Bei einer Belastung über 2 Minuten bedeutet dies eine Wärmeproduktion von 620 Kalorien. Eine schnelle Wärmeabgabe während und nach der Arbeit ist eine unbedingte Voraussetzung für das Überleben der Tiere. Die weitaus wichtigste Wärmeabgabe erfolgt durch Verdunstung, beim Pferd vor allem durch Verdunstung des Schweißes. Bei kurzzeitiger Belastung ist dies kein nennenswertes Problem. Bei einer längeren Belastung, z. B. bei einem Distanzritt über 80 km, wurde eine Schweißproduktion von 37 l für ein 500 kg schweres Pferd berechnet.
Die Wirksamkeit des Kühlens beim Schwitzen hängt von der Umgebungstemperatur, der Luftfeuchtigkeit und von der Luftbewegung ab. Bei trockenem, warmem Klima sind die Voraussetzungen für eine Kühlung günstig. Bei hoher Luftfeuchtigkeit und geringer Luftbewegung (z. B. auch im Stall) verdunstet u. U. nur ein Drittel des gebildeten Schweißes und zwei Drittel fließen ohne Verdunstung von der Haut ab; die Wärmeabgabe ist dann stark eingeschränkt.
Nach einer starken Belastung kann die Rektaltemperatur bei Pferden kurzfristig bis auf über 41° C ansteigen, in der arbeitenden Muskulatur wurden sogar Temperaturen bis 43° C gemessen. Wenn die Wärmeabgabe eingeschränkt bleibt, kann dies nach einer starken Belastung schnell zu einem Hitzekollaps führen.

Tabelle 8
Laktatkonzentrationen im Blut von Pferden, Hunden, Kamelen und Menschen nach maximaler Belastung (nach SNOW und HARRIS, 1985; in ENGELHARDT, 1989, und nach SALTIN und ROSE, 1994)

	Entfernung (m)	Geschwindigkeit ($m \cdot min^{-1}$)	Blutlaktatkonzentration ($mmol \cdot l^{-1}$)
Vollblut	1200	954	26,6
	2400	924	27,3
Greyhound	480	934	22,9
Kamel	8000	540–720	16,8–22,8
Mensch	400	397	12,3
	800	384	12,6

Die Flüssigkeitsverluste durch den Schweiß können erheblich sein. Bei einem Distanzritt haben SNOW et al. (1982) berechnet, daß die Pferde durchschnittlich 7–8 Liter Schweiß je Stunde absonderten. Innerhalb von 5 Stunden haben die Tiere damit etwa 8% ihres Körpergewichtes durch Schwitzen verloren. Bei hoher Laufgeschwindigkeit in heißem Klima wurde sogar von Sekretationsraten bis zu 15 Liter je Stunde berichtet. Bei längerer Belastung sollten Pferde deshalb Gelegenheit zur Wasseraufnahme haben. Da Pferde meistens unter solchen Bedingungen nicht spontan Wasser aufnehmen wollen, ist es u. U. hilfreich, die Tiere schon während des Trainings an das Tränken in den auftretenden kurzen Pausen zu gewöhnen.

Die Elektrolytkonzentration im Schweiß der Pferde ist wesentlich höher als beim Menschen. Während der Mensch einen stark hypotonen Schweiß abgibt, ist dieser bei Pferden leicht hyperton (Tab. 9). In jedem Liter Schweiß verlieren Pferde deshalb 3–4mal mehr Natrium, Chlorid und Kalium als der Mensch. Nach längeren Belastungen ist es deshalb notwendig, den Tieren Salz anzubieten.

Tabelle 9
Elektrolytkonzentration (mmol · l^{-1}) im Schweiß von Pferden und Menschen (nach SNOW, 1984)

	Natrium	Kalium	Chlorid
Pferd	130–190	20–50	160–190
Mensch	40–60	4–5	30–50

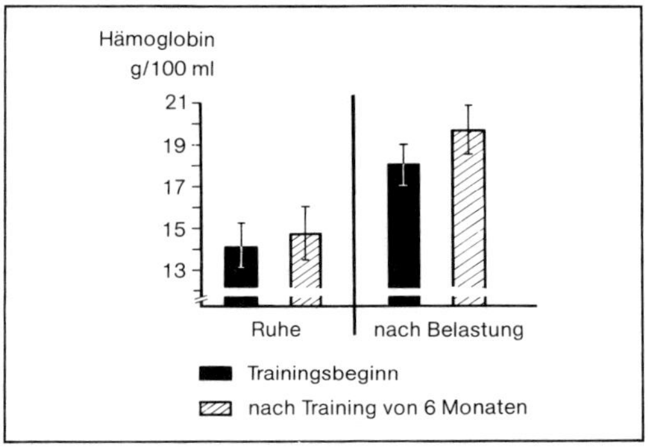

Abb. 13 Hämoglobinkonzentration im venösen Blut bei Hannoveraner-Junghengsten in Ruhe und nach stärkerer Belastung zu Beginn und am Ende eines 6monatigen Trainings (nach ENGELHARDT, 1977).

Einfluß des Trainings auf Herz, Kreislauf und Muskelstoffwechsel

Hämoglobinkonzentration und Sauerstofftransportkapazität

Es ist seit langem bekannt, daß bei Pferden durch das Training die Fähigkeit, bei Belastung Erythrozyten aus der Milz auszuschütten, verbessert wird. Beim trainierten Pferd sind gegenüber dem untrainierten nach starker Belastung die Hämoglobinkonzentration (Abb. 13) und damit die Sauerstofftransportkapazität des Blutes erhöht. Aber schon durch ein mittleres Training scheinen die Hämoglobinkonzentrationen bereits einen Plateauwert zu erreichen; das weitere Training bewirkt keinen weiteren Anstieg. Diese Begrenzung scheint sinnvoll, da eine stärkere Zunahme der Erythrozytenkonzentration zu einer Erhöhung der Blutviskosität (Zähflüssigkeit des Blutes) und damit zu einer Erhöhung des peripheren Widerstandes führen würde. Nach unseren Erfahrungen kann man aus der Höhe der Hämoglobinkonzentration nach Belastungen nur gewisse Hinweise auf Fortschritte bei Beginn eines Trainings bekommen; eine individuelle Differenzierung der Leistungsfähigkeit von Pferden ist jedoch allein aus der Hämoglobinkonzentration nicht möglich.

Herzgröße, Schlagvolumen und Herzschlagfrequenz

Pferde und auch andere Säugetiere, die durch ihre Lebensgewohnheit längere Strecken mit größerer Geschwindigkeit laufen, haben meistens ein relativ großes Herz. Beim untrainierten Vollblüter wiegt das Herz bereits 0,9% des Körpergewichtes. Als Anpassung des Herzens an das Training erfolgt, wie dies auch bei Sportlern bekannt ist, eine Hypertrophie des Herzmuskels. Bei trainierten Rennpferden werden Herzmuskelgewichte von 1,1% des Körpergewichtes gemessen. Allgemein steigt das Schlagvolumen linear mit dem Herzge-

wicht an. Aus der Zunahme des Herzgewichtes durch ein intensives Ausdauertraining ist eine Zunahme des Herzschlagvolumens um 20–25% zu erwarten.
Man sollte annehmen, daß in Ruhe das große Herz des trainierten Pferdes durch das größere Schlagvolumen langsamer schlagen würde als das kleinere Herz des untrainierten Pferdes. Alle bisherigen Untersuchungen deuten jedoch darauf hin, daß beim Pferd eine solche Trainingsbradykardie (langsamere Herzschlagfolge) nicht vorkommt. Es wird vermutet, daß die Herzschlagfrequenz des Pferdes bereits physiologisch bedingt in Ruhe durch einen starken Vagotonus gedrosselt ist. Eine signifikante weitere Abnahme der Ruheherzschlagfrequenz im Verlauf eines Trainings wird deshalb nicht mehr erkennbar.
Während einer definierten Belastung schlägt demgegenüber das große Herz des trainierten Pferdes, wie dies auch zu erwarten ist, langsamer als das Herz des weniger gut trainierten Pferdes bei gleicher Belastung. Schlechter trainierte Pferde benötigen für eine bestimmte Laufgeschwindigkeit eine höhere Herzschlagfrequenz als gut trainierte Tiere. Mit Verbesserung des Ausdauertrainings steigt die Herzschlagfrequenz mit zunehmender Laufgeschwindigkeit weniger an. Die in Abb. 5 gezeigte lineare Abhängigkeit zwischen Herzschlagfrequenz und Laufgeschwindigkeit würde deshalb mit Verbesserung der Kondition des Pferdes nach unten verschoben sein. Da es wenig praxisnah ist, für die Beurteilung des Trainingszustandes eines Pferdes die Gleichung der Regressionsgeraden zu verwenden, wird als Vergleichsparameter die jeweilige Laufgeschwindigkeit des Pferdes bei einer Herzschlagfrequenz von 150 oder 200 Schlägen pro Minute (als V_{150} oder V_{200} bezeichnet) empfohlen (ENGELHARDT 1977; PERSSON 1983).
Im Hinblick auf die Ausdauerleistung laufen gut trainierte Pferde unter gleichen Testbedingungen bei einer Herzschlagfrequenz von 150 oder von 200 Schlägen je Minute schneller als schlecht trainierte. Die V_{150}- oder V_{200}-Werte sind für die Pferde mit besserer Ausdauerleistungsfähigkeit entsprechend höher.

Ermüdung des Muskels

Durch das Training kann die maximale Sauerstoffaufnahme erhöht werden, und die Sauerstoffversorgung des arbeitenden Muskels wird verbessert. Es kann bei starken Belastungen von länger als 1 Minute mehr ATP aerob zur Verfügung gestellt werden, und es wird deshalb weniger Laktat gebildet. Die Laktatkonzentration im Blut ist daher bei trainierten Pferden bei einer definierten Belastung niedriger als bei untrainierten.
Die Laktatkonzentration im Blut bei längerer gleichbleibender Belastung kann als wichtiges Kriterium für die Beurteilung der Ausdauerleistungsfähigkeit herangezogen werden. Bei einem Laufbandtest wurden trainierte und untrainierte Traber verglichen (Abb. 14). Besonders deutlich wird der Unterschied bei den hohen Laufgeschwindigkeiten. Die jeweilige Laktatkonzentration bei einer gleichbleibenden Laufgeschwindigkeit von 500 oder 600 Metern je Minute über eine ausreichend lange Strecke (LA_{500} oder LA_{600}) kann als Beurteilungsparameter für den Grad der Ermüdung dienen.
Durch ein Training kann das Verhältnis zwischen Muskelfasern von Typ I und Typ II offensichtlich kaum verändert werden; es können allerdings FT- in FTH-Fasern umgewandelt werden. Ein Training wirkt aber vor allem auf die Stoffwechselvorgänge im Muskel, weniger auf die kontraktilen Elemente.

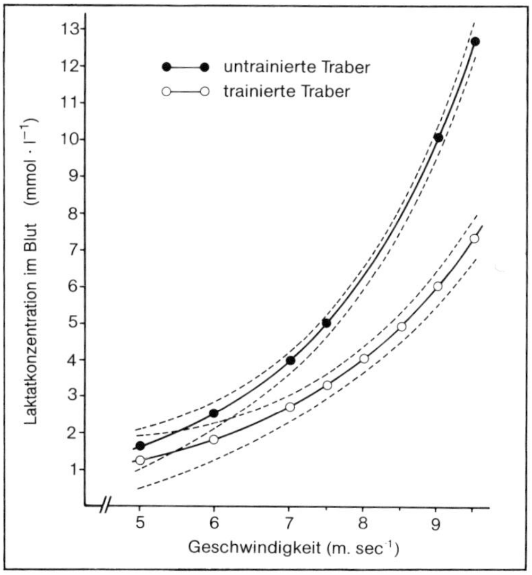

Abb. 14 Exponentielle Zunahme der Blutlaktatkonzentration im venösen Blut bei untrainierten und bei trainierten Trabern in Abhängigkeit von der Laufgeschwindigkeit (nach THORNTON et al., 1983).

In der Vielseitigkeit werden hohe konditionelle Anforderungen gestellt, die ohne Beachtung der leistungsphysiologischen Grundlagen nicht zum Erfolg führen.

Durch ein Ausdauertraining werden die oxidative Kapazität, die Enzyme für den Abbau von freien Fettsäuren, die Zahl und die Größe der Mitochondrien sowie die Muskeldurchblutung erhöht. Durch das Training kann die Glykogenreserve in den Muskelzellen verbessert werden. Nach vollständigem Glykogenabbau nach schwerster Arbeit dauert es wenigstens 2 Tage, bis die Glykogenreserve im Muskel wieder vollständig aufgefüllt ist.
Sehr wenig wissen wir bisher darüber, inwieweit ein Training den anaeroben Muskelstoffwechsel der Pferde verbessert.

Tests zur Beurteilung von Trainingszustand und Leistungsfähigkeit des Sportpferdes

Ob ein Pferd fit für eine längere Leistungsprüfung ist und ob es während des Trainings befriedigende Fortschritte gemacht hat, beurteilen bisher Reiter und Trainer weitgehend auf Grund subjektiver Kriterien. Es wäre eine entscheidende Hilfe, wenn darüber hinaus meßbare Parameter für diese Beurteilung zur Verfügung stünden. Das Interesse an geeigneten Tests ist deshalb groß. Dabei muß jedoch berücksichtigt werden, daß mit den zur Verfügung stehenden Methoden bisher fast ausschließlich die aerobe Kapazität der Tiere, d. h. die Ausdauerleistungsfähigkeit, beurteilt werden kann. Allen schwereren Leistungsprüfungen ist gemeinsam, daß sie eine gewisse Ausdauer der Pferde voraussetzen. Diese Ausdauer spielt besonders bei Vielseitigkeitsprüfungen, bei langen Rennen, Distanzritten und bei schweren Springprüfungen eine entscheidende Rolle. Der Beurteilung der Ausdauerleistungsfähigkeit kommt deshalb eine besondere Bedeutung zu.

Alle bisherigen Untersuchungen zeigen, daß die in Ruhe gewonnenen Blut- und Kreislaufparameter keinerlei Hinweise auf Trainingszustand und Leistungsfähigkeit geben. Die für die Aussage bedeutungsvollen Meßwerte müssen während oder unmittelbar nach einer Belastung gewonnen werden. Voraussetzung für reproduzierbare, zuverlässige Aussagewerte bei solchen Untersuchungen ist, daß sehr gut standardisierte Testbedingungen eingehalten werden. Untersuchungen bei undefinierten Belastungen, z. B. während oder im Anschluß an einen Wettkampf, geben keine brauchbaren Hinweise.

Zu einer Reihe von Untersuchungsmethoden liegen bereits eingehende Erfahrungen vor. Für die bisher wohl gründlichsten und auch vielseitigsten Untersuchungen stehen in Uppsala/Schweden und in Sydney/Australien für Traber hervorragend geeignete Laufbänder zur Verfügung. In den USA werden Traber auch vor dem Sulky getestet. Darüber hinaus wurden sehr eingehende, wegweisende Untersuchungen bei schwimmenden Pferden gemacht. Galoppierende Pferde sind wesentlich schwieriger zu untersuchen. In den vergangenen Jahren konnten aber auch bei Belastungen von Pferden unter dem Reiter und auch mit galoppierenden Pferden auf

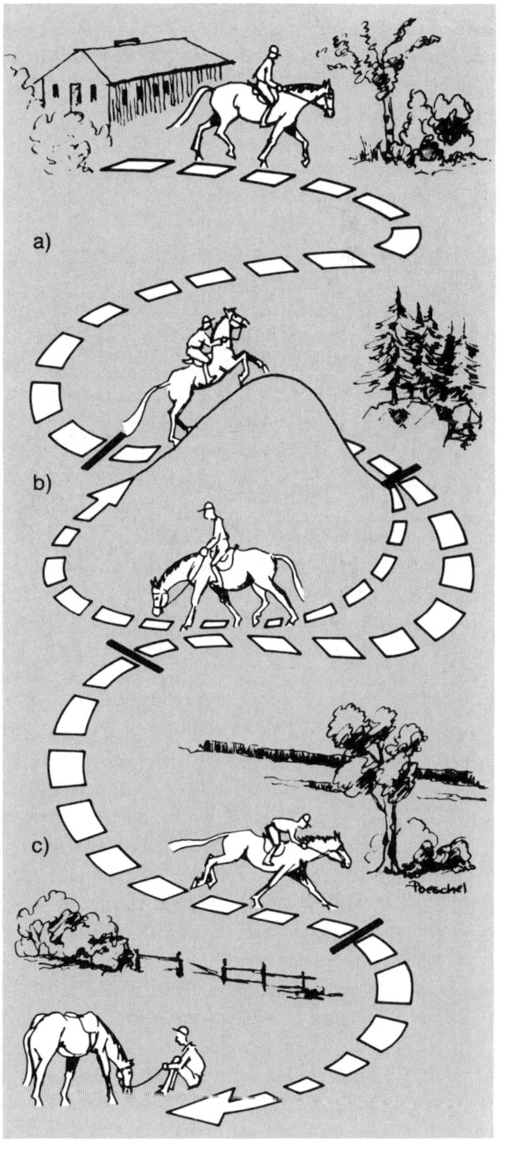

Abb. 15 Schematische Darstellung eines kombinierten Trainingsprogramms zur Verbesserung von Kraft, Schnelligkeit und Ausdauer bei Reitpferden (aus ENGELHARDT, 1977).

a) Aufwärmen:
5 Minuten Trab oder ruhiger Galopp.

b) Kraft- und Schnelligkeitstraining:
120–150 m bergauf schneller Galopp, dann 4 Min. ruhiger Schritt am langen Zügel.
Wiederholung 5–10mal.

c) Ausdauertraining:
3–4 Min. Galopp ~ 80% der max. Geschwindigkeit, danach 3 Min. ruhiger Schritt am langen Zügel.
Wiederholung 3–4mal.

dem Laufband erfreuliche Fortschritte bei der Beurteilung der Ausdauerleistungsfähigkeit erzielt werden.
Bei solchen Beurteilungen des Trainingszustandes und der Leistungsfähigkeit von Sportpferden ist es unbedingte Voraussetzung, daß eine sehr strenge Standardisierung des Tests erfolgt. Wettkampfbedingungen sind für eine solche Beurteilung ungeeignet. Standardisierungen sind auf einem Laufband gut möglich, im Gelände sind sie schwierig und aufwendig. Bei der Mehrzahl der verwendeten Tests erfolgt eine stufenweise Zunahme der Laufgeschwindigkeit. Die gemessenen Parameter sind vor allem die Herzschlagfrequenz, die Blutlaktatkonzentration und bei Spezialuntersuchungen auch die Sauerstoffaufnahme am Ende der verschiedenen Belastungsstufen.

Überlegungen zum Training

Die Trainingsforschung bei Pferden befindet sich noch in den Anfängen. Wir sind davon überzeugt, daß durch systematische physiologische Untersuchungen, durch standardisierte Überprüfung der Leistungsfähigkeit zusammen mit einer sorgfältigen gesundheitlichen Überwachung auch bei Sportpferden in der Zukunft eine Leistungssteigerung möglich ist. Es müssen dafür verbesserte, schonende und für die geforderte Prüfung spezifische Trainingsmethoden erarbeitet werden.
Der erfahrene Trainer weiß, daß ein Training in bezug auf Intensität und Belastungsdauer sehr behutsam aufgebaut werden muß. Das beste Herz-, Kreislauf-, Muskel- oder Geschwindigkeitstraining ist wertlos, wenn dadurch Knochen, Gelenke und Sehnen geschädigt werden. Ein vielseitiges und abwechslungsreiches Training ist für Pferd und Reiter stimulierend. Ein mögliches Trainingsprogramm für Reitpferde ist in Abb. 15 auf der vorangehenden Seite illustriert.
Um die Belastung von Sehnen und Gelenken zu vermindern, könnte ein zusätzliches Schwimmtraining integriert werden. Ein alleiniges Schwimmtraining ist allerdings kein befriedigender Stimulus für die Laufmuskulatur. Um auch diesen Trainingseffekt zu verbessern, können Pferde im Wasser und dabei sogar auf einem Laufband trainiert werden.
Um durch ein Training die aerobe Kapazität zu verbessern, ist es wichtig, daß die Pferde genügend stark im anaeroben Bereich (bei etwa 160–180 Herzschlägen/min) gearbeitet werden. Diese Belastungen können in Intervallen oder auch über längere Strecken erfolgen.

Schlußfolgerungen

Das Pferd scheint mehr als der Mensch für kurze Sprintstrecken geeignet zu sein. Das entspricht auch den Beobachtungen an Wildpferden, die kurze Strecken schnell laufen mußten, um ihren natürlichen Feinden zu entkommen. In jahrtausendelanger Selektion wurden die Pferde in der freien Wildbahn danach ausgewählt, daß sie besonders schnell reagieren und schnell sprinten konnten. Der hohe Anteil der schnell kontrahierenden, aber auch schnell ermüdenden Muskelfasern beim Pferd, die hohe Aktivität der für den schnell aktivierbaren anaeroben Stoffwechsel notwendigen Enzyme und auch die ungünstig hohen Elektrolytkonzentrationen im Schweiß deuten auf eine hohe Spezialisierung des Pferdes als Kurzstreckenläufer hin.
Andererseits kann das Pferd aber die Sauerstoffaufnahme bei Belastung wesentlich stärker steigern als der Mensch. Das große Herz mit der ungewöhnlich großen Steigerungsmöglichkeit seiner Pumpleistung, die große Sauerstofftransportkapazität des Blutes, die durch den hohen Bohr-Effekt erleichterte Sauerstofffreisetzung in der arbeitenden Muskulatur und die hohe Sauerstoffausnutzung bedeuten darüber hinaus eine hohe aerobe Kapazität. Pferde sind also offensichtlich sowohl zu kurzfristigen anaeroben Höchstleistungen wie auch im gewissen Umfange zu guter Ausdauerleistung befähigt, wenn sie im Training darauf vorbereitet werden.
Ganz zweifellos ist das Pferd aus sportphysiologischer Sicht in bezug auf die Anpassungen bei den Belastungen sehr spezialisiert. Die Anpassungsvorgänge unterscheiden sich in vielerlei Hinsicht von denen des Menschen. Am Menschen und an Labortieren gewonnene Erkenntnisse können deshalb nicht ohne weiteres auf das Pferd übertragen werden. Die Wissenschaft hat hier noch ein großes Betätigungsfeld.

Wenn wir mehr über die Anpassungsvorgänge von Pferden an die sportspezifischen Belastungen kennen, wenn wir mehr über die pferdespezifischen Trainingsmöglichkeiten erfahren, und wenn wir mehr über die Grenzen der natürlichen Leistungsfähigkeit von Pferden wissen, werden wir gezielter als bisher die Leistungsfähigkeit von Sportpferden beurteilen und durch ausgewählte Trainingsmethoden die Leistungsfähigkeit verbessern können.

Die Leistungsverbesserung von Sportpferden in Zusammenarbeit zwischen Trainern und Tierärzten ist eine wichtige und interessante Herausforderung. Wir können dabei zwar zur Sportphysiologie des Menschen hinschielen und Anregungen sammeln, wir müssen jedoch an Pferden die Möglichkeiten ausprobieren und im Hinblick auf die pferdespezifischen Gegebenheiten auf- und ausbauen. Dies ist eine, wie ich meine, schöne, sicher nicht leichte, aber vielversprechende Aufgabe.

Fruchtbarkeit und Fortpflanzung des Pferdes

Prof. Dr. Dr. h. c. mult. HANS MERKT
Direktor der Klinik für Andrologie und Besamung der Haustiere der Tierärztlichen Hochschule, Hannover

Die Bedeutung der Fruchtbarkeit und ihre wirtschaftliche Auswirkung

Die Fruchtbarkeit war nie ein besonderes Selektionsmerkmal für den Pferdezüchter. Bei anderen Tierarten strebte man Fruchtbarkeitsleistungen wie Eier, Milch, Ferkel, Lämmer etc. an und berücksichtigte diese entsprechend bei der Zuchtwahl. Vom Pferd erwartete man aber in erster Linie Arbeit. Mitunter war die Fruchtbarkeit sogar hinderlich, da hochtragende Stuten in der Einsatzfähigkeit, z. B. während der Frühjahrsbestellung, eingeschränkt waren. Es ist daher kein Zufall, daß das domestizierte Pferd (von den durch Züchterhand wenig beeinflußten Kleinpferderassen sei hier abgesehen) die niedrigste Fortpflanzungsrate unter den landwirtschaftlichen Nutztieren aufweist.
War früher das Fohlen in der bäuerlichen Zucht somit eher ein Zusatzprodukt zur Arbeit der Pferde, so hat sich, seit Maschinen die Arbeit übernommen haben, ein Wandel vollzogen. Zum Einsatz im Sport soll das Tier ein möglichst geschlechtsloser Athlet sein. Kommt es aber in die Zucht, dann ist maximale Fruchtbarkeit erwünscht, da das Güstjahr eine Stute, die nicht mehr anderweitig einzusetzen ist, eine erhebliche finanzielle Belastung darstellt.
Leider wird dabei den Bedürfnissen der Tiere oft nicht hinreichend Rechnung getragen. Äußerungen des Geschlechtsverhaltens wie Rosse oder Hengstigkeit sind im Sporteinsatz unerwünscht. Die Anforderungen der Fruchtbarkeit hinsichtlich der Fütterung und Haltung werden daher etwa im Rennstall z. T. erheblich vernachlässigt. Zuweilen wird bewußt gegen die Fruchtbarkeit gehandelt, indem z. B. Hormonbehandlungen ausgeführt werden, die womöglich irreversible Schädigungen der Genitalsphäre verursachen. Die Abfohlrate in der breiten Landeszucht liegt in der Bundesrepublik Deutschland kaum über 60% der gedeckten Stuten. Zur Verbesserung der Fruchtbarkeit in der Pferdezucht sind folgende Grundsätze zu beachten:

1. Ausmerzung von Trägern solcher Erbanlagen, die der Fruchtbarkeit abträglich sind bzw. sein können. Das gilt vor allem für die Hengste, die durch ihre höhere Nachkommenzahl einen stärkeren Einfluß auf die Zucht haben als die Stuten.
2. Tiere, für die eine spätere Zuchtverwendung in Betracht kommt, dürfen während

des Einsatzes im Sport nicht durch Maßnahmen belastet werden, die der Fruchtbarkeit schaden können.
3. Im Zuchtstall müssen optimale Voraussetzungen hinsichtlich Fütterung, Haltung und Management gewährleistet sein.

Ferner sei in diesem Zusammenhang herausgestellt, daß das Wort »züchten« = auslesen bzw. selektieren bedeutet und nicht kritikloses Vermehren bestimmter Individuen. Gegen diese Binsenweisheit wird leider in der Pferdezucht besonders oft verstoßen. Viele der Fortpflanzung abträgliche Eigenschaften sind auf diese Weise verbreitet worden.
Interessant ist in diesem Zusammenhang eine Erhebung, die von JACOBS (1977) an Hand der Unterlagen des Landgestütes in Celle erstellt wurde und in der er die in der Zeit von 1815–1973 erzielten Abfohlraten verglich. Bemerkenswertestes Resultat ist, daß sich in den Jahrzehnten von 1821–1830 sowie von 1961–1970 ein identischer Abfohlhundertsatz von 54,3% der gedeckten Stuten ergab. Trotz der wesentlichen Fortschritte der Veterinärmedizin vor allem in den letzten Jahrzehnten hat sich keine Verbesserung ergeben. Erst das in der Auswertung noch nicht enthaltene Jahrzehnt von 1971–1980 erbrachte infolge intensiver tierärztlicher Zuchtüberwachung eine Steigerung um etwa 8 Prozentpunkte (FLÜGE 1984). Alle tierärztliche Kunst kann aber auf lange Sicht zu keiner Steigerung der Abfohlrate führen, wenn man den Kreis der als behandlungswürdig erachteten Stuten derart erweitert, daß auch mit der schwierigsten Problemstute noch jahrelange Versuche unternommen werden. Hier besteht die Gefahr einer Selektion gegen die Fruchtbarkeit.

Anatomie des männlichen und weiblichen Geschlechtsapparates

(Siehe dazu auch das Kapitel »Funktionelle Anatomie des Pferdes«.)

Der Geschlechtsapparat besteht aus zwei Systemen:
1. den keimbereitenden Organen oder Keimdrüsen (Hoden, Eierstöcke),
2. den keimbewahrenden bzw. keimleitenden Organen, also dem Genitalschlauch mit seinen Anhängseln.

Beim männlichen Tier umfassen diese Nebenhoden, Samenleiter und Harnröhre nebst den Anhangdrüsen sowie Penis und Präputium und beim weiblichen Tier Eileiter, Gebärmutter, Gebärmutterhalskanal, Scheide und Scheidenvorhof einschließlich Vulva.

Der *männliche Geschlechtsapparat* (abgebildet im Kapitel »Funktionelle Anatomie«) ist hervorgegangen aus dem sog. WOLFFschen Gang des Embryos. Bemerkenswert ist die Feinstruktur der Hoden und Nebenhoden. In den Hodenkanälchen, die den größten Teil des Hodenvolumens einnehmen, werden die Samenzellen produziert, was etwa 6 Wochen in Anspruch nimmt. Die Samenzellproduktion ist positiv korreliert mit der Hodengröße. Im Nebenhoden, insbesondere im Nebenhodenschwanz, müssen die Samenzellen eine Nachreifung durchmachen, um befruchtungsfähig zu werden. Auch dieser Vorgang nimmt Zeit (etwa 2 Wochen) in Anspruch. Es wird oft verkannt, daß die Entwicklung einer Samenzelle, die im Mai zur Befruchtung kommt, bereits im März begonnen hat!
Die sogenannten akzessorischen Geschlechtsdrüsen wie Samenleiterampullen, Samenblasen, Prostata und Harnröhrenzwiebeldrüse sowie Harnröhrendrüsen produzieren Sekrete, die sich während des Samenausstoßes, der Ejakulation, dem Samenerguß (Ejakulat) als flüssiger und volumenbildender Anteil zumischen.

Der *weibliche Geschlechtsapparat* (abgebildet im Kapitel »Funktionelle Anatomie«) ist hervorgegangen aus dem sog. MÜLLERschen Gang des Embryos. Die Eierstöcke beherbergen die Eizellen in sog. Follikeln, die in ihrer endgültigen Zahl (etwa 500 000) bereits während der Embryonalentwicklung angelegt werden. Nach Follikelreifung und Eisprung (der sog. Ovulation) werden die Eizellen aus dem sich öffnenden Follikel heraus in den Eileiter geschwemmt. Dabei wirkt die zur Fimbrienplatte ausgedehnte bauchhöhlenseitige Öffnung des Eileiters als Auffangtrichter. Unbefruchtete Eizellen verbleiben im Eileiter bis zu ihrer Auflösung. Erfolgt jedoch eine Befruchtung, dann treten sie nach etwa fünftägiger Eileiterpassage (Tubenwanderung) in die Gebärmutter über, um dort die weitere Entwicklung bis zur Geburt zu durchlaufen.

Physiologie der Fortpflanzung

(Siehe dazu auch das Kapitel »Geburt und Aufzucht des Pferdes«.)

Das Pferd ist ein unipaares Tier mit einer mittleren Trächtigkeitsdauer von 336 bis 342 Tagen. Allerdings ist die Streuung höher als bei anderen Haustieren. Nur 15% der Stuten fohlen in dem engeren Zeitraum von 335 bis 337 Tagen ab. Der Hauptteil der Geburten (95%) verteilt sich im Sinne einer GAUSSschen Kurve auf den Bereich vom 320. bis zum 355. Tag. Stuten, die früh im Jahr zur Abfohlung heranstehen, tragen im Durchschnitt 10 Tage länger als spät abfohlende. Daran ist eine Tendenz der Natur zu erkennen, den Geburtstermin der unter natürlichen Bedingungen optimalen Jahreszeit April/Mai anzunähern. Aber auch andere Einflüsse auf die Tragezeit sind bekannt. So werden Hengstfohlen durchschnittlich 2 Tage länger getragen als Stutfohlen. Ferner können Stuten – typisch für Fluchttiere – den Eintritt der Geburt in gewissen Grenzen hinauszögern, z. B. bis zu einem Zeitpunkt, an dem sie sich unbeobachtet fühlen.

Die Geschlechtsreife tritt meist zwischen 12 und 18 Monaten ein. Als zuchtreif gelten die Tiere aber erst vom dritten Lebensjahr an. Auf die Entwicklung haben die Rasse (Zucht auf Frühreife vor allem bei Vollblut und Kaltblut) sowie die Fütterungs- und Haltungsbedingungen einen Einfluß. Für die praktische Zucht ist bedeutend, daß man Saugfohlen (erstes Lebenshalbjahr) nicht nach Geschlechtern zu trennen braucht. Vom Absetzalter (zweites Lebenshalbjahr) an sollte dies aber geschehen, um unerwünschte Trächtigkeiten bei extrem frühreifen Individuen zu vermeiden.

Im zweiten Lebensjahr setzt im Zuge der geschlechtlichen Reifung, der sog. Pubertät, die Produktion gonadotroper, also die Geschlechtsfunktion anregender Hormone in der Hirnanhangsdrüse (*Hypophyse*) ein. Diese Hormone bewirken die Reifung und die Funktion des Geschlechtsapparates.

Die Samenzellbildung des Hodens wird vor allem durch das FSH genannte Hormon (**F**ollicle **S**timulating **H**ormone) angeregt, während das ICSH (**I**ntersticial **C**ell **S**timulating **H**ormone) die sog. LEYDIGschen Zwischenzellen im Hoden zur Produktion männlicher Geschlechtshormone (Androgene) anregt. Androgene, vor allem das Testosteron, veranlassen die Reifung des übrigen Geschlechtsapparates, die Ausbildung des männlichen Geschlechtstyps und des Geschlechtsverhaltens. Die Samenzellbildung bleibt von der Pubertät bis zum altersbedingten Erlöschen der Fruchtbarkeit, dem sog. Senium, erhalten. Auf der Höhe der geschlechtlichen Potenz befinden sich Vollblut- und Warmbluthengste vom 7. bis zum 17. Lebensjahr (KLUG 1982). Das Senium tritt mit erheblichen individuellen Schwankungen von etwa 18–30 Jahren meist zwischen 20. und 25. Lebensjahr ein. Die Produktion von Geschlechtshormonen und damit das Geschlechtsverhalten bleiben jedoch regelmäßig bis zum Lebensende bestehen.

Auch bei der Stute beginnt die Pubertät mit dem Ausschütten gonadotroper Hormone durch die Hypophyse. Im Gegensatz zum Hengst entwickelt sich hier aber durch ein hormonales Wechselspiel zwischen Hypophyse und Eierstock ein zyklisches Geschehen, das eine jahreszeitliche Abhängigkeit erkennen läßt (Abb. 1). Die als äußeres Zeichen dieses zyklischen Geschehens periodisch einsetzende Rosse ist am ausgeprägtesten in der ersten Jahreshälfte (Frühjahr) und kann über Winter ruhen. Umwelteinflüsse wie Ernährung (Weide), Tageslicht, Temperatur werden vom Großhirn über das sog. Limbische System aufgenommen und an den Hirnstamm, den Hypothalamus, weitergegeben. Dieser veranlaßt bei der geschlechtsreifen Stute über sog. Releaserhormone die Hirnanhangsdrüse, gonadotrope Hormone freizusetzen, die auf die Eierstöcke wirken. Das FSH bewirkt dort die Follikelreifung, also das Heranwachsen eines (oder mehrerer) Eibläschen. Das Eibläschen enthält Follikelflüssigkeit sowie die von einem Zellhaufen (*Cumulus oophorus*) umgebene Eizelle. Unter dem Einfluß des FSH produziert der Follikel ein eigenes Hormon, das Brunsthormon (*Östrogen*), welches diejenigen Veränderungen am Geschlechtsapparat sowie im Verhalten des Tieres auslöst, mit denen die Rosse einhergeht. Hat dieses Brunsthormon einen gewissen Spiegel im zirkulierenden Blut erreicht, dann veranlaßt es über den Hirnstamm die Hirnanhangsdrüse, die Ausschüttung von FSH zu drosseln und statt dessen vermehrt ein Hormon freizusetzen, welches identisch ist mit dem ICSH beim männlichen Individuum, hier aber LH (**L**uteinisierungs-**H**ormon) ge-

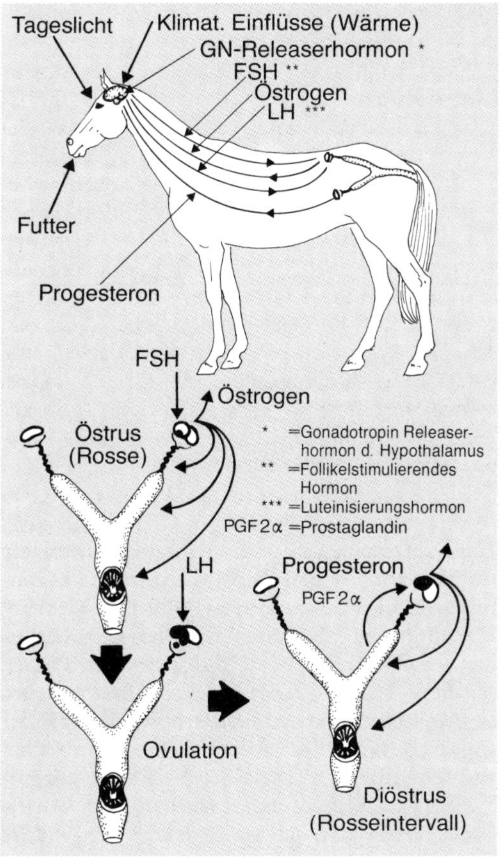

Abb. 1 Die hormonale Regelung des Zyklus bei der Stute (nach W. R. ALLEN).

nannt wird, da es den herangereiften Follikel auf dem Eierstock zum Eisprung bringt und damit die »Luteinisierung« des Follikels einleitet. Beim Eisprung wird die Eizelle von der abfließenden Follikelflüssigkeit in den Eileiter geschwemmt, wo sie, zeitgerechte Paarung vorausgesetzt, auf die Samenzellen trifft.

Der mittlere zeitliche Abstand von Ovulation zu Ovulation liegt in der Paarungssaison bei 21 Tagen. Die äußerlich erkennbare Rosse beginnt meist 2–3 Tage vor dem Eisprung und kann noch für 1 bis maximal 2 Tage danach anhalten. Daraus ergibt sich eine mittlere Rossedauer von etwa 5 Tagen. Abweichungen hiervon sind nicht selten. Während bei manchen Stuten nur an ein bis zwei Tagen, ja sogar nur für Stunden deutliche Rosse erkennbar ist, treten vor allem im zeitigen Frühjahr nicht selten Dauerrossen auf, die mehrere Wochen anhalten können.

Als optimaler Zeitpunkt für die Bedeckung oder die Besamung ist die Nähe der Ovulation anzustreben. Die Ovulationen verteilen sich nach neueren Erkenntnissen gleichmäßig über die Tag- bzw. Nachtstunden (ANDRES 1985). Bei der Besamung – insbesondere mit tiefgefrorenem Sperma – sollte der zeitliche Abstand zur Ovulation möglichst nicht mehr als etwa 12 Stunden vorher bis 6 Stunden nachher betragen. Bei der Bedeckung ist der zeitliche Spielraum vorher größer. Er sollte aber 48 Stunden nicht übersteigen, da mit fortschreitender Zeit die Zahl der noch befruchtungsfähigen Samenzellen stetig abnimmt. Hengstsamen kann im Geschlechtsapparat der Stute im Eileiter unmittelbar vor dessen Mündung in das Gebärmutterhorn am längsten seine Befruchtungsfähigkeit erhalten. Nach 48 Stunden ist aber nur noch ausnahmsweise mit einer Befruchtung zu rechnen (Abb. 2 + 3).

Abb. 2 Ejakulatspermien des Hengstes. Die meisten Samenzellen sind intakt und ohne wesentliche Beimengungen.

Abb. 3 Eine Samenzelle, deren Kopf bereits von einem weißen Blutkörperchen (sog. Phagozyt = Freßzelle) aufgenommen wird, im Zuge der in der Gebärmutter alsbald nach dem Eintreffen des Samens einsetzenden Selbstreinigung.

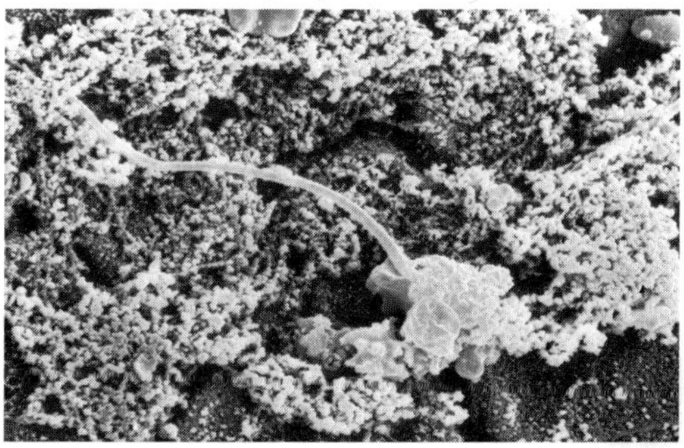

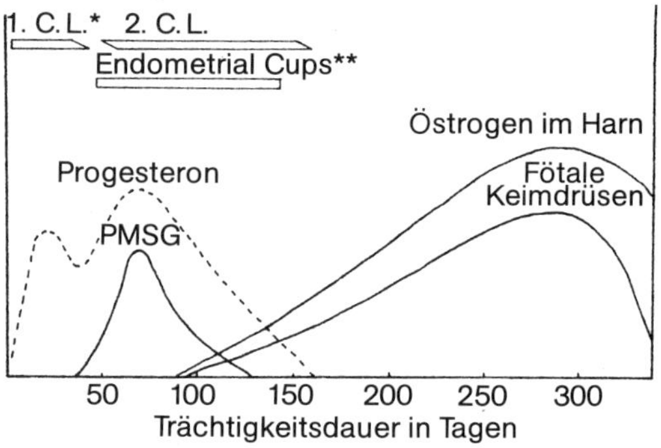

* Corpus Luteum
** Produktionsstätte des PMSG (Serumgonadotropin)

Abb. 4 Hormonale Regelung der Trächtigkeit bei der Stute (nach W. R. ALLEN).

Nach der Ovulation bestimmt die Stute durch das Abrossen den letztmöglichen Bedeckungszeitpunkt. Mit Überalterung der Eizelle ist aber auch hier zu rechnen, wenn der Abstand zwischen Ovulation und nachfolgender Bedeckung 6–12 Stunden übersteigt. Der ausgelaufene Follikel auf dem Eierstock füllt sich alsbald mit Blutkoagula. Gleichzeitig wuchern von seiner Wand her Zellen (sog. Thecaluteinzellen) ein, die den ehemaligen Follikel »luteinisieren«, d. h. in ein seiner Farbe beim Rind wegen Gelbkörper genanntes Funktionsgebilde verwandeln. Dieser Gelbkörper (*Corpus luteum*) produziert das Schwangerschaftsfürsorgehormon (*Progesteron*), das in der Gebärmutterschleimhaut die Voraussetzungen für die Einnistung der befruchteten Eizelle schafft und gleichzeitig den Wiedereintritt der Rosse durch Blockade des Hypothalamus im Hirnstamm und damit der Hypophyse verhindert. Kommt es nicht zur Einbettung einer befruchteten Eizelle, dann setzt die Gebärmutter zwischen dem 14. und 17. Tag nach der Ovulation einen Wirkstoff (*Prostaglandin*) frei, der auf dem Blutwege zum Eierstock gelangt und dort den Gelbkörper außer Funktion setzt. Damit hört die Progesteronwirkung auf und deren Hemmwirkung auf die Hypophyse entfällt. Es kann wieder FSH freigesetzt werden, und mit der Reifung eines neuen Follikels bereitet sich die neue Rosse vor. Nistet sich eine befuchtete Eizelle ein, dann bleibt der Gelbkörper für etwa 6 Wochen funktionstüchtig. Danach wird er durch einen zweiten Gelbkörper abgelöst, der sich zwischenzeitlich aus einem heranwachsenden Follikel gebildet hat. Dieser zweite Gelbkörper produziert das die Trächtigkeit schützende Progesteron etwa bis zum 150. Tag. Für den Rest der Trächtigkeit übernimmt dann die Eihaut, also die Frucht selbst, die Versorgung mit diesem Hormon.

Die hormonale Regulation der Trächtigkeit (Abb. 4) bei der Stute weist noch eine Besonderheit auf, die nur dem Pferd und in geringem Umfang dem Esel eigen ist. Vom 36. Tage der Trächtigkeit an wachsen Zellgruppen (sog. Gürtelzellen) von der Eihaut in die Gebärmutterwand ein und bilden dort napfartige Strukturen (sog. »cups«), die ein Hormon produzieren, dessen Funktion noch nicht genau bekannt ist, das aber als PMSG (**P**regnant **M**are **S**erum **G**onadotropin) im Blutserum etwa vom 42. bis zum 130. Tage nachweisbar ist und für die hormonale Trächtigkeitsdiagnose genutzt werden kann.
Vom 80.–90. Tag der Trächtigkeit beginnend, wachsen die Keimdrüsen der Frucht (Hoden bzw. Eierstöcke) zu beachtlicher Größe heran und erreichen bzw. übertreffen sogar die Größe der mütterlichen Eierstöcke. Zur Geburt hin verkleinern sie sich wieder. Parallel dazu produziert die Eihaut Östrogene, also dem Brunsthormon verwandte Wirkstoffe, die über den Harn ausgeschieden werden und ebenfalls zur Trächtigkeitsdiagnose dienen können.
Im Endstadium der Trächtigkeit wird die Östrogenwirkung erkennbar an der Ödematisierung des äußeren Genitales, dem Wachstum der Milchdrüse und dem Erschlaffen der Beckenbänder im Zuge der Vorbereitung des Geburtseintrittes (siehe Abb. 5 + 6 im Farbteil, Seite 738).
Was den Geburtstermin selbst betrifft, so besteht über den komplizierten Mechanismus noch keine gesicherte Erkenntnis, zumal die diesbezüglichen Hormonprofile beim Pferd nicht deckungsgleich sind mit denen anderer Tierarten. Vieles spricht dafür, daß Prostaglandin F2 alpha für den Geburtseintritt verantwortlich ist. Dem steht aber z. B. die Beobachtung entgegen, daß mit Antiprostaglandin (Meklofen) der Geburtseintritt nicht verhindert werden kann (HILLMAN 1983). Immerhin bietet die Anwendung von Prostaglandin nach dem gegenwärtigen Kenntnisstand die sanfteste Möglichkeit zur künst-

lichen Einleitung der Geburt (KLUG/ VON LEPEL 1974, MERKT/KLUG 1979). Das Risiko der Geburtseinleitung ist nicht größer als das einer spontanen Geburt, wenn beachtet wird, daß erstens eine Trächtigkeitsdauer von mindestens 340 Tagen erfüllt ist und zweitens die Milchdrüse zur Laktation vorbereitet ist. Die Geburtseinleitung kommt vor allem in Betracht, wenn die Abfohlung unter tierärztlicher Kontrolle stattfinden soll (z. B. nach Naht des Scheidenvorhofes mit Rißgefahr) oder wenn man bei verlängerter Trächtigkeitsdauer ein übermäßiges Größenwachstum der Frucht verhüten will, das den Geburtsablauf komplizieren könnte. Es ist damit zu rechnen, daß ein wesentlich über die normale Trächtigkeitsdauer hinaus verlängerter Aufenthalt in der Gebärmutter die Überlebenschancen für das Fohlen nicht etwa weiter steigert, sondern absinken läßt.

Nach der Austreibung der Frucht, die sich innerhalb von Minuten abspielt, und dem Abgang der Nachgeburt, der meist beim Aufstehen der Stute erfolgt und der nicht länger als 2 Stunden auf sich warten lassen sollte, bildet sich die Gebärmutter der Stute in dem erstaunlich kurzen Zeitraum von 9 Tagen (dem sog. Puerperium) soweit zurück, daß eine neue Konzeption (Befruchtung) eintreten kann. Die zu diesem Zeitpunkt auftretende »Fohlenrosse« wird von vielen, vor allem älteren Züchtern hoch geschätzt. Heute überwiegt jedoch die Ansicht, die Fohlenrosse gewissermaßen als »Reinigungsrosse« übergehen zu lassen und bei der Stute zur Sicherung des Auftretens und Erkennens der nächsten Brunst am 20. Tage nach der Geburt durch Prostaglandingabe eine neue Rosse abzurufen, die sich dann innerhalb weniger Tage einstellt (TOLKSDORFF 1975).

Gesundheitliche und geschlechtliche Zuchttauglichkeit

Fruchtbarkeitsuntersuchung beim Hengst

Die früher gültige Tierzuchtgesetzgebung ließ in der Bundesrepublik die Körung eines männlichen Tieres nur zu, wenn dieses keine Erscheinungen zeigte, nach denen seine Zuchttauglichkeit beeinträchtigt war. Ferner mußten Erscheinungen berücksichtigt werden, die auf eine vererbbare Krankheitsdisposition schließen ließen. Das Gesetz wurde unter Anpassung an die EG-Richtlinien novelliert. Die staatliche Körung ist weggefallen. Nach wie vor sollte jedoch ein Hengst, der die geforderten Leistungen erbracht hat, nur zur Zucht zugelassen werden, wenn er gemäß jetzt meist zuchtverbandsinterner Regelung folgende Voraussetzungen erfüllt (MERKT/ KLUG 1989):

1. Phänotypische Erbgesundheit, d. h. Freisein von nutzungsbeschränkenden Erbfehlern oder Krankheitsdispositionen.
2. Allgemeine Gesundheit, d. h. Freisein von extragenitalen Störungen der Gesundheit, die die Zuchtverwendung einschränken oder ausschließen könnten.
3. Geschlechtsgesundheit, d. h. Freisein von erblich bedingten Störungen oder klinischen Erkrankungen des Geschlechtsapparates sowie von Genitalinfektionen.
4. Begattungsvermögen (*Potentia coeundi*) d. h. Fähigkeit, den Paarungsakt in allen Phasen ungestört auszuführen.
5. Befruchtungsfähigkeit (*Potentia generandi*), deren Nachweis durch tragende Stuten und/oder die biologische Samenuntersuchung geführt werden kann.

Um zu einem Urteil hinsichtlich dieser 5 Punkte zu kommen, wird der Hengst einer andrologischen Untersuchung unterzogen, die folgende Abschnitte umfaßt:

1. *Identitätssicherung* des Tieres.
2. *Vorbericht* mit folgenden Schwerpunkten: Einstellung/Ortswechsel, Haltung, Fütterung, bisherige Zuchtbenutzung (Geschlechtsverhalten, Paarungsfrequenz, Ergebnisse), Fruchtbarkeitslage der bedeckten oder besamten Stuten, aktuelle Paarungsfrequenz.
3. *Allgemeine Untersuchung:* (Haltung, Verhalten, Nährzustand etc.). Eine eingehende Untersuchung wird erforderlich, sofern die einfache äußere Untersuchung Verdachtsmomente erbringt.
4. *Spezielle Untersuchung* mit folgenden Abschnitten:
   a) Morphologische Untersuchung der Geschlechtsorgane mit dem Ziel festzu-

stellen, ob diese vollständig vorhanden sind, in ihrer Ausbildung der Größe und dem Alter des Hengstes entsprechen sowie frei sind von Krankheitssymptomen.

b) Funktionelle Untersuchung: Beobachtung des Paarungsverhaltens gelegentlich der Samenentnahme und/oder bei der natürlichen Paarung.

c) Biologische Samenuntersuchung mit dem Ziel festzustellen, ob bzw. inwieweit die Mindestanforderungen erfüllt werden, die an gut befruchtenden Hengstsamen zu stellen sind.

d) Mikrobielle Untersuchung von Vorhautsekret, Vorsekret und Samenflüssigkeit zur Feststellung der Präsenz oder Freiheit von Genitalinfektionserregern sowie gegebenenfalls serologische Blutuntersuchung.

Fruchtbarkeitsuntersuchung bei der Stute

Bei der Stute gilt es zunächst festzustellen, ob die gesundheitlichen Voraussetzungen für den Zuchteinsatz (insbesondere Geschlechtsgesundheit, daneben aber auch Erb- und Allgemeingesundheit) gegeben sind.

Des weiteren ist ein Urteil über die Konzeptionsbereitschaft herbeizuführen. Dazu ist das Vorliegen einer Trächtigkeit auszuschließen oder festzustellen und im Falle der Nichtträchtigkeit der Zyklusstand zu diagnostizieren.

Im einzelnen ist dazu nach der *Identitätssicherung* der *Vorbericht* zu erheben, der bei Tieren, die schon zur Zucht eingesetzt waren, mit dem Zeitpunkt der letzten Geburt beginnt. Es interessieren ferner der Ablauf der Geburt, der Verbleib der Nachgeburt, der Verlauf des Puerperiums (Rückbildung des Genitales) sowie des danach anschließenden Zeitraumes, wobei besonders der Zyklus sowie vorausgegangene Paarungen, Besamungen oder Behandlungen zu erfassen sind. Dieser Vorbericht ist gegebenenfalls durch Fragen über die Fütterung und Haltung, beobachtete Störungen der Fruchtbarkeit bei Bestandsgenossinnen oder dem gleichen Hengst zugeführten Stuten zu vervollständigen.

Die *Allgemeine Untersuchung* hat extragenitale erbliche oder erworbene Krankheitszustände zu erfassen, die einer Zuchtverwendung entgegenstehen könnten.

Die *Spezielle Untersuchung* untergliedert sich in eine äußere und eine innere Untersuchung: Die äußere Untersuchung erstreckt sich im wesentlichen auf das Rosseverhalten, den Leib, die Milchdrüse und das äußere Genitale nebst seiner Umgebung.

Die innere Untersuchung besteht aus der rektalen Betastung der inneren Geschlechtsorgane (Eierstöcke, Gebärmutter, Gebärmutterhalskanal nebst Umgebung), der vaginalen Untersuchung, die vor allem der Besichtigung des Scheideninneren dient, sowie ggf. zusätzlichen Untersuchungen wie Ultraschall (Echographie), Endoskopie (Besichtigung der Genitalorgane von der Bauchhöhle aus) oder Hysteroskopie (Besichtigung des Gebärmutterinneren) mit entsprechenden Geräten. Schließlich ist noch die Entnahme von Proben für Laboruntersuchungen zu nennen. Dabei handelt es sich in erster Linie um Abstriche der Schleimhaut von Gebärmutter und Gebärmutterhalskanal sowie des Klitorissinus zur mikrobiellen Untersuchung. Ferner können Abstriche der Gebärmutterschleimhaut der zytologischen Untersuchung, also der Prüfung auf Anwesenheit von Entzündungszellen dienen. Uterusschleimhautproben (Biopsieproben) werden zur histologischen Untersuchung und damit zur Beurteilung des Gesundheitszustandes der Schleimhaut in ihren verschiedenen Schichten verwendet. Aus dem Blutserum lassen sich Hinweise auf bestimmte Keime durch den Nachweis von Antikörpern gewinnen oder Hormonspiegel ermitteln. Harnproben können für die Feststellung von Trächtigkeitshormonen verwendet werden. Der klinischen Untersuchung gebührt der Vorrang, sie ist durch andere Maßnahmen nicht zu ersetzen, sondern lediglich zu ergänzen.

Besonders eingehend ist der Untersuchungsgang auszuführen, wenn Störungen der Fruchtbarkeit vorliegen oder vermutet werden. Je vollständiger das Mosaik der Erhebungen, desto aussagekräftiger ist die Diagnose. Häufig kommt es aber vor, daß bei der Untersuchung bestimmte Schwerpunkte gesetzt sind. Hierzu gehört z. B. die *Rosseerkennung*. Sie ist möglich durch äußere Beobachtung der Stuten. Leider zeigen aber viele Tiere deutliche Rossesymptome nur in Anwesenheit eines Geschlechtspartners (Probierhengst). Das Ausbleiben von Rossesymptomen in Abwesenheit eines Vatertieres kann daher keineswegs als sicherer Ausschluß der Rosse gewertet werden. Ist ein Probierhengst verfügbar, dann erfolgt dessen Einsatz meist an der Probierwand oder im Probierstand (s. Abb. 1 und 2 im Farbteil S. 737). Es ist dabei vor allem auf folgende Anzeichen zu achten:

1. *Stehen,* d. h. Dulden der Annäherung des Hengstes oder Hindrängen zu diesem. Das Gegenteil ist das *Abschlagen,* das sich mehr oder minder heftig äußern kann.
2. *Schweifanheben* und *-zurseitelegen.* Gegenteil: Einklemmen des Schweifes oder heftige zuckende Bewegungen.
3. *Blitzen* und *Schleimen,* wobei die Klitoris hervortritt, was meist mit dem Absetzen von Harn und/oder Brunstschleim einhergeht.

Sind alle drei Symptomgruppen eindeutig, dann spricht das für volle Rosse. Sind die Symptome teils positiv, teils negativ oder unklar, dann kann es sich um anlaufende oder abklingende Rosse oder um unklare Dauerrosse handeln. Sind alle Zeichen negativ, dann liegt keine äußere Rosse vor. Die Rossebeobachtung ist von größter Wichtigkeit in der praktischen Zucht. Daher sollte man die Symptome beim täglichen Probieren registrieren und für jedes Symptom eine einfache Kennzeichnung mit Plus (+), Minus (−) oder einem Fragezeichen vornehmen. Dadurch gewinnt man alsbald einen guten Überblick über das individuelle Rosseverhalten des betreffenden Tieres. Der Hengsthalter ist zudem gut beraten, wenn er diese Aufzeichnungen auf einer Tafel einträgt, die alle Tage der Paarungssaison übersichtlich umfaßt (Abb. 5). Dies vermittelt ihm auf einen Blick den jeweiligen Stand des Deckgeschäftes.

Wo ein versierter Fachmann verfügbar ist, sollte von der Follikelkontrolle Gebrauch gemacht werden; das heißt, während der Rosse wird täglich (gegen Ende der Rosse und vor allem bei Besamung auch täglich zweimal) durch rektale Betastung der Reifegrad des Follikels geprüft. Auch der Einsatz von Ultraschalluntersuchungen kann gute Einblicke in den Ablauf der Follikelreifung geben. Dadurch läßt sich die Sprungzahl für stärker beanspruchte Hengste bei gesteigerter Fruchtbarkeit deutlich senken. Andere Verfahren zur Ovulationserkennung haben sich nach unserer Erfahrung bislang nicht bewährt.

Ein anderer Untersuchungsschwerpunkt ist die *Feststellung der Trächtigkeit.* Seit GÖTZE 1949 das von ihm so genannte Sensibilisierungsstadium entdeckte, ist die klinische Trächtigkeitsdiagnose für den geübten Fachmann bereits vom 18. Tage (ausnahmsweise auch schon vom 16. Tage) nach der letzten Bedeckung möglich. Die Gebärmutter ist dabei durch starke und auffällige Kontraktion gekennzeichnet. Meist hebt sich in der strangartig zusammengezogenen Gebärmutter das dünnwandige Fruchtsäckchen bereits etwa in Hühnereigröße ab. Dieses Fruchtsäckchen nimmt laufend an Größe zu und ist mit 6 Wochen etwa gänseei- bis faustgroß (Kleinsäckchenstadium). Die Kontraktionsbereitschaft

Abb. 5 Decktabelle, die eine übersichtliche Eintragung der Stuten über die gesamte Paarungssaison erlaubt.

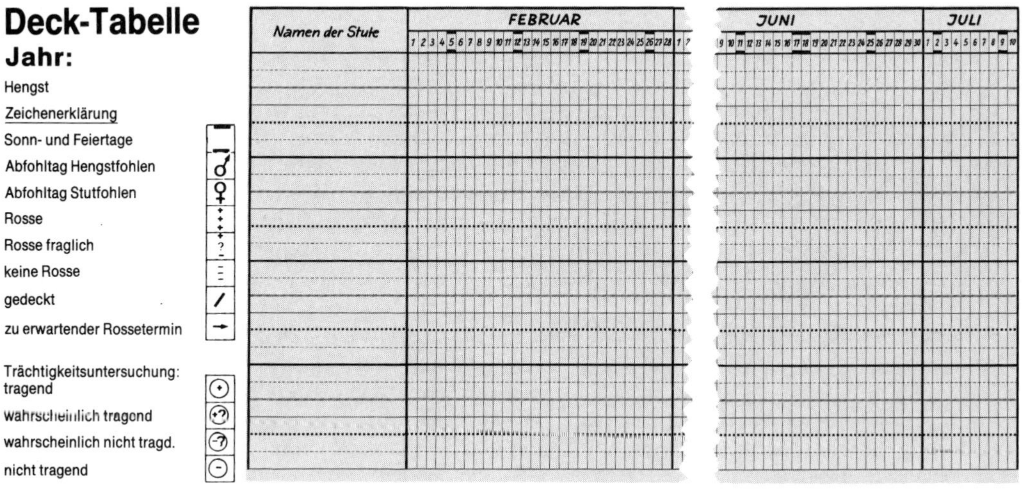

läßt mit zunehmendem Wachstum der Frucht nach. Im dritten Monat erreicht die Gebärmutter etwa Brotlaib- oder Fußballgröße (Großsäckchenstadium) und tritt mit dem vierten Monat in das sog. Ballonstadium über. Jetzt ist das Organ bereits so groß, daß die tastende Hand es nicht mehr nach vorne abzugrenzen vermag. Oft ist jetzt auch schon ein Gegenstoß der Frucht fühlbar. Vom 5. bis zum 8. Monat befindet sich die Trächtigkeit im sogenannten Senkungsstadium, das dadurch gekennzeichnet ist, daß die sich vergrößernde Gebärmutter nach vorne unter die übrigen Baucheingeweide absinkt. Im letzten Drittel der Trächtigkeit beginnt das eigentliche Größenwachstum der Frucht, die sich bis dahin ausdifferenziert hatte und die jetzt wieder stärker in Reichweite kommt. Im Vorbereitungsstadium zur Geburt sind dann meist schon Fohlenteile in der Beckenhöhle oder unmittelbar davor zu fühlen. Durch die Echographie kann diese Entwicklung, jedenfalls in ihrem Anfangsstadium etwa bis zum dritten Monat, Außenstehenden sichtbar gemacht werden (Abb. 6). Keineswegs bedarf es der Echographie, um eine sichere Trächtigkeitsdiagnose zu stellen. Besonders wertvoll erscheint uns aber dies Verfahren, wenn es um die Früherkennung von Zwillingsträchtigkeiten geht. Auch ermöglicht es eine Trächtigkeitsdiagnose bereits von der zweiten Woche an und eine sinnfällige Dokumentation des Befundes.

Mitunter trifft man auf das Vorurteil, die rektale Untersuchung könne den Fortbestand einer Trächtigkeit beim Pferd beeinträchtigen. Dies ist nicht der Fall. Die vorsichtig tastende Hand des geübten Untersuchers belastet die Gebärmutter nicht stärker, als es die übrigen

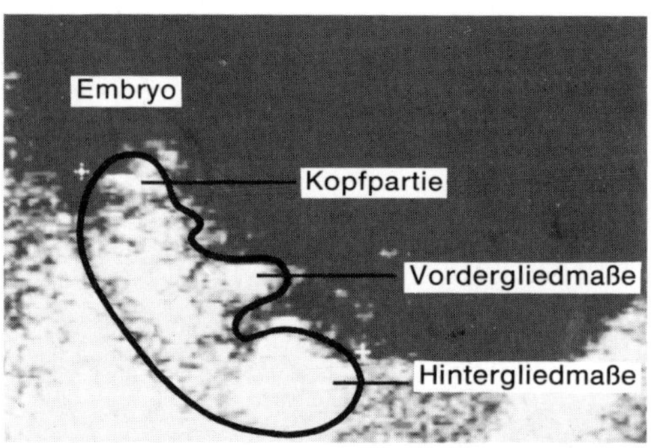

Abb. 6 Untersuchung der Stute auf Trächtigkeit mit Hilfe der Echographie: Pferdeembryo am 56. Tage.

Baucheingeweide während der Verdauungsvorgänge tun. Auch konnte WOHANKA (1961), der die Frühträchtigkeit von Stuten experimentell unterbrechen wollte, nachweisen, daß die klinische Untersuchung nicht nachteilig ist. Überhaupt ist die Trächtigkeit beim Pferd viel unempfindlicher gegen traumatische Belastungen oder Schrecksituationen, als allgemein angenommen wird (s. auch Seite 750).

Die rektale Untersuchung kann vor allem in frühen Trächtigkeitsstadien sinnvoll ergänzt werden durch den Einsatz eines Scheidenspekulums, da das Scheidenbild der Stute wesentliche zusätzliche Informationen vermitteln kann (Abb. 9, 10, 12 im Farbteil S. 739). Allerdings bleiben diese charakteristischen Veränderungen oft auch bestehen, wenn die Stute zwischenzeitlich eine Fruchtresorption erlitten hat. Das Einsetzen des Spekulums begünstigt aber auch die Aussagefähigkeit der rektalen Untersuchung. Zuweilen ist das Fruchtsäckchen in der Gebärmutter vermehrt nach hinten unten als nach vorn gerichtet. Die untersuchende Hand findet daher keine besonders ausgeprägte Vorwölbung. Die Luftfüllung der Scheide, die mit dem Spekulumeinsatz verbunden ist, verlagert jedoch das Fruchtsäckchen nach vorne, so daß es jetzt deutlich zu ertasten ist. Eine sichere Aussage über Nichtträchtigkeit in frühen Trächtigkeitsstadien sollte daher nur gemacht werden, wenn zwischenzeitlich das Spekulum benutzt wurde und man sich davon überzeugt hat, daß auch wirklich kein verborgenes Fruchtsäckchen vorliegt. Durch die Echographie werden Fruchtsäckchen, die retroflektiert sind, leichter erkennbar. Mitunter schieben sich Darmteile zwischen Mastdarm und Gebärmutter und beeinträchtigen den Zugang der tastenden Hand zu diesem Organ. Auch in solchen Fällen ist die Luftfüllung der Scheide meist hilfreich, weil sie den Darm sanft nach vorne gleiten läßt, wodurch die Gebärmutter erreichbar wird.

Auf die Hormonuntersuchungen zur Trächtigkeitsfeststellung soll hier nicht näher eingegangen werden. Das einfachste Verfahren ist derzeit in dem Nachweis des PMSG z. B. durch den sog. Rapitex® zu sehen, der an Ort und Stelle ein Ergebnis vermittelt. Vorsorglich sei aber darauf hingewiesen, daß der Nachweis von PMSG zwar eine hohe Sicherheit hat (etwa 96%), daß aber Fehlinterpreta-

1   2

Die Stute roßt und zeigt folgende Anzeichen: »Stehen, Anheben und Zurseitelegen des Schweifes« sowie »Blitzen und Schleimen«.
Deckakt: Die Stute duldet den Hengst. Um ihn nicht zu verletzen, ist sie ordnungsgemäß ausgebunden, der Schweif ist bandagiert, sie wird vom Personal sicher fixiert.

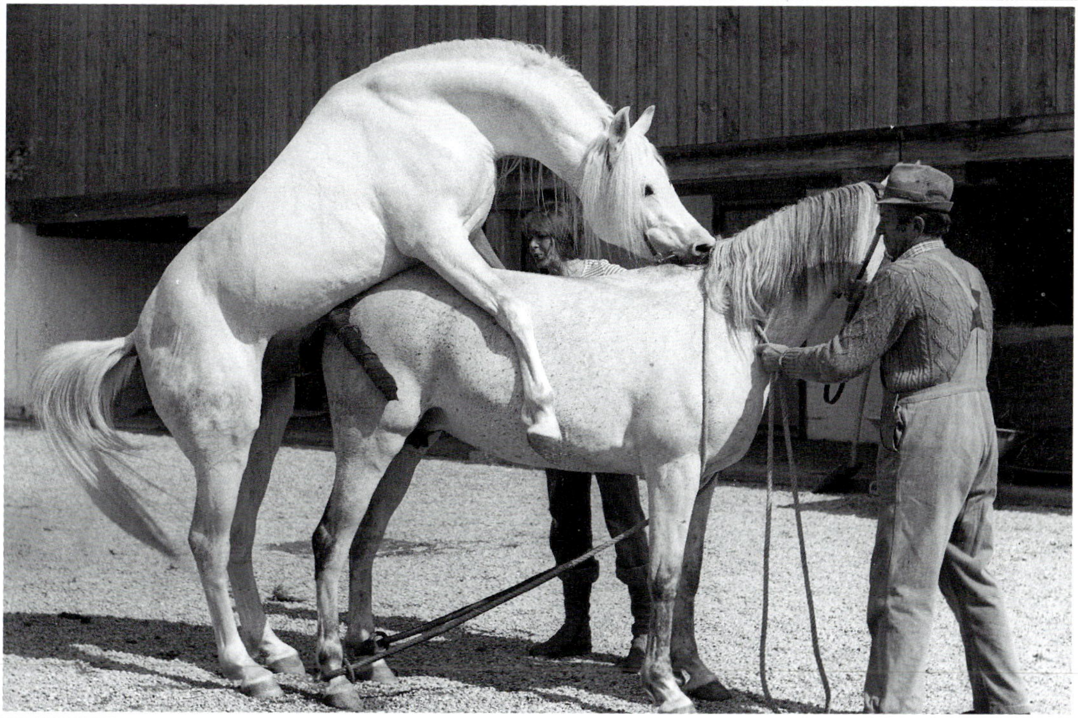 3

4
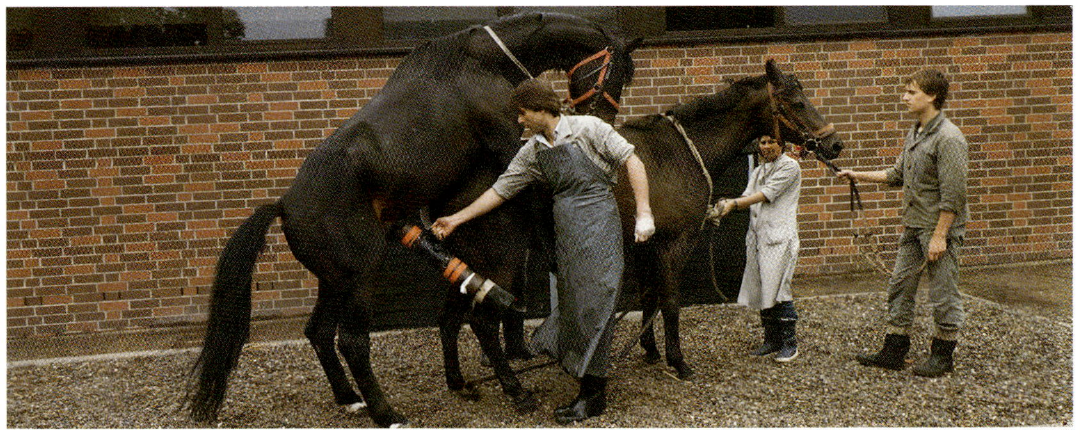
Samenentnahme beim Hengst mit Hilfe der künstlichen Scheide.

5

Harztropfen am Euter als Zeichen der bevorstehenden Geburt.

6
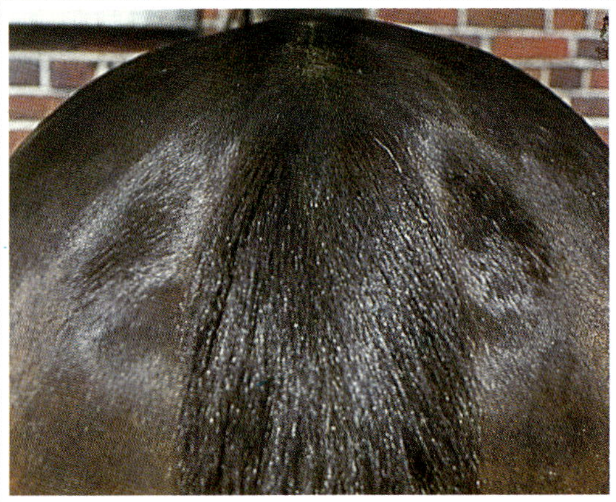
Eingesunkene Beckenbänder kurz vor der Geburt.

7

Herzleistungsbedingtes, sehr stark ausgeprägtes Bauchödem der hochträchtigen Stute.

8
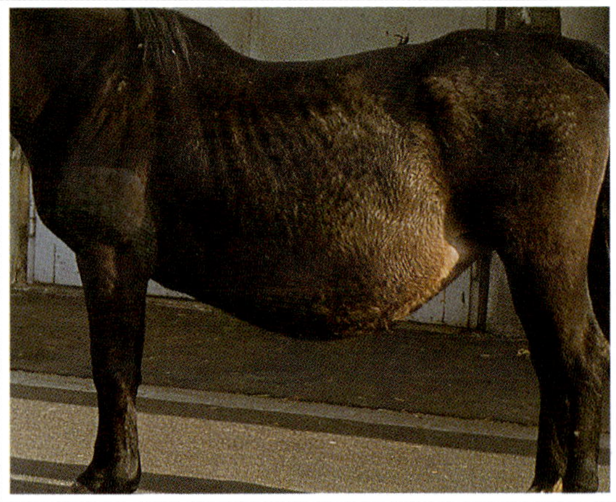
Schwächer ausgeprägtes, häufiger anzutreffendes Ödem an Unterbrust und Bauch.

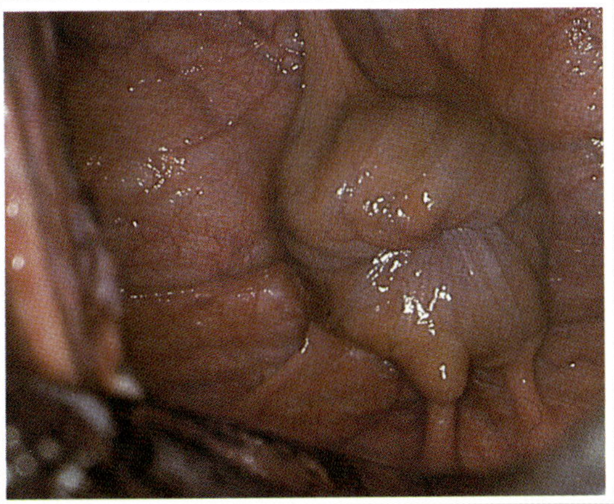

9

Gerötete, durchsaftete Schleimhaut bei rosettenförmigem, geöffnetem Muttermund (anlaufende Rosse).

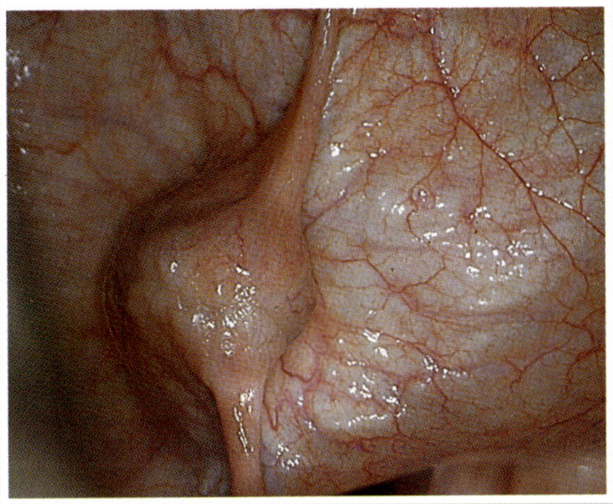

10

Klebrig trockene Schleimhaut bei zapfenförmig, fest verschlossenem Muttermund (Frühträchtigkeit).

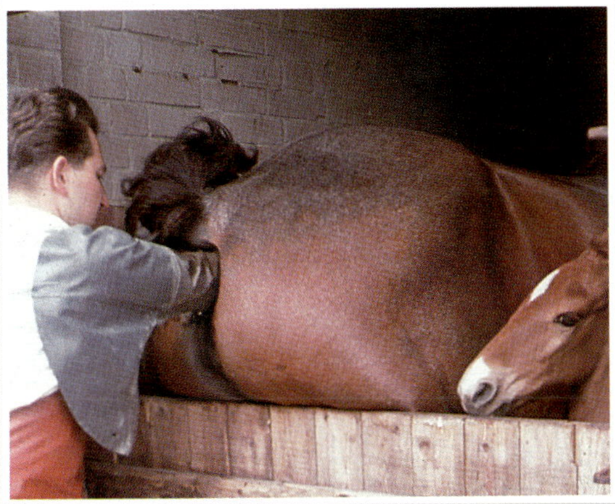

11

Untersuchung im Untersuchungsstand bzw. über eine Halbtür, die aber nicht höher als 115 cm sein darf.

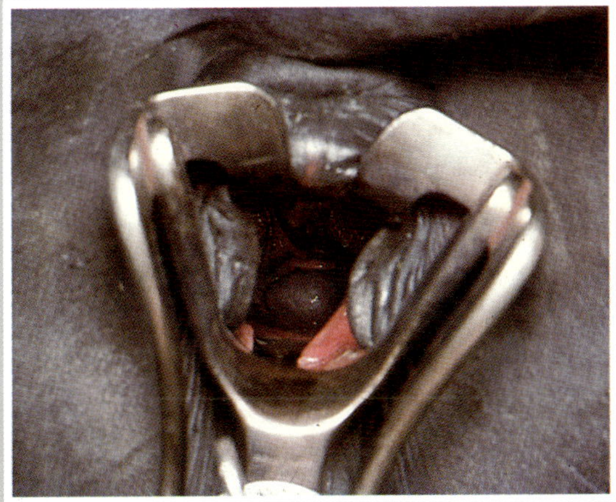

12

Frühabort am 26. Tag der Trächtigkeit. Die Frucht tritt durch den Muttermund in die Scheide über.

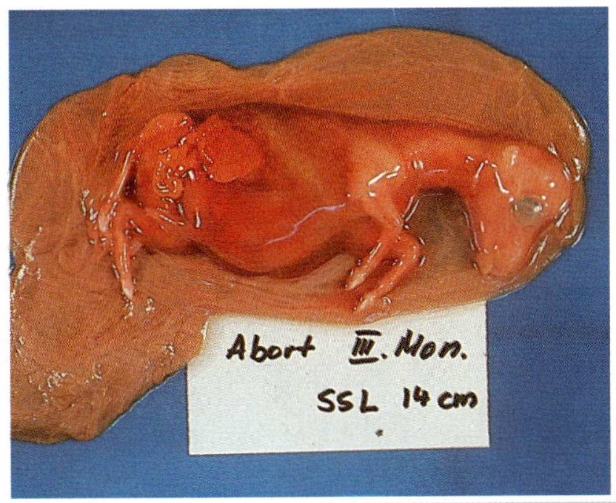

13

Frühabort im Bereich des 3. Trächtigkeitsmonats. Die Scheitel-Steiß-Länge des Fötus, als Maßstab für sein Entwicklungsstadium, beträgt 14 cm.

14

Spätabort im letzten Drittel der Trächtigkeit. So komplett werden Fohlen z. B. infolge einer Infektion mit dem Rhinopneumonitisvirus verworfen.

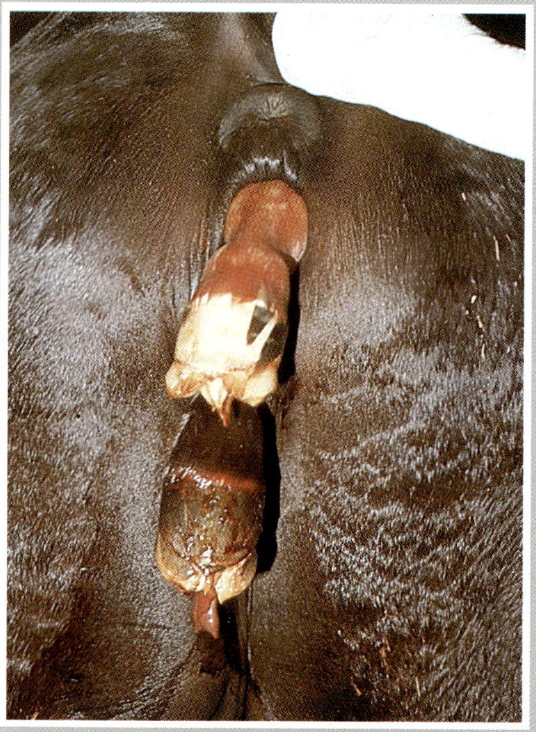
15

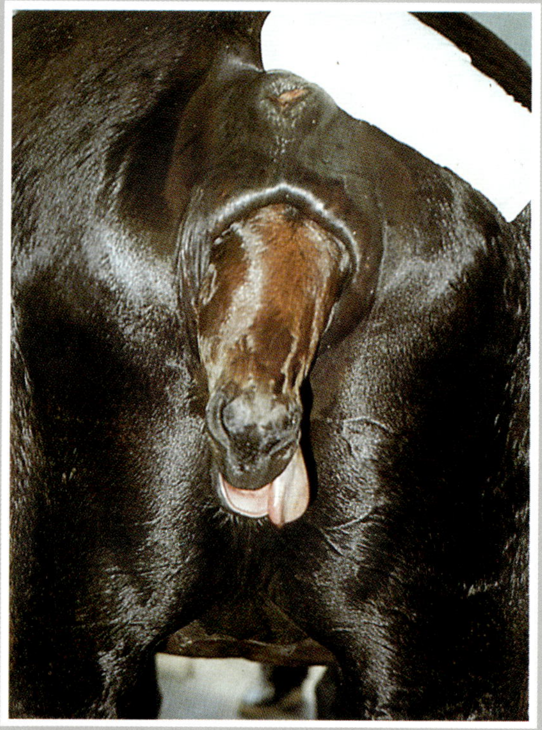
16

Die komplizierte Geburt. Kopf-Seitenhaltung des Fohlens: Die Vorderläufe treten allein durch den Geburtskanal (Abb. 15). Beidseitige Schulter-Beugehaltung: Nur der Kopf wird sichtbar (Abb. 16). In beiden Fällen ist tierärztliche Hilfe unumgänglich.

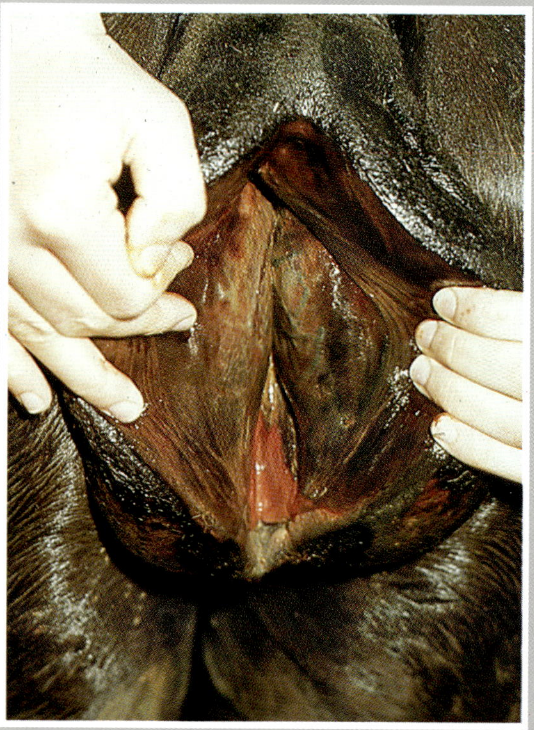
17

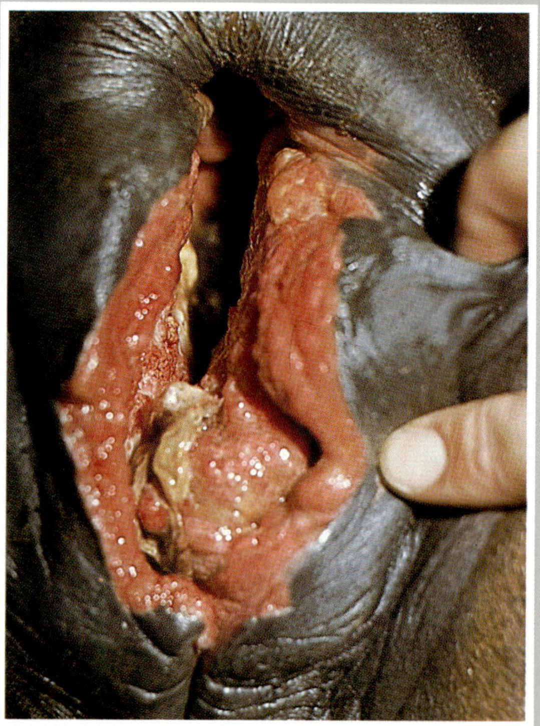
18

Geburtsverletzungen der Stute infolge komplizierter Geburt. Verletzung des Vorhofs und der Scheide (Abb. 17) und totaler Dammriß (Abb. 18).

19

Die Geburt ist beendet, die Nachgeburt geht ab.

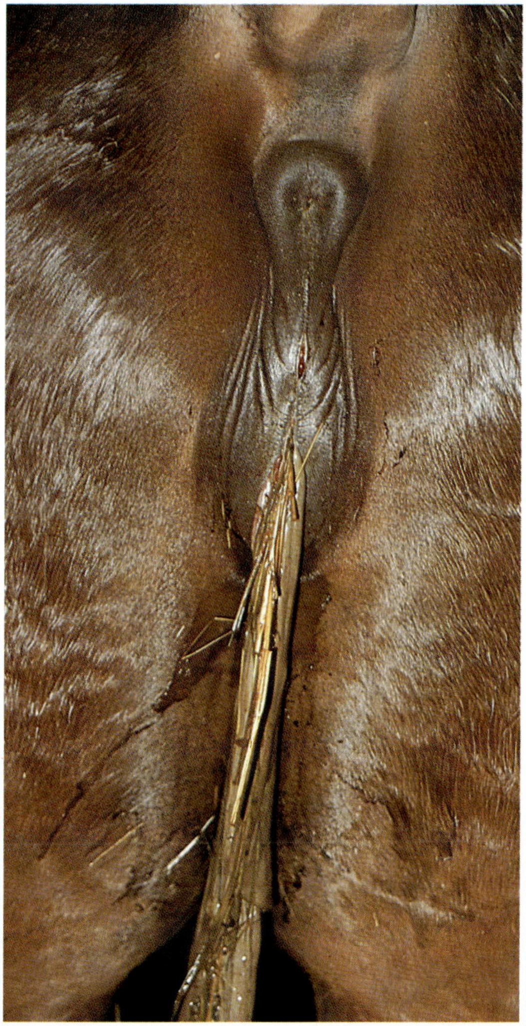

20

Nachgeburtsverhaltung, die zu gesundheitlichen Komplikationen führen kann.

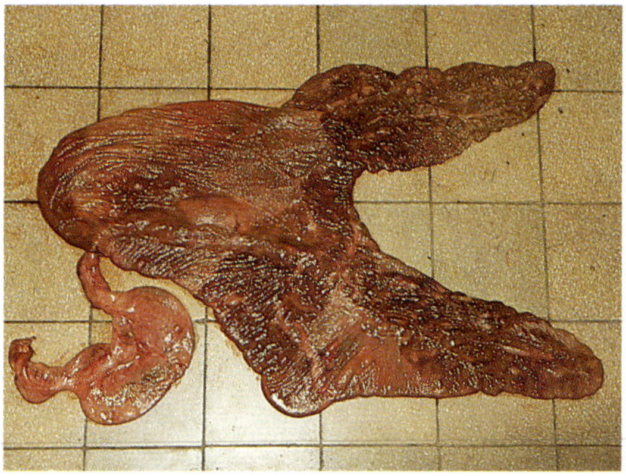

21

Komplett abgegangene Nachgeburt.

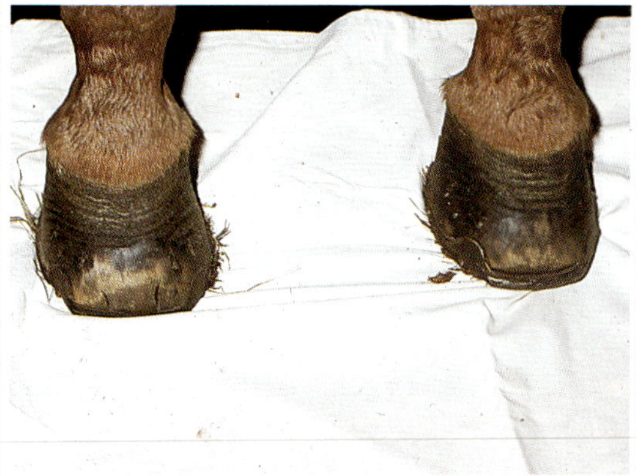

22

Hufrehe, z. B. als Folge einer Nachgeburtsverhaltung.

23 

 24

Der erste Saugakt, der das Fohlen mit lebensnotwendigen Schutzstoffen versorgt.

Das gesunde Fohlen in typischer, entspannter Schlafhaltung.

25 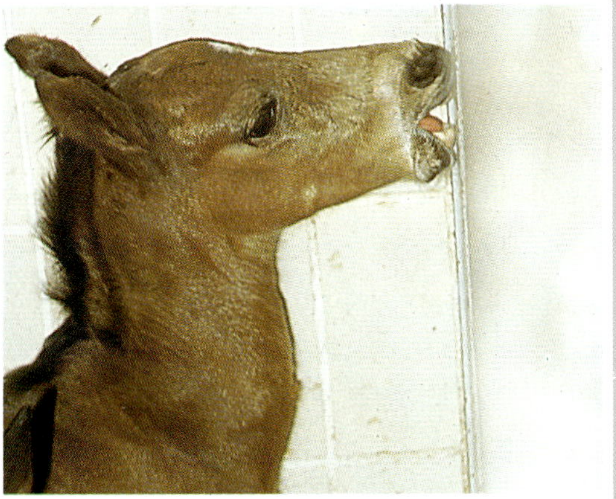

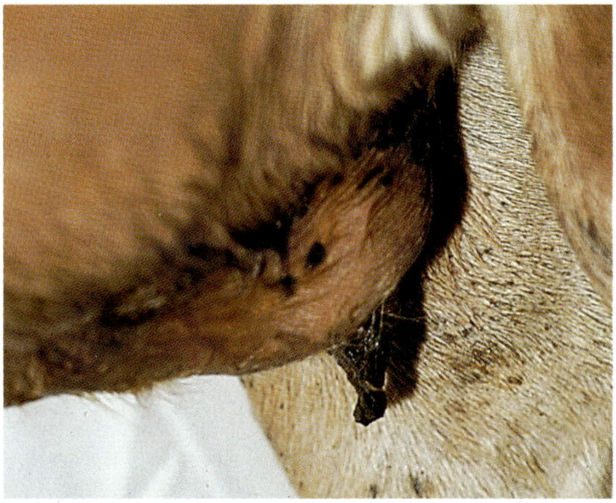 26

Fehlanpassungssyndrom. Das Fohlen orientiert sich nicht, beißt in Gegenstände, ist nicht ansprechbar.

Nabelentzündung, die Ursache lebensbedrohender Folgeinfektionen sein kann.

27 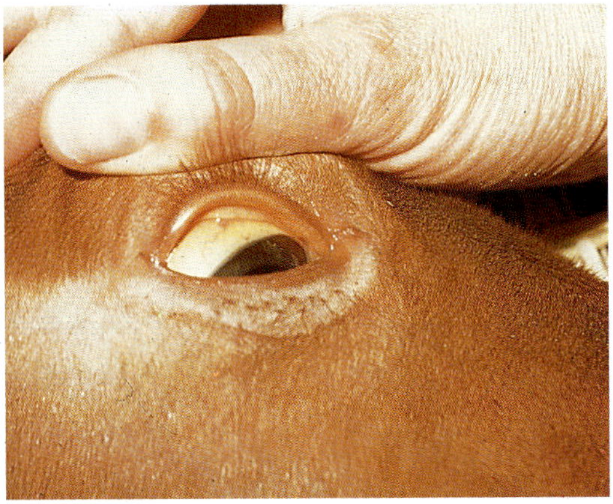

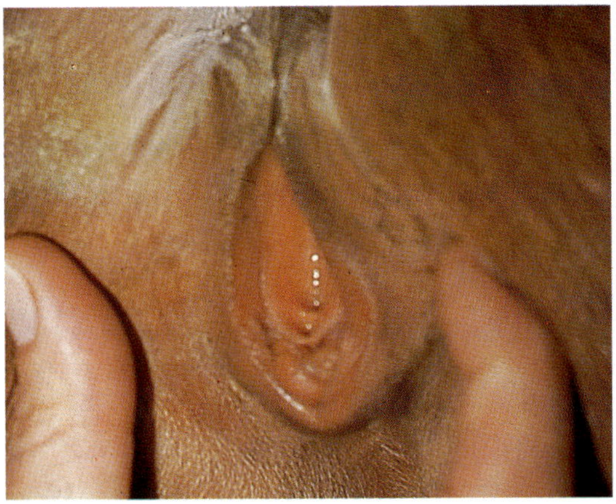 28

Neugeborenes Fohlen mit Gelbsucht auf Grund einer Blutgruppenunverträglichkeit. Nur an den Schleimhäuten der Körperöffnungen ist die infolge des Zerfalls roter Blutkörper eintretende Gelbfärbung deutlich zu erkennen.

Linke Bilderreihe: Septikämie (Fohlenlähme) des neugeborenen Fohlens.

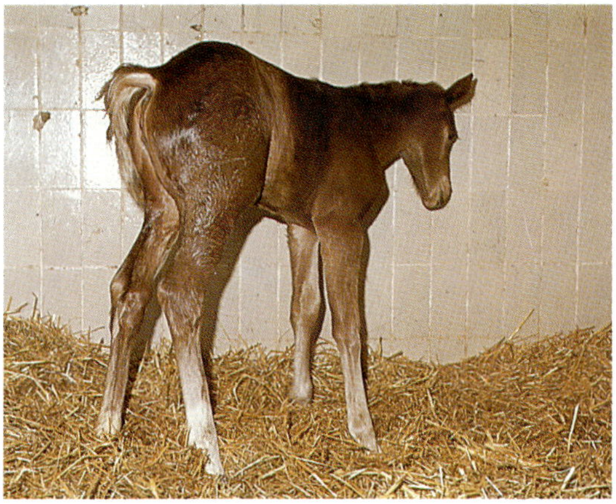

29

Entzündung des Kniegelenks.

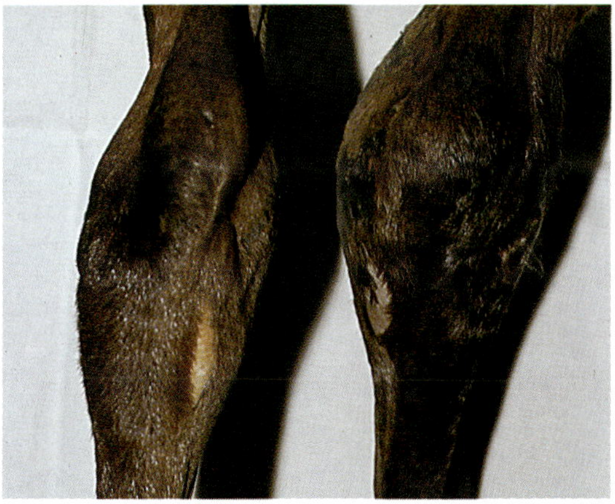

30

Entzündung der Sprunggelenke.

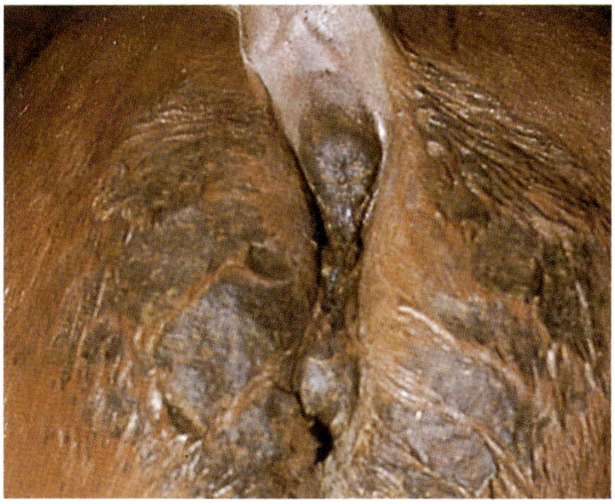

31

Bild des Durchfalls mit infektiöser Ursache.

Rechte Bilderreihe: Herpesvirus-bedingte Hornhautentzündung beim Fohlen.

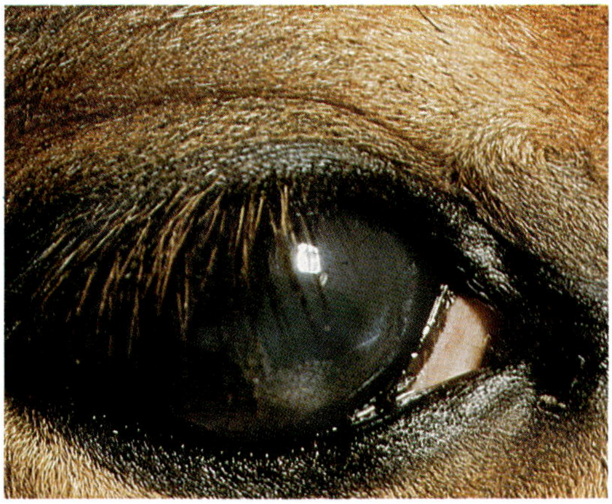

32

Grauweißer, punktförmiger Herd als erstes Symptom, meist mit Tränenfluß und Lichtscheue.

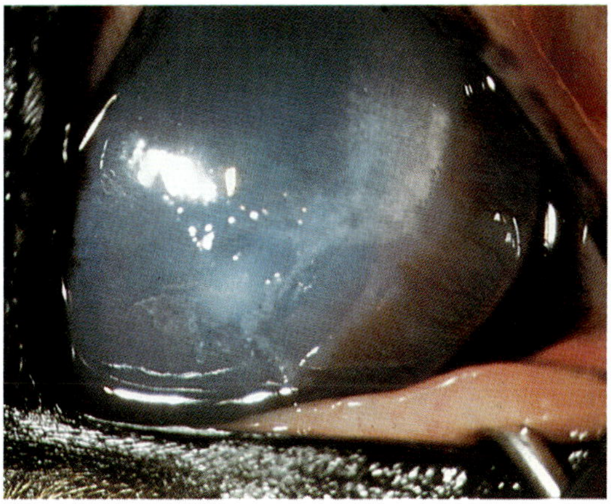

33

Unter dem Augenmikroskop erkennbare Zerstörung des Gewebes in diesem Bereich.

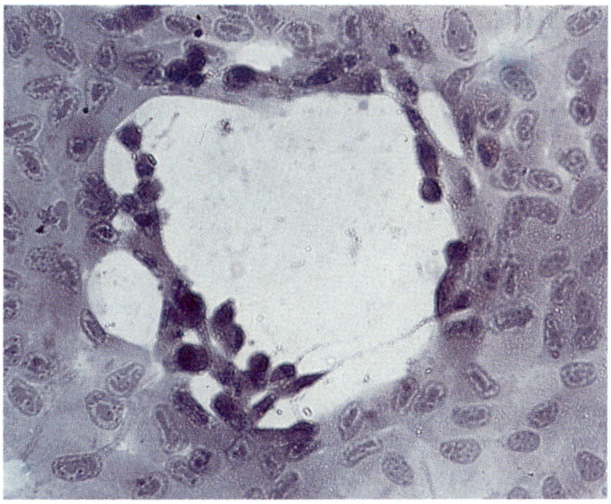

34

Die Wirkung des isolierten Virus ist in der Gewebekultur vergleichbar der im Auge: Zellzerstörung und Vermehrung des Erregers in den Zellkernen.

35

Eitriger Nasenausfluß des Absetzers nach Infektion der Atemwege.

36

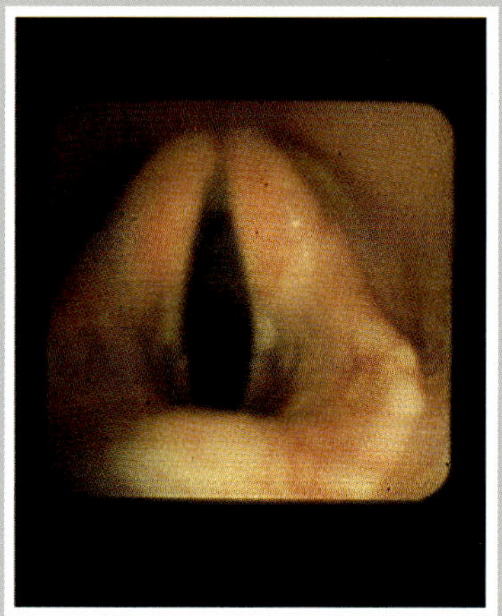

Der gesunde Pferdekehlkopf (Endoskopie).

37

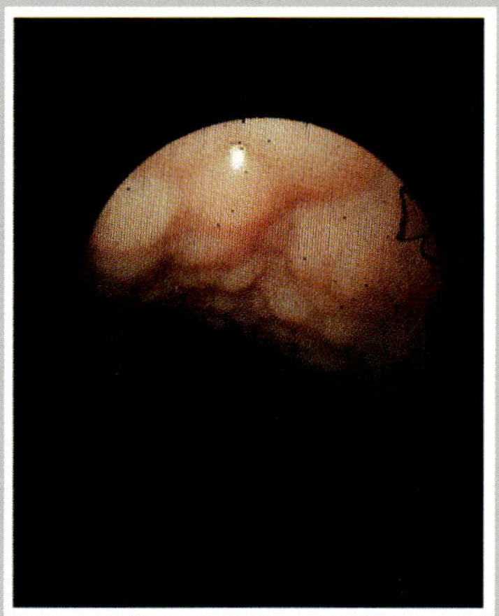

Die Schleimhaut des gleichen Kehlkopfes (Endoskopie) einige Tage nach Infektion des Pferdes mit Reoviren. Diese geschwollenen Lymphfollikel können die Ursache für Atemstörungen und Husten sein.

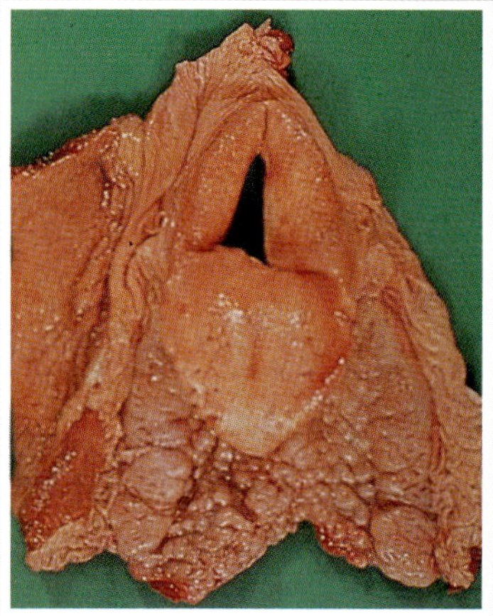

38

Der entzündete Kehlkopf im Sektionspräparat.

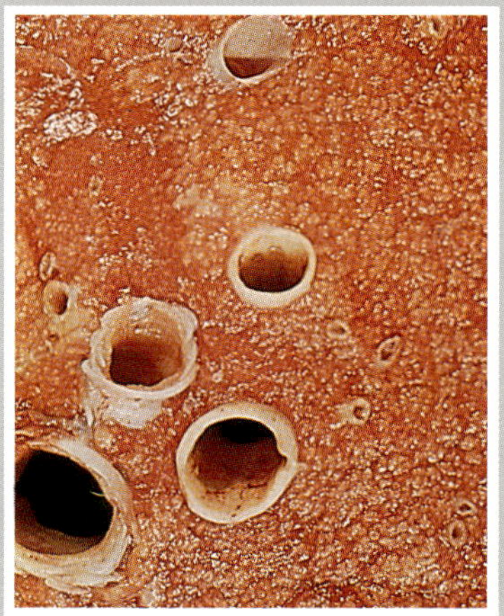

39

Virusentzündung um die Bronchien der Lunge (Sektionspräparat eines Bronchitispferdes).

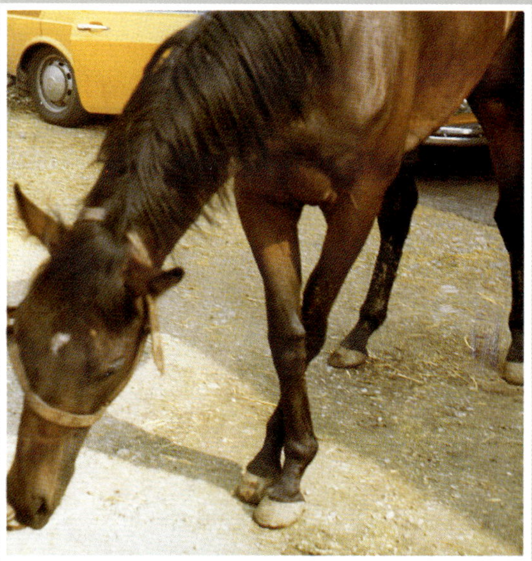

40

Ein Pferd mit zentralnervösen Erscheinungen, wie hier z. B. nach der Infektion mit Bornavirus zu sehen: gestörte Reflexe, gestörtes Sensorium, Depression.

Die Feinstruktur des Nervengewebes beim Pferd nach Rhinopneumonitisvirusinfektion des ZNS.

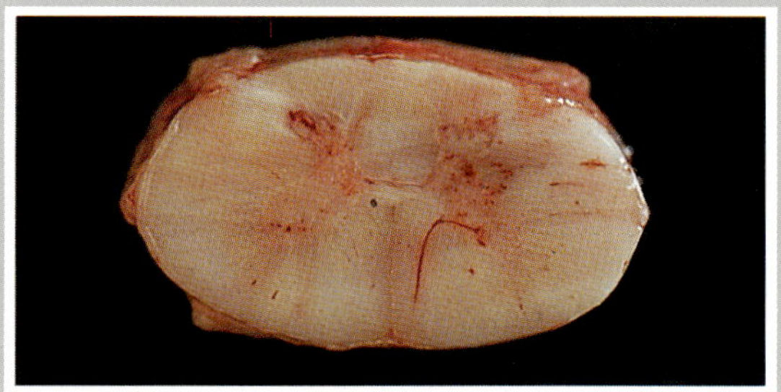

41

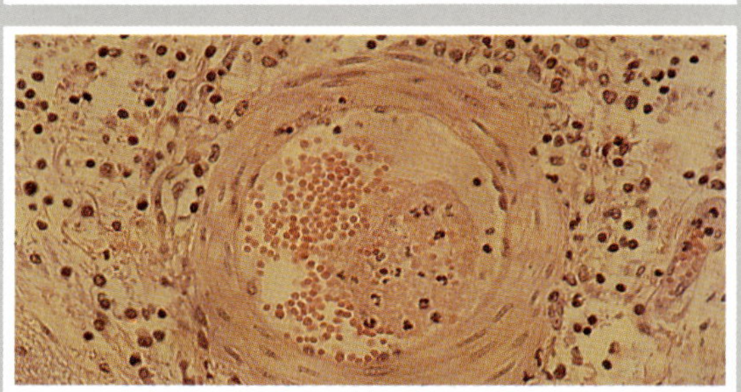

42

Blutungen im Rückenmark (Abb. 41), Gefäßentzündung in den Blutgefäßen des Markes mit Infiltration von Entzündungszellen (Abb. 42).

tionen möglich sind. So wissen wir, daß die das PMSG produzierenden Becherzellen womöglich noch weiter produzieren können, wenn die Frucht bereits abgestorben und resorbiert ist. Es resultiert dann ein falsch positives Ergebnis. Andererseits ist das Hormon nicht thermostabil. Wird eine solche Blutprobe z. B. bei warmen Temperaturen transportiert (Kofferraum nach Sonnenbestrahlung), dann kann es zum Abbau des Hormons und somit zu falsch negativer Aussage kommen. Vor irreversiblen Entscheidungen wie Verkauf oder Tötung sollte man daher insbesondere ein negatives hormonales Ergebnis durch die klinische Untersuchung überprüfen lassen.

Auf die Möglichkeit der Harnuntersuchung zur Ermittlung der Östrogene wurde bereits hingewiesen.

Progesteronfeststellungen im Blut können ebenfalls einen Hinweis auf Trächtigkeit geben. Da hier aber lediglich die Präsenz eines in Funktion befindlichen Gelbkörpers angezeigt wird, ist der Rückschluß auf die Trächtigkeit mit Unsicherheiten belastet. Der Progesteronspiegel läßt nämlich nicht erkennen, ob es sich um einen Trächtigkeitsgelbkörper, einen zyklischen Gelbkörper, einen persistierenden Gelbkörper oder den Gelbkörper einer Scheinträchtigkeit (*C. l. pseudograviditatis*), wie wir ihn nicht selten nach Fruchtresorptionen antreffen, handelt.

Die Fruchtbarkeit beeinflussende Faktoren

Die Fruchtbarkeit ist eine komplexe Leistung, zu der viele Faktoren beitragen und optimal zusammenwirken müssen. Als Voraussetzung seitens des Individuums seien das erblich bedingte Vorhandensein und die Ausbildung der Geschlechtsorgane, die hormonale Funktionsfähigkeit sowie die Anpassungsfähigkeit an Umweltbelastungen herausgestellt.

Die Umwelt muß durch die Fütterungs- und Haltungsbedingungen die Fruchtbarkeit begünstigen (siehe dazu auch das Kapitel »Möglichkeiten der praktischen Pferdefütterung«). Hinsichtlich der Fütterung sind grundsätzlich vier negative Einflußmöglichkeiten gegeben:

1. Überernährung (Mastkondition).
2. Unterernährung (Hungerkondition).
3. Einseitige Mängel (Karenzen hinsichtlich essentieller Aminosäuren, Vitamine (vor allem A, D, E), Mineralstoffe und Spurenelemente).
4. Gehalt des Futters an der Fruchtbarkeit abträglichen Substanzen (z. B. Pflanzenöstrogene).

Die *Mastkondition* spielt beim Pferd nicht die Rolle wie etwa beim Rind. Es gibt sogar Arbeiten, die eine positive Korrelation zwischen Nährzustand und Fruchtbarkeit ergeben. Es ist aber zu berücksichtigen, daß es zweifellos besonders leichtfuttrige Individuen gibt, bei denen die Fettsucht der Fruchtbarkeit abträglich ist.

Die *Hungerkondition* trifft man hierzulande in der Pferdezucht nur selten an. Dabei spielt meist weniger eine Unterernährung eine Rolle als Krankheitszustände, Parasitenbefall o. ä. Nur eine Beseitigung dieser Ursachen für die Abmagerung kann Abhilfe schaffen.

Einseitige Mängel in der Fütterung spielen beim Pferd ebenso wie das Vorhandensein *der Fruchtbarkeit abträglicher Stoffe* im Futter eine deutlich geringere Rolle als etwa beim Rind, das sich infolge seiner extremen Milchleistung meist in einer Grenzsituation befindet. Eine ausgewogene Ration, die den Energie-, Vitamin-, Mineralstoff- und Spurenelementebedarf der Tiere berücksichtigt, ist aber unbedingt anzustreben. Der für die meisten Zuchtpferde übliche Weidegang kann viele Fütterungsfehler korrigieren, aber keineswegs alle.

Hinsichtlich der *Haltungsbedingungen* sollte man nicht vergessen, daß das Pferd von seinem Ursprung her ein Steppentier ist. Entsprechend ist sein Bewegungsdrang sowie sein Luft- und vor allem auch Lichtbedarf. In diesem Zusammenhang sei hervorgehoben, daß die Verlängerung der Tageslichtdauer oder besser die Verkürzung der Nacht im Frühjahr Zeitgeber für den Eintritt der Sexualfunktionen beim Pferd ist. Derjenige Stall ist der beste, der sich in seinem Klima am wenigsten von dem der Außenwelt unterscheidet.

Besondere Aufmerksamkeit gebührt dem *Zuchtbetrieb*. Die Rosseerkennung ist eine Kunst. Nicht alle Stuten zeigen deutlich ihre Rossesymptome. Der Einsatz von Suchhengsten, die durch operative Ablenkung des Penis nach hinten zwar aufspringen, aber nicht decken können, hat sich bewährt. Ein solcher

Hengst, der gute Geschlechtslust haben muß, sucht sich auch die heimlich rossenden Stuten aus der Herde. Nicht selten kommen die Tiere beim Aufreiten zur Ejakulation, was der Erhaltung ihrer Geschlechtslust zuträglich sein dürfte. Auch zur Gewöhnung scheuer Maidenstuten an den Aufsprung bei der Paarung haben sich solche Hengste bewährt. Wo es sich einrichten läßt, sollte das Probieren derart vereinfacht werden, daß es mit wenig Personalaufwand und sicher durchzuführen ist. So hat sich z. B. eine Aufstallung des Probierhengstes in einer Boxe mit Außenklappe, an der alle zur Weide gehenden oder von der Weide kommenden Stuten vorbeigeführt werden, bewährt.

Die Follikelkontrolle, als wesentliche Hilfe zur Erkennung der Ovulation und damit des günstigsten Paarungszeitpunktes, wurde bereits hervorgehoben.

Schließlich sei noch die Durchführung der Paarung erwähnt. Es kommt dabei nicht nur darauf an, daß diese zum optimalen Zeitpunkt erfolgt, sondern es muß auch gewährleistet sein, daß der Hengst absamt. Äußere Beobachtung (Schweifnicken) ist von großer Wichtigkeit. Darüber hinaus sollte der gewissenhafte Hengstführer aber auch einen Finger von unten an die Harnröhre des Hengstes halten. Die starken, mit der Ejakulation einhergehenden Pulsationswellen sind dort deutlich zu fühlen. Im Zweifelsfalle ist der Hengst nach dem Absprung erneut an die Stute heranzuführen. Erigiert der Penis wieder innerhalb weniger Minuten, dann ist die Ejakulation des Samens ganz oder weitgehend ausgeblieben.

Störungen der Geschlechtsgesundheit

Mißbildungen und Unterentwicklungen des weiblichen Geschlechtsapparates, wie z. B. Infantilismus, kommen beim Pferd relativ selten vor und spielen daher praktisch kaum eine Rolle. Bei den sonstigen Störungen der Geschlechtsgesundheit empfiehlt sich eine Unterteilung in Störungen der Eierstocksfunktion sowie in Störungen der Schleimhautgesundheit.

Unter den wichtigsten *Störungen der Eierstockstätigkeit* sei zunächst die Funktionslosigkeit (*Azyklie*) herausgestellt. Im Winterhalbjahr kann die Funktionslosigkeit (ruhende Eierstöcke) als normale Erscheinung bei vielen Stuten angesehen werden. Bleibt sie aber bestehen, obwohl die entsprechenden Reize (Tageslichtdauer, Fütterung) auf das Tier einwirken, dann kann man versuchen, auf hormonalem Wege einen Anstoß zu geben. Im wesentlichen kann dies auf zwei verschiedenen Wegen geschehen: Einmal durch Verabreichung von sog. Releaserhormonen, die die Hypophyse zur Produktion gonadotroper Hormone (FSH) anregen sollen. Die Wirkungssicherheit dieser Behandlung beim Pferd ist aber nicht sehr groß. Vor allem muß das Releaserhormon wiederholt (pulsatorisch) oder als Implantat gegeben werden, wenn ein Erfolg erzielt werden soll. Der andere Weg ist eine sog. Blockadebehandlung. Durch Gestagene wird im Hypothalamus die Releaserhormonausschüttung blockiert, so wie das z. B. das Progesteron während seiner Wirkungszeit tut. Am Ende der Blockade hat sich dann körpereigenes Hormon aufgestaut, das nun zu verstärkter Ausschüttung führt. Man spricht von dem sogenannten Reboundphänomen. Beide Behandlungstypen sind unwirksam, wenn man nicht gleichzeitig bemüht ist, auch die Umweltverhältnisse günstig zu gestalten.

Von der »Stillen Brunst« (*Anaphrodisie*) wird gesprochen, wenn am Eierstock zwar ein Zyklus abläuft, die Hormonwirkung auf den Organismus aber zu schwach ist, um deutliche Rosseerscheinungen hervorzurufen. Regelmäßige Follikelkontrolle läßt oft den Follikelsprung erkennen und eine erfolgreiche Paarung veranlassen, da solche Stuten nicht selten in unmittelbarer Ovulationsnähe womöglich nur für Stunden die Paarung dulden. Man kann aber auch versuchen, in der Gelbkörperphase, die man durch Hormonuntersuchungen (*Progesterontiter*) feststellen kann, durch Prostaglandin eine Rosse zu provozieren. Vom dritten Tage nach der Behandlung an ist tägliche Follikelkontrolle angezeigt, um den Ovulationstermin nicht zu verpassen.

Nicht selten bleibt die Rosse aus, weil ein Gelbkörper sich nicht zurückgebildet hat und fortfährt, Progesteron zu produzieren (*Corpus luteum persistens* oder *pseudograviditatis*). Hier ist das Mittel der Wahl z. Z. Prostaglandin.

Von kleinzystischer Veränderung der Eierstöcke spricht man, wenn sich insbesondere in der Übergangszeit von Winterruhe zur normalen Aktivität auf den Eierstöcken mehrere kleinere Blasen bilden, aber kein führender Rossefollikel entsteht. Entweder sind die Stuten nicht rossig oder es kommt eine mitunter unklare Dauerrosse zustande. Behandlungen (z. B. Blockadebehandlung) helfen meist nicht viel. In der Regel normalisieren sich die Stuten spontan mit fortschreitender Jahreszeit (Weidegang). Mitunter kann eine solche Rosse aber auch zur Trächtigkeit führen, wenn einer der Follikel zur Reifung und Ovulation kommt.

Verzögerte Ovulation oder Follikelrückbildung sind nur durch regelmäßige Follikelkontrolle erkennbar. Im Zweifelsfall versucht man, durch den Einsatz von Prostaglandin möglichst nach vorheriger Bestimmung des Progesteronspiegels eine neue Rosse einzuleiten. Schließlich sind noch großzystische Degenerationen und Ovarsklerose zu nennen. Auch Haematome infolge exzessiver Ovulationsblutungen sowie Tumoren (Granulosazelltumoren) kommen auf den Eierstöcken vor. Bei einem definitiv veränderten Eierstock, d. h. wenn die Abweichung länger als zwei Monate bestehen bleibt, ist mit Wiederherstellung der Normalfunktion nicht mehr zu rechnen. Hier kommt die Entfernung des veränderten Eierstocks in Betracht. Nicht selten läßt sich dadurch die Fruchtbarkeit der Stute wiederherstellen.

Bei den *Erkrankungen der Genitalschleimhaut* stehen die Infektionen im Vordergrund (siehe dazu auch das Kapitel »Gesundheitsprobleme im Pferdebestand«). Mitunter ist aber die Frage offen, ob die Aggressivität der Keime oder die mangelhafte Abwehrbereitschaft der Schleimhaut zur Erkrankung führen. Das in Betracht kommende Keimspektrum ist aus Tabelle 1 ersichtlich.

Im Vordergrund stehen die β-hämolysierenden Streptokokken, die rund drei Viertel aller bedenklichen Keimgehalte ausmachen. Für die Entscheidung über eine Behandlung ist vor allem der klinische bzw. zytologische Zustand der Stute ausschlaggebend. Liegen keine drastischen örtlichen Krankheitserscheinungen vor, dann bevorzugen wir die systemische Bekämpfung der angetroffenen Keime, insbesondere wenn diese – wie die Streptokokken – mit Antibiotika angreifbar sind, die nur ein schmales Wirkungsspektrum aufweisen, wie beispielsweise Penicillin. Liegen örtliche Krankheitserscheinungen vor, dann ist meist eine Kombinationsbehandlung angezeigt, die aus einer örtlichen Anwendung, z. B. von kolloidalem Jod, und der parenteralen Gabe von Antibiotika besteht. Auch örtliche Behandlungsversuche mit heparinisiertem Blut (Eigenblut oder Fremdblut) sowie Blutplasma, Kolostrum o. a. werden gemacht, haben sich nach unserer Erfahrung aber nicht bewährt.

Tabelle 1

Bedingt krankmachender Keimgehalt in den Tupferproben der Herbstuntersuchungen 1961–1993 in der Vollblutzucht im nord- und nordwestdeutschen Raum

Gesamtzahl der untersuchten Stuten	n 15 949	%	%
Proben mit fakultativ pathogenem Keimgehalt	2 699	18,5	100
Davon:			
β-hämol. Streptokokken	1 955		~ 73
Klebsiellen	271		10
Hämolysierende und nicht hämolysierende E. Coli	241		9
Ps. aeruginosa	112		4
Hämolysierende Staphylokokken	62		2
Bordetellen	40		2

Im Zeitraum 1961–1988 wurden in jeweils weniger als 10 Fällen zusätzlich folgende Keime ermittelt: Corynebacterium equi, vergrünende Sc., Actionbacillus equuli, Hafnia, Bact. proteus, Mycoplasmen, Sproßpilze, Aspergillus Fumigatus, Mucor, Chlamydien, Micrococcus.
Teilweise wurden die Keime in Mischinfektionen angetroffen (ca. 10%).

Bei Keimgehalten, die nur auf sog. Breitbandantibiotika ansprechen, versuchen wir die örtliche Behandlung mit der Verabreichung von Präparaten zu kombinieren, von denen eine Steigerung der Abwehrbereitschaft des Organismus zu erhoffen ist, z. B. Farmetan®. Die Wiederherstellungsaussichten sind um so günstiger, je jünger die erkrankte Stute ist, je geringer die örtlichen Abweichungen sind und je weniger Breitbandantibiotika eingesetzt werden müssen.

Erkrankungen der Hengste sind relativ selten. Wenn die Auslese vor der Zulassung zur Zucht gewissenhaft erfolgte, ist in aller Regel mit guter Fruchtbarkeitsleistung zu rechnen. Mitunter treten Störungen des Paarungsverhaltens auf, die man aber nur behandeln sollte, wenn sicher ist, daß die Erkrankung erworben und nicht angeboren ist.

Genitalinfektionen bei Hengsten sind bei einigermaßen guter Überwachung der Zucht selten. Meist liegen nur äußere Besiedlungen vor, die keineswegs zum sofortigen Einsatz von Antibiotika führen sollten, da diese mitunter genau das Gegenteil dessen herbeiführen, was man erreichen wollte.

Im Jahre 1977 wurde in England ein bis dahin nicht bekannter Genitalinfektionserreger für das Pferd festgestellt. Die Erkrankung wurde als CEM'77 bezeichnet (**C**ontagious **E**quine **M**etritis), und für den Erreger führte man die Bezeichnung *Taylorella equigenitalis* ein. In der Bundesrepublik spielt dieser Keim praktisch keine Rolle. In einem Zeitraum von vier Jahren wurden nur 69 Fälle nachgewiesen, und in keinem Fall gab es Ausbreitungstendenzen.

Beim grenzüberschreitenden Verkehr mit Zuchtpferden sind die speziellen Anforderungen der Importländer zu beachten.

Störungen der Trächtigkeit

In jeder Phase der Trächtigkeit kann es zu deren Abbruch kommen. In den ersten drei Trächtigkeitsmonaten stehen die sog. Fruchtresorptionen im Vordergrund. Im weiteren Verlauf sind es vor allem die Verfohlungen, die den Züchter um seine Hoffnung bringen können. Von Fruchtresorption spricht man, wenn ein in der Gebärmutter abgestorbener Embryo nicht abgestoßen, sondern aufgelöst und über den Blutkreislauf abtransportiert wird. Da es sich um einen Vorgang im Körperinneren handelt, bei dem nichts nach außen tritt, ist er äußerlich nicht erkennbar. Vom dritten Trächtigkeitsmonat an kann eine Frucht nicht mehr derart spurlos verschwinden. Resorptionen sind nach dieser Zeit nicht mehr möglich.

Unter Abort (Verfohlung, *Abortus immaturus*) versteht man die vorzeitige Ausstoßung einer noch nicht ausgereiften und daher nicht lebensfähigen Frucht. Die Verfohlung ist abzugrenzen von der Frühgeburt (*Abortus praematurus*), bei der eine Frucht unter günstigen Bedingungen überlebensfähig wäre.

Der *embryonale Fruchttod*, der nach den Unterlagen aus der westdeutschen Vollblutzucht bei etwa 8% der ursprünglich tragenden Stuten zur *Resorption* führt, kann verschiedene Ursachen haben. Als Beispiele seien Chromosomenveränderungen, Gewebsverhärtungen der Gebärmutterwand, Mangelfütterung, Milchleistung oder hormonale Störungen bei der Mutter genannt. Auch von der Vaterseite stammende Einflüsse sind möglich.

Nach bisherigem Kenntnisstand gibt es leider keine sichere Maßnahme, um die Resorptionsrate zu senken. Eigene Versuche mit der Verabreichung von Schwangerschaftsfürsorgehormon an Fohlenstuten erweckten zwar anfänglich Hoffnungen (MERKT 1966 und 1968), konnten im weiteren Verlauf aber nicht bestätigt werden (MERKT 1975, STOLLA/LEIDL 1979). Nur die rechtzeitige Erkennung der Resorption bietet eine Möglichkeit, die Verluste zu verringern. Da die Stuten meistens nicht spontan umrossen, kann dies nur durch regelmäßige Kontrolle der Weiterentwicklung der Frühträchtigkeit geschehen. In der westdeutschen Vollblutzucht werden seit Jahren die Züchter dazu angehalten, im Monat Mai alle bis dahin festgestellten Frühträchtigkeiten auf ihren normalen Fortbestand zu überprüfen. Hat sich eine Fruchtresorption ereignet, dann wird versucht, die Stute wieder in Rosse zu bringen. Man gewinnt dadurch die Chance einer rechtzeitigen Nachbedeckung. Seit vielen Jahren werden 2–3% der endgültigen Trächtigkeiten durch solche Nachbedeckungen erzielt. Leider wird diese Chance von Warmblutzüchtern nur selten wahrgenommen. Statt eine rechtzeitige Kontrolluntersuchung anzustreben, läßt man es eher auf den Ausfall eines Zuchtjahres ankommen.

Tabelle 2

Verfohlungen, die gelegentlich der Herbstuntersuchungen 1968–1993 in der westdeutschen Vollblutzucht erfaßt wurden

	n	%	%	%
tragend	29 633	100		
verfohlt	1 936	6,5	100	
davon: *Zwillinge:*	730		38	
Infektionen	490		25	100
– Rhinopneumonitisvirus		190		39
– β-hämol. Streptokokken		109		22
– Colikeime		104		21
– Klebsiellen		15		3
– sonstige Infektionen (Pseudom. aeruginosa, Pilze, Actinobactillus, Hefen, Aeromonas, Yersinia enterolytica, Bordetella, Staph. aureus, Strept. viridans)		49		10
– Mischinfektionen (β-hämolysierende Streptokokken + Noc. + E. coli + Klebsiellen Klebsiellen + E. coli + Aeromonas + Pseudomonas E. coli + Pseudomonas)		23		5
Sonstige Ursachen	154		8	
– Mißbildungen				
– Organerkrankungen (Herz, Niere etc.)				
– Eihauterkrankungen				
– Traumen, Kolik etc.				
Keine bekannte Ursache	561		29	

Aborte können sich in jedem Stadium der Trächtigkeit ereignen. Vorwiegend treten sie in der zweiten Hälfte auf. Aborte im Frühstadium der Trächtigkeit sind nach unserer Erfahrung selten. Zwar besteht die Möglichkeit, daß eine solche Verfohlung der Beobachtung entgeht (Abb. 12 im Farbteil S. 739), die meisten Ausfälle während dieses Trächtigkeitsabschnittes werden aber durch Resorption verursacht. In der westdeutschen Vollblutzucht besteht seit über 30 Jahren Einsendepflicht für abortierte Fohlen, die von den Züchtern im allgemeinen sehr gewissenhaft befolgt wird. Betrachten wir die in 26 Zuchtjahren bei insgesamt 29 633 Trächtigkeiten registrierten Aborte (Tabelle 2), dann ergeben sich vier Gruppen, und zwar Zwillingsaborte mit fast 40%, Aborte unbekannter Ursache mit etwa 29%, Infektionen mit 25% (bei denen der Virusabort den Hauptteil ausmacht) sowie »sonstige Ursachen«, die mit 8% beteiligt sind (Abb. 13 + 14 im Farbteil S. 739). In der Warmblutzucht dürften die Verhältnisse etwas anders liegen. Ein genauer Vergleich ist leider nicht möglich, da dort keine Einsendepflicht besteht und somit meist nur »verdächtige« Fälle zur Untersuchung kommen. Immerhin dürfte aber der Zwillingsanteil deutlich geringer sein, da die Vollblutzucht hier ohne Zweifel den höchsten Anteil hält. Bemerkenswert ist indessen, daß die Ausfälle durch Zwillingsträchtigkeiten in der westdeutschen Vollblutzucht seit Einführung der Echographie in den Jahren 1983/84 rückläufig sind. Betrug der Anteil in der Zeit von 1967 bis 1983 2,7%, so konnte er für die Zeit von 1984 bis 1993 auf 1,7% gesenkt werden.

Die Aborte ohne feststellbare Ursache, die bei 29% der Gesamtzahl liegen, dürften vorwiegend auf hormonale Störungen im Sinne einer Unterversorgung mit dem Schwangerschaftsfürsorgehormon Progesteron zurückzuführen sein. Nicht selten versuchen Besitzer, solche Aborte mit irgendwelchen Umweltereignissen in Zusammenhang zu bringen, die kurz zuvor auf die Stute einwirkten. Sei es, daß die Stute gestürzt war, tierärztlich untersucht oder behandelt wurde oder eine Schrecksituation erlebte, wie sie z. B. im Rahmen militärischer Übungen (Tiefflug, Manöver) ausgelöst wurden.

Die Vollblutzüchter haben gelernt, daß solche Einwirkungen als Abortursache eine sehr untergeordnete Rolle spielen. Bei 1184 Verfohlungen wurde nur in 7 Fällen (0,6%) ein solches Ereignis als Abortursache vermutet. Das Pferd ist hinsichtlich der Abortgefahr nicht schlechter gestellt als andere Tierarten. WOHANKA konnte dies bereits 1961 nachweisen, als er bei einer namhaften Zahl von Stuten versuchte, die Trächtigkeit abzubrechen, und dabei die verschiedensten Einflußmöglichkeiten ausprobierte. Eine Arbeitsgruppe um STEPHAN (STEPHAN/HEUWIESER 1982, KRÜGER 1982, ERATH 1984) überprüfte den Einfluß bestimmter Flugereignisse (Tiefflüge) auf tragende und hochtragende Stuten. Dabei wurden die auf einer abgeschiedenen Waldweide gehaltenen Tiere plötzlichen Überflügen von Hubschraubern und Düsenflugzeugen ausgesetzt. Außer dem Fluglärm und der optischen Erscheinung wirkte dabei z. B. bei den Hubschraubern auch der erzeugte Luftstrom erheblich auf die Tiere ein. Bei den 20 im Versuch befindlichen Stuten konnte weder ein Abort ausgelöst werden, noch ergaben sich durch die begleitenden z. T. telemetrisch ausgeführten Untersuchungen des Kreislaufes und der Hormonlage im Körper Hinweise auf eine Gefährdung des Fortbestandes der Trächtigkeit.

Während die meisten Abortursachen als schicksalhaft hingenommen werden müssen, da keine brauchbaren Vorbeugemaßnahmen bestehen, gibt es bei den wichtigsten Ursachengruppen, nämlich den Zwillingsaborten und dem Virusabort, Möglichkeiten, die Verluste zu vermindern.

Unter Züchtern ist es kaum bekannt, daß rund 20% aller Trächtigkeiten beim Großpferd als Zwillingsträchtigkeiten beginnen. Zwischen dem 7. und dem 11. Tage der Trächtigkeit erfolgt aber in der Mehrzahl der Fälle (WOODS/GINTHER 1983) eine Reduktion auf eine Einlingsträchtigkeit. Der von den Autoren so genannte »Reduktionsfaktor« soll sicherer wirken, wenn die beiden Ovulationen, die zur Zwillingskonzeption führten, innerhalb von etwa 48 Stunden erfolgten. Bei größeren Abständen zwischen den beiden Ovulationen bleibt ein höherer Anteil der Zwillingsträchtigkeit bestehen. Da ohnehin der Großteil der ursprünglichen Zwillingsanlagen verschwindet und zudem die Doppelovulationen keineswegs immer sicher zu erkennen sind (BADER/MERKT 1984), erscheint es nicht sinnvoll, bei der Feststellung von zwei reifenden Follikeln auf die Bedekkung zu verzichten. Man sollte dagegen sein Augenmerk vermehrt auf die Frühträchtigkeit lenken und bei Erkennen einer Zwillingsträchtigkeit Gegenmaßnahmen einleiten. Das Auslassen einer solchen Rosse erschiene nach neueren Erfahrungen allerdings sinnvoll, wenn die Stute limitiert bis zur nächsten Rosse einem drastischen Futterabzug ausgesetzt würde, was offenbar die Tendenz zur Zwillingsovulation erheblich herabzusetzen vermag (MERKT/JÖCHLE 1993).

Ein solcher auf 10 bis 20 Tage begrenzter Hungerstreß kann auch zur Reduktion einer Zwillings- und so zu einer Einlingsträchtigkeit in den ersten 5 Wochen der Trächtigkeit führen (MERKT/JUNGNICKEL/KLUG 1982, VAN NIEKERK 1984). In etwa zwei Drittel der Fälle gelingt das. Sofern die Zwillinge getrennt in den Gebärmutterhörnern sitzen, bevorzugen wir das von Roberts 1982 empfohlene Verfahren, indem man versucht, eine der beiden Zwillingsanlagen vom Mastdarm her zu zerquetschen. Das sollte aber vor dem 30. Tage der Trächtigkeit geschehen, da sonst die Gefahr zu groß wird, daß die zweite infolge körpereigener Prostaglandinfreisetzung auch verschwindet. Die Reduktion auf ein Ein-

lingsfohlen gelingt mit einer Wahrscheinlichkeit von 80 bis 90% (MERKT/KLUG 1993).
Manche Autoren empfehlen die Einleitung eines Abortes in der Hoffnung, daß die nächste Rosse wieder einsetzt (nach unserer Erfahrung bleibt sie meist aus), und daß ihr nicht erneut eine Zwillingsträchtigkeit folgt.
Übrigens erlaubt die Echographie zwar mit hoher Wahrscheinlichkeit (über 90%), aber keineswegs mit Sicherheit die Früherkennung von Zwillingen, da je nach Lage der Fruchtsäckchen – z. B. in Form dicht aneinanderliegender Halbkugeln – eines der Beobachtung entgehen kann, zumal wenn nur einmal untersucht wird (MERKT/KLUG 1993).
Der Virusabort infolge der Infektion mit Pferdeherpesvirus Typ 1, der keine selbständige Erkrankung, sondern Symptom einer primären Erkrankung der Atemwege ist, kann durch eine vorbeugende Impfung bekämpft werden.
In der westdeutschen Vollblutzucht hat sich die Virusabortimpfung bislang ohne Zweifel bewährt. Der Stutenbestand der westdeutschen Vollblutzucht hat sich von 1967 bis in die achtziger Jahre mehr als verdoppelt. Die Ausfälle durch Virusabort sind aber keineswegs proportional angestiegen, da, 1968 beginnend, die Impfung (zunächst mit Prevaccinol® s. u.) eingeführt wurde, die bald etwa zwei Drittel des Bestandes erfaßte. MAYR (1975) stellte fest, daß die Virusabortfrequenz in dem verbleibenden ungeimpften Drittel der Bestände mit 1,52% mehr als viermal so hoch lag wie in den Impfbeständen, in denen sie damals 0,35% betrug. Ferner fiel auf, daß es in Beständen, die die Impfregeln genau beachteten, allenfalls zu vereinzelten Virusaborten und nicht mehr zu den von den Züchtern zu Recht gefürchteten Abortserien kam, die zuweilen fast einen ganzen Fohlenjahrgang dahinrafften.
Virusabortausbrüche (in ungeimpften Beständen), die nicht nur zu Fohlenverlusten, sondern auch zu Lähmungen und damit Verlusten von Stuten (und wahrscheinlich einem Hengst) führten, gaben Anlaß, die Virusabortimpfung in der westdeutschen Vollblutzucht seit 1984 obligatorisch zu machen. Näheres über die Impfung ist aus dem Kapitel »Gesundheitsprobleme im Pferdebestand« zu ersehen.

Künstliche Besamung und Embryotransfer

Künstliche Besamung

Obwohl das Pferd das erste Haustier gewesen sein dürfte, bei dem der Mensch sich um die Samenübertragung bemühte (arabisches Schrifttum aus dem 14. Jahrhundert nimmt bereits Bezug auf diesbezügliche Versuche), kam die Besamung beim Pferd sehr viel später zum routinemäßigen Einsatz als beispielsweise beim Rind. Biologische Gründe spielten dabei eine Rolle. So haben wir es beim Pferd mit einem außerhalb des Tierkörpers kurzlebigen Samen zu tun, dem bei der Stute eine sehr lange und variable Rossedauer gegenübersteht.
Die Besamung kann mit tiefgefroren konserviertem Samen oder mit Frischsperma ausgeführt werden. Die Samengewinnung erfolgt mit Hilfe einer künstlichen Scheide (Abb. 4 im Farbteil S. 738).
Die *Tiefgefrierkonservierung* im flüssigen Stickstoff bei – 196° C erlaubt es, den Samen unabhängig vom Brunstablauf bei der Stute bereitzuhalten (MERKT/KRAUSE 1966, MERKT/MATTOS/KLUG 1983). Nach dem gegenwärtigen Stand ist jedoch nicht der Samen aller Hengste tiefgefriertauglich, und die Abfohlrate liegt bei 50%. Die Zahl der aus einem Ejakulat zu gewinnenden Samendosen beträgt etwa ein Zehntel dessen, was beim Bullensamen möglich ist. Somit wird der Einsatz von Tiefgefriersperma beim Pferd kaum eine solche Rolle spielen können, wie das beim Rind der Fall ist. Das Verfahren stellt jedoch eine wertvolle Ergänzung zur natürlichen Paarung und auch zur Besamung mit Frischsperma dar. Zwei Beispiele seien herausgestellt:

1. Anlage von Samenbanken, um das Sperma besonders gefragter Hengste unabhängig von der Disposition des Hengstes, von Zeit oder Raum (Export!) verfügbar zu halten.
2. Bei Bestandserkrankungen (z. B. ansteckender Blutarmut, Virusabort o. ä.) können gewünschte Paarungen ausgeführt werden, ohne daß Stuten ihr Heimatgestüt verlassen.

Die Besamung mit *Frischsperma* gewinnt zunehmend an Boden, seit geeignete Verdünnermedien verfügbar sind, die die Befruchtungsfähigkeit nicht nur über Stunden, sondern sogar für Tage erhalten (KLUG 1994). Der Einsatz bietet vor allem zwei wesentliche Vorteile gegenüber der natürlichen Paarung:

1. Die Ausnutzung der Samenreserven insbesondere bei stark frequentierten Hengsten ist ungleich günstiger als beim natürlichen Sprung, bei dem nur ein kleiner Bruchteil des ejakulierten Spermas an den Zielort, den Eileiter, gelangt. Was hier an Samen natürlicherweise verlorenginge, kann sinnvoll für andere Stuten eingesetzt werden.
2. Jede Paarung geht mit der Einbringung von Keimen – darunter bedingt krankmachenden – in das weibliche Genitale einher. Beim Einsatz hygienisch gewissenhaft kontrollierter Vatertiere kann diese Gefahr, die immer wieder – zumal bei älteren Stuten – zu Genitalkatarrhen führt, ausgeschlossen werden.

Als Beispiel für den erfolgreichen Einsatz der Frischbesamung sei auf die Entwicklung im Landgestüt Celle hingewiesen (Abb. 7). Waren es 1986 noch 600 der rund 10 000 Stuten, für die Celler Hengste in Anspruch genommen werden, die der Besamung mit Frischsperma zugeführt wurden, so stieg diese Zahl kontinuierlich, und 1993 waren es fast 100%. Im gleichen Zeitraum steigerte sich die Fruchtbarkeit von 62,8% registrierter Fohlen nach natürlicher Bedeckung auf 67,1% seit Einführung der Besamung (Abb. 8). Die Besamungsergebnisse sind um so besser, je sicherer die Rosse und vor allem die Ovulation erkannt wird. Das Celler System hat sich bewährt, wo die Stuten zu Besamungszentren gebracht werden, auf denen Probierhengste zur Verfügung stehen.

Embryotransfer

Unter Embryotransfer versteht man die Übertragung eines jungen Keimlings aus der Gebärmutter eines Spendertieres in die Gebärmutter einer Empfängerin, deren Geschlechtszyklus zu dem der Spenderin synchron verlaufen muß. Zwischen Entnahme und Einpflanzung bedarf es behutsamer Aufbewahrung und Behandlung des Keimlings, um die Entwicklungsfähigkeit nicht zu beeinträchtigen.

Es ist bereits möglich und beim Rind nahezu Routine, Keimlinge einzufrieren, um sie derart über längere Zeiträume entwicklungsfähig zu halten. Dies spielt vor allem beim internationalen und besonders interkontinentalen Austausch von Genmaterial eine bedeutende Rolle.

Der Embryotransfer beim Pferd befindet sich noch im Versuchsstadium. Eine besondere Schwierigkeit besteht darin, daß bislang bei Stuten im Gegensatz zum Rind keine sogenannte Superovulation hervorgerufen werden kann, bei der es zur Freisetzung von mehr als 1 oder 2 Eizellen in einer Brunst kommt, da der Eierstock weitgehend von einer festen Kapsel umhüllt wird. Dadurch ist das Verfahren natürlich erheblich teurer, als wenn man die Unkosten wie beim Rind auf 10 oder mehr Embryonen verteilen kann. Trotz der großen Schwierigkeiten wird an den einschlä-

Abb. 7 Entwicklung der Samenübertragung Landgestüt Celle (nach E. KLUG)
n [× 1000]

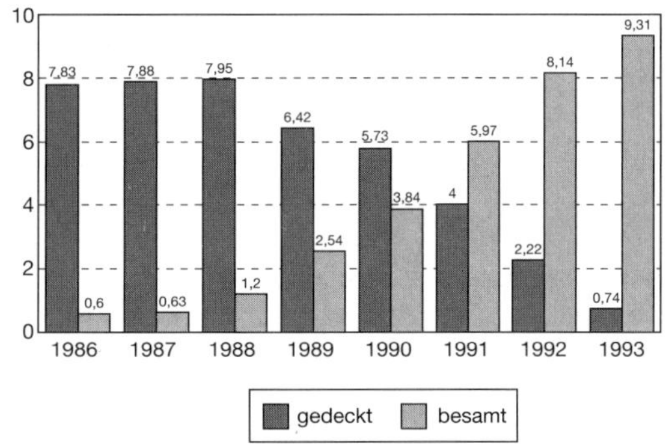

Abb. 8 Vergleich der Abfohlraten aus Bedeckung und Besamung im Landgestüt Celle von 1986–1991 (nach E. KLUG)

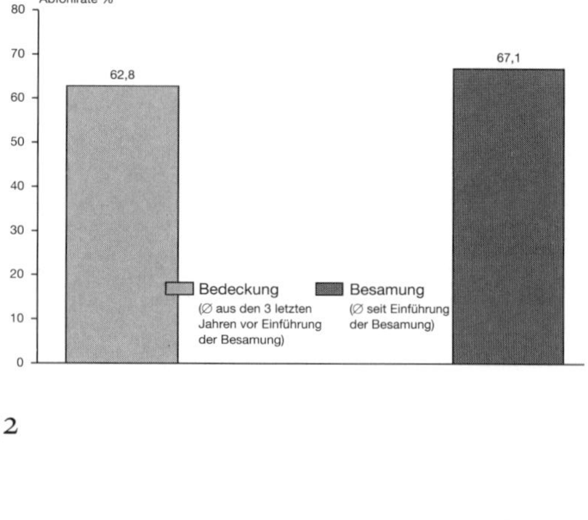

gigen Fragen gearbeitet, und in Hannover wurde 1988 bereits ein Fohlen geboren, das vor der Übertragung in die Ammenstute als 6-Tage-Embryo 18 Tage bei −196° C eingefroren war (BADER et al. 1988). Bis zur Praxisreife des Verfahrens, das als wichtige Voraussetzung auch die Erarbeitung von Möglichkeiten der in-vitro-Fertilisation beim Pferd beinhaltet, dürfte es aber noch ein längerer Weg sein.

Überwachung der Fortpflanzung und praktische Hinweise für die Zuchtbetreuung

Fortpflanzungsüberwachung

Wie das Beispiel der westdeutschen Vollblutzucht beweist, läßt sich eine hohe Fruchtbarkeitsrate in der Pferdezucht auf lange Sicht nur durch eine intensive tierärztliche Überwachung erreichen. GÖTZE führte 1947 ein seither bewährtes Verfahren ein, das auf zwei Säulen steht.

Kernstück ist die sog. Herbstuntersuchung, bei der regionale Sachverständige den gesamten Zuchtbestand im Herbst begutachten, also zu einem Zeitpunkt, an dem das Ergebnis der vorausgegangenen Paarungssaison feststeht und noch Zeit genug bleibt, Tiere mit Problemen auf die nächste Paarungssaison vorzubereiten. Die zweite Säule ist die Überwachung während der Paarungssaison, die in der Hand der jeweiligen Gestütstierärzte liegt, welche sich im Bedarfsfalle mit den regionalen Sachverständigen in Verbindung setzen. Im Zuge der Herbstuntersuchung werden alle Hengste und Stuten aufgrund des Untersuchungsergebnisses in Fruchtbarkeitsklassen eingestuft (Tabelle 3 und 4).

Die Hengste werden klinisch auf Veränderungen an den Geschlechtsorganen untersucht. Darüber hinaus erfolgt die Berechnung des erzielten Befruchtungshundertsatzes. Klinisch unbedenkliche Hengste, von denen mehr als 70% der anzurechnenden Stuten tragend sind und bei denen kein Verdacht auf die Übertragung von Genitalinfektionen besteht, werden in die Fruchtbarkeitsklasse I eingestuft. Für Hengste, die die Fruchtbarkeitsklasse I nicht erreichen, ist eine eingehende Untersuchung mit Einschluß der Samenentnahme vorge-

Tabelle 3
Fruchtbarkeitsklassen für Hengste

Fruchtbarkeitsklasse I
Wenn die Befruchtungsziffer der anzurechnenden Stuten 70% und darüber beträgt und weder die Geschlechtsorgane noch der Samen Anlaß zu Bedenken geben.

Fruchtbarkeitsklasse II
Wenn die Befruchtungsziffer der anzurechnenden Stuten zwischen 50 und 70% liegt und weder die Geschlechtsorgane noch der Samen Anlaß zu Bedenken geben.

Fruchtbarkeitsklasse III
Wenn die Befruchtungsziffer der anzurechnenden Stuten unter 50% liegt und weder die Geschlechtsorgane noch der Samen Anlaß zu Bedenken geben.

Fruchtbarkeitsklasse IV
Wenn die Befruchtungsziffer der anzurechnenden Stuten unter 50% liegt und der Zustand der Geschlechtsorgane und/oder des Samens Anlaß zu Beanstandungen gibt.

Fruchtbarkeitsklasse V
Wenn die Befruchtungsziffer unter 25% liegt oder wenn selbst bei noch befriedigender Befruchtungsziffer – unabhängig von der Zahl gedeckter Stuten – erhebliche Bedenken hinsichtlich des Zustandes der Geschlechtsorgane und/oder des Samens bestehen, beziehungsweise eine Infektionsgefahr mit krankmachenden Keimen besteht.

Tabelle 4
Fruchtbarkeitsklassen für Stuten

Gruppe I Tragende Stuten und Maidenstuten ohne klinische oder bakteriologische Bedenken.	70–100% Fruchtbarkeitsaussicht
Gruppe II Stuten ohne klinische oder bakteriologische Bedenken, die 1 Jahr güst geblieben sind.	50–70% Fruchtbarkeitsaussicht
Gruppe III Stuten ohne klinische oder bakteriologische Bedenken, die mehr als 1 Jahr güst sind, sowie Stuten der Gruppe IV bzw. V nach Abheilung.	25–50% Fruchtbarkeitsaussicht
Gruppe IV Stuten, die klinisch Krankheitserscheinungen zeigen oder bakteriologisch bedenklich sind.	0–25% Fruchtbarkeitsaussicht
Gruppe V Stuten, die wegen erheblicher klinischer Krankheitserscheinungen oder aus anderen Gründen keine Aussicht auf Wiederherstellung mehr bieten.	fast 0% Fruchtbarkeitsaussicht

sehen, bevor sie zur Bedeckung freigegeben werden können. Ferner sind von allen Hengsten vor Beginn der Paarungssaison Vorsekretproben bzw. Penisabstriche auf bedenklichen Keimgehalt (einschl. CEM) zu untersuchen.
Stuten der Fruchtbarkeitsgruppe I und II sind zur Bedeckung freigegeben, falls zwischenzeitlich keine Veränderung (Erkrankung, Schwergeburt o. ä.) eingetreten ist. Stuten der Gruppe III sind vorsorglich noch einer Kontrolluntersuchung zu unterziehen, und Stuten der Gruppen IV und V dürfen nicht gedeckt werden, falls nicht nachgewiesen ist, daß die Geschlechtsgesundheit wiederhergestellt werden konnte.
Innerhalb von 3 Jahren gelang es in der Vollblutzucht, die Trächtigkeitsrate von 54% auf über 70%, teilweise sogar 80% zu steigern. In der Landespferdezucht konnte da, wo man sich an diesem Modell orientierte und ein vergleichbares Verfahren in an die anderen Verhältnisse angepaßter Form einführte, die Fruchtbarkeit im letzten Jahrzehnt – wie das Beispiel der Hannoverschen Zucht zeigt (FLÜGE 1984) – um etwa 8 Prozentpunkte verbessert werden (s. o.).
Bei der Überwachung während der Paarungssaison steht die Follikelkontrolle durch den Gestütstierarzt im Vordergrund. Allein dadurch ist die Fruchtbarkeit vor allem bei vielbeschäftigten Hengsten deutlich zu steigern. Darüber hinaus sind alle Frühträchtigkeiten möglichst in etwa zweiwöchigen Abständen auf ihren normalen Fortbestand zu überprüfen. Resorptionen lassen sich so rechtzeitig genug erkennen, um Versuche zu ermöglichen, die Stute wieder in Rosse zu bekommen. In allen Verdachtsfällen (gehäuftes Umrossen oder Krankheitserscheinungen an den Stuten oder dem Hengst) sind entsprechende Untersuchungen und Abwehrmaßnahmen einzuleiten. Ferner gehört die Aufstellung eines Impfplanes und dessen Einhaltung zur Gestütsbetreuung wie auch individuelle Maßnahmen, z. B. Feststellung der Bluteigenschaften von Hengst und Stute, falls etwa Verdacht auf hämolytischen Ikterus bei Fohlen auftritt. Die Überwachung der Fohlengesundheit, beginnend bei der Geburtshygiene über die Feststellung des Antikörpergehaltes im Fohlenblut nach der Aufnahme des Kolostrums (z. B. Cite Test®), Anlegen von tiefgefrorenen Kolostrumreserven, Blutplasmareserven (vorzugsweise von Wallachen, die noch nie eine Blutübertragung erhalten haben) etc., vervollständigen den Verantwortungsbereich des Gestütstierarztes (siehe dazu auch das Kapitel »Gesundheitsprobleme im Pferdebestand«).

Sicherung von Stuten und Hengsten zu Untersuchungen oder zum Decken

Als Grundsatz sei der § 1 der Straßenverkehrsordnung (alte Fassung) zitiert, demzufolge jeder sich so zu verhalten hat, daß *niemand gefährdet oder mehr als nach den Umständen unvermeidbar behindert oder belästigt wird.* Dies gilt auch für das Pferd, bei dem man Zwangsmaßnahmen auf das Maß reduzieren sollte, das zur Wahrung der Sicherheit unabdingbar ist.
So macht zum Beispiel die Zuchtüberwachung häufige rektale Eingriffe bei Stuten erforderlich. Dieser Eingriff ist nicht schmerzhaft und die Tiere lassen sich erfahrungsgemäß leicht daran gewöhnen. Bei sensiblen Stuten können übertriebene Zwangsmaßnahmen sogar störend wirken, da sie erregt werden und verspannt sind, während man zur raschen und gefahrlosen Untersuchung ein entspanntes und die Untersuchung möglichst gelassen duldendes Tier braucht. Jede Erregung fördert die Peristaltik. Wenn z. B. Stuten Spannstricke nur im Zusammenhang mit dem Deckgeschäft kennen, dann kann diese Maßnahme ein Tier bereits erregen. Hat sich eine nervöse Vollblutstute erst einmal in den Stricken verfangen, kann eine solche im Prinzip gut gemeinte Maßnahme mehr schaden als nützen.
Was das Anlegen der Nasenbremse betrifft, so soll dies nach neueren Untersuchungen mit Akupunktur vergleichbar sein. Wenn es erforderlich erscheint, dürfen keine Hemmungen bestehen, eine Nasenbremse anzulegen. Nicht sinnvoll wäre es jedoch, auch das tolerante Tier vor jeder Untersuchung mit der Nasenbremse zu bestrafen. Manchmal sind die Tiere so verspannt, daß man erst nach Lösen der Bremse gefahrlos untersuchen kann. In anderen Fällen führt die Bremse zur Entspannung. Man sollte sich also auf das jeweilige Tier einstellen. Natürlich sind auch die Helfer zu berücksichtigen, und leider muß nicht selten das Pferd für Unzulänglichkeiten der Menschen büßen.

Manche Tiere dulden die Nasenbremse überhaupt nicht und werden durch Versuche, diese anzubringen, derart »aufgedreht«, daß die Untersuchung von vornherein erschwert wird. In solchen Fällen hilft mitunter die Unterlippenbremse, mit deren Anwendung man aber sehr zurückhaltend sein soll. Dies muß die ultima ratio bleiben.

Optimal ist ein Untersuchungsstand, wie er in vielen Gestüten vorhanden ist. Dieser sollte aber so bemessen sein, daß eine Fohlenstute mit ihrem Fohlen im Stand Platz hat. Wenn das Fohlen aus einer in Hörweite befindlichen Box ruft, ist nur ausnahmsweise bei der Stute die zur Untersuchung erforderliche Gelassenheit gegeben. Meist sind solche Untersuchungsstände nach hinten durch eine Klappe verschlossen (Abb. 11 im Farbteil S. 739), deren Oberkante nicht höher als 115 cm sein darf. Auch sollte diese am besten abgepolstert sein, damit der Oberarm des Untersuchers nicht gefährdet wird, wenn das Tier einmal plötzlich niedergeht. Besser als eine Klappe ist ein Gurt als hinterer Abschluß, falls dieser (ggf. durch Ausbindung der Stute an entsprechende Ringe) in die Kniekehle zu liegen kommt. Über eine Klappe kann eine Stute ohne weiteres hinwegschlagen, über einen solchen fest anliegenden Gurt dagegen nicht.

Als einfachste und keineswegs gefahrenträchtige Maßnahme gehen wir bei Vollblutstuten vorzugsweise so vor, daß die Stute für Linksuntersucher mit der linken Seite und für Rechtsuntersucher mit der rechten Seite an eine Wand in der eigenen Boxe gestellt wird. Hinter der Stute dürfen sich selbstverständlich keine gefährlichen Einrichtungen (z. B. Gitterstäbe, zwischen die sich beim Ausschlagen ein Huf verklemmen könnte) befinden. Ein Helfer sichert die Stute am Kopf möglichst mit Steiggebiß oder Trense, gegebenenfalls auch mit der Bremse. Der Kopf soll zu der Seite des Untersuchers gestellt sein. Ein zweiter Helfer steht neben der Mittelhand, hält sich mit einer Hand in der Mähne fest und sichert mit der anderen den Schweif. Dabei sollte er sich fest gegen das Tier lehnen und es dadurch an die Wand drücken. Der Untersucher nimmt hinten seitlich der Stute Aufstellung und stützt sich mit der freien Hand gegen den Hinterschenkel ab. So bleibt er stets außer Reichweite der Hinterbeine. Ist die (gut eingeschleimte) Hand in das Rektum eingeführt, dann kann man auch einmal hinter das Pferd treten, da jetzt die Stute »blokkiert« ist und kaum zu Abwehrbewegungen neigt (was auch bei in die Scheide eingeführtem Spekulum in der Regel der Fall ist); darüber hinaus erfühlt die im Körperinneren befindliche Hand des aufmerksamen Untersuchers rechtzeitig Gemütserregungen des Tieres, um darauf reagieren zu können. Ist die Armlänge des Untersuchers im Verhältnis zur Größe der Stute zu kurz, dann kann eine erhöhte Aufstellung hilfreich sein.

Hat die Stute ein Fohlen bei Fuß, dann sollte es sich möglichst zwischen der Stute und der Wand befinden. Das Fohlen, das durch den ungewohnten Besuch in der Box meist aufgeregt wird, fühlt sich dann versteckt und geborgen, was auf die Stute ebenfalls besänftigend wirkt.

Zum Decken darf die Stute nur dann ungesichert vorgestellt werden, wenn sie sehr gut roßt und keine Abwehrbewegungen gegen den Hengst zu erwarten sind. Zur Sicherung sollten die Nasenbremse sowie Spannstricke oder Filzschuhe für die Hinterhufe verfügbar sein (s. Abb. 3 im Farbteil S. 737).

Der Hengst muß sicher geführt werden. Im allgemeinen ist dazu entweder ein Steiggebiß erforderlich oder eine Trense. Bei Verwendung einer Trense kann – entsprechendes Geschick des Hengstführers vorausgesetzt – der rechte Trensenzügel über den Hals geführt werden. Zur Sorgfaltspflicht des Hengstführers gehört es, die Einführung des Penis in die Scheide zu überwachen, um eine Fehlbedekkung in den Mastdarm zu verhindern.

Nach dem Decken empfiehlt sich eine Reinigungsspülung des erschlafften Penis mit einem milden Desinfektionsmittel (z. B. Entozon 1:1000).

Nach unserer Erfahrung ist bei 2 bis 4 unter 1000 gedeckten Stuten mit der Möglichkeit einer Scheidenverletzung durch den Hengst zu rechnen. Meist kommt es zur Durchstoßung des Scheidengewölbes bei Maidenstuten, die von einem Hengst mit stark entwikkeltem Penis gedeckt werden. Mitunter spielt aber nicht die Größe des Penis, sondern das Paarungsverhalten eine wesentliche Rolle bei der Entstehung der Verletzung. So sind uns Hengste bekannt, deren Penis eher klein war, die aber gegen Ende der Friktionsphase eine Art Nachstoß vollführten und dadurch Scheidenverletzungen hervorrufen konnten. Werden solche Verletzungen sofort behandelt,

dann ist die Chance der Wiederherstellung recht gut. Nach Abheilung sollte man eine solche Stute aber nicht decken, sondern besamen lassen. Trächtigkeit und Geburt vermindern das Risiko einer erneuten Perforation erheblich.
Sollten sich im Anschluß an die Paarung Blutaustritt aus der Scham oder Blutspuren am Penis zeigen, ist eine sofortige tierärztliche Untersuchung herbeizuführen, um die Ursache der Blutung zu ermitteln.
Die Einschiebung z. B. einer Rolle aus elastischem Material oberhalb des Penis zwischen dem Bauch des Hengstes und der Hinterhand der Stute kann gegebenenfalls das Verletzungsrisiko vermindern, da der Penis dann nicht in seiner vollen Länge eingeführt werden kann.
Verletzungen des Mastdarmes der Stute gelegentlich eines rektalen Eingriffes sind zwar sehr selten, aber nicht ausgeschlossen. Wir schätzen die Häufigkeit einer Verletzung im Verhältnis zu der Zahl der Untersuchungen auf weniger als 1 : 10 000. Zu Verletzungen kann es kommen, wenn eine Stute sehr plötzlich und heftig preßt und der Untersucher mit der Hand nicht mehr rasch genug ausweicht oder ausweichen kann. Die Muskulatur der Darmwand ist beim Pferd derart kräftig, daß sie sich u. U. über der geschlossenen Faust selbst zerreißen kann, zumal das Pferd im Enddarm eine Schwachstelle (*locus minoris resistentiae*) hat, an der die Wanddicke auf ein Drittel reduziert sein kann (SCHÖNBAUER/OBERLOJER 1985). Ist ein solcher Fall eingetreten, dann gilt es, mit Besonnenheit zu versuchen, das Leben der Stute zu retten. Die Aussichten dafür sind nach unserer Erfahrung nicht schlecht, wenn es gelingt, den Riß in der Darmwand zu verschließen, bevor Kot in die Bauchhöhle gelangen konnte. Die Naht kann an Ort und Stelle unter geeigneter Betäubung (z. B. Extraduralanästhesie) versucht werden. Sollte eine Einstellung in eine Klinik angestrebt werden, dann ist zu berücksichtigen, daß ein längerer Transport der Kotverschmutzung der Bauchhöhle Vorschub leistet. Alle zwei Stunden ist beim Pferd mit einem Kotabsatz zu rechnen. Darüber hinaus wirkt das Verladen stets peristaltikanregend, was meist zu einem sofortigen Kotabsatz führt, wenn das Tier in den Transportwagen gestiegen ist. Daher muß entweder auf medikamentellem Wege versucht werden, die Peristaltik zu hemmen, was durch entsprechende Medikamente (z. B. 30 mg Propanthilin Bromid in 10 ml NaCl pro inj. i. v. oder auch Buscopan, aber nicht Buscopan compositum) möglich ist (MERKT et al. 1979), oder aber es muß in kurzen Abständen während des Transportes der Mastdarm manuell entleert werden.

Geburt und Aufzucht des Pferdes

Prof. Dr. HARTWIG BOSTEDT
Professur für Physiologie und Pathologie der Fortpflanzung I an der Ambulatorischen und Geburtshilflichen Veterinärklinik der Justus-Liebig-Universität Gießen

Maßnahmen vor der Geburt

Pflege und Fütterung des Pferdes im letzten Abschnitt der Trächtigkeit

Eine hochträchtige Stute bedarf einer sorgsamen Pflege im Hinblick auf die sich im Mutterleib in den letzten Monaten rapid entwikkelnde Frucht, auf die zu erwartende Geburt und auf die bevorstehende Milchbildung als Voraussetzung für die Aufzucht eines gesunden Fohlens. Geschieht dies nicht im ausreichenden Maß, könnten sich mangelhafte Körperpflege, unausgewogene Fütterungsbedingungen und unhygienische Stallverhältnisse ungünstig auf den Zeitraum um die Geburt auswirken und so Störungen in der Nachgeburtsperiode sowie bei der Fohlenaufzucht nach sich ziehen.

Niedertragende Stuten sollten knapp, aber vollwertig ernährt werden. Dabei ist auf ein ausgewogenes Grundfutter zu achten, welches durch Mineralstoffmischungen und geringe Zugaben von Ergänzungsfutter aufgewertet werden kann. Insgesamt sollte die tägliche Ration an verdaulicher Energie eine Menge von 16 Mcal/67 MJ und an verdaulichem Rohprotein eine Menge von 550 g für eine 500 kg schwere Stute beinhalten (MEYER 1974). Bei leichten und schweren Pferderassen verändern sich diese Zahlen proportional (s. Tabelle 8 im Kapitel »Möglichkeiten der praktischen Pferdefütterung«, in dem auch weiterführende Aussagen nachzulesen sind).

Eine auf die Trächtigkeit ausgerichtete Ernährung beginnt frühestens zwischen dem 8. und dem 9. Monat nach der erfolgreichen Bedekkung. In dieser Zeit ist die Frucht von mittelgroßen Warm- oder Vollblutpferden 10–18 kg schwer, die Nacken-Steißlänge beträgt 50–80 cm. In der Folgezeit erfahren das Längenwachstum und die Gewichtszunahme eine erhebliche Steigerung. So nimmt die Nacken-Steißlänge zum 11. Monat hin auf 75 bis 145 cm und das Gewicht auf 38 bis 55 kg (bei Kaltblut bis auf 75 kg) zu. Die für die beschleunigte Entwicklung der Frucht notwendigen Nährstoffe müssen vom Muttertier über den Plazentakreislauf zur Verfügung gestellt werden.

Tabelle 1
Täglicher Vitaminbedarf des Pferdes (in Anlehnung an MEYER 1974)

Vitaminbedarf	hochtragende und säugende Stuten	Fohlen bis 18 Monate
Vitamin A I. E./kg KGW	100–150*	100–150*
Vitamin D I. E./kg KGW	15– 20	20
Vitamin E I. E./kg KGW	0.3–0.5	0.3
Vitamin B_1 mg/kg F. Tr. S	3	3
Vitamin B_2 mg/kg F. Tr. S	2.5	2.5

* Entsprechend 0.2–0.3 mg β-Carotin
KGW = Körpergewicht
F. Tr. S = Futtertrockensubstanz

Da die Bauchregion der Stute durch die sich vergrößernde Gebärmutter (Gesamtinhalt, bestehend aus Frucht, Fruchtwasser und Plazenta) mehr und mehr eingeengt wird, ist eine betont ballastreiche Fütterung allmählich zu ändern und den Gegebenheiten der Trächtigkeit anzupassen. Es ist davon auszugehen, daß bei hohem Rohfaseranteil, besonders bei hohem Anteil sogenannter Holz- und Korkstoffe, in der Fütterung die Verdaulichkeit sinkt und so ein Energiedefizit entstehen kann. Dennoch sollte ein bestimmter Rohfaseranteil in der Gesamtration unbedingt vorhanden sein, da die Strukturanteile die Verdauung fördern. Plötzlicher Futterwechsel, Fütterung bereiften, gefrorenen Grases, Gabe von erwärmtem Gras oder Klee sowie Darreichung schimmeligen Heus oder Getreides kann Verwerfensfälle verursachen.

Neben dem Bedarf an verdaulichem Rohprotein und verdaulicher Energie besteht ein solcher an Mineral- und Spurenelementen sowie Vitaminen. So benötigt eine vor der Geburt stehende Stute (500–600 kg/KGW) täglich 35 g Kalzium, 34 g Phosphor, 8 g Magnesium und 15 g Natrium. An Spurenelementen wären zuzuführen: Mangan 20–40, Zink 30–50, Eisen 60, Kupfer 5–8, Kobalt 0,5, Jod 0,3 und Selen 0,01 mg pro kg Trockensubstanz. An wesentlichen Vitaminen liegt der Bedarf für Vitamin A bei 75 000 i. E., Vitamin D 10 000 i. E. und Vitamin E 300 mg (s. Tabelle 1). Ein Teil dieser Mineral- und Wirkstoffe wird über das Grundfutter zugeführt, der nicht gesicherte Anteil ist über vitaminisierte Mineralstoffmischungen zu ergänzen.

Aller Erfahrung nach neigt der Besitzer einer hochträchtigen Stute eher zu einer zu reichlichen als zu einer ausgewogenen, die beschriebenen Grundsätze beachtenden Fütterung. Mitunter besteht die Meinung, daß sich dadurch das Fohlen besser entwickelt. Die Größen- und Gewichtszunahme des Fohlens in der Gebärmutter ist wohl über die Fütterung allein nicht zu beeinflussen, da dafür insbesondere genetische Komponenten sowie die Trächtigkeitsdauer auf der einen Seite und die Größe der Plazenta sowie deren Plazentarzottendichte als feinste Aufnahmestellen für die vom mütterlichen Organismus bereitgestellten Nährstoffe auf der anderen Seite mitbestimmend sind. Vielmehr ist zu beobachten, daß bei überreichlicher Ernährung das Muttertier Fettdepots anbildet, die an ungünstig gelagerten Stellen, wie zum Beispiel im Beckenbereich befindlich, beim Geburtsvorgang hinderlich sein können.

Rechtzeitig vor der Geburt müssen die Hufe der Stute ausgeschnitten und hergerichtet werden. Schlechte Hufformen beziehungsweise ungepflegte Hufe stellen einen prädisponierenden Faktor bei der Entstehung der Geburtsrehe dar. Eisen sind abzunehmen, da diese unter der Geburt infolge der Beinbewegungen zu erheblichen Verletzungen bei der Stute selbst, beim Fohlen, aber auch beim Hilfspersonal führen können.

Auch der hochträchtigen Stute muß tägliche Bewegung (Auslauf) ermöglicht werden; Überanstrengung hierbei ist selbstverständlich zu vermeiden. In der Zeit, in der Stuten noch als Arbeitspferde Verwendung fanden, wurden sie selbst im hochträchtigen Zustand zu leichten Arbeiten herangezogen. Eine Praktikerregel lautete: »die Stute aus den Sielen heraus abfohlen lassen«. Erlaubt es die Witterung für längere Zeit nicht, den Stuten freie Bewegungsmöglichkeit zu gewähren, so müssen sie täglich für kurze Zeit geführt werden.

Entwurmungen der Zuchtstuten sind so zu planen, daß sie nicht in den letzten Abschnitt der Trächtigkeit fallen. Jede Entwurmung stellt in gewisser Hinsicht eine Belastung für den Organismus dar. Es wäre also vorsorglich in der Mitte der Trächtigkeit der Kot auf Parasiten untersuchen zu lassen, um dann gezielt nach Beratung durch den Tierarzt die Entwurmung vorzunehmen. Als Antiparasitika stehen heute eine Vielfalt an Präparaten zur Verfügung, die auch gleichzeitig bei Fohlen mit eingesetzt werden können. Bei Vorhandensein von Ektoparasiten (Hautparasiten) oder Pilzerkrankungen ist ebenfalls die Behandlung nach Fachberatung vorzunehmen. (Das Thema »Parasiten« behandelt das entsprechende Kapitel ausführlich.)

Vorbereitung der Geburtsbox

Die Box, in der die Stute abfohlen soll, muß der Rasse entsprechend den Bewegungs- und Liegemöglichkeiten eines Pferdes gerecht werden. In zu engen Boxen kann es leicht zur Verkeilung der Stute unter der Geburt kommen und so die freie Passage bei Austritt des Fohlens aus dem Geburtskanal behindert sein. Für eine Warmblutstute mittlerer Größe sind als Fläche 14–20 qm, für ein Kleinpferd 8–10 qm als ausreichend zu betrachten. Die Box muß trocken und zugluftfrei sein. Die Stalltemperatur sollte um 12° C betragen. Liegt sie im Winter darunter, ist für eine Wärmequelle (Infrarotlicht) zu sorgen, die erst zum Zeitpunkt der Geburt des Fohlens in Betrieb genommen wird. Feuchte, zugige Stallverhältnisse wirken sich negativ auf die Fohlenaufzucht aus. Die Stallwände müssen glatt, ohne Vorsprünge oder Kanten sein, um Verletzungen zu vermeiden. Futtertische mit Futterbecken, die zu niedrig angebracht sind, sind durch Strohballen abzudecken, zu tiefe Futterkrippen müssen höher angebracht werden.

Wichtig ist darüber hinaus, daß die Geburtsbox von außen einsehbar ist, da nur so eine Geburtsüberwachung ohne Störung der Stute in regelmäßigen Intervallen gewährleistet werden kann. Eine Notbeleuchtung in der Box (Glimmlampe) neben einer ausreichenden Lichtquelle ermöglicht auch nachts die Kontrolle, ohne daß zu grelles Licht die Stute beeinträchtigt.

Die Box muß vor dem Einstellen der hochträchtigen Stute gründlich gesäubert und desinfiziert werden. Die Reinigung mit Hochdruckreinigungsgeräten gewährleistet auch das Säubern von Spalten und Ecken, in denen sich häufig Schmutz und in ihm Mikroorganismen, die das Fohlen gefährden könnten, sammelt. Nach diesem Reinigungsvorgang wird die Box mit einem Flächendesinfektionsmittel (s. Desinfektionsmittelliste der DLG Kapitel »Gesundheitsprobleme im Pferdebestand«) ausgesprüht. Wenn es möglich ist, sollte die so vorbereitete Box für rund eine Woche austrocknen, ehe sie mit Einstreu (pilzfreies, gering mit Staub belastetes Stroh, bei natürlichen Bodenverhältnissen als Untergrund Torf oder Sägespäne) versehen wird.

Geburtsüberwachung

Die eigentliche Geburt (Austreibungsphase) bei der Stute ist unter normalen Verhältnissen innerhalb kurzer Zeit (20 bis 40 Minuten) vom Beginn der Austreibungswehen bis zum vollständigen Herausgleiten des Fohlens aus dem Geburtskanal abgeschlossen. Gerade deshalb ist eine sorgsame Überwachung notwendig, um bei Komplikationen rechtzeitig und wirkungsvoll eingreifen zu können, wie beispielsweise dem Verlegen der Nüstern beim neugeborenen Fohlen durch Eihäute und damit Behinderung des Ingangkommens der Atmung, Überkreuzen der Vorderbeine des Fohlens über den Nackenbereich (Fuß-Nacken-Haltung) und damit Gefährdung des weichen Geburtsweges während der Austreibung, Verkeilen der Stute mit dem Hinterteil in einer Ecke der Geburtsbox und dadurch wiederum Behinderung für das Fohlen beim Austritt aus dem Geburtsweg.

Die Geburtsüberwachung wird durch regelmäßige Kontrollen, je nach Fortschritt der Geburtsvorbereitungen bei der Stute, durchgeführt. Ist die Geburt in absehbarer Zeit zu erwarten, haben diese in halbstündigen Abständen zu geschehen, oder aber man sorgt für ständige Anwesenheit einer Person in der Nähe der Geburtsbox. Als Hilfsmittel für diese Art Kontrolle stehen heute aber auch sogenannte Geburtsmelder oder elektronische Überwachungsgeräte zur Verfügung, die unabhängig von der Anwesenheit einer Person in Boxennähe Vorgänge, die die nahende Geburt ankündigen, in entferntere Abschnitte des Stall- und Wohnbereiches übertragen. Geburtsmelder arbeiten nach dem Prinzip der Signalgebung nach Zunahme der Hautfeuchtigkeit (Schweißabsonderung). Neuerdings wird ein Gerät angeboten, welches in den Schamlippen-Vorhofbereich implantiert wird und bei Durchtritt der Fruchtblase oder Fruchtteile reagiert. Andere elektronische Einrichtungen betreffen Lichtbänder an den Boxenwänden (Aufhebung der Durchbrechung eines Lichtstrahles und Umsetzung dieses Vorganges in ein akustisches Signal nach dem Hinlegen der Stute) oder die Überwachung geschieht mit Hilfe einer Fernsehkamera, die, beweglich montiert, in regelmäßigen Abständen die Box abtastet und das Bild auf einen Fernsehschirm überträgt. Der Empfänger kann in gewisser Distanz vom Stall installiert werden.

Vorbereitung von Hilfsmitteln

Da die Geburt eines Pferdes wie jede andere Geburt einer Kreatur ein selbst bei größter Erfahrung aufregender Akt ist, sollten vorbereitende Maßnahmen termingerecht und in Ruhe erfolgen. Um unmittelbar zur und nach der Geburt gerüstet zu sein, werden folgende Dinge vorsorglich bereitgehalten:

1. Zwei ausgekochte Geburtsstricke (Perlon) oder Geburtsketten mit entsprechenden Haltegriffen. Diese werden bis zum Gebrauch in ein sauberes Tuch eingehüllt und so staubfrei gelagert. Waschmöglichkeit (Wasser, Seife, Desinfektionsmittel, Handtuch) für notwendige Eingriffe.
2. Eimer für warmes, sauberes Wasser und Desinfektionslösung für die Waschung der Region um die After- und Scheidenöffnung (anogenitale Region) vor eventuellen Eingriffen in den Geburtskanal. Kaltes Wasser für den Guß in die Kopf-Nacken-Partie des Fohlens, wenn die Atmung nicht in Gang kommen will.
3. Steriles Gleitmittel (Gestinal®) und weiche Plastik-Einmalhandschuhe.
4. Saubere Tücher für die Reinigung und Entfernung von Schleim aus den Nasenöffnungen und im Bereich des Fohlenmaules.
5. Jod-Alkohol für die Desinfektion des Nabels.
6. Eine saubere, ausgekochte Schweifbinde.
7. Adresse und Telefonnummer eines Tierarztes oder einer Tierklinik für Notfälle.

Die Geburt

Geburtsvorbereitungen und -anzeichen

Die Trächtigkeitsdauer beträgt im Durchschnitt für leichte und schwere Pferderassen 338 ± 5 Tage, in der Berechnung vom letzten Deckakt ausgehend. Ponys tragen durchschnittlich 330 bis 335 Tage. Allerdings sind gerade bei Stuten hinsichtlich der Länge der Tragezeit erhebliche Variationen bekannt, so daß der berechnete Abfohltermin nur ein grobes Maß darstellen kann. In der Zeit vom 320.–355. Tag der Trächtigkeit fohlen rund 95% der Stuten ab. Vor allem verlängerte Tragezeiten werden bei Pferden häufiger als bei anderen Tierarten beobachtet, sie können bis zu einem Jahr und in seltenen Fällen auch geringfügig darüber betragen.

Die Dauer jeder Trächtigkeit wird maßgeblich beeinflußt vom Deckzeitpunkt, dem Jahresrhythmus und den jeweiligen Stallverhältnissen in Verbindung mit der gewährten Ernährung. Auch angelegte Zwillingsträchtigkeiten wirken sich darauf aus. Stuten mit erhalten gebliebener, intakter Zwillingsgravidität fohlen meist einige Tage früher ab. Bedekkungen am Ende des Winters oder im zeitigen Frühjahr führen mitunter zu einer geringfügig verlängerten Trächtigkeit, solche im Sommer und im Frühherbst zu einer etwas verkürzten. Schlecht genährte, schwächliche Stuten tragen oft länger als gut und reichlich versorgte. Gerade wegen des beim Pferd nicht genau rechnerisch zu bestimmenden Geburtstermins kommt es auf die Beobachtung der äußerlich sichtbaren, geburtsvorbereitenden Vorgänge an, um so den Geburtseintritt besser abschätzen zu können.

Diese Anzeichen beziehen sich zum einen auf den Leibesumfang, zum anderen auf das Euter. Kurz vor der Geburt kommt es zum Absenken des Bauches, so daß sich die Flanken vertiefen. Die Kruppe, von hinten betrachtet, flacht sich ab und fällt etwas ein (s. Abb. 6 im Farbteil S. 738). Die Haut der Schamlippen (*Vulva*) verliert ihre Fältelung und wird zunehmend glatter. Insgesamt quillt das Gewebe um die äußere Genitalöffnung leicht auf, die Schamspalte wird länger und ist manchmal bei liegenden Stuten leicht geöffnet.

Die Schleimhaut des Vorhofes *(Vestibulum)*, durch leichtes Auseinanderziehen der Schamlippen sichtbar gemacht, wird graduell feuchter und glänzt. Wichtiger als die Veränderungen im Bauchumfang sind jedoch die Prozesse am Euter. Das Euter beginnt etwa sechs Wochen vor der Geburt deutlich an Umfang zuzunehmen. Die Vergrößerung schreitet fort und bei Betasten des Euters sind geringfügige Spannung und erhöhte Wärme nachzuweisen. Leichte Fingereindrücke bleiben über einige Minuten erhalten, Zeichen der normalen Ödematisierung. Die Ödematisierung kann aber so stark ausgeprägt sein, daß die Zitzen durch das angeschwollene Gewebe teilweise überdeckt werden. Bei Berührung des Euters kommt es bei Stuten mitunter zu Abwehrbewegungen, da das Betasten für sie ungewohnt ist. Knotige Veränderungen im milchbildenden Gewebe oder direkte Schmerzäußerungen sowie stark ausgebildete Wärme, die bei der Untersuchung vorgefunden werden, sind Anzeichen für eine Euterentzündung, die eine sofortige tierärztliche Intervention erfordert. Neben dem reinen, auf das Euter beschränkten Euterödem kann es auch zur Ausbildung eines geringgradigen Voreuterödems kommen. Dies ist besonders zu beachten, da sich dadurch mitunter krankhafte Prozesse ankündigen können. Zum einen kommt es bei mangelnder Herzleistung zur starken Ausprägung eines Unterbauchödems mit teilweiser Anschwellung der Hintergliedmaßen als Zeichen eines Blutstaues (Abb. 7/8 im Farbteil S. 738), zum anderen kann aber auch das Voreuterödem neben den bereits genannten Symptomen Anzeichen für ein entzündetes Euter sein. Die Zitzen formieren sich, und an den Zitzenöffnungen ist das Hervorquellen einer gelblich durchscheinenden, klebrigen Flüssigkeit, Harztropfen genannt, erkennbar (Abb. 5 im Farbteil S. 738). Ohne aus dem Merkmal des Auftretens von Harztropfen an den Zitzenkuppen einen direkten Schluß auf den Geburtstermin ziehen zu können, sind sie doch Zeichen einer einsetzenden Euterfunktion, bedingt durch die nun beginnende Veränderung der gesamten Hormonlage, gegen Ende der Trächtigkeit. Es wird eine Vorstufe der Milch, das Praekolostrum, gebildet, welches tropfenförmig aus den Zitzenöffnungen austritt und dort leicht antrocknet. Je nach Stute sind diese Harztropfen individuell lange – einige Tage bis Wochen – vor der Geburt zu sehen.

Unmittelbar vor der Geburt kommt es zum Einschießen der Milch. Das Euter wird nun prallelastisch und die Zitzen stehen infolge des Milchdruckes seitlich ab und glänzen. An den Zitzenkuppen sind Milchtropfen erkennbar, oder es läuft die Milch im Strahl ab. Nach allgemeiner Ansicht ist damit zu rechnen, daß dann die Geburt (Stunden bis Tage) unmittelbar bevorsteht. Aber auch hier liegen vereinzelt Beobachtungen vor, daß gerade das Abtropfen von Milch, kenntlich an den verklebten Schenkelinnenflächen und Beinen, nicht immer einen genauen Geburtstermin kundtut. Es gibt wenige Stuten, die einige Zeit vor der Geburt bereits Milch ablaufen lassen, ohne daß es innerhalb kürzester Zeitspanne zur Geburt kommt.

Bei all den beschriebenen Merkmalen, die das Ende der Trächtigkeit signalisieren, muß nachdrücklich darauf aufmerksam gemacht werden, daß es immer wieder Stuten gibt, die ohne die Ausprägung eines dieser Anzeichen in die Geburt kommen, die also nur eine geringe Eutervergrößerung, keine Harztropfen oder Milchbildung zeigen. Dies macht deutlich, daß der Geburtskontrolle eine besondere Beachtung zukommt.

Das Abfohlen

Die Geburt wird durch neurohormonale Reize, das heißt durch hormonelle und nervöse Mechanismen, ausgelöst und gesteuert. Über die Ursachen des Geburtseintrittes herrscht auch heute noch keine völlige Klarheit. Es ist aber davon auszugehen, daß mit fortschreitender Reife des Fohlens von seinem Gehirn (*Hypothalamus*) ein Signal ausgeht, welches über den Hypophysenvorderlappen, eine dem Hypothalamus untergeordnete Region, auf die kindliche Nebennierenrinde funktionssteigernd wirkt. Die dabei entstehenden hohen Nebennierenrinden-Hormonkonzentrationen (*Kortikosteroide*) der Frucht nehmen ihrerseits Einfluß auf die Hormonsynthese des Mutterkuchens (*Plazenta*). Folge davon ist, daß die bislang trächtigkeitserhaltenden hormonellen Funktionen abrupt eingeschränkt werden und den geburtsfördernden Funktionen Raum gegeben wird. So kommt es über mehrere Zwischenstufen zum plötzlichen Abfall des Progesteronspiegels im Blut, der Hormonkonzentration also, welche über die gesamte elfmonatige Trächtigkeitsdauer vermochte, die Bedingungen in der Gebärmutter selbst, aber auch im mütterlichen Gesamtorganismus für die Entwicklung einer befruchteten Eizelle bis zum reifen, lebensfrischen Fohlen zu ermöglichen (siehe dazu auch das Kapitel »Fruchtbarkeit und Fortpflanzung des Pferdes«).

Durch den Wegfall der Progesteronwirkung steht der vollen Entfaltung der auf die Geburt direkt Einfluß nehmenden Hormone wie Prostaglandine, Östrogene und Relaxin sowie im weiteren Verlauf auch des Oxytocins nichts mehr im Wege. Die Muskulatur der Gebärmutter, bislang in ihrer Kontraktionsbereitschaft durch Progesteron gehemmt, kann sich nun rhythmisch zusammenziehen, sie kann Wehen bilden.

Der Muttermund wird anfänglich passiv, mit fortschreitender Geburt später auch aktiv von innen nach außen durch die Zunahme des Innendruckes geweitet, was den Durchtritt von Fruchtblase und Fohlen ermöglicht. Parallel zu diesen Vorgängen kommt es unter der Hormonwirkung zu einer Durchsaftung der Scheidenschleimhaut, die sich, elastisch und schlüpfrig geworden, den Formen des austretenden Fohlens anpaßt und es durchgleiten läßt.

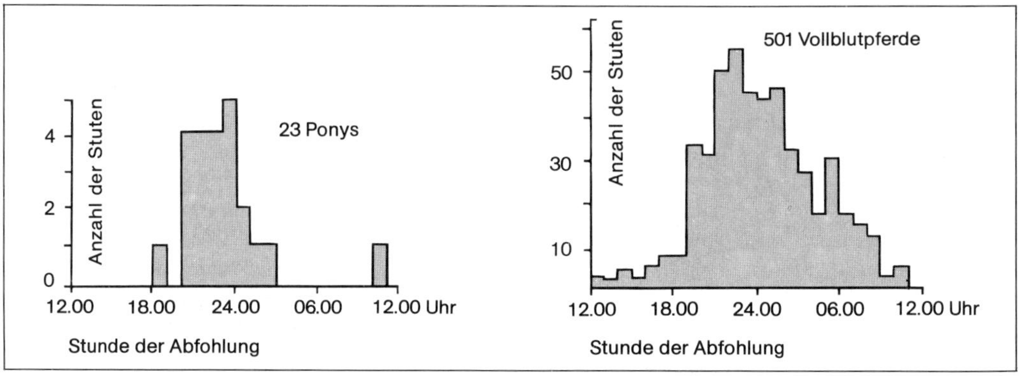

Abb. 1 Geburtszeit bei Stuten in Abhängigkeit von der Tageszeit (nach JEFFCOTT 1972, ROSSDALE und RICKETS 1974).

Neben den hormonellen Komponenten, die die Geburt einleiten und steuern, sind es die vom und über das Nervensystem kontrollierten Vorgänge, welche wesentlich am Geburtsablauf beteiligt sind. Beide Komplexe zusammen bilden ein sinnvolles Wechselspiel und sind wohl kaum unabhängig voneinander zu bewerten. Der Einfluß nervöser Abläufe wird sowohl in der geburtsvorbereitenden Phase als auch bei der Geburt selbst sichtbar. Von außen auf eine in der Geburt befindliche Stute einwirkende Reize wie Lärm, Unruhe oder heftige Manipulationen können das Muttertier so stark irritieren, daß die Geburtsvorgänge zum Stillstand kommen. Besonders das ständige Öffnen der Box zum Zwecke der Beobachtung, wie weit die geburtsvorbereitenden Vorgänge fortgeschritten sind, kann die Geburt verzögern. Die Geburtsüberwachung sollte, diesem Umstand Rechnung tragend, in Ruhe und diskret erfolgen. Boxen mit Gittertüren sind durch Decken zu verhängen, um so die Stute abzuschirmen, ohne die Kontrolle abbrechen zu müssen.

Das Fohlen befindet sich in der Gebärmutter in den überwiegenden Fällen in Vorderendlage. Die Hinterendlage, bei der die Hinterbeine zuerst aus dem Geburtskanal austreten, gehört zu den Seltenheiten. Im allgemeinen werden nur 1% aller Fohlen in Hinterendlage geboren. Diese gehört auf Grund der mit ihr verbundenen Sonderheiten, wie vorzeitiges Abklemmen des Nabels, zu den komplizierten Geburten.

Die Vorderendlage, gekennzeichnet durch das keilförmige Aufliegen des Kopfes auf den Vorderbeinen, bildet die beste Gewähr für das stromlinienförmige Aufweiten und maximale Spannen des weichen Geburtsweges. Diese Position nimmt das Fohlen jedoch erst unmittelbar zu Beginn der Austreibungsphase, der eigentlich sichtbaren Geburt, ein. Bis dahin liegt es in halbseitlicher unterer Stellung oder sogar ganz in unterer Stellung, das heißt auf dem Rücken. Die ersten Gebärmutterkontraktionen, die den Anfang der Geburt markieren, drehen den Fohlenkörper normalerweise so, daß er in die für den Geburtsablauf günstige obere Stellung kommt (s. Abb. 2–4 auf der gegenüberliegenden Seite, entnommen aus A. O. STOSS »Tierärztliche Geburtskunde und Gynäkologie«). Die Eigenbewegungen der Frucht stellen dabei eine wesentliche Unterstützung dar. So wird erklärlich, daß Stellungs- und Haltungsanomalien besonders bei lebensschwachen oder toten Früchten zu Geburtskomplikationen führen.

Für die Geburt benötigt die Stute eine gesicherte, abgeschirmte Gesamtsituation als Ausdruck der die Geburt stark beeinflussenden nervösen Komponenten. Dies ist die Erklärung auch dafür, daß die meisten Geburten nachts erfolgen (Abb. 1). Sowohl Kleinpferde als auch Voll-, Kalt- und Warmblutpferde gebären vorwiegend zwischen 21 und 3 Uhr nachts, jedoch sind, wie SCHÄFER (1974) zu Recht bemerkt, in ruhigen Ställen mit eingespieltem Personal auch Taggeburten durchaus möglich.

Die Geburt selbst ist in drei Stadien zu unterteilen:

1. Öffnungsstadium,
2. Austreibungsstadium,
3. Nachgeburtsstadium.

Die Einstellung des Fohlens im Uterus
(aus A. O. Stoss »Tierärztliche Geburtskunde und Gynäkologie«, F. Enke Verlag, Stuttgart 1944)

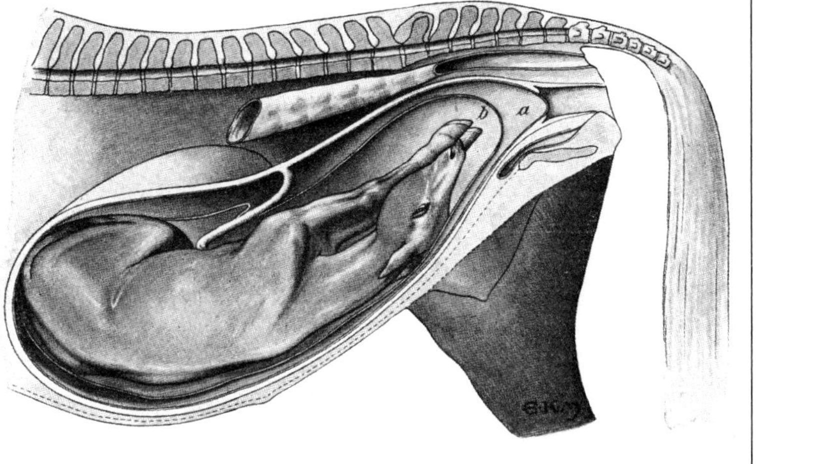

Abb. 2 Stute im Stadium der Öffnungswehen. Das Fohlen liegt noch halbseitlich unten, Kopf und Vorderbeine werden bereits keilförmig gestreckt.
a Wasserblase
b Schleimblase

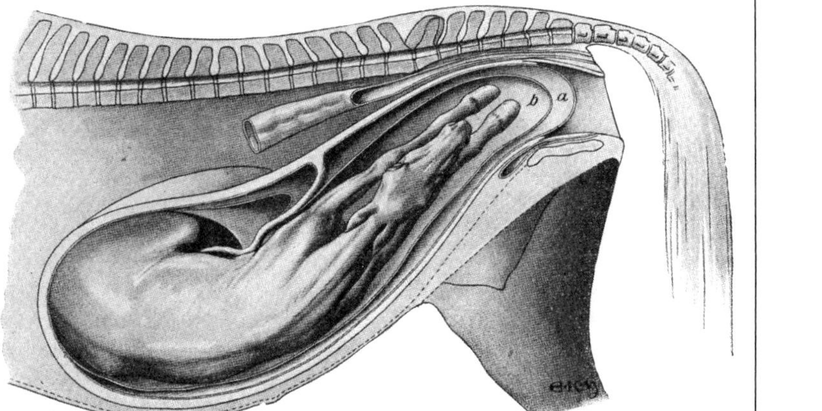

Abb. 3 Das Fohlen wird allmählich durch die Öffnungswehen in die richtige Geburtsposition gebracht. Aus der halbseitlichen Stellung entsteht mit zunehmender Wehenintensität eine obere Stellung. Der Muttermund ist nahezu verstrichen, die Wasserblase steht kurz vor dem Sprung, Kopf und Vorderbeine treten durch den Muttermund.

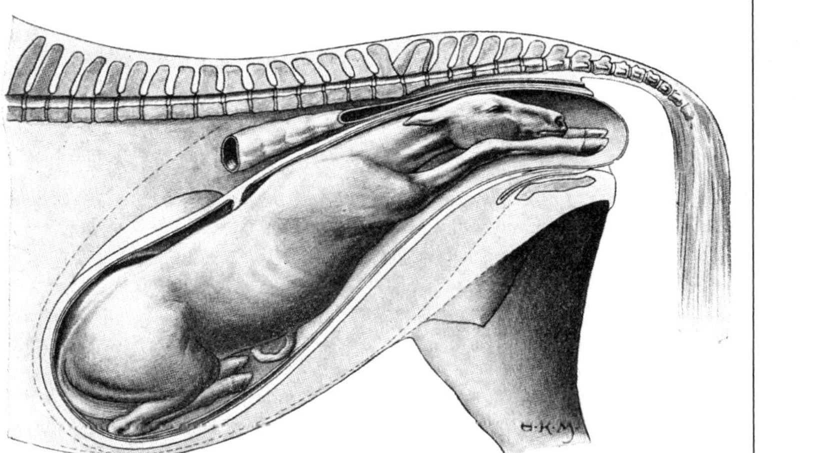

Abb. 4 Die Frucht liegt in Vorderendlage (Kopf auf den beiden Fesselgelenken angeschmiegt), obere Stellung, gestreckte Haltung (Kopf und Vorderbeine sind maximal gestreckt). Die Austreibungswehen haben voll eingesetzt, die Schleimblase ist aus dem Schamspalt ausgetreten. Man beachte, wie sehr das Fohlen beim Durchtritt durch das Becken den Darm nach oben verdrängt.

Das Öffnungsstadium ist geprägt von Abläufen, die in erster Linie die Öffnung und Weitung des Muttermundes unter langsam zunehmender Wehenfrequenz und -intensität zum Ziel haben. Die Dauer dieser Vorgänge ist nicht genau festzulegen. In manchen Fällen ist sie äußerst kurz, in anderen Fällen erstreckt sie sich über Stunden. So gibt beispielsweise JEFFCOTT (1972) für Ponys Zeiten für das Öffnungsstadium von rund 50–80 und für das Austreibungsstadium von 10–30 Minuten an. Nach diesbezüglichen Untersuchungen an unterschiedlichen Pferderassen kann sich aber das Öffnungsstadium bei Warm- und Vollblutpferden über Stunden hinweg erstrecken. Durch das allmähliche Vortreiben der Wasserblase in diesem Stadium wird nicht nur der Muttermund, sondern darüber hinaus der gesamte Geburtskanal gedehnt und für den Durchtritt der Frucht vorbereitet. Die Fruchtblase wirkt dabei wie ein Wasserballon, der unter einer Wehe den sich steigernden Innendruck gleichmäßig und schonend auf das umliegende Gewebe überträgt, sich seiner Umgebung formmäßig anpaßt und diese entsprechend weitet und spannt. Bei Nachlassen der Wehenkraft wird das Volumen der sich im Geburtskanal befindlichen, noch intakten Wasserblase kleiner, das Fruchtwasser fließt in Richtung Gebärmutter teilweise wieder ab. Der Druck und damit die Spannung der in den Geburtsweg gerichteten Wasserblase nimmt unter dem Anfluten einer weiteren Wehe erneut zu.

All diese Prozesse finden ihren Niederschlag in äußerlich sichtbaren Anzeichen und in einer Verhaltensänderung bei der Stute. Die Stute ist während der Öffnungsphase unruhig, erkenntlich am Umherwandern, Schweifschlagen und gelegentlichem kurzen Hinlegen. Der Kopf wird in Richtung Bauch abgebeugt, alles Merkmale, die mit einem leichten Kolikanfall vergleichbar sind. Sie zeigt zunehmende Schweißbildung besonders im Bereich der Schenkel, am Hals sowie in der Schulter- und Ellbogengegend. Das Drängen, als äußerlich erkennbares Zeichen der Wehenabläufe, bedingt gehäuften Urin- und Kotabsatz in kleineren Portionen sowie ein leichtes Anheben des Schweifes.

Diese Perioden der Unruhe werden durch solche der vollkommenen Ruhe abgelöst, in denen die Stute wieder zu fressen beginnt. Eine längere Unterbrechung des Öffnungsstadiums kann durch Reize wie Lärm, starken Lichteinfall im sonst dunklen Stall oder Nervosität des Betreuungspersonals bedingt werden. Es wird erst dann fortgesetzt, wenn wieder vollständige Ruhe eingekehrt ist. Diese Öffnungsvorgänge können über mehrere Stunden hinweg verzögert werden. Solange die Fruchtblasen noch nicht gesprungen sind, wirken sich derartige Unterbrechungen des Öffnungsvorganges kaum ungünstig auf die Gesamtgeburt aus. Sie sind vielmehr Ausdruck dafür, daß Stuten sich so weit wie möglich die idealsten Bedingungen für die Geburt aussuchen.

Mit dem Bersten der Wasserblase und einem schwallartigen Abfluß des Fruchtwassers aus dem Geburtskanal geht die Öffnungsphase in die Austreibungsphase über. In diesem Abschnitt der Geburt liegt die Stute in Seitenlage, womit die günstigsten Austreibungsmöglichkeiten geschaffen sind. Mitunter verkeilt sich das Muttertier in einer Boxenecke mit Rücken und Hinterteil so, daß die Austreibung des Fohlens behindert sein kann. Genügend große Geburtsboxen können vor der Geburt an den Wänden mit Strohballen in einfacher Lage ausgekleidet werden, die dann zu entfernen sind, wenn das Muttertier ungünstig an der Wand zu liegen kommt. So muß die Stute nicht aufgetrieben werden, die Raumschaffung kann ohne größere Schwierigkeiten bewerkstelligt werden.

Der Beginn der Austreibungsphase ist gekennzeichnet vom Durchtritt der Vorderbeine und des Kopfes durch den Muttermund. Die Schleimblase quillt in dieser Phase bereits aus der Schamspalte hervor. Die von zottigem, weichem Hornsaum (Epinychium) umgebenen Hufspitzen schimmern durch die Wand der Schleimblase. Die enge Kontaktaufnahme zwischen dem Kopf des Fohlens und dem Muttermundring sensibilisiert nervöse Endkörperchen, wodurch eine verstärkte Ausschüttung des wehenauslösenden und -fördernden Hormones Oxytocin bedingt wird. Gleichzeitig und damit in Zusammenhang stehend, kommt es nun zur Mitwirkung der Bauchpresse. Durch sie wird der Bauchraum komprimiert und der dadurch zunehmende Innendruck wirkt auf die Gebärmutterwand. Es entstehen die sogenannten Austreibungs- oder Preßwehen. Diese schieben innerhalb kürzester Zeit (5–30 Minuten, im Mittel 10–20 Minuten) das Fohlen im Ge-

Die Fohlengeburt

1

Die Wehen beginnen. Nach anfänglichem Umherwandern legt sich die Stute zur Geburt nieder.

2

Die Fruchtblase ist geplatzt. Die Bauchpresse und die Wehen schieben die normal liegende Frucht vorwärts.

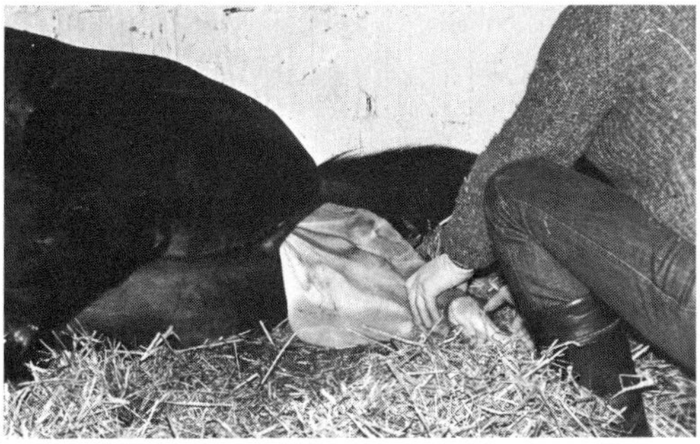

3

Austritt von Kopf und Schultergürtel. Jetzt muß der Geburtshelfer die Eihaut über dem Kopf öffnen.

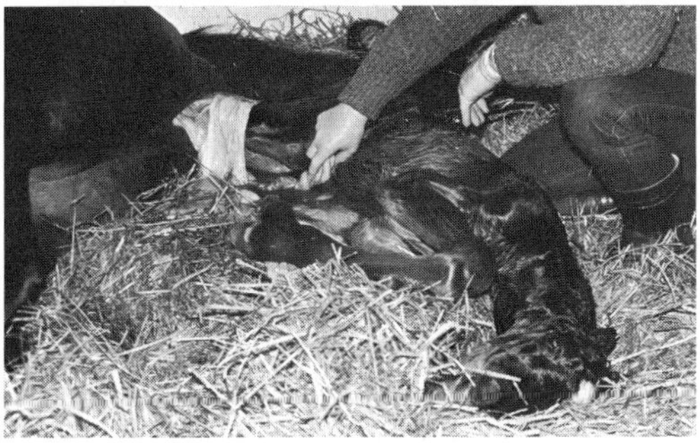

4

Beendete Austreibung der Frucht. Mit dem Durchtritt des Brustkorbes beginnt das Fohlen zu atmen.

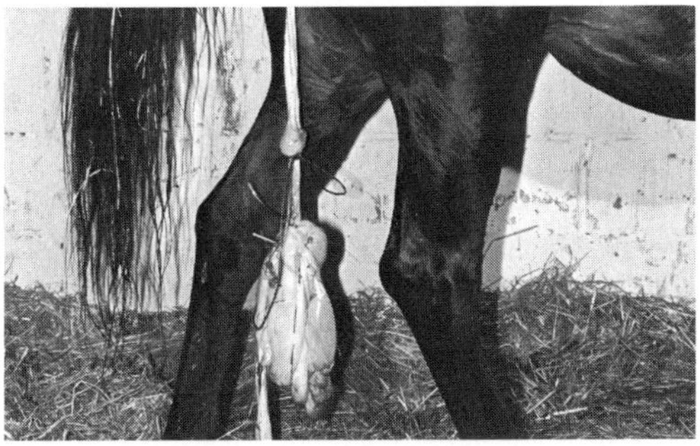

5

Das Hochknoten der Nachgeburt sollte erfolgen, sobald die Stute nach der Geburt wieder steht.

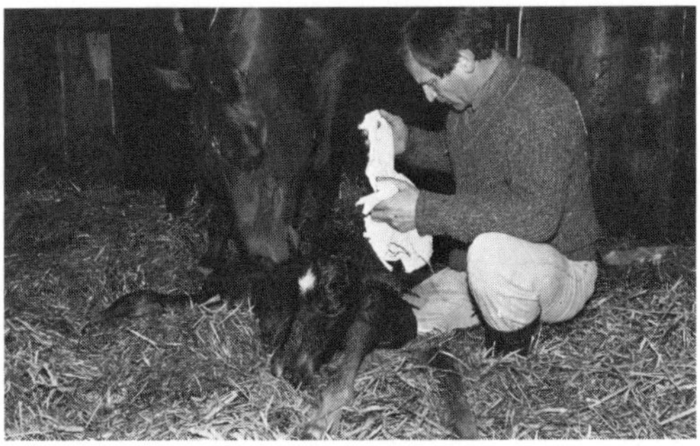

6

Reinigung und Massage des Neugeborenen. Geburtsschleim nicht mit ungeschützter Hand entfernen!

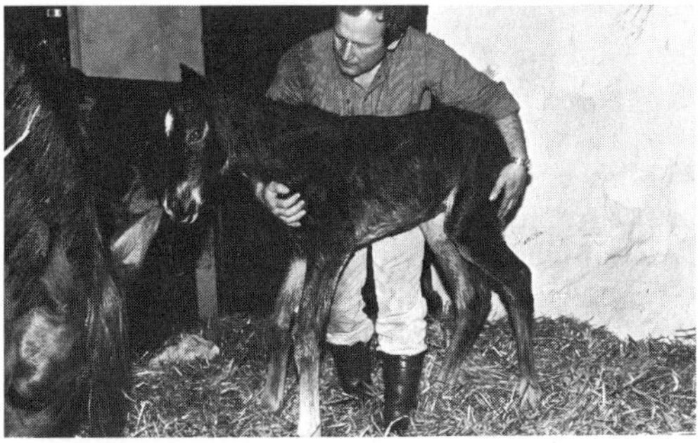

7

Die Hilfe bei den Aufstehversuchen sollte zur Kontrolle auf Geburtsverletzungen genutzt werden.

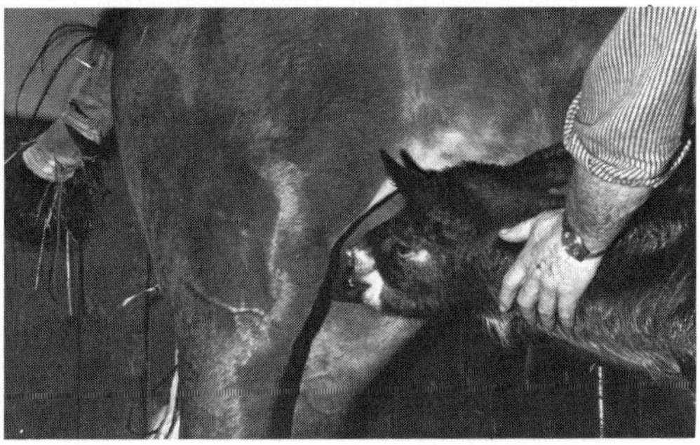

8

Erster Saugakt am gründlich gereinigten Gesäuge. Er bestimmt das weitere Schicksal des Fohlens.

burtskanal so weit voran, daß zuerst die Hufe, umgeben von weichem Hornsaum, dann die Stirn, im weiteren der gesamte Kopf und zuletzt der Rumpf aus der Schamspalte austreten (s. Abbildung »Die Fohlengeburt«). Der Vorderteil des Fohlenkörpers wird in paralleler Richtung zum Scheidenkanal ausgetrieben. Hat er den Vorhof passiert, ist der Moment gekommen, wo das knöcherne Becken des Fohlens in das des Muttertieres eintritt. Das Fohlen wird, um dieses Durchgleiten zu erleichtern, im Geburtsweg gekippt, so daß nun der Vorderkörper eine Winkelung zum Euter hin zeigt. Zughilfen in dieser Situation sind nur angebracht, wenn zu erkennen ist, daß die Wehen in ihrer Kraft nachlassen oder aber das Fohlen mit jedem Wehenschub nur ungenügend ausgetrieben wird. Ist man gezwungen, die Geburt durch Zug an den Vorderbeinen zu unterstützen, dann sollte die Zugrichtung auch in der oben beschriebenen, leicht euterwärts gewinkelten Linie erfolgen, wenn Kopf, Vorderbeine und Brustkorb bereits ausgetreten sind. Die Zughilfe muß im Takt mit den Wehen erfolgen und sollte nur dann eingesetzt werden, wenn wirklich eine Behinderung der Geburt zu befürchten ist. Jede zu frühe Zughilfe kann den Geburtsvorgang nachhaltig stören und so Verletzungen im Geburtskanal bei noch ungenügender Weitung nach sich ziehen.

Kopf und Vorderbeine können, nachdem sie ausgetreten sind, mitunter noch in der Hülle der Schleimblase (*Amnion*) liegen. Meist birst diese von allein, manchmal ist jedoch ein Öffnen unbedingt notwendig. Sie ist nämlich bei Einhufern besonders derb ausgebildet, so daß sie sich in selteneren Fällen wie eine feste Haut um die Nüstern des heraustretenden Fohlens legen kann. Dadurch wird der erste Atemzug und somit das Ingangkommen der Atmung nach Herausgleiten der Frucht aus dem Mutterleib behindert. Diese Neugeborenen erstikken in der Eihaut, wenn diese nicht von Menschenhand eingerissen wird und so die Nüstern des Fohlens freigelegt werden.

Häufig ist zu beobachten, daß die Stute erschöpft nach den Preßwehen weiter in Seitenlage ruht, sich die Hinterbeine des Fohlens aber noch teilweise im Geburtskanal befinden, der Vorderkörper dagegen abgewinkelt, euterwärts gerichtet, hinter der Stute liegt. Der Nabelstrang ist dabei unversehrt, und bei Berührung kann man das Pulsieren der darin befindlichen Gefäße spüren. Durch diesen intakten Nabelstrang werden auf das bereits geborene Fohlen noch erhebliche Mengen (0,3 bis 0,8 Liter) an plazentärem Blut übertragen, obwohl die ersten eigenständigen Lebensäußerungen, wie das Ingangkommen der Atmung und die ersten Körperbewegungen, schon zu beobachten sind. Solange die Verbindung zwischen Muttertier und Fohlen noch intakt ist – dies kann mehrere Minuten der Fall sein (2–8 Minuten) –, sollte sie nicht künstlich unterbrochen werden. Der Nabelstrang reißt zumeist beim ersten Aufstehversuch der Stute oder des Fohlens an seiner dafür natürlicherweise vorgesehenen Stelle.

Das dritte Stadium der Geburt ist geprägt vom Abgang der Nachgeburt. Dabei geht nur der von den Fruchthüllen gebildete Teil ab (*Placenta fetalis*), während der mütterliche Anteil (*Placenta maternalis*) in der Gebärmutter verbleibt und dort im Laufe der nachgeburtlichen Vorgänge abgebaut wird. Erst mit dem vollständigen Abgang der Eihäute ist somit die eigentliche Geburt beendet. Als Zeit für den Abgang der Nachgeburt werden 20 bis 120 Minuten angesetzt.

Mit dem Aufhören der Blutzufuhr zum Fohlen und dem Riß der Nabelschnur hat die Plazenta ihre Funktion verloren. Man bezeichnet sie auch deswegen als Organ mit zeitlich begrenzter Funktion. Das in ihr befindliche Blutgefäßsystem fällt in sich zusammen. Dadurch wird die enge Verbindung zur Gebärmutterschleimhaut, die über die Trächtigkeitsdauer hinweg die Versorgung zur Frucht aufrechterhalten hat und deren Entwicklung ermöglichte, aufgehoben. Die einsetzenden Nachwehen, anfänglich in ihrer Wirkung noch stark, nach und nach jedoch langsam verebbend, bewirken nun eine verstärkte Lösung der Nachgeburt.

Diese beginnt sich in den Hornspitzen der Gebärmutter zu lösen und einzustülpen, so daß sie mit ihrer grauen, von Gefäßen durchzogenen Oberfläche im Schamspalt erscheint (Abb. 19 im Farbteil S. 741). Sie hängt während des Lösungsvorganges zwischen den Hinterbeinen und kann so nervöse Stuten oder Erstlingsstuten zu Abwehrbewegungen reizen. Aus diesem Grunde wird ein Knoten aus den heraushängenden Nachgeburtsteilen geschlungen, um somit einerseits das Darauftreten und Abreißen zu verhindern, andererseits um unbedachtes Ausschlagen, wobei

das Fohlen getroffen werden könnte, auszuschalten.
Der vollständige Abgang der Nachgeburt muß überprüft werden. Zu diesem Zweck wird diese am Boden säuberlich ausgebreitet (Abb. 21 im Farbteil S. 741). Dabei ist das Loch, durch welches das Fohlen austrat, zu erkennen. Wichtig aber ist, daß beide Hornspitzen vorhanden sind. Sie stellen zwei blind endende Säckchen dar. Durch Einfüllen von Wasser kann deren Geschlossenheit kontrolliert werden. Das Verbleiben kleinster Reste der Fruchthüllen in der Gebärmutter kann zu schwerwiegenden Erkrankungen führen.

Die regelwidrige Geburt

Durch die eng umgrenzte Geburtszeit bei Stuten – eine Normalgeburt sollte innerhalb von 30 Minuten abgeschlossen sein – sind regelwidrig verlaufende Geburten bei entsprechender Kontrolle allein von diesem Kriterium her unschwer zu erkennen. Das Erscheinen zweier Hufe kurz nach Beginn der Preßwehen im Schamspalt und wenig später danach das Sichtbarwerden von Mund, Nüstern und Stirn des Fohlenkopfes, meist noch von Fruchthüllen bedeckt, jedoch durch sie hindurch sichtbar, gibt Auskunft darüber, ob das Fohlen in Vorderendlage, oberer Stellung und gestreckter Haltung geboren werden wird. In dieser Position sind bei normal großen Fohlen und physiologischer Wehentätigkeit kaum Störungen im Geburtsablauf zu erwarten.
Anders dagegen ist die Situation, wenn trotz heftiger Wehen keine Fruchtteile im Schamspalt sichtbar werden oder aber nur die Beine ohne Kopf, ein Huf oder der Kopf alleine vorgepreßt werden beziehungsweise wird (Abb. 15/16 im Farbteil S. 740). In solchen Fällen ist unverzüglich der Tierarzt zu benachrichtigen, um die Ursache der Geburtsstörungen feststellen und Abhilfe schaffen zu lassen. Bis zu seinem Eintreffen werden Vorbereitungen für das Waschen der äußeren Genitalregion getroffen, der Schweif, soweit vorher nicht schon geschehen, mit einer breiten, elastischen Binde umwickelt und Spannstricke zurechtgelegt. Ein Tisch, mit einem sauberen Tuch abgedeckt, sollte für das Auslegen des tierärztlichen Instrumentariums ebenfalls bereitgehalten werden.
Alle diese Maßnahmen tragen dazu bei, daß nach Eintreffen des Tierarztes unverzüglich mit der Untersuchung begonnen werden kann. Weiterhin ist die unruhige Stute abzulenken. Dafür ist sie vorsichtig zum Aufstehen zu bewegen, da die geburtshilfliche Untersuchung besser am stehenden, fixierten als am liegenden Muttertier vorgenommen werden kann.
Die Ursachen für eine regelwidrige Geburt können verschieden sein. Wichtig erscheint – dies sei nochmals betont –, daß bei gegebenen Verdachtsmomenten schnellstens um tierärztliche Hilfe nachgesucht wird. Trotzdem ist häufig nicht zu vermeiden, daß bis zum Eintreffen des Tierarztes das Fohlen im Geburtsweg erstickt ist oder aber die Stute bei verkeilter Frucht teilweise erhebliche Verletzungen im weichen Geburtsweg davongetragen hat. Dies liegt einmal in der Tatsache begründet, daß sich die Nachgeburt beim Pferd sehr schnell löst (Unterbrechung des fetomaternalen Kontaktes), zum anderen aber mit erheblichen Geburtskräften infolge der heftigen Wehenbildung zu rechnen ist.
Wird von Laienseite in den Geburtsvorgang eingegriffen, sollte dies nur von einem Erfahrenen und Umsichtigen geschehen. Dabei ist zu berücksichtigen, daß unnötige Eingriffe häufig mehr schaden als nützen. Außerdem ist zu bedenken, daß eine Pferdegeburt außerordentlich diffizil ist und so Hilfeleistungen mehr die Domäne einer ausgebildeten Fachkraft als die eines unkundigen Laien sind.
Allerdings kann es vereinzelt notwendig werden, die Geburt eines stärker entwickelten Fohlens durch unterstützende leichte Zughilfe zu beenden. Auf Grund des günstig gebauten Stutenbeckens und der schmalen, stromlinienähnlichen Form des Fohlenkörpers wird diese Art Auszug nur selten notwendig. Ist aber tatsächlich nach Abschätzung des Erfahrenen eine Zughilfe erforderlich, werden beide Beine mit je einem sauberen, ausgekochten Geburtsstrick oder einer desinfizierten Geburtskette angeschlingt. In der ersten Phase der Hilfeleistung wird parallel zur Körperachse gezogen, bis Kopf und Brustsegment der Frucht ausgetreten sind. Danach wird die Zugrichtung erst um 45°, später um 90° nach unten, euterwärts, gewechselt, um das Becken des Fohlens besser durch das der Mutter gleiten zu lassen. Mit einem so erfolgten Auszug werden die natürlichen Vorgänge bei der Austreibung nachgeahmt.

In seltenen Fällen durchstößt der Kopf des Fohlens das obere Scheidendach infolge ungünstiger Winkelung oder nach oben (über den Kopf) verschlagener Beine. Die Wehen sind so kräftig, daß sie vermögen, das Fohlen unter Perforation des bindegewebigen Scheidendaches und des muskulösen Darmes auszutreiben. Bis zum Eintreffen des Tierarztes kann wertvolle Zeit verlorengehen. Es sollte daher versucht werden, Kopf und Beine, die aus der Afteröffnung ausgetreten sind, zurückzudrängen. Gelingt es, das Fohlen so in normale Geburtsposition (Kopf auf den Vorderbeinen liegend) zu bringen, kann ein vollständiges Zerreißen des Mastdarm-Scheiden-Damm-Bereiches verhindert werden. Ist dies nicht möglich, kommt es zu erheblichen Verletzungen der Stute (Abb. 17/18 im Farbteil S. 740).

Nach der Geburt

Die Stute während der Nachgeburtsperiode

Unmittelbar nach der Geburt verharrt die Stute noch einige Zeit in liegender Position, anfänglich in Seitenlage, wenig später in Brustlage. Die mit dem Gebärvorgang verbundene Erschöpfung ist erkennbar. Bereits im Liegen aber wendet sich die Stute dem Fohlen zu und nimmt zu ihm ersten Sichtkontakt auf. Steht die Stute, so sucht sie das Fohlen und beginnt, ihrem Muttertrieb folgend, mit Ablecken und Säubern des Neugeborenen, meist unter typischen Lautäußerungen.
Erst mit Abgang der Nachgeburt ist die eigentliche Geburt beendet. Im allgemeinen geschieht dies 15–60 Minuten, nachdem das Fohlen zur Welt gekommen ist. In einigen Fällen ist der Vorgang allerdings erst nach 120 Minuten abgeschlossen. Eine Zeit, die darüber liegt, wäre schon unphysiologisch. Es wird dann bereits von einer Nachgeburtsverhaltung gesprochen. Mitunter geht mit der Nachgeburt ein handtellergroßes braunes Gebilde, das Fohlenbrot, ab. Nach alten mythologischen Vorstellungen sollte es der Ernährung des Fohlens im Mutterleib gedient haben. »Fohlenbrot« entsteht durch Abschnürung von Eihautteilen und hat keinerlei Bedeutung; nur in der Volksmedizin werden ihm stärkende Kräfte zugesprochen. Der Muttermund, unter der Geburt für den Durchtritt des Fohlens maximal geweitet, formiert und schließt sich nach Abgang der Nachgeburt rasch, so daß rund 24–36 Stunden später nur noch eine geringe Öffnung zum Abfluß von Flüssigkeit aus der Gebärmutter besteht. Parallel dazu verkleinert sich der Durchmesser durch Zusammenziehen der Muskelzellen. Bereits 10–14 Tage nach der Geburt hat sich die Größe der Gebärmutter erheblich reduziert, so daß sie zwischen der dritten und vierten Woche die Ausmaße erreicht hat, die sie vor der Trächtigkeit besaß. Der aus Fruchtwasser, Blut und Gewebszerfallmassen gebildete flüssige Inhalt der Gebärmutter wird weitgehend von der Gebärmutterschleimhaut resorbiert. Nur geringe Mengen gehen über den Schamspalt nach außen ab. Das Sekret ist in den ersten Stunden rötlich-wäßrig, wird dann in den ersten Tagen rötlich-bräunlich und nimmt schleimige, fadenziehende Konsistenz an. Bereits nach 5 bis 7 Tagen sollte es eine gelbliche Farbe ohne Beimengungen besitzen und nahezu geruchlos sein. Diese Veränderungen sind Ausdruck einer sich wieder regenerierenden Gebärmutterschleimhaut. Gerade die Selbstreinigungsprozesse sind im Hinblick auf eine geplante Bedeckung der Stute in der Fohlenrosse oder später von großer Bedeutung. Werden sie verzögert oder gestört und sind sie bis dahin nicht abgeschlossen, wird der bei der Bedekkung in die Gebärmutter eingebrachte Samen durch die noch veränderte Schleimhaut und Sekretion geschädigt, so daß eine Befruchtung ausgeschlossen sein kann. In Zweifelsfällen ist es also empfehlenswert, vor der Fohlenrosse eine tierärztliche Untersuchung mit Tupferprobenentnahme durchführen zu lassen, um sich über den Stand der Nachgeburtsprozesse zu informieren und, davon abhängig, die züchterische Nutzung zu bestimmen (siehe dazu auch das Kapitel »Fruchtbarkeit und Fortpflanzung«).
Stuten kommen nach einer normalen, störungsfreien Geburt schnell wieder in den Zyklus. Die Fohlenrosse tritt in der Regel zwischen dem 9. und 14. Tag nach der Geburt auf und wird vielfach züchterisch genutzt. Ein Teil der Mutterstuten zeigt allerdings keine Rosseerscheinungen über die gesamte Länge der Säugeperiode hinweg, obwohl an den Eierstöcken durchaus zyklische Veränderungen ablaufen können.

Die äußerliche Kontrolle der Stute in den ersten Tagen nach der Geburt ist unbedingt notwendig, um Anzeichen einer gestörten Nachgeburtsperiode rechtzeitig zu registrieren. Alle krankhaften Abweichungen vom normalen Verlauf dieser Periode können zu schweren Krankheitszuständen führen, in deren Folge sich die Fruchtbarkeitschancen erheblich reduzieren. Zuerst verschafft man sich Gewißheit darüber, ob die Nachgeburt vollständig abgegangen ist (s. Abschnitt »Geburt«). Selbst kleinste, in der Gebärmutter zurückbleibende Nachgeburtsteile können Anlaß für schwerwiegende Störungen und Entzündungen sein. Totale, aber auch teilweise Nachgeburtsverhaltung (Abb. 20 im Farbteil S. 741) bedingt Fieber, Futterverweigerung, Milchrückgang und allgemeine Schwäche. Zu gleichen Erscheinungen führt auch eine Ansammlung großer Mengen an Flüssigkeit (Lochien) in der Gebärmutter der Stuten (Lochialstau). Beide Zustände entstehen besonders häufig dann, wenn in den Geburtsvorgang eingegriffen werden mußte.

Allgemein gefürchtet ist die Geburtsrehe. Sie entsteht durch Zerfallsprodukte, die sich in der Gebärmutter aus infizierten Nachgeburtsteilen oder Lochialsekret bilden, in die Blutbahn eindringen und über das Kreislaufsystem verbreitet werden. Sie rufen in der Huflederhaut entzündliche Veränderungen hervor, die äußerst schmerzhaft sind und zur Deformation des Hufes führen (Abb. 22 im Farbteil S. 741). Äußerlich ist die Hufrehe am klammen, unsicheren Gang und an einer eigenartigen, sägebockähnlichen Stellung der Gliedmaßen der Stute zu erkennen. Um die Geburtsrehe zu verhüten, sollte zum einen mit Kraftfuttergaben kurz nach der Geburt vorsichtig umgegangen werden, zum anderen hat sich das wiederholte kurzzeitige Abspritzen der Hufgegend mit kaltem Wasser oder das Treiben der Stuten in taufrischem Gras bewährt. In allen Fällen, in denen die Nachgeburtsperiode entgegen den normalen Regeln verläuft, ist rechtzeitig der Tierarzt zu konsultieren.

Das Fohlen unmittelbar nach der Geburt

Nachdem das Fohlen mit seinem gesamten Körper aus dem Geburtsweg herausgeglitten ist, befindet es sich in der Mehrzahl der Fälle quer zur Körperachse des noch liegenden Muttertieres. Der Nabelstrang ist zu diesem Zeitpunkt häufig noch mit der Plazenta verbunden. An der Pulsation im Nabel ist zu erkennen, ob noch aktiv von der Stute zum Fohlen hin Blut gepumpt wird. Zum Zwecke der Überprüfung wird der Nabelstrang zwischen zwei Finger genommen und ganz leicht komprimiert. Eine vorzeitige Unterbrechung dieser Verbindung wäre bei noch vorhandener Pulsation fehlerhaft, da auf diese Art noch 500 ml Blut und mehr auf das Fohlen übertragen werden können. Außerdem käme es bei Durchtrennung eines noch pulsierenden Nabelstranges zu Nachblutungen.

Unmittelbar nach Austritt des Fohlens aus dem Geburtsweg setzen die ersten Atemzüge ein. Zuerst erfolgen wenige Atemzüge über den Mundspalt, dann weiten sich die Nüstern, und die Luft wird über den Nasen-Rachen-Raum eingesogen. Voraussetzung dafür ist, daß Nasenöffnung und Mundspalt des Fohlens nicht von Fruchthüllen und Schleim bedeckt oder verlegt sind. Bei unkontrollierten Geburten kann der Erstickungstod des Fohlens dadurch verursacht werden, daß die mitunter widerstandsfähige Fruchthülle nicht einreißt, sondern sich wie eine Kappe um den Kopf fest anlegt, so daß die Atmung nicht in Gang kommen kann.

Ist man gezwungen, in die Nüstern oder Mundhöhle einzugehen, um diese vom Schleim zu befreien, sollte dies nur mit einer durch Einmalhandschuhe geschützten Hand geschehen. So wird eine direkte Übertragung von Schmutzkeimen vermieden und dadurch die Keimbelastung des Neugeborenen gering gehalten (siehe dazu das Kapitel »Gesundheitsprobleme im Pferdebestand«). Falsch wäre es, mit verschmutzten, verpilzten Strohhalmen in der Nasenöffnung zu manipulieren, um auf diesem Weg einen Niesreiz zu setzen und dadurch den Abgang von Schleim aus den Luftwegen vermeintlich zu fördern.

Viele lebenskräftige Fohlen schütteln unmittelbar nach den ersten Atembewegungen den Kopf und halten ihn wenig später bereits aufrecht. Die anfänglich unregelmäßigen Atembewegungen werden zusehends rhythmischer und tiefer, kenntlich am Heben und Senken des Brustkorbes.

Fehlen diese Anzeichen des Ingangkommens der Atmung, muß von außen her ohne Zeitverlust versucht werden, diese anzuregen.

Nach Freilegung der Atemwege dient zum einen dazu ein Kaltwasserguß in die Nackengegend, zum anderen kann durch Aufsetzen und Wechseldruck beider mit den Fingern überkreuzten Hände auf den Brustkorb versucht werden, die Atmung in Gang zu bringen. Dabei ist zu beachten, daß dies nur im Takt mit der schwach angelegten Ein- und Ausatmungstätigkeit geschehen darf; anderenfalls käme es zu einer Störung der Zwerchfellsrhythmik. Ziel dieser Maßnahme ist es aber, gerade diese zu intensivieren. Weiterhin könnte durch eine trichterförmige aufgesetzte Hohlhand Luft in die Nasenöffnungen geblasen werden. Besser wäre es allerdings, wenn ein Beatmungsgerät zur Verfügung stünde, da die Ausatmungsluft des Menschen nur noch einen Restbestandteil an Sauerstoff enthält. Ist der Tierarzt zur Stelle, wird er durch anderweitige Maßnahmen (medikamentöse Anregung der Lungentätigkeit, Pufferung des Blutes und dadurch Verhinderung der Übersäuerung) versuchen, Abhilfe zu schaffen. Dennoch kommt es, besonders nach langwierigen Geburten, vor, daß alle Mühen vergebens sind und die Atmung trotz schlagenden Herzens nicht in Gang zu bringen ist.

In Zusammenhang mit dem Ingangkommen der Atmung steht auch die Ausbildung der körpereigenen Temperatur (Thermoregulation). Sie wird ebenso wie die Atmung zentral gesteuert. Unmittelbar nach der Geburt fällt sie kurzfristig infolge der Umstellung vom Leben in der Gebärmutter zum Leben außerhalb dieses Schutzorganes auf 37,5° C ab (Darminnentemperatur). Bereits nach einer Stunde hat die Darminnentemperatur (Rektaltemperatur) Werte von 38,0° bis 38,7° C erreicht. Auf diesem Niveau verläuft die Temperaturkurve über mehrere Wochen. Erhöht sie sich deutlich über 39,0° C, ist dies ein Zeichen für eine Störung im Gesamtorganismus ebenso wie ein abrupter Abfall unter 37,3° C. Der Temperaturmessung in den ersten Lebenstagen kommt bei vermuteten Entwicklungsstörungen besondere Bedeutung zu.

In der Regel reißt der Nabelstrang innerhalb der ersten Lebensminuten von alleine durch Aufstehversuche der Mutter oder des Fohlens. Der Einriß geschieht an einer dafür vorgesehenen Stelle rund drei Zentimeter unterhalb des Hautnabels. Diese Stelle, an einer kleinen Einziehung zu erkennen, wäre, wenn der Nabel wirklich künstlich getrennt werden müßte, aufzusuchen. Scheint eine Durchtrennung des Nabels notwendig, so empfiehlt es sich, diese durch Drehung des Nabelstranges vorzunehmen und ihn nicht abzureißen. Als weitere Methode hat sich die Durchtrennung mit Hilfe einer Ferkel-(Eber-)Kastrierzange (Emaskulator) bewährt. Sie muß ausgekocht (keimfrei) sein und wird an der vorgesehenen Stelle angesetzt. Blutet der Nabelstumpf trotz allem nach, so muß er abgebunden oder in ungünstigen Fällen chirurgisch versorgt werden. Eine Durchschneidung des Nabels kann zu erheblichen Blutungen führen.

Unmittelbar nach der Durchtrennung des Nabels ist dieser zu desinfizieren. Hier ist nach wie vor die Verwendung von Jodoformäther oder Jod-Alkohol-Tinktur angezeigt. Neben der desinfizierenden ist noch deren austrocknende Wirkung von Vorteil, wodurch ein vollständig keimfreier Verschluß des Nabelstumpfes erreicht wird. Da der Nabelstumpf häufig die Eintrittspforte für Krankheitserreger bildet, muß er außerordentlich sorgfältig behandelt werden. Nabelvenen haben einen direkten Zugang zur Leber. Keime können also, sind sie in die Nabelvene eingedrungen, direkt in die Leber gelangen und sich so über das Blutgefäßsystem im ganzen Körper des Fohlens verbreiten. Aus diesem Grunde ist eine Nachkontrolle des Nabelstumpfes nach 12–24 Stunden und in den folgenden Tagen unbedingt notwendig und gibt Auskunft darüber, ob er trocken oder feucht ist. Trifft letzteres zu, muß er wiederholt eingehend abgetupft und gereinigt (Kamillenzubereitung) und erneut desinfiziert werden. Fühlt er sich heiß und hart an, und verspürt das Fohlen bei leichtem Druck Schmerzen, handelt es sich bereits um eine Nabelentzündung, die umgehend tierärztlich versorgt werden muß (Abb. 26 im Farbteil S. 742).

Die ersten Aufstehversuche des Fohlens beginnen bereits 5–10 Minuten nach der Geburt. Dabei versucht es, zuerst die Vorderbeine, Kopf und Hals zu strecken, um dann den Vorderkörper und im Anschluß daran den Hinterkörper anzuheben. Anfangs wird das Gleichgewicht kaum gefunden, so daß sich Aufstehversuche und mehrfaches Wiederhinfallen abwechseln. Es sind somit viele sich bis zu einer Stunde hinziehende Versuche notwendig, ehe das Fohlen endgültig stehen kann. Die Beine werden dabei noch stark abgespreizt, um das Gleichgewicht halten zu können. Stutfohlen können in der Regel eher sicher und fest stehen (im Durchschnitt nach 50 Minuten) als Hengstfohlen (71 Minuten). Mit Zunahme der Standsicherheit ist das Fohlen in der Lage, sich zur Mutterstute hin zu orientieren, engen Kontakt aufzunehmen und in der Euterregion die Zitzen aufzusuchen. Offensichtlich folgt dabei das Fohlen den Umrissen der Stute und insbesondere dem von Knie, Bauchseite und Euter gebildeten Dreieck. Neben diesem Sichtkontakt spielen für die Mutter-Kind-Beziehung auch noch Geruch und Lautäußerungen der Stute eine Rolle. Innerhalb von drei Stunden ist diese dann weitgehend gefestigt, sichtbar am engen Beieinanderstehen von Stute und Fohlen. Selbst drei Monate alte Fohlen entfernen sich in etwa 90% der Fälle nicht weiter als 5 m von der Stute.

Saug- und Schluckreflexe sind bei Fohlen bereits zum Zeitpunkt der Geburt voll ausgebildet. Die ersten Versuche der Milchaufnahme scheitern jedoch mitunter. Entweder sind es die Größenverhältnisse zwischen Mutter und Fohlen, die Unwilligkeit der Stute (unerfahrene Maidenstuten) oder das schmerzhaft prall gefüllte Euter infolge starker Milchbildung. Die Bereitschaft der Stute, an sich saugen zu lassen, ist an der leicht auswärts gespreizten Stellung der Hinterbeine zu erkennen. Die typische Saughaltung des Fohlens, waagrecht oder schräg nach oben gestreckter Kopf mit leichter Verdrehung der Kopf-Hals-Partie in verkehrt-paralleler Haltung zum Muttertier, muß kaum angelernt werden (Abb. 23 im Farbteil S. 742). Hier führen Eingriffe menschlicherseits sogar oft zu Widerständen beim Fohlen und zu Unruhe beim Muttertier. Der Milcheinschuß kann durch Beruhigung der Stute und durch leichte Massage am Euter gefördert und so insgesamt der Saugversuch des Fohlens wirkungsvoll unterstützt werden.

Mit der ersten Milchaufnahme nimmt das Fohlen Schutzstoffe (Gammaglobuline) auf, welche die Abwehrbereitschaft des Körpers gegenüber Infektionen im Neugeborenenalter herstellen. Fohlen werden ohne diese Schutzstoffe geboren und müssen diese über die Kolostralmilch vermittelt bekommen. Aus diesem Grund ist die Verabreichung der Erstmilch von lebenserhaltender Bedeutung. Geschieht dies nicht oder nicht rechtzeitig (später als 6 Stunden), ist das Fohlen im höchsten Grad gegenüber Infektionen gefährdet. Fohlen, die nicht an das Euter der Stute gebracht werden können, müssen die von der Stute abgenommene Biest(Kolostral-)milch per Flasche mit Sauger erhalten. Voraussetzung dafür ist aber, daß der Schluckreflex ausgebildet ist. Die Milch darf niemals mit Druck oder Gewalt eingeflößt werden, da sie sonst beim Verschlucken in die Luftwege läuft. Kann das Neugeborene nicht saugen und schlucken, erhält es die Milch über die Nasen-Schlund-Sonde.

In seltenen Fällen gibt die Mutterstute zu wenig oder keine Milch. Um das Fohlen zu retten, wäre Milch von einer anderen Stute, die nicht länger als vor 6–12 Stunden geboren hat, abzumelken und dem Fohlen je nach Größe in einer Menge von 300–600 ml (mehrfache Wiederholung in zweistündigen Abständen) zu verabreichen. Sicherer wäre jedoch, eine oder mehrere Packungen (je 500 ml) von Erstmilch einer gesunden Stute (nicht länger als 4–8 Stunden nach der Geburt gewonnen) im Tiefgefrierfach (– 18° C) zu lagern, um so für Notfälle vorbereitet zu sein. Die Haltbarkeit ohne Verlust der Wirkstoffe beträgt 7–9 Monate.

Sollte eine Stute bei der Geburt verenden oder muß sie notgetötet werden, darf die Entnahme des Erstgemelkes vorher oder unmittelbar danach nicht versäumt werden, um es dann portioniert dem Fohlen anzubieten. Ist dies mehrfach geschehen, kann die weitere Ernährung mit einem Milchersatz (z. B. Salvana-Fohlenmilch) durchgeführt werden. Im Blut steigt der Gehalt an Gammaglobulinen nach genügend hoher Aufnahme von Biestmilch deutlich auf Werte über 800 mg/dl an (WARKO und BOSTEDT 1991). Mittels Testverfahren kann dies rasch nach der 16. Lebensstunde nachgewiesen werden. Bei ungenügender Höhe bedarf es eines sofortigen Ausgleiches (künstliche Zufuhr von Biestmilch bis zur 18. Lebensstunde), um so das Fohlen vor Infektionen ausreichend zu schützen. Unter moderner tierärztlicher Kontrolle wäre Blutplasma eines gesunden Pferdes zur Hebung des IgG-Spiegels dann zu verabreichen, wenn es 18 Stunden nach der Geburt den Sollwert von 800 mg/dl noch nicht erreicht hat. Die Immunglobuline der Biestmilch werden ab der 18. bis 24. Stunde kaum mehr vom Darm resorbiert.

Bei der künstlichen Ernährung ist zu beachten,

a) daß der Tränkrhythmus – alle zwei Stunden – eingehalten wird,
b) daß die Milchmenge nur allmählich gesteigert wird (beginnend mit 400–500 ml bei einem normalgroßen Warmblutfohlen),
c) daß die angebotene Milch immer frisch angesetzt wird und Körpertemperatur hat,
d) daß Flasche und Sauger stets hygienisch einwandfrei sind (sterilisieren durch Auskochen),
e) daß beim Tränken vom Pflegenden eine saubere Schürze vorgebunden wird und die Hände zuvor gründlich gereinigt worden sind (evtl. Einmalhandschuhe tragen),
f) daß Milchreste in der Mund- und Nasengegend des Fohlens mit einem sauberen Tuch entfernt werden.

Einfacher gestaltet sich die Aufzucht eines mutterlosen Fohlens bei Vorhandensein einer Ammenstute.

Die Saugfähigkeit unter natürlichen Bedingungen ist offenbar abhängig von der Haltungsform und vom Geschlecht. Hengstfohlen sollen länger trinken als Stutfohlen. Die Saugdauer ist in der Box länger als auf der Weide. Im Durchschnitt dauert ein Saugakt 30–60 Sekunden und wird im 24-Stunden-Rhythmus 30–50mal wiederholt. In den dazwischenliegenden Pausen schließen sich in den ersten Lebensstunden und -tagen häufige, intensive Ruheperioden an. Bei Saugfohlen ist das Liegen in der Seitenlage mit ausgestreckten Beinen typisch (Abb. 24 im Farbteil S. 742). Unterschieden werden dabei Schlummer und Tiefschlaf. Erst später kommt das Dösen (Ruhen in stehender Haltung) bei älteren Saugfohlen hinzu. Die Atmung im Tiefschlaf ist flach, so daß der wenig Erfahrene erst sein Auge schulen muß, um zu erkennen, ob das Fohlen in dieser Haltung als normal zu bezeichnen ist. Die Liegedauer nimmt mit zunehmendem Alter ab. Ältere Fohlen ruhen dann häufiger in Brustlage und nicht mehr in absoluter Seitenlage oder dösen, meist hinter der Stute stehend.

Das Fohlenpech, auch als Mekonium bezeichnet, geht innerhalb von 3–12 Stunden ab. Es ist schwarz und stark klebrig (deshalb im Volksmund mit »Pech« benannt) sowie nahezu geruchlos. Es entsteht im Darm des noch ungeborenen Fohlens aus Zerfallsprodukten. Die Gesamtlänge des Mekoniumstranges beträgt 75–100 cm. Erst wenn der gelblich-bräunliche, etwas süßlich, aber aromatisch riechende Milchkot erscheint, kann davon ausgegangen werden, daß das Fohlenpech vollkommen abgegangen ist. Die erste Stutenmilch soll Stoffe enthalten, die den Abgang des Fohlenpechs fördern. Das Pressen auf Kot noch nach der 12. Lebensstunde, die Reduzierung des Saugtriebes und das infolge der Bauchschmerzen verursachte Wälzen sind Anzeichen für eine Mekoniumverhaltung. Hengstfohlen leiden darunter häufiger als Stutfohlen, da bei ihnen der Beckeneingang oft so schmal ausgebildet ist, daß der Kotstrang im Darm diese Enge nicht passieren kann und es so zu Stauungen von Kot vor dem Beckeneingang kommt.

Neben dem Absatz des Fohlenpechs muß auch der Harnabsatz kontrolliert werden. Harn wird wenige Zeit nach der Geburt erstmals abgesetzt, dies wird in kürzeren Intervallen wiederholt. Ist die Harnblase unter der Geburt geborsten oder aber besteht eine Verengung in den harnabführenden Wegen, so fallen die Versuche, Harn abzusetzen, dem genauen Beobachter auf. Meist zwischen 2. und 3. Lebenstag kommt es zu einer erheblichen Umfangsvermehrung des Bauches. Auf leichten Fingerdruck ist die große Flüssigkeitsansammlung zu spüren.

Weiterhin ist die normale Ausprägung der Mutter-Kind-Beziehung zu beobachten. Es gibt Fohlen, die nach dem ersten erfolgreichen Aufstehversuch keinen Kontakt zur Mutter finden, sondern plan- und ziellos in der Box umherirren. Sie bleiben dann nach stundenlangem Wandern erschöpft in einer Ecke stehen oder versuchen, Kontakt mit fremden Gegenständen in der Box aufzunehmen (Abb. 25 im Farbteil S. 742). Weiterhin gibt es Fohlen, deren allgemeine Vitalität so stark reduziert ist, daß sie sich nicht erheben können. In wenigen Fällen stoßen derart geschädigte Fohlen bellende Laute aus (Schreier) oder lassen die Zunge seitlich heraushängen. Allen gemeinsam ist, daß sie nicht in der Lage sind zu saugen. Genannt wird dieser Komplex auch das »Fehlanpassungssyndrom«. Die Ursache ist noch nicht genügend bekannt. Diskutiert werden zum einen Störungen im Herz-Lungen-System, zum anderen aber auch im Nervensystem.

Als weitere, auf nichtinfektiöser Grundlage beruhende Krankheit in den ersten Lebensstunden ist die Gelbsucht des Neugeborenen (Abb. 27/28 im Farbteil S. 742) zu nennen. Über ihre Ursachen berichten die Kapitel »Blutgruppen beim Pferd« und »Gesundheitsprobleme im Pferdebestand«. Daneben bereitet die »Ernährungsbedingte Muskeldystrophie« in manchen Beständen Probleme, da sie die betroffenen Fohlen schwer schädigen kann und darüber hinaus zu diagnostischen Komplikationen führt. Darüber und über die infektiösen Fohlenerkrankungen informiert das nachstehende Kapitel.

Gesundheitsprobleme im Pferdebestand – Infektionskrankheiten und ihre Bekämpfung

Professor
Dr. Dr. med. vet. habil. PETER THEIN
Leiter des Institutes für Biologie und der Biologischen Forschung im Geschäftsbereich Veterinär der Bayer AG, apl. Professor am Lehrstuhl für Medizinische Mikrobiologie, Infektions- und Seuchenmedizin der Tierärztlichen Fakultät München

In einem Buch wie dem vorliegenden ist es nicht möglich, das Thema des »kranken Pferdes« umfassend und vollständig abzuhandeln. Daher sei im folgenden der Versuch unternommen, die Problematik und die Möglichkeiten der Bekämpfung sowie Vermeidung von Infektionskrankheiten aufzuzeigen, die die Tendenz haben, über Ansteckung zur Gefährdung vieler Pferde im Bestand zu werden.

Fohlenerkrankungen

Ursachen

Fohlenerkrankungen können nur verhindert oder erfolgreich behandelt werden, wenn ihre Ursachen bekannt sind. Hier bestehen in der Praxis noch Schwierigkeiten, da allzuoft zur bloßen Beschreibung von Symptomen wie »Lebensschwäche«, »Saugunvermögen« oder »Durchfall« Zuflucht genommen wird, ohne daß man sich im möglichen Umfang um die Ursachen dieser Symptome bemühen würde. Mangelnde diagnostische und therapeutische Konsequenz bei Fohlenerkrankungen hat meist dramatischere Folgen als beim erwachsenen Pferd. Das Fohlen ist zu jedem Zeitpunkt seines Daseins, also bereits im Uterus der Stute, wie in der Geburtsphase als auch nach der Geburt gefährdet. Auf dieser zeitlichen Zuordnung des eintretenden Schadens basierend, lassen sich seine Erkrankungen folgendermaßen einteilen:

1. **Pränatale Krankheiten:** Krankheiten, deren Ursachen im Mutterleib der Stute gesetzt werden.
2. **Perinatale Krankheiten:** Krankheiten, deren Ursachen während der Geburt eintreten.
3. **Postnatale Krankheiten:** Krankheiten, deren Ursachen nach abgeschlossener Geburt eintreten.

Diese, die Summe der möglichen Erkrankungen umfassenden Ursachen können einerseits den gesamten zu erwartenden Fohlenjahrgang bedrohen und andererseits individuell nur einzelne Fohlen betreffen.
In der Tabelle 1 sind die im jeweiligen Lebensabschnitt bedeutungsvollsten Schadmöglichkeiten zusammengefaßt.

Tabelle 1

Schadenseintritt	Schadensursache
1. Pränatal	□ Infektion der Stute mit der Folge der Erregerpersistenz. □ Genetische Disposition (Anpaarung). □ Endogene oder exogene Stoffwechselstörungen der Stute.
2. Perinatal	□ Geburtsstreß mit nachfolgender Aktivierung von Infektionen. □ Geburtstrauma. □ Asphyxie (Sauerstoffunterversorgung). □ Verletzungen, die zur Ursache von Herdinfektionen werden.
3. Postnatal	□ Klinische Folgen aus 1. und 2. □ Neonatale Infektionen und Parasitosen. □ Organerkrankungen. □ Verletzungen, Trauma usw.

Tabelle 2

Infektion der Mutterstute	Am Fohlen auftretende Folgen
Rhinopneumonitisvirus (Pferdeherpesviren Typ 1 u. Typ 4)	Spätabort oder Geburt eines infizierten, nicht lebensfähigen Fohlens.
Pferdeherpesvirus Typ 2	Geburt eines infizierten Fohlens, Erkrankung nach Aktivierung des Erregers durch Streß u. a.
Adenovirus des Pferdes	Abort oder Geburt eines virustragenden, »lebensschwachen« Fohlens.
Virus der Infektiösen Anämie	Geburt eines virustragenden, »lebensschwachen« Fohlens.
Chlamydien verschiedener Spezies	Abort oder Geburt eines infizierten Fohlens (Gelenksentzündung).
Mycoplasmen	Abort.
Bakterien (z. B. Streptokokken, Salmonellen, E. coli, Leptospiren u. a.)	Abort oder Geburt eines infizierten, kranken Fohlens (Septikämie des Neugeborenen, »Fohlenlähme-Komplex«).
Pilze verschiedener Spezies	Abort.

Hinsichtlich ihrer wirtschaftlichen Bedeutung stehen die *infektiösen Ursachen* an erster Stelle, da sie in allen drei Phasen des Fohlendaseins am häufigsten für Erkrankungen verantwortlich gemacht werden können. Hieran sind Mikroorganismen aller Ordnungen beteiligt, Viren, Chlamydien und Mycoplasmen ebenso wie Bakterien und Pilze. Die Viren nehmen in dieser Reihung auf Grund von Infektionshäufigkeit und diagnostisch/therapeutischer Komplikationen den vordersten Platz ein. Derartige Infektionen betreffen meist die Mutterstute, ohne daß diese erkennbar Krankheitserscheinungen aufweisen müßte. Der Erreger vermehrt sich in der Stute, bleibt in ihr gewissermaßen im Gleichgewicht mit ihren eigenen Abwehrmechanismen (= Erregerpersistenz) anwesend und kann im Fall der Trächtigkeit das sich entwikkelnde Fohlen infizieren. Die Folge kann sowohl der Abort sein als auch die Geburt eines infizierten, kranken oder zunächst noch gesund erscheinenden Fohlens, das den Erreger in sich trägt.

Zur Vergegenwärtigung dieser Situation soll Tabelle 2 beitragen. In dieser Übersicht sind die Möglichkeiten der Schädigung des sich im Uterus entwickelnden Fohlens (pränataler Zeitraum) aufgezeigt.

Alle hier aufgeführten Erreger sind bei uns heimisch und stellen damit eine potentielle Gefährung dar. Weitere, bei uns nicht heimische Erreger können jedoch ebenso daran beteiligt sein, wie auch bei der Stute unter deutlich erkennbaren, akuten Krankheitserscheinungen verlaufende Infektionen (z. B. Pferdeinfluenza, Arteritis-Virusinfektion), in deren Folge die Frucht infiziert, geschädigt und abgestoßen wird.

Demgegenüber stehen die *nicht infektiösen Ursachen,* die sich vor allem als genetische Disposition (= Voraussetzung über das Erbgut) oder als Stoffwechselstörungen einordnen lassen. Tabelle 3 zeigt, daß deren Folgen, nämlich die am Fohlen erkennbaren Defekte, optisch durchaus mit den Folgen der besprochenen Infektionen vergleichbar sein können und

Tabelle 3

Genetische Disposition	Unterschiedliche am Fohlen auftretende Defekte
Mißbildungen	»Lebensschwaches« Fohlen im Falle interner Mißbildungen (z. B. Gehirn) oder eindeutig geschädigtes Fohlen im Falle externer (äußerlich sofort erkennbarer) Mißbildungen.
Immunmangelkomplex	»Lebensschwaches«, weil abwehrschwaches Fohlen, das auch Bagatellinfektionen erliegen kann.
Immunzytopathien	»Lebensschwaches« Fohlen auf Grund von immunologischen Unverträglichkeiten (Gelbsucht).
Stoffwechselstörungen:	
z. B. Vitamin-E- und Selenmangel der Stute	»Lebensschwaches« Fohlen auf Grund von Muskulatur- und Nervenschäden.
z. B. exogene und/oder endogene Toxine	Diverse Symptome.

daher – im Sinne der zukünftigen Vermeidung (Präventivmaßnahme) als auch der Behandlung (Therapie) – differenziert werden müssen.
Welche hauptsächlichen Schadensmöglichkeiten birgt nun die Phase der Geburt, der sog. *perinatale Zeitraum,* für das Fohlen in sich? In Tabelle 4 sind diese Faktoren zusammengefaßt.
In seiner *postnatalen Phase* – neben zufälligen Schäden wie Unfällen usw. – ist das Fohlen hauptsächlich durch Infektionen, aber auch Parasiten bedroht (s. Tab. 5). Hier machen sich nun besonders gravierend Fehler in der Beaufsichtigung der Geburt und der Aufzucht des Neugeborenen bemerkbar, da diese häufig erst die Voraussetzung für das Angehen der Infektion sind und damit deren Ausmünden in die Krankheit bedingen bzw. dieses begünstigen (THEIN et al. 1983). (Über »Geburt und Aufzucht des Pferdes« berichtet das voranstehende Kapitel ausführlich.)

Tabelle 4

Ursachen:	Folgen:
Asphyxie Trauma	Fehlanpassungssyndrom des Fohlens.
Verletzungen wie Rippenbrüche u. ä.	Herdinfektionen mit der Folge der Septikämie des Neugeborenen.
Geburtsstreß	Abwehrschwächung des Fohlens, aus der sich die Aktivierung von Infektionen ergibt.
Kontamination bei unsachgemäßer Geburtshilfe	Vorwiegend bakterielle Infektionen, die den Septikämiekomplex bedingen können.

Tabelle 5

Infektion mit:	Folgen:
Bakterien unterschiedlicher Spezies	□ »Fohlenlähme« = Septikämiekomplex mit Durchfällen, Atemwegserkrankungen, Gelenksentzündungen usw. □ Tetanus □ Schädigung durch Bakterientoxine (z. B. Tetanus, Clostridium botulinum ≙ Shaker foal disease). □ Tödlich verlaufende Infektionen, z. B. mit Bac. piliformis ≙ Tyzzers Disease.
Viren:	
Rotaviren	□ Durchfälle und Allgemeinstörungen.
Coronavirus	□ dto.
Adenovirus	□ Atemwegserkrankungen und Durchfälle.
Herpesviren	□ Entzündungen der Hornhaut und der Bindehaut des Auges, Atemwegserkrankungen.
Parasiten:	
Strongyloides westeri	□ Primär Durchfälle und Atemwegserkrankungen.
Parascaris equorum	□ Sekundär Einschleusung verschiedener bakterieller Infektionserreger.

Abwehrlage des neugeborenen Fohlens

Die das Angehen von Infektionen und Invasionen besonders begünstigenden oder auslösenden Faktoren sind im folgenden zusammengefaßt:

1. Angeborener Immunmangel des Fohlens und damit keine oder nur reduzierte Chance der Infektionsabwehr.
2. Absorptionsstörungen von seiten des Fohlens, die einen optimalen Einbau der über das Kolostrum erhaltenen Abwehrstoffe verhindern und damit Schutzlosigkeit zur Folge haben.
3. Ungenügende Versorgung des Fohlens mit Kolostrum. Dies kann sowohl verursacht werden durch mangelnde Qualität/Quantität des Kolostrums der Stute als auch durch zu späte, unsachgemäße oder nicht ausreichende Kolostrumaufnahme bei genügendem Angebot seitens der Mutter.

Diese genannten Faktoren bedingen insgesamt eine graduell unterschiedlich ausgeprägte immunologische Schutzlosigkeit des Fohlens gegenüber allen in seiner Umwelt vorhandenen Erregern.

Unter *angeborenem Immunmangel* sind Störungen im Immunsystem (= Lymphgewebe, siehe hierzu auch das Kapitel »Funktionelle Anatomie des Pferdes«) des Fohlens zu verstehen, die es ihm entweder unmöglich machen, auf eingedrungene Infektionserreger mit der Mobilisierung spezifischer Serumantikörper (sog. B-Lymphozyten) oder zellgebundener Abwehrstoffe (Immunzelle = T-Lymphozyt), welche die Erreger neutralisieren können, zu reagieren. Im schlimmsten Falle liegt ein kombinierter Immunmangel vor, der sowohl die Synthese der B- als auch der T-Lymphozyten verhindert. Eine Übersicht über diese Immunmangelkrankheiten ist in Tabelle 6 gegeben.

Tabelle 6
Formen des Immunmangels beim Pferd

Bezeichnung des Defektes	Grundlage des Defektes	Ursache des Defektes	Folge des Defektes	Betroffene Rassen
Kombinierter Immunmangel	Totaler Mangel an Immunglobulinen und Immunzellen	Genetische Disposition: autosomal/rezessiv	Tödlich verlaufende Infektionen meist ab 2. Lebenswoche	Vollblutaraber Araber Halbblutaraber Appaloosa
Primäre Agammaglobulinämie	Totaler Mangel an Immunglobulinen	Genetische Disposition: wahrscheinlich autosomal/rezessiv	Erhöhte Infektionsanfälligkeit, erhöhte Sterblichkeit	Englisches Vollblut
Hypogammaglobulinämie (Malabsorption)	Zu wenig Immunglobuline	Ungenügende Kolostralversorgung oder Absorptionsstörungen beim Fohlen	Erhöhte Infektionsanfälligkeit, schwerere Krankheitsverläufe, erhöhte Sterblichkeit	Alle Rassen
Zeitlich begrenzte Hypogammaglobulinämie	Verzögerte Eigensynthese von Immunglobulinen	Wahrscheinlich genetisch bedingt, Erbgang unklar	Erhöhte Infektionsanfälligkeit bis in den Bereich des 3. Lebensmonats	Alle Rassen
IgM-Mangel	Selektiver Mangel an Immunglobulin des Typs IgM	Wahrscheinlich genetisch bedingt, Erbgang unklar	Erhöhte Infektionsanfälligkeit speziell im Bereich des 4.–8. Lebensmonats	Alle Rassen

Zum besseren Verständnis dieser Beziehung von Ursache und Wirkung beim neugeborenen Fohlen muß man wissen, daß es *ohne* spezifische Schutzstoffe wie Antikörper oder Immunzellen zur Welt kommt. Die Stute reichert vor der Geburt alle ihr zur Verfügung stehenden Antikörper aus dem Serum im Kolostrum an und gibt sie an das Fohlen ab. Der Gehalt an Kolostralantikörpern ist am größten zum Zeitpunkt des ersten Saugaktes. Bis zur 24. Stunde nach der Geburt sind keine Kolostraltiter mehr nachzuweisen (JEFFCOTT 1974, THEIN 1983, THEIN u. M. 1989).

Entsprechend sind die Möglichkeiten des Saugfohlens, in den Genuß dieser lebensnotwendigen Abwehrstoffe zu kommen. Als Regel für den Züchter läßt sich daraus ableiten, daß das Fohlen unbedingt bis zur 4. Lebensstunde optimal mit Kolostrum versorgt werden muß. Unterstützt wird diese Forderung dadurch, daß das Fohlen die ihm über das Kolostrum angebotenen Abwehrstoffe lediglich zwischen der 3. und 6. Lebensstunde unverdaut und optimal in seinen Kreislauf einbauen kann. Danach nimmt diese Fähigkeit der sog. Persorption ab, und von der 24. Lebensstunde an wird nur noch normal verdaut, das heißt, über den Stoffwechsel abgebaut.

Diese Gegebenheiten verdeutlichen, in welchem Maße ein Fohlen in den ersten Lebensstunden durch Verzögerung oder Verhinderung der Kolostrumaufnahme gesundheitlich gefährdet werden kann.

Die mit der Biestmilch rechtzeitig aufgenomenen Antikörper (Immunglobuline) durchdringen also beim gesunden Fohlen die Darmschranke in unverdautem Zustand und erscheinen im Blutserum, wo sie ihre Schutzaufgabe übernehmen. Hier sind sie auch mit praxisnahen Methoden (Latextest, radiale Immundiffusion) zu messen. Mit diesen Methoden ist es möglich, eine Aussage über die Menge der im Fohlen zirkulierenden Globuline (IgG-Klasse) zu erhalten. Man weiß, daß die untere schutzverleihende Grenzmenge dieser Immunglobuline bei 400 mg/dl (dl = 100 ml Serum) und darüber liegt. Fohlen mit einem derartigen oder höheren Antikörpergehalt (1. Lebenswoche) sind in der Regel widerstandsfähig gegenüber Infektionskrankheiten, während Fohlen mit Spiegeln darunter infektionsgefährdet und daher behandlungsbedürftig sind (PERRYMAN et al. 1980, THEIN et al. 1982/83, THEIN u. M. 1989).

Behandlung des Fohlens bei vorliegendem Immunmangel

1. Fohlen mit Globulinspiegeln unter 200 bis 400 mg/dl sind zu behandeln.
2. Fohlen unter 12 Stunden Lebensalter erhalten in diesem Falle Kolostrum aus der Kolostrumbank (oder, falls vorhanden, abgemolkenes Kolostrum einer anderen Stute des Bestandes). Es wird am besten per Nasenschlundsonde eingegeben. Hierzu sind zwei oder drei Gaben von je 500 ml in einstündigem Abstand nötig. Eingefrorenes Kolostrum (–20° C) muß nach dem Auftauen verwendet und darf nicht erneut eingefroren werden.
3. Ältere Fohlen (> 12 Stunden) erhalten intravenös Plasmainfusionen. Hierzu genügt die Gabe von annähernd 1 Liter.
   Das Plasma wird vom Tierarzt aus der Mutterstute oder anderen Pferden des Bestandes gewonnen. Für Fohlen mit Anzeichen von Infektionskrankheiten ist es besser, 1,5–2 Liter zu verabfolgen und gleichzeitig eine gezielte, antibiotische Behandlung einzuleiten.
4. Weisen Fohlen im Bereich der 3. Lebenswoche und darüber einen Immunglobulingehalt um 400 mg/dl auf, so sind sie mehr oder weniger geschützt. Diese Fohlen sollen deshalb keine Kolostral- oder Serumantikörper der Stute mehr erhalten, da diese die Ausbildung der eigenen, aktiven Immunität stören können. Sie sind beim ersten klinisch erkennbaren Anzeichen einer Infektionskrankheit gezielt und intensiv zu behandeln.

Fohlenlähme (Neonatale Septikämie)

Am Beispiel der Fohlenlähme, die richtiger als Septikämie zu bezeichnen ist, sollen die bisher besprochenen Gesetzmäßigkeiten demonstriert werden. Infektionskrankheiten dieses Problemkreises werden als sog. Faktorenerkrankungen bezeichnet. Erst die Faktoren, wie z. B. Störungen in der Immunversorgung, der Zuchthygiene, der Geburts- und Aufzuchthygiene usw., geben den an derartigen Erkrankungen beteiligten Infektionserregern die Möglichkeit, sich im gestreßten Organismus stark zu vermehren, zu haften und dadurch die Krankheit zu verursachen.

Über die Eliminierung dieser Faktoren ist ein Bestand meist schon gesund zu halten, da den Faktoren i. d. R. mehr Bedeutung beizumessen ist als den ohnehin immer anwesenden Erregern. Im Falle der Fohlenlähme fungieren Umwelt, Stute und Fohlen als Träger infektionsbegünstigender Faktoren. Diese Situation ist in Tabelle 7 dargestellt.

Tabelle 7
Faktoren mit Bedeutung für das Entstehen von Septikämie des Fohlens

1. Umwelt:
- □ Stallhygiene
- □ Zuchthygiene
- □ Geburtshygiene
- □ Ernährung und Haltung des Fohlens

2. Stute:
- □ Genitalinfektionen (Schleimhautschwächen, Genitalveränderungen)
- □ Lokalinfektionen = Keimträger
- □ Störungen in der Geburt
- □ Nachgeburtsverhaltung
- □ Kolostrumverlust
- □ Krankheit, Stoffwechselstörung

3. Fohlen:
- □ Prä- oder perinatale Virusinfektionen
- □ Störungen innerhalb der Kolostrumaufnahme
- □ Immunmangelkrankheit
- □ Künstliche Ernährung
- □ Geburtsschaden

Als Erreger, die aufbauend auf den geschilderten Faktoren letztlich die Krankheit verursachen, kommen für die Septikämie vor allem die folgenden Bakterien in Frage:

- □ Actinobacillus equuli
- □ Streptococcus zooepidemicus
- □ Salmonella abortus equi
- □ Salmonalle typhimurium
- □ Klebsiella spp.
- □ Escherichia coli
- □ Corynebacterium equi
- □ Staphylococcus aureus.

Diese Bakterien können das Fohlen im Sinne der o. a. Einteilung sowohl in der prä- als auch der peri- und neonatalen Phase infizieren und – in Abhängigkeit von der Anwesenheit infektionsbegünstigender Faktoren – zu dessen Erkrankung führen.

Es handelt sich bei der Fohlenlähme meist um Mischinfektionen, an denen mehrere der aufgeführten Erreger gemeinsam beteiligt sein können. Die Krankheit ist als septikämisch verlaufende Allgemeininfektion zu verstehen, die begleitet sein kann von Gelenkentzündungen unterschiedlicher Lokalisation, Entzündung des Knochenmarks, subkutanen oder intramuskulären Abszessen, Darmentzündungen mit Durchfall, akuter katarrhalischer Entzündung der Bronchien und der Lunge usw. (s. Abb. 29, 30, 31 im Farbteil S. 743).
Sowohl die Infektion selbst als auch deren krank machende Folgen sind maßgeblich von der Keimzahl der anwesenden Erreger abhängig.
Der allgemeinen Hygiene, die ja zur Keimmengenverringerung beiträgt, und zwar im Sinne des Faktors Umwelt, kommt damit die größte Bedeutung zu. Es ist eine bekannte Tatsache, daß in schlecht geführten Betrieben erhöhte Keimzahlen nachzuweisen sind und die Häufigkeit von Krankheiten größer ist als in hygienisch einwandfreien Betrieben.
Stall-, Zucht- und Geburtshygiene müssen immer getragen sein von der Absicht der Keimmengenverringerung bis zum erreichbaren Minimum. Damit steht im Vordergrund aller Maßnahmen die gezielte Desinfektion mit geeigneten Desinfektionsmitteln (s. DLG-Desinfektionsmitteltabelle am Schluß des Kapitels), begleitet von der Eliminierung aller als Keimreservoir in Frage kommenden Trägersubstanzen. Das sind speziell bei der Geburt Nachgeburtsteile, Kot, Blut usw. Es ist bekannt, daß ungenügende Karotinversorgung zum Beispiel eine erhöhte Bereitschaft gegenüber Infektionen mit Streptokokken oder auch anderen Erregern zur Folge hat. Somit kommt der Ernährung in Verbindung mit geeigneter Haltung (Weidehaltung) entsprechende Bedeutung zu, begleitet von Seuchen- und Parasitenprophylaxe sowie Bestandskontrollen hinsichtlich endemisch oder epidemisch verlaufender Infektionen, in deren Folge Faktorenkrankheiten mit entsprechender Resistenzschwächung auftreten können.
Nachdem der intrauterinen Infektion des Fohlens mit der Folge der septischen Allgemeinerkrankung eine spezielle Bedeutung zukommt, beginnt die Verhütung der Fohlenlähme bei der zuchthygienischen Beurteilung der Mutterstute. Der Übertragungsvorgang jeder Infektion startet mit der Ausscheidung

durch innerhalb der ersten Wochen bis Monate ebenfalls vor der Wut geschützt (THEIN 1983a).

Bornasche Krankheit

In gewissem Sinne mit den klinischen Symptomen, die auch nach Tollwut auftreten, zu verwechseln ist die Bornasche Krankheit beim Pferd infolge der Infektion mit dem Bornavirus. Es handelt sich hierbei um eine ansteckende Gehirnentzündung, die im Gegensatz zur Tollwut unter Pferden weiter verbreitet wird. Diese Krankheit trat bisher nur in bestimmten Gebieten auf, in Deutschland sind dies in erster Linie Bayern, Baden-Württemberg, Hessen und Sachsen. Der Name leitet sich von der Stadt Borna in Sachsen ab. Hier war die Seuche zum ersten Mal so massiv aufgetreten, daß ihr ein Großteil der Pferde zum Opfer fiel.

Damit ist schon gesagt, daß diese Seuche sich unter Pferden ausbreiten und somit ganze Pferdebestände tödlich gefährden kann. Der Erreger dieser Infektion ist bisher noch nicht endgültig systematisiert, über seine Eigenschaften dagegen besteht weitgehend Klarheit. Außer Pferden sind auch Schafe, Ziegen, Kaninchen und möglicherweise weitere Spezies unter natürlichen Verhältnissen empfänglich für diese Infektion.

Die *Übertragung* geschieht in erster Linie über die Atemwege (Staubinfektion), das Angehen wird begünstigt durch Streßfaktoren (Futterumstellung). Die Virusausscheidung erfolgt über Speichel, Nasensekret, Harn und Milch, die Virusaufnahme über die Schleimhäute der oberen Atemwege.

Die *Inkubationszeit* kann unter natürlichen Verhältnissen bis zu einem Jahr betragen. Die danach auftretenden klinischen Symptome lassen sich wieder unterteilen in:

1. *Prodromalstadium* von einigen Tagen mit Störungen des Allgemeinbefindens, Temperaturanstieg bis 39,5° C möglich, ebenso wie Verhaltensänderung, Durchfall und Katarrh der oberen Atemwege.
2. *Hauptstadium,* Dauer 1–2 Wochen: Erregungs- und Depressionszustände, Speichelfluß, plötzliches Zusammenbrechen, abnorme Stellungen, Zwangsbewegungen, Kreis-(Manege-)bewegungen (siehe Abb. 40 im Farbteil S. 744).
3. *Lähmungsstadium,* Dauer einige Tage: Lähmung verschiedener Gesichts-/Schlund-/Kehlkopfnerven. Dadurch werden die Futteraufnahme sowie das Schlucken und Kauen unmöglich. Die Dauer der Krankheit beträgt in der Regel 2–3 Wochen, selten 4–6 Wochen. Die Sterblichkeit liegt bei 90–95%.

Vorbeuge- u. Bekämpfungsmaßnahmen

Bis zum November 1978 wurde gegen die Bornasche Krankheit schutzgeimpft. Nachdem der Erfolg dieser Impfung jedoch sehr umstritten ist, wird seit dieser Zeit eine Impfung untersagt, die Impfstoffherstellung wurde eingestellt. Somit existieren lediglich seuchenhygienische Maßnahmen zur Bekämpfung der Krankheit. Die landesrechtlichen Bekämpfungsvorschriften, die für Bayern, Baden-Württemberg und Hessen bestanden, wurden mit Verordnung vom Februar 1979 für Bayern aufgehoben. Die hygienischen Maßnahmen bestehen vor allem im Vermeiden gemeinsamer Stallhaltung von Schaf, Ziege und Pferd sowie von krasser Futterumstellung im Frühjahr. Für Pferde aus Bornagebieten sollte eine Quarantäne von 2 Monaten eingehalten werden. Die Stallungen von Bornapferden müssen gründlich mechanisch gereinigt (Dampfstrahlgerät) und anschließend desinfiziert werden (Chlorkalk, Formalin). Gestorbene oder getötete Pferde müssen ungeöffnet und unschädlich beseitigt werden (ROLLE/MAYR 1978; THEIN 1979c).

Wundstarrkrampf (Tetanus)

Die Infektion mit dem Tetanuserreger (Clostridium tetani) zählt zu den wichtigsten Bedrohungen der Pferdegesundheit und sei an dieser Stelle mitbesprochen. Der Erreger dieser Infektionskrankheit bildet im Patienten ein außerordentlich starkes Nervengift (Neurotoxin), welches für die auftretenden Krankheitssymptome verantwortlich ist.

Die *Übertragung* der Infektion geschieht beim Pferd meistens durch nichtblutende, infizierte Verletzungen, deren Wundkanal sich schnell schließt. Bei der dadurch gewährleisteten Abwesenheit von Sauerstoff – wie sie Nageltritt, Vernagelung, Stichverletzungen, Kastrationswunden bieten – entwickeln sich die in diese Wunden gelangten Sporen zu kompletten Bakterien und beginnen mit der Produktion ihres Toxins. Die Ansiedlung der Tetanuskeime wird begünstigt durch Gewebeschädi-

gung (z. B. Quetschungen) und die Ausbreitung des Nervengiftes durch Anwesenheit anderer Sauerstoff verbrauchender Keime (z. B. E. coli oder Streptokokken).
Der Tetanuserreger zählt zu den Darmbewohnern. Von dort aus kann er – ebenfalls nach Schädigung der Darmschleimhaut durch Giftstoffe anderer Bakterien – in den Körperkreislauf einwandern und die Krankheit hervorrufen.
Die *Inkubationszeit* ist unterschiedlich lang – wenige Tage bis einige Wochen – und steht in Abhängigkeit von den Umständen der Toxinbildung. Nach Ablauf der Inkubationszeit beginnt die Krankheit meist mit am Kopf (Augenlid, Nickhaut, Ohren, Nackenmuskulatur, Kiefermuskulatur) anfangender, sich über den Rücken zum Schweif ausdehnender Versteifung der Muskulatur. Steil aufgerichtete, unbewegliche Ohren, Vorfall der Nickhaut des Auges, erschwertes oder unmöglich werdendes Kauen und Schlucken, Unbeweglichkeit insgesamt sind meist die ersten Symptome. Später kommen dazu aufgeschürzter Bauch, weggestreckter Schweif, steife Gliedmaßen, »Sägebockstellung«. Erhöhte Erregbarkeit, die durch Aufregung in Krampfzustände übergehen kann, dramatisiert den Verlauf. Die Körpertemperatur ist erst kurz vor dem Tod auf 42°–43° C erhöht. Der Tod tritt meist 3–10 Tage nach den ersten Krankheitserscheinungen ein. Die Verlustquote beläuft sich – in Abhängigkeit vom Immunstatus – auf 50–80%.
Bei günstigem Verlauf ist ein Nachlassen der Symptome gegen Ende der zweiten Woche der Erkrankung zu beobachten, die Genesungsdauer kann dann 4–6 Wochen betragen. Pferde verfügen nicht über Normalantitoxine.

Vorbeuge- u. Bekämpfungsmaßnahmen
Der Schwerpunkt der Tetanusbekämpfung liegt in der Vorbeugung durch aktive Schutzimpfung gesunder, unverletzter Tiere mit Tetanustoxoid. Zur Erziehung einer belastbaren Grundimmunität ist eine zweimalige Impfung im Abstand von 4–6 (besser 6–8) Wochen erforderlich. Durch Wiederholungsimpfungen wird die Immunitität ein Leben lang aufrechterhalten und verstärkt. Fohlen sind ab ihrem vollendeten 4. Lebensmonat in die Schutzimpfung einzubeziehen (s. Impfkalender) (THEIN 1979c, 1982 und 1983a).
Besonders in leichteren Fällen (partieller Tetanus) kann durch intensive Antibiotikatherapie (Penicillin) in Verbindung mit Verabfolgung von Immunseren und Muskelrelaxantien Heilung erzielt werden.

Infektionen des Blutgefäßsystems und der blutbildenden Organe

Infektiöse Anämie (Ansteckende Blutarmut der Einhufer)
Diese Infektionskrankheit ist weltweit verbreitet, in Deutschland sind davon besonders die Bundesländer Baden-Württemberg, Bayern, Hessen und Niedersachsen betroffen. Es ist eine Infektion der blutbildenden Organe, in deren Gefolge es zum Überdauern des Erregers im einmal infizierten Pferd kommt. Lebenslanges Virusträgertum und Ausscheidertum können die Folge sein und machen diese Infektionskrankheit besonders gefährlich. Der Erreger ist ein kleines Virus (Retrovirus), das in nur einem Serotyp vorkommt. Die *Übertragung* dieses Virus geschieht über Harn, Kot, Speichel, Augen-, Nasenausfluß und Milch. Während des Fieberstadiums ist das Blut virushaltig. Die Virusaufnahme erfolgt über die Schleimhäute des Atmungs- und Verdauungstraktes und über die Haut. Es handelt sich um eine Saisonkrankheit mit Höhepunkt im Sommer. Vermutlich kommen Bremsen und Moskitos als Überträger in Frage. Virustragende Pferde bilden ein ständiges Virusreservoir. Das Virus kann in ihnen nach der Erkrankung lebenslang (bis zu 18 Jahren, beobachteter Fall) überleben und infektionstüchtig ausgeschieden werden. Eine Einschleppung in freie Bestände geschieht vorwiegend durch zugekaufte, virusausscheidende Tiere oder durch unsachgemäß gereinigte, bluthaltige Instrumente und Kanülen. Im Bestand wird die Infektion vor allem durch Kontakt und über leblose Vektoren wie Wasser, Futter oder Streu weitergegeben. Intrauterine Infektionen des sich entwickelnden Fohlens (s. Fohlenerkrankungen) und Infektionen über die Muttermilch sind möglich.
Nach einer *Inkubationszeit* von 5–30 Tagen treten Krankheitserscheinungen auf, die davon geprägt sind, daß sich das Virus in den blutbildenden Organen vermehrt und diese schädigt. Wir unterscheiden die akute (septikämische) und die chronische Verlaufsform: Für die *akute Form,* die innerhalb weniger

Tage zum Tod führen kann, sind rapider Konditions- und Gewichtsverlust, punktförmige Blutungen in den Schleimhäuten, besonders am Zungengrund, und das Versagen jeglicher Therapieversuche typisch. Die *chronische Form* kann jahrelang andauern, wobei die Tiere praktisch nie virusfrei werden. Unter wechselnden Fieberschüben kommt es zur Blutarmut (Anämie) mit Absinken der Zahl der roten Blutkörperchen, Ödemen an Gliedmaßen, Bauch und Unterbrust (s. Abb. 40 im Farbteil S. 744), darüber hinaus zu Herzschwäche und Gelbverfärbung der Augenschleimhäute. Der Krankheitsverlauf kann sich über Jahre erstrecken.
Innerhalb der Fieberphase erscheinen die Tiere matt, apathisch, depressiv, im Benehmen und Reaktionsvermögen gestört und sind keiner Belastung gewachsen. Dieser Zustand kann sich innerhalb weniger Tage bessern, um dann erneut aufzutreten. Eine Genesung ist selten (MOREMAN/SMITH 1966).

Vorbeuge- u. Bekämpfungsmaßnahmen
Die Bekämpfung der Infektiösen Anämie wird in der Bundesrepublik mit der »Verordnung zum Schutz gegen die Ansteckende Blutarmut der Einhufer« vom Gesetzgeber bundeseinheitlich vorgeschrieben. Die Grundlagen der Bekämpfung sind folgende:

1. Tötung der Pferde, bei denen die Infektiöse Anämie amtlich festgestellt wurde. Die Diagnose der Ansteckenden Blurarmut geschieht serologisch im Immunodiffusionstest, der nach einem ihn für die Feststellung dieser Krankheit erstmals einsetzenden Forscher »Coggins-Test« genannt wird. Reagiert den oben angegebenen Bestimmungen entsprechend ein Pferd im wiederholten Test positiv, so ist seine Tötung anzuordnen. Die Grundlage für diese Bestimmung ist das lebenslange Virusträger- und Ausscheidertum der positiven Pferde.
2. Sperrung infizierter Bestände, bis amtlich nachgewiesen wurde, daß die Krankheit erloschen ist.
3. Regelung der Einfuhr von Pferden über Nachweis, daß die einzuführenden Tiere die letzten drei Monate klinisch gesund in einem Bestand verbrachten und 30 Tage vor Einfuhr mit negativem Resultat im Coggins-Test untersucht wurden.

Im übrigen gelten hygienische Maßnahmen wie Desinfektion, Insektenbekämpfung etc.; Schutzimpfungen gibt es nicht (THEIN 1979c).

Infektion mit Arteritis-Virus
(Pferderotlauf, Pferdestaupe)
Eine Infektionskrankheit, die besonders in Kriegszeiten den Pferden der Kavallerie und der bespannten Einheiten zu schaffen machte, ist der sog. Pferderotlauf. Verursacht wird die Krankheit durch ein serologisch einheitliches Virus. Sein direkter Nachweis gelang in Deutschland noch nicht, Seuchenausbrüche, vor allem im süddeutschen Raum, konnten wir über serologische Untersuchungen absichern (THEIN 1978).
Die *Übertragung* des Virus geschieht vor allem durch direkten Pferdekontakt, möglich ist sie auch über blutsaugende Insekten und infiziertes Futter, Wasser usw. Die Ausscheidung des Virus geschieht vor allem über Nasen-, Augensekret und Speichel.
Die Arteritis verläuft seuchenartig, d. h. es erkranken meist mehrere Pferde eines infizierten Bestandes; die Erkrankungsraten liegen in den einzelnen Beständen bei etwa 75% der vorhandenen Pferde. Bevorzugt erkranken Pferde in schlechtem Zustand, wie stark verwurmte Tiere, ungenügend konditionierte junge Pferde, alte, abgetriebene oder erschöpfte Tiere.
Nach einer *Inkubationszeit* von 4–8 Tagen ist das erste Krankheitssymptom Fieber, das 42° C erreichen und sich über eine Woche erstrecken kann. Alle weiteren Symptome der Krankheit entstehen dadurch, daß sich das Virus in den inneren Schichten der Gefäße – vor allem der Venen, nicht der Arterien – vermehrt und diese stark schädigt. Als Folge dessen treten Ödeme an Unterbrust, Unterbauch, Gliedmaßen und Präputium auf, am Augenlid auch mit Entzündungen, die der Erkrankung den Namen »pinky eye« gaben. Die Pferde sind abgeschlagen, verweigern die Futteraufnahme und können auch Verhaltensstörungen (Stumpfheit, Reaktionslosigkeit usw.) zeigen. Dazu können Symptome am Atem- und Verdauungsapparat in Form von Entzündungen der Schleimhäute kommen. Tragende Stuten können im ersten Drittel der Trächtigkeit dadurch abortieren, daß sich das Virus in den Gefäßen der Plazenta

und im Fötus vermehrt und diesen zum Absterben bringt.
Ab dem 10. Tag nach Beginn der Erkrankung bessert sich der Zustand der Pferde, sofern nicht, durch unsachgemäße Haltung begünstigt, Komplikationen entstehen. Die überstandene Infektion hinterläßt eine gute Immunität.

Vorbeuge- u. Bekämpfungsmaßnahmen
Bei uns existieren keine Impfstoffe gegen die Arteritis-Virusinfektion; in den USA hat man Impfstoffe aus lebenden, biologisch gewandelten Viren eingesetzt. Hierbei zeigte sich, daß diese Immunisierung über Jahre die Pferde vor der Erkrankung schützen konnte. Nachdem die Arteritisinfektion in der Bundesrepublik nur sporadisch auftrat, besteht bislang keine Notwendigkeit einer geplanten Schutzimpfung unserer Pferde. Bekämpfungs- und Vorbeugeprogramme haben sich somit an den wiederholt besprochenen, hygienischen und Quarantänemaßnahmen zu orientieren.

Leptospirose (Ansteckende Leberentzündung, Periodische Augenentzündung)
Auch diese Infektion zählt zu den Zoonosen. Das Pferd erkrankt jedoch seltener als der Mensch oder als Hund, Schwein oder Rind. Über den klinischen Verlauf der Leptospireninfektion des Pferdes bestehen noch Unklarheiten. Die Erreger sind Schraubenbakterien mit aktiver, schraubenartiger Eigenbewegung, die beim Menschen und allen seinen Haustieren sowie vor allem auch wild lebenden Nagetieren vorkommen. Es existiert eine Vielzahl von verschiedenen Sero- und Subtypen, die für die Infektion in Frage kommen. Als *Überträger* gelten für das Pferd in erster Linie Ratten, Mäuse und Schweine, aber auch der Igel. Die von diesen Tieren über Harn und Speichel ausgeschiedenen Erreger (*Leptospira icterohaemorrhagiae, Leptospira pomona, Leptospira grippothyphosa, Leptospira bratislava*) können sich vor allem in feuchter Umgebung oder Wasser wochenlang am Leben halten und von dort aus durch Haut und Schleimhaut der Pferde aktiv in den Körper eindringen. Sie können aber auch über Futter und Tränke aufgenommen werden. Infektionen von Pferd zu Pferd existieren nicht – mit Ausnahme der Infektion des Fohlens über die Stute in der prä- und perinatalen Phase.

Nach der Aufnahme der Leptospiren kommt es beim Pferd zu Symptomen, die in ihrem Umfang mit letzter Gewißheit noch nicht charakterisiert werden konnten. Mit Sicherheit verursacht die Infektion eine Leberentzündung des Pferdes. Diese akute Erkrankung verläuft in Abhängigkeit von der Schwere der Infektion mit unterschiedlichen klinischen Symptomen. In allen bisher beschriebenen Fällen beginnt sie mit Fieber bis über 40° C, das einige Tage bestehen bleibt. Danach kann es zu Ödembildung an Brust, Unterbauch und Gliedmaßen kommen. Gleichzeitig treten Apathie, Freßunlust, Abgeschlagenheit, Koliksymptome und gestörtes Sensorium auf. Durch die Entzündung der Leber und den dadurch bedingten Gewebszerfall kann es zu »Vergiftungszuständen« kommen, die sich durch Symptome, wie sie bei Hirnentzündungen vorliegen, äußern. Das sind Depression, Aufregungszustände, Ataxie und Manegebewegungen. Die Schleimhäute an Augen, Maul und Scheide sind im Sinne einer Gelbsucht, eventuell mit Punktblutungen, verändert. Dadurch und durch periodische Fieberschübe kann es zu Unklarheiten in der klinischen Abgrenzung, zum Beispiel zur ansteckenden Blutarmut kommen. Auch Aborte im letzten Drittel der Trächtigkeit sind nach Leptospireninfektion bekannt.
Bei dieser Verlaufsform kann es nach der ersten Erkrankungswoche zum Anstieg der Antikörpertiter gegenüber den infizierenden Leptospirentypen bis auf Werte über 1:50 000 kommen. Nur in Verbindung mit den klinischen Symptomen sind Antikörpertiter diagnostisch verwertbar, da Pferde auch häufig ohne zu erkranken – gerade in mit Nagern verseuchten Ställen – sehr hohe Spiegel davon bilden.
Als Folgezustand nach der Leberentzündung wurde bei erkrankten Pferden die sog. Mondblindheit (Periodische Augenentzündung des Pferdes, *Iridozyklochorioiditis*) beobachtet.
Damit ist die Brücke geschlagen zur Periodischen Augenentzündung (P. A.), deren Ursachen nicht eindeutig geklärt sind, über die viel spekuliert wird und an deren Ende die Blindheit des betroffenen Pferdes stehen kann. Auf Grund oben angeführter Zusammenhänge sowie der Beobachtung, daß die Erkrankung vorwiegend in feuchten Gegenden und hier mit begrenzter Ausbreitung auftritt, wurden Leptospiren in ihre Ätiologie (Krankheits-

ursache) mit einbezogen. Es ist sehr viel wahrscheinlicher, daß die Periodische Augenentzündung eintritt als Folge der Körperreaktion auf im Rahmen einer allgemeinen Leptospireninfektion entstandene Stoffwechselprodukte denn als primäre Infektion des Auges mit Leptospiren. Die Erreger selbst wurden in keinem Fall aus Augen von Pferden mit P. A. isoliert.

Vorbeuge- u. Bekämpfungsmaßnahmen
Auf Grund der Ökologie der Leptospiren ist ihre Verbreitung in Pferdebeständen in erster Linie an deren Befallsdichte mit Nagern gebunden. In eigenen Untersuchungen konnten wir nachweisen, daß ein deutlich höherer Prozentsatz von Pferden aus mit Ungeziefer befallenen Ställen Antikörper gegenüber verschiedenen Leptospirentypen aufwies als Pferde aus hygienisch einwandfreien Haltungen. Prophylaktisch notwendig sind daher folgende Maßnahmen:

1. Wirksame Bekämpfung von Ratten und Mäusen in den Pferdeställen.
2. Optimale Heu- und Strohbergung und -lagerung.
3. Verhütung der Verunreinigung von Futter und Trinkwasser.
4. Trockenlegung sumpfiger oder feuchter Weiden, Vermeidung von Mischbeweidung.
5. Optimierung der Haltungshygiene.

In Abhängigkeit von der Seuchensituation (saisonale Schwankungen) können auch Schutzimpfungen mit Impfstoffen aus abgetöteten oder avirulenten Leptospiren vorgenommen werden.
Die Therapie richtet sich nach der Symptomatik der aufgetretenen Erkrankung. Frühzeitige Gabe hoher Dosen von Breitspektrum-Antibiotika über mehrere Tage, evtl. gekoppelt mit der Applikation von Immunseren, reduziert oder verhindert die Erregerausbreitung im Körper und damit auch die Erregerausscheidung (DIETZ/WIESNER 1982; ELLIS etal. 1982; THEIN 1979c).

Piroplasmose
Aus differentialdiagnostischer Sicht sei darauf verwiesen, daß auch die *Piroplasmose* (Parasitenkrankheit durch *Babesia equi* und *Babesia caballi;* siehe dazu das Kapitel »Endo- und Ekto-Parasiten«) mit den hier besprochenen Infektionskrankheiten der blutbildenden Organe und Gefäße symptomatisch manches gemein hat. Erhöhung von Herz- und Atemfrequenz, Fieber, eingestellte Freßlust, Koliken, Ödeme, Gelbfärbung der Lidbindehäute, Milzschwellung in der akuten Form, chronische Form mit Erregerpersistenz und Reaktivierung, auch Aborte bei tragenden Stuten sind die wichtigsten Charakteristika.
Diese über Zecken übertragenen Parasitosen sind in Deutschland nicht heimisch, wohl aber in vielen europäischen und außereuropäischen Ländern.
Speziell wegen der latenten Infektion mit möglicher Parasitenausscheidung verlangen manche Länder innerhalb ihrer Importbestimmungen, z. B. neben dem Freisein von Infektiöser Anämie, auch das Freisein von Babesiose. Dieser Nachweis basiert verläßlich auf serologischen Tests, da die Parasitenträger auch gleichzeitig über spezifische Antikörper gegen diese Blutparasiten verfügen.

Infektionen der Geschlechtsorgane

Infektion mit Pferdeherpesvirus Typ 3
(Equines Coitalexanthem, Bläschenausschlag)
Es handelt sich um eine Deckinfektion, bei der dieses Pferdeherpesvirus von Hengst zu Stute und umgekehrt übertragen wird. Meist steckt sich der Hengst bei infizierten Stuten an, die das Virus in und an den äußeren Geschlechtsorganen beherbergen, und gibt es über den Sprung an weitere Stuten ab. Darüber hinaus kann die Infektion auch ohne Deckakt von Pferd zu Pferd sowie mit infizierten Geräten übertragen werden.
Die *Inkubationszeit* beträgt etwa 7–14 Tage nach dem letzten Sprung. Danach zeigen die Stuten gerötete Scheide, Entzündung der Schleimhaut mit Bläschen und Pusteln, Ausfluß, Krustenbildung und später meist eitrige Komplikation infolge bakterieller Sekundärbesiedelung (Streptokokken). Meist sind diese Veränderungen symmetrisch an Vorhof und Schamlippen innen zu diagnostizieren. Beim Hengst kann es auf dem Schlauch zur Bildung entzündlich veränderter, einzelner oder zusammenfließender, unterschiedlich großer Herde kommen. Des weiteren sind beim infizierten Hengst Hodenschwellungen sowie Ödeme am Präputium beobachtet worden. In der bei der Stute dunklen Haut des äußeren

Genitale bleiben nach Abheilung des Exanthems weißliche, depigmentierte Stellen zurück, die sich auch in die behaarte Gegend hinein erstrecken können. Dieser auch als Mosaikausschlag bezeichnete Folgezustand ist noch über Jahre nach der Infektion zu sehen. In der Regel erreicht das Herpesvirus Typ 3 die tiefer liegenden Teile der Geschlechtsorgane nicht und führt somit auch nicht zu Störungen der Fruchtbarkeit oder Trächtigkeit. Das Allgemeinbefinden der infizierten Pferde ist meist nicht gestört. Im Rahmen einer massiven Sekundärinfektion gerade mit Streptokokken der Gruppe Lancefield C kann es allerdings zu Komplikationen kommen.
Sinngemäß gilt das gleiche für den Hengst, dessen Sprunglust und Befruchtungsfähigkeit durch das Virus nicht reduziert werden.
Man hielt diese Infektion lange Zeit für eine ausgesprochen lokale Infektion, die nur an dem äußeren Genitale der Stute oder des Hengstes haftet. Infolge unserer diesbezüglichen Untersuchungen (THEIN 1978; THEIN/REISSHAUER 1978) konnten wir jedoch nachweisen, daß es sich auch beim Coitalexanthem um eine Allgemeininfektion im Sinne einer Systemerkrankung handelt. Das Virus wird von Pferd zu Pferd weitergegeben, es erkrankt jedoch nur ein geringer Anteil, und die Infektion bleibt wahrscheinlich persistent. Damit ist mit Reaktivierung nach Streß zu rechnen, in deren Gefolge auch spontane Neuausbrüche – wie wir sie vor allem bei Hengsten beobachten konnten – vorkommen.

Vorbeuge- u. Bekämpfungsmaßnahmen
Es existieren keine Schutzimpfungen, die prophylaktischen Maßnahmen sind daher rein hygienischer Natur. Dies betrifft vor allem die Deckhygiene. Es sind nur Stuten zu decken, die frei sind von Anzeichen entzündlicher Veränderungen am äußeren Genitale. Nach dem Deckakt ist der Schlauch des Deckhengstes mit geeigneten Mitteln (siehe dazu das Kapitel »Fruchtbarkeit und Fortpflanzung beim Pferd«) zu desinfizieren. Hengste, von denen bekannt ist, daß sie die Infektion weiterverbreiten, sind für den Deckbetrieb dieser Saison zu sperren. Sie sollten unter Berücksichtigung der Pathogenese dieser Herpesvirusinfektion auch in der nächsten Saison erst nach einwandfreien Probesprüngen in den routinemäßigen Deckbetrieb aufgenommen werden. Ebenso sollten Stuten mit den genannten Veränderungen nicht im Natursprung gedeckt, sondern instrumentell besamt werden.

Infektion mit Salmonellen
Die auch als Paratyphus des Pferdes bekannte Erkrankung wird durch Salmonellen verursacht. Diese Bakterien sind normalerweise Darmbewohner auch des gesunden Pferdes und leben mit diesem in einem labilen Gleichgewicht. Streßfaktoren, wie körperliche Anstrengung, Transporte, Klimawechsel, andere Erkrankungen oder schwerere chirurgische Eingriffe ermöglichen in der Regel erst das Angehen dieser Infektion mit dem Ausmünden in die Krankheit. Es handelt sich hierbei also wieder um eine typische Faktorenerkrankung mit Latenz und Aktivierung. Nach Aktivierung von Salmonellen kommt es nach Eindringen in den Blutkreislauf und durch die Toxinwirkung zu septikämischen Erkrankungen mit Fieber, Darmentzündung, Kolik (*Colitis X*), Blutarmut, Ödemen. Es ist bei manchen Fällen differentialdiagnostisch an die in dem Abschnitt »Infektionen des Blutgefäßsystems und der blutbildenden Organe« beschriebenen Infektionskrankheiten zu denken.
Im hier zu besprechenden Zusammenhang ist besonders die Affinität von *Salmonella abortus equi* zu den Eihautzellen des trächtigen Uterus zu erwähnen. Dieser Erreger siedelt sich in diesen Zellen an und schädigt direkt oder über Toxinwirkung. Nach Inkubationszeiten, die bis über einen Monat betragen können, erfolgt der Abort. In Abhängigkeit vom Infektionszeitpunkt treten die Verwerfensfälle meist im Bereich des 4.–10. Trächtigkeitsmonats auf, können jedoch auch früher oder später erfolgen. Die perinatale Infektion des Fohlens ist ebenso möglich wie die Geburt infizierter, kranker Fohlen, die dann meist innerhalb der beiden ersten Lebenswochen verenden.
Salmonellen sind auch am Fohlenlähmekomplex beteiligt (s. dort). Seuchenhafte Aborte infolge dieser Infektion treten meist in frisch infizierten Beständen auf; in den folgenden Abfohlperioden sind dann auf Grund der eingetretenen Immunität meist nur noch einzelne Verwerfsfälle zu beobachten. Auch hier tritt der Abort meist spontan auf, ohne daß die Stute Symptome hätte zeigen müssen (geschwollenes Gesäuge, Ausfluß usw.), die den

Abort angekündigt hätten. Ebenso ist es möglich, daß die Stuten Vorzeichen des nahenden Abortes zeigen. Bei Ausbleiben von sekundären Komplikationen bleibt die Fruchtbarkeit der Stuten ungestört.
Vor allem die Nachgeburtsverhaltung kann nach Salmonelleninfektion nicht selten zu Entzündung der Gebärmutterschleimhaut mit reduzierter Fruchtbarkeit oder gar Sterilität führen.
Die Infektionsquelle für andere Pferde sind vor allem die stark bakterienhaltigen Abgänge beim Abort. Damit oder mit bakterienhaltigen Ausscheidungen erregertragender Pferde infiziertes Futter stellt den *Hauptübertragungsweg* dar, der somit über den Verdauungstrakt geht.
Ob infizierte Hengste über bakterienhaltiges Sperma oder Vorsekret beim Deckakt infizieren, wird angenommen, ist jedoch mit letzter Sicherheit noch nicht bewiesen.

Vorbeuge- u. Bekämpfungsmaßnahmen
Die Bekämpfung der Salmonella-abortus-equi-Infektion beruht in erster Linie auf organisierten und außerordentlich konsequent durchzuführenden hygienischen Maßnahmen; eine Koppelung mit Schutzimpfungen ist möglich. Dazu müssen aber bessere und verläßlichere Impfstoffe entwickelt werden als momentan verfügbar. Der Komplex der möglichen einzuhaltenden Maßnahmen ist im folgenden aufgeführt:

1. Gründliche Entseuchung und Desinfektion der Stallungen, in denen die Salmonelleninfektion serologisch oder bakteriologisch nachgewiesen wurde.
2. Serologische und bakteriologische Kontrolle aller Pferde hinsichtlich Keimträgertum. Dies betrifft besonders Zuchtstuten und Zuchthengste (siehe hierzu auch das Kapitel »Fruchtbarkeit und Fortpflanzung«).
3. Sanierung der Abortstuten, Isolation und Quarantäne nicht unter 3 Monaten.
4. Unterbindung des unkontrollierten Austausches von Zuchtpferden von Gestüt zu Gestüt oder Land zu Land.

Probleme der Schutzimpfung:
- ☐ Durch Schutzimpfung allein sind die Faktoren, die an der Krankheit beteiligt sind, nicht zu beeinflussen.
- ☐ Tilgung ist somit durch Schutzimpfung allein nicht möglich.
- ☐ Der Immunschutz ist häufig nur schwach und von kurzer Dauer.
- ☐ Die Ausscheidung von Salmonellen wird durch Schutzimpfung allein nicht sicher beeinflußt.
- ☐ Impfkomplikationen (Unverträglichkeitserscheinungen) sind nicht selten.
- ☐ Muttertierschutzimpfungen mit der Folge der Bildung schutzverleihender Kolostralantikörper sind anzustreben.

(DIETZ/WIESNER 1982; ROLLE/MAYR 1978; THEIN 1983.)

Infektion mit Streptokokken
Von der Vielzahl der Streptokokken kommen für die Genitalinfektionen beim Pferd die Vertreter der β-hämolysierenden Gruppen und hier in erster Linie *Streptococcus zooepidemicus* in Frage. Dieser Keim kann in allen seinen vielfältigen Manifestationsformen (Atemwegsinfektionen, Intestinalinfektionen, Fohleninfektionen, s. dort) entzündlich-eitrige Veränderungen verursachen, so auch an den Geschlechtsorganen vor allem der Stute. Auf Grund der Tatsache, daß die Bakterien permanent unter Pferden anwesend sein können, zählen sie zu den häufigsten Erregern von Sekundärinfektionen nach vorangegangenen Virusinfektionen; kryptogene (versteckte), latente Infektionen sind die Regel. Prädisponierende Faktoren, wie krankhafte Zustände am Genitale und Hormonstörungen, Schleimhautschwäche, Resistenz- und Abwehrstörungen, Einbringen massiver Keimmengen usw., verursachen in der Regel erst klinisch erkennbare Krankheitszustände (Faktorenerkrankung).
Streptokokken werden mit allen Se- und Exkreten des Pferdes ausgeschieden; die Übertragung und Infektion geschieht über die Atem- und Verdauungswege ebenso wie über den Geschlechtstrakt (Deckakt, ärztliche Manipulation). Als Zoonoseerreger kann *Streptococcus zooepidemicus* zur Bildung von Infektionsketten innerhalb verschiedener Säugerarten und Mensch beitragen.
Man kann davon ausgehen, daß Streptokokken zu gleichen Teilen allein oder in Gemeinschaft mit anderen Bakterien (z. B. Enterobakterien, E. coli usw.) aus Uterustupferproben oder Tupferproben des Hengstes nachweisbar sind. Dies sagt noch nichts darüber

aus, inwieweit infolge dieser Keimbesiedelung negative Folgen für die Fruchtbarkeit des Keimträgers zu erwarten sind. Diese entstehen meist erst in Verbindung mit den genannten Faktoren und sind dann die Folge des primären Leidens bei folgenden bakteriellen Entzündungen, die mittels geeigneter Methoden auch beim Pferd nachgewiesen werden können (s. dazu auch das Kapitel »Fruchtbarkeit und Fortpflanzung«). Statistischen Ergebnissen zufolge ist *Streptococcus zooepidemicus* dennoch am häufigsten an Genitalinfektionen der Stute mit aufgetretenen Fruchtbarkeitsstörungen beteiligt.
Die Störungen, die infolge Streptokokken-Infektionen am Genitale der Stute auftreten können, reichen von Entzündungen der äußeren und inneren Anteile der Geschlechtsorgane unterschiedlichen Ausmaßes bis hin zum Abort. Das Hauptgewicht kommt der sterilitätsbedingenden, lokalen Infektion der Uterusschleimhaut zu. Betroffen sind vorwiegend sog. Problemstuten, die auf Grund von Schleimhautresistenzschwächen sich dieser Infektion selbst nicht erwehren können. Häufiges Umrossen ist ein Indiz für diese Infektion. Der Übertritt der Bakterien auf die sich entwickelnde Frucht bedingt deren Schädigung und eventuelle Ausstoßung. Infizierte, kranke Fohlen können auch noch zur Welt gebracht werden (s. Abschnitt »Fohlenlähme«).
Aborte infolge Streptokokkeninfektion erfolgen meistens in der Mitte der Trächtigkeit, in selteneren Fällen können sie seuchenhaften Charakter annehmen.

Vorbeuge- u. Bekämpfungsmaßnahmen
Ähnlich der bei der Salmonellose aufgezeigten Situation ist auch die Problematik der Streptokokkeninfektion. Insgesamt können diese Infektionen nur graduell aus den Beständen verdrängt werden, indem man sich einer Kombination aus stall- und zuchthygienischen Maßnahmen, diagnostisch-therapeutischen Maßnahmen und Elimination von therapieresistenten Keimträgern bedient. Die Schutzimpfung kann auf Grund der im Abschnitt »Fohlenlähme« besprochenen, einschränkenden Erkenntnisse als Maßnahme noch nicht empfohlen werden.

An erster Stelle steht somit auch bei dieser Infektion wieder die Diagnose und Behandlung des Grundübels (prädisponierender Faktor), die korrekte mikrobiologische Differenzierung der Keimflora und ihre gezielte, energische Behandlung sowie die Reduktion der Erregermenge und -verschleppung im Bestand (Desinfektion, Bestandskontrolle, Abschaffung von Keimträgern). Im übrigen sei auf die im Kapitel »Fruchtbarkeit und Fortpflanzung« gegebenen Empfehlungen zuchthygienischer Natur verwiesen (THEIN 1981 und THEIN et al. 1983; TILLMANN et al. 1982).

Infektion mit Haemophilus equigenitalis
(Ansteckende Gebärmutterentzündung, Contagiosus Equine Metritis = CEM)
Diese Infektion wird hier nur hinsichtlich ihrer Bedeutung für den Export deutscher Stuten speziell in die USA angeführt. Sie spielt in Deutschland seuchenmedizinisch keine Rolle (s. dazu auch das Kapitel »Fruchtbarkeit und Fortpflanzung«). Diese Infektion nahm ihren Ausgang aus englischen und französischen Vollblutbeständen, ist in den USA und Australien von Bedeutung und seit 1977 als »Deckinfektion des Pferdes« deklariert. Es sei darauf hingewiesen, daß wir beim Pferd keinen klassischen bakteriellen Erreger einer Deckseuche kennen, da alle in Frage kommenden Keime (β-hämolysierende Streptokokken, Salmonellen, Klebsiellen, E. coli spezies, Pseudomonas aeruginosa, Haemophilus equigenitalis) zu den fakultativ pathogenen Erregern gezählt werden müssen. Wichtig ist für alle genannten Keimarten: ihre Gefahr durch schleichende Ausbreitung unter Pferden, ihr potentielles Vermögen zur klinisch manifesten Erkrankung bei Hengst, Stute und Fohlen zu führen und ihr nicht kalkulierbares Verhalten innerhalb der Pferdepopulation.
Die Infektion mit CEM geschieht ebenfalls nicht nur über den Deckakt, sondern auch durch anderweitigen direkten Kontakt von Pferd zu Pferd sowie über infizierte Gegenstände (Putzzeug, Instrumentarium).
Die *Inkubationszeit* nach der infizierten Paarung (Hengst als Ausscheider) beträgt bis zu 3 Tagen. Danach zeigt die Stute infolge einer Entzündung aller Schleimhautbereiche ihres Geschlechtsapparates grauen, trübeitrigen Ausfluß, der bis zu 3 Wochen sichtbar bleiben kann. Die Erreger halten sich sehr lange – auch ohne Symptome der Stute – in der Klitoris und der Harnröhrenmündung (s. dazu auch das Kapitel »Fruchtbarkeit und Fort-

pflanzung«) (DIETZ/WIESNER 1982; TILLMANN et al. 1982). Auf dieser Tatsache bauen die Regulative für den US-Export von Stuten auf.
Für den Hengst gilt hinsichtlich Keimträgertum das gleiche; er wird im Gegensatz zur Stute bei Exporten nicht derart reglementiert.

Vorbeuge- u. Bekämpfungsmaßnahmen Der Erreger ist empfindlich gegenüber unterschiedlichen Desinfektionsmitteln und Antibiotika; infizierte Pferde müssen entsprechend lokal behandelt werden. Im übrigen gelten die mehrfach in diesem Kapitel geschilderten seuchen- und zuchthygienischen Maßnahmen; Schutzimpfungen existieren nicht.

Die Schutzimpfung

Unter Immunisierung versteht man die Verabreichung eines Stoffes (Antigen), der im damit immunisierten Organismus die Bildung des genau gegen diesen Stoff gerichteten Abwehrstoffes (Antikörper) veranlaßt. Nur in Zusammenhang mit diesem Mechanismus darf von Impfung gesprochen werden.
Verabfolgt man das Antigen über Injektion, so regt man andere Anteile des Immunsystems zur Reaktion an als bei Verabreichung z. B. über das Maul oder die Nase, wo vom Antigen andere Schleimhautbereiche mit deren spezieller Fähigkeit zur eigenen Abwehr erreicht werden können. Analog dazu spricht man von parenteraler (durch intramuskuläre, subcutane Injektion), oraler (über das Maul) und nasaler (über die Nase) Immunisierung.
Mit der oralen und nasalen Immunisierung wird eine lokale oder auch Schleimhautimmunität angeregt (Darmschleimhaut und Nasen-Rachenschleimhaut), mit der parenteralen wird die sog. systematische Immunität angeregt, die auf zirkulierenden Antikörpern im Serum und auf Immunzellen beruht.

Impfzeitpunkt

Auf Grund der besonderen Struktur seines Darmepithels läßt das neugeborene Fohlen die mit dem Kolostrum erhaltenen Antikörper in seinen Kreislauf passieren, ohne sie im Sinne einer sonst üblichen Verdauung aufzuspalten (s. dazu den Abschnitt »Fohlenerkrankungen«). Darüber hinaus besitzt es die Fähigkeit, bestimmte Antikörperklassen an seine Darmoberfläche zu binden. Die in den Kreislauf eingeschleusten Antikörper schützen es primär vor septikämisch verlaufenden Infektionskrankheiten (»Fohlenlähme«), die darmgebundenen vor lokal ablaufenden Darminfektionen (»Durchfälle«).
Stören kann man diese sinnvolle Einrichtung der Natur vor allem dadurch, daß man einem neugeborenen Fohlen innerhalb von 24 Stunden nach der Geburt Antikörper über eine parenteral vorgenommene Immunisierung spritzen läßt. Diese Art passiver Immunisierung hemmt die eigene Antikörperbildung; durch derartige passive Zufuhr von Antikörpern kommt es wahrscheinlich auch zu einer zentralen Hemmung des Antigenerkennungssystems und daraus entstehender Verzögerung der eigenen, aktiv aufgebauten Immunität. Auch die über das Kolostrum im Sinne der natürlichen passiven Immunisierung erhaltenen Antikörper können sich indirekt dann störend auswirken, wenn dem Fohlen zu einem zu frühen Zeitpunkt nach der Geburt eine aktive parenterale Immunisierung verabfolgt wird. Der Effekt ist ähnlich dem oben genannten. Die von der Stute erhaltenen Antikörper zirkulieren im Fohlenorganismus und werden – in Abhängigkeit von der aufgenommenen Menge – langsam über das zunehmende Plasmavolumen des wachsenden Fohlens ausverdünnt. Parallel dazu unterliegen diese Eiweißkörper (Globuline) einem biologischen Abbau, die Halbwertszeiten (50% Abbau) der einzelnen Globulinklassen sind unterschiedlich lang. Das dem Fohlen zu früh parenteral zugefügte Antigen einer aktiven Schutzimpfung wird von diesen Antikörpern – sofern identische (homologe) in entsprechender Menge von der Mutter abgegeben wurden – erkannt, gebunden, neutralisiert und damit unwirksam. Konsequenzen daraus sind:

1. Keine passive Immunisierung am neugeborenen Fohlen.
2. Aktive Immunisierungen nicht vor abgeschlossenem 4. oder besser 5. Lebensmonat beginnen.
3. Die zweite Injektion einer Grundimmunisierung immer in den Bereich des 6. Lebensmonats legen, da im Durchschnitt die

Fohlen erst zu diesem Zeitpunkt soweit reif sind, daß sie diese Impfung mit der Bildung der optimalen Menge Antikörper beantworten können.

Durchführung von Impfungen

Ausnahmslos für alle hier besprochenen Schutzimpfungen gelten neben ihren immunologischen auch einheitlich technisch-biologische Voraussetzungen, die ihrer Anwendung erst den erstrebten Erfolg vermitteln. Leider werden in der Praxis diese Konditionen gern vernachlässigt, daraus entstehen Mißerfolge, die vermeidbar sind.
Man muß sich klarmachen, daß jede Impfung einen Eingriff in die Integrität eines Organismus bedeutet und daß sie daher vorsichtig und gewissenhaft gehandhabt werden muß. Die Art, wie eine Impfung durchgeführt wird, trägt wesentlich zu ihrem Erfolg bei. Mißerfolge nach einer Impfung treten ein, wenn dies nicht berücksichtigt wird. Vor allem begegnen wir in der Praxis der nicht ordnungsgemäß durchgeführten Impfung bei Verwendung voll tauglicher Impfstoffe. Unter nicht ordnungsgemäß in diesem Sinne muß vor allem verstanden werden, daß

1. nicht die notwendige Dosis verwendet oder nicht entsprechend den jeweiligen Impfvorschriften (Impfintervalle) geimpft wird;
2. in die Inkubationsphase einer Infektionskrankheit hinein geimpft wird oder bereits kranke Tiere geimpft werden;
3. Fohlen, die noch passiv erworbene Antikörper besitzen, aktiv immunisiert sowie zu junge Fohlen geimpft werden;
4. Tiere geimpft werden, deren Biotop (mangelnde Hygiene, Infektionsdruck usw.) in negativer Konkurrenz zur Immunisierung steht;
5. Tiere mit Defekten im Eiweißstoffwechsel (z. B. Parasitosen, Mangelernährung, Streß) nicht erst saniert werden bzw. deren Erholungsphase nicht abgewartet wird, bevor sie geimpft werden.

Daraus entstehende Impfschäden können sich in klinisch unterschiedlicher Form äußern; insgesamt tragen sie dazu bei, den Erfolg der Impfung – nämlich den gezielten Impfschutz der Pferdepopulation aufzubauen oder aufrechtzuerhalten – zu gefährden.

Impfplan

Ein Impfplan ist kein willkürlich zu handhabender Vorschlag, den sich Theoretiker ausgedacht haben und mit dem nach dem Motto verfahren werden kann: »Geimpft wird, wenn Tierarzt, Pferdebesitzer oder Trainer Zeit haben.« Dieser Plan ist vielmehr ein auf wissenschaftlichen Erkenntnissen aufgebautes, sensibles Instrument; seine Grundlagen beruhen auf:

1. den Erfahrungen zur Seuchen- bzw. Krankheitssituation;
2. dem Wissen um die Immunreaktionen der zu impfenden Tiere im jeweiligen Lebens- oder Leistungsabschnitt;
3. der Art und Kapazität des verwendeten Impfstoffes.

Die Anwendung eines jeden Impfstoffes hat diese Punkte ebenso zu berücksichtigen wie ökonomische und tierschützerische Aspekte. Nicht eine Vielzahl von Impfungen ist anzustreben, sondern mit der geringstmöglichen Anzahl von Impfungen den in der jeweiligen Situation optimalen Effekt zu erzielen, ist das Ziel. Ein auf den entsprechenden Grundlagen aufgebauter Plan ist nachfolgend aufgezeichnet (s. Tabelle 10). Hierzu ist zu wiederholen, daß eine Vorbeugung gegen Pferdeinfluenza allein für den Einsatz der Pferdeinfluenzavakzinen zu erreichen ist. Ein erweiterter Impfschutz gegen den Komplex »Infektiöser Husten beim Pferd« einschließlich der Influenza ist dagegen z. B. nur durch die Anwendung von Kombinationsimpfstoffen wie z. B. Resequin® gegeben. Die in dem vorliegenden Plan aufgeführten, parallel laufenden Impfungen mit Influenza-, Rhinopneumonitis- und Kombinationsvakzine (Resequin®) sind in der Praxis natürlich nicht nötig. Diese Angabe dient lediglich der Darstellung der Impftermine bei Einsatz jeweils nur eines der Impfstoffe. Wichtig ist, daß der Impfplan für jeden Impfstoff ordnungsgemäß eingehalten wird. Dies betrifft vor allem die zeitlichen Abstände zwischen den einzelnen Impfungen, da diese so gewählt sind, daß beim gesunden Pferd jeweils die optimale Antikörperbildung zu erwarten ist. Wird mit den Impfungen beim erwachsenen Pferd begonnen, so sind die Intervalle zu wählen, die sich rechnerisch aus den Differenzen der angeführten, abgeschlossenen Lebensmonate beim Fohlen ergeben.

Zwischen der Applikation unterschiedlicher Impfstoffe sollte eine Pause von mindestens 8 Tagen eingehalten werden.

Impfvorschriften der Pferdesportverbände

Bei Pferdesportveranstaltungen, Ausstellungen und anderen Gelegenheiten sollten nur Pferde mit ausreichendem Impfschutz gegenüber Infektionen der Atemwege zusammenkommen. Seit dem 1. Januar 1980 sind nach einem Beschluß der Internationalen Reiterlichen Vereinigung (FEI) an internationalen Reit- und Fahrturnieren nur Pferde teilnahmeberechtigt, für die durch Eintragung im FEI-Pferdepaß eine ordnungsgemäße Impfung einschließlich Wiederholungsimpfungen nachgewiesen werden kann. Die Deutsche Reiterliche Vereinigung (FN) hat ergänzend dazu empfohlen, daß auch an nationalen Pferdeleistungsschauen nur ordnungsgemäß geimpfte Pferde teilnehmen sollen, wobei sie nachdrücklich darauf hinweist, daß die Impfung der Turnierpferde nur sinnvoll ist, wenn sie im Rahmen einer konsequenten Impfung des gesamten Herkunftsbestandes erfolgt. Dies ist die praktische Konsequenz aus der wissenschaftlichen Erkenntnis, daß erst der komplette Immunschutz von ca. 80% einer Population diese vor den Folgen seuchenhafter Infektionen – wie es z. B. auch die Atemwegsinfektionen des Pferdes sind – zu schützen vermag. Diese Erkenntnis ist leicht zu erklären. Jede massierte Anzahl von Tieren verfügt über einen auf Impfungen besonders gut, normal oder schlecht reagierenden Anteil von Individuen. Daraus ergibt sich, daß nicht alle Impflinge gleichmäßig zu schützen sind. Ein statistisch erfaßbarer mittlerer Schutz basiert auf den oben angeführten Prozentzahlen. Der Anteil der verschieden reagierenden Gruppen wird zusätzlich maßgeblich von der besprochenen Art der Durchführung einer Impfung beeinflußt. Werden diesbezüglich Fehler gemacht, so wächst der Anteil nicht geschützter Tiere sprunghaft und damit das Risiko, daß virulente Erreger, wie sie z. B. die Influenzaviren darstellen, auf der Grundlage der nicht oder nur teilweise geschützten Pferde sich im Bestand schnell vermehren, ausbreiten und über Virulenzsteigerung zur Gefahr für alle werden können (THEIN 1978, 1979, 1982, 1983, 1988). Nur komplette Bestandsimpfungen zum vorgeschriebenen Zeitpunkt und in den richtigen Intervallen können vor derartigen Infektionen schützen. Diesen Überlegungen entsprechend wurden auch die Impfvorschriften des Hauptverbandes der Traber (HVT) und des Direktoriums für Vollblutzucht und -Rennen abgefaßt.
Die sich auf die Schutzimpfung gegen Atemwegsinfektionen beziehenden neuen Bestimmungen des HVT seien im folgenden wiedergegeben.

Durchführungsbestimmungen zur Impfung gem. § 28,1 d. TRO

1. Die Grundimmunisierung besteht aus insgesamt 3 Impfungen: die 1. und 2. im Abstand von 4–6 Wochen und die 3. nach weiteren 6 Monaten; Fohlen sind ab dem 4. Lebensmonat in dieses Schema miteinzubeziehen.
2. Wiederholungsimpfungen sind nach korrekt erfolgter Grundimmunisierung im Abstand von maximal 9 Monaten vorzunehmen. Pro Jahr sind 2 Wiederholungsimpfungen nachzuweisen.
3. Die Impfung ist durch den ausführenden Tierarzt auf dem vom HVT herausgegebenen Impfpaß zu bescheinigen. Im Impfpaß müssen die Angaben über das betreffende Pferd, Name, Art und Fertigungsnummer des Impfstoffes, das Impfdatum, Name, Wohnsitz (Stempel) des Tierarztes sowie dessen Unterschrift enthalten sein.
4. Die Impfpässe der an Leistungsprüfungen teilnehmenden Pferde sind gem. § 8 Abs. 2 h TRO (Trabrennordnung) mindestens einmal jährlich durch die Trabrennvereine zu kontrollieren.
5. Wird die Impfung gem. diesen Durchführungsbestimmungen nicht nachgewiesen, sperrt der HVT das betreffende Pferd gem. § 29,1 d TRO.

Die analogen Bestimmungen der Vollblutzucht als Teil der Rennordnung sind nachstehend aufgeführt:

1. Zu impfen sind alle in Rennställen gehaltenen Pferde, einschließlich Warmblutpferden und Ponys.
2. Pferde dürfen nur dann Rennplätze betreten, in Rennställe eingestellt oder zur Teilnahme an Rennen zugelassen werden, wenn sie nachweislich ordnungsgemäß gegen den seuchenhaften Husten (Influenza, Hoppegartener Husten) schutzgeimpft sind.

Tabelle 10
Impfplan Pferd

	Gabe von z. B.:						
Fohlen ●	Kolostrum	Prevaccinol	Tetanusvaccine	Resequin*	Prevacun	Madivac	Zuchtstute ✶
p.p.	●						
3. L.M.		●					
4. L.M.			●	●	●		
5. L.M.		●				●	
6. bis 7. L.M.			●	●	●		
12. bis 13. L.M.					●		
13. bis 14. L.M.				●			
18. L.M.			●				
		★					4. T.M.
				★			6. T.M.
		★					8. T.M.
W.I. 9 Mon.		●		●	●		
W.I. 1 Jahr						●	
W. I. 3 Jahre			●				

Thein/81

p.p. = post partum
L.M. = abgeschlossener Lebensmonat
T.M. = Trächtigkeitsmonat
W.I. = Wiederholungsimpfung

* Die vom Hersteller für den neuen Impfstoff Resequin plus empfohlenen Impfintervalle sind im Abschnitt »Erkrankungen von Fohlen und älteren Pferden« dargestellt.

3. Nach den international geltenden Impfvorschriften müssen Pferde zur Grundimmunisierung gegen den seuchenhaften Husten zweimal im Abstand von nicht weniger als 3 Wochen und nicht mehr als 3 Monaten (21–92 Tage) und ein drittes Mal 5–7 Monate (150–213 Tage) nach der zweiten Schutzimpfung geimpft werden. Die weiteren Wiederholungsimpfungen sind jeweils im Abstand von nicht mehr als 12 Monaten (365 Tage) durchzuführen.
4. Pferde, die vor Jahresbeginn 1980 geboren sind, dürfen nur dann zur Teilnahme an Rennen zugelassen werden, wenn sie mindestens die beiden ersten Impfungen zur Grundimmunisierung im Rahmen des Impfprogramms und vor Jahresbeginn 1980 jährlich Wiederholungsimpfungen im Abstand von nicht mehr als 14 Monaten erhalten haben bzw. nach dem 1. 1. 1981 im Abstand von nicht mehr als 12 Monaten.
5. Pferde, bei denen nach Jahresbeginn 1980 mit der Grundimmunisierung begonnen wird, dürfen nur dann zur Teilnahme an Rennen zugelassen werden, wenn sie mindestens die beiden ersten Impfungen zur Grundimmunisierung und die dritte Impfung nach weiteren 5–7 Monaten im Rahmen des Impfprogramms nachweisen können.
6. In der Bundesrepublik Deutschland dürfen nur Impfstoffe verwendet werden, die hier amtlich zugelassen sind und im vorliegenden Falle einen Wirkstoff gegen den Hoppegartener Husten (Influenza) enthalten.
7. Als Impfstoffe haben sich in der Bundesrepublik PREVACUN und PREVACUN-T gegen Pferdeinfluenza bewährt, sie vermögen aber nicht gegen andere Virusarten zu schützen,

die bei Hustenerkrankungen ursächlich beteiligt sind. Es wurde daher der neue deutsche Kombinationsimpfstoff RESEQUIN entwikkelt, der umfassend gegen Virusinfektionen der Atemwege des Pferdes gerichtet ist.

8. Schutzimpfungen mit RESEQUIN gelten gleichzeitig als Schutzimpfung gegen den Virusabort der Stuten. Rennpferde, die vorher mit RESEQUIN geimpft waren, können ohne Bedenken mit PREVACUN oder PREVACUN-T weitergeimpft werden. Eine neuerliche Grundimmunisierung ist nicht erforderlich; allerdings beschränkt sich in einem solchen Falle der weitere Impfschutz ausschließlich gegen Pferdeinfluenza. Umgekehrt muß bei der erstmaligen Verwendung von RESEQUIN in jedem Falle mit der Grundimmunisierung begonnen werden.
9. Bei PREVACUN oder PREVACUN-T sind zur Grundimmunisierung zwei Impfungen im Abstand von 4–6 Wochen und eine dritte Impfung 6 Monate nach der zweiten Impfung erforderlich, die Wiederholungsimpfungen sollen nach Vorschrift des Impfstoffherstellers im Abstand von 6 (bis 9) Monaten erfolgen.
   Hinsichtlich des Impfplanes für RESEQUIN wird auf Beilage 2 zur Anlage 20 der RO verwiesen (Merkblatt über die Schutzimpfung gegen den Virusabort der Stuten).
10. Um jederzeit einen ausreichenden Impfschutz sicherzustellen, ist es notwendig, die vom Hersteller des Impfstoffes vorgeschriebenen Impfabstände einzuhalten. Eine Gefährdung des geimpften Pferdes besteht nicht, wenn mit Rücksicht auf die Rennsaison die jährlichen Wiederholungsimpfungen vorgezogen werden.
11. Wenn das Impfprogramm nicht eingehalten worden ist, muß erneut mit den Impfungen zur Grundimmunisierung begonnen werden.
12. Grundsätzlich dürfen keine Pferde schutzgeimpft werden, die erkennbar krank sind. Ferner wird empfohlen, die Schutzimpfung nicht unmittelbar nach einer starken körperlichen Anstrengung vorzunehmen und die Pferde sind nach jeder Impfung mindestens drei Tage zu schonen. Entsprechend der internationalen Vereinbarung dürfen Pferde innerhalb von 10 Tagen nach erfolgter Impfung nicht an Rennen teilnehmen.
13. Die Impfungen sind durch die Impftierärzte für Pferde ab Geburtsjahrgang 1982 einheit-

Tabelle 11
Stalldesinfektionsmittel/Firmen und Produkte mit DLG-Gütezeichen – Stand: 1. April 1989
Auszug aus den Ergebnissen der Mittelprüfung nach dem DLG-Prüfungsrahmen

Präparat	Josera-Werk Kl.-Heubach		Schülke & Mayr, Hamburg		
	DESIN 1–3	Lysovet PA	Lysoval	Lysovet V1	Orbivet
I. Wirkungsbereich (Mindestkonzentration und Einwirkungszeit n. d. DVG-Desinfektionsmittelliste)					
Bakterien					
– vorbeugende Desinfektion	1% 2 h	1% 2 h	1% 1 h	1% 1 h	1% 1 h
– spezielle Desinfektion	2% 3 h	2% 3 h	x)	1% 2 h	2% 2 h
Tuberkulose	x)	3% 6 h	x)	x)	x)
Pilze – Hefen	2% 3 h	2% 3 h	x)	1% 4 h	2% 2 h
Viren – behüllte Viren	1% 3 h	1% 1 h	1% 1 h	1% 1 h	1% 1 h
– alle Viren	3% 4 h	2% 4 h	2% 3 h	1% 2 h	2% 2 h
II. Anwendungsbereich					
Testkonzentration %	3	2	2	1	2
Korrosions-/Benetzungstest	bestanden	bestanden	bestanden	bestanden	bestanden
Emulgierbarkeit	0	xx	xx	xx	xx
Zwangsmischung	0xx)	nein	nein	nein	0xx)
Eigen-Entmischung	nein	nein	jaxxx)	nein	nein
Hochdruckprüfung					
– Aufschäumen der Lösung	nein	nein	nein	nein	nein
Verträglichkeit					
Eignung für unbelegte Ställe	**	**	**	**	**
Eignung für belegte Ställe	**	**	**	**	**

Testbewertung: ** sehr gut; * gut; 0 befriedigend; – weniger befriedigend; –– nicht befriedigend

Bemerkungen: x) vom Hersteller nicht deklariert; xx) Umschütteln erforderlich; xxx) Verbrauch der Lösung am Ansatztag

lich nur noch im Pferdepaß einzutragen. Für ältere Pferde sind die Eintragungen in der Impfkarte vorzunehmen.
Die Eintragungen müssen den Namen und die Art des Impfstoffes, die Fertigungs-Nummer, das Impfdatum, den Namen und den Wohnsitz des Tierarztes (Stempel) enthalten und von diesem unterschrieben sein.

14. Die Impfkarten sind bei Beginn der Rennsaison durch die Rennvereine zu kontrollieren. Das Ergebnis dieser Kontrolle ist auf der Trainingsliste zu bescheinigen.
15. Verantwortlich für die Durchführung der Impfungen sind die Trainer, für die Durchführung der Kontrolle die Rennvereine, die sicherstellen müssen, daß sich auf dem Rennbahngelände nur ordnungsgemäß schutzgeimpfte Pferde befinden; dies gilt auch für ausländische Pferde.

Die Zuchtkommission hat in ihrer Sitzung am 19. 6. 84 folgende Ausnahmegenehmigung zur Anlage 17 RO beschlossen: »Ein Pferd, das ordnungsgemäß grundimmunisiert gewesen ist, bei dem jedoch eine Wiederholungsimpfung nicht zeitgerecht erfolgt ist, kann in begründeten Ausnahmefällen durch das Direktorium wieder zur Teilnahme an Rennen zugelassen werden, wenn es die 1. und 2. Impfung der erneuten Grundimmunisierung im Abstand von 21–92 Tagen erhalten hat.«
Diese Regelung gilt auch für Starter in Großbritannien und Frankreich.

Geprüfte Desinfektionsmittel

(Auszug aus dem DLG-Merkblatt)

Um Tierarzt und Tierhalter eine Entscheidungshilfe bei der Auswahl geeigneter Produkte zu geben, veröffentlicht die Deutsche Veterinärmedizinische Gesellschaft (DVG) eine »Liste der nach den Richtlinien der DVG geprüften und als wirksam befundenen Desinfektionsmittel«. Sie enthält Angaben über deren Wirkungsbereich, die notwendigen Anwendungskonzentrationen und Mindesteinwirkungszeiten. Stalldesinfektionsmittel, welche die Wirksamkeitsprüfung der DVG bestanden haben, werden auf Antrag des Herstellers von der Deutschen Landwirtschafts-Gesellschaft in einer Anwendungsprüfung auf weitere wichtige Kriterien überprüft. Dazu gehört: schonendes Verhalten gegenüber den wichtigsten Materialien für Stallbau und -einrichtungen, Benetzungsfähigkeit auf Stallflächen, Ausbringungseigenschaften mit Hochdruckgeräten und direkte Schadwirkung auf Mensch und Tier.
Mittel, welche die Wirksamkeitsprüfung der DVG und die Anwendungsprüfung der DLG erfolgreich bestanden haben, werden mit dem DLG-Gütezeichen für Stalldesinfektionsmittel ausgezeichnet.

Endo- und Ektoparasiten des Pferdes

Prof. Dr. MARTIN-ALBRECHT HASSLINGER
Institut für Vergleichende Tropenmedizin u. Parasitologie der Tierärztlichen Fakultät, Universität München

Einen sehr wesentlichen Aspekt bei der Zucht und Haltung von Pferden stellen die Parasiten dar, weil sie als ubiquitäre Erreger von Krankheiten unsere Aufmerksamkeit verlangen. Dazu soll zunächst Allgemeines hier vorangestellt, Spezielles dann an entsprechender Stelle besprochen werden.

Allgemeine Einführung zum Thema Parasiten

Parasiten sind ein- oder vielzellige Schmarotzer, die auf Kosten des befallenen Individuums (Wirtes) leben und entweder nur mikro- oder auch makroskopisch festzustellen sind. In ihre Entwicklungszyklen sind vielfach Zwischenwirte eingeschaltet, die gleichzeitig auch Überträger (Vektor) sein können. In anderen Fällen entwickeln sich die Parasiten direkt.
Dabei muß zwischen Innen- und Außenschmarotzern (Endo- und Ektoparasiten) unterschieden werden. Die Endoparasiten leben ständig im Körper, und zwar im Magendarmtrakt, in den Organen, in der Muskulatur, im Gewebe oder im Blut. Es sind dies die Würmer (*Helminthen*) und Einzeller (*Protozoen*). Gliederfüßler (*Arthropoden*) als Ektoparasiten findet man dagegen stationär oder temporär auf oder in der Haut; es bestehen auch Übergänge zur endogenen Lebensweise. Diese ist an bestimmte Stoffwechselvorgänge gebunden, die entweder akzeptiert oder negiert werden. Demzufolge begegnet man Parasiten mit sehr engem oder sehr breitem Wirtsspektrum.
Die Infektion vollzieht sich vor allem auf *oralem* Wege (über den Verdauungsweg), daneben aber auch *intrauterin* (über die Gebärmutter), *galaktogen* (über die Milch) und *perkutan* (über die Haut); bei der Übertragung von Wirt zu Wirt spielen zusätzlich enger Kontakt und Vektoren eine Rolle. So eingedrungene Parasitenstadien rufen primär oder sekundär Reaktionen des Wirtes hervor, die sich durch pathologische Veränderungen und vielfach charakteristische klinische Erscheinungen bemerkbar machen.
Daneben kommt es auch zur Ausbildung von immunbiologischen Abwehrmechanismen. Diese Infektionen werden nicht allein durch die Prädisposition des Wirtes erleichtert, sondern sehr wesentlich durch Umwelteinflüsse unterstützt. Je nach Stärke des Parasitenbefalls ergeben sich schon von Anfang an wirtschaftliche Einbußen, welche beim Pferd erst spät durch Wachstumsverlangsamung, Gewichtsverlust, Leistungsminderung etc. auffallen und schwierig zu kontrollieren sind. Solche Einbußen machen eine Bekämpfung erforderlich, wobei gegen den Schmarotzer selbst angegangen wird oder der Entwicklungszyklus des jeweiligen Parasiten zu unterbrechen ist. Dies geschieht durch Verhinderung der Aufnahme infektiöser Parasitenstadien, Ausschaltung von Zwischenwirten oder Eliminierung des reifen Parasiten aus dem Endwirt.
Jede sinnvolle Bekämpfungsmaßnahme verlangt eine sichere Diagnosestellung, die bei den Endoparasiten überwiegend an mit dem Kot ausgeschiedenen Stadien (Eier, Larven, Oozysten) erfolgt. Um verläßliche Resultate zu erhalten, ist zu diesen sog. koproskopischen Untersuchungen frisch gewonnenes Material zu verwenden. Zu den Anreicherungsmethoden zählen Flotation, Sedimentation und Auswanderverfahren. Daneben steht insbesondere bei den endoparasitisch leben-

den Einzellern deren direkter bzw. indirekter Nachweis im Blut im Vordergrund. Ektoparasiten werden entweder makroskopisch erkannt oder aber mittels von den veränderten Stellen entnommenen Hautgeschabseln unter dem Mikroskop differenziert.
Die Zeit von der Aufnahme des infektionsfähigen Stadiums bis zum Erscheinen erster Geschlechtsprodukte (Eier, Larven, Oozysten) wird als Präpatenz bezeichnet; sie kann eine Zeitspanne zwischen einigen Tagen (beispielsweise bei Kokzidien) und vielen Monaten (große Palisadenwürmer) ausmachen. Dies wirft allerdings dann Probleme auf, wenn es im Falle von Erstinfektionen schon zu klinischen Erscheinungen kommt, ehe der routinemäßige Nachweis gelingt.
Die Bekämpfung der Endo- und Ektoparasiten hat sich nicht allein auf die Verabreichung oder Anwendung von Medikamenten zu beschränken. Sie ist vielmehr nur dann erfolgreich, wenn gleichzeitig vorbeugende Maßnahmen ergriffen werden. Einen sehr wesentlichen Anteil macht hier die sorgfältige Stall- und Weidehygiene aus. Neben der Sauberhaltung zählen dazu auf der einen Seite im Stall die Darreichung von Rauhfutter über Raufen statt vom Boden der Box, ebenso wie andererseits im Weideareal der Verzicht stationärer Tränken zugunsten versetzbarer. Die Therapie kann schließlich nur dann ihren Zweck erfüllen, wenn bei den einzelnen Parasiten biologische und epidemiologische (seuchenmedizinische) Zusammenhänge bekannt sind und strategisch im Programm berücksichtigt werden. Im Rahmen der Geburtsprophylaxe ist grundsätzlich darauf zu achten, daß während des letzten Trächtigkeitsmonats keinerlei Anthelminthika, insbesondere solche mit Phosphorsäureester-Anteilen, mehr zum Einsatz kommen.

Die wichtigsten Parasiten des Pferdes

Eingeweidewürmer (Helminthen)

Bei den Helminthen der Equiden haben wir zwischen Saug-(*Trematoden*), Band-(*Zestoden*) und Faden- oder Rundwürmern (*Nematoden*) zu unterscheiden, wobei letzteren in bezug auf Vielfalt und Schadwirkung beim Pferd die größte Bedeutung zukommt.

Saugwürmer (Trematoden)
In Einzelfällen wird über das Vorkommen eines Trematoden berichtet, der insbesondere bei den Wiederkäuern parasitiert. Es handelt sich dabei um den großen Leberegel, *Fasciola hepatica* (durchschnittlich 3 × 1 cm). Die Ansteckung erfolgt durch gemeinsame Nutzung der Weiden durch Pferd und Rind oder durch an Gras und Heu befindliche Ansteckungsstadien (Metazerkarien) dieses Saugwurmes.
Bei Pferden treten nur geringe pathologische Veränderungen in der Leber auf, und zwar kleinere Bindegewebswucherungen, entzündliche Veränderungen oder Verhärtungen. Klinisch sind meist uncharakteristische Symptome wie schwankender Gang, Mattigkeit, Körperschwäche, Abmagerung, Verdauungsstörungen oder Ikterus beschrieben, die zu spürbarem Konditionsverlust führen können. Der Wurmbefall läßt sich durch den Nachweis der gedeckelten, gelben, 120 µm großen Eier durch Sedimentation sichern und sollte in Verdachtsfällen erfolgen. Eine Infektion wird jedoch selten entdeckt, da routinemäßig dieses Nachweisverfahren beim Pferd nicht üblich ist.
Deswegen liegen zur Bekämpfung von *Fasciola hepatica* beim Pferd weder unter Versuchsbedingungen erzielte empfehlenswerte Resultate vor, noch sind bei uns direkt für Equiden zugelassene Produkte auf dem Markt. Gegebenenfalls könnte gegenwärtig die Verabreichung von Diplin® (1 Tabl./100 kg KGW) von Nutzen sein; eventuell kommt man auch an Fasinex® (12 mg Wirkstoff/kg KGW) heran.

Bandwürmer (Zestoden)
Die wirtschaftliche Bedeutung des Bandwurmbefalls beim Pferd ist gering. Als Pferdebandwurm ist bei uns besonders *Anoplocephala perfoliata* verbreitet (Abb. 1a). Diese Würmer werden im Darm bis zu 25 cm lang und 1–1,5 cm breit, schrumpfen aber außerhalb des Verdauungstraktes auf 3–8 cm zusammen. Am Vorderende tragen sie vier Saugnäpfe mit jeweils einem Lappen, die einzelnen Glieder (Proglottiden) sind kurz und sehr breit. *Anoplocephala magna* kann dagegen eine Länge von 80 cm erreichen, die Breite beträgt 2,5 cm. Diese Spezies kommt ebenso selten wie *Paranoplocephala mamillana* vor, die schlitzartige Saugnäpfe besitzt und nur eine Größe von 4 cm × 5 mm erreicht.

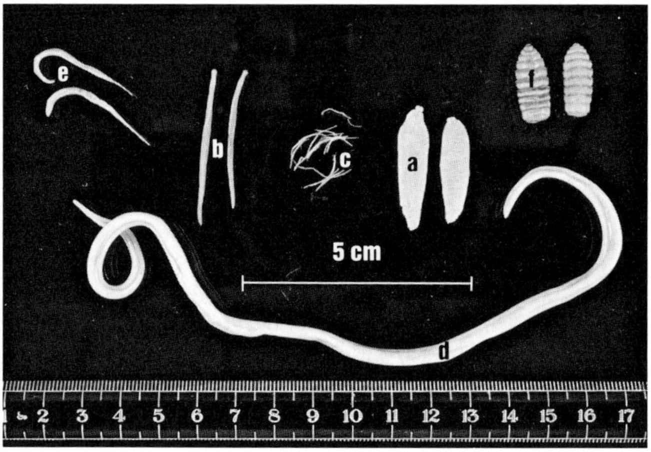

Abb. 1 Wichtige Innenschmarotzer (Endoparasiten) des Pferdes:

a Bandwürmer *(Anoplocephala perfoliata)*
b große und
c kleine Palisadenwürmer *(Strongyliden)*
d Spulwürmer *(Parascaris equorum)*
e Pfriemenschwänze *(Oxyuris equi)*
f Larven III der Magendassel *(Gasterophilus intestinalis)*

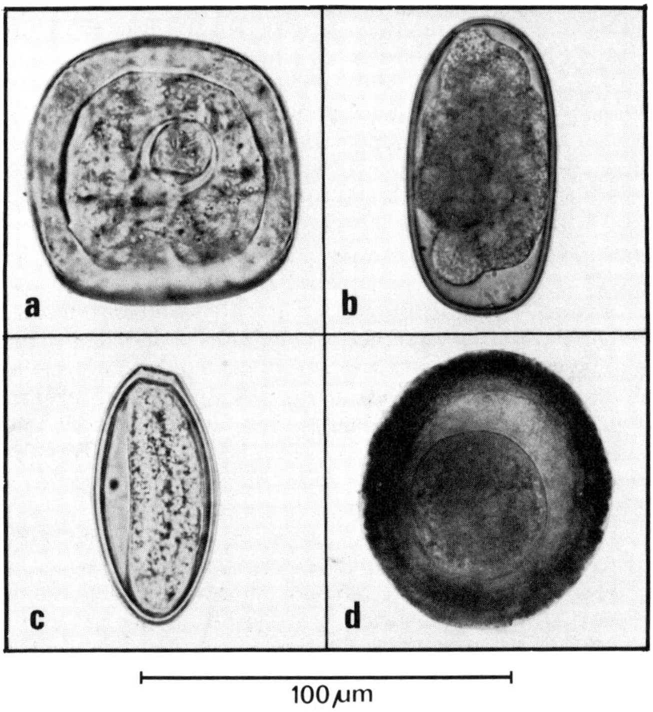

Abb. 2 Eier von:

a Bandwurm *(Anoplocephala)*
b Palisadenwurm *(Strongylus spec.)*
c Pfriemenschwanz *(Oxyuris)*
d Spulwurm *(Parascaris)*

In ihre Entwicklung sind Moosmilben (*Oribatiden*) eingeschaltet, in denen sich in etwa 4 Monaten die ansteckungsfähige Finne (*Zystizerkoid*) gebildet hat, welche mit dem Gras in den Endwirt gelangt. Meist handelt es sich um einen schwachen Befall, der sich durch Schleimhautödeme oder an den Anheftungsstellen in bestimmten Dünndarmabschnitten (*Ileum* und *Jejunum*) durch katarrhalische sowie hämorrhagische Entzündungen äußert und nur in Ausnahmefällen zur Darminvagination oder -perforation führt. Klinisch beobachtet man Kolikanfälle, Verdauungsstörungen, Anämie, Durchfall, Abmagerung und struppiges Haarkleid.

Durch Flotation lassen sich – nicht regelmäßig – die charakteristischen Eier mit dem birnenförmigen Apparat im Kot diagnostizie-

ren (Abb. 2a) oder abgegangene Glieder im Kot finden. Speziell gegen Zestoden des Pferdes wirksame Mittel sind gegenwärtig nicht erhältlich. Nach unseren aktuellen Resultaten ist jedoch die Verabreichung von Banminth®P in doppelter gegen Nematoden effektiver Dosis von Vorteil. Eine Bekämpfung der Zwischenwirte (Moosmilben) ist dagegen keinesfalls möglich.
Es liegen auch einige Berichte über die Zwischenwirtsfunktion des Pferdes für Hundebandwürmer vor. In diesen Fällen bilden sich langsam wachsende Finnenblasen am großen Netz, an Gehirn und Rückenmark oder in Leber und Lunge (*Cysticercus tenuicollis, Coenurus cerebralis, Echinococcus hydatidosus*), deren Existenz jedoch erst der Schlachtbefund zutage bringt.

Rundwürmer (Nematoden)
Zwergfadenwürmer Von der Infektion mit dem Zwergfadenwurm, *Strongyloides westeri*, sind vorwiegend Fohlen betroffen.
Das parasitisch lebende Wurmweibchen (8–9 mm) gibt Eier (50 µm) ab, welche bereits einen meist U-förmigen Embryo enthalten. Wandern die infektiösen Larven III perkutan in das Pferd ein, so gelangen die Larven über die Lymph- und Blutbahn in die Lunge. Im Falle von Erstinfektionen wandern sie über Luftröhre und Rachen in den Magen-Darm-Trakt, wo sie sich in der Wand bestimmter Dünndarmabschnitte (Duodenum und Jejunum) weiterentwickeln. Bereits nach 5 Tagen sind sie wieder im Darmlumen und beginnen am 9. Tag mit der Eiablage. Handelt es sich dagegen um Reinfektionen, so gelangen die Larven von der Lunge direkt in die Blutbahn, um sich jetzt in der Muskulatur anzusiedeln. Bei hochträchtigen Mutterstuten wandern die Larven in das Euter. Auf diese Weise infizieren sich die Fohlen schon mit dem Kolostrum bzw. der Muttermilch während der ersten 5 bis 7 Lebenswochen. Für die Fohlen ist diese galaktogene Parasitenaufnahme die Regel. Nach diesem Infektionsweg erfolgt die Eiausscheidung mit dem Kot nach 2 Wochen und erreicht ihren Höhepunkt in der 5. Woche. Es hat sich inzwischen herausgestellt, daß die pathogene Bedeutung von *S. westeri* wesentlich geringer ist, als man bislang annahm. Auch für Durchfälle in den ersten Lebenswochen bestehen keine nachgewiesenen Zusammenhänge.
Aus den embryonierten Eiern der Würmer schlüpft nach wenigen Stunden eine Larve, die zu schwimmen in der Lage ist. Es sollte deshalb möglichst rektal entnommener Kot frisch zur Nachweisführung verwendet werden, weil später eine Diagnose mittels Flotation oder Auswanderverfahren selten gelingt. Zur Bekämpfung der Strongyloidose haben sich Banminth®P, Panacur® (bei modifizierter Dosis) und Thiabendazol bewährt. Wegen der offenbar geringen pathogenen Bedeutung ist man von der früher üblichen regelmäßigen Entwurmung in wöchentlichen Intervallen immer mehr abgekommen und behandelt gewöhnlich nur bei starken Infektionen. Da es sich hier um eine typische Stallinfektion handelt, sind entsprechende hygienische Vorkehrungen zu treffen, z. B. eine mit der täglichen Kotentfernung verbundene gründliche Reinigung der Boxen.

Palisadenwürmer Allein aus der Fülle wissenschaftlicher Literatur und dem Umfang des nachfolgenden Beitrags über kleine und große Strongyliden des Pferdes ist unschwer abzuleiten, daß diese Palisadenwürmer zunächst als Larven und dann reife adulte Parasiten die größte wirtschaftliche Bedeutung haben und praktisch bei jedem Pferd in unterschiedlicher Stärke vorkommen. Nur unmittelbar nach Therapiedurchgängen sind sie eine Zeitlang eliminiert. Besonders gefährdet sind Fohlen und heranwachsende Pferde, da ihnen die Immunität noch völlig fehlt. Sie ist allerdings auch bei älteren Pferden nicht sehr ausgeprägt. Eine Reinfektion ist zwar keinesfalls gänzlich zu verhindern, aber deren Ausmaß auf Grund epizootologischer Kenntnisse sehr wesentlich zu beeinflussen.
Zu den großen Strongyliden zählen *Strongylus vulgaris, Str. equinus* und *Str. edentatus* (Abb. 1b; Abb. 3), eine umstrittene Zwischenstellung nehmen die *Craterostomum-, Gyalocephalus-, Oesophagodontus-, Poteriostomum-* und *Triodontophorus*-Arten ein. Die kleinen Strongyliden umfassen annähernd 50 verschiedene Arten, die *Cyathostomum, Cylicocyclus, Cylicodonthophorus* oder *Cylicostephanus* zugeordnet werden (Abb. 1c; Abb. 4).
Die exogene Entwicklung dieser Palisadenwürmer verläuft mit ganz geringen Abweichungen gleich. Aus den mit dem Kot ausgeschiedenen dünnschaligen Eiern (80–100 µm) (Abb. 2b) entwickeln sich über zwei Häutun-

gen je nach Temperatur während der Weidesaison in 5 (Hochsommer) bis 14 Tagen (Frühjahr und Herbst) die bescheideten, infektionsfähigen Larven III (Abb. 4b). Bei weniger als +12° C wird die Entwicklung der Eier unterbrochen und erst bei höheren Temperaturen im Frühjahr fortgesetzt; nur etwa 5% der Eier entwickeln sich zu den sehr widerstandsfähigen, feuchtigkeitsliebenden Infektionsstadien. Diese verlassen den Kot und wandern an tau- oder regennassen Gräsern und feuchten Stallwänden empor, um so von den Pferden beim Grasen oder durch Belekken aufgenommen zu werden. Während sie sich auf der Weide von der Dämmerung bis zum Morgen auf dem Futter befinden, wandern sie beim Abtrocknen dagegen zur Grasnarbe zurück und gefährden die Pferde nicht; der Larvenanteil auf trockenen Gräsern ist durchschnittlich um 85% reduziert. Nun suchen die Pferde aber gerade wegen der Fliegenplage tagsüber sie davor schützende Stellen auf und verlassen diese möglichst erst dann, wenn die Insekten ihre Aktivität unterbrochen haben. Damit ist also dem Parasiten auf einfache Weise garantiert, seinen Wirt zu erreichen (Abb. 5). Darüber hinaus bleiben die im Herbst auf bereiftem Gras angefrorenen Larven noch eine lange Zeit lebensfähig und stehen damit bis zum letzten Tag noch vermehrt für die Infektion zur Verfügung, da sie am Morgen das Gras nicht so schnell verlassen können.

Nach Aufnahme der Larven durch das Pferd ergeben sich zwischen den großen und den kleinen Strongyliden sowohl in bezug auf die Entwicklungsdauer als auch die mit dem Wanderverhalten verbundenen pathogenen Folgeerscheinungen wesentliche Unterschiede:

Die Larven von *Strongylus vulgaris* sind für die größten Schäden beim Pferd verantwortlich. Sie gelangen nach Häutung in der Schleimhaut des Dickdarms in die Blutgefäße und orientieren sich zur vorderen Gekrösearterie hin. Es kommt zu Blutungen und Entzündungen der Darmgefäße, was schließlich zur Thromben- und Aneurysmenbildung führen kann. Bereits 3 Wochen nach der Infektion treten embolisch-thrombotische Koliken auf, bei Fohlen kann ein massiver Befall in dieser Zeit zum Tode führen. Je nach Lokalisation der veränderten Blutgefäße sind Darmabschnitte unzureichend mit Blut versorgt. Es entstehen Gefäßverhärtungen, -erweiterungen und -risse, »intermittierendes Hinken« oder Abszesse im Vordergrund. In das Zentralnervensystem verirrte Larven von *Str. vulgaris* waren schon Ursache verminöser Hirnentzündungen und Paresen der Nachhand.

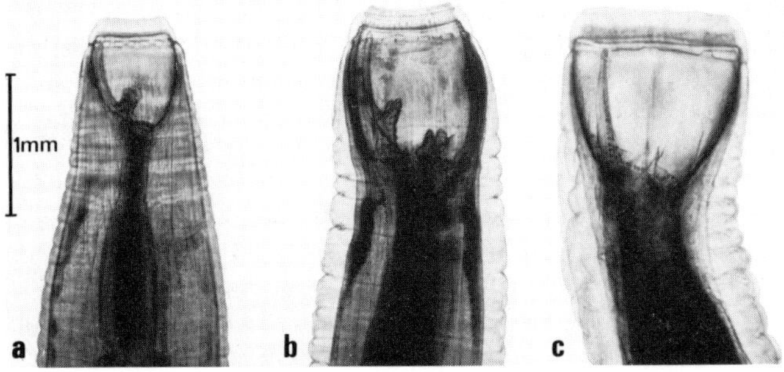

Abb. 3 Große Palisadenwürmer (Strongyliden), Vorderende:

a *Str. vulgaris*
b *Str. equinus*
c *Str. edentatus*

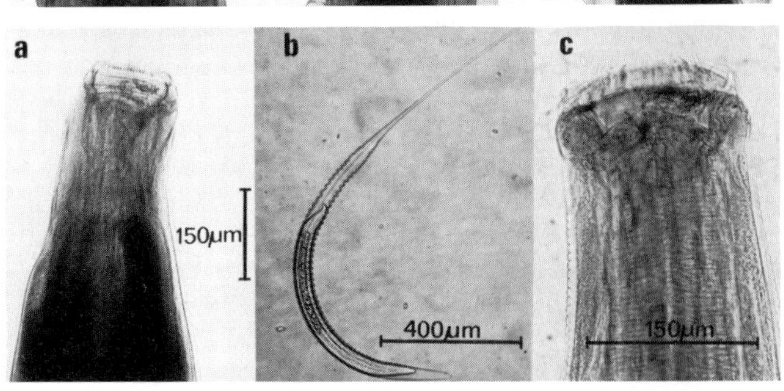

Abb. 4 Kleine Palisadenwürmer (Strongyliden), Vorderende:

a *Cylicocyclus radiatus*
b infektionsfähige, bescheidete Larve III mit 8 Darmzellen
c *Cylicocyclus nassatus*

Abb. 5 Wanderverhalten von Palisadenwurmlarven auf der Weide.

Nach 6–6½ Monaten sind die Larven einschließlich einer weiteren Häutung in das Dickdarmlumen zurückgekehrt und zur Geschlechtsreife herangewachsen. Sie haben eine Körperlänge von 15 (♂) bzw. 20 mm (♀) erreicht und heften sich – wie die beiden anderen Strongylus-Spezies – als Blutsauger mit ihrer Mundkapsel fest an die Darmwand an. Je nach Stärke der Infektion halten sich die Larven von *Str. equinus* zur Häutung zunächst in der Schleimhaut von Blinddarmkopf, -körper und Dickdarm (ventralem Kolon) auf. Mehrmonatiges Umherwandern in diesem Bereich beeinträchtigt die Darmperistaltik. Der größte Teil der Larven durchbricht jedoch die Darmwand und ist vorab in der freien Bauchhöhle anzutreffen. Ein Teil stirbt dort ab, der andere gelangt zur Leber, um in dieser bis zu 6 Wochen herumzuwandern. Danach vollzieht sich in der Bauchspeicheldrüse die Häutung zu vorreifen (präadulten) Stadien sowie von dort die Rückwanderung in den Dickdarm. Der größte Schaden entsteht bei dieser Strongylidenart während der Wanderphase und macht sich durch Fieber, wechselnde Freßlust, Koliken und Kümmern bemerkbar. Bei Fohlen kann es auch zu Todesfällen kommen. Zur endogenen Entwicklung, d. h. von der Aufnahme der Infektionsstadien bis zum Erscheinen erster Eier im Kot (Präpatenz), benötigt *Str. equinus* als größter Palisadenwurm (♂ bis 35 mm; ♀ bis 50 mm) einen Zeitraum von 8½–9½ Monaten.

Von *Str. edentatus* sind die Larven bereits nach 2 Tagen über die Portalvenen in die Leber gelangt, sind in diesem Organ 10 Wochen zu finden, häuten sich und entfalten hier sowie später im Bauchfellbereich ihre größte Schadwirkung. Es schließt sich eine Wanderung über die Leberbänder zum Bauchfell (Peritoneum) an, wo handtellergroße Blutungen sowie Wurmknötchen entstehen. Nach dieser Wanderphase von insgesamt 10½–11 Monaten sind die reifen, 30 (♂) bzw. 40 mm (♀) langen Exemplare von *Str. edentatus* geschlechtsreif in Blind- und Dickdarm anzutreffen.

Die endogene Entwicklung der kleinen Strongyliden vollzieht sich wesentlich einfacher und geht nicht mit so ausgeprägten pathologischen Veränderungen oder klinischen Erscheinungen einher; nur wenige von ihnen zählen zu ausgesprochenen Blutsaugern. Oral aufgenommene Larven dringen ebenfalls nach Verlassen der sie schützenden Larvenscheide in die Darmwand ein, um in dieser ihre sogenannte Gewebephase (histotrope Phase) zu durchleben. Im Gegensatz zur monatelangen Präpatentperiode der großen Strongyliden beträgt sie bei den kleinen Palisadenwürmern je nach Art nur zwischen 5 und 12 Wochen, was für das Infektionsgeschehen von entscheidendem Einfluß ist. Während einer Saison können sich bei günstigen Umweltbedingungen und infolge dieser kurzen Entwicklungszeit drei Generationen entwickeln, die in der 9., 16. und 24. Woche des Weideaufenthaltes zu einer erheblichen Verseuchung der Areale in Form hoher Larvenzahlen und zu einem erhöhten Infektionsrisiko führen.

Eine derartige Generationsfolge wird dann ermöglicht, wenn die Pferde im Frühjahr infiziert oder unzureichend entwurmt auf die Weide entlassen, die Areale die ganze Saison ohne wesentliche Pausen und von derselben Tierart genutzt oder insbesondere lange Jahre hindurch angewandte, chemisch verwandte Wirkstoffe infolge Resistenzbildung von den Würmern toleriert werden. Deshalb ist trotz der großen Palette von Breitband-Anthelminthika für das Pferd (Tabelle 1) in den letzten drei Jahrzehnten qualitativ kein deutlicher Wechsel unter den vorkommenden Wurmarten erfolgt. Nach wie vor dominieren nämlich bei uns *Cyathostomum catinatum, Cylicocyclus nassatus* und *Cylicostephanus longibursatus,* die neben *Cyathostomum coronatum, C. labratum, C. labiatum, Cylicostephanus goldi, C. calicatus, C. minutus, C. poculatus, Cylicocyclus insigne, C. brevicapsulatus* sowie *C. leptostomus* zu den gegenwärtig 13 bekannten benzimidazol-resistenten kleinen Strongyliden zählen. Für die Chemotherapie ist es deshalb gegenwärtig sehr wesentlich, daß Banminth®P als Pyrantelembonat, Equigard® als Phosphorsäureester sowie Ivomec®P als Fermentationsprodukt von *Streptomyces avermitilis* nicht zu dieser Wirkstoffgruppe gehören.

Die letzten drei Jahrzehnte haben allgemein zu einer neuen Epoche in der Entwicklung moderner Breitbandanthelminthika geführt, wobei auch die Zahl der Mittel für das Pferd zugenommen hat. In den meisten Fällen handelt es sich um verschreibungspflichtige Präparate, deren Abgabe ausschließlich nach Untersuchung des betreffenden Pferdes durch den zuständigen Tierarzt zulässig ist. Durch Anwendung in regelmäßigen Intervallen (und zwar im ersten Lebensjahr von 2, im zweiten von 3 und ab dem dritten von 4 Monaten) wäre es also möglich, den Parasitenbefall reduzierend zu beeinflussen. Bei einem solchen Bekämpfungsprogramm sind die Kosten aber recht hoch und erfahren zwangsläufig mit zunehmender Anzahl von Tieren eine Steigerung. Deshalb sind aus ökonomischen und ökologischen Gründen neben der medikamentösen Behandlung Saisondynamik und Verhalten exogener Stadien sowie Fragen der Überwinterung zu berücksichtigen. Infolgedessen sind zunächst den Fohlen im Frühjahr larvenfreie Weiden zu reservieren. Daneben sollten den Flächen, falls nicht Therapie und Weidewechsel oder andere Nutzung eingeplant, im Sommer zumindest Ruhephasen von wenigstens 6 Wochen eingeräumt werden, welche ausreichen, die meisten infektiösen Larven durch natürliche Einflüsse abzutöten. Außerdem ist den Weidetieren der Zugang zu taunassem oder bereiftem und damit evtl. larvenreichem Gras möglichst zu verwehren.

Wegen der unterschiedlichen Präpatentperioden zwischen kleinen und großen Strongyliden kann auf eine Differentialdiagnose nicht verzichtet werden, weil oft das Vorkommen von Strongylideneiern im Kot wenige Wochen nach der Therapie entweder die Folge einer erneuten Infektion ist oder aber eine unzureichende Wirksamkeit des eingesetzten Anthelminthikums unterstellt wird. Auf Grund unserer diesbezüglichen Untersuchungen gelingt es dabei entgegen anderer Auffassung trotz ausreichender Erfahrung nicht, an Hand der Eier verläßlich konkrete Rückschlüsse zu ziehen. Dies wird erst durch Anzüchtung der langschwänzigen, bescheideten, infektionsfähigen Larven III (Abb. 4b) im parasitologisch arbeitenden Labor ermöglicht, da deren Zugehörigkeit zu kleinen Palisadenwürmern, *Str. equinus, Str. edentatus* bzw. *Str. vulgaris* durch die Anzahl der Darmzellen (8, 16, 20 bzw. 32) abzuleiten ist.

Lungenwürmer Der Lungenwurm, *Dictyocaulus arnfieldi* (♂ 4 cm; ♀ 6,5 cm) kommt zwar überwiegend beim Esel vor, wird aber meist bei einer gemeinsamen Haltung auf Pferde übertragen. Erste Anzeichen einer Infektion sind häufiger, trockener Husten; erst später führt verminderte Freßlust zur Abmagerung. In den Atemwegen kommt es zu

Tabelle 1
Handelsübliche Mittel gegen Rund- oder Fadenwürmer sowie Magendasseln beim Pferd in alphabetischer Reihenfolge: + = ausreichende Wirksamkeit, (+) = wirksam bei geänderter Verabreichung bzw. modifizierter Dosis

Handelsprodukt	Hersteller Vertrieb	Formulierung	Endoparasiten							
			Zwergfadenwürmer	Lungenwürmer	Magenwürmer	Palisadenwürmer kleine	Palisadenwürmer große	Askariden	Pfriemenschwänze	Magendasseln
Banminth®P	Pfizer Karlsruhe	Paste					+	+	+	
Equigard®	Cyanamid Wolfratshausen Wirtschaftsgen. dtsch. Tierärzte (WdT) Garbsen	Plastik-Pellets					+	+	+	+
Ivomec®P	MSD AGVET München	Paste	+	+	+		+	+	+	+
Neguvon®	Bayer AG Leverkusen	Pulver			+	+		+		+
Panacur®	Hoechst AG Frankfurt	Pulver, Granulat Suspension (10%)	(+)				+	(+)	+	
Piperazinzitrat	WdT* Garbsen	Paste				+		+		
Rintal®	Bayer AG Leverkusen	Granulat, Paste Pellets (1,9%)		(+)			+	+	+	
Rintal®-Plus Paste	Bayer AG Leverkusen	Paste		(+)			+	+	+	+
Telmin®	Janssen Neuß	Granulat, Paste		(+)			+	+	+	
Telmin® plus Trichlorfon	Janssen Neuß	Paste		(+)			+	+	+	+
TBZ-Paste	MSD AGVET München	Paste	+				+	+	+	

* weitere Bezugsquellen: Alvetra (Neumünster), Atarost (Twistringen), Centravet (Bad Bendheim)

Verdickungen der Schleimhäute und zur vermehrten Absonderung von Schleim, der oft eosinophile Granulozyten enthält.

Der Nachweis des Lungenwurmbefalls erfolgt entweder durch embryonierte Eier in frisch entnommenem Kot oder die innerhalb eines Tages (6–30 h) geschlüpften Larven I, an deren Schwanzende ein stachelartiger Fortsatz imponiert. Bereits nach zwei Häutungen in den nächsten 3 Tagen ist die Larve infektions-

Magen, können aber auch als Drittlarven äußerlich zu Hautveränderungen führen.
Die Entwicklung beginnt mit der Eiablage bei den *Habronema*-Arten, *D. megastoma* entläßt bereits Larven. Aus dem Kot wird dieses Parasitenmaterial von Fliegenmaden der Spezies *Musca domestica, M. humili, Stomoxys calcitrans* etc. aufgenommen. In den Zwischen- und Überträgerwirten entwickeln sich innerhalb von 2 Wochen die Infektionslarven, die dann an Nüstern und Lippen abgesetzt werden, um sich im Magen anzusiedeln und nach etwa 2 Monaten die Geschlechtsreife zu erlangen.
Während *H. majus* und *H. muscae* teilweise in den Drüsen des Magens sitzen und vermehrte Schleimbildung sowie Magenschleimhautentzündung veranlassen, verursacht *D. megastoma* bis hühnereigroße Knoten, in deren verkästem Inneren sich die Würmer befinden. Diese Veränderungen im Magen führen zu Verdauungsstörungen, kolikartigen Erscheinungen oder Abmagerung. Besonders in der warmen Jahreszeit beobachtet man die sogenannten »schlecht heilenden Sommerwunden«. Es handelt sich dabei um von den Fliegen auf bevorzugt an den unteren Extremitäten, in der Sattel- oder Geschirrlage sowie im Kopfbereich befindliche kleine Wunden abgesetzte Larven III, die im Gewebe zu verschieden starken Granulationen führen. Aus kleinen Wundflächen entstehen durch Juckreiz veranlaßtes Scheuern und Benagen schließlich größere, so daß bei den im Herbst abklingenden Erscheinungen Narben zurückbleiben. Im Fall von *D. megastoma* sind im Kot die Larven, bei *H. majus* und *H. muscae* embryonierte Eier nachzuweisen. Chemotherapeutisch haben bei uns noch keine Wurmmittel überzeugen können. Prophylaktisch sollte wegen der Zwischenwirte der Dung ordnungsgemäß gelagert werden.

Filarien Im Unterhautbindegewebe lebende *Filarien* sind zwar mehr in Ost- und Südeuropa verbreitet, kommen aber nicht selten auch bei uns in von dort importierten Pferden vor und können in diesen zu Komplikationen führen. Sie erreichen eine Länge von 3 cm (♂) bzw. 7 cm (♀), ihre Entwicklungsstadien (Mikrofilarien) von 0,16–0,19 mm und die embryonierten Eier von 50 µm (Abb. 6b).

Abb. 6 Parafilariose: Austritt von Exsudat (a) und embryoniertes Ei von *Parafilaria multipapillosa* (b).

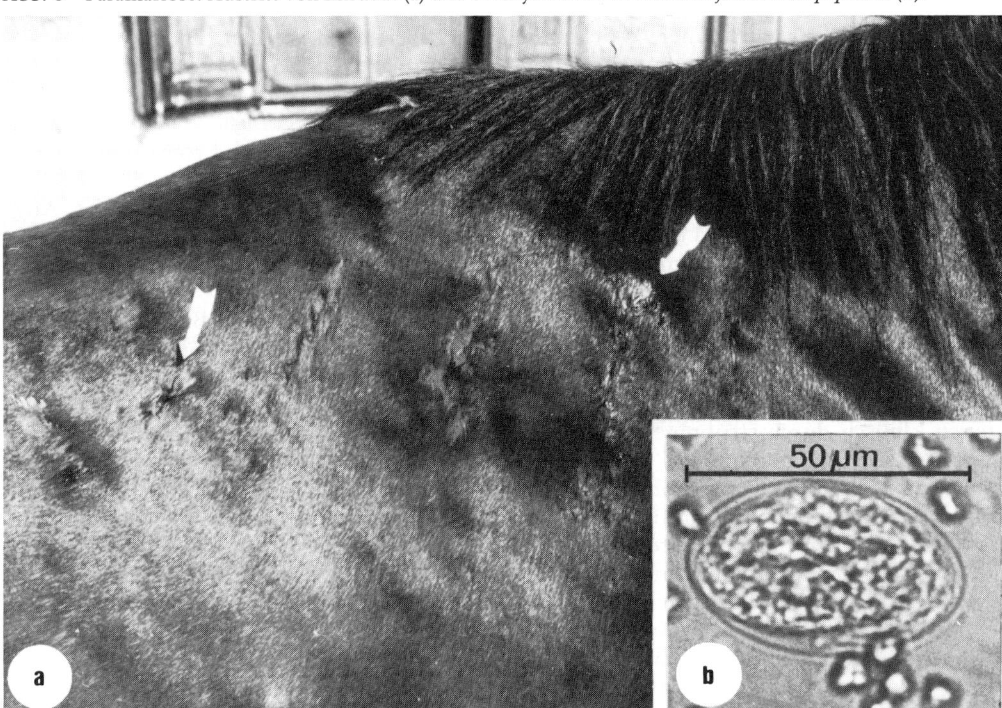

Die Weibchen von *Parafilaria multipapillosa* wandern unmittelbar unter die Haut, um in schließlich mit Blut angefüllten Zysten die Eier abzulegen. Während der Sommermonate bersten diese, was zu Blutungen nach außen führt. Von hier wird nun das Parasitenmaterial durch Fliegen aufgenommen, in welchen während zwei Wochen das infektionsfähige Larvenstadium III entsteht und nun auf andere Pferde übertragen werden könnte. Für die Überträgerfunktion scheinen jedoch spezielle Fliegenarten prädisponiert zu sein, da nach eigenen Erfahrungen interessanterweise ein Übergehen auf andere Pferde unter normalen Haltungsbedingungen hierzulande nicht geschieht.
Klinisch fallen bei den infizierten Pferden während der Sommermonate an Hals, Schulter, Rücken- und Seitenpartie anfänglich derbe Knoten auf, die bei Sonnenbestrahlung aufbrechen und Exsudat freilassen (Abb. 6a). Diese unter dem »Sommerbluten« bekannten Erscheinungen hören im Herbst spontan auf, können aber im darauffolgenden Frühjahr erneut in Erscheinung treten.
Der Nachweis der Würmer geschieht mikroskopisch ausschließlich durch das Auffinden embryonierter Eier (Abb. 6b) in frisch ausgetretenem Exsudat, nur gelegentlich finden sich im Blickfeld Mikrofilarien. Zur Behandlung haben sich bislang nur Phosphorsäureester mit ihrer systemischen Wirkung durchsetzen können.
Die beiden weltweit verbreiteten *Onchocerca*-Arten leben im Sehnenbereich der infizierten Pferde und haben hier bestimmte Ansiedlungsorte. *O. cervicalis* (♂ 6–7 cm; ♀ mindestens 50 cm) bevorzugt geschlechtsreif das Nackenband, während sich die Mikrofilarien zum Unterhautbindegewebe von Bauch und Flanke hin orientieren, wo sie von *Culicoides*-Mücken zur Weiterentwicklung aufgenommen werden. Nach gut 3 Wochen erfolgt wieder die Abgabe infektionsfähiger Larven beim Stechakt der Mücken. Über die weit größere zweite Art, *O. reticulata* (♂ bis 20 cm; ♀ über 75 cm), welche sich in den Beugesehnen sowie im Musculus interosseus medius ansiedelt, ist bezüglich der Entwicklung noch vieles unklar.
Das zunächst glasig erscheinende Gebiet des befallenen Nackenbandes wird mit der Zeit grünlich und zeigt schließlich brüchige, abgestorbene, später recht große verkalkte Stellen. Diese können von scharfkantiger Kontur sein und deshalb durch Sattel- oder Geschirrdruck zur Ödembildung beitragen. Die Mikrofilarien von *O. cervicalis* sind bisweilen auch an Augenentzündungen beteiligt, vermutlich aber nicht an der »Mondblindheit«. *O. reticulata* verursacht infolge knötchenartiger, schmerzempfindlicher Veränderungen an den Stützbeinen Lahmheiten. Während auf der Sehnenoberfläche verkalkte Würmer vorkommen, halten sich im Inneren noch lebende auf, die gemeinsam zu Anschwellungen führen und schon äußerlich auf einen *Onchocerca*-Befall schließen lassen.
Darüber hinaus kann man in Punktionsmaterial Wurmteile und in Gewebsflüssigkeit aus der Haut Mikrofilarien nachweisen. Neben Punktion der veränderten Stellen unter gleichzeitiger Anwendung von Cortison und Penicillin läßt sich der Schaden nur noch durch operativen Eingriff beheben; chemotherapeutisch wurde bislang nichts bekannt.

Um das Bild der Infektion des Pferdes mit Nematoden abzurunden, sollen schließlich noch einige Formen erwähnt werden, die bei uns selten oder nicht angetroffen werden.
Micronema deletrix ist eine Spezies, die in der freien Natur vorkommt und deren gelegentlich parasitisch lebende Weibchen sich im Kopfbereich und in den Nieren bei Pferden ansiedeln können. In der Literatur werden Formen granulomatöser Erscheinungen an Nase und Oberkiefer, Zentralnervensystem oder Nieren beschrieben. Hierbei handelt es sich ebenso um Einzelfälle wie auch bezüglich des durch Festliegen, Schwierigkeiten beim Harnlassen oder Ataxie beschriebenen klinischen Bildes. Über die Entwicklung des Parasiten ist kaum etwas bekannt, Angaben zu Prophylaxe und Therapie fehlen deshalb.
Ebenfalls als Einzelfall müssen die natürlichen Infektionen des Pferdes mit *Trichinella spiralis* gewertet werden, für die das Schwein, die Fleischfresser und einige wildlebende Tierarten sowie der Mensch empfänglich sind. Nach Verzehr von rohem Pferdefleisch war es beispielsweise in Frankreich zu Erkrankungen gekommen. Inzwischen gelang auch die experimentelle Infektion des Pferdes.
Der Befall mit *Setaria equina* wird insbesondere in Südost- und Osteuropa beschrieben. Die Filarien treten als erwachsene Formen in Bauchhöhle, Hodensack, Milz, Leber und

Herzbeutel auf, als Larven- oder Jugendstadien sind sie im Glaskörper oder in der vorderen Augenkammer zu finden. Während den Würmern in der Bauchhöhle kaum eine krankmachende Bedeutung beizumessen ist, kann es bei Ansiedelung im Skrotum zu Gehbeschwerden kommen. In erster Linie werden beim Befall der Augen vermehrter Tränenfluß, Lichtscheue, Trübung der Hornhaut oder evtl. Erblindung beobachtet. Die Überprüfung des Blutes auf Mikrofilarien dient der Diagnosestellung, durch Punktion der Hornhaut werden mit dem abfließenden Kammerwasser die dort befindlichen Parasitenstadien entfernt.
In den Gefäßwänden des Fesselbereiches kann schließlich *Elaeophora böhmi* durch entzündliche Verdickungen die Blutversorgung erheblich beeinträchtigen und äußert sich klinisch bei starkem Befall durch Lahmheiten unterschiedlichen Grades.

Einzeller (Protozoen)

Bei den Pferden des mitteleuropäischen Lebensraumes sind Einzeller als Ursache von Parasitenerkrankungen recht unbedeutend und wenig verbreitet.

Babesien (Piroplasmen)

Die wichtigsten Protozoen stellen die in den roten Blutkörperchen parasitierenden Babesien dar. Von *Babesia caballi* kommen runde oder birnenförmige Teilungsformen (Merozoiten; 1,5–4 × 2–3 µm) vor, die von Zecken beim Saugen des infizierten Blutes aufgenommen werden und in deren Eier gelangen. Nach Entwicklung von Infektionsstadien (Sporozoiten) in Larven, Nymphen und Imago werden diese Parasiten während der Blutmahlzeit weiterverbreitet. Die Vermehrung im Pferd ist recht stark und führt in wenigen Tagen zu hohem Fieber, Hyperämie, Schwellung der Augenlider, Erhöhung von Puls und Atmung, Durchfall oder Verstopfung und Schockzuständen. Akute Erkrankungen führen schon nach ein bis zwei Tagen zum Tod, ein chronischer Verlauf über mehrere Monate äußert sich in allmählich eintretenden Funktionsanomalien der Hinterextremitäten und Abmagerung. Bei der Sektion fallen Gelbsucht, Milzvergrößerung und Flüssigkeitsansammlung in den Körperhöhlen auf.

Wesentlich häufiger und noch gefährlicher ist die kleinere Parasitenspezies, *B. equi*. Die oft vierfach geteilten runden bis birnenförmigen Merozoiten (2 µm) kommen in den roten Blutkörperchen (Erythrozyten), andere Stadien (Schizonten) in den weißen Blutkörperchen (Lymphozyten) vor. Diese Blutparasiten werden meist von den Zeckennymphen aufgenommen und von den reifen Zecken weiterverbreitet. Bei der sehr rasch und in enormem Umfang einsetzenden Vermehrung sind bereits nach einer Woche weit über die Hälfte aller Erythrozyten befallen und dadurch die klinischen Symptome sehr ausgeprägt. Die Pferde sind nicht mehr bereit oder fähig, sich zu bewegen oder aufzustehen. Andere Anzeichen stellen Schweißausbruch, Ödeme an den Fesselgelenken, dunkler Urin und dunkelbrauner, trockener Kot dar. Pathologisch-anatomisch zeigen sich Leber- und Milzschwellung, blutunterlaufene Organe und ikterisch verfärbte Körperschleimhäute.
Da der direkte Erregernachweis im Blut nur innerhalb der ersten zwei Wochen und danach nur ausnahmsweise gelingt, muß die Diagnose indirekt mit Hilfe serologischer Methoden erstellt werden. Im Verdachtsfalle sollten deshalb ein lufttrockener Blutausstrich und eine Serumprobe an Labors eingesandt werden, die serologische Untersuchungen auf Piroplasmose des Pferdes anbieten[1].
Die Komplementbindungsreaktion (KBR) und die indirekte Immunfluoreszenz (IFAT) haben sich als die Methoden der Wahl erwiesen, weil mit ihnen zwischen *B. caballi*- und *B. equi*-Infektionen differenziert werden kann; daneben eignen sich ELISA (Enzyme-Linked-Immunosorbent-Assay) und indirekte Hämagglutination (IHA) als Suchtests. Es ist wichtig, zwei unterschiedliche Tests durchzuführen, um verläßlich positive wie negative Resultate zu erhalten. Letztere werden bindend bei Verkauf und Transport von Pferden in überseeische Gebiete (Nordamerika, Australien) verlangt. Positive Tiere sind mit Berenil®, Diaprom® oder Imizol® zu behandeln; eine entsprechende serologische

[1] Institut für Vergleichende Tropenmedizin und Parasitologie der Tierärztlichen Fakultät der Universität München
Institut für Parasitologie der Tierärztlichen Hochschule Hannover

Nachkontrolle ist unbedingt erforderlich, da nur seronegative Tiere in Länder mit Einfuhrrestriktionen exportiert werden können.

Weitere beim Pferd vorkommende Einzeller

Von den Geißeltierchen kommt in Südosteuropa *Trypanosoma equiperdum,* der beim Deckakt übertragbare Erreger der Beschälseuche vor, welcher gelegentlich auch in unsere Breiten gelangen kann. Bei Seuchenverdacht und -ausbruch unterliegen die Pferde nach §§ 57 und 58 des Tierseuchengesetzes einer Decksperre. *Tritrichomonas equi,* im Darm angesiedelte Protozoen, scheinen keine oder nur geringe Bedeutung zu haben.

Wenig Erfahrungen liegen noch über *Eimeria leuckarti* vor. Diese Kokzidien werden bei der Kotuntersuchung nicht entdeckt, da die Sedimentation des Materials beim Pferd nicht routinemäßig durchgeführt wird und bei der Flotation das Material wesentlich länger als üblich (8 statt 3 Minuten) zentrifugiert werden müßte. Die Parasiten führen nur bei starkem Befall zu klinischen Erscheinungen, wie Darmkatarrh, Bauchwassersucht und Abmagerung. Chemotherapeutisch liegen zur Bekämpfung der Kokzidien beim Pferd noch keine Erfahrungen vor.

Mit Katzenkot verunreinigtes Futter kann zur Ansteckung des Pferdes mit *Toxoplasma gondii* führen. Die Parasiten siedeln sich in Muskulatur, Gehirn, Rückenmark, Leber und Nieren an, wo sie zu mikroskopisch wahrnehmbaren Blutungen sowie Ansammlungen von Entzündungs- und Aufräumzellen führen können.

In Südwesteuropa tritt eine durch *Besnoitia benetti* verursachte Hauterkrankung auf. Über deren Entwicklung und Bekämpfung beim Pferd besteht noch völlige Unklarheit; klinisch begegnet man Fieber, Ödemen und Abmagerung.

Etwas Unsicherheit besteht noch darüber, ob es sich bei den vom Hund verbreiteten Sarkosporidien *Sarcocystis equicanis* und *S. fayeri* tatsächlich um zwei Arten handelt, oder ob sie miteinander identisch sind und dieser Parasitenspezies ihre ursprüngliche Bezeichnung *S. bertrami* zukommt. Pathologisch-anatomische Veränderungen an den Muskelfasern fielen nur bei experimentellen Versuchen mit hoher Infektionsdosis auf.

Neuerdings liegen auch Berichte über *Cryptosporidium parvum* vor, die bei Fohlen im ersten Lebensmonat zu Durchfällen führen können, bei älteren Tieren jedoch keine Symptome zeigen. Für das Pferd müssen allerdings noch einige Dinge erarbeitet werden, so u. a. auch die Frage der Therapie.

Gliederfüßler (Arthropoden)

Die Arthropoden sind die artenreichste Gruppe in der Tierwelt und erlangen unser Interesse vorwiegend als Hautschmarotzer, d. h. Ektoparasiten. Auf und in der Haut werden durch sie Hautanomalien verursacht, die es notwendig machen, die verschiedenen Erreger differentialdiagnostisch voneinander abzugrenzen. Neben den Hautentzündungen (Dermatitiden) kommt es je nach Befallsintensität infolge starken Juckreizes zu erheblicher Beunruhigung der Pferde, was spürbaren Leistungsabfall nach sich zieht und konsequenterweise eine Bekämpfung erfordert. Hierfür sind eine Reihe von Mitteln entwickelt worden, welche wörtlich genommen die parasitischen Insekten durch Kontakt abtöten.

Diese Kontaktinsektizide (Phosphorsäureester, Carbamatverbindungen, Pyrethrine, Pyrethroide) sind in verschiedenen Formulierungen auf dem Markt, und zwar als Puder, Pulver zur Herstellung von Wasch- oder Badelösungen und Spray; die Art ihrer Anwendung richtet sich im wesentlichen nach Ektoparasitenspezies und Rückstandsverhalten des verwendeten Mittels.

Bei der äußerlichen Bekämpfung mit modernen Kontaktinsektiziden ist zu berücksichtigen, daß von diesen häufig nur die präadulten und adulten Formen, aber keineswegs die in den Eiern (Nissen) befindlichen Embryonen erfaßt werden. Nur eine wiederholte Behandlung in mehrwöchigen Intervallen sichert deshalb den Erfolg. Jedes Bekämpfungsprogramm muß jedoch versagen, wenn nicht gleichzeitig Stall, Geschirr und Sattelzeug sowie Gerätschaften einbezogen werden, wobei höhere Konzentrationen als am Tier verwendet werden sollten.

Zecken

Im mitteleuropäischen Raum können Pferde zwar von verschiedenen Zeckenarten befallen werden, hier überwiegt aber bei weitem der

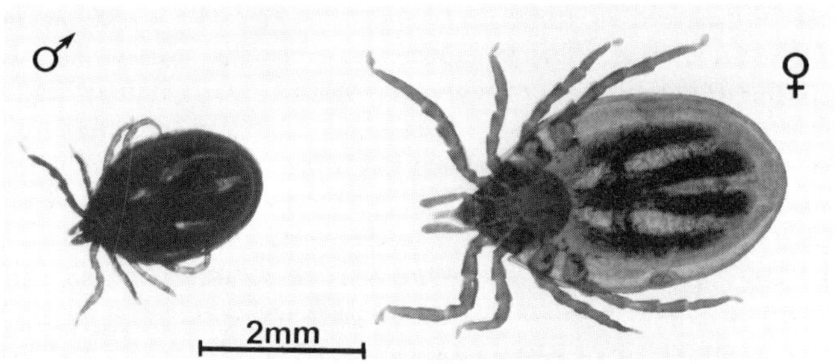

Abb. 7 Zecken *(Ixodes ricinus)*.

Holzbock, *Ixodes ricinus* (Abb. 7). Die Männchen (2–4 mm) sind rot- bis schwarzbraun und nehmen keine Blutnahrung auf, während diese für die Entwicklungsstadien zur Häutung und für die graubraunen Weibchen (hungrig 2–5, vollgesogen bis 14 mm) zusätzlich zur Eiablage notwendig ist.

Die Entwicklung von *I. ricinus* dauert im allgemeinen 3 Jahre. Sie ist sehr vom Biotop abhängig, wozu Sumpf- sowie Buschareale (Wacholder, Ginster, Weide, Erle), Farne, Binsen und bestimmte Gräser zählen. Die Weibchen legen ihre Eier am Erdboden ab, aus denen zwischen 3–36 Wochen die sechsbeinigen Larven schlüpfen. Bei bestimmter Luftfeuchtigkeit kriechen diese an Gräsern und Buschwerk hoch, um meist Kleinsäuger und Vögel zur Nahrungsaufnahme zu erreichen. Als Orientierungshilfe dient ihnen dabei das am ersten Gliedmaßenpaar befindliche »Hallersche Organ«. Vollgesogen lassen sie sich dann später zu Boden fallen und häuten sich nach 2–5 Monaten zur achtbeinigen Nymphe. Auf gleiche Weise gelangen diese Formen an Großtiere, wo sie dünnbehaarte Stellen (Ohren, Augenränder, Hals, Innenflächen der Vorder- und Hinterextremität, Skrotum, Euter, Analregion) bevorzugen. Ihre Blutmahlzeit ist nach 2–7 Tagen beendet. Am Erdboden häuten sie sich nach 2–8 Monaten zu den reifen Formen. Im April und im Mai halten sich die Weibchen bis zu 14 Tagen zur Blutaufnahme an Großsäugern auf, fallen zu Boden und legen hier nach 2 Monaten bis zu 2000 Eier ab. Die Männchen sterben nach Befruchtung der Weibchen auf dem Wirt oder am Boden, die Weibchen unmittelbar nach der Eiablage. Allgemein sind für alle Stadien zwei Perioden starker Aktivität, und zwar im April/Mai sowie August/September, zu beobachten. In sehr nassen Jahren, bei niedrigen Temperaturen und geringer Luftfeuchtigkeit sind diese Populationshöhepunkte dagegen weniger ausgeprägt.

Der Zeckenbefall äußert sich in verschiedener Richtung und differenten Erscheinungen. Als (a) Ektoparasiten belästigen sie die Pferde erheblich, durch die Blutentnahme kommt es an den Einstichstellen zu Veränderungen der Haut (Ödeme, Papeln, Entzündungen). Weiterhin übernehmen sie, was die Parasiten beim Großtier allgemein anbetrifft, auch in der gemäßigten Klimazone (b) Überträgerfunktion für Einzeller (Babesien, Theilerien) und Helminthen (Filarien). Reaktionen zwischen Speicheldrüsensekret vom Parasiten einerseits und Wirtsorganismus andererseits können (c) Zeckentoxikosen hervorrufen, die sich insbesondere durch Bewegungsstörungen (Paralysen und Paresen) äußern.

Der Nachweis wird durch Absuchen der Prädilektionsstellen geführt und dabei Entwicklungsstadium (Larve, Nymphe, Imagines) und Spezies (*Ixodes,* aber auch *Dermacentor* und *Haemaphysalis*) bestimmt. Die Zecken sind mit ihren Mundwerkzeugen fest in der Haut verankert und lassen sich nicht ohne weiteres mechanisch entfernen. Bei Verwendung handelsüblicher Kontaktinsektizide dauert es einige Stunden, bis sie abgelöst werden können; sind nur einige wenige Exemplare vorhanden, erreicht man durch Betupfen mit öl- oder fetthaltigen Mitteln denselben Effekt. Eine großflächige Bekämpfung in endemischen Gebieten ist keinesfalls möglich, weil das Wirtsspektrum der Zecken sehr groß sein kann und beim Ausritt ins Gelände ein Befall nicht zu verhindern ist. Weidehygienisch können jedoch auf den Weideflächen Buschwerk und Geilstellen entsprechend entfernt oder zumindest die Pferde am Zugang gehindert werden.

Milben

Beim Pferd sind zwei Spezies von Haarbalgmilben anzutreffen (Abb. 8a), und zwar *Demodex equi* (♂ 180–200 µm; ♀ 200 bis 235 µm) und die größere *D. caballi* (♂ 400 µm; ♀ 350 µm). Nach Befruchtung der Weibchen auf der Hautoberfläche wandern diese Milben in die Haarfollikel ein, um hier spindelförmige Eier (80 bzw. 100 µm) abzulegen. Daraus entwickeln sich im Laufe eines Monats über die Stadien von Larven und Nymphen die geschlechtsreifen Formen.

Die Haarbalgmilben kommen beim Pferd zunächst allgemein im Kopfbereich vor, *D. caballi* überwiegend in den Maibohmschen Drüsen um die Augen. Die klinische Bedeutung ist gering, es besteht kein Juckreiz. Aus kleinen haarlosen Stellen an der vorderen Kopfregion können jedoch bei längerem Befall, insbesondere durch bakterielle Sekundärinfektion, Hautveränderungen bis zur Flanke, Schulter und Brust entstehen.

Zum Nachweis wird an den veränderten Stellen mit einem scharfen Löffel oder Skalpell ein tiefreichendes Hautgeschabsel entnommen und unter Verwendung von Kalilauge mikroskopisch untersucht. Zur Behandlung, die nicht immer notwendig ist, eignen sich Phosphorsäureesterpräparate.

Die Herbstgrasmilbe, *Neotrombicula autumnalis,* ist eine im Freien lebende Form, von der nur das sechsbeinige Larvenstadium (500 µm) (Abb. 8b) zur Weiterentwicklung 1–5 Tage parasitisch an Vögeln, Säugetieren und auch dem Menschen lebt. Aus den am Erdboden abgelegten Eiern entwickeln sich nach 4 Wochen im August/September Larven, welche an Gräsern und Pflanzen bis zu Kniehöhe emporwandern, um von dort aus – wie die Zekken – ihre Wirtstiere zu befallen. Während der Nahrungsaufnahme von durch Speicheldrüsensekret zugänglich gemachtem Wirtsgewebe kann sich ihre Körpergröße verdreifachen. Nach 5–6 Wochen wird am Erdboden das achtbeinige Nymphen- und dann das Imaginalstadium erreicht. Obwohl meist kleinere Tiere befallen werden, können die Larven im Spätsommer gelegentlich auch bei Pferden an Kopf und Schenkelinnenflächen vorkommen, wo man sie gewöhnlich in fleckenförmigen, rötlichen Ansammlungen vorfindet. Ihr Aufenthalt verursacht erheblichen Juckreiz, welcher durch Scheuern und Schmutzinfektion zu Hautveränderungen führt.

Der Befall ist durch den Nachweis der Larven abzusichern und mit Phosphorsäureestern zu behandeln. Bei starkem Befall sollten zusätzlich abschreckende (repellente) Mittel und solche zur Linderung des Juckreizes eingesetzt werden.

Die durch Räudemilben hervorgerufenen Veränderungen sind je nach Art des Parasiten recht unterschiedlicher Natur. Dies hängt sehr wesentlich von Lebensgewohnheit und Lokalisation dieser drei Spezies ab. Die Grabmilbe, *Sarcoptes equi* (♂ 200–400 µm; ♀ 300 bis 450 µm) (Abb. 9a) kommt anfänglich an Kopf und Widerrist vor, kann sich aber sehr rasch auf Hals, Rücken und Flanken ausbreiten. Ihre Nahrung besteht aus Gewebsflüssigkeit, die sie durch ihr Speicheldrüsensekret erschließen. Der Wirtsorganismus reagiert darauf durch vermehrte Produktion von Hornsubstanzen, was mit einer starken Keratose unter Borken- und Faltenbildung der Haut einhergeht. Es besteht starker Juckreiz, was zu Abmagerung und einem Kräfteverfall (Kachexie) führt. Auf Grund großflächiger Hautveränderungen treten Funktionsstörungen bezüglich der Temperaturregelung auf;

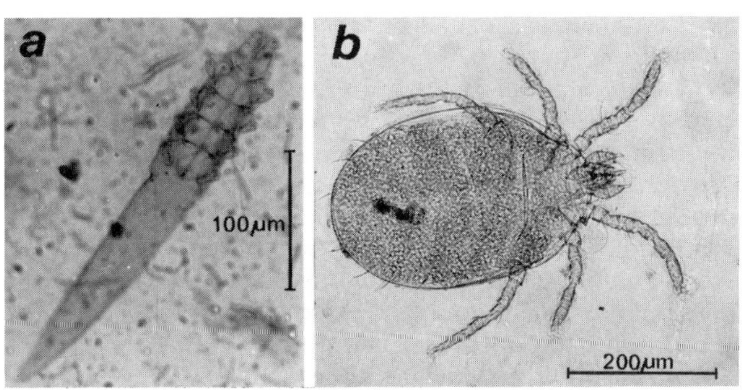

Abb. 8 Milben:

a Haarbalgmilbe *(Demodex sp.)*
b Larve der Herbstgrasmilbe *(Neotrombicula autumnalis)*

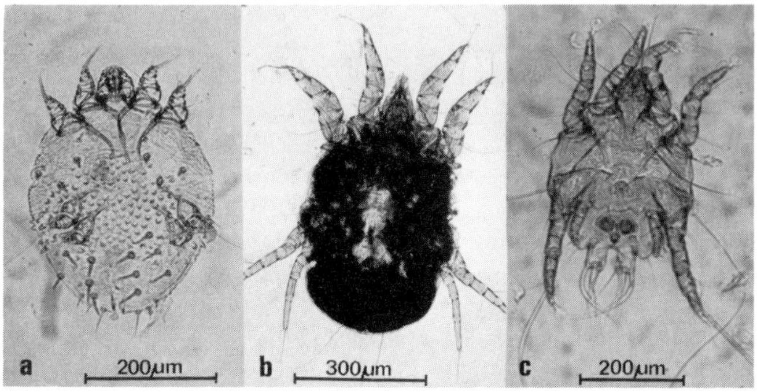

Abb. 9 Räudemilben:

a *Sarcoptes sp.*
b *Psoroptes sp.*
c *Chorioptes sp.*

durch starke Exsudation kommt es zu Eiweißverlusten.
Psoroptes equi (♂ 450–650 µm; ♀ 600–850 µm) (Abb. 9b) ist die größte der drei Arten. Weit über den Körper verstreut findet man diese Saugmilbe an geschützten Stellen wie unter der Mähne, am Kehlgang, an den Innenflächen der Hinterschenkel oder an der Schwanzwurzel (»Steißräude«). Die Infektion fällt ebenfalls durch Borken- und Krustenbildung auf; es besteht Juckreiz, der Anlaß zum Scheuern gibt. Bakterielle Sekundärinfektionen können auch hier zu erheblichen Hautveränderungen beitragen.
Die mit starkem Juckreiz an Fessel und Krone überwiegend an der Hinterhand verbundene Fußräude wird durch *Chorioptes equi* (♂ 300 µm; ♀ 400 µm) (Abb. 9c) verursacht. Diese Nagemilbe lebt oberflächlich, verletzt aber mit ihren kräftigen Mundwerkzeugen die äußere Hautschicht, um ihr Zellreste und Körpersäfte zu entnehmen. Besonders bei Pferden mit langen Fesselhaaren äußert sich die Fußräude zunächst als trockenes, schuppendes Ekzem, das aber schließlich in übelriechende, nasse Borken und Krusten übergeht. Die befallenen Pferde stampfen, schlagen gegen die Wände und benagen die inzwischen schwieligen Stellen, welche bis zum Karpal- und Tarsalbereich ausstrahlen können. Verletzungen und Leistungsbeeinträchtigungen können die Folge sein.
Die Räudemilben gelangen durch Kontakt von Tier zu Tier, wobei bisweilen auch Geschirr und Putzzeug eine Überträgerfunktion übernehmen. Zum Manifestwerden besteht meist eine Prädisposition durch Mangel an Eiweiß, Mineralstoffen oder Vitamin A; schlechte Haltung, Mangelernährung qualitativer wie quantitativer Art sowie bestehende Erkrankungen begünstigen das Angehen der Milbeninfektion. Die Fälle treten mehr in den Wintermonaten, in warmen und feuchten Stallungen auf. Während des Weideganges kommt es oft zur spontanen Heilung der Hautveränderungen, nicht aber zum völligen Verschwinden des Erregers. Die winterliche Stallhaltung kann wieder zu Neuausbrüchen führen.
Es handelt sich um permanent auf dem Wirt lebende Ektoparasiten, die entweder auf oder in den äußeren Schichten der Haut leben. Zur Entwicklung vom Ei bis zum geschlechtsreifen Individuum wird ein Zeitraum von 2–3 Wochen beansprucht, die Lebenserwartung beträgt bei den reifen Parasiten durchschnittlich 6–8 Wochen. Mittels der Untersuchung von Hautgeschabseln, welche sowohl von den veränderten Hautstellen als auch deren Rändern zu entnehmen sind, ist ein sicherer Nachweis möglich. Differentialdiagnostisch sind die drei beim Pferd anzutreffenden, hier besprochenen Arten unschwer morphologisch zu unterscheiden (Abb. 9a–c).
Gelegentlich gehen Milben auch auf den Menschen über und rufen bei diesem als unspezifischen Wirt eine Pseudoscabies hervor, die jedoch leicht zu behandeln ist.
Es sollte schließlich bekannt sein, daß das Vorkommen von *Sarcoptes*- und *Psoroptes*-Räude beim Pferd veterinärpolizeilich anzeige- (§ 59 des Tierseuchengesetzes) und darüber hinaus in Anrainergebieten behandlungspflichtig ist.
Der systematischen Stellung folgend, sollen hier kurz zwei seltener vorkommende Ektoparasiten erwähnt sein. Dies wäre zum einen die zu den Pelzfressern oder Mallophagen

zählende, makroskopisch sichtbare Haarlingsspezies *Werneckiella equi equi* (♂ 1,6 mm; ♀ 1,8 mm). Die Entwicklung vom Ei bis zum reifen Ektoparasiten erfordert einen Zeitraum von 2–3 Wochen. Diese Formen treten überwiegend in den Winter- und Frühjahrsmonaten auf. Sie leben von Hautschuppen, Haaren etc. und verursachen erst dann großen Juckreiz, wenn es bei unzureichend ernährten Pferden zur Massenentwicklung kommt. Zum anderen begegnet man bisweilen der Pferdelaus, *Haematopinus asini macrocephalus* (♂ 2,7 mm; ♀ 3,7 mm). Die ebenfalls mit unbewaffnetem Auge erkennbaren Lästlinge bringen je nach Umwelteinflüssen innerhalb von 3–5 Wochen die nächste Generation hervor. Sie führen bei stärkerem Befall zur Beunruhigung der Pferde, verursachen aber keineswegs Hautveränderungen, wie wir sie von der Räude her kennen.

Zweiflügler

Besonders in den Sommermonaten tragen die Zweiflügler oder Dipteren zur erheblichen Beeinträchtigung des Wohlbefindens der Pferde auf der Weide bei und veranlassen sie, tagsüber schützende, schattenspendende Bäume oder Unterstände aufzusuchen. An der Mücken- und Fliegenplage sind verschiedene Gattungen beteiligt, ihr Vorkommen ist ihrer Entwicklung entsprechend an stark fließende Gewässer (Kriebelmücken), stehende Tümpel (Bremsen) oder verwesendes, faulendes Pflanzenmaterial oder Pferdedung (Fliegen) gebunden. Die Veränderungen an der Haut der befallenen Pferde reichen dabei von Blutungen und Quaddelbildung zu Ödemen an Flanken, Unterbauch und Schenkelinnenflächen, was mit Juckreiz einhergehen kann. Recht gefährlich zeigen sich die zu den Kriebelmücken (Abb. 10a) zählenden Arten *Wilhelmia equina, Boophthora erythrocephala* oder *Odagmia ornata,* weil deren Toxine anaphylaktische Erscheinungen hervorrufen und therapeutisch der Anwendung von Kalzium, Antihistamin und Herzmitteln bedürfen. Gelegentlich wird es sogar notwendig, die Pferde umgehend von der Weide zu holen. Die An-

Abb. 10 Fliegen *(Diptera)* von unterschiedlicher Größe:

a Kriebelmücke (genadelt)
b Bremse
c Fliege (Seitenansicht von *Stomoxys calcitrans)*

wendung repellenter Mittel bietet einen gewissen Schutz.
Chrysops-, *Haematopota-* und *Tabanus*-Arten (Abb. 10b) führen durch ihre Stiche zu starken Blutungen, die von der bereits erwähnten Quaddelbildung sowie Juckreiz begleitet sind. Diesen Bremsen ist nur kurzfristig mit repellenten Mitteln zu begegnen, und ihre ausschließliche Tagesaktivität veranlaßt in besonders gefährdeten Gebieten, die Weidezeit auf Dämmerung und Nacht zu verlegen.
Bei den Fliegen handelt es sich mit *Musca domestica* und *M. autumnalis* um nichtstechende Spezies, die zwar im Sommer zu erheblicher Beunruhigung und Belästigung, aber selbst nicht zu klinisch relevanten Erscheinungen führen. Sie suchen jedoch bevorzugt Augen, Nüstern oder Lippen auf und können hier, wie an kleinen Hautwunden, ihrer Funktion als Vektor für Rollschwanzspezies (siehe dort) gerecht werden. Eine gleiche Aufgabe erfüllt auch *Stomoxys calcitrans* (Abb. 10c), die dagegen stechend und blutsaugend sowohl als Lästling als auch Überträger von *Habronema majus* bedeutsam ist.
Von den Nasen-Rachen-Fliegen kommt beim Pferd *Rhinoestrus purpureus* vor. Die Oestriden-Weibchen geben während der Monate Juni bis Oktober im Fluge Larven I an Nüstern und Augen ab, von wo diese dann in die Nasenhöhlen gelangen und sich im Siebbein oder in den Choanen für die nächsten 9–10 Monate festsetzen. Dabei machen sie zwei Häutungen durch und verlassen als drittes Larvenstadium aktiv oder durch Ausniesen ihren Wirt. Am Erdboden dauert das Puppenstadium mindestens 14 Tage, die Imagines leben zwischen 3 und 4 Wochen.
Bei hohem Befall werden die Schleimhäute des Nasen- und Rachenraumes durch katarrhalische und eitrige Entzündungen erheblich in Mitleidenschaft gezogen. Starke Schwellungen der regionalen Lymphknoten und Atembeschwerden stören das Allgemeinbefinden, Appetitmangel führt zu Abmagerung. Bei Fohlen beobachtet man Wachstumseinbußen, bei den Pferden anderer Altersstufen einen spürbaren Leistungsabfall; durch massiven *Rhinoestrus*-Befall verursachte Todesfälle sind beschrieben.
Interessanterweise versuchen die Pferde vielfach selbst, durch ständige Kopfbewegungen oder in Herden durch Zusammenstecken ihrer Köpfe die Fliegenweibchen an der Larvenablage zu hindern. Therapeutisch sind Phosphorsäureester einzusetzen, und zwar möglichst schon im Herbst, solange sich die Larven noch nicht genügend festsetzen konnten.
Als Parasiten des Magen-Darmtraktes spielen die Larven der Magenfliegen (Abb. 11c) eine sehr bedeutende Rolle, sind von den Arthropoden zweifellos dominierend und tragen – abgesehen von den Strongyliden und Askariden – zu den größten Schäden bei. Im mitteleuropäischen Raum kommen sechs verschiedene *Gasterophilus*-Arten vor, die sich unter anderem durch Färbung von Körper und Flügel, Form und Ablageplatz der Eier, Aktivität der Larve I, Aussehen von Mundhaken sowie Dornen der Larven II und III, Ansiedlungsort der Larven oder Hauptflugzeit der Fliegenweibchen unterscheiden lassen.
Allgemein beginnt die Entwicklung mit Ablage der meist gelben Eier von Juni bis Oktober durch die oviparen, 9–16 mm großen Weibchen (Abb. 11a und b) an die Haare von Vorderbeinen, Schultern, Flanken und Mähne (*G. intestinalis*), Kehlgang und Hals (*G. nasalis*), Lippen und Nüstern (*G. haemorrhoidalis*), seitlich am Kopf (*G. inermis, G. nigricornis*) oder an Gras (*G. pecorum*). Die daraus bei *G. intestinalis* durch äußere Einflüsse (Feuchtigkeitsreiz) bzw. bei *G. pecorum* oral aufgenommenen, in den anderen Fällen aktiv schlüpfenden Larven wandern je nach Lokalisation entweder durch die Backenhaut in den Mundwinkel oder direkt in die Mundschleimhaut, das Zahnfleisch oder Zungengewebe ein, häuten sich hier nach 3–4 Wochen und suchen jetzt über Pharynx und Oesophagus den artspezifisch bevorzugten Platz im Magen (*G. intestinalis, G. pecorum, G. haemorrhoidalis*) Duodenum (*G. nasalis, G. nigricornis*) und/oder Rektum (*G. haemorrhoidalis, G. inermis*) auf. Nach Häutung zu Larven III verankern sie sich dort mit ihren kräftigen, sichelförmigen Mundhaken fest an die Schleimhaut bzw. dringen in diese unter Bildung von Beulen (*G. nasalis, G. nigricornis*) ein. Nach 8–10 Monaten gelangen die rund 2 cm großen, braunen Larven mit den Faeces an die Außenwelt und durchleben im Kothaufen oder am Erdboden eine Verpuppungsphase von einem Monat. Die reifen Exemplare nehmen während ihrer kurzen Lebensdauer von maximal 3 Wochen keine Nahrung auf. Ihre Aktivität erstreckt sich ausschließlich auf die Fortpflanzung; dabei setzt ein Weibchen zwischen 160

Abb. 11 Magendassel *(Gasterophilus)*:

a Imago
b Ei mit Larve am Haar
c Larven III im Magen

(*G. haemorrhoidalis*) und 2500 Eier (*G. pecorum*) ab.
Die bei starkem Vorkommen von Fliegen bzw. ihren Larven hervorgerufenen Schäden sind mannigfaltiger Art. So belästigen die Weibchen während der Eiablage die Pferde in erheblichem Maße, wobei *G. nigricornis* die größten Abwehrreaktionen hervorrufen soll. Larven I und junge Larven II führen in Mundschleimhaut und Zungengewebe zu Schwellungen, die Kau- und Schluckbeschwerden zur Folge haben. Die Formen von *G. inermis* und *G. nigricornis* wandern in die Backenhaut ein, um strahlenförmig zum Mundwinkel zu gelangen; die dadurch verursachten Veränderungen sind als »Sommerstreifenekzem« bekannt. Durch die älteren Larven II, vordergründig aber die lange parasitische Phase der großen, sich traubenförmig in Nestern angesammelten Larven III (Abb. 11c) treten erhebliche gastro-intestinale Magen-Darm-Störungen in Form von Entzündungen und kraterförmigen Geschwüren an den Siedlungsstellen auf. Gelegentlich sind sie Ursache von Magendurchbrüchen mit Bauchfellentzündung sowie Mastdarmvorfällen. Die unspezifischen klinischen Erscheinungen äußern sich in wechselndem Appetit, Abmagerung, Anämie, Störungen des Allgemeinbefindens, Leistungsabfall. Besonders bei Fohlen kommt es nicht nur zur Entwicklungsverlangsamung, sondern häufiger sogar zu Todesfällen.
Der Nachweis intra vitam ist gegenwärtig noch nicht sicher zu führen. Man begegnet vereinzelt Larven nach Spontanabgängen und rektalen oder gastroskopischen Untersuchungen. Funde von Eiern an den Prädilektionsstellen geben gewisse Anhaltspunkte für Befall und Spezies.
In gefährdeten Gebieten hat sich die Bekämpfung primär auf die der Larven III zu einer Zeit zu konzentrieren, in welcher diese gerade ihren spezifischen Siedlungsort aufsuchen. Im

Gewebe wandernde Larven werden dagegen von den systemisch wirkenden organischen Phosphorsäureestern erfaßt und könnten abgetötet gegebenenfalls zu unerwünschten Reaktionen des sie umgebenden Wirtsgewebes führen. In diesem Zusammenhang muß aber nochmals mit Nachdruck darauf hingewiesen werden, daß bei hochträchtigen Stuten während des letzten Monats der Gravidität eine anthelminthische Behandlung zu unterbleiben hat. Zur Chemotherapie bietet sich die Zeit der herbstlichen Aufstallung an, bei der mit Equigard®, Ivomec®P oder Kombinationspräparaten wie Rintal® Plus und Telmin® Plus nicht nur die *Gasterophilus*-Larven, sondern auch die Nematoden des Magen-Darm-Traktes zu eliminieren sind. Daneben könnten im Sommer prophylaktisch durch mit Insektiziden getränkte Tücher an den bevorzugten Eiablagestellen die Larven zum Schlupf angeregt und diese sowie die aktiv wandernden Formen vernichtet werden.

Die kaum behaarten Körperstellen wie Schenkelinnenfläche, Euter, Skrotum, After oder Vulva sind bevorzugte Stellen für die Pferdelausfliege, *Hippobosca equina*. Von den Weibchen werden bis etwa 10 bereits verpuppungsreife Larven am Erdboden abgesetzt, aus welchen sich nach einer Puppenruhe von 4 Wochen die geschlechtsreifen Formen entwickelt haben. Bei einer Lebenserwartung von 4–5 Monaten schädigen Männchen und Weibchen die Pferde durch 15minütige Blutmahlzeiten in kurzen Intervallen, weil sie offensichtlich keine Nährstoffe speichern können. Je nach Befall werden die Tiere daneben noch stark beunruhigt.

Handelt es sich um einige wenige Exemplare, können diese abgesammelt werden. Andernfalls sollten neben den handelsüblichen Kontaktinsektiziden auch repellente Mittel verwendet werden.

Dieses Kapitel über das Thema »Endo- und Ektoparasiten des Pferdes« mag auf den ersten Blick recht wissenschaftlich und auch theoretisch erscheinen; es soll jedoch den Züchter sowie Pferdehalter und jeden, der mit Pferden zu tun hat, über das breite Spektrum der Parasiten orientieren.

Lahmheiten – Ursachen, Symptome, Therapie

Dr. med. vet. HELMUT HECHLER
Fachtierarzt für Pferde
Tielenhemme

Definition des Begriffs Lahmheit

Lahmheit ist der Ausdruck einer Störung der Funktion und/oder der Struktur einer oder mehrerer Gliedmaßen, gelegentlich auch Organe oder Organsysteme. Sie kann sich bereits im Stand zeigen, ist meist jedoch erst in der Bewegung sichtbar.
Eine Lahmheit kann durch Verletzung, Infektion, Störung des Stoffwechsels, des Kreislaufs oder des Nervensystems, durch angeborene oder erworbene Fehler verursacht werden. Häufig spielen mehrere der genannten Faktoren entweder gleichzeitig oder aufeinanderfolgend eine Rolle. Nach der Intensität der Bewegungsstörung wird unterteilt in gering-, mittel- und hochgradige Lahmheit.
Hinsichtlich der Art der Lahmheit wird grundsätzlich unterschieden in Stützbeinlahmheit, Hangbeinlahmheit, gemischte Lahmheit sowie begleitende Lahmheit (auf Grund der Schonung der erkrankten Gliedmaße wird die andere Extremität überlastet, was Lahmheit zur Folge hat).

Lahmheitsanzeichen

Eine mittel- bis hochgradige Lahmheit zu erkennen, ist im allgemeinen einfach. Das Pferd belastet die erkrankte Gliedmaße nicht wie die anderen, die Länge des Trittes bzw. Schrittes ist mehr oder minder verkürzt, der Schwingbogen beim Vorführen der Gliedmaße verändert. Nickbewegungen des Kopfes verdeutlichen in einigen Fällen das Bild. Im Bestreben, die erkrankte und schmerzhafte Extremität nur kurz zu belasten, »fällt« das Pferd beinahe abrupt vorzeitig auf das gesunde bzw. nicht so stark schmerzende Bein.
Eine geringgradige Lahmheit läßt sich nicht immer und ohne Hilfsmittel auf Anhieb feststellen. Von Bedeutung ist zunächst eine genaue Beobachtung des Pferdes in der Box. Hier sind teilweise Störungen sichtbar, die nach dem »Einlaufen« verschwunden sein können. Wichtig sind vielfach auch die ersten Tritte aus der Box auf die harte Stallgasse (vorsichtig, fühlend?).
Zu berücksichtigen sind bei der Beurteilung des Bewegungsablaufs auch das Geschlecht

(während der Rosse »klemmen« viele Stuten, Hengste zeigen Imponiergehabe) und das Alter (junge Pferde sind schlaksig, unterm Reiter noch nicht oder nicht genügend ausbalanciert, nicht im Takt), aber auch der Verwendungszweck sowie der bisherige Einsatz des Pferdes hinsichtlich Dauer, Intensität und Ausbildungsniveau.

Lahmheitsursache Schmerz

Ursache für eine Lahmheit des Pferdes ist Schmerzempfindung. Je nach Intensität dieses Schmerzes wird die vorhandene Lahmheit nur geringgradig, deutlich, stark oder hochgradig sein.
Als Schmerz werden von außen einwirkende oder auch innere Reize, die beim Individuum unangenehme Empfindungen auslösen, bezeichnet. Diese Reize können von einer Verletzung, Überbeanspruchung, zu wenig oder gar keiner Bewegung, schmerzhaften Prozessen, Stoffwechselstörungen oder auch mechanischer Behinderung herrühren. Die betroffene Körperpartie wird in der Regel geschont, d. h. so wenig wie möglich belastet. Die Einrichtung Schmerz soll den Organismus des Lebewesens generell über Bedrohungen oder mehr oder minder schädliche Einwirkungen informieren. Abgesehen von der übertragenen Bedeutung des Schmerzes als Gefühlsqualität eines seelischen Ereignisses (Sporenstich, Gertenhieb) wird der Begriff auch verwendet, wenn bestimmte Reize ein Gewebe oder Organsystem schädigen oder verletzen. Der Schmerz dient somit dazu, den Organismus in seinen einzelnen Teilen, aber auch in seiner Gesamtheit vor Dauerschäden zu bewahren.
Schmerzempfindungen – ihre Stärke schwankt im Tagesablauf – können auch beim Pferd praktisch über alle Sinne ausgelöst werden. Der Schmerz durch ein Trauma ist am bekanntesten und häufigsten. Körperliche Schmerzen, die zu Lahmheiten führen, können von Knochen, Knorpeln, Sehnen und deren Scheiden, Bändern, der Muskulatur, den Hufen, aber auch von der Haut sowie von inneren Organen ausgehen.
Ohne genaue Abgrenzung läßt sich Schmerz in einen Oberflächen- und einen Tiefenschmerz unterteilen. Von großer Bedeutung, gerade auch beim Pferd, ist die Tatsache, daß chronisch schleichende Erkrankungen in der ersten Zeit nur selten von Schmerzen begleitet werden. Schmerzen werden von Unlust oder Krankheitsgefühl untermauert. Tiefen- und Eingeweideschmerzen bewirken über eine blutdrucksenkende Wirkung eher eine Ruhigstellung des Organismus, wie beispielsweise beim Kreuzverschlag. Oberflächenschmerz hingegen löst eher Fluchtreflexe aus, die den Körper aus der Gefahrenzone bringen sollen (Sporenstich). Noch nicht geklärt ist, ob die unterschiedlichen Ursachen über einen gemeinsamen, im Gewebe freigesetzten Stoff wirken.
Von besonderer Bedeutung ist, daß bei der Schmerzinformation und der Übermittlung an das Zentralnervensystem keine Verluste auftreten. Im Gegensatz zu anderen Sinnesempfindungen nimmt der wiederholte, mit derselben Reizstärke ausgelöste Schmerz nicht ab, sondern eher zu. Zum Schutze des Lebewesens fehlt also hier der Vorgang der Anpassung.
Schmerzen gehen von einzelnen oder mehreren Schmerzpunkten aus, die es jedoch nicht in allen Organen und in gleicher Anzahl gibt. In der Haut und auch der Muskulatur kommen diese Schmerzpunkte deutlich häufiger vor. In diesen Schmerzpunkten befinden sich winzige Sinnesorgane, die von ihrem Aufbau her zwar indifferenziert sind, aber dennoch, offensichtlich abhängig von ihrer Lokalisation, ganz spezifisch reagieren.

Vorbericht

Um die aktuelle Situation möglichst exakt beurteilen zu können, ist es für den hinzugezogenen Tierarzt sehr wichtig, einen so präzisen und zweckdienlichen Bericht wie möglich zu erhalten. Dieser Bericht sollte beinhalten, wie stark und seit wann das betreffende Pferd lahm ist, eine oder mehrere Gliedmaßen schont, ob es stolpert, vorsichtig auftritt, einknickt, ob es zu Beginn der Arbeit lahmt und sich dann einläuft oder ob es erst nach einiger Zeit der Arbeit zu lahmen beginnt. Von Wichtigkeit ist auch, wann das Pferd beschlagen wurde, ob sich die Lage seit Auftreten verschlechtert oder leicht gebessert hat und ob eine mögliche Ursache bekannt ist.

Lahmheitsuntersuchung: Vorführen des Pferdes im Schritt und im Trab.

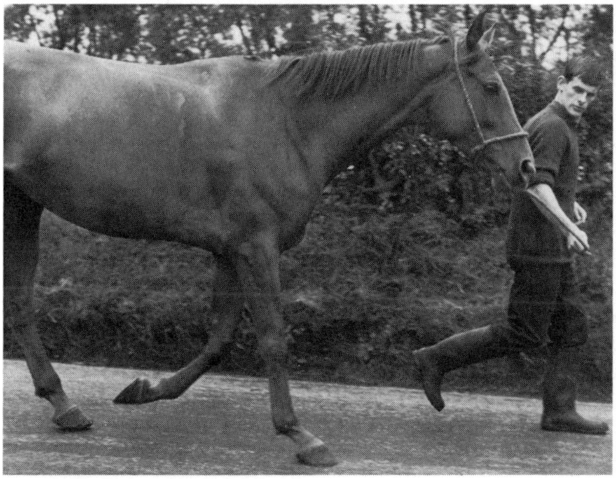

Beobachten der Hufbelastung im Trab von der Seite.

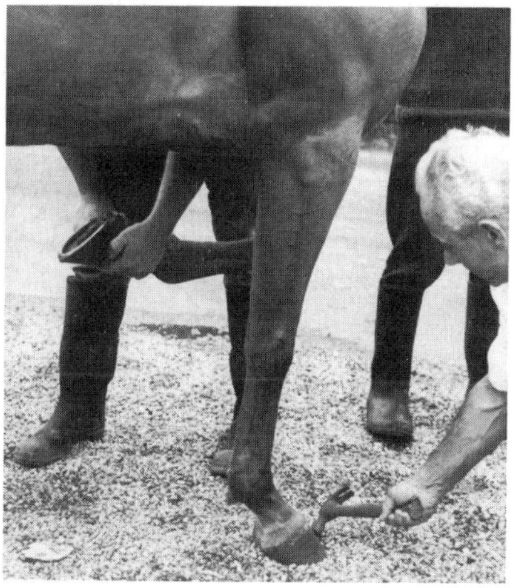

Untersuchung des Hufs.

Abklopfen der Hufsohle.

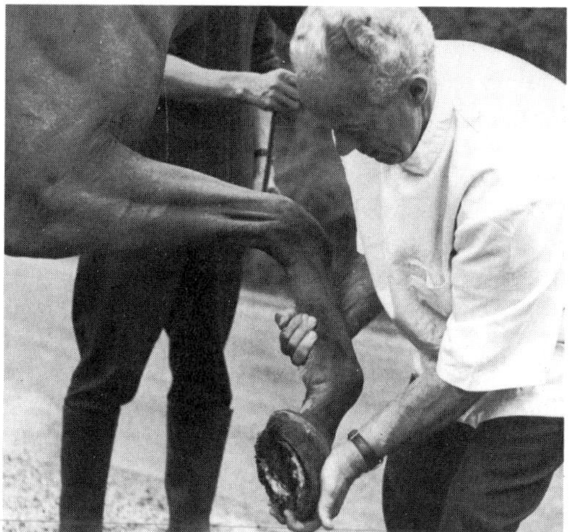

Abbeugen des Fesselgelenks.

Von Bedeutung ist natürlich auch das Allgemeinbefinden, Futter- und Wasseraufnahme, Kot- und Harnabsatz, das letzte Training, insbesondere die Intensität der Belastung sowie eine Schmerzhaltung des Pferdes. Ganz wichtig ist es zu erfahren, welche Maßnahmen bereits unternommen wurden und ob früher schon einmal eine ähnliche oder vergleichbare Erscheinung beobachtet und behandelt wurde.

Untersuchungsgang

Eine Lahmheitsuntersuchung muß systematisch erfolgen, ohne daß ein Punkt des vorgegebenen Untersuchungsganges vergessen oder außer acht gelassen wird. Von großer Wichtigkeit sind auch die Reaktionen des Pferdes auf die Lahmheit bzw. deren Ursache(n), wie eine Umfangsvermehrung, sichtbare Verletzungen, erhöhte Temperatur (lokal sowie Kerntemperatur), Berührungs- und/oder Druckschmerzempfindlichkeit.
Bei der eigentlichen Lahmheitsuntersuchung gilt es dann zunächst, den Sitz der Lahmheit – eine oder auch mehrere Gliedmaßen, Rumpf, vornehmlich Rücken – zu ermitteln, um dann in weiteren Untersuchungen die Ursache des Schmerzes und damit der Lahmheit genauer zu lokalisieren. Das Pferd sollte vor der ersten Untersuchung möglichst nicht bewegt werden, denn die Lahmheit ist beim ausgeruhten Pferd normalerweise stärker ausgeprägt und somit leichter festzustellen.

Adspektion

Bereits in der Box lassen sich oft erste Anzeichen erkennen, die eine spätere Diagnose erleichtern helfen. Dies trifft insbesondere bei einer starken Lahmheit zu.
Die ersten Tritte auf die harte Stallgasse (frisch, oder aber fühlend, tastend, unsicher) sind von erheblicher diagnostischer Bedeutung. Das Pferd wird dann auf ebenem, hartem Boden (am besten Asphalt) an der Hand, zunächst im Schritt, von der Seite, von vorne und von hinten gemustert, gegebenenfalls Vorder- und Hintergliedmaßen getrennt, dann der Gesamtablauf der Bewegung (Koordination). Sofern aufschlußreich, kann das Pferd einige Tritte rückwärts gerichtet werden. Auch die Besichtigung beim Wenden und Drehen des Pferdes auf der Stelle ist wichtig.
Nach der Beobachtung des Pferdes im Schritt erfolgt die Adspektion entsprechend im Trabe. Sind geringgradige Lahmheiten im Schritt oft gar nicht oder nur undeutlich auszumachen, so sind diese Bewegungsstörungen in aller Regel sehr viel besser im Trab zu erkennen (Zweibeinstütze und somit mehr Körpergewicht auf der Gliedmaße). Insbesondere bei beschlagenen Pferden ist oft ein unterschiedliches Auftrittsgeräusch (leiser, dumpfer, auch verzögert) der betroffenen Gliedmaße festzustellen. Im Normalfalle wird beim Abfußen und Vorschwingen des Beines zuerst der Ballen angehoben und sollte dann beim Auffußen auch wieder zuerst den Boden berühren. Wenn möglich, kann das Pferd auch vorgeritten oder vom Untersuchenden selbst unter den Sattel genommen werden. Sofern notwendig, werden die Hufeisen abgenommen.
Lahmt das Pferd auf einer Vordergliedmaße, so hebt es beim Vorschwingen und Auffußen der erkrankten Gliedmaße den Kopf, währenddessen sich der Kopf bei der Bewegung des nicht oder weniger erkrankten Vorderbeines senkt. Diese ganz charakteristischen

Lahmheitsuntersuchung der Hinterhand.

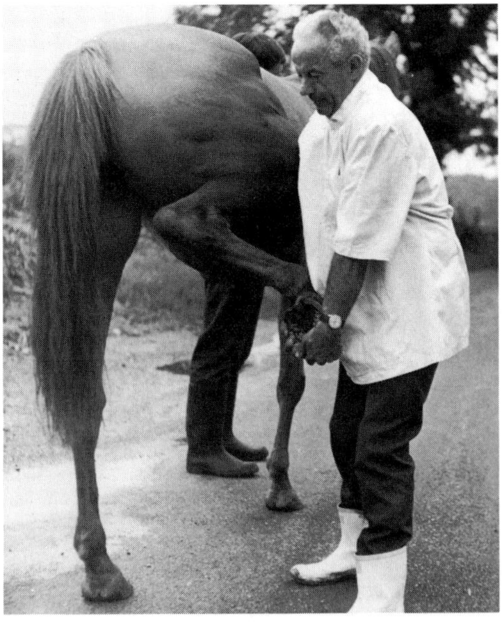

Nickbewegungen des Kopfes sind vor allem bei mittel- bis hochgradiger Lahmheit zu beobachten.
Lahmheiten der Vordergliedmaßen sind besonders gut von vorn und von der Seite zu erkennen, Lahmheiten der Hinterhand am besten, wenn das Pferd vom Beobachter weggeführt wird. Im Trab kann leicht eine Lahmheit der rechten Hintergliedmaße mit einer des linken Vorderbeines – und umgekehrt – verwechselt werden.

Palpation

Die weitere Untersuchung der bei der Adspektion ermittelten Gliedmaße durch Abtasten und Abfühlen erfolgt systematisch, bei entsprechendem Verdacht beginnend an der Hufsohle. Mittels einer Hufuntersuchungszange und eines Hufmessers werden Sohle und Huf auf schmerzempfindliche Bereiche hin untersucht. Darüber hinaus sind der Zustand des Hufes, seine Gestalt sowie etwaige Sohlenverletzungen, Risse, Spalten, der Abrieb, Stichkanäle (Nageltritt, Vernagelung) sowie eventuell noch vorhandene Fremdkörper festzustellen, dann ist mit dem Hufmesser jeder Verfärbung des Hufhornes nachzugehen, bis diese Verfärbung (Druckstelle) wieder verschwunden ist. Der sehr empfindliche Kronsaum wird insbesondere auf vermehrte Wärme und Verletzungen hin untersucht, die Hufknorpel auf etwaige Verknöcherungen.
Im Fesselbereich ist auf Umfangsvermehrungen und Temperaturunterschiede sowie Pulsation der Gefäße zu achten. Das Fesselgelenk muß insbesondere auf Druckschmerzempfindlichkeit hin untersucht werden, besonders im hinteren Bereich (Gleichbeine). Am aufgehobenen Bein wird das Gelenk genau überprüft (Beugen, Strecken, Rotation), Umfangsvermehrungen sind exakt zu lokalisieren.
Im Bereich des Mittelfußknochens ist vor allem auf Überbeine zu achten, die vorwiegend an der Innenseite auftreten, darüber hinaus ist dem Fesselträger besondere Aufmerksamkeit zu schenken, ebenso den Beugesehnen. Das Vorderfußwurzelgelenk ist auf Anschwellungen, vermehrte Füllung des Gelenkes oder der Schleimbeutel hin zu prüfen sowie auf abnorme Beweglichkeit. Aufwärts davon ist die Muskulatur auf Umfangsvermehrungen, Schmerzhaftigkeit und Temperatur hin zu untersuchen. Ellbogen- und Schultergelenk werden auf Schmerzen und Geräusche bei der Bewegung überprüft. Auf eine Muskelatrophie im Bereich der Schulter ist zu achten. Sichtbare Verletzungen während des gesamten Untersuchungsganges sind auszuschließen.
Die Hintergliedmaßen werden bis hin zum Sprunggelenk in derselben Weise untersucht. Das Tarsalgelenk selbst wird eingehend auf Umfangsvermehrungen, Füllungen, Auftreibungen abgetastet. Das Kniegelenk wird insbesondere unter Berücksichtigung der Kniescheibe überprüft, darüber hinaus gilt die Aufmerksamkeit der Muskulatur der Hintergliedmaße, Umfangsvermehrungen oder -verminderungen, Asymmetrie sowie der Palpation der Hüftgegend. Im Verdachtsfall muß das Becken rektal untersucht werden.
Sollten sich bei der Untersuchung der Vorder- und Hintergliedmaßen keine Anhaltspunkte für die Ursache der bestehenden Lahmheit ergeben, so ist der Körper des Pferdes, beginnend am Hals, genau abzutasten und zu überprüfen. Dabei wird auf die Wirbelsäule Druck ausgeübt und der Kopf des Pferdes nach beiden Seiten extrem gebogen, um gegebenenfalls Schmerzäußerungen feststellen zu können. Auch der Bereich des Rükkens, Widerrists und der Lende wird durchgetastet. Die Nierenpartie wird ebenfalls abgetastet; dazu ist das gesamte Pferd sowohl von vorn als auch von hinten auf eine mögliche Asymmetrie zu untersuchen. Der Brustwand hat ebenfalls entsprechende Aufmerksamkeit zu gelten.
In vielen Fällen läßt sich die Lahmheitsursache jedoch durch Palpation allein nicht feststellen, so daß weitergehende Untersuchungsmethoden angewendet werden müssen. Auch durch Beugeproben allein kommt der Untersuchende häufig nicht weiter.

Weitere Untersuchungen

Durch eine Lokalanästhesie kann ein bestimmter Abschnitt der Gliedmaße für eine begrenzte Zeit schmerzunempfindlich gemacht werden. Mittels diagnostischer Injektionen von Lokalanästhetika kann somit der Schmerzbereich durch Ausschaltung lokalisiert werden. Durch Röntgenaufnahmen der betreffenden Stelle läßt sich die Verdachtsdiagnose gegebenenfalls erhärten. Darüber hin-

aus sind Röntgenbilder in vielen Fällen für eine zu stellende Prognose von großer Bedeutung. Es muß betont werden, daß in der Regel nicht die Lokalanästhesie oder das Röntgenbild allein eine exakte Diagnose zulassen; der Tierarzt wird sich erst aus der Gesamtheit der Untersuchungen, die durchgeführt wurden, ein klares Bild machen können.
Als weitere diagnostische Hilfsmittel können die Thermographie (Messung von sehr kleinen Temperaturunterschieden der Gewebe mittels eines speziellen Detektors, der die Infrarotstrahlung des Gewebes aufnimmt, elektronisch verstärkt und aufzeichnet) oder die Ultraschallmethode (Aufzeichnung der Gewebe durch Ultraschallwellen, Sonographie) angewendet werden. Auch die Arthroskopie findet immer mehr Eingang in die Diagnostik beim Pferd, ist allerdings nur für die größeren Gelenke an den Extremitäten geeignet.

Diagnose und Prognose

Nur eine korrekte **Diagnose** kann die richtige Grundlage für eine sinnvolle und erfolgversprechende Therapie sein. Eine richtige Diagnose der bestehenden Lahmheit ist mitunter nur schwer zu stellen und das teilweise auch bei beträchtlichem diagnostischen Aufwand.
Zur Diagnose wird sich der Tierarzt vor den beschriebenen Möglichkeiten neben seiner Erfahrung zunächst der einfachen diagnostischen Untersuchung bedienen, die vor allem geprägt ist von seinem Verständnis und Auge für den Bewegungsablauf des Pferdes.
Die **Prognose** ist die ärztliche Beurteilung des voraussichtlichen Verlaufs einschließlich der Dauer sowie des Ausgangs einer Erkrankung. In diese Voraussage fließen sowohl Wissen und Erfahrung als auch eine Wahrscheinlichkeitsannahme des Arztes ein.
In der Regel ist bei der Beurteilung des Krankheitsverlaufs die Aussicht auf späteres Weiterleben des Pferdes allein eindeutig zu wenig. Erwünscht, ja in vielen Fällen geradezu gefordert, wird hingegen völlige Wiederherstellung mit Wiedererreichen der Gebrauchsfähigkeit für den jeweiligen Einsatz des Pferdes in Sport, Freizeit oder Zucht.
In der medizinischen Terminologie kann eine Prognose bona (gut), dubia (zweifelhaft), incerta (ungewiß), mala (schlecht), pessima (sehr schlecht) oder gar infausta (verzweifelt) sein. Eine exakte Prognose zu erstellen, ist selbst unter Abwägung aller mitentscheidenden Punkte auch für den Fachmann nicht einfach. Wichtigste Voraussetzung zur Abgabe einer möglichst präzisen Prognose ist, neben einer detaillierten Anamnese, eine wichtige Diagnose. In prognostischer Hinsicht kommt es sehr darauf an, ob die entsprechende Erkrankung oder Verletzung durch völlige Regeneration auszuheilen vermag oder ob die Wiederherstellung abzuwägende Reparationsvorgänge notwendig macht.
Je früher die richtigen Maßnahmen eingeleitet werden, desto besser. Es sollte stets abgewogen werden, ob der therapeutische Aufwand in einem vernünftigen Verhältnis zum Erfolg bzw. auch zum Wert des Pferdes steht. Die letzte Entscheidung obliegt hier in jedem Fall dem Besitzer.
Auch die beste Prognose kann keine Erfolgsgarantie sein. Zweifellos spielt bei der Beurteilung der Prognose auch der einzuschlagende Therapieweg eine erhebliche Rolle. Eine intensivere, oft bedeutend mehr Kosten verursachende, bisweilen wesentlich kürzere Therapie (frühere Einsatzbereitschaft des Pferdes) ist nicht immer einer Behandlung, die mit deutlich weniger Aufwand betrieben wird und die auf den Faktor Zeit setzt, von vornherein überlegen.

Therapie

Die Diagnose sollte auf objektiv festgestellten Befunden aufbauen. Die Therapie, der Behandlungsgang, dagegen wird immer subjektiv, also von der jweiligen Meinung und Vorstellung des Arztes abhängig sein.
Es ist von Interesse, wie hoch sich die Therapiekosten belaufen und ob mit der Behandlung ein vorgegebenes Ziel (Wiederherstellung, weiterer Einsatz als Hochleistungspferd oder nur noch schonender Gebrauch möglich) erreicht werden kann. Auch Nebenwirkungen einer Therapie oder gar deren Folgen sind abzuklären. Beispielsweise kann sich lange Boxenruhe ganz erheblich auf andere, bislang nicht geschädigte Gliedmaßenabschnitte auswirken. Die Kostenseite ist ganz zwangsläufig von sehr großer Bedeutung.

Auch wenn dem ideellen Wert des Pferdes erhebliche Bedeutung zukommt, so sind doch der realistische Wert des Tieres und die finanzielle Lage des Besitzers zweifelsohne mitentscheidend.
Eine Therapie sollte praktisch, problemlos und wirtschaftlich vertretbar sein. Besteht die Möglichkeit sowohl der konservativen als auch einer operativen Therapie, müssen Vor- und Nachteile sorgfältig abgewogen werden. Der chirurgische Eingriff sollte als letzte, unabdingbare Möglichkeit verstanden werden. Wenn, dann sollte diese Entscheidung im Sinne der Prognose frühestmöglich getroffen werden. Neben der medizinischen Seite ist hierbei jeweils die Kosten-Nutzen-Analyse zu berücksichtigen.
Die heute oft praktizierte Dauerapplikation schmerzdämpfender und entzündungshemmender Präparate sollte wohlüberlegt sein und stets in der Hand des Fachmannes verbleiben, da sie mit unübersehbaren Nachteilen für den Patienten verbunden sein kann. Bei jeder Therapie ist die richtige und logische zeitliche Aufeinanderfolge der verschiedenen Maßnahmen von großer Wichtigkeit. Unkontrollierter Einsatz auch harmlos erscheinender Substanzen (z. B. Kampfersalbe) ist zu unterlassen. Akute Schäden (Prellung, Verstauchung, Zerrung) sind möglichst sofort zu kühlen, um die Ausbildung von Ödemen und Umfangsvermehrungen weitgehend zu verhindern; darüber hinaus wirkt die Kühlung auch schmerzdämpfend.
Die physikalische Therapie unter Zuhilfenahme von Kälte, Wärme, Bewegung, Massage, Elektrizität oder Bestrahlung kann durch gezielte Unterstützung der physiologischen Vorgänge im Organismus die Wiederherstellung des geschädigten Organs oder Gewebes bzw. seiner Funktionalität fördern. Wie schon angeführt, kann Kälte in Verbindung mit Ruhe und einem Druckverband in den ersten zwei Tagen nach dem akuten Trauma das Entstehen von Ödemen weitgehend verhindern. Allerdings darf die Kälteanwendung nur jeweils maximal 30 Minuten betragen, da sonst das Gegenteil erreicht wird. Sehr bewährt haben sich spezielle Manschetten, die mit einem Kühlmedium gefüllt werden können.
Wärme wird zur Erhöhung der Resorption entzündlicher Flüssigkeitsansammlungen eingesetzt und sorgt für eine Erweiterung der Gefäße und eine Erhöhung des Zellstoffwechsels im entsprechenden Bereich. Bei Vorliegen einer Infektion ist Wärme kontraindiziert (Eindringen von Erregern und/oder deren Gifte in tiefere Gewebsschichten). Je nach Notwendigkeit werden verschiedene, mehr oder weniger tief wirkende Wärmequellen verwendet.
In einer ganzen Reihe von Fällen ist auch eine Massage mit entsprechenden Salben (durchblutungsfördernd, Verklebungen lösend) angezeigt, auch leichte Bewegung fördert des öfteren die Heilung. In anderen Fällen ist es jedoch angezeigt, die betreffende Gliedmaße ruhigzustellen. In Frage kommt dann ein Gipsverband bzw. ein solcher aus härtbarem Kunststoffmaterial, gegebenenfalls auch ein (Polster-)Druckverband. Das Anlegen eines Verbandes muß fachgerecht erfolgen, da sonst Schäden entstehen könnten. Insbesondere bei alten, chronischen Prozessen kann eine örtliche, unspezifische Reiztherapie (scharfe Einreibung) mit unterschiedlichen Präparaten (verschiedene Tiefenwirkung) zum Einsatz kommen.
Die Wahl der Medikamente bzw. des Verfahrens hängt jeweils vom zu beeinflussenden Schaden ab. Diese Therapieform dient dazu, chronische Prozesse mit schlechter Tendenz zur Heilung in einen akuten Krankheitsprozeß mit deutlich verbesserter Ausheilungschance überzuleiten.
Die Verwendung entzündungshemmender Medikamente ist die augenblicklich wohl am häufigsten angewendete Therapieform. Die wichtigste Indikation solcher Präparate ist bei Gelenksentzündungen, zur Schmerzbekämpfung sowie Vermeidung von Umfangsvermehrungen. Eine Dauertherapie mit derartigen Präparaten ist nicht ratsam. Insgesamt sind alle Therapiebemühungen des Tierarztes bezüglich der Beurteilung eines Heilerfolges in hohem Maße abhängig von der Kooperation mit dem Patientenbesitzer und dessen Verständnis für die notwendige, oft auch lang anhaltende Ruhigstellung, ohne die ein Heilungsprozeß nicht stattfinden kann.

Prophylaxe

Besser und zweifellos billiger als jede Therapie ist eine gute und sinnvoll betriebene Prophylaxe. Das Pferd ist einsatzfähig, kann geritten, gefahren, trainiert und auf Turnieren oder in Rennen gestartet werden.
Der Schwerpunkt medizinischen Handelns sollte sein, Krankheit und Verletzungen durch entsprechende Vorbeugemaßnahmen zu verhindern bzw. zumindest soweit als möglich einzuschränken. Zweifellos sind eine gute Konstitution in Verbindung mit einer dem Einsatz des jeweiligen Pferdes angepaßten Kondition wichtige Voraussetzungen, das Pferd gesund zu erhalten. Planvolle Zucht ohne Sentimentalität – eine Verpflichtung dem Zuchtprodukt gegenüber –, vernünftige, solide Aufzucht ohne Mangel, aber auch ohne Übertreibung, gesunde, möglichst natürliche Haltung (Luft, Licht, Sonne, viel Platz, möglichst wenig Staub) sowie eine ausgewogene Fütterung nach dem Grundsatz der Optimalversorgung mit Mengen- und Spurenelementen sowie Vitaminen in für das Pferd verwertbarer Form sind die besten Grundlagen zu dessen Gesunderhaltung.
Jedes Training des Pferdes muß gezielt und maßvoll, mit langsamer Steigerung der Anforderungen, vor sich gehen. Überforderung führt häufig zu Problemen nicht nur im psychischen Bereich, sondern gerade auch an den Gliedmaßen.
Selbst bei absolut pferdegerechten Stallungen und Weiden ziehen sich Pferde im Stall oder auf der Koppel nicht selten beträchtliche Schäden am Bewegungsapparat zu. Dies läßt sich trotz aller Vorkehrungen nicht immer vermeiden. Nur deswegen aber das Bewegungstier Pferd, insbesondere während der so wichtigen Aufzuchtphase, am Austoben zu hindern, wäre völlig verkehrt. Doch mit dem Beginn des Trainings der jungen, noch längst nicht ausgewachsenen und formierten Pferde steigt die Verletzungsgefahr selbst bei sachgerechter Handhabung noch um ein Mehrfaches. Vorkehrungen sind zu treffen. Geeignete, korrekt angelegte Bandagen zum Schutz gegen Streichen, Transportgamaschen, elastische Gurte etc. helfen mit, Verletzungen zu vermeiden.
Pferde, die wie junge Rennpferde schon im Jährlingsalter den oft bitteren Ernst des Pferdelebens kennenlernen müssen, aber auch dreijährige Reitpferde, sind noch längst nicht ausgewachsen und in ihrer gesamten Entwicklung noch unfertig. Die Wachstumsfugen der Röhrenknochen sind noch für längere Zeit nicht völlig knöchern durchgebaut, die gesamte körperliche Entwicklung in Höhe, Breite und Tiefe ist noch nicht annähernd abgeschlossen. Eine Überforderung mit für das Pferd und seinen Besitzer häufig verheerenden Folgen ist in diesem Lebensabschnitt des Pferdes sehr leicht möglich. In vielen Fällen ist es mit bloßen Schienbeinen (Überbeinen) nicht getan, zahlreiche junge Rennpferde kommen beispielsweise nie an den Start. Ruhe, Zeit und Vernunft sind die obersten Gebote zur Vermeidung derartiger Ausfälle. Auch beim Pferd verläuft die körperliche Entwicklung in unterschiedlichen Abschnitten und Schüben, und viele Pferde brauchen trotz oder gerade wegen Treibens mit allen möglichen Präparaten einschließlich Anabolika während der Aufzucht länger für ihre körperliche Entwicklung.
Ganz vorn bei den Vorbeugemaßnahmen steht, das Pferd täglich zu bewegen. Stehtage schaden dem Pferd ganz erheblich. Das Bewegungstier Pferd braucht absolut keinen Stehtag!
Mit zu den wichtigsten Prophylaxemaßnahmen gehören eine belastbare Schutzimpfung gegen Tetanus sowie beim Fohlen entsprechende Maßnahmen gegen den Fohlenlähmekomplex (Hygiene, Nabeldesinfektion, Impfung der Mutter) sowie gegen Weißmuskelkrankheit.
Regelmäßige Wurmkuren mit geeigneten Präparaten und wechselnden Wirkstoffen sind unerläßlich, ebenso Koppelpflege (Mistabsammeln). Wandernde Strongylidenlarven können zu dramatischen Problemen des Bewegungsapparates führen (z. B. Beckenthrombose).
Dem korrekten, in nicht zu großen Abständen vorzunehmenden Zurichten der Hufe bzw. zusätzlichen Beschlag ist größte Bedeutung beizumessen. Ohne Hufe kein einsatzfähiges Pferd. Im Fohlenalter lassen sich geringgradige Fehlstellungen der Extremitäten und/oder der Hufe noch verhältnismäßig gut korrigieren. Beim erwachsenen Pferd ist darauf zu achten, daß sich der Stellungswinkel der Zehe infolge ungleichmäßigen Hornwachstums nicht zu sehr ändert, was ganz beträchtliche Auswirkungen auf die sehr wichtige

Funktionseinheit Hufrolle nach sich ziehen kann. Größere Stellungskorrekturen mit Änderung der statischen Verhältnisse sind beim erwachsenen Pferd nicht mehr möglich und sollten gar nicht erst versucht werden.

Erkrankungen des Stützapparates – ein kurzer Überblick

Bevor ausführlicher auf einzelne Krankheitsbilder eingegangen wird, nun zunächst eine kurze Übersicht über die Erkrankungen des Stützapparates generell, also der Gelenke, Knochen und der diese verbindenden und bewegenden Sehnen, Bänder und Muskeln.
Gelenksentzündungen (Arthritiden) lassen sich nach ihrer Art und Entstehung einteilen in akute und chronische Verlaufsformen. Häufig ist die Ursache für eine Entzündung eines oder mehrerer Gelenke und deren Umgebung ein Trauma, also eine Verletzung bzw. Gewalteinwirkung. Auf Grund der mechanischen Irritation des Gelenkes kommt es zu einer Vermehrung der zur Schmierung des Gelenkes so ungemein wichtigen Synovialflüssigkeit und somit zu einer Umfangsvermehrung des Gelenkes. Hält die Entzündung an, wird der dreischichtige Gelenkknorpel degenerativ geschädigt und es entsteht dann über kurz oder lang eine chronische Arthrose. Darüber hinaus können eine Infektion, die Ausweitung einer Infektion aus der Umgebung auf das Gelenk, über das Blut eingeschleppte Erreger oder auch eine unsachgemäße Punktion des Gelenksackes sowie auch eine Injektion in das Gelenk eine Arthritis verursachen oder ganz erheblich komplizieren.
Schon eine degenerative Erkrankung des Gelenkes führt zu einer Arthrose, egal ob diese vom Knorpel oder vom Knochen ausgegangen ist. Öfter jedoch ist eine Arthrose die Folge einer vorausgegangenen Arthritis. Arthrose kann bis hin zur Ankylose führen mit völliger Bewegungsunfähigkeit des Gelenkes. Freie Gelenkkörper (Gelenkmäuse) können sich durch Absplitterung des Knorpels oder Fraktur der das Gelenk formenden Knochen bilden. Eine Beeinträchtigung der Gelenksfunktion muß allerdings nicht zwangsläufig auftreten. Gelenkmäuse sind oft genug Zufallsbefunde. Die operative Entfernung einer Gelenkmaus ist nur sofort nach Entstehen und wenn der Gelenkknorpel noch nicht oder nur sehr wenig in Mitleidenschaft gezogen ist, erfolgreich vorzunehmen.
Über die Gelenke hinaus kann sich eine Entzündung auch auf die umgebenden Schleimbeutel, Sehnenscheiden sowie Bänder und auch auf die Muskulatur erstrecken.
Bänder können auf Grund von Gewalteinwirkung gezerrt werden oder anreißen, ganz zerreißen oder auch aus dem Knochen unter Mitnahme von Knochengewebe ausreißen. Überbelastung vermag zu teilweisen oder gar vollständigen Sehnen- und auch Muskelrissen führen.
Infolge von Gewalteinwirkung kann auch der knöcherne Stützapparat brechen (Fraktur) oder reißen (Fissur). Darüber hinaus kann es zur Knochennekrose oder auch Knochenentzündung kommen sowie zu abnormen Knochenauswüchsen, sogenannten Exostosen oder Überbeinen.
Infolge eines Traumas (Sturz, Anschlagen, Unfall) sind häufig auch offene Verletzungen der Haut und der Muskulatur, zum Teil auch der Gelenke und Knochen festzustellen, die chirurgisch lege artis zu versorgen sind.
All diese Erkrankungen können, wenn sie unbeachtet und unbehandelt bleiben oder nicht ausreichend ausheilen, zu Lahmheit führen.

Lahmheiten im Bereich der Hufe

Eine mehr oder weniger tiefe, teilweise bis zur Huflederhaut reichende Zusammenhangstrennung in der Hornwand in Richtung der Hornröhrchen wird **Hornspalt** genannt. Sprödes, hartes Hufhorn, Stellungsfehler, harter Boden sowie ungenügende Hufpflege begünstigen das Entstehen eines Hornspaltes. Nur oberflächliche Hornspalten führen selten zu einer Lahmheit, bei tiefergehenden Defekten jedoch, die in aller Regel mit einer Entzündung der Huflederhaut einhergehen, lahmt das Pferd. Ein vom Tragrand ausgehender Hornspalt wird durch das Einschneiden einer entsprechend tiefen Querrille begrenzt, der Tragrand selbst muß an der Stelle

des Spaltes gekürzt werden (Schweben lassen), um ein weiteres Ausbreiten durch die Druckbelastung beim Auffußen zu verhindern. Tiefe Hornspalten sind tierärztlich zu versorgen, um Folgeschäden zu vermeiden.
Eine **Hornkluft** verläuft im Gegensatz zum Hornspalt quer zur Hornröhrchenrichtung und nimmt ihren Ausgang immer von der Hufkrone her (Trauma).
Eine Zusammenhangstrennung zwischen der Hornsohle und der Hornwand in der weißen Linie ist die sogenannte **lose Wand**. In den entstehenden Hohlraum können Fremdkörper wie Steine eindringen und die Huflederhaut verletzen. Ein sachgerechter Beschlag mit breitem Hufeisen sowie Ausfüllen des sanierten Hohlraumes mit Werg schaffen Abhilfe. Eine eventuell auftretende Huflederhautentzündung ist tierärztlich zu versorgen.
Hohle Wand wird eine Zusammenhangstrennung zwischen dem Horn der Blättchenschicht und der dickeren Schutzschicht des Wandhorns bezeichnet. Ursachen sind vorausgegangene Entzündungsprozesse der Huflederhaut, Vernagelung, auch Hufrehe. Die hohle Wand ist in ihrer Gesamtheit abzutragen, die Ränder abzuschrägen und bei Bedarf der Defekt mit Huflederkitt auszufüllen. Ein breites Hufeisen, eventuell geschlossen, ist zu empfehlen.
Hornfäule (Strahlfäule) ist ein fortschreitender Zerstörungsprozeß des Horns infolge Fäulnis, zumeist im Bereich des Strahles. Unter der Einwirkung von Schadstoffen bei ungenügender Hygiene und Pflege sowie von mikrobiellen Erregern werden die oberflächlichen Hornteile aufgelöst. Die befallenen Hornteile sind großzügig zu entfernen, die Hufe zu sanieren. Unter Zuhilfenahme von Jodoformäther sowie Verbesserung der Haltungsbedingungen läßt sich eine Strahlfäule recht bald beheben.
Eine differentialdiagnostische Abgrenzung gegenüber dem **Hufkrebs** (Strahlkrebs) ist wegen der bei der Strahlfäule fehlenden zottigen Wucherungen gut möglich.
Sind abnorme Formveränderungen der Hornkapsel, einhergehend mit einer Verengung in einem bestimmten Bereich des Hufs vorhanden, spricht man von einem **Zwanghuf**. Beim Trachtenzwanghuf ist die innere Trachtenwand (oder auch beide) eingezogen, der Strahl verkümmert. Ursachen dafür sind Haltungsfehler, wie zu wenig Bewegung, nicht korrekte und regelmäßige Hufpflege, aber auch die Folgen einer Hufrollenerkrankung, einer chronischen Sehnenentzündung oder Hufknorpelverknöcherung. Die einengende Hornkapsel führt bisweilen zu Quetschungen der Huflederhaut. Ein Trachtenzwanghuf läßt sich durch sachgerechte Hufkorrektur und regelmäßige Bewegung auf feuchtem, weichem Boden zumeist beheben. Beim Kronenzwanghuf, insbesondere bei jungen Pferden vorkommend, ist der Druck beim Auffußen durch entsprechende Korrektur vermehrt auf die Hufsohle zu verlagern und die konkave Wand zu schonen. Auch hier hilft Bewegung auf weichem Boden. Beim Sohlenzwanghuf ist der Tragrand im Vergleich zum Kronrand eingezogen. Regelmäßige Hufkorrektur mit Kürzen der Zehe, eventuell Hufeisen mit korrekter Schenkellänge führen in der Regel zum Erfolg.
Eine Erkrankung der empfindlichen, das harte Hufhorn bildenden **Huflederhaut** ist zumeist entzündlicher Natur. Die Entzündung wird entweder durch gedeckte Verletzungen wie Quetschungen hervorgerufen, oder durch offene, perforierende Verletzungen (Nageltritt) mit der häufigen Folge einer Infektion, die sich rasch im Huf ausbreiten und zu einem Durchbruch an der Krone oder Ausschuhen führen kann oder aber, einen Abszeß bildend, eingedämmt wird.
Eine Schädigung der Huflederhaut geht stets mit Blutungen einher, die zu einer Steigerung des Druckes und damit zur Schmerzauslösung führen. Der austretende Blutfarbstoff gelangt in die Hornröhrchen und färbt diese dunkelrot. Diese dunkelgefärbten Hornflecke, **Steingallen** genannt, wachsen mit dem Horn nach außen. Erkennbares Symptom einer Schädigung der Huflederhaut ist eine mittel- bis hochgradige Stützbeinlahmheit sowie deutliche Pulsation der Mittelfußarterie. Mit Hilfe der Hufuntersuchungszange kann der umschriebene Prozeß genauer lokalisiert werden. Die Hornschicht wird so weit abgetragen, bis eine perforierende Verletzung oder aber ein eventuell vorhandener Abszeß ausgeschlossen werden können. Die Behandlung der akuten aseptischen Huflederhautentzündung besteht in Stallruhe und kalten Hufangußverbänden. Dauert die Huflederhautentzündung schon längere Zeit an, ist zum Zwecke der Resorptionsbeschleunigung des entzündlichen Ergusses ein warmer Riva-

nol®-Angußverband zu empfehlen. Nicht vollständig ausgeheilte Verletzungen der Kron- wie auch der Wandlederhaut können eine **Hornsäule**, eine Verdickung der Hornwand, zur Folge haben, die, falls sie für eine Lahmheit durch Druck auf die Huflederhaut verantwortlich zu machen ist, operativ entfernt werden muß.

Hufrehe, eine nicht seltene Erkrankung der Huflederhaut (*Pododermatitis aseptica diffusa*) ist wegen ihrer Entstehung sowie der klinischen Symptome mit den anderen Krankheitsbildern der Huflederhaut nicht vergleichbar. Hufrehe, mit Ausnahme der Belastungsrehe, betrifft stets beide Vorderhufe, oft auch alle vier Hufe des erkrankten Pferdes. Auf Grund einer dramatischen Stoffwechselstörung des Pferdes, ausgelöst von Futteränderung (Überfütterung, abrupter Futterwechsel, evtl. Giftpflanzen), infolge von Überanstrengung sowie im Zusammenhang mit Infektionskrankheiten, bei Nachgeburtsverhalten und auch nach Arzneimittelapplikation (Intoxikation), kann es zu der zurecht so gefürchteten Hufrehe kommen. Giftige Eiweißzersetzungsprodukte sind vermehrt im Blut des Pferdes vorhanden und es kommt vornehmlich im Bereich der Huflederhaut zu einer Schädigung der Gefäßwände mit entsprechenden Umbau- und Ablösevorgängen zwischen Lederhautblättchen und den Blättchen des Horns. Klinische Anzeichen einer Hufrehe sind Schweißausbruch, deutliche Unruhe, Erhöhung der Temperatur sowie eine hochgradige Lahmheit infolge großer Schmerzen im Hufbereich. Charakteristisch ist eine Entlastungsstellung der am stärksten betroffenen Vordergliedmaßen. Sind alle vier Gliedmaßen gleichzeitig betroffen, liegen die Pferde fest. Differentialdiagnostisch sind Kreuzverschlag sowie unter Umständen auch Tetanus zu beachten. Prognostisch ist der Zeitpunkt des Behandlungsbeginns mitentscheidend, insbesondere im Hinblick auf die stets zu befürchtende Drehung und Absenkung des Hufbeins. Es ist also Eile geboten.

Zu einer **Hufbeinfraktur** kommt es in der Regel durch eine stumpfe Gewalteinwirkung. Am häufigsten verläuft die Bruchlinie vom unteren Rand bis zum Hufgelenksbereich, oft unter Einbeziehung des Hufgelenkes. Das Pferd ist hochgradig lahm, die Diagnose wird röntgenologisch erhärtet. Die Therapie besteht in absoluter Stallruhe mit einem Spezialbeschlag zur Ausschaltung des Hufmechanismus, also Ruhigstellung des gesamten Bereiches. Prognostisch ist eine Hufbeinfraktur stets von der Lage der Bruchlinie unter eventueller Einbeziehung des Hufgelenkes abhängig und immer sehr vorsichtig zu beurteilen. Besteht eine Fraktur des Strecksehnenfortsatzes (*Processus extensorius*) des Hufbeines infolge großer Schubwirkung des Kronbeines auf das Hufbein, so ist die Prognose schlecht. Ist die Fraktur frisch und das abgesprengte Knochenstück ziemlich klein, kann eine operative Entfernung dieses Knochenstückes versucht werden.

Durch Stellungsanomalien oder Gewalteinwirkung kommt es zu einer fortwährenden Irritation des Hufknorpels, der, ausgehend von Verknöcherungsherden bzw. vom Hufbeinast, knöchern umgebildet wird. Mit zunehmender **Verknöcherung des Hufknorpels** wird die Funktion des stoßbrechenden Hufmechanismus deutlich herabgesetzt, die Pferde gehen steif, klamm oder lahmen. Die Diagnose erfolgt mittels Röntgenaufnahme. Die Hufknorpelverknöcherung ist nicht reversibel, therapeutisch ist insbesondere dem Hufbeschlag mit gleichmäßiger Fußung und elastischer Einlage große Aufmerksamkeit zu widmen.

Eine **Strahlbeinfraktur** entsteht entweder infolge eines Traumas oder aber im Anschluß an eine chronische Hufrollenerkrankung mit entsprechend vorgeschädigtem Strahlbein. Bei einer traumatischen Strahlbeinfraktur tritt ganz plötzlich starke Lahmheit auf, der Schmerz wird durch Druck mit der Hufuntersuchungszange verstärkt. Diagnostische Sicherheit erbringt die Röntgenaufnahme, Technik nach Oxspring. Eine Behandlung bedingt eine lange Ruhe des Pferdes; unter Umständen ist ein Nervenschnitt notwendig, um das Pferd wieder in begrenztem Umfang gebrauchsfähig zu machen. Frakturen des infolge einer Hufrollenerkrankung vorgeschädigten Strahlbeines sind prognostisch infaust.

Für die Entstehung einer **Hufrollenerkrankung** kommen eine ganze Reihe von Faktoren in Frage. Vorneweg seien besonders einseitige starke Belastungen genannt. Dazu kommt noch eine erbliche Prädisposition. Die Diagnose wird unter Zuhilfenahme der Röntgentechnik sowie der diagnostischen Injektion gestellt. Im Vordergrund des Krankheitsgeschehens stehen Veränderungen des

Strahlbeinknochens selbst. Therapeutisch ist nur sehr schwer und mit verhältnismäßig wenig Aussicht auf dauerhaften Erfolg einzugreifen. Die eigentlich einzige Möglichkeit, dem Pferd die Schmerzen zu nehmen, ist eine Neurektomie des die Hufrolle innervierenden Nervs. Der Weiterverwendung dieser Pferde im Sport sind jedoch Grenzen gesetzt, da zum einen der krankhafte Prozeß weiter fortschreitet und darüber hinaus sich die durchtrennten Nervenstümpfe wieder vereinigen können. Ernsthafte Konsequenzen zur Vermeidung des Problems Hufrolle sind von seiten der Zucht, aber auch der Reiterei zu fordern.

Lahmheiten im Bereich der vorderen Extremitäten

Zehe

Auf traumatische Einwirkungen reagiert die **Hufkrone** des Pferdes sehr empfindlich. Eine Kronsaumverletzung ist fachgerecht zu versorgen, um Spätschäden mit Auswirkungen auf das Hornwachstum möglichst zu vermeiden. Einer Kronsaumphlegmone mit Durchbruch von Infektionserregern aus dem Huf ist mit einem Angußverband sowie gezielter antibiotischer Therapie, wenn nötig, mit einer operativen Sanierung zu begegnen.

Bei einer **Fraktur des Kronbeins** handelt es sich sehr oft um einen Trümmerbruch. Der würfelähnliche Knochen wird infolge von Gewalteinwirkung in mehrere Teile zerlegt, die in aller Regel operativ nicht mehr fixiert werden können.

Übermäßige Beanspruchung, begünstigt durch Fehlstellung der Gliedmaße, inkorrekter Hufbeschlag mit zu langen Zwischenräumen sowie besonders häufiges Anschlagen des Kronbereiches an Hindernisstangen führen neben einer Entzündung der umgebenden Weichteile sehr bald auch zu einer **Entzündung des Krongelenkes,** die frühzeitig chronisch degenerativ wird und somit zur **Schale** führt. Das Pferd lahmt, eine Beugeprobe der Zehengelenke verdeutlicht die Lahmheit, Druck mit der Hand auf diesen Bereich löst eine deutliche Schmerzäußerung beim Pferd aus. Eine Röntgenuntersuchung erbringt Klarheit. Die Behandlung insbesondere in fortgeschrittenen Fällen besteht in einer Wärmereiztherapie (Scharfeinreibung). Sind die Veränderungen noch nicht so gravierend, kann die Verabreichung von entzündungshemmenden Präparaten in Verbindung mit einer Schonung des Pferdes eventuell Erfolg bringen.

Hervorgerufen durch starke Belastung des Fesselbeins bildet sich im Bereich der Sehnen- und Bandansätze dieses Knochens nicht selten eine Knochenhautentzündung *(Periostitis),* die im Laufe der Zeit und bei weiterer starker Beanspruchung des Pferdes die Bildung von Knochenauftreibungen, **Leist** genannt, zur Folge hat. Die Lahmheit ist gemischt (Hang-Stützbein-Lahmheit), weil auch die Streckung der Zehe dem Pferd Schmerzen bereitet. In vielen Fällen können die knöchernen Zubildungen im Bereich des Fesselbeins durch Betastung festgestellt werden, eine Röntgenuntersuchung bringt Aufschluß. Die Therapie besteht im Auftragen von entzündungshemmenden Präparaten sowie einer systemischen Behandlung. Bei chronischen Zuständen bewährt sich die Wärmereiztherapie. Schonung des Pferdes ist auf jeden Fall angezeigt, ebenso eine korrekte Hufzurichtung mit Kürzung der Zehe.

Das **Fesselbein** ist zweifelsohne der am stärksten bruchgefährdete Knochen, insbesondere

Schale im Bereich des Fesselbeins.

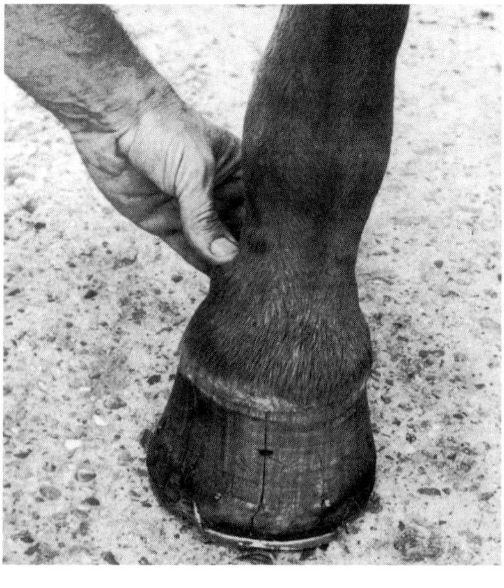

natürlich im Bereich der Vordergliedmaßen. Während der Belastung der Gliedmaße (beispielsweise bei der Landung nach einem Sprung) wirken sehr starke Dreh-, Druck- sowie Abscherkräfte auf das Fesselbein ein, vornehmlich im Bereich des Fesselgelenkes. Somit treten überwiegend **Frakturen** bzw. **Fissuren** vom Fesselgelenksende des Knochens ausgehend auf, eine sog. Sagittalfraktur bzw. -fissur. Seltener sind Trümmerbrüche des Fesselbeins mit dann jedoch oft sehr zahlreichen Knochentrümmern, die ganz erheblich in ihrer Lage zueinander verschoben sein können. Die Röntgentechnik bringt Klarheit gerade auch im Hinblick auf eine Operation unter Verwendung von Knochenschrauben. Liegt eine Fissur vor, so kann die Gliedmaße mittels eines starren Verbandes aus Kunststoff oder auch Gips und eines geschlossenen Hufeisens ruhiggestellt werden.
Eine **Entzündung** des Fesselgelenkes als Folge einer stumpfen Verletzung wie Schlag, Zerrung, Quetschung, aber auch auf Grund von Stellungsanomalien mit entsprechender Fehlbelastung des Fesselbereichs sowie bei zu frühzeitiger starker Belastung junger Pferde, ist sehr häufig und führt zunächst zu einer akuten aseptischen Entzündung mit Lahmheit, die in ihrer Intensität natürlich vom Grad der Gewalteinwirkung abhängig ist. Passive Bewegung des Gelenkes am aufgehobenen Bein löst vermehrte Schmerzempfindungen aus. Röntgenologisch ist in Verdachtsfällen eine Mitbeteiligung knöcherner Anteile im Fesselbereich abzuklären. Die wichtigste Sofortmaßnahme bei einer akuten Situation ist völlige Ruhigstellung sowie ein kühlender, gepolsterter Verband oder eine Manschette mit Kühlmedium. Ältere Prozesse können mit einer hyperämischen Therapie beeinflußt werden.
Infektiöse Entzündungen des Fesselgelenkes, wie sie nach einer offenen Verletzung, einem Übergreifen von Infektionserregern aus der Umgebung sowie infolge einer Septikämie entstehen können, sind gezielt chemotherapeutisch zu behandeln, um bleibende Knorpeldefekte des Fesselgelenkes zu verhindern, die unweigerlich zu einer chronischen, degenerativen Entzündung des Fesselgelenkes führen.
Fesselgelenksgallen, die nicht zwangsläufig schon eine Lahmheit nach sich ziehen müssen, sind erste Anzeichen einer Irritation des Fesselgelenkes und sollten, ganz besonders bei jungen Pferden, entsprechende Beachtung finden.
Sehr häufig sind Krankheitsprozesse im Bereich der **Gleichbeine,** die paarig angeordnet die Fesselgelenkspfanne ergänzen, festzustellen. Der recht komplizierte Aufhängeapparat und die Einbindung dieser Sesambeine in Beugesehnen und Fesselträger sowie die kleinen Knochen selbst sind sehr hohen Zug- und Druckbelastungen ausgesetzt, die zu starken Abnützungserscheinungen sowohl im Bandbereich als auch der Knochen führen können. Die Lahmheit tritt normalerweise schleichend auf, Palpationsschmerz ist vorhanden, oft auch infolge eines Ergusses eine Umfangsvermehrung sowie eine Füllung der gemeinsamen Beugesehnenscheide. Mittels Röntgenuntersuchung lassen sich strukturelle Veränderungen der Gleichbeine gut darstellen und auch beurteilen. Eine Prognose richtet sich sehr nach den bestehenden Veränderungen, sollte aber immer mit Vorsicht, insbesondere im Hinblick auf eine weitere Verwendung des Pferdes im Sport, gestellt werden. Die Behandlung schwerwiegender Veränderungen besteht in einer gezielten Wärmereiztherapie mit damit verbundener längerer Ruhigstellung des betreffenden Pferdes. Frakturen der Gleichbeine sind, insbesondere bei Galopprennpferden, recht häufig und auf eine Hebelwirkung des Hauptmittelfußknochens direkt auf die Gleichbeine während starker Belastungen bei der Fußung zurückzuführen. Auch hier spielt die Fesselstellung des Pferdes eine ganz erhebliche Rolle. Die Röntgentechnik gibt Aufschluß über den Schaden. Die Prognose ist sehr stark von der bzw. den Frakturlinien abhängig, gerade im Hinblick auf eine die Prognose verbessernde Möglichkeit der Operation. Eine konservative Therapie bringt nur selten einen vollen Erfolg mit der Wiederherstellung der Gebrauchsfähigkeit des Pferdes.

Röhrenbereich

Abgesehen von einer Röhrbeinfraktur oder Griffelbeinfrakturen ist in diesem Bereich vorwiegend mit Entzündungen oder Zerreißungen der Sehnen zu rechnen. Herabgesetzte Stoffwechselvorgänge, die insbesondere bei starker und stärkster Belastung zu einer Minderdurchblutung der Sehnenfasern mit nachfolgender Degeneration führen, sind wohl mit ein Grund für das häufige Auftreten von Entzündungen im Sehnenbereich. Diese Schwächung der Sehne führt, zusammen mit der großen Belastung, zu einem mehr oder minder starken **Entzündungszustand des Sehnenbereiches und der Sehne** selbst, wobei bei Galopprennpferden insbesondere die **oberflächliche Beugesehne,** bei Springpferden – bedingt durch das Abstemmen der tiefen Beugesehne samt ihres Unterstützungsbandes – und bei Trabrennpferden häufig der **Fesselträger** betroffen sind.

Jede Prognose ist entscheidend abhängig von der Art und Stärke der Schädigung. Von äußerster Wichtigkeit ist eine sofortige Ruhigstellung des Pferdes über einen recht langen Zeitraum. Akute Entzündungen sind zunächst intensiv zu kühlen, auch hat sich die Verabreichung von Präparaten mit antiphlogistischer Wirkung bewährt. Chronische Entzündungsprozesse im Sehnenbereich sind durch hyperämische Einreibungen oder aber Kaustik therapeutisch anzugehen.

Operative Eingriffe haben sich vor allem bei einer Zerreißung einer Sehne bewährt, wobei gegebenenfalls Implantate beispielsweise aus Kohlefaser eingesetzt werden.

Da alle Sehnenentzündungen sehr zu Rezidiven, also zu Rückfällen neigen, ist es von großer Bedeutung, den Pferden eine möglichst lange Rekonvaleszenzzeit zu gewähren. Mit jeder erneuten Sehnenentzündung wird die Gesamtsituation schlechter.

Eine Entzündung der gemeinsamen **Sehnenscheide** der oberflächlichen und der tiefen Beugesehne im Bereich der Röhre entsteht oft durch eine Gewalteinwirkung und kann durchaus auch die Sehnen direkt in Mitleidenschaft ziehen. Zu klären ist auf jeden Fall baldmöglichst, ob eine Beteiligung der Beugesehnen gegeben ist. Das Pferd geht deutlich lahm, Druckschmerzempfindlichkeit ist in starkem Maße vorhanden, zuweilen auch ein Erguß mit der Folge einer Umfangsvermehrung.

Ruhigstellung, ein Polsterverband sowie zunächst Kühlung sind wichtig. Einige Tage danach kann durch dosierte, geringgradige Wärme die Resorption des entzündlichen Ergusses beschleunigt werden. Mit dem Beginn der Arbeit ist jedoch noch einige Zeit zu warten, sonst kommt es sofort wieder zu einer derartigen Entzündung. Ist der gesamte Prozeß infektiös, insbesondere bei offenen Verletzungen, die chirurgisch zu versorgen sind, ist eine Chemotherapie absolut notwendig.

Als **Sehnenstelzfuß** wird die funktionelle Verkürzung der Beugesehnen bezeichnet; die Folge davon ist ein Überköten der Gliedmaßen. Ursache für das Entstehen eines Sehnenstelzfußes ist beim erwachsenen Pferd eine Kontraktur der tiefen Beugesehne infolge wiederholter Entzündungsvorgänge; diese kann nur sehr schwer beeinflußt werden. Der Sehnenstelzfuß des Fohlens, angeboren oder aber auf Grund nicht ausreichender Bewegung und ungenügender Hufpflege erworben, kann durch geeignete, gut gepolsterte Stützverbände sowie regelmäßige Hufkorrekturmaßnahmen mit einem speziellen Korrektureisen behoben werden. Unter Umständen ist jedoch die Durchtrennung der Beugesehne notwendig, prognostisch ist jedoch Vorsicht am Platze.

Unter **Phlegmone** versteht man eine infektiöse Entzündung des Unterhautbindegewebes, häufig im Bereich des Röhrbeines, auch unter Einbeziehung der benachbarten Gelenke, die mit einer starken Lahmheit infolge großer Schmerzen verbunden ist. In hochakuten Situationen ist das Allgemeinbefinden des Pferdes ganz beträchtlich gestört.

Eine sofortige Behandlung – Angußverband mit Rivanol®, antibiotische Therapie, ggf. Diuretika – ist sehr wichtig, ehe es zu einer

Phlegmone mit starker Schwellung der Hinterbeine.

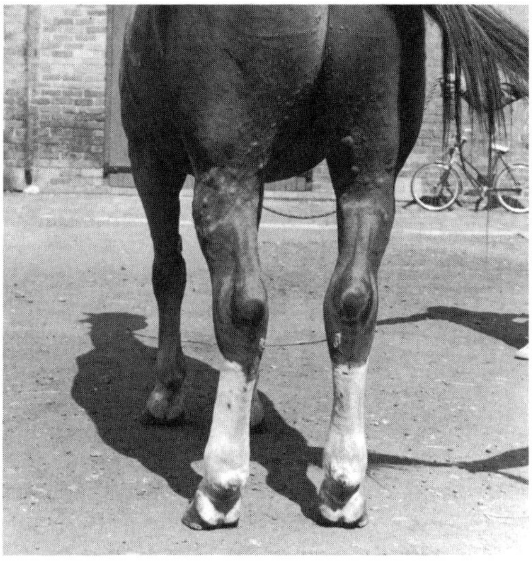

Zubildung sowie eitrigen Einschmelzung des gesamten Unterhautbindegewebes in diesem Bereich kommt. Diese ist dann nur sehr schwer, wenn überhaupt, zu beeinflussen. Nicht oder nur unzulänglich behandelte Phlegmone an der Gliedmaße kann zu einem Elefantenbein, der Elephantasis führen.

Durch Gewalteinwirkung, infolge von Ermüdung und häufig bei Sportpferden, die hohen Belastungen ausgesetzt sind, kann es zu einer offenen oder auch gedeckten **Griffelbeinfraktur** kommen. Das Pferd geht zunächst nur undeutlich lahm, obgleich die Lahmheit mal stärker, mal weniger stark wiederkehrt. Der betreffende Bereich ist nicht immer deutlich schmerzhaft, so daß eine vorausgegangene Fraktur des Griffelbeines, in aller Regel im unteren Abschnitt dieses rudimentären Knochenanhängsels, häufig erst spät bemerkt wird. Eine röntgenologische Untersuchung bringt in diesem Falle rasche Aufklärung. Es ist geboten, das untere, abgesprengte Frakturstück des Griffelbeines vollständig und sehr sorgfältig chirurgisch zu entfernen, um eine ständige Irritation des umgebenden Gewebes, insbesondere der Sehnen und des Fesselträgers, zu verhindern. Diese Irritation wird auch durch die oft übermäßige Kallusbildung bedingt. Während ein Ermüdungsbruch bei Reitpferden vorwiegend im Bereich der Vordergliedmaßen auftritt, kommt es bei Trab- und Galopprennpferden auch zu Frakturen der Griffelbeine der Hintergliedmaßen, wobei häufig das mediale Griffelbein betroffen ist.

Überbeine sind das Resultat einer Knochenhautentzündung aufgrund von Krafteinwirkungen, wie Änderung der Statik, Überbeanspruchung oder Trauma. Ganz entscheidend ist die jeweilige Lage des Überbeins bzw. der Überbeine, die klinisch völlig unerheblich, jedoch auch Ursache für eine recht schwierig zu behebende Lahmheit sein können. Insbesondere wenn ein Überbein auf eine Sehne drückt, ist diese Knochenreaktion mit geeigneten therapeutischen Maßnahmen zu beeinflussen. Es kommen zunächst entzündungshemmende Substanzen in Frage, bei älteren Überbeinen die Wärmereiztherapie. Allerdings gelingt eine Therapie nicht immer in völlig zufriedenstellender Weise.

Mit **Schienbeinlahmheit** werden jene Lahmheiten bezeichnet, die bei jungen Galopprennpferden während der ersten Zeit des Trainings im Jährlingsalter oder als Zweijährige infolge von Überbeanspruchung dieser noch heranwachsenden Pferde mit Stauchung der Mittelfußknochen auftreten. Oft, jedoch nicht immer, kann eine geringgradige Umfangsvermehrung festgestellt werden. Diese Art der Lahmheit läßt sich durch sofortigen Arbeitsstop sowie kühlende Verbände, eventuell kombiniert mit Wärmeanwendung einige Tage danach innerhalb weniger Wochen zum Verschwinden bringen. Das betreffende Pferd kann danach wieder vorsichtig trainiert werden.

Karpalgelenk

Bei einem Sturz, beim Anschlagen an die Boxenwand oder beim Transport kann das Karpalgelenk des Pferdes gerade im vorderen Bereich ganz erheblich geschädigt werden. Nach einem Sturz kommt es neben Verletzungen der Haut, die fachgerecht zu versorgen sind, mitunter zu einem beachtlichen Erguß unter der Haut des Vorderfußwurzelgelenkes. Dieser Erguß kann mit einem kühlenden Verband, am besten durch einen Angußverband, rasch zur Resorption gebracht werden. Tiefergehende Defekte sind entzündungshemmend anzugehen.

Ständige Reize führen zu einer generalisierten Entzündung des gesamten Karpalgelenkes, bei einer vorausgegangenen offenen Verletzung kann schnell eine Gelenksinfektion folgen. Je nach Umfang des Schadens an diesem recht komplizierten Gelenk lahmt das Pferd deutlich und ist in diesem Bereich druckschmerzempfindlich. Ein Palpationsbefund ist oft, insbesondere bei einer entsprechend starken Umfangsvermehrung des Gelenkes, erheblich erschwert, so daß auf jeden Fall unter Zuhilfenahme der Röntgentechnik auch abzuklären ist, ob Fakturen bzw. Fissuren im Gelenkbereich vorliegen. Insbesondere das Erbsbein bricht recht häufig nach An- oder auch Aufschlagen der Gliedmaßen in diesem Bereich.

Die Prognose einer Fraktur im Vorderfußwurzelgelenk ist naturgemäß stark von Art und Ausmaß des Schadens abhängig. Oft gelingt es, kleinere, abgesprengte Frakturstücke wie im Falle einer Chipfraktur operativ zu entfernen oder auch, bei entsprechender Größe, mittels einer Schraube zu fixieren. Doch auch eine konservative Behandlung, die

allerdings einen wesentlich längeren Zeitraum hinsichtlich Wiederherstellung und Einsatzfähigkeit beansprucht, bringt normalerweise Erfolg.
Bei der Behandlung einer Entzündung des Vorderfußwurzelgelenkes ist es sehr wichtig, die Ursache abzustellen und das Gelenk völlig ruhigzustellen, um die Entzündung je nach Ausmaß und Dauer ihres Bestehens mit den entsprechenden therapeutischen Maßnahmen und Methoden rasch zum Abklingen zu bringen. Bereits chronisch-deformierende Erkrankungen des Vorderfußwurzelgelenkes, denen häufig lange nicht genügend Aufmerksamkeit geschenkt worden ist, sind nur noch unter Zuhilfenahme einer Wärmereizbehandlung überhaupt zu beeinflussen, führen jedoch nicht selten zu einer ganz bedeutenden Einschränkung der Gebrauchsfähigkeit des betroffenen Pferdes.

Unter- und Oberarm

Hervorgerufen durch Unfälle auf der Koppel, beim Transport oder im Stall sind in diesem Bereich vor allem Verletzungen der Haut und der Muskulatur festzustellen, ebenso meist durch Stürze hervorgerufene Knochenbrüche. Knochenbrüche sind röntgenologisch darzustellen, unter Umständen ist das Pferd dazu abzulegen, um wichtige Hinweise für eine nur selten erfolgversprechende Therapie zu erhalten. Bei jungen, wachsenden Pferden ist eine Prognose in besonderem Maße von der Lage der Frakturlinie(n) unter eventueller Einbeziehung einer oder mehrerer Wachstumsfugen abhängig. Das Hauptaugenmerk ist auf das Erreichen einer späteren Gebrauchsfähigkeit zu richten, die allerdings wohl kaum – mit Ausnahme der Zucht – erreicht werden kann, so daß in diesen Fällen die Nottötung oft nicht zu vermeiden ist.
Durch eine traumatische Schädigung großer Nerven, wie z. B. des Nervus suprascapularis oder des Radialnervs, kommt es zu einer mehr oder minder vollständigen Lähmung der Vordergliedmaße. Wird durch eine starke Prellung im Bereich der vorderen Schulterpartie, beispielsweise durch Gegenlaufen gegen den Zaun oder andere Hinternisse, der Suprascapularis-Nerv beeinträchtigt, kommt es zu einem Funktionsausfall der Schulterblattmuskulatur, die in erster Linie der Streckung und Fixierung, also Stabilisierung des Schultergelenkes dient. Der Gang des Pferdes ist sehr unsicher, die Länge der Tritte bzw. Schritte der betroffenen Gliedmaße verkürzt, und nach geraumer Zeit setzt Muskelschwund ein. Ein geschädigter Nerv ist praktisch nicht wieder herzustellen, indes kann die Bewegungsstörung, Abblatten genannt wegen des Abweichens der Schulter in der Stützphase der Gliedmaße, im Laufe einiger Monate vornehmlich durch Muskelumbau in Bindegewebe kompensatorisch nahezu vollständig verschwinden.
Wird der Radialnerv gequetscht, so ist das Pferd nicht mehr in der Lage, die Vordergliedmaße vorwärtszuführen und zu strecken. Ganz typisch ist in diesem Falle eine eigentümliche Ruhehaltung des betroffenen Beines.

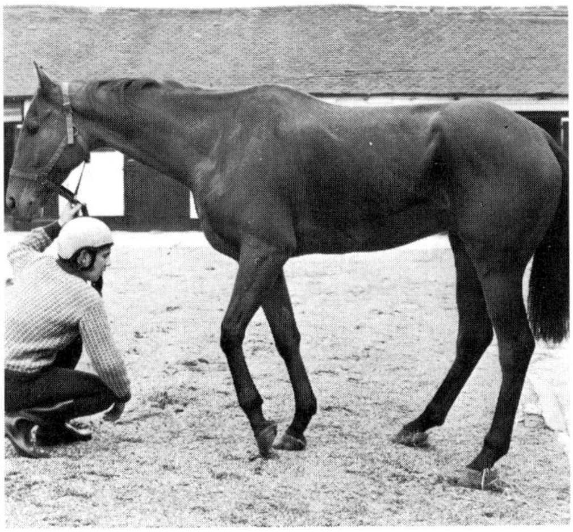

Deutliches Kennzeichen einer Schulterlahmheit.

In einigen Fällen, insbesondere wenn eine Quetschung der Arterie in diesem Bereich (*A. axillaris*) mit zum Entstehen des Krankheitsbildes beigetragen hat, bessert sich der Zustand unter Umständen im Laufe der Zeit, wobei durch Massage und gezielte Bewegungstherapie fördernd eingegriffen werden kann. Dennoch, die Prognose für eine absolute Wiederherstellung ist nie sonderlich günstig zu stellen.

Die harte Aufzucht der edlen Vollblutaraber im ägyptischen Staatsgestüt El Zahraa erst ermöglicht den gewünschten Typ und den hohen Adel dieser Pferderasse.

Die gesunde Haltung der Mutterstuten in großen, gut durchlüfteten Laufställen garantiert, wie hier in Topolcianky/ČSSR, eine artgerechte Haltung im Pferdeverband.

Pferdehaltung und Stallbau: Unterschiedliche Optik bei gleicher Funktion. Alle vier Ställe, die zu völlig verschiedenen Zeitpunkten und in Ländern mit unterschiedlichen klimatischen Bedingungen erbaut wurden, gewähren ihren Pferden ein hohes Maß an gesundem Wohnen.

Neue Bautechniken ermöglichen eine großzügige und rationelle Aufstallung in Einzelboxen. Die Pferde haben genügend Frischluft, Blickkontakt und wie hier durch Verwendung von Ziegelstein und Holz als Baumaterial gute Haltungsbedingungen.

Zu den modernen Haltungssystemen gehört auch der Pferdetransporter für den Turniereinsatz. Er muß pferdegerecht und technisch optimal konstruiert sein. Praktisch, wenngleich aufwendig, sind die Fahrzeuge, die neben den Pferden auch noch Platz für Sattelkammer und Schlafbox für den Pfleger bieten.

Entscheidend ist es, dem Lauftier Pferd einen Lebensraum zu bieten, der seiner Lebensweise und seinen Anlagen entspricht. Sommers wie winters benötigt es ausreichenden Auslauf, um seinen Bewegungsdrang zufriedenstellen zu können.

Das Pferd als Arbeitskamerad ist selten geworden. Wie gut passen doch diese drei Oberländer (links oben) zueinander. Die tägliche Arbeit in den Tiroler Bergen lassen den Haflinger (links unten) und die Kinder zu Gefährten werden, die sich ihre Mühen teilen.

Die Fahrt mit der Postkutsche wird ebenso wie die Holzarbeit oder das Heuwenden vom Arbeitspferd besser, rationeller und umweltfreundlicher geleistet als von jeder Art von Maschine.

Das Pferd besiedelt die unterschiedlichsten Lebensräume. Es paßt sich an alle geologischen Formationen ebenso an wie an extreme Klimate. Nicht zuletzt darin bestand und besteht sein großer Wert für den Menschen.

Lahmheiten im Bereich der hinteren Extremitäten

Nachstehend sollen nur die besonderen Erkrankungen der Hintergliedmaßen, beginnend mit dem Tarsalgelenk, abgehandelt werden. Krankheiten und Lahmheitsursachen der Gliedmaßenspitze der Hinterextremitäten stimmen weitgehend mit denen der Vorderextremitäten überein und wurden dort aufgeführt.

Tarsalgelenk

Dem Tarsal- oder Sprunggelenk kommt eine herausragende Bedeutung zu, insbesondere beim Springen, aber auch in der Dressur (Hankenbiegung). In diesem recht kompliziert gebauten Gelenk sind die Knochen in drei Ebenen angeordnet. Infolge der starken Belastung des Tarsus kommt es häufig gerade in diesem Gelenk zu den geregelten Bewegungsablauf des Pferdes stark behindernden Problemen und Erkrankungen, die zu einer Gebrauchsunfähigkeit der betreffenden Pferde führen können. Der Ausformung dieses Gelenkes – erwünscht ist ein breites, trokkenes, gut eingeschientes Gelenk – kommt somit große Bedeutung zu, was insbesondere bei der Beurteilung eines Pferdes zu beachten ist.

Nach einer Verletzung oder aber durch das Übergreifen einer Phlegmone aus dem Unterschenkel oder dem Röhrbein entzündet sich das Sprunggelenk des Pferdes. Das Tarsalgelenk ist dann in seinem ganzen Bereich sehr schmerzempfindlich und im Umfang vermehrt, insbesondere an der Innenseite. Röntgenologisch sind Frakturen auszuschließen (Röntgen in mehreren Ebenen). Abzuklären ist in jedem Fall, ob es sich um eine aseptische Entzündung des Sprunggelenkes handelt oder um eine Infektion. Gegebenenfalls ist durch Punktion Gelenkflüssigkeit zu gewinnen, um sich hierüber Klarheit verschaffen zu können.

Bei Vorliegen einer Infektion des Tarsalgelenkes ist eine gezielte antibiotische Therapie in Verbindung mit der lokalen Gabe entzündungshemmender Präparate notwendig. Ruhigstellung ist wichtig, ein feuchtwarmer Verband, korrekt angelegt und auf einem Polsterverband der Röhre aufgebaut, fördert in hohem Maße die Resorption des Gelenkergusses. Auf jeden Fall ist durch sofortige gezielte Maßnahmen zu verhindern, daß sich aus einer akuten Entzündung des Sprunggelenkes eine chronisch-deformierende Form mit schwerwiegenden Folgen entwickeln kann.

Eine verschiebbare übermäßige Füllung des gesamten Sprunggelenkes nennt man **Kreuzgalle**. Diese Kreuzgalle kann nach einem Trauma (Schlag), bei jungen Pferden auch plötzlich und ohne ersichtlichen Grund (Fütterungsfehler?), auftreten und ist die Folge übermäßiger Produktion von Gelenkflüssigkeit auf Grund einer Irritation der Synovialzotten. Lahmheit ist nicht immer vorhanden. Differentialdiagnostisch sind Frakturen, Fissuren sowie freie Gelenkskörper auszuschließen.

Die Therapie richtet sich nach der Ursache: Ruhigstellung, Verband, Gabe entzündungshemmender Substanzen, Futterumstellung bzw. Futterentzug, gegebenenfalls Stellungskorrektur.

Frakturen sowie Fissuren im Sprunggelenksbereich entstehen entweder im Zusammenhang mit einem Unfall oder aber, wie im Falle von Absprengungsfrakturen im Rollgelenk, häufig bereits im Fohlenalter durch starke Beugung des Gelenkes. Diese Schäden machen sich vielfach erst später und bei Beginn der Belastung wie beim Anreiten des jungen Pferdes bemerkbar. Ein operativer Eingriff verspricht nur dann wirklich Erfolg, wenn das Gelenk noch nicht arthrotisch deformiert ist.

Spat ist eine Arthrose im Sprunggelenk und führt im allgemeinen zu einer Ankylose der kleinen Tarsalgelenke mit knöchernen Auftreibungen, vornehmlich an der Innenseite des Sprunggelenkes. Fehlerhafter Körperbau, säbelbeinige, kuhhessige Stellungen, eine erbliche Prädisposition, kleine, enge Sprunggelenke sowie Gewalteinwirkungen, wie abruptes Halten, und auch Inbalancen in der Mineralstoffversorgung sowie fehlerhafter Beschlag können zu Spat führen. Er ist häufig bei Trabrennpferden, aber auch Dressurpferden zu diagnostizieren. Aufgrund der bei der Beugung des Gelenkes auftretenden Schmerzen wird der Schwingbogen der betreffenden Gliedmaße kürzer und flacher, der Huf fußt zuerst mit der Zehe, was sich dort mit vermehrtem Abrieb kundtut.

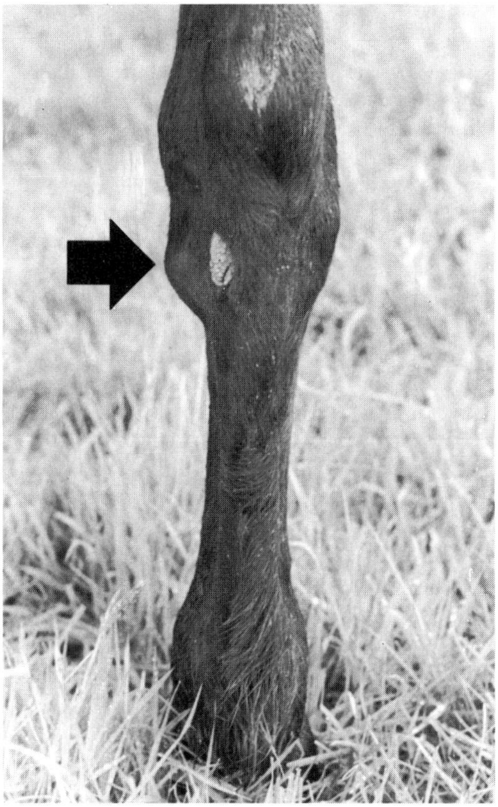

Spat am unteren Rand des Sprunggelenks.

Eine Spatlahmheit entwickelt sich normalerweise ganz allmählich. In leichteren Fällen kann die anfangs bestehende Lahmheit nach dem Einlaufen des Pferdes völlig verschwinden, verstärkt sich dann jedoch mit zunehmender Belastung und Beanspruchung. Die Beugeprobe (Spatbeugeprobe 2 Minuten, danach sofortiges Antraben) untermauert eine Verdachtsdiagnose und kann durch Röntgen bestätigt werden. Insbesondere in prognostischer Hinsicht sind Röntgenbilder aus verschiedenen Aufnahmewinkeln recht hilfreich. Eine frühzeitig eingeleitete Therapie bringt in etwa der Hälfte der Fälle Erfolg. Sie besteht entweder aus einem operativen Eingriff – Tenotomie der Spatsehne, diverse modifizierte Spatoperationen, Neurektomie – oder aber aus einer konservativen Wärmereiztherapie (Brennen, Blistern) mit langer Rekonvaleszenz.
Die Wahl der Therapieform richtet sich nach dem jeweiligen Befund. Ein orthopädischer Hufbeschlag (Schlußeisen, Eisen mit Zehenrichtung, verdickter äußerer Schenkel) vermag die therapeutischen Bemühungen nachhaltig zu unterstützen. Abhängig vom jeweiligen Stadium der degenerativen Gelenkerkrankung ist die Prognose doch wohl stets sehr vorsichtig zu stellen.

Kniegelenk

Im großen und sehr kompliziert aufgebauten Kniegelenk des Pferdes (drei Gelenksäcke, als Puffer eingelagerte Menisken im Kniegelenk) kommt es recht häufig zu Bewegungsstörungen, die jedoch nicht immer einfach und ohne größeren diagnostischen Aufwand exakt zu diagnostizieren sind. Die röntgenologische Untersuchung und gelegentlich die Arthroskopie sind heranzuziehen, um zu einer zutreffenden Aussage zu kommen.
Eine Entzündung des Kniegelenks, hervorgerufen durch eine Distorsion oder ein Trauma, äußert sich in einer hochgradigen Schmerzhaftigkeit dieses Bereiches und somit deutlicher Lahmheit, in einer Beugestellung des Gelenkes sowie einer deutlichen Umfangsvermehrung bei erhöhter Wärme des umgebenden Gewebes. Festliegende Pferde kommen nur durch tatkräftige Unterstützung wieder auf die Beine.
Zur Klärung der Ursache der Entzündung kann wiederum die Untersuchung der Gelenksflüssigkeit von Bedeutung sein. Eine längere systemische sowie lokale Behandlung mit entzündungshemmenden Medikamenten ist notwendig, über eine länger andauernde Ruhigstellung des Gelenkes ist situationsgebunden zu entscheiden.
Abnützungserscheinungen sowie nicht oder unvollständig ausgeheilte Entzündungen des Kniegelenkes führen zu einer degenerativen Erkrankung auch dieses Gelenkes, die prognostisch mit äußerst vorsichtig bis schlecht zu beurteilen ist. Die Applikation entzündungshemmender Präparate führt zumeist nur zu einer kurzfristigen Besserung der Arthrose-Situation und somit lediglich zu einer sehr eingeschränkten Gebrauchsfähigkeit des betreffenden Pferdes.
Günstig hinsichtlich Wiederherstellung der völlig ungestörten Funktion ist nur eine Fraktur (Absprengung) der der Gelenkfläche der Kniescheibe entfernt liegenden Bereiche ohne

jegliche Beeinträchtigung des Kniescheibengelenkes selbst. Reicht die Frakturlinie bzw. die Fissur ins Gelenk selbst hinein, kommt nur dann ein operativer Eingriff mit Verschraubung der Bruchteile in Betracht, wenn die Kniescheibe nicht zu sehr zertrümmert ist und noch genügend Fixationsmöglichkeiten vorhanden sind.

Funktionsstörungen des Kniegelenkes sind recht häufig festzustellen. Bleibt die Kniescheibe nur momentan (habituell) und wiederkehrend oder gar stationär fixiert, ist der für den Bewegungsablauf der Hintergliedmaße wichtige Gleit- und Kippvorgang der Patella nachhaltig gestört. Die Ursache dafür kann eine mangelhafte Funktion der Streckmuskulatur oder eine Gliedmaßenfehlstellung (Winkelung, unterständige Stellung) sein, sie kann jedoch auch – und dies ist nicht außer Betracht zu lassen – von einer fehlerhaften Hufstellung bzw. -korrektur herrühren.

Die Symptome sind deutlich: Das betreffende Bein verharrt in Streckstellung, bis sich die Kniescheibe wieder von selbst löst bzw. durch Rückwärtsrichten oder gar manuelle Einrenkung gelöst wird.

Die Behandlung der habituellen Luxation besteht in der Verbesserung der Stellung der betreffenden Gliedmaße, wie Kürzung der inneren Tracht, Korrekturbeschlag mit Zehenrichtung und verstärktem äußerem Schenkel, gegebenenfalls in Verbindung mit einer Verbesserung der Mineralstoff- und Vitaminversorgung. Bringt dieses Vorgehen nicht den gewünschten Erfolg, wird das innere Kniescheibenband in einem kleinen Eingriff operativ durchtrennt. Bei einer bleibenden Fixation der Kniescheibe ist diese Operation sofort angezeigt.

Oberschenkel

Durch starke Gewalteinwirkung kann es zu einem Bruch des Oberschenkelknochens kommen, der prognostisch nahezu völlig infaust ist. Eine Luxation des Oberschenkelknochens aus der Beckenpfanne mit Zerreißung der inneren Gelenkbänder ist nur nach einer sehr heftigen Gewalteinwirkung denkbar. Eine Fraktur innerhalb des Beckengürtels ist schon häufiger, vor allem im Bereich des Hüfthöckers durch Anschlagen an den Türrahmen, und oftmals mit einer deutlichen Asymmetrie verbunden.

Die Prognose hat sich nach der jeweiligen Situation zu richten, ist jedoch gerade bei einer Absprengfraktur im Bereich des Hüfthöckers nicht immer von vornherein ganz schlecht. Eine motorische Lähmung der Hintergliedmaßen ist auf eine Schädigung des Ischiadicus-Nervs und seiner Äste zurückzuführen. Prognostisch ist allerdings in solchen Fällen sehr wenig zu erwarten.

Hahnentritt ist eine zuckende, ruckartige, verschieden starke und unwillkürliche Beugung eines oder auch beider Sprunggelenke während der Bewegung. Hahnentritt kommt bei Pferden aller Rassen vor. Die Ursache ist nach wie vor unklar, diskutiert werden Schäden der Ischiadicus- und Fibularis-Nerven und/oder Schäden des Rückenmarkes. Zuweilen können auch schmerzhafte Krankheiten im Bereich der Gliedmaßen, wie Spat, für eine derartige Bewegungsstörung verantwortlich sein. Beim Rückwärtsrichten sowie in der Wendung sind die Symptome in aller Regel deutlicher ausgeprägt. Leichtere Fälle von Hahnentritt schränken nicht zwangsläufig die Gebrauchsfähigkeit des Pferdes ein. Die nicht immer völlig zufriedenstellende Therapie besteht in der teilweisen Entfernung der Sehne des seitlichen Zehenstreckers, wobei sich der Erfolg der Operation in der Regel erst mehrere Wochen später einstellt.

Muskelzittern (Shivering) ist eine unterschiedlich ausgeprägte unwillkürliche Bewegung der Muskeln der Hintergliedmaßen und des Schweifes mit bis heute unbekannter Ursache. Diskutiert wird eine Störung im Bereich der Nerven. Die Symptome treten insbesondere beim Rückwärtsrichten auf, die Gliedmaße wird ruckartig angehoben, zur Seite gestreckt und zittert. Die Situation wird zunehmend schlechter. Eine erfolgversprechende Behandlung ist nicht bekannt.

Komplexe Lahmheitsursachen

Nun zu Lahmheiten, die ihre Ursache vorwiegend im Bereich des Körpers des Pferdes haben und mehr oder minder stark die Gesamtheit des Pferdeorganismus betreffen. Insbesondere sind hier Krankheitsbilder aufgeführt, die den gesamten Bewegungsablauf des Pferdes hemmen oder in seiner Koordination behindern. Es werden immer mehr chronische oder im Laufe der Arbeit stärker werdende Lahmheiten bzw. Taktunreinheiten beobachtet, die nicht in einer oder mehreren Gliedmaßen lokalisiert sind, sondern im Bereich des Rumpfes und hier insbesondere im Rücken, der Brücke zwischen Vor- und Nachhand.

Sehr oft werden derartige Probleme seitens des Reiters in direkten Zusammenhang mit Widersetzlichkeit und Ungehorsam des Pferdes gebracht und äußern sich durch Sattel- oder Gurtenzwang, Druckempfindlichkeit im Rückenbereich, plötzliche Schwierigkeiten beim Biegen, Rückwärtsrichten oder durch Verweigern eines Hindernisses. Doch sehr häufig haben solche Pferde in Wirklichkeit Schmerzen im Rückenbereich und wehren sich mit ihren Möglichkeiten gegen die ihnen unangenehmen Einwirkungen des Reiters.

Zusätzlich zum Reitergewicht sowie der Koordinierung des gesamten komplizierten Bewegungsablaufs ist der Rücken, zusammen mit den seitlichen Brustwänden, auch der zentrale Punkt der Einwirkung, also Willensvermittlung des Reiters auf sein Pferd. Diese ganz erhebliche Belastung des Rückens bei jedweder Disziplin des Pferdesports führt somit fast zwangsläufig zu Problemen wie Verschleiß, Überbeanspruchung sowie ganz spezifischen Erkrankungen. Chronische Rückenprobleme bei Pferden können ihre Ursache in der Wirbelsäule oder aber häufiger in der Muskulatur sowie den Bändern haben. Oft greifen beide Ursachen auch ineinander.

Einer umfassenden klinischen Untersuchung kommt ganz entscheidende Bedeutung zu. Die ergänzende röntgenologische Untersuchung der Wirbelsäule bedingt allerdings ein sehr leistungsfähiges Röntgengerät.

Erhebungen in England zufolge sind Pferde mit kurzem Rücken und weniger Beweglichkeit der Wirbelsäule im Brust- und Lendenbereich prädisponiert für Veränderungen an den Wirbelsäulenknochen, währenddessen Pferde mit längerem Rücken und beweglicher Wirbelsäule sehr viel mehr Schwierigkeiten mit den Muskeln und Bändern, also den Weichteilen aufzuweisen haben.

Wirbelsäule

Frakturen sowie Verkrümmungen der Wirbelsäule sind im Bereich der Hals-, Brust- und Lendenwirbel die Hauptursache für Probleme, darüber hinaus sich überlappende, aneinander reibende Dornfortsätze der Wirbel, sogenannte »kissing spines«. Die teilweise recht langen Dornfortsätze der nebeneinanderliegenden Wirbel berühren sich, reiben bei der Bewegung des Pferdes und verursachen Schmerzen, die sich durch das Gewicht und die Einwirkung des Reiters noch ganz erheblich verstärken können. Ausgehend von diesem »kissing spines« entzünden sich häufig die umgebenden Muskeln und Bänder, so daß die betroffenen Pferde bereits bei der geringsten Berührung der Sattellage bzw. des Rükkens im wahrsten Sinne des Wortes vor Schmerzen »in die Knie gehen«.

Ursache für die sich aneinander reibenden Dornfortsätze ist häufig ein Unfall, wie ein Überschlagen des Pferdes mit Frakturen der Dornfortsätze oder ein Anstoßen im Bereich des Widerristes während des Transportes oder beim Verladen. Dieser Unfall kann unter Umständen sogar mehrere Jahre zurückliegen. Auch wird eine erbliche Prädisposition, insbesondere bei Blutpferden mit sehr ausgeprägtem Widerrist, diskutiert. Hindernisrennpferde (Steepler), die ohne Rücken springen (konkaver Bogen der Wirbel), sind sehr oft betroffen.

Eine sorgfältige klinische Untersuchung des Pferdes, in Verbindung mit Lokalanästhesie sowie gezielten Röntgenaufnahmen, erbringt zumeist Klarheit und die genaue Lokalisation der Ursache.

Sind die Veränderungen der Dornfortsätze entsprechend gravierend (Knochenzubildungen, Exostosen), verbleibt häufig nur ein operativer Eingriff, bei dem die entsprechenden Dornfortsätze entfernt werden. Längere Rekonvaleszenz ist allerdings notwendig. In weniger fortgeschrittenen Fällen kann unter Umständen ein spezielles, sich über einen längeren Zeitraum erstreckendes Behandlungs- und Trainingsverfahren Hilfe bringen. Die Prognose ist jedoch stets vorsichtig zu stellen.

Wirbelfrakturen häufig Hals-, teilweise auch Brustwirbel, bzw. Brüche von deren Fortsätzen, insbesondere den Dornfortsätzen, treten in aller Regel infolge eines Sturzes auf. Die von der Fraktur ausgehenden neuromotorischen Ausfallserscheinungen sind in großem Maße abhängig von der Lage der Frakturlinie und ihren direkten Auswirkungen auf das Rückenmark und dessen Nervenabgänge. Die immer sehr vorsichtig zu stellende Pro-

Besonders Military-Pferde sind höchsten konditionellen und körperlichen Anforderungen ausgesetzt. Bei den geringsten Lahmheitsanzeichen sollte daher das Training unterbrochen und der Tierarzt zu Rate gezogen werden.

gnose ist entscheidend abhängig von Art und Lage der Frakturlinie(n).

Weichteile

Deutlich häufiger als Probleme im Bereich der Knochen der Wirbelsäule sind akute, aber auch chronisch verlaufende Erkrankungen der Muskeln und Bänder im Bereich des Pferderückens. Insbesondere der lange Rückenmuskel des Pferdes, verantwortlich für Biegung und Streckung der Wirbelsäule und damit des Pferdes, wird sehr oft gezerrt, gerade auch beim Springen. Diese schmerzhaften Zerrungen – oft genug kommt es zu Rissen einzelner Muskelfasern im erweiterten Bereich der Sattellage – können recht gut auch mit physiotherapeutischen Maßnahmen beeinflußt werden, brauchen jedoch genug Zeit zur Ausheilung. Bänderdehnungen des Kreuzbein-Darmbeinbereiches, häufig verbunden mit einer Steifheit beider Hinterextremitäten, brauchen in der Regel nahezu ein Jahr bis zur Wiederherstellung.

Anschließend nun zu normalerweise akut bzw. sogar überstürzt ablaufenden Erkrankungen im Bereich des Rumpfes:

Auf Grund starker Belastung kann es zu teilweise ausgedehnten, plötzlich auftretenden, sehr schmerzhaften **Muskelentzündungen** insbesondere der Kruppen- und Hinterhandmuskulatur kommen (»Tying up Syndrom«, »Cording up«, Rennbahnkrankheit). Rückfälle dieser akuten Muskelentzündungen sind häufig, auch wird ein Zusammenhang mit Lumbago diskutiert (leichtere Form). Die Ursache dieser Entzündungen der Muskulatur ist nicht völlig geklärt, nachgewiesen ist eine leicht erhöhte Milchsäurekonzentration in den entsprechenden Muskeln. Die Symptomatik ist charakterisiert durch steifen Gang, Härte sowie starke Schmerzhaftigkeit im Rücken und in der Hinterhand. Die Therapie besteht aus hohen Gaben von Vitamin E und Selen sowie Schonung des Pferdes über mehrere Wochen.

Kreuzverschlag (Lumbago, Myoglobinurie, Feiertagskrankheit, Nierenverschlag) ist eine Stoffwechselentgleisung der Muskulatur, überwiegend der langen Rücken- und Kruppenmuskeln, die in ihrer akuten Form im Anschluß an starke körperliche Beanspruchung sowie fütterungsbedingter Anreicherung von Kohlenhydraten in der Muskulatur (Stehtag) auftritt. Infolge von Sauerstoffmangel kommt es in der Muskulatur durch Unterbrechung des Glykogenabbaues zu einer starken Anreicherung giftiger Abbauprodukte mit darauffolgender degenerativer Schädigung der Muskulatur. Dabei wird Myoglobin freigesetzt und gelangt rasch in die Niere. Der Harn färbt sich dadurch dunkelbraun.

Erste klinische Anzeichen eines sich abzeichnenden Kreuzverschlages sind Schweißausbruch, erhöhte Temperatur sowie Bewegungsunwille, dann Bewegungsunfähigkeit mit Härte der gesamten Rücken- und Kruppenmuskulatur, insbesondere im Bereich der Niere. Betroffene Pferde sind unverzüglich ruhigzustellen, auch unterwegs, gegebenenfalls ist die Muskulatur leicht zu massieren. Zwangsbewegung ist absolut zu unterlassen, tierärztliche Hilfe sofort in Anspruch zu nehmen. Die Prognose des Kreuzverschlages ist im allgemeinen und bei baldiger Therapie recht günstig. In Frage kommen entzündungshemmende Medikamente in Verbindung mit muskelstoffwechselanregenden Substanzen, Infusionen sowie Futterreduzierung und Aderlaß. Prophylaktisch ist dafür zu sorgen, daß jedes Pferd tagtäglich geregelte Bewegung hat.

Sonderformen

Vor allem als Folge einer massiven Invasion von Strongylidenlarven kann es zu einer nur teilweisen oder auch vollständigen **Thrombose** der Beckenarterie wie auch der Schenkelarterien kommen. Diese Thromben behindern die Blutzirkulation und führen zu Lahmheit. In den meisten Fällen tritt die Lahmheit sofort bei Beginn der Belastung auf. Charakteristisch ist das Bild der intermittierenden Lahmheit, die meist nur bei starker Belastung auftritt sowie oft einen Schweißausbruch an der betroffenen Gliedmaße zur Folge hat. Die Diagnose kann in der Regel durch rektale Untersuchung untermauert werden. Die Prognose ist stets zweifelhaft, eine Therapie kann unter Umständen versucht werden (Natriumgluconat, Wurmbehandlung).

Häufig führen **Sattel-** und/oder **Gurtendruck** wie auch Knoten in der Sattellage zu ungeregeltem Bewegungsablauf oder gar Lahmheit. Offene Wunden sind ordnungsgemäß zu versorgen, Umfangsvermehrungen werden gekühlt, ggf. eine antiphlogistische

Paste aufgetragen. Das betreffende Pferd ist bis zur Ausheilung des Schadens nicht zu reiten, da hohe Rezidivgefahr besteht. Sattel und Sattelzeug sind pferdegerecht zu verpassen.

Zügellahmheit ist die Folge ungleichmäßiger Anlehnung oder auch zu harter Hand des Reiters, hauptsächlich bei jungen Pferden. Sie tritt demzufolge erst unter dem Sattel auf und äußert sich in unregelmäßigen, verspannten, teilweise verkürzten Tritten, ohne daß eine wirkliche Krankheitsursache vorhanden wäre. Zügellahmheit, die leicht zur Gewohnheit werden kann, läßt sich frühzeitig durch entsprechende reiterliche Korrektur wie gleichmäßige Anlehnung und Vorwärtsreiten beheben.

Rachitis beim Jungtier sowie **Osteomalazie** beim erwachsenen Pferd sind generalisierte Skeletterkrankungen infolge einer Unterversorgung mit bzw. nicht genügender Verwertung von Phosphor und Calcium. Bei Rachitis bleibt die Mineralisation der wachsenden Knochen aus, es kommt zu schmerzhaften Auftreibungen insbesondere im Bereich der Wachstumsfugen, verbunden mit einem unsicheren, steifen Gang und Fehlstellungen der Extremitäten. Auf eine ausgewogene, verfügbare und dem tatsächlichen Bedarf angepaßte Ca/P-Versorgung sowie Vitamin-D-Gabe ist zu achten, ganz besonders bei gefährdeten Pferden.

Die Osteomalazie des erwachsenen Pferdes, eine Demineralisierung, kann zu spontanen Knochenbrüchen führen. Die Behandlung hat sich nach der Störung der Resorption, beispielsweise bei chronischem Durchfall, zu richten.

Ataxie ist eine Beeinträchtigung der Bewegungskoordination, also des geregelten Zusammenwirkens von Muskelgruppen. Durch diese Störung wirken die gesamten Muskelbewegungen unsicher, ausfahrend, schleudernd, tapsend. Die Beeinträchtigung des motorischen Reflexapparates kann in Ausnahmefällen bis zum Verlust des Geh- und Stehvermögens führen.

Das klinische Bild der Ataxie des Pferdes beruht auf ursächlich verschiedenen organischen Veränderungen des Zentralnervensystems, sehr selten des peripheren Nervensystems. Demgemäß wird je nach Lokalisation der Erkrankung unterschieden in cerebellare Ataxie, vom Kleinhirn ausgehende Form der Ataxie, sowie spinale Ataxie, von der Halswirbelsäule, genauer dem Rückenmark in diesem Bereich ausgehende Form der Ataxie. Während bei der cerebellaren Ataxie hereditäre Kleinhirnmißbildungen und -schäden im Vordergrund stehen, ist die Hauptursache der spinalen Ataxie ein Trauma wie Sturz, Unfall, Rückwärtsüberschlagen. Dazu kommen Virusinfektionen mit Lokalisation im Hirn und/ oder Rückenmark.

Nur in begründeten Ausnahmefällen sollte bei der Ataxie ein Therapieversuch gewagt werden.

Naturheilkunde

Dr. med. vet. PETER HAMALCIK
Bad Herrenalb

Was ist Naturheilkunde?

Naturheilkunde wird im Roche-Lexikon Medizin (1985) definiert als eine von Ärzten und Nichtärzten betriebene Heilkunde unter prophylaktischer und therapeutischer Nutzung natürlicher Reize: kaltes und warmes Wasser, Heilquellen, Luftbewegung, Gymnastik, Massagen, Diät, Regelung der Lebensweise nach natürlichen Gesichtspunkten.
Nach Hunnius (1993) ist die Naturheilkunde eine Lehre der Krankenbehandlung, die auf die Steigerung der dem Menschen »innewohnenden Heilkräfte« hinzielt. Der Arzt kann mit Naturheilverfahren helfend eingreifen, d. h. mit jenen Einwirkungen der Außenwelt, die auch den gesunden Menschen gesund erhalten: Luft, Licht, Klima- und Temperaturreize, Ruhe und Bewegung, Ernährungsänderung usw. Es gibt Naturheilkundige, die grundsätzlich jede arzneiliche oder chirurgische Maßnahme ablehnen.
Im Gegensatz hierzu steht die neuzeitliche Naturheilkunde, die als biologische Medizin innerhalb der Schulmedizin breite Anwendung erlangt hat. Sie sucht möglichst genaue Heilanzeigen zu entwickeln, innerhalb derer die naturgegebenen Reize für den Kranken nützlich sind, und will den unerwünschten Folgen oder Nebenwirkungen der arzneilichen oder chirurgischen Behandlung begegnen. Zunächst waren Laienbehandler naturheilkundlich tätig (z. B. Prießnitz, Kneipp); ihre Verfahren wurden dann von Ärzten aufgenommen und weiterentwickelt.
Die Arzneimittelkommission für biologische Medizin hat grundlegend definiert: Biologische Medizin ist eine Heilkunde, die sich in Diagnostik und Therapie an den Lebensvorgängen orientiert und ihre Heilmaßnahmen im Einklang mit den natürlichen Fähigkeiten des Organismus zur Regulation, Regeneration, Anpassung und Selbstheilung einsetzt.

Naturwissenschaft und Praxis

Unser Wissen wird durch die naturwissenschaftliche Forschung nicht etwa größer, sondern stets verhältnismäßig kleiner. Jede gefundene Antwort wirft eine Fülle neuer Fragen auf. Unser naturwissenschaftliches Wissen ist im Vergleich zu vergangenen Zeiten recht groß. Vergleichen wir dies jedoch mit dem, was wir noch nicht erforscht haben, ist unser Wissen gering. Deshalb können wir vielfach nur unvollständige Antworten auf die uns gestellten Fragen geben.
Den forschenden Naturwissenschaften steht die ärztliche Praxis gegenüber. Man kann nicht sagen: Ich weiß nicht, oder ich weiß

noch nicht. In dieser Situation kann man sich keine Zeit lassen. Denn dort steht ein Leidender, gleichgültig ob Mensch oder Tier, der geheilt werden will, und zwar sofort und nach Möglichkeit auf Lebensdauer. Das ist die Situation des Praktikers.

Zweifellos leisten die Naturwissenschaften der Medizin große Dienste. Das therapeutische und technische Können wird laufend vergrößert. Die naturwissenschaftlichen Methoden zergliedern systematisch, ohne auf das Geschehen am und im Gesamtorganismus einzugehen. Diese Methode des systematischen Zergliederns hat außerordentliche Vorteile. Sie gestattet uns, wie sonst keine andere Methode, die genaue Erkennung einzelner, vom gesamten übrigen Geschehen abgetrennter Vorgänge. Die Kenntnis derartiger Einzelvorgänge hat uns in der Medizin erlaubt, Verfahren zu entwickeln, mit deren Hilfe wir in die einzelnen Vorgänge des Organismus therapierend eingreifen können.

Die systematisch zergliedernde Betrachtungsweise ist auf das beste geeignet, die Einzelheiten eines Organismus zu beschreiben. Sie ist nicht imstande, den Organismus als Gesamtheit zu erfassen oder gar als Organismus und Einheit beschreibend verständlich zu machen. Sie ist rein mechanistisch, nicht organismisch.

Die naturwissenschaftliche Betrachtungsweise ist zwar in der Lage, einige oder sogar viele Einzelvorgänge während einer auf den gesamten Organismus einwirkenden Therapie zu beschreiben. Sie kann jedoch keine derartige Therapie entwerfen oder naturwissenschaftlich vollständig begründen. Die systematisch zergliedernde Betrachtungsweise ist daher nicht imstande, Behandlungsverfahren anzugeben, die auf den Organismus als einheitliches Ganzes wirken.

Das liegt daran, daß jede auf den gesamten Organismus einwirkende Therapie ebenso wie jeder andere äußere oder innere Einfluß auch in die zahllosen humoralen und vor allem nervalen Rückkoppelungssysteme bzw. Regelkreise des Organismus eingreift. Die Änderung der Verhältnisse eines einzelnen Rückkoppelungssystems verändert die Verhältnisse in den anderen Regelkreisen mit. Diese Verzahnung von allem mit jedem Geschehen innerhalb eines Organismus ließe sich kybernetisch erfassen und mit Hilfe von Computern berechnen. Die dafür erforderlichen Daten, vor allem die der nervalen Regelkreise, sind sowohl für die Forschung als auch für die Praxis heute noch völlig unzureichend.

Wir müssen der zergliedernden Betrachtungsweise ihre Einseitigkeit nehmen, obwohl sie die naturwissenschaftliche Medizin zu den uns bekannten Erfolgen geführt hat. Sie muß eingegliedert werden in eine synthetische Betrachtungsweise, die den ganzen Organismus sieht. Diese soll nicht mechanistisch, sondern organismisch sein. Der Organismus ist eine Einheit von zahllosen humoralen und vor allem nervalen Rückkoppelungssystemen, die miteinander vernetzt sind. Die Einwirkung, therapeutisch oder nicht, auf ein System an irgendeiner Stelle kann Folgen haben, die ganz woanders sichtbar werden.

Wir sind weit davon entfernt, die kybernetische Vielfalt all dieser Regelkreise auch nur annähernd zu kennen. Wäre es anders, so könnten wir absolut sicher heilen.

Unsere Aufgabe ist es, jeden medizinischen Vorgang mit naturwissenschaftlicher Genauigkeit zu beschreiben und durch das Verknüpfen von Beschreibungen zu erläutern. Wir sollten aber darauf verzichten, alles um jeden Preis erklären zu wollen. Wir sollten wieder lernen, unbefangen, aber bewußt zu schauen. Das Geschaute ist nicht rationalisierend oder mystifizierend zu verändern und darf sich nicht selbst entfremdet werden.

Durch das unbefangene kritische Betrachten ist eine Synthese zwischen den beiden Richtungen der Medizin möglich: eine Synthese der systematisch zergliedernden naturwissenschaftlichen Medizin und der auf Erfahrungen beruhenden, eigentlich sinnenhaften Medizin.

Entwicklung der tierärztlichen Homöopathie

Erst im 17. Jahrhundert beschreibt der Engländer Harvey vollständig den Blutkreislauf und führt als erster Tierexperimente durch.

In der Folgezeit werden die anatomischen wie pathologischen Kenntnisse erweitert, während das physiologische und vor allem das pharmakologische Wissen gering bleiben. Nach wie vor waren die therapeutischen Möglichkeiten unzureichend. Von der Diagnose führt keine Brücke zu irgendeiner Therapie. Es gab nichts, was Ähnlichkeit gehabt hätte mit dem, was wir heute experimentelle Therapie nennen. Der erste, der einen systematischen Schritt in diese Richtung wagte, war Hahnemann.

Hahnemann wäre kein Arzt seiner Zeit gewesen, hätte er hinter seiner Beobachtung nicht die Existenz eines medizinischen Systems gesehen. Er faßte dieses System in den Worten zusammen: »Similia similibus curantur – Ähnliches wird durch Ähnliches geheilt.« Er hatte den experimentellen Beweis erbracht für ein Heilprinzip, das überdies den Ärzten jener Zeit durchaus bekannt war (ZDN).

Er kannte die Literatur seiner Zeit. Wahrscheinlich kannte er auch jene Textstelle aus Hippokrates, in der ausgeführt ist, daß die therapeutische Anwendung von Entgegengesetztem die Krankheitssymptome behebt, während ähnlich Wirkendes eine Krankheit heilt. Als Beispiel für den Unterschied zwischen Behebung von Symptomen und Heilung von Krankheiten gibt Hippokrates Husten und Harnverhaltung an. Hahnemann nennt sein neues Heilsystem »Homöopathie«. Sein Verhältnis zur »Tierarzneikunst« bleibt locker. Er berichtet über Beobachtungen und Behandlungen bei Tieren. In Briefen geht er gelegentlich darauf ein, daß die Behandlung von Tieren wertvolle Beweise für die Wirksamkeit homöopathischer Arzneimittel liefere. Auch ist ein Manuskript einer Rede vorhanden, das vermutlich aus der Leipziger Zeit stammt, worin Hahnemann allgemeine Regeln aufstellt. Der Titel lautet »Homöopathische Heilkunde der Haustiere« (HAHNEMANN, 1829).

Die ersten veterinär-homöopathischen Praxisberichte stammen aus den Jahren 1830 und 1832 von einem Arzt. Sie wurden in der »Allgemeinen homöopathischen Zeitung« veröffentlicht (GROSS).

Ein Jahr danach erschien von dem Arzt und Tierarzt Lux die »Isopathik der Contagionen«. Lux erweiterte den Arzneischatz durch Anwendung von Krankheitsstoffen, die er ebenso zubereitet wie die übrigen Medikamente der homöopathischen Pharmakopoe. In Form der Eigenharnbehandlung war sie bereits der Antike bekannt gewesen, in Form der Eigenblutbehandlung und jeder Art von Nosoden- und Vakzineanwendung ist sie uns heute geläufig. 1836 berichtet Hofrat Weber aus Lich/Hessen über die Heilung von 108 Milzbrandfällen beim Rind. Kreistierarzt Sommer aus Hanau/Frankfurt schreibt über die Heilung von 160 Milzbrandfällen beim Rind und 29 beim Schaf.

Der Kreis der homöopathisch arbeitenden Tierärzte erweiterte sich. Von den damaligen tierärztlichen Zeitschriften nimmt die in Gießen erscheinende »Zeitschrift für die gesamte Tierheilkunde und Viehzucht« Berichte von homöopathischen Tierärzten auf.

Aus der Fülle seien vier Männer besonders erwähnt, die in der tierärztlichen Homöopathie Außerordentliches geleistet haben:

Genzke ging aus der Berliner Tierärztlichen Schule hervor. Er weist besonders darauf hin, daß die verschiedenen Haustierarten gegenüber homöopathischen Mitteln unterschiedlich empfindlich seien. 1837 gibt er eine »Homöopathische Arzneimittellehre für Tierärzte« von 450 Seiten Umfang heraus und berichtet über 67 Arzneimittelprüfungen an Hunden, Pferden und Rindern.

Theodor Träger arbeitete an verschiedenen österreichisch-ungarischen und preußischen Militärgestüten und wurde leitender Tierarzt des Hauptgestüts Trakehnen, an dem er über zwanzig Jahre lang blieb. Er behandelt nach der homöopathischen Therapiemethode, und zwar, da er Armeeveterinär war, mit ausdrücklicher Genehmigung und unter Aufsicht der preußischen Regierung. Neben Aufsätzen stammen aus seiner Feder vier Bücher, von denen die »Studien und Erfahrungen im Bereich der Pferdekunde« sehr großes Lob ernteten.

Der dritte bedeutende und zugleich literarisch fruchtbarste homöopathisch arbeitende Tierarzt aus der Mitte des vorigen Jahrhunderts war Karl-Ludwig Böhm. Als Lehrer für Tierheilkunde am landwirtschaftlichen Institut in Hohenheim gab er 1849 sein erstes Buch über »Haltung und Pflege der Haustiere« heraus. In den Jahren 1855 bis 1874 erschienen neun Bücher von ihm über die homöopathische Behandlung der Pferde, Rinder, Schafe, Schweine, Hunde, ferner eine homöopathische Pharmakologie.

Der bedeutendste Vertreter der englischen Veterinärhomöopathie war sicher Lord. Lord war der erste homöopathisch arbeitende Praktiker der britischen Armee. Am Pferdepark, zu dem er abkommandiert war, hatte er

genügend Gelegenheit dazu. Er erlangte die Genehmigung der Veterinärabteilung des Heeres zu seinen Versuchen, mußte jedoch zunächst die Medikamente aus eigener Tasche bezahlen. Später, als seine Erfolge offenkundig waren, übernahm die Armee die Kosten. Elf Jahre lang machte Lord die Homöopathie zur Grundlage der Behandlung aller ihm anvertrauten Pferde.
Um die Jahrhundertwende wird es stiller um die tierärztliche Homöopathie. Nach wie vor gibt es homöopathisch arbeitende Tierärzte und Laien, die die Homöopathie anwenden, Zeitschriften, die darüber berichten, Bücher, die sie lehren.
1925 veröffentlicht der große Kliniker August Bier seinen Aufsatz »Wie sollen wir uns zu der Homöopathie stellen?« In der Humanmedizin kommt Erregung auf, in der Veterinärmedizin bleibt es still.
Erst Mitte der dreißiger Jahre bildet sich um Thienel eine Gruppe praktizierender Tierärzte, die sich mit der Homöopathie befassen. Vor allem Lachesis und Pyrogenium interessieren, aber auch andere Mittel. Die Reichsregierung greift das Thema auf. Auf Vorschlag des Vorsitzenden der Studiengemeinschaft für Tierärztliche Homöopathie werden Götze und Volker in Hannover sowie Reinhardt in Leipzig zu ordentlichen Mitgliedern der Studiengemeinschaft berufen. Nach 1945 erfolgt die Neugründung einer »Homöopathisch-biologischen Arbeitsgemeinschaft für Tierärzte« unter Leitung von Wolter, der selbst zahlreiche Aufsätze und einige Bücher publiziert hat.

Naturheilverfahren

Die Bezeichnung und der Begriff Naturheilverfahren stellt nach heutiger Auffassung eine Zusammenfassung folgender drei Bereiche dar:

- ☐ klassische Homöopathie,
- ☐ Akupunktur,
- ☐ biologische Medizin.

Die biologische Tiermedizin, ausführlicher behandelt im folgenden Abschnitt, umfaßt

- ☐ die Phytotherapie,
- ☐ die Homotoxikologie,
- ☐ die Organotherapie mit ihren Unterabteilungen Zelltherapie, Thymustherapie und zytoplasmatische Therapie,
- ☐ die Neuraltherapie,
- ☐ die Sauerstoff-Ozon-Therapie.

Für die Erteilung der Zusatzbezeichnungen sind ausschließlich die Weiterbildungsbestimmungen der zuständigen Landestierärztekammern maßgebend.

Klassische Homöopathie

Was wir heute unter Homöopathie verstehen, gründet sich auf das Lebenswerk Hahnemanns. Abweichend von der konventionellen Medizin liegen der Homöopathie die vier Grundregeln

1. Ähnlichkeitsregel
2. Arzneiprüfung
3. Dosierungslehre
4. Individualisierung

zugrunde und stellen den festen Rahmen für den Homöotherapeuten dar. Die klassische Homöopathie hält an Hahnemanns »Organon der Heilkunde« und »Chronische Krankheiten« fest.

Akupunktur

Die Akupunktur ist eine der ältesten und bekanntesten Therapieformen der Welt und ein wesentlicher Teil chinesischen Kulturgutes. Die Akupunktur basiert auf der Vorstellung, daß alle Vorgänge im Universum und auf unserer Erde auf der Polarität zweier wirksamer Kräfte beruhen, die zueinander in einem dynamischen Gleichgewichtsverhältnis stehen. Sie werden seit alters her mit Yin und Yang bezeichnet.
Die Akupunktur verwendet Einstiche mit Nadeln an genau festgelegten Hautpunkten, die spontan- oder druckschmerzhaft sein können, bei funktionellen reversiblen Erkrankungen oder Störungen zu diagnostischen und/oder therapeutischen Zwecken. Anstelle von Gold- und Silbernadeln sind auch Stahlnadeln und andere physikalische bzw. chemische Reizarten (Laser, Homöopathika) verwendbar.
Das Pferd, früher vorwiegend zum Transport von Lasten verwendet und jetzt wieder in zunehmendem Maße für den Sport einge-

setzt, unterliegt einer besonderen Belastung von Herz, Kreislauf, Lungen und Bewegungsapparat. In zahlreichen Publikationen und Studien über Pferdeakupunktur wurde und wird bereits von den Chinesen darauf Rücksicht genommen. Die Symptomenkomplexe der Lahmheiten, Kreislauf- und Atmungsapparaterkrankungen wie auch die Koliken bilden ein Hauptindikationsgebiet für die Akupunktur beim Pferd (KOTHBAUER, 1983).

Biologische Tiermedizin

Die biologische Tiermedizin ist eine Heilkunde, die sich in Diagnostik und Therapie, wie in der Humanmedizin, an den Lebensvorgängen orientiert und ihre Heilmaßnahmen in Einklang mit den natürlichen Fähigkeiten des Organismus zur Regulation, Regeneration, Anpassung und Selbstheilung einsetzt. Dazu werden verschiedene Sparten gerechnet:

Phytotherapie

Die Phytotherapie bedeutet im weiteren Sinne Pflanzenheilkunde, im engeren Sinne Therapie mit Heilpflanzen, deren Inhaltsstoffe pharmakologisch erforscht sind. Die Pharmakologen und Chemiker unterscheiden zwischen Phytopharmaka und Chemopharmaka als gleichberechtigte pharmakologische Forschungsrichtungen. Die Phytopharmakatherapie benutzt sowohl isolierte Reinsubstanzen pflanzlichen Ursprungs als auch Gesamtextrakte und Extraktfraktionen aus pflanzlichem Material. Für die aus Pflanzen gewonnenen Reinsubstanzen gilt schon seit langem, daß sie bewährte und wirkungsvolle Arzneimittel sind, da für sie alle therapeutischen und toxikologisch wichtigen Daten und Kriterien vorliegen.
Außerdem hat die Suche nach chemisch definierten aktiven Wirksubstanzen in den Naturprodukten und ihre Konstitutionsaufklärung es ermöglicht, pflanzliche Inhaltsstoffe partiell synthetisch abzuwandeln, um mit Hilfe der Chemie zu therapeutisch überlegenen Arzneimitteln zu gelangen. Auch diese Präparate gehören im weiteren Sinne des Wortes zu den Phytopharmaka, soweit sie als Ausgangsmaterial für ihre Synthese Drogeninhaltsstoffe benutzen (HAAS, 1991).

Homotoxikologie

Eine Synopsis aus den verschiedenen Krankheitserklärungsmodellen ist die Homotoxikologie, von Hans-Heinrich Reckeweg als eine Ganzheitsschau einer Synthese der Medizin geschaffen. Die Homotoxikologie verknüpft in einem Netzwerk aus humoralen und zellulären Krankheitsschemata die Augenblicksbilder der Krankheiten hinsichtlich ihrer Lokalisation und Ausprägung. Die Dynamik von Krankheitsentwicklungen und Heilungsprozessen kann in diesem Schema über das Modell der Vikariation abgebildet werden. Von großer Bedeutung für das Modell der Homotoxikologie ist das System der großen Abwehr. Dies besteht aus fünf Untersystemen. Die Homöobiotherapie ist nach der Homotoxin- bzw. Toxinlehre eine mit unterschwelligen oder aber geringfügig überschwelligen Reizen arbeitende Stimulations- bzw. Regulationstherapie.

Organotherapie

Die Organotherapie kann man wiederum in Untergruppen aufteilen:

Die Zelltherapie

Die Zelltherapie ist heute definiert als eine Injektions-Implantation fetaler oder juveniler Zell- oder Gewebesuspensionen in physiologischer Kochsalzlösung. Die rechtliche Grundlage für die Zelltherapie ist die Richtlinie zur Herstellung zellular-therapeutischer Präparate.

Die zytoplasmatische Therapie

Diese Revitorgan-Präparate enthalten als wirksame Substanzen makromolekulare Organlysate aus tierischem Gewebe. Sie haben ein Molekulargewicht von 10^6 und sind nach dem Proteingehalt standardisiert. Durch ein patentiertes Herstellungsverfahren nach Theurer werden diese Präparate aus fetalen und juvenilen Organen von Rindern gewonnen, unter strengen sterilen Kautelen präpariert und in flüssigem Stickstoff tiefgefroren, gemahlen und einer Säuredampf-Vakuum-Hydrolyse bei Raumtemperatur unterzogen. Dadurch wird die Artspezifität reduziert, während die Organspezifität erhalten bleibt. Eine besondere Form der zytoplasmatischen Therapie stellt die Gegensensibilisierung dar.

Die Thymustherapie
In den sechziger Jahren erhielt die Thymustherapie eine wissenschaftliche Grundlage. Der Australier Miller entdeckte 1961 die Aufgabe der Thymusdrüse als Regulationszentrale der zellulären und humoralen Immunabwehr bzw. als das »Gehirn der Abwehr« (TALLBERG, zit. nach SCHMID).
Die Immunschwächekrankheiten haben die Bedeutung einer funktionsfähigen, thymusabhängigen, zellulären Immunabwehr in den letzten Jahren verstärkt ins Bewußtsein gerückt. Die Wirkstoffe, die Thymusfaktoren oder -hormone, spielen eine wichtige Rolle im Zusammenspiel zwischen psychisch-nervalen und endokrin-stoffwechselbedingten Vorgängen des gesamten Organismus, was wiederum die Abwehrfähigkeit beeinflußt (SCHMID, 1993).

Neuraltherapie

Die Neuraltherapie ist eine Form der Regulationstherapie. Sie will entgleiste Regelvorgänge auf verschiedenen physiologischen Ebenen normalisieren. Insbesondere sollen chronisch belastende übergeordnete Faktoren ausgeschaltet werden. Dazu werden in erster Linie Lokalanästhetika nach bestimmten Techniken eingesetzt.
Mit dieser Definition der Österreichischen Medizinischen Gesellschaft für Neuraltherapie wird versucht, eine Therapieform zu charakterisieren, die auf Grund ihrer Wirkungsweise als Kompensations- oder Regulationstherapie sowie als Reflextherapie bezeichnet und in ihrer Stellung den ganzheitlichen, additiven, komplementären Behandlungsverfahren zugeordnet wird. Den wesentlichen Unterschied zur Lokalanästhesie stellt der Umstand dar, daß bei der Anwendung lokalanästhetisch wirkende Substanzen an bestimmten Stellen einen über die pharmakologische Wirkung derselben hinausgehenden anästhetischen bzw. analgetischen Effekt erzielen (ZOHMANN, 1991).

Sauerstoff-Ozon-Therapie

Bei dieser Therapie handelt es sich um eine Zusatztherapie. Die Kombination mit phytotherapeutischen, homöopathischen, aber auch konventionellen Arzneimitteln ist sinnvoll (BURGARD, 1991). Eine Sauerstoff-Ozon-Therapie ist bei allen Erkrankungen angezeigt, die mit einem Sauerstoffmangel einhergehen.

Biologisch-homöopathische Therapie

Nach der Einführung, dem geschichtlichen Überblick und der Darstellung des gegenwärtigen Stands der Naturheilverfahren in der Veterinärmedizin soll auf die biologisch-homöopathische Therapie, als naturgemäß oder gemäß den naturgesetzlichen Grundlagen und Zusammenhängen zu behandeln, eingegangen werden.
Was wir heute unter Homöopathie verstehen, gründet sich auf das Lebenswerk von Hahnemann. Als biologisches Grundgesetz ist von Arndt und Schulz formuliert worden, daß schwache Reize die Lebenstätigkeit anfachen, mittelstarke sie fördern, starke sie hemmen und stärkste sie aufheben (HUNNIUS, 1993).
Die klassische Homöopathie hält an den Dogmen von Hahnemann fest.
Die naturwissenschaftlich-kritische Homöotherapie sieht die Homöopathie als organspezifische Schwellenreiz- und Regulationstherapie an und bejaht die bevorzugte Stellung der wissenschaftlichen Therapie. Naturgerecht oder gemäß den naturgesetzlichen Grundlagen und Zusammenhängen zu behandeln bedeutet, biologisch zu therapieren.
Mit den homöopathischen Arzneimitteln ist eine Form der Therapie gegeben, eine Funktionsschwäche zu regulieren und den Organismus ohne lang andauerndes Rekonvaleszenzstadium wieder voll leistungsfähig zu machen. Die homöopathisch-biologische Heilmethode versucht die vernachlässigten Selbstheilungskräfte von vornherein zu aktivieren. Es handelt sich je nach Mittel oder Verfahren nicht nur um Einflüsse auf das retikulo-endotheliale System, sondern auch um Beeinflussung der neuro-vegetativen Steuerungen und der Stoffwechselvorgänge der Körperzellen.
Wenn jedoch der Regulationsmodus des Organismus erschöpft ist, echte Gewebszerstörungen, bindegewebige Entartungen oder altersbedingte, irreparable Prozesse auftreten, sollte nicht gezögert werden, eine chemo-

antibiotische oder substitutionelle Therapie einzusetzen. Die Homöotherapie ist dabei eine gute Ergänzung zu der chemischen Behandlung, um die letzte Möglichkeit des Organismus zur Eigenregulierung noch auszunutzen.
Die homöopathischen Arzneimittel werden auf Grund der Arzneimittelprüfung am gesunden Tier/Mensch und dem daraus resultierenden Arzneimittelbild nach der Simile-Regel »Similia similibus curantur – Ähnliches wird durch Ähnliches geheilt« unter Berücksichtigung der homöopathischen Pharmazie eingesetzt. Dabei finden die chemisch-physikalische Analytik, die unfreiwilligen Intoxikationen (Beobachtungen), die Erkenntnisse der Erfahrungsmedizin, die Verlaufsbeobachtungen und die experimentellen Prüfungen von Stoffen am lebenden Organismus Berücksichtigung.
In Deutschland sind nach § 2 des Arzneimittelgesetzes homöopathische Mittel Arzneimittel im Sinne des Gesetzes und grundsätzlich allen übrigen Arzneimitteln rechtlich gleichgestellt. In diesem Gesetz wird jedoch zwischen Zulassung und Registrierung unterschieden. Die Registrierung trägt dem Grundprinzip der Homöopathie Rechnung.
Kriterien für die Herstellung und Beschaffenheit von Arzneimitteln werden maßgeblich durch Vorschriften der Arzneibücher bestimmt. Bei homöopathischen Arzneimitteln ist die pharmazeutische Qualität zusätzlich an den Vorschriften des Amtlichen Homöopathischen Arzneibuches (HAB) ausgerichtet.
Die klassische Homöopathie geht davon aus, daß die Behandlung eine Individualtherapie ist. Neben der konventionellen Diagnose ist noch die homöopathische Diagnose zu stellen. Die Erstellung der homöopathischen Diagnose ist oft zeitaufwendig und bedarf einer genauen Beobachtung, auch vom Tierbesitzer.
Die Vielfalt heutiger Umwelteinflüsse verändert die Krankheitsbilder derart, daß ein rasches und erfolgreiches Wirken mit einem homöopathischen Einzelmittel kaum noch möglich ist.
Ausnahmen machen bewährte Indikationen, die absolut sicherer Auslöser der Erkrankung sind, das eindeutig eruierte Konstitutionsmittel sowie auf ein ganz bestimmtes Mittel hinweisende, auffallende, eigenartige, sonderbare Symptome.
Es wird immer mehr gefordert, daß die Behandlung möglichst eine Einmaltherapie sein soll, im allgemeinen ohne Nachvisite oder auch Nachbehandlung. Hier sind Möglichkeiten gegeben durch den Einsatz von Kombinationspräparaten. Die Therapie mit zusammengesetzten und vielfach erprobten Arzneimitteln führt meist auf Grund ihres breiten Wirkungsspektrums zum Erfolg.

Einsatz homöopathischer Medizin in der Pferdepraxis

Die Behandlungsmöglichkeiten in der Praxis mit homöopathisch-biologischen Arzneimitteln sind zu umfangreich und ergeben so viele Möglichkeiten, daß an dieser Stelle nur auf wichtige Indikationen beim Pferd eingegangen werden kann. Zwei ausgewiesene Pferdefachleute haben sowohl für den bisher nicht homöopathisch tätigen Tierarzt wie auch für den interessierten Laien ein Buch (GERWECK/SPÄTH: Der homöopathische Pferdedoktor – Grundlagen, Heilbehandlungen, Arzneibilder) verfaßt. Es führt ein in die Grundprinzipien der Homöopathie und schildert, für welche Erkrankungen des Pferdes die Homöopathie eine wichtige und erfolgversprechende Behandlung darstellen kann.
Zusammenfassend seien nachfolgend einige Indikationsbereiche mit anzuwendenden Homöopathika aufgeführt:

Absetzen

Das Absetzen wird für das Fohlen und auch für die Mutterstute in vielen Fällen zu einer stark belastenden Streßsituation. Hier hat sich für die Mutterstute und für das Fohlen immer wieder Ignatia-Homaccord bewährt. Neben Ignatia ist noch Moschus enthalten, das bei leichter Erschreckbarkeit, Hysterie und nervöser Erregtheit mit Unruhe angezeigt ist.

Nervosität beim Beschlag oder Turnier

Viele Erziehungsfehler können ihre Auswirkungen bis ins hohe Alter des Tieres behalten. Das junge Pferd muß lernen, ein Halfter zu dulden. Das Hochheben der Vorder- und Hinterhufe muß in Abständen geübt werden.

Die Tiere schlagen aus dem Gefühl der Angst aus, ganz selten aus Bösartigkeit. Eine gute Hilfe zur Vermeidung dieses Fehlverhaltens kann Phosphor-Homaccord ad us. vet. sein. Am Morgen des Beschlagstages erhalten die Tiere 10 ml i. v. verabreicht.
Auch Pferde, die unter Platzangst leiden und daher zum Beispiel nicht in die Startboxen bzw. nicht in den Anhänger gehen, können mit Phosphor-Homaccord ad us. vet. behandelt werden. Das ebenfalls in dem Präparat enthaltene Argentum nitricum ist als spezifisches Mittel der Platzangst anzusehen.

Fütterung und Stoffwechsel

Auch in der Naturheilkunde ist eine der Grundlagen für die körperliche Entwicklung des jungen Pferdes seine Ernährung mit einer ausgeglichenen Versorgung an Grundstoffen, wie Rohprotein, Fette, Kohlenhydrate, Rohfaser, Mineralien und Vitaminen. Wiendieck hat über die Bedeutung der lebenswichtigen Mineralien, wie Calcium, Phosphor, Natrium, Magnesium, Kalium, Schwefel und Chlor, referiert und festgestellt, daß das natürliche Futterangebot die Elemente in ausreichender Menge enthält und auch auf die schädigenden Folgen eines Überangebotes hingewiesen. Wolter teilt auch diese Meinung und bezieht sogar die Vitamine mit ein. Sie gelten als Aufbaustoffe, die der Körper selbst in ausreichender Menge aus den hochwertigen Futterstoffen entnehmen kann. Für die Spurenelemente Eisen, Mangan, Zink, Kupfer, Kobalt, Selen und Jod trifft dies nicht uneingeschränkt zu, so daß Mangelzustände auftreten können.
Trotz ausgeglichener Ernährung können jedoch junge Pferde in ihrer Entwicklung zurückbleiben. Dieser Umstand wird vielfach als eine A-Vitaminose oder Mineralmangelerkrankung angesehen. Es wird jedoch auch die Ansicht vertreten, daß diese Tiere mangels fehlender Katalysatoren nicht in der Lage sind, die angebotenen Grundstoffe in den Zellstoffwechsel einzubauen. Es liegt eine Blockade der Fermentsysteme vor, die meistens mit der Verabreichung von Coenzyme compositum ad us. vet. behoben werden kann.
Auch Phosphor kann in den Zellstoffwechsel eingreifen und verbessert die Zellatmung. Besonders unter den Vollblütern sind viele Phosphortypen zu finden, die durch ihr hochaufgeschossenes Exterieur, ihre Feingliedrigkeit und dünne Haut auffallen. Diese Pferde zeigen auch wenig Widerstandskraft gegen Infektionen und Erkältung. Besondere Symptome sind Ängstlichkeit und Schreckhaftigkeit. Bei der Untersuchung benehmen sie sich zappelig. Bei der Herzauskultation steigt anfangs der Puls rasant an. Phosphor hat ebenfalls eine spezielle Wirkung, die das Knochensystem betrifft. Es wird empfohlen, Phosphor-Homaccord ad us. vet. einmal wöchentlich zu injizieren und als Zusatztherapie täglich oral zu verabreichen.
Pferde, die eine schlechte Freßlust zeigen, erhalten wöchentlich ein- bis zweimal Hepar compositum zusammen mit Coenzyme compositum ad us. vet. Hepar compositum hat sich besonders auch bei toxisch bedingten Leberfunktionsstörungen bewährt.
In der Rekonvaleszenz nach schweren Krankheiten kommt es nicht selten zu Freßunlust bei großem Durst. Es tritt Schwäche und Erschöpfung auf, weil der Darm zu Durchfällen neigt. Angezeigt ist hier, neben Hepar compositum Nux vomica-Homaccord ad us. vet. und oral täglich China-Homaccord Tropfen anzuwenden.

Kondition und Bewegungsapparat

Eine ausgeglichene Fütterung, die beste Stallhygiene, Vitamine und Spurenelemente sind wertlos, wenn das Tier unter Bewegungsmangel leidet.
Eine intensive Bewegung begünstigt

- ☐ die natürliche Muskelbildung und Festigung des Knochenbaus, wobei sich beide Teile in adäquatem Verhältnis entwickeln können;
- ☐ die Kräftigung des Herzmuskels und Förderung des Blutkreislaufes zur Durchblutungsverbesserung aller Organe des Körpers;
- ☐ die Erhöhung der Lungenkapazität und die Verbesserung des Sauerstoffaustausches;
- ☐ die Verhinderung von Verdauungsstörungen.

Die Bewegung ist der Aktivator im System der großen Abwehr und fördert durch Abhärtung die Widerstandskraft, besonders im Bereich der gefährdeten Atemwegsschleimhaut. Das Leben an der frischen Luft verhindert das Auftreten von Stallpsychosen, dient dem Sozialverhalten und beugt Verhaltensstörungen vor. Was für die jungen Pferde gilt, ist auch für die tragenden Stuten wichtig. Nur durch tägliche ausreichende Bewegung kommt es über den Blutkreislauf zu einer optimalen nutritiven Versorgung des Fötus im Mutterleib.

Die Häufigkeit der Arthropathien beim Sport- und Rennpferd und die Schwierigkeit, sie zu behandeln, führt dazu, daß man dauernd neue Gelenktherapien erforscht. Die entzündungshemmenden Mittel, allgemein verabreicht oder intraartikulär, bringen nur ungewisse oder vorübergehende Ergebnisse. Außerdem scheint bewiesen zu sein, daß sie auf Dauer die Gelenkerkrankungen nicht heilen, sondern sie verschlimmern.

Die Mukopolysaccharide, die intraartikulär verabreicht werden, sind eine interessante Lösung. Doch sind die Ergebnisse je nach Gelenk sehr verschieden.

Die Hyaluronsäure hat eine bemerkenswerte Wirksamkeit. Aber die Kosten schränken die Anwendung ein. Außerdem scheint ihr Nutzen nur bei traumatischer Gelenkentzündung höher zu liegen. Ihre Wirkung bleibt bei degenerativen Erkrankungen begrenzt (Boyeux, 1984).

Auch Zeel sind die Tierärzte des Trainingscenters Maisons-Lafitte mit Skepsis begegnet. Die Anwendung bei Fällen, in denen alle klassischen Therapien vorher gescheitert waren, hat bald die Meinung ändern lassen. Seitdem wird Zeel vorgezogen und ergibt bei den entzündeten oder degenerativen Gelenkerkrankungen eine äußerst zufriedenstellende Wirkung, wobei bei den entzündeten Gelenken auch Traumeel ad us. vet. mit einzubeziehen ist. Es wurde dabei auch festgestellt, daß die klassischen Therapien überall dort unwirksam blieben, wo Zeel keinen Erfolg hatte.

Eine Erkrankung, die nicht selten auftritt, ist die metakarpale Periostose, die sich in einer schmerzhaften, derben Vorwölbung der vorderen Kontur des Mittelfußknochens dokumentiert. Für die Therapie der akuten Schienbeinerkrankung ist Traumeel ad us. vet., 2mal wöchentlich, und dazu täglich Arnica-Tropfen zu empfehlen. Gute Erfahrungen sind in diesem Zusammenhang auch mit Osteoheel Tabletten gemacht worden, die allgemein bei Knochen-, Knorpel- und Bindegewebserkrankungen angezeigt sind.

Erkrankungen der Atemwege

Die Erkrankungen des Respirationstraktes beim Pferd treten verhältnismäßig häufig auf. Gerade weil virale Infekte im Bereich der oberen Luftwege oftmals nur geringgradige klinische Erscheinungen zeigen, werden sie vom Tierbesitzer übersehen und bleiben unbehandelt. Alle akuten und chronischen Erkrankungen der Lunge müssen im engen Zusammenhang mit ihren luftzuführenden Wegen betrachtet werden, so daß eine Ausheilung nur dann erfolgen kann, wenn die Therapie das gesamte System erfaßt.

Die Schleimhaut des Atmungstraktes ist nach dem Magen-Darm-Trakt flächenmäßig die größte Berührungsfläche des Körpers mit der Umwelt. Sie kann geradezu als Indikator der dort vorhandenen Belastungen und ablaufenden Prozesse angesehen werden. Mit jedem Atemzug wird die Schleimhaut des Bronchialbaumes einer Invasion vielfältiger Noxen ausgesetzt. Hier wären zunächst die Einflüsse der natürlichen Umwelt, wie Bakterien und Viren, zu nennen, aber auch in zunehmendem Maße chemische Reizstoffe und Allergene, die als weitere Faktoren den Krankheitsverlauf äußerst negativ beeinflussen. Die Beständigkeit der Schutzfunktion wird durch zwei Barrieren garantiert:

1. eine nicht immunologische, nämlich Sekretfilm und Ziliarapparat,
   und
2. eine immunologische, über die humoralen und zellulären Abwehrmechanismen des Körpers und speziell des Atemweges.

Eine erfolgreiche Therapie der Atmungswege ist daher nur sinnvoll, wenn weder die mechanisch-motorischen Vorgänge im Bronchialbaum behindert noch die körpereigenen Abwehrkräfte geschwächt werden.

Die Inhalationstherapie bringt oftmals keinen Erfolg, weil die Inhalate in ihrer Dispersion zu grob sind oder das falsche Mittel gewählt wird.

Die Erkrankungen im Respirationstrakt der Pferde beeindrucken deutlich durch die dauernde Fluktuation des Krankheitsverlaufes, so daß der Einsatz eines spezifischen Einzelmittels oftmals nur beschränkt wirksam sein kann. Die einzusetzenden Mittel oder Folgemittel müssen also dem Krankheitsverlauf angepaßt werden.

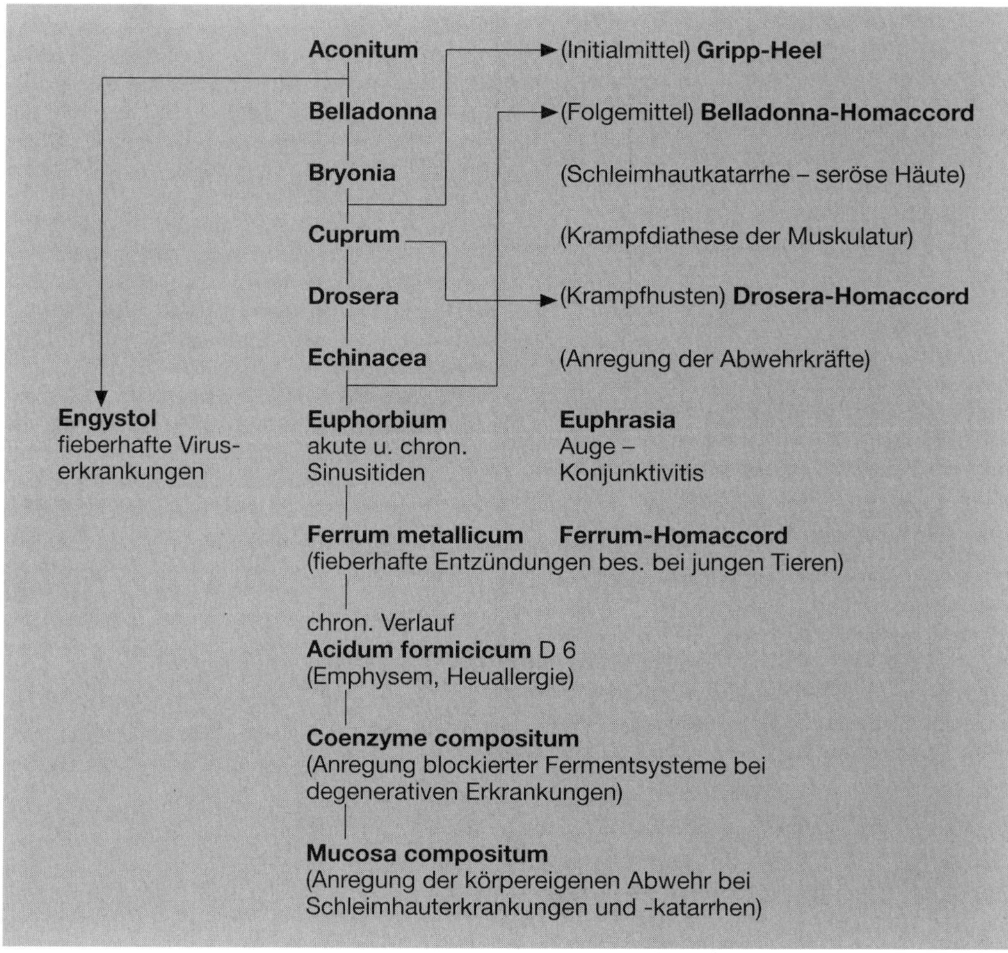

Abc der biologischen Bronchitisbehandlung.

Wolter hat den Einsatz von homöopathischen Einzelmitteln bei Atemwegserkrankungen als alphabetische Folge dargestellt. Eine für den praktischen Einsatz übersichtlichere Darstellung wurde von Späth (1986, 1993) modifiziert und wird in der obigen Übersicht wiedergegeben.

Kolik

Die Kolik, als ein übergeordneter Begriff für alle mit Unruhe, Unbehagen und Schmerzen verbundenen Krankheitserscheinungen des Verdauungstraktes, hat ihre Bezeichnung aus dem Altertum bekommen. Beim Kolikgeschehen sollen hier drei Gruppen unterschieden werden:

- ☐ die spastische Kolik,
- ☐ die Gaskolik,
- ☐ die Obstipationskolik.

Allgemeine Koliktherapie

Die Therapie muß drei Ziele im Auge haben:

1. Normalisierung der Peristaltik, d. h. Beseitigung der Vagotonie.
2. Behandlung des Zustandes (Obstipation, Meteorismus, Magenüberladung, Enteritis).
3. Stützung des Kreislaufes.

Eines der wichtigsten biologischen Mittel für die Kolikbehandlung ist Nux vomica-Homaccord ad us. vet. Nux vomica ist ein wichtiges Polychrest, weil die große Anzahl seiner

Symptome in ihrer Ähnlichkeit denen der allgemein am häufigsten vorkommenden Krankheiten entspricht. Bei Beginn fast jeder Kolik finden wir eine zentrale Irritation, die sich in Schwäche, Schwindel und besonders aber in Unruhe dokumentiert. Mit seinen Reflexkrampfgiften als Inhaltsstoffe, wie Strychnin und das etwas milder wirkende Brucin, greift Nux vomica unmittelbar in das Zentralnervensystem ein. Nux vomica wirkt regulativ, denn es kann Spasmen entkrampfen und Lähmungen tonisieren. Spastische Koliken haben bei Nux vomica im Arzneimittelbild viel Flatulenz, oft nach Erkältungen oder der Aufnahme von verdorbenen oder vergifteten Futtermitteln, aber auch nach Überfressen. Auch bei der Obstipation kann der Einsatz von Nux vomica nützlich sein,

Tabelle 1
Indikationen und zu empfehlende Homöopathika

Erkrankung/Symptom	Homöopathika
Anregung der unspezifischen Abwehr	☐ Engystol ad us. vet. ☐ Echinacea compositum ad us. vet.
Erkrankungen der Blase und der Niere	☐ Cantharis compositum ad us. vet. ☐ Berberis-Homaccord ad us. vet. ☐ Traumeel ad us. vet.
Erkrankungen des Herz- und Kreislaufsystems, Toxische Herz- und Kreislaufbelastungen bei Infektionen	☐ Cactus compositum ad us. vet.
Erkrankungen der oberen und unteren Luftwege Rhinitis, Tonsillitis, Pharyngitis	☐ Euphorbium compositum ad us. vet. ☐ Belladonna-Homaccord ad us. vet. ☐ Traumeel ad us. vet. ☐ Phosphor-Homaccord ad us. vet.
Bronchitis	☐ Traumeel ad us. vet. ☐ Engystol ad us. vet. ☐ Mucosa compositum ad us. vet.
Husten	☐ Drosera-Homaccord ☐ Husteel ☐ Tartephedreel
Pneumonie	☐ Echinacea compositum ad us. vet. ☐ Engystol ad us. vet. ☐ Belladonna-Homaccord ad us. vet. ☐ Drosera-Homaccord
Leistungsschwäche	☐ Coenzyme compositum ad us. vet. ☐ Carduus compositum ad us. vet.
Magen-Darmerkrankungen Gastoenteritis, Enteritis	☐ Nux vomica-Homaccord ad us. vet. ☐ Veratrum-Homaccord ad us. vet. ☐ Mucosa compositum ad us. vet.
Diarrhö	☐ Veratrum-Homaccord ad us. vet. ☐ Mucosa compositum ad us. vet.
Obstipation	☐ Nux vomica-Homaccord ad us. vet.
Ovarielle Dysfunktion	☐ Ovarium compositum ad us. vet.
Schädigung im Bereich des Stütz- und Bewegungsapparates mit Dysfunktion des Bewegungsablaufes	☐ Traumeel ad us. vet. ☐ Zeel ad us. vet.

besonders dann, wenn starkes Drängen vorherrscht, unregelmäßige Peristaltik und ein häufiger Abgang kleiner Kotmengen erfolgt. Typisch ist, daß Verstopfungen und Durchfälle sich ablösen können.

Spastische Kolik

Die spastische Kolik kann katarrhalischer Natur sein, sie kann aber auch eine rheumatische Ursache haben, kann Reiz- oder Erkältungskolik darstellen. Sie ist eine funktionelle Darmstörung, die unter dem hervorstechenden Symptom der Unruhe auftritt.

Das Erstmittel, das hier eingesetzt werden kann, ist Aconitum. Die therapeutische Wirkungsbreite von Aconitum scheint beim Pferd recht kurz zu sein. Man muß also sehr frühzeitig zu einer Kolik gerufen werden, um mit diesem Mittel arbeiten zu können.

Bei allen Spasmen glattmuskulärer Hohlorgane ist Atropinum compositum ad us. vet. angezeigt. Bei den spastischen Koliken junger Pferde wird auch Belladonna-Homaccord ad us. vet. erfolgreich eingesetzt. Die Konjunktiven sind rot bis dunkelrot, die Pferde schwitzen stark am Kopf und am Hals, zeigen eine außerordentliche Unruhe und als ganz besonderes Symptom, das immer für Belladonna spricht, eine gewisse Unleidlichkeit, es wird gesagt, Aggressivität.

Hyoscyamus niger, welches Hyoscyamus, Atropin und Scopalamin enthält, ist ein Mittel bei Koliken, wenn diese in der Rekonvaleszenz nach schweren Krankheiten, z. B. Infektionen, auftreten. Man kann im Krankheitsbild oftmals ein Muskelzittern an den vorderen Körperpartien feststellen. Die Sekretion ist unterbunden, Obstipation tritt meist durch Störung des Parasympathikus auf.

Gaskolik

Bei Magenüberladung mit Gaskolik empfiehlt sich der Einsatz von Nux vomica-Homaccord ad us. vet. Nux vomica-Homaccord enthält außerdem Bryonia als ein ausgezeichnetes Mittel bei Gastritis und Obstipation, weiterhin Lycopodium (Meteorismus) und Colocynthis, bei allen schmerzhaften Krampfzuständen des Darmes angezeigt. Bei der Überfütterung mit Grünfutter ist Colocynthis das Mittel der Wahl.

Obstipationskolik

Für die Koliken mit Obstipation kommen neben Nux vomica noch drei weitere homöopathische Einzelmittel in Frage, und zwar Plumbum, Graphites und Alumina.

Plumbum zeigt im Arzneimittelbild nach heftigen Spasmen Obstipation in Dünn- und Dickdarm. Dabei ist die Bauchdecke hart angespannt. Das zu verwendende Plumbum aceticum wirkt spasmenlösend, die Peristaltik setzt zart ein, und es tritt nach der Injektion kein Durchfall auf.

Graphites ist eher bei Verdauungsstörungen bei weiblichen und korpulenten Tieren – man denke besonders an die Kaltblüter – das Mittel, das eingesetzt werden kann, und zwar mehr bei chronischem und subakutem Verlauf. Günstig ist die Wirkung besonders bei der Darmatonie. Gern wird es, bei entsprechender Indikation, eingesetzt bei tragenden Stuten in den letzten Monaten der Trächtigkeit.

Alumina ist ein Darmmittel für ältere Tiere, die unter atonischer Obstipation im Enddarm leiden.

Wie in der vorangegangenen Darstellung aufgezeigt, sind die Möglichkeiten der Naturheilkunde auch in der Pferdepraxis recht vielseitig. Vorstehend konnten nur einige Hinweise gegeben werden, die vervollständigt werden sollen durch eine Auflistung wichtiger klinischer Indikationen mit zu empfehlenden Homöopathika (siehe Tab. 1 auf der vorangehenden Seite).

Doping im Pferdesport

Prof. Dr. FRITZ R. UNGEMACH
Institut für Pharmakologie und Toxikologie am Fachbereich Veterinärmedizin der Freien Universität Berlin

Definition des Begriffs Doping

Im heutigen Sprachgebrauch versteht man unter dem Begriff »Doping« die unerlaubte Zufuhr von Substanzen, um die sportliche Leistung zu beeinflussen. Das Wort leitet sich vom holländischen *doop* ab, ein altes Wort für »taufen«, und wurde aus der Bantusprache übernommen, in der es ein berauschendes Getränk bezeichnete, das bei religiösen Kultfeiern Verwendung fand. In die amerikanische Umgangssprache wurde dieses Wort eingeführt zur Beschreibung der Unsitte von Zigeunern, ihre Opfer mit Drogen zu betäuben und anschließend auszurauben. Damit war der endgültige Bezug zum Rauschgift hergestellt, aber erst zur Jahrhundertwende wurde das Wort Doping als Begriff für die mißbräuchliche Einnahme von Mitteln zur Leistungssteigerung und der damit beabsichtigten unlauteren Wettbewerbsbeeinflussung geprägt.

Solche Handlungsweisen sind im Pferdesport jedoch viel älter als der Begriff Doping selbst. Die ältesten bekannten Dopingbestimmungen stammen aus dem Jahre 1666, mit denen in England die Anwendung aller Anregungsmittel bei Pferderennen verboten wurde. 1881 wurde in Preußen die Verabreichung alkoholischer Getränke an »feige« Pferde unter Strafe gestellt. Eine zielgerichtete Dopingbekämpfung mit dem Erlaß immer neuer Dopingordnungen setzte aber erst um 1900 ein, als es durch die rapide Neuentwicklung von Arzneimitteln immer gezielter und effektvoller möglich wurde, die Leistung von Pferden zu manipulieren.

Es hat seitdem auch nicht an zahlreichen Versuchen gefehlt, eine klare und eindeutige Definition des Begriffes Doping zu finden. In Rom wurde 1977 anläßlich einer internationalen Konferenz der westlichen Pferdesportverbände beschlossen, daß

> *»alle Substanzen äußeren Ursprungs, auch wenn sie im Pferd natürlicherweise vorkommen können, verboten sind, wenn sie zu den in einer Dopingliste veröffentlichten unerlaubten Mitteln zu rechnen sind.«*

Diese Definition gilt im Bereich des deutschen Galopprennsports sowie des Reit- und Fahrsports. Bei strikter Auslegung ist somit in diesen Pferdesportarten jede beliebige Menge einer körperfremden Substanz bzw. ihrer Umwandlungsprodukte verboten, die geeignet ist, die Leistungsfähigkeit des Pferdes zu beeinflussen.

Eine ähnliche Begriffsbestimmung enthält der Dopingparagraph (§93) der Trabrennordnung:

> »1. *Unerlaubt ist die Anwendung von Mitteln, die in der vom Hauptverband veröffentlichten Dopingliste enthalten sind bzw. eine der darin aufgeführten Wirkungen direkt oder indirekt als Haupt- oder Nebenwirkung entfalten.*
> *Die Entscheidung des Hauptverbands über die Aufnahme von Mitteln in die Dopingliste ist unanfechtbar.*
> 2. *Unerlaubt ist – unabhängig von der Aufnahme in der vom Hauptverband veröffentlichten Dopingliste – jedes Mittel, das geeignet ist, das natürliche Leistungsvermögen eines Pferdes so zu beeinflussen, daß seine aktuelle Leistung im Rennen regelwidrig verändert wird.*
> 3. *Werden unerlaubte Mittel angewandt oder wird bei Untersuchungen eine beliebige Menge eines unerlaubten Mittels oder eines seiner Umwandlungsprodukte im Gewebe oder in den Körperflüssigkeiten nachgewiesen, verliert das Pferd seine Startberechtigung. Startet es dennoch, ist dies ein Protestgrund.*«

Diese Formulierung entspricht weitgehend der Empfehlung der europäischen Traberunion (U.E.T.) zur Vereinheitlichung der Dopingrichtlinien aus dem Jahre 1984.
Diese Definition stellt auch klar, daß nicht jede körperfremde Substanz, die nicht Bestandteil der normalen Ernährung ist, als Dopingmittel betrachtet werden muß, sondern daß zugleich noch eine pharmakologische Wirkungsqualität in Form einer Leistungsbeeinflussung gegeben sein muß. Wichtig ist hierbei aber die Tatsache, daß die nachgewiesene Substanz nur ihrer Natur und *nicht* ihrer Menge nach geeignet sein muß, die Leistung zu beeinflussen. Somit ist jede Menge eines beliebigen Dopingmittels verboten, gleichgültig, ob es sich um eine wirksame Konzentration handelt oder nicht.
Die U.E.T.-Empfehlungen sprechen von der natürlichen *und* aktuellen Leistungsfähigkeit zum Zeitpunkt des Rennens. Dadurch wird eindeutig klargestellt, daß sich der Dopingbegriff nicht auf die Leistung bezieht, die im Idealfall auf Grund genetischer Veranlagung sowie sachgemäßer Haltung und optimalem Training erreichbar wäre, sondern auf die tatsächliche Leistungsfähigkeit des Pferdes zum Zeitpunkt des Rennens, die ganz entscheidend durch den aktuellen Gesundheitszustand bestimmt wird. Somit stellt es einen Verstoß gegen die Dopingbestimmungen dar, wenn ein Pferd ins Rennen geschickt wird, das unter einer medikamentösen Behandlung steht, auch wenn diese medizinisch gerechtfertigt ist und nur zum Ziel hat, die natürliche, individuelle, d. h. im gesunden Zustand gegebene Leistungsfähigkeit wiederherzustellen.

Zum Zeitpunkt des Rennens besteht kein Unterschied zwischen Therapie und Doping.

Grundlagen der Dopingbestimmungen

Das Verbot therapeutischer medikamentöser Maßnahmen während des Rennens dient dem *Tierschutzgedanken,* der eine tragende Säule für die Berechtigung der Dopingkontrolle im Pferderennsport darstellt. Ein krankes Pferd der extremen Rennbelastung auszusetzen, ist ebenso Tierquälerei wie die medikamentöse Ausschaltung physiologischer Schutzfunktionen, z. B. des Schmerzes und damit verbundener Lahmheiten, um eine schonungslose Belastung der erkrankten Gelenke zu ermöglichen, woraus dann im allgemeinen eine Verschlimmerung des Krankheitsprozesses resultiert.
Der Tierschutzgedanke kommt aber auch zum Tragen bei der Verhinderung des Dopings gesunder Tiere. Während therapeutische Maßnahmen zum Ziel haben, im Rennen die normale Leistungsfähigkeit herzustellen, zielt die Verabreichung sogenannter »leistungssteigender« Mittel darauf ab, die durch Veranlagung und Training gegebene absolute Leistungsgrenze noch zu überschreiten. Die unter normalen Bedingungen erreichbare maximale physische Leistung liegt wesentlich unter der gesamten Leistungspotenz eines Individuums. Die normale physiologische Leistungsbereitschaft beträgt nur 40% des Leistungsbereiches. Durch Training lassen sich im Höchstfall noch weitere 20% der gewöhnlichen Einsatzreserven mobilisieren. Die restlichen 40% der Gesamtleistungskapazität sind jedoch durch psychische und physische Bar-

rieren (z. B. Ermüdung, Schmerz) so geschützt, daß sie normalerweise willensmäßig nicht nutzbar sind. Sie dienen dem Organismus ausschließlich als kurzzeitig verfügbare Leistungsreserven in lebensbedrohlichen Notfallsituationen. In diesem extremen Leistungsbereich entfällt der Überlastungsschutz des Bewegungsapparates und des Kreislaufs. Auszehrung, schwere Folgeschäden und akute Todesfälle können die Folge sein. Durch verschiedene stimulierende Dopingmittel kann diese Schutzbarriere überwunden werden, und die traurige Bilanz vieler spektakulärer Todesfälle im Pferde- wie im Humansport, dort vor allem bei Radrennfahrern, zeigt die Gefährlichkeit derartiger Leistungsmanipulationen auf.

Über die Dopingbestimmungen der einzelnen Pferdesportverbände hinaus wurde der wichtigen Bedeutung des Tierschutzgedankens in der Neufassung des Tierschutzgesetzes vom 18. August 1986 Rechnung getragen. Danach ist es verboten, an einem Tier bei sportlichen Wettkämpfen oder ähnlichen Veranstaltungen Dopingmittel anzuwenden (§ 3, Nr. 11). Bei Verstoß gegen diese Vorschrift kann nach § 18 eine Geldbuße bis zu 50 000 DM auferlegt werden.

Neben dem Tierschutzgedanken beruht das Dopingverbot im Pferderennsport noch auf folgenden Gründen:

- ☐ auf dem *sportethischen* Gedanken eines fairen sportlichen Wettkampfes,
- ☐ auf dem *Schutz anderer Rennteilnehmer* vor den Gefährdungen, die von gedopten, leichter außer Kontrolle geratenden Tieren ausgehen,
- ☐ auf der *Verhinderung einer falschen Zuchtauslese* durch Vortäuschung unzutreffenden Leistungsstandards unter dem Einfluß von Dopingmitteln,
- ☐ auf dem *Schutz des zahlenden und wettenden Publikums,* das ganz entscheidend zur Erhaltung und Förderung des Pferdesports beiträgt.

Dopingmittel und Dopingformen

Nach der Dopingdefinition sind alle Mittel unerlaubt, die geeignet sind, die natürliche und aktuelle Leistungsfähigkeit eines Pferdes im positiven wie im negativen Sinn zu beeinflussen. Dies deutet bereits an, daß Doping unter ganz unterschiedlichen Zielsetzungen erfolgen kann:

1. Doping auf Sieg (positives Doping).
2. Doping auf Niederlage (negatives Doping).
3. Doping zur Wiederherstellung der normalen Leistungsfähigkeit (positives Doping).
4. Unabsichtliches Doping.
5. Maßnahmen zur Erschwerung des Dopingnachweises.

Listen unerlaubter Substanzen, durch deren Anwendung der Tatbestand des Dopings erfüllt ist, müssen demzufolge ein riesiges Spektrum ganz unterschiedlicher Arzneimittel abdecken. Für die von den einzelnen Pferdesportverbänden ausgegebenen Listen unerlaubter Substanzen erwies es sich als untauglich, alle in Frage kommenden Stoffe namentlich mit ihren internationalen Kurzbezeichnungen aufzuführen, denn eine solche Auflistung wäre auf Grund der raschen Entwicklung auf dem Arzneimittelsektor niemals aktuell.

Zum anderen müßten aus Gründen der Vollständigkeit alle ca. 4500 derzeit in Frage kommenden Substanzen erwähnt sein, von denen aber nur ungefähr 1000 tatsächlich zur Anwendung kommen könnten, von diesen wiederum aber nur 250–300 eine wirkliche Rolle im Pferdedoping spielen. Deshalb sind die Dopinglisten der großen deutschen Pferdesportverbände nicht nach Einzelsubstanzen, sondern nach Wirkstoffgruppen aufgegliedert (siehe Auflistung am Ende des Kapitels). Die Abfassung dieser Listen, die sich weitgehend gleichen, ist dabei so gewählt, daß es auch für einen Laien möglich ist, unter Zuhilfenahme des Beipackzettels für jede Arzneispezialität abzuklären, ob diese zu den unerlaubten Mitteln zu rechnen ist oder nicht.

Die Dopinglisten im Pferdesport sind wesentlich umfangreicher als entsprechende Listen im Humansport, die sich im wesentlichen nur auf stimulierende Substanzen, stark wirksame

Schmerzmittel vom Typ des Morphins und anabole Sexualhormone beschränken. Im Humansport spielt praktisch nur positives Doping mit solchen »klassischen« Dopingmitteln eine Rolle, während im Pferdesport zusätzlich die Substanzen verboten sein müssen, mit denen negatives Doping und insbesondere das unter tierschützerischen Aspekten unzulässige Doping zur Wiederherstellung der normalen Leistungsfähigkeit möglich ist. Die bereits erwähnte Gleichstellung von Therapie und Doping bedingt die Auflistung von Wirkstoffgruppen, die normalerweise keinen direkten leistungsfördernden Effekt aufweisen, z. B. Antibiotika. Darüber hinaus wurde mit der breitgefächerten, allgemein verständlichen Abfassung der Tatsache Rechnung getragen, daß es sich bei der Dopingliste vor allem auch um eine Orientierungshilfe für den nicht tiermedizinisch vorgebildeten Laien handeln soll, der in den meisten Fällen Arzneimittel in Unkenntnis ihrer ganzen Nebenwirkungsbreite einsetzt. Durch Nebenwirkungen können völlig unabhängig von der therapeutischen Wirkung Effekte ausgelöst werden, die exakt den Dopingbegriff erfüllen.

Doping auf Sieg

Diese »Urform« des Dopings hat zum Ziel, die natürliche absolute Leistungsfähigkeit positiv zu beeinflussen, d. h. die vorgegebene physiologische Leistungsbarriere zu überschreiten. Solch stimulierendes Doping kann in eine klassische akute und in eine chronische Form unterteilt werden.

Bei der *akuten Form* werden die leistungssteigernden Mittel unmittelbar vor dem Rennen verabreicht. Zur Anwendung kommen Substanzen, die eine erregende Wirkung auf das Zentralnervensystem ausüben. Hierbei handelt es sich um *psychomotorische Stimulantien,* um Stoffe, die auf Psyche und Bewegungsabläufe erregend wirken. Diese Mittel gehören zu den bekanntesten und bei Dopingkontrollen auch am häufigsten entdeckten Substanzen, wie Amphetamin, Metamphetamin, Ephedrin, Cocain, Methylphenidat, Coffein, Theophyllin u. a.

Mit Coffein konnte experimentell eine Leistungssteigerung im Hinblick auf Ausdauer und Tempo beim Rennpferd erzeugt werden (TOBIN 1981). Typische Wirkungen der Weckamine (wie Amphetamin) sind die Beseitigung des Ermüdungsgefühls und eine Aufhellung der Stimmungslage (Euphorisierung). Zusätzlich kommt es infolge eines Blutdruckanstiegs zu einer verbesserten Muskeldurchblutung. Die zu beobachtende Leistungssteigerung resultiert aus diesen Effekten. Es handelt sich somit nur um eine subjektive Wirkung auf die Leistungsfähigkeit. In Wirklichkeit bleibt die tatsächliche Leistung unverändert, es werden lediglich die geschützten Leistungsreserven mobilisiert (BERSCHNEIDER). Die große Gefahr bei der Anwendung solcher Wirkstoffe besteht darin, daß der Überlastungsschutz des Organismus ausgeschaltet wird. Infolge der fehlenden Schutzfunktion des Ermüdungsgefühls kommt es zu einem »Galoppieren bis zum Herzstillstand«, d. h. solange, bis das Herzkreislaufsystem den extremen Belastungen nicht mehr gewachsen ist. Kollaps und akute Todesfälle auf der Rennbahn stehen häufig im Zusammenhang mit der Anwendung solcher Stimulantien, wobei die Gefahr insbesondere bei warmer Witterung sehr hoch ist.

Aber auch ohne die akute Gefährdung ist die Verabreichung solcher Stimulantien ein risikoreiches Unterfangen. Die Sicherheitsbreite dieser Substanzen, d. h. der Abstand zwischen der Dosis für die erwünschte stimulierende Wirkung und der Dosis, ab der unerwünschte Begleiterscheinungen in Form von Unruhe und Erregung auftreten, ist relativ klein. Zusätzlich reagieren alle Tiere unterschiedlich, wobei die Reaktionslage auch noch Tagesschwankungen unterliegen kann. Die Anwendung dieser Mittel verlangt eine genaue Kenntnis der Reaktionslage des Pferdes, um nicht eine zu geringe, unwirksame Dosis bzw. eine zu hohe Dosis zu wählen, durch die das Pferd unkontrollierbar wird. Bei diesen Dopingmitteln ist aber nicht nur die Wahl der richtigen Dosierung, sondern auch des optimalen Verabreichungszeitpunktes ein schwieriges Unterfangen. Die Wirkung dieser Mittel hält nur kurzzeitig an. Wird das Stimulans zu früh verabreicht, können die Pferde durch ihre Nervosität bereits bei der Parade unangenehm auffallen, oder sie gehen, wenn z. B. nach Startverzögerung die Wirkung bereits wieder nachläßt, ausgelaugt und damit chancenlos ins Rennen. Denn grundsätzlich kommt es typischerweise nach der Anwendung von Stimulantien zu einem kompensatorischen Leistungsabfall und verlängerten

Erholungsphasen als Folge der Überbelastung.

Ähnlich problematisch in der Handhabung sind die stimulierenden Dopingmittel vom *Typ des Morphins* und der *morphin-ähnlich wirkenden Substanzen,* wie das Fentanyl, die ihre Wirkung schon bei äußerst geringen Dosen entfalten. Die stimulierende Wirkung dieser Mittel kommt beim Pferd u. a. zum Ausdruck in einer deutlichen Zunahme der Schrittzahl pro Zeiteinheit (TOBIN 1979 u. 1981). Zusätzlich wirken diese Opioide stark zentral schmerzstillend und heben dadurch das Schmerzgefühl, eine ebenfalls wichtige physiologische Schutzbarriere vor gefährlicher Überbelastung, auf. Die Probleme bei der Anwendung dieser Mittel, die dem Betäubungsmittelgesetz unterstehen, liegen in der kurzen Wirkdauer (im allgemeinen weniger als eine Stunde), in dem erhöhten Risiko von Schrittfehlern durch die Zunahme der Schrittzahl sowie in der ebenfalls geringen Sicherheitsbreite. Bei diesen Mitteln ist eine positive Dopingwirkung nie sicher vorauszusagen; schon geringfügige Überdosierung führt zur Beeinträchtigung geordneter Bewegungsabläufe bis hin zu völliger Inkoordination und Niederstürzen. Eine noch stärkere, allerdings weniger sichere Steigerung des Bewegungsdrangs von Pferden kann durch *Apomorphin* erreicht werden, wobei jedoch derart behandelte Pferde durch eine große Ängstlichkeit auffallen.

Als *chronische Form* des »Dopings auf Sieg« ist die Langzeitverabreichung von Hormonen und Vitaminen, insbesondere von sogenannten *Anabolika,* über Wochen und Monate zu verstehen. Diese Form des Dopings ist im Humansport weit verbreitet und spielt auch im Pferdesport eine zunehmende Rolle. Man versucht hierbei die körperaufbauende Wirkung des männlichen Sexualhormons Testosteron und von ihm abgeleiteter chemischer Substanzen für eine übernatürliche Leistungssteigerung auszunutzen. Durch diese Hormone kommt es zu einer Zunahme der Muskulatur (body-building) und der roten Blutkörperchen, bei jungen Tieren auch zu einer Verstärkung des Knochenbaus. Bisher fehlen aber eindeutige Beweise für einen wirklich leistungssteigernden Effekt dieses Bodybuildings, da es hierbei nicht zu einer Vermehrung, sondern nur zu einer Umfangszunahme der Muskelfasern kommt (CASNER, S. W. et al.). Eine Verbesserung der Leistungsfähigkeit ist nach den augenblicklichen Vorstellungen nur zu erwarten bei einem Einsatz dieser Mittel im Rahmen eines ausgewogenen Konditionsprogramms, z. B. in Kombination mit optimalem Training und Diät. Der Vorteil dieser Substanzen beruht in der Möglichkeit, sie so rechtzeitig vor dem Rennen abzusetzen, daß die Tiere bei noch vorhandener Muskulaturzunahme zum Zeitpunkt des Rennens relativ »sauber« sind.

Aber auch mit den Anabolika wird eine eventuelle Leistungssteigerung, die in den meisten Fällen durch ein optimales Training ebenso zu erreichen wäre, mit einer ganzen Reihe schwerwiegender Nebenwirkungen erkauft. So ist es bis heute nicht gelungen, ein vom Testosteron abgeleitetes Anabolikum herzustellen, das keine androgenen Effekte mehr aufweist. Diese Nebenwirkung äußert sich sinnfällig in der Hengstigkeit von Stuten, insbesondere sind die Tiere deutlich aggressiver und schwieriger zu handhaben. Diese männlichen Sexualhormone greifen aber auch in den komplizierten Regelkreis des Fortpflanzungsgeschehens ein mit der Folge teilweise irreversibler Fruchtbarkeitsstörungen bei Stuten und Hengsten (SQUIRES et al.; TURNER et al.). Bei Jungtieren kann der Einsatz von Anabolika zu Wachstumsstörungen führen. Bei erwachsenen Pferden besteht wegen der im Vergleich zum Skelett überproportionalen Zunahme der Muskulatur eine erhöhte Gefahr von Sehnen- und Bänderrissen (TOBIN 1981).

Eine weitere *paradoxe Form* des Dopings auf Sieg ist die Verabreichung kleiner Dosen von *Beruhigungsmitteln,* die im Gegensatz zu den Stimulantien einen dämpfenden Einfluß auf das Zentralnervensystem ausüben. Zum Einsatz für positives Doping kommen solche Mittel, um sehr nervöse Pferde startfähig zu machen. Im Unterschied zu den früher gebräuchlichen Barbituraten oder Chloralhydrat ist es heute mit den modernen Psychopharmaka möglich, zunächst noch ohne wesentliche Veränderungen des Wachzustandes sowie der Reaktions- und Leistungsfähigkeit der Tiere z. B. durch Neuroleptika die emotionelle Erregbarkeit, den Antrieb und die unwillkürlichen Abwehrbewegungen zu mindern oder durch Tranquillantien Angst- und Spannungszustände zu beseitigen und verkrampfte Muskulatur zu entspannen. Es

kommt dadurch zu einem Abbau leistungsmindernder überreaktiver Erregungszustände auf äußere Reize hin und somit im Sinne eines positiven Dopings zu einer Verbesserung der natürlichen Ausgangslage.
Beim Einsatz der streßmindernden β-Blocker ist bei Rennpferden wegen der herzdämpfenden Wirkungen dieser Verbindungen kein positiver Dopingeffekt, sondern vielmehr ein Leistungsabfall wahrscheinlich.

Doping auf Niederlage

Ein positiver Dopingeffekt von Neuroleptika und Tranquillantien ist allerdings nur in niedriger Dosierung bei nervösen Tieren zu erwarten. Bei einer Erhöhung der Dosis stellt sich, entsprechend der eigentlichen zentral dämpfenden (sedierenden) Wirkungsqualität dieser »Beruhigungsmittel«, eine negative Dopingwirkung ein. Der dämpfende Effekt führt zunehmend zu Antriebslosigkeit, Apathie und Verlust des für die Rennleistung mitentscheidenden Fluchtreflexes. Es wird immer schwieriger, die Tiere anzutreiben. Durch die Möglichkeit der abgestuften Depression des Zentralnervensystems sind die *Neuroleptika* und *Tranquillantien* heute die gebräuchlichen Mittel zum Doping auf Niederlage, da es mit ihnen möglich ist, ohne klinische Symptome einer Sedation die Rennleistung herabzusetzen. Bei dieser Form des Dopings handelt es sich zweifellos um eine sehr subtile und effiziente Methode zur Leistungsminderung, die aber meist von Außenstehenden, z. B. von Konkurrenten, durchgeführt werden dürfte (outside-job). Den Insidern, wie Trainer oder Reiter, stehen wesentlich einfachere, effektvolle Methoden zum negativen Doping zur Verfügung, die nicht mit dem Risiko bei einer Verabreichung von Psychopharmaka behaftet sind, an Hand klinischer Symptome, z. B. Penisvorfall unter dem Einfluß verschiedener Neuroleptika, oder durch die Untersuchung einer Dopingprobe entdeckt zu werden.

Doping zur Wiederherstellung der normalen Leistungsfähigkeit

In diese Kategorie fallen alle *medikamentösen therapeutischen Maßnahmen,* die nur zum Ziel haben, die normale Leistungsfähigkeit des gesunden Tieres wiederherzustellen. Wie unter den Dopingbestimmungen (Seite 762) bereits aufgeführt, besteht zum Zeitpunkt des Rennens aus Gründen des Tierschutzes kein Unterschied zwischen Therapie und Doping. Das hat zur Folge, daß kranke, behandlungsbedürftige Tiere nicht der extremen physischen Belastung eines Rennens ausgesetzt werden dürfen bzw. daß die Therapie so rechtzeitig vor dem Rennen abgesetzt wird, daß am Renntag keine unerlaubten Substanzen mehr im Blut oder Harn des Pferdes nachweisbar sind. Der Verantwortliche, in den meisten Fällen der Trainer, muß sich deshalb bei den von ihm betreuten Tieren über medikamentöse Therapien in der letzten Vergangenheit und über etwaig zu beachtende Absetzfristen kundig machen.
Im europäischen Galopp- und Trabrennsport gibt es keine Ausnahme von dieser Regel. Untersagt sind alle Arzneimittelanwendungen, gleichgültig ob es sich z. B. um eine Entwurmung, eine Behandlung von Infekten oder von Gelenksentzündungen handelt, wenn durch diese nachweisbare Arzneimittelrückstände zum Zeitpunkt des Rennens entstehen.
Unter das Dopingverbot fallen deshalb alle Schmerzmittel, wie z. B. Acetylsalicylsäure, Phenylbutazon, Flunixin u. v. a., die bei Hochleistungspferden in breitem Umfang zur Behandlung von Lahmheiten eingesetzt werden. Unter dem Einfluß dieser Mittel werden die Tiere zu Leistungen fähig, die sie aus ihrem aktuellen Gesundheitszustand heraus niemals erreichen könnten. Zugleich kommt es aber beim Renneinsatz unter einer solchen Therapie zu einer unvertretbar hohen Belastung der erkrankten Gelenke, so daß eine Verschlimmerung des Krankheitsbildes unvermeidbar ist und solche Maßnahmen ganz eindeutig den Tierschutzanforderungen zuwiderlaufen. Solche Schmerzmittel zählen allerdings immer noch zu den weltweit am häufigsten entdeckten Dopingmitteln, was nicht zuletzt auch auf die gute Nachweisbarkeit solcher Verbindungen in den Dopingproben zurückzuführen ist.
Diese Regelung unterscheidet sich von den Verhältnissen in den meisten Staaten der USA. Dort kennt man in liberaleren Dopingbestimmungen den Begriff der *»controlled medication«,* d. h. einer in gewissen Konzentrationsgrenzen erlaubten Anwendung von Mit-

teln mit entzündungshemmender, peripher schmerzstillender und fiebersenkender Wirkung, wie z. B. Phenylbutazon oder Indometacin. Zulässig ist dort teilweise auch die Injektion von Glukokortikoiden in entzündete Gelenke sowie die Verwendung bestimmter muskelentspannender Stoffe und harntreibender Mittel. Derartige »sport's medication« ist in der Bundesrepublik Deutschland während des Rennens, auch zur Behebung geringgradiger Lahmheiten, unzulässig. Eine einzige Ausnahme kennen die Bestimmungen des Reit- und Fahrsports, nach denen mit Zustimmung des Turniertierarztes die Behandlung unbedeutender Krankheitszustände zugelassen ist, wenn dadurch die Leistungsfähigkeit nicht beeinflußt wird.

Die breit praktizierte Schmerzausschaltung zur Behebung der bei Hochleistungspferden mehr oder weniger immer vorhandenen Lahmheiten ist während des Rennens nicht nur aus tierschützerischen Gründen verboten. Nach einer Nervenblockade mit örtlich wirkenden Betäubungsmitteln verliert das Pferd das Gefühl für das betreffende Bein. Schwere Schrittfehler, Knochenbrüche, Stürze und damit eine erhebliche Gefährdung anderer Rennteilnehmer können die Folgen sein.

Unabsichtliches Doping

Diese Sparte des Dopings stellt das größte Problem für alle am Pferdesport beteiligten Personenkreise dar. Immer wieder kommt es zu positiven Dopingbefunden, bei denen mit großer Sicherheit davon ausgegangen werden kann, daß keiner der Beteiligten mit Vorsatz gehandelt hat. Durch die tragende Bedeutung der Arzneitherapie in der Pferdepraxis, die fast unüberschaubare Vielfalt des Arzneimittelmarktes und unseren in vielen Punkten noch lückenhaften Kenntnisstand über Wirkung und Ausscheidung beim Pferd, vor allem unter Leistungsbeanspruchung, ist es auch für den Tierarzt oft schwierig, alle möglichen Folgewirkungen einer Arzneimittelanwendung im Hinblick auf die Einhaltung der Dopingbestimmungen zu überblicken.

Die Ursache für ungewolltes Doping kann z. B. die Unkenntnis der gesamten Wirkungsbreite eines Arzneimittels sein. *Die Dopingdefinition bezieht sich auf alle Wirkungen, d. h. auf die Hauptwirkung und alle Nebenwirkungen einer Substanz.* Es gibt zahlreiche Beispiele von Stoffen, die bei völlig unverdächtiger Hauptwirkung als Nebenwirkung eine »klassische« Dopingwirkung besitzen. Das trifft u. a. für verschiedene Entwurmungsmittel zu, die oft nicht einmal therapeutisch, sondern nur vorbeugend eingesetzt werden, oder für Antihistaminika, die bei Allergien Anwendung finden. Diese Substanzen besitzen als Nebenwirkung einen deutlich zentral dämpfenden Effekt. Im Gegensatz dazu können einige Mittel zur Behandlung von Koliken stimulierend wirken.

Eine weitere Möglichkeit für unbeabsichtigtes Doping besteht bei der Anwendung von *Kombinationspräparaten,* d. h. von Arzneimitteln, die mehrere Wirkstoffe enthalten. Beispiele sind hierfür Penicilline, die als Zusätze örtliche Betäubungsmittel, z. B. Procain, oder Antihistaminika enthalten können, wobei diese Zusätze oft viel länger im Organismus nachweisbar bleiben als das Antibiotikum selbst. Auch viele gängige, schwach wirksame Schmerzmittel sind häufig kombiniert mit Stimulantien, wie z. B. Coffein, oder zentral dämpfenden Pharmaka, wie Barbituraten.

Vielfach übersehen wird die Tatsache, daß nach *lokalen Einreibungen* eine nicht unerhebliche Aufnahme von Bestandteilen der Salben und Lotionen durch die Haut in die Blutbahn erfolgen und zu meßbaren Blutspiegeln führen kann. Dazu zählen auch Stoffe, die häufig in durchblutungsfördernden scharfen Einreibungen (Blistern) enthalten sind, wie Kampfer oder Dimethylsulfoxid (DMSO), die stimulierende bzw. schmerzstillende Wirkungskomponenten besitzen. Auch wenn nicht bewiesen ist, daß durch die Haut resorbierte Mengen dieser Substanzen tatsächlich einen leistungsbeeinflussenden Effekt entfalten, gilt nach den Bestimmungen bereits ein nachweisbarer Blutspiegel als Doping. Eine besondere Problematik besteht noch für DMSO. Diese Substanz kann sowohl Wirkstoff als auch pharmazeutischer Hilfsstoff in einer Arzneizubereitung sein. *Pharmazeutische Hilfsstoffe* brauchen aber nach den arzneimittelrechtlichen Vorschriften nicht deklariert zu werden. Der Anwender hat somit keine Möglichkeit, an Hand des ihm zugänglichen Informationsmaterials Kenntnis vom Vorhandensein solcher Stoffe zu erlangen.

Auch andere pharmazeutische Hilfsstoffe führten zu ungewollten Dopingfällen, wie z. B. Kakaopulver als Trägerstoff eines oral zu verabreichenden Aufbaumittels aus physiologischen Bestandteilen. Kakao enthält Coffein und seinen Abkömmling Theobromin, der nach Verabreichung dieses Stärkungsmittels zu einem positiven Dopingbefund führte. Kakaobestandteile in Futtermitteln waren ebenfalls Ursache mehrerer Dopingfälle im letzten Jahrzehnt in England. Auch dort wurde Theobromin nach unwissentlicher Mitverfütterung von Kakaobestandteilen in Industriefutter bei Dopingkontrollen nachgewiesen (TOBIN 1981).

Die wohl häufigste Ursache unbeabsichtigten Dopings beruht auf der *Unkenntnis der Ausscheidungszeiten* von Arzneimitteln und der daraus resultierenden erforderlichen *Absetzfristen* vor dem Rennen, damit das Pferd bei einer möglichen Dopingkontrolle »sauber« ist.

Nach den derzeit gültigen Dopingbestimmungen darf bei einer Dopinguntersuchung keine auch noch so geringe Menge eines unerlaubten Mittels bzw. seiner Abbauprodukte im Blut oder Harn gefunden werden. Die Absetzfrist ist demzufolge der Zeitraum, der verstreichen muß, bis das Arzneimittel nicht mehr nachgewiesen werden kann. Im Klartext bedeutet das, daß die einzuhaltende Wartezeit durch die Sensitivität der verwendeten Untersuchungsverfahren bestimmt wird und deshalb um so länger ist, je besser die Methode, d. h. je geringer die Nachweisgrenze ist. Eine Verzerrung der ganzen Situation ergibt sich aus der Tatsache, daß es nach der Dopingdefinition a priori unerheblich ist, ob die nachgewiesene Menge noch wirksam im Sinne von Doping ist oder nicht. Für die verschiedenen Dopingmittel unterscheiden sich jedoch die erforderlichen Dosen um mehrere Größenordnungen: die Dosis für entzündungshemmende, schmerzstillende Arzneimittel, z. B. für Phenylbutazon, ist 10- bis 100fach höher als die Dosis für Weckamine, z. B. Metamphetamin, bzw. sogar mehr als 1000fach höher als die wirksame Dosis Morphin-ähnlicher Substanzen, wie Fentanyl. Diese Unterschiede führen auch zu entsprechenden Unterschieden in den Blutspiegeln der verschiedenen Substanzen. Diese Fakten haben wiederum zur Folge, daß mit den heutigen, sehr sensitiven Routineverfahren bei Dopinguntersuchungen hochdosierte Wirkstoffe, wie Phenylbutazon, über mehrere Tage hinweg nachweisbar sind und auch Konzentrationen weit unterhalb jeder Wirksamkeit problemlos aufgespürt werden können, während andererseits Stoffe, von denen schon 1 Milligramm (mg = 1 tausendstel Gramm) pro Pferd ausreicht, sich manchmal selbst kurz nach der Verabreichung, noch zum Zeitpunkt maximal wirksamer Blutspiegel, dem Nachweis mit den üblichen Routineverfahren entziehen und nur mit Hilfe spezieller Methoden erfaßt werden können.

Um zu verhindern, daß minimale, mit Sicherheit unwirksame Mengen als Doping bezeichnet werden müssen, erscheint es sinnvoll, für Arzneimittel *maximal zulässige Blutspiegel* festzulegen. Bisher wurde ein derartiger erlaubter Maximalwert von der Internationalen Pferdesportvereinigung (FEI) nur für Phenylbutazon in Höhe von 4 µg pro ml Blutplasma festgelegt. Dieser Wert wurde in die Dopingbestimmungen des Reit- und Fahrsports der Deutschen Reiterlichen Vereinigung (FN) übernommen. Er gilt *nicht* im deutschen Trab- und Galopprennsport.

Aber auch eine solche Liste erlaubter Maximalwerte bringt für Pferdebesitzer und Trainer nicht die Lösung des Problems, welche Absetzfristen vor dem Rennen einzuhalten sind. Es existieren zwar für viele Dopingmittel *Blutspiegelverlaufskurven* beim Pferd, an Hand derer die Zeiträume bis zum Erreichen des erlaubten Maximalwerts bzw. bis zur theoretischen Endausscheidung ermittelt werden können, sie gelten jedoch nur unter den bei den Messungen vorherrschenden Versuchsbedingungen. In der Praxis kommt aber eine Vielzahl, bei experimentellen Untersuchungen in ihrer Gesamtheit *nicht kalkulierbarer Faktoren* zum Tragen, welche die Ausscheidung und damit die Dauer der Absetzfrist erheblich beeinflussen können.

Solche Faktoren können zum Beispiel sein:

- ☐ *Der Säuregrad des Harns* (pH-Wert). Die Ausscheidung von Arzneimitteln über die Nieren (im allgemeinen der Hauptausscheidungsweg) ist abhängig vom pH-Wert des Harnes: Saure Arzneimittel (z. B. viele Schmerzmittel) werden besser bei alkalisch reagierendem Harn (hoher pH-Wert) bzw. basische Arzneimittel (z. B. einige Stimulantien oder Lokalanästhetika) besser in saurem Harn (niedriger pH-Wert) ausgeschieden und umgekehrt. Der pH-Wert des Harns kann u. a. beeinflußt werden durch die Ernährung oder durch Belastung. Nach starkem Training oder nach einem Rennen reagiert der Harn stärker sauer, so daß unter diesen Bedingungen saure Arzneimittel langsamer und basische Wirkstoffe schneller ausgeschieden werden (TOBIN 1981).

- *Die Abbaugeschwindigkeit der Arzneimittel in der Leber.* Diese hängt vom Blutfluß durch die Leber ab, der während einer starken Belastung erheblich abnehmen kann. Die Abbaurate kann auch durch andere gleichzeitig oder kurz zuvor verabreichte Arzneimittel verändert werden. So bewirken z. B. Barbiturate eine Beschleunigung des Abbaus vieler Arzneimittel, während andere Stoffe, wie das Antibiotikum Chloramphenicol, den Abbau hemmen und dadurch die Ausscheidungszeit vieler Arzneimittel verlängern können.
- *Wechselwirkungen kombiniert verabreichter Arzneimittel.* Gleichzeitig gegebene Arzneimittel, oft in Kombinationspräparaten, können sich nicht nur gegenseitig beim Abbau in der Leber behindern, es können bereits Wechselwirkungen bei der Aufnahme in die Blutbahn und insbesondere auch bei der Ausscheidung über Niere und Galle auftreten mit der Folge entsprechend verlängerter Ausscheidungszeiten. Ein typisches Beispiel für solche Arzneimittelwechselwirkungen aus der Praxis ist die spezifische Hemmung des abbauenden Enzymsystems für verschiedene örtlich betäubende Mittel (Lokalanästhetika), z. B. Procain, durch bestimmte Entwurmungs- und Insektenvertilgungsmittel, die auch nach äußerlicher Anwendung zu einer verzögerten Ausscheidung dieser Lokalanästhetika führen können.
- *Der Gesundheitszustand des Pferdes.* Von kranken Tieren werden im allgemeinen Arzneimittel langsamer ausgeschieden, insbesondere wenn Leber- und Nierenschäden vorliegen.

Aus diesen Gründen wird es verständlich, daß es derzeit nicht möglich ist, eine pauschale Absetzfrist für Arzneimittel vor dem Rennen anzugeben. Grundsätzlich ist eine solche Absetzfrist eine für jedes Arzneimittel substanzspezifische Konstante. Die öfter als generelle Richtlinie angegebene Absetzfrist von 8 Tagen stellt eine viel zu grobe Vereinfachung dar. Diese Frist reicht für die meisten Arzneimittel, um keine Dopingwirkung mehr zu entfalten und auch bei einer Dopingkontrolle nicht mehr nachgewiesen zu werden. Es gibt jedoch etliche Wirkstoffe, die auch nach Ablauf dieser Frist sicher nachgewiesen werden können und die auch noch, wie anabole Hormone, im Sinne von Doping wirksam sind (MOSS et al.).

Dopingbestimmungen enthalten teilweise befristete Anwendungsverbote für alle Mittel, außer Futter und Wasser, am Renntag (Galopprennsport) bzw. das Verbot parenteraler Arzneimittelanwendungen in den letzten 48 Stunden vor dem Rennen (Trabrennsport). Hierbei handelt es sich aber nicht um ausreichende Absetzfristen, sondern in erster Linie um eine Maßnahme zur Verhinderung der Manipulation von Pferden auf dem Rennplatz. Als einziger Verband im europäischen Trabrennsport kennt Schweden eine Liste von Absetzfristen:

- 30 Tage für anabole Hormone,
- 14 Tage für Glukokortikoide, Phenylbutazon, Oxyphenbutazon, ACTH,
- 4 Tage für alle anderen durch Injektion oder Infusion verabreichten Arzneimittel.

Die augenblickliche Situation ist sicherlich für alle am Pferdesport Beteiligten unbefriedigend. So ist das Risiko, nach therapeutischen Arzneimittelanwendungen möglicherweise bei einer Dopingkontrolle aufzufallen, in bestimmten Zeiträumen mit erheblichen Unwägbarkeiten belastet und nie ganz auszuschließen. Auf keinen Fall kann es Sinn der Dopingbestimmungen sein, eventuell notwendige Therapien zu verhindern, und es bleibt unter den gegebenen Bedingungen letztlich Aufgabe der Schiedsgerichtsbarkeiten, solch unbeabsichtigtes Doping unter Berücksichtigung und Abwägung der ganzen Problematik gebührend zu werten.

Doping mit körpereigenen Substanzen

Eine Zwischenstellung zwischen erlaubter und unerlaubter Manipulation einerseits und innerhalb der Dopingformen andererseits nimmt die Verabreichung körpereigener Substanzen ein. Nach den Dopingbestimmungen ist die Zufuhr z. B. von Elektrolyten und Traubenzucker verboten, wenn diese nicht

Bestandteil des normalen Futters sind. In jedem Fall als Doping zu klassifizieren ist die Verabreichung von Eigenblut oder dessen Bestandteilen, z. B. in Form eines Erythrozytenkonzentrates, das zu einem früheren Zeitpunkt entnommen und bis zum Zeitpunkt des Rennens konserviert worden war. Ziel hierbei ist es, den Hämoglobingehalt des Blutes und damit dessen Sauerstofftransportkapazität aktuell zum Rennen zu erhöhen und eine Leistungssteigerung über die physiologischen Schutzbarrieren hinaus zu erreichen. Allerdings steht der Beweis einer tatsächlichen Leistungsverbesserung beim Pferd bislang noch aus, nicht zuletzt auch wegen der großen Blutmengen, die hierfür erforderlich wären.

Elektrolyte werden dem Pferd mit der normalen Ernährung in ausreichendem Maß zugeführt, so daß ihre prophylaktische Verabreichung auch noch direkt vor dem Rennen, abgesehen von Bikarbonationen, keinen leistungsverbessernden Effekt bringt. Leistungsmindernde Elektrolytverluste entstehen erst bei sehr langdauernder exzessiver Beanspruchung als Folge umfangreicher Wasser- und Elektrolytverluste über den Schweiß. Diese Verluste betreffen in erster Linie Natrium- und Chloridionen, während Reduktion der Ionenspiegel von Kalium und Calcium, die für Erregungsleitung und Muskelkraft von Bedeutung sind, meist erst als Folgeerscheinungen des Verlustes von Kochsalz und von Verschiebungen des Säure-Basen-Haushalts auftreten. Elektrolyt- und Wasserverluste lassen sich auch bei langen, anstrengenden Leistungsprüfungen durch entsprechendes Tränken der Tiere mit kochsalzhaltigem Wasser nahezu vollständig wieder ausgleichen, wobei eine derartige Maßnahme nicht als Doping, sondern als Verabreichung normaler Ernährung einzustufen ist. Anders verhält es sich jedoch, wenn Elektrolyte nicht oral, sondern durch Infusion oder Injektion verabreicht werden, d. h., wenn sie nicht als normaler Futterbestandteil zugeführt werden. Solche Manipulationen sind begrifflich von den Dopinglisten erfaßt und somit verboten. Trotzdem ist auf Renn- und Turnierplätzen die Unart weit verbreitet, den Pferden vor und zwischen den Leistungsprüfungen Elektrolyt- und Glucoseinfusionen zu verabreichen. Solche schwer nachweisbare Manipulationen im Grenzbereich der Legalität waren mit der Hauptgrund dafür, daß im Trab- und Galopprennsport am Renntag Infusionen und Injektionen grundsätzlich verboten wurden.

Eine positive Dopingwirkung im Sinne einer Mobilisierung geschützter Leistungsreserven ist in der Gruppe der Elektrolyte nur von Bikarbonationen möglicherweise zu erwarten. Diese Ionen stellen die »Alkalireserve« des Organismus dar, die für die Aufrechterhaltung eines ausgeglichenen Säure-Basen-Haushalts in Blut und Gewebe erforderlich ist. Bikarbonationen neutralisieren überschüssige Säure und schützen somit den Organismus vor gefährlicher Übersäuerung. Zu einer Übersäuerung kann es bei starken Muskelbelastungen, z. B. bei einem Rennen kommen, wenn infolge nicht ausreichender Sauerstoffversorgung der Muskulatur der Milchsäurespiegel ansteigt. Der Muskelkater durch diese Übersäuerung bewirkt die wichtigen physiologischen Schutzfunktionen vor Überlastung, das Ermüdungsgefühl und den Schmerz. Durch Neutralisation der Milchsäure mit Bikarbonationen müßte es demzufolge möglich sein, diese Schutzbarrieren zu überwinden und in autonom geschützte Leistungsbereiche vorzustoßen. Jedoch konnte beim Pferd eine Verbesserung der Ausdauerleistung weder durch diätetische noch durch Infusionsverabreichung von Bikarbonat erzielt werden (TOBIN, 1981).

Ähnlich den Elektrolyten ist die Verwendung von Traubenzucker zu bewerten. So ist auch hier diätetische Verabreichung als Futterbestandteil nicht als Doping zu betrachten, während Glucoseinfusion oder -injektion eine nach den Dopinglisten verbotene Zufuhr körpereigener Substanzen von außen darstellt. Allerdings wird die Bedeutung der Glucose als leicht mobilisierbare Energiereserve häufig viel zu sehr überschätzt. So bleibt bei einer akuten Rennbelastung der Blutzuckerspiegel unverändert (BERGSCHNEIDER, 1982), so daß ein positiver Dopingeffekt, wenn überhaupt, nur bei Dauerbelastung möglich ist.

Körpereigene Substanzen besitzen wegen ihrer nicht vorhandenen oder zweifelhaften, direkt leistungssteigernden Wirkung bei exogener Zufuhr keine Bedeutung als Mittel für positives Doping bzw. Doping zur Wiederherstellung der natürlichen Leistungsfähigkeit. Deshalb ist es auch prinzipiell unerheblich, daß sich diese Mittel wegen der schwierigen Abgrenzung zu endogenen Blutspiegeln weitgehend den üblichen Dopinguntersuchungen entziehen.

Maßnahmen zur Erschwerung des Dopingnachweises

In dieser Kategorie spielen nur Substanzen eine Rolle, die ohne eigene Dopingwirkung zusammen mit dem Dopingmittel verabreicht werden mit dem Ziel, den analytischen Nachweis des eigentlichen Dopingmittels zu erschweren. Zur Anwendung kamen hierfür früher sogenannte Maskierungsmittel, z. B. Vitamin B_1, das andere Arzneimittel bei bestimmten Detektionsverfahren überlagern kann, oder harntreibende Mittel, um den Wirkstoff im Untersuchungsmedium Harn zu verdünnen. Für die heutigen, routinemäßig gebräuchlichen Nachweisverfahren, durch die geringste Mengen von Arzneimitteln substanzspezifisch aufgespürt werden können, stellen solche Manipulationen allerdings kein Problem mehr dar, sie besitzen deshalb fast nur mehr historisches Interesse.

Physikalisches Doping

Unter diesem Begriff sind alle Maßnahmen zu verstehen, die nicht durch Verabreichung chemischer Substanzen zu einer Leistungsbeeinflussung führen. Beispiele hierfür sind Nervenschnitte, Luftröhrenschnitte mit Einsatz von Kanülen, spitze Gegenstände an Sattel, Peitsche, Reitstiefeln (Sporen), elektrische Reize, Eispackungen, Akupunktur, Ultraschall, UV-Strahlen u. a. m. Eine Vielzahl dieser Maßnahmen verbietet sich strikt aus Gründen des Tierschutzes. Bisher beinhalten jedoch nur die Dopingbestimmungen des Galopprennsports ein Verbot von Nervenschnitten an den Gliedmaßen sowie des Mitführens und Anwendens technischer Mittel im Rennen. Andere Pferdesportverbände, auch die U. E. T., scheuten bis heute vor einer Aufnahme physikalischer Dopingmethoden in ihre Bestimmungen zurück, einerseits aus Gründen der Begriffsdefinition und der Abgrenzung von zulässigen Maßnahmen (z. B. Wassergüsse, Massagen), andererseits aber auch wegen der oft unmöglichen Kontrollierbarkeit. Fehlende Kontrollmöglichkeiten dürfen jedoch kein Grund dafür sein, auf ein Verbot zu verzichten. Auch chemisches Doping ist in seiner ganzen Breite nicht vollständig kontrollierbar. Da konsequenterweise ein Verbot immer vor einer Kontrolle steht, sind die Dopingbestimmungen in dieser Hinsicht unbedingt verbesserungsbedürftig.

Doping bei den einzelnen Pferdesportarten

Bei grundsätzlich gleicher Zielsetzung in allen Pferdesportarten, durch positives Doping die natürliche Leistungsfähigkeit zu verbessern, bestehen entsprechend dem Verwendungszweck des Pferdes graduelle Unterschiede im Spektrum der bevorzugten Dopingmittel.

Bei der *Dressur* steht eine milde Beruhigung im Vordergrund, um den Tieren Nervosität und Angst zu nehmen, sie weniger von außen beeinflußbar zu machen und dadurch ihre Konzentration zu steigern sowie die Koordination des Bewegungsablaufs zu verbessern.

In der Dressur und vor allem im *Springsport* ist durch die Verwendung von Anabolika auf Grund der damit verbundenen Gewichtszunahme kein Leistungsgewinn zu erwarten. Im Springen spielen zentrale Stimulantien eine Rolle, ebenso wie entzündungshemmende, schmerzstillende Mittel zur Behandlung von Gelenksschäden.

In der *Vielseitigkeitsprüfung* besitzen im Gelände insbesondere solche Dopingsubstanzen eine Bedeutung, die Tempo und Ausdauer fördern, wie die akut wirkenden Stimulantien und vor allem Anabolika. Mittel zur Behandlung von Lahmheiten und Gelenkserkrankungen finden bei dieser Sportart ebenso eine breite Anwendung wie im *Trab- und Galopprennsport*.

Bei diesen Rennsportarten sind weitere Dopingformen eine milde Beruhigung als Starthilfe und andererseits die Steigerung von Tempo und Ausdauer, insbesondere durch akute Stimulation, teilweise auch durch Anabolika, um eine übernatürliche Rennleistung zu erzielen. Bei Trabern werden geringe Dosen von Tranquillantien auch zur Verhütung des Angalopps eingesetzt, während durch die Verwendung von zentralen Stimulantien die Gefahr des Angaloppierens steigt.

Dopingkontrolle

Entnahme der Dopingprobe

Jeder Teilnehmer an Wettbewerben im Pferdesport unterwirft sich den Dopingbestimmungen der einzelnen Turnierordnungen, z. B. der Trabrennordnung (§ 93), der Galopprennordnung oder der Leistungsprüfungsordnung (§ 67). Danach ist jeder Besitzer verpflichtet, bei seinem Pferd angeordnete Dopingproben zu dulden sowie hierfür geeignetes Hilfspersonal zur Verfügung zu stellen und sonstige Hilfestellung zu leisten.

Die Pferde, die zur Dopingkontrolle kommen, werden von der Turnierkommission oder der Rennleitung ausgelost bzw. im Verdachtsfall bestimmt. Im Trabrennsport sollen bei Zuchtrennen immer von den drei Erstplacierten Proben genommen werden. Jeder Besitzer und der Rennbahntierarzt sind verpflichtet, bei Verdacht auf Doping die Rennleitung zu informieren. Insbesondere der klinischen Untersuchung durch den Rennbahntierarzt kommt bei der Feststellung eines Dopingverdachts und der damit möglicherweise gezielteren Dopinguntersuchung eine wichtige Rolle bei der Dopingbekämpfung zu.

In Deutschland werden nur Dopingproben *nach* dem Rennen genommen. Das teilweise in Amerika praktizierte System, Proben vor dem Rennen zu entnehmen und zu untersuchen (pre-race testing), kommt nicht zur Anwendung. Die Probennahme erfolgt durch einen beauftragten Turnier- oder Rennbahntierarzt, dem hierzu von der Rennleitung ein »Dopingbesteck« zur Verfügung gestellt wird, bestehend aus Blutentnahmebesteck, Metallverschlüssen (Galopprennsport, FN) bzw. Transportflaschen mit Versiegelungsbanderolen (Trabrennsport), Transportbehälter und Dopingprotokoll. Von jedem Pferd werden zwei Blutproben gewonnen, getrennt versiegelt und nach Kühllagerung zusammen mit dem Dopingprotokoll an die zur Untersuchung von den einzelnen Verbänden autorisierten Labors in Köln (Galopprennsport, FN) bzw. München (Trabrennsport) versandt.

Als Untersuchungsmaterial kommen in Betracht *Blut, Harn, Speichel oder Schweiß*. Speichel- und Schweißproben spielen heute keine Rolle mehr in der Dopingkontrolle. In Deutschland werden nur Blutproben verwendet, während in den meisten europäischen Ländern und in den USA und Japan der *Harnprobe* der Vorzug gegeben wird. Harn stellt zweifellos das beste Untersuchungsmedium dar. Alle Arzneimittel werden vollständig oder zumindest in einem großen Anteil über die Niere ausgeschieden. Der Vorteil für den Arzneimittelnachweis besteht darin, daß die Wirkstoffe und ihre Umwandlungsprodukte aus dem großen Volumen des Blutes und des gesamten Körperwassers in die geringe Menge des Harnes konzentriert werden. Das hat zur Folge, daß viele Substanzen, die schnell aus der Blutbahn verschwinden, noch tagelang im Harn nachweisbar sein können. Ein weiterer Vorteil ist, daß von Harnproben verhältnismäßig große Mengen erhalten werden können, wobei aber die relativ einfache Probennahme dadurch erschwert wird, daß nicht in jedem Fall in kurzer Zeit nach dem Rennen eine Probe gewonnen werden kann. Die Erfahrung zeigt aber, daß ca. 80% der Pferde in den ersten 30 Minuten nach dem Rennen spontan Harn absetzen, nach 3 Stunden liegt die Erfolgsquote bei 90%.

Blutproben können immer sofort nach dem Rennen entnommen werden und sind außerdem weniger leicht zu verfälschen. Der Nachteil liegt aber insbesondere darin, daß nur eine kleinere Menge gewonnen werden kann, daß die Wirkstoffe im Blut in geringerer Konzentration vorliegen, daß einige Substanzen schnell aus der Blutbahn verschwinden und schon nach kurzer Zeit in Blutproben nicht mehr nachweisbar sind, und daß ferner der hohe Eiweißgehalt des Blutes die Analytik erschwert.

Untersuchung der Dopingprobe

Im Untersuchungslabor wird von den zwei eingesandten Dopingproben eine Probe geöffnet und analysiert, die andere Probe wird für die Durchführung der Kontrollanalyse bei einem positiven Ergebnis der Erstuntersuchung ebenfalls dort im Labor versiegelt aufbewahrt.

Für die Untersuchung wird aus dem Blut durch Abschleudern der Zellbestandteile Serum gewonnen. Aus dem Serum oder Harn werden mit verschiedenen Verfahren, meist unter Verwendung flüchtiger, nicht wäßriger Lösungsmittel (z. B. Ether), die interessierenden Substanzen in mehreren Schritten aus saurer, alkalischer und neutraler Lösung herausextrahiert und anschließend konzentriert. Die aufgereinigten und angereicherten Extrakte werden dann durch spezielle Verfahren in ihre Einzelbestandteile aufgetrennt, die über verschiedene Verfahren nachgewiesen werden.

Betrachtet man die Größenordnungen der Mengen an Dopingmitteln, die in den Proben enthalten sein können, so ergibt sich zwangsläufig die Notwendigkeit zur Verwendung äußerst empfindlicher Analysenverfahren:

- ☐ Die Dosis für fast alle Dopingmittel liegt im Bereich von einigen Milligramm bis wenigen Gramm pro Pferd.
- ☐ Die Blutspiegel nach solchen Dosen erreichen Werte von wenigen Nanogramm (ng = milliardstel Gramm) bis maximal einigen Mikrogramm (µg = millionstel Gramm) pro ml Blut.

  Für die Analyse stehen im allgemeinen nur etwa 5–10 ml Blutserum zur Verfügung; das bedeutet, daß auch nach Konzentrierung die erhaltenen Mengen im Nanogramm- bis Mikrogrammbereich liegen.

Ferner wird die Analyse auch erschwert durch den Umbau der Arzneimittel im Organismus zu chemisch veränderten Formen (Metaboliten), durch die teilweise sehr ähnliche Struktur zu körpereigenen Substanzen (z. B. anabole Hormone) wie auch durch Fremdstoffe aus der Fütterung, z. B. Konservierungsmittel oder Weichmacher.

Die Analysenverfahren müssen geeignet sein, solche Spurenmengen sicher qualitativ und weitgehend quantitativ nachzuweisen und Verwechslungen auszuschließen. Die extreme Verfeinerung der Analysentechnik in den letzten dreißig Jahren erlaubte ein immer tieferes Vordringen in minimalste Konzentrationsbereiche, was nicht zuletzt auch erforderlich war, um die gleichzeitig entwickelten, in immer geringeren Dosen wirksamen Arzneimittel nachweisen zu können.

Die Methode der Wahl zur Auftrennung kleinster Substanzmengen ist die *Chromatographie.* Hierbei läuft das zu trennende Gemisch mit Hilfe eines Fließmittels über ein Trägermaterial, wobei die einzelnen Substanzen auf Grund ihrer chemischen Eigenschaften unterschiedlich stark vom Trägermaterial zurückgehalten werden. Die Auftrennung erfolgt durch die daraus resultierenden verschiedenen Wanderungsgeschwindigkeiten, die von der chemischen Struktur abhängig und für jede Substanz charakteristisch sind.

Bei der *Dünnschichtchromatographie* läuft das Substanzgemisch über einen dünnen Film Trägermaterials auf einer Platte. Unterschiedliche Substanzen wandern hierbei auf der Platte unterschiedlich weit und können dann durch spezifische Farbreaktionen lokalisiert werden. Mit dieser Methode sind Analysen allerdings nur bis in den µg-Bereich möglich.

Eine Abwandlung stellt die *Säulenchromatographie* dar, bei der das Trägermaterial in eine Säule gepackt ist. Entsprechend der unterschiedlichen Rückhaltung auf der Säule erscheinen die Einzelsubstanzen zu verschiedenen Zeiten mit dem Fließmittel im Auslauf der Säule und stehen dann für weitere Untersuchungen zur Verfügung. Wird eine Säulenchromatographie unter hohem Druck, als sogenannte *Hochdruckflüssigkeitschromatographie* (HPLC) durchgeführt, können in kurzen Zeitspannen Trennungen von ng-Mengen erzielt werden.

Die HPLC mit ihren großen Vorteilen wird zunehmend zusätzlich zu der heute allgemein in der Dopinganalytik gebräuchlichen *Gaschromatographie* (GC) eingesetzt. Bei der GC wird an Stelle des Fließmittels ein Trägergas verwendet und das Substanzgemisch erhitzt, bis die Einzelbestandteile in einen flüchtigen Zustand übergehen. Durch den Einsatz spezieller Detektoren sind Nachweise im Nanogramm- bis in den Pikogrammbereich (pg = billionstel Gramm) möglich. Nachteile der GC sind, daß die Substanzen bei der Detektion verlorengehen, temperaturempfindliche Stoffe sich zersetzen können und der Nachweis, wie auch bei allen anderen Chromatographiearten, nicht substanzspezifisch ist.

Das beste und sicherste heute verfügbare Verfahren zur eindeutigen Identifizierung unbekannter Substanzen ist die *Massenspektrometrie.* Hierbei können in einem komplizierten Verfahren mit technisch sehr aufwendigen Geräten die Massen einzelner Substanzen bzw. ihrer charakteristischen Bruchstücke genau bestimmt werden. Durch Koppelung eines Gaschromatographen mit einem Massenspektrometer wird es möglich, die Einzelbestandteile nach der chromatographischen Trennung direkt zu identifizieren und Verwechslungen praktisch auszuschließen.

Vorgehen bei positiven Proben

Als positiv wird eine Dopingprobe bezeichnet, wenn in ihr eine nach den Dopinglisten unerlaubte Substanz in einer beliebigen Menge nachgewiesen worden ist. Als analytische Grundvoraussetzung hierfür sollte der Nachweis in zwei unterschiedlichen Chromatographiesystemen zusammen mit einem substanzspezifischen Nachweis, z. B. Identifizierung mittels Massenspektrometrie, gelten.

Nach Mitteilung des positiven Ergebnisses wird das Pferd vom Turnier ausgeschlossen oder, wie im Trabrennsport, mit einer sofort wirksamen, mindestens 6monatigen Sperre belegt. Der betroffene Pferdebesitzer hat die Gelegenheit, innerhalb einer Woche nach Mitteilung des Dopingbefundes eine Kontrollanalyse des Erstergebnisses zu beantragen. Die Durchführung dieser Gegenanalyse erfolgt im Labor der Erstuntersuchung. Hierbei kann der Pferdebesitzer, sein Beauftragter oder ein von ihm benannter Gegengutachter anwesend sein. Im Trabrennsport besteht zusätzlich die Möglichkeit, ein vom Verband benanntes neutrales Institut mit der Untersuchung zu beauftragen. Ergibt die Zweituntersuchung ebenfalls ein positives Ergebnis, bleibt die Sperre weiterhin bestehen und es können unter Umständen weitere Strafmaßnahmen gegen den *Verantwortlichen,* im allgemeinen gegen den Trainer bzw. Reiter/Fahrer, verhängt werden.

Aus Gründen der Effektivität bei der Dopingbekämpfung erscheint es sinnvoll, eindeutige Verantwortlichkeiten bei Verstößen festzulegen. Für die Trainer ist diese Situation jedoch sicher nicht befriedigend, da sie oftmals nicht alle Manipulationen, insbesondere von seiten der Besitzer, an den von ihnen trainierten Pferden in ihrer Gesamtheit überblicken können. Der Hauptverband für Traber-Zucht und -Rennen hat deshalb ein Muster einer vertraglichen Vereinbarung entworfen, mit der sich die Trainer insoweit absichern können, als sie sich von dem Pferdebesitzer bestätigen lassen, daß an seinem Pferd keine unerlaubten Mittel angewendet bzw. medikamentöse Behandlungen rechtzeitig abgesetzt wurden (Trabrennkalender Nr. 18 vom 10. 5. 1984, Seite 11).

Statistiken über positive Dopingfälle im Pferdesport zeigen weltweit eine ungefähr gleiche *Aufklärungsquote* in der Größenordnung von 1–2‰. Das bedeutet, daß im Durchschnitt nur 1–2 Fälle von Doping pro 1000 untersuchter Dopingproben aufgedeckt werden. Diese Zahl hat sich seit 1950 praktisch nicht verändert, wie aus amerikanischen Statistiken für den Zeitraum von 1950–1972 und aus Aufstellungen des europäischen Trabrennsports für 1979–1982 hervorgeht. Man sieht lediglich eine Verschiebung im Spektrum der aufgedeckten Substanzen, entsprechend der Weiterentwicklung auf dem Arzneimittelmarkt, so z. B. von den Barbituraten hin zu Neuroleptika und Tranquillantien, und in letzter Zeit als Folge verbesserter Analysentechnik das vermehrte Auffinden anaboler Hormone.

Die Tatsache, daß die Zahl der Dopingfälle auch mit der extremen Verfeinerung der Untersuchungsmethoden nicht zunahm und in breit angelegten statistischen Erhebungen über Jahrzehnte hinweg nur geringfügigen Schwankungen unterlag, kann als Beweis dafür gelten, daß die geringe Häufigkeit nachgewiesenen Dopings die tatsächliche Situation der Dopingszene widerspiegelt. Sicherlich spielt hierfür die abschreckende Wirkung von Dopingkontrollen eine Rolle. Von weitaus größerer Bedeutung ist jedoch die Tatsache, daß die überwiegende Mehrheit der am Pferdesport Beteiligten viel zu verantwortungsbewußt ist, um zum Mittel des chemischen Dopings zu greifen und sich damit nicht nur in Widerspruch zu den Dopingbestimmungen zu setzen, sondern auch gegen Vorschriften des Tierschutz- und Arzneimittelgesetzes, unter Umständen auch des Betäubungsmittelrechts zu verstoßen. Ferner zeigt die Erfahrung, daß Doping nur kurzfristig Vorteile bringen kann, die aber oftmals die dabei erkauften Folgeschäden bei weitem nicht aufwiegen. *Sicherstes und bestes Doping zur Leistungssteigerung sind optimales Training und Haltung.*

Je besser vorbereitet und trainiert ein Pferd ist, um so weniger Wirkung kann durch Dopingmittel erzielt werden, während sich andererseits Trainingslücken auch mit den ausgefeiltesten Dopingmethoden auf Dauer nicht schließen lassen.

Dopinglisten

Reit- und Fahrsport

Liste der Deutschen Reiterlichen Vereinigung e.V. (FN), Warendorf

Liste der kontrollierten Substanzen

I. Liste der verbotenen Substanzen

1. Verbotene Substanzen sind Substanzen mit äußerem Ursprung, ob sie für das Pferd endogen sind oder nicht.

- □ Substanzen, die auf das zentrale oder periphere Nervensystem wirken.
- □ Substanzen, die auf das autonome Nervensystem wirken.
- □ Substanzen, die auf das kardiovaskuläre System wirken.
- □ Substanzen, die auf den Bewegungsapparat wirken.
- □ Substanzen, die die Magen-Darm-Funktionen beeinflussen.
- □ Antivirale, antimikrobielle, antiparasitäre Substanzen.
- □ Antihistamine.
- □ Antipyretika.
- □ Analgetika.
- □ Entzündungshemmende Substanzen – außer Phenylbutazon (siehe unten).
- □ Diuretika.
- □ Lokalanästhetika.
- □ Muskelrelaxantien.
- □ Respiratorische Stimulantien.
- □ Sexualhormone, Anabolika.
- □ Corticosteroide Substanzen.
- □ Endokrine Sekrete und ihre synthetischen Gegenstücke.
- □ Cytotoxische Substanzen.
- □ Experimentelle Substanzen, die noch nicht genehmigt und registriert wurden.
- □ Jede andere Substanz als normale Ernährung, die in der Lage sein kann, die Leistung eines Pferdes zu beeinflussen.

2. Der Gebrauch von Lokalanästhetika und Antibiotika (antivirale, antimikrobielle, antiparasitäre Substanzen) zur Behandlung kleinerer Krankheitszustände, Schnitte und Abschürfungen ist während des Turniers gestattet, wenn die schriftliche Genehmigung der Veterinärkommission oder des Turniertierarztes vorliegt; falls eine solche Behandlung kurz vor einem Turnier notwendig wird, ist sie auch gestattet, falls sie von einem Tierarzt durchgeführt wird und der Veterinärkommission (Turniertierarzt) angezeigt wird. Falls nach Meinung der Veterinärkommission (Turniertierarzt) die Menge der verabreichten Substanzen geeignet sein kann, die Leistung des Pferdes während des weiteren Turniers unfair zu beeinflussen, kann sie der Richtergruppe empfehlen, das Pferd auszuschließen.

II. Liste der Substanzen mit erlaubten Maximalwerten

- □ Phenylbutazon – 4 Mikrogramm pro Milliliter Blutplasma.
- □ Oxyphenbutazon ist nur zulässig als Stoffwechselprodukt von Phenylbutazon.

Diese FN-Liste der kontrollierten Substanzen ist identisch mit der entsprechenden Liste der FEI.

Durchführungsbestimmungen zu § 67 LPO Dopinguntersuchungen

Da die Durchführungsbestimmungen zu § 67 seit 1. April 1982 Bestandteil der LPO, Teil D sind, ist ab sofort in die Besonderen Bestimmungen aller Ausschreibungen von PS/PLS folgender Satz aufzunehmen:

> Dopinguntersuchungen: Es wird besonders auf die einschlägigen Bestimmungen des LPO – §§ 66 und 67 – sowie die Liste der verbotenen Substanzen – vgl. Kalender Nr. 11/82 – hingewiesen und ausdrücklich darauf aufmerksam gemacht, daß sich jeder Nenner mit der Abgabe seiner Nennung diesen und den dazu erlassenen Durchführungsbestimmungen – vgl. Teil D der LPO – unterwirft.

Galopprennsport

Liste des Direktoriums für Vollblutzucht und Rennen, Köln

Unerlaubte Mittel

I. Unerlaubte Mittel sind folgende Stoffe, die selbst oder in ihren Umwandlungsprodukten im Körper, in den Körperflüssigkeiten oder in den Körperausscheidungen eines Pferdes vor und nach dem Rennen nachgewiesen werden.

- □ Auf das zentrale oder periphere Nervensystem wirkende Mittel.
- □ Auf das vegetative Nervensystem wirkende Mittel.

Fortsetzung s. nächste Seite

- □ Auf den Kreislauf wirkende Mittel.
- □ Die Funktionen von Magen und Darm beeinflussende Mittel.
- □ Antibiotika, sowie synthetische Mittel zur Bekämpfung von Bakterien, Viren und Parasiten.
- □ Anitihistaminika.
- □ Mittel zur Bekämpfung von Malaria.
- □ Fiebermittel, schmerzstillende und entzündungswidrige Mittel.
- □ Harntreibende Mittel.
- □ Mittel zur örtlichen Betäubung.
- □ Mittel zur Muskelerschlaffung.
- □ Mittel zur Beeinflussung der Atmung.
- □ Geschlechtshormone, anabole Steroide (Anabolika) und Corticosteroide.
- □ Sonstige Hormone und entsprechende synthetische Mittel.
- □ Mittel zur Beeinflussung der Blutgerinnung.
- □ Zellgifte enthaltende Mittel (zytotoxische Substanzen).

II. Unerlaubte Mittel sind ferner

- □ Alle Stoffe (Medikamente, Vitamine, Hormone usw.), außer dem üblichen Futter und Wasser, die einem Pferd an dem Tage, an dem es an einem Rennen teilnimmt, vor Beendigung dieses Rennens verabreicht werden.
- □ Nährstoffe und deren Bestandteile, soweit sie einem Pferd nicht als Futter verabreicht werden.
- □ Infusionen von Blut- oder Blutbestandteilen.
- □ Nervenschnitte an den Gliedmaßen.
- □ Mitführen oder Anwenden technischer Mittel im Rennen.

Trabrennsport

Dopingliste gem. § 93,2 TRO des Hauptverbands für Traber-Zucht und -Rennen e. V., Kaarst

Verboten sind folgende Substanzen

- □ Substanzen, die auf das zentrale und periphere Nervensystem wirken.
- □ Substanzen, die auf das vegetative Nervensystem wirken.
- □ Substanzen, die auf das Herz- und Kreislaufsystem wirken.
- □ Substanzen, die auf den Magen-Darm-Trakt wirken.
- □ Substanzen, die auf den Bewegungsapparat wirken.
- □ Substanzen mit fiebersenkender, schmerzstillender, entzündungshemmender Wirkung.
- □ Substanzen mit antibiotischer, antimykotischer, antiviraler, antiparasitärer Wirkung.
- □ Antihistaminika.
- □ Diuretika.
- □ Lokalanästhetika.
- □ Muskelrelaxantien.
- □ Atmungsstimulantien.
- □ Sexualhormone, Anabolika.
- □ Endokrine Sekrete und ihre synthetische Homologe.
- □ Substanzen, die die Blutgerinnung beeinflussen.
- □ Substanzen mit zellschädigender Wirkung.
- □ Substanzen, die in der experimentellen Erprobung und noch nicht als Arzneimittel zugelassen sind.
- □ Substanzen endogenen Ursprungs, die von außen verabreicht wurden.

Pferd und Recht

Das Pferd im deutschen Recht

Professor DR. HANS EIKMEIER
Medizinische und Gerichtliche Veterinärklinik I der Justus-Liebig-Universität, Gießen

Rechtsfragen beim Pferdekauf

Gesetzliche Gewährleistung

Die gesetzliche Gewährleistung bestimmt, für welche Mängel und in welcher Weise der Verkäufer auf Grund gesetzlicher Bestimmungen dem Käufer haften muß. Sie gilt immer dann, wenn Verkäufer und Käufer überhaupt nichts über die Gewährleistung vereinbart oder sich auf »gesetzlich fehlerfrei«, »frei von gesetzlichen Fehlern«, »Garantie für gesetzliche Fehler« o. ä. geeinigt haben. Rechtlich zählen Pferde wie auch andere Tiere zu den Sachen. Die allgemein für Sachen gültige gesetzliche Gewährleistung ist in den §§ 459–480 des BGB geregelt. Hiernach muß der Verkäufer für alle erheblichen und verborgenen Mängel, die zum Zeitpunkt des Übergangs der Gefahr (Übergabe) vorhanden sind, haften. Stellt z. B. der Käufer eines Hundes nach dessen Übergabe einen derartigen Mangel fest und läßt sich beweisen, daß der Fehler bereits bei der Übergabe vorhanden war, kann er vom Verkäufer Rückgängigmachung des Kaufes (Wandelung) oder Minderung des Kaufpreises verlangen. Der Anspruch auf Wandelung oder Minderung verjährt in 6 Monaten von der Ablieferung an.
Leider hat diese den berechtigten Interessen des Käufers Rechnung tragende Regelung beim Pferdekauf keine Gültigkeit. Für Pferde, Esel, Maulesel, Maultiere, Rindvieh, Schweine und Schafe gelten, soweit die Tiere lebend und nicht geschlachtet verkauft werden, die Sonderbestimmungen der §§ 481–492 des BGB. Immer wieder sind als Folge der Unkenntnis dieser Sonderbestimmungen bei dem vertrauensvollen Käufer finanzielle Verluste, Enttäuschung und das Gefühl, mit Hilfe des Gesetzes »übers Ohr gehauen worden zu sein«, zu beobachten. Der nicht sachkundige Pferdekäufer erwartet auf Grund der Formulierung »gesetzlich« einen optimalen Schutz seiner Rechte. Leider ist dies nicht der Fall. Die heute noch gültige gesetzliche Gewährleistung wird den Interessen des Pferdekäufers nicht mehr gerecht. Sie benachteiligt den Käufer und bevorzugt eindeutig den Verkäufer. Den besten Schutz gegen Enttäuschung beim Pferdekauf bietet die Kenntnis der unbefriedigenden gesetzlichen Gewährleistung und der Möglichkeiten ihrer Ausschaltung durch vertragliche Vereinbarungen.
Nach den für das Pferd z. Z. noch geltenden gesetzlichen Bestimmungen muß der Verkäufer nur für sechs Fehler, die sogenannten *Hauptmängel,* haften und auch nur dann, wenn sie innerhalb von 14 Tagen (*Gewährfrist*) nach der Übergabe festgestellt wurden. Die sechs Fehler sind in der aus dem Jahre 1899 stammenden Verordnung, betreffend die Hauptmängel und Gewährfristen (*Kaiserliche Verordnung*) aufgeführt:

1. Rotz (Wurm) mit einer Gewährfrist von 14 Tagen;
2. Dummkoller (Koller, Dummsein) mit einer Gewährfrist von 14 Tagen; als Dummkoller ist anzusehen die allmählich oder infolge der akuten Gehirnwassersucht entstandene unheilbare Krankheit des Gehirns, bei der das Bewußtsein des Pferdes herabgesetzt ist;
3. Dämpfigkeit (Dampf, Hartschlägigkeit, Bauchschlägigkeit) mit einer Gewährfrist von 14 Tagen; als Dämpfigkeit ist anzusehen die Atembeschwerde, die durch einen

chronischen, unheilbaren Krankheitszustand der Lungen oder des Herzens bewirkt wird;
4. Kehlkopfpfeifen (Pfeiferdampf, Hartschnaufigkeit, Rohren) mit einer Gewährfrist von 14 Tagen; als Kehlkopfpfeifen ist anzusehen die durch einen chronischen und unheilbaren Krankheitszustand des Kehlkopfes oder der Luftröhre verursachte und durch ein hörbares Geräusch gekennzeichnete Atemstörung;
5. Periodische Augenentzündung (innere Augenentzündung, Mondblindheit) mit einer Gewährfrist von 14 Tagen; als Periodische Augenentzündung ist anzusehen die auf inneren Einwirkungen beruhende, entzündliche Veränderung an den inneren Organen des Auges;
6. Koppen (Krippensetzen, Aufsetzen, Freikoppen, Luftschnappen, Windschnappen) mit einer Gewährfrist von 14 Tagen.

Ist der Hauptmangel innerhalb der Gewährfrist festgestellt, muß der Käufer ihn spätestens innerhalb der der Gewährfrist folgenden zweitägigen *Anzeigefrist* dem Verkäufer anzeigen, empfehlenswerterweise in beweisbarer Form (eingeschriebener Brief, Telegramm, Telefongespräch mit Zeugen usw.). Versäumt der Käufer diese kurzbemessene Anzeigefrist, verliert er die ihm wegen des Hauptmangels zustehenden Rechte.
Wurde der Hauptmangel innerhalb der Gewährfrist festgestellt und spätestens während der Anzeigefrist dem Verkäufer mitgeteilt, hat der Käufer nur Anspruch auf Rückgängigmachung des Kaufes *(Wandelung)*.
Die Wandelung verfolgt das Ziel, den Zustand wiederherzustellen, der vor dem Kaufabschluß für den Käufer bestanden hat. Der Käufer muß das Pferd zurückgeben und etwaige Nutzungen, z. B. Einnahmen aus der Vermietung als Leihpferd, erstatten. Der Verkäufer hat das Pferd beim Käufer abzuholen, den Kaufpreis mit Zinsen zurückzuzahlen sowie die Vertragskosten und die Aufwendungen für Transport, Pflege, Fütterung und tierärztliche Behandlung zu ersetzen.
Willigt der Verkäufer in die Wandelung nicht ein, kann der Käufer innerhalb der sechswöchigen *Verjährungsfrist,* die sich an die Gewährfrist anschließt, auf dem Wege der Klage die Wandelung mit Hilfe des Gerichtes zu erreichen versuchen.

Der große *Nachteil der gesetzlichen Gewährleistung* zu Lasten des Käufers liegt darin, daß sich die Haftung nur auf die genannten sechs Hauptmängel beschränkt und alle anderen, heute viel häufigeren und bedeutungsvolleren Erkrankungen und Fehler unberücksichtigt läßt. Der *Rotz* ist seit Jahrzehnten in der Bundesrepublik Deutschland nicht mehr aufgetreten, der *Dummkoller* war vorwiegend eine Erkrankung der Zugpferde, so daß von den sechs Hauptmängeln zwei ohne praktische Bedeutung sind. Eine nur geringe Rolle spielen nach den umfangreichen Erfahrungen unserer Klinik die Hauptmängel *Dämpfigkeit, Periodische Augenentzündung* und *Koppen.* Ihre Häufigkeit betrug nach den Ergebnissen unserer Ankaufsuntersuchungen nur gut 5% aller im Zusammenhang mit Kauf oder Verkauf untersuchten Pferde. Eine Ursache hierfür liegt sicherlich darin, daß die drei genannten Hauptmängel, zumindest in ihren fortgeschrittenen Stadien, für Käufer und Verkäufer offensichtlich sind und daß damit behaftete Pferde nicht als »gesetzlich fehlerfrei« gehandelt werden. Größere Bedeutung besitzt in neuerer Zeit nur noch der Hauptmangel *Kehlkopfpfeifen.* Er wurde bei unseren Ankaufsuntersuchungen in 35% der Fälle festgestellt. Leider steht dem Käufer bei diesem allein heute noch häufigen Hauptmangel eine weitere böse Überraschung bevor. Seit einigen Jahren streiten sich die tierärztlichen Sachverständigen, ob bestimmte, nicht seltene Formen der chronischen Kehlkopfentzündung dem Hauptmangel Kehlkopfpfeifen zuzurechnen sind oder nicht. Der Leidtragende ist der Käufer, dessen an sich schon bescheidene und ungenügende Haftungsansprüche aus der gesetzlichen Gewährleistung durch den Sachverständigenstreit noch weiter beschränkt werden können.
Dieser auf die wenigen, zum Teil bedeutungslosen, Hauptmängel beschränkten gesetzlichen Gewährleistung steht eine Vielzahl nicht erfaßter Krankheiten von hoher Aktualität, großer Häufigkeit und schwerwiegender Bedeutung gegenüber. Es sind dies besonders die in diesem Ausmaß früher nicht bekannten frühzeitigen Verschleißerscheinungen am Bewegungsapparat, wie *Spat* und *Hufrollenentzündung* (chronische Lahmheiten), sowie die häufigen *chronischen Erkrankungen der Bronchien* (chronischer Husten) und in geringerem Umfange auch des *Herzens.* Die Erkrankun-

gen des Bewegungsapparates zählen in keinem Falle zu den Hauptmängeln, die Erkrankungen der Bronchien und des Herzens erst dann, wenn sie mit einer Atembeschwerde verbunden chronisch und unheilbar sind. Die Entwicklung der Atembeschwerde, der offensichtlichen Lahmheit oder anderer auffälliger Symptome wird von dem sachkundigen Verkäufer verständlicherweise aber nicht abgewartet. Er verkauft das betroffene Tier als gesetzlich fehlerfrei in den Anfangsstadien der Erkrankung, solange die geringgradigen Symptome dem Kaufinteressenten verborgen bleiben. Begünstigt wird der Verkauf von derartigen chronisch lahmenden oder hustenden Pferden durch in neuerer Zeit entwickelte und heute viel benutzte Arzneimittel (Cortisone, Volon A), die eine weitgehende, allerdings nur vorübergehende Beschwerdefreiheit bewirken. Es ist ein leider häufiges, aber immer wieder bedrückendes Erleben für den tierärztlichen Gutachter bei einer Ankaufsuntersuchung, die vielfach auch noch der Aufnahme in eine Versicherung dienen soll, feststellen zu müssen, daß das Pferd zwar »gesetzlich fehlerfrei«, durch andere nicht zu den Hauptmängeln zählende Erkrankungen aber im Werte und in der Dienstfähigkeit ganz erheblich beeinträchtigt ist.
Die gesetzliche Gewährleistung, die dem Käufer nur einen völlig unzureichenden Schutz bietet, besitzt verständlicherweise die volle Sympathie vieler Verkäufer. So ist es nicht verwunderlich, daß viele Pferdehändler und wohl alle Veranstalter von Auktionen die Mängelhaftung auf die gesetzliche Gewährleistung beschränken. Dem Gesetzgeber sind die Kritik an dem geltenden »Viehgewährschaftsrecht« und die dringenden Forderungen nach Änderung gut bekannt. Nachdem zunächst ohne befriedigenden Erfolg versucht wurde, die Hauptmängel den heutigen Verhältnissen und Bedürfnissen anzupassen, ist jetzt geplant, die Sonderregelung mit den Hauptmängeln ganz abzuschaffen und statt dessen die gesetzliche Haftung beim Tierkauf – unabhängig von der Tierart – der allgemein gültigen Regelung anzupassen: Der Verkäufer muß für jeden erheblichen und verborgenen Mangel, der bei der Übergabe vorhanden war, haften. Obwohl allgemeine Übereinstimmung herrscht, daß die Änderung der gesetzlichen Gewährleistung überfällig ist und die Vorbereitungen für die Reform in den Bonner Ministerien schon seit Jahren laufen, läßt sich der Termin für die Neuregelung nicht absehen.
Eine Möglichkeit, trotz Beschränkung der Gewährleistung auf gesetzliche Fehlerfreiheit mit befriedigender Sicherheit ein gesundes Pferd zu kaufen, besteht darin, *das Tier vor dem Vertragsabschluß tierärztlich untersuchen zu lassen*. Die Untersuchung sollte zweckmäßigerweise im Auftrag des Käufers durch einen Tierarzt seines Vertrauens durchgeführt werden. Fehlt ein Vertragsverhältnis zwischen Käufer und Tierarzt, kann letzterer bei einem schuldhaften Übersehen von Fehlern und Krankheiten haftpflichtrechtlich nicht in Anspruch genommen werden. Voraussetzung für die Gesundheitsuntersuchung vor dem Vertragsabschluß ist selbstverständlich die Einwilligung des Verkäufers. Entscheidend für den Erfolg sind Sorgfalt und Können des Untersuchers. Lehnt ein Verkäufer die gewünschte Untersuchung ab, ist der Käufer gut beraten, das Pferd nicht zu kaufen. Die Erfahrung lehrt, daß die Untersuchung nicht durch Vertrauen auf berühmte Namen, alte Traditionen, Turniererfolge, Prämierungen usw. ersetzt werden sollte. Vertrauen ist gut, Untersuchung ist besser.

Vertragliche Gewährleistung

Käufer und Verkäufer steht es frei, die gesetzliche Gewährleistung nach ihren Wünschen vertraglich abzuändern, aufzuheben, einzuschränken oder zu erweitern. Ist die gesetzliche Gewährleistung durch einen Vertrag abgeändert, haftet der Verkäufer in dem Umfang und der Art, wie es in dem Vertrag vereinbart wurde. Die gesetzlichen Gewährschaftsbestimmungen gelten nur insoweit, wie in dem Vertrag keine Änderung erfolgt. Der Vertrag ist an keine bestimmte Form gebunden. Er kann schriftlich oder mündlich erfolgen; dringend zu empfehlen ist der schriftliche Vertrag. Bekanntlich wird beim Pferdehandel von beiden Parteien sehr viel geredet. Kommt es nach dem Kauf zu Beanstandungen und besteht kein schriftlicher Vertrag, beginnt sehr häufig ein Streit darüber, was bei den Verkaufsverhandlungen bloße Anpreisung oder von beiden Parteien anerkannte Willenserklärung war.
Die im Handel üblichen vertraglichen Vereinbarungen sind sehr vielfältig. Häufiger wird

vereinbart, daß im Falle eines vertretbaren Mangels anstelle der Wandelung ein Umtausch bzw. eine Kaufpreisminderung erfolgt. *Umtauschvereinbarungen* bieten erfahrungsgemäß häufigeren Anlaß zu erneuten Differenzen zwischen Käufer und Verkäufer, da sich die Parteien über das nachzuliefernde Pferd nicht einigen können. Möglich sind auch vertragliche Änderungen der Gewähr- oder Verjährungsfrist. Wichtiger als diese Vereinbarungen, die den Umfang der Haftung unberücksichtigt lassen, ist für den Käufer die Ausdehnung der Gewährleistung über die Hauptmängel hinaus mit dem berechtigten Ziel, in den Besitz eines gesunden und diensttauglichen Pferdes zu gelangen. Hierzu bieten sich insbesondere folgende vertragliche Möglichkeiten an:

Erfahrene Pferdeleute informieren sich bereits vor der Auktion über Abstammung und Stall des Pferdes.

Kauf auf Probe

Hierbei überläßt der Verkäufer dem Käufer das Pferd für eine bestimmte Frist (Probezeit) zur Erprobung. Die Probezeit – im allgemeinen 10–14 Tage – bietet dem Käufer optimale Gelegenheit, das Pferd auf seinen Gesundheitszustand untersuchen zu lassen und zu prüfen, ob es seinen Wünschen entspricht. Sagt das Pferd dem Käufer aus irgendeinem Grunde nicht zu, kann er es, ohne die Ablehnung zu begründen oder bestimmte Mängel nachweisen zu müssen, zurückgeben. Der Kauf wird erst dann perfekt, und das Pferd geht in das Eigentum des Käufers über, wenn er es billigt oder die Probezeit ohne Einspruch verstreichen läßt. Bis zu diesem Zeitpunkt liegt das Risiko des Verlustes, der Erkrankung oder Beschädigung durch Zufall beim Verkäufer.

Eine Vergütung für den probeweisen Gebrauch muß der Käufer nicht zahlen. Er ist selbstverständlich verpflichtet, das zur Probe überlassene Pferd mit der erforderlichen Sorgfalt zu betreuen.

Der Kauf auf Probe ist für den Käufer die ideale Vertragsform, ein Pferd zu erwerben. Vom Verkäufer verlangt er erhebliches Vertrauen in die Person des potentiellen Käufers. Der Verkäufer muß die Gewißheit haben, daß das Pferd während der Probezeit sachgemäß behandelt wird und bei Nichtgefallen in einem nichtverschlechterten Zustand zurückkommt. Ohne begründetes Vertrauen in die Person des Käufers ist dem Verkäufer der Verkauf auf Probe nicht zu empfehlen.

Gewährleistung »gesund und fehlerfrei«

Bei einer *Gewährfrist von 14 Tagen* haftet der Verkäufer dafür, daß das Pferd zum Zeitpunkt des Überganges der Gefahr frei ist von erheblichen und verborgenen Krankheiten und Fehlern. Die Haftung erstreckt sich nicht generell auf alle Mängel, sondern nur auf erhebliche. Ein Mangel ist erheblich, wenn durch ihn der Handelswert oder die Dienstfähigkeit aufgehoben oder gemindert wird. Für unerhebliche Mängel braucht der Verkäufer nicht zu haften. Die Haftung für Fehlerfreiheit neben Gesundheit ist erforderlich, weil ein Pferd bei bester Gesundheit mit zahlreichen Fehlern, wie Beißen, Schlagen, Steigen, Sattelzwang, Kopfscheu, Durchgehen usw. behaftet sein kann.

Wird die Gewährleistung »gesund und fehlerfrei« *ohne Gewährfrist* vereinbart, muß der Käufer beweisen, daß der beanstandete Mangel beim Übergang der Gefahr bereits vorhanden war. Diesen oft schwierigen Nachweis kann er durch die Vereinbarung einer Gewährfrist vermeiden. Die Vereinbarung einer Gewährfrist bietet für den Käufer den großen Vorteil, daß gesetzlich vermutet wird, der Fehler war bereits beim Übergang der Gefahr vorhanden. Der Käufer muß deshalb nur beweisen, daß der Mangel innerhalb der Gewährfrist festgestellt wurde. Dem Verkäufer steht die Möglichkeit zu, die Rechtsvermutung zu widerlegen und den Beweis zu erbringen, daß der Mangel erst nach der Übergabe entstanden ist. Beachtung verdient, daß die Vereinbarung einer Gewährfrist den

Käufer automatisch zur Anzeige spätestens innerhalb der zweitägigen Anzeigefrist verpflichtet. Die sechswöchige Verjährungsfrist schließt sich an die Gewährfrist an. Ohne Gewährfrist beginnt die Verjährungsfrist mit der Ablieferung.
Lehnt der Verkäufer die Ausdehnung der Gewährleistung auf alle erheblichen Mängel ab, besteht die Möglichkeit, sie auf bestimmte, dem Käufer besonders wichtig erscheinende Fehlergruppen zu beschränken. Da am häufigsten Erkrankungen des Bewegungs- und Atmungsapparates Anlaß zu Beanstandungen geben, kommen diese beiden Organsysteme vorrangig in Betracht. Für diesen Fall wäre vertraglich folgende Haftung des Verkäufers zu vereinbaren: »*Gesetzlich fehlerfrei, gesunde Beine und gesunde Lunge oder frei von Lahmheiten, Erkrankungen der Atemwege und des Herzens mit einer Gewährfrist von 14 Tagen.*«

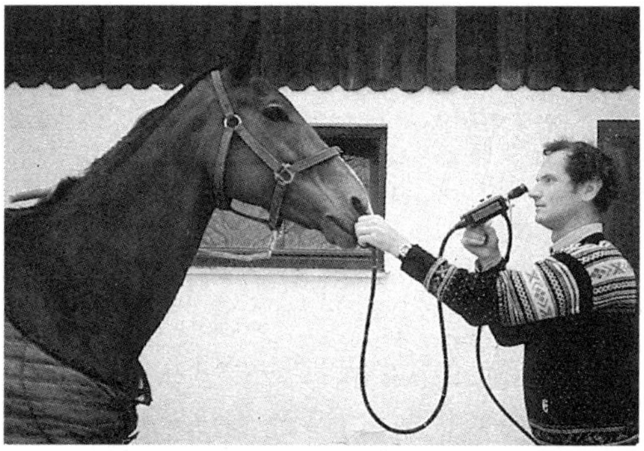

Tierärztliche Untersuchung auf Kehlkopfpfeifen – ein Gewährsmangel, der nach heutiger Rechtsprechung entfällt, wenn die Operation erfolgreich verlaufen ist.

Aufschiebend bedingter Kauf

Bei dieser Vertragsform vereinbaren Käufer und Verkäufer, daß der Kauf erst wirksam wird, wenn eine tierärztliche Untersuchung keine Beanstandungen ergeben hat. Der Tierarzt sollte das Vertrauen beider Parteien besitzen. Der Auftrag zur Untersuchung erfolgt zweckmäßigerweise durch den Käufer, weil er als Auftraggeber bei einem etwaigen schuldhaften Übersehen von Mängeln durch den Tierarzt gegen diesen Schadenersatzansprüche geltend machen kann. Der Erfolg des aufschiebend bedingten Kaufes, der anders als der Kauf auf Probe in gleichem Maße den Interessen von Käufer und Verkäufer gerecht wird, hängt entscheidend von dem Können und der Sorgfalt des tierärztlichen Untersuchers ab. Deshalb sollten zur Untersuchung nach Möglichkeit Kliniken oder in der Pferdepraxis erfahrene Tierärzte ausgewählt werden. Ein Nachteil liegt darin, daß infolge des nur kurzen Untersuchungszeitraumes auch bei sorgfältiger Untersuchung unter Umständen solche Krankheiten und Mängel nicht festgestellt werden können, die, wie z. B. das Koppen, das Weben, häufig erst nach Gewöhnung an die Stallverhältnisse oder die nur bei bestimmten Anlässen, z. B. Sattelzwang, Bösartigkeit während der Rosse, auftreten.
Bei den großen Unterschieden der Pferde in Nutzungszweck, Alter, Preis usw. ist es wohl selbstverständlich, daß es weder einen einheitlichen Untersuchungsumfang noch eine einheitliche Bewertung der Befunde geben kann. Deshalb muß der Umfang der Untersuchung mit dem Tierarzt diskutiert und festgelegt werden. Bei Pferden, die im Leistungssport eingesetzt waren bzw. dafür vorgesehen sind, ist die Röntgenkontrolle zumindest von beiden Sprunggelenken, den Zehengelenken und den Hufrollen der Vordergliedmaßen sehr zu empfehlen. Hilfsuntersuchungen wie Röntgen, Spiegelung, EKG usw. werden auch dann immer erforderlich, wenn die klinische Untersuchung allein verdächtige Symptome nicht klären kann.

Zugesicherte Eigenschaften

Nach § 459 BGB haftet der Käufer auch dafür, »daß die Sache zur Zeit des Überganges der Gefahr die zugesicherten Eigenschaften hat«. Zusicherungen sind ausdrückliche Versprechungen mit weitreichenderen Rechtsfolgen als die bisher besprochenen Gewährleistungen. Sie sollten, um sicher beweisbar zu sein, grundsätzlich schriftlich vereinbart werden. Im Pferdehandel übliche Zusicherungen beschränken sich auf bestimmte Eigenschaften: Es wird z. B. zugesichert, daß das Pferd in den letzten sechs Wochen vor der Übergabe nicht mit Cortisonen oder anderen entzündungswidrigen Präparaten behandelt wurde, klinisch und röntgenologisch frei von Spat, Hufrollenentzündung und Schale ist, im 5. Monat trägt, am Tag X von dem Hengst Y gedeckt wurde, soundsoviele Jahre alt ist, bestimmte Turniererfolge errungen hat, verkehrssicher, beschlagfromm, fromm im Stall und unter dem Reiter ist u. a. Zusicherungen beschränken sich nicht nur auf erhebliche

Mängel, sondern schließen auch die Haftung für geringfügige Fehler ein. Fehlen dem Tier die zugesicherten Eigenschaften und entsteht dadurch dem Käufer ein Schaden, kann er anstelle der Wandelung auch Schadenersatz vom Verkäufer verlangen. Wegen dieser schwerwiegenden Folgen sollte der Verkäufer nur solche Eigenschaften zusichern, deren Vorhanden- oder Nichtvorhandensein er aus eigener Kenntnis zuverlässig beurteilen kann. Für den Käufer ist es natürlich empfehlenswert, möglichst viele Zusicherungen zu vereinbaren.

Das bürgerliche Recht bietet, wie die Ausführungen zeigen, dem am Pferdekauf Interessierten eine Menge Möglichkeiten, durch vertragliche Vereinbarungen ohne Risiko, Schaden und Enttäuschung ein gesundes und geeignetes Pferd zu erwerben. Die Käufer haben es in der Hand, durch grundsätzliche Ablehnung des unzumutbaren Kaufes mit nur gesetzlicher Gewährleistung die Verkäufer zu einer Änderung ihrer Verkaufspraxis zu veranlassen. Erfreulicherweise gibt es eine ganze Reihe renommierter Händler, die nicht zuletzt auch in ihrem eigenen Interesse den berechtigten Wünschen des Käufers durch eine vertragliche Erweiterung der gesetzlichen Gewährleistung Rechnung tragen und damit die Voraussetzungen für ein Vertrauensverhältnis schaffen, wie es normalerweise zwischen Verkäufer und Käufer bestehen soll.

Übergang der Gefahr

Der schon mehrfach erwähnte Übergang der Gefahr ist ein außerordentlich wichtiger Zeitpunkt beim Pferdekauf. Von diesem Moment an trägt der Käufer das Risiko, wenn das Pferd Schäden erleidet oder verursacht. § 446 BGB bestimmt: *»Mit der Übergabe der verkauften Sache geht die Gefahr des zufälligen Unterganges und einer zufälligen Verschlechterung auf den Käufer über.«*

Der entscheidende Zeitpunkt ist also die Übergabe. Mit dem Moment, in dem der Käufer das Pferd zum Zwecke der Übernahme am Halfter bzw. Zügel ergreift oder der Transporteur das Tier zum Verladen übernimmt, ist die Gefahr auf den Käufer übergegangen. Von dieser Regelung gibt es Ausnahmen. Beim Kauf auf Probe und beim aufschiebend bedingten Kauf erfolgt der Gefahrenübergang, obwohl der Käufer das Pferd schon in Besitz hat, erst, wenn der Kauf perfekt ist, d. h. wenn die Billigung während der Probezeit erfolgt bzw. die Ankaufsuntersuchung ohne Beanstandungen abgeschlossen ist. Vertragliche Sonderregelungen finden sich in den Auktionsbedingungen. Hiernach geht bereits mit dem Zuschlag die Gefahr auf den Käufer über. Da ein möglichst frühzeitiger Gefahrenübergang im Interesse des Verkäufers liegt, ist sein Versuch verständlich, den Gefahrenübergang vertraglich auf den Vertragsabschluß festzulegen.

Noch aus einem weiteren Grunde ist der Zeitpunkt des Überganges der Gefahr vom Käufer zu beachten. Die Gewährfrist beginnt mit Ablauf des Tages, an dem die Gefahr auf den Käufer übergeht. Erfolgt z. B. mittags um zwölf Uhr die Übergabe und damit der Übergang der Gefahr, beginnt nachts um null Uhr die Gewährfrist. Da etwaige Mängel unbedingt innerhalb der Gewährfrist von dem Käufer festgestellt werden müssen, liegt es auch aus diesem Grunde nicht in seinem Interesse, den Übergang der Gefahr beginnen zu lassen, ohne daß er das Pferd in Obhut und die Möglichkeit zur Untersuchung hat.

Um sich vor Schaden zu schützen, empfiehlt es sich für den Käufer, zum Zeitpunkt des Überganges der Gefahr eine Lebendtierversicherung und eine Tierhalterhaftpflichtversicherung abzuschließen.

Im Falle der Wandelung (Rückgängigmachung des Kaufes) geht mit deren Vollzug die Gefahr wieder auf den Verkäufer über.

Aufklärungspflicht des Verkäufers

Es ist wohl selbstverständlich, daß der Verkäufer auf Fragen des Käufers über den Gesundheitszustand, Eigenschaften, Behandlungen u. a. des Pferdes wahrheitsgemäße und erschöpfende Auskunft geben muß. Deshalb sollte der Käufer besonders in Verdachtsfällen sehr präzise Fragen stellen und klare unzweideutige Antworten verlangen. Darüber hinaus erfordert die heutige Rechtssprechung vom Verkäufer, daß er auch ungefragt alle ihm bekannten Mängel dem Käufer offenbaren muß, wenn sie für den Kaufabschluß von Bedeutung sein können. So muß z. B. der Verkäufer dem Käufer von einer Kolik-, Kehlkopfpfeifer- oder Spatoperation ungefragt Mitteilung machen, auch wenn die Eingriffe erfolgreich verlaufen sind.

Muster

Kaufvertrag

Herr/Frau/Frl. ______________________________ verkauft an

Herrn/Frau/Frl. ______________________________

das nachstehend näher bezeichnete Pferd zum Preis von

__________ DM

a) auf Probe mit einer Probezeit von 14 Tagen

b) gesund und fehlerfrei mit einer Gewährfrist von 14 Tagen

c) der Verkauf wird wirksam, wenn die Untersuchung durch die Klinik / den Tierarzt __________ keine Beanstandung ergibt.

d) gesetzlich fehlerfrei, gesund auf den Beinen, an Herz und Lunge, mit einer Gewährfrist von 14 Tagen.

(Es folgen die Kennzeichen sowie Vereinbarungen über die Zahlungsweise, Zeit und Ort der Lieferung.)

Unterschrift des Verkäufers ______________________________

Unterschrift des Käufers ______________________________

Ort / Datum ______________________________

Verlust der Gewährleistung

Nach § 460 BGB haftet der Verkäufer eines Pferdes nicht für einen Mangel, wenn der Käufer ihn bei Abschluß des Kaufes kannte oder ihn infolge grober Fahrlässigkeit nicht bemerkt hat. Wird z. B. ein Pferd als gesetzlich fehlerfrei gekauft und weiß der Käufer – einerlei woher –, daß das Pferd Kehlkopfpfeifer ist, entfällt die Gewährleistung für diesen Mangel. Ist ein Mangel so offensichtlich, daß er bei einer sorgfältigen Besichtigung von dem Käufer bemerkt werden müßte, z. B. deutliches Lahmen, erhebliche Umfangsvermehrungen einer Gliedmaße, Husten, eitriger Nasenausfluß u. a., verliert der Käufer durch die grobe Verletzung seiner Sorgfaltspflicht bei der Besichtigung des Pferdes die Haftungsansprüche für den übersehenen offensichtlichen Mangel. Dieser Verlust tritt allerdings nicht ein, wenn der Verkäufer die Abwesenheit des Mangels zugesichert oder ihn arglistig verschwiegen hat. Bei der Beurteilung der Frage, ob ein Mangel offensichtlich ist, spielt selbstverständlich die Sachkenntnis des Käufers eine wichtige Rolle.

Erfährt der Käufer erst nach dem Kaufabschluß, daß das Pferd an einem Mangel leidet, für den er Gewähr hat, oder stellt er einen solchen Mangel anläßlich der Übergabe fest, soll er die Übernahme ablehnen. Nimmt der Käufer trotz Kenntnis des Mangels das Pferd vorbehaltlos an, kann hierin ein Verzicht auf seinen Gewährleistungsanspruch gesehen werden.

Die Haftpflicht des Pferdehalters

»Wird durch ein Tier ein Mensch getötet oder der Körper oder die Gesundheit eines Menschen verletzt oder eine Sache beschädigt, so ist derjenige, welcher das Tier hält, verpflichtet, dem Verletzten den daraus entstehenden Schaden zu ersetzen. Die Ersatzpflicht tritt nicht ein, wenn der Schaden durch ein Haustier verursacht wird, das dem Berufe, der Erwerbstätigkeit oder dem Unterhalte des Tierhalters zu dienen bestimmt ist, und entweder der Tierhalter bei der Beaufsichtigung des Tieres die im Verkehr erforderliche Sorgfalt beobachtet oder der Schaden auch bei Anwendung dieser Sorgfalt entstanden sein würde« (§ 833 BGB).

Allgemein besteht der Grundsatz, daß der, einen Schaden schuldhaft verursacht, dafür haften muß. Nach § 833, Satz 1 BGB gilt dieses *Verschuldensprinzip* nicht für den Tierhalter. Weil das Halten von Tieren mit gewissen Gefahren für andere verbunden ist, bestimmt das Gesetz, daß der Tierhalter auch ohne Verschulden für den von seinem Tier verursachten Schaden haften muß (*Gefährdungshaftung*). Der Pferdehalter muß demnach für jeden Schaden aufkommen, der von seinem Tier einem Menschen oder einer Sache zugefügt wurde. Auch wenn er bei der Haltung der Pferde die erforderliche Sorgfalt gewahrt hat, wird er von der Haftung nicht befreit. So haftet z. B. der Pferdehalter für alle Schäden, die seine Pferde auf einer Straße herbeiführen, nachdem sie aus einer Koppel entlaufen sind, unabhängig von der Frage, auf welche Weise und durch wen das Koppeltor geöffnet wurde (BGH, 1959).

Voraussetzung für die Haftung ist allerdings, daß der Schaden *»durch ein Tier«* verursacht wurde. Hierunter muß nach der Entscheidung des Reichsgerichtes ein willkürliches auf eigenem Entschluß beruhendes Verhalten des Tieres verstanden werden. Ein derartiges Verhalten besteht auch in den Fällen, in denen das Pferd durch äußere Anreize und Ereignisse, wie z. B. Hupen, Motorengeräusche usw., zu dem den Schaden verursachenden Verhalten (Durchgehen, Scheuen, Schlagen u. a.) veranlaßt wurde. Die Haftung des Tierhalters entfällt nur dann, wenn Einflüsse und Einwirkungen ganz ungewöhnlicher Art und besonderer Gewalt das bewußte willkürliche Handeln des Tieres ausschalten und es zu unwillkürlichem, unbewußtem, instinktivem Verhalten zwingen. Derartige mit unwiderstehlicher Gewalt auf die Tiere einwirkende Ereignisse werden erfahrungsgemäß von den Gerichten sehr eng begrenzt. Kein willkürliches Verhalten des Tieres liegt auch dann vor, wenn es bei der Schadensverursachung der menschlichen Lenkung und Leitung (Reiter, Fahrer) folgt.

Der Schadenersatzanspruch des Geschädigten kann sich mindern oder ganz in Fortfall geraten, wenn den Geschädigten ein mitwirkendes oder gar überwiegendes Verschulden trifft. Wer z. B. unaufgefordert und unbefugt einen fremden Pferdestall betritt, handelt fahrlässig und muß sich, wenn er hierdurch einen Schaden erleidet, eine Minderung oder

den Verlust seiner Schadenersatzansprüche gefallen lassen.
Da die Gefährdungshaftung für tierhaltende landwirtschaftliche oder gewerbliche Betriebe eine sehr große Belastung bedeutet, wurde 1908 dem § 833 BGB ein 2. Satz angefügt. Wer ein Haustier zum Beruf, zur Erwerbstätigkeit oder zum Unterhalt hält, haftet nicht, wenn er bei der Beaufsichtigung des Tieres die im Verkehr erforderliche Sorgfalt beobachtet hat oder der Schaden auch bei Anwendung dieser Sorgfalt entstanden sein würde. Trotz dieser Einschränkung kann allen Pferdehaltern nur dringend empfohlen werden, eine *Tierhalter-Haftpflichtversicherung* abzuschließen, die bereits bei der Übernahme des Pferdes in Kraft treten sollte.
Der Pferdehalter muß nicht mit dem Pferdeeigentümer identisch sein. Als *Tierhalter* im Sinne des § 833 BGB ist derjenige anzusehen, der im eigenen Interesse durch Gewährung von Obdach und Aufenthalt Sorge und Entscheidungsbefugnis für ein Tier nicht nur ganz vorübergehend, sondern für einen Zeitraum von gewisser Dauer übernommen hat.

Vermeidung von Schadenfällen

Zur Vermeidung von Schadenfällen empfiehlt sich die Beachtung folgender Regeln:

1. Grundsätzlich Vorsicht im Umgang mit Pferden.
2. Kein Zutritt durch Unbefugte zu den Stallungen.
3. Stallungen gegenüber Kindern sichern.
4. Pferdebetreuung nur durch sachverständige Personen.
5. Regelmäßiges Bewegen der Pferde.
6. Anrufen des Pferdes, bevor die Boxe betreten wird.
7. Kennzeichnung von bösartigen Pferden, auch außerhalb des Stalles.
8. Halfterabstreifende Pferde nur in geschlossenen Boxen oder mit Ketten abgesperrten Ständern unterbringen. Das Halfter dient nur der Anbindung; zum Führen, Verladen, Beschlagen, Behandeln usw. Pferde auftrensen und am Zügel halten bzw. führen. Kein Anbinden mit dem Zügel, sondern nur mit Anbinderiemen und Halfter. Kein dichtes Aufführen oder Aufreiten, sondern eine Pferdelänge Abstand halten. Geländereiten nur mit sicheren Reitern und Pferden. Unerfahrene Pferde zusammen mit erfahrenen gehen lassen.
9. Vermeidung von Gegenden, in denen die Pferde ungewohnten, zum Scheuen Anlaß gebenden Einflüssen ausgesetzt sind.
10. Vor Gefahrenstellen absitzen und führen.
11. Tägliche Überwachung der Einzäunung von Weiden und Koppeln. Verschließbare Tore. Keine Verwendung von Stacheldraht, stabile Zäune. Reitanlage zur Verhinderung des Entlaufens von Pferden einzäunen.

Da auch trotz größter Sorgfalt und Vorsicht Schadenfälle möglich sind, darf auf den Abschluß einer Tierhalter-Haftpflichtversicherung auf keinen Fall verzichtet werden. Sie deckt die Personen- und Sachschäden ab, die das gehaltene Pferd Dritten zugefügt hat. Besonders wenn Pferde Unfälle im Straßenverkehr verursachen, können sehr hohe Schäden entstehen.

Tierschutzrecht

1986 wurde das Tierschutzgesetz von 1972 geändert. Nach § 1 ist es der Zweck dieses Gesetzes, »aus der Verantwortung des Menschen für das Tier als Mitgeschöpf dessen Leben und Wohlbefinden zu schützen. Niemand darf einem Tier ohne vernünftigen Grund Schmerzen, Leiden oder Schäden zufügen«. Von den zahlreichen Ge- und Verboten des Gesetzes sind für den Pferdehalter folgende Paragraphen von besonderer Bedeutung:

Tierhaltung

§ 2

Wer ein Tier hält, betreut oder zu betreuen hat,

1. muß das Tier seiner Art und seinen Bedürfnissen entsprechend angemessen ernähren, pflegen und verhaltensgerecht unterbringen,
2. darf die Möglichkeit des Tiers zu artgemäßer Bewegung nicht so einschränken, daß ihm Schmerzen oder vermeidbare Leiden oder Schäden zugefügt werden.

§ 3

Es ist verboten,

1. einem Tier außer in Notfällen Leistungen abzuverlangen, denen es wegen seines Zustandes offensichtlich nicht gewachsen ist oder die offensichtlich seine Kräfte übersteigen,
2. ein gebrechliches, krankes, abgetriebenes oder altes, im Haus, Betrieb oder sonst in Obhut des Menschen gehaltenes Tier, für das ein Weiterleben mit nicht behebbaren Schmerzen oder Leiden verbunden ist, zu ei-

nem anderen Zweck als zur unverzüglichen schmerzlosen Tötung zu veräußern oder zu erwerben; dies gilt nicht für die unmittelbare Abgabe eines kranken Tieres an eine Person oder Einrichtung, der eine Genehmigung nach § 8 und, wenn es sich um ein Wirbeltier handelt, eine Ausnahmegenehmigung nach § 9 Abs. 2 Nr. 7 Satz 2 für Versuche an solchen Tieren erteilt worden ist,

...

5. ein Tier auszubilden, sofern damit erhebliche Schmerzen, Leiden oder Schäden für das Tier verbunden sind,
6. ein Tier zu einer Filmaufnahme, Schaustellung, Werbung oder ähnlichen Veranstaltung heranzuziehen, sofern damit Schmerzen, Leiden oder Schäden für das Tier verbunden sind,

...

10. einem Tier Futter darzureichen, das dem Tier erhebliche Schmerzen, Leiden oder Schäden bereitet,
11. an einem Tier bei sportlichen Wettkämpfen oder ähnlichen Veranstaltungen Dopingmittel anzuwenden.

Eingriffe an Tieren

§ 5

(1) An einem Wirbeltier darf ohne Betäubung ein mit Schmerzen verbundener Eingriff nicht vorgenommen werden. Die Betäubung eines warmblütigen Wirbeltieres ist von einem Tierarzt vorzunehmen. Für die Betäubung mit Betäubungspatronen kann die zuständige Behörde Ausnahmen von Satz 2 zulassen, sofern ein berechtigter Grund nachgewiesen wird.

(2) Eine Betäubung ist nicht erforderlich,

1. wenn bei vergleichbaren Eingriffen am Menschen eine Betäubung in der Regel unterbleibt,
2. wenn die Betäubung im Einzelfall nach tierärztlichem Urteil nicht durchführbar erscheint.

Zucht von Tieren, Handel mit Tieren

§ 11

Wer gewerbsmäßig mit Wirbeltieren außer landwirtschaftlichen Nutztieren handelt oder gewerbsmäßig einen Reit- oder Fahrbetrieb unterhält, bedarf der Erlaubnis der zuständigen Behörde.

§ 11c

Ohne Einwilligung der Erziehungsberechtigten dürfen warmblütige Tiere an Kinder oder Jugendliche bis zum vollendeten 16. Lebensjahr nicht abgegeben werden.

Straf- und Bußgeldvorschriften

§ 17

Mit Freiheitsstrafe bis zu zwei Jahren oder mit Geldstrafe wird bestraft, wer

1. ein Wirbeltier ohne vernünftigen Grund tötet oder
2. einem Wirbeltier
   a) aus Roheit erhebliche Schmerzen oder Leiden oder
   b) länger anhaltende oder sich wiederholende erhebliche Schmerzen oder Leiden

zufügt.

§ 18

(1) Ordnungswidrig handelt, wer vorsätzlich oder fahrlässig

1. einem Wirbeltier, das er hält, betreut oder zu betreuen hat, ohne vernünftigen Grund erhebliche Schmerzen, Leiden oder Schäden zufügt.

...

Ordnungswidrigkeiten können mit einer Geldbuße bis zu 50 000,– DM geahndet werden.

Zuwiderhandlungen gegen das Tierschutzgesetz werden nicht nur durch aktives Handeln wie rohe Bestrafung bei Verweigerung eines Sprunges, bei Schwierigkeiten beim Verladen, durch Überforderung alter, junger, kranker Pferde, durch Anwendung der polnischen Bremse u. a. begangen, sondern häufig auch durch Unterlassungen bzw. Vernachlässigungen in Fütterung, Tränke, Unterbringung, Transport, Gesundheitsfürsorge und Behandlungen. Die oft gut gemeinte sog. »Robusthaltung« steht vielfach mit dem Tierschutzrecht nicht in Einklang. So ist bei ganzjähriger Weidehaltung aus der Sicht des Tierschutzes ein geeigneter Witterungsschutz (Weideschuppen oder natürlicher Bewuchs) unverzichtbar.

Genauere Hinweise über die nach § 2 TierSchG geforderte artgerechte angemessene Haltung geben folgende Richtlinien:

- »Mindestanforderungen an die Sport- und Freizeitpferdehaltung unter Tierschutzgesichtspunkten« (Tierärztliche Vereinigung für Tierschutz e. V., Schrammstraße 1, 97421 Schweinfurt).
- »Richtlinien zur Beurteilung von Pferdehaltungen unter Tierschutzgesichtspunkten« (BML, Deutsche Veterinärmedizinische Gesellschaft, FN).
- »Leitlinien Tierschutz im Pferdesport« (Arbeitsgruppe Tierschutz und Pferdesport/BML Bonn).

»Wer Tiere quält, ist unbeseelt,
und Gottes guter Geist ihm fehlt.
Mag noch so vornehm drein er schauen,
man sollte niemals ihm vertrauen.«

Goethe

Pferd und Reiter im rechtlichen Alltag

EBERHARD FELLMER
Rechtsanwalt, Hamburg

Wer die Klippen des Pferdekaufrechts (s. dazu das vorstehende Kapitel »Das Pferd im deutschen Recht«) glücklich überwunden hat, sieht sich als frischgebackener Pferdeeigentümer nun ganz anderen, finanziell nicht weniger bedeutsamen juristischen Problemen ausgesetzt. Einige der in der Praxis am häufigsten vorkommenden Rechtsfragen sollen hier behandelt werden.

Pferd und Haftung

Wer haftet bei Sach- und Personenschäden?

Unsere Rechtsordnung knüpft eine strenge Haftung an die Tatsache, daß jemand ein Tier hält, welches unter Umständen erhebliche Sach- und Personenschäden verursachen kann. Nach § 833 BGB hat der Halter eines Tieres grundsätzlich für jeden Schaden einzustehen, der durch das Tier verursacht wird. Hierbei kommt es nicht darauf an, daß dem Tierhalter hinsichtlich des Schadensereignisses irgendein Vorwurf gemacht werden kann, ob er also schuldhaft (d. h. fahrlässig oder vorsätzlich) gehandelt hat. Der Tierhalter haftet nämlich allein schon deswegen, weil von dem Tier für andere Personen und deren Eigentum generell eine Gefahr ausgeht (sog. *Gefährdungshaftung*).

Nach einer von der Rechtsprechung entwikkelten Definition ist Tierhalter, wer ein Tier im eigenen Interesse nicht nur vorübergehend in seinem Hausstand oder Wirtschaftsbetrieb verwendet. Es kommt also für den Status des Tierhalters vor allem auf das *Verwendungsinteresse* an. Damit ergibt sich, daß ein Tierhalter nicht unbedingt der Eigentümer eines Pferdes sein muß. Entscheidendes Gewicht legt die Rechtsprechung auf die in jedem Einzelfall zu prüfende Frage, wer für das Wohl und Wehe eines Tieres verantwortlich ist, d. h. wer die letztliche Entscheidungsgewalt über das Schicksal des Tieres hat. In der Regel wird es natürlich so sein, daß der Eigentümer eines Pferdes auch selbst ein Interesse an der Verwendung dieses Tieres hat und über alles selbst entscheidet, was mit dem Pferd geschieht. Derjenige aber, der z. B. sein Pferd einem Reitverein zur alleinigen Nutzung zur Verfügung stellt, ohne daß er sich selbst irgendwelche Entscheidungsbefugnisse vorbehält, kann durchaus seine Tierhaltereigenschaft an den Verein verlieren. Der Eigentümer eines Pferdes bleibt jedoch auch dann

Tierhalter, wenn er das Pferd bei einem Reitstall nur in Pension gibt.
Für die Tierhalterhaftung kommt es ferner darauf an, daß der Schaden »durch ein Tier« verursacht worden ist. Dies ist nach der Rechtsprechung dann der Fall, wenn der Schaden durch die *spezifische Tiergefahr* entstanden ist. Beispiele hierfür sind etwa das Beißen, Schlagen, Steigen, Durchgehen und Scheuen eines Pferdes.
Ein Schaden ist dann nicht durch die typische Tiergefahr, d. h. durch ein selbständiges, willkürliches Tierverhalten entstanden, wenn sich das Pferd vollständig in der Gewalt eines Menschen, z. B. seines Reiters, befunden hat. Diese rechtliche Situation verdeutlicht sich an folgenden Beispielen:
1. Das Pferd hat sich – z. B. in Panik – den reiterlichen Hilfen völlig entzogen und stürmt an einer Verkehrsampel bei Rot über die Straße: Wenn es zu einem Verkehrsunfall kommt, haftet nicht der Reiter, sondern der Tierhalter; es sei denn, der Reiter hat durch sein eigenes Verhalten die Panik des Pferdes verschuldet, dann haften Tierhalter und Reiter gemeinsam.
2. Das Pferd steht ruhig an der Kreuzung, aber der Reiter reitet von sich aus schon bei Rot über die Straße (das Pferd folgt seinem Willen): Nicht der Tierhalter, sondern ausschließlich der Reiter haftet für hierdurch entstehende Schäden.
Unser Recht läßt bei sog. *Berufspferden* eine mildere Haftung zu. So haben etwa Reitstallbesitzer, professionelle Züchter etc. die Möglichkeit, einen Entlastungsbeweis zu führen, nämlich dahingehend, daß alle Sorgfaltspflichten gewahrt worden sind (§ 833 Satz 2 BGB), während, wie oben dargelegt, der Halter eines »Luxuspferdes« – und dies sind die meisten Sportpferde (nach neuester höchstrichterlicher Rechtsprechung auch Vereinspferde) – unbedingt und ohne jeglichen Entschuldigungsgrund haftet.
Neben der Haftung des Tierhalters kennt das Bürgerliche Gesetzbuch die *Tierhüterhaftung* (§ 834 BGB). Tierhüter ist, wer die Aufsicht über ein Tier vertraglich übernommen und dabei eine relativ selbständige Stellung innehat. Dies gilt etwa für den Reitstallinhaber, bei dem Pferde in Pension untergestellt werden. Neben dem Tierhalter haftet dieser für Schäden, die das Pferd Dritten gegenüber anrichtet, wenn er bei der Beaufsichtigung des Pferdes die im Verkehr erforderliche Sorgfalt außer acht gelassen hat. (Auf die gesonderten rechtlichen Probleme der Pferdeeinstellung wird noch ausführlich eingegangen).

Schutzbereich der Tierhalterhaftung

Die Rechtsprechung bemühte sich immer wieder, den Umfang der Tierhalterhaftung zu beschränken. Dies geschah zunächst durch die Eingrenzung des Tierhalterbegriffs und durch die Entwicklung des Begriffs der spezifischen Tiergefahr (siehe oben). Eine weitere Einschränkung ergibt sich im Verhältnis zwischen Pferdehalter und Reiter aus dem Gesichtspunkt des *Schutzbereichs der Tierhalterhaftung*. Soll der Vermieter oder Verleiher eines Pferdes dem Reiter gegenüber für alles verantwortlich sein, was diesem auf oder mit dem Pferd passiert?
Grundsätzlich erfaßt der Schutzbereich der Tierhalterhaftung auch den Reiter. Die Tierhalterhaftung kann jedoch unter dem Gesichtspunkt des *Handelns auf eigene Gefahr* ausgeschlossen sein. Hierzu ist erforderlich, daß sich der Reiter einer besonderen Gefahr ausgesetzt hat, die über die normalerweise mit dem Reiten verbundene Gefahr hinausgeht. Dies wird nur der Fall sein bei erkennbar bösartigen oder besonders schwierigen Pferden bzw. bei besonders gefährlichen Reitsportarten (z. B. Polo, schwere Geländeritte oder besonders schwierige Jagden). Bei einer reinen Gefälligkeitsüberlassung eines Pferdes kommt ein *stillschweigender Haftungsausschluß* also eine Abwälzung des mit dem Reiten verbundenen Risikos auf den Reiter in Betracht. Schließlich wird der Schutzbereich der Tierhalterhaftung dann nicht berührt, wenn der Reiter die Herrschaft über das Pferd *vorwiegend im eigenen Interesse* übernimmt und sich der hiermit verbundenen Tiergefahr bewußt ist (zu den Rechtsproblemen bei Reitunfällen siehe S. 805). Ferner kann die Schadenersatzverpflichtung des Tierhalters eingeschränkt oder ausgeschlossen sein, wenn den Geschädigten ein *Mitverschulden* (§ 254 BGB) trifft. Der Geschädigte soll keinen vollen Schadenersatz erhalten, wenn er durch eigenes Fehlverhalten den Schaden zumindest mitverursacht hat. Als Beispiel sei der Fall genannt, daß jemand ein Pferd reizt oder durch unvorsichtiges Verhalten erschreckt und dann von diesem Pferd gebissen oder geschlagen wird.

Tierhalter-Haftpflichtversicherung

Die Haftungslage macht deutlich, daß jeder Pferdehalter unbedingt eine Tierhalter-Haftpflichtversicherung abschließen muß, um sich vor unter Umständen erheblichen Schadenersatzforderungen zu schützen. Hier sei jedoch darauf hingewiesen, daß nicht alle Haftungsrisiken versicherbar sind. So haftet der Pferdehalter z. B. auch für Schäden, die sein Pferd an der Stalleinrichtung des Vermieters einer Box anrichtet. Solche im Rahmen eines Vertragsverhältnisses entstehenden Schadenersatzansprüche werden i.d.R. von den Haftpflichtversicherungen nicht abgedeckt.
Zum Thema Pferde- und Haftpflichtversicherung sei auf die Kapitel »Das Pferd im deutschen Recht« und »Pferdeversicherung« verwiesen.

Pferde-Einstellvertrag

Obhutspflicht und Obhutsvertrag

Wichtige Schadenersatzprobleme ergeben sich auch im Verhältnis zwischen Pferdeeigentümer und Vereinen bzw. Reitstallinhabern im Zusammenhang mit Pferde-Einstellverträgen. Solche Einstellverträge enthalten Elemente eines *Obhutsvertrages*. Der Vermieter der Box übernimmt die Obhut über das eingestellte Pferd und damit ganz erhebliche Obhutspflichten mit einer strengen Haftung für Schäden, die das Pferd im Stall erleidet. Während nämlich normalerweise derjenige, der einen Schadenersatzanspruch geltend macht, nachweisen muß, daß der Schädiger den Schaden schuldhaft herbeigeführt hat, hat die Rechtsprechung bei Obhutsverträgen eine Beweislastumkehr ausgesprochen. Somit muß der Geschädigte nur die Verletzungsursache (z. B. hervorstehender Nagel in der Box, Verfütterung schimmeligen Heus) beweisen. Den Schädiger trifft dann die Beweislast dafür, daß er diese Ursache trotz Anwendung ausreichender Sorgfalt nicht hätte erkennen können – ein Beweis, der kaum je gelingen wird.
Der Stallinhaber haftet außerdem für das Fehlverhalten seines Stallpersonals. Hinzu kommt, daß die Haftung des Vermieters der Höhe nach unbegrenzt ist.

Vertraglicher Haftungsausschluß

Die für den Stallinhaber ungünstige Haftungslage des Obhutsvertrages führt dazu, daß in Einstellverträgen die Haftung für Schäden an den eingestellten Pferden weitgehend ausgeschlossen wird. Ein solcher Haftungsausschluß findet jedoch bei Verwendung von *Formularverträgen* seine Grenzen in den Bestimmungen des Gesetzes zur Regelung des Rechts der allgemeinen Geschäftsbedingungen, wonach ein Ausschluß der Haftung für grobe Fahrlässigkeit ebenso wie eine Änderung der Beweislast unzulässig ist. Der Ausschluß der Haftung für leichte Fahrlässigkeit ist allerdings auch weiterhin sowohl für den Vermieter als auch für seine Hilfspersonen zulässig. Das nachfolgend abgedruckte Vertragsmuster sieht gleichwohl in § 12 einen Ausschluß der Haftung des Stallinhabers für fahrlässig verursachte Schäden nur insoweit vor, wie der Verein oder Reitstallinhaber hiergegen nicht versichert ist. Soweit eine Versicherung besteht, hat der Stallinhaber kein berechtigtes Interesse, die Haftung für die versicherten Schäden auszuschließen. Auch sonst versucht der Mustervertrag einen vernünftigen Interessenausgleich zwischen Einsteller und Stallinhaber zu erreichen. Keiner der beiden soll unangemessen benachteiligt werden, insbesondere die aus der Natur des Vertrages sich ergebenden wesentlichen Rechte und Pflichten sollen nicht eingeschränkt werden. Das Vertragsmuster ist jedoch nur als Vorschlag zu betrachten, der von den Vertragspartnern auf den jeweiligen individuellen Sachverhalt zugeschnitten werden muß.

Muster

Pferde-Einstellvertrag

Zwischen dem Reit- und Fahrverein ______________________________

______________________________ – im folgenden »Verein« genannt –

und Herrn/Frau/Frl. ______________________________

______________________________ – im folgenden »Einsteller« genannt.

§ 1

Für die Einstellung des Pferdes

Name: ______________________ Abstammung: ______________________

Abzeichen: ______________________ wird in dem Stallgebäude des Vereins ein(e) Boxe/Stand vermietet.

§ 2

Die Gewährung der Einstellung umfaßt:

1. Vermietung gemäß § 1
2. Lieferung von Einstreu und Entmisten
3. Lieferung von Heu und Tränke
4. Lieferung von Haferfutter (∅ _______ kg pro Tag)
   (Zusatzfutter gemäß gesonderter Berechnung)
5. Pflege und Betreuung des Pferdes
6. Pflege von Sattel und Zaumzeug
7. Benutzung der Reitanlagen des Vereins laut gültiger Betriebsordnung.

§ 3

Der Vertrag beginnt am _________ und endet am _________ /läuft auf unbestimmte Zeit. Bei Vertrag auf unbestimmte Zeit kann von jedem Teil mit 14tägiger Frist zum Monatsende gekündigt werden.

Die Kündigung kann nur schriftlich erfolgen. Für die Einhaltung der Frist ist die Ankunft des Kündigungsschreibens maßgebend.

§ 4

Der Verein kann ohne Einhaltung einer Kündigungsfrist mit sofortiger Wirkung kündigen, wenn

1. der Einsteller mit der Entrichtung des Pensionspreises für zwei aufeinanderfolgende Termine ganz oder zum Teil oder mit einem nicht unerheblichen Teil des Pensionspreises in Verzug ist,
2. der Einsteller die Betriebsordnung trotz schriftlicher Abmahnung mehrfach verletzt,
3. der Einsteller oder eine Person, die er mit dem Reiten, der Pflege oder der Aufsicht seines Pferdes beauftragt, die guten Sitten verletzt oder sich dem Verein gegenüber einer erheblichen Belästigung schuldig macht,
4. das Pferd des Einstellers koppt, webt oder vergleichbare Fehler oder (Stall-)Untugenden hat oder zu zeigen beginnt, die auf andere Pferde übergreifen können und es dem Verein nicht ohne weiteres möglich ist, das Pferd des Einstellers so unterzubringen, daß solche Eigenschaften oder Fehler nicht auf andere Pferde übergreifen können.

Die Kündigung muß schriftlich erfolgen.

Fortsetzung s. nächste Seite

§ 5

Der Pensionspreis beträgt ________________ DM monatlich. Der Pensionspreis muß im voraus bis spätestens zum 10. des laufenden Monats auf dem Konto ________________ bei ________________________ BLZ ____________ eingegangen sein.

Vorübergehende Abwesenheit (z. B. Turnierbesuch, Urlaub etc.) befreit nicht von der Pflicht zur Zahlung des Pensionspreises; der Pensionsbetrag ermäßigt sich bei längerer Abwesenheit des Pferdes für jede volle Woche der Abwesenheit um __________________ DM für ersparte Futterkosten.

Bei Veränderung der Betriebskosten des Vereins um mindestens 10% ist jeder Vertragsteil berechtigt, vom anderen eine angemessene Veränderung des Pensionspreises zu verlangen, ohne daß es einer Kündigung des Vertrages bedarf. Das Verlangen auf Änderung des Pensionspreises gilt als genehmigt, wenn der andere Teil nicht innerhalb von 4 Wochen schriftlich widerspricht. Ein Widerspruch gilt gleichzeitig als ordentliche Kündigung im Sinne des § 3. Der die Änderung verlangende Teil hat in seinem Änderungsschreiben auf diese Wirkungen nochmals besonders hinzuweisen.

§ 6

Der Einsteller kann gegenüber dem Pensionspreis nur mit einer unbestrittenen oder rechtskräftig festgestellten Gegenforderung aufrechnen oder ein Minderungs- oder Züruckbehaltungsrecht ausüben.

Der Verein erwirbt wegen fälliger Forderungen gegen den Einsteller ein Pfandrecht an dem Pferd des Einstellers und ist befugt, sich aus dem verpfändeten Pferd zu befriedigen. Die Befriedigung erfolgt nach den für das Pfandrecht geltenden Vorschriften des Bürgerlichen Gesetzbuchs. Die Verkaufsberechtigung tritt zwei Wochen nach Verkaufsandrohung ein.

§ 7

Der Einsteller verpflichtet sich, Auskunft hinsichtlich fremder Eigentumsrechte an dem Pferd zu erteilen. Er garantiert dafür, daß das Pferd nicht von einer ansteckenden Krankheit befallen ist oder aus einem verseuchten Stall kommt, nicht koppt, webt oder vergleichbare Eigenschaften oder (Stall-)Untugenden hat, die auf andere eingestellte Pferde übergreifen können. Der Verein ist berechtigt, hierfür gegebenenfalls einen tierärztlichen Bericht auf Kosten des Einstellers zu verlangen.

Der Einsteller hat Stallhalfter und Anbinderiemen selbst zu stellen, sofern nicht eine andere Vereinbarung getroffen wird.

§ 8

Der Verein kann im Notfall im Namen und für Rechnung des Einstellers einen Hufschmied bzw. einen Tierarzt bestellen.

§ 9

Jede Veränderung (z. B. Reitpartnerschaft etc.) hinsichtlich des eingestellten Pferdes ist dem Verein unverzüglich anzuzeigen, insbesondere ist der Einsteller nicht berechtigt, Boxen oder Stände an Dritte abzugeben oder ohne Zustimmung des Vereins bauliche Veränderungen an der Anlage oder im Stall vorzunehmen.

§ 10

Der Einsteller hat für alle Schäden aufzukommen, die an den Einrichtungen des Stalles und den Reitbahnen sowie an den Hindernissen durch ihn oder einen mit dem Reiten oder Betreuung seines Pferdes Beauftragten verursacht werden.

§ 11

Für das eingestellte Pferd muß der Einsteller dem Verein den Abschluß einer Reitpferde-Haftpflicht-Versicherung nachweisen.

§ 12

Der Verein haftet nicht für Schäden an den eingestellten Pferden und sonstigen Sachen des Einstellers, soweit er nicht gegen diese Schäden versichert ist oder diese Schäden auf Vorsatz oder grobfahrlässiger Vertragsverletzung des Vereins, seines gesetzlichen Vertreters oder eines Erfüllungsgehilfen beruhen.

Der Einsteller erkennt ausdrücklich an, daß er über den Rahmen der vorliegenden Versicherungen unterrichtet ist und nur hieraus und in den Fällen des Absatz 1 Ansprüche gegen den Verein geltend machen kann.

§ 13

Zusätzlich vereinbaren die Parteien: ______________________________

____

____

____

§ 14

Änderungen dieses Vertrages bedürfen in jedem Falle der Schriftform.

Sollte eine Vereinbarung dieses Vertrages aus irgendeinem Grunde unwirksam sein, so wird der Vertrag nicht seinem gesamten Inhalt nach unwirksam.

______________, den ______________

______________________ ______________________

(Unterschrift Verein) (Unterschrift Einsteller)

Wichtiger Hinweis:

Dieser Pferde-Einstellvertrag, von Rechtsanwalt E. Fellmer, 23813 Nehms/Bad Segeberg, verfaßt, kann über den **Jahr Verlag GmbH & Co., Burchardstraße 14, Postfach 103346, 20095 Hamburg, Telefon (040) 33966-0,** bezogen werden.

4., neubearbeitete Auflage 1988.

Stall-, Hallen- und Betriebsordnung

Als Ergänzung des Einstellvertrages empfiehlt es sich – jedenfalls bei größeren Reitanlagen –, eine Stall-, Hallen- und Betriebsordnung aufzustellen. Ein geordneter Betriebsablauf macht es erforderlich, die Interessen der verschiedenen Anlagenbenutzer (Freizeitreiter, Turnierreiter, Voltigierkinder, Fahrer usw.) zu koordinieren, damit unerfreuliche Streitigkeiten nach Möglichkeit vermieden werden. Die im folgenden wiedergegebene, umfassende Betriebsordnung versucht insoweit einen angemessenen Interessenausgleich. Auch hier gilt, daß die jeweils unterschiedlichen örtlichen Verhältnisse eine Anpassung und Veränderung des Mustertextes erforderlich machen werden.

Muster Betriebsordnung für Reitstall und -anlage

des ____ e.V.

in ____

vom ____

I. Allgemeines

1. Zu den Anlagen gehören: Stallungen und alle weiteren Räume, offene und gedeckte Reitbahnen sowie Hindernispark.
2. Das Geschäftszimmer des Vereins befindet sich in ... Es wird gebeten, alle Anträge, Anfragen und Beschwerden an diese Stelle zu richten. Der Vorstand ist für den Gesamtbetrieb der Anlagen verantwortlich.
3. Der Vertragsreitlehrer leitet den Reitbetrieb, übernimmt das Arbeiten von Privatpferden und ist für alle Fachfragen des Reitbetriebes zuständig. Die Erteilung von Reitstunden durch fremde Reitlehrer, auch von Privatpersonen, bedarf der ausdrücklichen Genehmigung durch den Vorstand.
Die Preise für den Reitunterricht und für das Arbeiten von Privatpferden sind mit dem Reitlehrer zu vereinbaren und an diesen zu entrichten.
4. Alle nicht beim Verein untergebrachten Pferde können nur mit Genehmigung des Vorstandes gearbeitet werden. Hierfür wird je Pferd eine monatliche Gebühr – unabhängig von der Arbeitsdauer innerhalb des Monats – erhoben (die jeweils gültigen Gebühren sind am Schwarzen Brett veröffentlicht oder im Geschäftszimmer einzusehen).
5. Zum Umkleiden dienen die Garderobenräume.
6. Das Mitbringen von Hunden in die Reitbahn, in den Stall und auf den Reitplatz ist verboten. An allen anderen Plätzen der Anlagen müssen Hunde grundsätzlich an der Leine geführt werden.
7. Der Vorstand hat das Recht, Reiter(innen), die trotz mehrfacher schriftlicher Verwarnung weiterhin erheblich gegen die Betriebsordnung verstoßen, von der Benutzung der Anlagen auszuschließen.
8. Der Verein haftet nicht für Unfälle, Verluste oder Schäden irgendwelcher Art, die insbesondere durch Miet- oder Privatpferde, Diebstahl, Feuer oder andere Ereignisse vor allem gegenüber Personen, Pferden oder anvertrautem Gut verursacht werden oder sonstwie an privatem Eigentum der Kunden oder Besucher entstehen, soweit der Verein nicht gegen solche Schäden versichert ist oder diese nicht auf Vorsatz oder grober Fahrlässigkeit seitens des Vereins, seiner gesetzlichen Vertreter, Erfüllungsgehilfen oder irgendwelcher sonstiger Hilfspersonen beruhen.

II. Pensionspferde

1. Der Verein vermietet Stände und Boxen für die Unterstellung von Pferden einschließlich Fütterung (und Pflege).
Für die Einstellung von Pensionspferden ist ein besonderer Einstellvertrag abzuschließen. Diese Betriebsordnung ist in ihrer jeweils gültigen Fassung wesentlicher Bestandteil dieses Einstellvertrags.
2. Treten unter den eingestellten Pferden Seuchen oder ansteckende Krankheiten auf, welche den Gesamtpferdebestand gefährden, so ist der Verein berechtigt, nach Anhören und auf Vorschlag einer von ihm einzuberufenden Kommission von mindestens zwei Veterinären alle zum Schutze der ihm anvertrauten Pferde erforderlichen Maßnahmen zu treffen.
Widersetzen sich Pferdebesitzer diesen Anordnungen, so kann der Verein die sofortige Entfernung ihrer Pferde und – soweit durch ein solches Verhalten Schaden entstanden ist – Ersatz verlangen.

Entstehen dem Verein durch Maßnahmen, welche er zur Verhinderung und/oder Bekämpfung von Seuchen und ansteckenden Krankheiten im Interesse der bei ihm eingestellten Pferde treffen muß, Kosten, die ihm nicht zugemutet werden können, so sind diese Kosten oder ein Teil derselben auf die Pferdebesitzer umzulegen. In einem solchen Fall hat der Verein eine Versammlung aller Pferdebesitzer einzuberufen und die ihm entstandenen Kosten zu belegen.

III. Mietpferde des Vereins

1. Die Mietpferde werden je nach Ausbildungsgrad des Reiters durch den Reitlehrer zugewiesen.
2. Eine Bestellung der Pferde kann jederzeit – auch telefonisch – erfolgen. Eine Abmeldung eines bestellten Pferdes kann nur entgegengenommen werden, wenn die Abbestellung mindestens 24 Stunden vor der betreffenden Zeit erfolgt; andernfalls muß die Stunde berechnet werden.
Ein Anspruch auf volle Ausnutzung einer Stunde besteht nur dann, wenn der Reiter die Stunde pünktlich beginnt.
3. Zu einer Springstunde gehören das Vorbereiten des Pferdes, 2 bis 3 einzelne Probesprünge und das Springen eines Parcours von höchstens zwölf Hindernissen. Ein Springen einzelner kleiner Hindernisse während einer Reitstunde gilt nicht als Springstunde. Jedes Springen auf Mietpferden ohne Aufsicht eines Reitlehrers ist verboten. In den Springstunden ist das Tragen einer sturzsicheren Kappe Pflicht.
4. Für Ritte außerhalb der Anlagen des Vereins werden Mietpferde an Sonnabenden und Sonntagen grundsätzlich nur für eine Zeitdauer von mindestens zwei Stunden zur Verfügung gestellt.
Ausritte mit Mietpferden sind grundsätzlich in Begleitung eines Reitlehrers oder eines(r) erfahrenen, vom Vorstand benannten Reiters(in) zulässig. Ausnahmen hiervon bedürfen der Genehmigung durch den Vorstand.
Wird ein Reitlehrer benötigt, so ist er zu bezahlen. Angefangene halbe Stunden müssen voll bezahlt werden. Sind längere Ausritte – ganztags oder mehrtägig – geplant, so sind mit dem Vorstand hierüber Sonderabmachungen zu treffen.
Der Begleiter ist für Tempo, Gangart, erforderliche Rasten und eine sachgemäße Behandlung der Pferde während des Rittes verantwortlich. Seinen Weisungen ist Folge zu leisten.
Für Mietpferde, die offensichtlich abgejagt sind oder unreiterlich behandelt wurden, ist der doppelte Mietpreis zu zahlen. Der Vorstand behält sich das Recht vor, solche Reiter für die Zukunft vom Mietbetrieb auszuschließen.
5. Für Teilnahme an einer Turnierveranstaltung muß ein Mietpferd möglichst frühzeitig beim Vorstand bestellt werden. Hierfür sind mit dem Vorstand Sonderabmachungen zu treffen.
Von den Mietpferden gewonnene Geldpreise fallen an den Verein.

IV. Reitbetrieb

1. Die Reitanlagen stehen grundsätzlich an Wochentagen und an Sonn- und Feiertagen gemäß Zeitplanung am Schwarzen Brett zur Verfügung. Machen besondere Veranstaltungen, wie Turniere, Lehrgänge usw. es erforderlich, die Reitanlagen für den allgemeinen Reitbetrieb zu sperren, so wird dieses durch Anschlag bekanntgegeben. Während der Mittagsruhe ist im Interesse von Personal und Pferden das Betreten der Stallungen untersagt.
Einzelreiter werden gebeten, nach Möglichkeit nicht zu Zeiten zu reiten, die geschlossenen Abteilungen vorbehalten sind. Während der für Abteilungsreiten festgesetzten Zeiten ist den Weisungen des Reitlehrers Folge zu leisten.
Während des Reitens der Musikquadrillen ist ein Reiten nicht an der Quadrille Beteiligter untersagt.
2. Longieren ist nur zulässig, wenn der allgemeine Reitbetrieb nicht gestört wird. Dies ist grundsätzlich der Fall, wenn mehr als drei Reiter in der Bahn sind.
3. Zur Zeit des Voltigierunterrichts dürfen keine Pferde in der Bahn gearbeitet werden.

Fortsetzung s. nächste Seite

4. Bahndisziplin: Befinden sich Reiter in der Bahn und will jemand mit oder ohne Pferd die Reitbahn betreten oder verlassen, so ist vor dem Öffnen der Bahntür laut »Tür frei!« zu rufen und die Antwort »Tür ist frei!« abzuwarten.
Die Bahn darf keinesfalls von Zuschauern, Pferdebesitzern oder Reitern zu Fuß betreten werden (Die Tribüne bietet ausreichend Möglichkeit, die Arbeit der Pferde zu beobachten und zu überwachen).
Laute Unterhaltung, Peitschenknall und andere störende Geräusche sind zu unterlassen.
Das Auf- und Absitzen von Einzelreitern erfolgt entweder vor der Reitbahn oder in der Mitte eines Zirkels.
Alle in der Bahn anwesenden Reiter(innen) bewegen sich auf einer Hand.
Wird die Bahn von mehreren Reitern benutzt, so ist aus Sicherheitsgründen ein Abstand von wenigstens einer Pferdelänge erforderlich. Beim Überholen wird auf der Innenseite vorbeigeritten.
In Zeitabständen wird durch Zeichen oder auf Weisung des ältesten Reitlehrers oder Reiters die »Hand gewechselt«.
Reiten auf der entgegengesetzten Hand ist nur zulässig, wenn sich wenige Reiter in der Bahn befinden und diese zustimmen. Hierbei ist stets rechts auszuweichen.
Halten und Schrittreiten auf dem Hufschlag ist nur geschlossenen Abteilungen gestattet. Einzelreitern nur dann, wenn kein anderer Reiter gestört wird. Ansonsten ist der Hufschlag stets für Trab- oder Galoppreitende freizumachen. Hierbei ist ein Sicherheitsabstand von mindestens etwa zwei Metern einzuhalten.
Springen ist nur nach Anordnung des anwesenden Reitlehrers oder mit Einverständnis der übrigen anwesenden Reiter zulässig.
5. Es wird gebeten, beim Musik- und Quadrillereiten die vorgeschriebene Reitkleidung zu tragen.
6. Die vorgenannten Bestimmungen gelten sinngemäß für die Außenanlagen.

V. Verhalten im Gelände

Jedes rücksichtslose Reiten im Gelände, insbesondere Reiten auf befestigten Fußwegen oder verbotenen Wegen schädigt das Ansehen der Reiterei und ist unbedingt zu unterlassen. Es entspricht dem reiterlichen Takt, auf sonstige Verkehrsteilnehmer, insbesondere Fußgänger, Rücksicht zu nehmen. Das Überholen von Fußgängern sollte in gemäßigter Gangart erfolgen. Auf schmalen, weichen Wegen empfiehlt es sich, Fußgänger durch einen freundlichen Anruf auf sich aufmerksam zu machen.
Erfahrungsgemäß verhält sich Wild Reitern gegenüber außerordentlich vertraut. Es sollte dieses Vertrauen durch mutwilliges Verhalten (lautes Sprechen, scheuchende Handbewegung usw.) nicht gestört werden.

VI. Pferdepflege bei Turnieren

Wird ein Pferdepfleger für ein Turnier benötigt, so bedarf es hinsichtlich der Freistellung und des Tagegeldes der Absprache mit dem Vorstand.

Rechtslage beim Reiten in der Reitbahn, im freien Gelände sowie auf öffentlichen Wegen

Nachdem bisher der Pferdeeigentümer im Mittelpunkt der Erörterungen stand, sollen nun zunächst die Rechtsprobleme behandelt werden, die sich beim *Reiten auf fremden Pferden*, insbesondere durch Reitunfälle ergeben. Ein weiterer Abschnitt ist dem Reiten im Gelände gewidmet, wobei die Bestimmungen des Bundeswaldgesetzes sowie der Landeswaldgesetze im Vordergrund stehen. Auch die Regeln des Straßenverkehrsrechts werden behandelt.

Überblick über die Haftungsgrundlagen beim Reitunfall

1. Wer ein fremdes Pferd reitet und dabei einen Unfall erleidet, hat grundsätzlich einen Anspruch gegenüber dem Tierhalter aus der verschuldensunabhängigen *Tierhalterhaftung* gemäß § 833 BGB, wenn die dafür erforderlichen Voraussetzungen vorliegen. Dies gilt jedoch nicht, wenn der Halter das Pferd dem Reiter aus reiner Gefälligkeit übergeben hat und die Nutzung nur im Interesse des Reiters lag.
2. Daneben kommt die verschuldensabhängige *allgemeine Deliktshaftung* in Betracht. Demnach muß derjenige Schadenersatz leisten, der für einen Schaden verantwortlich ist, d. h. das schädigende Ereignis schuldhaft (vorsätzlich oder fahrlässig) herbeigeführt hat. Dies kann z. B. der Reitstallbesitzer sein, der dem Anfänger ein kaum zu bändigendes Pferd oder defektes Zaum- und Sattelzeug gibt, aber auch der Reitkamerad, der durch unvorsichtiges Handeln den Unfall provoziert.
3. Schließlich kommen *vertragliche Schadenersatzansprüche* in Betracht, wenn zwischen Pferdeeigentümer und Reiter ein Vertragsverhältnis besteht. Dies ist z. B. der Fall, wenn in einer Reitschule auf Mietpferden Reitunterricht erteilt wird. Verletzt der Vermieter bzw. der von ihm angestellte Reitlehrer schuldhaft seine Vertragspflichten (nicht richtige Auswahl der Pferde, nicht ordnungsgemäße Durchführung des Unterrichts, schadhaftes Sattel- und Zaumzeug usw.), haftet er für daraus entstehende Schäden.

Problemfälle beim Reitunterricht

Jede Unterrichtsstunde bzw. der Kauf einer Abonnementkarte stellt einen Vertrag zwischen dem Reitschüler und dem Reitlehrer bzw. dessen Dienstherrn (Reitschule, Verein) dar. Für Fehler im Unterricht, die dem Reitschüler einen Schaden zufügen, haftet der Reitlehrer persönlich und außerdem der ar-

beitgebende Verein bzw. die Reitschule für den angestellten Reitlehrer aus dem Unterrichtsvertrag. Aus dem Vertrag ergeben sich durch die Berufsregeln des Reitlehrers strenge Unterrichtspflichten, die das Maß einer normalen Vertragserfüllung überschreiten. Dies gilt hinsichtlich der Beurteilung der reiterlichen Fähigkeiten, der Auswahl der Pferde, der Zusammenstellung einer Abteilung sowie hinsichtlich der Anforderungen, die an die Reitschüler zu stellen sind. Diese strenge Haftung führt dazu, daß Reitschulen und Vereine versuchen, ihre Haftung für Reitunfälle auszuschließen. An einen solchen *Haftungsausschluß* werden von der Rechtsprechung strenge Anforderungen gestellt. So genügt nicht ein Aushang im Stall oder ein Aufdruck auf der Reitkarte, daß das Reiten auf eigene Gefahr geschieht. Vielmehr ist ein *schriftlicher, ausdrücklicher Haftungsverzicht* der Reitschüler erforderlich. Ein solcher Haftungsausschluß kann etwa folgenden Wortlaut haben:

»Ich bin darauf hingewiesen worden, daß der Verein/Pferdebesitzer für Unfälle, die ich während der Zeit meines Aufenthalts im Stall und auf dem Reitgelände erleide, keine Haftung übernimmt. Entsprechendes gilt für Ausritte, die ich auf Pferden unternehme, die vom Verein/Pferdebesitzer zur Verfügung gestellt werden.
Bei Minderjährigen ist die Unterschrift der Erziehungsberechtigten erforderlich. Die Erziehungsberechtigten werden nicht aus der Aufsichts- und Haftpflicht entlassen.«

Diesen Haftungsverzicht sollte sich der Pferdevermieter von jedem Reiter unter Angabe der vollständigen Anschrift unterschreiben lassen.
Eine Haftungseinschränkung, die sogar bis zu einem vollständigen Haftungsausfall führen kann, ist bei einem *Mitverschulden* des Verletzten denkbar. Hat der Unfallgeschädigte derart unvorsichtig gehandelt, daß er im Grunde genommen den Unfall sich selbst zuzuschreiben hat, bemißt sich die Höhe des Schadenersatzes nach einer Abwägung zwischen der Verantwortlichkeit des Geschädigten und der Haftung des Reitlehrers.
Zur Haftung bei Unfällen, die bei einem *Ausritt* geschehen, ist zu sagen, daß sich an den Schadenersatzansprüchen des Reitschülers auch dann nichts ändert, wenn der Ausritt unter der Aufsicht und Leitung des Reitstallbesitzers bzw. des Reitlehrers durchgeführt wird. Anders ist das Haftungsverhältnis zwischen Pferdevermieter und Reiter jedoch dann, wenn die Reitschüler ohne Aufsicht ausreiten. Da hier der Vermieter keinerlei Einflußmöglichkeiten hat, obliegt die Pflicht, Gefahren von sich und Dritten abzuwenden, primär dem Reiter. Ereignet sich dennoch ein Unfall, muß der Reiter den Nachweis erbringen, daß er sich reitergerecht verhalten hat. Anderenfalls ist er für Drittschäden allein verantwortlich und kann auch selbst keine Schadenersatzansprüche gegen den Vermieter der Pferde geltend machen.

Reiten im Gelände

Den Freizeitreiter besonders betreffende rechtliche Regelungen sind im Bundeswaldgesetz vom 2. 5. 1975 und den danach erlassenen Landeswaldgesetzen sowie im Bundesnaturschutzgesetz vom 20. 12. 1976 und den entsprechenden Landesnaturschutzgesetzen enthalten. Das Bundeswaldgesetz sowie das Naturschutzgesetz sind Rahmengesetze, deren Grundsätze die Bundesländer bei der näheren Ausgestaltung durch landesgesetzliche Regelungen beachten müssen.
Das *Bundeswaldgesetz* gestattet in seinem § 14 Abs. 1 allgemein das Betreten des Waldes zum Zwecke der Erholung. Dem Betreten gleichgestellt ist neben Radfahren und Fahren mit Krankenfahrstühlen ausdrücklich das Reiten; diese Betretenserlaubnisse beziehen sich jedoch nur auf Straßen und Wege. Die Länder dürfen jene grundsätzliche Befugnis aus wichtigem Grunde einschränken. Anlaß hierfür können insbesondere sein: der Forstschutz, die Wald- und Wildbewirtschaftung, der Schutz der Waldbesucher sowie die Vermeidung erheblicher Schäden oder die Wahrung anderer schutzwürdiger Interessen des Waldbesitzers.
Das *Bundesnaturschutzgesetz* regelt in seinem § 27 das Betreten der Feldflur, enthält aber keine ausdrückliche Reiterlaubnis. Hier ist es somit völlig dem Landesgesetzgeber überlassen, entsprechende Regelungen über das Reiten zu treffen. Diese Gesetzeslage hat dazu geführt, daß das Reiten von Bundesland zu Bundesland unterschiedlich normiert worden ist, aber auch innerhalb eines Bundeslandes das Reiten im Walde einerseits und das Reiten in der Feldflur andererseits verschieden ausge-

Ein guter Reitlehrer nimmt den Schüler am Anfang des Reitunterrichts an die Longe.

staltet worden ist. Als gemeinsamer Grundzug der meisten Landesgesetze läßt sich jedoch eine generelle Erlaubnis des Reitens auf Straßen und Wegen feststellen, die in bestimmten Gebieten auf besonders gekennzeichnete Reitwege reduziert worden ist. Auch wird für die Erhaltung der Reitwege teilweise eine Abgabe erhoben. Die Waldeigentümer können unter bestimmten Voraussetzungen das Reiten auf bestimmten Wegen untersagen. Hierfür ist in einigen Ländern eine behördliche Genehmigung erforderlich.
Jeder Reitverein sollte bemüht sein, zu den örtlichen Grundeigentümern ein möglichst gutes Verhältnis zu bewahren. Dabei ist Voraussetzung, daß sich jeder Reiter im Gelände so verhält, daß es nicht zu Konflikten kommen kann. Hierzu gehört, daß man einen Ausritt lieber ausfallen läßt, wenn die Wege durch anhaltende Regenfälle so grundlos geworden sind, daß sie durch das Reiten erheblichen Schaden nehmen könnten. Bestellte Felder, Wiesen und Weiden sowie Forstkulturen und Dickungen sind für den Reiter tabu. Ist dennoch einmal ein Schaden entstanden, ist eine sofortige gütliche Einigung und Regulierung des Schadens anzustreben.
Die Reiter sind nicht die einzigen Erholungssuchenden im Wald. Gegenüber Fußgängern – insbesondere Kindern –, Radfahrern und selbstverständlich auch gegenüber anderen Reitern ist Vorsicht und Rücksichtnahme geboten.

Die Straßenverkehrsordnung

Die Straßenverkehrsordnung gilt auch für Reiter. Nach § 1 StVO erfordert die Teilnahme am Straßenverkehr ständige Vorsicht und gegenseitige Rücksicht. Jeder Verkehrsteilnehmer hat sich so zu verhalten, daß kein anderer geschädigt, gefährdet oder mehr als nach den Umständen unvermeidbar behindert oder belästigt wird. Weitere allgemeine Regeln, die auch der Reiter stets zu beachten hat, sind:

- ☐ äußerste rechte Fahrbahn benutzen;
- ☐ die Länge einer Reitergruppe darf 25 Meter nicht überschreiten;
- ☐ zwei Reitergruppen müssen einen Mindestabstand von 25 Metern haben.

§ 28 StVO enthält einige besondere Bestimmungen für die Teilnahme am Straßenverkehr mit Tieren. Geregelt sind hier das Führen von Tieren sowie die notwendige Beleuchtung (bei einer Reitergruppe ist an der Spitze der Gruppe eine weiße, an deren Ende eine rote Leuchte erforderlich.)

Der Reitverein

Ein ganz erheblicher Teil der Reiter in der Bundesrepublik Deutschland ist in Reitvereinen organisiert. Ohne die Arbeit dieser Vereine wäre der Turniersport überhaupt nicht denkbar. Dies rechtfertigt es, hier zumindest die *Grundlinien des Vereinsrechtes* in aller Kürze darzustellen.

Die Vereinsgründung

Das Bürgerliche Gesetzbuch unterscheidet zwischen *nichtrechtsfähigen Vereinen* (§ 54 BGB) und *rechtsfähigen eingetragenen Vereinen* (§ 55 ff. BGB). Da für Reitvereine in aller Regel nur die Form des eingetragenen Vereins sinnvoll ist, beschränkt sich die Darstellung hierauf. Zur Gründung eines eingetragenen Vereins ist es erforderlich, daß sich mindestens sieben Personen zusammenfinden, die die Gründung des Vereins beschließen, diesem eine Satzung geben und den Verein durch den Vorstand beim zuständigen Amtsgericht zur Eintragung anmelden. Die *Anmeldung zur Eintragung muß enthalten:* Name und Sitz des Vereins, den Tag der Errichtung der Satzung sowie die Namen der Vorstandsmitglieder. Die Anmeldung ist von den Vorstandsmitgliedern zu unterschreiben, die Unterschriften sind öffentlich zu beglaubigen. Dem Anmeldungsschreiben ist die Vereinssatzung in Urschrift und in Abschrift sowie eine Abschrift der Urkunden über die Bestellung des Vorstandes beizufügen; die dem

Auch der Fahrer muß sich – wie der Reiter – an die Straßenverkehrsordnung halten.

Amtsgericht einzureichende Vereinssatzung soll von mindestens sieben Vereinsmitgliedern unterschrieben sein.
Mit der Eintragung erlangt der Verein *Rechtsfähigkeit*, d. h. die Fähigkeit, Träger von Rechten und Pflichten sein zu können. Der eingetragene Verein ist dann juristische Person und kann unter dem Vereinsnamen am Rechtsverkehr teilnehmen, also etwa Verträge abschließen, aber auch klagen und verklagt werden.

Die Vereinssatzung

Über die Vereinssatzung enthält das Bürgerliche Gesetzbuch nur ganz wenige Bestimmungen. *Zwingend* muß die Satzung den Zweck, den Namen und den Sitz des Vereins angeben sowie die Tatsache, daß der Verein eingetragen werden soll. Ferner *soll* die Satzung Bestimmungen enthalten über den Eintritt und Austritt der Mitglieder, über die Beitragszahlungspflicht der Mitglieder, über die Bildung des Vorstandes, über die Voraussetzungen, unter denen eine Mitgliederversammlung einzuberufen ist, über die Form der Einberufung sowie über die Beurkundung der Versammlungsbeschlüsse. Erforderlich ist auch in jedem Fall, daß der Verein einen Vorstand hat, der den Verein gerichtlich und außergerichtlich vertritt.
Aus diesen wenigen gesetzlichen Vorschriften hat die Rechtsprechung den Grundsatz entnommen, daß alle *Vereinsmaßnahmen, die das Vereinsleben grundlegend betreffen* und mit denen das Mitglied bei Eintritt in den Verein nicht ohne weiteres rechnen mußte, eine rechtliche Grundlage in der Vereinssatzung finden müssen. Dies gilt insbesondere für Vereinsstrafen, wie etwa den Ausschluß eines Mitgliedes. Für derartige Maßnahmen reicht es nicht aus, wenn dem Vorstand generell die Befugnis zur Geschäftsführung übertragen worden ist, da nicht eindeutig geklärt ist, ob zu dieser Geschäftsführung auch die Verhängung von Vereinsstrafen gehören soll.
Außerhalb dieses Bereiches steht den Vereinen eine *verfassungsrechtlich garantierte weitgehende Autonomie* bei der Gestaltung der Vereinsverfassung zu. Hier besteht eine große Vielfalt an Formulierungsmöglichkeiten, die auf die jeweiligen individuellen Bedürfnisse des betreffenden Vereins zugeschnitten werden können und müssen.

Pferdeversicherung

Dr. med. vet. GISBERT STRAETEN
Wiesbaden

Neubearbeitung: Dr. ERNST GLOEDE
Versicherungsmakler, Frankfurt/M.

Schon seit der Mensch Tiere sein eigen nennt, sucht er nach Wegen, sich vor ihrem Verlust zu schützen. Der Gedanke der Tierversicherung ist nachweislich fast 2000 Jahre alt. Damals half man sich innerhalb einer Siedlungsgemeinschaft gegenseitig bei Verlusten durch Unwetter und Raub.

Die Anfänge der modernen Tierversicherung, in erster Linie der Pferdeversicherung, fallen in die Zeit nach dem Ersten Weltkrieg, als das Pferd noch ein wesentlicher Faktor im Verkehr und besonders in der Landwirtschaft war. Seither aber hat sich die Situation völlig gewandelt: Das Pferd als Wirtschaftsfaktor hat ausgedient, das Sportpferd steht im Vordergrund. Diese Entwicklung zog konsequenterweise ein Ansteigen der Pferdepreise nach sich, so daß heute ein qualitätvolles Sportpferd einen nicht unerheblichen Vermögenswert darstellt, der von heute auf morgen durch Tod infolge Unfalls oder Krankheit in ein Nichts zerrinnen kann. Noch weitaus größer ist die Gefahr, daß das Pferd durch chronische Schäden bzw. Erkrankungen für den vorgesehenen Verwendungszweck dauernd unbrauchbar wird. Der dann noch verbleibende Schlachtwert steht in keinem Verhältnis zum Ankaufspreis bzw. Nutzwert.

Es besteht daher ein echtes Bedürfnis, sich gegen derartige Vermögenseinbußen zu schützen. Die Tierversicherung bietet eine breite Palette von Versicherungsmöglichkeiten. Wichtig für den Pferdebesitzer ist in erster Linie, daß der Versicherungsschutz umfassend ist, d. h., alle eventuell vorkommenden Risiken müssen abgedeckt sein. Die Auswahl bestimmter Risiken, nur um Prämie zu sparen, ist nicht ratsam.

Rechtliche Grundlagen für einen Versicherungsvertrag

Rechtliche Basis jeglichen Versicherungsgeschäftes ist das Versicherungsvertragsgesetz mit den Allgemeinen Bedingungen für die Versicherung von Pferden und anderen Einhufern (AVP 77). Auch die Tierversicherung baut – wie jede andere Versicherung – auf der Gefahrengemeinschaft, dem Massenprinzip, auf, sie ist also nur möglich auf der Basis der großen Zahl, d.h. durch Zusammenfassung einer Masse gleichartig bedrohter Risiken. Die zweite tragende Säule der Versicherung, der Grundsatz von Treu und Glauben, ist besonders in der Tierversicherung von großer Bedeutung. Jeder der beiden Vertragspartner ist auf die Unterstützung durch den anderen angewiesen, muß ihm vertrauen. (Siehe hierzu auch das Kapitel »Das Pferd im deutschen Recht«).

Der Versicherungsvertrag beinhaltet – auf eine Kurzform gebracht – ein begrenztes und genau beschriebenes Leistungsversprechen des Versicherers, wofür der Versicherungsnehmer eine bestimmte Prämie zu entrichten hat. Diese Leistung kann von den Vertragspartnern unterschiedlich gestaltet werden.

Am Beginn eines Abschlusses steht immer der *Versicherungsantrag*, in dem der Tierbesitzer seinen Willen kundtut, eines oder mehrere Tiere in Deckung zu geben. Der Antrag muß enthalten: Name und Anschrift des Versicherungsnehmers, die gewünschte Vertragsdauer, eine genaue Beschreibung des Risikos sowie einige andere Angaben, die dem Versicherer die Risikoprüfung ermöglichen. Wichtig ist die korrekte Angabe des Kaufpreises, der im allgemeinen mit der Versicherungssumme identisch sein soll. Zu dem Antrag gehört ferner ein tierärztliches Attest über den Gesundheitszustand des zu versichernden Pferdes. Anhand dieser beiden Unterlagen entscheidet dann der Versicherer darüber, ob er den Antrag annimmt bzw. ob er ihn ablehnen muß.

Die Versicherungssumme soll dem tatsächlichen Wert des Pferdes entsprechen. Liegt der Kauf bei Antragstellung schon weiter zurück, kann eine Wertsteigerung infolge Ausbildung oder auf Grund von Turniererfolgen berücksichtigt werden.

Nach Annahme des Antrages erhält der Versicherungsnehmer den *Versicherungsschein*, aus dem die Beschreibung des versicherten Pferdes sowie der Umfang der Leistung des Versicherers bei Schadeneintritt zu entnehmen ist. Außerdem sind darin die Versicherungskosten berechnet.

Die *Haftung* beginnt normalerweise für Unfälle mit dem Zeitpunkt der Bezahlung der Prämie (Unfalldeckung), für Krankheiten eine Woche nach diesem Zeitpunkt. Es empfiehlt sich daher eine umgehende Begleichung des Rechnungsbetrages, damit der Versicherungsschutz möglichst frühzeitig in Kraft treten kann.

Für Erkrankungen an Dummkoller, ansteckkender Blutarmut, Borna, Hufkrebs, allen Arten von »Dämpfigkeit«, Kehlkopfpfeifen, »Knochenweiche«, Tuberkulose und periodischer Augenentzündung verlängert sich die Wartezeit auf drei Monate. Bei Reitpferden besteht eine Wartezeit von sechs Monaten für Erkrankungen an jeweils chronischer Huflahmheit, Spat oder Schale. Dies wurde erst im Jahre 1970 durch das Bundesaufsichtsamt genehmigt, da die Schadenfälle infolge dieser Erkrankungen zu einer untragbaren Belastung der Versicherungsunternehmen geführt hatten.

Schadenfall

Die Allgemeinen Versicherungsbedingungen in Verbindung mit dem Rettungspflicht-Paragraphen 122 des Versicherungsvertragsgesetzes verpflichten den Tierbesitzer, bei *erheblicher Erkrankung* oder *erheblichem Unfall* unverzüglich tierärztliche Hilfe in Anspruch zu nehmen. Als erheblich anzusehen sind in jedem Fall Koliken, anhaltende Abmagerung, anzeigepflichtige Seuchen und alle Erkrankungen oder Unfälle, die die Hinzuziehung eines Tierarztes erfordern oder dazu führen, daß das Tier länger als 48 Stunden außer Dienst gestellt wird. Außerdem hat der Versicherungsnehmer in den genannten Fällen der Gesellschaft Anzeige zu erstatten.

Der Versicherer ist auf die rechtzeitige Kenntnis von erheblichen Erkrankungen angewiesen, damit er nötigenfalls das zur Schadenminderung Erforderliche veranlassen kann.

Im übrigen darf die *Tötung* versicherter Tiere nur mit Genehmigung der Versicherungsgesellschaft, die dann auch in den meisten Fällen die Verwertung übernimmt, erfolgen. Es sei denn, die Einholung der Genehmigung zur Schlachtung ist nicht mehr möglich. In diesem Fall entscheidet der behandelnde Tierarzt.

Bei *plötzlichem Tod* versicherter Tiere ohne vorangegangene tierärztliche Behandlung oder auch in besonderen Fällen verlangt die Gesellschaft zur Feststellung von Krankheits- bzw. Todesursache einen tierärztlichen Sektionsbericht. Die Kosten hierfür wie auch für Gutachten und Krankheitsberichte gehen – abgesehen von Sonderfällen – zu Lasten der Tierbesitzer. In begründeten Ausnahmefällen ist jedoch im Zuge von Schadenverhütungsmaßnahmen, z. B. bei Behandlung in einer Klinik, eine Beteiligung des Versicherers an den Tierarztkosten möglich.

Die sorgfältige Erfüllung der vorgenannten Obliegenheiten durch den Besitzer ist von großer Bedeutung, da bei Verletzung derselben der Versicherer gemäß Versicherungsvertragsgesetz von der Verpflichtung zur Leistung frei sein kann.

Den Nachweis, daß oder wann der Versicherungsfall eingetreten ist, hat der Versicherungsnehmer zu erbringen. Die erforderlichen Formulare für Schaden- und Krankheitsbericht werden im Anschluß an eine Krankmeldung übersandt. Eine Schadenprüfung oder sogar die Schadenregulierung kann jedoch nicht eher erfolgen, bis alle erforderlichen Unterlagen zur Prüfung vorliegen. Der Zeitpunkt der Entschädigung wird also wesentlich von der Rücksendung dieser Nachweise beeinflußt.

Außerordentlich wichtig ist auch die Feststellung des behandelnden Tierarztes, ob ein Fall als *Nottötung* oder als *Unbrauchbarkeit* zu betrachten ist, besonders dann, wenn im Vertrag unterschiedliche Entschädigungssätze für Tod und Nottötung bzw. für dauernde Unbrauchbarkeit vereinbart sind. In diesem Zusammenhang ist eine Definition der vorstehenden Begriffe unerläßlich: Nottötung ist im versicherungsrechtlichen Sinne jede Schlachtung oder andersartige Tötung eines Tieres, dessen Tod infolge Krankheit oder Unfalls auch bei sachverständigem Eingreifen mit Sicherheit in kürzester Frist zu erwarten ist, d. h., wenn akute Lebensgefahr besteht. Nicht als Nottötung gelten also Schlachtungen aus wirtschaftlichen und nach derzeitiger Rechtssprechung auch aus tierschützerischen Gründen.

Dauernde Unbrauchbarkeit liegt vor, wenn trotz intensiver, sachgemäßer Behandlung die Nutzung des Pferdes für den versicherten Verwendungszweck nicht mehr gegeben ist. So ist z. B. ein chronisches Lungenemphysem beim Pferd als Unbrauchbarkeit, nicht aber als Nottötung einzustufen.

Während also die Nottötung ein absoluter Begriff ist, ist die dauernde Unbrauchbarkeit ein relativer. Sie ist unter dem Blickwinkel des versicherten Verwendungszweckes, der vom Tierbesitzer im Antrag angegeben und im Versicherungsschein dokumentiert wird, zu sehen. Beispiel: Eine als Folge von Erkrankung oder Unfall zurückgebliebene leichte Taktunreinheit im Gang führt bei einem auf Turnieren eingesetzten Dressurpferd zu dauernder Unbrauchbarkeit, während der gleiche Schaden bei einem Spazierreitpferd den Versicherungsfall nicht auslösen kann.

In der Regel werden zur Entschädigung gestellte Pferde durch den Versicherer der Schlachtverwertung zugeführt. Die Allgemeinen Versicherungsbedingungen besagen, daß diese Pferde auf Verlangen des Versicherers zur Verwertung herauszugeben sind. Diese Bestimmung bringt einerseits eine Erleichterung für den Versicherungsnehmer, d. h., er braucht sich um die Verwertung nicht zu kümmern, andererseits ist die Versicherungsgesellschaft, der ja der Verwertungserlös zufällt, an einer bestmöglichen Verwertung aus kaufmännischen Überlegungen heraus interessiert. Außerdem ist es auch ein Gebot des Tierschutzes, zu Schaden gekommene Pferde möglichst bald durch eine schmerzlose Tötung von ihren Leiden zu erlösen. Selbstverständlich kommt im Schadenfall die im Vertrag vereinbarte Entschädigungssumme voll zur Auszahlung.

In diesem Zusammenhang noch ein Wort zum sogenannten »Rückkauf« entschädigter Pferde. Es soll hier nicht verschwiegen werden, daß entschädigte Pferde unter bestimmten Voraussetzungen im Besitz des Versicherungsnehmers verbleiben können. Diese Art der Verwertung sollte aber nur in besonders begründeten Ausnahmefällen und unter bestimmten Auflagen zur Anwendung kommen. Dabei ist durch vertragliche Vereinbarung vor allem sicherzustellen, daß diese Pferde nicht mehr im Sport auftauchen und auch ein Weiterverkauf ausgeschlossen bleibt. Andernfalls wäre betrügerischen Manipulationen Tür und Tor geöffnet.

Nachfolgend sollen die gängigen Sparten der Pferdeversicherung zur besseren Übersicht in tabellarischer Form dargestellt werden.

Reitpferdeversicherung

Die moderne Reitpferdeversicherung ist von ihren Konditionen her konzipiert für Reiter bzw. Halter von Sportpferden. Um dem tatsächlichen Bedarf und auch speziellen Wünschen gerecht zu werden, gibt es eine Vielzahl von Versicherungsmöglichkeiten. Der Pferdebesitzer sollte beim Abschluß immer dem alle Risiken deckenden Haftungsumfang den Vorzug geben. Es ist nicht ratsam, nur für Tod und Nottötung Versicherungsschutz zu nehmen und dabei die dauernde Unbrauchbarkeit unberücksichtigt zu lassen. Jedoch ermöglicht ein separates Versicherungspaket für Kleinpferde den Ausschluß der dauernden Unbrauchbarkeit. Diese Standardform wird nachstehend dargestellt.

1. Aufnahme in die Versicherung

- ☐ Mindestaufnahmealter:
  vollendeter 7. Lebenstag,
- ☐ Höchstaufnahmealter
  für Großpferde:
  vollendetes 11. Lebensjahr,
  für Kleinpferde:
  vollendetes 15. Lebensjahr.

Alle in dem genannten Alter stehenden Pferde

sind versicherungsfähig, sofern sie gesund sind. Der Nachweis der Gesundheit ist durch ein tierärztliches Attest zu erbringen.

2. Was ist versichert?

- ☐ Tod oder Nottötung infolge Krankheit oder Unfalls,
- ☐ dauernde Unbrauchbarkeit infolge Krankheit oder Unfalls,
- ☐ Trächtigkeits- und Geburtsrisiko bei Stuten,
- ☐ Entwendung und Abhandenkommen,
- ☐ Brand, Blitzschlag, Explosion,
- ☐ alle Landtransporte innerhalb der Bundesrepublik Deutschland, auf Wunsch auch ins Ausland.

Eingeschlossen ist die Teilnahme an Turnieren sowie anderen reitsportlichen Veranstaltungen, ausgenommen Rennen. Die Teilnahme an Vielseitigkeitsprüfungen (Military) sowie an Distanzritten kann gegen Zuschlag ebenso mitversichert werden wie Lufttransporte.

3. Wie hoch kann ein Pferd versichert werden?

Die Versicherungssumme muß dem tatsächlichen Wert des Pferdes entsprechen. Im allgemeinen wird dies der Ankaufspreis sein. Eine Wertsteigerung infolge von Ausbildung oder Turniererfolgen wird berücksichtigt.

4. Wie hoch ist die Leistung des Versicherers im Schadenfall?

Die Höhe der Entschädigung richtet sich grundsätzlich nach der vertraglichen Vereinbarung beim Abschluß der Versicherung. Ein eventueller Verwertungserlös wird auf die Entschädigung angerechnet. Folgende Entschädigungssätze sind möglich:

- ☐ bei Tod oder Nottötung: 80 oder 100%,
- ☐ bei dauernder Unbrauchbarkeit: 50, 60, 70 oder 80% der Versicherungssumme.

5. Was kostet diese Versicherung jährlich?

Die Versicherungskosten sind gestaffelt nach der Versicherungssumme und den gewünschten Entschädigungssätzen. Je höher die Auszahlungsquote ist, desto höher ist auch die Prämie. Kleinpferde (mit einem Stockmaß bis 1,48 m) kosten ungefähr 25% weniger an Beitrag als Großpferde.

Zucht- und Aufzuchtversicherung

In dieser Sparte können gekörte Hengste, Zuchtstuten und Fohlen bzw. Jungpferde bis zu einem Alter von 3 Jahren versichert werden. Diese Versicherung ist speziell auf die Bedürfnisse des Züchters zugeschnitten.

1. Aufnahme in die Versicherung

- ☐ Mindestaufnahmealter: vollendeter 7. Lebenstag,
- ☐ Höchstaufnahmealter: vollendetes 14. Lebensjahr.

Alle Pferde einer Gattung (Hengste, Zuchtstuten oder Aufzuchtpferde) müssen zur Versicherung beantragt werden. Ein tierärztliches Gesundheitsattest ist erforderlich.

2. Was ist versichert?

- ☐ Tod oder Nottötung infolge Krankheit oder Unfalls, bei Zuchtstuten auch infolge Trächtigkeit und Geburt,
- ☐ Transporte, Entwendung, Abhandenkommen,
- ☐ Brand, Blitzschlag und Explosion.

Prämienfrei eingeschlossen ist die Teilnahme an Schauen und Ausstellungen, Hengst- und Stuten-Leistungsprüfungen sowie an Material- und Eignungsprüfungen für Reitpferde. Gegen einen Prämienzuschlag kann für Hengste und Zuchtstuten das Risiko der dauernden Zuchtunbrauchbarkeit oder auch der völligen dauernden Unbrauchbarkeit (d.h. zum Reiten und zur Zucht) eingeschlossen werden, wobei automatisch die Kastration bei Hengsten bis zum vollendeten 3. Lebensjahr mitversichert ist.
Bei Aufzuchtpferden ist auch das Risiko der dauernden Unbrauchbarkeit für den späteren Verwendungszweck »Reiten« zu günstigen Prämien versicherbar.

3. Wie hoch kann ein Pferd versichert werden?

Die Versicherungssumme muß auch hier angemessen sein. Für Gestüte hat es sich als zweckmäßig erwiesen, sowohl für Stuten als auch für Jungpferde eines Jahrganges Durchschnittswerte festzulegen.

4. Wie hoch ist die Leistung des Versicherers im Schadenfall?
Für das Risiko Tod oder Nottötung kann wahlweise ein Entschädigungssatz von 80 oder 100% der Versicherungssumme vereinbart werden. Ein eventueller Verwertungserlös wird auf die Entschädigung angerechnet. Die Entschädigungssätze bei Zuchtunbrauchbarkeit belaufen sich bei Hengsten auf 60%, bei Stuten auf 70% der Versicherungssumme. Die Unbrauchbarkeitsentschädigung bei Aufzuchtpferden beträgt 80%.

5. Was kostet diese Versicherung jährlich?
Die Prämien sind in dieser Sparte sowohl für die Grunddeckung als auch für die Zusatzrisiken relativ niedrig. Eine zusätzliche Vergünstigung wird für Junghengste geboten, die gleich im Anschluß an die Körung in Deckung gegeben werden.

Vollblutversicherung

Diese Sparte umfaßt Vollblut-, aber auch Halbblut-Rennpferde mit dem Verwendungszweck Flach- bzw. Hindernisrennen, Trabrennpferde sowie alle Stuten und Hengste, die zur Produktion der vorgenannten Rennpferde dienen. Außerdem können noch Fohlen bzw. Jährlinge aufgenommen werden. Es handelt sich hier nicht um eine echte Tierlebensversicherung, sondern mehr um eine Risikoversicherung, da besonders die Werte von Rennpferden oftmals Formschwankungen ausgesetzt sind und daher auch von Jahr zu Jahr differieren können. Diesem Umstand muß der Versicherer in bezug auf seine Konditionen Rechnung tragen.

1. Aufnahme in die Versicherung
- ☐ Mindestaufnahmealter: 24 Stunden,
- ☐ Höchstaufnahmealter
  für Galopprennpferde:
  vollendetes 8. Lebensjahr,
  für Trabrennpferde:
  vollendetes 10. Lebensjahr,
  für Zuchtpferde:
  vollendetes 12. Lebensjahr.

Ein tierärztliches Gesundheitsattest ist bei der Aufnahme erforderlich.

2. Was ist versichert?
- ☐ Tod oder Nottötung infolge Krankheit oder Unfalls,
- ☐ Transporte (ausgenommen Lufttransporte),
- ☐ Entwendung, Brand, Blitzschlag, Explosion,
- ☐ normale Kastration bis zum vollendeten 3. Lebensjahr.

Eingeschlossen ist ferner die Teilnahme an Rennen gemäß dem im Versicherungsantrag angegebenen Verwendungszweck sowie das hierfür erforderliche Training (nicht für Zuchtpferde). Bei Zuchtstuten sind selbstverständlich auch Schäden infolge Trächtigkeit und Geburt abgedeckt.
Gegen Prämienzuschlag können sowohl Lufttransporte als auch Kastration von Hengsten sowie Leibesfruchtschäden bei tragenden Stuten eingeschlossen werden.

3. Wie hoch kann ein Pferd versichert werden?
In bezug auf die Versicherungssumme ergibt sich besonders bei Rennpferden in dieser Sparte eine große Variationsbreite. Der angemessene Wert eines Ausgleich-I-Pferdes beträgt natürlich ein Mehrfaches von dem eines Pferdes, das nur in Ausgleich-IV-Rennen startet. Die Versicherungssumme ergibt sich also aus Kaufpreis, Abstammung und der gezeigten Leistung.

4. Wie hoch ist die Leistung des Versicherers im Schadenfall?
In der Vollblutsparte kommt immer die gesamte Versicherungssumme, allenfalls gekürzt durch den Erlös, zur Auszahlung.

5. Was kostet diese Versicherung jährlich?
Da es sich, wie eingangs gesagt, um eine Risikoversicherung handelt, ergeben sich relativ niedrige Prämiensätze für Flach-, Trabrenn- und Zuchtpferde. Dagegen sind die Tarifprämien für Hindernispferde, der weit größeren Gefahr entsprechend, wesentlich höher.

Weiterer Versicherungsschutz

Dauerlebensversicherung Diese Versicherung ist vor allem für junge Pferde gedacht, bei welchen das Schadensrisiko noch

Wertvolle Pferde müssen hoch versichert sein, wobei Lufttransporte extra zu versichern sind. Das untere Bild vermittelt einen Eindruck davon, welcher Aufwand notwendig ist, Lippizaner der Wiener Hofreitschule per Luftfracht nach Amerika zu verladen. Den Transport führen spezielle Frachtunternehmen durch. Die Pferde werden in Containern verladen und speziell betreut.

nicht sehr hoch ist. Sie kann gleichwohl von Züchtern und von Privatbesitzern abgeschlossen werden. Beim Verkauf des Tieres kann diese Versicherung an den neuen Erwerber mitverkauft werden.

1. Aufnahme in die Versicherung
- ☐ Mindestaufnahmealter: 7. Lebenstag (vollendet),
- ☐ Höchstaufnahmealter: 3. Lebensjahr (vollendet).

2. Was ist versichert?
- ☐ Tod oder Tod infolge Krankheit oder Unfalls,
- ☐ dauernde Unbrauchbarkeit infolge von Krankeiten oder Unfall,
- ☐ Brand, Blitzschlag, Explosion,
- ☐ Transporte, Schauen, Ausstellungen,
- ☐ Entwendung, Abschlachten in diebischer Absicht, Abhandenkommen.

Der Versicherungsschutz erstreckt sich auf den Aufenthalt im Stall, auf der Weide und während Transporten sowie auf Ausstellungen.

3. Wie hoch kann ein Pferd im Schadenfall versichert werden?
Gemäß den Bestimmungen einer Lebensversicherung wird der Beitrag in Form von jährlichen Prämien gezahlt, die verbindlich sind:
- ☐ Jahresprämie für Fohlen bis zum 1. Lebensjahr: DM 93,–
- ☐ Jahresprämie für Fohlen über 1.–2. Lebensjahr: DM 220,–
- ☐ Jahresprämie für Fohlen über 2.–3. Lebensjahr: DM 392,–

Die Versicherungssummen sind festgelegt und staffeln sich wie folgt:
- ☐ Fohlen bis zum 1. Lebensjahr: DM 3000,–
- ☐ Fohlen über 1.–2. Lebensjahr: DM 5000,–
- ☐ Fohlen über 2.–3. Lebensjahr: DM 7000,–

Jahresdiebstahlversicherung Hier erstreckt sich der Versicherungsschutz auf Entwenden und Abhandenkommen sowie auf Brand und Blitzschlagschäden auf der Weide (nicht im Stall), soweit eine Feuerversicherung für die betreffenden Pferde nicht besteht. Im Schadenfall kommen 80% der Versicherungssumme zur Auszahlung. Die Versicherungssumme darf DM 10000 nicht übersteigen.

Jahrestransportversicherung Sie deckt Schäden durch Tod oder Nottötung infolge Krankheit bzw. Unfalls während der durchgeführten Transporte innerhalb des Gebietes der Bundesrepublik Deutschland einschließlich des Landes Berlin sowie auf seinen Verbindungswegen. Außerdem sind Entwenden, Abhandenkommen, Brand, Blitzschlag und Explosion mitversichert.
Auch hier beträgt die Entschädigung 80% der Versicherungssumme. Je Pferd kann maximal ein Wert bis zum Betrag von DM 20000 abgesichert werden.

Die vorstehend aufgeführten Sparten fallen unter den Begriff *Langfristiges Tiergeschäft*, d. h., die Versicherungsdauer beträgt minimal ein Jahr, maximal fünf Jahre. Daneben gibt es noch *kurzfristige Versicherungsmöglichkeiten* für Pferde, die im folgenden dargestellt werden sollen.

Transportversicherung Diese Versicherung deckt Schäden infolge Tod oder Nottötung bei einem einzelnen Transport. Sie erfolgt nach Einzelbeschreibung der versicherten Pferde mit Angabe der jeweiligen Versicherungssumme und muß *vor* dem Transport abgeschlossen sein. Der Versicherungsschutz beginnt hier mit dem Verladen der Pferde und endet mit erfolgter Ausladung am Bestimmungsort. Die Transportversicherung hat Gültigkeit für alle westeuropäischen Länder. Alle Pferde für denselben Transport sind zur Versicherung anzumelden. Die Versicherungskosten sind abhängig von der Versicherungssumme und der Länge des Transportweges.

Leibesfrucht- und Fohlenversicherung Voraussetzung für den Abschluß dieser Versicherung ist die Versicherung der Mutterstute. Sie gewährt Versicherungsschutz für den Schaden, der dadurch entsteht, daß die Leibesfrucht tot geboren wird oder das Fohlen nach der Geburt verendet oder notgetötet werden muß. Die Versicherung endet, sobald das Fohlen den 6. Lebensmonat vollendet hat. In der Leibesfruchtversicherung kann die Versicherungssumme nicht höher als die der Mutterstute beantragt werden.

Kastrationsversicherung Da die Kastration (zumindest bis zum vollendeten 3. Lebensjahr) bei den meisten Versicherungen mit eingeschlossen ist, gewährt die separate Kastrationsversicherung jenen Hengsten Schutz für Schäden infolge Tod oder Nottötung anläßlich der Kastration, die über keinen anderen Versicherungsschutz verfügen, der das Kastrationsrisiko deckt. Verluste durch Betäubung und Niederlegen sind dabei eingeschlossen. Die Versicherung erfolgt nach Versicherungssummen und nach Einzelbeschreibung der versicherten Pferde. Entschädigt werden 80% der Versicherungssumme. Eine Nachhaftung bis zum 28. Tag nach der Operation ist eingeschlossen, so daß auch Folgeschäden abgedeckt sind.

Am Ende dieser Aufstellung soll nicht unerwähnt bleiben, daß auch kurzfristige Versicherungen für Auktionspferde, für Hengstleistungsprüfungen, Schauen und Ausstellungen aller Art abgeschlossen werden können. Die Konditionen hierfür sind meist vom Veranstalter zu erfahren.

Aus der vorstehenden, kurz gefaßten Darstellung der Versicherungsmöglichkeiten für Pferde mag man ersehen, daß die moderne Tierversicherung einen Versicherungsschutz anbietet, der allen Bedürfnissen angepaßt ist und keine Deckungslücken aufweist. Zudem wird dieser Schutz dem Versicherungsnehmer zu Prämiensätzen angeboten, die von der allgemeinen Teuerungswelle bisher weitgehend verschont geblieben sind.

Zum Schluß noch ein wohlgemeinter Rat: Wer an einer Pferdeversicherung interessiert ist, wende sich an einen Spezialversicherer, der sowohl bei Vertragsabschluß fachmännisch berät als auch in der Lage ist, im Schadenfall eine objektive Beurteilung durch Fachkräfte bzw. erfahrene Tierärzte vornehmen zu lassen.

Eine gute Pferdeversicherung bietet durchaus die Möglichkeit, das ohnehin nicht geringe Risiko der Pferdehaltung von finanziellen Belastungen weitgehend zu befreien.

Pferdezucht und Pferdehaltung im Steuerrecht

HORST EGGERT
Steuerberater und Diplom-Kaufmann, Frankfurt/M.

Das folgende Kapitel versucht, die Besteuerung von Pferdezucht und Pferdehaltung sowie ihre Auswirkungen systematisch und für den Steuerlaien in leicht verständlicher Form darzustellen. Es soll Anregungen und Hinweise geben sowie Gestaltungsmöglichkeiten zu Steuerersparnissen aufzeigen. Jeder Steuerfall hat jedoch seine Besonderheiten. Die Ausführungen ersetzen daher regelmäßig nicht den Fachkommentar oder die Hilfe eines Steuerberaters.

Pferdezucht ist (k)ein Vergnügen

Diese Aussage verdeutlicht das Spannungsfeld, in dem sich jeder Züchter befindet, das Spannungsfeld nämlich zwischen der Rentabilität des Zuchtbetriebes und der züchterischen Passion. Es ist bekannt, daß bei betriebswirtschaftlicher Betrachtung nur die wenigsten Zuchtbetriebe rentabel arbeiten. In den letzten Jahren sind viele Gestüte und Zuchtstätten der verschiedensten Zuchtrichtungen entstanden, die durch zunehmenden Kostendruck einerseits sowie durch die Grenzen der konjunkturell und/oder strukturell bedingten Marktsituation andererseits mit Verlusten arbeiten. Wie die Praxis zeigt, haben diese Züchter gerade in den Anlaufjahren das Bestreben, ihr Unternehmen als landwirtschaftlichen Betrieb anerkannt zu bekommen, um über den Ausgleich von Verlusten aus Pferdezucht mit anderen positiven Einkünften eine Steuerersparnis zu erreichen. Nur zu oft stellt sich hier die Finanzverwaltung auf den Standpunkt, daß die Pferdezucht aus Liebhaberei, also aus persönlichen Gründen und zum Vergnügen, betrieben wird, mithin steuerlich neutral ist.
Aus diesem Grund spielt die Abgrenzung des Liebhabereibetriebes vom landwirtschaftlichen Betrieb eine entscheidende Rolle bei der Erörterung steuerrechtlicher Tatbestände auf dem Gebiet der Pferdezucht.

Typologie der Pferdezuchtbetriebe

Steuerrechtlich kann man drei verschiedene Formen von Pferdezuchtbetrieben unterscheiden:

☐ Liebhabereibetrieb
☐ Landwirtschaftlicher Betrieb
☐ Gewerbebetrieb.

Je nach Betriebstyp sind die steuerlichen Auswirkungen verschieden. Nachfolgende Tabelle gibt einen ersten Überblick über drei wichtige Fragen:

1. Sind Gewinne einkommensteuerpflichtig?
2. Sind Verluste ausgleichsfähig mit anderen Einkünften?
3. Entsteht Gewerbesteuerpflicht?

Die Abgrenzungsmerkmale dieser drei Betriebstypen sollen im folgenden näher erläutert werden.

Der Problemfall: Landwirtschaft oder Liebhaberei?

Was ist Liebhaberei?

Die »Liebhaberei« ist ein gesetzlich nicht definierter Begriff im Einkommensteuerrecht. Ihre Merkmale wurden von der Rechtsprechung des Reichsfinanzhofs und des Bundesfinanzhofs im Laufe der letzten Jahrzehnte entwickelt.

Der Einkommensteuer unterliegen nur diejenigen Einkünfte, die in § 2 Abs. 1 EStG erschöpfend aufgezählt sind. Zu den dort genannten sieben Einkunftsarten zählen u. a. die Einkünfte aus Landwirtschaft und aus Gewerbebetrieb. Einkünfte, die nicht unter eine dieser sieben Einkunftsarten eingeordnet werden können, bleiben steuerfrei. Dies gilt z. B. für ausgezahlte Versicherungssummen, Lotteriegewinne u. ä. Dagegen gibt es Tätigkeiten, die nach ihren äußerlichen Merkmalen durchaus unter eine dieser Einkunftsarten fallen, aber steuerlich nicht beachtet werden, weil sie aus reiner Liebhaberei betrieben werden. Nur diejenigen Einkünfte sind steuerpflichtig, die ernstlich und planmäßig erstrebt werden. Gelegentliche Einnahmen werden in der Regel der Einkommenbesteuerung nicht unterworfen. Die Rechtsprechung bezeichnet eine Tätigkeit, bei der nicht das Streben nach Gewinn oder Überschüssen im Vordergrund steht, sondern die aus persönlichen Gründen ausgeübt wird, als »Liebhaberei« mit der steuerlichen Konsequenz, daß Aufwendungen hierfür als nichtabzugsfähige Kosten der Lebenshaltung zu behandeln und andererseits Erträge nicht zu versteuern sind. Andere Beispiele aus der Rechtsprechung zum Liebhaberei-Begriff: nebenberuflich ausgeübte künstlerische Tätigkeit, Tätigkeit als Wahlkonsul, Brieftaubenzucht, Pflanzenzucht etc.
Es fehlt in der Fachliteratur nicht an Definitionsversuchen. So definiert z. B. Koether (»Liebhaberei im Einkommensteuerrecht«, DStR 1971, S. 623 ff.): *»Liebhaberei ist eine Tätigkeit, die ohne Gewinnstreben vorgenommen*

Typologie der Pferdezuchtbetriebe

Pferdezuchtbetrieb als	Gewinne sind einkommensteuerpflichtig	Verluste sind ausgleichsfähig mit anderen Einkünften	Gewerbesteuerpflicht ist gegeben
1. Liebhabereibetrieb	nein	nein	nein
2. Landwirtschaftlicher Betrieb	ja § 2 Abs. 1 Z. 1 EStG; § 13 Abs. 1 Z. 1 bzw. § 13a EStG	ja § 2 EStG	nein § 1 GewStDV
3. Gewerbebetrieb	ja § 2 Abs. 1 Z. 2 und § 15 Abs. 2 EStG	nein § 15 Abs. 4 EStG	ja § 1 GewStDV

wird und tatsächlich keine fortdauernden Gewinne bringt. Das Fehlen des Gewinnstrebens wird vermutet, wenn der Steuerpflichtige erkannt hat oder erkennen mußte, daß die Tätigkeit nach ihrer Wesensart und der Art der Ausübung auf die Dauer keinen Gewinn bringen kann und die Tätigkeit dennoch fortgesetzt wird.«

Die Abgrenzungsmerkmale der Rechtsprechung

Zur Abgrenzung des Liebhabereibetriebs vom landwirtschaftlichen Betrieb hat die Rechtsprechung des Reichs- und Bundesfinanzhofs in den vergangenen Jahrzehnten in einer Reihe von grundlegenden Entscheidungen Abgrenzungsmerkmale entwickelt, die im folgenden kurz dargestellt werden sollen:

Größe und Struktur des Betriebes

Die Größe des Betriebes allein läßt keine Schlußfolgerung zu, ob es sich um einen landwirtschaftlichen Betrieb oder um einen Liebhabereibetrieb handelt. Während ein Betrieb mit einer bewirtschafteten Fläche von z. B. 10000 qm ein steuerlich anzuerkennender landwirtschaftlicher Betrieb sein kann, kann es sich bei einem 200-Morgen-Gut um einen Liebhabereibetrieb handeln.

Gewinnaussichten und Art der Bewirtschaftung

Wesentliche Kriterien für die Beantwortung der Frage, ob ein landwirtschaftlicher Betrieb vorliegt, ist nach der Rechtsprechung, ob ein Betrieb seiner Wesensart nach bei langfristiger Betrachtung nachhaltig Gewinn zu erzielen vermag. Ist eine objektive Gewinnaussicht nicht zu erkennen, wird eine landwirtschaftliche und damit züchterische Tätigkeit als Liebhaberei qualifiziert und somit einkommensteuerrechtlich neutral behandelt.

Wesentlich ist, ob sich der Betrieb auf lange Zeit selbst erhalten kann. Somit ist das ernsthafte Rechnen mit einem Ausgleich zwischen Aufwand und Ertrag bedeutsam; im Einzelfall ist zu prüfen, ob ein Betrieb nach allgemeinen betriebswirtschaftlichen Grundsätzen bzw. nach den Prinzipien landwirtschaftlicher Betriebsführung bewirtschaftet wird. Diese Prüfung kann, wie die Praxis zeigt, im Einzelfall schwierig sein und erfordert oft die Hinzuziehung eines Sachverständigen. Da in der Regel unterstellt werden kann, daß auch ein Pferdezuchtbetrieb nach betriebswirtschaftlichen Grundsätzen geführt wird, muß das Finanzamt im Streitfall darlegen, weshalb es den Betrieb als Liebhabereibetrieb betrachtet. Wann nun liegen Gewinne im Sinne dieser Rechtsprechung vor? Bei der Gewinnermittlung sind z. B. steuerliche Sonderabschreibungen und Buchverluste außer Ansatz zu lassen, nicht dagegen laufende Abschreibungen auf Gebäude und Tierbestand. Einen Unternehmerlohn muß der Gewinn nicht ermöglichen; der Betrieb muß nicht so viel Gewinn abwerfen, um die eigene wirtschaftliche Existenz des Steuerpflichtigen vertreten zu können. Hier genügt auch ein bescheidener Überschuß, um das Vorliegen eines Liebhabereibetriebes zu verneinen. Ebenfalls ist eine Verzinsung des Anlagekapitals nicht erforderlich.

Dagegen muß der Steuerpflichtige daran mitwirken, daß eine auf die Dauer erfolgversprechende und gewinnbringende Bewirtschaftung erfolgt. An sich richtige Investitionen sind zu vermeiden, wenn die Ertragsmöglichkeiten dies nicht zulassen. Oft wird der Betrieb nicht vom Eigentümer selbst, sondern von einem Verwalter bewirtschaftet. Durch einen solchen Aufwand kann die Rentabilität eines Betriebes langfristig in Frage gestellt werden. Wenn der Steuerpflichtige deshalb die Personalkosten ganz oder teilweise privat übernimmt, um zu einem ausgeglichenen Abschluß zu kommen, so kann deshalb nicht das Vorliegen eines landwirtschaftlichen Betriebes verneint werden.

Bedeutung der Anlaufverluste

Verluste in den ersten Jahren der Zuchttätigkeit (Anlaufverluste) sind noch kein Beweisanzeichen für Liebhaberei, wenn die Tätigkeit bei zweckmäßiger Wirtschaftsweise langfristig Gewinn erbringen kann und wenn aus den Umständen des Einzelfalles zu schließen ist, daß der Steuerpflichtige die Verluste in Erwartung künftiger Gewinne auf sich genommen hat. So hat die Rechtsprechung Anlaufverluste bejaht bei ungünstigen wirtschaftlichen Verhältnissen, bei Kauf eines heruntergekommenen Betriebes, bei Mißwirtschaft des Verwalters und Rückschlägen irgendwelcher Art. Aus aufgetretenen Verlusten allein kann nicht auf Mangel an Gewinnerzielungsabsicht geschlossen werden (vgl. auch Urteil des BFH vom 28. 11. 1985 – IV R

178/83). Zwar liegen die Motive, so dieses Urteil, für eine Pferdehaltung und Pferdezucht gerade bei solchen Steuerpflichtigen im privaten Bereich, die sonst nicht in der Landwirtschaft tätig sind und auf Grund anderer Einkünfte über die erforderlichen Mittel zum Verlustausgleich verfügen.

Die Frage, ob Landwirtschaft vorliegt oder nicht, ist immer nur unter zusammenfassender Betrachtung einer größeren Zahl von Jahren zu beurteilen, niemals nach dem Ergebnis eines einzelnen Jahres. Daraus folgt andererseits: Wenn in den ersten Jahren einer Zucht Verluste steuerlich nicht berücksichtigt worden sind, sind auch Gewinne späterer Jahre so lange nicht zu versteuern, bis der Steuerpflichtige erkennt, daß die Zucht weiterhin Gewinne erbringen wird.

Die Entscheidung darüber, ob Liebhaberei oder Landwirtschaft vorliegt, läßt sich in der Regel erst nach Ablauf von einigen Jahren (5–6) treffen.

In einer Entscheidung vom 18. 3. 1976 – IV R 113/73 – hat der Bundesfinanzhof einen Betrieb nicht als landwirtschaftlichen Betrieb anerkannt, der 14 Jahre lang nur Verluste ausgewiesen hatte. Den Einwand des Steuerpflichtigen, er habe Gewinn erzielen wollen und bei theoretisch optimalen Bedingungen auch erzielen können, ließ der Bundesfinanzhof nicht gelten, da man bei einer derart langen Zeitspanne nicht mehr von Anlaufverlusten sprechen könne.

In einem anderen Urteil vom 21. 3. 1985 – IV R 25/82 – hat der Bundesfinanzhof nichtsteuerbare Einkünfte aus Liebhaberei angenommen, indem in einem Gestüt in den ersten acht Jahren so hohe Verluste entstanden sind, daß der Steuerpflichtige davon ausgehen mußte, diese im Laufe der Gesamtentwicklung durch spätere Gewinne nicht ausgleichen zu können. Eine Gewinnerzielungsabsicht wurde verneint.

Die subjektive Auffassung des Züchters

Die Rechtsprechung steht auf dem Standpunkt, daß in der Regel die subjektive Einstellung des Steuerpflichtigen nicht berücksichtigt werden soll, d. h. also seine eigene Auffassung über die Wirtschaftlichkeit der Zuchttätigkeit. Aus diesem Grunde verlangt die Rechtsprechung das Vorliegen der oben geschilderten objektiven Merkmale (betriebliche Rentabilität).

Das Verlangen der Rechtsprechung nach Objektivierung der Kriterien der Liebhaberei ist in der Fachliteratur umstritten. Diese enge Auffassung der Rechtsprechung erscheint auch nicht richtig, denn bei Gewerbetreibenden z. B. wird nicht nur auf die objektiven wirtschaftlichen Verhältnisse abgestellt. So genügt für die Geltendmachung von Betriebsausgaben, daß die Ausgaben nach den Vorstellungen des Steuerpflichtigen der Erzielung von Einkünften dienen; hier kommt also der subjektiven Auffassung eine Bedeutung zu. Es ist nicht einzusehen, weshalb dies nicht auch für die Einstellung des Züchters zur Wirtschaftlichkeit seiner Investitionen Geltung haben sollte.

Die Höhe der Investitionen

Die Höhe der Investitionen spielt bei der Entscheidung, ob ein Betrieb nachhaltig mit Gewinn arbeiten kann, eine erhebliche Rolle. Nach der Rechtslage sprechen sachlich verfehlte Aufwendungen nicht ohne weiteres gegen eine auf Gewinnerzielung gerichtete Landwirtschaft, besonders wenn es sich um einmalige, verhältnismäßig hohe Aufwendungen handelt. Wenn z. B. der Betriebseigentümer, der Gewerbetreibender ist, Investitionen vornimmt, die ein Landwirt bei der Struktur und Größe des Betriebs nicht tätigen würde, so braucht dieser Umstand nicht unbedingt zu der Annahme eines Liebhabereibetriebes zu führen (Urteil des RFH vom 14. 9. 1938 – RStBl S. 1063).

Pferdezucht als landwirtschaftlicher Betrieb

Abgrenzung zur gewerblichen Tierzucht

Wie muß nun ein Pferdezuchtbetrieb, der nach den geschilderten Abgrenzungsmerkmalen kein Liebhabereibetrieb ist, beschaffen sein, um steuerlich als landwirtschaftlicher Betrieb zu gelten? Hier steht die Abgrenzung zur gewerblichen Tierzucht (Gewerbebetrieb) im Vordergrund. § 13 EStG gibt dazu die Erläuterung, daß Einkünfte aus der Tierzucht und Tierhaltung zu den landwirtschaftlichen Einkünften zählen, wenn im Wirtschaftsjahr

- für die ersten 20 ha nicht mehr als 10 Vieheinheiten,
- für die nächsten 10 ha nicht mehr als 7 Vieheinheiten,
- für die nächsten 10 ha nicht mehr als 3 Vieheinheiten und
- für die weitere Fläche nicht mehr als 1,5 Vieheinheiten

je Hektar der vom Betriebsinhaber regelmäßig landwirtschaftlich genutzten Fläche erzeugen oder gehalten werden.
Nach dem Futterbedarf sind die Tierbestände in Vieheinheiten (VE) umzurechnen, wobei als Umrechnungsschlüssel Pferde unter 3 Jahren 0,7 VE und dreijährige sowie ältere Pferde 1,10 VE zählen. Für die Abgrenzung Pferdezucht im Rahmen einer Landwirtschaft wird also die Größe der landwirtschaftlich genutzten Fläche (wozu neben den Eigentumsflächen auch die Pachtflächen gehören) in Beziehung gesetzt zum Pferdebestand.
Beispiel: Ein Zuchtbetrieb bewirtschaftet 15 ha. Der Pferdebestand beträgt 1 Hengst, 4 Zuchtstuten, 4 Jungstuten und 2 Junghengste unter 3 Jahren. Summe der VE: 1,1 + 4,4 + 2,8 + 1,4 = 9,7 VE. Ergebnis: Es handelt sich insoweit um einen landwirtschaftlichen Betrieb.

Übersteigt der Pferdebestand nachhaltig den oben genannten Umfang, so liegt für den darüber hinausgehenden Tierbestand keine landwirtschaftliche, sondern gewerbliche Tierzucht und Tierhaltung vor. Bei Landwirten kann jedoch ein Zweig des Tierbestandes immer nur im ganzen zur landwirtschaftlichen oder zur gewerblichen Tierzucht und Tierhaltung gehören. Übersteigt z. B. bei einem Nur-Pferdezuchtbetrieb die Pferdezucht den Höchstsatz, so rechnet die Finanzverwaltung den gesamten Tierbestand zur gewerblichen Tierzucht. Hat ein Betrieb einen Tierbestand mit mehreren Zweigen, so erfolgt die Zurechnung zur landwirtschaftlichen bzw. gewerblichen Tierzucht nach einem bestimmten Verfahren, das sich nach der Flächenabhängigkeit des einzelnen Tierbestandes richtet.
Bei der Abgrenzung der landwirtschaftlichen Einkünfte von den gewerblichen geht der Gesetzgeber davon aus, daß landwirtschaftliche Einkünfte nur vorliegen bei planmäßiger Nutzung der natürlichen Bodenkräfte und Verwertung der dadurch gewonnenen Erzeugnisse und Tiere. Während es nach früherer Verwaltungspraxis darauf ankam, ob der Betrieb das für den gesamten Tierbestand erforderliche Futter überwiegend selbst zu gewinnen in der Lage war oder ob er auf dauernden Zukauf fremder Futtermittel angewiesen war, gilt jetzt die auf dem Futterbedarf basierende Relation: landwirtschaftlich genutzte Flächen pro Vieheinheit. Was bedeutet es nun, wenn ein Pferdezuchtbetrieb als gewerblicher Betrieb gemäß § 1 der Gewerbesteuer-Durchführungsverordnung behandelt wird? Die Einstufung eines Pferdezuchtbetriebes als Gewerbebetrieb hat zunächst einmal Gewerbesteuerpflicht für Ertrag und Kapital zur Folge. Weiterhin können bei der Einkommensteuer angefallene Verluste nicht mit anderen positiven Einkünften ausgeglichen werden. Denn gemäß § 15 Abs. 3 EStG dürfen Verluste aus gewerblicher Tierzucht nicht mit anderen Einkünften (auch nicht mit solchen aus einem Gewerbebetrieb) ausgeglichen und auch nicht vorgetragen werden; sie können lediglich aufgerechnet werden gegen Gewinne aus Pferdezucht in späteren Wirtschaftsjahren. Diese Vorschrift ist bei der Gewerbesteuer nicht anzuwenden (Verfügung der OFD Düsseldorf vom 28. 6. 1976 – G 1421/G 1427 A).

Buchführungspflicht und Gewinnermittlungsarten

Die Buchführungspflicht regelt sich nach § 141 der Abgabenordnung (AO 1977). Danach sind Landwirte zur Buchführung verpflichtet, wenn *eine* der folgenden Voraussetzungen erfüllt ist:

1. Umsatz von mehr als DM 500 000,– jährlich.
2. Landwirtschaftliches Vermögen von mehr als DM 125 000,–.
3. Selbstbewirtschaftete Fläche mit einem Wirtschaftswert (§ 46 BewG) von mehr als DM 40 000,–.
4. Gewinn von mehr als DM 36 000,– jährlich.

Bei den nichtbuchführenden Landwirten erfolgt die Gewinnermittlung gemäß § 13a EStG nach Durchschnittssätzen. Auf Antrag können diese Landwirte jedoch ihren Gewinn auf Grund einer Bilanz oder einer Einnahmen-Ausgabenrechnung ermitteln, sind jedoch vier Jahre daran gebunden. Der Durchschnittsbesteuerung unterliegen ca. 97% aller Landwirte. Ob für einen Pferdezuchtbetrieb die Durchschnittsbesteuerung oder die individuelle Gewinnermittlung günstiger ist, hängt vom Einzelfall ab.

Kern der Gewinnermittlung nach § 13 a ist der Ansatz eines fiktiven Durchschnittsertrages, wie er in dem aus dem Einheitswert abgeleiteten Grundbetrag zum Ausdruck kommt. Dieser Grundbetrag wird durch Hinzurechnung (Wert der Arbeitsleistung, Pachtzinsen, Zuschläge für bestimmte Erträge) sowie durch Absetzungen (Pachtzinsen, Schuldzinsen) korrigiert. Abschreibungen sind mit den Durchschnittssätzen abgegolten.

Gewinne aus Zuchtviehverkäufen, die über einen normalen Gewinn hinausgehen, müssen durch einen Zuschlag erfaßt werden. Das gleiche gilt für Deckgelder aus der Haltung von Vatertieren. Zuschläge für Gewinne bestimmter Betriebszweige erfolgen, wenn der Endbetrag dadurch um mindestens DM 800,– erhöht wird. Hierbei sind die als Zuschlag anzusetzenden Erträge grundsätzlich durch Gegenüberstellung der Betriebseinnahmen und -ausgaben zu ermitteln. Bei der Veräußerung von Pferden sind die Mehrgewinne dann durch Zuschläge zu erfassen, wenn der Preis von DM 1500,– überschritten wird (Verfügung der OFD Hamburg vom 3. 8. 1976). Übersteigt der Verkaufspreis diesen Wert, ist ein Betrag von 80% des Mehrerlöses als Gewinnzuschlag anzusetzen. Hier dürfte die Einzelgewinnermittlung zu günstigeren Ergebnissen führen.

Gewinne aus der Pensionstierhaltung sind ebenfalls durch entsprechende Zuschläge zu erfassen, weil die Fremdtiere im Vergleichswert der landwirtschaftlichen Nutzung nicht enthalten sind (Verfügung der OFD Münster vom 11. 6. 1985).

Bewertung und Abschreibung von Zuchtpferden

Bei buchführungspflichtigen Landwirten sowie bei freiwillig buchführenden Landwirten mit ordnungsmäßiger Buchführung wird die Ermittlung des landwirtschaftlichen Gewinns in der Regel auf Grund eines Betriebsvermögensvergleichs gemäß § 4 Abs. 1 EStG (Bilanzierung) vorgenommen. Bei der Bewertung der Pferde in der Bilanz können für vom Steuerpflichtigen erworbene oder im Betrieb des Steuerpflichtigen geborene Pferde Durchschnittswerte angesetzt werden, die z. B. nach einer Verfügung der OFD Hamburg vom 12. 3. 1974 – S 2132 a – 7/73 – St 21 – sowie vom 29. 4. 1981 – S. 2132a – 4/78 – St 21 – folgende Höhe haben:

- ☐ bis 1 Jahr DM 1600,–
- ☐ 1–2 Jahre DM 2400,–
- ☐ 2–3 Jahre DM 3200,–
- ☐ über 3 Jahre DM 4000,–.

Diese Durchschnittswerte (die in den einzelnen Bundesländern unterschiedlich festgesetzt sind) gelten jedoch nicht für besonders wertvolle Tiere (z. B. Zuchttiere). Als besonders wertvoll sind zugekaufte Pferde anzusehen, wenn ihre Anschaffungskosten im Alter

- ☐ bis zu 1 Jahr DM 3000,–
- ☐ von 1–2 Jahren DM 5000,–
- ☐ von 2–3 Jahren DM 7500,–
- ☐ von mehr als 3 Jahren DM 10 000,–

übersteigen. Die zugekauften Pferde sind mit den Anschaffungskosten zuzüglich der Aufzuchtkosten, gegebenenfalls vermindert um die Absetzung für Abnutzungen nach § 7 EStG, zu bewerten. Die jährlichen Aufzuchtkosten können für Pferde bis zu einem Alter von 4 Jahren in der Regel mit DM 1000,– angenommen werden, soweit sich nicht aus den betrieblichen Unterlagen andere Werte ergeben, was normalerweise der Fall sein wird. Absetzungen für Abnutzungen (AfA) sind bei den einzeln bewerteten Zuchttieren von den jeweiligen Anschaffungs- bzw. Aufzuchtkosten vorzunehmen. Als AfA-Sätze werden von der Finanzverwaltung im allgemeinen folgende v.H.-Sätze anerkannt:

- ☐ Zuchthengste 20%
- ☐ Zuchtstuten 10%.

Für besonders wertvolle Tiere ist jedoch die betriebsgewöhnliche Nutzungsdauer nach den Verhältnissen des Einzelfalles zu ermitteln. Die Abschreibung ist bei Hengsten von Beginn der ersten Deckperiode, bei Stuten vom Zeitpunkt des ersten Abfohlens an vorzunehmen.

Haltung fremder Reitpferde in der Landwirtschaft

Nicht nur bei der Pferdezucht, sondern auch bei der Pferdehaltung kann sich die Frage der Abgrenzung der landwirtschaftlichen von der gewerblichen Betätigung stellen. Wenn ein Landwirt fremde Reitpferde in Pension nimmt, ohne daß er weitere für eine Reitschule typische Leistungen erbringt (Reitunterricht, Vermietung eigener Pferde für Reitzwecke usw.), so liegt noch eine landwirtschaftliche Betätigung vor, wenn sich die gesamte Tierhaltung des Betriebes (eigene Tiere zuzüglich Pensionstiere) in den Grenzen einer landwirtschaftlichen Tierhaltung hält (vgl. hierzu »Abgrenzung zur gewerblichen Tierzucht«). Dies gilt auch dann, wenn es sich bei den Eigentümern der Pensionstiere nicht um Landwirte, sondern um Privatpersonen handelt. Ein Gewerbebetrieb wird jedoch dann anzunehmen sein, wenn der Landwirt neben der Pensionstierhaltung weitere Leistungen erbringt (Zurverfügungstellung einer Reithalle, Restaurationsbetrieb etc.).
Wenn ein Landwirt eigene Pferde an Reiter vermietet, unterhält er einen Gewerbebetrieb, es sei denn, diese Tätigkeit ist von untergeordneter Bedeutung.

Vollblutzucht im Einkommensteuerrecht

Was in den vorhergehenden Abschnitten allgemein über Pferdezucht gesagt wurde, gilt grundsätzlich auch für die Vollblutzucht. In der höchstrichterlichen Rechtsprechung der vergangenen Jahrzehnte finden sich zahlreiche Urteile, die sich mit der Frage befassen, ob Vollblutzucht bei langdauernden Verlustperioden nur aus Liebhaberei betrieben wird und ob sie ihrer Wesensart nach überhaupt zur Gewinnerzielung geeignet ist. Richtungsweisend ist das Urteil des BFH vom 17. 3. 1960 – IV 193/58 U (BStBl. III S. 324) –, dessen zwei Leitsätze wie folgt lauten:

1. Bei einer Vollblutzucht besteht die Vermutung, daß sie zu den Liebhabereibetrieben gehört. Auf die Erzielung von Renngewinnen und Zuchtprämien, die dem Züchter die Durchhaltung der Vollblutzucht ermöglichen sollen, kann die Gewinnerzielungsabsicht im kaufmännischen Sinne nicht gestützt werden. Dies gilt insbesondere für Zuchten mit nur wenigen Mutterstuten, bei denen sich der züchterische Gedanke, daß die Qualität aus der Quantität kommt, nicht auswirken kann.
2. Als Gewinnbetriebe können Vollblutzuchten nur ausnahmsweise anerkannt werden, z. B. wenn sie im wirtschaftlichen Zusammenhang mit einer ausreichenden landwirtschaftlichen Betriebsgrundlage unterhalten werden oder wenn sonstige besondere Gründe für eine mit Gewinnerzielungsabsicht ausgeübte Tätigkeit sprechen. Den Nachweis hierüber hat der Steuerpflichtige zu führen.

Ein rechtskräftiges Urteil des Hessischen Finanzgerichts vom 3. 4. 1981 (EFG 1982, S. 21) kommt im Falle eines Steuerpflichtigen, der im landwirtschaftlichen Betrieb mit geringem Gewinn die Futtergrundlage für einen mit erheblichen Dauerverlusten arbeitenden Rennstall mit Gestüt erwirtschaftet, zu dem Ergebnis, daß Liebhaberei hinsichtlich des Rennstalls vorliege, der dem Unternehmen wirtschaftlich das Gepräge gibt.
Im Interesse der Förderung und Erhaltung der Vollblutzucht aus volkswirtschaftlichen und kulturellen Gründen hatte der Gesetzgeber von 1961 bis 1974 bei Vollblut-Liebhaberei-Betrieben den Abzug von Verlusten in bestimmtem Umfang gestattet. Versuche von interessierter Seite, im Interesse der Vollblutzucht eine Übergangsregelung zu treffen, durch die gewährleistet wird, daß nicht von der Finanzverwaltung Vollblutzuchtbetriebe allgemein zu Liebhabereibetrieben erklärt werden, haben zu keinem Erfolg geführt. Nach einer Verfügung der OFD Düsseldorf vom 20. 1. 1977 – S 2234 B – St 112 – ist über die Zuordnung der Vollblutzucht zu einer Einkunftsart oder zur Liebhaberei weiterhin im konkreten Einzelfall zu entscheiden. Dabei kann wie bisher durch entsprechende Nachweise die Vermutung der Liebhaberei entkräftet werden.
Wie es in diesem Erlaß heißt, ist die steuerliche Behandlung der Vollblutzucht mit Vertretern der obersten Finanzbehörden des Bundes und der Länder erörtert worden, wobei die Unterlagen über Umfang, Struktur und

Wirtschaftlichkeit der deutschen Vollblutzucht ausführlich gewürdigt worden sind. Im einzelnen heißt es hierzu:

Die Abgrenzung zwischen einkommensteuerlicher Tätigkeit und einkommensteuerrechtlich unbeachtlicher Liebhaberei ist im Einkommensteuergesetz nicht ausdrücklich geregelt. Liebhaberei ist eine Tätigkeit, die nur das Erscheinungsbild einer Einkunftsart zeigt, tatsächlich aber keiner Einkunftsart zuzurechnen ist. Nach der Rechtsprechung, die im Urteil des Bundesfinanzhofes vom 23. 1. 1969 (BStBl II S. 340) zusammengefaßt ist, ist Voraussetzung für die einkommensteuerrechtliche Berücksichtigung von Gewinnen und Verlusten, daß der Steuerpflichtige ernstlich mit einem Ausgleich zwischen Aufwand und Ertrag (Einnahmen und Ausgaben) und einem wenn auch bescheidenen Nutzen (Einkommen) rechnet. Dabei kommt es entscheidend darauf an, ob ein Betrieb nach betriebswirtschaftlichen Grundsätzen geführt wird und seiner Wesensart und der Art seiner Beschäftigung nach auf die Dauer gesehen nachhaltig mit Gewinn arbeiten kann. Ob diese Voraussetzungen gegeben sind, beurteilt sich nicht nach der subjektiven Auffassung des Steuerpflichtigen, sondern nach den objektiven Verhältnissen.

Wie es in dem Erlaß weiter heißt, ist nach den Unterlagen von den 46 Züchtern, die 10 Jahre oder länger züchten, in 460 Züchterjahren nur in 81 Jahren ein Überschuß erzielt worden. Nur jedes sechste Züchterjahr ist also ein Überschußjahr. Bei Einbeziehung der Züchter, die kürzere Zeit züchten oder keine Rennpferde im Training haben, ist die Relation noch ungünstiger.

Pferdezucht und Pferdehaltung im Umsatzsteuerrecht

Umsatzsteuerpflicht bei Liebhabereibetrieben

Wenn auch die Einkommensteuer bei der Erörterung der steuerlichen Aspekte der Pferdezucht im Vordergrund steht, so darf nicht übersehen werden, daß ebenso die Umsatzsteuer den Pferdezuchtbetrieb mehr oder weniger stark belasten kann. Welche Vorgänge unterliegen der Umsatzsteuer? Gegenstand der Umsatzsteuer (Mehrwertsteuer) bilden die steuerbaren Umsätze (Lieferungen und Leistungen), die ein »Unternehmer« im Inland gegen Entgelt im Rahmen seines Unternehmens ausführt.

Der Unternehmerbegriff bedarf der Erläuterung: Unternehmer ist, wer eine gewerbliche oder berufliche Tätigkeit selbständig ausübt. Gewerblich oder beruflich ist jede nachhaltige Tätigkeit zur Erzielung von Einnahmen, auch wenn die Absicht fehlt, Gewinn zu erzielen.

Aus diesen Definitionen läßt sich erkennen, daß ein Liebhabereibetrieb mit seinen Umsätzen steuerbar sein kann, vorausgesetzt, die Pferdezucht wird »nachhaltig« betrieben. Wenn also laufend selbstgezüchtete Pferde verkauft werden, liegen steuerbare Umsätze vor. Das bedeutet auf der anderen Seite, daß einmalige oder auch geeignete Verkäufe von Pferden mangels Nachhaltigkeit der züchterischen Tätigkeit nicht steuerbar sind.

Höhe der Steuersätze bei landwirtschaftlichen Pferdezuchtbetrieben

Für landwirtschaftliche Pferdezuchtbetriebe gelten abweichend vom allgemeinen Mehrwertsteuersatz die besonderen Durchschnittssätze des § 24 UStG. zu den landwirtschaftlichen Betrieben sind auch die Betriebe mit Tierzucht und Tierhaltung zu rechnen, wenn die weiter oben erläuterten Relationen Vieheinheiten/Hektar nicht überschritten werden. Auf Antrag kann an Stelle der Durchschnittsbesteuerung die Besteuerung nach den allgemeinen Vorschriften des Umsatzsteuergesetzes angewendet werden. Dieses Verfahren, an das der Landwirt dann 5 Jahre gebunden ist, lohnt sich jedoch nur bei einem hohen Überhang an Vorsteuern.

Gemäß § 24 Abs. 1 beträgt der pauschal festgesetzte Mehrwertsteuersatz bei Viehverkäufen ab 1. 1. 1989 für Tierzuchtbetriebe 11%. Die Vorsteuer ist mit 8% pauschaliert. Darüber hinaus besteht ein Kürzungsanspruch in Höhe von 3%, so daß die Zahllast Null beträgt.

Die Regelung des § 24 UStG gilt für landwirtschaftliche Pferdezuchtbetriebe. Wie werden diejenigen Pferdezuchtbetriebe behandelt, die (einkommensteuerlich) als Liebhabereibetriebe gelten? Es könnte zweifelhaft sein, ob hier der allgemeine Steuersatz oder aber der für landwirtschaftliche Betriebe geltende Durchschnittssteuersatz zur Anwendung gelangt. Die Finanzverwaltung hat diese Frage dahingehend entschieden, daß auch für sogenannte »Dauerverlustbetriebe« die landwirtschaftlichen Durchschnittssätze zur Anwendung gelangen (Verfügung OFD Kiel vom 12. 2. 1974 – S 7410 A – St 341).

Andere Umsatzsteuersätze in der Pferdehaltung

Fällt ein Unternehmer nicht unter die Durchschnittsbesteuerung des § 24 UStG, so gibt es für verschiedene Tatbestände ermäßigte Steuersätze.

Hengsthaltung

Gemäß § 12 Abs. 2 Nr. 4a UStG ermäßigt sich die Umsatzsteuer vom allgemeinen Steuersatz 14% auf 7% für die Leistungen, die unmittelbar der Vatertierhaltung, der Förderung der Tierzucht, der künstlichen Tierbesamung oder der Leistungs- und Qualitätsprüfung in der Tierzucht dienen. Zu den Leistungen, die unmittelbar der Vatertierhaltung dienen, gehören in erster Linie die Deckgelder.

Aufzucht und Halten von Pferden

Gemäß § 12 Abs. 2 Nr. 3 UStG ermäßigt sich der allgemeine Steuersatz von 14% auf 7% für die Aufzucht und das Halten von Vieh. Unter Aufzucht von Vieh versteht man in diesem Zusammenhang nur das Aufziehen von fremden Jungtieren, deren Aufzucht vom Züchter gegen ein bestimmtes Entgelt übernommen wird. Dagegen stellt die Aufzucht von Fohlen im Eigenbesitz einen nichtsteuerbaren Vorgang dar.
Auch Reit- und Rennpferde fallen unter den Begriff »Vieh« im Sinne des Gesetzes.

Leistungen von Reitschulen

Leistungen im Rahmen einer Reitschule unterliegen dem ermäßigten Steuersatz von 7%, soweit gewerbliche Unternehmen Pferde vermieten oder betreuen. Dagegen ist die spezielle Ausbildung von Pferden nicht als begünstigte Pferdehaltung anzusehen; sie unterliegt dem Regelsatz. Die Erteilung von Reitunterricht mit eigenen oder vom Schüler gestellten Pferden unterliegt dem ermäßigten Steuersatz, soweit es sich um eine freiberufliche Tätigkeit handelt. Bei der Vermietung von Boxen einschließlich Betreuung und Fütterung der eingestellten Pferde handelt es sich um das Halten von Vieh, das dem ermäßigten Steuersatz unterliegt. Bei Vermietung von Pferden oder bei Pensionshaltung im Rahmen eines landwirtschaftlichen Betriebes liegen »sonstige Leistungen« vor, die einem Steuersatz von 11% gemäß § 24 Abs. 1 UStG unterliegen.

Einige Gerichtsurteile zur Pferdezucht und Pferdehaltung

- ☐ Das Finanzgericht Rheinland-Pfalz hat am 22. 4. 1982 rechtskräftig festgestellt, daß der Verkauf von Springpferden bei amateurmäßig ausgeübtem Springsport als Liebhaberei anzusehen ist.
- ☐ Nach einem Urteil des Finanzgerichts Baden-Württemberg vom 8. 11. 1978 ist das Halten eines Schleppers durch einen Reit- und Fahrverein zum Mähen von Koppeln, die als Auslauf für Reitpferde dienen, nicht von der Kraftfahrzeugsteuer befreit, wenn das anfallende Heu nicht die Futtergrundlage für die Pferde darstellt.
- ☐ Ein rechtskräftiges Urteil des Finanzgerichts Düsseldorf vom 22. 5. 1982 kommt zu dem Ergebnis, daß die Aufwendungen eines Reitpferdes, das sich ein angestellter Reitlehrer hält und das er im Reitunterricht einsetzt, Werbungskosten sein können (EFG 1983, S. 65). Zu dem gleichen Ergebnis kam das Hessische Finanzgericht in seinem Urteil vom 2. 12. 1982 (EFG 1983, S. 226).
- ☐ Das Schleswig-Holsteinische Finanzgericht ist der Ansicht, daß die Vermietung von Reitpferden an Feriengäste durch einen Landwirt auch dann eine gewerbliche Betätigung darstellt, wenn keine Nebenleistungen erbracht werden (nicht rechtskräftiges Urteil vom 14. 12. 1982, EFG 1983, S. 283). Dagegen steht ein Urteil des gleichen Gerichts vom 4. 4. 1984 (EFG 1985, S. 11), wonach diese Tätigkeit keine gewerbliche Betätigung darstellt, wenn die Pferde im Rahmen der sog. Flächendeckung gehalten und daneben keine wesentlichen Leistungen gewerblicher Art erbracht werden.

- ☐ Zur Abgrenzung Landwirtschaft/Liebhaberei im Fall eines 8 ha großen landwirtschaftlichen Betriebes mit neun Pferden hat das Finanzgericht München in einer Entscheidung vom 19. 7. 1984 – IV 148/81 – keine Landwirtschaft, sondern private Freizeitgestaltung angenommen, da ein erwähnenswerter Rohertrag weder erzielt wurde noch erzielt werden sollte.
- ☐ Der Betrieb einer Pferdepension und das Halten eigener Pferde können einen – von der Landwirtschaft gelösten – einheitlichen Gewerbebetrieb bilden, wenn auf den fremden und den eigenen Pferden Reitunterricht erteilt wird und wenn darüber hinaus Reitanlagen zur Verfügung gestellt werden (Urteil des BFH vom 16. 7. 1987 – V R 22/78).
- ☐ Eine Pferdezucht ist bei der Frage der Liebhaberei kein selbständig zu beurteilender Teilbetrieb, wenn sie in die übrige Landwirtschaft voll integriert ist, weil Wiesen und Weiden, Betriebsanlagen und Personal unterschiedslos in beiden Zweigen eingesetzt werden (Urteil des BFH vom 28. 3. 1984 – IV/R 45/81).

Literaturverzeichnis

Die Geschichte des Pferdes

BIBIKOVA, V. I.: Formen der Viehzucht bei den äneolithischen Stämmen Südosteuropas. Moderne Probleme der Archäologie. 7. Tagung Fachgruppe Ur- und Frühgeschichte Historiker-Ges. DDR, 10.–12. 5. 1973 in Dresden (Berlin 1975), 237–245

BÖKÖNYI, S.: Kupferzeitliche Hauspferde des Karpatenbeckens. Hügelbestattung in der Karpaten-Donau-Balkan-Zone während der äneolithischen Periode. Int. Symp. Donji Milanovac 1985 (Beograd 1987), 173–177

BÖKÖNYI, S.: Von kupferzeitlichen Schafen und Pferden. In: Macht, Herrschaft und Gold, 131–142, Saarbrücken 1988

BOSINSKI, G.: Der Magdalénien-Fundplatz Feldkirchen-Gönnersdorf, Kr. Neuwied. Vorber. über die Ausgrabungen 1968. Germania 47, 1–38, 1969

HANČAR, F.: Das Pferd in prähistorischer und früher historischer Zeit. Wiener Beitr. z. Kulturgesch. u. Linguistik 11, Wien und München 1956, 1955

HERRE, W.: Abstammung und Domestikation der Haustiere. Handb. d. Tierzüchtung I, 1–58, Hamburg-Berlin 1958

LUNDHOLM, B.: Abstammung und Domestikation des Hauspferdes. Zoologiska Bidrag från Uppsala 27, 1–287, 1947

MAKAROVA, L. A./T. N. NURUMOV: K probleme konevodstva v neolite-eneolite Kasachstana, 19–24, 46–48, Alma-Ata 1987

MATTHEW, W. D.: The evolution of the horses. Quarterly Review of Biology 1, 130–185, 1926

NOBIS, G.: Zur Frühgeschichte der Pferdezucht. Ibid. 76, 125–185, 1962

NOBIS, G.: Vom Wildpferd zum Hauspferd. Studien an pleistozänen Equiden Eurasiens und das Domestikationsproblem unserer Hauspferde. Fundamenta B/6, Köln/Wien 1971

NOBIS, G.: Welche Aussagen gestatten die Wildpferde von Feldkirchen-Gönnersdorf, Kr. Neuwied auf die Frage nach dem Wildahn unserer Hauspferde? Internat. Symp. in Budapest 1971, 97–107, 1973

NOBIS, G./L. NINOV: Zur Fauna der prähistorischen Siedlung Durankulak, Bez. Tolbuchin (NO-Bulgarien) II. Die Kupferzeit; im Druck, 1990

SAMSON, P.: Les Equidés fossiles de Roumanie (Pliocène moyen-Pléistocène supérior). Geologica Romana XIV, 165–352, 1975

SCHIELE, E.: Arabiens Pferde – Allahs liebste Kinder. München/Bern/Wien 1972

SIMPSON, G. G.: Pferde. Die Geschichte der Pferdefamilie in der heutigen Zeit und in 60 Mio Jahren ihrer Entwicklung. Berlin/Hamburg 1977

STIRTON, R. A.: Phylogeny of North American Equidae. Univ. California Publ., Bull. Dept. Geol. Sci., 25, 165–198, 1940

TELEGIN, D. J.: Dereivka, a Settlement and Cemetery of Copper Age Horse Keepers on the Middle Dnjer. British Arch. Reports Internat. Ser. 287. Oxford, 1986

THENIUS, E.: Die Vorgeschichte der Einhufer. Z. Säugetierkunde 31, 150–171, 1966

UCKO, J. P./A. ROSENFELD: Felsbildkunst im Paläolithikum. München 1967

WINDELS, F.: The Lascaux Cave Paintings. London 1948

Pferdezucht

KLUG, E./D. O. SCHMID: Über die Erfolge der instrumentellen Besamung beim Pferd und ihre Kontrolle durch blutgruppenserologische Abstammungsuntersuchungen, in *Deutsche Tierärztl. Wschr.*, 181–184, 89/1982

LEIDL, W./S. CWIK/D. O. SCHMID: Neonatale Isoimmunleukopenie beim Fohlen, in *Berliner Münchn. Tierärztl. Wochenschr.*, 141–144, 93/1980

SCHLIE, A./H. LÖWE: Der Hannoveraner. München 1975

SCHMID, D. O.: Über den Serumtransferrin-Polymorphismus bei Pferden, in *Zschr. Immun. Forsch.*, 219–223, 124/1962

SCHMID, D. O.: Über zwei neue Blutgruppenfaktoren beim Pferd, in *Zschr. Immun. Forsch.*, 438–442, 126/1964

SCHMID, D. O.: Über den Hämoglobin-Polymorphismus beim Pferd, in *Zschr. Immun. Forsch.*, 499–503, 128/1965

SCHMID, D. O.: Blood Group Studies in Horses. Proc. 9th European Conf. Animal Blood Groups, Prag 1964

SCHMID, D. O.: Erforschung der Blutgruppen von Rind, Pferd und Huhn. Vet. Med. Habil. Schrift, München 1966

SCHMID, D. O.: Immungenetische Untersuchungen bei Pferden, in *Wiener Tierärztliche Wschr.*, 375–389, 54/1967

SCHMID, D. O.: Warum Blutgruppenbestimmung bei Pferden, in *Bayerns Pferdezucht und Pferdesport*, 34–36, 4/1968

SCHMID, D. O.: Blutgruppenbestimmung bei Pferden – Ziele, Möglichkeiten und Grenzen. Fortbildungstagung des Direktoriums für Vollblutzucht und Rennen, Köln 1971

SCHMID, D. O.: Zur Bedeutung der Blutgruppenbestimmung beim Pferd, in *Trabrennkalender für die BRD*, Nr. 21, 95/1981

SCHMID, D. O./S. CWIK/M. EMERICH: Lymphocyte Antigens of the Horse. Proc First International Symposium on Equine Hematology, Michigan State Univ., East Lansing 1975

STENGLIN, CHR. FRHR. v.: Hannoveraner. Stuttgart 1983

STENGLIN, CHR. FRHR. v. (Hrsg.): Deutsche Pferdezucht. Warendorf 1982

STENGLIN CHR. FRHR. v.: Das niedersächsische Landgestüt Celle, in *Handbuch Pferde*, Osnabrück 1977

Umgang mit dem Pferd, Pferdehaltung

AHLSWEDE, L.: Pferde füttern, stärken, gesunderhalten, in *Reiter und Pferde extra*, Münster-Hiltrup 1983

AHLSWEDE, L.: Untersuchungen über Pferdealleinfutter in Form von Briketts, in *Deutsche Tierärztl. Wschr.*, 132–135, 84/1977

BACHLER, K.: Erfahrungen einer Rutengängerin. Linz 1982

BÄR, M.: Einfluß unterschiedlicher Haltungsverfahren auf das Freßverhalten von Pferden. Liz. Arbeit ETH Zürich 1982

DEUTSCHE REITERLICHE VEREINIGUNG (Hrsg.): LPO. Warendorf 1982

– Orientierungshilfen für die Planung u. d. Bau von Reitanlagen u. Reitwegen. Warendorf 1983

DLG – Futterwerttabellen für Pferde. Frankfurt/M. 1974

DLG – Mineralstoffgehalte in Futtermitteln. Frankfurt/M. 1973

EBHARDT, H.: Verhaltensweisen verschiedener Pferdeformen, in *Säugetierkundl. Mittg.*, 145–154, 2/1954

Empfehlungen zur Energie- und Nährstoffversorgung der Pferde (Energie- und Nährstoffbedarf landwirtschaftlicher Nutztiere; Nr. 2). Frankfurt/Main 1982

FINK, G. W.: Arbeitswirtschaftliche Untersuchungen an einigen ausgewählten Verfahren der Pferdehaltung. Dipl. Arbeit 1975

GAMP, H./K. SULFLOHN: Das geltende Futtermittelrecht mit Typenliste für Einzel- und Mischfuttermittel. Hannover 1976

GEGO, A./H. SCHMIDT: Parcoursgestaltung. Warendorf 1982

GRONE, J. v.: Die Pferdeweide. Rüschlikon 1977

HAPKE, H. J.: Toxikologie für Veterinärmediziner. Stuttgart 1975

KOLTER, L.: Soziale Beziehungen zwischen Pferden und deren Auswirkungen auf die Aktivität bei Gruppenhaltung. Diss. Universität Köln 1984

KOLTER, L./U. SCHNITZER/K. ZEEB: Pferde-Gruppenauslaufhaltung Rexhof. Endbericht des BML-Modellvorhabens, 1982

LÖWE, H./H. MEYER: Pferdezucht und Pferdefütterung. Stuttgart 1979

MEYER, H./L. AHLSWEDE/H. J. REINHARDT: Untersuchungen über Freßdauer, Kaufrequenz und Futterzerkleinerung beim Pferd, in *Deutsche Tierärztl. Wschr.*, 54–58, 82/1979

MEYER, H./L. AHLSWEDE: Über das intrauterine Wachstum und die Körperzusammensetzung von Fohlen sowie den Nährstoffbedarf tragender Stuten, in *Übers. Tierernährg.*, 263–292, 4/1976

NICKLAS, S.: Freßzeiten von Pferden bei konventioneller und Brikettfütterung in verschiedenen Haltungssystemen. Dipl. Arbeit Universität Hohenheim 1982

PICK, M.: Handbuch der Pferdekrankheiten. Stuttgart 1983

PIRKELMANN, H./M. SCHÄFER/H. SCHULZ: Pferdeställe und Pferdehaltung. Stuttgart 1976

REHM, G.: Auswirkungen verschiedener Haltungsverfahren auf die Bewegungsaktivität und auf die soziale Aktivität bei Hauspferden, in *Aktuelle Aspekte der Ethologie in der Pferdehaltung*, Wiss. Publikationen 2, Warendorf 1981

SCHNITZER, U.: Reitanlagen, in *KTBL-Bauschrift*, 6/1970

SPEED, J./M. ETHERINGTON: An Aspect of the Evolution of British Horses, in *The Brit. Vet. Journ.*, 108 V/1957

WESSEL, V.: Naturhafte Weidehaltung für Großpferde und Ponys.

WRANGEL, C. G.: Das Buch vom Pferde. Stuttgart 1927

ZEEB, K.: Das Verhalten des Pferdes bei der Auseinandersetzung mit dem Menschen. Diss. Universität München, Vet. Med. Fak., 145, 1959

Pferdesport

ACHENBACH, B. V.: Anspannen und Fahren. Aachen 1983

BEAULIEU, F. CH. DE: Vollblut – eine Pferderasse erobert die Welt. München 1960

BEAULIEU, F. CH. DE: Das Leistungspferd – unser unbekannter Partner. Echzell 1983

BLACK, R.: Horse Racing in England. London 1893

CRAIG, D.: Horse Racing. London 1963

DEUTSCHE REITERLICHE VEREINIGUNG (Hrsg.): Das Deutsche Reiter-, Fahrer- und Voltigierabzeichen für Jugendliche und Junioren. Warendorf 1977

– Richtlinien für Reiten und Fahren, Band III: Voltigieren. Warendorf 1978

DIREKTORIUM FÜR TRABER-ZUCHT UND -RENNEN (Hrsg.): Leitfaden für Traberzüchter.

DIREKTORIUM FÜR VOLLBLUTZUCHT U. RENNEN (Hrsg.): Freizeit für Kumpel und Könige. Köln 1972

– Die Vollblutzucht. Köln 1976

– Rennordnung mit Nachträgen 1983. Köln

DOSSENBACH M. u. H./H. J. KÖHLER: Die großen Gestüte der Welt. Bern und Stuttgart 1978

FELDMANN, FR. J.: Die Zucht des Renntrabers in Norddeutschland. Datteln/Westf. 1954

GROSSE-WIESMANN, P.: Die Zucht des Renntrabers in Westdeutschland. Hiltrup 1950

HAUPTVERBAND FÜR TRABER-ZUCHT U. -RENNEN (Hrsg.): Satzung und Ordnung v. 13. 5. 1977 mit Ergänzungen.

– Jahresstatistiken.

– Jahresberichte.

– Deckhengstregister, Jahrg. 1966–1982.

– Trabrennkalender, Jahrg. 1972–1983.

– Trabrennrundschau, 1. u. 2. Jahrgang.

KAPITZKE, G.: Ponyreiten, Ponyfahren. Berlin und Hamburg 1984

KARNBAUM, B.: Die züchterische Entwicklung der deutschen Warmblutzuchten in der Bundesrepublik Deutschland nach 1945, in *Hippologie, Sammlung von Abhandlungen über das Pferd*, 2/1969
KATONA, Ö.: Einführung in die Zuchtwertschätzung beim Deutschen Traber.
KATONA, Ö.: Statistische Beurteilung der Deckhengste. 1981 u. 1982.
LAMPARTER, CH.: Reitlehre und Pferdekunde. Stuttgart 1981.
LANGLOIS, B.: Heritability of Racing Ability in Thoroughbreds. Amsterdam 1980
LAUR, H. P.: Das Fahrerabzeichen. Stuttgart 1980
LENZ, H.: Mit dem Pferd durch die Zeiten. Berlin 1983
PAPE, M.: Die Kunst des Fahrens. Stuttgart 1982
POLLAY, H.: Reitsport von A–Z. München 1982
POLLAY, H.: Das Reiterabzeichen. München 1983
PRIOR, C. M.: Early Records of the Thoroughbred Horse. Londen 1924
RIEDER, U.: Richtig Voltigieren. München 1991
ROSE, R. J./R. A. PURDUE/W. HENSLEY: Plasma Biochemistry Alterations in Horses during an Endurance Ride, in *Equine Veterinary Journal*, 122–126, 9/1977
ROSE, R. J./ ARNOLD/S. KRISTIN/S. CHURCH/ R. PARIS: Plasma and Sweat Electrolyte Concentrations in the Horse during Long Distance Exercise, in *Equine Veterinary Journal*, 19–22, 12/1980
SCHRÖDER, H.: Traben – ein Handbuch für den Trabrennfahrer. Kaarst 1981
STARTER – Fachzeitung für Trabrennsport und Traberzucht, Hamburg
UPPENBORN, W.: Pferdezucht und Pferdehaltung. Offenbach/Main 1977
VEREIN WESTDEUTSCHER TRABERZÜCHTER UND BESITZER e.V. (Hrsg.): Dokumentation zum Thema Leistungsprüfungen für 2jährige Traberpferde.
WINKLER, H. G.: Springreiten. Reinbek b. Hamburg 1979

Pferdemedizin

ADAMS, O. R.: Lahmheit bei Pferden. Hannover 1980
ANDERSON, I. G./M.-A. HASSLINGER: Cyathostominae and other strongyles of horses in the Federal Republic of Germany, in *J. S. Afr. vet. Ass.*, 195–197, 53/1982
ANDRES, E. F.: Untersuchungen zur diagnostischen Terminierung des Ovulationszeitpunktes bei der Stute. Diss. Hannover
ATTENBURROW, D. P.: Respiration and locomotion, in *Snow et al.*, 17–22, 1983
BADER, H./H. MERKT: Ein Beitrag zur Mehrlingsträchtigkeit beim Pferd, in *Vlaams diergeneeskundig tijdschrift*, 131–135, 2/1984
BADER, H./N. SCHULZE THIER/K. BÜRKLE: *Dtsch. tierärztl. Wschr.* 95, 401–402, 1988
BARCLAY, W. P./T. N. PHILLIPS/J. J. FOERNER: Intussusception associated with *Anoplocephala perfoliata* infection in five horses, in *J. amer. Vet. Med. Ass.*, 752–753, 180/1982
BAUER, C./R. GANDRAS/M. STOYE/H.-J. BÜRGER: Eine Feldstudie zur Anthelminthika-Resistenz von Strongyliden bei Pferden, in *Berl. Münch. tierärztl. Wschr.*, 312–316, 96/1983
BAUM, H.: Das Lymphsystem d. Pferdes. Berlin 1928
BAYLY, W. M./H. D. LIGGITT/J. LAUREL/B. S. HUSTON/W. W. LAEGREID: Stress and its effect on equine pulmonary mucosal defence. Proc. 32nd Ann. Conv. Am. Assoc. Eq. Pract. 1986
BEAVER, B. V.: Maternal behavior in mares, in *Vet. Med. Small Anim. Clin.*, 315–317, 76/1981
BERGSCHNEIDER, F.: Doping, in *Handbuch der Pferdekrankheiten f. Wissenschaft u. Praxis*, 232–281, Jena 1982
BERGSTEN, G.: Blood pressure, cardiac output, and blood gas tension in the horse at rest and during exercise, in *Acta Vet. Scand.*, 1–88, Suppl. 48/1974
BIER, A.: Wie sollen wir uns zu der Homöopathie stellen? MMW 1925
BIOLOGISCHE TIERMEDIZIN: Zeitschrift für Forschung und Therapie der biologischen Tiermedizin, Homöopathie, Homotoxikologie, Akupunktur und sonstiger Naturheilverfahren. Baden-Baden 1983–1994
BOCH, J./R. SUPPERER: Veterinärmedizinische Parasitologie. Berlin und Hamburg 1983
BÖHM, C. L.: Der Hausthierarzt in homöopathischer Heilart. Sondershausen 1863
BÖHM, C. L: Der homöopathische Pferde-Arzt. Pest, Heckenast 1855
BOSTEDT, H.: Das neugeborene Fohlen als Notfallpatient. *Prakt. Tierarzt,* 34–39, 68/1987
BOSTEDT, H.: Zur Klinik der ernährungsbedingten Muskeldegeneration bei Fohlen, in *Deutsche tierärztl. Wschr.*, 293–296, 84/1977
BOSTEDT, H./W. BELLINGHAUSEN: Blutanalysen und Substratbestimmungen bei neugeborenen Fohlen. *Tierärztl. Umschau,* 454–458, 40/1985
BOSTEDT, H./B. LEHMANN: Über die Rotavirusdiarrhoe beim Saugfohlen. *Wien. Tierärztl. Mschr.*, 51–55, 76/1989
BOSTEDT, H./P. THEIN: Fohlenkrankheiten. In: WALSER, K. und H. BOSTEDT (Hrsg.): Neugeborenen- und Säuglingskunde der Tiere. Stuttgart 1990
BUONACCORSI, A./G. CARDINI/G. GUIDI/G. SISHERIC: Emotional stress and hepatic function in the sporting horse. Obiettive e Documenti Veterinari, 1, 55–59, 10/1989
BURGARD, H./W. GREIFF/P. HAMALCIK/A. LAMBARDT/E. WESTERMAYER/G. WIEBICKE/J. WIEST/ A. ZOHMANN: Naturheilverfahren in der Veterinärmedizin. Hrsg.: Bundesverband Praktischer Tierärzte e.V., Hannover 1991
CARLSON, G. P.: Thermoregulation and fluid balance in the exercising horse, in *Snow et al.*, 291–309, 1983
CARSON, K./D. G. M. WOOD-GUSH: Equine behavior I: A review of the literature on social and damfoal behaviour, in *Appl. Anim Ethol.*, 165–178, 10/1983
CASNER, S. W./R. G. EARLY/B. R. CARLSON: Anabolic steroid effects on body composition in normal

young men, in *J. Sports Med.*, 98–103, 11/1971
COLLINS, A. D./E. C. HENSON/S. R. EZARD/J. G. BRUNSON: Norephinephrine, endotoxin shock, and the generalized Shwartzman reaction Arch. Pature., 82–88, 93/1972
COLYLE, E. F.: Carbohydrate metabolism and fatique. In: Muscle Fatique: Biochemical and Physiological Aspects (G. Altan/L. Beliveau/P. Bouissou (eds.) Paris 153–164, 1991
CRANLEY, J. J.: Survey of equine hydatidosis in Great Britain, in *Equine Vet. J.*, 153–157, 14/1983
DIETERICHS, J. F. C.: Katechismus der Pferdezucht oder Vollständiger, leicht faßlicher Unterricht über die Zucht, Behandlung und Veredelung der Pferde. Berlin 1826
DIETZ, O./E. WIESNER: Handbuch der Pferdekrankheiten für Wissenschaft und Praxis. Basel 1982
DRUDGE, J. H./E. T. LYONS/T. W. SWERCZEK/S. C. TOLLIVER: Cambendazole for strongyle control in an pony band: Selection of a drug-resistant population of small strongyles and teratologic implications, in *Amer, J. vet. Res.*, 110–114, 44/1983
ENGELHARDT, W. v.: Cardiovascular effects of exercise and training in horses, in *Adv. Vet. Sci.*, 173–205, 21/1977
ENGELHARDT, W. v.: Die Wirkung von Arbeit und Training auf Herz und Kreislauf des Pferdes, in *Dtsch. Tierärztl. Wschr.*, 2–7, 86/1979
ENGELHARDT, W. v.: Vergleichende Aspekte zur Leistungsphysiologie des Sportpferdes. In: Mensch und Tier, Studium Generale, Bd. IV, 5–21. Hann. 1989
ERATH, R.: Untersuchungen ü. d. Auswirkung von Fluglärm auf endokrinologische u. physiologische Parameter bei in Paddocks gehaltenen tragenden Stuten. Diss. Tierärztl. Hochschule Hannover 1984
FEDER, F. H.: Untersuchung der Feinstruktur von Pferdehaaren zur Möglichkeit einer Rassendifferenzierung. Diss. med. vet. München 1964
FLÜGE, A.: Stutenfruchtbarkeit – ihre Entwicklung seit 1970, in *Hannoversches Pferd*, (1) 22, 58/1984
FREGIN, G. F./D. P. THOMAS: Cardiovascular responses to exercise in the horse. A review, in *Snow et al.*, 76–90, 1983
FURR, M. O./M. J. MURRAY: The effects of stress on gastril ulceration and serum T_3, T_4 and cortisol in neonatal foals. *J. of Vet. Int. Medic.*, 3.2., 1989
GARNER, H. E.: Immunologic blockade of endotoxemia and lamnitis. Am. J. Vet. Res. 1983
GATTIN, S. W./B. BAKER/J. DUPREEZ/J. KATZWINKEL/J. FLEMING/J. G. BROCK-UTNE: Prophylaxis and therapy with anti-endotoxin hyperimmune serum against gastroenteritis and endotoxemia in horses. Proc. 28th. An. Conv. Am. Ass. Equ. Pract., 335–340, 1982
GENZKE, J. C. L.: Homöopathische Arzneimittellehre für Tierärzte: nebst Anweisung zur Bereitung der homöopathischen Arzneien und Hinweisung auf deren Anwendung in verschiedenen Krankheitsformen. Leipzig 1837
GERBER, H.: Clinical features, sequelea and epidemiology of equine influenza. Equine Inf. Dis., II. Proc. 2nd Int. Conf. Equine Inf. Dis., Paris 1970
GERWECK, G./H. SPÄTH: Der homöopathische Pferdedoktor – Grundlagen, Heilbehandlungen, Arzneibilder. Stuttgart 1993
GILLESPIE, J. R/J. R. PASCOE: Respiratory function in the exercising horse, in *Snow et al.*, 1–6, 1983
GLEESON, L. J./M. J. STUDDERT/N. D. SULLIVAN: Pathogenicity and immunologic studies of equine adenovirus in specific pathogen free foals, in *Am. J. Vet. Res.*, 1636, 39/1978
GÖTZE, R.: Besamung und Unfruchtbarkeit der Haussäugetiere. Hannover 1949
GOTHE, R.: Zur Dictyocaulus arnfieldi-Infektion der Equiden, in *Berl. Münch. tierärztl. Wschr.*, 364–368, 96/1983
GROSS, G. W.: Fragmentarische Bemerkungen über Veterinärkunde. Archiv f. d. hom. Heilkunst 1830 (9.), 3:1 und Allgemeine Homöopathische Zeitung 1832 (1.), 4:31
GÜNTHER, O. J.: Reproductive biology of the mare. Ann Arbor, Michigan 1979
HAAS, H.: Arzneipflanzenkunde. Mannheim/Wien/Zürich 1991
HABERMEHL, K. H.: Die Altersbestimmung bei Haus- und Labortieren. Berlin und Hamburg 1975
HAHNEMANN, Chr. F. S: Homöopathische Heilkunde der Haustiere (Manuskript). Leipzig 1829
HAMALCIK, P. (Hrsg.): Biologische Therapie in der Veterinärmedizin. Baden-Baden 1992[6]
HAMALCIK, P.: Symptomenverzeichnis für die Biologische Veterinärmedizin. Baden-Baden 1992
HANDLEXIKON DER TIERÄRZTLICHEN PRAXIS I–IV. Stuttgart
HASSLINGER, M.-A.: Untersuchungen über den Einfluß verschiedener Temperaturen auf Eier und Larven von Pferdestrongyliden unter Laboratoriumsbedingungen sowie das Verhalten dieser exogenen Stadien auf der Weide, in *Berl. Münch. tierärztl. Wschr.*, 1–5, 94/1981 a
HASSLINGER, M.-A.: Über das Wanderverhalten und Vorkommen von Larven der Pferdestrongyliden sowie deren Bedeutung für das Weidemanagement, in *Berl. Münch. tierärztl. Wschr.*, 329–333, 94/1981 b
HASSLINGER, M.-A.: Control of endoparasites in horses, in *Equine Practice*, 23–29, 6 (5)/1984
HASSLINGER, M.-A./D. BARTH: Untersuchungen zur Wirksamkeit von Ivermectin gegen Endoparasiten des Pferdes, in *Dtsch. tierärztl. Wschr.*, 62–65, 89/1982
HASSLINGER, M.-A./G. BITTNER: Zur Saisondynamik der Larven von Pferdestrongyliden und deren Beziehung zum Infektionsrisiko auf der Weide, in *Zbl. Vet. Med. B*, 25–31, 30/1984
HIEPE, TH.: Lehrbuch der Parasitologie. Band 4, Veterinärmedizinische Arachno-Entomologie. Jena 1982
HILLMAN, R. B.: IV. Equine parturition, in *Equine reproduction. A review for equine practitioners.* 79–90. Notley, New Jersey 1983
HOFER, B./F. STECK/H. GERBER/J. LÖHRER/J. NICOLET/M. F. PACCAUD: An investigation on the etiology of viral respiratory diseases in a remount depot. Equine Inf. Dis. III. Proc. 3rd Int. Conf. Equine Inf. Dis. Paris 1972
HÖRNICKE, H./W. v. ENGELHARDT/H.-J. EHRLEIN: Sportphysiologische Untersuchungen bei Pferden,

in *Tierärztl. Umschau,* 279–280, 70/1970
HÖRNICKE, H./R. MEIXNER/U. POLLMANN: Respiration in exercising horses, in *Snow et al.,* 7–16, 1983
HOYT, D.F./C. R. TAYLOR: Gait and energetics of locomotion in horses, in *Nature,* 239–240, 292/1981
HUNNIUS: Pharmazeutisches Wörterbuch. 133, 977, Berlin 1993[7]
IHLE, P.: Ethologische Studie über den Tagesrhythmus von Pferden in Abhängigkeit von der Haltungsform. Diss. Gießen 1984
JACOBS, K.-O.: Abfohlergebnisse, die durch Hengste des Celler Landgestütes von 1815–1973 erzielt wurden. Diss. Tierärztl. Hochschule Hannover 1977
JEFFCOTT, L. B.: Observations on parturition in crossbred pony mares, in *Equine Vet. J.,* 209–212, 4/1972
JEFFCOTT, L. B.: Studies on passive immunity in the foal. 1. γ-Globulin and antibody variations associated with the maternal transfer of immunity and the onset of active immunity, in *J. Comp. Path.,* 93, 84/1974
KIRKPATRICK, J. F./C. B. BAKER/J. W. TURNER/R. M. KENNEY/K. GAUJAM: Plasma corticosteroids as an index of stress in captive feral horses. J. Wildl. Manage. 3, 801–804, 43/1979
KLUG, E.: Frischsamenübertragung beim Pferd. Hannover 1994[4]
KLUG, E.: Untersuchungen zur klinischen Andrologie des Pferdes. – Die Bedeutung andrologischer Befunde am Hengst für den Zuchteinsatz., Habil.-Schr. Tierärztl. Hochschule Hannover 1983
KLUG, E./J.D. v. LEPEL: Über die Möglichkeit der Geburtseinleitung beim Pferd mit Oxytocin, in *Dtsch. tierärztl. Wschr.,* 339–343, 81/1974
KOLB, E.: Lehrbuch der Physiologie der Haustiere. Jena 1962
KOTERBA, A. M./B. D. BREWES/E. A. TARPTEE: Clinical and clinicopathological characteristics of the septicaemic neonatal foal, review of 38 cases. *Equine Vet. J.,* 376–383, 16/1984
KOTHBAUER, O./A. MENG: Grundlagen der Veterinär-Akupunktur. Wels 1983
KRÜGER, K.-J.: Einfluß von Fluglärm auf die Trächtigkeit des Pferdes unter besonderer Berücksichtigung physiologischer und endokrinologischer Faktoren. Diss. Tierärztliche Hochschule Hannover 1982
LAEGREID, W. W./U. J. HUSTON/R. J. BASARABA/M. V. CRISMAN: The effects of stress on alveolar macrophage function in the horse: An overview. Equ. Pract., 99–116, 10/1988
LAMBRECHT, G./H. BADER: Nachweis von Immunglobulinen im Serum neugeborener Fohlen mittels einfacher radialer Immundiffusion und eines Zinksulfat-Trübungstests, in *Tierärztl. Umsch.* 481–483, 38/1983
LANGE, W./G. JAESCHKE/K. N. MASIKI/B. TROSCHKE/K. KILB/J. ZADOW: Influenza der Pferde in Berlin 1988 und 1989. *Tierärztl. Umsch.,* 7–16, 47/1992
LINDNER, A./P. v. WITTKE/P. THEIN/W. STRUBE: Einfluß eines Paramunitätsinducers auf die Inzidenz von Erkrankungen und die Plasmakortisolgehalte bei Vollblutfohlen vor und nach dem Absetzen. *Tierärztl. Prax.,* 47–50, 21/1993
LITTLEJOHN, A./F. BOWLES/G. ASCHENBORN: Cardiorespiratory adaptations to exercise in riding horses with chronic lung disease, in *Snow et al.,* 33–45, 1983
LORD, R. P. G.: The Veterinary Vademecum: A Manual on the Horse, Cow, Dog und Sheep, their diseases, Homoepathic Treatment, and General Management. London 1875
LÜNING, I./E. KLUG/J. GAUS/R. MATTOS: Exportvorbereitung von Pferden nach Nordamerika gemäß den CEM-Bestimmungen der Importländer, in *Prakt. Tierarzt,* 485–492, 6/1983
LUNGWITZ, M.: Der Fuß des Pferdes. Hannover 1910
LUX, J. J. W.: Die Isopathik der Contagionen. Leipzig 1833
LYONS, E. T./S. C. TOLLIVER/J. H. DRUDGE: Critical tests in equids with fenbendazole alone or combines with piperazine: Particular reference to activity on benzimidazole-resistant small strongyles, in *Vet. Parasit.,* 91–98, 12/1983
MASON, D. K./E. A. COLLINS/K. L. WATKINS: Exercise-induced pulmonary heamorrhage in horses, in *Snow et al.,* 57–63, 1983
MAYLIN, G./J. HENION: Necessary and sufficient criteria for drug identification. Proc. 3rd Int. Symposium on Equine Medication Control. 497–500. Lexington, Kentucky 1979
MAYR, A.: Erfahrungen mit der Schutzimpfung gegen Virusabort (Rhinopneumonitis) beim Vollblut. In: *Vollblut, Zucht und Rennen* 65, 424–428, 1975
MCCHESNEY, A. E./J. J. ENGLAND/L. J. RICH: Adenoviral infections in foals, in *Am. J. Vet. Med. Ass.,* 545, 162/1973
MEINECKE, B.: Störungen in der Neugeborenenperiode des Fohlens, in *Praktischer Tierarzt,* 19–23, 65/1984
MEIXNER, R./H. HÖRNICKE: Regulation der Atmung bei Sportpferden. *Reiter Spiegel* 16–19, 7/1982
MERKT, H.: Fohlenrosse und Fruchtresorption, in *Zuchthygiene,* 102–108, 1/1966
MERKT, H.: Embryonale Fruchtresorption und Zwillingsträchtigkeit beim Pferd, in *Berl. Münch. Tierärztl. Wschr.,* 369–370, 81/1968
MERKT, H.: Die Bedeutung des Tierarztes für die Pferdezucht. Tagung Pferdekrankheiten *Equitana,* Essen 1975
MERKT, H./A. GRASER/H. SACKMANN/A.-R. GÜNZEL: Mastdarmperforation beim Pferd. Versuche zur temporären, medikamentellen Peristaltikhemmung, in *Prakt. Tierarzt,* 189–190, 193, 3/1979
MERKT, H./JÖCHLE: Abortions and Twin Pregnancies in Thoroughbreds: Rate of occurence, Treatments and Prevention. *Journal of Equine Veterinary Science* Vol. 13, Nr. 12/1993, 690–694
MERKT, H./S. JUNGNICKEL/E. KLUG: Reduction of early twin pregnancy to single pregnancy in the mare by dietetic means, in *J. Reprod. Fertil.,* 451–452, Suppl. 32/1982
MERKT, H./E. KLUG: Anwendung der Hormone beim Pferd, in *Prakt. Tierarzt,* 586–591, 7/1979
MERKT, H./E. KLUG: *Dtsch. tierärztl. Wschr.* 96, 433–472, 1989

MERKT, H./E. KLUG: Zwillingsträchtigkeit beim Pferd – Haftpflicht des Tierarztes und Interventionsmöglichkeiten, Pferdeheilkunde 9 (1993) 5, 307–312/ 1993

MERKT, H./D. KRAUSE II: Tiefgefrierversuche mit Equidensperma unter Anwendung des sog. Pellet-Verfahrens, in *Dtsch. tierärztl. Wschr.*, 475–485, 73/1966

MERKT, H./R. MATTOS/E. KLUG: Was den Pferdezüchter interessieren wird zum Thema: Samenübertragung, in *Reiter Revue*, 1012–1016, 9/1983

MOREMAN, D. E./H. A. SMITH: A review of equine infectious anemia, in *The Southwestern Vet.*, 183, 19/1966

MOSIMANN, W.: Über die Bewegungsmöglichkeiten in den Zehengelenken des Pferdes, in *Schweiz. Arch. Tierhlkde.*, 7–14, 100/1958

MOSS, M. S./E. G. C. CLARKE: A review of drug clearance times, in *Equine Vet. J.*, 53–56, 9/1977

NAAKTGEBOREN, C./E. J. SLIPER: Biologie der Geburt. Berlin und Hamburg 1970

NICKEL, R./A. SCHUMMER/E. SEIFERLE/K. H. WILLE/J. FREWEIN: Bewegungsapparat, in *Lehrbuch d. Anatomie d. Haustiere. Bd. 1.* Berlin u. Hamburg 1977

NIEKERK, C. H. v.: Fetal loss in thoroughbreds. Equine reproduction seminar, Calgary/Alberta 1984

PERRYMAN, L. E./T. C. MCGUIRE/R. L. TORBECK: Ontogeny of lymphocyte function in the equine fetus, in *Am. J. Vet. Res.*, 1197, 41/1960

PERSSON, S. G. B.: Evaluation of exercise tolerance and fitness in the performance horse, in *Snow et al.*, 441–457, 1983

PETZOLDT, K.: Equine Herpesvirusinfektionen. Jena 1974

PETZOLDT, K./M. ROSENBRUCH/P. THEIN/H. MERKT: Ein Ausbruch von Paresen und Virusabort in einem deutschen Vollblutgestüt, in *Berl. Mchn. Tierärztl. Wschr.*, 81, 95/1982

PETZOLDT, K./R. SCHMIDT: Nachweis von Adenoviruspartikeln beim Pferd, in *Arch. Ges. Virusforschung; Kurzmitteilg.*, 392, 35/1971

RIEKE, M.: Lamnitis, Colic Breakthrough, *Vet. Report. Horseman;* 52–53, 1986

ROBERTS, A. W./D. L. WHITENACK/G. R. CARTER: Recovery of adenovirus and slow herpesviruses. Am. J. Vet. Res. 35, 1069/1974

ROBERTS, C. J.: Twinning in the Broodmare. SAfr Racehorse 109/1982, 3–10

ROLLE, M./A. MAYR: Mikrobiologie, Infektions- und Seuchenlehre. Stuttgart 1978

ROONEY, J. R.: Die Lahmheiten des Pferdes. Friedberg 1979

ROSE, R. J./D. L. EVANS: Cardiovascular and respiratory function in the athletic horse. In: Equine exercise physiology 2., Gillespie, J. R. and N. E. Robinson (eds.), 1–24, Davis Ca., 1987

ROSSDALE P. D.: Clinical studies in the newborn thoroughbred foal I: perinatal behaviour, in *Br. vet. J.*, 470–481, 123/1967

ROSSDALE, P. D./S. W. RICKETTS: The practice of equine stud medicine. Baillière and Tindall. London 1974

RUTHE, H.: Der Huf. Stuttgart-New York 1978

SALTIN, B./R. J. ROSE: The racing camel physiology – Metabolic functions and adaptations. Acta Physiol. Scand. 150, Suppl. 617, 1994

SCHÄFER, M.: Die Sprache des Pferdes. München 1974

SCHLICHTING, C. K./M. STOYE: Vorkommen, Bedeutung und Bekämpfung von Infektionen mit Strongyloides westeri Ihle 1917 (Strongyloididae) bei Fohlen, in *Prakt. Tierarzt,* 154–171, 63/1982

SCHMALTZ, R.: Atlas der Anatomie des Pferdes, 2. Teil, Topographische Myologie. Berlin 1909

SCHMID, F.: Biologische Medizin. Baden-Baden 1993[4]

SCHMIDT, R. S./G. THEWS: Physiologie des Menschen. 685, Berlin, Heidelberg, New York 1987

SCHMIDT-NIELSEN, K.: Physiologische Funktionen bei Tieren. Stuttgart 1975

SCHÖNBAUER, M./H. G. OBERLOJER: Experimentalstudie zur forensischen Beurteilung der Rektumperforation. VI. Tagung über Pferdekrankheiten, Equitana, 8./9. 3. 1985, Essen

SCHUMMER, A./R. NICKEL: Eingeweide, in *Lehrb. d. Anatomie d. Haustiere, Bd. 2.* Berlin–Hamburg 1975

SCHUMMER, A./H. WILKENS/B. VOLLMERHAUS/ K. H. HABERMEHL: Kreislaufsystem, Haut und Hautorgane, in *Lehrbuch der Anatomie der Haustiere, Bd. 3.* Berlin und Hamburg 1976

SCOGGINS, R. D.: Results of a comparative anthelmintic study, in *Mod. Vet. Pract.*, 579–580, 63/1982

SEIFERLE, E.: Nervensystem, Sinnesorgane, Endokrine, Drüsen, in *Lehrbuch der Anatomie der Haustiere, Band 4.* Berlin und Hamburg 1975

SNOW, D. H.: Skeletal muscle adaption. A review, in *Snow et al.*, 160–183, 1983

SNOW, D. H.: Exercise and Training, in *Horse management.* J. Hickman (ed.) London 251–331. 1984

SNOW, D. H./C. R. HARRIS: Thoroughbreds and greyhounds: Biochemical adaptations in creatures of nature and of man. In: Circulation, respiration and metabolism. R. GILLES (ed.), 227–239, Berlin Heidelberg 1985

SNOW, D. H./M. G. KERR/M. A. NIMMO/E. M. ABBOTT: Alterations in blood, sweat, urine and muscle composition during prolonged exercise in the horse, in *Vet. Rec.*, 377–384, 110/1982

SNOW, D. H./S. G. B. PERSSON/R. J. ROSE: Equine exercise physiology, Cambridge 1983

SNOW, D. H./C. J. VOGEL: Equine fitness; the care and training of the athletic horse. London 1987

SOBIRAJ, A./G. WARKO/B. LEHMANN/H. BOSTEDT: Das Lebensschwächesyndrom (LSS) bei neugeborenen Fohlen. Retrospektive Untersuchungen zu dessen ätiologischer Abklärung sowie zu den Heilungsaussichten. *Tierärztl. Praxis,* 287–291, 20/1992

SQUIRES, E. L./G. E. TODTER/B. W. PICKETT: The effect of androgenic compounds on reproductive performance of stallions. Proc. 25th Ann. Conf. Am. Soc. Equine Practice. 1980

STEPHAN, E./W. HEUWIESER: Fluglärm und Nutztiere, in *Zentralblatt für Veterinärmedizin*

STOLLA, R./W. LEIDL: Zur Progesteronsituation während der Frühgravidität der Stute am Modell des

PGF2alpha-induzierten Fruchttodes, in *Berl. u. Münch. tierärztl. Wschr.*, 309–312, 92/1979

STOSS, A. O.: Tierärztliche Geburtskunde und Gynäkologie. Stuttgart 1944

SWEENEY, C. R./L. SOMA: Exercise induced pulmonary haemorrhage in horses after different competitive exercises, in *Equine exercise physiology*, 51–56, Cambridge 1983

TAYLOR, P. M.: Equine stress response to anaesthesia, 1989. British J. Anaesthesia, 63, 6, 702–709/1989

THEIN, P.: Schutzimpfung gegen Rhinopneumonitis unter besonderer Berücksichtigung der Virusausscheidung, in *Tierärztl. Umschau*, 363, 7/1974

THEIN, P.: Diagnose und Prophylaxe der wichtigsten Infektionskrankheiten des Respirationstraktes beim Pferd, in *Fol. Vet. Latin., IV*, 455, 3/1974

THEIN, P.: The association of EHV_2-infection with keratoconjunctivits in horses and research on the occurrence of equine coital exanthema (EHV_3) in Germany, in *Equine infectious diseases*, 33–34, 4/1976

THEIN, P.: Virusinfektionen der Atemwege des Pferdes und Möglichkeiten ihrer Bekämpfung, in *Prakt. Tierarzt*, 733, 10/1978

THEIN, P.: Experimentelle Untersuchungen über Reoviren beim Pferd: Vorkommen, Verbreitung, Klinik, Pathogenese, Infektketten, Schutzimpfungen. Veterinärmed. Habil.-Schr. Universität München 1979

THEIN, P.: Aktuelles zur zentralnervösen Verlaufsform der Rhinopneumonitisinfektion, in *Zbl. Vet. Med.*, 570, B. 26/1979

THEIN, P.: Infektionskrankheiten des Pferdes. Von Bakterien, Viren und ihrer Bekämpfung, in *St. Georg*, 9/1979–11/1979

THEIN, P.: Herpesvirusinfektionen bei Mensch und Tier – ihre Problematik und Bekämpfung, in *Berl. Mchn. Tierärztl. Wschr.*, 201, 93/1980

THEIN, P.: Zur Prophylaxe der Fohlenlähme, in *Der prakt. Tierarzt*, 616, 62 + 7/1981

THEIN, P.: Virusinfections in horses of the FRG, in *Bull. Inf. La chaire des maladies contagieuses*, 1981

THEIN, P.: Immunprophylaxe beim Pferd, in *Der prakt. Tierarzt, Colleg. Vet.*, 49, 4/1982

THEIN, P.: Zur Muttertierschutzimpfung beim Pferd, in *Tierärztliche Umschau*, 783, 38/1983

THEIN, P.: Corona- und Rotaviren in deutschen Pferdebeständen, Persönl. Mittg., 1983

THEIN, P.: Impfprophylaxe in Pferdebeständen. *Prakt. Tierarzt*, 7, 5–12/1988

THEIN, P.: Effect of stress on horses. Nordisk konferens för hästprakiserande veterinärer. Elmia, Sweden, 8-9. Maj, 1992

THEIN, P.: Einsatz von Baypamun beim Pferd. *Der prakt. Tierarzt*, 208–209, 3/1993

THEIN, P./D. BÖHM: Ätiologie und Klinik einer virusbedingten Keratokonjunktivitis beim Fohlen, in *Zbl. Vet. Med.*, 507, B. 23/1976

THEIN, P./K. BROWN: Infektion mit equinen Herpesviren und Manifestation am Zentralnervensystem beim Pferd. *Tierärztl. Prax.*, 295–302, 16/1988

THEIN, P./G. DARAI/W. JANSSEN/R. D. BERGLE/W. STRUBE/G. FLOSS: Neuere Erkenntnisse zur Ätiopathogenese der paretisch-paralytischen Verlaufsform der Herpesinfektion des Pferdes. *Tierärztl. Prax.*, 445–450, 21/1993

THEIN P./G. ESSICH: Untersuchungen von Fohlenerkrankungen und Fohlenverlusten. *Tierärztl. Prax.*, 233–238, 21/1993

THEIN, P./G. ESSICH/J. GRUNMACH/B. ABAR: Grundlagen und Kontrolle des Immunstatus beim Saugfohlen. *Prakt. Tierarzt*, 15–28, 11/1989

THEIN, P./G. ESSICH/W. SCHULZE HOCKENBECK: Zur Ätiologie von Fohlenerkrankungen, in *Tierärztl. Umschau*, 239, 38/1983

THEIN, P./G. HÄRTL: Untersuchungen zur Virusätiologie respiratorischer Erkrankungen beim Pferd, in *Prakt. Tierarzt; Colleg. Vet.*, 24/1977

THEIN, P./H. HECHLER: In vitro und in vivo Untersuchungen zur Wirksamkeit eines Paramunitätsinducers am Pferd, in *Zbl. Vet. Med., Adv. Vet. Med.*, 331/1983

THEIN, P./A. MAYR: Neue Möglichkeiten der Hustenbekämpfung beim Pferd, in *die Blauen Hefte für den Tierarzt*, 124–128, 63/1981

THEIN, P./G. REISSHAUER: Über einen virologisch gesicherten Ausbruch von Coitalexanthem bei Pferden in Süddeutschland, in *Arch. Tierärztl. Fortbildung*, 18, 2/1976

THEIN, P./R. STOLLA: Ein Beitrag zum Problem der Ausscheidung von Rhinopneumonitisvirus über den Samen des Hengstes, in *Zbl. Vet. Med.*, 367, B. 20/1973

THEIN, P./W. STRUBE/P. HUSELSTEIN: Molekularbiologische Charakterisierung eines EHV-Abortisolates. Unveröfftl. Ergebn., 1988

THORNTON, J./B. ESSÉN-GUSTAVSSON/A. LINDHOLM/D. MCMIKEN/S. PERSSON: Effects of training and detraining on oxygen uptake, cardiac output, blood gas tensions, pH and lactate concentrations during and after exercise in the horse, in *Equine exercise physiology*, 470–486, Cambridge 1983

TILLMANN, H./B. MEINECKE/R. WEISS: Genitalinfektionen b. Pferd, in *Tierärztl. Praxis*, 91, 10/1982

TOBIN, T.: Drugs and the performance horse. Springfield, Illinois 1981

TOBIN, T./J. COMBIE/M. W. CRISMAN/J. W. BLAKE: Narcotic analgesics in the horse: studies on the detection, pharmacokinetics, urinary clearance times and behaviorial effects of pentazocin and fentanyl, in *Ir. Vet. J.*, 169–176, 33/1979

TOLKSDORFF, E.: Oestrusinduktion bei der Stute zwischen dem 14. und 24. Tag post partum durch Applikation eines Analogs des Prostaglandin F_2alpha. Diss. Tierärztl. Hochschule Hannover 1975

TRÄGER, T.: Studien und Erfahrungen im Bereich der Pferdekunde, wie der gesamten Tierheilkunde, und deren homöopathische Behandlung. Sondershausen 1858

TURNER, J. E./C. H. G. IRVINE: Effect of prolonged administration of anabolic and androgenic steroids on reproductive function in the mare, in *J. Reprod. Fert.*, 213–218, Suppl. 32/1982

TZIPORI, S./M. WITHERS/J. HAYES: Attachment of E. coli-bearing K 88 antigen to equine brushborder membranes. *Vet. Microbiol.*, 561–570, 9/1984

WAGNER, P. D./H. HOPPELER/B. SALTIN: Determinations of maximal oxygen uptake. In: The Lung: Scientific Foundations. R. G. Crystall and J. B. West (eds.) New York 1585–1593, 1991

WAIBL, H.: Vor- und Nachhand des Pferdes, in *reiterspiegel,* 31–35, 7/1982

WARKO, G./H. BOSTEDT: Entwicklung der IgG-Konzentration im Blutserum neugeborener Fohlen. *Tierärztl. Praxis,* 528–535, 21/1993

WEBER, G. A.: Offenes Sendschreiben des Hofrath Dr. Georg Adolph Weber an den Kreisthierarzt Professor Dr. C. W. Vix in Gießen: veranlaßt durch dessen Recension meiner 1836 hrsg. Schrift: der Milzbrand usw. Leipzig 1836

WESCOTT, R. B./L. W. JEN/L. W. HELLIER/J. L. STENSLIE/R. L. TORBECK: Efficacy of combinations of piperazine & fenbendazole against benzimidazole-resistant small strongyles in horses, in *Vet. Med./Small Anim. Clin.,* 247–249, 77/1982

WISSING, E: Vorkommen von Antikörpern gegen Equine Herpesvires, Influenzaviren, Reoviren, Equines Rhinovirus, Equines Arteritisvirus und Streptococcus equi in der deutschen Vollblutpopulation. Agr. Diss., Landw. Fak., Rheinische Friedrich-Wilhelms-Universität, Bonn, 1993

WOHANKA, K.: Untersuchungen der Ursachen des Verfohlens. IV. Internat. Congr. Anim. Reprod. III. 1961

WONG C. W./H. G. THOMPSON/Y. H. THONG/J. R. THORNTON: Effect of strenous exercise stress on chemiluminescense response of equine alveolar macrophages. *Equ. Vet. J.,* 1, 33–35, 22/1990

WOODS, G. L./O. J. GINTHER: Recent studies relating to the collection of multiple embryos in mares, in *Theriogenology,* 101–108, 19/1983

YAZWINSKY, T. A./D. HAMM/T. GREENWAY/W. TILLEY: Antiparasitic effectiveness of ivermectin in the horse, in *Amer. J. vet. Res.,* 1092–1094, 43/1982

ZDN (Zentrum für Dokumentation für Naturheilverfahren): Dokumentation der besonderen Therapierichtungen und natürlichen Heilweisen in Europa. Im Auftrag des Niedersächsischen Ministeriums für Wirtschaft, Technologie und Verkehr erstellt und vom Forschungsinstitut Freie Berufe herausgegeben. Essen 1991

ZIETZSCHMANN, D./E. ACKERKNECHT/H. GRAU: in *Handbuch der vergleichenden Anatomie der Haustiere.* Berlin 1943

Pferd und Recht

EIKMEIER, H./E. FELLMER/H. MOEGLE: Lehrbuch der Gerichtlichen Tierheilkunde. Hamburg 1990

FELLMER, E.: Rechtskunde für Pferdehalter und Reiter. Stuttgart 1984

KOETHER: Liebhaberei im Einkommenssteuerrecht. 1971

SCHIELE, E.: Pferdekauf. München 1979

Erklärung der medizinischen Fachwörter

Aerosol = Zerstäubung in Nebelform
Affinität = Neigung zur Absiedlung an einem bestimmten Organ
Anabolikum = Aufbaumittel
Anaphylaxie = Überempfindlichkeitsreaktion
Aneurysma = lokalisierte Erweiterung eines Blutgefäßes
Antibiose = Einsatz von Antibiotika
Asphyxie = Atemnot, Sauerstoffunterversorgung
Ätiologie = Ursache
Chlamydien = Zwischenform zwischen Viren und Bakterien
Elektrolyt = Spuren- und Mineralstoffe mit Bedeutung für den körpereigenen Wasserhaushalt (»den elektrischen Strom leitende Lösung«)
endemisch/enzootisch = Infektionskrankheit mit begrenzter Ausbreitung, Bestandskrankheit
endogen = im Körper entstehend
epidemisch/epizootisch = Infektion mit grenzüberschreitender Ausbreitung
Exkret = Stoffwechselprodukt, das nach außen abgegeben wird
exogen = von außen zugeführt
Exspiration = Ausatmung
funktionell synergistischer Impfstoff = Impfstoff, dessen Einzelkomponenten (Antigene) gegen einen Symptomenkomplex gerichtet sind und sich in ihrer Wirkung wechselseitig unterstützen
Granulom = knotenförmige, entzündl. Wucherung
Gravidität = Trächtigkeit
Hämatologie = Untersuchung des Blutes
Hämatom = Bluterguß
Hämoglobin = roter Blutfarbstoff
Hyperämie = venöse oder arterielle Blutüberfülle
Ikterus = Gelbsucht
Immundiffusionstest = Antigen und Antikörper wandern im halbfesten Medium (Agar) aufeinander zu. An der Treffstelle reagieren sie mit sichtbarer Ausfällung
Immunmangelkomplex = angeborene, teilweise oder vollständige Unfähigkeit zur Immunabwehr
Immunsuppression = Unterdrückung der Immunabwehr
Immunzytopathie = zellgebundene Reaktion infolge immunologischer Unverträglichkeit (z. B. Blutgruppenunverträglichkeit)
Infektion, intrauterine = Gebärmutterinfektion
Infektionsdruck = entsteht, wenn große Mengen von Krankheitserregern in kurzer Zeit auf eine empfängliche Population eindringen
Inkubationszeit = Zeitspanne zwischen stattgehabter Infektion und erstem klinischen Symptom
Inspiration = Einatmung
Invagination = Einstülpung
Koagulum = Gerinnsel
Kontamination = Verunreinigung mit krankmachenden Erregern
Läsion = Verletzung, Störung
Latenz, latente Infektion = zeitweilig ruhende Infektion, die jederzeit aktiviert werden kann
Lochialsekret = nachgeburtlicher Ausfluß
Manegebewegung = Kreisbewegung
Manifestation, klinisch manifest = in Erscheinung getretene Infektionskrankheit
Metastase, metastatisch = Erregerverschleppung mit Absiedlung in einem bestimmten Körperteil
Mitochondrien = Energielieferant der Körperzelle
monovalent = aus nur einem wirksamen Anteil bestehend
Nekrose = Gewebstod
Neurotoxin = Nervengift
Ödematisierung = Aufquellung, Wassersucht
Paramunisierung = medikamentelle Stimulation der nicht Erreger spezifischen Abwehr eines Warmblutorganismus
Parasitose = Erkrankung infolge Parasitenbefalls
Parese = Erschlaffung, Schwächung, Lähmung, die vorübergehend sein kann
pathogen = krankmachend
Pathogenese = Ablauf der zur Erkrankung führenden Störungen im Organismus
perakut = überstürzt, hoch akuter Verlauf einer Erkrankung
Persorption = Einbau nicht abgespaltener Moleküle über den Darm in den Blutkreislauf
post partum = nach der Geburt
Prodromalstadium = Vorstadium
Prophylaxe = Vorbeugungsmaßnahme
Puerperium = Nachgeburtsphase
Reinfektion = Zweitinfektion mit demselben Erreger
Respirationstrakt = Atemwege
Rhinitis = Entzündung der Nasenschleimhaut
Sekret = Stoffwechselprodukt, das ins Körperinnere abgegeben wird
Sekundärinfektion = Zweitinfektion
Septikämie = infolge des Eindringens von Eitererregern in den Blutkreislauf entstandene Blutvergiftung
Serotyp = in seinen antigenen Eigenschaften unterschiedener Typ eines Krankheitserregers
Sklerose = Verhärtung
Skrotum = Hodensack
subcutan = unter die Haut
Subtyp = in seinen biologischen Eigenschaften variierender Serotyp
Synovia = Gelenksflüssigkeit
unipar = einfrüchtig
Vakzination = aktive Schutzimpfung
Vakzine = Impfstoff
Vektor = Träger, Trägersubstanz
Virulenz = Grad der Infektionstüchtigkeit eines Erregers
Zoonose = vom Tier auf den Mensch (auch umgekehrt) übertragbare Krankheit

Stichwortverzeichnis

Bildnachweis

L. Ahlswede: S. 170
E. Baumann: S. 650(1), 652(2), 915(1)
M. Baur: S. 348(4), 349(4), 350(3)
W. Bellinghausen: S. 509(1)
M. Belzer: S. 319(4), 320(1), 321(1), 323, 327, 328, 330(2), 333(3), 335, 340, 343
Bernhagen: S. 91(1), 99(1)
H. Bichlmeier: S. 213, 444
D. Birkner: S. 78, 578(1)
BLV (Archiv): S. 633, 915(1)
G. Boiselle: S. 198, 199, 200, 583(2)
H. Bostedt: S. 737(2), 738(3), 739(2), 740(4), 741(4), 742(5), 743(3), 744(1)
J. Brand: S. 564-570
Chirurg. Tierklinik d. Universität München: S. 683
J. Christen: S. 380(3), 476, 480(1), 481(1), 482(2), 487(1), 488(2)
L. Christmann: S. 102(1)
H.M. Czerny: S. 36(1), 40(1), 47(1), 50(1), 84, 106, 195, 202, 297(1), 298(2), 299(2), 301(1), 302(1), 315, 376(1), 381(3), 382(1), 383(1), 384(1), 393, 417, 418(2), 419, 420(2), 421(3), 422(3), 423(3), 424, 435(2), 440(1), 452, 493(2), 494, 579(1), 724
P.S. Dauster: S. 469, 471(2)
G. Deubzer: S. 310(4), 846(1), 847(1)
K. Diacont: S. 318, 320(1), 321(1), 322(3), 324(2), 325, 326, 329, 336(3), 337, 338(3), 498, 500, 503, 514-529
J.-C. Dysli: S. 63(1)
W. Ernst: S. 30, 31, 32, 33, 34(2), 35(2), 36(1), 41, 46(2), 47(1), 48(3), 49(2), 88(1), 89, 91(1), 97, 196, 290, 300(2), 301(1), 302(1), 303, 304, 369, 371, 372(1), 446, 484, 547, 845(2), 907
W. Feldmann sen.: S. 537(1), 541(1)
Gamma/studio x: S. 57(1)
Göhler: S. 86(1)
M. Gold: S. 59(1), 63(1), 64(2), 104(1), 291(2), 292(2), 384(1), 846(2)
Graphische Sammlung Albertina: S. 57(1)
L. Grimm: S. 102(1)
A. Grosser: S. 908
H. Haring: S. 58(6), 59(3), 60(3), 61(3), 62(5), 64(3), 186, 841(2)
M.-A. Hasslinger (Archiv): S. 806-823
Hauptverband für Traber-Zucht und -Rennen e.V. (Archiv): S. 634-645, 660-663
D. Heitzer: S. 435(1), 457(1)
J. Holstermann: S. 538(1), 539(1)
A. Jarc: S. 461, 472
J. Kemmler: S. 37, 38(1), 39(1), 40(2), 59(2), 61(1), 107, 127, 175, 189, 194(3), 197(2), 235, 272, 278, 297(2), 305, 309, 370, 372(1), 373(3), 374, 375, 376/377(13), 378/379, 382(2), 384(2) 406/407, 412/413, 425, 429, 463, 492, 555, 556, 582(3), 605, 607, 618, 667, 842(2), 843(2), 844(2), 846(1), 847(1), 848(2), 853, 885, 889, 890, 898, 905
E. Kiel: S. 60(1)
B.v.d. Knesebeck: S. 285
G. Knisel-Eberhard: S. 481(1), 487(1)
F. Koenig: S. 27, 737(1)
I. Krugmann-Randolf: S. 598-602, 606
S. Küpper: S. 505, 510(1), 511(2), 512(1), 539(1),
Landgestüte (Archiv): Celle: S. 85; Dillenburg: S. 99(4); Marbach: S. 108, 109, 110(2); Schwaiganger: S. 104(1), 105(3); Warendorf: S. 94(3), 96(1); Zweibrücken: S. 101(3), 102(1), 103(1)
H.P. Laur: S. 60(1), 383(2), 384(1), 431, 432, 433(1), 434, 436, 438/439, 440(1), 441, 443(2), 445, 449, 450, 451(2), 454, 457(1), 495
E.v. Leeuwen: S. 541(1)
R.v. Lent: S. 534(1)
L. Lenz: S. 124, 184, 508(1), 510(1), 534(1), 536(1), 862
E. Meier: S. 193(2)
H.u.W. Menzendorf: S. 103(1), 613, 614, 615, 616, 620-627, 629(11), 630
H. Merkt: S. 731(2), 736, 738(2), 739(4)
Mismahl's Hof: S. 655(1)
M. Modl: S. 61(1), 63(1)
B. Moessiadis: S. 512(1)
G. Müller: S. 629(1)
Horst Müller: S. 82(1), 94(1), 234, 268, 279, 397, 433(1), 440(1), 448
H. Mutschler: S. 110(2)
J. Negele: S. 219(3), 221(6)
E. Niemerg: S. 206(2)
G. Nobis: S. 9, 16(1), 17, 24, 25(4)
G. Nobis (Archiv): S. 8, 12, 16(1), 17(2), 18
N. Otte: S. 532(1)
U. Over: S. 532(1), 533, 535, 537(2)
B. Petersen: S. 98
R. Powell Stables (Archiv): S. 511(1)
G. Recki: S. 508(1)
M.v. Redwitz: S. 190, 192, 201, 203, 204(2)
U. Reiser: S. 480(1)
Th. Rosiny: S. 482(1)
H. Sangmeister: S. 94(1), 95, 96(1)
L. Schenzel: S. 538(1)
E. Schiele: S. 2, 38(1), 39(1), 50(1), 60(1), 61(1), 62(1), 64(1), 111, 112, 612
E. Schiele (Archiv): S. 110(1), 384(1)
S. Schlatter: S. 765
S. Schutzbach (Archiv): S. 508(1)
E. Simale: S. 536(1)
Spanische Reitschule (Archiv): S. 358, 361
D. Sperber: S. 509(2)
Chr.v. Stenglin (Archiv): S. 93(1)
H. Sting: S. 35(1), 86(5), 87(3)
Stöhr: S. 110(1)
E.C. Straiton, aus »Pferdekrankheiten«: S. 827-840, 850
P. Thein: S. 63(1), 506(1), 742(1), 743(1), 744(3)
Thein/Böhm: S. 743(2)
Thein/Geisel: S. 744(2)
Thein/Koenig: S. 581, 584(3)
Thein/Rosenbruch: S. 744(2)
R.v. Thun-Hohenstein: S. 576, 587, 592, 594
Tiedemann: S. 88(1), 93(1)
J. Toffi: S. 506(1), 507
A. Trabert: S. 351
E. Weiland: S. 577, 578(1), 579(1), 580(2), 649, 650(1), 651(2), 653(2), 654(2), 655(1), 656(2)
H.G. Winkler (Archiv): S. 82(1), 287, 390, 391, 399, 402
K. Zeeb: S. 128-146

Grafik

Anatomisches Institut der Tierärztlichen Hochschule Hannover (Archiv): S. 678, 684, 708
U. Bauer: S. 269, 271(2), 272(3), 273, 275(2), 276(2), 277
U. Blüml: S. 679, 680, 682, 683, 685-707, 709
BLV (Archiv): S. 209
B.v. Damnitz: S. 131, 132, 136, 246, 247(3), 250(3), 251(2), 252(2), 253, 255-266, 345, 396-401, 410, 435, 471, 731, 809
K. Diacont: S. 318-342, 501-504
W.v. Engelhardt (Archiv): S. 711-725
G.W. Fink: S. 243, 244, 254(2), 270
H. Hechler (Archiv): S. 231, 232, 233
Hickman, aus »Der richtige Hufbeschlag«: S. 208
H. Merkt (Archiv): S. 732
G. Nobis (Archiv): S. 19, 20, 23
Richardson, aus »Zaumzeug, Sattel und Geschirr«: S. 222-227, 229(1)
B. Ruppel: S. 210, 211
U. Schramm: S. 229(7), 306(2)
Stoss, aus »Tierärztliche Geburtskunde und Gynäkologie«: S. 763
K. Zeeb (Archiv): S. 138, 149(1)
C. Ziegler: S. 148(2), 149(1)

Auszugsweiser Abdruck der Seiten 147-153 in Kapitel Prof. Dr. Klaus Zeeb »Artgemäße Pferdehaltung und verhaltensgerechter Umgang mit Pferden« aus dem »Handlexikon der tierärztlichen Praxis 1-4« mit freundlicher Genehmigung des Gustav Fischer Verlags, Stuttgart.